BEITRÄGE ZUR GESCHICHTE OSTEUROPAS

HERAUSGEGEBEN VON
DIETRICH BEYRAU
BERND BONWETSCH
DIETRICH GEYER
MANFRED HILDERMEIER

BAND 17

HERREN UND DIENER

DIE SOZIALE UND POLITISCHE
MENTALITÄT DES RUSSISCHEN ADELS.
9. – 17. JAHRHUNDERT

VON
HARTMUT RÜSS

1994

BÖHLAU VERLAG KÖLN WEIMAR WIEN

Als Habilitationsschrift
auf Empfehlung des Fachbereichs Geschichte
der Westfälischen Wilhelms-Universität Münster
gedruckt mit Unterstützung der Deutschen Forschungsgemeinschaft

Die Deutsche Bibliothek – CIP-Einheitsaufnahme

Rüss, Hartmut:
Herren und Diener . Die soziale und politische Mentalität des russischen Adels . 9. – 17. Jahrhundert / von Hartmut Rüss. – Köln ; Weimar ; Wien : Böhlau, 1994
(Beiträge zur Geschichte Osteuropas ; Bd. 17)
Zugl.: Münster (Westfalen), Univ., Habil., 1991
ISBN 3-412-13593-3
NE: GT

© 1994 by Böhlau Verlag GmbH & Cie, Köln
Alle Rechte vorbehalten
Gesamtherstellung: Richarz Publikations-Service GmbH, Sankt Augustin
Printed in Germany
ISBN 3-412-13593-3

Meiner Tochter
Julia Olga Tatjana
gewidmet

INHALTSVERZEICHNIS

VORWORT		IX
I.	EINLEITUNG	1
II.	KLASSIFIZIERUNG, LOKALISIERUNG UND TERMINOLOGIE	31
	1. Zum Adelsbegriff in Rußland	31
	2. Hoher und niederer Adel	37
	3. Teilfürsten, Dienstfürsten, Fürsten	71
	4. Adel in der Kirche	86
III.	DIE WIRTSCHAFTLICHE BASIS. LAND, GELD, REICHTUM	95
	1. Der Kiever Adel	95
	2. Die Moskauer Periode	106
	2.1 Allgemeines. Geld und bewegliche Güter	106
	2.2 Grundbesitz	121
IV.	GRUNDHERRSCHAFT	147
V.	ADLIGES LEBEN	172
	1. Allgemeines	172
	2. Trinken, Essen, Wohnung	173
	3. Kleidung	190
	4. Jagd, Spiel, Vergnügen	198
	5. Frömmigkeit und Tod	202
	6. Erziehung und Bildung	216
VI.	DIE ADLIGE FRAU	228
VII.	DER SOG. FREIE ABZUG (VOL'NYJ OT-EZD)	259
VIII.	DIENST UND ÄMTER	286
	1. Allgemeines	286
	2. Zum „Erlaß über den Dienst" von 1556	294
	3. Militärischer Dienst	298
	4. Statthalter, Voevoden, Bürokraten	309
	5. Hofämter	326
	6. Adel und Diplomatie	347

IX.	SYSTEMIMMANENTE MERKMALE	359
	1. Favoriten und Günstlinge	359
	2. Adlige Stadtsässigkeit	376
X.	DIE RANGPLATZORDNUNG (MESTNIČESTVO)	390
XI.	DIE BOJARENDUMA	409
XII.	ADEL UND „REICHSVERSAMMLUNGEN" (ZEMSKIE SOBORY)	440
XIII.	ADEL, ZEREMONIELL, IDEOLOGIE	450
	SCHLUSS	472
	QUELLEN- UND LITERATURVERZEICHNIS	475
	ABKÜRZUNGSVERZEICHNIS	511
	PERSONENREGISTER	513

VORWORT

Ohne die großzügige Unterstützung durch die Deutsche Forschungsgemeinschaft, die mir im Herbst 1987 ein Forschungsstipendium gewährte, das es mir möglich machte, mich gänzlich frei von anderen beruflichen Verpflichtungen auf die Spuren des russischen Adels zu begeben, wäre dieses Buch nicht entstanden, freilich auch nicht ohne die wissenschaftliche Fürsprache der Gutachter vom Fach, die den Hauptausschuß der DFG von meiner Förderungswürdigkeit überzeugten, wodurch ich unter anderem in den Genuß eines Studienaufenthalts an der Moskauer Leninbibliothek im Frühjahr 1988 kam. An die stete Anteilnahme und ermunternde Zuwendung meines verehrten väterlichen Mentors, des verstorbenen Ordinarius für Osteuropäische Geschichte an der Universität Münster, Manfred Hellmann, erinnere ich mich mit großer Dankbarkeit. Auch die fördernde Unterstützung, welche mir auf dem langen Weg zu diesem Buch vom Emeritus für Osteuropäische Geschichte an der Universität Köln und langjährigen Herausgeber der „Jahrbücher für Geschichte Osteuropas", Günther Stökl, bei Gelegenheit zuteil wurde, sei an dieser Stelle erwähnt. Profitiert habe ich von sachdienlichen und kritischen Hinweisen meiner Münsteraner Kollegen Gerhard Birkfellner, Heinz Duchhardt, Lothar Maier, Ludwig Steindorff und besonders Frank Kämpfer, der mit dem Engagement des Spezialisten das Entstehen der Arbeit *cum ira et studio* begleitete. Für die kompetente und souveräne Niederschrift des traditionell erstellten Manuskripts danke ich Heike Menke. Die Zweitkorrektur besorgte mit germanistisch geschultem Blick Thomas Ostermann. Von der partiellen Nützlichkeit des Computers im geisteswissenschaftlichen Sektor hat mich Peter Buhmeier überzeugt, der das umfangreiche Personenregister herstellte. Meiner Frau danke ich, daß sie mich vor einem Wegdriften aus der Realität bewahrt hat, indem sie im Zuge praktizierter Gleichberechtigung die häuslichen Pflichten weiterhin mit mir teilte. Manche sprachlichstilistischen Verbesserungen des Textes gehen auf ihre Anregung zurück.

Da die Arbeit sich als eine umfassende Neubewertung des älteren russischen Adels versteht, hat die Kritik an der bisherigen Forschung hier und da möglicherweise einen schärferen Klang, als es der sachlich-nüchternen Auseinandersetzung um die historische Wahrheit angemessen erscheint. Gleichwohl war und ist mir selbstverständlich bewußt, was ich meinen toten und lebenden Mitstreiterinnen und Mitstreitern auf dem Gebiet der russischen Adelsforschung an Erkenntnissen schulde.

Bockhorst, 11.1.1994

I. EINLEITUNG

Kaum einem Thema der russischen Geschichte ist von der Forschung ein so lebhaftes und immer wiederkehrendes Interesse entgegengebracht worden wie dem mittelalterlichen und frühneuzeitlichen Adel in Kiev und Moskau. Zwar liegen die bisher einzigen zusammenfassenden Darstellungen zu diesem Thema, soweit sie den hier behandelten Zeitraum umfassen, immerhin schon über hundert Jahre zurück,[1] aber es existieren eine große Anzahl von mehr oder weniger systematischen Abrissen im Rahmen von Handbüchern, allgemeinen Geschichten Rußlands oder als Teil von Spezialstudien und natürlich eine Vielzahl von Detailuntersuchungen, die das dauernde Forscherinteresse am älteren russischen Adel nachhaltig bezeugen.

Es sind jedoch sogleich zwei wichtige Einschränkungen zu machen. Die beiden historiographisch einflußreichsten und wissenschaftlich in sich geschlossensten Entwürfe vom russischen Adel, der vorrevolutionäre liberale, der die Schwäche der Adelsposition gegenüber dem Herrschertum hervorhob, und der den Feudalcharakter des Adels betonende marxistische erwiesen sich bis in allerjüngste Zeit hinein im ideologischen Umkreis ihrer Adepten als erstaunlich resistent, ungeachtet mannigfacher Erkenntnisfortschritte im einzelnen. An der Grundkonzeption beider Entwürfe ist lange Zeit kaum gerüttelt worden, und die Gefahr einer gewissen dogmatischen Erstarrung und einer schwer aufzubrechenden historiographischen Konservierungstendenz ist deshalb nicht zu übersehen. Wenn abweichende Meinungen vorgetragen wurden, wie z. B. in einigen späten sowjetischen Arbeiten zum Kiever Adel,[2] so meist nur in Richtung auf schon bekannte Auffassungen und Theorien der älteren russischen Historiographie, wie andererseits Zugeständnisse westlicher Forscher an marxistische Feudalismusvorstellungen vom Adel[3] ebenfalls auf wissenschaftliche Vorbilder des 19. Jh. zurückgehen, so daß im Grunde oft nicht mehr als ein partieller Austausch von keineswegs neuen Bewertungen zwischen relativ fest etablierten historiographischen Interpretationsmustern erfolgte. Die zweite Einschränkung hängt mit dieser eng zusammen: Das Interesse am Adel war vielfach nur insofern sekundärer Art, als das gemäß dem jeweiligen

---

[1] Poraj-Košič, Očerk istorii russkogo dvorjanstva; Jabločkov, Istorija dvorjanskago soslovija.
[2] Vgl. etwa Frojanov, Kievskaja Ruś. Očerki social'no-ėkonomičeskoj istorii; ders. Kievskaja Ruś. Očerki social'no-političeskoj istorii.
[3] Hoetzsch, Adel und Lehnswesen in Rußland und Polen.

ideologischen Standort für gültig anerkannte und deshalb schon feststehende Bild zur Erklärung größerer historischer Zusammenhänge gebraucht wurde. Es ging in diesen Fällen primär nicht um Erkenntniserweiterung vom Adel, sondern um seine Instrumentalisierung für Systemcharakterisierungen und Geschichtsverlaufsdeutungen.[4] Es sind also vor allem ideologische Vorgaben und gewisse daraus resultierende forschungsimmanente Zwänge – die sich im übrigen um so fataler auswirkten, je ideologiebefrachteter das herrschende Geschichtsbild war –, welche umfassende Neuentwürfe vom Adel am stärksten behinderten, innovative Fragestellungen erschwerten und die verbreitete Zurückhaltung vor Synthesen erklärlich machen.

Das Unbehagen an zu ideologiefixierten und deshalb stagnierenden Forschungen hat viele Historiker die Flucht in das unverfänglichere, vermeintlich – oder auch tatsächlich – wertfreiere historische Detail antreten lassen. Es sind sowohl in der Sowjetunion und in Rußland als auch im Westen in den letzten Jahren eine große Zahl von bewußt wertungsarmen Spezialstudien entstanden, die unsere Kenntnis vom russischen Adel auf vielen Gebieten ganz erheblich erweitert haben. Genealogische und prosopographische Untersuchungen erleben in der Nachfolge der grundlegenden Arbeiten des Sowjethistorikers S. B. Veselovskij eine Art Hochkonjunktur. Wirtschaftlichen Daten und Szenarien und statistischen Methoden im sozialökonomischen Bereich wird zunehmende Aufmerksamkeit geschenkt, wobei häufig die bloße quantitative Erweiterung der Faktenbasis als das primäre und sogar ausschließliche Untersuchungsziel entgegentritt. Der Rekonstruktion individueller adliger Karrieren und politischer Gruppierungen aufgrund personengeschichtlicher Daten gilt ein stark ansteigendes Interesse. Die personelle und zahlenmäßige Zusammensetzung der Bojarenduma in einem bestimmten Zeitraum bzw. zu einem konkreten Zeitpunkt ist zu einem bevorzugten Forschungsobjekt avanciert. Dieser positivistische Trend gipfelt in der seit geraumer Zeit verstärkt zur Anwendung kommenden computergespeicherten Datenerfassung, deren vermeintliche Exaktheit, Objektivität und weitgehende Wertfreiheit ein durchaus problematisches Vertrauen nicht nur in die Korrektheit der Daten selbst, sondern in die aus ihnen gezogenen Schlüsse suggeriert, deren allerdings meist eng begrenzter Aussagewert oft in einem

---

[4] Nach R. Hellie (The Structure) ist für das Fehlen eines politischen Individualismus in der russischen Geschichte die generelle Kollaborationsbereitschaft der Dienstelten mit dem herrschenden Regime verantwortlich, das die Privilegien austeile, aber keine Rechte verlieh. Edward L. Keenan sieht den Sieg des Stalinismus seit 1930 begleitet von einer gewissen Reintegration tiefverwurzelter traditioneller Machtformen (elitärer Führungsanspruch einer eng begrenzten politischen Oberschicht, Neglasnost', Führerprinzip und kollegiale Machtausübung) in das kommunistische Herrschaftssystem. Vgl. Muscovite Political Folkways, S. 167 ff.

auffälligen Kontrast zur Masse des angeführten Materials steht.[5] Besonders das letzte Beispiel provoziert die Frage nach dem Sinn des theoretisch ad infinitum fortsetzbaren Anhäufens von Fakten. So reserviert man denn auch der historischen Verallgemeinerung der größeren Zuverlässigkeit von Details wegen gegenüberstehen mag eingedenk der Worte Blake's „Who generalizes, generally lies" – der im Vergleich zum hohen Standard der geschichtswissenschaftlichen Dokumentation von Einzelheiten weit niedrigere der Interpretation ihrer Zusammenhänge wird allenthalben mehr oder weniger deutlich empfunden,[6] und der Ruf, daß neben der nach wie vor nötigen Spezialisierung auf begrenzte Themen der historischen Synthese verstärkte Geltung verschafft werden müsse, um nicht in der Flut der Informationen zu ertrinken[7], läßt sich, ohne den anderen Aspekt zu vernachlässigen, für den russischen Adel in ganz besonderer Weise reklamieren.

Ein für die ältere russische Geschichte wenig reflektiertes Ergebnis der wissenschaftlichen Spezialisierung ist die künstliche Zerstückelung des in vieler Hinsicht kontinuierlichen Geschichtsverlaufs und ihm zugrunde liegender, äußere Einschnitte überdauernder Strukturen. So wichtig es ist, die Einsicht in die historischen Besonderheiten einer Epoche oder eines Zeitabschnittes durch immer neue Einzelerkenntnisse zu vertiefen, so notwendig bleibt der Blick für strukturelle Kontinuitäten.[8] Die üblich gewordene isolierte Behandlung des Kiever Reiches und der Moskauer Epoche, von der wiederum das vorpetrinische 17. Jh. als eigenständige Periode abgetrennt wird, hat – bei aller Begründbarkeit einer solchen Periodisierung –[9] leider auch dazu geführt, langfristige Entwicklungslinien künstlich zu zerschneiden, zu vernachlässigen bzw. nicht wahrzunehmen. Es fasziniert mehr das Neue, andersartig in sich Abgeschlossene, das den historischen Prozeß Vorantreibende, als das Überkommene, Beharrende und

---

[5] Vgl. die glänzende Kritik an der Diskrepanz zwischen kostspieligem technischen Apparat und wissenschaftlichem Ertrag im Bereich der Humanwissenschaften bei H. Lüthy, Die Mathematisierung der Sozialwissenschaften. In: H.-U. Wehler (Hrg.), Geschichte und Ökonomie. Königstein/Ts. 2. Aufl. 1985, S. 230–241.

[6] „Der Fundus des gesicherten historischen Einzelwissens wächst, aber das Wachstum des gesicherten Wissens von den Zusammenhängen der Details hält damit nicht Schritt." Elias, Die höfische Gesellschaft, S. 57 f.

[7] Vgl. Goehrke, Entwicklungslinien, S. 179.

[8] Norbert Elias konstatiert eine „Vernachlässigung der Probleme des Werdens", ein „Desinteresse an den Problemen langfristiger Prozesse" mit „all den Erklärungschancen, die die Erforschung solcher Probleme eröffnet". Vgl. Über den Prozeß der Zivilisation, S. XXVII.

[9] Die endlosen Periodisierungsdebatten unter sowjetischen Historikern konnten immerhin für sich in Anspruch nehmen, Sensibilität und Problembewußtsein für qualitativ veränderte sozial-ökonomische Strukturen außerordentlich geschärft zu haben. Vgl. Zur Periodisierung des Feudalismus und Kapitalismus in der geschichtlichen Entwicklung der UdSSR. Red. u. Übersetzung K.-E. Wädekin. Berlin 1952; Problemy vozniknovenija feodalizma; Goehrke, Zum gegenwärtigen Stand der Feudalismusdiskussion.

Dauerhafte. Der Spezialisierungstrend auf bestimmte begrenzte Zeiträume hin hat diese Tendenz der Nichtwahrnehmung struktureller Zusammenhänge der Epochen außerordentlich verschärft. Dem entspricht eine weitgehende Sprachlosigkeit der auf die genannten Zeitabschnitte fixierten Spezialistengruppen untereinander. Dabei weist gerade die russische Geschichte einen hohen ökonomischen, politischen und geistig-kulturellen Konservierungsgrad auf, der die diachronische Betrachtung geradezu herausfordert. Es ist bezeichnend, daß die wenigen Monographien zur Geschichte des Adels, die die Darstellungsform des thematischen Längsschnitts über den gesamten hier behandelten Zeitraum gewählt haben, fast ausnahmslos der älteren Forschung angehören.[10] Da die Abstammungslinie von Kiev nach Moskau in der Geschichtsschreibung – zumindest bislang – ganz überwiegend akzeptiert wird, kann deshalb die spezialisierte Epochenforschung mit ihrer sich nach vorn und rückwärts abschottenden Tendenz auch nicht als Widerspiegelung einer die Diskontinuität des russischen Geschichtsverlaufs betonenden historiographischen Richtung[11] gedeutet werden. Weder der Mongolensturm noch viel weniger die Beendigung der „Wirren" durch den Herrschaftsantritt des ersten Romanov-Zaren im Jahre 1613 bedeuteten – trotz aller äußeren Dramatik und historischen Langzeitwirkung dieser Ereignisse – einen radikalen Bruch mit überkommenen Traditionen, Strukturen und Mentalitäten, welche unter der Oberfläche des äußeren Wandels als die stabilen und dauerhaften Elemente des geschichtlichen Prozesses fortlebten[12].

---

[10] Zwei bekannte Beispiele sind Zagoskin, Očerki; Ključevskij, Bojarskaja duma.

[11] Der ukrainische Historiker M. Hruševs'ky behauptete, daß die legitimen Nachfolger Kievs in den später von Litauen übernommenen Fürstentümern Galizien und Wolhynien zu sehen seien, weil sich dort die Traditionen und Institutionen des Kiever Reiches am besten erhalten hätten. Moskau war nach seiner Auffassung eine andersgeartete politische Neubildung. P.N. Miljukov bestritt die direkte Abstammungslinie des Moskauer Staates von der Kiever Ruś unter Hinweis auf die Schriften Moskauer Publizisten des späten 15. und frühen 16. Jh., die dieses Schema sozusagen „produziert" hätten, um den Moskauer Herrschaftsanspruch über die gesamte Ruś zu beweisen. Vgl. Pipes, Rußland, S. 48, der gleichfalls der traditionellen Kontinuitätsthese ablehnend gegenübersteht. Kategorisch behauptet in diesem Sinne E. Keenan: „Nach Beweisen für beeinflussende Verbindungsglieder zwischen ... moskowitischer politischer Kultur und der von Kiev ... zu suchen, ist, meiner Ansicht nach, nutzlos", wenngleich er wenige Zeilen weiter vom „oligarchischen" und „kollegialen" Herrschaftssystem in Moskau spricht, das zweifellos ohne das Kiever Vorbild nicht denkbar ist. Vgl. Keenan, Muscovite Political Folkways, S. 118.

[12] Viele soziale Faktoren der Kiever Periode wirkten in die Moskauer Zeit hinein. Im herrschaftlichen und gesellschaftlichen Aufbau, in Recht, Religion, Wirtschaft, Sprache, Bildung usw. waren alle ostslavischen Nachfolgereiche der Kiever Epoche in mannigfacher Weise verpflichtet. Vgl. Rüß, Das Reich von Kiev, S. 200. Mit Blick auf die Herrschaftsauffassungen der Moskauer Führungsschichten und auf ihre geistig-politischen Grundlagen betont K. Zernack eher die verbindende als die trennende Wirkung des „Epochenjahres" 1613. Ebd. Bd. II, 1613 – 1856. Vom Randstaat zur Hegemonialmacht, S. 4. Es ist bekannt, daß I.E. Zabelin die Lebensformen im Moskauer

Damit soll hier nicht einer spekulativen „Hard-line"-Historiographie das Wort geredet werden, die etwa eine ungebrochene Traditionslinie zwischen Moskauer Autokratie und kommunistischem Herrschaftssystem herstellen und z. B. Strukturmerkmale der älteren Bojarenduma in Organisation und Physiognomie des kommunistischen Politbüros wiederentdecken zu können glaubt. Vor einer solchen wissenschaftlichen Überstrapazierung des geschichtlichen Erbes und seiner politischen Instrumentalisierung ist zu Recht gewarnt worden.[13] Hier geht es v. a. darum, die Adelsproblematik aus der perspektivischen Enge der Fakten und der chronologischen Begrenztheit der Epoche auf eine breitere Diskussionsebene zu überführen, die den langlebigeren strukturellen Eigenarten besondere Aufmerksamkeit schenkt, ohne dabei das historische Detail und das dynamische Entwicklungsmoment in deren Geschichte aus den Augen zu verlieren. Angestrebt wird ein in sich geschlossener und möglichst widerspruchsfreier Gesamtentwurf, der das ganze breite Spektrum wissenschaftlicher Anstrengungen um den älteren russischen Adel verarbeitet, die zahlreichen wichtigen Einzelergebnisse bündelt, sie ihrer Isoliertheit und perspektivischen Begrenztheit entzieht und ihren inneren Zusammenhang in einem erweiterten Interpretationsrahmen zu verdeutlichen versucht. Das dabei mehr als übliche Augenmerk auf strukturgeschichtliche Aspekte läßt wissenschaftliche Vorbehalte hinsichtlich einer mehrere Jahrhunderte übergreifenden Synthese auch deshalb geringer erscheinen, weil nach unserer Überzeugung der ältere russische Adel als gesellschaftliche Schicht von vergleichsweise weit weniger einschneidenden Brüchen, Veränderungen und Krisen in seiner wirtschaftlichen und politischen Lage und geistigen Einstellung betroffen gewesen ist, als das in vielen anderen Ländern Europas in der fraglichen Zeit der Fall war. Diese Feststellung läßt sich in mancher Beziehung sogar auf die oft als tiefer historischer Einschnitt empfundene Herrschaft Peters I. und die nachfolgende Zeit ausdehnen.[14] Der qualitative Umschlag von einem vorpetrinischen „privilegierten" zu einem modernen „qualifizierten" Adel (Meehan-Waters) war

---

Staat in ihren allgemeinen Zügen als typisch für die gesamte ältere russische Geschichte bis zum Ende des 17. Jh. betrachtete. Wenn es auch nicht akzeptabel ist, das ganze russische Leben von Urzeiten an „mit einer einzigen Farbe zu malen" (Markevič), so wird man die Abhängigkeit der politischen Erscheinungen vom unbestreitbaren alltäglichen Wertekonservativismus der „altrussischen Gesellschaft" in diesem großen Zeitraum doch zweifellos in Rechnung zu stellen haben.

[13] Vgl. Cracraft, Soft Spots, S. 37.

[14] Im Vorwort zu M. Raeff, Imperial Russia 1682–1825. The Coming of Age of Modern Russia. N.Y. 1974, schreibt M. Cherniavsky in kritischer Absetzung von der Kontinuitätskonzeption des Autors: „Man kann darüber streiten, ob die russische herrschende Klasse, die Aristokratie des 18. Jh., genau die gleiche war, wie ein Jahrhundert zuvor." (Ebd. S. VI). Nach R.O. Crummey waren bis zum Ende des 17. Jh. in der nächsten Umgebung Peters mehr Vertreter der alten Aristokratie, als selbst in der Bojarenduma. Vgl. Peter and the Boiar Aristocracy, S. 274. B. Meehan-Waters, Autocracy and Aristocracy legt eine besondere Betonung auf die genealogische

weit weniger gravierend, als man das angesicht zahlreicher politischer Umgestaltungen des 18. Jahrhunderts, neuer geistiger Strömungen und eines aufklärerischen Reformwillens und -pathos in maßgeblichen herrschenden Kreisen eigentlich vermuten würde. Von daher ist es natürlich in gewisser Weise eine willkürliche Setzung, die Geschichte des „älteren russischen Adels" mit der Regierungszeit Peters d. Großen abzuschließen, wenngleich es triftige Gründe für diese Entscheidung gibt. Im Jahr des offiziellen Herrschaftsantritts Peters (1682), für den zunächst seine Schwester Sofija die Regentschaft führte, kam es zur Abschaffung der Rangplatzordnung (*mestničestvo*), deren Wichtigkeit für das Handeln und Selbstverständnis des hohen moskowitischen Adels seit der grundlegenden Arbeit von A. I. Markevič als erwiesen gelten kann. Die zentrale Schaltstelle adliger Macht und adligen politischen Einflusses in Mittelalter und früher Neuzeit, die Bojarenduma, hörte 1711 mit der Bildung des Senats auf zu existieren. 1709 geschah letztmalig die Verleihung der Bojarenwürde an P. M. Apraksin. Unter Peter taucht eine vorher nicht existente Kollektivbezeichnung für den gesamten Adel, nämlich „Šljachetstvo" (von poln. *Szlachta*), auf, wofür sich später das Wort „Dvorjanstvo" (von *dvor* = Hof) durchsetzte. Mit der Einführung der Rangtabelle (*tabel' o rangach*) im Jahre 1722 wurden Tauglichkeitskriterien der Abstammung – zumindest der Theorie und der erklärten Absicht nach – vorgeordnet. Zu dienen galt von nun an – obwohl dies traditionellem adligen Selbstverständnis überhaupt nicht widersprach – als unumgängliche, permanente Pflicht. Westliche Bildung und „europäische" Lebensweise breiteten sich besonders in hocharistokratischen Kreisen rasch aus.[15] Nicht jeder institutionellen Neuerung und terminologischen Veränderung lagen freilich entsprechend tiefgreifende gesellschaftliche Wandlungen zugrunde oder gingen daraus hervor. Aber den erwähnten Faktoren zusammengenommen kann man mit aller Vorsicht doch einen gewissen Zäsurcharakter, der den „alten" vom „modernen" russischen Adel trennte, nicht absprechen.

Es ist seit langem übliches Verfahren, die russische Geschichte mit Normen zu messen, die dem als Einheit empfundenen „westlichen", „abendländischen" Kulturkreis entnommen sind. Die wertenden Implikationen dieses Vorgehens werden in der Regel nicht reflektiert, ebensowenig wie die ganz erheblichen Auswirkungen dieses geschichtstheoretischen Defizits auf die konkrete historische Forschung. Da theoretisch nichts dagegen spräche, an die „westliche" Geschichte russische Bewertungkriterien anzulegen, dies aber nicht geschieht, darf ein breiter Konsens hinsichtlich des „richtigeren", „vollkommeneren" und deshalb zur Normensetzung berechtigten „abendländischen" bzw. „westlichen"

---

und strukturelle Kontinuität der Oberschicht des frühen 18. Jh. im Verhältnis zur vorangehenden und folgenden Geschichtsperiode.

[15] „Europäische Kultur wurde hinfort eine Vorbedingung für die Zugehörigkeit zur herrschenden Elite." Raeff, Understanding Imperial Russia, S. 51.

Geschichtsverlaufs vermutet werden. In der Tat zeigt sich dies in der generellen Einnahme des westlichen Bewertungsstandpunktes bei der Anwendung der komparativen Methode.[16] Die sowjet-marxistische Forschung bildete in dieser Hinsicht besonders in bezug auf die ältere russische Geschichte keine Ausnahme.[17] Freilich war für sie der Vergleich nicht lediglich ein methodisches Mittel zum Erkennen historischer Gemeinsamkeiten oder spezifischer Besonderheiten. Er ergab sich sozusagen mit innerer Notwendigkeit aus der Überzeugung vom gesetzmäßigen Charakter des geschichtlichen Prozesses, der überall – wenn auch nicht unbedingt zeitgleich – in identischen oder doch ähnlichen strukturellen Abläufen („Formationen") erfolgt. Verschieden ist allerdings das Resultat komparativer Bemühungen bei „bürgerlichen" und marxistischen Historikern: Während die einen überwiegend [18] die im Vergleich zum Westen nur rudimentären oder gänzlich ausgebliebenen Entwicklungen bzw. geistigen und religiösen Strömungen betonten, neigten die anderen zu einer oft dem Sach- und Quellenverhalt nicht angemessenen Parallelisierung russischer und westlicher historischer Erscheinungen.[19] Es ist klar, daß in beiden Fällen außerwissenschaftliche Vorgaben eine gewisse Rolle spielten. Es sei hier jedoch wiederholt, was oben in bezug auf die Detailforschung gesagt wurde: Wie diese ist die komparative Methode für den historischen Erkenntnisfortschritt unerläßlich,[20] hat aber ihre interpretatorischen Grenzen vor allem dort, wo die Perspektive des Historikers das Ergebnis seiner Forschung übermäßig beeinflußt. Dies gilt in besonderem Maße für die Verfechter der sog.

---

[16] Eine dezidiert russische Perspektive dagegen ist das Hauptmerkmal lediglich der slavophilen Geschichtsphilosophie des 19. Jh., die programmatisch an die religiösen, kulturellen und sozialen Traditionen Altrußlands (vor Peter d. Großen) anzuknüpfen versuchte und in Abwehr westlicher, „rationalistischer" Einflüsse den „europäischen" Geschichtsprozeß als Fehlentwicklung verurteilte. Vgl. A. v. Schelting, Rußland und Europa. Bern 1948. A. Walicki, The Slavophile Controversy. History of a Conservative Utopia in the Nineteenth-Century Russian Thought. Oxford 1975 (polnisch: Warszawa 1964).
[17] In der Perestrojka-Debatte über die Defizite, Fehler und Versäumnisse der sowjetischen historischen Wissenschaft ist dieser Aspekt von einigen Diskutanten besonders beklagt worden, z. B. von P.V. Volobuev: „... bewußt oder unbewußt nehmen wir den westeuropäischen Entwicklungsgang als Meßlatte." Vgl. „Kruglyj stol", S. 36.
[18] Eine Ausnahme mit allerdings erheblichem Einfluß auf die moderne Historiographie bildete N.P. Pavlov-Sil'vanskij.
[19] Vgl. Rüß, Das Reich von Kiev, S. 202 f.
[20] Vgl. allgemein H.-J. Puhle, Theorien in der Praxis des vergleichenden Historikers. In: J. Kocka, Th. Nipperdey (Hrsg.), Theorie und Erzählung in der Geschichte. München 1979, S. 119–136. „Der Vergleich ist ein unaufgebbares methodisches Instrument der Historiker ..." J. Kocka, Deutsche Identität und historischer Vergleich. Nach dem „Historikerstreit". In: Aus Politik und Zeitgeschichte. Beilage zur Wochenzeitung Das Parlament, B40-41, 1988, S. 21.

„deprivation hypothesis"[21], die die russische Geschichte als eine ununterbrochene Kette von Nicht- und Falschentwicklungen, Versäumnissen, Entartungen, Rückständigkeiten[22] und schwachen Reflektionen westlicher Einflüsse ansehen. In diesem Fall läuft die Vergleichsmethode in ihren Erklärungsversuchen darauf hinaus zu zeigen, was in Rußland nicht passierte bzw. nicht vorhanden war, auf das argumentum ex negativo: keine Renaissance, kein Humanismus, keine Reformation, kein römisches Recht, kein Lehnswesen, kein Ständetum usw. Von einem solchen Standpunkt aus erscheint besonders die ältere russische Geschichte als unglückselige Aneinanderreihung von „Nichtvorgängen", die eigentlich hätten passieren müssen, um spätere politische Entwicklungen (Autokratie, Despotismus, Kommunismus) zu vermeiden. Dieses Erklärungsmuster enthält neben der meist unausgesprochenen politisch-ideologischen Voreingenommenheit – dem Bedauern darüber, daß der russische historische Prozeß zu einem aus demokratischer Sicht inakzeptablen Ergebnis geführt hat – ein ausgeprägtes spekulatives Element und ist darüberhinaus wenig darum bemüht, Institutionen, Herrschaftsformen und soziale Strukturen von ihren eigenen inneren russischen Voraussetzungen her zu deuten.[23] Eine solche Betrachtung auf die russische Geschichte als ein permanentes Manko neigt denn auch automatisch zu einer gewissen Geringschätzung des Eigenwertes und der individuellen Gewordenheit[24] genuin russischer historischer Erscheinungen. Man könnte meinen, daß – bildlich gesprochen – die Geschichte Rußlands und „Europas" ein Wettlauf sei, bei dem beide von derselben Startlinie und auf gleichen Bahnen den Lauf beginnen, was zu Recht als eine unzutreffende Vorstellung bezeichnet worden ist.[25]

---

[21] Der Ausdruck bei Keenan, Muscovite Political Folkways, S. 130.
[22] Wenn Freiheit, Libertät, Kontrolle von Herrschaft als Kriterien für Progressivität oder Rückständigkeit gewählt werden, wie dies in bezug auf Rußland häufig geschieht, so darf die Frage erlaubt sein, um wieviele Jahrhunderte politische Systeme des 20. Jahrhunderts, die Unfreiheit und Unterdrückung in einer früher für undenkbar gehaltenen effizienten Weise in Szene setzten und setzen, historisch zurückgestuft werden müßten. Wie ist die Progressivität einer Gesellschaft einzuschätzen, die ihre Lebensgrundlage mit wachsendem technischen Fortschritt irreparabel zerstört?
[23] Vgl. auch Cracraft, Soft Spots, S. 35: „Too often Russian development is seen as a reflection, or a distortion ... and not as a phenomenon to be viewed primarily from within."
[24] Aus einer die eigene Geschichte idealisierenden Sicht („Sowjetpatriotismus"), also aus der entgegengesetzten Position, kamen viele sowjetische Historiker zu genau dem gleichen Ergebnis: Sie empfanden „buchstäblich Angst vor der Eigenart des historischen Prozesses in unserem Lande." Vgl. „Kruglyj stol", S. 36.
[25] Vgl. Frojanov, ebd. S. 13.

Als eine besonders defizitäre Gesellschaftsschicht erscheint in dieser Vergleichsperspektive der russische Adel, dem manche sogar das Recht absprechen, sich als einen solchen zu bezeichnen[26] – eine fragwürdige polemische Zuspitzung, die aber einen breiten und tendenziell in die gleiche Richtung argumentierenden historiographischen Nährboden vorfindet.

Soll man dem Kiever und Moskauer Adel den Charakter einer Aristokratie nur deshalb nicht zugestehen, weil er nicht jene Standesprivilegien besessen habe, die in Westeuropa Adlige von gewöhnlichen Sterblichen unterschieden?[27] Eine solche Verabsolutierung westlicher Maßstäbe führt in der Tat den Vergleich ins Absurde: Nicht Vorhandenes läßt sich mit Vorhandenem bekanntlich nicht vergleichen. Das ist nur möglich, wenn die Existenz unterschiedlicher Aristokratieformen anerkannt und auf die Anbindung des Begriffs „Aristokratie" an ein ganz bestimmtes, regional beschränktes, durch unverwechselbare Strukturmerkmale gekennzeichnetes historisches Milieu verzichtet wird. Wenn dieser Ansatz in einigen neueren Arbeiten ausdrücklich zum methodischen Prinzip erklärt wird,[28] so nicht etwa deshalb, um mit begrifflicher Unschärfe Unvergleichbares vergleichbar zu machen und Unterschiede wegzudiskutieren, sondern um der vom argumentum ex negativo dominierten und deshalb z. T. in die Sackgasse geratenen wissenschaftlichen Diskussion neue Impulse zu geben. Es geht also nicht um die Ablehnung des Vergleichs als Methode des historischen Erkenntnisfortschritts an sich, was abwegig wäre, sondern um die kritische Distanzierung von seiner die westliche Perspektive verabsolutierenden und die russischen Verhältnisse deshalb oft abqualifizierenden Einseitigkeit.

Es lassen sich drei große Forschungsrichtungen über den russischen Adel ausmachen, die jede in sich wiederum zahlreiche Differenzierungen und Nuancen aufweisen. Wie angedeutet, stammt ein Großteil der Arbeiten, deren Ergebnisse auch heute noch weitgehend in der Forschung Verwendung und Anerkennung finden, aus dem 19. und frühen 20. Jh., ist also vor der Revolution

---

[26] Der wohl einflußreichste russische Historiker, V.O. Ključevskij, charakterisierte die Moskauer Bojaren als „dienstbare Lohnarbeiter" der Fürsten – ein von rein rechtlichen Kriterien des westlichen Lehns- und Ständesystems abgeleiteter Aphorismus, der zu größten Mißverständnissen hinsichtlich der politischen und sozialen Bedeutung des Moskauer Bojarentums führen mußte, zumal Ključevskij bei seinem Vergleich den recht-, schutz- und machtlosen Status des Industriearbeiters aus dem 19. Jh. vor Augen hatte. Vgl. Rüß, Adelsmacht und Herrschaftsstruktur, S. 1.
[27] Zum Beispiel Pipes, Rußland, S. 94. Die Auffassung geht zurück auf die Vertreter der „staatlichen Schule". So behauptete Kavelin: „In Europa gibt es Stände; bei uns keine Stände; in Europa eine Aristokratie, bei uns keine..." Zit. bei Schulz, Die Immunität, S. 58.
[28] Vgl. Rüß, Adel und Adelsoppositionen, S. 23; Crummey, Aristocrats and Servitors, S. 19.

geschrieben worden.[29] Es existiert heute tatsächlich keine einzige umfassendere Deutungsidee über den russischen Adel, die nicht bereits von vorrevolutionären Historikern gedacht und niedergeschrieben worden wäre. Leider wurde dieses Verdienst entweder durch bewußtes Verschweigen aus ideologischen Gründen oder einfach aus professioneller Nachlässigkeit oft nicht in jener angemessenen Weise gewürdigt, wie es Redlichkeit und Anstand des Wissenschaftlers eigentlich erfordern. Jedenfalls sind viele vorrevolutionäre russische Arbeiten in ihrer konzeptionellen Geschlossenheit, faktischen Breite und darstellerischen Kraft bis heute unübertroffen. Das Interesse der älteren Forschung galt vor allem der rechtlichen und politischen Stellung des Adels, seiner Rolle im Staat und seiner Beziehung zum Herrschertum. Diese spezifische Blickrichtung war stark von der sog. „Staatlichen Schule" beeinflußt, welche das staatliche Element als leitende Kraft der russischen Geschichte hervorhob[30] und die Auffassung einer grundlegenden Verschiedenheit Rußlands von Westeuropa vertrat. Man betonte die politische Ohnmacht des Adels und seine gleichzeitige soziale Privilegiertheit. Als Forschungsbasis überwogen Quellen rechtlich-normativen Charakters. Die Faszination der Ideen dieser hochentwickelten historiographischen Tradition für viele nichtmarxistische Historiker ist bis heute ungebrochen.[31] In der sowjetischen Forschung wurde häufig, um sich von der „bürgerlichen" Geschichtsschreibung abzusetzen und den eigenen interpretatorischen Neuansatz zu betonen, auf die methodischen Schwächen, thematischen Einseitigkeiten und deshalb beschränkten Erkenntnismöglichkeiten der vorrevolutionären russischen Geschichtswissenschaft hingewiesen. Dieser Vorwurf ist aus mehreren Gründen unberechtigt. Was die angeblichen methodischen Schwächen betrifft, so haben sich auf diesem Gebiet keine solchen dramatischen Veränderungen vollzogen, die die Fachhistorie auf ein neues qualitatives Niveau erhoben hätten. Die Methode als Rüstzeug ist stets so gut oder schlecht, wie die sie anwendenden Historiker, und so wirkungsvoll oder ineffizient, wie breit oder begrenzt der vorhandene geistige Spielraum ist. Daß sich Forschungsproduktion, Verfahrenstechniken und Quellenbasis im Laufe der letzten hundert Jahre quantitativ erheblich vermehrt haben, liegt am natürlichen Gang der fortschreitenden Wissenschaftsentwicklung und sollte zu Euphorie keinen Anlaß geben. Wichtiger als der – selbstverständlich zu beherzigende – methodische Aspekt des historischen Erkenntnisverfahrens sind immer noch Objektivitätswille, Interpretationskunst und schöpferische Phantasie des einzelnen, und wer

---

[29] Vgl. zu diesem historiographischen Sachverhalt Rüß, Adel und Adelsoppositionen, S. 28; ders. Das Reich von Kiev, S. 203.

[30] K.D. Kavelin behauptete: „Die ganze russische Geschichte, die ältere und auch die neuere, ist vor allem Staatsgeschichte..." Vgl. Monografii po russkoj istorii, S. 272.

[31] Man beachte etwa den programmatischen Titel des Buches von Torke, Die staatsbedingte Gesellschaft; kritisch dazu aus sowjetmarxistischer Sicht Meduševskij, Rossijskoe gosudarstvo, S. 195 f., 202.

wollte behaupten, daß in dieser Hinsicht die nachfolgenden Forschergenerationen den älteren Historikern überlegen waren? Die „Einseitigkeiten" der „Staatlichen Schule" führten im übrigen zu einem vertieften Verständnis der rechtlichen und politischen Stellung des Adels, ähnlich wie die thematische Fixiertheit der marxistischen Forschung teilweise zum besseren Verständnis sozialökonomischer Faktoren beitrug, wobei jedoch rechtliche und politische Aspekte wiederum stark vernachlässigt wurden. Und schließlich ist der Vorwurf der eingeschränkten Perspektive an die Adresse der älteren Forschung auch insofern ungerechtfertigt, als man ihr das Interesse an wirtschaftlichen und sozialökonomischen Fragen durchaus nicht absprechen kann, was sich nicht nur mit der bekannten und einflußreichen sozialgeschichtlichen Orientierung der Arbeiten V. O. Ključevskijs belegen läßt.[32]

Gemessen an ihren Möglichkeiten und Kapazitäten ist der Beitrag der sowjetischen Geschichtswissenschaft an der Erforschung des russischen Adels in Relation zur älteren und sogar zur westlichen Forschung[33] eher als bescheiden zu bezeichnen. Damit ist nicht der quantitative Umfang wissenschaftlicher Produktion gemeint. Quellen- und Faktenbasis sind von sowjetischen Historikern außerordentlich verbreitert worden. Was aber auffällt, ist der weitgehende Mangel an umfassenden originellen und innovativen Interpretationsentwürfen. Diejenigen, die lange Jahre mit viel Aufwand und dogmatischem Eifer von etablierten Historikerkreisen als „unumstößliche Wahrheiten" der marxistischen Forschung ausgegeben wurden – etwa der Feudalcharakter der frühen Kiever Rus' oder die „progressive" Rolle des niederen und die „reaktionäre" des hohen Adels im Moskauer Reich –, wurden schon zur Sowjetzeit von einigen Außenseitern der Zunft prinzipiell in Frage gestellt.[34] „Beweis" und anschließende „Widerlegung" fragwürdiger Konzeptionen haben somit eine

---

[32] Vgl. etwa Roždestvenskij, Služiloe zemlevladenie; M. D'jakonov, Očerki iz istorii sel'skago naselenija v Moskovskom gosudarstve (XVI – XVII vv.). SPb 1898; Rožkov, Sel'skoe chozjajstvo; M.V. Dovnar-Zapol'skij, Torgovlja i promyšlennost Moskvy XVI – XVII vv. M. 1910; N. Kostomarov, Očerk torgovli Moskovskogo gosudarstva v XVI i XVII stoletijach. SPb 1862; P.P. Mel'gunov, Očerki po istorii russkoj torgovli IX – XVIII vv. M. 1905; N. Aristov, Promyšlennost' drevnej Rusi. SPb 1866; I. Zabelin, Bol'šoj bojarin v svoem votčinnom chozjajstve.
[33] V.D. Nazarov nennt den Adel des „feudalen Rußlands" eines jener Forschungsgebiete, auf dem „wir entscheidend hinter den westlichen Gelehrten, speziell der USA und der Bundesrepublik, hinterherhinken." Vgl. „Kruglyj stol", S. 48.
[34] Vgl. z. B. die Arbeiten von I. Ja. Frojanov (dazu meine Rezensionen in: JbGOE N.F. Bd. 30, 1982, S. 266–268, ebd. Bd. 37, 1989, S. 275–278 und ebd. Bd. 41, 1993 S. 135 f.) und V.B. Kobrin, Vlast' i sobstvennost'. Das Besondere der zitierten Arbeiten liegt nicht in der Originalität der Konzeptionen, sondern in ihrer wissenschaftsgeschichtlichen Bedeutung des Widerstands gegen etablierte Forschungsmeinungen. Es mag dabei vor allem als taktisches Kalkül zu werten sein, daß die Berufung auf Forschungsergebnisse nichtmarxistischer Historiker bei beiden Autoren weitgehend unterblieb.

Menge gelehrter Energie gekostet, die in einer undogmatischen geistigen Atmosphäre weitaus schöpferischer hätte genutzt werden können. Die Stagnation der Ideen und verordneten ideologischen Deutungsprämissen hat zudem viele Historiker die Flucht in das unverfänglichere Detail, in die abgeschiedenen Nischen des positivistischen Faktenanhäufens und einer rein beschreibenden und ökonomistischen Historie antreten lassen. Bezeichnenderweise entstammen aber gerade diesem ideologiearmen Forschungstrend die besten und qualifiziertesten Arbeiten zur Geschichte des russischen Adels. So sind etwa die posthum veröffentlichten Untersuchungen S. B. Veselovskijs zur diensttuenden Grundbesitzerschicht im Moskauer Staat und die Arbeiten A. A. Zimins zum gleichen Thema bis heute eine unersetzliche Quelle der Information, die – und auch das ist wiederum ein merkwürdiges wissenschaftliches Phänomen – besonders auf die westliche Forschung eine ungemein stimulierende Wirkung ausgeübt haben. Wie die in den späten 80er Jahren anlaufende, recht schonungslose Abrechnung sowjetischer Historiker mit ihrer Geschichtswissenschaft vor einem breiten Publikum zeigte[35], war schon zum damaligen Zeitpunkt für die Zukunft bei anhaltender politischer Tendenz ein wesentlich kritischerer Umgang mit sich und den eigenen geistigen Produkten und eine größere Aufgeschlossenheit der nichtmarxistischen Forschung gegenüber absehbar. Das jahrzehntelange bewußte Ignorieren westlicher Forschungsergebnisse wurde von vielen zu Recht als wissenschaftsfremder und der bekannten fachlichen Isolierung und „patriotischen" Selbstüberschätzung Vorschub leistender Skandal empfunden.[36]

In der Konzentration auf politische, rechts- und verfassungsgeschichtliche Probleme des Adels steht die westliche Rußlandmediaevistik eindeutig in der Tradition der vorrevolutionären liberalen russischen Geschichtsschreibung. Es kann mit Fug und Recht behauptet werden, daß die Analyse der herrschenden Moskauer Schicht – viel weniger jedoch des Kiever Adels – zu einem dominierenden Forschungsschwerpunkt der westlichen Rußlandhistoriographie avanciert ist.[37]

---

[35] Vgl. die „round-table"-Gespräche in den Zeitschriften Istorija SSSR und Voprosy istorii seit 1988.

[36] In einem Brief an die Redaktion der Voprosy istorii, Nr. 5, 1988 schrieb N.A. Rabkina: „... es ist der berechtigte Vorwurf an unsere Gelehrten bezüglich ihrer z. T. schwachen Kenntnis der ausländischen zeitgenössischen Historiographie erhoben worden ... Das ist so, aber es gibt noch etwas anderes – die anonyme Verwertung ausländischer Arbeiten ...."

[37] Siehe Goehrke, Entwicklungslinien, S. 172 f. Daß das stark angewachsene Interesse am russischen Adel allerdings relativ neueren Datums ist, zeigt eine Bemerkung aus dem Jahre 1970: „Die Entwicklung des russischen Adels hat außerhalb Rußlands bemerkenswert geringe Aufmerksamkeit auf sich gezogen ...". Vgl. Clarkson, Some Notes, S. 192, Anm. 16.

Während in der sowjetischen Forschung vor allem die „feudalen" Merkmale des hohen Moskauer Adels, seine antiautokratischen und antizentralistisch- „reaktionären" Bestrebungen hervorgehoben wurden, betonten hingegen westliche Historiker seine politische Ohnmacht und Schwäche als Folge mangelnder ständischer Organisiertheit, fehlender Klassensolidarität und einer alle politischen Energien absorbierenden und zermürbenden Rivalität um Machtpositionen und Einfluß in der Nähe des Herrschers. Der Machtegoismus rivalisierender Gruppen und Individuen führte nach dieser Theorie zu einer fatalen politischen Vereinzelung, die den aufkommenden Autokratiebestrebungen keinerlei Schranken entgegenzusetzen vermochte. Während ein älterer Zweig der nichtmarxistischen Forschung die Machtlosigkeit des Adels in erster Linie an mangelnden juristischen und institutionellen Absicherungen festmachte,[38] wird in der neueren westlichen Literatur der Rivalitätsgesichtspunkt als Ursache adliger Schwäche stark in den Vordergrund gerückt. Es fasziniert in dieser Perspektive das scheinbar permanente Konkurrenzverhalten des Adels, weil es sich mit vertrauten und vermeintlich ähnlichen Verhaltensmustern und Normen in modernen kapitalistischen Gesellschaften – natürlich unausgesprochen – offenbar gut deuten und erklären läßt. Die den historischen Personen unterstellten Motive und Beweggründe ihres Handelns werden als mit den eigenen in vergleichbaren Situationen identisch und verstehbar empfunden. Die Gefahr einer gewissen modernisierenden Beschreibung adliger Mentalität und adligen Handelns ist freilich implizit gegeben, zumal die Herkunft der Bewertungskriterien und ihr Eingang in das historische Urteil in der Regel nicht theoretisch mitreflektiert werden. Dem genannten spezifischen Interesse eng verbunden ist die prosopographische Methode, die einer großen Zahl von neueren, besonders amerikanischen Untersuchungen zugrunde liegt.[39] Es soll allerdings nicht verschwiegen werden, daß diesen zweifellos verdienstvollen und die Adelsforschung eminent stimulierenden Arbeiten bisweilen ein deutliches spekulatives Element anhaftet, wenn etwa aufgrund nackter Verwandtschafts- und Karrieredaten über Gruppeninteressen und politische Verbindungen geschrieben wird, ohne daß genau bekannt wäre, wie diese aussahen, oder Ambitionen konstatiert werden, die mehr oder weniger nur vermutet oder geahnt werden können, und überhaupt adliges Verhalten auf ein gänzlich unprogrammatisches Konkurrieren um Macht, Ehre und Reichtum reduziert wird. Alle Politik scheint sich vollkommen in private Ambitionen,

---

[38] Komprimiert wiedergegeben bei Philipp, Zur Frage nach der Existenz altrussischer Stände.
[39] Als Beispiele für einen dezidiert personengeschichtlich orientierten sozialwissenschaftlich-verallgemeinernden Interpretationsansatz können die zahlreichen Studien von G. Alef, R.O. Crummey und A.M. Kleimola gelten. Ein gelungenes Beispiel aus russischer Feder in der Tradition der Forschungen Veselovskijs und Zimins ist das jüngste Buch A.P. Pavlovs.

individuelle Positionssicherungen und egoistisches Erwerbs- und Machtstreben aufzulösen. Der politische Konflikt besteht nach dieser einen ohne Frage sehr bedeutsamen Aspekt verabsolutierenden Theorie nahezu ausschließlich in der Ausbalancierung und Pazifizierung verschiedener Individual- und Gruppeninteressen.[40] Es hat nicht allein von daher seine wissenschaftliche Berechtigung, wenn neben diese Art sozialwissenschaftlich-verallgemeinernder Auswertung personengeschichtlicher Fakten mit ihren unvermeidlichen Abstraktionen die detaillierte biographisch-individualisierende Betrachtung tritt[41], die ein möglichst lebensnahes und umfassendes Profil einzelner adliger Individuen zu entwerfen versucht, um über das politische Einzelschicksal zu einem tieferen Verstehen der ganzen Klasse zu gelangen.

Adel und Herrschertum werden hinsichtlich ihrer historischen Beurteilung allgemein in einem engen Zusammenhang gesehen. Die Bewertung der adligen Rolle ist abhängig von der Einschätzung der herrschenden Gewalt und umgekehrt.[42] Wurden in der sowjetischen Forschung die Großfürsten und Zaren in der Regel als Repräsentanten und Verfechter einer positiv zu bewertenden staatlichen Zentralisation gesehen, wurden Machtkonzentration und Autokratiestreben als progressiver Schritt zu effizienterer staatlicher Gewaltausübung und als qualitativer Sprung zu modernen Herrschafts- und Gesellschaftsformen gedeutet, so interessierte die nichtmarxistische westliche Forschung – aus einem liberalen und demokratischen und z. T. auch aus einem antikommunistischen Impetus heraus – in erster Linie der Willkürcharakter fürstlich-zarischer Gewalt, potentielle und reale Machtpervertierungen aufgrund fehlender gesellschaftlicher Kontrollen, das Negativbild einer unbeschränkten Herrschaft in einem passiv-gehorsamen gesellschaftlichen Umfeld. In dieser Perspektive erscheint der Adel als politisch schwach,[43] weil er solchen negativen Entwicklungen keinen Widerstand entgegengesetzt hat, und als Opfer, das sich lediglich durch soziale Privilegiertheit von anderen Gesellschaftsgruppen unterschied. In der sowjetischen Sicht dagegen – von ansatzweisen Zwischentönen abgesehen[44] – wurde die „Zentralisation" in unmittelbarem Kampf mit dem hohen Adel durchgesetzt, der rückwärtsgewandte, „reaktionäre" Ziele verfolgt und eine den neuen, „fortschrittlichen" Tendenzen entgegenstehende, „negative" Kraft

---

[40] Vgl. etwa Kollmann, Kinship and Politics, S. 181, die diesen Interpretationsansatz als „anthropologische Analyse von Politik" bezeichnet.

[41] Rüß, Dmitrij F. Bel'skij; ders. Der „heimliche Kanzler" Vasilijs III.

[42] Als klassische Formulierung dieses Zusammenhangs kann ein Aufsatztitel von G. Alef gelten: The Crisis of the Muscovite Aristocracy: A Factor in the Growth of Monarchical Power.

[43] „... eine Elite mit Privilegien, aber ohne Rechte." Hellie, The Structure, S. 21.

[44] Zimin, O političeskich predposylkach, S. 20–23; Nosov, Stanovlenie, S. 10; Kobrin, Vlast' i sobstvennost', S. 206 ff.

dargestellt habe.[45] Auf die Fragwürdigkeit dieses Geschichtsbildes wie auch auf die wissenschaftliche Unfruchtbarkeit einer sich immer in denselben argumentativen Bahnen bewegenden formalrechtlichen Erörterung der Adelsposition habe ich seinerzeit nachdrücklich hingewiesen.[46] Die damals entwickelten Vorstellungen über die prinzipielle Kooperationsbereitschaft von Herrschertum und Adel, über den „Konservatismus" ihrer Beziehungen und der ethisch-moralischen und politischen Denkweisen,[47] die ihnen zugrunde lagen, sollen hier in einen erweiterten chronologischen Rahmen gestellt, auf ihre wissenschaftliche Haltbarkeit überprüft und durch Einbezug neuer Problemkomplexe, Erörterungsfelder und Fragestellungen vertieft werden.

Struktur- und mentalitätsgeschichtliche Untersuchungen, wie sie der Soziologe Norbert Elias für westliche Adelsgesellschaften des Mittelalters und der frühen Neuzeit in einer ungemein inspirierenden Weise anstellte, haben als methodisches Vorbild und Interpretationsmodell bisher so gut wie keinen Einfluß auf die Rußlandhistorie ausgeübt.[48] Dabei hat sich eher als woanders in Europa im mittelalterlichen Rußland ein „höfischer" oder zumindest stark hoforientierter Adel herausgebildet, dessen Normen und Lebensart schon früh durch permanente, das Verhalten des einzelnen detailliert regelnde liturgische Feste und zeremonielle Akte und Gesten geprägt waren. Das höfische Zeremoniell nicht nur als mehr oder weniger glänzende Herrschaftspräsentation, sondern als Pazifizierungs- und Machtmittel und Ausdruck konkreter politischer Machtverhältnisse hat unter diesen Aspekten bislang kaum die wissenschaftliche Beachtung gefunden, welche der ihm von den Beteiligten zugemessenen Bedeutung entsprach. Der quantitative und qualitative Zuwachs höfischen

---

[45] Programmatisch für das 16. Jh.: I.I. Smirnov, Očerki političeskoj istorii russkogo gosudarstva 30–50^ch godov XVI veka. M.-L. 1958. Die These vom antizentralistischen Charakter des Bojarentums ist allerdings keine Erfindung der sowjetischen Forschung, sondern wurde bereits in der vorrevolutionären Wissenschaft vertreten. Vgl. Jabločkov, Istorija dvorjanskago soslovija, S. XXVI. In der frühen Sowjetforschung wandte sich M.N. Pokrovskij gegen die „schablonenhafte" Gegenüberstellung des Bojarentums und des Herrschers als „zentrifugale" bzw. „zentralistische" Kräfte. Vgl. Čerepnin, Obrazovanie Russkogo centralizovannogo gosudarstva, S. 102.

[46] Vgl. Rüß, Adel und Adelsoppositionen, S. 1–30.

[47] Eine ausdrückliche positive Bewertung der These vom „Družina"-Charakter des moskowitischen politischen Systems bei Kollmann, Kinship and Politics, S. 17. Die Družina als „nächste bewaffnete Umgebung des Fürsten" sieht Sorokoletov, Istorija voennoj leksiki, S. 156 bis ins 16. Jh. existent. Der Begriff deckt in den Quellen verschiedene Inhalte ab: Die Gesamtheit des Heeres, die fürstliche kriegerische Gefolgschaft, die adlige Begleitung und Umgebung des Fürsten (von *drug* = Genosse, Freund, Gefährte).

[48] Ein vereinzeltes Beispiel ist Crummey, Court Spectacles in the Seventeenth Century Russia. Aber auch der Einfluß auf die Erforschung der deutschen Geschichte ist bisher gering. Vgl. Chr. Meier, Aktuelle Aufgaben der Geschichtswissenschaft und der Geschichtsvermittlung. Beilage zur Wochenzeitung Das Parlament, B. 40–41, Sept. 1988, S. 32.

Lebens, die Symbole und Signale des höfischen Zeremoniells wurden hisher vor allem unter dem Gesichtspunkt der Spiegelung fürstlicher bzw. zarischer Machtvermehrung interpretiert. Es ist aber mindestens genau so wichtig, den „Hof" als jenen Ort zu untersuchen, der die politischen Spielräume der an ihm wirkenden Menschen reflektiert bzw. der die Elite- und Herrscherposition in ihren Interdependenzen und Abhängigkeiten, Beschränkungen, Zwängen und gegenseitigen Angewiesenheiten – und dies auch als strukturell ungemein verdichtete Überbaufiguration im gesamtgesellschaftlichen Bezug – widerspiegelt. Wenn eine geläufige Auffassung der russischen Geschichte seit Ausgang des 15. Jh. eine besondere Neigung zu autokratischen Herrschaftsformen attestiert, so stellt sich die Frage, welche Bedingungen und welches gesellschaftliche Kräftespiel denn Positionen der Einherrschaft entstehen ließen, die ihren Inhabern so große Machtvorteile im Vergleich zur Machtausstattung anderer gesellschaftlicher Gruppen an die Hand gaben. Die gängigsten Erklärungsmodelle – die Zentralisation der Macht gegen den Willen eines frondierenden Hoch- und mit Unterstützung des niederen Adels oder die generelle rechtlich-politische und verfassungsmäßige Schwäche der Adelsposition – liefern entweder, wie der erste Erklärungsversuch, eine quellenmäßig nicht haltbare Konfliktbeschreibung oder versäumen es überhaupt, nach jenen relevanten gesellschaftlichen Kräften zu fragen, die die Machtkonzentration in der Hand eines einzelnen zuließen bzw. positiv unterstützten. Es ist schwer zu begreifen, daß die Autokratie das Ergebnis einer permanenten Selbstentmachtung der herrschenden Elite gewesen sein soll, wie das mit Hinweis auf die Rangplatzordnung und die ständigen innerbojarischen Fraktionskämpfe um politischen Einfluß von einem großen Teil besonders der neueren westlichen Forschung so dargestellt wird. Beide Erscheinungen waren zwar wichtige, aber nicht zu verabsolutierende Bestandteile eines umfassenderen Beziehungssystems, in das Adel und Herrscher gleichermaßen fest eingebunden waren und dessen Spielregeln sie im großen und ganzen aus freien Stücken akzeptierten, weil offensichtlich beide Seiten davon mehr profitierten als Schaden nahmen.

Kooperation und Spannung waren ein generelles konstitutives Merkmal fürstlich-adliger Beziehungen in der frühen europäischen Geschichte.[49] Während aber im Westen das Spannungsmoment hauptsächlich durch die prinzipielle Unterschiedlichkeit der politischen Zielvorstellungen ausgelöst war, so resultierte es in Rußland in aller Regel aus einer konkret und partiell

---

[49] Vgl. Schmid, The Structure of the Nobility, S. 37.

nicht geglückten Kooperation, die freilich grundsätzlich mangels alternativer Machtkombinationen niemals in Frage stand.[50]

Die meisten Deutungen der Andersartigkeit des russischen Geschichtsverlaufs haben den Charakter von Zustandsbeschreibungen und bedürfen ihrerseits wiederum der Erklärung.[51] Es wird in dieser Arbeit von der Auffassung ausgegangen, daß die russische Geschichte keine permanente Fehl- bzw. Nichtentwicklung darstellt, sondern einen Verlauf genommen hat, der ihren vorgegebenen Bedingungen im großen und ganzen angepaßt und angemessen war. Dahinter steht die Überzeugung, daß langfristige historische Entwicklungen und Strukturen der generellen Tendenz nach sich entsprechend den immanenten Bedingungen und Kräften ausbilden, welche dem jeweiligen historischen Typus in besonders prägender Weise zugrunde liegen. Die einfachste, gleichwohl zutreffendste Erklärung dafür, daß es in Rußland keine Lehnsordnung westlicher Prägung gegeben hat, ist die, daß sie für die russischen Verhältnisse offenbar wenig geeignet war. Die scheinbare Banalität dieser Tatsache mag der Grund dafür sein, daß man sich scheute, sie auszusprechen, sofern man nicht ohnehin die These von einer im Westen und Osten identischen Feudalentwicklung vertrat. Aber es hat zweifellos historische Faktoren in der mittelalterlichen russischen Geschichte gegeben, die das gefolgschaftlich-kooperative Verfassungsmoment gegenüber adliger Regionalisierung und ständisch-korporativer Absonderung stark begünstigt haben. Als einer der elementarsten wird hier der Krieg betrachtet, dessen Einfluß auf die innere Ordnung und Gesellschaftsverfassung in der wissenschaftlichen Argumentation eine merkwürdig periphere Rolle spielt. Dabei gibt es kein Land in Europa, das bis in die jüngste Vergangenheit hinein von so häufigen und existenzbedrohenden Kriegskatastrophen betroffen gewesen ist wie gerade Rußland.[52]

---

[50] M. Jabločkov schreibt: „Zwischen Thron und Adelsstand war immer ... die engste Verbindung: einerseits stützt sich der Thron auf den Adel ..., andererseits erhält sich der Adel durch seine Ergebenheit an den Thron und bekommt seine ganze Bedeutung von ihm." Vgl. Istorija dvorjanskago soslovija, S. XXXVI.

[51] So wird z. B. die Nichtexistenz des Lehnswesens mit dem Nichtvorhandensein bestimmter Elemente dieses Systems erklärt oder die Nichtrezeption des römischen Rechts für die Nichtausgestaltung eines politischen Rechtsbewußtseins in der Herrscher-Adel-Beziehung verantwortlich gemacht. Es liegt zutage, daß in beiden Fällen nur eine sekundäre Ursachenschicht angesprochen ist. Dies gilt im übrigen für viele historische Erklärungsversuche, die sich auf den formalen Vergleich beschränken.

[52] Im Jahre 1018 zieht der polnische Herzog Bolesław Chrobry, nachdem er Jaroslav den Weisen am Bug geschlagen hat, siegreich in Kiev ein. Seit 914 sieht sich das junge Kiever Reich mehrfach gefährlichen Angriffen durch das Steppenvolk der Pečenegen ausgesetzt. Die Bedrohung kann erst 1036 unmittelbar vor den Toren Kievs endgültig beseitigt werden. Von der Mitte des 11. Jh. an ersteht dem Kiever Reich in den Polovcern (Kumanen) ein neuer gefährlicher Feind aus der Steppe. Bis zum Jahre 1210 hatten sich die russischen Fürstentümer über 50 teilweise verheerender polovcischer Einfälle

Eine „feudalisierte" und „regionalisierte" Gesellschaft, die zudem wesentliches Kräftepotential in inneren Fehden verbraucht hätte, wie das im Westen der Fall war, wo viele Kriege ja erst als Folge feudaler Zersplitterung entstanden

zu erwehren. Die vernichtende Niederlage des Fürsten Igoŕ Svjatoslavič im Jahre 1185 wird im „Igoŕ-Lied", dem altrussischen Nationalepos, eindrucksvoll besungen. Zwischen 1238 – 1240 erobern die Tataren das Kiever Reich, wie Kiev werden viele altrussische Städte dem Erdboden gleichgemacht, Rußland gerät für mehrere Jahrhunderte unter mongolische Herrschaft. 1240 – 1241 erobern Deutsche Ordensritter Izborsk und Pskov, von wo aus sie einzelne Streifzüge bis in die unmittelbare Nähe Novgorods unternehmen, das im gleichen Jahr auch von Schweden angegriffen wird (Angriffe der Kreuzritter wiederholen sich 1253 und der Schweden 1256). Seit ca. 1300 setzt eine expansive Ostpolitik Litauens ein, das seit 1382 im Verein mit Polen große Teile des ehemaligen Kiever Reiches erobert und Moskau bis zum endgültigen Rückgewinn von Kiev und Smolensk im Waffenstillstand von Andrusovo 1667 in zahlreiche, z. T. langjährige kriegerische Auseinandersetzungen verwickelt (1368 und 1370 Belagerung Moskaus durch den litauischen Großfürsten Olgerd; 1404 erobert Witold Smolensk, das 1514 an Moskau fällt, 1611 von Polen wiedergewonnen wird und den Hauptstreitpunkt des polnisch-russischen Krieges der Jahre 1632 – 1634 darstellt. Längere kriegerische Auseinandersetzungen zwischen Polen-Litauen und Moskau gab es in den Jahren 1406 – 1408, 1492 – 1494, 1500 – 1503, 1507/08, 1512 – 1514, 1534 – 1537, 1558 – 1581, 1609 – 1612, 1617/18, 1632 – 1634, 1653 – 1656, 1659/60.) Tatarische Überfälle mit regional begrenzter Zielsetzung waren an der Tagesordnung und – trotz aller Überraschungsmomente im einzelnen konkreten Fall – eine sozusagen „verläßliche", einkalkulierbare Bedrohungskonstante. Einige tatarische Großangriffe hatten allerdings solche Ausmaße, daß Land und Bevölkerung des Moskauer Reiches noch viele Jahre danach unter den zerstörerischen Folgen zu leiden hatte. 1382 wird Moskau durch den Chan Tochtamyš als Rache für die Niederlage von 1380 nach dreitägiger Belagerung eingenommen und niedergebrannt. Einem tatarischen Verwüstungsfeldzug unter Edigü im Jahre 1408 fallen nahezu alle Städte des Moskauer Großfürstentums zum Opfer, die Hauptstadt selbst kann nur durch die Zahlung eines hohen Lösegeldes vor dem gleichen Schicksal bewahrt werden. 1416 erobert Edigü Kiev und äschert das Höhlenkloster ein. 1445 erleidet Vasilij II. vor Suzdal' eine schwere Niederlage gegen die Tataren von Kazán und kann sich nur gegen ein sehr hohes Lösegeld und territoriale Zugeständnisse aus der Gefangenschaft freikaufen. 1521 macht der Krimchan einen überraschenden Vorstoß über die Oka, zwingt die Grenzverbände zu panikartiger Flucht und gelangt bis fast vor die Tore Moskaus. 1571 erobern die Krimtataren Moskau und erneuern vorübergehend die moskowitische Tributpflicht. Sie bilden auch im 17. Jh. eine Gefahr an der Südgrenze, gegen die in den 30er und 40er Jahren eine vorgeschobene Verteidigungslinie (die sog. „Belgoroder Linie") errichtet wird. Die nördliche Bedrohung kam aus Schweden, das im Zusammenhang mit dem Livländischen Krieg (seit 1558) als Gegner Moskaus (seit 1570 die 25jährige „Große Fehde") territoriale Gewinne (Estland, Narva) erzielt und im Jahre 1611 die chaotischen innenpolitischen Zustände ausnutzt, um Novgorod vorübergehend (bis 1617) an sich zu binden und wichtige Grenzfestungen (Ivangorod, Jam, Kopoŕe) in Besitz zu nehmen. Ein russisch-schwedischer Krieg 1656 – 1658 führt nicht zu einer Veränderung des in Stolbovo 1617 festgelegten Grenzverlaufs, durch den Schweden Rußland den Zugang zur Ostsee versperrte. Zu den Angaben vgl. Daten der russischen Geschichte. Von den Anfängen bis 1917. Hrg. v. E. Hösch und H.-J. Grabmüller. München 1981. Die Liste ist bei weitem nicht vollständig, es wurden mit einigen Ausnahmen die spektakulärsten Verteidigungsfälle angeführt.

sind, wäre kaum dazu in der Lage gewesen, den ständigen kriegerischen Bedrohungen von außen durch fremde Völker und aus allen Himmelsrichtungen standzuhalten und im Gegenzug militärisch expansiv zu agieren. Der russische Adel war deshalb bis tief ins 17. Jh. hinein eine ausgesprochene Kriegerkaste, die Jahr für Jahr entweder zur vorbeugenden Grenzsicherung oder aufgrund akuter Kriegshandlungen zu den Waffen eilte. Das Bewußtsein, daß innere Zerrissenheit lebensgefährlich für die selbständige Existenz des Landes wäre, ist schon sehr früh in Kiever Zeit ausgebildet worden. Es gibt für die hier untersuchte Periode zahlreiche Beispiele dafür, daß innere Schwächephasen unmittelbar Angriffe von außen provozierten[53], ein Zusammenhang, der auch den Zeitgenossen vollkommen geläufig war und etwa die Kirche mit Blick auf die innere Einheit zu permanenter Harmonisierungsrhetorik veranlaßte, um die „russische Christenheit" vor dem „Untergang" zu bewahren. Während der westliche Adel seinen Aggressionsüberschuß hauptsächlich in inneren Fehden abreagierte oder in Kreuzzügen nach außen ablenkte oder bei zeitvertreibenden ritterlichen Turnieren mangels anderer Gelegenheiten zu einer sportlichen Kampfkunst sublimierte, hatte es der russische mit Feinden zu tun, deren Gefährlichkeit diese Art aristokratischer Betätigung und Selbstbestätigung wenig nützlich, sinnvoll und angemessen hätte erscheinen lassen.[54] Staatlicher Selbsterhaltungstrieb und der der herrschenden Klasse geboten es vielmehr, innere Konflikte auf ein solches Maß zu reduzieren bzw. in solchen Formen auszutragen, welche die ständig notwendige Abwehrbereitschaft nach außen nicht unerträglich gefährdeten. Eine vergleichbare konstante Bedrohungssituation gab es in keinem anderen europäischen Land.[55] Während dort adlige Ritter auf der Suche nach Aufgaben Kreuzzüge in ferne Länder unternahmen, fanden die „Kreuzzüge" in Rußland sozusagen vor der Haustür statt. Seit der Christianisierung befand sich der russische Adel in einem ununterbrochenen

---

[53] 1203 zerstörten die Polovcer im Bunde mit russischen Fürsten Kiev. 1445, während der Thronfolgekämpfe in Moskau, erfolgt ein vernichtender Angriff der Tataren, in dessen Verlauf Großfürst Vasilij II. in Gefangenschaft gerät. Unter der Regentschaft Elena Glinskajas (1533 – 1538) befindet sich Moskau zeitweise in einem Verteidigungskrieg an drei Fronten gegen Kazań, die Krimtataren und v.a. Polen-Litauen, das bald nach dem Tode Vasilijs III. einen großangelegten Angriff auf das Moskauer Großfürstentum unternimmt. Die offenen bojarischen Machtkämpfe nach dem Tode der Regentin nutzen im Jahre 1541 die Krimtataren zu einem Vorstoß auf Moskau. Die durch den Opričnina-Terror geschwächte Abwehrbereitschaft führt 1571 zur Zerstörung Moskaus und des Kreml' durch die Krimtataren. Im Verlauf der „Wirren" (Smuta) ziehen polnische Truppen im September 1610 in Moskau ein und besetzen den Kreml', Schweden nehmen 1611 Novgorod in Besitz.
[54] Möglicherweise ist dies ein Grund dafür, daß ein ritterliches Turnierwesen in Rußland kaum nennenswerte Spuren hinterlassen hat.
[55] Im Zeitraum 1228 – 1462 waren von 302 Heerzügen 200 mit äußeren Feinden verbunden. Vgl. Kirpičnikov, Fakty, S. 230.

Kampf mit den „Ungläubigen" aus der Steppe, der bis zur Mitte des 16. Jh. ganz überwiegend aus der Position des Angegriffenen erlebt wurde. Über Mangel an kriegerischer Betätigung brauchte sich also der russische Adel niemals zu beklagen. Im Gegenteil. Soziales Absinken war hier v. a. bei den materiell schwach ausgestatteten niederen Dienstschichten oft auf eine Überbeanspruchung durch militärische Aufgaben zur Sicherung oder Erweiterung der Staatsgrenzen[56] zurückzuführen, während die westliche Erscheinung eines vagabundierenden und sozial degradierten Rittertums ihre tieferen Ursachen gerade in der zunehmenden gesellschaftlichen Funktionslosigkeit dieser adligen Kriegerklasse hatte.

Der Quellenhintergrund für eine Darstellung des vorpetrinischen Adels ist nicht besser oder schlechter als für viele andere Themen der russischen Geschichte, für die mit einem enormen Dokumentenverlust durch Mongolensturm, Fürstenfehden, Kriege und katastrophale Großbrände, wie sie wegen der in Rußland typischen Holzbauweise häufig auftraten, zu rechnen ist.[57] Bestimmte Geschichtsperioden und Geschichtsbereiche sind durch solche äußere gewaltsame Einwirkung schlecht, bruchstückhaft, vage oder überhaupt nicht quellenmäßig erschließ- und erfahrbar.[58] Die großen Überlieferungslücken haben manche Historiker zu wissenschaftlich irrelevanten Geschichtsentwürfen verführt, wovon besonders die frühe russische Geschichte betroffen ist, als der Strom der Überlieferung im Vergleich zu späterer Zeit noch spärlich floß. Das erklärt z. B., warum bezüglich der Herrschafts- und Gesellschaftsstruktur des Kiever Reiches die Geschichtsforschung, da sie für diese quellenarme Epoche hauptsächlich von einer in vieler Hinsicht problematischen Chronistik[59] abhängig ist, zu

---

[56] Zu Beginn des 14. Jh. umfaßte das Moskauer Fürstentum weniger als 47.000 km², 1462 ca. 430.000 km², 1533 2,8 Millionen km², Ende des 16. Jh. 5,4 Millionen km², 1688 15,28 Millionen km².

[57] Die verheerenden Brände in Moskau in den Jahren 1571, 1611 und 1626 vernichteten nahezu vollständig das Dokumentenmaterial der zentralen Behörden des 16. Jh. und beginnenden 17. Jh. Wichtige Chronikaufzeichnungen vom Beginn des 15. Jh (Troickaja letopiś) gingen beim Moskauer Brand von 1812 verloren usw.

[58] Erhaltene Siegel können als Beleg für Urkundenexistenz dienen, aber die Urkunden selbst sind verlorengegangen. Die altrussische Diplomatik ist an ihren eigenen Produkten erst vom 12. Jh. an erfahrbar, und mit Blick auf die Menge des Übriggebliebenen kann man das Urkundenzeitalter in Rußland bestenfalls im späten 14. Jh. ansetzen. Vgl. U. Halbach, Kanzlei und Kanzleramt, S. 25. Kaštanov, Russkaja diplomatika, S. 227.

[59] Die „Erzählung von den vergangenen Jahren" (*Povest' vremennych let*, im folgenden PVL) als bedeutendstes Werk dieser Gattung wurde zu Anfang des 12. Jh. zusammengestellt, erzählt fortlaufend die Geschichte der Slaven und der Ruś von den Anfängen bis zur Zeit der Endredaktion der Chronik, ist aber erst mit Abschriften des 14. und 15. Jh. (Laurentius-Chronik, Hypatius-Chronik), die die Darstellung der PVL mit z. T. lokaler Perspektive (Suzdal'-Vladimir, Galizien) fortsetzen, auf uns gekommen. Die Problematik für die früheste russische Geschichte liegt im zeitlichen Abstand der Ereignisse von der Abfassung der Chronik, in deren verschiedenen Überlieferungsschichten,

Einleitung 21

extrem divergierenden Vorstellungen gelangen konnte, wie es in dieser krassen Form für eine Zeit mit vielfältigeren Quellenhinterlassenschaften – unter der Voraussetzung des Forscherwillens zu wissenschaftlicher Objektivität – kaum denkbar wäre. So steht etwa der Vorstellung, daß Adel und Fürsten in der Kiever Ruś die dominierenden politischen und sozialen Kräfte darstellten, die These gegenüber, daß sie eher eine untergeordnete und sekundäre Erscheinung in einer weitgehend demokratisch organisierten „Stadtstaaten"gesellschaft gewesen seien.[60]

Hier interessiert aber nicht die phantasievolle Spekulation mit Rückschluß- und Analogieverfahren unter Ausnutzung von tatsächlichem oder vermeintlichem Quellenverlust oder einer ungünstigen Quellenlage, sondern der Zusammenhang zwischen dem, was übriggeblieben bzw. nicht überliefert ist und der sich in beidem manifestierenden geschichtlichen „Realität". Längst nicht alle Lücken und weißen Flecken in der Überlieferung sind nämlich auf Verlust, Verfall oder Vernichtung zurückzuführen. Sie spiegeln hingegen oft historische Zustände und gesellschaftliche Beziehungen in ihrer Unüberlieferbarkeit oder Nichtexistenz wirklichkeitsgetreu wider, ein Quellensachverhalt, der gewiß selbst eine interpretationswürdige Dimension aufweist. So geschahen gefolgschaftliche Treueversprechen und zwischenfürstliche Verträge in der Kiever Rus' höchstwahrscheinlich in aller Regel in mündlicher Form. Dies gilt sogar für „staatliche" Abmachungen vor dem 10. Jh., um so mehr für Vereinbarungen zwischen Privatpersonen, die in einer viel späteren Epoche üblicherweise auf urkundlicher Basis geregelt wurden. Wenn von Teilen des Adels formulierte Verpflichtungen politisch-rechtlichen Charakters für die Staatsspitze vor dem Machtantritt Kaiserin Annas im Jahre 1730 nirgendwo, außer in der bekannten Deklaration Sigismunds III. vom 4. Febr. 1610, einen Niederschlag in entsprechenden Dokumenten gefunden haben, so ist dies mit hoher Wahrscheinlichkeit nicht Folge einer verlorengegangenen, falschen oder verdorbenen Überlieferung, sondern exakte Widerspiegelung eines wichtigen Aspekts adlig-herrscherlicher Beziehungen. Und wenn adliger Grundbesitz vor dem späten 11. Jh. nicht nachgewiesen werden kann, so wird man das ebenfalls als untrügliches Zeichen eines objektiven historischen Tatbestandes zu werten und zu respektieren haben. Kurz, die bestehende Quellenlage, bei all ihrer überlieferungsbedingten Unzulänglichkeit für die wissenschaftliche Klärung von bestimmten historischen Einzelfragen, ist keineswegs der nur mehr kümmerliche und zerrbildhafte Reflex vergangener Zeiten und Zustände, was

---

im Einfluß zeitgenössischer Sichtweisen und Terminologien auf die Darstellung, in ihrer politischen Tendenz usw. Vgl. zu Inhalt und Überlieferungsgeschichte Rüß, Das Reich von Kiev, S. 207-212 (dort weitere Lit.).

[60] In diesem Sinne Frojanov, Dvorničenko, Goroda-gosudarstva v Drevnej Rusi, S. 198-311 (vgl. dazu meine Rezension in JbGOE N.F. Bd. 37, 1989, S. 276-277).

ein Bemühen um realitätsnahe Zeichnung des russischen Adels von vornherein als hoffnungslos erscheinen ließe. Wenn auch somit die soziale und politische Physiognomie der herrschenden Schicht aus der vergrößernden Nahsicht eine Vielzahl von unbekannten Stellen aufweist, so ist es doch nach unserer Überzeugung möglich, die groben Umrisse und charakteristischen Linien ihres Profils aus dem nicht nur zufällig so überkommenen Quellenbestand hervortreten zu lassen.

Die materiellen Überreste adligen Lebens aus vorpetrinischer Zeit sind im Vergleich zu den sichtbaren Hinterlassenschaften des westlichen Adels der gleichen Epoche äußerst gering. Dafür gibt es viele Gründe, wie die bereits erwähnten: Kriege, Brände, Zerstörungen, Raub, Plünderungen, Verfall, aber auch die verbreitete Entfremdung des Besitzes durch großzügige Schenkungen an Kirchen und Klöster, staatliche Konfiszierungen, die generell größere Anfälligkeit des stadtsässigen, reichen Hochadels für materiellen Verlust aufgrund von äußeren Katastrophen und politischem Absturz, die relative Armut des niederen Provinzadels und schließlich die Stigmatisierung der ganzen herrschenden Schicht als „Klassenfeind" im 20. Jh., die zum völligen gesellschaftlichen Verschwinden und zum Untergang der materiellen Kultur des Adels in Rußland geführt hat.

Die Tatsache, daß private dokumentarische Sammlungen aus der Zeit vor dem 17. Jh., die Aufschluß über Struktur, Organisation und Größe adligen Grundbesitzes geben könnten, fehlen, hängt allerdings auch damit zusammen, daß das Interesse des russischen Adels immer in sehr starkem Maße auf die politische Qualität und den ranglichen Wert seiner Dienst- und Hofposition gerichtet war und deshalb der wirtschaftliche, privatrechtliche und grundherrschaftliche Faktor einen zwar nicht unwesentlichen, aber letztlich doch sekundären Aspekt seines Statusverständnisses bedeutete. Von daher erklärt sich, daß Dokumente dienstlichen Charakters und offizieller Herkunft oder solche, die Ansprüche auf Dienst- und Rangpositionen belegen konnten, im Vergleich zu jenen, die mit der Privatbesitzsphäre zusammenhingen, bei weitem überwiegen.[61] Es sind weder adlige Familienarchive noch einzelne größere Komplexe von Dokumenten erhalten, deren Verwahrungsgeschichte sie als aus dem Besitz einer bestimmten Adelsfamilie stammend erweisen würde.[62] Entsprechend haben adlige Genealogien (*rodoslovnye*), die in einer großen Zahl von Abschriften für private Zwecke erst aus dem 17. Jh. überliefert sind, in ihrer später oft grob fälschenden Manier v. a. die Funktion, individuelle und familiäre Rang- und Positionswünsche innerhalb der Diensthierarchie mit

---

[61] Die Diensturkunden sämtlicher Angehöriger des Dienststandes – im 17. Jh. gehörten ihm 15.000 Familien an – befanden sich im Archiv des *Razrjadnyj Prikaz*. Sie sind noch heute erhalten und umfassen Tausende von Bänden.
[62] Vgl. Byčkova, Sostav klassa feodalov, S. 22.

Berufung auf eine legendäre hohe Abstammung manipulativ zu beeinflussen. Es ist kein Zufall, daß das erste Auftreten solcher offizieller Genealogien in die Zeit der Entstehung und Entwicklung der sog. Rangplatzordnung um die Mitte des 16. Jh. fällt[63] und daß diese adligem Interesse nach Beachtung von Herkunft und Dienststellung der Vorfahren sowie staatlichem nach kontrollierbaren und kohärenten Kriterien für die Zuweisung von Dienstpositionen gleichermaßen entgegenkam. Zieht man das Fehlen von adligen Privatkorrespondenzen vor dem 17. Jh. und von Tagebüchern, autobiographischen Erinnerungen, politischen Traktaten adliger Individuen usw. für den gesamten Zeitraum in Betracht, so wird deutlich, in welchem hohen Maße die Erforschung des vorpetrinischen Adels von Quellen abhängt, die sich in der Hauptsache auf seine öffentlichen Funktionen und Pflichten beziehen. Zweifellos spiegelt aber dieser Quellensachverhalt einen ganz wesentlichen Aspekt adligen Handelns und adligen Selbstverständnisses wider.

Zwei Quellengattungen haben das vorherrschende Bild vom russischen Adel in ganz besonderer Weise geprägt: Literarisch-„publizistische"[64] Werke geistlicher Verfasser, die, wie Iosif von Volokolamsk (1439–1515), die autokratische Herrschaftsform als die der äußeren Machtentfaltung Moskaus angemessene Ordnung anpreisen[65], und Werke von Ausländern, die in ähnlicher Weise ein sehr einseitiges Interesse am Machtumfang der obersten Staatsspitze offenbaren. In beiden Fällen kann allerdings von einer differenzierten Betrachtung des Herrschaftssystems und der politischen Kräfteverhältnisse nicht die Rede sein. Der Adel tritt hier nur als von der Masse der übrigen Untertanen in gar keiner Weise unterschiedenes Objekt unbeschränkter fürstlich-zarischer Machtkompetenzen entgegen. Für den kaiserlichen Gesandten Freiherrn v. Herberstein war der Großfürst Vasilij III. im Verhältnis zu den Bewohnern

---

[63] Vgl. dies. Rodoslovnye knigi XVI – XVII vv., S. 177.

[64] Der häufig verwendete Begriff kennzeichnet den Charakter der erwähnten Gattung unzutreffend und mißverständlich. Von „Publizistik" im Sinne einer von breiter „Öffentlichkeit" getragenen und auf sie einwirkenden, genuin politischen Literatur kann nicht gesprochen werden. Vgl. Philipp, Die gedankliche Begründung der Moskauer Autokratie, S. 64 f.

[65] Die Bewertung der politischen Aussage in den Schriften Iosifs ist allerdings nicht einheitlich. Als Apologeten einer starken Fürstenmacht sehen ihn z. B. Zimin, O političeskoj doktrine Iosifa Volockogo; M. Raeff, An Early Theorist of Absolutism, Joseph of Volokolamsk. In: ASEER vol. 8 (1949, 2), S. 77-89; D. Goldfrank, Old and New Perspectives on Iosif Volotsky's Monastic Rules. In: Slavic Review vol. 34 (1975), S. 279-301. Auf der anderen Seite wird in der Literatur auf die bei Iosif begegnende christliche Widerstandspflicht einem Tyrannen gegenüber hingewiesen. Vgl. Val'denberg, Ponjatie o tiranne, S. 217-219; D'jakonov, Očerki, S. 416.

seines Staates der mächtigste Herrscher auf Erden.⁶⁶ Dieses Urteil eines an sich für die Rußlandkenntnis der Zeit und Nachwelt sehr verdienten und klugen Beobachters hat einen ungeheuren Einfluß auf die politischen Bewertungen der nachfolgenden Generationen von Rußlandreisenden und Rußland„experten" ausgeübt und ist im Grunde späterhin weder differenziert oder gar revidiert, sondern immer von neuem nach feststehenden Mustern wiederholt worden. Man interpretierte die Erscheinungen der fremden Welt vom Standpunkt des gebildeten Westeuropäers als Ausdruck einer niedrigeren Zivilisationsstufe fast ausnahmslos negativ.⁶⁷ Zu dem von westlichen interessierten Kreisen seit dem 16. Jh. – in Livland, Polen-Litauen, in Schweden, im Reich – kolportierten Propagandagemälde über die schreckliche Bedrohung, die der Moskauer Staat für die „zivilisierte" westliche Welt darstellte, gehörte die stereotype Feindbildvorstellung vom „barbarischen" und „tyrannischen" „Moskowiter"⁶⁸, die alle Rußlandschriften in mehr oder weniger starkem Maße durchzieht. Für eine nüchterne und kenntnisreiche Darstellung der politischen Ordnung fehlten den meisten Ausländern, deren Schriften eine breite Publizität erfuhren, ohnehin die Voraussetzungen: Ihr Aufenthalt in Rußland als – zudem gut bewachte – Diplomaten war in der Regel von viel zu kurzer Dauer und begrenzten Kontakt- bzw. Informationsmöglichkeiten auch aufgrund von Sprachbarrieren⁶⁹, als daß sie darüber mehr als nur oberflächliche Kenntnisse, wie sie die Binnenschauperspektive des „Insiders" ermöglicht,⁷⁰ hätten gewinnen können. Was wir bei

---

⁶⁶ „Mitt seinem regiment, so er gegen seinem volk brauchet, übertriffet er leichtlich alle anderen monarchen ...". Zit. nach W. Leitsch, Das erste Rußlandbuch im Westen – Sigismund Freiherr von Herberstein. In: Russen und Rußland aus deutscher Sicht. 9. – 17. Jh. Hrg. von M. Keller (= West-östliche Spiegelungen. Hrg. von Lew Kopelew). Bd. I, München 1985, S. 123.
⁶⁷ Vgl. Welke, Rußland in der deutschen Publizistik des 17. Jahrhunderts, S. 135; Ch. Halperin (Sixteenth-Century Foreign Travel Accounts to Muscovy) weist nach, wie stark im 16. Jh. Vorurteile die Urteile der Reisenden beeinflußten. Grundsätzlich zum Problem der wertenden westeuropazentrischen Optik in den Rußlandschriften des 16. und 17. Jh. Scheidegger, Das Eigene im Bild vom Anderen.
⁶⁸ Vgl. A. Kappeler, Die deutschen Flugschriften über die Moskowiter und Iwan den Schrecklichen im Rahmen der Rußlandliteratur des 16. Jahrhunderts. In: M. Keller (Hrg.), Russen und Rußland aus deutscher Sicht (wie Anm. 66), S. 150-182. Vgl. im gleichen Sammelband die Beiträge von I. Auerbach (Rußland in deutschen Zeitungen. 16. Jahrhundert), F. Kämpfer (Facetten eines deutschen „Rußlandbildes" um 1600), U. Liszkowski (Adam Olearius' Beschreibung des Moskauer Reiches), M. Welke (Deutsche Zeitungsberichte über den Moskauer Staat im 17. Jahrhundert) und M. Hueck („Der wilde Moskowit". Zum Bild Rußlands und der Russen in der deutschen Literatur des 17. Jahrhunderts. Überblick).
⁶⁹ Vgl. Welke, Deutsche Zeitungsberichte über den Moskauer Staat, S. 268.
⁷⁰ Als einzigen „Insider" bezeichnet Keenan, Muscovite Political Folkways, S. 158 den Untersekretär des Außenamtes Grigorij Kotošichin (ca. 1630 – 1667), der in der schwedischen Emigration sein berühmtes Werk „O Rossii v carstvovanie Alekseja Michajloviča" verfaßte. „Insider"qualität haben auch die „Aufzeichnungen über den

ihnen über den russischen Adel als politischem und sozialem Machtfaktor erfahren, ist im Vergleich zu dem aus anderen Quellen Bekanntem ausgesprochen wenig, da ihre Aufmerksamkeit von den vermeintlich ins Auge springenden Machtvollkommenheiten der Herrscher so gänzlich absorbiert war, daß sie kaum einen Blick für die tieferliegenden Strukturen und Funktionsweisen des Systems und ihrer adligen Träger hatten. Die Mischung aus zivilisatorischem Überlegenheitsdünkel, negativem Vorurteil und beschränktem Einblick erklärt die erstaunliche Zählebigkeit von simplifizierenden Bewertungen und politischen Klischees in westlichen Rußlandschriften[71], die im 17. Jh. immer nur dann ein besonderes Interesse für einzelne adlige Individuen an den Tag legten, wenn diese – wie die drei aufeinanderfolgenden „Kanzler" Ordin-Naščokin, Matveev und Golicyn – westlichem Bildungsstandard entsprachen und ein vermeintlich systemkritisches Verhalten offenbarten.[72]

Die geringe Beachtung der herrschenden Elite bei westlichen zeitgenössischen Beobachtern korrespondiert mit einer ebensolchen in den bisweilen fälschlich als „offizielle Ideologie" bezeichneten Theorien über den autokratischen Charakter der Fürsten- und Staatsmacht, die in kirchlich-literarischen Kreisen entwickelt wurden. Verbreitung und Einfluß dieser Theorien auf die konkrete Politik sind umstritten.[73] Auf jeden Fall spiegeln sie nur eine Teilrealität wider, Bestrebungen, Wünsche, ein künftiges Ideal, wie sie von bestimmten Kräften zur Stärkung ihrer gesellschaftlichen Position als richtig erachtet wurden, aber mit der herrschenden säkularen politischen Ideologie und der ihr zugrunde liegenden Wirklichkeit recht wenig zu tun hatten. Die minimale

---

Moskauer Staat" des Opričnina-Angehörigen Heinrich von Staden, der zwischen 1564 – 1576 im Dienst Ivans IV. stand und der sich trotz der feindseligen Einstellung gegenüber dem russischen Zaren nach seiner Flucht von stereotypen politischen Bewertungsmustern weitgehend freihält. Es ist interessant, daß jene Ausländer, die lange Zeit in Diensten der Moskauer Herrscher standen, teilweise zu gänzlich anderen Urteilen über den Moskauer Staat gelangten, als sie im Westen üblicherweise verbreitet wurden. So schrieb der in Rußland tätige Pastor Johann Gottfried Gregorii: „Der tapf're Russe wird ein Barbar zwar genannt / Und ist kein Barbar doch wie dieses Buch bekennet / Wie mein Herr Wirth auch weiss und ich bezeug es frey / Daß in dem Barbarenland fast nichts Barbarisch sey." Zit. bei G. von Rauch, Pastor J.G. Gregorii in Rußland, S. 4.

[71] Zu Recht bezweifelt M. Welke, ob die im Zeitalter des Absolutismus als loyale Diener ihrer Fürsten nach Moskau gesandten Diplomaten die Staatsform des – wie übereinstimmend anerkannt wurde – von „milden" Herrschern regierten Rußland so abstoßend empfunden haben können, daß dies eine stark nachteilige Wirkung auf ihr Urteil nach sich ziehen mußte. Vgl. Rußland in der deutschen Publizistik, S. 135.

[72] Vgl. Rüß, Der „heimliche Kanzler" Vasilijs III., S. 162; ders. Moskauer „Westler" und „Dissidenten", S. 204 ff.

[73] Es besteht die Ansicht, daß z. B. die politischen Vorstellungen Iosifs von Volokolamsk kaum eine Bedeutung für das moskowitische Staats- und Gesellschaftsdenken gehabt haben. Vgl. Döpmann, Der Einfluß der Kirche auf die moskowitische Staatsidee, S. 56.

Rolle des Adels und die Allmacht des Herrschers sind in diesen Schriften offensichtlich Ausdruck einer angefeindeten Realität, die jener gewünschten Ordnung nicht entsprach, und keineswegs politische Zustandsbeschreibungen, ähnlich wie z. B. das Werk Ivan Peresvetovs, der die unbeschränkte Gewalt des türkischen Sultans als vorbildhaft hinstellte und für eine politisch-soziale Stärkung und Begünstigung des niedriggeborenen Dienstmannes plädierte[74], die politische Realität hochadliger Machtstellung im moskowitischen Herrschaftssystem zur Voraussetzung hat. Die von Ivan IV. überlieferten Äußerungen über sein autokratisches Herrschafts- und Selbstverständnis haben genau denselben Hintergrund: In allen genannten Fällen vermittelt der Quellensachverhalt ein nichtadäquates und nur indirekt erschließbares Bild von den tatsächlichen politischen Kräfteverhältnissen.[75]

Was für die offiziöse Geschichtsschreibung der fränkischen und frühen deutschen Kaiserzeit gilt, läßt sich auf die in gleicher Weise halboffizielle und von geistlichen Autoren geführte Kiever und Moskauer Chronistik übertragen: Ihren Stoff behält sie weitgehend den großen „Haupt- und Staatsaktionen" der Fürsten vor. Der Adel tritt zwar als deren Helfershelfer, Ratgeber und militärisches Gefolge ständig in Erscheinung, aber in einer ihn meist anonym belassenden Schilderungsweise, die die Initiative des politischen Handelns den Fürsten zuschreibt. Natürlich gibt es Chronikstellen, die dieses vorherrschende Prinzip einer fürstenzentrierten Sicht durchbrechen und den großen Einfluß adliger Gruppierungen auf die Entscheidungen der Herrscher erkennbar werden lassen. Überhaupt vermitteln die Chroniken durchgehend den Eindruck einer funktionierenden, engen fürstlich-adligen Kooperation – sogar noch zu einer Zeit, als von einigen Apologeten der Selbstherrschaft die tiefe Kluft zwischen Staatsspitze und Untertanen theoretisch begründet wurde und auch die tatsächlich gewachsenen Machtvollkommenheiten der Herrscher die traditionelle Beziehung zum Adel scheinbar in einem neuen Licht zu sehen geboten.[76]

Wenn hier, einer üblichen historiographischen Tradition folgend, die Chronistik als „halboffiziell" oder „offiziös" bezeichnet wird, so sind allerdings zwei wichtige Einschränkungen angebracht. Es existierte eine dem Kiever und später dem Moskauer Einfluß entzogene Regionalchronistik, die dem politischen Ehrgeiz lokaler Fürsten oder kirchlicher Hierarchen entstammte, die aber keine prinzipiell andere Sicht der fürstlich-adligen Beziehungen erkennen läßt oder gar, wie man vielleicht erwarten könnte, eine spezifische Physiognomie lokaler Adelsgesellschaften – von den peripheren Randzentren Novgorod

---

[74] Vgl. W. Philipp, Ivan Peresvetov und seine Schriften zur Erneuerung des Moskauer Staates. Königsberg und Berlin 1935; Zimin, Ivan Peresvetov i ego sovremenniki.

[75] In diesem Sinne auch Keenan, Muscovite Political Folkways, S. 146.

[76] Chronikäußerungen von Moskauer Großfürsten über ihre engen politischen Bindungen an den Adel bei Rüß, Adel und Adelsoppositionen, S. 4-6.

und Halyč-Wolhynien bis zum Verlust ihrer politischen Unabhängigkeit abgesehen[77] – hervortreten ließe. Die Unifizierung der Chronistik im Geiste des Moskauer gesamtrussischen Herrschaftsanspruchs ist bereits am Ende des 15. Jh. im wesentlichen abgeschlossen, auch wenn es vereinzelte Beispiele für antimoskowitische Tendenzen außerhalb der offiziellen Geschichtsschreibung noch im 16. Jh. gegeben hat.[78] Der offizielle *Novyj letopisec* („Der neue Annalist"), der um 1630 erschien und der das einzige bedeutende Werk dieser Gattung im 17. Jh. darstellt, weist die gleichen stilistischen Konventionen und die nun schon traditionelle Perspektive einer heroischen imperialen Geschichte auf, wie sie für das historische Bewußtsein des 16. Jh. und besonders der Zeit Ivans IV. charakteristisch waren.[79] Daß eine Lokalchronistik als Niederschlag eines politischen Regionalismus so geringe Spuren in der russischen Geschichte hinterlassen hat, ist Ausdruck objektiver historischer Ursachen, liegt aber auch darin begründet, daß die Kirche von Anfang an als Verfechterin der Einheit auftrat, was sich aus ihrer Interessenlage als überregionale Institution erklärt, und die geistlichen Chronisten deshalb geneigt waren, lokale Besonderheiten, antizentralistische Bestrebungen und die Gegensätze zwischen den Fürsten, die oft Gegensätze größerer gesellschaftlicher Kräfte waren, eher herunterzuspielen oder als negativ zu beklagen. Das öffentliche Eintreten des allrussischen Metropoliten für die politischen Interessen der Moskauer Großfürsten seit dem 14. Jh. nahm ohnehin allzu ausgeprägten antimoskowitischen Tendenzen in der lokalen Chronistik den Atem.

Die zweite Einschränkung bezieht sich auf die begrenzte Gültigkeit des Ausdrucks „offizielle Chronistik" aufgrund der spezifischen Interessenlage und verengten Perspektive ihrer Verfasser und Initiatoren. Eine Chronistik, an der die herrschende Elite des weltlichen Adels nicht oder fast nicht teilnimmt, kann schwerlich dafür in Anspruch genommen werden, Ideologie und Geschichtsbild der **gesamten** herrschenden Klasse zu repräsentieren. Gerade jene

---

[77] Eine moderne Einführung in künftige Forschungsaufgaben bei C. Goehrke, Zum Problem des Regionalismus in der russischen Geschichte. Das Problem der Entwicklung bzw. Zerstörung lokaler Adelsgesellschaften bzw. lokaler Machtzentren ist allerdings weitgehend unerforscht. Vgl. Crummey, Sources of Boyar Power, S. 108.
[78] Vgl. Tichomirov, Maloizvestnye letopisnye pamjatniki XVIv. In der „Povest' o poimanii knjazja Andreja Ivanoviča Starickogo" werden die Machenschaften der Regentschaftsregierung Elena Glinskajas (1533 – 1538) von einem Parteigänger dieses Fürsten mit unverhohlener Antipathie beschrieben. Ebd. S. 84-94. Auf die Moskaufeindlichkeit der sog. 2. Pskover Chronik, den Kodex des Abtes Kornilij (1567), ist mehrfach hingewiesen worden. Vgl. N.N. Maslennikova, Ideologičeskaja boŕba v Pskovskoj literature v period obrazovanija Russkogo centralizovannogo gosudarstva. In: TODRL 8 (1951), S. 187-217. A.N. Nasonov, Iz istorii Pskovskogo letopisanija. In: IZ 18 (1946), S. 254-294. H.-J. Grabmüller, Die Pskover Chroniken. Untersuchungen zur russischen Regionalchronistik im 13. – 15. Jh. Wiesbaden 1975. Rüß, Adel und Adelsoppositionen, S. 25.
[79] Vgl. Miller, Official History, S. 328, 351.

gesellschaftlich relevanten Kräfte also, die das offizielle politische Handeln maßgeblich bestimmten, die im Entscheidungszentrum und inneren Zirkel der Macht standen, waren an der Darstellung und Öffentlichmachung ihres Tuns auf den Seiten „staatlich sanktionierter" Geschichtsannalen so gut wie nicht beteiligt. Über die Gründe läßt sich freilich nur spekulieren, aber sie gehen über die bloß formalen, daß nämlich, wie überall in Europa, Mönche und andere Kleriker aufgrund ihrer Schriftfertigkeit und bildungsmäßigen Voraussetzungen und im Falle eines guten Drahts zu den politischen Machtzentren für die Geschichtsschreibung besonders prädestiniert waren, wohl wesentlich hinaus. Ich möchte mich hier nicht der künstlichen These anschließen, daß die Enthaltsamkeit der weltlichen Machteliten vor einer öffentlichen Darstellung ihres politischen Tuns bewußt darauf abzielte, im Sinne der eigenen Herrschaftssicherung den von geistlichen Autoren geschaffenen Mythos fürstlicher Allmacht zuzulassen, um so die oligarchische Realität zu verschleiern.[80] Aber die Vermutung liegt dennoch nahe, daß Inhalt, Verbreitung und Wirkungsgrad des sog. „offiziellen" Geschichtsbildes die faktische Stellung des Adels nicht in einer für ihn so unerträglichen Weise angriffen, daß er sich für die Wahrung seiner Interessen zu einer eigenen offensiven Einflußnahme darauf genötigt gesehen hätte. Wenn in einigen seltenen Fällen die Chronistik als Medium der Selbstdarstellung und des politischen Interessenkampfes von weltlichen Vertretern des „inneren Machtzirkels" nachweisbar benutzt worden ist,[81] dann ermöglichen diese Passagen sogleich Einblicke in Funktionsweise und Struktur des Systems, wie sie uns die geistlichen Chronisten üblicherweise vorenthalten.

Da die Gattung einer adligen Chronistik fehlt[82] und der eigene Anteil der weltlichen Elite an der übrigen Annalistik minimal ist, kommt jenen Werken eine besondere Bedeutung zu, die eine weltliche Schau der Dinge darbieten und von Autoren stammen, welche als Herrschaftsbeteiligte das System aus einer Innensicht heraus zu beschreiben in der Lage waren. Die beiden bekanntesten Beispiele dieser „Insider"kategorie von Geschichtsschreibung sind die Werke des Bojaren Fürst Andrej Michajlovič Kurbskij und des Untersekretärs (*pod'jačij*) Grigorij Kotošichin aus dem 16. und 17. Jh. Da sie in der politischen

---

[80] So sinngemäß Keenan, Muscovite Political Folkways, S. 145-147.
[81] Der Chronikbericht über den Tod Vasilijs III. (vgl. PSRL 4, S. 552-564, PSRL 6, S. 266-276, PSRL 29, S. 117-128), der sich durch ungewöhnlich intime Detailkenntnis vom gängigen chronikalischen Lakonismus abhebt, ist wahrscheinlich ein Werk des Bojaren M. Ju. Zacharin. Vgl. Rüß, Der Bojar M. Ju. Zacharin, S. 172 f. (dort auch weitere Beipiele für adlige Einflußnahme auf die Chronistik S. 176). Für die Autorschaft I.M. Viskovatyjs bezüglich der *Pripiski* (Hinzufügungen) in der *Carstvennaja kniga*, die über die dramatischen Ereignisse während der Krankheit Ivans IV. im Jahre 1553 Auskunft geben, sprechen gewichtige Gründe. Vgl. ders. Adel und Nachfolgefrage im Jahre 1553, S. 375, Anm. 70.
[82] Vgl. auch Nasonov, Materialy i issledovanija po istorii russkogo letopisanija, S. 268.

Emigration entstanden – das Buch Kotošichins übrigens im Auftrag der schwedischen Regierung -, weisen sie eine gewisse polemische Grundgestimmtheit auf, die sich bei Kurbskij vor allem gegen den Zaren Ivan IV., den er des Bruchs traditioneller adlig-herrscherlicher Beziehungen anklagt,[83] bei Kotošichin gegen den hohen Bojarenadel richtet, als dessen Opfer von Intrigen er aus Rußland zu fliehen gezwungen war. Außerhalb der offiziösen Historiographie standen auch die „Chronik" (*Vremennik*) des D'jaken Ivan Timofeev, die eine Reihe von interessanten Skizzen über Ivan IV. und die folgende Zeit bis 1619 beinhaltet, und die „Erzählung" (*Skazanie*) des Avramij Palicyn über die „Wirren" (*Smuta*), deren Verfasser ein in den Mönchsstand übergetretener ehemaliger kleiner Dienstadliger gewesen ist.[84] Adlige Perspektiven mit z. T. deutlichen kritischen Untertönen zu bestimmten Erscheinungen und Personen des moskowitischen Lebens im 1. Drittel des 17. Jh. vermitteln die Werke der Fürsten Ivan Chvorostinin, Ivan Katyrev-Rostovskij und Semen Šachovskoj.[85] Aus der Sicht des kleinen adligen Dienstmannes schrieben Daniil Zatočnik (12. Jh.)[86] und Ivan Peresvetov (16. Jh.) über das wünschbare Verhältnis zwischen Herrscher und dienstleistender Schicht. Die genannten Namen sind keineswegs die einzigen aus dem adligen Milieu, mit denen literarische Produkte verbunden und durch sie adlige Auffassungen publik geworden sind.[87] Daß diese sich

---

[83] E. Keenan hat sowohl den Briefwechsel Kurbskijs mit Ivan IV. als auch sein Werk „Historie vom Moskauer Großfürsten" für eine literarische Fälschung des 17. Jh. erklärt. Vgl. The Kurbskij Groznyi Apocrypha. The Seventeenth-Century Genesis of the „Correspondence" Attributed to Prince A.M. Kurbskij and Tsar Ivan IV. Cambridge, Mass. 1971. Selbst wenn das zuträfe, wäre das „Werk Kurbskijs" als Quelle für das 16. Jh. nicht gänzlich wertlos und sogar deshalb besonders interessant, weil adlige Denk- und Sichtweisen, die viele bereits für diese Zeit als „konservativ" ansehen, dem politischen Milieu des 17. Jh. offenbar durchaus nicht fremd waren. Vgl. jetzt Skrynnikov, Groznyj und Kurbskij. Ergebnisse eines textologischen Experiments.

[84] Vgl. Solodkin, „Vremennik" Ivana Timofeeva i „Istorija" Avraamija Palicyna.

[85] Die Namen zeigen die wachsende Zahl von Laien, die sich schreibend mit ihrer Zeit und der Geschichte auseinandersetzten. Die auf offizielle Initiative zustandegekommenen Geschichtswerke des D'jaken Fedor Griboedov (1668) und im *Posol'skij Prikaz* unter Federführung Artamon Matveevs (1672) sind wegen mangelnder Originalität und ihrer inhaltlichen und formalen Abhängigkeit von der historiographischen Tradition des 16. Jh. eher als Fehlschläge zu bezeichnen. Vgl. Miller, Official History, S. 349.

[86] Vgl. N.N. Voronin, Daniil Zatočnik. In: Drevnerusskaja literatura i ee svjazi s novym vremenem. M. 1967, S. 54-101.

[87] Einer der führenden und publizistisch streitbarsten Gegner der Iosifljanen, Vassian Patrikeev Kosoj (Vasilij Ivanovič Patrikeev), entstammte einem der einflußreichsten Bojarengeschlechter am Hofe Ivans III. Vgl. Kazakova, Vassian Patrikeev. Als „Andrej Kurbskij des 12. Jh." bezeichnet B.A. Rybakov den Kiever Tausendschaftführer (*tysjackij*) Petr Borisovič, der wahrscheinlich die chronikalischen Nachrichten im Kiever Kodex von 1199 über die letzten acht Regierungsjahre Izjaslav Mstislavičs von Kiev (1146 – 1154) zusammengestellt hat. Vgl. Bojarin-letopisec XII veka. Enge Beziehungen zur Novgoroder Chronistik und zum Erzbischof Makarij hatte der Bojar V.M. Tučkov,

nicht zu umfassenden politischen Theorien oder geschichtsphilosophischen Gedankengebäuden erweitert und verdichtet haben, sondern eigentlich immer als facettenhafte ideologische Teilaspekte konkreter politischer und sozialer Probleme entgegentreten, muß nicht als Zeichen des generellen Unvermögens zu politischer Abstraktion und eines Mangels an systematischer Denkschulung aufgrund des Ausbleibens bestimmter geistiger Strömungen gedeutet werden. Es kommt vielmehr darin die russische historische Entwicklung und die spezifische geistig-politische Sozialisation des russischen Adels in ihr ganz direkt zum Ausdruck. Die immer vergleichsweise geringe Polarisierung fürstlich-adliger Interessen machte die Notwendigkeit einer systematischen und theoretisch umfassend begründeten Positionsbestimmung nicht in dem Maße erforderlich, wie das unter anderen historischen Bedingungen woanders vielleicht der Fall war. Insofern ist es sinnvoll, das Fehlen bestimmter Gattungen von Literatur oder deren systematisch-analytische Unvollkommenheit nicht als defizitäre Erscheinung einer defizitären politischen, sozialen und kulturellen Wirklichkeit zu betrachten, sondern als Ausdruck einer aus den besonderen historischen Verhältnissen erwachsenen und dem russischen Adel ganz eigenen Bewußtseinslage möglichst wertfrei zu deuten.

Es existiert ein **Strukturzusammenhang der Quellen**, ihre **strukturelle Ganzheit** in der überlieferten Vielfalt, in der die **historische Struktur der Zeit** zum Ausdruck kommt. Die wissenschaftliche Synthese, wenn sie mehr sein will als nur eine Anhäufung möglichst vieler verfügbarer Fakten über ihren Gegenstand, ist auf eine solche die Isoliertheit der Einzelüberlieferung durchbrechende und ihren inneren Bedeutungszusammenhang herstellende, komplexe Quellenschau angewiesen.

---

der die Geschichte von Troja, die in höfischen Kreisen populär war, kannte. Vgl. Miller, Official History, S. 338. S. auch unten S. 219.

II. KLASSIFIZIERUNG, LOKALISIERUNG UND TERMINOLOGIE

1. Zum Adelsbegriff in Rußland

Eine einheitliche Bezeichnung für den Adel existierte in Rußland erst seit dem späten 17. und 18. Jh.: zunächst das vom polnischen Kleinadel, der Szlachta, abgeleitete Wort Šljachetstvo, dann Dvorjanstvo, das sich durchsetzte.[1] Es ist also in beiden Fällen die Masse des niederen Adels, die in Polen und Moskau auch vor dieser Zeit unter jene Begriffe fällt, für die Gesamtbezeichnung ausschlaggebend geworden. In bezug auf Dvorjanstvo ist diese Aussage allerdings nicht völlig korrekt. Die seit dem 16. Jh. bestehende Unterscheidung zwischen den in und um Moskau ansässigen „großen" Dvorjanen und dem Provinzadel subsumierte unter die Erstgenannten auch die aristokratischen Spitzen der moskowitischen Adelsgesellschaft. Und bereits in der 1. Hälfte des 15. Jh. verbergen sich hinter dem Terminus *„Dvorjane"* (Hofleute) bisweilen mächtige Vertreter der Hocharistokratie,[2] so daß die Affinität des Dvorjanstvo-Terminus zum niederen Adel, obwohl er bei seinem ersten Auftreten im 12. Jh. den niederen und unfreien Dienstmannstatus bezeichnete,[3] eine zwar vorherrschende, aber keineswegs durchgängige und ausschließliche ist. Es darf sogar angenommen werden, daß die spezifische soziale Komponente des Begriffs, der im Laufe der Geschichte eine expandierende Evolution durchmacht und damit seine enge Gebundenheit an die niedere Dienstkategorie verliert, zur Zeit seiner Übernahme als Gesamtbezeichnung für den Adel im 18. Jh. bereits bedeutungslos war im Unterschied zu seinem anderen hervorstechenden, nämlich funktionalen Merkmal, der Hofbezogenheit. Diese ist nun allerdings keine Erscheinung erst des 18. Jh. Das Streben nach Fürstennähe und Hofanwesenheit ist ein so markanter Wesenszug gerade des frühen russischen Adels, daß sein späterer Name diesen stets sehr wesentlichen

---

[1] Die Begriffe existierten unter Peter I. konkurrierend nebeneinander. M. Raeff verbindet mit dem Terminus „Šljachetstvo" die Möglichkeit adliger Programmatik (poln. Vorbild), vgl. La Noblesse, S. 34, nicht jedoch Aspekte adliger Realität.
[2] Vgl. Rüß, Adelsmacht und Herrschaftsstruktur, S. 4.
[3] Die Dvorjane waren nach D'jakonov, Očerki, S. 81 anfangs „sowohl kleine freie Dienstleute als auch Sklaven [cholopy]". Der erste Beleg findet sich in der Laurentius-Chronik (PSRL I, S. 369 f); K.N. Bestužev-Rjumin sah darin eine Modernisierung, weil er an der entsprechenden Stelle in der Hypatius-Chronik fehlt. Vgl. O značenii slova „dvorjanin", S. 122.

Aspekt adligen Seins ganz besonders sinnfällig und treffend zum Ausdruck bringt. Hof- und Hochadel waren im Grunde immer identisch. Der niedere Adel – abgesehen von den Hofbediensteten und den in der Hofverwaltung und staatlichen Administration Tätigen – war in seiner Masse provinziell abgeschlossen, vom Hof getrennt, ohne unmittelbaren Zugang zu ihm und deshalb auch nicht im Besitz jener politischen Einflußmöglichkeiten, die Hofzugehörigkeit und Fürstennähe verschaffen konnten. Insofern paßt der Begriff „Dvorjanstvo", wenn man die politischen und sozialen Chancen im Auge hat, welche Hofzugehörigkeit eröffnete, und wenn man die an dem Spiel um Macht beteiligten Personen in Herrschernähe identifiziert, zu den aristokratischen Spitzen der russischen Adelsgesellschaft in ganz besonderer Weise – trotz seines auf eine niedere und abhängige Dienstschicht bezogenen Ursprungs. Wenn man freilich Dienst als das hervorragende Charakteristikum des russischen Adels ansieht und in Betracht zieht, daß die Verteilung von administrativen und militärischen Pflichten und Belohnungen vom Fürsten- bzw. Zarenhof aus erfolgte, dann war in diesem allgemeineren Sinne der gesamte Adel „Dvorjanstvo", d.h. hofabhängiger Adel.[4] Da es also keine einheitliche Bezeichnung für den russischen Adel für den hier in Frage kommenden Zeitraum gab, tut sich die wissenschaftliche Historiographie in ihrer Terminologie entsprechend schwer. Dabei spielen begriffliche Unbedachtsamkeit oder Skrupel und ideologische Vorgaben eine gleichermaßen große Rolle. Es gibt künstliche Wortschöpfungen und solche, die der historischen Wirklichkeit entnommen sind. Der Terminus „Dvorjanstvo" war in der vorrevolutionären Historiographie weit verbreitet und wurde unbedenklich auch auf die Frühzeit der russischen Adelsgeschichte übertragen,[5] was trotz seiner Qualität, einen Hauptaspekt adliger politisch-sozialer Existenz zu bezeichnen, nicht unproblematisch ist. Die in der marxistischen Historiographie übliche Bezeichnung „Feudalklasse" war eine durch die Ideologie vorbelastete Wortschöpfung, die besonders hinsichtlich des Wortelements „feudal" als Merkmal der ökonomisch-herrschaftlichen Stellung des russischen Adels bei marxistischen und bürgerlichen Historikern äußerst umstritten ist.[6] Die ideologiebedingte Unmöglichkeit des Konsenses über den Begriff und dessen – nach marxistischem Verständnis – spezifische

---

[4] Da große Teile des Adels diesen Hofbezug seit der Dienstbefreiung von 1762 aufgeben, verliert der Begriff schon im Jahrhundert seiner endgültigen Bedeutungsausformung an allgemeingültiger Relevanz. Die erste zweifelsfreie Erwähnung eines „Moskauer Dvorjanstvo" als spezifische Ranggruppe innerhalb des Hofadels enthält die Bojarenliste von 1577. Vgl. Pavlov, Gosudarev dvor, S. 107.
[5] Vgl. die in Kap. I, Anm. 1 zitierten Arbeiten.
[6] Grundsätzlich H. Neubauer, Feudalismus. In: Sowjetsystem und demokratische Gesellschaft. Bd. 2. Freiburg 1968, Sp. 477–490.

ökonomische Tendenz unter weitgehender Negierung kultureller und psychologischer Aspekte[7] verhinderte seine breite Akzeptanz über unterschiedliche wissenschaftliche Positionen hinweg. Ganz besonders fragwürdig aber ist seine Verwendung für die früheste russische Geschichte, die vor dem 11. Jh. Spuren adligen Grundbesitzes nicht hinterlassen hat und hinsichtlich derer deshalb der Feudalbegriff sozialökonomische Zustände suggeriert, die aus den Quellen nicht nachzuweisen sind. Aber auch die gefolgschaftliche Organisation und Mobilität und auffällige Stadtorientiertheit des Kiever Adels lassen den zu einseitig auf die durch Grundherrschaft hervorgebrachten Machtverhältnisse fixierten Terminus „Feudalklasse" für diese Zeit durchaus problematisch erscheinen.[8]

Häufig werden Ausdrücke gebraucht, die den Dienst als wesentliches Element russischer Adelsexistenz betonen: „Staatlich dienende Leute" (*gosudarevy služilye ljudi*), „Klasse der dienenden Grundbesitzer" (*klass služilych zemlevladel'cev*), „Dienstverpflichteter Stand" (*služiloe soslovie*), „Upper Service class", „Servitors" usw. Der Vorteil dieser Bezeichnungen liegt in ihrer Nähe zu verwandter Quellenterminologie: *Slugi* (Diener), *vol'nye slugi* (freie Diener), *služebnye knjaźa* (Dienstfürsten), *služilye ljudi* (dienende Leute) sind allesamt Quellenbegriffe. „Slugi" in einer keineswegs einen unfreien Status beinhaltenden Bedeutung begegnen schon in der Nestor-Chronik,[9] sie zählen in späterer Zeit als „freie Diener" zu einer unterhalb der Bojarenschaft angesiedelten Adelsgruppierung,[10] erscheinen unter dieser Bezeichnung auch als Dienstfürsten[11] und bekommen diesen Namen manchmal als Ehrentitel verliehen, der allerhöchste Machtstellung am zarischen Hof signalisiert.[12] Keiner dieser Begriffe allerdings hat sich in Richtung einer Gesamtbezeichnung für den Adel entwickelt, jeder blieb an bestimmte Adelskategorien gebunden.[13] Die kleine Gruppe der Dienstfürsten war eine temporäre politische Erscheinung des 14.–16. Jh. Irritierend ist auch – zumindest für den deutschsprachigen Raum – die begriffliche Übereinstimmung mit einer seit dem 15. Jh. begegnenden

---

[7] Vgl. Šmidt, Obščestvennoe samoznanie noblesse russe, S. 12.
[8] Vgl. Rüß, Das Reich von Kiev, S. 368.
[9] Vgl. Rahbek Schmidt, Soziale Terminologie, S. 505.
[10] Vgl. Kobrin, Vlast' i sobstvennost', S. 29.
[11] Vgl. Byčkova, Pervye rodoslovnye rospisi litovskich knjazej v Rossii, S. 139; Markevič, Istorija mestničestva, S. 179.
[12] Als Inhaber dieses Titels begegnet der spätere Zar Boris Godunov. Ein russischer Gesandter in Litauen sollte dort den Titel erklären: Er sei ehrenhafter als der Bojarenrang und würde aufgrund vieler Verdienste verliehen. Vgl. Ebd. 1514 erhält den Titel der Fürst Ivan Jufevič Korkodinov, 1552 nennt sich „Bojarin" und „Sluga" Fürst Michail Ivanovič Vorotynskij. Vgl. DRV, t. 20, S. 180.
[13] Im 17. Jh. waren die *služilye ljudi* die letzten drei Provinzränge. Der erweiterte Ausdruck „služilye ljudi po otečestvu" (Dienstleute nach Abstammung) umfaßte den gesamten Adel im Unterschied zu den nichtadligen niederen Dienstleuten („služilye ljudi po priboru" = Dienstleute nach Ernennung).

Adelsschicht, den Pomeščiki, den „Dienstadligen", die mit staatlichem Gut gegen Dienstverpflichtung ausgestattet waren. Hinzu kommt, daß nicht alle dienenden Leute, nicht einmal alle dienenden Grundbesitzer, Adlige waren und es zweifellos auch Adlige gegeben hat, die nicht dienten. Insofern, wenn auch die mit Dienst verbundene Begrifflichkeit einen markanten Wesenszug russischer adliger Existenz angibt, spiegelt sie doch nur einen Teilaspekt davon wider, und nimmt man diese Einschränkungen als unvermeidlich in Kauf, dann bleiben noch andere Ungenauigkeiten und Unschärfen der Dienst- und Adelsterminologie bestehen. Zudem weist diese Begriffswahl bei einigen Historikern im Kontext ihrer Anschauungen eine eindeutig wertende Tendenz auf: Sie unterstreicht bei ihnen die Verfassungselemente von Zwang, Unterordnung, Pflicht, Gehorsam, Knechtschaft. Sie pflegen damit den verbreiteten Mythos adliger Schwäche und Unfreiheit. Der Gebrauch von „Aristokratie" oder auch nur „Adel" (nobility, noblesse, znat') wird programmatisch vermieden.[14] Es gibt freilich eine stattliche Anzahl von Historikern, vorrevolutionären, marxistischen und vielen anderen westlichen, die solche Berührungsängste vor diesen Begriffen nicht kennen.[15] Man wird ihnen deshalb zu große terminologische Sorglosigkeit oder mangelndes Problembewußtsein nicht vorhalten dürfen, und zwar dies um so weniger, als die vorangehende Erörterung die Schwäche einer der russischen historischen Lexik entnommenen oder an ein spezifisches Ideologiesystem gebundenen Terminologie deutlich erwiesen hat. „Adel" als soziale und politische Oberschicht mit aus der vornehmen Abkunft hergeleiteten Herrschaftsrechten und Machtbeteiligungsansprüchen in Fürstentum und Staat hat unseres Erachtens sowohl eine genügend neutrale als auch allgemeine und umfassende Definitionsqualität, was den Gebrauch nicht nur im Sinne der historischen Richtigkeit, sondern auch der wissenschaftlichen Verständigung möglich und praktikabel macht. Wendungen wie „russischer Adel" oder

---

[14] Es ist bezeichnend, mit welchen Worten Robert O. Crummey seine Rechtfertigung des Aristokratiebegriffs für die Spitzen der Moskauer Adelsgesellschaft des 17. Jh. einleitet: „To the consternation [von mir gesperrt, H.R.] of some of my colleagues, I will use the terms „aristocracy" or „aristocratic element" when discussing the families which dominated the top two ranks of the Duma." Vgl. Aristocrats and Servitors, S. 14. Eine „wirkliche Aristokratie" habe der russische Adel nach H.-J. Torke nicht gekannt, weil er „immer nach unten offen gewesen" sei und der Begriff Aristokratie gemeinhin „eine ständisch privilegierte und staatstragende Oberschicht mit entsprechendem ‚aristokratischen' Bewußtsein" voraussetze. Vgl. Oligarchie in der Autokratie, S. 179, 195. Nach I. Auerbach hat es „in Moscowien im 16. Jh. keinen Adel gegeben, sondern nur Dienstleute ..." Vgl. Der Begriff „Adel" im Rußland des 16. Jahrhunderts, S. 82.

[15] Als Beispiel sei auf jene im Literaturverzeichnis angegebenen zahlreichen Buch- und Aufsatztitel hingewiesen, in denen „Adel" und „Aristokratie" (nobility, noblesse, znat', aristokratija) gebraucht werden. „Znat'" im Sinne von „Adel" ist eine Bezeichnung des 18. Jh.

„Adel in Rußland" implizieren die spezifischen russischen Besonderheiten, ohne die einschränkende inhaltliche Fixiertheit und zeitlich begrenzte Gültigkeit anderer gebräuchlicher Adelstermini aufzuweisen. Entsprechendes gilt für die aristokratische Spitze der russischen Adelsgesellschaft, die sich im untersuchten Zeitraum aus verschiedenen Oberschichtenkategorien – Gefolgschaftsmitgliedern, Bojaren, Fürsten – zusammensetzte, ohne daß die russischen Termini für sie (*družinniki, bojare, knjaźja*) jeder für sich den Aristokratiebegriff insgesamt je abgedeckt hätten, was deshalb die Verwendung des für den russischen Sprachraum bis zum 18. Jh. nicht belegten Begriffs „Aristokratie" durchaus geeignet erscheinen läßt,[16] sofern man nicht den Sachverhalt von deren Existenz für Rußland überhaupt grundsätzlich abstreitet.

Wie steht es nun mit dem Bojarenbegriff, der oft an die Stelle von „Adel" tritt und mit diesem Ausdruck als seine russische Entsprechung identifiziert wird?[17] „Bojaren" begegnen schon 862 in der unmittelbaren Umgebung des legendären Reichsbegründers Rjurik, obwohl dieses frühe Datum ihrer Erwähnung als bestimmte soziale Adelskategorie in der Nestorchronik aufgrund von deren Überlieferungsgeschichte als höchst zweifelhaft angesehen werden muß.[18] Aber in der Bedeutungsvariante eines adligen Grundbesitzers und reichen Mannes weist der Begriff von der Mitte des 12. Jh. bis zum Ende des 17. Jh. eine bemerkenswerte inhaltliche Konsistenz auf, die, da großer Grundbesitz und Reichtum Wesensmerkmale adliger Existenz sind, seine Verwendung im Sinne einer allgemeinen Adelsbezeichnung in gewissem Grade berechtigt erscheinen läßt. Es kommt hinzu, daß sowohl ausländische Zeitgenossen als auch bisweilen einheimische russische Quellen mit dem Terminus „Bojaren" den gesamten moskowitischen Adel benennen.[19] Dem steht allerdings entgegen, daß die bei weitem verbreitetere Quellenbedeutung des Begriffs in moskowitischer Zeit die eines mit dem höchsten Rang ausgestatteten Mitglieds der Duma gewesen ist. Häufig werden mit „Bojaren" auch alle Dumaangehörigen

---

[16] Gewisse Skrupel gegenüber dem Begriff wegen des im westlichen Vergleich geringeren Umfangs originärer Herrschaftsrechte der russischen „Aristokratie" hegt R.O. Crummey, entscheidet sich aufgrund sozialer, genealogischer und politischer Kriterien – hier wegen des Anspruchs auf hohe Ämter und Ränge – dennoch für seine Verwendung. Vgl. Aristocrats and Servitors, S. 14. Genicot trifft die Unterscheidung zwischen „aristocracy" und „nobility", wobei „Aristokratie" im allgemeinsten Sinne die de facto-Stellung einer hervorgehobenen Schicht, „Adel" ihre De jure-Position beinhaltet. Vgl. Recent Research, S. 18. Nach J. Powis, Aristocracy, S. 3 trägt der Begriff „Aristokratie" Assoziationen von Autorität und Führerschaft, während dies für „Adel" nicht unbedingt gelte, da ein untadeliger Rang mit sozialer Verarmung und politischer Bedeutungslosigkeit einhergehen könne.
[17] Vgl. z.B. die Arbeit von E.A. Belov (s. Lit.verz.).
[18] Vgl. Rüß, Das Reich von Kiev, S. 359.
[19] Vgl. Rüß, Adel und Adelsoppositionen, S. 16; Kobrin, Vlast' i sobstvennost', S. 28 f.

unabhängig von deren ranglicher Position in ihr bezeichnet.[20] In beiden Fällen sind aber nur jene wenigen Personen gemeint, die durch ihre Ratgeberfunktion in der Duma hohen politischen Einfluß und unmittelbare Nähe zum Herrscher erlangten. Sie gehörten damit sozusagen zu den politisch Auserwählten, waren meist sehr vornehmer Abkunft und ragten über die Masse des übrigen Adels weit hinaus. Selbst wenn man an diesen engen Ratgeberkreis jenes hochadlige Milieu anschließt, aus dem die Bojaren in der Regel stammten, und den Begriff, wie das wohl manchmal geschah, auch auf jene reichen und vornehmen Adligen ausdehnt, die zwar keine Dumamitglieder waren, aber andere hohe Aufgaben in Fürstentum und Staat übertragen bekamen,[21] so war dies doch immer noch eine zahlenmäßig sehr begrenzte Gruppe.[22] „Bojarentum" und „Adel" sind deshalb allein vom Umfang des gemeinten Personenkreises her keine kongruenten Begriffe, da das Bojarentum gleichsam nur einen Bruchteil von dem bezeichnet, was in seiner Gänze der Adelsbegriff umfaßt. Dies kommt in Moskauer Zeit durch stehende Wendungen wie „alle Fürsten und Bojaren" oder „die Bojaren und Voevoden und Fürsten und Bojarenkinder und Dvorjanen", welche letztere Aneinanderreihung verschiedener Funktionen und Adelskategorien dann nötigenfalls an die Stelle eines einheitlichen Namens für die Gesamtheit der privilegierten Schicht tritt, deutlich zum Ausdruck. Erst recht ist der Bojarenbegriff[23] für die Kiever Periode als generelle Adelsbenennung ungeeignet, weil er erst relativ spät[24] und dann zur Bezeichnung verschiedener Adelskategorien in Gebrauch kam. Aus den vorgenannten Gründen ist der dem westlichen historischen Kontext entnommene Begriff „Adel" mangels besserer terminologischer Alternativen zu bevorzugen. Er steht hier für die Gesamtheit der privilegierten weltlichen Oberschicht. Adel, der seine führende Stellung

---

[20] Ebd.

[21] Die häufig begegnende Chronikformulierung „alle Fürsten und Bojaren" („vse knjazi i bojare") ist offensichtlich auch dahingehend auslegbar, daß mit ihr der gesamte hohe Adel gemeint ist, da ansonsten ein Rangbegriff und ein bloßer Herkunftstitel ohne funktionalen Bezug nebeneinander stünden, die nicht nur völlig unterschiedliche Inhalte, sondern auch stark differierende Personenquantitäten repräsentierten, was bei der Annahme, daß es sich in diesem Fall bei den „Bojaren" um die Gesamtheit des untitulierten Hochadels handelt, als Ungereimtheit entfallen würde.

[22] Nach der Meinung einiger Historiker war das Bojarentum bis zum 1. Drittel des 15. Jh. die ererbte, überkommene Würde einiger bekannter Familien und Geschlechter ohne jeglichen Bezug zur Dienstthierarchie. So Jabločkov, Istorija, S. 80. In einer nicht ausschließlich auf Dumazugehörigekeit bezogenen Bedeutung sieht den Bojarenbegriff A.P. Pavlov, der als weitere Kriterien die vornehme Abstammung, hohe Positionen im Dienst und reichen Grundbesitz anführt. Vgl. Problema „bojarstvo i dvorjanstvo", S. 13.

[23] Die Affinität des Bojarenbegriffs zur Gefolgschaftsspitze betont Gorskij, Družina i genezis feodalizma, S. 26. Vgl. auch Rüß, Das Reich von Kiev, S. 359.

[24] Vgl. Frojanov, Dvorničenko, Goroda-gosudarstva v drevnej Rusi, S. 241 (aufgrund der Beobachtungen des Linguisten B.A. Larin entstand der Terminus zur Zeit der „Erweiterten Pravda" um 1200).

als Helfer des Fürsten durch seine vornehme Herkunft rechtfertigt[25] – die Vorstellung von einer Vererbung der Vorzüge der Väter auf die Kinder, die dem Adelsbegriff innewohnt, existiert auch in Rußland –,[26] ist vorhanden, ebenso Adel, der materiell den anderen sozialen Gruppen der Bevölkerung überlegen ist und der wirtschaftliche und politische Macht über von ihm abhängige Bauern, Unfreie und sogar andere freie Herren ausübt. Er ist juristisch, wie anderswo, in privilegierter Weise von der übrigen Bevölkerung abgehoben. Das von Heinrich v. Treitschke angeführte Kriterium des „erblichen Vorrechts in der politischen Leitung des Staates" ist ohne Frage einer der markantesten Wesenszüge auch des russischen Adels im untersuchten Zeitraum.

2. Hoher und niederer Adel

Obwohl die Unterscheidung in einen hohen und niederen Adel standesrechtlich nicht möglich ist, so ist sie doch faktisch gerechtfertigt durch die blutsmäßigen und sozialen Schranken, die Andrej Kurbskij im 16. Jh. zu der von den polnischen Verhältnissen abstrahierten Analogie veranlaßten, eine scharfe Trennungslinie zwischen „šljachetskij rod" (kleinadlige Herkunft) und „blagorodstvo" (vornehme Abkunft) zu sehen.[27]

Sein Zeitgenosse Heinrich v. Staden machte die Unterscheidung zwischen „knesen und boiaren niedrigen Standes" und „bojaren von großen Geschlechten".[28] In Kiever Zeit mußten für die Erschlagung eines Fürstenmannes von hohem Rang 80 Grivnen, für ein Mitglied der „jüngeren Gefolgschaft" 40 Grivnen bezahlt werden.[29] Die Kollektivbittschriften des Provinzadels im 17. Jh. offenbaren die Nöte und Ängste der kleinen Dienstgutbesitzer (*pomeščiki*) angesichts von gewaltsamen Übergriffen ihrer reichen adligen Nachbarn und von willkürlichen und unanfechtbaren Entscheidungen oder Verfügungen der „Mächtigen" (*sil'nye*) in Moskau, wobei man mit „stark" zugleich „böse" und „furchteinflößend" assoziierte.[30] Die Distanz zur Hauptstadt war in erster Linie keine geographische, sondern eine soziale, politische, mentale, welcher letzterer

---

[25] Frhr. v. Herberstein spricht von „den Bojaren, die bei uns edel geachtet sein möchten." Vgl. Das alte Rußland, S. 66.
[26] Prägnant formuliert in der Gnadenurkunde Katharinas II. zugunsten des Adels: „Der adlige Stand ist eine Folge der Eigenschaften und Tugenden jener Männer, die in alten Zeiten amtliche Funktionen ausgeübt und sich verdient gemacht haben, wodurch sie ihren Dienst in einen Vorrang verwandelt und den Stand der Wohlgeborenheit auf ihre Nachkommen vererbt haben." (1785)
[27] Vgl. Rüß, Adel und Adelsoppositionen, S. 17.
[28] Vgl. Aufzeichnungen über den Moskauer Staat, S. 19.
[29] Vgl. Rüß, Das Reich von Kiev, S. 360; Ščepkin, Varjažskaja vira.
[30] Vgl. Rexheuser, Adelsbesitz und Heeresverfassung, S. 14.

eine gewisse aggressive Ohnmächtigkeit eigen war, die aus dem ungeheuren Machtgefälle gespeist wurde, das zwischen der Moskauer Hocharistokratie und dem kleinen Provinzadel bestand. Was für die nachpetrinische Zeit zutrifft, hat also offenbar auch für die vorangehende Geschichtsperiode Gültigkeit: Immer hat sich der hohe vom niederen Adel scharf abgehoben.[31]

Bei genauerem Hinschauen freilich verbergen sich hinter dieser tendenziell sicherlich richtigen Feststellung wesentlich kompliziertere Sachverhalte. Die Forschung hat sich in aller Regel hauptsächlich auf eine deskriptive Auslegung der historischen Terminologie beschränkt, die in der Tat oft als einziger handfester Anhaltspunkt für sozial, blutsmäßig und funktional unterschiedliche Adelskategorien gelten kann. In besonderem Maße trifft dies für die früheste russische Geschichte zu, deren Gesellschaftsstruktur mangels der spärlichen und dabei höchst problematischen Überlieferung bis heute Gegenstand äußerst kontroverser Meinungen ist.[32]

Wie überall im frühmittelalterlichen Europa, so waren auch in Altrußland die Gefolgschaften (*družiny*) diejenige gesellschaftliche Kraft, welche die Herrschaft der Fürsten trug. Anfangs Kampfgenossenschaften zum Zweck der Beutegewinnung und Bereicherung und ohne festen Standort, bildeten sie den Kern eines sich formierenden Adels, in dem zunächst das skandinavische ethnische Element bestimmend war, in dessen Bestand jedoch schon bald die aktivsten slavischen, aber auch baltischen, finnischen und orientalischen Elemente eingingen. Der Vorgang der Genesis eines in politischer, kultureller und ethnischer Hinsicht relativ einheitlichen russischen Adels entzieht sich aus Mangel an Quellenzeugnissen einer schärferen Konturierung.[33] Aber mindestens seit

---

[31] Vgl. Ruffmann, Russischer Adel, S. 168.

[32] Der Ansicht von einer – nach manchen Forschern schon im 6. Jh. (!) – beginnenden oder bereits weit fortgeschrittenen inneren gesellschaftlichen Differenzierung mit ausgeprägter militärischer, politischer und ökonomischer Ungleichheit und Elementen einer sich entwickelnden Staatlichkeit im Rahmen der als politisch-territoriale Organisationen aufgefaßten Stammesfürstentümer steht die Anschauung von der elementaren Struktur „Fürst-Volk" gegenüber, wo Entscheidungen noch von der Gesamtheit aller freien Stammesgenossen getroffen wurden. Vgl. Rüß, Adel in Altrußland, S. 133.

[33] Hierin unterscheidet sich die frühe russische Geschichte nicht von der westlichen: Auch dort sind Herkunft und Genesis des Adels in der wissenschaftlichen Debatte spekulativ behaftet. Das Problem, ob der frühmittelalterliche Adel als rechtlich abgeschlossene Schicht anzusehen ist, bleibt umstritten, wobei neuerdings stärker auf die unterschiedlichen Entwicklungen und Strukturen in den einzelnen europäischen Ländern, speziell auf die Verschiedenheiten eines süd- und nordeuropäischen Adelstypus geachtet wird. Es setzt sich ferner die Diskussion darüber fort, seit wann überhaupt von einem Adel im strengen rechtlichen Sinne des Wortes gesprochen werden kann: Seit dem hohen oder gar späten Mittelalter, wie dies der Ranke-Schüler Waitz vertrat, der einen kleinen Kreis von vornehmen Personen wohl die Bezeichnung „Aristokratie" zubilligte, aber von einem rechtlichen und erblich geschlossenen Adelsstand erst ab dem 13. Jh. zu sprechen erlaubte? G.L. v. Maurer, einer der Gewährsmänner der marxistischen

dem 10. Jh. läßt sich auch archäologisch eine bedeutende Oberschicht in den burgstädtischen Zentren nachweisen, für die Waffen und der Besitz von Gold und anderem Schmuck die äußeren Zeichen von Macht und gesellschaftlichem Ansehen bedeuteten. Die wachsende Anbindung der fürstlichen Družina an ein bestimmtes Herrschaftsterritorium verlieh ihrer Tätigkeit und ihrem äußeren Habitus eine neue politische und gesellschaftliche Qualität, einen im eigentlichen Sinne aristokratischen Zug. Der ostslawische Stammesadel, so geringe Spuren er auch hinterlassen hat, war verschwunden, ausgerottet, assimiliert. Es läßt sich aufgrund unserer geringen Kenntnisse über die gesellschaftliche Struktur der Stammesperiode nicht einmal zweifelsfrei entscheiden, ob etwa die bei den Drevljanen im 10. Jh. erwähnten „Ältesten" (starcy) und „besten Männer" (naročiti muži) als Beleg für die Existenz einer einheimischen Stammesaristokratie angesehen werden können,[34] viel weniger natürlich noch, wenn dies tatsächlich der Fall war, ob die für sie überlieferten Namen identische, verschiedene oder sogar hierarchisch abgestufte Adelskategorien bezeichneten. Hinsichtlich der differenzierten Binnenstruktur des adligen Gefolges der herrschenden Kiever Fürstendynastie sind hingegen keine Zweifel zulässig. Denn aus der anfänglich in sozialer Hinsicht wohl noch relativ einheitlichen Gefolgschaft formierten sich im Laufe der Zeit zwei deutlich unterschiedene Kategorien von Gefolgschaftsangehörigen, die in den Quellen der „älteren Družina" (staršaja družina) und der „jüngeren Družina" (mladšaja družina) zugeordnet werden.[35] Deren Mitglieder waren durch ein verschieden hohes Wergeld (vira) geschützt. Während die „ältere Družina" mit den wichtigsten Funktionen und Ämtern in der fürstlichen Verwaltung und im Heer betraut war, bekleideten die als „Kinder" (detskie), „Knaben" (otroki), „Jungen" (junye) – entsprechend etwa

---

Frühmittelalterforschung, verstand Adel und Adelsherrschaft nur aus einer Akkumulation von Grundbesitz, während wiederum andere, wie H. Brunner, den Beamtencharakter adliger Amtsträger betonten, weshalb diese auch keine „echten Adligen" gewesen seien, wohingegen O.v. Gierke die Entstehung des Adels aus Königsdienst für eine zutreffende Anschauung hielt. Vgl. Störmer, Früher Adel, S. 2 ff.

[34] Vgl. Rüß, Adel in Altrußland, S. 133 f. Von einer „neuen" Aristokratie in Gestalt der warägischen Gefolgschaften neben einer daneben weiter existierenden „alten" Aristokratie – den „Ältesten der Städte" – spricht Malinovskij, Drevnejšaja russkaja aristokratija, S. 258. Die Existenz eines einheimischen slavischen Bojarenadels, der nicht zur Družina der Kiever Fürsten gehörte und der nicht mit den „Warägern" identisch war, konstatiert Łowmiański, O proischoždenii russkogo bojarstva, S. 97–99 mit Hinweis auf ähnliche ältere (Vladimirskij-Budanov) und sowjetische (Grekov, Juškov) Forschungspositionen. Ebd. S. 94 f. In diesem Sinne auch Jabločkvov, Istorija dvorjanskago soslovija, S. XXXIV, 13, 34, 51, 52 (stützt sich aber in der Hauptsache nur auf das späte Novgorod); D'jakonov, Očerki, S. 74; Hoetzsch, Adel und Lehnswesen, S. 544–546; Sverdlov, Genezis i struktura feodal'nogo obščestva. Vgl. auch unten S. 97.

[35] Die kriegerische Adelsmentalität wurde nach Malinovskij erst mit dem Auftreten der warägischen Gefolgschaften in das zuvor „friedliche patriarchale Leben der russischen Slaven" hineingetragen. Vgl. Drevnejšaja russkaja aristokratija, S. 268.

den merowingischen *pueri* –, „Schildknappen" (*grid'* oder *grid'ba*), „Diener" (*slugi*), „Schwertträger" (*mečniki*), „Milostniki"[36] (von *milost'* = Wohltat, Gabe, Gunst) und „Hofleute" (*dvorjane*) bezeichneten Angehörigen der jüngeren Gefolgschaft untergeordnete Aufgaben in der fürstlichen Hofverwaltung, im Heer und in anderen administrativen Bereichen. Die übrigen für die ältere Družina gebräuchlichen Attribute deuten allesamt auf den exklusiven adligen Status ihrer Mitglieder hin: „*družina bol'šaja*" (in der Bedeutung: „die hervorragendste Družina"), „*družina lepšaja*" („die beste Družina"), „*družina perednjaja*" („die vorderste Družina"), „*družina pervaja*" („die erste Družina"). Für die Angehörigen der obersten Gefolgschaftsschicht begegnet der Terminus „*muž*" („freier Mann") in seinen zahlreichen, durch spezifizierende Adjektive ergänzten Varianten: „Fürstenmänner" (*knjažie muži*), „gute Männer" (*dobrye muži*), „die besten Männer" (*lučšie, lepšie muži*), „die mächtigsten Männer" (*vjaščie muži*) „die angesehenen Männer" (*naročitye muži*), „die verständigen Männer" (*smysl'enye muži*) sowie der besonders in literarischen Werken auftretende Begriff „Würdenträger" (*vel'moža*) und schließlich „Bojaren" (*bojare*) als über Landgüter verfügende, aber gewöhnlich in der Stadt und im fürstlichen Umkreis lebende Adlige. Die historische Wurzel des Bojarentums ist anscheinend überall die fürstliche Gefolgschaft, wenn auch in späterer Zeit seine soziale und politische Stellung in verschiedenen Gebieten der Ruś eine unterschiedliche Ausgestaltung erfährt (in Novgorod bildet es das Stadtpatriziat, im Nordosten die höchste gesellschaftliche Schicht im Umkreis des Fürsten, im Nordwesten den niederen landbesitzenden Lokaladel).[37] Den „Großen" und „Besten" der älteren Gefolgschaft stehen die „Kleineren" (*muži meńšie*) und „Jüngeren" (*muži molodšie*) als Vertreter einer niederen Adelsschicht gegenüber.

Aber die Trennungslinie zwischen beiden Gruppen wird man sich nicht als zu scharf vorstellen dürfen, sie war nicht unüberwindbar. Der geburtsständische Faktor scheint überhaupt, wenn man die Quellenterminologie zugrunde legt, eher eine untergeordnete Rolle gespielt zu haben. Die mit „*družina*" und „*muž*" verbundenen Begriffe, aber auch die meisten übrigen (*bojare, vel'moža, detskie, mečniki, dvorjane* usw.) verweisen u.a. auf funktionale, qualitative, biologisch-altersabhängige Bedeutungsfelder, die für hohe gesellschaftliche Positionen

---

[36] In ihnen sah Tichomirov eine besondere Kategorie von in der Hofwirtschaft tätigen Günstlingen, während sie Frojanov vor allem als Waffenträger innerhalb der jüngeren Gefolgschaft ansiedelt. Vgl. Tichomirov, Uslovnoe feodal'noe deržanie, S. 101; Frojanov, Kievskaja Ruś. Očerki social'no-političeskoj istorii, S. 95. Quellenbelege für die Mitglieder der „jüngeren Družina" (*otroki, detskie, milostniki*) ebd. S. 90. Der *otrok* figuriert in der Chronik mehr noch als der *detskij* als Verkörperung der Treue gegenüber dem Gefolgsherrn: „Und an einem Tag kam mittags gewohnheitsmäßig der christliebende Fürst Izjaslav mit einer kleinen Schar *otroci*. Wenn er sich nämlich zu dem Seligen [Abt Feodosij] begeben wollte, dann entließ er alle Bojaren in ihre Häuser und kam so zu ihm." Zit. nach Halbach, Der russische Fürstenhof, S. 109.

[37] Vgl. Rüß, Das Reich von Kiev, S. 358 f.

in deren differenzierten Abstufungen ausschlaggebend waren. Die vornehme Abstammung, wenn sie auch in den überlieferten Oberschichtenbezeichnungen impliziert sein konnte, war offenbar kein den adligen Status primär oder gar ausschließlich konstituierendes Merkmal. Weder in Kiever Zeit noch später hat sich, ganz im Unterschied zum Westen,[38] ein genealogischer Adelsbegriff, also ein ausschließlich vom Geblüt, von der vornehmen Abkunft hergeleiteter, durchgesetzt. Das ist unserer Überzeugung nach ein starkes Indiz für die sekundäre Bedeutung dieses Faktors und die relative soziale Durchlässigkeit der frühen russischen Gesellschaft,[39] ebenfalls für die von Anbeginn angelegte und auch späterhin gültige Tatsache, daß sich der russische Adel vor allem und ganz wesentlich immer über Fürstendienst, d.h. über seine funktionale gesellschaftliche Rolle definiert hat. Wir messen diesem Sachverhalt im Verlauf der weiteren Darstellung einen zentralen Interpretationswert im verfassungspolitischen Kontext der russischen Geschichte bei. Es gibt Auffassungen, die eine solche Sicht auf den frühen russischen Adel nicht teilen bzw. von ihrem theoretischen Ansatz her nicht zulassen. Die in der Sowjethistoriographie vorherrschende These vom Feudalcharakter des Kiever Gesellschaftssystems implizierte die Vorstellung adliger ökonomischer Macht auf der Basis feudalen Landbesitzes.[40] Ein wirtschaftlich an Grundherrschaft gebundener und sich hauptsächlich durch sie definierender Adel neigt aber zu Seßhaftigkeit, lokaler Verwurzelung, Immobilität, besitzmäßiger und – zwecks Wahrung des Besitzes – genealogischer Kontinuität mit einer gewissen Tendenz zu ständischer Abschottung, alles Sachverhalte, die der behaupteten relativen Offenheit der altrussischen Gefolgschaften widersprechen. Auch die These, daß die hohe Stellung von Fürstenleuten der älteren Družina auf deren Nachkommen überging,[41] läuft auf die Vorstellung einer festgefügten geburtsständischen Adelselite hinaus. Es gibt demgegenüber eine Reihe von historischen Tatsachen, die für die relativ große politische Mobilität und soziale Durchlässigkeit des Kiever Gefolgschaftsadels sprechen.

---

[38] Das bekannteste Epitheton, das sich rasch als Topos des ganzen „Standes" durchgesetzt hat, ist „edel", von dem das Wort „Adel" stammt.

[39] Gewisse Parallelen zum westlichen frühmittelalterlichen Adel sind nicht von der Hand zu weisen, für den viele Historiker nicht über die allgemeine Feststellung hinausgelangt sind, daß er „eine politisch handelnd in Erscheinung tretende Oberschicht" (D. Claude) gewesen sei, die durch Besitz und Macht über die Masse der übrigen Bevölkerung besonders herausragte. Inwieweit er bereits eine geburtsständisch abgeschlossene Gruppe war, ist umstritten. Vgl. Störmer, Früher Adel, S. 13 f; Genicot, Recent Research on the Medieval Nobility, S. 23.

[40] 1964 schrieb V.P. Šušarin: „Die sowjetischen Historiker haben bewiesen, daß die fürstlichen und bojarischen Družina-Angehörigen von der Entstehung dieser Institution an ein Teil der grundbesitzenden Feudalherrenklasse waren." Vgl. Sovremennaja buržuaznaja istoriografija, S. 132.

[41] Vgl. Presnjakov, Knjažoe pravo, S. 243; Markevič, Istorija mestničestva, S. 42.

Der Aufstieg der „Jungen" (*detskie, otroki*) in die ältere Družina war zweifellos eine durchaus übliche Erscheinung. Otroki werden in der „Gekürzten Pravda" (*Sokraščennaja Pravda*) mit dem höchsten Wergeld geschützt, während sie in der die spätere Rechtsentwicklung des 12.–13. Jh. widerspiegelnden „Erweiterten Pravda" (*Prostrannaja Pravda*) niedriger eingestuft werden,[42] was zusammen als Hinweis auf ihren potentiell nur vorübergehenden Status als Mitglieder der jüngeren Gefolgschaft gedeutet werden kann.[43] Bei Erweis herausragender Fähigkeiten und entsprechender körperlicher und geistiger Reife[44] stand einer Aufnahme in die höchste Gefolgschaftsschicht, der in der Regel auch die bedeutendsten Ämter vorbehalten waren, nichts im Wege. Aber nicht nur der Aufstieg innerhalb der Gefolgschaftshierarchie, sondern auch der Zugang für andere ethnische und soziale Elemente in die Družina war möglich und – wegen des über weite Zeiten hin kriegerischen Charakters dieses Milieus – wohl auch mehr oder weniger erforderlich. Vladimir der Heilige und Jaroslav der Weise sahen sich gezwungen, ihre Družina mit warägischen Söldnern „aufzufrischen".[45] Es werden Polen, Ungarn, Polovcer, Pečenegen, Torken und Jassen unter den fürstlichen Gefolgsleuten erwähnt, z.T. sogar in ausgesprochen exponierten und ehrenhaften Positionen. Die Fürstendružinen starben infolge der ständigen Fehden und Kriege sicherlich einige Male aus[46] und mußten vollkommen erneuert werden. Die große personelle Fluktuation und Mobilität der Gefolgschaften läßt sich daraus ablesen, daß von etwa 150 Namen zwischen 1051–1228 nur ca. 15 darauf hindeuten, daß es sich um Söhne vorher dienender Družina-Mitglieder handelt. In sechs Fällen läßt sich zweifelsfrei nachweisen, daß Vater und Sohn einer Fürstenfamilie im Generationswechsel dienten, in nicht mehr als sechs blieb der

---

[42] Vgl. Rahbek Schmidt, Soziale Terminologie, S. 380 und 392.

[43] Als im Jahre 1169 der Fürst Vladimir Mstislavič auf den Widerstand der „älteren Družina" stieß, erklärte er, indem er auf die Mitglieder der jüngeren Gefolgschaft, die „Kinder" (*detskie*), schaute: „Diese werden meine Bojaren sein." PSRL II, S. 536.

[44] Die biologisch-familiäre Terminologie der Quellen („Kinder", „Junge", „Älteste" usw.) drückt soziale und politische Sachverhalte aus, hat zugleich aber auch wörtliche Bedeutung. Längst nicht alle Kinder von Bojaren erreichten die hohe Stellung ihrer Väter. Sie blieben für immer „Bojarenkinder" (*deti bojarskie*) als Angehörige einer sozial und politisch niedrigeren Adelsschicht, d.h. ein vorübergehender biologischer wurde in einen dauerhaften sozialen Zustand transformiert. Ähnliche Bezeichnungsverhältnisse im Bereich der Gefolgschaftsbeziehungen sind auch aus dem Westen bekannt (*iuniores, pueri regis, Knappe* = Knabe, *dziecki*).

[45] Vgl. Mel'nikova, „Saga ob Ejmunde", S. 289.

[46] Die Hypatius-Chronik berichtet über die Verluste Vladimir Monomachs im Jahre 1093 bei der Niederlage gegen die Polovcer: „Vladimir aber überquerte den Fluß mit dem Rest der Družina, denn viele von seinem Heer waren gefallen, und seine Bojaren waren hier gefallen. Und auf der anderen Seite des Dnepr angelangt, weinte er über den Verlust seines Bruders und seiner Družina." Sbornik dokumentov, t.I, S. 192.

Hoher und niederer Adel 43

Družinnik zeitlebens in ein und demselben Herrschaftsgebiet verwurzelt.[47] Der Wechsel von Fürst zu Fürst, von Fürstentum zu Fürstentum ist also eine alltägliche,[48] die Gefolgschaftszugehörigkeit von Leuten aus dem einfachen Volk, aus der niederen Geistlichkeit, der Kaufmannsschaft oder sogar dem Bauerntum keine gänzlich ungewöhnliche Erscheinung. In den Bylinen, den freilich erst spät aufgezeichneten und deshalb als historische Quelle sehr problematischen altrussischen Heldengesängen,[49] sind die bewunderten Recken (*bogatyri*) häufig Männer aus dem Volk, die zum eigenen und zum Ruhme des Fürsten große Taten vollbringen, für die sie reichen Lohn erhalten, die den fürstlichen Dienst aber oft wieder verlassen, wenn es ihnen gefällt. Unter dem Jahre 992 wird in der Nestorchronik über einen Zweikampf zwischen einem Pečenegen und dem jüngsten Sohn eines unbedeutenden und nicht der Družina angehörigen Kriegers Vladimirs d. Hl. berichtet. Der Jüngling besiegte den starken Pečenegen, und Vladimir machte ihn und seinen Vater „zu einem großen Mann" (*velikim mužem*).[50] Es ist überliefert, daß in das Bojarentum von Halyč nicht nur Personen aus der Geistlichkeit, sondern auch aus dem Bauerntum Eingang gefunden haben.[51] Die *detskie*, in denen junge Männer freier Abstammung vermutet werden und die im Unterschied zu den *otroki* hauptsächlich Kriegsdienste leisteten, konnten manchmal trotz ihrer Zugehörigkeit zur jüngeren Družina allerhöchste Ämter, wie das des *posadnik* („Statthalter"), übernehmen.[52] Bei den vornehmlich als fürstliche Hofbedienstete oder als „Richter" (*tiun*) tätigen *otroki* war der Übergang zum personenrechtlichen Milieu der Knechtschaft teilweise fließend.[53] Es existiert sogar die These ihrer ursprünglichen Rekrutierung aus Sklaven und Kriegsgefangenen.[54]

---

[47] Jabločkov, Istorija dvorjanskago soslovija, S. 15; Solovev, Istorija Rossii, kn. II, S. 16 f.
[48] M.P. Pogodin versuchte, trotz sehr schmaler Quellenbasis, den Nachweis des erblichen Dienstes in vormongolischer Zeit zu führen. Vgl. O nasledstvennosti drevnich sanov, S. 75–77. Zustimmung dazu von Veselovskij, Issledovanija, S. 44.
[49] Zur Quellenproblematik der Bylinen vgl. Selivanov, Russkij èpos, S. 20–29.
[50] Sbornik dokumentov, t.I, S. 93.
[51] Vgl. D'jakonov, Očerki, S. 85.
[52] PSRL I, S. 374. Vgl. auch Frojanov, Kievskaja Ruś. Očerki social'no-političeskoj istorii, S. 92; D'jakonov, Očerki, S. 81.
[53] Vgl. Schiemann, Rußland, Polen und Livland, S. 143; Presnjakov, Knjažoe pravo, S. 242; Halbach, Der russische Fürstenhof, S. 104, 108; Frojanov, Kievskaja Ruś (s. vorangehende Anm.), S. 90 (mit Quellenbelegen für die Tätigkeit der *otroki* am Fürstenhof und als Krieger).
[54] Die allgemeinslavische Etymologie des Wortes, das sich aus dem Präfix „ot-" („nicht") und dem Stamm „rok" („sprechend") zusammensetzt (also jemand, der das Slawische nicht spricht), gilt als zusätzliches Indiz für diese These. Vgl. auch Zatyrkevič, O vlijanii bor'by meždu narodami i soslovijami, S. 24, 151.

Gefolgschaftliche Lebensweise und eine erstaunlich hohe Mobilität, wie sie zahlreiche Kriegs- und Beutezüge und die ständigen Wechsel der Fürsten von einem Herrschaftsgebiet in ein anderes aufgrund der Senioratserbfolge erforderten,[55] haben das Gesicht des frühen russischen Adels geprägt. Die Družinniki waren kein abgeschlossener, erblicher Stand, obwohl sie als höchste Klasse besondere Rechte genossen. Die Beziehungen zum Gefolgschaftsherrn beruhten auf persönlichen Bindungen, sie waren wechselhaft, kündbar von beiden Seiten. Es bestand grundsätzlich jederzeit die Möglichkeit, den Dienst zu verlassen. Die relativ lose Abhängigkeit von einem Gefolgsherrn ist u.a. damit zu erklären, daß sie keinen territoralen Bezug aufwies, da Landbesitz in der frühen Zeit, soweit bekannt, keine Rolle spielte, und als dies seit dem 11. Jh. der Fall war, nicht mit der Verpflichtung zum Dienst gekoppelt war. Die personelle Offenheit und soziale Durchlässigkeit der altrussischen Gefolgschaft liegt einerseits im Wesen dieser Institution selbst begründet: Bestimmte Tugenden – Tapferkeit, Mut, Risikobereitschaft, Willensstärke, Kraft, Geschicklichkeit, Klugheit, Treue usw. –, die sich in diesem Milieu besonderer Wertschätzung erfreuten, waren keine geburtsständischen Eigenschaften, sie waren ebenso in den unteren Gesellschaftsschichten vorzufinden, wenn natürlich auch die Einübung von früher Jugend an in Waffengebrauch und gefolgschaftliches Verhalten und die Kenntnis höfischer Lebensformen die unter diesem Einfluß aufgewachsenen Nachkommen von Fürstendienern für künftige hohe Stellungen begünstigten und prädestinierten und den Zugang von außen erschwerten. Auf der anderen Seite: Ansehen und Macht des Fürsten stiegen mit der Zahl seiner Gefolgsleute.[56] In der Atmosphäre ständiger Fürstenfehden und der Konkurrenz um die angesehensten und einträglichsten Herrschaften war man in der Wahl der Mittel bisweilen ebensowenig zimperlich wie in der Auswahl seiner Anhänger. Es liegt auf der Hand, daß dieses durch Kampf, Beute, Eroberung und Ausschaltung des Konkurrenten geprägte politische Dauerklima der sozialen Flexibilität und Durchlässigkeit in der Oberschicht ebenso Vorschub leistete, wie es entsprechend einer geburtsständischen Abschließung der Gefolgschaften bis zu einem gewissen Grade abträglich war. Es kommt hinzu, daß die Fürsten sich ihrer mächtigen Gefolgschaftsanhänger keineswegs immer sicher sein konnten, da deren Treue oft auf harte Proben gestellt wurde und sie schweren Anfechtungen ausgesetzt waren, die sie nicht immer zugunsten ihres bisherigen Gefolgsherrn bestanden, so daß dieser plötzlich mehr oder weniger verlassen und ohnmächtig

---

[55] Vgl. Pogodin, O nasledstvennosti drevnich sanov, S. 81, 91.

[56] Zum Jahre 1211 berichtet eine Chronik, daß Fürst Daniil mehr Krieger als alle anderen Fürsten hatte: „Es waren alle großen Bojaren seines Vaters bei ihm." Zit. bei Sergeevič, Drevnosti I, S. 370.

dastand.⁵⁷ Diese durch historische Beispiele bekräftigte potentielle Gefahr, von seinen vornehmsten und mächtigsten Anhängern im Stich gelassen zu werden, förderte mit Sicherheit eine gewisse Neigung bei den Fürsten, sich mit Leuten zu umgeben bzw. Personen in die Gefolgschaft einzugliedern, deren niedrige soziale Herkunft durch die psychologische Wirkung ihrer ausschließlich durch fürstliche Gnade erlangten Statuserhöhung eine zuverlässigere Garantie für treuen Dienst und Anhänglichkeit darstellen mochte, als dies bei den ihrer Macht sehr bewußten obersten Chargen der Gefolgschaft der Fall war, die häufig mit ihrer eigenen zahlreichen Družina dem Fürsten dienten.⁵⁸

Die relative Durchlässigkeit der altrussischen Gefolgschaften darf nicht als ein isoliertes soziales und politisches Phänomen, als zeitlich begrenzte historische Erscheinung betrachtet werden, die sich mit dem Verschwinden der alten Družina nach dem Tatarensturm sozusagen von selbst erledigte. Sie ist hingegen mit einem ganzen Knäuel von adligen Verfassungs-, Verhaltens- und Mentalitätsmerkmalen verknüpft, welche weit in die Zukunft hineinwirkten und dauerhafte Gültigkeit und historische Relevanz behielten.

Es ist deshalb, wie schon mehrfach angesprochen, problematisch, der altrussischen Kiever Periode im Vergleich zur folgenden moskowitischen eine völlig andersartige gesellschaftliche Qualität zuzumessen, die genetische Verbindung der sozialen und herrschaftlichen Strukturen beider Epochen zu leugnen und den Einfluß der äußeren Katastrophe auf das, was Norbert Elias als die langfristigen gesellschaftlichen „Figurationen" bezeichnet, zu überschätzen. Wenn von dem Erbe gesprochen wird, das die Kiever Zeit den nachfolgenden historischen Generationen hinterlassen hat, so wird im allgemeinen auf Sprache, Kultur und Religion verwiesen, wohingegen den Kontinuitäten auf der herrschaftsstrukturellen Ebene viel weniger Beachtung geschenkt wird. Aber abgesehen davon, daß natürlich auch mit der Sprache, der Kultur und der Religion gesellschaftspolitische Bewußtseinsinhalte und Werteinstellungen transportiert und weitergegeben werden, ist hier von Belang, daß die weltliche Oberschicht als die das Herrschaftsgefüge dominierende Kraft gewisse Wesenszüge ihrer politischen und sozialen Physiognomie in Kiever Zeit ausgebildet und späterhin

---

⁵⁷ Dies war z.B. der Fall, als sich Boris nach dem Tode seines Vaters Vladimir († 1018) der Legende nach geweigert haben soll, der Aufforderung von dessen Gefolge nachzukommen, den Kiever Thron in Besitz zu nehmen: „Nicht werde ich die Hand wider meinen ältesten Bruder erheben." Daraufhin wurde er von der Družina verlassen. Vgl. Zenkovsky, Aus dem alten Rußland, S. 81.

⁵⁸ Z.B. im Jahre 1095 wird dies von Ratibor, einem Gefolgschaftsmitglied Vladimir Monomachs, berichtet. Vgl. Jabločkov, Istorija dvorjanskago soslovija, S. 44. Die Družina sagt zu Mstislav Izjaslavič († 1172): „Fürst, ohne uns kannst du nichts planen, nichts tun." Zit. bei Belov, Ob istoričeskoj značenii, S. 78. Die Russkaja Pravda spricht von bojarischen Gefolgschaften (Kap. 104), in anderen Quellen heißen sie „otroki", „čad", „družina", „dom", „dvor". Vgl. D'jakonov, Očerki, S. 76.

bewahrt hat, welche deshalb aufs engste mit gefolgschaftlichen Denkweisen bzw. Verfassungs- und Mentalitätsmerkmalen zusammenhängen. Eine historische Sicht, die die genossenschaftlichen demokratischen Elemente der Frühzeit in idealisierender Weise[59] den autokratisch-tyrannischen der Moskauer Periode gegenüberstellt, ist vom Ansatz her nicht dazu in der Lage, strukturelle Verbindungen und Entwicklungslinien zu erkennen. Das populäre Vorurteil vom „asiatischen" Charakter des Moskauer Staates,[60] wie es auch in ernsthaften wissenschaftlichen Arbeiten unserer Tage immer wieder gelegentlich zum Vorschein kommt, mißachtet die Wurzeln relevanter Verfassungserscheinungen und produziert in seiner plakativen Einseitigkeit ein ganzes Bündel von historischen Fehleinschätzungen und Falschbewertungen.[61]

So gehört in das Argumentationsarsenal dieser Sicht die Behauptung, daß ein relativ hoher Prozentsatz des russischen Adels tatarischer Abkunft gewesen sei.[62] Das berühmteste und von dem Dichter Aleksandr Puškin popularisierte Beispiel ist der Zar Boris Godunov, dessen Vorfahren, wie auch die der bedeutenden Geschlechter der Saburovy und Vel'jaminovy, angeblich von dem in die Dienste Ivans I. Kalita († 1341) getretenen Tataren Čet abstammen sollen. Es handelt sich hierbei aber um eine Abstammungslegende, die erst im späten 16. Jh. entstand und eine geringe historische Glaubwürdigkeit aufweist.[63] Voraussetzung für die Aufnahme in den Kreis der weltlichen Adelselite war in aller Regel der Übertritt ins Christentum. Dies und die Verwandtschaftsverbindung zu eingesessenen Adelsfamilien[64] führte zu einer raschen Assimilierung und Russifizierung tatarischer Abkömmlinge in moskowitischen Diensten, so daß, selbst wenn man die Herkunftslegende Boris Godunovs für bare Münze nimmt,[65] dessen Bezeichnung durch seinen politischen Gegner Fürst Šujskij als „Tatar" für eine anachronistische Polemik gehalten werden muß. Der Anteil des tatarischen ethnischen Elements im moskowitischen Hochadel – fallen die genannten Adelsgeschlechter als Beleg dafür aus – ist verschwindend

---

[59] Als jüngstes Beispiel vgl. Frojanov, Dvorničenko, Goroda-gosudarstva drevnej Rusi.

[60] Vgl. E. Klug, Das „Asiatische" Rußland. Über die Entstehung eines europäischen Vorurteils. In: HZ Bd. 245 (1987), S. 265–289.

[61] Es ist hier nicht der Ort, auf die verhängnisvollen politischen Implikationen des Bildes vom „asiatischen Rußland" in der jüngsten Vergangenheit einzugehen. Zu seiner Geschichte in Deutschland vgl. v.a. W. Laqueur, Deutschland und Rußland, Berlin 1966.

[62] Die Zahl von 37 čingisidischen Caren und Careviči in Moskauer Diensten zwischen 1445 und 1598 (vgl. Tacenko, Služilye Čingisidy, S. 34) ist dagegen sehr gering.

[63] Vgl. Veselovskij, Issledovanija, S. 162–164.

[64] So standen etwa die Adelsfamilien der Kutuzovy, Pleščeevy, Šeremetevy, Mstislavskie mit den nach Moskau übergewechselten tatarischen Čingisiden in verwandtschaftlichen Beziehungen.

[65] Etwa Jabločkov, Istorija dvorjanskago soslovija, S. 76.

gering,⁶⁶ so daß die Vermutung eines „asiatischen Mentalitätseinflusses" auf ihn, was immer man an Negativem darunter verstehen mag, allein von seiner ethnischen Zusammensetzung her unpassend ist. Es gab einige unbedeutendere Geschlechter, deren tatarische Vorfahren im 14. Jh. nach Moskau übergetreten waren. Es gab tatarische Fürsten in Moskau, wie den Kazankhan Šig Alej in der ersten Hälfte des 16. Jh., die von hier aus und mit moskowitischer Hilfe die Rückkehr in ihre Herrschaft betrieben, aber trotz ihrer hohen repräsentativen Stellung am Hof natürlich nicht zum russischen Adel gezählt werden können. Ivan IV. hatte ständig Prätendenten für die Herrschaft mehrerer Horden in eidgebundener Dienstbarkeit.⁶⁷ Eine besondere Rolle spielte unter ihm der Čingiside Simeon Bekbulatovič, 1573 getauft und mit einer Tochter I.F. Mstislavskijs verheiratet, dem er 1575 in einem neuerlichen, schwer verständlichen Akt gesellschaftlicher Verunsicherung nominell die Herrschaft in ganz Rußland übertrug. Aber die Favorisierung Simeons, der nach weniger als einem Jahr zum Großfürsten von Tverʼ „degradiert" wurde, hatte taktische Gründe, war an seine Person gebunden und deshalb ohne positive Folgen für die Etablierung seines Geschlechts im moskowitischen Hochadel. Es gab mit Sicherheit immer eine ganze Schar von tatarischen „Moskauern" im niederen Dienstmilieu, welche als Spezialisten zahlreiche Aufgaben erfüllten, die im äußeren Kontakt mit den steppennomadischen Grenznachbarn anfielen. Aber all das war in Kiever Zeit auch schon so, da wir sowohl im Gefolgschaftskreis als auch unter niederen Fürstendienern Personen steppennomadischer Herkunft antreffen. Es ist freilich auch nicht das kaum lösbare und deshalb hochspekulative Problem der Integration „asiatischer" Werte und Verhaltensweisen in die soziale Psyche der russischen Oberschicht von Interesse als vielmehr die Tatsache, daß letztere bereits in einem frühen historischen Stadium die Tradition einer relativ großen Offenheit gegenüber fremdstämmigen ethnischen Elementen in ihrem Kreis ausgebildet hat. Es ist nicht von ungefähr, daß viele hochadlige Familien des 16. und 17. Jh. ihre Herkunft mit z.T. abenteuerlichen Legenden auf fremde und

---

⁶⁶ Als Beispiele für Familien tatarischer Herkunft, die sich seit dem 16. und 17. Jh. im hochadligen Milieu etablieren konnten, lassen sich lediglich die Čerkasskie, die Jusupovy und Urusovy anführen. Ebd. Byčkova, Rodoslovnye knigi, S. 134. Die Mjačkovy und Starkovy, deren Stammvater Olbuga als tatarischer Gesandter in die Dienste Dmitrij Donskojs trat und nicht in seine Heimat zurückkehrte, gehörten in Moskau den zweit- und drittklassigen Dienstgeschlechtern an. Ebd. S. 412. Dies gilt auch für die Juškovy und Arsenevy. Die unzuverlässige *Barchatnaja kniga* (1682), die auf Informationen aus privaten Archiven beruht, nennt immerhin einen tatarischen Adelsanteil von 17 % (bei fast 1000 Familien). Vgl. Clarkson, Some Notes, S. 192.
⁶⁷ Vgl. Kämpfer, Stökl, Rußland an der Schwelle der Neuzeit, S. 895.

nicht einheimische Urahnen zurückführten,[68] was ihrem Geschlecht offenbar damals ein besonderes Flair verlieh. Man spielte dies im politischen Konkurrenzkampf mit anderen Geschlechtern aus, und verständlich wird das nur, wenn das andere adlige Ethnos im Verständnis der russischen Elite nicht mit negativen Assoziationen belegt war. Die nichtrussische Herkunft einer Reihe adliger Familien unterliegt indes keinem Zweifel.[69] Diese relative Offenheit gegenüber andersethnischen Seiteneinsteigern in den russischen Adel ist fraglos auf das Fortwirken gefolgschaftlicher Tradition zurückzuführen, deren immanenter Zug die machtverstärkende Ausschöpfung vorhandenen Dienstpotentials unter einer gewissen Vernachlässigung vererbter Vorrechte war, wie es auch dem politischen Interesse der Moskauer Herrscher entsprach. Bestimmte Verfassungs- und Strukturmerkmale des Gefolgschaftswesens – die erwähnte Offenheit und Unvoreingenommenheit gegenüber Fremdstämmigen, die Affinität zum Fürstendienst und zum fürstlichen Amt, das Prinzip der dienstlichen Bewährung und Leistung als wichtige Aufstiegskriterien, die geringe lokale und regionale Verwurzelung und eine damit korrespondierende hohe Mobilität, das distanzierte Verhältnis zu Grundbesitz, die nur schwachen Ansätze zu ständisch-erblicher Abschließung und Absicherung politischer Bevorrechtigung, die personelle Bezogenheit auf Herrschertum und Fürstensitz, eine gewisse soziale Mobilität und Durchlässigkeit aufgrund der großen Bedeutung des Dienstprinzips – haben ihre deutlichen Spuren im Herrschaftssystem der Moskauer Epoche hinterlassen und dort ihre direkte Fortsetzung, partielle Abwandlung bzw. Weiterentwicklung oder Transformation in neue politische Inhalte und Ausdrucksformen erfahren. Der häufig beschworene Konservativismus der russischen Herrschaftsordnung war dies zweifellos in einem anderen Sinne, als im allgemeinen angenommen

---

[68] Im 16. und 17. Jh. fand z.B. die Legende von der preußisch-deutschen Abkunft der Morozovy und der von ihnen abstammenden Tučkovy, Šeiny, Saltykovy eine weite Verbreitung. Michail Prušanin, ein Mitstreiter des berühmten Aleksandr Nevskij, soll „von den Deutschen aus dem preußischen Land" gekommen sein, während Andrej Kurbskij ihn bereits in Begleitung des legendären Reichsbegründers Rjurik nach Rußland gelangen sah. Vgl. Veselovskij, Issledovanija, S. 196 f; Choroškevič, Istorija gosudarstvennosti, S. 121; Byčkova, Sostav klassa feodalov, S. 78. G. Alef sieht in den Herkunftslegenden von ausländischen Stammvätern den Ausdruck einer Krise der Aristokratie, die sich gegenüber der wachsenden Macht der Krone auf solche Weise aufzuwerten versuchte. Vgl. The Crisis of the Muscovite Aristocracy, S. 34.
[69] Dies gilt z.B. für die Chovriny – Goloviny – Tret'jakovy, die griechischer Abstammung waren, zunächst im 15. Jh. als reiche Großkaufleute in Erscheinung traten, mit bojarischen Familien Verwandtschaftsbeziehungen anknüpften und später auffallend häufig, offenbar ihrer geschäftlichen Tüchtigkeit und ihres Reichtums wegen, mit staatlichen Aufgaben der Finanzverwaltung betraut wurden. Zur Glaubwürdigkeit der zahlreichen Herkunftslegenden über die nichtrussische Abstammung adliger Familien Veselovskij, Issledovanija, S. 40 f. Völlig unkritisch ist die Zusammenstellung angeblich fremdstämmischer russischer Adelsfamilien bei Jabločkov, Istorija dvorjanskago soslovija, S. 76–79. Zu Adelsfamilien ausländischer Herkunft s. auch Anm. 94.

wird. Das Wesen der sog. Moskauer Autokratie bleibt ohne diese Kenntnis langwirkender Herrschafts- und Mentalitätsstrukturen unverstanden. Eine solche Auffassung steht sowohl im Gegensatz zu den Modernitätsvorstellungen der sowjetischen Forschung, die einen permanenten Zentralisierungsprozeß zugunsten des die vermeintlich objektiven staatlichen Interessen repräsentierenden autokratischen Herrschertums zu erkennen glaubte, als auch partiell zur nichtmarxistischen Geschichtsschreibung, die in ihrer Konzentration auf die – meist negativ bewerteten – Machtstärkungstendenzen zum Vorteil der Autokratie die Wirksamkeit der diesen Prozeß hemmenden, abmildernden und z.T. mit ihm eine neue Symbiose eingehenden alten Herrschaftsstrukturen deutlich unterschätzt hat.

Die vertikale Gliederung des Adels in einen hohen und einen niederen und die Unterscheidung durch Ränge innerhalb dieser beiden Kategorien läßt sich für den Adel der Moskauer Periode relativ deutlich erkennen.

Die Differenzierung in einen hohen und niederen Adel war keine rechtlich fixierte, standesmäßige.[70] Sie war aber dennoch durch die blutsmäßigen und sozialen Schranken faktisch gegeben, wie die scharfe Trennungslinie zwischen „gewöhnlichem" und „vornehmem" Adel bei Andrej Kurbskij belegt. Im Bewußtsein der Zeitgenossen war also diese Unterscheidung gegenwärtig und ist deshalb auch für den Historiker eine geeignete, wenn auch die weit kompliziertere Realität nur mehr annähernd wiedergebende Gliederungskategorie. Es werden also die Differenzierungen innerhalb der formalrechtlich einheitlichen Adelsschicht im politischen, genealogischen und ökonomischen Feld zu suchen sein.

An der Spitze der Moskauer Adelshierarchie standen die Bojaren. Auf die verschiedene Verwendung des letzteren Begriffs in den Quellen wurde bereits hingewiesen, aber in der Regel bedeutete er den höchsten politischen Rang, der die Mitgliedschaft in der Duma einschloß.[71] „Bojaren" im üblichen Wortsinn waren also nur jene hochadligen Personen, die durch ihre Ratgeberfunktion in der Duma zu den engsten Vertrauten und Mitarbeitern der Großfürsten und Zaren gehörten und die die wichtigsten Ämter und Funktionen besetzten.

Ihre Zahl war, trotz der personellen Aufstockung des Dumagremiums seit der Mitte des 16. Jh. und besonders im 17. Jh., im Verhältnis zum Gesamtadel und sogar zum Hochadel, dem sie überwiegend entstammten, immer verschwindend gering. Sie stellten sozusagen die Crème der Moskauer dienenden Elite dar, eine exklusive adlige Gruppierung von großer sozialer Macht, hohem politischem Ansehen und unmittelbarem Zugang zum Herrscher.

---

[70] Vgl. die andere Adelsverfassung in Deutschland bei Mikliss, Deutscher und polnischer Adel im Vergleich, S. 18.
[71] Vgl. oben S. 36 f. sowie auch Kobrin, Vlast', S. 28 f; Halbach, Der russische Fürstenhof, S. 257.

Sie gelangten in diese Stellung in aller Regel aufgrund ihrer vornehmen Abkunft und ihrer persönlichen Verdienste und Fähigkeiten oder wegen anderer an die Person gebundener Umstände. Auf keinen Fall war der Rang des Bojaren erblich, was dem Dienst- und dem an diesen geknüpften Leistungsprinzip zutiefst widersprochen hätte. Wohl aber gab es bestimmte Familien und Geschlechter mit dem politischen Anspruch bzw. dem Anrecht auf Verleihung der Bojarenwürde an einzelne ihrer Mitglieder bei entsprechenden individuellen Qualitäten und Voraussetzungen. Es entspräche somit nicht der sozialen und politischen Realität, das Bojarentum nur auf den kleinen Kreis der Dumaangehörigen zu beschränken, sondern die Zugehörigkeit zu ihm ist auf jenes hochadlige Mileu auszudehnen, dem potentiell Dumaränge offenstanden, d.h. deren Vertreter von ihrem adligen Rang (*znatnost'*), ihrer Herkunft (*rodovitost'*) und ihrer Stellung in der offiziellen Genealogie Anspruch auf die wichtigsten Ämter und Posten erheben und einen hohen „Platz" (*mesto*) innerhalb der adligen Hierarchie aufgrund jener Kriterien beanspruchen konnten.[72] Die konkrete Entscheidung für diesen oder jenen Kandidaten lag zwar letztlich beim Herrscher, seine Auswahl aber hatte er aus jenem begrenzten Kreis vornehmer Geschlechter zu treffen, was die erstaunlich konstante Präsenz vieler hochadliger Familien über einen langen Zeitraum im Zentrum der Macht erklärt. In den 30er und 40er Jahren des 14. Jh. bildete sich in Moskau der feste Kern einer herrschenden Elite heraus, deren Nachkommen auch in den folgenden Jahrhunderten an der Spitze des Reiches stehen. S.B. Veselovskij machte auf den bemerkenswerten Tatbestand aufmerksam, daß zwei Drittel der nichttitulierten Dumamitglieder der Šeremetevskij-Liste für den Zeitraum von der Regierung Ivans III. bis zum Beginn der Smuta aus solchen alten Familien stammen, deren Dienst in Moskau vor der Regierung Dmitrij Donskojs ganz unzweifelhaft feststeht.[73] Zwei Beispiele: Die Nachfahren des im 14. Jh. in Moskauer Dienste getretenen Ivan Ivanovič Morozov nehmen im 15. und 16. Jh. durchweg hohe Dumaränge ein. Der Bojar Grigorij Vas. Morozov († 1492) hatte fünf Söhne, von denen zwei in jugendlichem Alter umkamen, zwei (Ivan G. Morozov, Vas. G. Morozov) den Bojaren- und einer (Jakov G. Morozov) den Okol'ničij-Rang erhielten. In der folgenden Generation gab es fünf Morozovy, die allesamt in die Duma gelangten.[74] In der Mitte des 17. Jh. war der Erzieher des Zaren Aleksej Michajlovič, Boris Iv. Morozov, in der

---

[72] Vgl. Pavlov, Gosudarev dvor, S. 15.
[73] Veselovskij, Issledovanija, S. 490.
[74] Semen Iv. Morozov (1552 Okol'ničij), Grigorij Vas. Morozov (1549 Bojar), Vladimir Vas. Morozov (1562 Bojar), Petr. Vas. Morozov (1554 Bojar), Michail Jak. Morozov (1549 Bojar).

Anfangsphase der Regierung dieses Herrschers der erste Mann im Staat und bei seinem Tod auch der reichste.[75]

Fedor Koška war Bojar Dmitrij Donskojs, sein ältester Sohn Ivan ein enger Vertrauter und Ratgeber des Großfürsten Vasilij I. Von dessen vier Söhnen waren mit Sicherheit drei Dumamitglieder, deren einer, Zacharij Ivanovič, zum Begründer eines fortan bedeutenden Zweiges des Geschlechts Fedor Koškas wurde. Zwei Söhne, Jakov Zachařič und Jurij Zachařič, waren Bojaren der Großfürsten Ivan III. und Vasilij III., ihre Söhne wiederum (Petr Jakovlevič, Vasilij Jakovlevič, Michail Juŕevič, Grigorij Juŕevič) gelangten – bis auf Roman Juŕevič, den Vater der Zarin Anastasija – in höchste Dumapositionen unter Vasilij III. und Ivan IV., während zehn ihrer Enkel (Grigorij Petrovič, Zacharij Petrovič, Ivan Petrovič, Vasilij Petrovič, Michail Vasil'evič, Semen Vasil'evič, Ivan Michajlovič, Vasilij Michajlovič, Daniil Romanovič, Nikita Romanovič) zu verschiedenen Zeiten der Bojarenduma Ivans IV. angehörten. Der Sohn des jüngsten Enkels, Fedor Nikitič Romanov, war der Vater des ersten Romanov-Zaren Michail Fedorovič (seit 1613) und wurde selbst nach seiner Rückkehr aus polnischer Gefangenschaft im Jahre 1619 mit dem höchsten geistlichen Amt des Patriarchen betraut.[76]

Die überwiegende Mehrzahl der Bojaren gehörte also zu jenem kleinen Kreis vornehmster Familien, die von Generation zu Generation aus ihrer Mitte heraus jeweils einige Personen in die Duma und die höchsten Ämter entsandten. Es ist davon auszugehen, daß diese Praktik, diese Gewohnheit, dieser Anspruch auf die Spitzenpositionen aufgrund hoher Abstammung und der Verdienste der Vorfahren wie der eigenen nicht ohne Wirkung auf das politische Selbstverständnis und Selbstbewußtsein dieser höchsten regierenden Schicht geblieben ist. Zwar bezeichneten sich die Bojaren selbst vor dem Großfürsten und Zaren in scheinbar erniedrigender Form als seine „Sklaven" (*cholop, rab*), aber diese Devotionsformel war eine in der Gesamtgesellschaft übliche Anredeweise höhergestellten Personen gegenüber,[77] und es entbehrt nicht einer gewissen Naivität, wenn in der Nachfolge Herbersteins viele Historiker diese herabsetzende Selbstbezeichnung für bare Münze genommen und als verfassungspolitischen Ausdruck der Macht- und Bedeutungslosigkeit der Moskauer Bojarenschicht

---

[75] Vgl. Petrikeev, Krupnoe krepostnoe chozjajstvo XVIIv.; Rüß, Moskauer „Westler" und „Dissidenten", S. 201 ff.

[76] Vgl. Veselovskij, Issledovanija, S. 140–155; Koževnikov, Zemel'nye vladenija doma Romanovych; G.M. [N.N.], Zametka o dome Romanovych. In: Russkaja starina (1896,7), S. 113–117; Rüß, Der „heimliche Kanzler" Vasilijs III., S. 165 f.

[77] Ein früher Beleg ist die Eigenbezeichnung des Daniil Zatočnik als „rab": Der Anredende betont seine soziale Geringerwertigkeit, macht sich klein, um die Größe des Adressaten hervorzuheben. Vgl. Halbach, Der russische Fürstenhof, S. 195.

gewertet bzw. sie als gewichtiges Argument dafür ins Feld geführt haben.[78] Es sei nur darauf verwiesen, daß, wie schon erwähnt, die Bezeichnung „sluga", die ja eigentlich den niedriggestellten und vollkommen abhängigen „Diener" meint, im 16. Jh. als seltener Ehrentitel gerade für die mächtigsten Bojaren verwendet worden ist, deren faktisch überragende Hofposition den eigentlichen Wortsinn eines „Dieners" am allerwenigsten entsprach. Solche Ergebenheits- oder Unterwürfigkeitsausdrücke haben in erster Linie metaphorische Bedeutung: Der mit ihnen suggerierte Abstand zwischen Personen oder Gruppen läßt sich nicht einfach in den verfassungs- und machtpolitischen Raum übertragen, in dem andere Beziehungen und andere Abstände herrschten. Vielleicht verbirgt sich hinter solchen Erniedrigungsfloskeln sogar eine den Beteiligten durchaus bewußte Verschleierung völlig andersgearteter Machtverhältnisse zugunsten derer, die durch ihre verbale und zeremonielle Unterwerfung davon ablenkten. Der Moskauer Hochadel jedenfalls, so devot er sich auch im zeremoniellen Rahmen gegenüber den Großfürsten und Zaren gebärdet haben mag, war als soziale und politische Kraft viel zu mächtig, als daß wir seine Etikettierung als „Sklaven des Herrschers" in einem wörtlichen, realpolitischen Sinne auffassen könnten, wie dies eine Reihe von zeitgenössischen Beobachtern tat, die sich aufgrund ihrer beschränkten Einblicksmöglichkeiten in die komplizierten und ihnen fremden Machtstrukturen Moskaus natürlich v.a. auf den äußeren Anschein und äußere Formen verließen, die ihnen als überzeugender Beweis ihres Urteils erschienen.

Die Herkunft des Terminus „Bojar" ist nicht eindeutig geklärt. Neben seiner slavischen Herleitung gibt es Theorien über einen skandinavischen,

---

[78] Čičerin spricht von einer „Verknechtung" (*zakrepoščenie*) des Moskauer Bojarentums in der Epoche zwischen 1425–1689 und verweist dabei u.a. auf die Selbstbezeichnung als „Diener" und „Sklaven". Vgl. Jabločkov, Istorija dvorjanskago soslovija, S. 97. Der berühmte Bojar Ivans III., Jakov Zachaŕič, wohl kaum die Figur eines devoten „Sklaven", schreibt als Statthalter von Novgorod an den Großfürsten: „Und dieses Schriftstück schickte an den Großfürsten Jakov aus Novgorod. Dem Herrn und Herrscher und Großfürsten der ganzen Ruś Ivan Vasil'evič schlägt das Haupt dein Sklave, Herr, Jakov Zachaŕin." Sbornik RIO, t.35, Nr. 17, S. 70 (1492). Die hohe Macht, die den Großfürsten und Zaren in zahlreichen Schriftstücken zugeschrieben wird, spiegelt nach einer richtigen Feststellung Keenans, Muscovite Political Folkways, S. 146, oft eher die Wünsche ihrer Autoren wider, die die politische Schwäche der Herrscher kannten. Weitere Quellenbeispiele für die „Sklaven"-Metaphorik im herrscherlich-adligen Verhältnis bei Šmidt, Mestničestvo, S. 191 f. Zur Cholop/Rab-Bezeichnung vgl. auch Kotošichin, O Rossii, S. 127. Für Olearius sind die Devotions- und Diminutivwörter für den Adel ein zweifelsfreies Zeugnis der tyrannischen Macht des Moskauer Herrschers: „Die Knesen und grosse Herrn müssen ihre Sclaverey und Wenigkeit gegen den Zaar auch unter andern damit bekennen / daß sie in schreiben und supliciren ihre unterschriebene Nahmen alle in diminutivo setzen müssen." „Die grossen Herren müssen sich auch nicht schemen / ... sich selbst Sclaven zu nennen und sclavisch tractiret zu werden." Moskowitische und persische Reise, S. 198, 219.

türkischen und bulgarischen Ursprung.[79] Nach Tatiščev stammt das Wort aus der sarmatischen Sprache und bedeutet dort in etwa „kluger Kopf", „weiser Mann".[80] Andere leiten den Begriff vom russischen *bol'* (Schmerz) her, d.h. Bojaren wären Leute, die im aufopferungsvollen Dienst des Fürsten Schmerzen und Anstrengungen auf sich nehmen.[81] Eine weitere Theorie erklärt die Übernahme von den Donaubulgaren, bei denen „*boljarin*" ein Angehöriger der obersten Gesellschaftsschicht war, welches Wort dann als ursprünglich gelehrte Bezeichnung ins Altrussische eingedrungen sei.[82] Schließlich existiert auch die These der Ableitung vom russischen „*boj*", d.h. „Kampf", „Schlacht",[83] oder von „*bolee, bol'šij*" (= „mehr" bzw. Komparativ zu „groß").[84] Unabhängig davon, welche dieser Auffassungen die Bedeutungsetymologie des Begriffs richtig bezeichnet, enthalten sie allesamt das Bojarentum zutreffend charakterisierende Merkmale, sei es in der Weise einer generalisierenden Oberschichtenbenennung, in der Betonung des Dienstaspektes oder der Hervorhebung bestimmter markanter Fähigkeiten bzw. Funktionen als Ratgeber oder Krieger. In dieser Hinsicht unterliegt der Begriff keinerlei Bedeutungswandel bis zum Ende des untersuchten Zeitraumes. Noch im 17. Jh. beinhaltet „Bojar" die Tätigkeitstrinität von Beraterfunktion, verwaltendem Amtsträger und Heerführer.

Die formal-tituläre Bedeutung des Begriffs als den adligen Spitzen vorbehaltener Rang (*čin*) kristallisierte sich erst relativ spät, im 14.–15. Jh., heraus. Gleichwohl handelt es sich beim „Bojaren" um den historisch ältesten Würdentitel in der Moskauer Gesellschaft.[85] Der letzte Träger dieses Titels war der Fürst Ivan Jur'evič Trubeckoj, der im Jahre 1750 starb, als der mit diesem Begriff bezeichnete soziale und politische Adelsstatus zwar nicht verschwunden, aber mit einer anderen Terminologie belegt war.

Es existiert eine eigenartige Vermischung von Rang und Amt im Moskauer Hochadel, die zu mancherlei Verwirrung bei dessen Kategorisierung geführt hat. Der Hofadel der Metropole aufgrund des Moskauer Verzeichnisses (*s moskovskogo spisku*) gliederte sich in der Mitte des 17. Jh. nach folgenden Rängen: Bojaren, Okol'ničie, Stol'niki, Strjapčie, Moskauer Dvorjane und Žil'cy.[86] Dabei handelte es sich außer bei der ersten und der letzten Kategorie

---

[79] Vgl. Łowmiański, O proischoždenii russkogo bojarstva, S. 96; Frojanov, Kievskaja Ruś(1980), S. 77–79.
[80] Vgl. DRV t. 20, S. 132.
[81] Ebd. S. 131 f. Vgl. auch Solov'ev, Istorija Rossii, kn.I, S. 326.
[82] Vgl. Ju. Venelin, O slove bojarin. In: ČOIDR, M. 1847, Nr. 1, S. 2.
[83] Vgl. Rüß, „Adel" und „Bojaren", in: Lexikon des Mittelalters, S. 135 und 354. Herberstein schreibt: „Boy nach wendischer Sprache heißt Krieg, aus dem dürften sie Kriegsleute heißen." Sigm. v. Herberstein, Das alte Rußland, S. 66. Vgl. auch I.I. Sreznevskij, Mysli ob istorii russkogo jazyka. SPb 1850, S. 133–134.
[84] Vgl. Jabločkov, Istorija dvorjanskago soslovija, S. 5.
[85] Vgl. Halbach, Der russische Fürstenhof, S. 257.
[86] Vgl. Sobornoe uloženie 1649 goda, S. 28, 29 (Kap. IX, Art. 1, 7).

um ursprüngliche Hoffunktionen, die z.T., wie im Falle der Okol'ničie und Dvorjane, ihren spezifischen Amtscharakter zugunsten einer allgemeinen Rangbezeichnung eingebüßt hatten, und wo andererseits eine weiterhin existierende Hofamtsfunktion (Stol'niki, Strjapčie) mit einer spezifischen Rangqualität einherging. Der tatsächliche Rangabstand zwischen den angeführten Adels- bzw. Amtskategorien konnte unüberbrückbar groß, aber auch völlig unerheblich sein. Söhne von Bojaren konnten ihre Karriere in der Funktion eines Stol'nik starten und zum Okol'ničij- oder Bojarenrang aufsteigen, aber auch zeitlebens über ihre anfängliche Stellung nicht hinausgelangen, während begabte Mitglieder der von R. Hellie so bezeichneten „oberen Mittelklasse" der Dienstschicht in der Stol'nik-Funktion die Krönung ihrer Laufbahn erblicken mochten. Der mit der Dumazugehörigkeit verbundene Okol'ničij-Rang trat im Zusammenhang mit grundlegenden Veränderungen im personellen Bestand der Moskauer Bojarenschaft seit der 2. Hälfte des 15. Jh. auf. Durch die Angliederung ehemals selbständiger Fürstentümer in den Moskauer Herrschaftsbereich und dessen expansives Ausgreifen in die bis dahin unter litauischer Botmäßigkeit stehenden westrussischen Gebiete erfolgte der Zustrom eines seiner autogenen Macht beraubten Fürstenadels nach Moskau, woraus sich die Notwendigkeit seiner Integration in die bis dahin relativ geschlossene und auf ihre althergebrachte politische Position pochende untitulierte Moskauer Bojarenschaft ergab. Die daraus entstehenden Rangkonflikte, daß nämlich eine Person vornehmer Abkunft beim Eintritt in Moskauer Dienste eine andere an Rang „überholte" (*zaechal*),[87] wurden bis zu einem gewissen Grade durch die Zuweisung einer zu durchlaufenden Stellung unterhalb der Bojarenwürde an bestimmte Familien kanalisiert. Der Okol'ničij-Rang, der gewöhnlich das Sprungbrett für die Verleihung des bojarischen Titels, für einige den höchst erreichbaren Status überhaupt darstellte, blieb zunächst auf Vertreter untitulierter Moskauer Bojarenfamilien beschränkt. Die vornehmsten Fürsten dienten niemals – zumindest noch nicht im 15. und 16. Jh. – als Okol'ničie. Dies darf aber keineswegs als Anzeichen für die politische Entmachtung der alteingesessenen Moskauer Bojarenschaft gewertet werden, deren stabile Position im Zentrum der Macht auch nach dem 15. Jh. Veselovskij in eindrucksvolle Weise gezeigt hat.[88] Es ist in diesem Zusammenhang auf zwei Tatsachen aufmerksam zu machen. Durch den Zustrom „auswärtiger" Dienstleute wuchs die Zahl der bojarischen Familien von rund 40 auf ca. 200 an,[89] d.h. die alten moskowitischen Bojarengeschlechter

---

[87] „Es kam der Fürst Jurij Patrikeevič und überholte den Bojaren Konstantin Šeja und andere." Zit. bei Staševskij, Služiloe soslovie, t. III., S. 10.
[88] Für die Zeit Ivans IV. belegt R.G. Skrynnikov, daß der untitulierte altmoskowitische Adel lange am Hof die erste Rolle spielte. Vgl. Obzor pravlenija Ivana IV., S. 363.
[89] Vgl. Staševskij, Služiloe soslovie, S. 9.

befanden sich zahlenmäßig innerhalb der „upper service class" zunehmend in der Minderheit. Diese zahlenmäßige Relation schlug sich mit fortschreitender Zeit im personellen Bestand der Duma und bei der Besetzung der übrigen hohen Ämter und Positionen nieder, und zwar in dem Maße, wie sich die neuen Dienstfamilien sozial und politisch im Moskauer Machtzentrum zu etablieren verstanden und der ursprüngliche Vorsprung, den die alteingesessenen Familien aufgrund ihrer jahrhundertelangen engen politischen Verbindung mit den Moskauer Großfürsten besaßen, allmählich verlorenging. Es war dies ein ganz natürlicher, der sozialen Dynamik in einer vom Dienstprinzip beherrschten Gesellschaft entsprechender Prozeß, der die zahlreichen Mutmaßungen über eine politische Bevorzugung dieser oder jener Adelsgruppierung, über die scharfe Trennung in einen titulierten und untitulierten Adel, in zwei Elitekategorien mit unterschiedlicher politischer Programmatik und von verschiedenem adligen Selbstverständnis, als künstlich erscheinen läßt.[90] Zum anderen beruht die Vorstellung von der Machtüberlegenheit des titulierten Fürstenadels auf der mangelnden Unterscheidung zwischen dem repräsentativen Rang aufgrund vornehmer Abstammung und dem politischen Rang aufgrund von Dienst und der Stellung im herrscherlichen Entscheidungsapparat. Eine schematische Hierarchisierung der Hocharistokratie nach der Bedeutung des Geblüts – ehemalige Großfürsten und deren Nachkommen in Moskauer Diensten standen höher als ehemalige Teilfürsten, letztere höher als Bojaren, die Bojaren des Moskauer Fürstentums höher als Bojaren anderer Fürstentümer usw.[91] – muß zu den größten Mißverständnissen führen. Wenn die vornehme Geburt (*znatnost'*) nicht mit sozialer und politischer Macht gekoppelt war, wurde sie zu einem relativ bedeutungslosen Faktor. Die große Zahl der in die Anonymität kleiner Provinzadliger abgesunkenen Nachkommen von ehemaligen Groß- und Teilfürsten

---

[90] Die Beobachtung, daß der altmoskowitische Adel am Hof Ivans IV. in einer späteren Regierungsphase von den Nachkommen der Suzdaler Fürsten verdrängt worden sei, verbindet R.G. Skrynnikov mit der Vorstellung einer gewissen prinzipiellen Andersorientierung der Politik, vgl. Obzor pravlenija Ivana IV., S. 363, wie überhaupt in der sowjetischen Forschung lange Zeit eine ganz besonders „reaktionäre" Haltung in den Kreisen des titulierten Hochadels vermutet wurde, dem man das Streben nach Restauration der Epoche der „feudalen Zersplitterung" nachsagte, ohne aber hierfür überzeugende Quellenargumente ins Feld führen zu können. Allein aufgrund von Zahlenverschiebungen zugunsten dieser oder jener Gruppe lassen sich schwerlich politische Tendenzen ablesen, wie dies etwa bei H.-W. Camphausen, Die Bojarenduma unter Ivan IV., geschieht. Im übrigen gab es auch untitulierte Bojarenfamilien, die fürstlichen Geschlechts waren. Dies gilt etwa für alle Smolensker Fürstennachkommen, die im 14. Jh. nach Moskau übertraten und dort zu Begründern untitulierter Bojarengeschlechter wurden. Vgl. Veselovskij, Issledovanija, S. 361.
[91] So z.B. bei Staševskij, Služiloe soslovie, S. 9.

ist dafür ein deutlicher Beweis.[92] Aber selbst dann, wenn alle Voraussetzungen für eine blendende Karriere zusammentrafen – hohe Herkunft, Reichtum und Besitz der Bojarenwürde –, bedeutete dies nicht automatisch einen politischen Machtvorzug gegenüber Personen, die ebenfalls die Bojarenwürde innehatten, aber auf eine weniger exklusive Abstammung verweisen konnten. Die politische Biographie des Fürsten Dmitrij Fedorovič Bel'skij in der 1. Hälfte des 16. Jh. ist dafür ein gutes Beispiel. Sein repräsentativer Rang in der Moskauer Adelshierarchie war hoch, in seinen letzten Lebensjahren unter der Regierung des jungen Zaren Ivan IV. wird er bei wichtigen Anlässen als bojarischer Teilnehmer stets an erster Stelle genannt. Aber seine politische Bedeutung, sein politischer Einfluß und Rang stehen ganz erkennbar unter seinem repräsentativen Status. Sein jüngerer Bruder Ivan hatte zeitweise ein weit größeres politisches Gewicht am Hof als er, und dies gilt auch für eine ganze Reihe anderer Bojaren. Zu Ende des Jahres 1533 wandten sich die litauischen Großen wegen der Verlängerung eines Waffenstillstandes an Fürst Dmitrij Bel'skij und Michail Jur'evič Zachar'in aus dem untitulierten Moskauer Bojarengeschlecht Fedor Koškas. Dieser Fall wirft ein bezeichnendes Licht auf die Doppeldeutigkeit des Moskauer adligen Rangsystems. Während Dmitrij Bel'skij diese Ehre ganz offenbar v.a. aufgrund seiner vornehmen Abkunft und seiner verwandtschaftlichen Beziehungen zum großfürstlichen Hause zuteil wurde, verdankte sie Michail Zachar'in eindeutig seiner durch hervorragenden Dienst errungenen politischen Machtstellung und einflußreichen Nähe zu Vasilij III. Dmitrij Bel'skij war als junger Mann direkt in den Bojarenstand erhoben worden, Zachar'in dagegen hatte diesen Status nach einer langen Dienstkarriere unter Durchlaufen des Okol'ničij-Ranges erreicht.[93] Dies verdeutlicht die unterschiedliche Genesis und Qualität der Bojarenwürde und die Tatsache, daß sich ihr repräsentatives Gewicht aufgrund der hohen Abstammung (*rodovitost'*) keineswegs mit dem politischen aufgrund herausragender individueller Fähigkeiten und Leistungen decken mußte. Man wird diese durch die Bedeutung des Dienstfaktors bedingte Zweigleisigkeit als ein wichtiges konstitutives Merkmal bei der ranglichen Hierarchisierung des Moskauer Hochadels immer im Auge behalten müssen. Der Dynamik des Dienstprinzips stand die statische Größe der Abstammung gegenüber. Letztere bildete den allgemeinen Bestimmungsrahmen für die Zuordnung zum niederen, mittleren und höheren Adel und für gewisse, allerdings durchaus labile Einschätzungen und Abstufungen des repräsentativen Wertes eines Geschlechts

---

[92] Einige Vertreter der Fürsten Vjazemskie waren im 17. Jh. sogar unter einfachen Popen zu finden. Vgl. Markevič, Istorija mestničestva, S. 185. Die Nachfahren der ehemaligen Fürsten von Galič, das im 14. Jh. seine Selbständigkeit verlor, kämpften auf der Seite der Teilfürsten gegen Vasilij II. und sanken nach deren Niederlage auf die Stufe einfacher lokaler Bojarenkinder ab. Vgl. Veselovskij, Issledovanija, S. 420. Vgl. auch Pavlov, Problema „Bojarstvo i dvorjanstvo", S. 13.

[93] Vgl. Rüß, Dimitrij F. Bel'skij; ders., Der „heimliche Kanzler" Vasilijs III.

innerhalb der Hocharistokratie. Daraus allein konnte allerdings niemals ein exklusiver Anspruch auf Herrschernähe, Ämter und Positionen abgeleitet werden. Die eigentlichen relevanten ranglichen Differenzierungen innerhalb des Hochadels, die sich in der Verleihung bestimmter abgestufter Würden (*činy*) manifestierten und die auch die unterschiedliche Bedeutung und den verschiedenen politischen Einfluß von mit dem gleichen Rang ausgestatteten Personen zu einem bestimmten Zeitpunkt ausmachten, geschahen aufgrund von erfolgreichem Dienst, herausragenden Fähigkeiten und politischer Fortune. Das erklärt, warum bestimmte Moskauer Dienstfamilien, deren Ehrenwert niedriger anzusehen war als derjenige anderer Geschlechter, immer wieder einige ihrer Mitglieder in allerhöchste adlige Ränge zu entsenden vermochten, ferner auch die Tatsache von herkunftsmäßig unbedeutenden *homines novi* in ansonsten nur der Hocharistrokratie vorbehaltenen Positionen und schließlich die im europäischen Vergleich geradezu ungewöhnliche Erscheinung, daß zwei Zaren, Boris Godunov und der Begründer der Romanov-Dynastie, Michail Fedorovič, aus zwar vornehmen, aber untitulierten Moskauer Bojarenfamilien stammten, die in der blutsmäßigen Wertskala keineswegs an der Spitze der Moskauer Adelshierarchie standen.

Die vorausgehenden Beobachtungen widersprechen der Mitteilung Grigorij Kotošichins, daß es zur Mitte des 17. Jh. sechzehn Familien gab, deren Mitglieder unmittelbar als Bojaren in die Duma gelangten, während bei fünfzehn anderen dies erst über den Okol'ničij-Rang möglich war,[94] nur scheinbar.

---

[94] Zur ersten Kategorie gehörten die Fürstenfamilien Čerkasskij, Vorotynskij, Trubeckoj, Golicyn, Chovanskij, Odoevskij, Pronskij, Repnin, Prozorovskij, Bujnosov, Chilkov, Urusov sowie die untitulierten Geschlechter Morozov, Šeremetev, Šein, Saltykov, zur zweiten Kategorie die Fürsten Kurakin, Dolgorukij, L'vov, Romodanovskij, Požarskij, Volkonskij, Lobanov, Borjatinskij sowie die nichttitulierten Buturlin, Strešnev, Miloslavskij, Sukin, Puškin, Izmajlov, Pleščeev. Vgl. O Rossii, S. 23. Die Mitglieder der zweiten Gruppe, die den Okol'ničij-Rang unmittelbar und nicht über den Umweg des Dumadvorjanentums erhielten, hießen deshalb auch „Kammer-Okol'ničie" (*komnatnye*) oder „vertraute O." (*bližnie*). Vgl. Poraj-Košič, Očerk istorii russkogo dvorjanstva, S. 49. Zu Beginn des 17. Jh. waren im „staatlichen Ahnenregister" (*Gosudarev rodoslovec*) 19 Geschlechter eingetragen, welche damit als „genealogisch" (*rodoslovnye*) galten und Ansprüche auf höchste Positionen geltend machen konnten. Vgl. Pipes, Rußland, S. 98. Zur aktuellen Hocharistokratie mit Anspruch auf Dumazugehörigekeit zählt A.P. Pavlov am Ende des 16. und zu Beginn des 17. Jh. ca. 70 Familien: die dienstfürstlichen Vorotynskie, Odoevskie, Glinskie, Mstislavskie und Trubeckie sowie die litauischen Gediminoviči der Bulgakovy, Golicyny, Kurakiny; die Suzdaler Fürsten Šujskie und Nogtevy-Suzdal'skie; die Rostover Fürsten Katyrevy, Lobanovy, Temkiny; die Jaroslaver Fürsten Troekurovy, Sickie, Ušatye, Gaginy, Šestunovy, Chvorostininy; die Staroduber Fürsten Tatevy, Chilkovy, Romodanovskie; die Obolenskier Fürsten Kurljatevy, Kašiny, Repniny, Dolgorukie, Nogotkovy, Ščerbatye; die Tverer Fürsten Teljatevskie; die Rjazaner Fürsten Pronskie; die Zvenigroroder Fürsten Zvenigorodskie, Nozdrovatye und Tokmakovy; die Vertreter der altmoskauer Bojarengeschlechter der Basmanovy-Pleščeevy, Vel'jaminovy-Zernovy,

Diese Überlieferung bedeutet nämlich nicht, daß es einen fest abgegrenzten Kreis von Familien mit dem ausschließlichen Anspruch auf Besitz der höheren Würden gab.[95] Sie bedeutet ebenfalls nicht, daß alle Vertreter dieser Familien automatisch die ihnen potentiell erreichbaren Ränge auch wirklich bekamen. Und sie läßt deshalb auch nicht den Schluß zu, daß Kotošichin mit ihr eine neue Qualität der Adelsposition mitteilt, die sich von derjenigen der vorangehenden Zeit prinzipiell unterschieden hätte. Verschwunden sind nur einige Namen, einige Familien sind ausgestorben, andere sind an ihre Stelle getreten. Aber die personellen Verschiebungen innerhalb des hohen Adels, die vermeintlich zäsurhafte Dramatik dieses Vorgangs,[96] beinhalten weder strukturelle Veränderungen in den bekannten Auswahlkriterien zu höchsten Ämtern noch Grundsätzliches im Bereich der verfassungsmäßigen Stellung der hochadligen Elite im Staat und zum Herrscher. Ich werde diese These bei Betrachtung der Art und Weise, wie der hohe Adel die neuen Entwicklungen im bürokratischen System, im Militärwesen und in der Ökonomie für seine Interessen und Zwecke nutzte und wie er sich den veränderten gesellschaftlichen Bedingungen im Sinne der eigenen Herrschaftssicherung anpaßte und damit seine überkommene Position stabilisierte, an entsprechender Stelle vertiefen. Es sei hier vorläufig nur nochmals auf die grundlegende K o n s t a n z der vom Adel dominierten Herrschaftsstruktur, des Beziehungssystems hingewiesen, die freilich oft deshalb nicht wahrgenommen wird, weil sie in ihrer zeitlich bedingten Ausdrucksform in einem jeweils anderen historischen Gewand entgegentritt.

Buturliny, Godunovy, Morozovy, Pleščeevy, Romanovy-Jur'evy, Saburovy, Saltykovy, Šeiny, Šeremetevy; die Nachfahren der Tverer Bojaren Borisovy-Borozdiny und der Smolensker Dolmatovy-Karpovy; die griechischen Tret'jakovy-Goloviny und Trachaniotovy. Zum dumafähigen Hochadel gehörten ferner, obwohl der Aufstieg einzelner Vertreter dieser Familien erst im Laufe des 17. Jh. erfolgte, die Fürsten Chovanskie, Bachtejarovy, Bujnosovy, Priimkovy, Gvozdevy, Prozorovskie, Ochljabininiy, Zasekiny, Tureniny, Trostenskie, Lykovy, Tjufjakiny, Kovrovy, Gundurovy, Mosal'skie, Mezeckie. Von Familien ausländischer Herkunft sind in damaliger Zeit der Hocharistokratie die Čerkasskie, Šejdakovy, Tjumenskie, Urusovy, Sulešovy, Vološskie, Mut'janskie, Selunskie zuzurechnen. Vgl. Gosudarev dvor, S. 15 f.
[95] Ja. E. V o d a r s k i j zählt – nach allerdings unvollständigen Angaben – im 17. Jh. 370 Personen aus 109 Familien, die den Bojaren- oder Okol'ničij-Rang trugen. Vgl. Pravjaščaja gruppa svetskich feodalov, S. 76.
[96] K o t o š i c h i n schreibt, daß „die früheren großen Geschlechter von Fürsten und Bojaren, viele davon, spurlos [bez ostatku] verschwunden sind." Vgl. O Rossii, S. 23. Freilich ist der durch Opričnina und „Wirren" verursachte personelle Bruch im hohen Adel von der älteren Forschung oft überschätzt worden. Die mächtigsten Hofpersonen und „Favoriten" des 17. Jh. stammten überwiegend aus alten Bojarenfamilien. Vgl. W e i c k h a r d t, Bureaucrats and Boiars, S. 339 f. Dies gilt für etwas über die Hälfte aller Dumamitglieder zwischen 1613–1645. Vgl. C r u m m e y, Aristocrats and Servitors, S. 25–27.

Die dienende weltliche Elite des 17. Jh. gliederte sich in die „geborenen Dienstleute" (*služilye ljudi po otečestvu*) und die „zugelesenen Dienstleute" (*služilye ljudi po priboru*). Jene waren streng hierarchisch gestuft in die provinzialen, Moskauer und Duma-Leute sowie in verschiedene Ränge vom Bojaren herab zu den „Bojarenkindern". Nach einem anderen Einteilungsprinzip wurde zwischen dem hauptstädtischen Adel und der Moskauer Dienstliste (*s moskovskogo spisku*) und der Masse des Provinzadels (*s gorodov*) unterschieden,[97] wobei aber letztere keinesfalls mit den „zugelesenen" Dienstleuten identisch ist. Bei diesen handelte es sich um Personen und Gruppen, die mit einem staatlichen Salär entlohnt wurden und im Unterschied zum eigentlichen Adel nicht das Recht der Ausbeutung von bäuerlicher Arbeit besaßen. Hierzu gehörten die Strelitzen (*strel'cy*), Kanoniere (*puškari*), die Kosaken in Moskauer Diensten und die nach den Militärreformen als *soldaty* und *reitary* bezeichneten Angehörigen der Heeresformation „neuer Ordnung".

Die Schätzungen Hellies vermitteln eine ungefähre Vorstellung von der Größe des Moskauer Adels in der frühen Neuzeit. Die von ihm als die eigentliche Machtelite bezeichnete „upper service class" umfaßte in der 1. Hälfte des 17. Jh. zwischen 2 000–3 000 Personen, die Mehrzahl davon unterhalb der Duma-Ränge bis hinunter zum Moskauer Dvorjanin.[98]

Für die frühere Zeit fehlen solche Schätzungen, sie würden aber – legt man die seit der 2. Hälfte des 15. Jh. überlieferten Dienstlisten zugrunde – wesentlich kleinere Größenordnungen ergeben.[99]

---

[97] Diese Einteilung existierte, seit die Teilfürstentümer an Moskau angeschlossen waren: Die Adligen der Metropole hießen „Moskauer" oder „große Dvorjanen", die übrigen „städtische Dvorjanen". Vgl. Jabločkov, Istorija dvorjanskago soslovija, S. 69, 215.
[98] Im Jahre 1630 umfaßte der hauptstädtische Adel vom Bojaren bis abwärts zum Moskauer Dvorjanen 2642 Personen. 1681 gehörten nach Hellie zu dieser Kategorie 6385 Personen, der größte Teil davon allerdings zur niederen „upper service class", die z.T. von der Hocharistokratie durch erhebliche genealogische, soziale und politische Schranken getrennt war, so daß wir statt dessen lieber von einer adligen Mittelschicht sprechen, die sich wiederum von einem niederen Provinzadel – für den englischsprachige Historiker häufig mißverständlich den Ausdruck „gentry" verwenden – abhob. Vgl. zu den Zahlen Hellie, Enserfment, S. 22–24. Im Jahre 1678 lebten im Moskauer Staat ca. 10,5 Millionen Menschen, davon 9,6 Millionen Bauern. Vgl. HGR Bd. 2, S. 200. Der prozentuale Anteil des Adels an der Gesamtbevölkerung lag auf dem Niveau anderer großer Staaten mit Ausnahme Polen-Litauens, das mit seinem hohen Adelsanteil von ca. 15 % aus dem europäischen Rahmen weit herausfiel. Um die Mitte des 18. Jh. lag der Adelsanteil an der Gesamtbevölkerung in Rußland zwischen 0,5 (1744) – 0,59 % (1762), was im internationalen Vergleich eine mäßige „Adelsdichte" bedeutete. Von den 1678 registrierten 22000–23000 Gutsbesitzern sind 2000–3000 dem hohen und mittleren Adel zuzurechnen.
[99] Dies spiegelt einen objektiven Sachverhalt, aber auch die unvollständigere Überlieferung der frühen *razrjady* wider, die in der Regel nur die höchsten vergebenen

Der niedere Adel bildete die Hauptstreitmacht des Moskauer Staates. Er zählte zwischen 1550–1650 ca. 25.000 Mann[100] und lebte in dieser Zeit vorwiegend auf der Basis von Dienstgut (*pomest'e*). Er figuriert in den Quellen unter den Bezeichnungen „Bojarenkinder" (*deti bojarskie*), „Diener" (*slugi*), „Hofleute" (*dvorjane*) und – seit Mitte des 16. Jh. in Unterscheidung zum in den Moskauer Dienstlisten geführten Zentraladel – „städtische [d.h. lokale] Dvorjanen" (*gorodovye dvorjane*). Noch im 15 Jh. konnten sich allerdings unter dem Terminus „Bojarenkinder" in seiner ursprünglichen Bedeutung – Söhne von Bojaren[101] – Vertreter des hohen Adels verbergen. Ähnliches gilt in dieser Zeit, freilich selten, für „Dvorjane".[102] Einer historischen Version zufolge bezeichnet „Bojarenkinder" ursprünglich nicht ein Verwandschafts-, sondern ein vasallitisches Verhältnis zwischen einem Bojaren und seinen Dienstleuten.[103] 1433 tritt der gesamte Adel, einschließlich des hohen, unter dem Begriff „Bojarenkinder" entgegen.[104] In der Folge setzt er sich aber als Benennung für die die Masse des Heeres bildenden adligen berittenen Krieger durch, die mit Dienstgut ausgestattet sind.[105] Diese waren ihrem jeweiligen lokalen städtischen Zentrum, in dessen Umkreis sie lebten, zugeordnet und dort militärisch nach das gesamte Bojarenkinderaufgebot der Region bildenden Zehnereinheiten („*po desjatnam*") registriert. An der Spitze solcher „Desjatni" stand meist ein aus der lokalen Adelsgesellschaft stammender Dvorjanin oder eine nach der Moskauer Liste dienende höherrangige Person, etwa ein Stol'nik.

Die Bojarenkinder gliederten sich ähnlich wie die Dvorjanen nach Dienstkategorien entsprechend der Größe des Grundbesitzes. Für beide Gruppen des provinziellen Kleinadels ist charakteristisch, daß ihre Mitglieder als einzelne Individuen außerhalb der Dienstlisten (*razrjady*) verblieben und nur

---

Positionen an die Mitglieder des „herrscherlichen Hofes" (*gosudarev dvor*) und an einige ausgewählte Vertreter des Provinzadels mitteilen. Vgl. Buganov, K izučeniju „gosudareva dvora" XVIv., S. 55.

[100] Vgl. Hellie, Enserfment, S. 22–24.

[101] Unter dem Jahre 1149 spricht die Hypatiuschronik von „syny bojarskyi" als von jungen Pagen bojarischer Abstammung, denen Schwerter feierlich verliehen wurden. PSRL II, Sp. 386. Neben der Theorie, daß sie in Moskauer Zeit die Nachfolgeschicht der ehemaligen *otroki* und *detskie* der Kiever Fürstendružinen bildeten, existiert die Auffassung, daß es sich bei ihnen um sozial verarmte und degradierte Nachkommen bojarischer Familien handelt. Vgl. Halbach, Der russische Fürstenhof, S. 255; Skrynnikov, Glavnye vechi, S. 90.

[102] Vgl. Rüß, Adel und Adelsoppositionen, S. 47 f; ders. Adelsmacht und Herrschaftsstruktur, S. 4.

[103] Vgl. DRV t.20, S. 157.

[104] Vgl. Jabločkov, Istorija dvorjanskago soslovija, S. 96. Der Terminus wird im Nordosten überhaupt erstmals 1432/33 in einem Vertrag Vasilijs II. mit Vasilij Jaroslavič, in der Chronik zuerst 1433 erwähnt. Vgl. Zimin, Knjažeskaja znat', S. 198 ff.

[105] Vgl. Poraj-Košič, Očerk istorii russkogo dvorjanstva, S. 82.

unter generalisierenden Sammelbezeichnungen – die „Rjazaner", „Rostover", „Novgoroder" usw. mit dem oder dem namentlich genannten Voevoden an der Spitze – auftreten.

Die Dvorjanen[106] (s. oben S. 31) sind bis zur Mitte des 15. Jh. niedere Dienstleute in der Hof- und Landesverwaltung und im Gerichtswesen. Im 16. Jh. steht zunächst der Hofbezug des Begriffs eindeutig im Vordergrund. Beim Aufstand Andrej Starickijs 1537 wird zwischen den eigentlichen Hofleuten, den Dvorjanen, und den Bojarenkindern unterschieden.[107] Die Angehörigen des „herrscherlichen Hofes" (*gosudarev dvor*) waren, dies allerdings auch schon im 15. Jh., zum Teil hohe Aristokraten,[108] die weniger als Höflinge und mehr als Krieger und mächtige Administratoren der Fürstenregierung in Erscheinung traten. Um die Mitte des 16. Jh. stellten sie die Vertreter für die höchsten Ämter und bildeten die Elite der herrschenden Klasse.[109] Überhaupt wird mit den Termini „Dvorjanin", „Dvor" der Fürstenhof als Regierungsinstanz und Landesmittelpunkt in einer vorher unbekannten Weise betont, was als aufschlußreiches Indiz für die Durchdringung des Landes mit der Fürstengewalt gedeutet werden kann.[110]

Die *Dvorjane gorodovye*, die Dienstleute der Provinzstädte der ehemaligen Teilfürstentümer, standen rangmäßig unter den Moskauer Dvorjanen. Als Dienstkategorie waren die Dvorjanen eine sozial heterogene Gruppe mit Berührung zum Bojarentum nach oben und zu bäuerlichen und unfreien Elementen

---

[106] Ob es sich um ursprünglich Freie oder Unfreie handelte, ist umstritten. Die ältere Forschung neigte der zweiten Ansicht zu. Vgl. etwa Markevič, Istorija mestničestva, S. 167. Die erste Erwähnung geschah anläßlich der Ermordung Andrej Bogoljubskijs 1174, wo sie als ständig am Hof lebende Personen, vielleicht als Mitglieder der „jüngeren Družina", begegnen. In neueren sowjetischen Arbeiten wurden sie als von Anbeginn an freie Diener am fürstlichen Hof betrachtet. Vgl. Sverdlov, Dvorjane, S. 57; Limonov, Vladimiro-Suzdal'skaja Ruś, S. 150–169.

[107] Vgl. Zimin, Knjažeskaja znat', S. 198 ff.

[108] Vgl. Rüß, Adel und Adelsoppositionen, S. 48; Kobrin, Vlast', S. 29; Halbach, Der russische Fürstenhof, S. 199. In Novgoroder Quellen stellen vom Beginn des 13. Jh. an die Dvorjanen, die auch mit Grundbesitz ausgestattet waren, die bewaffnete Macht der regierenden Fürsten in der Stadtrepublik dar. In den Moskauer Quellen des 14./15. Jh. treten Dvorjanen im Wechsel mit *dvor* („Hof") zur Bezeichnung der fürstlichen persönlichen Streitmacht auf. Der Dvor übernimmt somit bis zu einem gewissen Grade die Funktion der alten Družina. Ebd. S. 200 f. Vgl. auch Nazarov, „Dvor" i „Dvorjane", S. 121 f, der als Angehörige des Dvor Bojaren und Dvorjanen (letzere v.a. als fürstliche Amtsträger) sieht.

[109] Die Einteilung in Hof- (*dvorovye*) und Provinzadlige (*gorodovye*) findet ihren Niederschlag im „Hofbuch" (*dvorovaja tetrad'*) vom Anfang der 50er Jahre des 16. Jh., das eigentlich eine unvollständige Liste der Mitglieder des zarischen Hofes darstellt. Vgl. Nosov, Bojarskaja kniga 1556g., S. 215 f; Nazarov, K istočnikoveděniju Dvorovoj tetradi, S. 167.

[110] Halbach, Der russische Fürstenhof, S. 204.

nach unten. Die hauptstädtischen Dvorjanen stellten die Anführer adliger Truppen in der Provinz. Sie bildeten das „zarische Regiment", dessen eine Hälfte in Kriegszeiten zum Schutz Moskaus zurückblieb, während die andere als stets gesonderte Abteilung dem „großen Polk", dem Hauptheer, angegliedert war. In Friedenszeiten waren die Moskauer Dvorjanen, deren Namen seit 1550 in das sog. „Tausendschaftsbuch" (*tysjačnaja kniga*) eingetragen waren, als Voevoden in den Städten, als Gesandte bzw. Gesandtschaftsmitglieder, Richter, Gehilfen der Statthalter und auf den Prikazen usw., also überwiegend „gesamtstaatlich", tätig. Ihre Zahl schwankte stark. Nach einer Liste von 1616 betrug sie 294 Personen, von denen nur 69 ein Dienstgut in der Nähe von Moskau hatten. Im Jahre 1686 gab es 1893 Moskauer Dvorjanen.[111] Nicht wenige von ihnen waren Abkömmlinge relativ vornehmer Familien, die in diesem Rang ihre Dienstkarriere begannen oder in ihn von der Stol'nik-Position überwechselten. Andere beendeten als ehemalige Bojarenkinder der Provinz ihre Laufbahn in dieser für sie dann hohen Stellung.[112] Es war überhaupt das Bestreben vieler Provinzadliger, zumindest formal nach der Moskauer und nicht der lokalen Dienstliste geführt zu werden,[113] was einerseits als ehrenhafter galt, zum anderen die Aussicht auf rascheres Emporsteigen in der Diensthierarchie gewährleistete. Umgekehrt bedeutete für einen in Moskau ansässigen Adligen die Registrierung in einer Provinzstadt eine Verminderung seines Ehrenwertes und geschah in der Regel als Bestrafung wegen irgendeines Vergehens. Der Rang eines Provinz-Dvorjanen war, da der unmittelbare Hofbezug, abgesehen von vorübergehenden Aufenthalten des Herrschers anläßlich gelegentlicher Durchreisen, fehlte, ein titulärer. Die Kategorie der „zugewählten Dvorjanen" (*vybornye dvorjane*) bildete nach der Bojarenliste von 1588/89 die Mehrzahl der Mitglieder des zarischen „Hofes" (680 Personen von insgesamt 1100). Im Unterschied zu den Moskauer Dvorjanen dienten sie nicht „von Moskau", sondern von den Städten und Kreisen, in denen sie besitzmäßig verankert waren. War ihr Dienst ursprünglich somit ein „gemischter" bzw. abwechselnder, d.h. fand er sowohl in Moskau als auch im provinziellen adligen Kontext statt, so hörte er „von Moskau aus" seit den 20er Jahren des 17. Jh. fast gänzlich auf, was mit ihrer völligen Integration in den Dienstverband des Lokaladels einherging, dessen Spitze sie in politischer und sozialer Hinsicht repräsentierten. Eine vergleichbare und schon früher einsetzende Evolution vom hauptstädtischen Hof- zum nur noch lokalen Dienstbezug durchliefen im 16. Jh. die sog. „höfischen" (*dvorovye*) Dvorjanen bzw. Bojarenkinder aus der Region,

---

[111] Vgl. DRV t. 20, S. 145.

[112] Die herkunftsmäßigen Unterschiede finden ihre Entsprechung auch in den höchst unterschiedlichen Entlohnungen mit Geld und Dienstgut, die bei den Moskauer Dvorjanen zwischen 15 und 210 Rubeln bzw. 25 und 1500 *četej* Land differierten. Ebd.

[113] Viele Adlige dienten formal nach der hauptstädtischen Dienstliste, 1629 1000, 1692 mehr als 3500 Personen. Vgl. Crummey, Aristocrats and Servitors, S. 21.

an deren Stelle in den 50er Jahren des 16. Jh. die ranglich höher stehenden „zugewählten Dvorjanen" als nunmehrige Repräsentanten der „Städte" beim Moskauer Hof traten, welche u.U. in die Moskauer Ränge aufsteigen konnten.

Der Aufstieg von Angehörigen der steuerpflichtigen Bevölkerung in den niederen Adel ist nie gänzlich unterbunden worden, obwohl es Bestrebungen dagegen gegeben hat,[114] andererseits aber ein durchaus ambivalentes staatliches Interesse an der Bewahrung bzw. Vergrößerung des Steuer- und Dienstpotentials existierte. Es konnte geschehen, besonders an der der Kontrolle stärker entzogenen Südgrenze, daß Voevoden eigenmächtig Bauern als Bojarenkinder rekrutierten, aus welchem Status diese allerdings bei Entdeckung wieder entfernt wurden. Die erwähnten „zugelesenen" Strelitzen, Kanoniere und Kosaken konnten lange Zeit in den niederen Adel aufrücken, und erst ein Erlaß von 1675, der zwar bis zur Regierung Peters d. Gr. auch nicht strikt eingehalten wurde, verbot ihre Rekrutierung als „Bojarenkinder". Es ist bekannt, daß sich unter den zur Zeit Ivans III. in Novgorod angesiedelten Dienstgutbesitzern eine Reihe von ehemals unfreien Bojarenleuten befanden, die hier späterhin angesehene Dienstfamilien waren.[115] Boris Godunov erhob einen Leibeigenen zum Bojarensohn. Umgekehrt gab es im Sudebnik eine Bestimmung, die den Übertritt von Bojarenkindern nach Beendigung ihrer Dienstzeit in den unfreien Cholopenstatus erlaubte (Art. 81), der offenbar auf viele verarmte niedere Adlige eine gewisse Anziehung ausübte, da sie sich im Dienste eines hohen Adligen sozial sicherer fühlen konnten. Allerdings bestimmte das Uloženie, wie schon ein Erlaß des Jahres 1641, daß Bojarenkinder künftig nicht, aus welchem Grund auch immer, in die unfreie Abhängigkeit gezwungen werden dürften,[116] auch wenn sie tief verschuldet waren. Eine besonders in südlichen Gebieten verbreitete Kategorie von landarmen Grundbesitzern, die sog. „Einhöfer" (*odnodvorcy*), sind dem adligen Proletariat zuzurechnen, da sie, wie die Bauern, der Hofsteuer unterlagen und ihr Land selbst bearbeiteten.[117] Wenn also die soziale Durchlässigkeit zwischen den steuerpflichtigen unteren Bevölkerungsschichten und dem niederen Adel im betrachteten Zeitraum immer

---

[114] Seit 1616 wurde ständig das vom niederen Adel verlangte Verbot wiederholt, Dienstgut an Personen zu vergeben, deren Väter nicht Dienst geleistet hatten. Zur Zeit des Uloženie (1649) gab es eine strikte Anweisung, kein Dienstgut an Kinder von nichtdienenden Vätern, Bauern oder Unfreien zu vergeben. 1606 und 1609 gab es gesetzliche Verbote, die Kindern von Sklaven, Bauern, Geistlichen und Städtern die Aufnahme in die niedere adlige Dienstklasse untersagte. Vgl. Hellie, Enserfment, S. 49, 53. Dennoch fanden niedere gesellschaftliche Elemente immer wieder Zugang in die Schicht der Bojarenkinder, z.B. 1687 der Sohn eines Popen. Vgl. DRV t.20, S. 158. Es gab massenweise Dienstgutverleihungen an Kosaken. Vgl. Kobrin, Vlast', S. 220.
[115] Vgl. Veselovskij, Feodal'noe zemlevladenie, S. 289 f; Markevič, Istorija mestničestva, S. 169.
[116] Vgl. Sobornoe Uloženie, S. 103, 311.
[117] Vgl. DRV t.20, S. 188 ff; Staševskij, Služiloe soslovie, S. 22.

eine gewisse gesellschaftliche Relevanz behielt, die den Staat im Interesse einer sich zunehmend ihrer Unentbehrlichkeit und Privilegiertheit bewußten Kriegerklasse zu gesetzlichen Gegenmaßnahmen veranlaßte, so war der Sprung aus dem nichtadligen Milieu über die Stufenleiter des Provinzadels in die hohen Regionen der Moskauer oder gar der Dumaränge, wie sich dies in Kiever Zeit gelegentlich beobachten läßt,[118] so gut wie ausgeschlossen.[119] Daß Personen aus unbedeutenden und abgesunkenen Dienstfamilien oder niedrigen adligen Dienstkategorien Positionen erlangten, die in aller Regel nur dem Hochadel vorbehalten waren,[120] gehörte hingegen zu den systemimmanenten Merkmalen einer von oben zum Zweck der Herrschaftsstabilisierung bewußt geförderten Protegierungsstrategie, die auf dem Hintergrund eines breiteren sozialen Durchlässigkeitsphänomens innerhalb des Gesamtadels zu sehen ist.

Insofern bedarf die traditionelle Vorstellung von der scharfen Scheidung zwischen hohem und niederem Adel durchaus einer differenzierten Betrachtung. Es ist unzweifelhaft, daß die sozialen und blutsmäßigen Schranken zwischen Hoch- und Kleinadel gewaltig waren, daß der Machtabstand von Provinz- zu Zentraladel von ersterem bisweilen als bedrückend und unüberwindlich empfunden wurde. Aber diese Unterschiede waren, anders als im Westen Europas, nicht institutionalisiert und korporativ verfestigt. Die Bezogenheit auf die Zentralgewalt durch Dienst war allen Adelsgruppen gemeinsam. Dies verlieh der moskowitischen Adelsgesellschaft eine ausgesprochene, die vertikale soziale und geburtsständische Gliederung durchbrechende und damit abschwächende innere Dynamik und Bewegung. Während in Mittel- und Westeuropa die Trennung in einen hohen und niederen Adel durch die an Qualität und Umfang verschiedenen politischen Rechte genau definiert und durch diese juristische Formgebung im Grunde noch verschärft wurde – die ständische Entwicklung ist nicht nur ein Emanzipationsprozeß gegenüber der Zentralgewalt, sondern zugleich eine korporative Pluralisierung und Hierarchisierung der Gesellschaft aufgrund ständisch-rechtlicher Abschließung verschiedener sozialer Gruppen gegeneinander –, hat in Rußland das auf den Herrscher bezogene und für alle gültige Dienstprinzip mit seinen immanenten Leistungskriterien einer solchen juristisch und institutionell verankerten innerständischen Separierung stets bis zu einem gewissen Grade entgegengewirkt, wenngleich dieser Faktor auch nicht überschätzt werden soll, da die ökonomische, politische und genealogische

---

[118] Die Chroniken erwähnen Bojaren, die aus dem Bauerntum stammten (PSRL 2, S. 790) oder Popensöhne waren (ebd. S. 789) oder sich aus der „jüngeren Družina" zu Bojaren hochgedient hatten (ebd. S. 536).

[119] Kuźma Minin, Sproß einer Kaufmannsfamilie aus Nižnij Novgorod und Organisator des nationalen Widerstandes gegen die polnisch-schwedische Intervention zu Beginn des 17. Jh., der für seine großen Verdienste in die Bojarenduma im Range eines Dumadvorjanen aufgenommen wurde, ist ein seltenes Gegenbeispiel. S. auch Anm. 69.

[120] S. Kap. IX, 1.

Trias von Reichtum, Macht und vornehmer Herkunft sehr hohe Barrieren aufrichtete.

Der niedere Adel war für eine lange Zeit militärisch unentbehrlich, politisch aber immer relativ bedeutungslos.[121] Häufig wurde ihm in der Forschung allerdings ein Gewicht im innenpolitischen Kräfteverhältnis zugeschrieben, welches er in Wahrheit nicht besessen hat. Er war das politisch unorganisierte militärische Machtpotential der Moskauer Großfürsten und Zaren bei der Durchführung ihrer expansiven Außenpolitik, ohne daß ihm ein entsprechender politischer Aktionsraum im Innern zur Verfügung gestanden hätte. Überlastet mit militärischen Aufgaben und besitzmäßig provinziell beschränkt, hatte er kaum Möglichkeiten zur politischen Einflußnahme in Moskau. Die Vorstellung, daß er als „progressive" und die Zentralisation des Staates vorantreibende Kraft dem Herrscher auf Abruf zur Bekämpfung der innenpolitischen, „reaktionären" Gegner zur Verfügung gestanden hätte,[122] ist nicht haltbar. Die Rolle einer politischen Machtelite hat er nie oder nur in sehr eingeschränktem Maße gespielt, ein Tatbestand, der deutliche Parallelen zu einigen westlichen Ländern im selben Zeitraum aufweist.[123] Daran änderte sich auch wenig, als er im Laufe des 17. Jh. als adlige Interessengruppierung näher zusammenrückte und seine Wünsche hin und wieder offen artikulierte, in Kriegsnotlagen zumal, in denen die Regierung am ehesten zu Zugeständnissen bereit war, welche aber keine besondere politische Qualität besaßen und sich hauptsächlich auf die durch den Kriegsdienst verursachten Belastungen und negativen Folgeerscheinungen und den Macht- bzw. Amtsmißbrauch von seiten der

---

[121] Diese Aussage gibt den generellen Eindruck wieder, wie er sich aufgrund der derzeitigen Forschungslage darstellt. Insgesamt hat der mittlere und niedere landsässige Adel eine wesentlich geringere wissenschaftliche Aufmerksamkeit erfahren als der hohe Moskauer Adel. Seine militärische Bedeutung kommt u.a. in dem „Totengedenkbuch der im Krieg Erschlagenen" (*Sinodik po ubiennych vo brani*) sinnfällig zum Ausdruck, in dem für den Zeitraum von den 40er Jahren des 16. bis zur 2. Hälfte des 17. Jh. ca. 1200 Namen aufgeführt sind, die das quantitative Gewicht des nichthauptstädtischen Dvorjanenadels eindrucksvoll verdeutlichen. Der Sinodik ist abgedruckt bei Byčkova, Sostav klassa feodalov, S. 174–189. Genauere genealogische Untersuchungen zum mittleren und niederen Adel sind ein Forschungsdesiderat, obwohl nach Aussage Kotošichins viele alte und seit langem dienende Familien darunter waren. Vgl. O Rossii, S. 28.

[122] Vgl. z.B. Tichomirov, Srednevekovaja Moskva, S. 169. Kritisch zur sowjetischen Konzeption eines „progressiven" Dvorjanentums Rüß, Adel und Adelsoppositionen, S. 11, 17, 20, 128 f; ders. Adelsmacht und Herrschaftsstruktur, S. 7 f. Vgl. auch Kobrin, Vlast' i sobstvennost', S. 6 ff. Gegen die These S.F. Platonovs vom antibojarischen Charakter der Opričnina Ivans IV. vgl. A.A. Zimin, Opričnina Ivana Groznogo. M.1964, S. 316–319.

[123] Norbert Elias sieht in seinen historisch-soziologischen Untersuchungen über den französischen Adel bewußt vom Provinz- und Landadel ab, da er von den Religionskriegen bis zur Revolution keine nennenswerte Rolle als Machtelite gespielt habe. Vgl. Die höfische Gesellschaft, S. 258.

sog. „starken Leute" bezogen.[124] Es ist interessant zu beobachten, daß die gesellschaftlichen Aktivitäten der kleinadligen Moskauer Kriegerklasse in dem Maße zunahmen, wie ihre Bedeutung als Hauptstreitmacht des Staates aufgrund neuer strategischer und militärtechnischer Entwicklungen im Sinken begriffen war.

Die Masse der „Bojarenkinder", nämlich die ausschließlich auf Dienstgut angewiesenen, war eine Schöpfung des Moskauer Staates: Insofern unterschied sich dieser Adelstyp in seinem politischen Selbstbewußtsein wahrscheinlich erheblich von einem mit autogenen Besitzrechten ausgestatteten Adel, der aus freien Stücken zu den Waffen eilte, wenn die Regierung ihn dazu aufforderte. Zwar hat es in Rußland nicht die für den Westen typische Spannung zwischen Geblütsadel und Dienstadel[125] gegeben, weil sich hier zwei so unterschiedliche Formen adliger Existenz nicht ausgebildet haben und der hohe Moskauer Geblüts- ebenso wie der niedere landsässige Adel ihre Stellung und ihr Selbstverständnis in erster Linie aus dem Dienst am Herrscher ableiteten. Dennoch bestand zwischen einem „Bojarensohn", der seine Daseinsberechtigung als Privilegierter ausschließlich mit seiner Befähigung zum (Kriegs-)dienst begründen konnte, und einem Mitglied der aristokratischen Oberschicht, der darüberhinaus mit den autogenen adligen Merkmalen von vornehmer Herkunft und ökonomischer Macht ausgestattet war, aus denen er seine politischen Ansprüche auf hohe Positionen ableitete, auch in Moskau eine gewaltige Kluft. Ein beredtes Zeugnis dafür sind die Klagen Ordin-Naščokins über Behinderungen in seiner Amtsführung aus den Reihen der alten Bojarenaristokratie,[126] in denen beiderseitige Ressentiments – die des aus dem Provinzadel zu höchsten Ämtern aufgestiegenen Fachmanns und Neuerers gegenüber einer vermeintlich mit nicht angemessenen Privilegien übersättigten Altaristokratie und umgekehrt deren Abscheu vor den reformerischen Rücksichtslosigkeiten eines aus den sozialen

---

[124] Als Vorbild für eine Reihe von Privilegien, die aber erst während des Smolensker Krieges (1632–1634) wirksam wurden, diente das Litauische Statut von 1588: Gestattet wurde der freie Kauf von Pferden ohne die umständliche Prozedur der Beweisführung, daß sie nicht gestohlen waren, die freie Benutzung von Futter in nichteingezäunten Feldern auf dem Weg zum Dienst, das Recht, Feuerholz und Baumaterial zu kaufen und für jegliche benötigten Produkte nur den marktüblichen Preis zahlen zu müssen. Erreicht wurde auch, daß Gerichtstage in Moskau außerhalb ursprünglich dreier fester Termine im Jahr anberaumt wurden, nicht aber der in einer Petition von 1637 erklärte Wunsch nach lokaler Jurisdiktion bei Streitfällen mit hohen kirchlichen und weltlichen Repräsentanten. Ebensowenig wurde dem Bestreben nach Gericht ohne Zeitlimit in Fragen flüchtiger Bauern in vollem Umfang nachgegeben. Vgl. Hellie, Enserfment, S. 60–64. Im Jahre 1619 wurde die Einsetzung einer Kommission zur Untersuchung von Amtsmißbrauch („Prikaz, chto na sil'nych ljudej čelom b'jut") zumindest auf dem Papier durchgesetzt. Ebd. S. 52.
[125] Vgl. Reuter, The Medieval Nobility, S. 5.
[126] Vgl. Ključevskij, Sočinenija, t.III., S. 338–340.

adligen Niederungen stammenden Vollblutpolitikers, der seine hohe Stellung nur seiner außerordentlichen Begabung und der Protektion durch den Zaren verdankte, – deutlich werden. Der Okol'ničij Fedor Leont'evič Šaklovityj, dem 1689 nach dem Sturz Sofijas der Prozeß gemacht wurde und der selbst dem niederen adligen Milieu entstammte, charakterisierte das Bojarentum zu Ende des 17. Jh. als „absterbenden Baum", eine offenbar damals bei Personen von maßgeblichem politischen Einfluß, aber unbedeutender Herkunft verbreitete Sicht auf den Altmoskauer Geblütsadel.[127] Zu einer solchen Einschätzung mag beigetragen haben, daß besonders in den letzten Regierungsjahren des Zaren Aleksej Michajlovič eine deutliche „Entaristokratisierung" der Bojarenduma zu beobachten ist, zu der Personen von bisher nicht repräsentierten Fürstenfamilien, prominente Bürokraten, Verwandte des Zarenhauses, Favoriten und Experten auf dem militärischen und diplomatischen Feld ungeachtet ihres z.T. niedrigen adligen Status in wachsender Zahl Zutritt fanden.[128] Der Nachfolger Ordin-Naščokins, Artamon Sergeevič Matveev, war der Sohn eines Sekretärs im Außenamt, stieg als persönlicher Bediensteter Zar Aleksejs, später als Bürokrat und Strelitzenoberst auf, gelangte 1670 in die Duma und erhielt vier Jahre später den Bojarentitel zugesprochen. Er kann als klassisches Beispiel eines zu höchsten Würden emporgestiegenen *homo novus* gelten, wie ihn der an Umfang und Bedeutung zunehmende bürokratische Apparat des 17. Jh. in wachsender Zahl hervorbrachte. Die Erscheinung selbst ist durchaus nicht neu, wenn man einmal von ihrer quantitativen Häufigkeit und den qualitativen Karrieresprüngen, wie sie in dieser ausgeprägten Form in früheren Zeiten kaum denkbar waren, absieht. Man wird vermuten dürfen, daß die Opričnina-Politik Ivans IV., die eine beträchtliche Anzahl von Personen niedrigen Herkommens (*chudorodnye*) in einflußreiche Macht- und Dumapositionen gelangen ließ und eine bis dahin unbekannte Großzügigkeit und Skrupellosigkeit in der Überantwortung von politischer Macht an Mitglieder unbedeutender Geschlechter offenbarte,[129] einen wichtigen Markstein in dieser Entwicklung weg von der engen Korrelation zwischen hoher Stellung und vornehmer Herkunft darstellte. Daß dies nicht die Brechung der sozialen und politischen Vormachtstellung der Hocharistokratie bedeutet hat und wohl auch nicht in diesem engen spezifischen Sinne intendiert war, steht dazu keineswegs im Widerspruch. Die geschlagene Bresche jedoch wurde breiter, die Bereitschaft, einflußreiche Emporkömmlinge in Zarennähe zu dulden, größer, die gesellschaftliche Akzeptanz von Niedriggeborenen in

---

[127] Šaklovityj wurde im Beisein der Bojaren am 11. September 1689 zum Tode verurteilt. Vgl. S t o r o ž e v, Bojarstvo, S. 213 f.
[128] C r u m m e y, Aristocrats and Servitors, S. 28.
[129] Nach dem Tode Ivans IV. verloren die meisten dieser niedriggeborenen, favorisierten Amtsträger des Opričnina-Hofes der 70er Jahre ihre vordem einflußreiche Stellung und fanden sich in den Reihen des gewöhnlichen Provinzadels wieder. Vgl. P a v l o v, Gosudarev dvor, S. 39; M o r d o v i n a, S t a n i s l a v s k i j, Sostav, S. 157 f.

hohen Stellungen erhöht. Es ist bezeichnend, daß in einem Ukaz des Zaren Boris Godunov aus dem Jahre 1601, der sich auf die bäuerliche Freizügigkeit bezog, zum hohen Adel die Duma- und Moskauer Ränge und die D'jaken gezählt werden, denen die Masse der übrigen Dienstleute gegenübergestellt wird.[130] Dennoch ist es sicherlich eine gravierende Verkennung der gesellschaftlichen Wirklichkeit, wenn der dienende Hochadel und das D'jakentum als e i n e privilegierte homogene Schicht charakterisiert werden, in deren Händen die Fäden der Verwaltung des Landes zusammenliefen.[131] Mag der letzte Teil dieser Aussage bis zu einem gewissen Grade zutreffen, so ist es unzulässig, beide Gruppen auf ein und derselben hohen Ebene anzusiedeln, sie auf e i n e soziale und politische Stufe zu stellen. Der Abstand zur Hocharistokratie blieb letztlich unüberwindbar: wegen ihrer geballten sozialen Macht, ihres traditionell hohen gesellschaftlichen Ansehens, ihres Standesbewußtseins aufgrund der vornehmen Abstammung, und schließlich wegen der immer vorhandenen Repräsentanz einer Vielzahl ihrer Vertreter in den obersten militärischen und administrativen Stellen. Hinter einem vornehmen Bojaren oder Voevoden stand ein an seinem günstigen politischen Schicksal interessierter hochadliger „Clan", dessen Mitgliedern sich durch die geglückte Karriere eines der ihren ebenfalls aussichtsreiche Perspektiven für die Erlangung von Macht, Einfluß und damit verbundenen materiellen Pfründen eröffneten. Der *homo novus* aus niederem adligen Dienstmilieu dagegen war auf Gedeih und Verderb von der Gunst des Herrschers, eines hochadligen Gönners oder einer höfischen Partei und auf seine persönlichen Fähigkeiten, sein Geschick, sein Glück angewiesen. Sein Aufstieg verlief, ohne das Korsett des vornehmen Geblüts und der sozialen Macht, sozusagen ungeschützter. Dem zweifellos „demokratischen", die herkunftsmäßigen Unterschiede einebnenden Element des die individuelle Leistung und Fähigkeit begünstigenden Dienstprinzips entstanden also in der sozialen Realität deutliche Grenzen. Es ist keineswegs, wie die zitierte Aussage Šaklovityjs suggerieren könnte, an die Stelle der alten Aristokratie eine neue Elite getreten. Dies geschah selbst dann oder vielleicht gerade dann nicht, als Peter der Große in der Rangtabelle von 1721 das Leistungs- bzw. Fähigkeitsprinzip institutionalisieren ließ und damit freilich auch einer Bürokratisierung aussetzte, die die in ihm enthaltenen Aufstiegsmöglichkeiten für Niedriggeborene durch die rationalistische Reglementierung eher konterkarierte. Jedenfalls begannen, wie früher, hohe Adlige in jenem Rang ihre Laufbahn, der für andere nach

---

[130] Vgl. AAE, t.2, S. 70.
[131] So Pavlov, Prikazy i prikaznaja bjurokratija, S. 213. Der Dumad'jak V. Ja. Ščelkalov diente sich unter Boris Godunov bis zum Okol'ničij empor. Diese persönliche Karriere machte seine Familie aber nicht „bojarisch". Gleiches gilt für die am Ende des 16., zu Beginn des 17. Jh. vom Dumadvorjanenstatus in den Bojaren- bzw. Okol'ničij-Rang aufgestiegenen Bogdan Ja. Bel'skij und A.P. Klešnin. Vgl. ders. Gosudarev dvor, S. 17.

lebenslangem Dienst den Endpunkt ihrer Karriere darstellte. Die Macht des alten Geblütsadels, der eben immer Amtsadel war, aber mit den bekannten Vorzügen, Vorteilen und Vorsprüngen, blieb also ungebrochen. -

Da im Mittelalter außer dem Fürstentitel keine anderen erblichen Titel existierten, kann seit einer bestimmten Zeit, wenn andere Quellen fehlen, die adlige Namengebung als Indiz für die Herkunft und Stellung der betreffenden Person herangezogen werden. Vor dem 15. Jh. nennen sich die Adligen durchweg nur mit dem Vornamen oder mit dem Vor- und Vatersnamen. Familiennamen sind äußerst selten. Die zahlenmäßige Begrenztheit der Gefolgschaften und der noch übersichtliche personelle Bestand bojarischer Dienstmannen am Fürstenhof machte die Unterscheidung mit Hilfe eines Familiennamens nicht erforderlich. Diese Notwendigkeit ergab sich erst durch den gewaltig anschwellenden Zustrom adliger Dienstleute nach Moskau im Zuge der wachsenden Bedeutung und Expansion dieses Fürstentums.[132] Häufig wurden dann aus Spitz- und Beinamen Familiennamen auf -ev, -ov oder -in. Solche Beinamen erhielten Personen oft ohne Beziehung zu ihren persönlichen Eigenschaften von Kind an, manchmal aber auch in deutlicher Anspielung auf sie: Chromoj (der Lahme), Krivorot (der Schiefmäulige), Kosoj (der Schielende), Sviblo (der Lispelnde) usw.,[133] wobei diese nach unserem Geschmack wenig schmeichelhaften Bezeichnungen Repräsentanten höchster Adelskreise zu Trägern hatten, was offenbar nicht als eine Kränkung oder Herabwürdigung empfunden wurde, sondern einem bestimmten Umgangston im Gefolgschafts- und frühen Hofmilieu entsprochen haben wird. Bis zum 17. Jh. gab es außer den christlichen kalendarischen Vor- bzw. Vatersnamen auch „weltliche", nichtkalendarische, von Beinamen abgeleitete, die von Angehörigen der höchsten Adelsschicht gewöhnlich zusammen mit dem Kalendernamen getragen wurden. Alleine begegnen erstere in bezug auf die oberen adligen Ränge allerdings nur in Ausnahmefällen. Im Unterschied zu bestimmten christlichen Vornamen, die sich über viele Generationen in bestimmten Geschlechtern besonderer Beliebtheit erfreuten, läßt sich eine familiengebundene Favoritenrolle von Beinamen als Vornamen nicht erkennen.[134] Wohl aber läßt sich aus der

---

[132] Vgl. Jabločkov, Istorija dvorjanskago soslovija, S. 36, 81 f; Kobrin, Genealogija i antroponimika, S. 112.
[133] Vgl. Veselovskij, Issledovanija, S. 53. In Polen läßt sich eine parallele Entwicklung von Familien – aus Beinamen (z.b. Kot = Katze/Kater, Žaba = Frosch usw.) beobachten. Vgl. Mikliss, Deutscher und polnischer Adel, S. 114 f. Doppelnamen (Skopin-Šujskij, Nemoj-Obolenskij usw.) sind oft aus der Hinzufügung des Spitznamens zum schon existenten Familiennamen entstanden, um einen neuen Zweig zu begründen.
[134] Vgl. Kobrin, Genealogija i antroponimika, S. 88. Die Bevorzugung bestimmter Namen in bestimmten Familien ist eine für den westlichen Adel bekannte Tatsache. Vgl. Reuter, The Medieval Nobility, S. 3.

Formgebung des Vatersnamens (*otčestvo*) die soziale Einstufung seines Trägers grob einschätzen. Endete jener auf -ovič (Ivanovič) oder -evič (Vasil'evič), stand die betreffende Person in der Adelshierarchie auf jeden Fall bedeutend höher, als wenn er mit zwei getrennten Wörtern – dem Possessivadjektiv vom Vornamen des Vaters in Verbindung mit „Sohn" (syn), also z.B. „Ivanov syn" (der Sohn Ivans) – ausgedrückt war. Diese Form war auch außerhalb der Adelsschicht gebräuchlich, bezog sich innerhalb derselben also auf Personen niederen Ranges.[135] Im Jahre 1628 gab es einen Erlaß, der nur den Bojaren, Okol'ničie und Dumadvorjanen, also den höchsten Rängen, die Schreibweise mit -vič im Schriftverkehr mit staatlichen Organen gestattete.[136] Dumad'jaken war eine Ausnahme von dieser Vorschrift dann erlaubt, wenn sie an der Spitze eines Prikazes, also einer Behörde, standen oder in leitender Stellung diplomatische Funktionen erfüllten.[137] Die Anrede ohne -vič wie überhaupt eine fehlerhafte Anwendung der verschiedenen Namenselemente konnte als schwere Beleidigung aufgefaßt werden.

Es lassen sich patronymische (Endung auf -ov, -ev, -in) und toponymische (Endung auf -skij, -ckij)[138] Familiennamen unterscheiden. Die ganz überwiegende Mehrzahl der Angehörigen alter Moskauer Bojarengeschlechter, also des untitulierten Adels, hatte patronymische Familiennamen (z.B. Zachaŕin, Romanov, Čeljadnin, Morozov, Tučkov, Saburov usw.),[139] hingegen die Nachkommen ehemals selbständiger Fürsten, Teil- und Dienstfürsten mehrheitlich toponymische. So nannten sich etwa viele aus dem ehemals selbständigen Fürstentum Jaroslavl' stammende teilfürstliche Nachkommen „Fürsten Jaroslavskie", obwohl sie und ihre Vorfahren niemals den Fürstensitz Jaroslavl' innegehabt hatten. Andere aus diesem Gebiet nannten sich „Fürsten Moložskie" (nach ihrem am Fluß Mologa gelegenen Besitz), andere

---

[135] Vgl. Markevič, Istorija mestničestva, S. 164, der aber auch darauf hinweist, daß mit der Vatersnamenendung auf -vič nicht von Anfang an, sondern erst in der späteren Phase der Moskauer Geschichte eine bestimmte adlige Ehren- und Rangvorstellung verbunden war. Ebd. S. 42 f.

[136] Vgl. Zakonodatel'nye akty russkogo gosudarstva, S. 141 (Nr. 172, 21. Jan.). Dies bestätigt bereits Giles Fletcher für die 2. Hälfte des 16. Jh. Vgl. Rude and Barbarous Kingdom, S. 145.

[137] Vgl. Buganov, Vraždotvornoe mestničestvo, S. 123.

[138] Polnische Adelsnamen auf -ski, -cki leiten sich ebenfalls vom Herkunftsort oder Familienbesitz ab. Vgl. Mikliss, Deutscher und polnischer Adel, S. 114f. Im Hl. Römischen Reich nimmt der Adel den Familiennamen etwa seit dem Investiturstreit und der Umwandlung von Grafschaften in Erblehen von seinen Besitzungen, ursprünglich von seinen Burgen, und wechselt ihn mit diesen. Ebd. S. 56; Schmid, The Structure of the Nobility, S. 39.

[139] Ein Beispiel für toponymische Namengebung ist der 1534 nach Litauen geflohene Ivan Vasil'evič Ljackoj, ein Neffe Jakov Zachaŕič Koškins, dessen Name „Ljackoj" von seiner Votčina in Novgoroder Gebiet (Ljacko) stammte. Vgl. Akty russkogo gosudarstva 1505–1526 gg., S. 309.

„Fürsten Kubenskie" (nach ihren Votčinen am gleichnamigen See), „Fürsten Sickie" (nach ihren Besitzungen am Fluß Sit'), „Fürsten Kurbskie" (nach deren Hauptsiedlung), „Fürsten Prozorovskie" (nach dem nach seinem Hauptsitz so genannten Teilfürstentum) usw.[140]

Freilich gibt es auch hier ein sehr prominentes Beispiel für patronymische Namengebung. Der Sohn des letzten Jaroslavler Großfürsten Aleksej Fedorovič Brjuchatyj († 1471) hieß Daniil Penko († 1520), der als Moskauer Bojar zum Stammvater der Fürsten Penkovy wurde. Um sich von seinen gleichen Namensträgern zu unterscheiden, gab sich ein Fürst Šujskij (deren Name von ihrem Hauptsitz Šuj im Suzdaler Gebiet abgeleitet ist) den Beinamen „Skopa" und wurde somit zum Begründer der Fürsten Skopin-Šujskie, die mit Michail Vasil'evič Skopin-Šujskij (1586–1610) eine prominente Persönlichkeit als talentierten Heerführer im Kampf gegen die Landesfeinde während der „Wirren" zu Beginn des 17. Jh. hervorbrachten. Doppelnamen, deren einer Bestandteil sich auf einen Beinamen zurückführte, waren besonders in weitverzweigten Fürstengeschlechtern, etwa bei den Obolenskie (Telepnev-Obolenskij, Nemoj-Obolenskij, Striga-Obolenskij u.a.), eine verbreitete Erscheinung.

Inwiefern das Auftreten von Familiennamen als Indiz für ein vorher schwach ausgebildetes Bewußtsein der Geschlechterzugehörigkeit bzw. der gemeinsamen Abstammung gewertet werden darf,[141] läßt sich mit Bestimmtheit nicht sagen. Als Beweis für jene Auffassung kann auf das fehlende Erbrecht für Seitenverwandte hingewiesen werden und darauf, daß das Recht, dem Geschlecht durch Verkauf entfremdete Güter zurückzuerwerben, erst im Sudebnik von 1550 begegnet, sowie eventuell auch auf die Tatsache, daß Geschlechterwappen in Rußland vor dem Ende des 17. Jh. nicht auftreten.[142]

3. Teilfürsten, Dienstfürsten, Fürsten

Das Auftreten von Teilfürsten (*udel'nye knjaz'ja*) und Dienstfürsten (*služilye knjaz'ja*) ist auf eine bestimmte Periode der moskowitischen Geschichte beschränkt, die für erstere bis zur 2. Hälfte des 16. Jh. reichte, für letztere den noch kürzeren Zeitraum vom 15. bis zum 16. Jh. umfaßte.

---

[140] Vgl. Ekzempljarskij, Velikie i udel'nye knjaźja, t.II, S. 90, 96f, 114–116. Roždestvenskij, Služiloe zemlevladenie, S. 158–167.
[141] In einem solchen Sinne Jabločkov, Istorija dvorjanskago soslovija, S. 80. Ein ähnlich schwach entwickeltes Familienbewußtsein im frühen westlichen Adel wird hinter der Tatsache vermutet, daß man es häufig vorzog, lieber Klöstern als entfernten Verwandten das Erbe zu vermachen. Vgl. Reuter, The Medieval Nobility, S. 7.
[142] Vgl. Jabločkov, Istorija dvorjanskago soslovija, S. 80.

Da die Teilfürsten der herrschenden Dynastie angehörten[143] und einen vom übrigen Adel erheblich unterschiedenen verfassungsmäßigen Status innehatten, der aus der selbständigen Herrschaft über bedeutende Territorien des Reiches hervorging, da sie gewissermaßen ein verkleinertes Abbild der großfürstlichen Gebietsherrschaft darstellten – allerdings ohne außenpolitische Souveränität, mit der Verpflichtung zur Heeresfolge und zur Beteiligung an Tributzahlungen – sind sie, als Mitglieder der regierenden Moskauer Fürstenfamilie, nicht eigentlich Gegenstand der vorliegenden Untersuchung. Dennoch stehen einige Aspekte ihrer Existenz ohne Frage in einer engen Beziehung zur Geschichte des Moskauer Adels. Das Institut des Teilfürstentums (*udel*) ging aus der schon in Kiever Zeit gehandhabten Vererbungspraxis hervor, alle männlichen Nachfahren der Fürsten mit angemessenen Herrschaften auszustatten. Die sich daraus entwickelnden Streitigkeiten, besonders die Kämpfe um die Thronnachfolge aufgrund eines in der Realität immer schwerer handhabbaren Senioratsprinzips, haben den inneren Verfallsprozeß des Reiches und seine äußere Schwäche und auch die Machtverlagerung von Kiev in den relativ stabileren Nordosten nach Vladimir-Suzdal' mitverantwortet.[144] Bei grundsätzlicher Bewahrung des überkommenen Erbrechts, das alle Söhne mit einem Herrschaftsgebiet bedachte, ist im Moskauer Großfürstentum der älteste Sohn und designierte Thronerbe von Anbeginn materiell erheblich besser gestellt worden als seine verwandten teilfürstlichen Brüder,[145] die ihm zudem in Angelegenheiten des Reiches zu politischer Gefolgschaft verpflichtet waren, was durch zwischenfürstliche Verträge abgesichert wurde. Über weite Phasen der Existenz von Teilfürstentümern ist die Haltung der Moskauer Herrscher ihnen gegenüber äußerst ambivalent: Man könnte meinen, als seien sie nur ins Leben gerufen worden, um bekämpft und abgeschafft zu werden. Ein Großteil der Udelfürsten befand sich im politischen Dauerkonflikt mit dem Moskauer Zentrum, viele von

---

[143] In der Literatur wird zwischen den zur Moskauer Fürstendynastie gehörenden Udelfürsten und anderen Fürstenkategorien (Dienstfürsten, Nachkommen von ehemals selbständigen Fürsten der Nordost-Ruś in Moskauer Diensten) nicht immer genau unterschieden. Der beste zusammenhängende Überblick zur Geschichte der Teilfürstentümer findet sich immer noch bei Ekzempljarskij, Velikie i udel'nye knjaz'ja.
[144] Vgl. Nitsche, Großfürst und Thronfolger, S. 2 f.
[145] Vasilij I. (seit 1389) besaß unter fünf Brüdern ca. ein Drittel des Reiches, Ivan III. (seit 1462) bekam ebensoviele Städte testamentarisch zugesprochen wie seine übrigen vier Brüder zusammen, Vasilij III. (seit 1505) von 99 Städten und Ortschaften die 66 besten, d.h. im Laufe der Generationen wurden die Erbteile der Thronfolger systematisch vergrößert, während die der jüngeren Söhne zu bloßen Versorgungsapanagen absanken, die bei ihrem Tode seit dem 16. Jh. an den Großfürsten zurückfielen. Vgl. Pipes, Rußland, S. 72 f.

ihnen endeten eines gewaltsamen Todes,[146] flohen nach Litauen[147] oder starben in relativ jungem Alter kinderlos.[148] Man kann aus diesen Sachverhalten eine planmäßige Schwächungs- und konsequente Entmachtungspolitik zu Lasten des teilfürstlichen Systems im Sinne der endgültigen Durchsetzung der Primogenitur und der Stärkung und Vereinheitlichung des Staates ableiten. Dennoch wurde diese Politik teilweise merkwürdig halbherzig, widersprüchlich und – bei Zugrundelegung der unterstellten politischen Absichten – sogar in höchstem Maße inkonsequent gehandhabt, wofür es ebenfalls Gründe gegeben haben muß. Vasilij II., der von seinem Onkel Jurij vorübergehend aus Moskau vertrieben worden war und den sein Vetter Dmitrij Šemjaka blenden ließ, der also schlimmste persönliche Erfahrungen mit seinen verwandten Teilfürsten gemacht hatte, hat durch seine eigene testamentarische Verfügung an dem Udel-Prinzip nicht gerüttelt.[149] Dies gilt auch für seinen Nachfolger Ivan III. Vasilij III. vermachte seinem debilen Sohn Jurij ein bedeutendes Teilfürstentum, das bis weit in die Regierungszeit Ivans IV. zumindest formal Bestand hatte. Vladimir Andreevič, dem Sohn des 1537 in Kerkerhaft umgekommenen Andrej Starickij, wurde 1541 der Udel seines Vaters zurückgegeben. Der Sohn Ivan Andreevičs von Možajsk, Semen Starodubskij, und Vasilij Šemjačič, der Enkel Dmitrij Šemjakas, wurden, als sie im Jahre 1500 aus Litauen in das Moskauer Reich zurückkehrten, mit umfangreichen Apanagen ausgestattet. Einigen Teilfürsten wurde die Heirat offensichtlich verboten, anderen wiederum nicht. Zu einigen bestanden ständig gespannte Beziehungen, bei anderen war das nicht der Fall. Es fällt schwer, im Verhältnis der Moskauer Großfürsten zu den Teilfürsten eine

---

[146] Dieses Schicksal erlitten unter Vasilij II. seine Vettern Vasilij Kosoj und – wahrscheinlich – Dmitrij Šemjaka sowie Vasilij Jaroslavič mit drei Söhnen, unter Ivan III. sein Bruder Andrej Vasil'evič Bol'šoj, dessen beide Söhne die meiste Zeit ihres Lebens in Kerkerhaft verbrachten, der jüngere Dmitrij 40 Jahre seines Lebens. Unter Vasilij III. starb der Enkel Dmitrij Šemjakas, Vasilij Ivanovič Šemjačič, im Gefängnis, ebenfalls sein Sohn im Jahre 1561. Die Brüder Vasilijs III., Jurij und Andrej, starben während der Regentschaftsregierung Elena Glinskajas im Kerker, der Vetter Ivans IV., Vladimir Andreevič, wurde 1569 hingerichtet. Eines gewaltsamen Todes im Gefängnis starb auch der ehemalige Thronrivale Vasilijs III., Dmitrij Ivanovič, Enkel Ivans III., im Jahre 1509. Um den plötzlichen Tod Dmitrij Ivanovičs, eines Bruders Vasilijs III., im Jahre 1521 rankten sich Gerüchte über eine gewaltsame Ursache. Der jüngste Sohn Ivans IV., Dmitrij, kam im Jahre 1591 in Uglič auf rätselhafte Weise ums Leben.

[147] Unter Vasilij II. sein Vetter Ivan Andreevič, der Sohn Dmitrij Šemjakas, Ivan, sowie der älteste Sohn Vasilij Jaroslavičs, Ivan. Unter Ivan III. Vasilij Michajlovič, der Sohn des Teilfürsten von Vereja und Belozersk, unter Vasilij III. der Rjazaner Großfürst Ivan Ivanovič.

[148] Drei von vier Brüdern erlaubte Vasilij III. die Heirat nicht (Jurij, Dmitrij, Semen). Die Brüder Ivans III., Jurij, Andrej d. Jüngere und Semen, starben ehelos.

[149] Dies taten auch nicht seine härtesten Thronrivalen: Als Dmitrij Šemjaka im Jahre 1446 über Vasilij triumphierte, übergab er diesem das spätere Teilfürstentum Vologda als Apanage. Vgl. Ekzempljarskij, Velikie i udel'nye knjaz'ja, II, S. 368.

durchgehende einheitliche Linie oder ein konsequentes politisches Konzept zu entdecken. Die folgenden Beobachtungen sind vielleicht geeignet, mehr Licht in die oft sehr widersprüchlich erscheinenden Beziehungen zwischen Groß- und Teilfürsten zu bringen.

1. Das Prinzip der Primogenitur wurde zwar durch verschiedene politische Maßnahmen, testamentarische Verfügungen und Erbkonstellationen zur überwiegenden Thronfolgepraxis, hat aber die Vorstellung, daß der Älteste der Fürstendynastie Inhaber der Großfürstenwürde sein müsse, nie ganz verdrängen können.[150] Immerhin ist im 14. Jh. zweimal die Erbfolge nach dem Senioratsprinzip geregelt worden.[151] Allerdings hinterließen die Großfürsten in diesen Fällen keinen männlichen Nachfolger, so daß es keine Alternative zum Herrschaftsantritt der Brüder gegeben hat. In der gewaltsamen Auseinandersetzung um den Moskauer Thron zwischen Vasilij II. und seinem Onkel Jurij Dmitrievič bzw. seinen Vettern Vasilij Kosoj und Dmitrij Šemjaka ist der vom Vater designierte Großfürst von jedem seiner drei Rivalen jeweils für kurze Zeit aus seiner großfürstlichen Herrschaft vertrieben worden. Der Erfolg der Gegner Vasilijs II. und die langwierigen erbitterten Kämpfe lassen darauf schließen, daß beide Seiten in der damaligen moskowitischen Gesellschaft auf Unterstützung für ihre Sache rechnen konnten und deshalb die Meinung, daß die Söhne Jurijs nicht einmal formalrechtlich ihre Herrschaftsansprüche durch Berufung auf das Seniorat hätten begründen können,[152] nicht überzeugt. Es hieße die Wirkungskraft überlieferter Rechtstraditionen unterschätzen, wenn auf Unrecht gestützte Ansprüche die Rivalen Vasilijs vorübergehend in den Besitz Moskaus gebracht hätten. Es darf sogar vermutet werden, daß nach

---

[150] Dmitrij Donskoj verfügte in seinem Testament folgendes: „... nimmt Gott meinen Sohn, Fürst Vasilij, zu sich, dann erhält jener meiner Söhne den Udel Vasilijs, der ihm im Alter nachfolgt ..." DDG, Nr. 12, S. 35. A. V. Ekzempljarskij legte diese Bestimmung in dem Sinne aus, daß nur im Falle eines kinderlosen Todes Vasilijs I. der Großfürstenstuhl an den nächstältesten Bruder gehen sollte. Vgl. Velikie i udel'nye knjaz'ja, II, S. 227. Keineswegs als Vorkämpfer der Primogenitur sieht Dmitrij Donskoj hingegen Nitsche, Großfürst und Thronfolger, S. 27. Vasilij I. hat in seinen drei Testamenten und im Vertrag mit Vladimir Andreevič von 1401/02 die Nachfolge seiner Söhne Ivan († 1417) und Vasilij ausdrücklich bestimmt. Allerdings spricht aus der Formulierung des 1. und 3. Testaments (DDG Nr. 20, S. 56–57, Nr. 22, S. 61) eine erhebliche Unsicherheit hinsichtlich der Realisierung dieser Bestimmung („Und gewährt Gott meinem Sohn, Fürst Ivan, das Großfürstentum zu halten ..."), während es im 2. Testament entschiedener lautet: „Und meinen Sohn, Fürst Vasilij, segne ich mit meinem Vatererbe, dem Großfürstentum ..." Ebd. Nr. 21, S. 58.

[151] Ivan I. Kalita († 1341) wurde Nachfolger seines Bruders Jurij Danilovič, Ivan II. († 1359) folgte seinem älteren Bruder Semen auf den Großfürstenstuhl.

[152] Očerki istorii SSSR XIV–XV vv., S. 258.

Ansicht weiter Kreise das bessere Recht auf seiten Jurijs und seiner Söhne war.[153]

2. Solche historischen Beispiele und Erfahrungen riefen bei den Moskauer Herrschern ein ständiges Mißtrauen gegenüber potentiellen Thronprätendenten hervor,[154] während sie auf seiten ambitionierter Teilfürsten in machtpolitisch labilen Situationen gewisse Illusionen über die reale Möglichkeit der eigenen Herrschaft nährten. Auch wenn ihnen, wie es wohl vielfach geschah, solche Gedanken und politischen Ambitionen nur unterstellt wurden, so zeigt gerade dies, daß weiterhin mit der jederzeit möglichen Aktualisierbarkeit der Senioratserbfolge gerechnet bzw. die Primogenitur als nicht gesicherter Bestandteil der Thronfolgeverfassung angesehen wurde.[155]

3. Dieser Sachverhalt erklärt die häufig gespannten und feindseligen Beziehungen zwischen den Großfürsten und denjenigen Teilfürsten, die beim Tod des Moskauer Herrschers aufgrund des Seniorats für eine Nachfolge in Frage kamen. Als im Jahre 1479 ein ernsthafter Konflikt zwischen Ivan III. und seinen Brüdern Boris und Andrej ausbrach, wurde dies von deren Abgesandten in Moskau folgendermaßen begründet: „Du hast, Großfürst, deinen Bruder Andrej den Älteren beleidigt, indem du das Großfürstentum deinem Sohn gegeben hast, was seit altersher ungebräuchlich ist."[156] Wie schon erwähnt, ist Andrej 1491 inhaftiert worden und im Gefängnis gestorben, und seine kleinen Söhne erlitten das traurige Schicksal einer nahezu lebenslangen Kerkerhaft.

4. Als besonders brisant erwiesen sich politische Konstellationen, in denen sich die Regierung eines minderjährigen Nachfolgers abzeichnete, wie im Jahre 1553, oder eine solche nach dem ausdrücklichen Willen des sterbenden

---

[153] Siehe die Nachfolgebestimmungen Dmitrij Donskojs (Anm. 150), ferner den Vertrag zwischen Jurij Dmitrievič mit Ivan und Michail Andreeviči von 1434, aus dem hervorgeht, daß er vom Khan der Horde in seiner Herrschaft anerkannt war und daß er im Falle seines Todes das Großfürstentum seinen Söhnen übertrug. DDG Nr. 32, S. 83. Vasilij Kosoj und Dmitrij Šemjaka waren wahrscheinlich älter als Vasilij II. Vgl. Rüß, Adel und Adelsoppositionen, S. 139. Die Rede des Bojaren I.Dm. Vsevolož von dem Khan belegt, daß er grundsätzlich das Testament Dmitrij Donskojs und die damit für Jurij verbundenen Rechte anerkannte. Vgl. Čerepnin, Russkie feodal'nye archivy, č.1, S. 105; Nitsche, Großfürst und Thronfolger, S. 46–52.

[154] Aus einer Bittschrift Ivan Jaganovs geht hervor, daß er im Auftrag Vasilijs III. als Dienstmann Jurijs von Dmitrov die politischen Absichten und Pläne dieses Teilfürsten auszuspionieren und darüber nach Moskau zu berichten hatte. Vgl. AI, t.I, Nr. 136, S. 197–199. In militärischen Gefahrensituationen bemühte sich der Großfürst, die Teilfürsten in seiner Nähe zu halten, damit sie keinen Aufstand gegen ihn anzettelten oder nach Litauen flohen. Vgl. Zimin, Udel'nye knjaz'ja i ich dvory, S. 187.

[155] Auch die Aufnahme eines regelmäßig erscheinenden Vertragspassus, in dem sich die Teilfürsten verpflichteten, nicht die großfürstliche Herrschaft „anzustreben" („ne pod-iskivati"), belegt das. Vgl. z.B. DDG, Nr. 110, S. 416–420 (Vertrag Vasilijs III. mit Jurij Dmitrovskij).

[156] Vgl. Tatiščev, Istorija Rossijskaja, t.6, S. 68.

Großfürsten in Form einer vorübergehenden Regentschaft installiert wurde, wie im Jahre 1533. In diesen Fällen spielte das Argument der größeren politischen Opportunität eines regierungsfähigen Nachfolgers eine den Konflikt zusätzlich verschärfende Rolle, weil auch Teile des Moskauer hohen Adels, so besonders im Jahre 1553, den absehbaren negativen Konsequenzen einer Regentschaftsregierung ablehnend gegenüberstanden und deshalb bereit waren, einen Teilfürsten als Zaren zu akzeptieren.[157]

5. Die väterliche Ermahnung zu brüderlicher Liebe und familiärer Solidarität, wie sie in den Testamenten regelmäßig niedergeschrieben war, bedeutete eine starke moralische Verpflichtung für die Nachkommen. Es war damit unter Umständen eine emotionale Hemmschwelle aufgerichtet, die durch den Appell an die gleiche Herkunft und das gemeinsam zu verwaltende Erbe innerfamiliären Konflikten entgegensteuerte. Aus der Sicht der Väter waren die Teilfürsten als enge Verwandte die natürlichen politischen Verbündeten der designierten Großfürsten. In diesem Sinne war das teilfürstliche ein das gesamtstaatliche repräsentierendes und stabilisierendes System.

6. Die Existenz von Teilfürsten diente der regierenden Moskauer Dynastie der Danilovići als absichernde Rückendeckung zur Aufrechterhaltung ihrer Herrschaft. Mit deren Verschwinden vergrößerte sich das Risiko des Aussterbens der Moskauer fürstlichen Linie, wie dies zu Ende des 16. Jh. tatsächlich eingetreten ist. Von daher wird verständlich, warum Teilfürstentümer immer wieder neu geschaffen wurden[158] und politische Konstellationen, die ihre Beseitigung ohne Gefahren ermöglicht hätten, nicht genutzt worden sind.[159] Das entsprach eben nicht uneingeschränkt den Interessen der herrschenden Dynastie,[160] viel eher

---

[157] Vgl. Rüß, Adel und Nachfolgefrage im Jahre 1553, S. 368 f.

[158] Den von Ivan III. unter dem Protest seiner Brüder 1472 einbehaltenen Udel seines ältesten Bruders Jurij von Dmitrov übergab er später seinem Sohn Jurij wiederum in Udel-Verfügung. Und doch hat man den Akt von 1472 immer wieder als besonders charakteristisches Beispiel für die zentralisierenden Absichten Ivans III. herausgestellt. Ein markantes Beispiel für die Wiederherstellung eines Teilfürstentums ist die Rückgabe des 1537 gewaltsam aufgelösten Udels Andrej Starickijs (Starickij uezd, Cholmskaja volost', Verejskij volost', Aleksin, einige Moskauer Volosti) an seinen Sohn Vladimir Andreevič im Jahre 1541. Auf der Hundertkapitel-Synode von 1551 wurden die während der Regentschaft Elenas umgekommenen Teilfürsten Jurij Dmitrovskij und Andrej Starickij politisch rehabilitiert, was zugleich die prinzipielle Anerkennung der Existenz von Teilfürstentümern bedeutete. Vgl. Rüß, Adel und Adelsopposition, S. 73.

[159] Es ist nicht erkennbar, daß ein Teilfürst seine Machtansprüche mit einem restaurativen politischen Programm verbunden hat. Der sog. Konservatismus der Teilfürsten war qualitativ kein anderer als derjenige, der die Großfürsten dazu veranlaßte, Teilfürstentümer zu schaffen. Vgl. ebd., S. 69 f, 72.

[160] Eine völlig konventionelle Deutung findet sich bei A.A. Zimin: „Im Laufe des gesamten 16. Jh. führte die großfürstliche und dann die zarische Macht, gestützt auf die breiten Schichten der Feudalen, einen erbitterten Kampf mit den unabhängigen und halbunabhängigen Fürstentümern." Vgl. Udel'nye knjaz'ja, S. 184. Oder J.L.I. Fennell:

schon denen des hohen Moskauer (großfürstlichen) Adels, der sich aufgrund der Existenz der Teilfürstentümer von einträglichen Verwaltungspfründen in großen Teilen des Reiches abgeschnitten sah. Im übrigen bildeten die Teilfürstentümer für sich und zusammen seit der 2. Hälfte des 15. Jh. kein machtpolitisches Gegengewicht mehr zur großfürstlichen Position und verdankten deshalb ihre Existenz nicht den objektiven Kräfteverhältnissen im Staat, sondern dem eigenen historischen Recht und der mehr oder weniger gutwilligen Duldung und Protegierung durch die Moskauer Großfürsten.

8. Da letztere ihre direkte Nachkommenschaft ebenfalls mit Fürstentümern ausstatteten, bestand immer das Problem einer allzu großen Zersplitterung des Reiches und der Schwächung der materiellen Basis der großfürstlichen Stellung. Dies führte zu repressiven Maßnahmen gegenüber einigen Teilfürsten, denen z.B. eine Heirat verboten wurde, um den Heimfall ihres Erbes zu gewährleisten.

9. Illoyales Verhalten von Teilfürsten, auch wenn nur vage Verdachtsmomente dafür vorlagen, wurde häufig mit äußerster Härte bestraft. Die Brutalität der Strafen für nahe Verwandte des Fürstenhauses ist ein interessantes sozialpsychologisches Phänomen, das nur aus einer uns fremden und andersgearteten emotionalen Veranlagung der damaligen Menschen erklärt werden kann.[161] Der vom Großfürsten in den Kerker geworfene und dort zu Tode gequälte Bruder oder Verwandte war durchaus nicht immer das Opfer eines sachlichen und kalt berechnenden politischen Kalküls, sondern wohl oft genug das bedauerliche Objekt eines ungezügelten und direkten Auslebens von Aggressionen als Folge tatsächlichen oder vermeintlichen Verschuldens, was mit Argumenten der Staatsraison nur oberflächlich kaschiert wurde. Die irrationale Seite in den Beziehungen zwischen Groß- und Teilfürsten, die in ihrem Verhältnis besonders markant ausgeprägte Verquickung von Politik und Emotion, hat die nach rationalen Erklärungen suchende Forschung verständlicherweise meist ausgeklammert, ohne aber damit über deren tatsächlichen Einfluß auf das politische Geschehen eine Aussage zu treffen.

„In Ivan's picture of the ideal state there was no room for such anachronisms as appanage principalities" bzw.: „Well might Ivan jib at the survival of so old-fashioned an element in his modern state ..." (sic!). Vgl. Ivan the Great of Moscow, S. 315, 309.

[161] Norbert Elias schreibt über das mittelalterliche Europa: „Die Grausamkeitsentladung schloß nicht vom gesellschaftlichen Verkehr aus. Sie war nicht gesellschaftlich verfemt. Die Freude am Quälen und Töten anderer war groß, und es war eine gesellschaftlich erlaubte Freude ... Es gibt eine Fülle von Zeugnissen, die spüren lassen, daß die Stellung zu Leben und Tod in der weltlichen Oberschicht des Mittelalters keineswegs immer mit jener Stellung übereinstimmt, die in den Büchern der geistlichen Oberschicht vorherrscht ..." Vgl. Über den Prozeß der Zivilisation, Bd. I, S. 268, 271.

10. Schließlich erhöhte die Existenz von Teilfürstentümern den repräsentativen Rang des Moskauer Großfürsten und Zaren.[162] Das Bestehenlassen eines Udels für den regierungsunfähigen Jurij unter Ivan IV. mag ein Indiz für diese Vermutung sein. Dieser Zar hat, um seinen eigenen internationalen Rangwert herauszustellen, gegenüber dem polnischen König Sigismund II. einige seiner titulierten Bojaren als so machtvoll beschrieben, daß sie eigentlich an Würdigkeit und Adel mit diesem auf eine Stufe zu stellen seien und demzufolge der Moskauer Zar, da er über so mächtige Herren regiert, mit dem polnischen König gar nicht zu vergleichen wäre.[163] Diese Meinung wirft ein bezeichnendes Licht auf den Zusammenhang von herrscherlichem Rangwertbewußtsein und aristokratischer Machtstruktur, deren um so höhere politische Qualität jenes ganz offensichtlich ebenfalls beeinflußte, was der vermeintlichen Vorstellung bei den Großfürsten und Zaren, daß die Geringheit der Untertanen die Größe ihres Herrschertums ausmache, in gewisser Weise widerspricht.

Die genannten zehn Punkte zeigen die Komplexität und Schwierigkeit des Verhältnisses zwischen Groß- und Teilfürsten, die Unmöglichkeit, es unter ein glattes Interpretationsschema etwa nach dem geläufigen Konfliktmuster „progressiv-reaktionär" oder „feudal-zentralistisch" zu subsumieren. Die Wirklichkeit war, wie immer, weitaus komplizierter.

Die Teilfürsten hatten in ihren Herrschaften alle Rechte von selbständigen Machthabern. Sie hatten ihren eigenen Hof, ihren eigenen Verwaltungsapparat und ihre eigenen Bojaren. Sie zogen an der Spitze ihrer eigenen Gefolgschaften und Truppen in den Krieg, einige prägten ihre eigenen Münzen.[164] Ihr Einfluß am Moskauer Hof war jedoch, von Ausnahmen abgesehen, gering.[165] Sie waren nicht in den Entscheidungsvorgang des Zentrums integriert. Insofern war das Gewicht eines großfürstlichen Dumabojaren für Maßnahmen und Beschlüsse, die das Reich betrafen, unter Umständen wesentlich bedeutsamer als das eines Teilfürsten. Die Einladung der Teilfürsten zur Beratschlagung in Reichsangelegenheiten trug in der Regel einen eher formalen Charakter.[166] Das

---

[162] Die Verteilung von Apanagen an Familienmitglieder geschah auch im Westen mit dem Ziel, das Ansehen des regierenden Hauses zu steigern. Erst Ludwig XIV. hat in Frankreich mit unerbittlicher Strenge alle Angehörigen der Dynastie von jeder Herrschaftsfunktion und jeder selbständigen Machtposition ferngehalten. Vgl. Elias, Über den Prozeß der Zivilisation, Bd. II, S. 182.

[163] Vgl. Poslanija Ivana Groznogo, S. 239–277.

[164] Vgl. Tichomirov, Feodal'nyj porjadok, S. 331.

[165] Vgl. Kollmann, Kinship, S. 46 f. Eine Ausnahme war Vladimir Andreevič von Serpuchov unter Vasilij I.

[166] Vgl. Zimin, Udel'nye knjaz'ja, S. 187. Der Moskauer Gesandte in Litauen 1529 sollte auf Fragen nach den Brüdern des Großfürsten antworten: „Sie kommen zu unserem Herrscher im Frühjahr und im Winter, die Stirn zu schlagen ..." Sbornik RIO, t.35, Nr. 104, S. 775.

Los der Adligen, die einem Teilfürsten dienten, war eng mit dessen politischem Schicksal verknüpft. Wie sehr die Ambitionen eines Udel-Fürsten und die seiner adligen Anhängerschaft als identisch betrachtet wurden, zeigen die kollektiven Strafmaßnahmen, denen letztere in vielen Fällen ausgesetzt waren. Die Methoden der Bestrafung teilfürstlicher Gefolgsleute sind bis ins 16. Jh. hinein dieselben: Es waren dies das sog. „razvedenie", d.h. die Auflösung der Gefolgschaft des Teilfürsten durch Verbannung ihrer Mitglieder in verschiedenste Gebiete des Reiches, und die „peremena", d.h. der Austausch durch neue, dem Großfürsten genehme Leute.[167] Beide Methoden richteten sich auf die Zerschlagung der gewachsenen personalen Bindungen zwischen den Teilfürsten und ihren Gefolgsleuten. Sie offenbaren nicht so sehr den Konservatismus der Strafpraxis, als vielmehr denjenigen der staatlichen Ordnung und der politischen Ideologie, in die das teilfürstliche System und gefolgschaftliches Denken als deren elementare Bestandteile integriert waren. Sie zeigen allerdings auch die politischen Risiken, die mit dem Dienst für einen Teilfürsten verbunden waren. Damit mag zusammenhängen, daß einige Teilfürsten überhaupt Schwierigkeiten hatten, eine genügend große Anzahl von Adligen zu gewinnen, die bereit waren, ihnen zu dienen,[168] wobei hinzukam, daß sie häufig hochverschuldet[169] und deshalb zu einer angemessenen Entlohnung und Versorgung ihrer Dienstleute offenbar nicht in der Lage waren. Dies und die Tatsache, daß generell der hauptsächlich auf die lokale politische Szenerie beschränkte Dienst für einen Teilfürsten einen niedrigeren Prestige- und Karrierewert hatte als der Dienst von Moskau aus, erklärt, warum der hohe bojarische „Reichsadel" es ganz überwiegend vermied, seine politischen und ökonomischen Interessen mit denen eines Teilfürsten zu verbinden. Dessen Anhängerschaft rekrutierte sich in erster Linie aus dem kleinen und mittleren lokalen Adel oder aus Mitgliedern bekannterer Familien,[170] die aber in Moskau wenig Aussicht hatten, innerhalb der dortigen adligen Hierarchie eine nennenswerte Rolle zu spielen oder die aufgrund ihrer lokalen besitzmäßigen Verwurzelung oder aus anderen Gründen kein Interesse daran hatten, an den großfürstlichen Hof nach Moskau überzusiedeln. Gelegentlich spielten Bojaren der Teilfürsten als Voevoden im Truppenverband

---

[167] Vgl. Beispiele bei Rüß, Adel und Adelsoppositionen, S. 71 f, S. 154 f.

[168] Iosif von Volokolamsk schrieb über Fedor Borisovič Volockij, daß nach dem Tode seines Vaters ihm „kein einziger Bojar dienen wollte, auch kein D'jak, außer Kour und Rtišč." Vgl. Poslanija Iosifa Volockogo, S. 215; Zimin, O političeskich predposylkach vozniknovenija russkogo absoljutizma, S. 29. Allerdings blieben aus dem titulierten Adel zwei Chovanskie (Fedor und Andrej Vasil'eviči) in seinen Diensten. Vgl. ders., Udel'nye knjaz'ja, S. 171.

[169] Vgl. Bachrušin, Knjažeskoe chozjastvo, S. 603 f.

[170] Dazu gehörten z.B. im Dienste Andrej Starickijs († 1537) Vertreter der jüngeren Zweige so bekannter Familien wie der Obolenskie-Peninskie, Obolenskie-Lykovy, Troekurovy, Chovanskie, Pronskie, Kolyčevy, Zabolockie und andere. Vgl. Zimin, Udel'nye knjaz'ja, S. 182 f.

des großfürstlichen Heeres eine herausragende Rolle, wie es auch vorkam, daß ehemalige teilfürstliche Adlige in großfürstlichen Diensten eine bemerkenswerte Karriere machten.[171] Aber das waren eher die Ausnahmen.

Die Haltung des hohen Moskauer Adels den Teilfürsten gegenüber war von erheblichem Mißtrauen geprägt. Dies hing mit der Befürchtung zusammen, daß die Nachfolge eines Teilfürsten auf dem Großfürstenstuhl seine bisherigen Machtpositionen von Grund auf erschüttern und einen Wechsel bzw. Austausch in der personellen Zusammensetzung des adligen Herrschaftsapparates in Moskau zur Folgen haben könnte. Dies lehrten zumindest die historischen Erfahrungen der langjährigen Kämpfe Vasilijs II. mit den Galičer Fürsten, als die jeweilige Anhängerschaft der Fürsten bei Inbesitznahme des Moskauer Throns relativ geschlossen in die dortigen Machtpositionen einrückte und die adligen Dienstmannen des unterlegenen Thronrivalen allen möglichen Repressalien ausgesetzt waren. Der Machtantritt eines Teilfürsten wurde von der Moskauer Bojarenschaft also als eine Bedrohung empfunden. Dies erklärt übrigens die Tatsache, daß die ganz überwiegende Mehrheit der großfürstlichen Bojaren Vasilijs II. trotz dessen teilweise hoffnungslos erscheinender Lage treu ergeben an seiner Seite ausharrte und spektakuläre Übertritte vornehmer Adliger in teilfürstliche Dienste die seltene Ausnahme darstellten. Die Parallelen zu der Zeit der Regentschaft nach dem Tode Vasilijs III. sind nicht zu übersehen. Die diesem Großfürsten, seinem minderjährigen Nachfolger und der Regentin Elena ergebene Moskauer Bojarenschaft schadete den eigenen Interessen, wenn sie die großfürstliche Macht nicht unterstützte und mit der Nachfolge eines Teilfürsten liebäugelte, wie dies offenbar nur ganz wenige und mit ihrer bisherigen Stellung unzufriedene Personen taten. Nach einer richtigen Bemerkung Veselovskijs müsse man deshalb nicht allein der Regentin, sondern der gesamten Moskauer Bojarenschaft die Verantwortung dafür anlasten, daß die Brüder Vasilijs III. bald nach seinem Tode politisch und physisch ausgeschaltet worden seien.[172]

Im Unterschied zu den Teilfürsten hatten die Dienstfürsten nicht einmal ein formales Anrecht auf den Großfürstenstuhl. Ihr Herrschaftsgebiet galt als erblicher Besitz, war aber bedingt durch Dienst für den Moskauer Großfürsten und Zaren. Den Teilfürsten war es verboten, Dienstfürsten mit Land

---

[171] Daniil Ivanovič, ein Verwandter Grigorij Mamons, eines Favoriten Ivans III., trat nach dem Tode Boris Volockijs († 1494) in Moskauer Dienste und brachte es hier bis zum Okol'ničij. Fürst Vasilij Vas. Romodanovskij, Bojar des Teilfürsten Michail Andreevič († 1486) und Unterzeichner seines Testaments, machte nach dessen Tod im diplomatischen und militärischen Dienst in Moskau Karriere und wird in der Funktion eines 2. Voevoden der „rechten Hand" gegen Litauen im Jahre 1509 ebenfalls als Okol'ničij erwähnt. Ebd. S. 171 und 176.
[172] Vgl. Veselovskij, Poslednie udely, S. 104.

abzuwerben und bei sich aufzunehmen.[173] Dies hängt wohl damit zusammen, daß die Genesis des Dienstfürstentums mit zwischenstaatlichen Problemen zusammenhing. Die ersten Dienstfürsten waren litauische Überläufer, die mit oder ohne Land nach Moskau überwechselten, was nicht selten zu außenpolitischen Verwicklungen führte oder Folge derselben war. Niemals werden Fürsten, die aus russischen oder genauer: nicht der litauischen Herrschaft unterstehenden Fürstentümern stammten, als „Dienstfürsten" bezeichnet. Einem ungeschriebenen Gesetz zufolge nahmen die Dienstfürsten – zumindest in der Anfangszeit ihrer Existenz – nur an solchen Kriegen teil, welche in dieser oder jener Form ihre unmittelbaren Interessen als Besitzer betroffener Gebiete berührten.[174]

Dmitrij Fed. Bel'skij, der als erster Dienstfürst unter Vasilij III. Mitglied der Bojarenduma wurde und dessen ausgedehnte Besitzungen an der oberen Wolga gelegen waren, begegnet als Diplomat und Voevode häufig in den Beziehungen und kriegerischen Verwicklungen mit den benachbarten Kazańtataren.[175] Eine wichtige militärische Funktion an der Grenze zur Krim und nach Litauen erfüllten die im Jahre 1500 in moskowitische Dienste übergetretenen Semen Iv. Možajskij und Vasilij Iv. Šemjačič, die als Nachkommen von Moskauer Udelfürsten und im Besitz umfangreicher Herrschaftsgebiete in Grenznähe – ersterer kam mit Starodub, Gomel', Černigov, Karačev, Chotivl', der andere mit Novgorod Severskij, Ryl'sk, Radogošč nach Moskau – eine relativ unabhängige Stellung einnahmen. Andere wiederum, wie die Vjazemskie, verloren nach der Angliederung von Vjaźma ihre selbständigen fürstlichen Rechte gänzlich, obwohl sie weiterhin als „Dienstfürsten" bezeichnet wurden.[176] Diese waren also im Status, im Rang, in ihren Machtvollkommenheiten als Beherrscher bestimmter Gebiete und in den verschiedenen Graden ihrer Abhängigkeit vom Moskauer Großfürsten keineswegs eine homogene adlige Gruppe. Es gab Unterschiede zwischen den Nachkommen der Černigover Rjurikoviči und den ranglich im allgemeinen höher eingestuften litauischen Gediminoviči. Es war für ihre Stellung in der adligen Hierarchie nicht gleichgültig, ob sie ihre eigenen Herrschaftsgebiete in den Bestand des Moskauer Reiches einbrachten oder als landlose Überläufer Aufnahme in Moskau suchten. Viele dieser Fürsten Belevskie, Bel'skie, Vorotynskie, Vjazemskie, Glinskie, Mezeckie, Možajskie, Meščerskie, Mosal'skie, Mstislavskie, Odoevskie, Trubeckie u.a., die zu Ende des 15. Jh. und am Anfang des 16. Jh. in die Oberhoheit Moskaus eintraten, bewahrten noch für lange Zeit ihre autogenen Herrschaftsrechte als relativ unabhängige Fürsten aus der Phase ihrer litauischen Zugehörigkeit. Eine radikale Statusverschlechterung unter Moskauer Oberhoheit würde die zahlreichen

---

[173] Das Verbot wurde erstmals im Vertrag zwischen Vasilij II. und Jurij von Galič im Jahre 1428 ausgesprochen (vgl. DDG, S. 65).
[174] Vgl. Zimin, Služilye knjaz'ja, S. 54.
[175] Vgl. Rüß, Dmitrij F. Bel'skij, S. 180.
[176] Vgl. Byčkova, Sostav klassa feodalov, S. 48–50.

freiwilligen Übertritte und massenhaften Abfallserscheinungen von Litauen nicht erklären können. So wurden die landlosen Bel'skie und Mstislavskie mit riesigen Herrschaftsgebieten – regelrechten „Teilfürstentümern" –[177] in Zentralrußland ausgestattet, über die sie bis in die späten Regierungsjahre Ivans IV. und darüber hinaus (Mstislavskie) verfügten, ebenso wie bis in diese Zeit etwa die Vorotynskie oder Odoevskie auf dem Gebiet des ehemaligen Fürstentums Novosil'-Odoev, dem sie entstammten, ausgedehnte Herrschaften besaßen. Jedenfalls genossen letztere nach ihrem Übertritt in Moskauer Dienste am Ende des 15. Jh. noch alle Rechte von regierenden Fürsten. Allerdings mußten sie Umstrukturierungen und einige Verluste ihres ehemaligen Landbesitzes wohl oder übel in Kauf nehmen, wie sich aus dem Testament Ivans III. ersehen läßt, in dem eine Reihe von Ortschaften ihres Herrschaftsgebietes aufgezählt wird, die an die Söhne des Großfürsten gehen. Hier scheint überhaupt eine generelle Linie der großfürstlichen Politik gegenüber den Dienstfürsten, wie sie auch schon früher im Verhältnis zu anderen Fürstentümern gehandhabt worden war, deutlich zu werden: der Zugriff auf ihre zentralen Herrschaftssitze. So sind z.B. die städtischen Mittelpunkte des ehemaligen Smolensker Fürstentums am Anfang des 16. Jh. alle in der Hand der Moskauer Herrscher. Die Fürsten Tarusskie, Myseckie, Vorotynskie, Mezeckie, Kozel'skie, Volkonskie waren ebenfalls zu dieser Zeit nicht mehr im Besitz ihrer ehemaligen Udelzentren. Andererseits behielten viele, wie etwa die Černigover Rjurikoviči, bedeutende Teile des alten Besitzes in ihrer Verfügung. Die verschiedenen Zweige der Fürsten Obolenskie (Repniny, Kašiny, Kurljatevy, Tureniny, Trostenskie u.a.) saßen auch noch im 16. Jh., wie zu Ende des 15. Jh., außer in den alten Zentren auf ihren relativ geschlossene Landkomplexe bildenden, ererbten Votčinen. Die Fürsten Trubeckie, enge Vertraute Ivans IV. und Boris Godunovs, hielten noch zu Ende des 16. Jh. ihren Stammsitz Trubčevsk mit autonomen Herrschaftsrechten. In einer Reihe bekannter Fälle wiederum wurde durch Landtausch bzw. durch Entschädigung mit Besitz in anderen Teilen des Reiches einer lokalen Entwurzelung möglicherweise bewußt Vorschub geleistet. Die Vorotynskie verloren ihren gleichnamigen Stammsitz unter Ivan III. und wurden dafür mit dem freilich nicht so weit entfernten Odoev entschädigt. Fürst Michail Iv. Vorotynskij erhielt Mitte des 16. Jh. für seine Person – also nicht als vererbbares Gut – zwar ein Drittel von Vorotynsk (mit Odoev, Novosil' und Ostrov) zurück, ist aber dann laut Testament Ivans IV. im Besitz

---

[177] Vgl. Veselovskij, Poslednie udely, S. 115, 117, 120. Der Gediminovič Ivan Fedorovič Mstislavskij besaß den Juchotskij „Udel" im Jaroslavler Bezirk, der im Jahre 1568/69 41 Dörfer (*sela*), 6 fürstliche Eigensiedlungen, 646 Weiler und 33 Siedlungen auf Neuland umfaßte. Ebd. S. 120. Die Bezeichnung „Teilfürstentümer" trugen jene Ländereien aus Gründen der Repräsentation und Etikette, denn in Wahrheit hatten sie nicht die selbständige politische Qualität der Udelfürstentümer von Mitgliedern der regierenden Dynastie. Vgl. Kobrin, Vlast' i sobstvennost', S. 138.

ganz anderer und weit über das Moskauer Reich verstreuter Gebiete.[178] Fürst Michail Rom. Mezeckij, der 1492 in Moskauer Dienste getreten war,[179] erfreute sich nur für kurze Zeit des Status eines Dienstfürsten in seinem ehemaligen Herrschaftsbereich. 1503 erhielt Mezeck Ivans III. Sohn Dmitrij, Fürst Michail Mezeckij wurde mit Aleksin in Starodub Rjapolovskij entschädigt, freilich ohne „Gericht und Tribut",[180] was die politische und ökonomische Qualität seiner Herrschaft wesentlich verminderte. Es kam hier genau jenes Prinzip zum Tragen, das früher unter anderen Bedingungen zur politischen Entmachtung und Eingliederung geführt hatte: Die Fürstensitze wurden abgetreten oder verkauft, sei es unter Gewaltanwendung, auf politischen Druck hin oder freiwillig, die herrscherlichen Rechte ihrer einstigen Inhaber beschnitten oder ihnen gänzlich genommen und deren Nachkommen auf das politische Niveau von mehr oder weniger reichen titulierten Grundbesitzern, die ihren politischen Ehrgeiz und ihre ökonomischen Ambitionen künftig im Rahmen eines größeren Systems verwirklichen mußten oder konnten, heruntergestuft. Die im unmittelbaren Geltungsbereich der Opričnina besitzmäßig beheimateten und ehemals mit souveränen Herrschaftsrechten ausgestatteten Dienstfürsten waren von dieser Entwicklung am stärksten betroffen. Der Übergang in das Moskauer Dienstverhältnis unter Verlust autonomer Herrschaftsrechte war aber keineswegs eo ipso eine politische Deklassierung und nur für diejenigen wenigen ein spürbarer politischer Abstieg – obwohl jener Vorgang subjektiv als ein solcher wohl kaum immer empfunden worden ist –, die an der obersten Spitze der lokalen Gesellschaft standen, ihre traditionellen herrscherlichen Rechte einbüßten und nun einen merklichen Prestigeverlust hinzunehmen hatten, da sie von Mächtigsten zu allerdings hochprivilegierten Untertanen eines Mächtigeren wurden. Dieser ganze Prozeß und die mit ihm verbundenen politischen Frustrationen, Aggressionen, Widerstände, Hoffnungen und Erwartungen entzieht sich mangels Niederschlag in den Quellen leider der differenzierteren Bewertung. Aber ist dieser Quellensachverhalt nicht bereits ein Zeichen dafür, daß er sich mit weitgehender passiver, vielleicht sogar erwartungsvoller Duldung oder gar aktiver Zustimmung und Forcierung seitens hochadliger lokaler Gruppen abspielte?

---

[178] Dies waren Starodub Rjapolovskij, die Muromer Volost' Mošok, die Votčina Knjaginino in Nižnij-Novgorod und eine weitere an der Wolga namens Fokino. Vgl. zum Vorangehenden Rož destvenskij, Služiloe zemlevladenie, S. 196–205. Detailliert zum Besitz der Vorotynskie unter Ivan IV. und Boris Godunov vgl. Pavlov, Gosudarev dvor, S. 157 f, 162; E.I. Kolyčeva, K probleme istočnikovedčeskogo izučenija zaveščanija Ivana Groznogo: („temnye mesta" o zemlevladenii služilogo knjazja M.I. Vorotynskogo v gody opričniny). In: Spornye voprosy otečestvennoj istorii X–XIV vekov. M. 1990, S. 125–130.

[179] Der Dienst für den Moskauer Großfürsten von seiner „Otčina" wird in einem Vertrag zwischen Ivan III. und Aleksander von Litauen ausdrücklich bestätigt. Vgl. DDG, Nr. 83, S. 330.

[180] Ebd. S. 193.

Widerspricht nicht die Hypothese einer erbitterten Gegenwehr der lokalen Fürstenaristokratie, die sich aus den Quellen direkt ebensowenig beweisen läßt wie die gegenteilige Auffassung, der russischen historischen Erfahrung, welche die materiellen und politischen Vorteile erwiesen hatte, die sich durch den Übertritt in den Dienst eines starken Fürsten einstellen konnten? Man wird die Faszination und Sogwirkung, die Moskau als immer glanzvolleres weltliches und geistliches Zentrum auf bestimmte adlige Kreise der zunächst noch von ihm unabhängigen Peripherie ausübte, nicht unterschätzen dürfen. Im Rahmen des moskowitischen Großreiches eröffneten sich den vornehmen Fürstengeschlechtern der Provinz erheblich umfassendere politische Wirkungs- und materielle Bereicherungsmöglichkeiten als in ihrem lokal beschränkten Stammgebiet. Der Streubesitz des hohen Adels, auch des vor kurzem noch unabhängigen Fürstenadels, ist z.T. das Ergebnis eines durch erfolgreichen Dienst für den Moskauer Herrscher erlangten Reichtums, wie er unter der behindernden Enge des Kleinfürstentums schwerlich erreichbar gewesen wäre. Über Fedor Bel'skij, der 1481 aus Litauen nach Moskau überlief und hier den Status eines Dienstfürsten einnahm,[181] wurde mit Recht gesagt, daß er durch seine Unterstützung Ivans III. eine Stellung am Moskauer Hof habe einnehmen können, die ihm in Litauen unerreichbar gewesen wäre.[182] Dies trifft tendenziell in der Verbesserung der sozialen Chancen und der Erweiterung des politischen Spielraumes, wobei diese Formulierung zunächst in einem wörtlichen Sinne verstanden wird, sicherlich für einen Großteil des lokalen titulierten Adels zu. Es ist erstaunlich zu beobachten, mit welcher Zielstrebigkeit und Unvoreingenommenheit offenbar die zweite und dritte Generation der Dienstfürsten konsequent den Weg der Integration in den Moskauer Bojarenadel gegangen ist. Es darf vermutet werden, daß dieser Prozeß von großfürstlicher Seite wohlwollend, aber mit gebotener Behutsamkeit gefördert worden ist, da Vorbehalte und Mißtrauen, besonders auf Seiten der etablierten Bojarenaristokratie, nicht gering waren, was z.T. auf die schlechten historischen Erfahrungen mit litauischen Überläufern in moskowitischen Diensten zurückzuführen war,[183] aber natürlich auch als

---

[181] Bel'skij erhielt zunächst die Städte Demjansk und Moreva im Novgoroder Gebiet nahe der litauischen Grenze, später (1497) Land an der Wolga im Raum Kostroma (Luch mit Vičjuga, Kinešma, Čichačev). Vgl. PSRL 6, S. 35; DDG, Nr. 89, S. 357. „The grant was more than a pomest'e, for it included a limited right of governance and was inheritable as a votchina." Alef, Bel'skies and Shuiskies, S. 225, Anm. 13. Die Bel'skie besaßen das Recht auf Gericht und Tribut, sie verteilten Gnadenbriefe und hatten unter ihren Dienstleuten auch solche adliger Abstammung. Vgl. Veselovskij, Poslednie udely, S. 117.

[182] Backus, Motives of West Russian Nobles in Deserting Lithuania, S. 99.

[183] Dem erwähnten Fedor Bel'skij wurden Rückkehrabsichten nach Litauen nachgesagt, was 1493 zu seiner vorübergehenden Einkerkerung in Galič führte. Andere prominente Beispiele für „Verrat" waren Svidrigajlo Ol'gerdovič, Fürst Konstantin Ivanovič Ostrožskij, die Fürsten Ivan Lukomskij, Michail Glinskij, Semen Bel'skij, Ivan Vorotynskij u.a. Vgl. Rüß, Adel und Adelsoppositionen, S. 82. S. auch Kap. VII, S. 272 f.

soziale Abwehrreaktion einer machtprivilegierten, alteingesessenen Zentrumselite gegen unerwünschte politische Konkurrenz von außen gesehen werden muß.[184] Der hohe repräsentative Status der Dienstfürsten in der Adelshierarchie war anfangs, ähnlich wie bei den Teilfürsten, nicht mit einem entsprechenden politischen Einfluß in Moskau verbunden. Es mag sein, daß die ersten Dienstfürsten eingedenk ihrer ehemals unabhängigen Stellung die ihnen vom Moskauer Herrscher gewährten weitgehenden Hoheitsrechte zunächst in Verkennung der realen Machtverhältnisse und eigentlichen Einflußmöglichkeiten für sich sehr hoch bewerteten. Ihre Nachkommen hegten solche Illusion offensichtlich nicht mehr, waren z.T., wie die Bel'skie, Glinskie, Mstislavskie, ihrem Stammgebiet entfremdet, bekamen Land auf der Grundlage des zeitlich und auf die Person beschränkten „Durchfütterns" (*kormlenie*) zugesprochen,[185] was ihre Bindung an den Großfürsten verstärkte, heirateten in etablierte Bojarenfamilien ein, ließen sich in die regulären Dienstlisten aufnehmen, übernahmen Amtsaufgaben und Voevodenfunktionen an der Spitze großfürstlicher Truppen[186] und gelangten in die Bojarenduma, wo sie nun aufgrund ihres Herkommens und ihres riesigen Besitzes, der möglicherweise immer noch mit gewissen herrschaftlichen Sonderrechten ausgestattet war,[187] eine durchweg sehr hohe politische und repräsentative Position einnahmen. Die Nivellierungstendenzen hatten zur Folge, daß bereits am Ende des 16. Jh. der Terminus „Dienstfürst" außer Gebrauch kam und die Nachfahren der Träger dieses Titels im 17. Jh. bereits vollkommen in

---

[184] Aufschlußreich ist in diesem Zusammenhang die Begründung, mit der Michail Glinskij zur Beratung über das Testament und die Nachfolge Vasilijs III. im Dezember 1533 zugelassen wurde. Da der Großfürst die Gefahr erkannte, daß Glinskij als priezžij („Neuankömmling") von den Bojaren in einer solchen hervorgehobenen Stellung nicht akzeptiert werden könnte, gebrauchte er die Verwandtschaftsbeziehung zur Großfürstin Elena als Argument für Glinskijs Teilnahme. Vgl. PSRL 29, S. 122; PSRL 6, S. 270.

[185] V.I. Sergeevič betrachtete die Übergabe von Luch an Fedor Bel'skij (1497) als kormlenie auf Lebenszeit und für die gesamte Nachkommenschaft. Vgl. Drevnosti russkago prava, t.I, S. 406.

[186] Die Fürsten Bel'skie und Odoevskie begegnen niemals anders denn als großfürstliche Voevoden, während z.B. Ivan Mich. Vorotynskij nach Aussage der Dienstlisten mit eigenen Truppen in den Kampf zog. Vgl. Byčkova, Sostav klassa feodalov, S. 51.

[187] A.A. Zimin konstatiert, daß im Unterschied zu den Suzdaler und Rostover Fürsten, den Gediminoviči und den Fürsten Obolenskie einige der Jaroslavler Fürsten (Juchotskie, Penkovy) ihre „Souveränitätsrechte" in den alten Herrschaften sehr lange bewahren. Vgl. Knjažeskaja znat', S. 225. Vgl. auch Kučkin, K voprosu o statuse Jaroslavskich knjazej, S. 226 (mit geringerer politischer Einstufung ihrer „Souveränität"). Allerdings werden Umfang und Qualität dieser Rechte in der Forschung nicht präzise definiert, man begnügt sich im allgemeinen mit dem Hinweis auf deren Existenz, die mit der Tatsache verbunden wird, daß die in Moskauer Abhängigkeit geratenen Fürsten in ihren Herrschaften als selbständige Regenten (*vladeteli*) belassen oder als eine Art Statthalter unter Bewahrung herrscherlicher Rechte in ihren früheren Fürstentümern eingesetzt werden. Vgl. Ključevskij, Istorija soslovij, S. 133; Roždestvenskij, Služiloe zemlevladenie, S. 206.

die oberen Ränge der Moskauer Aristokratie integriert sind, ohne daß Spuren eines spezifischen adligen Sonderbewußtseins – außer dem der hohen Abkunft – oder gar einer separatistischen Psychologie erkennbar wären.[188] Durch das Eindringen der Dienstfürsten in das Moskauer Bojarentum hatte sich freilich innerhalb desselben eine merkliche Aristokratisierung vollzogen, gerade in einer Zeit also, der man im allgemeinen nachsagt, daß sich der Abstand zwischen Adel und Herrschertum vergrößert und die autokratischen Tendenzen zu Lasten der Adelsposition deutlich zugenommen hätten. Könnte eventuell die Annahme des Zarentitels im Jahre 1547 auch damit zusammenhängen, daß die alte Herrscherbezeichnung nicht mehr als genügend distanzierend und den notwendigen Rangabstand zwischen Reichsspitze und Hocharistokratie adäquat charakterisierend empfunden wurde? Oder anders: Geschah nicht die titulare Erhöhung mit aktiver Unterstützung auch der Hocharistokratie, um durch ein Zugeständnis von eher formaler Qualität die wirklichen Machtverhältnisse zu verschleiern und damit zu stabilisieren?[189] Daß hierin, wie die spätere Geschichte Ivans IV. zeigte, die Ursache für ein tiefgreifendes Mißverständnis verborgen lag, steht auf einem anderen Blatt.

4. Adel in der Kirche

Zu einer Zeit, da im Reich Ottos des Großen hohe Adlige zu Bischöfen und Äbten bestimmt und damit die Grundlagen zur Entwicklung eines geistlichen Reichsvasallentums gelegt wurden, befand sich das Christentum in Rußland sozusagen noch im embryonalen Status. Als die Kiever Fürstin Ol'ga ihren Sohn Svjatoslav ermahnte, vom Heidentum abzulassen und Christ zu werden, beschied er sie abschlägig: „Meine Družina wird sich darüber lustig machen."[190] Wenige Jahre später wurde der von Ol'ga empfohlene Schritt von ihrem Enkel Vladimir „dem Heiligen" vollzogen – nach der legendenhaften Überlieferung dieses Mal mit aktiver Unterstützung und Beratung seiner Gefolgschaft, die auch als erste die Taufe annahm und damit beispielhaft auf die Kiever Bevölkerung wirkte.[191] Dieser relativ rasche Stimmungswandel

---

[188] Vgl. Crummey, Sources of Boyar Power, S. 110, 113, 115.
[189] Der Gedanke drängt sich auf angesichts der Überlegung, daß 1.) Ivan in noch jugendlichem Herrscheralter zum Zaren gekrönt wurde und zu einem Zeitpunkt, als die Hocharistokratie nach einer Phase gegenseitiger Zerfleischung den Weg innerer Pazifizierung bei Bewahrung ihrer systembeherrschenden Position beschritt und 2.) keine territorialen Eroberungen unter Ivan stattgefunden hatten, die Anlaß dazu hätten geben können, einer materiellen Machterweiterung die ideelle Erhöhung des Herrscheramtes durch die Titulatur folgen zu lassen.
[190] Zit. in Sbornik dokumentov, t.I, S. 77.
[191] Ebd. S. 89–92.

versetzt in Erstaunen, zumal Vladimir selbst vor nicht allzu langer Zeit in dunkelstem Heidentum befangen gewesen sein soll, und nährt deshalb den Verdacht, daß sich der gefolgschaftsadlige Enthusiasmus über die neue Lehre zunächst in Grenzen gehalten haben muß. Zwar läßt sich ein schleichender Christianisierungsprozeß in der Oberschicht seit langem beobachten, beschwören doch den Vertrag des Kiever Fürsten Igor' mit den Griechen im Jahre 944 bereits einige aus seinem Gefolge auf christliche Weise durch Kreuzkuß in der Byzantiner Eliaskirche – Igor' selbst tat dies bei seinem Schwert und Schild und vor dem Standbild Peruns –, aber er schritt langsam voran und wurde wohl auch unterbrochen durch Phasen der Neubelebung des Heidentums, wie es unter den skandinavischen Warägern, die zunächst das stärkste Element der fürstlichen Gefolgschaften bildeten, verbreitet war. Dennoch sprachen eine Reihe gewichtiger objektiver Gründe – die intensiven handelspolitischen Beziehungen zum christlichen Byzanz, der Kampf gegen die heidnischen Steppenvölker, die politisch und kulturell vereinheitlichende Wirkung einer der heidnischen an geistiger und moralischer Substanz überlegenen Ideologie, die rangliche Aufwertung und Erhöhung der Kiever Fürsten durch den Eintritt in die „Familie der Könige" (Dölger), die herrschaftsstützende Lehre der Kirche, daß alle Obrigkeit von Gott sei usw. – für die Annahme des Christentums. Es muß hier aber sogleich der Vorbehalt gemacht werden, daß solche Argumente ex post vor allem dem Bestreben der Historiker nach rationalen Erklärungen zuzuschreiben sind, über welche die Quellen sich weitgehend ausschweigen, die lediglich die tendenziöse kirchliche Version überliefern, nach der Vladimir durch eigene Vernunft die Wahrheit des Christentums erkannt habe (Ilarion). Es darf freilich nicht außer acht gelassen werden, daß gefolgschaftliche Mentalität, Lebensweise, Praxis und Ideologie in vieler Hinsicht zu sittlichen und moralischen Grundsätzen der christlichen Lehre entschieden im Widerspruch standen. Man wird nicht erwarten, daß eine Schicht, die es gewohnt war, ihre Triebe und Wünsche unmittelbar auszuleben, in der Raub, Plünderung, Mord, Krieg, Rache, Verrat, Vergewaltigung, Totschlag usw. an der Tagesordnung waren und Beute, Besitz, Gold, Reichtum, Ruhm und Ehre im Mittelpunkt des Denkens standen, mit Begeisterung zu einer Lehre übergeschwenkt sei, die im Sinne einer höheren und abstrakten geistig-moralischen Vervollkommnung zu repressiver Triebunterdrückung aufforderte. Die zahlreichen Beispiele für heroisches christliches Tun und Verhalten von Fürsten und Gefolgsleuten, welche die altrussische Literatur überliefert, zeigen gewiß einen ansteigenden Grad der Verchristlichung und Frömmigkeit in der herrschenden Schicht, können aber auch genauso gut als vorbildhafte christliche Lehrstücke für eine Elite gedeutet werden, die sich schwer damit tat, ihre weltliche Lebensart auf das christliche Ideal einzustellen. Als Beleg mag der Fürst Svjatoša dienen, der im Jahre 1106 in das Kiever Höhlenkloster eingetreten war, dort als Mönch Nikolaj ein besonders frommes Leben führte und seinen Besitz an Pilger und

Arme und zur Unterstützung der Kirche verschenkt hatte. Sein früherer Arzt versuchte ihn zur Rückkehr „in die Welt" zu überreden: „Deine Dürftigkeit ist auch deinen frommgläubigen Brüdern Izjaslav und Vladimir ein Ärgernis, wie du dich von Ruhm und Ehre dergestalt der letzten Elendigkeit zugekehrt hast, deinen Leib so abtötest und dich durch nicht angemessene Ernährung krank machst! ... Um deinetwillen galten die Bojaren, welche dir dienten, als mächtig und ruhmreich, nun aber ermangeln sie deiner Gunst. Die großen Häuser, welche sie gehabt haben, dienen nun der Trübsinnigkeit, denn voller Grauen sitzen sie darinnen. Du aber hast keine Stelle, da du dein Haupt hinlegst, sitzest auf dem Müllhaufen hier und läßt dich für wahnsinnig erachten. Welcher der Fürsten hat es so gehalten? ... Oder welcher der Bojaren hat solches Gebaren – es sei denn Barlaam, welcher früher hier Abt gewesen ist?" Svjatoša antwortete: „Hat es vor mir keiner der Fürsten so gehalten, so will ich es ihnen als Erstling vorführen."[192]

Der Held der Byline „Vasilij Buslaev" drückt das merkwürdig zwiespältige und überaus pragmatische Verhältnis der Oberschicht zum christlichen Glauben in plastischer Weise so aus: „Von Jugend an viel erschlagen, geraubt. Zum Alter hin muß man die Seele retten."[193]

Wesentlich scheint, daß es zu einer für die westliche Entwicklung typischen innigen Verquickung von weltlicher Herrschaft und kirchlichem Amt in Rußland nicht gekommen ist. Von einem bestimmenden Einfluß des Adels auf die Kirche gar, wie er sich etwa bereits in der Besetzung von Bistümern durch Mitglieder spätrömischer Adelsgeschlechter im merowingischen Gallien zeigt[194] und sich in der systematischen Übertragung hoher Kirchenpositionen an adlige Personen im Fränkischen und Heiligen Römischen Reich fortsetzt, und wo es zur Errichtung eigener geistlicher Territorien, die Hoheitsrechte besitzen und deren Inhaber auf die Stufe der weltlichen Reichsvasallen emporsteigen, kommt, kann in dieser beschriebenen Weise in Rußland erst recht nicht gesprochen werden.[195] Das hat mehrere Gründe, und zwar:

---

[192] Zit. nach Zenkovsky, Aus dem alten Rußland, S. 111–113.
[193] Zit. bei Aristov, Nevol'noe i neochotnoe postriženie, S. 73.
[194] Vgl. Werner, Adel, in: Lexikon des Mittelalters, Bd. I, Sp. 121.
[195] Die bekannten Beispiele von hohen Adligen in bedeutenden kirchlichen Positionen, in geistlichen oder weltlichen Ämtern, sind nicht sehr zahlreich, obwohl das Problem der sozialen Herkunft von hochrangigen Angehörigen der Kirche bisher ungenügend erforscht ist. Markanteste Beispiele sind der Metropolit Aleksej (14. Jh.) aus dem Bojarengeschlecht Fedor Bjakonts und der Patriarch Filaret (17. Jh.). Kirill, der Abt und Begründer des bedeutenden Belozerskij-Klosters, stammte aus dem unter Dmitrij Donskoj bekannten Bojarengeschlecht der Vel'jaminovy. Der „Kanzler" (*pečatnik*) des Fürsten Daniil von Galič-Volhynien, Kirill, wird mit dem späteren Metropoliten Kirill II. identifiziert, weitere Beispiele für den Südwesten Rußlands in der vormoskowitischen Periode bei Halbach, Der russische Fürstenhof, S. 221 f. Aus dem Geschlecht der Obolenskie gingen ein Bischof von Tveŕ (Vassian) und ein Bischof von Rostov (Ioasaf)

1. Die Missionierung des Landes verlief, von lokal und in den Ausmaßen begrenzten Widerständen abgesehen, weitgehend in friedlichen Bahnen, so daß eine militärische Hilfestellung des Adels, aus der er materielle Ansprüche bzw. Herrschaftsbeteiligung am Kirchenregiment hätte ableiten können, nicht vonnöten war. 2. Der organisatorische Aufbau der russischen Kirche lag in der Hand von – zunächst überwiegend landfremden – professionellen Klerikern. Zudem bestand eine personelle, jurisdiktionelle und theologische Abhängigkeit von der byzantinischen Mutterkirche, welche lokaler Vereinnahmung von kirchlichen Herrschaftspositionen durch weltliche Große eindeutige Hindernisse entgegenstellte. 3. Es gab kein dem päpstlichen in bezug auf den Kaiser vergleichbares Interesse des Patriarchen an einer Schwächung der weltlichen zentralen Gewalten in Kiev durch die Stärkung partikularer Kräfte. Es fehlt die ideologische und machtpolitische Konfliktkonstellation zwischen weltlicher und geistlicher Spitze, die den an weltlicher adliger Herrschaft angeglichenen Aufbau eigener geistlicher Territorien, wie dies etwa in Deutschland der Fall war, begünstigt hätte. 4. Die byzantinische Kirche, die der russischen modellhaft Pate stand, war ebensowenig wie diese eine Adelskirche. 5. Letztere war, wie jene, „Staatskirche"[196] mit ihrer die „Symphonia" zwischen Geistlichkeit und weltlichem Herrschertum vertretenden und den profanen Lebensbereich nicht durch eigene politische Machtbildungen aktiv mitgestaltenden, sondern durch fromme Ermahnungen und Ratschläge oder aber mit Lobpreisungen (der Fürsten) begleitenden Ideologie. 6. Daraus ergibt sich eine größere Diskrepanz zu adliger Anschauung, Lebensweise und Mentalität, eine klarere Trennung von geistlichem und weltlichem Bereich, die im Gegensatz zu der starken Verquickung des kirchlichen Amtes mit weltlichen Herrschaftsbefugnissen und -interessen im Westen stand. Hier war das Kriterium für die Erlangung eines Bischofsamtes v.a. die hohe soziale Herkunft des Bewerbers, während in der Ostkirche – von wenigen Ausnahmen abgesehen – die theologische Bildung

---

hervor. Vgl. Byčkova, Sostav klassa feodalov, S. 76. Der 1566 ernannte Bischof von Suzdal', Afanasij, entstammte dem Fürstengeschlecht der Starodubskie. Vgl. Zimin, Opričnina, S. 247. Der im gleichen Jahr zum Metropoliten erkorene Filipp gehörte dem weitverzweigten Bojarengeschlecht der Kolyčevy an, die allerdings zu dieser Zeit nicht mehr zur ersten Garnitur der Moskauer Adelsgesellschaft zählten und häufig im Dienst von Teilfürsten standen. Vgl. Veselovskij, Issledovanija, S. 143–146. Auf den Bischofsstühlen von Tveŕ, Smolensk und Suzdal' sind jeweils ein Vertreter der Trachaniotovy (Nil), Zabolockie (Jurij) und Paleckie (Afanasij) überliefert.

[196] Der Fürst nahm die Investitur der Bischöfe vor, bestimmte die Äbte autonomer Klöster, bestätigte die Wahl des Metropoliten und nahm an dessen Inthronisation teil, er leitete die Bischofssynode der Kiever Metropolie, welche auch zu Beratungen über Verwaltungsfragen des Landes herangezogen wurde. Dies und umgekehrt die Identifizierung der eigenen Interessen der Kirche mit denen der weltlichen Herrschaft läßt den Begriff „Staatskirche" begründet erscheinen. Vgl. Rüß, Das Reich von Kiev, S. 310.

eine viel entscheidendere Rolle für die Besetzung wichtiger Kirchenämter spielte. Wenn Adlige die geistliche Karriere einschlugen, wird häufig auf ihre schon früh hervortretende Frömmigkeit und ungewöhnliche Kenntnis der heiligen Schriften hingewiesen. Der Sachverhalt bedurfte irgendwie der besonderen Rechtfertigung. Die Kritiker des Patriarchen Filaret, Vater des ersten Romanov-Zaren Michail Fedorovič, äußerten sich, wie der Erzbischof Pachomij, kritisch über dessen nur mittelmäßige theologische Bildung. Überhaupt erschien es vielen merkwürdig, daß der Vater des Zaren, ehemals bekannter Bojar am Hof Zar Fedor Ivanovičs, nun Geistlicher war, das höchste kirchliche Amt bekleidete und zugleich die wichtigsten politischen Entscheidungen im eigenen und des Zaren Namen traf. Dies trug ihm sowohl scharfe Kritik aus kirchlichen wie aus bojarischen Kreisen ein, die den Verfall der geistlichen Autorität des Patriarchenamtes durch dessen Verflechtung mit weltlichen Angelegenheiten beklagten.[197] 7. Da der Adel zur Zeit der Christianisierung Gefolgschaftsadel mit noch nicht vorhandener oder nur geringer Bindung an Grund und Boden war, war auch seine Beteiligung oder überhaupt der Gedanke an einen von ihm mitgestalteten Ausbau einer geistlichen Territorialherrschaft unwahrscheinlich. Ein solches Bestreben entsprach weder dem politischen System noch der sozialökonomischen Entwicklung. Die bedeutende Rolle des Adels in der westlichen Kirche hängt aufs engste mit der Existenz des Lehnssystems zusammen, das in seiner typischen okzidentalen Ausprägung auf russischem Boden nicht existierte.

Während man also für Teile des westlichen Abendlandes zu Recht von einer „Adelskirche" sprechen kann, so ist auf Rußland bezogen die Formulierung „Adel in der Kirche" zutreffender. Die Rolle des Adels blieb hier stets eine im Dienste einer geistlichen Institution, d.h. eine untergeordnete. Das gilt sowohl für jene, die ihren adligen Status als Dienstleute der Kirche bewahrten,[198] als auch für diejenigen, welche adliger Herkunft waren und als Geistliche in hohe kirchliche Ämter gelangten. Es ist ferner von größter Bedeutung, daß die Verfügung der weltlichen Macht über den kirchlichen Adel nie gänzlich aufgehoben worden ist. Der gesellschaftliche Rang und Ehrenwert von Adligen, die sich der Kirche verdingten, war deutlich niedriger als der von im Fürstendienst stehenden adligen Personen. Daß dies so war, hängt vermutlich damit zusammen, daß der öffentlichen Harmonie zwischen Herrschertum und Kirche kein tatsächliches Machtgleichgewicht der beiden Gewalten entsprach,

---

[197] Mit Belegen bei Bachrušin, Političeskie tolki, S. 96 f.

[198] Die höchsten Positionen im Dienste des Metropoliten nahmen Familien wie die Fominy oder Surminy ein, die im Kontext der moskowitischen Adelsgesellschaft relativ unbedeutend waren. Die Masse der adligen Dienstleute des Metropoliten stammt aus dem einfachen „Bojarenkind"milieu (z.B. die Belye, Vnukovy, Glebovy, Eldeginy, Larionovy, Kasogovy, Ragotiny, Rčinovy, Filimonovy, Čertovy-Stromilovy u.a.). Vgl. Ljutkina, Genealogičeskij sostav metropolič'ich svetskich slug, S. 84.

wie mehrfache gewaltsame Übergriffe der Fürsten gegen geistliche Hierarchen beweisen,[199] ohne daß umgekehrt jemals die Herrscher Opfer von kirchlichen Sanktionen geworden wären. Der Hofadel sperrte sich gegen zu weitgehende Einmischung und Verwicklung der Hierarchie in weltliche Angelegenheiten, und wenn es auch kraftvollen Persönlichkeiten aus der hohen Geistlichkeit bisweilen gelang, sich im Zentrum der politischen Macht zu etablieren und am politischen Entscheidungsprozeß maßgeblich mitzuwirken,[200] so sah man doch die traditionelle Rolle der Kirche v.a. in ihrer symbolischen, moralischen und herrschaftsstützenden Funktion.[201]

Besonders deutlich wird das geringere Ansehen von Adligen im Dienst der Kirche aus der Tatsache, daß sie sich dort bisweilen als Folge einer „Strafversetzung" bzw. zwangsweisen Beorderung durch den Großfürsten befanden. Vasilij I. übergab dem Metropoliten Kiprijan Stepan Feofanovič, der ein Enkel Fedor Bjakonts war, „als Bojaren", was S.B. Veselovskij als eine zwangsweise Entfernung dieses Mannes und seiner Nachkommenschaft vom Hof in den Dienst der Metropoliten deutet.[202] Der Dumad'jak Aleksej wurde unter Vasilij II. wegen Verrats mit seinem gesamten Besitz dem Metropoliten „wider Willen von Geschlecht zu Geschlecht bis in alle Ewigkeit" überantwortet.[203] Aus der Zeit der Formierung und Existenz des Rangplatzsystems ist der untergeordnete Statuswert von Adligen im Dienste der Kirche eindeutig bezeugt. Ein Bojar des Patriarchen stand auf der Stufe eines Dumadvorjanen und konnte sich, trat er in

---

[199] Im Streit um die Nachfolge des Metropoliten Aleksej berief Dmitrij Donskoj 1378 Kiprijan aus Kiev an die Kirchenspitze, nachdem sein Kandidat Mitjaj, Pope des Spassa-Klosters, auf dem Wege zum Patriarchen zwecks Einholung seiner Amtsbestätigung gestorben war. Der Patriarch bestimmte den Archimandriten Pimin aus Perejaslavl' zum Metropoliten, der aber bei seiner Rückkehr in die Rus' in Kolomna verhaftet und ins Gefängnis geworfen wurde, „und seine Družina, seine Dumagenossen und Berater und die Kleriker befahl er [der Großfürst] an verschiedene Orte zu bringen und in Eisenketten zu legen." PSRL 11, S. 41. Seinen Widerstand gegen die Opričnina mußte der Metropolit Filipp 1569 mit dem Tode büßen. Sein Vorgänger German wurde von Ivan IV. wegen seiner kritischen Einstellung zur Politik des Zaren kurz nach seiner Inthronisierung (1566) wieder vom Metropolitenstuhl verjagt. „Nach dem Zwischenspiel der großen Gestalt des Metropoliten Makarij war die russische Kirche wieder in jene dienende Rolle zurückgekehrt, die sie schon unter den Vorgängern Ivans IV. innehatte." Vgl. Kämpfer, Stökl, Rußland, S. 917. R. Hellie bezeichnet die russische Kirche als „handmaiden of the state from the very moment of its creation 988/89 and never developed any independent authority." Vgl. What happened? S. 219.

[200] Es ist kaum ein Zufall, daß zwei der bekanntesten Kirchenführer dieser Spezies, Aleksej unter Dmitrij Donskoj und Filaret unter Michail Fedorovič, aus dem bojarischen Hochadel stammten.

[201] Vgl. Kollman, Kinship, S. 53.
[202] Vgl. Issledovanija, S. 252.
[203] Ebd. S. 250 f.

den zarischen Dienst über, höchstens bis zum Okol'ničij empordienen.[204] Für den Rangwert eines adligen Geschlechts war Dienst bei einem Hierarchen unerheblich, wenn nicht der Übertritt in zarische Dienste vollzogen wurde. Bezeichnend ist auch ein Vorfall aus der Zeit des Zaren Aleksej Michajlovič, als der Bojar B. Chitrovo, eigentlich von nicht sehr vornehmer Abstammung, aber ein „Liebling" des Herrschers, in aller Öffentlichkeit den Bojaren des Patriarchen, Fürst Meščerskij, schlug.[205] Der Zar behielt sich bei der Auswahl der weltlichen Dienstleute der hohen Geistlichkeit, sofern sie nicht schon seit Generationen der Kirche dienten, ein Mitspracherecht vor.[206] Auf diese Weise wurde verhindert, daß sich im kirchlichen Bereich ein auch von der personellen Substanz her[207] bedeutsames aristokratisches Gegengewicht zur weltlichen Macht entwickeln konnte.

Die Bischöfe hatten ebenfalls ihre weltlichen Dienstleute, die aber im Rang noch tiefer standen als die des Metropoliten, so daß mit einer gewissen Berechtigung im Hinblick auf die soziale Herkunft ihrer Träger und Mitglieder die Kirche als die „demokratischste Institution" in Rußland bezeichnet worden ist.[208] Allerdings waren durchaus nicht alle Angehörigen der Kirche bereit, weltliche Dünkel, Ehrenvorstellungen und soziales Rangdenken hinter sich zu lassen. Besonders die zwangsweise geschorenen adligen Mönche taten sich schwer, ihre Abstammung zu vergessen. Am Ende des 15. Jh. weigerte sich ein Teil der aus dem fürstlich-bojarischen Milieu stammenden Bruderschaft des Troice-Sergiev-Klosters, sich dem Abt Paisij zu unterwerfen. Auch in anderen Klöstern brachen häufig Streitigkeiten über die Rangordnung bei Tisch oder bei Prozessionen aus, die von Personen vornehmer Herkunft angezettelt wurden. Der Novgoroder Erzbischof Sergij nannte am Grabe seines Vorgängers Mojsij diesen verächtlich einen „Bauernsohn", und mit den gleichen Worten titulierte

---

[204] Es gab Ausnahmen: N.A. Zjuzin erreichte im Zarendienst den Bojarenrang. Vgl. Markevič, Istorija mestničestva, S. 158. Unter dem Patriarchen Filaret, der praktisch die Regierung statt seines Sohnes in den Händen hielt, stieg auch die Bedeutung der Patriarchatsbojaren, so daß z.B. Fürst Chilkov auf einer Stufe mit einem zarischen Bojaren stand. Ebd. S. 517.
[205] Ebd. S. 158.
[206] Vgl. Rossijskoe zakonodatel'stvo, t.2, S. 347 (Art. 69 des Stoglav von 1551).
[207] Es gab eine Reihe von Adelsfamilien, die über Generationen eng mit Klöstern oder Hierarchen verbunden waren, aber dadurch gewissermaßen in ihrem „staatlichen" Rangwert, ähnlich wie dies adligen Geschlechtern in teilfürstlichen Diensten erging, absanken und bedeutungslos wurden. So waren etwa die Golovkiny durch Dienstbeziehungen eng mit dem Troice-Kloster verbunden. Am Ende des 16. Jh. dienten drei Vnukovy dem Patriarchen als Bojarenkinder, sieben waren Bojarenkinder des Rostover Metropoliten, einer des Erzbischofs von Tver'. Vgl. Akty russkogo gosudarstva 1505–1526 gg., S. 319, 323.
[208] Crummey, Aristocrats, S. 62. Es kam vor, daß Personen bäuerlicher Herkunft als Dienstmannen der Kirche und Grundherren Karriere machten, z.B. Boris Dm.Kosagov. Vgl. Akty russkogo gosudarstva 1505–1526 gg., S. 323 (Nr. 178).

der vornehme Mönch Vassian Kosoj (Patrikeev) den Novgoroder Erzbischof und späteren Metropoliten Makarij.[209]

F. Kämpfer hat jüngst mit großem Nachdruck auf die weitgehende Unkenntnis der sozialen Herkunft des höheren Klerus hingewiesen und die in der Forschung verbreitete Meinung, daß es v.a. der verarmte und niedere Adel war, der die Karriere in der Kirche suchte, in Zweifel gezogen bzw. die Frage aufgeworfen, inwieweit etwa reiche Klöster als soziale Dienstleistungsbetriebe des Adels interpretierbar seien.[210] Immerhin gehörten viele Äbte und Bischöfe, was das Ausmaß ihrer ökonomischen und sozialen Verfügungsgewalt anbelangte, zweifellos zur Machtelite des Moskauer Reiches, so daß die manchmal geäußerte Vorstellung, die geistliche Karriere sei für den hohen Adel ein „totes Ende" gewesen,[211] mit gewissen Vorbehalten betrachtet werden muß, solange nicht notwendige Personenforschungen hier genauere Aufklärung geben. An der Einschätzung der politischen Qualität adliger Betätigung in der Kirche und der Rolle des hohen Klerus wird sich dadurch freilich wenig ändern. Daß die Kirche in dieser Hinsicht der weltlichen Herrschaft untergeordnet war,[212] was zum Bestandteil des gesellschaftlichen Bewußtseins des Adels gehörte, ist durch Zeugnisse der Zeit zu eindeutig belegt, um eine andere Bewertung zuzulassen. Daß die Kirche eine soziale Kraft von außerordentlicher Bedeutung darstellte,[213] von der auch ihre Amtsträger individuell profitierten,[214] steht auf

---

[209] Vgl. Markevič, Istorija mestničestva, S. 145–146.

[210] Vgl. Kämpfer, Stökl, Rußland, S. 862, 940 f. Die Stoglav-Synode von 1551 verbietet Nepotismus und den Kauf von Kirchenämtern, was in die angedeutete Richtung weist. Folgende Behauptung in einem neueren sowjetischen Quellenkommentar bedarf allerdings noch des wissenschaftlichen Nachweises: Auf die höheren Kirchenämter seien nicht so sehr gebildete Leute gelangt, als vielmehr – zum Zweck der standesgemäßen Versorgung – „Vertreter des Bojarentums". Vgl. Rossijskoe zakonodatel'stvo, t.2, S. 461.

[211] Kollmann, Kinship, S. 51; Bushkovitch, Religion, S. 40.

[212] Die dem Staat untergeordnete weltliche Gerichtsbarkeit und wirtschaftliche Verwaltung der Eparchien und Klöster erhellt aus der Tatsache, daß die Amtsträger des Klerus nach der Stoglav-Synode den zarischen Dvoreckie unterstellt waren. Vgl. Rossijskoe zakonododatel'stvo, t.2, (Stoglav 1551, Art. 49). In die staatlichen Dienstlisten z.B. von 1591–1592 waren viele Dutzend Bojarenkinder der größten Hierarchen eingetragen. Vgl. Zimin, O političeskich predposylkach, S. 46.

[213] 1623 besaß die Kirche in der Moskauer Provinz 43,7 % des kultivierten Landes, in Rußland insgesamt 16 %, in den 70er Jahren ca. 13,3 %. Vgl. Hellie, Enserfment, S. 68 f. Nach Kotošichin verfügte der Patriarch über 7000 bäuerliche Höfe, die Bischöfe über 28000, die Klöster über 83000. Vgl. Kapterev, Svetskie archierejskie činovniki, S. 26.

[214] Einen besonderen Fall von Geschäftstüchtigkeit stellte der Beichtvater Vasilijs III., der Protopope Vasilij Kuźmič, dar. Seine Testamentsvollstrecker (1531/32) waren hohe Adlige und am Hof Vasilijs III. einflußreiche Personen (M. Glinskij, M. Zacharin, I. Šigona-Podžogin, M. Putjatin). Eine Reihe von Adelspersonen hatte bei ihm Schulden, und zwar bis zu der bedeutenden Summe von 180 Rubeln (M.V. Gorbatyj). Die Tochter des Protopopen war mit dem Fürsten Ivan Mich. Mezeckij verheiratet, der im Hause

einem anderen Blatt. Die ökonomische Stärke war aber mit politischer Botmäßigkeit und Dienstfertigkeit erkauft, aus denen sich keine mit der weltlichen Macht konkurrierenden Kräfte entwickeln konnten. Die Ideologie der Kirche war zwar nicht gerade antiaristokratisch, aber fürstenzentriert[215] und bot insofern keinen günstigen Nährboden für partikulare Adelsinteressen. Zudem war die Kirche auf vielerlei Weise institutionell mit der weltlichen Spitze verquickt. In dynastischen Krisenlagen machte sie grundsätzlich ihre moralische Autorität zugunsten des Fürstenwillens geltend. Daß sie in dieser Hinsicht zu politischen Verhaltensnormen des Adels prinzipiell gar nicht im Widerspruch stand, macht erst recht – wenn denn der adlige Anteil in der Hierarchie größer gewesen ist als bisher angenommen – die begrenzten Möglichkeiten bzw. den nicht vorhandenen Willen zum Ausbau eigener politischer Herrschaftspositionen, die als Gegengewicht zur weltlichen Macht intendiert gewesen wären, deutlich. Wie sollte ausgerechnet der Adel in der Kirche politische Zielvorstellungen von partikularer Selbständigkeit entwickeln, die weder sonstwo in der russischen Gesellschaft noch in seinem eigenen sozialen Milieu gedacht wurden und die der populären geistlichen Theorie von der göttlichen Erhabenheit fürstlicher Macht in ihren praktischen Auswirkungen zutiefst widersprochen hätten?

---

des Protopopen lebte und von diesem für den Dienst (Rüstung, Pferd usw.) ausgestattet worden war. Den Reichtum des großfürstlichen Beichtvaters führt V.B. Kobrin u.a. auf Bestechung zurück. Vgl. Opyt izučenija semejnoj genealogii, S. 50–53, 55. Siehe auch unten S. 116.

[215] Die Geistlichkeit propagierte von Anbeginn die Lehre vom göttlichen Charakter der Fürstengewalt und von der Verpflichtung, sich ihr zu beugen. Die theokratische Sicht auf die weltliche Herrschaft findet sich zuerst in den Chroniken anläßlich der Erschlagung Andrej Bogoljubskijs († 1174): „Von seinem Erdenwesen her ist der Cäsar jedem Menschen ähnlich, durch die Macht seiner Würde aber gottgleich." Zit. bei D'jakonov, Očerki, S. 400.

III. DIE WIRTSCHAFTLICHE
BASIS. LAND, GELD, REICHTUM

1. Der Kiever Adel

Belege für die Existenz einer herausgehobenen Schicht bei den ostslavischen Stämmen sind spärlich und stammen überwiegend aus einer Zeit, in der stammliche Organisationsformen im Niedergang begriffen und den übergeordneten herrschaftlichen Ansprüchen der Kiever Fürsten ausgesetzt waren. Ungeklärt ist, ob es sich bei den drevljanischen „besten Männern" und „Ältesten" des 10. Jh. um einen ökonomisch von der Masse der übrigen Stammesgenossen abgehobenen und über diese politische Herrschaft ausübenden Adel gehandelt hat oder lediglich um Personen mit gewissen Strafgewaltsbefugnissen und einem besonderen Gewicht bei Beratungen. Versuche, ein Besteuerungssystem zugunsten eines lokalen ostslavischen Stammesadels indirekt aus der Tatsache zu erschließen, daß die von den normannischen Warägern und den Chazaren über die Ostslaven errichteten Tributherrschaften auf bereits vorhandenen herrschaftlichen Organisationsformen aufbauten, können nur hypothetische Gültigkeit für sich beanspruchen. Hinweise für einen durch Grundbesitz herausgehobenen ostslavischen Adel im 8. und 9. Jh. gibt es weder in den schriftlichen Quellen noch im archäologischen Befund, der eine geringe ökonomische Differenzierung bei vorherrschender individueller Wirtschaftsweise erkennen läßt. Ob es sich bei den sog. frühostslavischen *grady* (Holz-Erde-Befestigungen) um Herrensitze der in den Quellen erwähnten „Fürsten", „Ältesten" und „besten Männer", um befestigte bäuerliche Einzelhöfe, um nicht ständig bewohnte Fluchtburgen oder um Versammlungsorte bzw. Kultstätten im Zentrum siedlungsgeographischer Mikrolandschaften gehandelt hat, ist generell und im Einzelfall umstritten. Von daher bleibt die Existenz eines durch politische und ökonomische Macht über die übrigen Stammesgenossen herausgehobenen frühostslavischen Adels wissenschaftlich ungesichert. Erst für das 10. Jh. zeichnen die schriftlichen Quellen das Bild einer rasch zunehmenden inneren Differenzierung der Gesellschaft – auch wenn diese im einzelnen noch recht unscharf bleibt –[1] und eröffnen Einblicke in Besitz und Besitzverhalten der nun deutlich hervortretenden weltlichen Oberschichten.

---

[1] Goehrke, Frühzeit des Ostslaventums, S. 139; Rüß, Adel in Altrußland, S. 133 f.

Es gibt freilich kaum Quellenstellen, die nahelegen würden, daß das materielle Leitbild des Kiever Gefolgschaftsadels sich vom Agrarbesitz herleitete. Zwar gewinnt das erst seit dem 11. Jh. nachweisbare Bojarenland eine zunehmende ökonomische Bedeutung, aber die durch Fürstendienst erzielten Einkünfte, die Anteile aus Tributen, Abgaben, Gericht, Gewinne aus Beutezügen, Geschenke usw. bildeten noch lange die wichtigste materielle Ressource der wirtschaftlichen Existenz des Adels. Entlohnung mit Geld und Naturalien durch Fürstendienst behielt auch dann noch für die Oberschicht ihren ökonomischen Wert, als für sie Grundbesitz längst zu einem weiteren wichtigen wirtschaftlichen Faktor geworden war. Noch im 12. Jh. sind Gold, Silber, wertvolle Tuche, Wein, erlesene Früchte, Pferde, Pelze, Honig, Wachs usw. das, was die Phantasie des Adels beschäftigte, worauf sich sein ökonomisches Interesse vorrangig richtete und was den Charakter der adligen Privatwirtschaft bestimmte.[2] Man darf vermuten, daß die späte Herausbildung des großen Grundbesitzes und die zentrale Rolle von Geld und beweglichem Gut im Besitzdenken des Kiever Adels nicht zuletzt eine Folge des normannischen Einflusses auf die altrussische Oberschichtenmentalität gewesen ist. Die Nordleute trafen auf Sozialformen ohne ausgeprägte gesellschaftliche Differenzierungen, ohne eine machtvolle besitzende Landaristokratie, deren materielles Wohlergehen zur Nachahmung ihrer Lebensweise und zum Eintritt in ihre lokal gebundene Herrschaftsstellung angespornt hätte, kurz: Die vorhandene Gesellschaftsstruktur der frühen Kiever Ruś forderte zur Ausbeutung ohne feudale Seßhaftigkeit heraus, zur schnellen Beschaffung von transportablen, sichtbaren, den individuellen Reichtum erkennbar machenden Gütern. Dies entsprach der Mentalität und den kurzfristigen Zielen vieler Waräger-Normannen, die ihr Glück in den weiten Ebenen Osteuropas suchten. Der aus seiner Heimat vertriebene Norweger Eymundar strebte für sich und seine Gefolgsleute in der Ruś nach „Reichtum und Ruhm", was konkret „Gold und Silber und wertvolle Gewänder" bedeutete, Beköstigung und Stellung von Unterkunft durch den Fürsten inbegriffen. Auch mit Pelzen hätte Jaroslav der Weise die normannischen Krieger bezahlen können. Nachdem sie dem Kiever Fürsten zum militärischen Sieg im inneren Konflikt verholfen hatten, „befahl er, ihnen steinerne Paläste zu errichten und sie mit wertvollem Gewebe auszustatten. Und man gab ihnen alles, was sie benötigten, von den besten Vorräten."[3] Daß die Skandinavier zum Zweck der Bereicherung nach Osten zogen, ist aus Sagas und Runeninschriften vielfach bezeugt: „Sie zogen kühn weit fort nach Gold und im Osten nährten sie die Adler." „Torstejn ... erwarb dieses Gehöft und erwarb (Reichtum) im Osten ..."[4] Die den Skandinaviern gehörenden großen Grabstätten in Kiev.

---

[2] Vgl. Frojanov, Kievskaja Ruś. Očerki social'no-ėkonomičeskoj istorii, S. 88.
[3] Vgl. Mel'nikova, „Saga ob Ejmunde", S. 294 f.
[4] Ebd. S. 290.

und Černigov (sog. „reiche" Holzkammergräber), Gnezdovo (Smolensk), bei Jaroslavl', Alt-Ladoga und an anderen Orten des späten 9.–10. Jh. zeichnen sich z. T. durch einen ganz besonderen Reichtum an wertvollem Schmuck, teuren Gefäßen und Waffen aus. Münzfunde erweisen zudem die aktive Rolle der Normannen im Handel auf osteuropäischem Boden, auf dem Wege „von den Warägern zu den Griechen."[5] In Kiev selbst, im näheren Umkreis des Fürstenhofes in der Vladimir- und Jaroslavstadt, wurden bisher an die sechzig Schatzfunde gehoben. Die größeren von ihnen enthielten bis zu 400 Gold- und Silberartikel, darunter Diademe, Epauletten *(barmy)*, Hals- und Armbänder, Ketten, Ringe und Halsgrivnen, alles Dinge, die in den Fürstentestamenten einer späteren Zeit als die wichtigsten Bestandteile des Fürstenschatzes aufgeführt werden,[6] aber offensichtlich in diesen Fällen v. a. den Gefolgschaftsangehörigen zuzurechnen sind. Reichtum als sichtbarer Ausdruck eines erfolgreichen Kriegerlebens war ein elementarer Bestandteil gefolgschaftlicher Ideologie, gewissermaßen das Komplementärstück zur Generosität der Fürsten, von denen erwartet wurde, daß sie mit vollen Händen austeilten, und dies auch wohl taten.[7] Nach einer legendären Bylinenüberlieferung kam Djuk Stepanovič aus Galič mit großem Gefolge an den Hof Vladimirs des Heiligen und rühmte sich seines Reichtums, was den Kiever Fürsten ärgerte, der den Prahlereien nicht glaubte und deshalb Erkundigungen einholen ließ, die das Gehörte aber mehr als bestätigten: „Um seinen Reichtum zu verzeichnen, braucht man zwei Fuhren Federn und Tinte, ganz zu schweigen von der Unmenge Papier." Ein anderer reicher Gefolgsmann aus Volhynien, bei dem Vladimir zu Gast war, stellte seinen Überfluß in einem prächtigen, mit wertvollen Gegenständen bestückten Palast zur Schau.[8] Im Igorlied, das den unglücklich verlaufenden Feldzug der Fürsten von Novgorod-Seversk gegen die Polovcer im Jahre 1185 zum Gegenstand hat, heißt es an einer Stelle: „Gleich Pfeilen über das Feld hin schwirrend, entführten sie schöne Polowzermädchen und mit ihnen Gold, brokatene Stoffe, kostbaren Samt."[9] Ein Fürst Gleb und seine Frau gaben, wie die Chronik unter dem Jahre 1158 berichtet, an das Kiever Höhlenkloster

---

[5] Vgl. zur Einführung Rüß, Die Varägerfrage; zum Forschungsstand Bulkin, Dubov, Lebedev, Archeologičeskie pamjatniki Drevnej Rusi IX–IX vv.; Lebedev, Épocha vikingov.

[6] Vgl. Halbach, Der russische Fürstenhof, S. 75 f.

[7] Die Großzügigkeit gegenüber der Družina wird häufig besonders anläßlich des Todes eines Fürsten hervorgehoben. Vgl. z. B. PVL I, S. 101; PSRL II, S. 551, 611, 653, 703.

[8] Vgl. Jabločkov, Istorija dvorjanskago soslovija, S. 6 f.

[9] Zit. nach Zenkovsky, Aus dem alten Rußland, S. 147. In der „Zadonščina", die den Sieg Dmitrij Donskojs über die Tataren schildert, heißt es: „Russensöhne sammelten plündernd Tatarengewebe, Waffen und Pferde, Ochsen und Kamele, Wein und Zucker und Kostbarkeiten und Goldstickereien." Ebd. S. 198.

700 Grivnen Silber und 100 Grivnen Gold.[10] Im Jahre 1111 unternahmen die Fürsten Svjatopolk, Vladimir und David einen Feldzug gegen die Polovcer und erbeuteten „Vieh und Pferde und Schafe und machten viele Gefangene mit eigenen Händen."[11] Ein oft zitierter Vorfall aus dem Jahre 1149 wirft ein interessantes Schlaglicht auf Umfang und Art fürstlichen Reichtums: Als die Verbündeten Izjaslavs II. die Besitzungen des Thronprätendenten Igoŕ im Fürstentum Černigov heimsuchten, rückten sie gegen das Dorf Igoŕevo vor, wo ein „schöner Hof" stand. „Dort war in Speichern und Kellern viel Wein und Honig und sonst allerlei zinspflichtiges Gut, auch Eisen und Kupfer in solcher Menge, daß sie es nicht fortschleppen konnten." Sie zündeten den Hof mit der St. Georgs-Kirche und den Getreidespeicher an, in dem 900 Garben gelagert waren. Aus der Umgebung trieben sie die im Wald weidende Herde, 3000 ungezähmte Stuten und 1000 Pferde, zusammen. Den gleichen Kriegshandlungen war auch die Residenz des Bruders Igoŕs, Svjatoslavs, in Putivl' ausgesetzt, wo 700 Leute des fürstlichen Gesindes in die Hände der Sieger fielen, ferner 5000 Pud (1 Pud = 16,38 kg) Honig, 80 Krüge Wein, Vieh und Getreide.[12] Fast genau zweihundert Jahre zuvor geschah nach der Chroniküberlieferung der „Erzählung der vergangenen Jahre" folgendes: „In diesem Jahr (945) sagten die Gefolgsmannen zu Igoŕ: ‚Swenelds Leute sind schön bewaffnet und gewandet, wir aber sind nackt. Ziehe, Fürst, mit uns aus, Zins zu verlangen. Gewinn wird es dir bringen und uns.' Und Igoŕ hörte auf sie und zog wider die Drevljanen, Zins einzutreiben, er forderte zu dem früheren Zins noch neuen, und seine Mannen übten dabei Gewalt ... Auf dem Heimweg besann er sich und sagte zu seinen Leuten: ‚Zieht mit dem Zins nach Hause, ich werde zurückkehren und gehen, mehr zu sammeln.' Er entließ sein Gefolge nach Hause und kehrte selbst mit einem kleinen Teil seiner Mannen wieder um, begierig nach größerem Gut."[13] Igoŕs Sohn Svjatoslav erhob Zins von den Griechen, auch für seine Gefallenen, indem er erklärte: „Das werden ihre Sippen bekommen." Als er dem Kaiser Frieden anbot, freute sich dieser, solches zu hören, „und schickte ihm noch größere Geschenke."[14] Im Jahre 1187 starb der Fürst Vladimir Glebovič, „und es weinten über ihn alle Perejaslavler, denn er liebte die Družina, und er hortete nicht das Gold, sondern verteilte es an die Gefolgschaft."[15]

Adliger Reichtum beruhte also, wie die Beispiele zeigen, mindestens bis zum 12. Jh. in der Hauptsache aus der Beteiligung an Kriegsbeute, Geschenken, Zins, Tributen in Geld und handelsverwertbaren Naturalien wie Fellen, Wachs

---

[10] Sbornik dokumentov, t. I, S. 115.
[11] Ebd. S. 198.
[12] Ebd. S. 112.
[13] Zit. nach Zenkovsky, Aus dem alten Rußland, S. 18.
[14] Ebd. S. 30.
[15] Zit. nach Sergeevič, Drevnosti russkago prava, I, S. 617.

und Honig. Dies ist ein so eindeutiger Quellenbefund, daß der enorme wissenschaftliche Aufwand zum Beleg einer Theorie, die sich adligen Reichtum nur „auf der Basis der eigenen bojarischen Domänenwirtschaft"[16] vorzustellen vermochte, befremden muß, zumal dabei von der hypothetischen Annahme ausgegangen wurde, daß der große adlige Grundbesitz in einer vornehmlich agrarisch bestimmten Gesellschaft bereits viel früher als selbstverständliche – und deshalb von den Quellen nicht registrierte – Erscheinung des sozialen Lebens vorausgesetzt werden könne.[17]

Der Mobilität der Gefolgschaften entsprachen die Formen des Besitzerwerbs und die Art des Besitzes. Es ging um die möglichst rasche Bereicherung an beweglichem Gut. Krieg zu führen bedeutete Gefangene zu machen (die als Sklaven auf den östlichen Märkten oder anderswo verkauft werden konnten) und Vieh und alle möglichen Güter als Beute zu entführen. Daß der Gefolgschaftsadel nicht selten die zahlreichen Fürstenfehden mit dem Ziel verursachte, in den Besitz der wertvolleren und ertragreicheren Herrschaften zu gelangen, sich neue Einnahmequellen zu erschließen und dabei auch die Gelegenheit nicht ungenutzt zu lassen, sich an der gegnerischen Partei schadlos zu halten, war häufig der materielle Hintergrund einer den Ruhm und die Bewährung im Kampf als hohe ritterliche Ziele nach außen herausstreichenden Ehrauffassung.[18] Konnte man als Sieger im Krieg zu schnellem Reichtum gelangen, so war die Niederlage ihres Fürsten mit einem entsprechend hohen Besitzverlustrisiko für die Gefolgsleute verbunden.[19] Die regelmäßigen Einkünfte aus fürstlichen Geldzahlungen aufgrund von richterlichen und anderen administrativen Handlungen bildeten deshalb den stabileren und wohl auch quantitativ bedeutenderen Faktor am Zustandekommen adligen Reichtums.[20] Das *kormlenie*, die „Durchfütterung" adliger Dienstmannen auf Verwaltungsposten und als Belohnung für geleistete Dienste, üblich noch im Moskauer Großfürstentum

---

[16] Rapov, K voprosu o bojarskom zemlevladenii, S. 193.
[17] Am eindringlichsten und prägnantesten formuliert in den Arbeiten B. D. Grekovs, z. B.: „Ich spreche in voller Verantwortung über Grundbesitz und Grundbesitzer bei den Ostslaven, weil ich den Prozeß im Auge habe, der sich in einer Gesellschaft vollzog, wo Grundbesitz, zweifellos, den ausschlaggebenden Zweig der Produktion darstellte. Die herrschende Klasse konnte unter dieser Bedingung nur eine Klasse großer Grundbesitzer sein ... Die Form der politischen Herrschaft konnte in solchen Bedingungen nur die Macht einer Landaristokratie sein. Ich verstehe ausgezeichnet, daß dies nur eine soziologische Konstruktion ist und nicht eine Lösung der konkreten Frage nach der Struktur des Kiever Staates ..." Vgl. Knjaz' i pravjaščaja znat', S. 22.
[18] Vgl. Rüß, Das Reich von Kiev, S. 364.
[19] Siehe die Belegstellen bei Frojanov, Kievskaja Rus'. Očerki social'no-političeskoj istorii, S. 76.
[20] Belege siehe ebd. S. 74.

(s. Kapitel VIII), war bereits in Kiever Zeit verbreitet[21] und stellte eine der wichtigsten Quellen bojarisch-gefolgschaftlichen Wohlstandes dar. „Wenn der Fürst sich auf einen neuen Thron setzte, beeilte er sich, seine Gefolgsmannen und Bojarenkinder auf die Städte und Bezirke des Fürstentums zu verteilen ... Aber die Gesellschaft aller dieser großen und kleinen ‚Statthalter' verlor nicht den Charakter eines Lagers, das sich über das Fürstentum zum eiligen und kurzfristigen Unterhalt verstreute bis zu einem baldigen Feldzug oder bis zur Überwechslung in ein neues Fürstentum."[22] Seßhaftigkeit und Gefolgschaftswesen waren im Grunde zwei sich ausschließende Formen adliger Lebensweise, die verschiedene Arten des Besitzerwerbs und des materiellen Reichtums hervorbrachten. Die durch Tribute, Zins und Abgaben erworbenen Naturaleinkünfte – besonders die wertvollen Hermelin- und Zobelfelle – gelangten zum großen Teil als Exportware auf die mittelasiatischen, byzantinischen und westeuropäischen Märkte. Die Verflechtung von Herrschaft und Handelsengagement ist zweifellos ein hervorstechendes und im europäischen Kontext auffälliges Merkmal der altrussischen adligen Oberschicht. Der Kaiser Konstantin Porphyrogennetos (913–959) hat darüber in seinem Werk „De administrando imperio" folgende berühmte Beschreibung hinterlassen: Im Spätherbst begaben sich der Fürst und seine Gefolgschaft zu den tributpflichtigen Stämmen, um die Waren für die nächste Frühjahrssaison bei ihnen einzutreiben. Andere tributpflichtige Slaven am Oberlauf des Dnepr hatten während des Winters Boote herzustellen, die nach der Schneeschmelze nach Kiev gebracht, hier ausgerüstet und mit Waren beladen wurden. Die gefährlichen Dneprstromschnellen[23] wurden z. T. durch Landtransport von Booten und Lasten umgangen. Im einzelnen ist die Art und Weise des Handelsverkehrs mit Byzanz noch nicht genügend bekannt, aber es scheint, daß die dort erzielten Einnahmen für den Kauf griechischer Luxusgüter zum Gebrauch der Oberschicht oft sofort wieder ausgegeben wurden.

Die Tatsache, daß die Kiever Fürsten zur Wahrung ihrer ökonomischen Interessen militärische Unternehmungen gegen das byzantinische Reich durchführten und in den Friedensverträgen des 10. Jh. mit den Griechen dem Handelsverkehr ein so breiter Raum gewidmet wurde, macht das fundamentale Interesse der altrussischen Oberschicht am wirtschaftlichen Austausch mit Byzanz deutlich. In den Verträgen von 911 und 944 finden sich die Unterschriften von Družinaangehörigen der Kiever Fürsten, die überwiegend – wie die Fürsten Oleg und Igoŕ selbst – skandinavische Namen trugen. Sie können

---

[21] Seinem Ursprung nach ist es auf das fürstliche *poljudie* (Rundreise zwecks Tributeinsammlung mit damit einhergehender „Durchfütterung") zurückzuführen.

[22] Vgl. Ključevskij, Bojarskaja duma, S. 68.

[23] Die wichtige Rolle der skandinavischen Waräger im Byzanzhandel erhellt aus der Tatsache, daß die als Verkehrshindernisse berüchtigten Dnepr-Stromschnellen bei Konstantin Porphyrogènnetos mit slavischen und skandinavischen Namen benannt sind. Vgl. auch K. Heller, Die Normannen in Osteuropa, Berlin 1993, S. 73.

als überzeugender Beleg für gefolgschaftliches Engagement im Handel gewertet werden.[24]

Daß sich das materielle Streben des Družinaadels zumindest in der frühen Phase des Kiever Reiches in erster Linie am Handel und nicht am Grundbesitz orientierte, daß also sein materielles Bewußtsein nicht von Landsässigkeit, sondern von beweglichem Reichtum und verfügbarem Luxusgut geprägt war, zeigt auch die Begründung, die der Kiever Fürst Svjatoslav († 972) für seinen Entschluß anführte, sich an der unteren Donau niederzulassen, weil hier alle wertvollen Güter der Erde zusammenflössen: „aus Griechenland Gold, feine Gewebe, Weine und mancherlei Früchte, aus dem Tschechenland und dem Ungarland aber Silber und Rosse, aus dem Land Ruś Felle, Wachs, Honig und Sklaven."[25] Der Araber Ibn Faḍlān wurde im Jahre 921/22 Augenzeuge der Bootsbestattung eines vornehmen „Russen" – zweifellos eines skandinavischen Warägers[26] – an den Ufern der Wolga und bezeugt die Anwesenheit von mit Sklaven handelnden Ruś-Leuten in Bolgar, der Hauptstadt der Wolgabulgaren. Er berichtet auch, daß die Frauen der hochstehenden „Russen" viel Schmuck trügen, um auf diese Weise den Reichtum des Mannes öffentlich zur Schau zu stellen. Die reichen Toten würden mit einem Drittel ihres Besitzes in Schiffen verbrannt.[27]

Natürlich sind all dies Momentaufnahmen, zu denen aber kein auch nur annähernd gewichtiges Quellenäquivalent existiert, das eine vom Grund und Boden bestimmte adlige Besitzmentalität erkennen ließe. Eine solche hat sich in Teilen des Adels erst allmählich herausgebildet. Die ersten adligen großen Grundbesitzer waren Mitglieder der fürstlichen Gefolgschaften, die den naheliegenden Gedanken realisierten, die auf fremden Märkten gefragten Güter, welche bisher durch Abgaben, Tribute und Kriegsbeute beschafft worden waren, aus eigener Wirtschaftstätigkeit hervorzubringen. Fürstlicher Domänenbesitz, im 10. Jh. noch von geringem Umfang, war weitgehend an der Nachfrage auf den Außenhandelsmärkten orientiert. Nichtfürstlicher, bojarischer Grundbesitz wird erst seit der 2. Hälfte des 11. Jh. erkennbar, als sich bei den Fürsten und deren Familien die Tendenz verstärkte, in einem bestimmten Territorium seßhaft zu

---

[24] Da der Fernhandel ein Wirtschaftszweig war, der zunäcjt unmittelbar nur der Oberschicht zugute kam und von dieser auch im wesentlichen allein getragen wurde, und zwar anfangs hauptsächlich von den warägischen Krieger-Händlern, später von einer eigens darauf spezialisierten Kaufmannsschicht, wurde aus seinem angeblich geringen Anteil an der gesamten Volkswirtschaft der Schluß gezogen, daß er für die soziale und politische Ordnung der Kiever Ruś ohne nennenswerten Einfluß gewesen sei (Vgl. etwa Rožkov, Gorod i derevnja, S. 24 sowie ein großer Teil der sowjetischen Forschung, siehe Šušarin, Sovremennaja buržuaznaja istoriografija, S. 67–87).

[25] Zit. nach Zenkovsky, Aus dem alten Rußland, S. 27.

[26] Dafür sprechen gewichtige archäologische Gründe, vgl. Spicyn, Rasselenie drevnerusskich semen, S. 315.

[27] Vgl. Sbornik dokumentov, t. I, S. 64–69.

werden. Im 12. Jh. werden „Dörfer" *(sela)* von Bojaren, die häufig den Namen ihrer Besitzer trugen, im Zusammenhang mit Fürstenfehden, während derer sie von der gegnerischen Partei geplündert oder zerstört wurden, mehrfach erwähnt. Nun erscheinen auch in der „Erweiterten Pravda" Bojaren als große Grundbesitzer. Die Tendenz zum Erwerb von Grundbesitz durch Družina-Angehörige wurde dadurch beschleunigt, daß die zunehmende politische Aufsplitterung des Reiches, die Verfestigung der Grenzen nach außen, die Errichtung und Konsolidierung verschiedener Herrschaften im Inneren zum einen den jeweiligen adligen Gefolgsmann stärker an ein bestimmtes Territorium banden, zum anderen den Spielraum für weiträumige und gewinnträchtige Feldzüge, wie sie im 10. Jh. noch häufig vorkamen, mehr und mehr einschränkten, obwohl der Geschmack des Adels an kriegerischen Raubunternehmungen damit keineswegs der Geschichte angehörte. Es ist aber eine der angedeuteten Gefolgschaftsmentalität entgegenlaufende Tendenz, nämlich das Interesse der in ein „Land" eingebundenen grundbesitzenden Oberschicht an einer politischen Kontinuität der betreffenden Region zu registrieren. Für eine gewaltsame und systematische Aneignung freien Bauernlandes als Hauptressource adligen Grundbesitzes gibt es kaum Anhaltspunkte. Käufe, Schenkungen durch den Fürsten und die Inbesitznahme herrenlosen Landes bildeten die wichtigsten Quellen für das Anwachsen adligen Grundbesitzes. Entsprechend der wirtschaftlichen Interessenlage und den militärischen Bedürfnissen des Adels spielte Ackerbau auf den fürstlichen und bojarischen Besitzungen nur eine untergeordnete, allerdings regional wohl verschieden große Rolle. Immer wichtig blieb die handelsökonomische Motiviertheit adligen Landerwerbs.[28] Nach Lage der Quellen nicht möglich ist es zu behaupten, daß feudaler Grundbesitz in der Spätphase der Kiever Ruś zur Haupterwerbsquelle des altrussischen Adels geworden wäre.[29]

Wenn von der Existenz zweier verschiedener Adelstypen, der „wandernden Družina" (Heimgefolge) und der „zerstreuten Gefolgschaft", im 11.–13. Jh.

---

[28] Vgl. Rüß, Das Reich von Kiev, S. 365 f.
[29] Es ist in manchen Fällen unklar, ob die in den Chroniken erwähnten „Dörfer" der Gefolgsleute in die Kategorie des großen Grundbesitzes einzuordnen sind oder ob mit ihnen befristet zur Verfügung stehende Kormlenie-Gebiete gemeint waren. Vgl. Frojanov, Kievskaja Ruś. Očerki social'no-političeskoj istorii, S. 103 (in bezug auf die Gefolgsleute Izjaslavs, die 1096 beim Verlassen Kievs ihre „Dörfer" verloren). Den Novgoroder Fürsten und ihren Gefolgschaften wurde im 13. Jh. der Erwerb von Grundbesitz im Novgoroder Herrschaftsgebiet vertraglich ausdrücklich untersagt, d. h. die Einkünfte setzen sich hier für sie ausschließlich aus Geld und Naturalien zusammen. Vgl. Gramoty Velikogo Novgoroda i Pskova, S. 9–10. Die Schriftstücke auf Birkenrinde, die mit Grundbesitz zu tun hatten, hielten in Novgorod vom 11.–13. Jh. einen Anteil von maximal 1/4, stiegen aber im 14. Jh. auf 51,7 % und im 15. Jh. auf 67,6 %, während der gewerbliche und geschäftliche Schriftverkehr von 75 % im 11. Jh. über 53,8 % im 12. Jh., 31 % im 13. Jh. auf 12 % im 14. Jh. und 2,9 % im 15. Jh. zurückging. Vgl. Goehrke, Groß-Novgorod und Pskov/Pleskau, S. 458, Anm. 1.

ausgegangen werden kann,[30] die durch einen unterschiedlichen Verwurzelungsgrad gekennzeichnet waren, dann dürfte auch mit einer differenzierten Wertschätzung des privaten Landbesitzes in der Oberschicht zu rechnen sein. Ein seßhafter Lokaladel wird eine andere „Bodenmentalität" entwickelt haben als ein mobiler Gefolgschaftsadel, dessen materielle Bedürfnisse durch wechselnde fürstliche Verwaltungstätigkeiten an verschiedenen Orten befriedigt wurden und für den Grundbesitz eine Einnahmequelle neben anderen darstellte. Die unterschiedlichen wirtschaftlichen Potenzen haben auch in späterer Zeit Grundbesitz des hohen, stadtsässigen Adels viel häufiger zu einem beweglichen Objekt der Spekulation werden lassen, als dies beim niederen Provinzadel der Fall war, dessen Affinität zu seinem Land aufgrund fehlender alternativer Einkunftsmöglichkeiten ausgeprägter und intensiver war. Es ist zwar letztlich nicht eindeutig zu entscheiden, aber doch eher unwahrscheinlich, daß in dem im folgenden zitierten Beispiel aus der Spätphase der Kiever Ruś (12. Jh.) und aus einem Landesteil (Galizien), dessen „feudale" Verhältnisse oft als besonders fortgeschritten angesehen werden, der einzige materielle Hintergrund der Fürst-Gefolgschaft-Beziehung Grund und Boden gewesen sei, der doch eine solche symbiotische Abhängigkeit, wie sie hier zwischen dem Fürsten Jaroslav Osmomysl' und seiner Družina beschrieben wird, schwer verständlich machen würde: „Geh fort und vertraue uns. Wie dein Vater uns ernährt und geliebt hat, wollen wir für deines Vaters Ehre und für deine unsere Köpfe hinhalten ... Du bist unser einziger Fürst. Wenn dir etwas passiert, was soll denn dann aus uns werden."[31]

Die Quellen lassen folgendes Bild von der sozialen Topographie des Kiever Adels, wie es schon in der älteren Forschung entworfen wurde,[32] erkennen: Der Družina-Adel lebte in städtischen Siedlungen und besaß in deren Umgebung Dörfer, Landsitze und Jagdgründe.[33] Seine überwiegende Residenz in „Burgen", die über dem flachen Land verstreut gewesen seien,[34] ist eine Vorstellung, die

---

[30] Pavlov-Sil'vanskij sah die beiden Gefolgschaftstypen als unterschiedlichen Phasen der Geschichte zugehörig an: „Früher lebten sie zusammen, jetzt kommen sie zusammen." Feodalizm, S. 349 f.

[31] PSRL II, S. 466. Grundbesitz änderte nicht eo ipso etwas an der engen Fürst-Gefolgschaftsbeziehung, wie die folgende Äußerung von Izjaslav Mstislavič bezeugt: „Ihr seid zu mir aus dem russischen Land [Kiev] gekommen und habt [dadurch] Dörfer und Besitztümer verloren." Ebd. S. 409 f.

[32] Vgl. etwa Poraj-Košič, Očerk istorii russkogo dvorjanstva, S. 14.

[33] Vgl. Bushkovitch, Towns and Castles in Kievan Ruś; Halbach, Der russische Fürstenhof, S. 61 f.

[34] So z. B. Rybakov, Pervye veka russkoj istorii; Dovženok, Pro typy horodyšč Kyivs'kòj Rusi. Die Existenz von bojarischen Residenzen auf dem flachen Lande in der Kiever Ära wurde von Voronin, K istorii sel'skogo poselenija feodal'noj Rossii, S. 52 gänzlich bestritten. In der Novgoroder und Smolensker Region erscheinen Bojarenhäuser auf dem flachen Lande erst im 14. Jh. Vgl. Bushkovitch, Towns and Castles, S. 256 f.

sich an einer weit entwickelten und für Gesamtaltrußland nicht nachweisbaren seigneuralen Feudalordnung orientiert. Adliger Grundbesitzreichtum manifestierte sich aber vorwiegend nicht in der Ausbeutung einer ackerbautreibenden und in „feudale" Abhängigkeit gezwungenen Bauernbevölkerung, sondern in der durch verschiedene wirtschaftliche Transaktionen bewerkstelligten Anhäufung beweglicher Güter,[35] in Pferde- und Viehherden, der Beschaffung von Produkten des Waldgewerbes und der Jagd für den Eigenbedarf und den Export. Die Existenz des Instituts der „Durchfütterung" des Gefolgschaftsadels enthob ihn bis zu einem gewissen Grade der Notwendigkeit einer Eigenproduktion von lebensnotwendigen Naturalien.[36] Vermögensart und Eigentumsformen machen deshalb erklärlich, warum die auch über Land verfügenden Adligen der späten Kiever Zeit aus den schriftlichen Quellen eher als disponible Gefolgsmannen des Fürsten, denn als eingesessene Feudalherren entgegentreten. Dies war und ist nicht unbestritten. Die verschiedene Bewertung der politischen Relevanz von Gefolgschaftswesen einerseits und adliger Grundbesitzaffinität andererseits hat zu höchst kontroversen Auslegungen der politischen und sozialen Struktur der altrussischen Epoche geführt. So wurde eine strikte Trennung zwischen gefolgschaftlichen „Fürstenbojaren" und lokalen „Landesbojaren" bereits in der älteren Forschung vorgenommen,[37] die sich in neuerer Zeit durch die Unterscheidung zwischen fürstlichem Hofgefolge *(dvor)* und landsässigen Vasallen, ehemaligen Mitgliedern der „älteren Družina", die sich zu reichen Grundbesitzern gewandelt hätten,[38] fortsetzt. Es ist allerdings unverkennbar, daß diese Sicht stark von den regionalen Sonderentwicklungen in Novgorod und Galizien beeinflußt ist, die aber beide gewisse Verfassungselemente enthalten, welche nicht als typisch für die gesamte Kiever Ruś angesehen werden können. In Galizien hat die Installierung der lokalen Dynastie der Rostislaviči und die relative Stabilität des Landes infolge langwährender Regierungen ihrer Fürsten im 12. Jh. die Herausbildung und Konsolidierung bojarischen Grundbesitzes außerordentlich begünstigt. Durch die Kontinuität der Herrschaft einer Dynastie entfiel weitgehend das dem Gefolgschaftswesen innewohnende Spannungsverhältnis von Mobilität und Landsässigkeit. Es ist dennoch die oft enge Kooperation zwischen der mächtigen landbesitzenden Bojarenschaft und

---

[35] Der Bojar Ioan vermachte seinem Sohn Varlaam nach dem Zeugnis des Kiever Höhlenklosterpaterikons ein Vermögen von 1 000 Silber- und 100 Goldgrivnen. Vgl. Halbach, Der russische Fürstenhof, S. 102.

[36] Vgl. Frojanov, Kievskaja Ruś. Očerki social'no-ėkonomičeskoj istorii, S. 61 f.

[37] Vgl. z. B. Jabločkov, Istorija dvorjanskago soslovija, S. 1. Die in den Kiever Quellen erwähnten „Ältesten" *(starcy gradskie, starejšiny)* und „Besten" *(lučšie, naročityė muži)* wurden von vielen Historikern als einheimischer Lokaladel mit der Bezeichnung „Landesbojaren" *(zemskie bojare)* belegt, obwohl dieser Begriff erst im 14. Jh. im Novgoroder Raum begegnet. Vgl. Novgorodskaja pervaja letopis', S. 357, 459.

[38] Vgl. Gorskij, Feodalizacija na Rusi, S. 85.

den Fürsten, die als eine gefolgschaftliche aufgefaßt wurde, ein markantes politisches Strukturmerkmal auch dieser Region.[39]

Einen völlig anderen Verlauf nahm die Entwicklung in Novgorod. Sie lief hier auf die Wählbarkeit der Fürsten und auf eine Separierung von Gefolgschaftsadel und eingesessener Oberschicht hinaus. Den Fürsten und ihrem Gefolge wurde Landerwerb im Novgoroder Herrschaftsgebiet vertraglich verboten. Als Gegenleistung für militärische und administrative Dienste erhielten sie das Recht auf eine festgelegte Abgabe, Jagdprivilegien und die Einkünfte von bestimmten Dörfern. Der gravierende Unterschied zu Galizien, der diese andere Entwicklung teilweise zu erklären vermag, erhellt aus folgender Tatsache: Während in der Zeit von 1141–1187 in Galizien zwei Fürsten regierten, waren es in Novgorod 26 (!). Diese extrem raschen Herrschaftswechsel vertieften die Kluft zwischen einheimischer Elite und landfremdem Gefolgschaftsadel, der überdies vom Grunderwerb ausgeschlossen wurde. Unter dem dennoch schützenden Schirm einer schwachen Fürstengewalt bildete sich in Novgorod ein Stadtadel heraus, dessen signifikante wirtschaftliche Merkmale der Besitz riesiger Latifundien zur Belieferung der Märkte mit Rohstoffen, die Verfügung über den Wirtschaftsreichtum der Novgoroder Kolonien durch Ausbeutung mittels eigener Leute, Geldverleih und die Kontrolle über ganze städtische Komplexe von großen Hofgrundstücken mit abhängigen Handwerkern und Dienstleuten waren. Gegen Ende der Novgoroder Unabhängigkeit im 15. Jh. besaßen 40 Bojarengeschlechter mehr als ein Drittel des gesamten Landes.[40]

Die beschriebenen Besonderheiten – die stärker als woanders ausgeprägte Landsässigkeit der Bojaren in Galizien, die größere Fürstenunabhängigkeit des Novgoroder Stadtadels –, die beide das Ergebnis spezifischer politischer Konstellationen und Entwicklungen waren, sind nicht als Widerspiegelung allgemeinrussischer Normen zu werten, was andernfalls in der These vom Nebeneinander eines gefolgschaftlichen Fürsten- und eines lokalen Landadels mit schwächerer oder nicht vorhandener Fürstenbindung zum Ausdruck kommt, wobei deren Gültigkeit auf die frühesten Anfänge der russischen Geschichte zurückprojiziert wird.[41] Altrussischer Adel ist und bleibt aber immer fürsten-, gefolgschafts- und hofbezogen, auch im Zeichen der wachsenden Bedeutung von adligem Landbesitz, wie das galizische Beispiel im 12. Jh. zeigt, das sich insofern – wie die Stadtsässigkeit und marktorientierte Wirtschaftstätigkeit des Novgoroder Adels – nur in der schärfsten Ausprägung dieser sozialen Erscheinung von gesamtrussischen Entwicklungen der gleichen Zeit unterscheidet. Der Fürstenhof bildete stets den Bezugspunkt adliger politischer und

---

[39] Vgl. Stökl, Das Fürstentum Galizien-Wolhynien, S. 497.
[40] Vgl. Goehrke, Groß-Novgorod, S. 458.
[41] Verweise bei Šušarin, Sovremennaja buržuaznaja istoriografija, S. 118 f.

ökonomischer Orientierung[42] – etwas anderes sagen die Quellen nicht. Es gab keine vom fürstlichen Umkreis abgekoppelte Landaristokratie als eigenständige politische und soziale Gruppe innerhalb der adligen Elite. Wohl gab es eine größere oder geringere Fürstennähe auch im topographischen Sinne, aber letztere war dann nicht Ausdruck von politischer Eigenständigkeit und Kraft, sondern eher von Schwäche, Macht- und Einflußlosigkeit. Diese Feststellung liegt vollkommen im Rahmen der historischen Normen auch der nachfolgenden russischen Geschichte.

Die politischen und sozialen Implikationen von adliger Besitzmentalität und adligem Reichtum waren bedeutend. Der hoch bewertete bewegliche Anteil an Besitz aus Fürstendienst erklärt die Affinität der Oberschicht zur Gefolgschaft und zum Fürstenhof. Diese wiederum bedingte eine ausgeprägte Mobilität und die Orientierung hin zu den Fürstensitzen in den städtischen Zentren als den Orten politischer Entscheidungen und wirtschaftlicher Chancen. Stadtsässigkeit und extensive, an Markt, Gewerbe und militärischem Bedarf ausgerichtete Exploitation von Grund und Boden sowie die Beteiligung an fiskalischen Einnahmequellen gestalteten die Beziehung des altrussischen Adels zu Landbesitz weniger intensiv und herrschaftsorientiert, als dies in Gesellschaften der Fall war, in denen Bodenbesitz die ökonomische Basis sozialer Macht und adlige Landsässigkeit das politisch-topographische Strukturäquivalent solcher Produktions-und Herrschaftsverhältnisse darstellten.

2. Die Moskauer Periode

2.1 Allgemeines. Geld und bewegliche Güter

Die Nach-Kiever-Epoche der russischen Geschichte ist durch zwei fundamentale Ereignisse bzw. Entwicklungen gekennzeichnet: durch die über zweihundert Jahre währende tatarische Oberherrschaft nach dem Mongolensturm von 1237/40 und durch die allmähliche Herausbildung eines osteuropäischen Großreiches mit Moskau als dem geistlichen und weltlichen Zentrum. Die unmittelbaren volkswirtschaftlichen Schäden als Folge der Verheerung weiter Landstriche und der Zerstörung blühender Städte, der Verlust an Menschen und Gütern, die der Tatarensturm mit sich brachte, waren gewaltig. Handel

---

[42] Dies gilt für bestimmte Adelsgesellschaften und ab einer bestimmten Epoche auch für den Westen Europas. In der Mitte des 15. Jh. warnte der Burgunder Gilbert de Lannoy seine adligen Leser, Reichtümer auf unehrenhafte Weise zu erwerben, d. h. nicht im Dienste eines Fürsten. Vgl. Powis, Aristocracy, S. 30.

und Handwerk sind um Jahrzehnte zurückgeworfen worden. Vor dem Mongolensturm nachweisbare Handwerkszweige tauchen vielfach erst im 14. Jh. wieder auf. Die indirekte, gleichwohl sehr effiziente tributäre Oberhoheit der Mongolen stellte eine ökonomische Dauerbelastung dar, die, obwohl sie auf dem Rücken der breiten Masse der Bevölkerung ausgetragen wurde, nicht ohne Auswirkungen auch auf den Wohlstand der Oberschicht bleiben konnte, die schließlich auf deren Produktivkraft angewiesen war. Es ist ferner zu berücksichtigen, daß mit der weitgehenden Auslöschung des alten Gefolgschaftsadels im Abwehrkampf gegen die Mongolen auch seine beweglichen Güter und Reichtümer verlorengegangen sind – jedenfalls gibt es kaum Nachrichten über große adlige Vermögen aus der frühen moskowitischen Geschichte. Ivan I., wegen seiner Sparsamkeit und seiner von den Tataren gedeckten eigensüchtigen Finanzpolitik als „Geldsack" bezeichnet, hat in seinem Testament mit buchhalterischer Gewissenhaftigkeit Einzelstücke des Fürstenschatzes – vom goldverzierten Gürtel bis zum Silberbecher – aufgeführt und vermittelt durch diese Art akribischer Sorgfalt freilich eher den Eindruck von relativer Bescheidenheit und Überschaubarkeit seines beweglichen Besitzes als den eines besonders markanten Reichtums. Als Vasilij Golicyn, Günstling und Liebhaber der Zarin Sofija, im Jahre 1689 gestürzt wurde, fertigte man ein Verzeichnis seines konfiszierten Vermögens an, dessen beweglicher Teil die Hinterlassenschaft Ivan Kalitas an luxuriösem Pomp und an Mannigfaltigkeit um ein Vielfaches übertrifft: Erwähnt werden Gold, Silber, Ikonen, Edelsteine, kostbare Kleidungsstücke, Kristallgefäße, wertvolle Bücher, Möbel, Gemälde, Pferde, Equipagen, Zelte, Tischgeräte, Weine, Betten, Atlasdecken, Waffen, Musikinstrumente usw. Neuville berichtet, daß Golicyn 400 silberne Schüsseln besessen und daß man in den Kellern seines Hauses 100.000 Dukaten in barem Geld gefunden habe. Es ist unzweifelhaft, daß er diesen ganzen Reichtum v. a. seiner Favoritenstellung während der Regentschaft Sofijas verdankte, die ihm bei allen möglichen Gelegenheiten reiche Belohnungen in Form von Landbesitz, Geld und Wertgegenständen zukommen ließ. So erhielt er trotz seines militärischen Mißerfolgs gegen die Krimtataren im Jahre 1687 nach seiner Rückkehr 300 Goldstücke *(červoncy)*, 1.000 Bauernhöfe, eine Medaille mit Zarenportraits und dem Portrait Sofijas an einer Goldkette mit einem wertvollen Edelstein im Wert von 300 Dukaten, ein Szepter und ein Schwert, einen Pokal, eine wertvolle Robe und noch zusätzlich 250 Rubel. Die Zarin ließ Golicyn ein Bett in Auftrag geben, für dessen Herstellung keine Kosten gescheut wurden und das an Eleganz und Formschönheit alles Bisherige in den Schatten stellen sollte. Nach dem zweiten Krimfeldzug im Jahre 1689, der vor der Öffentlichkeit als großer Erfolg gefeiert wurde, erhielt Golicyn einen Goldpokal, einen Säbel, einen goldgewebten Kaftan, 300 Rubel und ein Gut mit 1.500 Seelen in Suzdal'. Von den 50 Landbesitzungen in 20 verschiedenen Regionen des Reiches hatte Golicyn lediglich drei als väterliches Erbe erhalten.

Allein in seinem Moskauer Palasthaushalt standen ca. 400 Personen zu seinen ständigen Diensten.[43]

Ein solcher außerordentlicher Reichtum war durchaus kein Einzelfall in den höchsten Adelskreisen des 17. Jh., deren Mitglieder sich darin gefielen, seltene, kostbare und repräsentative Luxusgegenstände möglichst ausländischer Provenienz wahllos anzuhäufen. Es drückte sich darin aber nur eine gewisse Übersteigerung eines immer schon und überall in Europa vorhandenen Bestrebens aus, Macht, Prestige und sozialen Erfolg durch das Zurschaustellen wertvoller Einzelrequisiten in Form von teuren Gewändern, Gold und Edelsteinen nach außen zu kehren. Die Verteilung der Erbstücke aus dem Gold- („iz zolota") und Kleidungsschatz („iz port") Ivans I. Kalita an seine drei Söhne bildete einen wichtigen Bestandteil seines Testaments. So erhält z. B. der älteste Sohn und Nachfolger Semen vier goldene Ketten, drei goldene Gürtel, zwei goldene Kelche mit Perlen, eine goldene Schale mit einer Perle und einem Edelstein, zwei große goldene Zelte, drei silberne Gefäße, eine goldene Mütze („šapka zolotaja") und eine perlenbesetzte Robe aus Leder.[44] Es wird überliefert, daß es der **goldene Gürtel** Vasilij Kosojs war, der die Hochzeitsgesellschaft Vasilijs II. im Februar 1433 derart erregte, daß er zum äußeren Anlaß eines langjährigen Krieges wurde,[45] wobei es in diesem Fall freilich nicht in erster Linie um den materiellen Wert des Gürtels, als vielmehr um die angeblich unrechtmäßige Aneignung großfürstlicher Regalien durch Bojaren und Teilfürsten ging.

Wertsachen als Prestigeobjekte und sichtbare Beweise erfolgreichen Dienstes und zarischer Gunst und Gnade spielten im politischen und materiellen Selbstverständnis des russischen Adels immer eine bedeutende Rolle. Als im Jahre 1541 die Tataren zum Rückzug gezwungen wurden, „beehrte der Herrscher seine Bojaren-Voevoden mit seiner großen Gnade, (beschenkte) sie mit Pelzen

---

[43] Vgl. Brückner, Beiträge zur Kulturgeschichte Rußlands, S. 306 f, 322; Hughes, Russia and the West, S. 53 f, 55, 67.

[44] Sbornik dokumentov, t. II, S. 106, 108.

[45] Der Gürtel war angeblich ein Geschenk des Fürsten Dmitrij Konstantinovič Suzdal'skij für seinen Schwiegersohn Dmitrij Donskoj. Eine andere Tochter Dmitrij Suzdal'skijs heiratete Mikula Vel'jaminov, und diesem vermachte er ebenfalls einen Gürtel, jedoch einen kleineren, weniger wertvollen. Der Vater Mikulas, der Tausendschaftsführer Vasilij Vasil'evič, tauschte die Gürtel heimlich aus, so daß der größere in den Besitz der Vel'jaminovy gelangte. Die Tochter Mikulas heiratete den Bojaren Ivan Dm. Vsevolož und bekam den Gürtel als Mitgift. Ivan Dmitrievič wiederum schenkte ihn seiner Tochter anläßlich ihrer Heirat mit dem Fürsten Andrej Vladimirovič. Die Tochter aus dieser Ehe heiratete Vasilij Kosoj, und somit kam der Gürtel in seinen Besitz. Der Bojar Petr Dobrynskij „erkannte" ihn während des Hochzeitsmahls wieder, die Großfürstinmutter Sofija entriß Vasilij den Gürtel, und dieser floh mit seinem Bruder Dmitrij aus Moskau nach Galič zu Jurij, was den militärischen Konflikt auslöste. Vgl. PSRL 12, S. 17.

und Pokalen."⁴⁶ Dieser Vorgang wiederholte sich viele Male im Laufe der moskowitischen Geschichte und bildete insbesondere für den hohen Adel, der in erster Linie von solchen Gunsterweisungen aufgrund kriegerischer oder anderer außergewöhnlicher Taten profitierte, eine durchaus wichtige Komponente seines Wohlstands und Reichtums, zumal bei solchen Gelegenheiten neben Geschenkgegenständen oft auch Geld und Grundbesitz ausgeteilt wurden. So erhielten etwa 1686 alle Bojaren für den Abschluß des „ewigen Friedens" mit Polen eine zusätzliche Geldbelohnung von 100 Rubeln, Vasilij Golicyn wegen seiner exponierten Rolle beim Friedensschluß 250 Rubel, einen Goldpokal von zweieinhalb Pud und eine Satin-Robe im Wert von 400 Rubeln. Ordin-Naščokin hatte für den Abschluß des Friedens von Andrusovo einen Silberpokal und eine ebensolche Robe im Wert von 400 Rubeln erhalten. Boris Petrovič Šeremetev bekam 1687 für seine Teilnahme an Feldzügen und Friedensverhandlungen 1.150 Rubel außer der Reihe, sozusagen als Sondergratifikation.⁴⁷ Solche Geschenke und Geldzuwendungen aufgrund besonderer Verdienste oder zu besonderen Anlässen erfolgten in aller Regel entsprechend dem Ehrenwert bzw. Rang der beschenkten Personen.⁴⁸ Dies führte manchmal zu Unzufriedenheit und Streit. Der Zar Vasilij Šujskij belohnte die Bojaren M. F. Kašin und A. N. Rževskij für die Verteidigung von Brjansk mit Pelzen. Letzterer beklagte sich, daß er einen schlechteren Pelz als Kašin erhalten habe, obwohl die eigentlichen Verteidigungsaufgaben in der belagerten Stadt von ihm und nicht von Kašin geleitet worden waren. Mit dem Hinweis auf den Bojarenrang Kašins wurde die Beschwerde jedoch abgewiesen.⁴⁹ Es ist wahrscheinlich, daß es Rževskij hier nicht in erster Linie um den materiellen Minderwert seines Pelzes ging, sondern darum, seine militärischen Verdienste ins rechte Licht zu rücken, zumal einige Fälle, in denen der vor nicht allzu langer Zeit regierende Zar Boris Godunov Belohnungen ungeachtet des Ranges vorgenommen hatte, noch in frischer Erinnerung waren.

Geldzuwendungen aus der Staatskasse für geleistete Dienste nehmen seit der Mitte des 16. Jh., als die „Durchfütterung" in einigen Landesteilen abgeschafft bzw. eingeschränkt worden war, einen regelmäßigeren Charakter an. Detaillierte Fakten liegen darüber allerdings erst aus dem 17. Jh. vor, wie überhaupt die Quellenlage für dieses Jahrhundert eine plastischere Vorstellung über die ökonomischen Verhältnisse des Adels ermöglicht, als dies die spärlichen,

---

[46] PSRL 29, S. 140.
[47] Vgl. Hughes, Russia and the West, S. 44 f; DRV, t. 20, S. 138.
[48] Kotošichin berichtet, daß für die Beteiligung an Gesandtschaften mit Geld, Pelzen, Land und wertvollen Geweben über das zustehende Deputat hinaus entlohnt wurde. Vom Zaren zu diesem Zweck ausgeliehene Kleidungsstücke und Repräsentationsgegenstände konnten u. U. nach erfolgreicher Durchführung der Gesandtschaft behalten werden. Vgl. O Rossii, S. 47 f, 55.
[49] Vgl. Markevič, Istorija mestničestva, S. 198.

verstreuten und eher zufälligen Nachrichten für frühere Jahrhunderte zulassen. Immerhin existiert die begründete Auffassung, daß wegen des anfänglich noch sehr begrenzten Landfonds der Moskauer Großfürsten die „Durchfütterung" auf Statthalterposten, Kriegsbeute und Geschenke eine wichtigere Quelle für adligen Reichtum darstellten als die Landschenkungen.[50] Adam Olearius bestätigt für das 1. Drittel des 17. Jh. die Bedeutung von Geldeinkünften aus der Staatskasse: „Die Bojaren und grossen Herren / ob schon / wie vermuthlich / bey führung ihres grossen Statts / und weitläuffiger Haußhaltung ein grosses auffgehet / haben sie doch neben ihrer grossen Besoldung / [von mir gesperrt, H. R.] ihre köstliche Landgüter und Bauren / welche ihnen des Jahres ein grosses einbringen."[51] Nach der zuverlässigen Mitteilung Kotošichins gab es für militärische, diplomatische und andere Dienste nach dem Rang abgestufte Geldzuweisungen. „Wenn aber keine Dienste und Amtsgeschäfte stattfinden, wird ihnen keine jährliche Belohnung zuteil, und sie leben dann von ihren Dienst- und Erbgütern. Die Bojaren und Dumaleute, die D'jaken und Hofleute ... erhalten jährlich eine Geldzuwendung, weil sie sich immer am zarischen Hof im Dienst befinden."[52]

Der gewöhnliche jährliche Geldbetrag für Bojaren im Jahre 1658 lag zwischen 400–500 Rubeln und überstieg in der Regel nicht 700 Rubel. Bei Okol'ničie bewegte er sich zwischen 250–400 Rubeln, bei Dumadvorjanen zwischen 250–330. Geldsummen der letzteren Größenordnung erhielten auch Dumad'jaken. Allerdings konnten diese Beträge durch zusätzliche Aufschläge *(pridači)* für besondere Verdienste ganz erheblich angehoben werden. So erhielten etwa Boris Morozov im Jahre 1647 1.200 Rubel, Fürst A. N. Trubeckoj 1.050 und Fürst Ja. K. Čerkasskij 1.000 Rubel als jährliche Entlohnung.[53] Die Besoldungen für den niederen Adel lagen so wesentlich unter diesen Beträgen – sie bewegten sich im 16. Jh. zwischen 4–14 Rubeln[54] –, daß es weiterer Hinweise auf den gewaltigen sozialen Abstand zwischen Hof- und Provinzadel

---

[50] Vgl. Kollmann, Kinship, S. 38 (nach S. B. Veselovskij); Kučkin, Moskovskoe knjažestvo v XIV v., S. 179.

[51] Vgl. Moskowitische und persische Reise, S. 206 f.

[52] Vgl. O Rossii, S. 97.

[53] Vgl. Zagoskin, Central'noe upravlenie Moskovskago gosudarstva, S. 63 f. 1686 erhielten Fürst N. Iv. Odoevskij 1.030, P. V. Šeremetev 1.040 und V. V. Golicyn 850 R. Vgl. DRV, t. 20, S. 137. Fürst Fedor Iv. Mstislavskij erhielt zu Beginn des 17. Jh. nach Margerets Aussagen die höchste Entlohnung von 1.200 Rubeln. Vgl. Jaques Margeret's State of the Russian Empire, S. 133.

[54] Von 24714 Dvorjanen und Bojarenkindern im Jahre 1632 erhielten nur 1876 Personen eine Geldleistung. Garnisonsdienst wurde nicht mit Geld entlohnt. Die Regelmäßigkeit der Geldentlohnung war abhängig von Art und Dauer des Dienstes. Vgl. Staševskij, Služiloe soslovie, S. 27–31. Die Hungerlöhne für den kleinen Adel (erwählte Dvorjanen, städtische Dvorjanen, Bojarenkinder) bestätigt für den Beginn des 17. Jh. Margeret, State of the Russian Empire, S. 133.

kaum bedarf: Boten die beträchtlichen Geldzahlungen an den hohen Moskauer Adel diesem durchaus die Möglichkeit zu ökonomischer Entfaltung und standesgemäßer – d. h. auch: aufwendiger – Lebensführung,[55] so waren die geringen Entlohnungen für den kleinen Adel kaum mehr als ein lächerliches Äquivalent für die durch den Dienst enstandenen Unkosten und deshalb ohne jegliche kapitalbildende wirtschaftliche Bedeutung.

Es ist allerdings hier sogleich anzumerken, daß die großen adligen Vermögen des 17. Jh., wie sie sich etwa in den Händen Boris Morozovs, der Fürsten Čerkasskie oder Vasilij Golicyns konzentrierten, nur zu einem geringen Teil aus direkten Geldzuwendungen des Staates stammten, sondern hauptsächlich das Ergebnis überaus großzügiger zarischer Landschenkungen und erfolgreicher wirtschaftlicher Eigentätigkeit waren.

Das geflügelte Wort „Die Diener in Seide, die Bojaren in Schulden" („Slugi v šelkach, bojare v dolgach") gibt die soziale Realität sicherlich unzutreffend wieder. Natürlich gab es individuellen Mißerfolg, sozialen Abstieg, Verarmung, und dies nicht nur als persönliches Einzelschicksal, sondern aufgrund objektiver Faktoren, z. B. durch die wachsende Zersplitterung des Grundbesitzes infolge Erbteilung. Aber Verschuldung als generelles soziales Merkmal des hohen Adels, besonders des bojarischen Hochadels, anzunehmen, ist mit Sicherheit eine falsche Vorstellung, die sich auch deshalb erübrigt, weil in Rußland eine nennenswerte „bürgerliche" kapitalkräftige Schicht, welche die vorübergehende Finanzierung gesteigerter adliger Bedürfnisse hätte übernehmen können, nicht existierte.[56] Adlige Testamente des 16. Jh. geben selten Hinweise auf Geldgeber

---

[55] R. O. Crummey sieht die bojarischen jährlichen Gehälter – zu Ende des 17. Jh. erreichten 13 Bojaren das jährliche Niveau von 1.000 Rubeln am Ende ihrer Karriere – als bedeutend, aber nicht überreichlich an angesichts etwa der hohen Kosten von Luxusgegenständen oder Baumaßnahmen. So waren zwar Roggengetreide (zwischen 40 Kopeken und 1,3 Rubeln für ein Četvert' = ca. 289 Pfund) oder Pferde (1–5 Rubel) für einen hohen Adligen relativ billig, andererseits mußten für Handwerksspezialisten oder Bauunternehmer wesentlich höhere Summe ausgegeben werden (für erstere 20 R. pro Jahr, für letztere zwischen 200–300 R.). Vgl. Aristocrats, S. 109 f.

[56] Schulden bei Kreditgebern aus dem aufsteigenden bürgerlichen Milieu werden von vielen Historikern als bedeutender Faktor für den politischen Autoritätsverlust der Aristokratenschicht angesehen. Vgl. Powis, Aristocracy, S. 29. Den Verschuldungsgrad des russischen Adels im frühen 19. Jh. empfand der Amerikaner John Quincey Adams als bereits auf der Stufe der Unehrenhaftigkeit. Ebd. S. 28 f. Als Kreditgeber von Adligen treten nicht selten Geistliche oder weltliche Amtsträger der Kirche auf. Zwei Brüder Morozov leihen sich vom Dvoreckij des Metropoliten 1505/06 18 Rubel, wofür der eine (Vasilij) eines seiner Dörfer auf 1 Jahr verpfändet. Vgl. Akty russkogo gosudarstva 1505–1526 gg., Nr. 3. Vgl. auch ebd. Nr. 44 (S. 50). Der Kleinadlige Ivan Solovcov hat, wie aus seinem Testament von 1594/95 hervorgeht, Schulden in allerdings geringer Größenordnung bei einigen Bauern, bei einem Schmied und einem Müller. Vgl. Sbornik dokumentov, t. III, Nr. 72, S. 107–114. Auf der Votčina Medvedkovo Semen Peškov-Saburovs lag, laut Testament von 1559/60, eine Pfandverschreibung in Höhe von 60

außerhalb des eigenen sozialen Milieus. Man lieh und verlieh, kaufte, machte Schulden und gab Kredite – und dies anscheinend mit einer gewissen Leidenschaftlichkeit und Verve, die die wirtschaftliche Notwendigkeit der vorgenommenen Transaktionen in vielen Fällen als eher zweitrangig erscheinen läßt und die wohl auch oft gar nicht gegeben war. Aber Haus und Hof durch leichtsinnige Geschäfte und verschwenderische Lebensweise aufs Spiel zu setzen und Frau und Nachkommen auf einem Schuldenberg zurückzulassen, war weder ein gesellschaftlich gebilligtes Verhalten noch eine verbreitete soziale Erscheinung, soweit die wenigen erhaltenen adligen Testamente dies erkennen lassen. „Was ich wem zu geben und von wem ich was zu bekommen habe" – diese testamentarische Standardformel lief in der Regel auf eine ausgeglichene oder positive Bilanz hinaus, die zumindest soviel Geld übrig ließ, daß damit die kirchlichen Gebete zur Errettung der Seele bezahlt werden konnten, um dieses wichtige Problem nicht der möglicherweise weniger interessierten und für diese Zwecke weniger investitionsbereiten Nachkommenschaft zu überlassen. Schuldenfrei vom sündigen Erden- in das gelobte Himmelreich einzutreten wurde also nicht nur als moralische Verpflichtung gegenüber dem Ehepartner und den Nachkommen empfunden, sondern auch als eine günstigere Voraussetzung für die Erlangung des ewigen Seelenfriedens.

Adliger Besitz war vor dem 17. Jh. im Durchschnitt bescheidener[57] und von anderer Struktur als in späterer Zeit. Die gehässige Kritik der Chronik an den „reichen" und „dickwanstigen" bojarischen Ratgebern Ivans III. im Jahre 1480,[58] die den Großfürsten vom Kampf gegen die Tataren abzuhalten

---

Rubeln zugunsten des Fürsten Davyd Paleckij, die nach dem Tode des Erblassers abgelöst werden soll. Ebd. Nr. 24 (S. 44 f). Derselbe Saburov tritt im Testament jedoch auch als Geldgeber in Erscheinung. Ebd. S. 41. Schulden in beträchtlicher Höhe hatte Afanasij Iv. Šadrin, der am Ende seines Lebens sein Dorf Fominskoe zur Bezahlung derselben verkauft. Vgl. Akty russkogo gosudarstva 1505–1526 gg., Nr. 251 (1525), S. 253–255. Als Kreditgeber seiner Söhne, denen er im Testament von 1510 ihre Schulden – über die Vererbung mit Land und Wertgegenständen hinaus – erläßt, tritt Petr Mich. Pleščeev entgegen. Vgl. ebd. Nr. 59, S. 61–65. Ivan Mich. Glinskij erläßt in seinem Testament von 1586 seinem Onkel Vasilij Fed. Skopin-Šujskij dessen Schulden, wofür dieser der Fürstin Chvorostinina verschiedene wertvolle Waffen und ein Pferd mit Sattelzeug vermachen soll. Vgl. Sbornik dokumentov, t. III, Nr. 45, S. 77.

[57] Der kategorischen Formulierung bei Markevič wird man sich freilich nicht anschließen können, der schreibt: „Sogar die höchsten Ränge ... besonders im 16. Jh. waren sehr wenig reich an Erbgütern und anderen selbständigen Vermögen ..." Vgl. Istorija mestničestva, S. 199.

[58] Vgl. PSRL 6, S. 230. Ivan Peresvetov erregt sich über die „bequemen Reichen" („lenivye bogatiny"). Vgl. Kobrin, Vlast' i sobstvennost", S. 217. Margeret schreibt, daß die Adligen sich nur im Sommer zu Pferde fortbewegen, so daß sie nicht in Übung seien, was sie fettleibig mache. Dies gelte bei ihnen aber als Zeichen von Würde, und diejenigen mit den dicksten Bäuchen hielte man in großer Ehre. Vgl. Jaques Margeret's State of the Russian Empire, S. 109.

versucht hätten, läßt schon von der Diktion her gewisse Aversionen gegenüber Personen erkennen, deren Wohlhabenheit zu einer adligem Lebensideal und Selbstverständnis fremden, den Kampf scheuenden Bequemlichkeit verführte.[59] Reichtum wurde also nicht eo ipso und außerhalb des Kontextes anderer Normen als Wertmerkmal adliger Existenz an sich aufgefaßt. Die Ideale des Kriegers waren im 16. Jh. noch sehr lebendig[60], und sie hatten auch bis zu einem gewissen Grade Einfluß auf das adlige Besitzverhalten und die ökonomischen Aktivitäten, denen durch die zeitraubenden Feldzüge und ständigen militärischen Aufgaben, die zu einer langen häuslichen Abwesenheit führten, ganz natürliche Grenzen gesetzt waren. Man verbarg seine geschenkten, erbeuteten oder erworbenen Kostbarkeiten in Schatullen und Truhen in Kellern oder auf Böden in seinem Moskauer Domizil, begab sich nach den entbehrungsreichen Zeiten des Kriegsdienstes in die ersehnte Statthalterposition, um sich von der dortigen Bevölkerung „durchfüttern" zu lassen, oder lebte von den Einkünften und Naturalabgaben der eigenen Erb- bzw. Dienstgüter, bevor erneut zu den Waffen gerufen wurde. Der Typ des hochadligen Unternehmers, wie er etwa durch Boris Morozov im 17. Jh. verkörpert wurde, der seinen Reichtum nicht zuletzt vielfältigen wirtschaftlichen Aktivitäten in Handel und industriell-gewerblicher Produktion verdankte, war für die vorangehende Zeit aus mancherlei Gründen in dieser Ausprägung undenkbar. Man wird die wachsenden „Verhofung" und „Bürokratisierung" der Elite mit den sich dadurch eröffnenden neuen Bereicherungschancen und wirtschaftlichen Möglichkeiten und die gleichzeitig sinkende militärische Bedeutung der traditionellen Adelsreiterei mit der Folge einer sich wandelnden ökonomischen Mentalität in bezug auf Erwerbsweise und Besitzpriorität hierbei in Rechnung zu stellen haben.

Außergewöhnlichen Reichtum gab es auch vor dem 17. Jh. So soll etwa der Schwager Ivans IV., Nikita Romanovič, nach einer Aussage des englischen Gesandten am Zarenhof holländischen Kaufleuten einen hochverzinsten Kredit gewährt haben, der ihm jährlich 5.000 Rubel einbrachte.[61] Wegen ihres Reichtums und ihrer Finanzkünste berühmt waren die aus Griechenland stammenden

---

[59] Der Kazańchan Šig-Alej äußerte gegenüber Ivan IV.: „Es leben bei dir deine Fürsten und Voevoden in großem Ruhm und Reichtum und sind deshalb im Kriege nicht standhaft und schwach ...." Zit. bei Zimin, I. S. Peresvetov i ego sovremenniki, S. 425. „Die Würdenträger des russischen Zaren häufen Reichtum an und werden [dadurch] träge ..., und sie bezeichnen sich deshalb als seine Diener, weil sie prächtig [cvetno] und mit vielen Pferden und Leuten zum Dienst kommen, aber für den christlichen Glauben stehen sie nicht fest ein ..." „Der Reiche denkt nicht an Krieg, er denkt an seine Ruhe." (Ivan Peresvetov, zit. nach Storožev, Bojarstvo, S. 196).
[60] Vgl. Rüß, Adel und Adelsoppositionen, S. 40.
[61] Bei einer 25prozentigen Verzinsung kam dies einer Kreditsumme von 20 000 Rubeln gleich, was eine ungeheuer hohe Summe darstellte. Vgl. die Mitteilung bei Vasenko, Bojare Romanovy, S. 54.

Chovriny-Goloviny, die sich im 15. Jh. als Bauherren steinerner Kirchen hervortaten, im 15. und 16. Jh. auffällig oft mit dem Amt der großfürstlichen Schatzaufsicht *(kaznačej)* betraut wurden und im Laufe des 17. Jh. acht Angehörige des Geschlechts in allerhöchste Dumaränge entsandten.[62] Aber neben dieser vom wirtschaftlichen Erfolg geprägten Realität gab es eine andere: Fürst Ivan Michajlovič Mezeckij, aus einem vornehmen Geschlecht stammend, das erst unter Ivan III. die selbständige Herrschaft verloren hatte, war mit der Tochter des Beichtvaters Vasilijs III., des Protopopen Vasilij Kuźmič, verheiratet, der in seinem Testament von 1531/32 schreibt: „Und mein Schwiegersohn, Fürst Ivan, lebte auf meinem Hof 13 Jahre lang, aß und trank alles das meinige ... Und dienen, den ganzen herrscherlichen Dienst zu leisten, (konnte) mein Schwiegersohn (nur) durch meine Unterstützung." „Ich ... kaufte meinem Schwiegersohn für mein Geld eine Rüstung für sich und seine Leute und Pferde."[63] Das gleiche Testament enthüllt einen nicht minder interessanten, allerdings eine andere Interpretation zulassenden Sachverhalt: Der Bojar M. V. Gorbatyj schuldete dem offenbar einflußreichen Geistlichen 180 Rubel, eine durchaus beträchtliche Geldsumme in damaliger Zeit, die als Beweis für seinen hohen Verschuldungsgrad gewertet werden könnte, wenn nicht bekannt wäre, daß er bei seinem Tod im Jahre 1535 über riesige Landbesitzungen an der Wolga und in Suzdal' und über flüssige Mittel verfügte, da er dem Großfürsten 200 Goldstücke vermachte.[64]

Als typischer Vertreter des hohen Moskauer Kriegeradels kann Dmitrij Grigoŕevič Pleščeev gelten, der ein bekannter Voevode und „Haudegen" zur Zeit Ivans IV. war. Seine wirtschaftlichen Verhältnisse, die seinem Testament von 1558/59 zu entnehmen sind, zeichnen sich durch eine gewisse spezifische Besitzstruktur aus, wie sie für Adlige seiner Couleur charakteristisch gewesen sein mag: Pferde, Sattelzeug, Rüstungen und Kleidungsstücke, eine lange Liste, nehmen einen großen Raum in der Aufzählung seiner beweglichen Güter ein. Vom Zaren hatte er zwei silberne Gefäße erhalten, die er nun einem Kloster vermachte. Seinen tatarischen und livländischen Gefangenen – Männern, Frauen, Kindern, jungen Mädchen – schenkte er die Freiheit. Natürlich verfügte

---

[62] Vgl. Veselovskij, Issledovanija, S. 442 ff; Zimin, Formirovanie bojarskoj aristokratii, S. 270 ff.

[63] Zit. bei Kobrin, Opyt izučenija, S. 53. Ivan Mezeckij kaufte 1522/23 von seinen drei Brüdern ihre Anteile an dem gemeinsamen Erbgut in Suzdal' für 530 Rubel und verpfändete anschließend die gesamte Votčina für 300 Ruel an seinen Schwiegervater, der in Wirklichkeit den Kauf unter dem Namen des heillos verschuldeten Schwiegersohnes getätigt hatte – eine offenbar für beide Seiten vorteilhafte Operation. Ebd. S. 53 f. Fürst Ivan Bor. Volockij schuldete dem Kloster von Volokolamsk 7.500 Rubel, Fürst Michail Andr. von Vereja dem Kirillov-Kloster 21.600 Rubel. Vgl. Grekov, Glavnejšie ėtapy istorii russkoj feodal'noj votčiny, S. XXXIX.

[64] Kobrin, Opyt izučenija, S. 52.

er über Grundbesitz, aus dessen Bestand er Verkäufe anordnete, mit deren Erlös die Schulden beglichen, die Fürbitten für das Seelenheil bezahlt und die Armen beköstigt werden sollten. Die Barmittel waren relativ unbedeutend. Besonders wurde vermerkt, daß er die Mitgift seiner Frau Marija, Kleidung und Schmuck, nicht angerührt hätte: „Ich habe nichts von dem, was sie besitzt, verschwendet."[65]

Zu den höchsten Chargen der Moskauer Adelsgesellschaft gehörte Fürst Ivan Michailovič Glinskij († 1602). Er spielte neben Boris Godunov, mit dem er verwandt war, in der Regierungszeit Fedors, des Nachfolgers Ivans IV., eine überragende Rolle und verfaßte im Jahre 1586 aus nicht bekanntem Anlaß ein Testament, dessen Inhalt – trotz des bedeutenden Grundkapitals von 1.000 Rubeln, die er seiner Tochter vererbte, – eine ähnliche Besitzmentalität und -struktur erkennen läßt wie das Testament Pleščeevs, wenn auch der Wert sowohl seines Grundbesitzes als auch des beweglichen Gutes das Vermögen Pleščeevs ganz erheblich übertraf. Die Tochter Anna erhielt außer der erwähnten Geldsumme das Familiengut im Suzdaler Raum, Ikonen, Schmuck und Edelsteine, wertvolles Gewebe und Pferde, die sie verkaufen konnte. Der Zar Fedor bekam ein Roß in vollem Sattelzeug, ferner die gesamte teure, z. T. vergoldete Rüstung Glinskijs und die zahlreichen goldenen und silbernen Pokale, Schalen, Trinkbecher usw. Ein als Erbgut bezeichneter Landbesitz, den Glinskij von Ivan IV. geschenkt erhalten hatte, geht an den Zaren zurück. Boris Godunov wird ein edles Pferd mit dem dazugehörigen Geschirr vermacht, dazu eine goldene Rüstung und ein Goldhelm, wertvolle Gefäße und Waffen, ein großer Halsschmuck aus Perlen und Edelsteinen und mit Goldketten. Seine Frau Marija, die Tochter Maljuta Skuratovs, bekommt einen goldenen Pokal. Vasilij Fed. Skopin-Šujskij wird Schuldenerlaß gewährt und erhält darüber hinaus ein Pferd in Geschirr, Pfeile und Bogen mit gold- und silberverziertem Köcher, einen Säbel litauischer Machart und Dolche. Speisungen der Mönche des Dreifaltigkeitsklosters zum Seelengedenken des Erblassers sollen durchgeführt werden, für die Glinskij 200 Rubel zur Verfügung stellt. Das Kloster erhält außerdem zwei wertvolle Ikonen und Grundbesitz in verschiedenen Teilen des Reiches. An insgesamt 40 Kirchen gehen Geldbeträge zur Ableistung der Fürbitten um das Seelenheil des Verstorbenen. Seinem Mann Bergestan Akčjurin schenkt Glinskij ein Pferd mit Sattelzeug, 40 Rubel, wertvolle Kleidungsstücke und ein kleines Erbgut in Perejaslavl'. Auch andere Dienstleute und das Hofpersonal – „die in meiner Nähe lebten" – werden materiell mit Geld und Kleidung ausgestattet. Diese Generosität, die offenbar zum ideellen Kodex adligen Lebensstils und adligen Ethos' gehörte, findet ihren zusätzlichen Ausdruck in der Anweisung Glinskijs,

---

[65] Vgl. Lichačev, Sbornik aktov, Nr. XI, S. 30–36. Daß der Zugriff auf die Mitgift der Frau keine Seltenheit war, zeigt z. B. das Testament Vasilij Iv. Larionovs (zwischen 1533–1538), ebd., Nr. II, S. 8.

daß am Todestag und an drei weiteren Gedenktagen nach seinem Hinscheiden Geld an die Armen verteilt werden solle.[66] Es entsteht gleichsam der Eindruck, als seien Geld und Gut angehäuft und gesammelt worden, damit am Ende des Lebens die Reichtümer mit vollen Händen ausgeteilt werden konnten. Immerhin ist eine annähernd so hohe Barschaft, wie sie die Tochter Anna erbte, an Geistliche, Kirchen, Klöster, Dienstleute und Notleidende verschenkt worden, was dem Wert eines mittelgroßen Erbgutes gleichkam, ganz abgesehen von den kostbaren Wertgegenständen, die in fremde Hände vergeben wurden.[67]

War hochadliger Besitz an Geld und beweglichem Gut im 16. Jh. und davor in der Regel aber überschau- und konsumierbar und häufig geprägt durch die Affinität seiner Eigentümer zum Kriegerdasein, so gibt es Beispiele für einen haarsträubenden Luxus im 17. Jh., bei dem jeglicher ökonomischer Realitäts- und Lebensbezug gänzlich abhanden gekommen zu sein scheint. Anna Fedorovna Volynskaja, die 1643 in einem Ehevertrag Petr Vasil'evič Šeremetev versprochen wurde, erhielt eine Mitgift in Höhe von 2.500 (!) Rubeln, wobei sich diese Summe nur auf die Kleidung und den Schmuck bezog und nicht auf die außerdem zur Mitgift gehörenden Landbesitzungen.[68] Der Onkel des Zaren Aleksej Michajlovič, Nikita Ivanovič Romanov († 1654), galt nach jenem als der „erste Reiche" im Land. In seinem Moskauer Haus, u. a. in seinem Schlafgemach, waren riesige Summen Geldes, die Hinterlassenschaften zweier Generationen, in großen Truhen und Schatullen aufbewahrt. In einer Truhe befanden sich 14.210 Rubel, in zwei anderen 7.124, in einer weiteren die Einkünfte der letzten Jahre in Höhe von 761 Rubeln, in einer Eisentruhe der größte Schatz von 1.239 Goldstücken, Silberbarren und anderes.[69] Es war dies natürlich, nach modernen volkswirtschaftlichen Gesichtspunkten betrachtet, weitgehend „totes", weil unproduktives Kapital, von dem ein Teil in ausländische Luxusgüter investiert und somit der russischen Wirtschaft entzogen wurde. Inwieweit in diesem stillen Horten unermeßlicher Reichtümer eine veränderte Besitzmentalität aufgrund einer mehr defensiven Lebenseinstellung, eines verstärkten Absicherungsdenkens und erhöhter Krisenerwartung zum Ausdruck kam oder ob sich hier nur die immer schon vorhandene Neigung in der Oberschicht zur Anhäufung kostbarer Güter als Statussymbole in nunmehr überdimensionierter Weise fortsetzte, ist freilich schwer zu entscheiden.

---

[66] Vgl. Sbornik dokumentov, vyp. III, Nr. 45, S. 76–79.

[67] Adlige Generosität, oft ohne Rücksicht auf das vorhandene ökonomische Potential, galt auch im übrigen Europa als Standestugend der Hochgeborenen. Vgl. Powis, Aristocracy, S. 27.

[68] Vgl. Lichačev, Sbornik aktov, Nr. XXXI, S. 104–107.

[69] Vgl. Zaozerskaja, Iz istorii feodal'noj votčiny, S. 59.

Allgemeines. Geld und bewegliche Güter

Eine wichtige Quelle adliger Bereicherung stellte das Kormlenie, die „Durchfütterung" auf einer Statthalterposition *(namestničestvo)*, dar (s. unten S. 315 ff.), die als Entschädigung für geleistete Dienste aufgefaßt wurde und zugleich administrative Aufgaben beinhaltete. Nur der obersten Schicht des Adels, welche nominell den großfürstlichen bzw. zarischen „Hof" bildete, stand das Recht auf Kormlenie zu.[70] In den größten Städten waren es v. a. die Vertreter vornehmer titulierter Familien und des alten Moskauer Bojarentums, die als Statthalter eingesetzt wurden. Die politische und wirtschaftliche Bedeutung des Statthalterbezirks, der sich auf die nichtprivilegierten, „schwarzen" Länder erstreckte, stand also in deutlicher Korrelation zum Rang des Amtsträgers.[71] Die Amtsdauer betrug in der Regel 1–2 Jahre, war in Moskau auf Lebenszeit und an anderen Orten sehr lange, d. h. unbestimmt und nicht einheitlich terminiert. Die Höhe der erlaubten Einkünfte des Statthalters war schriftlich genau fixiert. Sie setzten sich aus der Amtsantritts-Abgabe, aus periodischen Unterhaltsabgaben zu feststehenden Terminen, Verwaltungsgebühren z. B. bei Heiraten oder für durchreisende Personen, Instandhaltung des Statthalterhofes, Gerichtssporteln und allerlei Gebühren für Privatgeschäfte, etwa dem Kauf eines Pferdes, zusammen.[72] Zwar gehört der Terminus „Kormlenie" zur Verwaltungssprache des 14.–16. Jh., aber schon die Quellen der Kiever Rus' nennen „korm" im Sinne eines Unterhalts für Fürstendienst: „Boleslav aber drang mit Svjatopolk in Kiev ein, und es sprach Boleslav: ‚Verteilt meine Družina über die Städte zur Fütterung.'"[73]

Bei Amtsantritt wurden den Statthaltern von den Bewohnern ihres Verwaltungsbereiches Korm-Geschenke gemacht, „wer was bringt, das können sie nehmen." Die zweimalige jährliche Einziehung der Abgaben zu Weihnachten und am Peterstag wurde später um einen zusätzlichen Einzugstermin zu Ostern erweitert. Die Naturalabgaben – Fleisch, Getreide, Heu, Felle usw. – konnten auch durch Geldzahlungn ersetzt werden. Die Einsammlung geschah nicht durch den Amtsträger selbst, sondern durch dazu von der Bevölkerung bestimmte und vom Amtsinhaber bestätigte Personen, die sogenannten *sotskie*, d. h. Hundertschaftsvertreter. Die Helfer des Statthalters – *tiuny, dovodčiki* –

---

[70] Vgl. Nosov, Bojarskaja kniga 1556 g., S. 214.

[71] Vgl. Florja, Kormlennye gramoty, S. 120. Für den Zeitraum 1462–1582 sind bisher ca. 100 schriftliche Kormlenie-Ernennungen (die meisten in Kopien im Bestand adliger Geschlechterverzeichnisse vom Ende des 17. Jh.) bekannt und publiziert in: Akty Juškovy, M. 1898 und ASEI, t. III, M. 1964.

[72] Vgl. Zimin, Mestničeskoe upravlenie, S. 290 f; Rüß, Einige Bemerkungen zum Namestničestvo-Problem, S. 403–411; Dewey, The Decline of the Muscovite Namestnik, S. 22–24.

[73] PSRL II, S. 130 (1018). Izjaslav entließ 1070 seine polnische Družina „zur Durchfütterung" *(na pokorm)*, ebd., S. 163. Den Übergang von dem ebenfalls mit der „Durchfütterung" verbundenen Kiever Institut des Poljud'e zum Kormlenie-System datiert V. D. Nazarov an der Wende vom 12. zum 13. Jh. Vgl. Poljud'e, S. 164.

wurden mit einem Anteil am *korm* entschädigt. Amtswillkür, d. h. in der Regel wohl übermäßige bzw. unangemessene Forderungen, war dem Namestnik und seinen Leuten streng untersagt,[74] dennoch vermutlich an der Tagesordnung. Über den Statthalter von Kargopol berichtet Heinrich v. Staden: Er „brachte in dreien jahren viel gelt und gutes mit gewalt zusammen, und wann er hette mit den kaufleuten und bauren freuntlich umbgangen, alsdann hette er noch zehen mehr geldes und gutes zusammengebracht."[75] Der Engländer Giles Fletcher, der 1588/89 in Moskau weilte, schreibt über die Statthalter, daß sie das Volk „quälen und ausplündern" ohne jegliches Recht und Gewissen.[76] Der von der betroffenen Bevölkerung in Velikie Luki angeprangerte Amtsmißbrauch des Statthalters Ivan Vlad. Obolenskij-Lyko weitete sich im Jahre 1479 sogar zu einer großen Staatsaffäre aus, da Obolenskij, nachdem er zu Entschädigungsleistungen ohne Gerichtsurteil gezwungen worden war, zu den opponierenden Brüdern des Großfürsten floh und damit einen schwelenden Konflikt zum offenen Ausbruch brachte.[77] Es gab im 16. Jh. zahlreiche Beschwerden über Machtmißbrauch der Statthalter, die sich sowohl auf administrative Anmaßungen als auch auf finanzielle Unregelmäßigkeiten bezogen. Berüchtigt war die Statthalterschaft A. M. Šujskijs in Pskov 1539–1540 wegen der skrupellosen Ausplünderung der Bevölkerung.[78] Ein litauischer Beobachter des 16. Jh. schreibt, daß Statthalter, die erwiesenermaßen Bestechungsgelder genommen hatten, zu einem gerichtlichen Duell mit ihren niedrigergeborenen Anklägern gezwungen wurden.[79] Mißbräuchliche Amtsführung wuchs sich offenbar zu solchen gesellschaftlichen Dimensionen aus, daß sich die Regierung Ivans IV. dazu veranlaßt sah, dagegen einzuschreiten. In dem oft fälschlich als Beleg für die Abschaffung des Kormlenie zitierten Passus der Nikon-Chronik zum Jahre 1556 heißt es an einer Stelle: „viele Statthalter vergaßen ihre traditionelle Erwerbsquelle, [ihre] beweglichen Besitztümer und Erbgüter,"[80] was darauf

---

[74] Vgl. Sbornik dokumentov, III, S. 138 (darin: Ustavnaja kormlennaja gramota Vasilija III. volostelju kn. Juriju L'vov. Kozlovskomu, Nr. 1, 1506); Rossijskoe zakonodatel'stvo, t. II, S. 196 (darin: Belozerskaja ustavnaja gramota von 1488). Nach Herberstein betrug nach Ablauf des Kormlenie der Dienst ohne Belohnung 6 Jahre. Sbornik dokumentov, III, S. 139.
[75] Vgl. Aufzeichnungen, S. 103.
[76] Vgl. Sbornik dokumentov, III, S. 199.
[77] Vgl. PSRL 6, S. 222 f.
[78] Vgl. Sbornik dokumentov, III, S. 148 (1. Pskover Chronik 1540/41).
[79] Vgl. Dewey, The Decline, S. 32 f. In einer Beratung über die Verwaltungspraktiken der Statthalter am 28. 8. 1555 ist von „großen Bestechungsgeschenken" als verbreitetem Mißstand die Rede. Vgl. Koreckij, Političeskaja bor'ba, S. 229–235. Art. 1 des Sudebnik (1497, 1550) enthält das Verbot zur Entgegennahme von Bestechungsgeschenken, vgl. Sudebniki XV–XVI vekov, S. 20 und 141.
[80] „Život", hier mit „bewegliche Besitztümer" übersetzt, kann auch in engerer Bedeutung „Vieh" oder „Reichtum" bzw. „Besitz" schlechthin bezeichnen. Das Zitat ist entnommen: Sbornik dokumentov, t. III, Nr. 24, S. 170.

Allgemeines. Geld und bewegliche Güter 119

hindeutet, daß für viele Adlige die „Durchfütterung" zur wichtigsten Quelle der Bereicherung geworden war. Es gab freilich auch Fälle, in denen sich Statthalter über ihre zu geringen Einkünfte beschwerten und eine Ausdehnung ihrer Kormlenie-Rechte verlangten.[81] Die Tendenz lief im 16. Jh. auf eine Verkürzung der Fristen des Statthalteramtes und auf eine Verkleinerung der Komlenie-Gebiete hinaus. Einige Kompetenzen der Namestniki wurden zunehmend auf lokale Verwaltungsorgane übertragen. Die Ausdehnung der Gerichts- und Steuerimmunitäten entzog den Kormlenie-Inhabern bedeutende Einnahmequellen, so daß die Einschränkung dieses Systems und seine Ersetzung durch staatliche Geldzahlungen, die als angemessenes Äquivalent der Entschädigung („pravednye uroky") an die Stelle der „Durchfütterung" traten, durchaus keine generelle Schlechterstellung für den Adel bedeuten mußten.[82] Es ist selbstverständlich und nicht erst eine Erscheinung des 17. Jh., wie sie bei Kotošichin beschrieben ist, daß nur die auch tatsächlich Dienst leistenden Adligen ein zusätzliches Gehalt bezogen, während alle anderen von ihren Gütern lebten. Im übrigen wurde das Kormlenie-System 1556 nicht abeschafft, sondern nur eingeschränkt, da in den strategisch wichtigen Grenzgebieten weiterhin überall Statthalter eingesetzt wurden.[83] Die finanziell einträglichsten und bedeutendsten Kormlenie-Positionen sind durch die Reform offenbar zunächst überhaupt nicht tangiert worden.[84]

Daß Statthalter- und Voevoden-Posten – letztere verdeckt – als Belohnung vergeben wurden, förderte natürlich die Einstellung, daß das Amt vor allem dazu da sei, seinen Inhaber zu „ernähren" und die mit ihm verbundenen administrativen Verpflichtungen entweder als sekundär zu betrachten oder sie v. a. unter dem Aspekt der Bereicherung zu handhaben und durchzuführen. Im Unterschied zum Kormlenie-Inhaber bezog der Voevode des 17. Jh. ein festes Gehalt, das aber in Form offiziell verbotener „freiwilliger Zuwendungen"

---

[81] Laut Sudebnik von 1497 mußten die Gerichtseinkünfte geteilt werden, wenn in einer Stadt – in den größten war dies häufig der Fall – zwei Statthalter saßen (Art. 65). Der Bojar Jakov Zacharič († 1510), der sich die Statthalterschaft mit einer anderen Person in Kostroma teilen mußte, beschwerte sich darüber, daß sie beide „nicht satt würden". Vgl. ASEI, t. III, Nr. 248, S. 266 f. Es gab Kormlenija mit und ohne Gericht. Die Inhaber von letzteren hatten Raub- und Diebstahldelikte höheren Instanzen zu übergeben. Vgl. Rossijskoe zakonodatel'stvo, t. II, S. 76.
[82] Vgl. Stratonov, Die Reform der Lokalverwaltung, S. 16. Nach der Bojarskaja kniga von 1556 gab es 25 verschiedene „Gehaltsstufen" entsprechend „Herkunft und Geblüt", deren erste nach der Berechnung N. E. Nosovs 100 und deren letzte 6 Rubel betrug. Vgl. Bojarskaja kniga, S. 202 f. Derselbe Verfasser konstatiert, daß die eingeleiteten Reformen von 1556 nicht, wie allgemein in der sowjetischen Historiographie angenommen wurde, als antibojarische Politik zu werten seien, sondern möglicherweise sogar im Sinne des hohen Adels geschahen. Vgl. Stanovlenie, S. 419 f.
[83] Vgl. Zimin, Prigovor 1555–1556 g., S. 180 f.
[84] Vgl. Davies, The Town Governors, S. 92.

seitens der Bevölkerung erheblich aufgebessert werden konnte. Und man strebte eine Voevoden-Stelle auch mit der ganz unverhüllten Absicht an, sich „durchfüttern" zu lassen.[85] Zum Amtsantritt und anläßlich verschiedener Feiertage wurden dem Voevoden Naturalien geliefert, jegliche amtliche Inanspruchnahme wurde ihm von den Bittstellern mit Geschenken versüßt, ein Teil der Steuern in die eigenen Taschen abgezweigt, die gerichtliche Tätigkeit mit offiziellen Gebühren und inoffiziellen Bestechungsgeldern entlohnt usw.[86] Wer es schaffte, die Einkünfte der Staatskasse zu steigern, konnte mit erhöhten Land- und Geldzuteilungen rechnen. Die Belohnungen für „sibirischen Dienst" in Tobol'sk, Tomsk und Jakutien waren bedeutend und boten darüber hinaus Gelegenheit zu Bereicherung durch allerlei Transaktionen, v. a. durch Fellhandel, durch den einige Voevoden dort, die meist mittlerer adliger Herkunft waren, zu überdurchschnittlichem Wohlstand kamen.[87]

Die für die Masse des Adels niedrigen Geldzahlungen der Regierung konnten geradezu als öffentliche Ermunterung und Beförderung von Amtsmißbrauch aufgefaßt werden. Das Fehlen einer geordneten Rechnungskontrolle bis zur 2. Hälfte des 17. Jh. und überhaupt die geringe Kontrolle von oben waren ein zusätzliches Stimulans für Habgier und schrankenlose Willkür im Amt, gegen die die Regierung einzuschreiten sich von Zeit zu Zeit veranlaßt sah.[88] Einträgliche Voevoden-Posten wurden – was deren Pfründe-Charakter unterstreicht – von ihren Inhabern mit Bestechungsgeldern erkauft. Nichts anderes als Kormlenie-Verleihung war es, wenn der Zar, wie Kotošichin berichtet, finanziell besonders lukrative Stellen an die Verwandten seiner Gemahlin vergab.[89]

Beschwerden über nicht oder nicht vollständig bezahlte Entlohnungen für Dienste waren im 17. Jh. an der Tagesordnung. In einer Petition von 1684 schreibt Fürst Vasilij Golicyn mit Blick auf seine Karriere unter Zar Fedor

---

[85] Vgl. Gribovskij, Mestnoe upravlenie Moskovskoj Rusi, S. 214; Hellie, Enserfment, S. 249. Der Stol'nik V. A. Daudov wurde angeklagt, überhöhte Steuern und Bestechungsgelder genommen, illegal Alkohol produziert und die Bevölkerung durch ungerechtes Gericht und allerlei willkürliche Gewalt ruiniert zu haben. Nach Befragung von 1105 Personen wurde die Anklage zurückgezogen, die Kläger öffentlich ausgepeitscht und Daudov mit 153 1/2 Rubeln wegen der erlittenen Beleidigung entschädigt. Ebd. S. 252. „Ich bitte darum, mich zur Durchfütterung zu entsenden" („Prošu otpustit' pokormit'sja") lautete in den Bewerbungen der Dienstleute der unverblümte Hinweis auf die von der Regierung geduldete Möglichkeit der Pfründe. Vgl. Torke, Gab es im Moskauer Reich des 17. Jh. eine Bürokratie? S. 291.

[86] Vgl. Švejkovskaja, Seńoral'nye ėlementy, S. 243. Olearius berichtet, daß die Voevoden im Laufe des Jahres „zwey oder dreymal gar Liberal und Gastfrey seyn / und die reichen Kaufleute einladen", natürlich um Geschenke von ihnen entgegenzunehmen. Vgl. Moskowitische und persische Reise, S. 206.

[87] Vgl. Veršinin, „Pribyl'naja" dejatel'nost' sibirskich voevod, S. 61.

[88] Vgl. Zakonodatel'nye akty russkogo gosudarstva, Nr. 98, S. 102 (Ukaz über den Kampf gegen die Mißbräuche der Voevoden und Prikaz-Leute, 1620).

[89] Vgl. Epstein, Die Hof- und Zentralverwaltung im Moskauer Staat, S. 37.

(1676–1682): „Ich machte viele Schulden und war gezwungen, ein Dorf mit 60 Haushalten zu verkaufen. Und ich, Euer Sklave, habe nur 320 Bauernhaushalte auf Dienst- und Erbland in verschiedenen Städten gehalten." Der Beschwerde wurde stattgegeben: Golicyn erhielt ein seidenes Gewand mit Pflanzenmotiven auf silbernem Hintergrund, das in der zarischen Schatzkammer speziell für ihn angefertigt worden war, einen vergoldeten Silberpokal, 200 Rubel, einen wertvollen Pelz, der zusammen mit der Atlasrobe 393 Rubel, 5 Altyn kostete; fünf seiner Dienstgüter wurden in Erbgüter umgewandelt.[90]

Eine dem Kormlenie verwandte Einrichtung in der Frühphase der moskowitischen Geschichte war der sogenannte *Put'* (wörtlich: „der Weg"). Während das Kormlenie zeitlich und vom Umfang her entsprechend dem Rang der Personen und ihren Verdiensten stark variierte, war der Put' mit bestimmten festen Einkünften, die an ein Amt, besonders an ein Hofamt geknüpft waren, verbunden, weshalb die mit ihnen Ausgestatteten auch „Putniki" oder „Putnye bojare" bzw. „Slugi" genannt wurden. Sie verwalteten das Hofgut und behielten von den fürstlichen Einkünften einen festen Satz für sich.[91]

2.2 Grundbesitz

Damit kommen wir zur wichtigsten ökonomischen Basis des Adels seit der Teilfürstenzeit, dem Landbesitz, der schon in der späten Kiever Ruś, wie wir sahen, eine wachsende Bedeutung für die Oberschicht gewonnen hatte. Der bis zum 15. Jh. vorherrschende Grundbesitztyp war das durch Schenkung, Kauf oder Aneignung kolonialen Landes erworbene Erbgut, dessen russische Bezeichnung „votčina" dieselbe Wurzel wie die des Wortes für „Vater" *(otec)* aufweist und tatsächlich genau dem lateinischen „patrimonium" entspricht und wie dieses die vom Vater ererbten Güter und Rechte beinhaltete.[92] Das dem westlichen *feudum* vergleichbare Dienstgut *(pomest'e)* in seiner juristisch beschränkten Eigentumsqualität als bedingter und an die Person gebundener Besitz begegnet in größeren und nunmehr sozial signifikanten Ausmaßen erst seit der 2. Hälfte des 15. Jh.[93] Im Unterschied zum allodialen Erbgut

---

[90] Vgl. Hughes, Russia and the West, S. 41.
[91] Vgl. Čerkasskij, Očerk istorii krest'janskago soslovija, S. 88–90.
[92] Vgl. Pipes, Rußland, S. 49.
[93] Vgl. Eljasevič, Istorija prava pozemel'noj sobstvennosti, S. 371. Der früheste Beleg über die Vergabe eines bedingten Landlehens findet sich im Testament Ivans I. Kalita von 1339 an Boris Vorkov. Vgl. DDG, S. 10. Die massenweise Vergabe von Dienstgut war mit der Liquidierung der Unabhängigkeit Novgorods unter Ivan III. verbunden, wobei den Zwangsumsiedlungen Novgoroder Grundbesitzerfamilien in zentrale und entfernte Gebiete der Ruś die Ansiedlung von ca. 2000 Moskauer Dienstleuten auf Pomest'e-Basis folgte. Kritisch zur Zwangsumsiedlung in zentrale Moskauer Gebiete

durfte das Dienstgut weder verkauft noch an Klöster verschenkt und damit der Verfügung des Staates entzogen bzw. seiner Funktion als Ressource zur Stärkung und Vergrößerung des militärischen Dienstpotentials entfremdet werden. Die Möglichkeit zur Vererbung, soweit sie die Kontinuität des Dienstet gewährleistete und sicherte,[94] widersprach prinzipiell nicht diesem staatlichen Interesse, eher schon taten dies die seit dem Ende des 16. und im 17. Jh. üblichen großzügigen und zahlreichen Umwandlungen von Dienst- in Erbgut für Treue und besondere Leistungen oder für die Teilnahme an großen Feldzügen oder langwierigen Belagerungen usw.,[95] die längerfristig einen starken Rückgang des Dienstgutfonds in den Altgebieten, eine Angleichung und schließlich im frühen 18. Jh. die endgültige formale Gleichstellung beider Grundbesitztypen zur Folge hatten.[96]

---

mit Dienstgutausstattung Skrynnikov, Glavnye vechi, S. 90 f. Eine ähnliche Land- und Umsiedlungspolitik zur Sicherung der Moskauer Herrschaft geschah in Vjaz'ma (1493) und Toropec (1503), im Pskover Raum sowie möglicherweise auch in Smolensk unter Vasilij III. In Tula wurden die Erbgüter des lokalen Adels in Dienstgüter umgewandelt. Vgl. Kijas, System pomiestny w państwie Moskiewskim, der Byzanz oder Litauen als mögliche Vorbilder für das Moskauer Dienstgutsystem in Betracht zieht, während J. Pelenski, State and Society in Muscovite Russia, S. 164 kazaňtatarische Einflüsse wirksam sieht. Aufgrund der Kataster von Tveŕ profitierten hier von der Dienstgutverleihung vor 1539/40 v. a. Angehörige alter Adelsgeschlechter (ca. 70 %), deren Gesamtanteil am Dienstgut in der Folge noch zunahm. Vgl. Kobrin, Vlast', S. 120. Das Pomest'e in den zentralrussischen Gebieten wuchs v. a. auf Kosten des „schwarzen" Bauernlandes und des Hoflandes. Ivan IV. schrieb, daß in seiner Kindheit die Bojaren und Voevoden „sich eine stattlichen Ländereien aneigneten" und an Freunde und Verwandte verteilten, weshalb sie nun „große Dienst- und Erbgüter" in ihren Händen hielten. Zit. ebd. S. 122. Der Anteil des Pomest'e-Landes stieg in den Novgoroder *Pjatiny* von 47 % zu Anfang auf 81 % in den 80er Jahren des 16. Jh., während in der gleichen Zeitspanne der Prozensatz des schwarzen Landes von 34 % auf 5 % sank. Vgl. Agrarnaja istorija Severo-Zapada Rossii XVI veka, S. 270 f.

[94] Witwen und Minderjährige oder dienstuntauglich gewordene Personen erhielten Dienstgüter oder Parzellen davon zum Lebensunterhalt *(na prožitok)*; im Moment der Dienstfähigkeit der Söhne wurde das Prožitok wiederum in ein Dienstgut verwandelt bzw. integriert. Nach einem Ukaz von 1613 konnte bei Fehlen männlicher Nachkommen das Pomest'e auch an entfernte Verwandte vererbt werden, häufig gelangte es auch als Mitgift in die Hände des Schwiegersohnes. 1674 erhielten aus dem Dienst verabschiedete Pomeščiki das Recht, ihre Güter zu verpfänden oder zu verkaufen. Vgl. Staševskij, Služiloe soslovie, S. 24 ff.

[95] Zakonodatel'nye akty russkogo gosudarstva, Nr. 64 (1610), S. 79: „Caŕ Vasilej, nachdem er sich mit dem Patriarchen und den Bojaren besprochen hatte, die im belagerten Moskau gesessen hatten und zum Vor [2. Pseudodemetrius] nicht übergelaufen waren und keinen Verrat geübt hatten, entschieden, den Bojaren und Dvorjanen und Bojarenkindern verschiedener Städte für Dienst und Standhalten der Belagerung [ihre] Dienstgüter in Erbgüter [zu verwandeln]."

[96] 1690 wurde der ungehinderte Transfer der Bauern zwischen beiden Grundbesitztypen legalisiert, der vorher nur von Erb- auf Dienstgut möglich war. 1714 wurde das Pomest'e zu erblichem Besitz erklärt, 1731 bekamen die Pomeščiki die gleichen

Es gibt einige Merkmale beider Formen adligen Grundbesitzes, die die Einebnung ihrer unterschiedlichen Rechtsqualität besonders gefördert haben. Es ist dies zum einen die erwähnte abgeschwächte Bedingtheit des Dienstgutes, wie sie wohl von Anfang an gegeben und vielleicht im Frühstadium sogar stärker als in der folgenden Zeit ausgeprägt war.[97] Des weiteren wurden im Jahre 1555/56 im „Gesetzeserlaß über den Dienst" *(Uloženie o službe)*[98] die Dienstverpflichtungen vom Pomest'e auf das Erbgut ausgedehnt, wenngleich letzteres seit jeher die Hauptressource adliger Dienstfähigkeit dargestellt hatte und insofern nur eine seit langem übliche Praxis im Sinne einer stärkeren Ausschöpfung des vorhandenen Kriegerpotentials erstmals rechtlich fixiert und normiert wurde, was deshalb auch nicht als so gravierendes Ereignis in der adligen Grundbesitzverfassung zu werten ist, wie dies häufig geschieht.[99] Die Tatsache nämlich, daß Erbgut auch vor 1555/56 im Falle der Ungnade *(opala)* konfisziert und in andere Hände gegeben werden konnte bzw. daß entfremdete Erbgüter als Belohnung für Dienst an ihre ehemaligen Besitzer zurückgegeben wurden, zeigt an, daß Votčina-Besitz und Herrscherdienst in einem engen Zusammenhang gesehen wurden. Es ist damit zu rechnen, daß die aufgestellten quantitativen Leistungen und Verpflichtungen – die Stellung einer bestimmten Anzahl von Leuten und Pferden in voller Ausrüstung entsprechend der Besitzstärke des jeweiligen Adligen – auf Erfahrungswerten beruhten, die an der ökonomischen Belastbarkeit und Zumutbarkeit orientiert waren, da eine Politik des Zaren und des bürokratischen Apparates gegen die Interessen des gesamten Adels schlechterdings nicht möglich gewesen wäre. Eine die beiden Grundbesitztypen angleichende Wirkung zeitigte auch das Verbot für bestimmte Kategorien von Erbgütern, an Klöster verschenkt, verkauft, zum Tausch oder als Mitgift weggegeben zu werden, wie dies in Bestimmungen über die Einschränkung des Verfügungsrechts der Dienstfürsten und anderer

---

Rechte auf ihre Ländereien wie die Erbgutbesitzer. Vgl. Hellie, Enserfment, S. 57. Eine Angleichung der beiden Grundbesitztypen seit dem Ende des 16. Jh. konstatiert Raeff, La Noblesse, S. 37.

[97] Vgl. Kijas, System pomiestny (s. dazu VI, Nr. 10, 1986, S. 162). Eine gegensätzliche Position vertreten Ju. G. Alekseev, A. I. Kopanev, Razvitie pomestnoj sistemy, S. 59.

[98] Vgl. Sbornik dokumentov, t. III, S. 171 (Nr. 24).

[99] So schreibt R. Pipes: „Die Auferlegung von Dienstpflichten für sämtliche Grundbesitzer hatte tiefreichende Auswirkungen ... Sie bedeutete nichts Geringeres, als die Beseitigung des Privateigentums an Grund und Boden ... Im Westeuropa der frühen Neuzeit sammelte sich der größte Teil des nationalen Vermögens allmählich in den Händen der Gesellschaft an ...; in Rußland war es gleichsam so, daß die Krone die Gesellschaft enteignete." Vgl. Rußland, S. 101–102.

Fürsten über ihre Votčinen in den Jahren 1551, 1562 und 1572[100] festgestellt wurde, die offensichtlich das Ziel verfolgten, die ökonomische Substanz des Großgrundbesitzes vor Zersplitterung, Zerfall und Auflösung in beiderseitigem – staatlichem und adligem – Interesse zu schützen.[101] Eine solche Regelung konnte an frühere Bestimmungen in zwischenfürstlichen Verträgen anknüpfen, die das Verbot an den Vertragspartner richteten, Dienstfürsten mit Votčina bei sich aufzunehmen (s. Kap. II, 3), was bereits deutliche Grenzen der Verfügungsfreiheit dieser adligen Dienstkategorien über ihre Erbgüter hatte sichtbar werden lassen. Auch die Möglichkeit des privatrechtlichen Zugriffs der Sippe auf veräußerten oder entfremdeten Familienbesitz – es bestand das Recht, Erbgüter innerhalb einer Frist von 40 Jahren zurückzukaufen[102] – zeigt, daß eine vollkommen unbeschränkte Freiheit über Votčina-Eigentum nicht existierte. Dennoch ist es nicht zulässig, aufgrund solcher Fakten von einem Verschwinden des Unterschieds zwischen Pomest'e und Votčina bereits im 16. Jh. zu sprechen[103], und aus der Tatsache, daß viele Adlige zugleich Besitzer von Erb- und Dienstgut waren, den Schluß zu ziehen, daß eine Einteilung des Adels nach den unterschiedlichen Formen des Grundeigentums sich deshalb erübrige.[104] Es ist im Gegenteil die Eigentumsform des Grundbesitzes ein ziemlich deutliches Kriterium für die soziale Differenzierung des Adels. Personen, die nur über Dienstgut verfügten, können überwiegend dem Kleinadel zugeordnet werden, während das soziale Merkmal des Hochadels sein Besitz von umfangreichem Erbgut war, dessen ursprünglicher Bestand durch staatliche

---

[100] Die Hundertkapitel-Synode (1551) verbot den Verkauf von Erbgut an Kirchen und Klöster ohne Vorwissen des Zaren (Art. 101). Vgl. Rossijskoe zakonodatel'stvo, t. II, S. 376; vgl. ferner Zakonodatel'nye akty, S. 55 f (Nr. 36). Vgl. auch S. 56 (Nr. 37, 1572: „damit der Dienst keinen Schaden nehme"), S. 57–59 (Nr. 40). Svatčenko, Razmeščenie i struktura votčinnogo zemlevladenija, S. 286. Viele Votčinen der Fürsten Romodanovskie z. B. befanden sich in Klosterbesitz. Allein das Troice-Sergiev-Kloster besaß 1590 ca. 6000 Desjatinen ehemaligen Erbgutlandes der Romodanovskie in Starodub. Vgl. Pavlov, Gosudarev dvor, S. 156.

[101] Vgl. Kobrin, Vlast', S. 68 ff, 83 f mit der allerdings inakzeptablen und dem Sinn der Bestimmungen widersprechenden These, daß der Erlaß von 1562 – im Unterschied zu dem von 1551 – auf die allmähliche Beseitigung des Grundbesitzes des titulierten Hochadels ausgerichtet gewesen sei.

[102] Vgl. Sudebniki XV–XVI v., S. 171. Erbrechtlich bestand ein Unterschied zwischen gekaufter und erdienter bzw. altererbter Votčina. Die beiden letzten Votčina-Kategorien unterlagen bei Kinderlosigkeit den Erbansprüchen der näheren und entfernteren Verwandtschaft, während die kinderlose Ehefrau aufgrund eines Dekrets von 1627 nur einen Unterhaltsanteil erhielt. Vgl. Zakonodatel'nye akty, S. 133 (Nr. 161). In bezug auf durch Kauf erworbene Votčinen heißt es in einem Erlaß von 1628: „Und hinterläßt jemand nicht Frau und Kinder, dann gelangen ... die Votčinen an die Sippe ..." Ebd. S. 143 (Nr. 174). Im übrigen war Landkauf unter nahen Verwandten eine häufige Erscheinung. Vgl. Akty russkogo gosudarstva 1505–1526 gg. Nr. 154, 168, 214, 215, 223.

[103] So z. B. Pelenski, State and Society, S. 163.

[104] So Kobrin, Vlast', S. 91.

Landverleihungen erheblich vergrößert bzw. ausgeweitet werden konnte. Die Tatsache, daß im 17. Jh. eine häufige Umwandlung von Dienst- in Erbgut als Gnade oder Belohnung erfolgte,[105] läßt erkennen, daß den Eigentümern die unterschiedliche Qualität des Landbesitzes durchaus bewußt und der Reichtum an nichtstaatlichem Grundbesitz offenbar mit einem wesentlich höheren Prestige verbunden war.[106] Dienstzwangcharakter und Gefahr des Verlusts waren beim Pomest'e-Besitz weitaus stärker ausgeprägt als beim Erbgut, auch wenn dieses seit 1555/56 formal mit ähnlichen Verpflichtungen belegt war. Es ist überhaupt nicht bekannt, ob Erbgutbesitzer – wie das bei Pomest'e-Inhabern die Regel war – mit der Konfiskation ihres Landes zu rechnen hatten, wenn sie sich dem Dienst entzogen bzw. ihm nicht im erwarteten Ausmaß gerecht wurden. Der labile Status des Pomest'e-Eigentums war in der letztlichen Verfügungsgewalt des Staates über ihn begründet, welcher diese besonders bei jenen sozial schwächeren Adelsschichten als Druck- und Disziplinierungsmittel zur Geltung bringen konnte, die ökonomisch ausschließlich von Dienstgut abhingen.

Dienstgutverleihungen geschahen als Belohnung und Auszeichnung für den hohen Adel, sie sicherten – was von noch größerer Relevanz für die Ausschöpfung des militärischen Potentials war – die Dienstfähigkeit des kleinen Provinzadels[107] und der verarmten Mitglieder alter Adelsgeschlechter, und sie schufen schließlich eine von ihnen ausschließlich abhängige bzw. durch sie entstandene Dienstschicht von Pomeščiki, deren soziale Physiognomie durch ihre unbedeutende Herkunft, ihren militärischen Charakter und ihre wirtschaftliche Schwäche gekennzeichnet war. Für den Hochadel, der in der Regel im Besitz umfangreicher Erbgüter war, stellte Dienstgut eine zusätzliche Quelle des Reichtums dar. Staatliche Landzuteilungen richteten sich nach der Herkunft des Adligen, seiner Fähigkeit zum (Kriegs-)Dienst, seinem Rang sowie der Dauer und Qualität des Dienstes. Richtwerte für die Höhe des Deputats lagen zwischen 800–2.000 Četverti für Angehörige der obersten Adelsränge, zwischen 500–1.000 Četverti für Stol'niki und Moskauer Dvorjanen und zwischen 100–600 Četverti für die Bojarenkinder der Provinz. Die tatsächlichen Zuwendungen lagen in der Regel unter diesen

---

[105] Vgl. Kotošichin, O Rossii, S. 95 f.
[106] Vgl. Crummey, Aristocrats, S. 108. Der Tausch eines Pomest'e gegen eine Votčina (und umgekehrt) war möglich, vgl. Kotošichin, O Rossii, S. 95, wobei in diesen Fällen offenbar der geringere ökonomische Wert des Erbguts für seinen höheren Prestige- und Verfügungswert in Kauf genommen wurde.
[107] Landlosigkeit beim Provinzadel bezeugt Ključevskij für die 2. Hälfte des 16. Jh. 1632 wies man allen Moskauer Rängen, die „gar keine oder nur wüste Dienstgüter" hatten, eine einmalige Beihilfe von 25 Rubeln an. 1670 besaßen M. Ju. Dolgorukij und P. V. Prozorovskij als Stol'niki weder Erb- noch Dienstgut. Vgl. Rexheuser, Adelsbesitz, S. 2.

Werten,[108] konnten sie aber auch, wie dies in bezug auf hohe Adlige, die die besondere Gnade des Zaren genossen, häufig geschah, erheblich übersteigen. Dienstgüter auf nicht urbar gemachtem Gebiet oder im „wilden Feld" *(dikoe pole)* an der gefährdeten Südgrenze wurden ungern angenommen. Von den Dienstgutbesitzern wurde erwartet, daß sie ihr verliehenes Land nicht veröden ließen, die darauf befindlichen Bauernhöfe intakt hielten bzw. die Bauern nicht durch übermäßige Lasten vertrieben oder sie nicht auf ihre eventuell vorhandenen Erbgüter überführten.[109] Sollten 1621 solche Vergehen noch mit der Knute bestraft werden, so wurde später nur noch die Drohung ausgesprochen, den betreffenden Personen kein neues Gut für das ruinierte zu verleihen.[110] Die Nachfrage nach bewohntem Land überstieg bei weitem den zur Verfügung stehenden Landfonds. Viele Adlige mit guten Verbindungen zum Hof verweigerten überhaupt die Annahme von Dienstgut, sofern sie über genügend eigenen Landbesitz verfügten, und verlangten dafür die Entlohnung in barem Geld,[111] um die mit dem Pomest'e verbundenen Dienstverpflichtungen und die aus deren Erfüllung entstehenden ökonomischen Belastungen zu vermeiden.

Im Jahre 1550 wurden 1.078 Personen – die sogenannten „ausgewählten Tausend" – im Umkreis von 60–70 Werst um Moskau mit Pomest'e-Anteilen ausgestattet, was mit dem Ziel geschah, die politische Anbindung der durch Dienst an die Hauptstadt gefesselten Adligen – in diesem Fall hauptsächlich von Mitgliedern der mittleren und niederen Adelsschicht – ökonomisch zu unterstützen und zu verstärken. Die geringe Zahl von hohen Adligen, die von

---

[108] Vgl. Staševskij, Služiloe soslovie, S. 19–21. Nach einem Erlaß vom 21. Juni 1672 erhielten die Dumaränge folgende Landmaße: Bojaren 1 000 č., Okol'ničie 800 č., Dumadvorjanen 600 č., Dumad'jaken 500 č. Vgl. Zagoskin, Central'noe upravlenie, S. 65. Besitzgrößen bis zu 100 č. wurden als kleine, von 100–200 č. als mittlere und über 200 č. als große Besitzungen angesehen. Das durchschnittliche Eigentum an Ackerland der fürstlichen Votčina-Herren im Zentrum betrug 351,7 č. (= 527,6 Desjatinen) im 1. Drittel des 17. Jh., was sogar nach den Vorstellungen des 20. Jh. ein riesiger Besitz war. Vgl. Svatčenko, Razmeščenie i struktura votčinnogo zemlevladenija, S. 300. Besonders niedrig war die Ausstattung mit Dienstgut in den südlichen Landregionen, wo die Pomeščiki in der 2. Hälfte des 16. Jh. oft überhaupt keine Bauern besaßen und ihr Land mit ihrer Familie eigenhändig bearbeiteten. Vgl. Skrynnikov, Glavnye vechi, S. 102. Dagegen besaß z. B. der Fürst Ivan Petr. Šujskij in den 80er Jahren des 16. Jh. im Muromer Kreis ein riesiges Dienstgut von ca. 3 500 č. Vgl. Pavlov, Gosudarev dvor, S. 165.
[109] 1503 wird ein gewisser Semen Ogarev mit einem Pomest'e von 15 Weilern bzw. 21 Höfen in Novgorod ausgestattet mit der Auflage, die Bauern nicht durch übermäßige Belastung von ihren Höfen zu vertreiben („tol'ko by bylo ne pusto"). Vgl. Sbornik dokumentov, III, S. 14 f (Nr. 2).
[110] Ebd. S. 22 f.
[111] Hellie, Enserfment, S. 37.

dem Erlaß profitierten, hängt damit zusammen, daß diese in der Regel bereits über Landbesitz in der Umgebung Moskaus verfügten, aber nur diejenigen, deren Besitzungen weiter als 50–60 Werst von Moskau entfernt lagen, in den Genuß eines zusätzlichen Landanteils kamen, dessen geographische bzw. politische und symbolische Bedeutung allerdings höher einzuschätzen ist als die wirtschaftliche. Es ging in erster Linie darum, die Residenz v. a. des besitzschwachen Adels in der Hauptstadt zu erleichtertn bzw. seine raschere Verfügbarkeit durch die nun vorhandene ökonomische Präsenz in Hauptstadtnähe zu gewährleisten.[112]

Die qualitative und quantitative Entwicklung adligen Grundbesitzes entzieht sich vor dem späten 16./17. Jh. aufgrund der nur bruchstückhaft erhaltenen Überlieferung[113] einer exakten ökonomischen Analyse, läßt aber dennoch gewisse allgemeine Tendenzen erkennen.

Bereits im 14. Jh., wie später, ist Streubesitz ein charakteristisches Merkmal der hochadligen Grundbesitzstruktur. Die „Dörfer" F. A. Sviblos, eines Bojaren Dmitrij Donskojs, lagen an der Jauza unweit Moskaus, im 150 km davon entfernten Rostover Gebiet, im ca. 400 km von der Hauptstadt abgelegenen Raum um Vologda und dem sogar über 700 km entfernten Ustjug, in Bežeckij

---

[112] Verteilt sollten laut Ukaz vom 4. Oktober 1550 118 200 č. Landfläche werden, davon an 28 Vertreter des Hochadels lediglich 5 600 č. Vgl. Zakonodatel'nye akty, S. 31. Bojaren erhielten – und dies war im 17. Jh. nicht anders – 200 č., Moskauer Dvorjanen, Stol'niki, Strjapčie, Stol'niki des Patriarchen, Strelitzenführer usw. 100 č., Provinzdvorjanen *(vybornye)* 50 č., Untersekretäre *(pod'jacie)* 8 č. Vgl. Ebd. S. 63 (Nr. 44, 1586/87); Staševskij, Služiloe soslovie, S. 20. Ob die Maßnahme überhaupt realisiert wurde, ist nicht sicher, vgl. Kobrin, Vlast', S. 18, aber wahrscheinlich, vgl. Pavlov, Gosudarev dvor, S. 95. Das Uloženie von 1649 bestimmte für Bojaren und andere Dumaränge (Okol'ničie usw.) 200 bzw. 150 č., für die Moskauer Ränge 100 č., Provinzdvorjanen 70 č., Bojarenkinder 10–100 č. Vgl. Weickhardt, Bureaucrats, S. 337.

[113] Es existiert praktisch kein Archiv des weltlichen Adels vor dem 17. Jh., wohl aber gibt es Klosterarchive, die zu ca. Zweidrittel erhalten und deshalb für die Erforschung des weltlichen Grundbesitzes relevant sind, weil ein großer Teil des Klosterbesitzes aus Schenkungen und Erwerbungen des Weltadels hervorging. Besonders aufschlußreich sind Testamente *(duchovnye gramoty)*, weil sie den gesamten Besitz eines Adligen fixieren. Der Gesamtbestand der feudalen Grundbesitzer eines Kreises läßt sich aus den Grundbüchern *(piscovye knigi)* entnehmen, die allerdings vor den 80er Jahren des 16. Jh. nur in Bruchstücken erhalten sind. Über den Grundbesitz vieler bedeutender Adelsfamilien ist so gut wie nichts bekannt, da ihre Schenkungen an Klöster nicht in Land, sondern in flüssigen Mitteln bestanden, und andere relevante Dokumente (Kauf-, Tausch-, Schenkungsurkunden, Testamente) fehlen. Vgl. zur Quellensituation des adligen Grundbesitzes allgemein Kobrin, Vlast', S. 11–16. Noch nicht genügend erforscht sind die Grundbücher aus den 20er Jahren des 17. Jh., ferner der große Fonds des Dienstgutprikazes des 17. Jh. In beiden Quellen finden sich auch Berufungen auf ältere Dokumente. Ebd. S. 219. Eine retrospektive Verwertung dieses Quellenkomplexes bei Pavlov, Gosudarev dvor, s. dort S. 11.

Verch, Nižnij-Novgorod, Jufev und Perejaslavl' Zalesskij. Aleksandr Beleut, ebenfalls ein Bojar Dmitrij Donskojs, hatte Landbesitzungen in Volokolamsk, Zvenigorod und Uglič.[114] Aus dem Testament Ivan Jufevič Patrikeevs, des bekannten Bojaren Ivans III., der im Jahre 1499 in Ungnade fiel und ins Kloster verbannt wurde, geht hervor, daß er insgesamt über mehr als 50 Votčinen in 14 verschiedenen Regionen des Reiches verfügte.[115] Petr Mich. Pleščeev, Okol'ničij Ivans III., vermachte seinen drei Söhnen 1510 sieben „Dörfer" *(sela)* in vier verschiedenen Reichsteilen (Moskau, Vereja, Zvenigorod und Perejaslavl').[116] Vasilij Andreevič Šeremetev († 1548), Vater von sechs Bojaren und häufig beschäftigter Voevode in der Regierungszeit Vasilijs III., vererbte um die Mitte des 16. Jh. allein seinem jüngsten Sohn sieben ererbte Votčinen in verschiedenen Reichsgebieten. Ivan Vas. Šeremetev besaß fünf Familiengüter um Vladimir, Kolomensk, Rjazaň, Moskau und Bežeckij Verch, zwei gekaufte bzw. durch Tausch erworbene Votčinen in Moskau und Kašin und zwei durch zarische Schenkung erhaltene Güter in Kostroma und Nižnij-Novgorod.[117] Der Schwager des Zaren Ivan IV., Nikita Romanovič Jufev, hatte zahlreiche Besitzungen in der Nähe Moskaus, ferner bei Murom, Vladimir, Jufev-Pol'skij, Jaroslavl', Kostroma, Tvef, Bežeckij Verch, Staraja Rusa, Vjaz'ma und im Süden des Reiches. Als Michail Fedorovič 1613 zum Zaren gewählt wurde, sagte Fürst Dmitrij Požarskij: „Wir erwählen uns aufs rechtgläubige Zartum Michail, den Sohn Fedors, aus dem ruhmvollen und reichen Hause Romanovs."[118] Andrej Kurbskij erklärte das Vorgehen Ivans IV. gegen den hohen Adel – in diesem Fall gegen die Bojaren und Fürsten aus der Jaroslavler Linie – u. a. damit, „weil sie große Erbgüter besaßen ..., deshalb hat er sie vernichtet." Die Hinrichtung Ivan Chabarovs begründete er ebenfalls damit, daß „er große Votčinen hatte in vielen Kreisen [des Reiches]".[119] Besitzungen von gewaltigem Umfang in verschiedenen Reichtsteilen – F. I. Mstislavskij besaß 1613 annähernd 32606 č.

---

[114] Vgl. Očerki istorii SSSR XIV-XV vv., S. 38; Veselovskij, Feodal'noe zemlevladenie, S. 146.

[115] Vgl. DDG, Nr. 86, S. 345–349.

[116] Vgl. Roždestvenskij, Služiloe zemlevladenie, S. 218. Ein großes „Dorf" umfaßte ca. 10–15 Höfe, der Weiler *(derevnja)* 2–5 Höfe. Vgl. Kobrin, Vlast', S. 28.

[117] Ebd. S. 221 f. Zum weiteren Schicksal des Šeremetevschen Landbesitzes vgl. Pavlov, Gosudarev dvor, S. 191 f. Laut Testament (1645) und den Daten der Grundbücher besaß F. I. Šeremetev zu Anfang des 17. Jh. Erbgüter in den Kreisen Moskau, Kolomensk, Vladimir, Kostroma, Nižnij Novgorod, Kašin, Rjazaň, Bežeckij Verch und Vereja. Ebd. S. 192.

[118] Vgl. Vasenko, Bojare Romanovy, S. 54. Zum Grundbesitz der Romanovy in der 2. Hälfte des 16. Jh. vgl. Pavlov, Gosudarev dvor, S. 190 f.

[119] RIB, t. 31, S. 285. Das gleiche sagt er über den 1567 hingerichteten I. P. Čeljadnin, ebd. S. 295, der tatsächlich über eine riesige Votčina verfügte, die im 14. Jh. durch Heirat an seinen Vorfahren, den Bojaren Ivan Andr. Chromoj, gelangt war. Vgl. Veselovskij, Feodal'noe zemlevladenie, S. 179. H. v. Staden schreibt, „in Reusland bei dem grosfürschten in der stat Muscau seind gewesen etzliche knesen oder fürsten,

ererbter Votčinen – nannten die Fürsten Mstislavskie (seit 1526 in Moskauer Diensten) ihr eigen. Über ausgedehnten Erbgut- und Pomest'e-Besitz, der gepaart war mit der administrativen Gewalt über ganze Volost'-Bezirke, verfügte Boris Godunov, wie überhaupt die Godunovy im Zuge des politischen Aufstiegs ihres Verwandten seit den 80er Jahren des 16. Jh. in den Kreis der reichsten adligen Grundherren Eingang fanden. Am Ende des 16. Jh. waren einige herausragende Bojaren, die zarischen Verwandten und Personen, welche während der Opričnina und unter Boris Godunov Karriere gemacht hatten, auch zugleich die größten Erbgutbesitzer (Mstislavskie, I. M. Glinskij, Trubeckie, Vorotynskie, Odoevskie, Golicyny, Kurakiny, Šujskie, Sickie, Chvorostininy, Tatevy, V. D. Chilkov, I. I. Kurljatev, I. S. Turenin, F. A. Nogotkov, A. A. Teljatevskij, Godunovy, Romanovy, Šeremetevy, Basmanovy, V. P. Morozov, M. G. und I. L. Saltykovy, Tret'jakovy-Chovriny).[120] Der Bojar Nikita Ivanovič Romanov († 1654), Vetter des Zaren Michail Fedorovič und Onkel des Zaren Aleksej Michajlovič, hatte Grundbesitz – 47 Dörfer, 351 Weiler, neugerodetes und Brachland, ca. 8.200 Bauernhöfe – in sechzehn, v. a. zentralen Regionen des Moskauer Staates.[121] Der Grundbesitz des Bojaren Ja. K. Čerkasskij bestand im Jahre 1667/68 aus mehr als 33 über achtzehn Kreise verstreuten Dörfern.[122] Boris Morozov († 1661) war einer der reichsten Grundbesitzer des 17. Jh. Seine Entwicklung dorthin – und dieser Zusammenhang läßt sich für viele Vertreter des Hochadels feststellen – hängt aufs engste mit seiner äußerst erfolgreichen Hof- und Dienstkarriere zusammen. Er war der Erzieher des Zaren Aleksej Michajlovič und nach dessen Herrschaftsantritt 1645 das faktische Oberhaupt der Regierung, was ihm die Möglichkeit zu außerordentlicher Bereicherung verschaffte. Freiherr v. Meyerberg, Diplomat Kaiser Leopolds I., glaubte an Morozov „eine solche Gier zum Golde" beobachten zu können, „wie gewöhnlich die Gier zu trinken!"[123] Der Grundbesitz Morozovs vergrößerte sich von 2.800 Desjatinen am Anfang seiner Karriere auf 80.000 Desjatinen am Ende seines Lebens, wobei dieses enorme Anwachsen hauptsächlich aufgrund zarischer Schenkungen erfolgte. Seine Besitzungen waren auf 19 Kreise des Reiches verteilt.[124] Nach einer Liste von 1678 besaßen 18 von 88 Personen Land in mehr als 10 der 72 erwähnten Distrikte.[125]

welche ihre apgeteilte lande, stete, heuser und dörfer gehabt haben." (namentlich genannt werden I. D. Bel'skij, M. I. Vorotynskij, A. Kurbskij, I. F. Mstislavskij). Vgl. Aufzeichnungen, S. 1 f.

[120] Vgl. Pavlov, Gosudarev dvor, S. 160 f, 186–187, 201.
[121] Zaozerskaja, Iz istorii feodal'noj votčiny, S. 40 f.
[122] Vgl. Ščepotov, Pomeščiče predprinimatel'stvo v XVII v., S. 20.
[123] Zit. bei Petrikeev, Krupnoe krepostnoe chozjajstvo, S. 33.
[124] Die Dörfer Muraškino und Lyskovo, die ihm Zar Aleksej Michajlovič kurz nach seinem Machtantritt schenkte, übertrafen um das Zweifache den gesamten bisherigen Besitz Morozovs. 1661 besaßt er 9 100 Höfe mit einer Gesamtbevölkerung von ca. 55 000 Menschen. Ebd. S. 22, 31.
[125] Vgl. Crummey, Aristocrats, S. 112.

Für die Entstehung des hochadligen Streubesitzes gibt es eine Reihe von Gründen. Im Erbfall erfolgte die gleichmäßige Aufteilung der Votčina an alle männlichen Nachkommen. Die Töchter bzw. Schwestern wurden bei Heirat mit einer angemessenen Mitgift ausgestattet, die auch Landbesitz umfaßte. In manchen Fällen wurde das Erbgut in wenigen Generationen durch dauernde Teilung dermaßen verkleinert,[126] daß die Nachkommen andere Mittel und Wege suchen mußten, um dem wirtschaftlichen Ruin zu entgehen. Dieser Weg führte meist über den Dienst, dessen Bereicherungsmöglichkeiten durch Kormlenie, Kriegsbeute oder Geldentlohnung zum Kauf von Grundbesitz instandsetzten oder der durch großfürstliche bzw. zarische Landschenkungen gekrönt werden konnte. Die Dienstmobilität des hohen Adels, der mit militärischen und administrativen Aufgaben in allen Teilen des Reiches betraut wurde, also seine dadurch bedingte geringe regionale Verwurzelung, förderte den Erwerb von Grundeigentum in verschiedenen Regionen, mit denen jeweils die Amtstätigkeit eines hochadligen Repräsentanten im Laufe seines Dienstlebens verknüpft war. Moskauer Bojaren wurden – nicht ohne politische Hintergedanken – häufig über ihren Besitz hinaus in ehemals selbständigen Fürstentümern ansässig, um auf diese Wesie den Neuerwerb herrschaftlich abzusichern, wie umgekehrt in anderen Fällen eine bewußte Entwurzelungsstrategie gegen den alteingesessenen lokalen Adel angegliederter Gebiete betrieben wurde, den man dafür unter Umständen mit Landbesitz in anderen Reichsteilen entschädigte.[127]

Es ist nach den politischen und verfassungsmäßigen Implikationen hochadligen Streubesitzes bislang kaum gefragt worden, obwohl er wichtige Aufschlüsse für die Herrschaftsstruktur des Moskauer Staates zu liefern vermag. Aus seiner Existenz wurde das fundamentale Interesse des hohen Adels an der Überwindung der Zersplitterung des Reiches und der Schaffung des „zentralisierten" Einheitsstaates,[128] aber auch die gegensätzliche Position eines im

---

[126] Veselovskij führt das Beispiel des Fürsten Andrej Fed. Starodubskij an, der sein Teilfürstentum am Ende des 14. Jh. unter vier Söhne aufteilte: Vasilij Požarskij, Fedor Starodubskij, Ivan Rjapolovskij und David Paleckij. Am Ende des 15. Jh. gab es schon 25 Personen, Mitte des 16. Jh. über 100 aus diesem Adelszweig. Vgl. Feodal'noe zemlevladenie, S. 54. Die Votčina der Kvašniny, deren Stammvater Rodion Nesterovič mit angeblich 1 700 Leuten in die Dienste Ivan Kalitas getreten war, umfaßte anfangs mehrere Tausend Desjatinen und löste sich in den folgenden Generationen durch Erbteilung praktisch auf, was auch mit dem politischen Niedergang dieses Geschlechts zu tun hatte. Ebd. S. 192–202. Aus dem 18. Jh. sind Fälle überliefert, wo die Erben sogar das Gutshaus und die Wirtschaftsbauten drumherum unter sich aufteilten. Vgl. Augustine, Notes Toward a Portrait of the Eighteenth-Century Russian Nobility, S. 400.

[127] Vgl. Kobrin, Vlast', S. 65 ff. Die Vergabe von Dienstgut an Opričniki und Moskauer „Hofleute" im Novgoroder Raum unter Ivan IV. wurde später im Interesse des lokalen Adels z. T. rückgängig gemacht bzw. verboten (s. Uloženie 1649, Kap. XVI, Abs. 68). Vgl. dazu Pavlov, Gosudarev dvor, S. 202.

[128] Veselovskij, Feodal'noe zemlevladenie, S. 163 f; Kobrin, Vlast', S. 210.

Hochadel vorhandenen sozialen und politischen Konservativismus mit antizentralistischer Tendenz abgeleitet.[129] Es kann jedoch als erwiesen gelten, daß die sozialökonomischen Interessen des hohen Adels keineswegs zu den politischen Einheits- und Zentralisationstendenzen in Widerspruch gerieten und den Interessen anderer gesellschaftlicher Kräfte aufgeopfert wurden. Diese Vorstellung entspricht zwar einer bestimmten historischen Konzeption, die im besitzstarken Hochadel den Repräsentanten einer an der Vergangenheit orientierten Herrschaftsordnung und in der Masse des neu entstandenen kleinen Dienstadels den natürlichen Verbündeten der nach selbstherrschaftlich-absolutistischer Macht strebenden Moskauer Großfürsten und Zaren vermutete, hat freilich wenig mit der politischen und sozialen Wirklichkeit Rußlands am Beginn der frühen Neuzeit im 16. und 17. Jh. zu tun. Für den Perejaslavler Kreis am Ende des 15. Jh. gilt, daß die große Bojarenvotčina eine der maßgeblichen Faktoren der Agrargeschichte dieser Region bleibt und sich durch großfürstliche Verleihungen in der 1. Hälfte des 16. Jh. noch erheblich ausdeht.[130] Die These, daß das Erbeigentum an Land die ökonomische Existenz des Hochadels bedrohende Einbußen zugunsten der neuen Dienstgutschicht und der Kirche erlitten habe, beruht auf einem ganzen Bündel von nicht verallgemeinerbaren Einzelbeobachtungen, konzeptionellen Vorgaben und dem Außerachtlassen grundlegender Tatsachen. Manche übertriebene Vorstellungen von der Verbreitung des Pomest'e-Systems und der Größe des Klosterlandes in dessen Verhältnis zum weltlichen Grundbesitz basieren auf äußerst unsicheren Quellendaten.[131] Die Auffassung vom allmählichen Verfall des großen adligen Grundbesitzes durch Erbteilung mit der Folge der Überschuldung und des wirtschaftlichen Niedergangs als Merkmal einer g a n z e n S c h i c h t ist deshalb nicht haltbar, weil dem individuellen Verschwinden adligen Familienbesitzes die Neuentstehung, Neubildung, Neuformierung großen Erbgrundbesitzes gegenübersteht und die

---

[129] Stellvertretend für einen Zweig der älteren Forschung (v. a. der sog. „Staatlichen Schule") D'jakonov, Očerki, S. 267 f. Ähnlich ein Großteil der sowjetischen Forschung, vgl. zu dieser mit Literaturhinweisen Rüß, Adel und Adelsoppositionen, S. 29 f.

[130] Vgl. Alekséev, Agrarnaja i social'naja istorija, S. 66 f.

[131] Dienstgut war v. a. in den neu angegliederten Gebieten und an der Peripherie (Novgorod, Kazań, südliche Steppenrandregionen) verbreitet. Vgl. Zimin, O političeskich predposylkach, S. 22. Die dokumentarische Basis für die in der Literatur verbreitete Vorstellung, daß ein Drittel des gesamten Landes im 16. Jh. in kirchlichem Besitz war, ist für diese auf die Reisebeschreibung des Engländers Adams von 1553 zurückgehende Behauptung viel zu schmal. Nur ein großer Teil der Klosterarchive und das Kopialbuch des Metropolitanbesitzes sind aus dem 16. Jh. erhalten, vereinzelt lediglich Landakte anderer geistlicher Institutionen, ganz zu schweigen von weltlicher Eigentumsdokumentierung. In Novgorod gab es zu Anfang des 16. Jh. nur 7 % Kirchenland, am Ende des Jahrhunderts 10 %, in ganz Rußland im 16. Jh. wahrscheinlich weit unter 20 %, über die die Kirche am Ende des 17. Jh. verfügte. Vgl. Pliguzov, O razmerach cerkovnogo zemlevladenija, S. 162 f.

Verschuldungsthese durch die erhaltenen Testamente des hohen Adels weitgehend widerlegt wird. Konfiszierte Votčinen blieben oftmals in ihrer rechtlichen Substanz unverändert und wurden an andere Personen vergeben oder fielen später an ihre ursprünglichen Besitzer bzw. deren Nachfahren zurück. Von staatlichen Landvergaben im 17. Jh. profitierten hauptsächlich hohe Würdenträger, die die Nähe zu den landverteilenden Institutionen ausnutzen und zu ihren Gunsten beeinflussen konnten.[132] Die nach den Kriegen und inneren Bedrückungen seit den 70er Jahren des 16. Jh. vermehrt zum Verkauf stehenden Wüstungen gelangten überwiegend in die Hände kapitalkräftiger Großgrundbesitzer, die auf diese bequeme Weise ihren Landfonds um ein Vielfaches vermehrten.[133] Nach der bildlichen Ausdrucksweise eines Historikers konzentrierten die führenden adligen Familien in den Jahren nach dem Herrschaftsantritt Michail Fedorovičs (1613) „ihre Anstrenungen auf eine Orgie von Landschenkungen zu ihren Gunsten",[134] was sich im Laufe des Jahrhunderts mehrfach wiederholte und nicht selten zu Lasten des als eigentlicher Adressat der staatlichen Landvergaben vorgesehenen Provinzadels geschah. Eine solcherart mißbräuchliche Ausnutzung der politischen Machtstellung ist auch aus den Jahren der Minderjährigkeit Ivans IV. bekannt.[135]

---

[132] Vgl. Rexheuser, Adelsbesitz, S. 13 f. Ein Dekret aus dem Jahre 1628 erlaubte den Magnaten, Hof- und Staatsland für einen geringen Kaufpreis zu erwerben. Vgl. Hellie, Enserfment, S. 55. Einen Zusammenhang von Grunderwerbsmöglichkeiten und Dumamitgliedschaft vermutet Vodarskij, Pravjaščaja gruppa, S. 75. Vgl. auch Crummey, The Origins of the Noble Official, S. 58. Jakov Čerkasskij, der einen großen Einfluß am Hof hatte, erhielt zwischen 1649–1666 23 Dienstgutbesitzungen größtenteils in den fruchtbaren Schwarzerdegebieten. Vgl. Ščepotov, Pomeščič'e predprinimatel'stvo, S. 20.

[133] Vgl. Goehrke, Die Wüstungen in der Moskauer Rus', S. 132–133. Die Votčinen des Fürsten Ivan Mich. Glinskij in den Kreisen Moskau, Suzdal', Rostov, Perejaslavl', Jaroslavl' und Kostroma (ca. 10 000 č.) waren zu einem bedeutenden Teil käufliche Erwerbungen *(kupli)* seines Vaters. Vgl. Mordovina, Služilye knjaźja, S. 330.

[134] Hellie, Enserfment, S. 52. Im Jahre 1618/19 erhielt das Haupt der Bojarenduma, Fürst Fedor Iv. Mstislavskij, im Raum von Vetluga eine besiedelte Votčina von über 6 500 Desjatinen. Die Umwandlung von „schwarzem" Bauernland in Feudalbesitz nahm zu Beginn des 17. Jh. einen massenhaften Charakter an. Vgl. Ivina, Vnutrennjaja kolonizacija, S. 97 f. Laut einem Beschluß vom März 1620 wird bestätigt, daß die während der Smuta und danach unter Michail Fedorovič unrechtmäßig erworbenen Ländereien aus Hofbesitz und „schwarzem" Land bei den jetzigen Besitzern verbleiben sollen. Vgl. Zakonodatel'nye akty, S. 98 f (Nr. 93).

[135] Der Zar wirft im Sendschreiben an A. Kurbskij den Šujskie vor, daß sie sich unrechtmäßig Besitz angeeignet und die Bojarenkinder nicht ihrem Verdienst und ihrer Würde entsprechend mit Land ausgestattet hätten. Vgl. PRP, vyp. IV, S. 577. Tatsächlich erhielten P. I. Šujskij 1539/40 im Tverer Bezirk 1306 č. Land, A. B. Gorbatyj 1072 č. Vgl. Kobrin, Vlast', S. 122.

Schließlich ist das häufig vorgetragene Argument der wirtschaftlichen Rückständigkeit der großen Bojarenvotčina[136] und der höheren ökonomischen Rentabilität des Dienstgutes[137] verfehlt. Es waren im Gegenteil gerade die Pomest'e-Besitzungen der kleinen Grundherren, die in Krisenzeiten verarmten und unter der rücksichtslosen Ausbeutung ihrer Eigentümer bei tendenzieller Ausweitung der Fronarbeit besonders zu leiden hatten, wobei sich ohnehin das Bewußtsein von der schwächeren Eigentumsqualität des Pomest'e auf eine langfristig am Ertrag orientierte Wirtschaftsweise offenbar negativ auswirkte. Jedenfalls sprechen Vergleichswerte aus den 20er und 30er Jahren des 17. Jh. eindeutig zugunsten der wirtschaftlichen Überlegenheit des Erbgutbesitzes.[138]

Die soziale Begünstigung des hohen Adels ist trotz bedeutender Veränderungen im herrschaftlichen „Überbau" somit ein Faktor von bemerkenswerter Kontinuität in der russischen Sozialgeschichte des behandelten Zeitraums. Das 17. Jh., das an Quellen reicher ist als die vorangehenden Jahrhunderte, enthüllt diesen Tatbestand, der zu Lasten anderer gesellschaftlicher Gruppen – des Kleinadels, der Bauern, aber auch der Kaufmannschaft[139] – ging in einer über jeden Zweifel erhabenen Deutlichkeit.[140]

Streubesitz des hohen Adels ist Ausdruck von dessen politischer und ökonomischer Mentalität. Eines der wichtigsten Kennzeichen dieser Eigentumsform ist die hohe Mobilität durch ständige Käufe,[141] Verkäufe, Tauschoperationen, Erbteilung, Mitgiftausstattung, Schenkung usw., die ein für den russischen Adel

---

[136] So z. B. Preobraženskij, Ob evoljucii klassovo-soslovnogo stroja v Rossii, S. 67 ff.

[137] Die These beruht u. a. auf dem Verhältnis von Acker- zu Brachland, worüber aber für das 16. Jh. kaum Quellenmaterial vorliegt. Vgl. Knudsen, Landpolitik, S. 45 f.

[138] Die Besiedlung im *Lichvinskij uezd* ist auf Votčina-Land doppelt so hoch wie auf Pomest'e. Das gleiche Verhältnis gilt für unter Pflug stehendem Ackerland. Vgl. Milov, Bulgakov, Garskova, Ob ėkonomičeskoj strukture pomest'ja i votčiny načala XVII v., S. 136.

[139] Seit 1666 durften die Großkaufleute *(gosti)* kein Land mehr besitzen.

[140] Vgl. dazu Crummey, Aristocrats, S. 113; Svatčenko, Razmeščenie i struktura votčinnogo zemlevladenija, S. 303. Auf das riesige soziale Gefälle zwischen Hoch- (bzw. Hof-) und Provinzadel verweist auch Rexheuser, Adelsbesitz, S. 4. Die von Vodarskij, Pravjaščaja gruppa, S. 74 aufgeführten Zahlen für die Jahre 1638, 1653, 1678 und 1700 zeigen die enge Korrelation zwischen hohem Dumarang und Grundbesitz. So besaßen im Jahre 1653 32 Bojaren durchschnittlich 1567 Höfe, wobei allerdings dieser hohe Durchschnittswert durch außergewöhnlichen Landreichtum einiger „Superreicher" nach oben getrieben wurde. 1678 besaß der Fürst I. A. Vorotynskij allein 4 600 Höfe.

[141] Ja. K. Čerkasskij, der über bedeutende Geldmittel verfügte, kaufte 21 Votčinen im Umfang von 9 935 Desjatinen für 3 994 Rubel. Vgl. Ščepotov, Pomeščič'e predprinimatel'stvo, S. 19.

offenbar typisches Besitzverständnis von Land vornehmlich als Ware, Kapitalobjekt[142] und Unterhaltsressource hervorbrachte. Der ökonomische Nutzwert von Grundbesitz hatte Priorität vor dessen herrschaftlichem Ausbau, die wirtschaftliche Komponente war der politischen vorgeordnet. Land wurde nicht in erster Linie als Herrschaftsgebiet, als Basis politischer Macht, als Möglichkeit zu lokaler herrschaftlicher Kraftentfaltung, sondern in dem Beitrag seines ökonomischen Potentials zu standesgerechter Lebensführung und zur Erfüllung dienstlicher Anforderungen geschätzt. Grundbesitz war insofern für den hohen Adel eine Eigentumsform und Bereicherungsquelle neben anderen. Die Reichsbezogenheit der Aristokratie, ihre Affinität zum politischen Zentrum, ihre Stadtsässigkeit in Herrschernähe lassen vermuten, daß Geld und Geschenke, die unmittelbar aus dem Staatssäckel stammten, und die Aussicht auf Bodenbesitz, die durch steten Dienst und stete Gunst errungen, durch Ungunst und Rückzug auf den Status eines landsässigen Privatiers entzogen werden konnten, einen starken Druck in Richtung eines dauernden Aufenthalts am Hof ausübten. Die geringere politische und hohe ökonomische Wertschätzung von Land schuf ein loses Verhältnis zum Boden, eine geringe Neigung zu lokaler Seßhaftigkeit, eine schwache Tendenz zu regionaler Verwurzelung mit antizentralistischer Stoßrichtung bzw. politischer Akzentuierung. Streubesitz des russischen Hochadels ist insofern bis zu einem gewissen Grade Spiegelbild seines politischen Verständnisses und offenbart den Zusammenhang von Eigentumsmentalität und politischer Ordnung, die auf adligem Dienst beruhte, dessen Motivation primär ökonomisch unterfüttert war. Eventuell muß hier auch ein Zusammenhang zu der für Rußland charakteristischen Erbfolge gesehen werden, die immer wieder zur Zersplitterung großer adliger Besitzkomplexe geführt hat, da – abgesehen von einer kurzen Episode unter Peter d. Gr., der 1714 die Einerbfolge vorschrieb, – die traditionelle Aufteilung des Erbes an alle Söhne und Töchter bestehen blieb. Zweifellos hatte diese Tradition tiefe Wurzeln in der Vergangenheit und im gesellschaftlichen Bewußtsein der Menschen. Aber man wird dennoch wohl vermuten dürfen, daß ein anderes Besitzverständnis, in dem die politische und herrschaftliche Qualität von Landeigentum einen höheren Stellenwert gehabt hätte, auch zu anderen Formen der Vererbung geführt hätte.

---

[142] Während des 16. Jh. wechselten allein innerhalb von 25 Jahren mehr als Dreiviertel der Güter in der Region Moskau ihren Besitzer. Im 17. Jh. befand sich nach einer Zeitspanne von etwa 50–60 Jahren nur noch ein Drittel sämtlicher Dienstgüter in Zentralregionen im gleichen Besitz. Selten war ein Gut im kaiserlichen Rußland länger als drei oder vier Generationen im Besitz derselben Familie. Vgl. Pipes, Rußland, S. 178–180. Unter dem Einfluß der Opričnina-Periode kam es zu massiven Besitzwechseln auch innerhalb des lokalen Adels. Nach Ausweis zweier Quellen saßen von den dort angeführten knapp über 500 Personen in der Voropričnina-Zeit am Ende des 16. Jh. und zu Beginn des 17. Jh. nur noch 215 auf ihren alten Ländereien (bzw. die Söhne). Vgl. Pavlov, Gosudarev dvor, S. 150.

Es genügt nicht und ist ein Außerachtlassen tieferer Ursachenschichten, auf die politischen Auswirkungen dieses Sachverhalts – die Schwächung der lokalen Stellung – den Finger zu legen und mit Hinweis auf westliche Verhältnisse dem russischen Adel ein ums andere Mal historisches Versagen zu bescheinigen.[143]

Die handelsökonomische Orientiertheit adligen Grundbesitzes, wie sie für die Kiever Periode charakteristisch war, behält gewisse Bedeutung auch in Moskauer Zeit. Die wirtschaftliche Ausbeutung großer Landkomplexe basierte häufig vorwiegend nicht auf Ackerbau, sondern auf verschiedenen Zweigen des Waldgewerbes (Felle, Holz, Pottasche, Honig, Wachs), des Fischfangs und der Viehzucht. Diente die anfangs noch nicht sehr umfangreiche adlige Votčina hauptsächlich der persönlichen Versorgung ihres Besitzers – was für die große Masse des landarmen kleinen Adels auch künftig ausschließlich der Fall war –, so nahmen die hochadligen Eigentümer großer Ländereien in der 2. Hälfte des 15. Jh. bereits einen wichtigen Platz im Außenhandel ein,[144] wobei die auch schon aus der Kiever Zeit bekannten Handelsrohstoffe Pelze und Wachs, für die ausländische Luxusgüter eingetauscht wurden, bedeutsam waren. Die den Moskauer Fürsten wahrscheinlich häufig in Form von Fellen gezahlten Tribute wurden teilweise auf den äußeren Märkten realisiert, und es ist nur natürlich, daß ihre Helfershelfer, die hohen Bojaren und landreichen Adligen, den gleichen Weg des am Markt orientierten Kapital- und Gütererwerbs beschritten, obwohl es für das 14. und 15. Jh. nur sehr wenige Nachrichten über privilegierten Handel weltlicher Grundherren gibt.[145] Nach Auffassung eines Teils der älteren Forschung tritt der Adel seit Mitte des 16. Jh. statt des „Bürgertums" als Behrrscher des Handelskapitals auf.[146] Dies steht ganz entschieden im Gegensatz zur westlichen Adelsentwicklung: Während die spanischen Granden im späten Mittelalter noch sehr aktiv im maritimen Handel waren und ein Gerichtsurteil des Pariser Parlaments von 1341 die Vereinbarkeit von kaufmännischer Tätigkeit und Adelszugehörigkeit erklärte, war am Ende des Mittelalters ein Adliger in diesen Ländern eine Person, die weder – im üblichen Sinne – arbeitete noch Handel trieb.[147] Dem französischen Adel war es sogar ausdrücklich verboten, sich an irgendwelchen kommerziellen

---

[143] Dies tut im Zusammenhang mit der Erörterung des Erbrechts Pipes, Rußland, S. 181.
[144] Vgl. Polockie gramoty, t. 5, S. 144.
[145] Vgl. Kaštanov, Vnutrennjaja torgovlja, S. 160. Afanasij Vnukov, einem Dienstmann des Fürsten von Vereja und Beloozero, wird 1455 freier Handel mit Fisch in der Stadt Beloozero mit den dortigen Kaufleuten gewährt. Vgl. ASEI, II, Nr. 164.
[146] Vgl. dazu Torke, Die staatsbedingte Gesellschaft, S. 290.
[147] Vgl. Genicot, Recent Research, S. 22.

Unternehmungen zu beteiligen.[148] Eine solcherart gesetzlich verordnete Enthaltung von gewerblichen und kommerziellen Aktivitäten als nicht standesgemäße Tätigkeiten war dem russischen Adel traditionell fremd.[149] Der österreichische Diplomat Freiherr Augustin v. Meyerberg schrieb 1663: „Alle Bojaren ohne Ausnahme, sogar die Botschafter des Großfürsten bei ausländischen Herrschern, beschäftigen sich überall mit Handel, sie verkaufen, kaufen und feilschen ohne Heuchelei und ohne es zu verbergen."[150] Der „Kaufmann", der im 17. Jh. in großem Maßstab für den Markt produzierte und Handel betrieb, war oft auch zugleich ein mächtiger Bojar und Adliger. Als auffallendste Figur dieser Adelsspezies kann der schon mehrfach erwähnte Boris Morozov gelten. Er war in seiner Zeit der größte Produzent von Pottasche in ganz Rußland. Auch andere seiner adligen Zeitgenossen, wie die Fürsten und Bojaren Čerkasskie, die Bojaren Rtiščevy, I. D. Miloslavskij, die Fürsten und Bojaren Ju. P. Trubeckoj und N. I. Odoevskij, betätigten sich als Produzenten von Pottasche, die bei der Herstellung und Verarbeitung von Seife, Glas, Leder, Tuchen, der Reinigung von Schafwolle usw. verwendet und zu einem großen Teil über Archangel'sk nach Holland und England exportiert wurde. Die aus diesem Wirtschaftszweig erzielten Gewinne waren – zumal sie sich in wenigen Händen konzentrierten – enorm hoch.[151] Den damit befaßten adligen Unternehmern wurde vom Zaren Aleksej Michajlovič mehrfach ausdrücklich der Verkauf und Transport zollfrei erlaubt. Die zur Pottascheherstellung beorderten bzw. gezwungenen leibeigenen Bauern führten häufige Klage über ihre zu hohen Arbeitsbelastungen und entzogen sich den z. T. unmenschlichen Lebensbedingungen nicht selten durch

---

[148] Vgl. Elias, Die höfische Gesellschaft, S. 105. Das änderte sich erst wiederum im 18. Jh. Vgl. Powis, Aristocracy, S. 36 f. Allerdings war der französische Adel seit dem 17. Jh. in einigen der Landwirtschaft komplementären Grundstoffbranchen (Bergbau, Hüttenwesen, Glasproduktion, Alkoholerzeugung) unternehmerisch tätig, so daß die traditionelle Sicht, wonach sich im frühneuzeitlichen Frankreich keine „noblesse commerçante" gebildet habe, revidiert werden muß. In England gab es keinen fundamentalen Unterschied zwischen Bürgern, die z. T. dem Adel entstammten, und Aristokraten in der Wirtschaftsgesinnung. Vgl. Fenster, Adel und Ökonomie, S. 156 f.

[149] Die 1756 in Paris veröffentlichte Denkschrift des Abbé Coyer „La noblesse commerçante" (1766 russ. Übersetzung von D. I. Fonvizin) bestätigte dem russischen Adel jetzt von außen seine traditionell aktive Rolle im Wirtschaftsleben. Im Jahre 1662 warf die russische Kaufmannschaft dem „geistlichen und dem Krieger- und Richterstand" vor, sich der lukrativsten Märkte und Gewerbe zu bemächtigen. Vgl. Preobraženskij, Ob evoljucii klassovo-soslovnogo stroja, S. 74.

[150] Putešestvie v Moskoviju, S. 284.

[151] Siehe dazu Tominskij, K voprosu o „starom" i „novom" feodalizme, S. LXIII; Ščepotov, Pomeščič'e predprinimatel'stvo, S. 29–31 (mit Zahlenangaben zur Pottascheproduktion des Fürsten Ja. K. Čerkasskij). Die jährliche Produktion von Pottasche belief sich in den Morozovschen Brennereien („majdany") auf 80 000–90 000 Pud. Die Witwe Morozovs lieferte 1662/63 44,6 % der Gesamtmenge, die seitens der Regierung von Privatunternehmern abgenommen wurde. Vgl. Fenster, Adel und Ökonomie, S. 91.

Flucht, was Morozov dazu zwang, mit angeworbenen Kräften auf Lohnbasis zu arbeiten. Unter den ehemaligen Leibeigenen Morozovs fand der Aufstand Stenka Razins 1670/71 breiten Zulauf. Wie sehr z. B. Morozov an hohen Produktionsziffern interessiert war und sich deshalb über jede vermeintliche Nachlässigkeit erregte, zeigen die an einen Verwalter gerichteten Verbalinjurien, welcher nach Meinung Morozovs nicht rechtzeitig die Öfen zur Produktionsaufnahme vorbereitet hatte: „Trunkenbold, Dummkopf."[152]

Ein anderer wichtiger Zweig der unternehmerischen Tätigkeit Morozovs war die Eisenerzeugung, zunächst als Kompagnon des Holländers Andries Winius, dann in eigenen Fabrikationsstätten in dem Dorf Pavlovskoe nahe Moskau, mit allerdings wenig Erfolg, und später v. a. auf seinen Wolgabesitzungen in Nižnij-Novgorod, in welchem Gebiet seit altersher Eisenerze verarbeitet wurden und wo wegen seines Waldreichtums und des fruchtbaren Bodens auch eine ganze Reihe anderer hoher Adliger (J. K. Čerkasskij, I. A. Golicyn, B. A. Repnin, F. S. Kurakin, I. P. Šeremetev, M. M. Saltykov, I. V. Morozov u. a.) hier um die Mitte des 17. Jh. als große Grundbesitzer in Erscheinung treten. In den Nižnij-Novgoroder Votčinen der Fürsten Čerkasskie, v. a. in Pavlovo, Vorsma und Bogorodskoe, war die metall- und lederverarbeitende Produktion stark entwickelt. Die Metallurgen von Pavlovo genossen im 17. Jh. ein hohes Ansehen und wurden häufig zu Spezialarbeiten in den Moskauer zarischen Waffenwerkstätten herangezogen.[153] Der Handels- und Manufakturcharakter der Morozovschen Besitzung Lyskovo an der Wolga um die Mitte der 20er Jahre des 17. Jh. erhellt daraus, daß nur ca. 23 % der Hofstellen reine bäuerliche Betriebe waren, es existierten dort aber 98 Kaufläden und 13 Schmieden sowie 252 Höfe von nicht ackerbautreibenden, mit verschiedenen Gewerben befaßten landarmen Dorfbewohnern *(bobyli).* Das um diese Zeit mit ca. 3 000 Einwohnern noch größere Muraškino, ebenfalls ein Besitz des Bojaren Morozov im Nižnij-Novgoroder Gebiet, hatte am Ende von dessen Leben den äußeren Charakter einer Stadt mit 233 Läden, 21 Schmieden, 3 Kirchen, 2 Klöstern und einer Wallbefestigung mit Wehrtürmen gegen tatarische Angriffe und einem Voevoden an der Spitze.[154] Nur ein Achtel der Einwohnerschaft des Čerkasskijschen Dorfes Ivanovo im Suzdaler Kreis befaßte sich mit Ackerbau,

---

[152] Zit. bei Zabelin, Bol'šoj bojarin, S. 483. In den besten Zeiten wurden jährlich 1 400–1 600 Tonnen Pottasche produziert. Vgl. Crummey, Aristocrats, S. 131, der aber dieses Erzeugnis der Morozovschen Wirtschaftstätigkeit nicht korrekt als das einzige für den Markt produzierte bezeichnet. Ebd. S. 130.

[153] Vgl. Ščepotov, Pomeščič'e predprinimatel'stvo, S. 26. Eine kleine Eisenhütte an der Protva besaß Il'ja D. Miloslavskij seit 1650/51, die er aber bereits 1657 an die Kompanie Marselis-Akkema verkaufte. Vgl. Fenster, Adel und Ökonomie, S. 99, der die insgesamt beachtliche Rolle des Adels bei der Metallgewinnung und Metallverarbeitung betont.

[154] Vgl. Gejman, Bojarin B. I. Morozov, S. 16–27.

die meisten waren mit der Herstellung und dem Vertrieb von bunten Wollgeweben beschäftigt, die auf den Jahrmärkten der näheren Umgebung, aber auch in Moskau verkauft wurden.[155] Es gab in den bojarischen Witschaftskomplexen ganze Dörfer und Sloboden, deren unfreie und abhängige Bewohner zeitweise oder ganz traditionellen bäuerlichen Gewerbetätigkeiten wie Holzverarbeitung, Textilherstellung, Schmiedehandwerk, Roheisenerzeugung usw. nachgingen. Die Bauern standen in diesem und in anderen Fällen in einem Zinsverhältnis zum Grundherrn, d. h. sie hatten vom Erlös ihrer Erzeugnisse eine Geldabgabe *(obrok)* zu entrichten.[156] Einige von ihnen gelangten auf dieser Abhängigkeitsbasis sogar zu bemerkenswertem Wohlstand. So war der Warentransport von Nižnij-Novgorod nach Astrachań für die Bauern von Lyskovo und Muraškino ein lohnendes Geschäft, einige besaßen eigene Schiffe. Der Lyskover Bauer Al. Artem'ev transportierte im Jahre 1650 eigene Waren im Werte von 557 Rubeln (= ca. 9 000 neue Goldrubel) auf zehn Fuhrwerken nach Vologda. Ein anderer Bewohner Lyskovos, Potecha Prokof'ev, hatte einen Großteil der Branntweinherstellung auf der Nižnij-Novgoroder Votčina des Bojaren Fürst M. P. Pronskij gepachtet. Im Jahre 1650 gewährte Morozov seinem Bobyl'-Bauern Antrop Leont'ev, in den 20er Jahren Besitzer eines Ladens und zweier Speicher, einen Kredit über 1 000 Rubel, was beweist, daß der adlige Herr des „Bauern-Unternehmers", der zu dieser Zeit mehrere Wolgaschiffe besaß, die wirtschaftliche Zukunft seines leibeigenen Kreditnehmers durchaus positiv einschätzte. Das Testament des Lyskover Bauern Zinovej Obrosimov (1669) offenbart die weitverzweigten Handels- und Geldbeziehungen dieses Morozovschen Leibeigenen, der am Ende seines Lebens völlig frei über seinen Besitz bestimmt und über von ihm abhängige Dienstleute verfügt, die er nach seinem Tode in die Freiheit entläßt.[157] Der Fall verdeutlicht, daß leibeigenschaftliche Abhängigkeit einen relativ großen Spielraum an individueller wirtschaftlicher Handlungsfreiheit bieten konnte, sofern sich bäuerlicher Unternehmungsgeist für die Profitinteressen des adligen Grundherrn positiv auswirkte.

Die kommerziellen Aktivitäten hochadliger Grundbesitzer beschränkten sich nicht auf die erwähnten Produktions- und Handelszweige. Das Waldbienengewerbe – Wachs für Kerzen, Honig zum Süßen von Speisen und zur Herstellung alkoholischer Getränke – gehörte auf den Wolgabesitzungen Morozovs zur ökonomisch wichtigsten Erwerbsquelle. Auf seinen fluß- und seenreichen Rjazaner Ländereien war ein Teil der Bevölkerung ausschließlich mit Fischfang beschäftigt, auch auf den Moskauer Besitzungen spielte Fischerei eine große Rolle, die

---

[155] Vgl. Š č e p o t o v, Pomeščič'e predprinimatel'stvo, S. 27.

[156] Die jährlichen Zinseinnahmen Morozovs betrugen nach den Berechnungen Gejmans 170 000 Rubel nach dem Kurswert des Geldes vor dem 1. Weltkrieg. Vgl. O chozjajstve B. I. Morozova, S. LXXV.

[157] Vgl. zu den vorangehenden Angaben Gejman, Bojarin B. I. Morozov, S. 33–38.

aber hauptsächlich der Eigenversorgung diente. Ja. K. Čerkasskij besaß 1667 39 Mühlen, die z. T. auf Pachtbasis an leibeigene Bauern vergeben waren. Auch die Branntweinherstellung gehörte zu den wirtschaftlich profitablen Posten der großen Bojarenvotčina.[158] Der Alkohol wurde entweder direkt in Schankstätten an die Bewohnerschaft des adligen Gutes verkauft oder fand im Staat einen regelmäßig zahlenden Abnehmer. Im Jahre 1650 betrugen die Einnahmen aus den Schankstätten von Muraškino 3 589 Rubel, was umgerechnet auf den Geldwert zu Beginn des 20. Jh. einer Summe von 60 000 Rubeln gleichkam. Sowohl Boris Morozov als auch Jakov Čerkasskij betrieben Kreditvergabe gegen Zins in großem Maßstab. Letzerem schuldete z. B. der Stol'nik Ivan Vas. Buturlin nicht weniger als 4 700 Silberrubel. Kreditgewährung an Bauern geschah z. T. auch als Methode zur Erhöhung der Bevölkerungszahl bestimmter Siedlungen. Jakov Čerkasskij beteiligte sich an reinen Handelsspekulationen wie z. B. dem Kauf und Wiederverkauf von Salz. Boris Morozov verdiente erheblich an der „Kupfergeldreform" nach 1654, an der er persönlich mitgewirkt hatte. Der Staat war einer der zuverlässigsten Abnehmer für die Getreideüberschüsse der adligen Votčina.[159] Die häufigen Mißernten und Hungersnöte machten eben auch den Handel mit Getreide mitunter zu einem einträglichen Spekulationsgeschäft für die reichen Grundbesitzer. Zu einer ähnlichen Entwicklung wie in Polen im 16.–17. Jh., wo wegen der internationalen Nachfrage nach Getreide und des Edelmetalleinstroms die großen Grundbesitzer zu marktorientierter Gutswirtschaft bewegt wurden, in deren Gefolge sich die Lage der Bauern drastisch verschlechterte, ist es in Moskau aber nicht gekommen, weil sich der Zar hier den Getreidehandel mit dem Ausland vorbehielt und nur im Zusammenhang mit der Heeresversorgung im 17. Jh. beschränkte Möglichkeiten für einen erhöhten Getreideabsatz existierten.[160]

Es besteht im allgemeinen die Auffassung, daß die vielseitigen wirtschaftlichen Aktivitäten eines Boris Morozov oder Jakov Čerkasskij nicht als repräsentativ für die ökonomische Gesinnung ihrer hochadligen Standesgenossen gelten können, daß sie, was Innovationsbereitschaft, Flexibilität, geschäftliche und unternehmerische Agilität und Tüchtigkeit anbetrifft, Ausnahmen waren.[161] Dem

---

[158] Über für den Markt arbeitende Destillerien verfügten in vorpetrinischer Zeit die Bojarengeschlechter Čerkasskij, Golicyn, Odoevskij, Prozorovskij, Miloslavskij, Morozov, Nepljuev. Die Einnahmen, welche die Regierung aus der Besteuerung dieses Produktes zog, bildeten eine der Säulen der Staatsfinanzen (1724 11,4 %, 1759 21,1 %). Die Branntweinerzeugung war seit 1754 Monopol des Adels. Vgl. Fenster, Adel und Ökonomie, S. 92 f.
[159] Zum Vorangehenden Petrikeev, Krupnoe krepostnoe chozjajstvo, S. 104 f, 131–133; Gejman, Bojarin B. I. Morozov, S. 113; Ščepotov, Pomeščič'e predprinimatel'stvo, S. 32–36.
[160] Vgl. Heller, Russische Wirtschafts- und Sozialgeschichte, Bd. 1, S. 142.
[161] Vgl. z. B. Crummey, Aristocrats, S. 131.

ist nur bedingt zuzustimmen, und zwar insoweit, als etwa in bezug auf Boris Morozov dessen Aufgeschlossenheit für wirtschaftliche Neuerungen und Experimente, seine geschäftliche Umtriebigkeit und das geradezu „kapitalistisch" anmutenden Gespür für gewinnträchtige Wirtschaftsoperationen als Ausfluß einer individuellen Dispositiertheit und ganz spezifischen Begabung anzusehen sind. Dennoch läßt sich das Wirtschaftsgebaren der genannten Adligen nicht auf deren individuellen Habitus in einer weitgehend von traditionellen, subsistenzökonomischen Vorstellungen beherrschten adligen Umwelt reduzieren. Die verstärkte Marktorientierung der russischen Gutsherrschaft seit dem 17. Jh. ist ja keineswegs eine neue Erscheinung. Die nicht für den Eigenverbrauch benötigten Überschußprodukte gelangten auch schon in früherer Zeit auf den Markt und bildeten eine wichtige Quelle adligen Reichtums. Die manufakturelle Warenproduktion auf den Ländereien des hohen Adels im 17. Jh. bedeutete insofern keinen qualitativen Umschlag in der Wirtschaftsgesinnung dieser Schicht, sondern war die gradlinige Fortsetzung eines den neuen Produktionsmöglichkeiten angepaßten traditionellen ökonomischen Verhaltens. Es ist kein Zufall und kann deshalb nicht als Ausnahmeerscheinung gewertet werden, daß die wenigen relativ vollständig erhaltenen Archive großer Bojarenvotčinen des 17. Jh. (Morozov, Čerkasskij, Odoevskij) den Typ des in der manufakturellen Massenproduktion engagierten und am Handel und Markt orientierten adligen Unternehmers zeigen. Die Korrelation zwischen großem Grundbesitz und vielseitiger, nicht auf die grundherrliche Ausbeutung ackerbautreibender Bevölkerung beschränkter Wirtschaftstätigkeit ist signifikant. Ein „Verzeichnis der Landgüter des Moskauer Bojarentums" von 1647/48 nennt 11 Personen, die mehr als 1 000 Höfe besaßen: N. I. Romanov – 8 200; B. I. Morozov – 6 034; Ja. K. Čerkasskij – 5 173; F. I. Šeremetev – 2 997; N. I. Odoevskij – 2 791; M. M. Saltykov – 2 236; I. V. Morozov – 2 491; G. I. Morozov – 1 688; L. S. Strešnev – 1 563; B. I. Strešnev – 1.467; A. N. Trubeckoj – 1 104.[162] Aus diesem besitzstarken Kreis stammten auch die bedeutendsten adligen Unternehmer der vorpetrinischen Ära,[163] die zugleich zur politischen Elite des Reiches gehörten. In vieler Hinsicht unterschied sich natürlich der adlige von dem späteren kapitalistischen Unternehmer: Auffällig für Rußland war die manufakturelle

---

[162] Zit. nach Zaozerskaja, Iz istorii, S. 40f.
[163] Am wenigsten scheint Nikita Romanov dem ökonomisch aufgeschlossenen Typus Morozovscher Prägung entsprochen zu haben. Sein riesiger Besitz – ihm gehörten u. a. die städtischen Siedlungen Romanovo gorodisče und Skopin – weist nur schwache Verbindungen zum Markt auf, wirtschaftliche Experimente und Neuerungen bleiben weitgehend aus, der Bojar hortete seine Geldeinnahmen als totes Kapital. Er kümmerte sich wenig um die wirtschaftlichen Abläufe und alltäglichen Vorgänge. Dies mag auf persönliche Charaktereigenschaften Romanovs, der auch politisch geringen Ehrgeiz an den Tag legte, zurückzuführen sein. Allerdings beruht dieses Bild auf unvollständigem Material, so daß es möglicherweise einseitig ist. Vgl. ebd., S. 65.

Produktion in einer überwiegend agrarisch strukturierten Umwelt, der Besitz eigener Rohstoffe und die Verfügung über ein billiges Heer von Leibeigenen.[164] Profitmaximierung als oberstes ökonomisches Prinzip entsprach nicht adliger Unternehmermentalität: Reichtum wurde angehäuft, für eine aufwendige Lebensweise verbraucht, konsumiert, durch verschwenderischen Luxus zur Schau gestellt, dessen soziale Funktion von Max Weber so beschrieben ist: „Der Luxus im Sinn der Ablehnung zweckrationaler Orientierung des Verbrauchs ist für feudale Herrenschichten nichts Überflüssiges, sondern ein Mittel ihrer sozialen Selbstbehauptung."[165]

Die handels- und marktorientierte Wirtschaftstätigkeit des hohen russischen Adels, die sich bis in die Kiever Epoche zurückverfolgen läßt, war zu einem guten Teil für die schwache Entwicklung der städtischen Ökonomie verantwortlich. In keinem anderen Land in Europa hatten Adlige so maßgeblichen Einfluß auf das Wachstum des sekundären Sektors wie in Rußland.[166] Die Stadtsässigkeit hoher Adelsfamilien, ihr wirtschaftliches Engagement bei gleichzeitiger politisch bevorzugter Stellung nahm den in Handel und Gewerbe tätigen nichtadligen städtischen Bewohnern Luft und Raum zu eigener Entfaltung. Der für den russischen Geschichtsverlauf folgenschwere Zusammenhang von ökonomischer und politischer Adelsdominanz und Bürgerschwäche ist evident.

Die vorangehenden Betrachtungen bezogen sich ausdrücklich auf den hohen Adel, auf die Herrschaftselite des Reiches. Die Masse des provinziellen besitzschwächeren mittleren und niederen Adels[167] beschränkte sich weitge-

---

[164] Bei Morozovs Pottascheerzeugung standen 346 freien Arbeitskräften etwa 6000 gutsherrliche Bauern gegenüber. Vgl. Fenster, Adel und Ökonomie, S. 124.

[165] Vgl. Wirtschaft und Gesellschaft. Tübingen 1922, S. 750. A. Fenster sieht in dem westlichen Vorbildern folgenden ausschweifenden Luxus des 18. Jh. wegen der daraus resultierenden Knappheit der Adelskassen eine elementare Triebfeder des unternehmerischen Wirkens der Nobilität. Vgl. Adel und Ökonomie, S. 65.

[166] Ebd. S. 158.

[167] Zahlen aus dem frühen 18. Jh., der Zeit der sog. 1. Revision (1719/27), belegen das krasse soziale Gefälle innerhalb des Gesamtadels. 59,5 % der Adligen besaßen weniger als 20 Leibeigene, 31,8 % zwischen 21–100, 7,9 % zwischen 101–500, 0,5 % zwischen 501–1000 und 0,3 % über 1000. 1777 waren 1,5 % der Gutsbesitzer in Großrußland im Besitz von mehr als 1000 Leibeigenen, 32 % verfügten jedoch über weniger als 10. Vgl. Fenster, Adel und Ökonomie, S. 193. 1699 besaßen 342 hohe Adlige 121137 Bauernhaushalte, 15920 Personen 138897, weitere 7–15 Tausend nur 75000 Haushalte. Vgl. Hellie, Enserfment, S. 254. Am Material von 1637/38 läßt sich erkennen, daß individueller Bauernbesitz zwischen 1–10 Höfen massiert auftrat, Besitzgrößen von 1–2 Höfen durchaus häufig waren und es auch landlose Dienstleute gab. Vgl. Rexheuser, Adelsbesitz, S. 8. Der im kaiserlichen Rußland als standesgemäßes Minimum geltende Besitz von 100 Seelen wurde 1777 von 16 % und 1858/59 von 21,1 % des Adels erreicht. Vgl. Pipes, Rußland, S. 183. Davon besaßen 1858/59 1,1 % über 1000 und 2 % zwischen 500–1000 Leibeigene. Ebd.

hend auf die grundherrliche Ausbeutung ihrer ackerbautreibenden Bevölkerung und wirtschaftete notgezwungen hauptsächlich für den Eigenbedarf.

Man wird also den russischen Adel in seiner Gesamtheit nicht als eine Klasse sehen dürfen, die inmitten von Armut und Rückständigkeit im Luxus schwelgte. Das galt nur für eine kleine exklusive Elite, die dies freilich zugleich auch im politischen Sinne war. Im 15. Jh. konnten sich Dreiviertel der Novgoroder Grundherren keine eigene Kriegsrüstung leisten. Das Bareinkommen eines kleinen Gutes brachte in der 2. Hälfte des 16. Jh. zwischen 5–8 Rubel, was dem Gegenwert eines Streitrosses mit der Kriegsausrüstung entsprach.[168]

Aus den Privatakten[169] des Stol'nik A. I. Bezobrazov, der 1690 wegen seiner Beteiligung an den verschwörerischen Umtrieben F. L. Šaklovityjs zum Tode verurteilt wurde, lassen sich Erkenntnisse hinsichtlich der ökonomischen Strukturiertheit eines mittelgroßen Erbgutes[170] gewinnen und Rückschlüsse auf die Wirtschaftsmentalität seines Besitzers ziehen, wenngleich auch in diesem Fall, mangels vergleichbaren Materials, jegliche Verallgemeinerungen aufgrund von möglicherweise sehr ausgeprägten individuellen Charaktereigenarten Bezobrazovs auf unsicheren Füßen stehen. Sein scheinbar alles andere absorbierendes Besitzstreben, die fast erotisch anmutende Liebe zu den zahlreichen Luxusgegenständen aus Glas und Kristall mögen zwar bis zu einem gewissen Grade spezifischen Persönlichkeitsmerkmalen eines kinderlosen Eigenbrötlers zuzuschreiben sein, liegen aber tendenziell nicht außerhalb der Normen adligen Besitzverhaltens der eigenen und einer früheren Zeit. Die Bauern Bezobrazovs leisteten in der Regel Naturalabgaben; über Geldzahlungen gibt es kaum Hinweise. Auf den wertvollen ukrainischen Besitzungen Bezobrazovs war eine mindestens dreitätige wöchentliche Arbeit auf dem Herrenacker die Regel, von dort gelangten auch die meisten Naturalprodukte auf Bezobrazovs Moskauer Hof und sein Hauptgut Spasskoe. Die zusätzlichen bäuerlichen Belastungen bestanden im Ausheben von Fischteichen, dem Bau von Mühlen, dem Transport von Lebensmitteln und Materialien nach Moskau und in handwerklichen Arbeiten, zu deren Verrichtung das Anheuern von Spezialisten die materiellen Möglichkeiten Bezobrazovs offenbar überstieg. Ein bedeutender Teil der Getreideproduktion der südlichen ukrainischen Besitzungen gelangte auf den Markt. Bezobrazov war ständig damit beschäftigt, seine Besitzungen durch Zukauf und Tauschoperationen zu erweitern und abzurunden, wobei es einer damals allgemeinen Tendenz innerhalb seiner Schicht entsprach, mehr Land in den

---

[168] Ebd. S. 180.

[169] Sie gehören zu den am vollständigsten erhaltenen Privatdokumenten des 17. Jh. und gliedern sich in den Schriftverkehr Bezobrazovs mit Verwandten und Bekannten, mit seinen Moskauer Verwaltern und mit den Verwaltern seiner dörflichen Besitzungen. Vgl. Novosel'skij, Votčinnik, S. 3–5.

[170] Bezobrazov besaß am Ende seines Lebens 839 Höfe. Novosel'skij schätzt den Wert seines gesamten Eigentums auf einige zehntausend Rubel. Ebd. S. 27, 30.

fruchtbaren südlichen Regionen zu erwerben. An Organisation und Kontrolle seiner Wirtschaft nahm Bezobrazov persönlich den intensivsten Anteil, seine Anweisungen und Maßregeln bezogen sich auch auf die scheinbar geringsten Kleinigkeiten.[171]

Im großen und ganzen, sieht man von dem nicht ganz gesicherten Getreidehandel ab, wies die Wirtschaft Bezobrazovs traditionelle Züge auf, wie sie für die Masse des Adels wahrscheinlich typisch war. Ackerbau und Hausgewerbe, betrieben mit dem primären Ziel der subsistenzwirtschaftlichen Bedarfsdeckung, standen im Vordergrund.

Für den großen Grundbesitz des hohen Adels sind drei Formen bäuerlicher Leistungen nachweisbar: die Barščina (Arbeit auf dem Herrenacker), Naturalabgaben und Geldzahlungen, die sowohl innerhalb der Votčina regional unterschiedlich gewichtet waren als auch zwischen den einzelnen Grundbesitzern oft erheblich voneinander abweichende Größenordnungen aufwiesen. Die Barščina erstreckte sich z. T. auf Bereiche, die mit Ackerbau unmittelbar nichts zu tun hatten – etwa die Pottascheerzeugung, Rodung von Wäldern, Transport von Lebensmitteln, Einsatz bei Bauarbeiten usw. Die Verpflichtung dazu war auf den Gütern Nikita Romanovs generell etwas höher als bei Boris Morozov.[172] Sie bildete auf dessen Besitzungen und denen seines Bruders zusammen mit Geldzahlungen, deren kontinuierliche Ausdehnung auf Kosten der Naturalrente sich seit dem Ende des 15. Jh. beobachten läßt,[173] den Hauptanteil an der bäuerlichen Leistung für den Grundherrn.[174] Die Ausdehnung des Ackerlandes geschah durch die Rodung von Wäldern und Wiederurbarmachung von Wüstungen, welche letztere sich z. B. Morozov in großem Umfang aneignete und die er z. T. von angemieteten Arbeitskräften in Pflugland umwandeln ließ, das er dann entweder auf Zinsbasis vergab oder dem Herrenacker zuschlug. Ackerbau war auch auf der großen adligen Votčina des 17. Jh. von einer gewissen überkommenen Routine gekennzeichnet. Die Erträge etwa auf den Ländereien Boris Morozovs lagen – trotz einiger Ansätze zu Rationalisierungen und Neuerungen –

---

[171] Zum Vorangehenden vgl. ebd. S. 50, 104, 135 ff, 147. Die persönliche Überwachung und Leitung der Tätigkeit der Verwalter durch den Gutsherrn und dessen Agenten war eine verbreitete Erscheinung. Vgl. Petrikeev, Krupnoe krepostnoe chozjajstvo, S. 56. Im Unterschied zu Boris Morozov liebte es Nikita Romanov nicht, persönliche schriftliche Anweisungen aufzusetzen. Seine Moskauer Kanzlei, in der alle Informationen über seine Ländereien zusammenliefen, beschäftigte zum Zeitpunkt seines Todes sechs Personen. Vgl. Zaozerskaja, Iz istorii, S. 49.

[172] Ebd. S. 54.

[173] Vgl. Grekov, Glavnejšie etapy, S. XXXVII.

[174] Vgl. Tichonov, Rentnye otnošenija v bojarskom vladenii, S. 159. Zu den Zinseinnahmen Boris Morozovs s. oben Anm. 156. Die Bedeutung des Geldzinses auf den Gütern der Čerkasskie betont Ščepotov, Pomeščič'e predprinimatel'stvo, S. 24. 71 % der abhängigen Bevölkerung auf den Besitzungen M. Ja. Čerkasskijs waren nicht ackerbautreibende Bobylen, die Zins zahlten. Ebd. S. 22, 26.

nicht über dem allgemeinen Durchschnitt und sogar weit unter denen einiger klösterlicher Besitzungen.[175] Manchmal kam es zu Klagen der Bauern über zu hohe Zinsforderungen, deren Umfang Morozov bei Neuerwerbungen anzuheben versuchte: „Sei barmherzig, gnädiger Herr Boris Ivanovič, begnadige uns, deine armen Waisen! Schau auf unser Elend, laß deine bojarische gnädige Schonung über uns walten ..., damit wir am Ende nicht zugrunde gehen!" Da das Dorf der betreffenden Bittsteller abgebrannt war, erließ Morozov den Zins um die Hälfte.[176]

Aus den Büchern des Jahres 1667 läßt sich entnehmen, daß bis zu 20 verschiedene Naturprodukte auf den Gütern Morozovs erzeugt bzw. gewonnen und zu einem guten Teil als sog. „Tischvorräte" *(stolovye zapasy)* in die bojarische Moskauer Residenz oder auf den Stammsitz Pavlovskoe geschafft wurden. Die Nahrungstransporte *(povozy)* setzten sich gelegentlich aus regelrechten Konvois von Bauernfuhrwerken zusammen, die von Bewaffneten geschützt waren. Bei der Ablieferung wurde alles genau gewogen, gemessen und hinsichtlich der Qualität begutachtet, deren Minderwertigkeit bisweilen den verantwortlichen lokalen Verwaltern heftige Vorwürfe und Drohungen seitens des Bojaren persönlich eintrug.[177]

Es ist also festzustellen, daß die politischen und verfassungsmäßigen Formen adliger Existenz mit deren ökonomischer Grundlage untrennbar verknüpft waren. Wirtschaftsweise und Besitzverhalten des Adels standen in einem engen Zusammenhang mit der Herrschaftsstruktur. Diese Beziehung war eine wechselweise und dynamische. Das marxistische Basis-Überbau-Modell, sofern es undogmatisch gehandhabt und nicht mit anderen vermeintlichen Gesetzmäßigkeiten des Geschichtsverlaufs verquickt und zusätzlich theoretisch befrachtet und damit als methodisches Prinzip verwässert wird, ist durchaus geeignet, die Sensibilität für die Bedeutung der Ökonomie im Gesamtkontext adligen Seins zu schärfen.

Grundbesitz ist für den russischen Adel in erster Linie ein Wirtschafts- und erst sekundär ein Herrschaftsfaktor, und auch dies nur im Sinne einer die Effizienz der ökonomischen Ausbeutung sichernden Macht- und Kontrollpräsenz. Er trägt einen ausgesprochen subsidiären Charakter, da er die Dienstfähigkeit des Adels materiell absicherte und es ihm gestattete, sich dorthin zu begeben, nämlich an den Hof, in Fürsten- und Zarennähe, wo politische Macht und die mit ihr verbundenen sozialen Chancen verteilt wurden. Die

---

[175] Vgl. Petrikeev, Krupnoe krepostnoe chozjajstvo, S. 86–98.
[176] Zit. nach Zabelin, Bol'šoj bojarin, S. 30 f.
[177] Morozov rügt z. B. seinen Verwalter Aleksej Dement'ev, daß dieser nach Moskau Schinken geschickt habe, der gänzlich von Mäusen zerfressen gewesen sei. Ebd. S. 37.

enge Korrelation von politischem Einfluß und Kumulation von Besitz durch entsprechend einträgliche administrative und militärische Positionen ist für den hohen russischen Adel charakteristisch. Dies macht den ökonomischen Aspekt von Hofanwesenheit deutlich, die Faszination, die der Hof als Versorgungs- und Bereicherungsstätte auf den Adel ausübte, und erklärt das distanzierte, weil primär ökonomiebestimmte Verhältnis zum Grundbesitz als einen unter mehreren wirtschaftlichen Faktoren adliger Existenz. Auch für den niederen Adel – den Dienstgutinhaber sowieso –, welchem der Hof als Ort sozialen Aufstiegs weitgehend verschlossen blieb, ist der Besitz von Land Mittel zum Zweck der Versorgung und der Aufrechterhaltung seiner Dienstfähigkeit, also nicht Endzweck, sondern einem von außen kommenden Prinzip untergeordnet. Aufgrund einer im Vergleich zum Westen verschiedenen Entwicklung und eines daraus resultierenden anderen adligen Selbstverständnisses war Grundbesitz in Rußland vornehmlich nicht die Basis autogener politischer Eigenständigkeitsbestrebungen, die gegen übergeordnete politische Gewalten verteidigt und ausgebaut wurde, sondern in erster Linie wirtschaftliches Ausbeutungsobjekt, das der reichsumfassenden Tätigkeit des Adels im Dienste der Großfürsten und Zaren die materielle Grundlage lieferte. Hochadliger Streubesitz, dessen Erträge am Moskauer Bojarenhof zusammenflossen, ist der sinnfällige topographische Ausdruck dieses Sachverhalts. Die im Handel erzielten Gewinne aus den tributär oder aufgrund Herrenrechts beschafften Produkten der naturausbeutenden Gewerbezweige, ferner Natural- und zunehmend Geldrenten ermöglichten dem hohen Adel die kostenaufwendigere, aber politisch und ökonomisch attraktive höfisch-städtische Existenz im Zentrum der Macht. Zwischen denen, die sich hier etablierten, der eigentlichen politischen Elite des Reiches, und der Masse des Kleinadels in der Provinz bestand ein eklatantes soziales Gefälle.

Die Besitzmentalität des russischen Adels ist von seiner kriegerischen Tätigkeit bis weit in die Moskauer Periode hinein deutlich geprägt. Gold, Schmuck, wertvolle Waffen und Pferde, seltene Beutegegenstände, teure Erinnerungsstücke als Belohnung für besondere Leistungen und Erfolge zum Zurschaustellen und Vorzeigen haben einen hohen Stellenwert. In gewisser Weise ist die Wertschätzung des mobilen Besitzes symbolhafter Ausdruck einer auch sonst für den russischen Adel charakteristischen und durch die vielfältigen militärischen und administrativen Aufgaben bedingten hohen Mobilität. Unternehmerische Aktivitäten eines Teils des hohen Adels im 17. Jh. knüpfen an handels- und marktorientierte adlige Wirtschaftsweisen – den Verkauf von Rohstoffen der naturausbeutenden Gewerbe – früherer Jahrhunderte an. Die Arbeitskraft wird hauptsächlich von abhängigen Bauern und Unfreien gestellt. Der von Adligen betriebenen großgewerblichen Produktion manufakturellen Zuschnitts waren zwar noch enge Grenzen gesetzt, weil der Bedarf an Gebrauchsgütern durch das weit verbreitete bäuerliche Kleingewerbe und der Bedarf an Luxusgütern seitens der Oberschicht durch Importe weitaus besser und billiger gedeckt wurden,[178] dennoch stellte sie im Rahmen der gesamten Volkswirtschaft einen bedeutenden Faktor und in ihrer Einbettung in eine überwiegend agrarisch strukturierte Umwelt eine europäische Besonderheit dar. Es ist nicht zu übersehen, daß die auch ökonomisch motivierte Stadtorientiertheit des hohen russischen Adels und seine Beteiligung an kommerziellen Transaktionen bei gleichzeitiger Bewahrung seiner adligen Identität und Lebensform entscheidend zur wirtschaftlichen und politischen Schwäche des russischen städtischen Bürgertums beigetragen haben.

---

[178] Vgl. Heller, Russische Wirtschafts- und Sozialgeschichte, S. 173.

IV. GRUNDHERRSCHAFT

Für viele Bauern dürfte die Begegnung mit ihrem bojarischen Grundherrn von Angesicht zu Angesicht ein durchaus seltenes Ereignis in ihrem Leben gewesen sein. Nikita Romanov oder Boris Morozov im 17. Jh. hätten zu einer jährlichen Visite aller ihrer Ländereien ständig unterwegs sein müssen. Einige Gutshäuser auf ihren weitverstreuten Besitzungen werden ihre vornehmen Eigentümer nie oder nur für kurze Zeit sporadisch und in großen Abständen beherbergt haben. Die Leute des kleinen Dienstgutbesitzers kannten ihren Herrn zwar besser, aber auch er war oft und langfristig abwesend, um seinen militärischen Verpflichtungen bei der Grenzverteidigung oder auf Kriegszügen nachzukommen. Die weit über die Landschaft hinausragende Burg des westlichen mittelalterlichen Feudalherrn war die optische Manifestation seiner stets präsenten Herrschaft über das umliegende Land und dessen Bevölkerung und aus der Sicht der Untertanen eine zu Gehorsam mahnende Bedrohungs-, Zwang und Gewalt beherbergende Einschüchterungsarchitektur. Der russischen Landschaft hingegen war eine so ausgeprägte adlige Herrschaftsmanifestation in topographisch-baulicher Hinsicht – es gab keine adligen Steinburgen auf dem flachen Lande und nur schwach befestigte Herrensitze – ebenso fremd wie die dauernde Anwesenheit der Nobilität auf ihren zentralen Gutshöfen in der Provinz, die, was die Aristokratie betrifft, ihr in der Regel nur zum kurzfristigen, vorübergehenden Aufenthalt dienten. Es ist schwer zu beurteilen, was dieser Sachverhalt für die herrschaftlichen Beziehungen des Adels gegenüber seiner abhängigen Bevölkerung letztlich zu bedeuten hatte, ob die Freiräume im Rahmen allgemeiner rechtlicher und leistungspflichtiger Normen für den russischen Gutsbauern dadurch größer und weiter gesteckt waren, als dies unter den Augen eines ständig präsenten Grundherrn möglich gewesen wäre.

Es ist hinsichtlich dieser Frage von Interesse und Bedeutung, da eine entsprechende Dokumentierung aus früheren Jahrhunderten fehlt, einen Blick auf die herrschaftliche Verwaltung der großen Bojarenvotčina des 17. Jh. zu werfen, als durch die Vereinigung von Grund-, Leib- und Gerichtsherrschaft in einer Person vorerst die höchste Ausprägung adliger Macht und bäuerlicher Ausbeutung erreicht war.

Die reichen Grundbesitzer verwalteten ihre Güter von ihrer Moskauer Residenz aus. Hier befand sich die zentrale Kanzlei, sozusagen die „Regierung der Bojarenvotčina" (Zabelin) mit den verantwortlichen Leitern und ihrem Stab, welche die Organisation und Verwaltung aller Besitzungen in den Händen hielten und die der unmittelbaren Kontrolle des Bojaren unterstanden, dessen Anordnungen sie an die Verwalter der einzelnen Güter weiterleiteten und von denen wiederum die Informationen aus ihrem Aufsichtsbereich in der Moskauer Zentralstelle zusammenflossen. Die zentrale Gutsverwaltung war wie eine Behörde organisiert: Bittschriften, Rechenschaftsberichte, Streitsachen, Anfragen, Meldungen usw. wurden entweder dem Bojaren persönlich oder dem Hauptverwalter der Moskauer Kanzlei vorgetragen. Aufgrund ihrer Vertrauensstellung und ihrer intimen Detailkenntnis aller wirtschaftlichen Abläufe verfügten die Verwalter *(prikazčiki)* über ein beträchtliches Maß an eigener Entscheidungsbefugnis und Macht über die Bauern. Willkür, eigenmächtiges Handeln, Erpressung, Bestechung, unrechtmäßiger Zwang, Gewalt usw. waren die typischen Begleiterscheinungen eines Systems, das Macht an Personen delegierte, welche ihre privilegierte Funktion zu persönlicher Bereicherung und anmaßender Ausübung ihrer Stellung benutzen konnten. Da sie demselben sozialen Milieu entstammten wie die von ihnen kontrollierten Bauern – die Verwalter waren in der Regel selbst Unfreie und Leibeigene, die mit Geld- und Naturalleistungen der Bauern entlohnt wurden –, waren die genannten Erscheinungen Auswüchse eines Verhaltens, das sich sozialpsychologisch leicht durch die Ablehnung der Identifikation mit dem eigenen gesellschaftlichen Hintergrund bzw. der bewußten Distanzierung von ihm erklären läßt. Es waren ferner, wie zu zeigen sein wird, äußere Umstände, die solche negativen Verhaltensweisen der adligen Helfer und damit ein rechtlich und ökonomisch labiles grundherrschaftliches Regiment begünstigten.

Das rege persönliche Interesse Boris Morozovs an der Verwaltung und Bewirtschaftung seiner Güter und sein ständiges kontrollierendes Eingreifen lassen sich schwerlich verallgemeinern, und es ist ohnehin erstaunlich, daß dieser in die Politik am Zarenhof so eingespannte Mann überhaupt Zeit und Muße zu einer solchen intensiven Beschäftigung mit wirtschaftlichen Detailfragen und ferner Problemen, die sich aus seiner rechtlichen Oberhoheit als Grundherr ergaben, fand. Die Regel war dies sicherlich nicht. Das Aktionsfeld des hohen Adels, das einen großen Teil seiner Zeit in Anspruch nahm, war die politische Szenerie in Moskau, im zarischen Umkreis, die Ausübung wichtiger Ämter und militärischer Funktionen. Demgegenüber waren Verwaltung und Beherrschung des Grundbesitzes, der die materiellen Voraussetzungen für das adlige Dienstengagement im staatlichen Rahmen zu liefern hatte, von eher zweitrangiger, subsistenzieller Bedeutung. Zwar gab es durchaus Phasen im Leben eines hohen Adligen, die es ihm gestatteten, sich intensiver um die Verwaltung seiner Güter zu kümmern, es gab verschiedene Temperamente und Charaktere mit einem unterschiedlichen Interesse und Engagement für das Geschehen und die wirtschaftliche Entwicklung auf den eigenen Ländereien usw., aber ein ganz bedeutsames und in dieser ausgeprägten Form im europäischen Kontext zweifellos singuläres Merkmal ist die a u f g e s p a l t e n e Tätigkeit des russischen

Adels, die dem grundherrschaftlich-provinziellen Dasein weniger Raum ließ, als dies woanders der Fall war, die andere Prioritäten schuf und eine entsprechende Grundherrenmentalität erzeugte. Adlige Identität speiste sich eben nicht nur und nicht einmal hauptsächlich aus der grundherrschaftlichen Oberhoheit über eigenes Land und eigene Leute, sondern immer ganz wesentlich aus den reichsumfassenden Aufgaben im großfürstlichen und zarischen Dienstkontext.

Wichtig war vor allem, was an Einkünften aus den Gütern in Moskau zusammenfloß. Die konstante Beschäftigung mit den wirtschaftlichen und gesellschaftlichen Problemen des Gutes wurde dagegen an Vertrauenspersonen und Verwalter delegiert. Gerichtssachen, die der Bojar zu entscheiden hatte, wurden in der Regel nicht vor Ort, sondern in Moskau verhandelt. Die geographische Entfernung der Ländereien von der Hauptstadt gab den lokalen Verwaltern einen großen Spielraum für Eigenmächtigkeiten und Willkürakte.

Aber dies ist nur die eine Seite dieser Art des grundherrlichen Regimes. Sozialpsychologisch gesehen waren durchaus andere Verhaltensweisen im Verwaltungsapparat der adligen Votčina möglich und gewiß auch vorhanden. Die Agenten des Grundherrn entstammten, wie erwähnt, demselben sozialen Milieu wie die von ihnen beaufsichtigten und kontrollierten Bauern. Sie bildeten keine untervasallitische feudale Zwischenschicht. Sie sprachen dieselbe Sprache wie die Bauern, kannten deren Probleme und Schwierigkeiten, für die sie deshalb ein größeres Verständnis entwickeln konnten, als dies von Menschen adliger Couleur mit ihrer spezifischen Standesperspektive zu erwarten war. Die Weite des Landes, die großen geographischen Distanzen, welche grundherrliche Kontrolle zu überwinden hatte, ließen Nischen und Freiräume von geringerer Herrschaftsdichte entstehen. Die Bauern besaßen die Möglichkeit, sich im Falle von Machtmißbrauch, Brutalität, ungerechter Behandlung usw. direkt mit Klagen an den Grundherrn zu wenden. Ein gewisses Kontrollrecht über die lokalen Verwalter hatte die dörfliche Gemeinde *(mir)* mit dem gewählten Ältesten *(starosta)* an der Spitze. Daß die Organe des Mir in erster Linie die Interessen des Grundherrn vertreten hätten,[1] ist eine allzu einseitige Sichtweise unter dem wissenschaftlichen Dogma eines unentrinnbaren, engmaschigen Ausbeutungsnetzes, das mit dem einzigen Ziel geknüpft war, das Letzte aus den Bauern herauszupressen. Von Boris Morozov sind Anweisungen überliefert, die die Einschaltung der dörflichen Selbstverwaltungsorgane zur Kontrolle der Agenten des Bojaren beinhalten und die unrechtmäßige Ausbeutung der Bevölkerung zum Schaden des Besitzers und der betroffenen Bauern verbieten.[2] Daß die Organe des Mir[3] für die Einsammlung des grundherrlichen Zinses

---

[1] Vgl. Petrikeev, Krupnoe krepostnoe chozjajstvo, S. 80.
[2] Vgl. Zabelin, Bol'šoj bojarin, S. 17 ff.
[3] Die beste neuere Arbeit zum Mir stammt von Goehrke, Die Theorien über die Entstehung und Entwicklung des „Mir". Vgl. auch ders. Neues zum „Mir".

verantwortlich waren und somit gewissermaßen zu Funktionsträgern der adligen Grundherrschaft wurden, wird man nur dann ausschließlich negativ bewerten, wenn man im Mir das genossenschaftlich-demokratische Gegenmodell zu feudaler Herrschaftsform idealisiert und solche Inanspruchnahme für adlige Interessen als Aufweichung oder Behinderung potentieller demokratischer Entwicklungsmöglichkeiten betrachtet. In der Praxis milderte die genaue Kenntnis des dörflichen sozialen Mikrokosmos sicherlich manche individuellen Härten bei der bäuerlichen Lastenverteilung ab. Die gewählten dörflichen Vertreter waren an ökonomischen ebenso wie an Fragen der öffentlichen Ordnung und am Gericht des Verwalters beteiligt. Man darf auch nicht vergessen, daß der private adlige Grundbesitz in den frühen Jahrhunderten nur einen Bruchteil des gesamten bäuerlichen Landes darstellte[4] und der soziale und juristische Status

---

Daß der Mir mit Steuer- und Polizeifunktionen sowie nachweisbar seit dem 16. Jh. mit der Umteilung des gemeindlichen Landes befaßt war, ist allgemein anerkannt. Umstritten sind v. a. die Frage der Kontinuität der Mir-Funktionen zu frühslavischen Gemeindeformen sowie der Umfang der selbständigen Rechte des Mir auf adligem Privatbesitz. So behauptet Petrikeev, Krupnoe krepostnoe chozjajstvo, S. 160: „Es gibt keine Anzeichen für irgendwelche selbständigen Rechte der Bauerngemeinde in der Votčina Morozovs." Oder: „Die Macht der Gutsverwalter war in keiner Weise durch die Bauerngemeinde *(obščina)* begrenzt." Ebd., S. 162. Demgegenüber betont zwar Zabelin die umfassenden Kompetenzen der Verwalter, registriert aber eine deutliche Machtbeschränkung durch den „dörflichen Rat", wie er überhaupt den öffentlichen Einfluß des Mir in der Votčina Morozovs relativ hoch ansetzt. Vgl. Bol'šoj bojarin, S. 500 f. Die Existenz einer Landgemeinde mit Gemeinschaftsbesitz ist für die frühe moskowitische Periode nicht nachweisbar, die Kleinsiedlungs- und Privatbesitzstruktur ist für das 14.–15. Jh. kennzeichnend. Vgl. Veselovskij, Selo i derevnja, S. 26–36, 51–55. Ju. G. Alekseev konstatiert für die nicht grundherrschaftlich gebundenen Bauern des 14. und 15. Jh. die Existenz einer Territorialgemeinde mit Selbstverwaltung und staatlichen Haftungsfunktionen bzw. mit einem gewissen Verfügungsrecht über Grund und Boden bei grundsätzlichem freiem bäuerlichen Privatbesitz und Landumteilungen. Vgl. Volost' v Perejaslavskom uezde XV v. Allgemeine Neuverteilung des Grund und Bodens zu dem Zweck, die Besitzgrößen der Bauern zu vereinheitlichen, sind nach Ansicht der meisten sowjetischen Forscher erst im Gefolge der Wirtschaftskrise der 2. Hälfte des 16. Jh. aufgekommen, als Staat und Grundherren infolge der Verknappung von Arbeitskräften und des Rückgangs der Steuerzahlen die Leistungsfähigkeit der Bauern durch unmittelbaren Eingriff in ihre Wirtschaftssphäre sicherzustellen suchten. Als weitere Ursachen wird auf die agrotechnische Entwicklung (Dreifelderwirtschaft, Landverknappung, Flurzwang) hingewiesen. Vgl. Goehrke, Neues zum „Mir", S. 25 f.

[4] In der Kiever Zeit bildete der adlige Grundbesitz kleine Inseln im Meer des freien bäuerlichen Landes. Vgl. Rüß, Das Reich von Kiev, S. 366. Noch im 15. Jh. haben die „schwarzen", freien Bauern in einer ansonsten schon stark feudalisierten, zentralen Region, wie der von Perejaslavl', ein starkes Gewicht. Vgl. Alekseev, Volost' v Perejaslavskom uezde XV v., S. 256. Selbst im 16. Jh. kann von einer abgeschlossenen Feudalisierung ehemals freien Bauernlandes nicht die Rede sein. So gehörten von 150 Siedlungen im Gebiet von Perejaslavl' und Dmitrov lediglich 33 zu einem adligen Erbgut, die übrigen lagen auf „schwarzem" Bauernland, d. h. unterstanden unmittelbar der fürstlichen Verwaltung. Vgl. Ders. im Diskussionsteil des Sammelbandes Problemy

der „schwarzen", nicht grundherrlich gebundenen Bauern oder derjenigen auf Kloster- und Kirchenland stets als Orientierungsfaktor und Vergleichsmaßstab für bäuerliche Abgabenleistungen und verbreitete Rechtsnormen vor Augen lag. Der adlige grundherrschaftliche Bereich konnte deshalb nicht zu einem von den allgemeinen bäuerlichen Lebensbedingungen kraß abweichenden sozialen und rechtlichen Ausbeutungsraum werden, wenn dadurch eine hochexplosive soziale Unausgewogenheit im Lande, ein signifikantes soziales und rechtliches Gefälle zwischen den verschiedenen bäuerlichen Kategorien entstanden wäre. Das im 15. Jh. juristisch fixierte bäuerliche Abzugsrecht, das seit der 2. Hälfte des 16. Jh. verschiedenen Einschränkungen unterlag und Mitte des 17. Jh. formell abgeschafft wurde, wirkte tendenziell in Richtung einer Nivellierung der Rechte und Pflichten aller Bauern. Das seit den 80er Jahren des 16. Jh. stark zunehmende Läuflingswesen, das die Beschränkung des Abzugsrechts auslöste, war ein deutliches Indiz nicht nur für eine generelle Verschlechterung der bäuerlichen Lebensbedingungen, sondern auch für die Existenz gravierender Belastungsunterschiede. Es ist bekannt und paßt zu den Erwägungen über die grundherrschaftliche Organisation der großen adligen Votčina, daß das kleine Dienstgut, das der unmittelbaren Kontrolle seines Besitzers stärker unterlag und infolge von dessen ökonomischer Schwäche der Tendenz nach einen höheren Ausbeutungsgrad aufwies als der große private Grundbesitz, am empfindlichsten von der Fluchtbewegung der Bauern betroffen war, die sich häufig in den Schutz eines reichen Grundherrn begaben.[5] Von daher wird verständlich, daß die Initiativen für die Verlängerung der Rückführungsfristen geflohener Bauern in erster Linie vom kleinen und mittleren Adel ausgingen und die juristische Festschreibung der Leibeigenschaft im Uloženie von 1649 als ein innenpolitischer Sieg des Kleinadels gedeutet werden kann.

Das Bild, das die adlige Grundherrschaft darbietet, ist ambivalent und zudem nur in groben Umrissen erkennbar. Die massive persönliche Einmischung des Grundherrn in das Leben der von ihm abhängigen Bevölkerung[6] steht neben

---

vozniknovenija feodalizma u narodov SSSR, S. 100–102. Nach den „Wirren" zu Beginn des 17. Jh. verschwindet das „schwarze" Bauernland in den Zentralgebieten völlig und konzentriert sich jetzt hauptsächlich nur noch in den nördlichen Regionen. Vgl. Tominskij, K voprosu, S. LVIII.

[5] Es gibt zahlreiche Beschwerden kleinerer Adliger an die Adresse Boris Morozovs – und zwar auch noch nach dem generellen Verbot, Läuflinge aufzunehmen –, die die Rückgabe ihrer geflohenen Bauern fordern. Vgl. Zabelin, Bol'šoj bojarin, S. 22 f.

[6] Wollten die Bauern wegen irgendwelcher Geschäfte den Grundherrschaftsbereich verlassen, konnten sie dies nur mit Hilfe einer schriftlichen Erlaubnis. Die Herstellung von Alkohol war den Bauern nur bei bestimmten Anlässen gestattet und mußte dem Verwalter vorher mitgeteilt werden. Vgl. Zabelin, Bol'šoj bojarin, S. 20. Die Mißachtung der detaillierten Anweisungen für Aussaat, Ernte usw. wurde hart bestraft. Bei Dürre wurde das Heizen mit Öfen verboten und der Gemeinde das Beten um Regen als Verpflichtung auferlegt. Brandverursachung aus Nachlässigkeit konnte mit dem Tode bestraft werden.

seiner weitgehenden Abstinenz und Entrücktheit von den täglichen organisatorischen und verwaltungstechnischen Abläufen, äußerste Strenge und Härte[7] bei Vergehen gegen die grundherrliche Ordnung ist gepaart mit bemerkenswerter Milde und Wohltätigkeit. Der lokale Verwalter konnte ins Gefängnis werfen, in Eisen legen, öffentlich ausprügeln und sogar foltern lassen, wenngleich kein Grund und kein Recht besteht, angesichts des Raffinements von Quälereien und ausgeklügeltem psychischen Terror in unseren Tagen jene Strafbehandlungen als besonders grausam zu brandmarken.[8] Neben der eigenmächtigen und autoritativen Entscheidung des Grundherrn steht die Berücksichtigung des Rates der Dorfgenossen. In ihren Streitfällen untereinander oder ihren gegenseitigen Beziehungen blieb der Gutsverwalter häufig völlig beiseite, und die Klärung der Probleme oblag allein dem Mir.[9] Wenn die Untergebenen des Bojaren Boris Morozov in Schriftstücken sich auf ihn bezogen, geschah dies nicht selten ohne Titel. Oft verwendete man einfach das Wort „Bojar" ohne Namen oder auch nur den Vor- und Vatersnamen – in diesem Fall „Boris Ivanovič" – ohne Familiennamen. War Morozov der Adressat, war auch in diesen Fällen die Anrede nicht übertrieben devot, z. B.: „an den gnädigen Herrn [*gosudarju*] Boris Ivanovič."[10] Es erstaunt die bisweilen sehr vertrauliche und persönliche Art und Weise des Umgangs Morozovs mit seinen Bauern, die in keiner Weise die gewaltigen Standesunterschiede zwischen ihnen und die Tatsache, daß Morozov zu den reichsten und mächtigsten Männern des Reiches gehörte, vermuten läßt.[11]

Auf Morozovs Gütern galt ein generelles Arbeitsverbot an Sonntagen, was jedoch, wie aus Verwalterklagen hervorgeht, nicht eingehalten wurde. Säumiges Arbeitsverhalten für den Grundherrn wurde mit Knuthieben vor dem Mir geahndet. Glücksspiele waren ebenso verboten wie ausdauernde Kneipenaufenthalte. Ebd. S. 20, 466 f, 469–471.

[7] 1650 hatte ein Bauer im Dorf Muraškino in betrunkenem Zustand Nachteiliges über Morozov geäußert, was dem Verwalter hinterbracht wurde. Vergeblich flehte der Beklagte in einer Bittschrift an den Bojaren um Gnade. Morozov schrieb in einer persönlichen Anweisung für den Verwalter folgende Strafbehandlung vor: Öffentliches Auspeitschen („vor dem ganzen Mir, damit das alle sehen"), Kerkerhaft, „bis sich die Haut erholt hat", erneutes öffentliches Auspeitschen „ohne Gnade", wiederum Kerkerhaft und Verhör mit Folterung („ob nicht mit ihm jemand verschworen sei"). Ebd. S. 508.

[8] Die öffentlichen Emotionen, denen sich die Vollstrecker der Körperstrafe aussetzten, waren sicherlich nicht nur positiv und unterstützend. Die modernen Folterknechte verrichten ihr schreckliches Handwerk, ohne der belastenden öffentlichen Beobachtung ihres Tuns ausgesetzt zu sein, im geheimen.

[9] Zabelin, Bol'šoj bojarin, S. 501.

[10] Ebd. S. 503.

[11] So ist ein Brief Morozovs mit freundlich gehaltenen Ermahnungen an einen Bauern, daß er mit dem Trinken aufhören möge, damit er seinen Pflichten als Zolleinnehmer nachkommen könne, überliefert, der folgendermaßen beginnt: „Von Boris Ivanovič in meine Nižnij-Novgoroder Votčina in das Dorf Lyskovo an meinen Bauern Ivan Ontropov ...". Ebd. S. 477.

Adlige Grundherrschaft wird hier in dem allgemeinen Sinne einer „Herrschaft über Land und Leute" (O. Brunner) verstanden, wobei sowohl die Form des Landbesitzes als auch der rechtliche Status und die soziale Herkunft der darauf sitzenden Bevölkerung sich im Laufe der Zeit wandeln. An der Spitze der großen bojarischen Wirtschaft in Kiever Zeit, die erblich und vom Dienst unabhängig war, stand der als „tiun" bezeichnete Verwalter. Das Land wurde von Sklaven, halbfreiem Gesinde und verschiedenen Kategorien ökonomisch und rechtlich abhängiger Personen bewirtschaftet. Ob die adligen Besitzungen mit Immunität ausgestattet, d. h. aus der Gerichts- und Finanzhoheit der fürstlichen Administration herausgenommen waren, ob solche Immunitätsrechte vom Fürsten verliehen oder als ein dem Erbgut von Anbeginn immanentes Wesensmerkmal betrachtet werden müssen, ist umstritten. Adliger Grundbesitz mit den Merkmalen feudaler Beziehungen – mit Immunität ausgestattete Lehen, die Herrschaft über die auf ihnen lebenden, vormals freien Bauern begründeten – ist jedenfalls bei unvoreingenommener Betrachtung nicht nachzuweisen.[12] Es gibt keine Fakten, die die Existenz einer seigneuralen Votčina in der Kiever Ruś belegen, oder, mit den Worten eines modernen Historikers: Das „seigneurale Erbgut" in der alten Ruś ist „eher Trugbild als Realität".[13] Freilich muß das Fehlen von Quellenzeugnissen nicht das Fehlen der Erscheinung selbst bedeuten, was erklärt, daß, wie häufig in solchen überlieferungsproblematischen Fällen, auch die völlig gegensätzliche Position entstehen konnte, die entweder die – hypothetischen – Landverleihungen des Fürsten an adlige Gefolgsleute zugleich und implizit mit der Exemtion aus seiner Finanz- und Gerichtshoheit verknüpfte oder – ebenfalls hypothetisch – die Immunität, unabhängig von der Entstehung des großen Grundbesitzes, als dessen unabdingbares Wesensmerkmal mit seiner Existenz verbunden und deshalb bereits in der Kiever Periode zu voller Ausbildung gelangt sah.[14] Die Loslösung der Immunität von der Grundherrschaft und ihre Anbindung an die mit der „Durchfütterung" gewährten befristeten Rechte auf Tribut und

---

[12] Kirchliche Organisationen besaßen Gerichtsimmunität über die sog. „Kirchenleute" (Weltgeistliche, Mönche, Nonnen usw.). Es ist allerdings zweifelhaft, ob die Kirche darüber hinausgehende Immunitätsrechte besessen hat, welche auch die Befreiung der auf Kirchenland lebenden Personen von der fürstlichen Administration beinhalteten. Vgl. Kaštanov, Rannjaja sovetskaja istoriografija feodal'nogo immuniteta, S. 178 f. Von einer anfänglich nicht mit Landbesitz verknüpften „Immunität", die er als feudales Institut betrachtet, das sich auf Sklaven und Halbfreie bezog, spricht Frojanov, K istorii immuniteta v Kievskoj Rusi, S. 58.
[13] Ders. Kievskaja Ruś. Očerki social'no-političeskoj istorii, S. 107. Vgl. auch Presnjakov, Knjažoe pravo, S. 296: „Im 11.–12. Jh. sehen wir keine Anzeichen einer Verbindung von bojarischem Landbesitz mit den Anfängen einer grundherrlichen Gerichtsbarkeit."
[14] Vgl. dazu die historiographischen Übersichten bei Kaštanov, Rannjaja sovetskaja istoriografija feodal'nogo immuniteta, S. 152 ff; Frojanov, K istorii immuniteta, S. 52.

Gericht erlaubte es einigen Historikern sogar, sie in dieser vom Privatbesitz unabhängigen Form bereits seit dem 9. Jh. festzumachen.[15]

Die schmale und unklare Quellenlage kam dem Entstehen theoretischer und logischer Konstruktionen unter dem Einfluß gesamtkonzeptioneller historischer Entwürfe in dieser Frage sehr entgegen, ohne daß damit freilich die wissenschaftliche Klärung des Problems entscheidend vorangetrieben worden wäre. Die *Russkaja Pravda* enthält Strafbestimmungen für den Fall, daß ein Sklave *(cholop)* oder Halbfreier *(zakup)* seinem Herrn entläuft, spricht aber nie von der Flucht eines Smerden, in dem jedoch viele einen feudal-abhängigen Bauern vermuteten.[16] Auch die Erforschung der bäuerlichen Bevölkerung der Kiever Ruś hat somit letztlich zu ähnlichen Resultaten bezüglich der Grundherrschaft geführt wie die des Adels. Die Geschichte bäuerlicher Abhängigkeit im Sinne von Hörigkeit oder gar Leibeigenschaft reicht aller Wahrscheinlichkeit nach nicht bis in die Kiever Zeit zurück.[17]

Bei der Wanderfreudigkeit der Fürsten in der späten Kiever und frühen Teilfürstenperiode konnten die in rein persönlichen Beziehungen zu ihnen stehenden Gefolgschaftsmitglieder nicht zu einer landschaftlich verwurzelten Aristokratie werden, bzw. erst mit der größeren Seßhaftigkeit der Fürsten gewann auch für die Bojaren und freien Dienstmannen Grundbesitz an Bedeutung,[18] über dessen Ursprung allerdings die Ansichten weit auseinandergehen. Die Masse des Großgrundbesitzes, wie er im 14. und 15. Jh. begegnet, wird von den einen auf fürstliche Verleihung, durch die freie Bauern und ganze dörfliche Genossenschaften in grundherrliche Verfügungsgewalt gerieten, oder auf Usurpation unter die Herrschaft mächtiger adliger Herren zurückgeführt, während nach einer anderen Auffassung der große private Grundbesitz auf der Grundlage von Sklavenarbeit und später durch Ansiedlung freier Bauern auf bereits von Sklaven gerodetem Land oder Ödland entstanden ist.[19] Nicht

---

[15] So der sowjetische Historiker S. V. Juškov, vgl. Kaštanov, Rannjaja sovetskaja istoriografija feodal'nogo immuniteta, S. 177 f. Für Juškov und andere ist das *selo* (Dorf) der Quellen des 11.–12. Jh. unzweifelhaft der Mittelpunkt der feudalen, seigneuralen Herrschaft, vgl. Očerki po istorii feodalizma, S. 130.

[16] Vgl. die verschiedenen Hypothesen zu den Smerden bei Rüß, Das Reich von Kiev, S. 400.

[17] Vgl. Jablonowski, Das Problem bäuerlicher Abhängigkeit im Kiever Reich, S. 9.

[18] Vgl. Schulz, Die Immunität, S. 69.

[19] Ebd. S. 96 f. Im Mittelpunkt der Grundherrschaft stand die eigentliche Gutssiedlung *(selo)* mit den Höfen des unfreien und halbfreien Gesindes, um die herum die Weiler *(derevni)* der abhängigen Bauern gruppiert waren. Bei letzteren ist zwischen wohlhabenden Altsassen *(starožil'cy)*, Zugezogenen *(prišlye)*, Hälftnern *(polovniki)* und Silberschuldnern *(serebreniki)* zu unterscheiden, deren jeweils andere rechtliche und soziale Stellung aber aufgrund der Quellen schwer erkennbar ist. Ihnen gemeinsam war, daß sie im Gegensatz zu den Schuldknechten *(kabalnye cholopy)* und den Vollsklaven *(polnye cholopy)* weiterhin ihre Freizügigkeit behielten. Vgl. Heller, Russische Wirtschafts- und Sozialgeschichte, S. 119.

alle Theorien über die Entstehung des großen weltlichen Grundbesitzes sind allerdings quellenmäßig überhaupt faßbar. In besonderem Maße gilt das für die Vorstellung des allmählichen Herauswachsens der adligen Votčina aus dem freien bäuerlichen Allod, wie sie in der sowjetischen Forschung lange Zeit vorherrschte.[20] Unzweifelhaft ist, daß jede dieser Theorien eine andere Sicht auf den Grundherrschaftscharakter und die Intensität der Beziehung des Adels zum Land nach sich zieht, welche letztere z. B. im Falle fürstlicher Verleihung geringer einzuschätzen ist als bei einer autochthonen Genesis des großen Grundbesitzes. Als Indiz für ein im Vergleich zum westlichen Adel loseres Verhältnis zum Grundeigentum kann die Tatsache gelten, daß die überwiegende Mehrheit der nichtfürstlichen Familiennamen patronymisch ist und sich nicht von den adligen Ländereien oder Stammsitzen herleitet, wie das etwa in Frankreich, Deutschland, England oder Polen der Fall war.[21]

Ein ebenfalls oft bemerkter Unterschied zu westlichen Verhältnissen ist der geringere Umfang grundherrschaftlicher Rechte und Freiheiten, über die der russische Feudalherr verfügte. Er „war in seiner Votčina niemals der unbeschränkte Herr, Richter und Verwalter, wie es der westliche Baron in seiner Baronie war. Die Beamten der lokalen Fürsten, seine Richter und Steuereinnehmer drangen stets ungehindert in den Bereich der Besitzungen des russischen Grundbesitzers ein."[22] Der erwähnte Streit darüber, ob adlige Immunitätsrechte auf fürstliche Begnadigung zurückgehen oder im Gegenteil als Einschränkung von ursprünglich umfassenderen adligen Herrschaftsrechten aufzufassen sind, ist weitgehend theoretischer Natur, wobei die unterschiedlichen Positionen mit der jeweils anderen Meinung über die Genesis des großen privaten Grundbesitzes[23] korrespondieren. Sind die einen der Ansicht, daß im Gegensatz zu den Königen in Westeuropa die russischen Herrscher nicht gegen die mannigfaltigen mit dem Grundbesitz verbundenen Herrschaftsrechte zu kämpfen brauchten, um die staatlichen Prärogativen aus der Sphäre der privaten Beziehungen herauszulösen, da jene grundsätzlich dem Fürsten zustanden und nur durch fürstliche Verleihung erlangt werden konnten, besteht auf der anderen

---

[20] „Der Prozeß der Bildung des feudalen Grundbesitzes bestand in der Umwandlung von freiem Gemeindeland in Feudalbesitz in hartem Kampf mit den Bauern." Smirnov, S pozicii buržuaznoj istoriografii, S. 116.
[21] Vgl. Kobrin, Vlast', S. 46.
[22] Vgl. Miljukov, Očerki po istorii russkoj kul'tury, t. I, S. 165.
[23] Die Problematik des Terminus „privater Großgrundbesitzer" liegt zutage, da Grundherrschaft eine Form von „Herrschaft über Land und Leute" darstellte. Vgl. auch Störmer, Früher Adel, S. 510. Nach V. B. Eljasevič entwickelte sich der Terminus „votčina" als Bezeichnung für Privatbesitz erst am Ende des 15. Jh. und hat bis dahin v. a. die Bedeutung der Herrschaft über ein Territorium. Vgl. Istorija prava pozemel'noj sobstvennosti, S. 162 f, 174 f. Eine historiographische Übersicht über die verschiedenen Thesen zu Herkunft und Umfang der Immunität bei Kaštanov, Die feudale Immunität, S. 33–53.

Seite die Überzeugung, daß die an den großen Grundbesitz eo ipso gekettete Immunität mit dem Anwachsen fürstlicher Macht allmählich eingeschränkt wurde, wofür das Auftreten entsprechender Gnadenurkunden *(žalovannye gramoty)* als Beweis gewertet wird.[24] So entfernt voneinander beide Positionen hinsichtlich der Genesis von Grundbesitz und Immunität auch sind, so stimmen sie doch darin überein, daß die Stärke der Fürsten- bzw. Zentralgewalt mit der Schwäche einer bodenständigen Landaristokratie unmittelbar zusammenhängt und die Entwicklung der russischen Autokratie in enger Verbindung mit der Qualität und Quantität adliger grundherrlicher Rechte gesehen werden muß. In beiden Fällen sind das normative Vorbild der Interpretation die sozialökonomischen Bedingungen bzw. feudalen Beziehungen, wie sie sich im westlichen Europa ausgebildet hatten, wobei, nebenbei bemerkt, die dortigen z. T. sehr unterschiedlichen historischen Entwicklungen zum Vergleichszweck oft eine unzulässige Nivellierung im Sinne einer „abendländischen" sozialen und politischen Gesamtphysiognomie erfahren. Wir sind hingegen geneigt, dem so bewerteten grundherrschaftlichen Faktor eine wesentlich geringere Bedeutung für das Verständnis der sozialen Stellung und politischen Rolle des russischen Adels zuzumessen, als dies üblicherweise geschieht.[25] Die vermeintliche politische Schwäche des russischen Adels ist schwerlich monokausal oder auch nur hauptsächlich auf die mindere Qualität seiner grundherrschaftlichen Kompetenzen zurückzuführen. Diese waren auch ohne Introitusverbot für die Repräsentanten der fürstlichen Administration in den grundherrlichen Bereich relativ umfassend und im Sinne partikularer Machtkonzentration bei entsprechendem Willen

---

[24] Die erste These ist am ausführlichsten von dem bekannten Rechtshistoriker A. D. Gradovskij entwickelt worden, siehe Schulz, Die Immunität, S. 69 f. Als kompetenter Verfechter dieser Auffassung ist im 20. Jh. S. B. Veselovskij hervorgetreten. Die verbreitete sowjetmarxistische Position einer fortschreitenden Schmälerung autogener adliger Herrschaftsrechte ist aufgezeigt bei Smirnov, S pozicii, S. 123. Eine ähnliche Position findet sich in der vorrevolutionären, nichtmarxistischen Literatur bei A. E. Presnjakov, der von der Annahme ausging, daß Immunität nicht das Resultat fürstlicher Verleihung, sondern das wirtschaftliche und soziale Spezifikum des großen Grundbesitzes war, der in der Periode der Teilfürstentümer unter den Bedingungen des kolonisatorischen Prozesses entstanden sei. Im Maße der Liquidierung der teilfürstlichen Ordnung und der Bildung eines zentralisierten Staates im 16. Jh. seien auch die Immunitätsprivilegien der großen Grundherren liquidiert worden. Vgl. Nosov, Stanovlenie soslovnogo predstavitel'stva, S. 166.

[25] Die Wurzeln für die russische Autokratie sieht P. Miljukov in erster Linie im Fehlen seiner starken bodenständigen Landaristokratie, vgl. Schulz, Die Immunität, S. 70, was zwar ein auf den ersten Blick einleuchtendes, gleichwohl formales und oberflächliches Urteil ist, da die russischen Verhältnisse hier wiederum in das Prokrustesbett des Vergleiches mit westlichen Entwicklungen gezwängt werden. So schreibt auch Pipes, Rußland, S. 177: „Der russische Staat wuchs und formte sich, ohne sich mit einem starken Landadel auseinandersetzen zu müssen – ein für seine historische Entwicklung entscheidender Faktor."

politisch ausbaufähig. Ein häufig wiederkehrender Passus in den zwischenfürstlichen Verträgen über die Rechte der Bojaren in ihren Besitzungen lautet: „und ihr Eigentum [*domy*] verwalten sie selbst, und wir dürfen in es nicht eintreten."[26] Konkretisiert wird dies in einigen erhaltenen Gnadenurkunden, die sowohl die Befreiung von Steuerlasten (Tribut) und Zöllen, von Abgaben verschiedener Art (Gebühren für Verwaltungsakte oder den Unterhalt staatlicher Einrichtungen, wie z. B. die Poststationen)[27] und Verpflichtungen (z. B. Futtergestellung für Pferde zarischer Verwaltungsagenten oder Krieger, Entbindung von Arbeitslasten, z. B. Heumahd auf fürstlichen Domänen) beinhalten als auch das Recht auf eigene Gerichtsbarkeit.[28] Nicht ganz geklärt ist freilich, ob solche Privilegierungen individuell von Fall zu Fall oder an alle adligen Grundherren verliehen wurden oder Bestandteil der Grundherrschaft waren.[29] Die Tatsache, daß die überlieferten Immunitätsrechte sich nahezu ausschließlich in Urkunden für sozial und blutsmäßig völlig unbedeutende adlige Dienstmannen finden, läßt auf ihren differenzierten Umfang schließen, ist doch davon auszugehen, daß die Spitzen der aristokratischen Elite über mindestens ebenso große Rechte und Freiheiten auf ihren Besitzungen verfügten, wie sie in den ausdrücklich gewährten (und zufällig überlieferten?) Privilegien an kleine Dienstleute festgehalten sind.

Fürst A. I. Vorotynskij schenkte im Jahre 1547 einer Klosterbruderschaft Land und verzichtete in einem Gnadenbrief auf folgende Einnahmen, Leistungen und Rechte: Tribut (*dan'* im Sinne des ganzen Komplexes direkter Steuern), Marktzölle („pošlin ne dajut po moim torgam"), Pflüge- und Mäharbeiten („pašni moej ne pašut", „sen moich ne kosjat"), Fütterung der Pferde und Hunde („konej moich i sobak ne kormjat"), Gestellung von Fuhrwerken für die Poststationen („podvod na naši jamy ne emljut"), Bewirtung seiner Leute bei festlichen Gelagen, außer wenn dazu eingeladen war („naši ljudi v bratčiny i na piry nezvany ne chodjat"), Jagd („lovčij moj i ochotniki v

---

[26] Zit. bei Jabločkov, Istorija dvorjanskago soslovija, S. 92. „Und welche meiner Dörfer ich meinen Bojaren und Fürsten und Bojarenkindern geschenkt habe und ihnen und ihren Kindern auf jene Dörfer dauerhaft meine Gnadenurkunden erteilt habe ..., und in jene Dörfer dürfen mein Sohn Vasilij und meine Kinder bei ihnen nicht eintreten," DDG Nr. 89, S. 361.

[27] Der „Jam" beinhaltete ursprünglich den Unterhalt und die Versorgung der Poststationen mit Pferden und Kutschern usw. Die seit dem Beginn des 16. Jh. erhobenen „jamskie deńgi" waren eine reine Geldsteuer.

[28] Vgl. Alekseev, Volost' v Perejaslavskom uezde, S. 229.

[29] Aus dem spätmittelalterlichen Deutschland sind kaum weltliche Immunitätsverleihungen überliefert. Der Adel ließ sich seine „Immunität" niemals bestätigen, weil sie wesentlich zum Herreneigen gehörte, autogenes Recht war. Vgl. Gebhardt, Handbuch der Deutschen Geschichte, Bd. 1, S. 625. Die Auffassung von der Existenz eines Geblütsadels, der von Ursprung an über Allod und Immunität verfügte, ist in der deutschen Forschung sehr verbreitet. Vgl. Genicot, Recent Research, S. 26.

monastyrskie derevni ne v-ezžajut"). Ferner verfügte Vorotynskij über Gerichtsbarkeit („namestnicii Peremyšl'skie monastyrskich ljudej ne sudjat"), außer bei Mord und schwerem Raub („oprič' dušegubstva i razboja"). Nicht befreit sind die Bauern von der Beteiligung am städtischen Wehraufgebot („sošnoe gorodovoe delo").[30] Einige der wenigen überlieferten Gnadenurkunden, deren Empfänger ein hoher Adliger war, ist die für Fürst Michail Iv. Kubenskij ebenfalls aus dem Jahre 1547. Er hatte um ihre Neuausstellung gebeten, da die alte verbrannt war. Die Immunität, die Kubenskij gewährt wird, ist uneingeschränkt. Sie beinhaltet völlige Lastenbefreiung von staatlichen Abgaben sowie offenbar eine unbeschränkte Gerichtsbarkeit.[31] Das ist allerdings eine Ausnahme. Generell war kein Grundherr, so hoch oder niedrig er stand, von jeglichen steuerlichen Lasten seiner Bauern befreit,[32] nur waren sie in der Regel niedriger als diejenigen der „schwarzen", nicht in grundherrlicher Abhängigkeit stehenden Bauern, da nur ein Teil der bäuerlichen Leistungen an die Staatskasse abgeführt wurde. Bojaren konnten in außergewöhnlichen Notlagen, die erhöhte finanzielle Anstrengungen des Staates erforderten, z. B. bei der Auslösung von Gefangenen, sogar mit größeren Abgaben belastet werden als die übrige Bevölkerung.[33] Ein einheitliches Prinzip der Besteuerung und Belastung des weltlichen großen Grundbesitzes sowie der auf ihn bezogenen gerichtlichen Kompetenzen existierte jedenfalls nicht.[34] Daß auch Bojaren und freie fürstliche Dienstleute mit Tribut, der lange Zeit ein Tribut an die Tataren war, belastet wurden, ist den zwischenfürstlichen Verträgen seit dem 14. Jh. zu entnehmen.

---

[30] Vgl. Sbornik dokumentov, t. III, Nr. 15, S. 151.
[31] Vgl. AAĖ, t. 1, S. 204 f (Nr. 215): „und über jene seine Leute und Christen hält Fürst Michail Ivanovič selbst in allem Gericht, oder wem er es überträgt." Schwere Verbrechen wie Raub und Mord blieben allerdings in der Regel in der Gerichtsbarkeit des Statthalters. Vgl. Akty russkogo gosudarstva 1505–1526 gg., Nr. 14 (S. 23 f), Nr. 16 (S. 25), Nr. 51 (S. 54), Nr. 64 (S. 70). Vgl. auch Gorskij, O votčinnom sude, S. 33. Schon im 14. Jh. gibt es Urkunden, die Kriminalsachen der Kompetenz des Statthalters vorbehalten. Seit dem Beginn des 15. Jh. sind Urkunden mit beschränkter Gerichtsbarkeit von Anfang an häufiger als solche mit unbeschränkter. Vgl. Schulz, Die Immunität, S. 140 f. Während der Thronkriege gewähren gelegentlich sowohl Vasilij II. als auch seine Gegner uneingeschränkte Gerichtsbarkeit. Ebd. S. 224.
[32] J. D. Clarkson konstatiert, daß der russische Adel, wie der westliche, von Steuern natürlich befreit gewesen sei, vgl. Some notes, S. 192, was eine in der mangelnden chronologischen und faktischen Differenzierung ungenaue Aussage ist.
[33] Vgl. Sergeevič, Drevnosti russkago prava, t. III, S. 311.
[34] Dies wird auch besonders deutlich hinsichtlich der unterschiedlichen Immunitätsprivilegien, die Klöstern gewährt wurden. Vgl. dazu Kaštanov, Immunitetnye gramoty 1534 – načala 1538 g.

Der Grundsatz der allgemeinen Lastenpflichtigkeit[35] steht also außer Zweifel. Allerdings gab es davon eine Vielzahl von Ausnahmen bzw. von regionalen, lokalen und individuellen Abweichungen. Selbst der in einer Hand vereinigte Besitz konnte einen verschiedenen Grad von Immunität aufweisen, etwa abhängig davon, ob es sich um Erb- oder Dienstgut handelte. Die Privilegierungen der Gnadenbriefe waren zeitlich höchst unterschiedlich bemessen, manchmal bezogen sie sich nur auf einen Teil des Besitzes. Der völligen stand die nur partielle Befreiung von Lasten gegenüber, der vollständigen Überantwortung von Gerichtsbarkeit nur die niedere. Eine Befreiung von der Gerichtsbarkeit des Statthalters konnte mit keinerlei Steuerprivilegien korrespndieren[36] usw., so daß es schwerfällt, einen allgemein gültigen und repräsentativen Kodex adliger grundherrschaftlicher Immunisierung aufzustellen.[37] Während des geamten 16. Jh. waren die staatlichen Verpflichtungen der Bojaren- und Kirchengüter sehr unterschiedlich.[38] Unzweifelhaft scheint jedoch, daß der hohe Adel mit sehr weitgehenden Immunitätsrechten ausgestattet war[39] und der

---

[35] Das entscheidende Kriterium für die Lastenpflichtigkeit (*Tjaglo*-Pflicht) war die eigene Wirtschaft bzw. der eigene Hof (in Kiever Zeit *dym* = Rauchfang). Nach der wichtigsten direkten Abgabe, der *dań*, welche im 14. und 15. Jh. eine direkte Grund- und Hofsteuer war, wurden die lastenpflichtigen Leute als *dannye ljudi* bezeichnet. Die Zählung und Registrierung der Bevölkerung ist auf die Tributeinnehmer der Tataren, die *baskaki*, zurückzuführen. Als Steuereinheit galt die *socha* (Pflugschar). Grundlage zur Bemessung war nicht eine absolute Fläche, sondern die Zahl der zur Verfügung stehenden Arbeitskräfte, Zugtiere, Pflüge oder die Menge des ausgesäten Getreides. Vgl. Schulz, Die Immunität, S. 49.

[36] Ebd. S. 287–295.

[37] Eine Abschaffung der Freibriefe *(žalovannye tarchannye gramoty)* wurde im Art. 43 des Sudebnik von 1550 vorgesehen, wobei jedoch umstritten ist, ob die Maßnahme sich auf Verleihungen an geistliche Einrichtungen oder (auch) auf weltlichen Besitz bezog. Im Jahre 1617 wurde eine allgemeine Überprüfung aller vorhandenen großfürstlichen und zarischen Privilegierungen vorgenommen. Vgl. Rossijskoe zakonodatel'stvo, t. II, S. 143. Daß Gnadenbriefe nicht mehr ausgestellt wurden, bedeutete nach Veselovskij nicht die Liquidierung der Immunität, sondern deren Umwandlung in Standesrecht aller feudalen Grundbesitzer. Vgl. Basilewitsch, Versuch einer Periodisierung des Feudalzeitalters, S. 33.

[38] Vgl. Schulz, Die Immunität, S. 200.

[39] B. N. Florja konstatiert gravierende Unterschiede im Umfang der Steuerimmunität zwischen Hoch- und Kleinadel, welcher letzterer praktisch keinerlei Sonderrechte besessen habe. Derselbe Autor verweist darauf, daß die Rechte der Grundherren in ererbten oder gekauften Gütern umfassender waren als in verliehenen, vgl. Evoljucija podatnogo immuniteta svetskich feodalov, S. 67, 55, 54, was bedeutet, daß der über allodialen Grundbesitz verfügende Hochadel privilegierter als die Masse des übrigen Adels war. Schulz, Die Immunität, S. 202 konstatiert, daß die staatlichen Verpflichtungen der Bauern auf Erb- und Dienstgut in der 1. Hälfte des 16. Jh. „noch außerordentlich unterschiedlich" waren. Basilewitsch schreibt: „Auch in der eingeschränkten Form verlieh die den großen Grundherren gewährte Immunität diesen eine besonders privilegierte Stellung gegenüber der zahlreichen Schicht der Bojarenkinder." Vgl. Versuch einer Periodisierung, S. 33.

einzelne Aristokrat durchaus in seiner Grundherrschaft als ein mit umfassenden gerichtlichen und administrativen Kompetenzen ausgestatteter kleiner „Herrscher" *(gosudaŕ)* angesehen werden kann. Zwar wird eben dies mit dem Hinweis auf die generelle Tjaglopflicht der moskowitischen Bevölkerung und die im Unterschied zum Westen fehlende ständische Verankerung der Immunitätsrechte des Adels von Teilen der Forschung bestritten und speziell der mangelnde Umfang grundherrlicher Privilegiertheit für die Schwäche einer bodenständigen Landaristokratie verantwortlich gemacht,[40] aber überzeugend ist diese Interpretation keineswegs. Gerade die mit den umfassendsten Rechten ausgestattete Hocharistokratie hat diese offenbar nicht als Anreiz zu lokaler Seßhaftwerdung und lokalem Herrschaftsausbau angesehen. Diese Beobachtung vermag aber sehr wesentlich zum Verständnis des Instituts der Immunität in Rußland beizutragen. Ich behaupte, daß die beschränkte Immunität der Masse des provinziellen Adels[41] ganz entschieden im Interesse des hohen Bojarenadels lag, dem andernfalls, bei völliger Exemtion des gesamten „weißen" Landes aus der großfürstlichen und zarischen Verwaltung, riesige Einkunftsquellen aus Statthalterschaftspositionen verlorengegangen wären. Die unterschiedliche grundherrschaftliche Privilegiertheit hatte also durchaus einen macht-, herrschafts- und klassenspezifischen Hintergrund. Sie wurde im materiellen und politischen Interesse des Hochadels aufrechterhalten und ist keineswegs vornehmlich unter dem Aspekt der Durchsetzung der moskowitischen Autokratie zu Lasten von Adelsrechten zu sehen, deren mindere Qualität oder Nichtexistenz somit zum Teil als eine unmittelbare Folge des engen Bündnisses bzw. der engen Interessenübereinstimmung von großfürstlicher bzw. zarischer Gewalt mit der Hocharistokratie verstanden werden muß, die sich für geleistete Dienste in exponierten Positionen an den Futterkrippen der Provinzverwaltung schadlos hielt. Daß im Endeffekt dadurch autokratischen Tendenzen Vorschub geleistet wurde – wegen der nicht nur in diesem Fall fehlenden Interessenidentität des Gesamtadels untereinander, aufgrund der damit zusammenhängenden schwachen grundherrschaftlichen Stellung der Masse des kleinen Provinzadels und wegen der mangelnden Bodenständigkeit der Hocharistokratie, die ihre politischen und materiellen Ambitionen im Bündnis mit der Zentralgewalt und als deren wichtigste Stütze zu realisieren suchte –, ist nicht zu verkennen,

---

Ähnlich Nosov, Stanovlenie soslovnogo predstavitel'stva, S. 171, der bemerkt, daß die bedeutenden Fürsten und Bojaren in der 1. Hälfte des 16. Jh. nicht selten über die volle Jurisdiktion in ihren Ländereien verfügten.

[40] „Die Souveränität der Krone war auf den Trümmern des Privateigentums errichtet worden, durch die erbarmungslose Zerstörung der Teilfürstentümer und anderer Votčinen." Pipes, Rußland, S. 178. S. auch oben Anm. 25.

[41] Erhielt ein Statthalter ein Gebiet in Kormlenie-Verfügung und befanden sich darauf private Güter, so galt deren Bevölkerung nach Ansicht von H. W. Dewey nur dann als „immun", wenn die Grundherren über Freibriefe verfügten. Vgl. The Decline, S. 26.

aber deren Ausmaße und politisch stringente Zielgerichtetheit auch nicht zu überschätzen.

Auf der „Befriedungsversammlung" *(sobor primirenija)* von 1549 wurde am 28. Februar folgender Beschluß gefaßt, der die vorangehende Interpretation u. E. nachhaltig unterstützt: „Der Car' und Großfürst Ivan verfügte mit seinem Vater, dem Metropoliten Makarij und den Bojaren, daß in allen Städten des Moskauer Landes die Statthalter über die Bojarenkinder nicht Gericht halten dürfen in keiner Sache, außer bei Mord, Diebstahl und Raub auf handhafter Tat."[42] Zwar bedeutete dieser Beschluß eine gesteigerte Rechtssicherheit für den niederen Adel, der vor Willkür der hochadligen Repräsentanten der zarischen Verwaltung künftig besser geschützt sein sollte, aber er ist zugleich ein eindeutiger Beleg für den Zusammenhang zwischen den materiellen und politischen Interessen der Hocharistokratie und den beschränkten grundherrschaftlichen Rechten der Masse des Provinzadels, dem durch den Entzug der richterlichen Kompetenz im Falle von Diebstahl *(tat'ba)* sogar eine weitere Beschneidung seiner grundherrlichen Gewalt zugemutet wurde.[43] Auch von daher ist die häufig anzutreffende Deutung dieses Erlasses aus dem Jahre 1549 als „antibojarisch" kaum gerechtfertigt.

Über die Art und Weise, wie im 17. Jh. ein großer Grundherr unter Umständen mit seinen unbotmäßigen Bauern verfuhr, die er öffentlich auspeitschen lassen und zu langer Kerkerhaft verdammen konnte, wurde oben berichtet. Auf dem Moskauer Hof Nikita Romanovs, von dem aus die Votčina des Bojaren durch zwei Verwalter und ihren Stab zentral geleitet wurde, gab es ein „Hausgefängnis",[44] ein unzweifelhafter Hinweis auf die Fortexistenz der seigneuralen Gerichtsbarkeit und Strafgewalt. Allerdings lagen Kriminalverbrechen (Diebstahl, Raub, Brandstiftung usw.) fernerhin nicht in der Kompetenz der Grundherren, sondern wurden entweder in Moskau im *Razbojnyj Prikaz* oder in der Provinz von den Voevoden oder Starosten entschieden.[45] Der Umfang der gutsherrlichen Jurisdiktion wird von einigen Historikern höher eingeschätzt, als das Gesetz es zuließ. Artikel 7 des 13. Kapitels des Uloženie von 1649 bestimmte, daß Adlige vor Gericht für ihre Bauern „in allen Angelegenheiten, Diebstahl, Raub und Mord ausgenommen, Klage anstrengen" und für sie Verantwortung tragen sollen.[46] Man kann darüber spekulieren, wie diese Bestimmung in der Praxis gehandhabt wurde. Bekanntlich zeichnen einige Forscher ein sehr negatives Bild von der rechtlichen Lage der Bauern auf den großen Gütern um die Mitte des 17. Jh. Demgegenüber wird aber auch betont,

---

[42] PSRL 12, S. 528, 529.
[43] In der Gerichtsimmunität erscheinen vor dieser Zeit in der Regel nur Mord und Raub. Vgl. Kaštanov, Immunitetnye gramoty 1534 – načala 1538 g., S. 417.
[44] Vgl. Zaozerskaja, Iz istorii, S. 47.
[45] Vgl. Kotošichin, O Rossii, S. 141, 142 f.
[46] Vgl. Sobornoe uloženie 1649 goda, S. 70.

daß außer der Steuerleistung und der Jurisdiktion in schweren Kriminalsachen alle Aspekte des Lebens auf dem grundherrschaftlichen Dorf nicht geregelt und faktisch dem Gutdünken der Gutsbesitzer überlassen waren, wobei jedoch die Dorfgemeinde mit ihrem Kontrollrecht über die Gutsverwaltung und die Steueraufteilung und ihrer Mitwirkung durch Starosta und „gute" Bauern bei Gerichtsfällen ein starkes Gegengewicht zur Macht der Gutsherren bilden konnte.[47]

Spärliche Angaben existieren zu den staatlichen Abgaben der Bevölkerung des adligen Grundherrschaftskomplexes. Die Bauern der Güter Morozovs hatten Geldzahlungen für den Unterhalt der Poststationen, der Strelitzentruppe und den Freikauf von Gefangenen zu leisten. Die Einsammlung der Abgaben wurde von den Bauern selbst organisiert. Sie wurden über den Verwalter an die lokalen Staatsagenten transferiert oder zusammen mit dem grundherrlichen Zins dem Bojaren in Moskau zugeschickt. Außerdem mußten aus den Reihen der Bauern Kriegsleute für den staatlichen Dienst gestellt und generell dafür pro Hof 2 Grivnen bezahlt werden.[48] Von einer einheitlichen, „ständischen" Immunität der Grundherrschaft kann auch in dieser Zeit nicht gesprochen werden. Der Tendenz, feudale Immunitätsrechte zu beschneiden bzw. durch Einführung neuer staatlicher Lasten zu konterkarieren, standen Privilegierungen und Vergünstigungen für mächtige Grundherren gegenüber. Die Spitzen der Moskauer Adelsgesellschaft waren bis zum Jahre 1699, als ihnen dieses Privileg genommen wurde, von der Zahlung einer Gebühr befreit, die bei der Ausstellung von Urkunden und Schriftstücken, die sie betrafen, fällig wurde.[49] Die Beseitigung von Zollprivilegien, die im Interesse der damit nicht ausgestatteten Kaufmannschaft seit den 70er Jahren verstärkt in Angriff genommen wurde, und anderer finanzieller Begünstigungen des großen Grundbesitzes, wie sie zu dieser Zeit bestanden, kann als Zeichen für dessen weiterhin bestehende relative Privilegiertheit gewertet werden, die freilich weder damals noch früher eine direkte bedeutungsmäßige Entsprechung zur westlichen Immunität aufwies,[50] deren spezifische Gestalt aus einer im Vergleich zur russischen unterschiedlichen historischen Entwicklung resultierte. Die besondere Ausprägung der russischen Grundherrschaft ist eingebettet in einen komplexen Verfassungs- und Entwicklungskontext. Sie ist das Ergebnis eines multikausalen Ursachenbündels und läßt sich nicht auf das vermeintlich planmäßige Wirken einer starken Fürstengewalt reduzieren, welche letztere in dieser Perspektive häufig als eine über den gesellschaftlichen Kräften

---

[47] Vgl. Aleksandrov, Sel'skaja obščina, S. 47, 80 f. S. auch oben Anm. 3.
[48] Vgl. Petrikeev, Krupnoe krepostnoe chozjajstvo, S. 155; Kotošichin, O Rossii, S. 141.
[49] Vgl. Bulygin, Bor'ba gosudarstva s feodal'nym immunitetom, S. 333.
[50] Vgl. Schulz, Die Immunität, S. 26.

stehende und von ihnen unabhängige Macht charakterisiert wird. Die Heranziehung möglichst vieler Bevölkerungsschichten zu materiellen Leistungen entsprang zuallererst einer objektiven Notwendigkeit aufgrund der äußeren Lage Rußlands. Es ist in diesem Zusammenhang bedeutsam, daß die **nicht exemten** Verpflichtungen der auf dem adligen Grundherrschaftskomplex lebenden Bewohner sich vor allem auf solche Leistungsbereiche bezogen, die aus den Anforderungen, Bedrohungen und Folgen des außenpolitischen Status hervorgingen. Es waren dies die Beteiligung am Tatarentribut *(vychod)*, am Freikauf von Gefangenen *(polonjačnye deńgi)*, am Befestigungsbau *(gorodovoe delo)*, an der Finanzierung der Strelitzentruppen *(streleckie deńgi)*, der Rekrutierung und Finanzierung von bäuerlichen Kriegsleuten *(datočnye)*, am Wehraufgebot *(pososhnaja služba)*, am Nachrichtenwesen bzw. der Beförderung von Staatsagenten und Boten *(jam)*. Die westliche lokale Adelsherrschaft mit ihren weitgehenden Immunitätsrechten[51] hat sich vielleicht in dieser eigentümlichen Form nur deshalb entwickeln können, weil eine mit Rußland vergleichbare konstante Außenbedrohung nicht existiert hat und somit die Notwendigkeit gesamtgesellschaftlicher Anstrengungen gegen äußere Feinde nicht in gleichem Maße gegeben war, was lokale Herrschaftsausgestaltung zu Lasten der Zentralgewalt begünstigte. Ein weiterer wichtiger Faktor war das erwähnte Streben der Hocharistokratie nach einträglichen Verwaltungsposten, das mit den fiskalischen Interessen des Staates einherging. Dies hat in Rußland dazu geführt, daß von einer Interessenidentität des Adels in bezug auf den Ausbau grundherrschaftlicher Rechte nicht die Rede sein konnte, sondern im Gegenteil die Begehrlichkeit der hochadligen Elite nach reichen Belohnungen für militärische und administrative Tätigkeiten sich durchaus mit dem Erhalt des staatlichen Zugriffs auf die Masse des kleinadligen „weißen" Landes deckte. Ferner ist zu bedenken, daß es keine mit dem Anspruch des Hochadels auf administrative Kommandofunktionen konkurrierende Gesellschaftschicht, auch nicht die des sich entwickelnden nichtadligen Bürokratentums, gab, die ihn aus der staatlichen Sphäre von Machtausübung und Bereicherung in die privatere der Grundherrschaft verbannt hätte. Eine westlichen Beispielen vergleichbare grundherrliche Mentalität konnte somit unter diesen Umständen kaum entstehen, da die politischen und materiellen Ambitionen des hohen Adels immer mit überlokaler, „staatlicher" Betätigung eng verknüpft waren. Schließlich ist

---

[51] Von einem einheitlichen „westlichen" Grundherrschaftstyp kann allerdings keineswegs gesprochen werden, so waren z. B. die fiskalischen Privilegierungen in England nie so ausgeprägt wie auf dem Kontinent. Vgl. Powis, Aristocracy, S. 7. In Spanien, Südfrankreich und Italien waren die feudalen Formen des Grundbesitzes relativ unbedeutend, und generell fehlte die „private" Jurisdiktion. Es gab dort nicht die mit Nordfrankreich und Deutschland vergleichbare Tendenz zur Bildung lokaler Territorien auf der Grundlage von eigener Gerichtsbarkeit und Grundherrschaft. Vgl. Reuter, The Medieval Nobility, S. 10.

die politische Schwäche der die Masse des Adels bildenden kleinen Dienstgutbesitzer, die aufgrund fehlender alternativer Einkunftsquellen das größte Interesse an einer starken grundherrschaftlichen Position hätten haben müssen, für die Ursachenforschung des Problems von nicht geringer Bedeutung. Die Eigentumsform des theoretisch befristeten Dienstgutes förderte eine distanzierte Ausbeutungsmentalität seiner Inhaber, die zudem mit dem Bewußtsein lebten, nicht über autogenes, sondern nur geliehenes Besitzrecht zu verfügen. Die allzeitige Zugriffsmöglichkeit des Staates auf Dienstgut stand dem Ausbau und der Verbesserung von dessen grundherrschaftlicher Qualität im Wege. Man wird aber die paradigmatische Wirkung dieses Grundherrschaftstyps, der von der Mehrheit des Adels repräsentiert wurde, für eine generell sich ausbildende Vorstellung von Umfang und Grenzen adliger grundherrlicher Privilegiertheit keineswegs unterschätzen dürfen.

Ein letzter Gesichtspunkt hängt mit vorangehenden Erwägungen eng zusammen. Privilegierungen sind lange Zeit individuelle bzw. gruppenbezogene herrscherliche Gnadenakte. Adlige Immunitätsrechte haben insofern z.T. das Niveau der übrigen vielfältigen materiellen Entlohnungen für geleistete Dienste und sind deshalb nicht nur in den grundherrschaftlichen Zusammenhang eingebettet, sondern zugleich in den Beziehungskontext von Herrscher und Adel, von Belohnung und Verdienst, Privilegierung und Machteinfluß in Fürstennähe. Der bessere grundherrschaftliche Status des Hochadels ist z.T. eine Folge seiner politischen Machtstellung als der herrschenden Elite mit entsprechend größeren Privilegierungschancen. Der adlige Grundherrschaftskomplex ist also in das differenzierte Entlohnungs- und Begünstigungssystem der fürstlichen Gewalt grundsätzlich einbezogen und daher in seiner rechtlichen Konsistenz schwankend und von einer gewissen Instabilität. Es besteht die Auffassung, daß Immunitätsverleihungen gezielt zur Verstärkung der Regierungsposition und zur Gewinnung von Anhängern erfolgten[52] bzw. umgekehrt von dem Moment an restriktiv gehandhabt wurden, als diese Notwendigkeit wegen der zunehmend konkurrenzlosen Machtstellung der Moskauer Großfürsten an Bedeutung zu verlieren begann.[53]

---

[52] Ein besonders exponierter Verfechter dieser These ist S. M. Kaštanov, Social'no-političeskaja istorija Rossii, S. 242, 268, 374; ders. Feodal'nyj immunitet v gody bojarskogo pravlenija; ders. Finansovaja politika perioda opričniny. Kritisch dazu Nosov, „Novoe" napravlenie v aktovom istočnikovedenii, der v. a. die schmale und einseitige Quellenbasis, die Kaštanov als Grundkomplex des ausgegebenen Urkundenbestandes betrachtet, – von 171 Gnadenbriefen aus der Regierungszeit Vasilijs III. sind 153 an geistliche Immunisten ausgestellt, von 56 aus der Regentschaftszeit Elena Glinskajas betrifft nur eine einzige nicht eine klösterliche Besitzung –, für historische Verallgemeinerungen für unzureichend hält.
[53] Vgl. Kaštanov, Social'no-političeskaja istorija, S. 13; Schulz, Die Immunität, S. 200 f. Nach Ansicht S. B. Veselovskijs wurden seit 1506 keine Steuerbefreiungen

Es gibt also viele Gründe, die berücksichtigt werden müssen, um zu verstehen, daß in Rußland die Bojaren und freien Dienstmannen nicht zu Herren über Land und Leute im Sinne des westeuropäischen Adels wurden und daß sich die Grundherrschaft nicht zur Dimension einer politischen Zwischen- und Gegengewalt zur Zentralmacht steigerte. Die unbefriedigendste Erklärung ist die, daß sich die Grundherrschaft „unter einer bereits ausgeprägten fürstlichen Gebietsherrschaft" herausbildete,[54] deren Benachteiligte also ausgerechnet jene gewesen wären, die zu ihrer Installierung wesentlich beitrugen, nämlich die Bojaren und freien Dienstleute, ohne die nämlich eine „ausgeprägte fürstliche Gebietsherrschaft" beim damaligen Stand der gesellschaftlichen und politischen Entwicklung nicht zu denken ist. Besonders wichtig erscheint uns wiederum, neben den anderen erwähnten Gründen, der Sachverhalt der traditionellen Affinität des russischen Adels zum Fürstensitz als Quelle materiellen Reichtums und politischen Einflusses, die nicht unterbrochene höfische Orientierung der Hocharistokratie, die mit einer entsprechenden Geringachtung für lokale Herrschaftsstellung einherging und eine adlige Mentalität erzeugte, die stärker von Fürstennähe, Gefolgschaftsideologie und Amtsehrgeiz im Reichsrahmen geprägt war als von provinzieller grundherrlicher Abgeschiedenheit[55] und lokaler Souveränität.[56]

(tarchany) mehr an Feudale verliehen, sondern nur noch Gerichtsimmunitäten *(nesudimye gramoty)*. Vgl. Nosov, Stanovlenie soslovnogo predstavitel'stva, S. 165; Florja, Evoljucija podatnogo immuniteta, S. 48, 58.

[54] So in Übereinstimmung mit autoritativen Aussagen der älteren Forschung Schulz, Die Immunität, S. 267.

[55] Die These, daß die extreme Streuung und der rasche Besitzwechsel der Güter den Adel „um eine solide territoriale Basis" gebracht und die Entwicklung einer starken lokalen Bindung verhindert hätten, vgl. Pipes, Rußland, S. 180, 184, läßt sich nicht unbedingt durch den Vergleich mit vermeintlich ganz anderen westlichen Verhältnissen gewinnen. So zeichnete sich die adlige Grundherrschaft etwa in Bayern und auch anderwärts durch eine weiträumige Besitzzersplitterung und eine ausgesprochen extensive Struktur aus. Vgl. Störmer, Früher Adel, S. 510.

[56] Basis der Rechtsstellung des Adels im Westen ist seit dem Verdinglichungsprozeß des Lehnszeitalters die Grundherrschaft. Sie trennt schon im Frühmittelalter die bäuerlichen Bevölkerungsteile vom Staatsoberhaupt ab und unterstellt sie dem adligen Grundherrn. Grundbesitz zieht alle öffentlichen und privaten Rechte an sich und macht sie von sich abhängig. Realrechtlich-dingliche Bindungen schieben sich vor die persönlich-dienstrechtlichen zwischen Herrscher und Vasall. Das Lehnswesen, das dem Königtum dazu verhelfen soll, die Vasallen sicher und fest seinem Dienst zu unterwerfen, bewirkt so im Gegenteil Ausbau und Stärkung der Adelsherrschaft, die sich im Westen Deutschlands durch dingliche Abhängigkeit und ein bloß allgemeines Untertanenverhältnis, im Osten, dem Bereich der gutsherrschaftlichen Eigenwirtschaft, durch persönliche Abhängigkeit bis hin zur Leibeigenschaft auszeichnete. Die Territorialgewalten und Landesherren duldeten die Bildung lokaler Herrschaftsbezirke ihres Adels, da sie ihn zur Steuerbewilligung benötigten. Vgl. Mikliss, Deutscher und polnischer Adel, S. 21, 52 f. Parallelen zur russischen Entwicklung lassen sich in der stets unmittelbaren Rechtsbeziehung zwischen

Eine übermäßige Ausbeutung der Bauern durch den adligen Grundherrn, eine ungehemmte Zwangsherrschaft über die abhängige Bevölkerung, aus der ohne Rücksicht auf ihre Leistungsgrenzen das Letzte herausgepreßt wurde, lag nicht unbedingt im Interesse der Zentralgewalt, die von der Steuerfähigkeit des Volkes und von der Dienstfähigkeit des Adels abhängig war. Erstere konnte nur gewährleistet bleiben, wenn die Bauern nicht unter überzogenen Abgabelasten an die Grundherren zusammenbrachen, wenn die ökonomische Integrität des Erb- oder Dienstgutes gewahrt wurde und die daraus fließenden Einkünfte entsprechend den Anforderungen des Dienstes einigermaßen stabil blieben. Weder der wirtschaftliche Ruin des Bauern noch der des Adligen war also im Grund von oben her tolerierbar. Insofern bot die nicht abgerissene Verbindung zwischen Staatsspitze und grundherrschaftlich gebundener Bevölkerung dieser einen gewissen Rückhalt: Sie war, zumindest theoretisch, der unbeschränkten Willkür und Zwangsgewalt des Gutsbesitzers nicht gänzlich schutzlos ausgeliefert. Es ist aufschlußreich, was Grigorij Kotošichin, dem man sicher am allerwenigsten eine beschönigende Darstellung der gesellschaftlichen Verhältnisse im Moskauer Staat unterstellen kann, darüber schreibt: In den Gnadenbriefen würden die Erb- und Dienstgutbesitzer dazu verpflichtet, ihre Bauern vor Kränkungen und Belastungen durch Außenstehende zu bewahren und für sie einzustehen; Steuerabgaben sollten sie von ihnen gemäß des Leistungsvermögens, aber nicht darüber hinaus erheben, damit sie nicht von den Gütern verjagt und ins Elend gestoßen würden; mit Gewalt dürften sie den Bauern kein Vieh, Tiere, Getreide und anderen Besitz wegnehmen; auch sei es ihnen verboten, Leute von Dienstgütern auf die Erbgüter zu überführen, so daß jene wüst, diese aber reich würden; wer bewußt seine Bauern durch übermäßige Abgaben in Not und Armut treibe, um sie dann zu verkaufen und für das Geld andere Landbesitzungen zu erwerben, habe, nach gerichtlicher Prüfung, den den Bauern zugefügten Schaden zurückzuerstatten und mit dem ewigen Verlust der vom Zaren geschenkten Güter zu rechnen; im Fall von ähnlichen Verstößen auf einem selbsterworbenen Gut sollten die Bauern entschädigungslos an verantwortlichere Verwandte des „Peinigers" *(razoritel')* übergehen; wenn ein Adliger seine Bauern umbringe oder andere „unchristliche" Schandtaten an ihnen verübe, werde er nach dem gültigen Gesetzbuch, dem Uloženie, oder, falls bei Tötungsdelikten keine Ankläger aufträten, direkt vom Zaren abgeurteilt.[57]

Herrscher und Grundherrn in Polen-Litauen (ebd. S. 67) erkennen, wo es ebenfalls keine Unterverleihungen und damit keine rechtlichen Abstufungen, die der Lehnspyramide entsprachen, gegeben hat. Dies führte dazu, daß auf seinem Besitz der ärmste Szlachcic dem Wojewoden gleich war („szlachcic na zagrodzie rowny wojewodzie"). Ebd. S 82.

[57] Kotošichin, O Rossii, S. 141–142.

Das Verhältnis des Staates zu den adligen Grundherren und ihren Bauern war hinsichtlich der ökonomischen und rechtlichen Ausgestaltung von deren gegenseitiger Beziehung also durchaus ambivalent. Als militärische Kraft war die Masse der kleinen Dienstgutbesitzer lange Zeit unentbehrlich und mußte entsprechend begünstigt werden. Andererseits sollte die Steuerfähigkeit der grundherrlich abhängigen Bevölkerung für den Staat und das Verwaltungsreservoir für die Hocharistokratie erhalten bleiben, und dies widersprach wiederum dem verständlichen Streben der adligen Grundherren nach möglichst weitgehender materieller Ausschöpfung bäuerlicher Arbeitskraft zu ihren Gunsten. Demgegenüber bestand ein starkes Interesse der Zentralgewalt daran, eine qualitative Wertminderung der verliehenen Dienst- und Erbgüter zu verhindern, um sie als potentielles künftiges Schenkungsreservoir wirtschaftlich attraktiv zu erhalten.

Die Entwicklung der bäuerlichen Leibeigenschaft ist auf dem Hintergrund dieser Zusammenhänge zu sehen. Die Institution entwickelte sich in der Praxis aus einer Vielzahl von Ukazen und Gebräuchen und wurde durch allgemeinen Konsens aufrechterhalten, doch ohne ausdrückliche offizielle Sanktionen. Es hat nie ein Gesetz oder einen Ukaz gegeben, welche die Bauern zu Leibeigenen machten.[58] Dies erklärt u. a. die sehr weitgefächerte Anwendung des Begriffs und seine vielfältige Auslegung. Es gab Tendenzen in der Forschung, Leibeigenschaft mit feudaler Abhängigkeit allgemein und nicht mit spezifischen bäuerlichen Abhängigkeitsformen zu verbinden. Versteht man, wie dies französische Juristen schon im 13. Jh. und deutsche Juristen im 14. und 15. Jh. taten, unter voller Leibeigenschaft die Gesamtheit dreier Abhängigkeitsformen, nämlich die Leib-, Grund- und Gerichtsherrschaft, so hat es sie in dieser Form in Rußland nur dann gegeben, wenn man die privaten und staatlichen Verpflichtungen und Abhängigkeiten als qualitativ nicht unterschiedene komplexe „feudale" Ausbeutung von oben betrachtet. Versteht man hingegen unter Leibeigenschaft Schollenbindung und eine sich auf hohem Niveau bewegende soziale Verknechtung und rechtliche Statusminderung der abhängigen Bauern, so können diese spätestens seit der Mitte des 17. Jh. als in jenem Zustand befindlich angesehen werden, mit Ausnahme der „schwarzen", also nicht grundherrlich gebundenen Bauern, die allerdings in der 2. Hälfte des 17. Jh. bereits eine Minderheit innerhalb der gesamten Bauernschaft darstellten.[59]

---

[58] Vgl. Pipes, Rußland, S. 185.
[59] Nach Vodarskij waren im Jahre 1678 56 % der Bauern im Besitz weltlicher, 17 % im Besitz geistlicher Feudalherren, 10 % waren Zaren- und 17 % schwarze Bauern. Vgl. Portmann, Die neuere sowjetische Forschung zu den Anfängen der Verknechtung, S. 80. Die Frage, bis zu welchem Grade die Gesetze zur Schollenbindung auch für die schwarzen Bauern wirksam geworden sind, ist umstritten. Ebd. S. 83.

Auf dem Weg zur Schollenbindung war die Beschränkung des bäuerlichen Abzugsrechts im Artikel 57 des Sudebnik von 1497 und im Artikel 88 des Sudebnik von 1550, in denen der Abzug bei entsprechender Ablöse *(požiloe)* nur noch eine Woche vor und nach dem 26. November gestattet war, ein wichtiger Schritt. Heinrich von Staden bestätigt den Sachverhalt: „Alle bauern im lande haben zu S. Georgentagk im winter einen freien Ausgang; sie gehören zue weme sie wollen."[60] Für die Einführung weiterer restriktiver Maßnahmen zur Fesselung der Bauern an den Boden seit den 80er Jahren des 16. Jh. durch zeitlich befristete Verbote des Abzugsrechts (*zapovednye gody* = „verbotene Jahre")[61] als Reaktion auf bäuerliche Massenflucht aus den zentralen Regionen des Reiches[62] werden folgende Ursachen genannt, die allerdings von den Historikern verschieden gewichtet werden: die Kriege Ivans IV. und der innenpolitische Terror der Opričnina, die „Wirren" zu Anfang des 17. Jh., die Moskau zeitweilig zum Spielball fremder Mächte werden ließen, Katastrophen, wie die Mißernten 1569–1571 und die Pestepidemie von 1572, die zur außerordentlichen Verschärfung der wirtschaftlichen Krise führten, drastisch gestiegene Staatssteuern seit den 50er Jahren des 16. Jh.,[63] die häufig mit einer durch kein Herkommen gerechtfertigten Erhöhung des grundherrlichen Zinses *(obrok)* einhergingen.[64] Es ist völlig klar, daß die Fluchtbewegung der bäuerlichen

---

[60] Vgl. Aufzeichnungen über den Moskauer Staat, S. 47. Allgemein wird die Initiative zur Einschränkung der bäuerlichen Bewegungsfreiheit seit der 2. Hälfte des 15. Jh. den Klöstern zugeschrieben, die wegen ihrer im großen Stil betriebenen Eigenwirtschaft die Fluktuation der Bauern möglichst zu unterbinden versuchten. Vgl. Heller, Russische Wirtschafts- und Sozialgeschichte, S. 120.

[61] Erstmals 1581, eine fünfjährige Rückführungsfrist wurde ebenfalls 1592 und 1597 verkündet.

[62] Im Moskauer Kreis lagen in den 80er Jahren des 16. Jh. 84 % der Ackerflur wüst, in Novgorod 90 %. Allerdings ist mit einem hohen Anteil versteckter Landparzellen, die so der Steuerpflicht entzogen wurden, zu rechnen. Nach Abramovič, Gosudarstvennye povinnosti vladel'českich krest'jan, S. 80, übertraf der versteckte Acker den steuerpflichtigen um das Zwei- bis Dreifache.

[63] Der Anteil der Staatssteuern an der Gesamtheit der bäuerlichen Leistungen soll von ca. 10 % in der 1. Hälfte auf über 50 % in der 2. Hälfte des 16. Jh. mit Tendenz nach oben im 17. Jh. gestiegen sein. Vgl. Agrarnaja istorija, S. 127 f; Tichonov, Pomeščič'i krest'jane, S. 301 f. Da aber für die Belastungen aus dem bis 1556 bestehenden Kormlenie kein statistisch relevantes Datenmaterial vorliegt, sind die errechneten prozentualen Steigerungswerte mit Vorbehalt zu betrachten. Die generelle Tendenz wachsender staatlicher Ausbeutung – die Staatssteuern konnten auf Gütern mit Überwiegen der Arbeitsrente über 90 % der bäuerlichen Geldleistungen ausmachen – gilt jedoch als gesichert. Vgl. Portmann, Die neuere sowjetische Forschung zu den Anfängen der Verknechtung, S. 77.

[64] Hieß es früher: „und ihr, Bauern, sollt euren Dienstguthern ehren und gehorchen und zu seinem Gericht gehen und ihm den Zins zahlen nach dem Herkommen [po starine] …", so lautet die Formel der Gnadenbriefe jetzt (erstmals 1541 bezeugt): „und ihr, Bauern, sollt für ihn die Ackerflur bestellen und ihm Zins zahlen, wie er euch veranschlagt [čem on vas izobročit]." Zit. nach Grekov, Glavnejšie ėtapy, S. XLIV.

Bevölkerung aus den Zentralregionen in die südlichen Grenzsäume Existenz und Dienstfähigkeit besonders der Masse der kleinen adligen Pomest'e-Besitzer gefährdete, die über nur wenige Bauern verfügten, die aber als militärische Streitkraft vorerst unentbehrlich und deshalb vor dem sozialen Ruin in staatlichem Interesse zu schützen waren. Von einer Interessenidentität zwischen dem Kleinadel und der besitzstarken Hocharistokratie zur Verhinderung des bäuerlichen Läuflingwesens kann auch in diesem Fall allerdings nicht die Rede sein. Die reichen Grundherren profitierten im Gegenteil von den Nöten der kleinen Dienstgutbesitzer und vergrößerten auf billige Weise ihren Landfonds durch Zukauf wüst gewordenen Ackerlandes bzw. vermehrten durch die Aufnahme entlaufener Bauern, die sie vor dem Zugriff ihrer ehemaligen Besitzer bis zum Ablauf der offiziellen Rückführungsfrist verborgen hielten, um sie danach legal für sich zu reklamieren, die Zahl ihrer bäuerlichen Untertanen. Die Halbherzigkeit, mit der die Maßnahmen zur Rückführung entflohener Bauern gehandhabt wurde, wie sie sich z. B. auch in der zeitweiligen Wiederherstellung des alten Rechts auf freien Abzug unter Boris Godunov äußerte, macht den Interessenkonflikt deutlich. Die Mobilität des Bauerntums wirkte sich tendenziell zugunsten der Magnaten aus. Nach dem Smolensker Krieg (1632–1634) versuchte die mittlere Dienstgutklasse mehrfach vergeblich, eine unbegrenzte Rückführung von Läuflingen zu erreichen, was am Widerstand des hohen Adels scheiterte,[65] und erst mit dem Uloženie von 1649 wurde dieses Ziel erreicht, zu einem Zeitpunkt, als angesichts von ständig zunehmenden Bauernaufständen ein geschlossenes Vorgehen und Zusammenrücken des gesamten Adels zur Abwehr der sozialen Bedrohung von unten geboten erschien.[66] Die volle Schollenpflichtigkeit bedeutete allerdings nicht schon, daß damit de jure die Leibeigenschaft installiert war, die erst durch weitere Rechtsminderung des Status der Bauern in deren persönlichem Abhängigkeitsverhältnis zum Grundherren eintrat.[67] Es ist aber auch nach 1649 eine Tendenz des Läuflingswesens

---

[65] Vgl. Hellie, Enserfment, S. 237.

[66] In seinen „Aufrührerbriefen" denunziert Stenka Razin, der seit dem Frühjar 1670 die mittlere und untere Wolgaregion verheerte, die Bojaren, Adligen, Voevoden und Amtsleute als „Blutsauger" und „Verräter". Vgl. HGR, Bd. II, S. 112.

[67] Für die bürgerliche Forschung ist Schollenbindung der Beginn des Leibeigenschaftsprozesses, für die marxistische Forschung war sie der Abschluß, da feudale Abhängigkeit – feudales Grundeigentum – an sich schon weitgehende Verfügungsrechte des Grundherrn über seine Hintersassen einschloß. Vgl. Portmann, Die neuere sowjetische Forschung zu den Anfängen der Verknechtung, S. 51, der auch auf die außerordentliche Polyvalenz des Leibeigenschaftsbegriffs in der sowjetischen Forschung hinweist. Ebd. S. 52. Vertreter der sog. „Leningrader Schule" (I. I. Smirnov, G. E. Kočin, Ju. G. Alekseev) wandten sich gegen die Überbetonung der bäuerlichen Unfreiheit in der älteren sowjetischen Forschung, die begriffliche Identifizierung von Leibeigenschaft und feudaler Abhängigkeit. Nach G. E. Kočin bestand faktisch bis zum Ende des 16. Jh. das bäuerliche Abzugsrecht, und bis zum 16. Jh. war die bäuerliche Wirtschaft in ihrer Produktionstätigkeit von der feudalen Eigenwirtschaft völlig unabhängig.

in Richtung der großen Votčina zu Lasten der kleinen Dienstgutbesitzer zu registrieren,[68] also der Grundkonflikt einer unterschiedlichen Interessenlage hinsichtlich der bäuerlichen Mobiität innerhalb des Adels weiterhin relevant, was zugleich als Hinweis auf eine vorteilhaftere soziale Stellung der Bauern auf den großen adligen Gütern gewertet werden darf. Die Fronarbeit zeigte besonders auf den kleinen Dienstgütern seit dem letzten Drittel des 16. Jh. ansteigende Tendenz,[69] da die Barleistungsmöglichkeiten der Bauern durch die gestiegenen Forderungen des Fiskus abnahmen und die Einbußen durch die Erhöhung der Arbeitsrente kompensiert wurden, wohingegen die großen Grundbesitzer über zahlreiche Unfreie und Sklaven[70] zur Bearbeitung des Herrenackers verfügten und sie deshalb die Geld- (bzw. Naturalrente) als immer schon vorherrschende Abgabeform auch im Interesse bäuerlicher Gewerbetätigkeit, von der sie profitierten, aufrechterhielten.

Die rechtliche und soziale Physiognomie der russischen adligen Grundherrschaft war in ihren einzelnen Elementen uneinheitlich. Sie hatte sich entsprechend den historischen Bedingungen und gesellschaftlichen Kräfteverhältnissen ausgebildet und war dem Bedrohungskontext von außen und der nicht abgerissenen Verbindung zur staatlichen Sphäre angepaßt. Die Macht des Adels etwa im Hl. Römischen Reich und in Polen erwies sich zumindest von da an als fragwürdige Errungenschaft, als diese Reiche mangels einer kraftvollen Zentralgewalt im 17. bzw. 18. Jh. zum Spielball fremder Mächte

---

[68] Vgl. Heller, Russische Wirtschafts- und Sozialgeschichte, Bd. 1, S. 126.

[69] Vgl. Nosov, O dvuch tendencijach razvitija feodal'nogo zemlevladenija, S. 52. Die Frage nach dem Umfang des Frondienstes ist mangels zuverlässiger Daten umstritten, jedoch für die Entstehung der Leibeigenschaft von zentraler Bedeutung. Eine relativ weite Verbreitung der Arbeitsrente bereits im 15. Jh. wird man nicht annehmen können. Vgl. Kočin, Sel'skoe chozjajstvo, S. 330–353. Auch im 16. und 17. Jh. verdrängte die Fron die anderen Rentenformen keineswegs und war auf den Dienstgütern im Moskauer Zentrum zwischen 1648–1725 eher stagnierend. Vgl. Tichonov, Pomeščič'i krest'jane, S. 300. In der Frage der Ausbeutungsnormen ist die sowjetische Forschung zu sehr unterschiedlichen Ergebnissen gelangt, die in der Tendenz aber auf keine übermäßige Fronbelastung hindeuten. Vgl. dazu Portmann, Die neuere sowjetische Forschung zu den Anfängen der Verknechtung, S. 72 f.

[70] Der Anteil der Unfreien an der Gesamtbevölkerung wird auf 10–15 % im 16.–17. Jh. geschätzt. Sie stellten das Hausgesinde, die Ackerknechte, Hundewärter, Hirten, Melker, Biberwächter, Zeidler, Fischer, Salzsieder u. a. auf den Herrengütern. Die Arbeitssklaven *(cholopy-stradniki)* lebten entweder auf dem Herrenhof oder saßen auf separaten Knechtshöfen und bekamen für ihren Lebensunterhalt ein Stück Land zugewiesen. Die wirtschaftliche Krise zwischen 1560–1620 führte zu einem starken Anwachsen des Kabalcholopentums, das sich v. a. aus dem Kreis der Bauern rekrutierte, die die Unfreiheit für den Vorteil ökonomischer Absicherung bei gleichzeitiger völliger Entledigung von den Dienst- bzw. Steuerlasten des Staates in Kauf nahmen. Vgl. Heller, Russische Wirtschafts- und Sozialgeschichte, Bd. 1, S. 129–133.

wurden, ein Schicksal, dem Rußland zweifellos aufgrund seiner andersartigen Adelsverfassung entging. Der adlige Grundherrschaftskomplex blieb prinzipiell in das Leistungssystem für Herrscher und Staat einbezogen und erfüllte damit, wie seine Besitzer in militärischer und administrativer Funktion, wichtige gesamtgesellschaftliche Aufgaben. Die eigentlichen Profiteure dieses Systems waren die Magnaten, die Adelsspitze, die kleine aristokratische Elite mit unbegrenzten Machtchancen in Herrscher- und Hofnähe. Die relative Gleichstellung aller Adelsgüter konnte darüber hinwegtäuschen, daß eine konstante versteckte Vermögensumverteilung zugunsten des herrschernahen Hochadels und zu Lasten der Masse der kleinen Dienstgutbesitzer erfolgte. Die Bereicherungschancen durch Herrscherdienst waren für die exklusive adlige Machtelite mehr als nur eine Kompensation für Einkommensverluste aufgrund der Abführung von Staatssteuern. Es ist nicht zu erwarten, daß sich dies durch die Abschaffung des Kormlenie-Systems und seine Ersetzung durch Geldzahlungen wesentlich geändert hat. Auch die tjaglopflichtige Bevölkerung der adligen Grundherrschaft – neben der nicht grundherrlich gebundenen – trug und finanzierte somit die beträchtlichen Aufwendungen des Hochadels für Dienst und Leben in Moskau und damit automatisch zugleich – was nicht minder hoch in der aristokratischen Wertschätzung stand – dessen politisches und gesellschaftliches Prestige und Ansehen.

V. ADLIGES LEBEN

1. Allgemeines

Die extreme Facettenhaftigkeit der historischen Überlieferung zur adligen Lebensweise läßt die Frage nach dem wissenschaftlichen Sinn, sich mit ihr zu befassen, und dem wissenschaftlichen Anspruch dieses Interesses aufkommen. Es ist ja nicht zufällig, daß die Historie diesen Aspekt der Geschichte des russischen Adels nahezu gänzlich übergangen hat. Die Aussagekraft der bruchstückhaften Quellenüberlieferung scheint tatsächlich für Generalisierungen von hoher Abstraktion zu gering, die Faktenbasis zu schmal und problematisch zu sein, als daß es sich lohnen würde, den Spuren alltäglicher und individueller Lebensäußerungen zu folgen, um daraus zu weitergehenden historischen Schlüssen zu gelangen. Die Zielsetzung dieses Kapitels ist deshalb auch eine bescheidenere: Den aus globaleren politik-, rechts- und sozialgeschichtlichen Phänomenen gewonnenen Interpretationen zumindest ein Minimum von dem hinzuzufügen, was gemeinhin weniger der öffentlichen als der privaten Sphäre menschlichen Daseins zugerechnet wird, d.h. ein gewisses Maß an Verlebendigung des theoretischen historischen Entwurfs zu unternehmen in der Überzeugung, daß die „großen Strukturen" ihren Reflex im Mikrokosmos des Alltags und des einzelnen Individuums haben und das Detail als solches in seiner Eigenart der historischen Betrachtung auch dann wert ist, wenn sich dessen Einbindung in umfassendere Lebens- und Strukturzusammenhänge nicht immer sogleich herstellen und erkennen oder oft nur erahnen läßt. Der angesprochene Konservativismus der herrschaftlichen und sozialen Ordnung hatte seine Entsprechung in dem geringen oder nur schwachen Veränderungsgrad auf der Bewußtseins- und Alltagsebene im Leben der meisten Menschen, die über eine lange Zeit sehr ähnliche Haltungen, Wertbegriffe und Lebensformen für richtig erachteten. Diese wurzelten in den überlieferten ostslavisch-altrussischen Traditionen der säkularen Lebensbereiche und den religiösen Normen und Anschauungen der Orthodoxie. Eine teilweise und zumindest äußerlich signifikante Abkehr davon unter Hinwendung an andere kulturelle Vorbilder erfolgte erst im 17. Jh. v.a. durch prominente Vertreter der adligen Oberschicht.[1] Die Vermutung freilich, daß die Lebens- und Denkformen der überwiegenden Zahl der russischen Menschen in der späten Moskauer Phase ihren Vorfahren

---

[1] Vgl. Rüß, Moskauer „Westler" und „Dissidenten".

in früheren Jahrhunderten in vieler Hinsicht kaum fremdartig vorgekommen wären, läßt die zeitlich oft sehr weit auseinanderliegenden Lebensäußerungen als verwandte Zeugnisse einer größeren Geschichtsepoche und dehalb ihre komplexe Betrachtung als berechtigt erscheinen, ohne daß dieses methodische Vorgehen als eine Wertung im Sinne vermeintlich fehlender Entwicklung aufgefaßt werden soll. Daß adlige Lebensart und deren Requisiten durch die Jahrhunderte natürlich einem Wandel unterlagen, hängt mit allgemeinen historischen, materiellen und zivilisatorischen Prozessen zusammen, die sich in der Gefühls- und Verhaltensstruktur der Oberschicht niederschlugen, wobei aber in Rußland mit deren größerer Stabilität und Dauerhaftigkeit gerechnet werden darf, als dies im Westen Europas der Fall war, wo sich die stark feudalisierte bzw. regionalisierte Adelsgesellschaft des Mittelalters von der höfischen des werdenden Absolutismus markant unterschied. Hof- und Fürstenbezogenheit des Adels sind hingegen in Rußland im hier betrachteten Zeitraum ein durchgehendes Verfassungselement, so daß auch die mit ihnen korrelierenden Lebensweisen und Verhaltensformen ein relativ hohes Maß an Kontinuität aufwiesen.

Es versteht sich von selbst, daß dem deskriptiven Element und der episodischen Darstellung in diesem Abschnitt ein besonderes Gewicht zukommt, aber auch, daß die extreme Lückenhaftigkeit und Ungleichmäßigkeit des Faktenbestandes als wissenschaftliches Problem keineswegs verdrängt werden soll.

2. Trinken, Essen, Wohnung

Adolph v. Lyseck, österreichischer Diplomat in der Gesandtschaft Bottonis im Jahre 1675, konstatierte, daß „die Russen in ihren Speisen üppig sind und gute Getränke lieben. Die Reichen verwenden teure Weine wie spanischen, französischen oder Rheinwein",[2] die bereits Olearius in guten Häusern als Trinkvorrat registrierte, der dort – bei den „fürnehmsten" – auch „gutes Bier" und „allerhand arten meth und doppel Brantewein" entdeckte.[3] Der Hang zum Alkoholischen war kein schichtenspezifisches Laster und in vornehmsten Adelskreisen – es gab als Sorten „bojarischen Met" und „bojarischen [Brannt]wein" – ebenso verbreitet wie bei den bäuerlichen Massen, die sich wohl lediglich in ihren Ansprüchen an Vielfalt, Qualität und Raffinesse der berauschenden

---

[2] Vgl. Lizek, Skazanie, S. 386. Im 16. Jh. wurden ausländische Weine nur in adligen Häusern bei feierlichen Anlässen getrunken. Vgl. Kostomarov, Očerk domašnej žizni, S. 189.

[3] Vgl. Moskowitische und persische Reise, S. 205. Die Branntweinherstellung für den Eigenbedarf war ein Privilig, über das im Laufe der Zeit im Moskauer Staat allein der Adel verfügte, ebenso wie über das von Fall zu Fall erteilte Recht auf Einnahmen aus den staatlichen Schankstätten. Vgl. Pryžov, Istorija kabakov, S. 46, 56, 57, 58.

Getränke und den z.T. spezifischen sozialtypischen Anlässen des Konsums und die Art des Trinkens vom Adel unterschieden. Jedenfalls führten bereits die Kirchenobrigen der Kiever Zeit heftige Klage darüber, daß die Trunksucht im Lande bedenklich verbreitet war.[4] Der habsburgische Gesandte Freiherr von Meyerberg, der 1661–1663 in Rußland weilte, war erleichtert, als Afanasij Ordin-Naščokin, „uns [in Gegenwart seiner Frau] von ihrer [der Russen] Art zu trinken, d.h. bis zum Zustand der Trunkenheit zu trinken", befreite.[5] Möglicherweise bildete Ordin-Naščokin, von dem der Engländer Collins schreibt, daß er „ein sehr nüchterner, enthaltsamer Mann, unermüdlich in der Arbeit" gewesen sei,[6] aber eher eine Ausnahme im adligen Trinkmilieu, das wohl typischer durch einen anderen prominenten Zeitgenossen Ordin-Naščokins, Boris Morozov, repräsentiert war, von dem Olearius anläßlich der Abreise der holsteinischen Gesandtschaft erzählt, daß er „tranck mit unsern Edelleuten biß an den Morgen / da er dann von ihnen / voll Liebe und Weins / mit nassen Augen Abschied nam."[7]

Die Freude der Russen am Alkoholgenuß war angeblich eines der Argumente, mit denen Vladimir der Heilige den muslimischen Missionaren gegenüber deren Weinverbot zurückwies: „Den Russen ist das Trinken eine Lust, ohne die sie nicht leben können."[8] Der Araber Ibn Fadlan schreibt in den 20er Jahren des 10. Jh. über seine Begegnung mit „Russen" an der Wolga: „Sie trinken ihn [Alkohol] Tag und Nacht, so daß es vorkommt, daß einer mit dem Becher in der Hand stirbt."[9] In Gesängen und Liedern wird der Ruhm der altrussischen Recken auch nach ihrer herausragenden Standhaftigkeit beim Verzehr von alkoholischen Getränken bemessen. Wein erscheint unter der Beute, die Oleg 907 von seinem Feldzug gegen Byzanz mit nach Kiev brachte. Er galt auch in der Folgezeit als teures Getränk, das sich nur die Reichen leisten konnten. Im Jahre 1146 wurde der Hof des Fürsten Svjatoslav Ol'govič in Putivl' geplündert, wobei u.a. 80 Krüge „Wein" als Beutegut anfielen. Vladimir d. Hl. pflegte auf seinen zahlreichen Gastmählern der Gefolgschaft

---

[4] Vgl. Donnert, Das Kiewer Rußland, S. 191. Den aus Korn gebrannten und als „Wein" (vino) bezeichneten Wodka tranken die Russen vor, während und nach dem Essen und zu jeder Tageszeit. Vgl. Kostomarov, Očerk domašnej žizni, S. 189.

[5] Zit. bei Rüß, Moskauer „Westler" und „Dissidenten", S. 206, Anm. 45. Der Ehrgeiz eines jeden Gastgebers war es, seine Gäste in einen solchen Zustand der Trunkenheit zu versetzen, daß ihr Erinnerungsvermögen an den Heimweg verlorenging, was als Kompliment für den Gastgeber und als Zeichen eines gelungenen Festes galt. Vgl. Kostomarov, Očerk domašnej žizni, S. 227.

[6] Vgl. Graf, Samuel Collins' Moskovitische Denkwürdigkeiten, S. 55.
[7] Moskowitische und persische Reise, S. 334.
[8] Zit. bei Donnert, Das Kiewer Rußland, S. 191.
[9] Siehe den Reisebericht in: Sbornik dokumentov, t. I, S. 64–69.

„fremde Weine" und „süßen Met" kredenzen zu lassen.[10] In den ganzjährig mit Eis gekühlten Kellern des Kreml' lagerten wertvolle ausländische Weine, die bei zahlreichen Feierlichkeiten am Hof, bei diplomatischen Empfängen und anderen zeremoniellen Anlässen gereicht wurden. Der Stoglav, die „100 Kapitel", befaßt sich an zahlreichen Stellen mit dem Alkohol. Das Trinken um des Rausches willen („v pjanstvo") wurde verboten, das zur Belustigung („v veselie") erlaubt. Kranken wurde der Genuß von Branntwein als Medikament gestattet,[11] der zusammen mit Knoblauch nach Ansicht von Olearius „des gemeinen Mannes beste Chur / auch in hitzigen Fibern" wäre; „die fürnehme Herren aber pflegen jetzt zum theil sich auch der Deutschen Arzte Rath und ordentlichen Artzney zu gebrauchen."[12]

Bei Trinkgelagen kam es zwischen den Kiever Gefolgschaftsmitgliedern nach Alkoholgenuß bisweilen zu Mord und Totschlag. Bekannt ist, daß Ivan der Schreckliche wahrscheinlich unter Alkoholeinfluß seinen eigenen Sohn erschlug und Grigorij Kotošichin in der Emigration im Rausch seinen schwedischen Gastgeber Anastasius tötete, wofür er in Stockholm öffentlich enthauptet wurde. Das waren gewiß unerwünschte Folgen exzessiven Alkoholkonsums, dessen gesellschaftlich akzeptierte Ritual- und Geselligkeitsfunktion allerdings auch in adligen Kreisen von vornherein die Hemmschwelle für das Ausleben von Aggressionen niedriger machte. Man wird mit Sicherheit viele hitzige Auseinandersetzungen der Bojaren über Rangfragen bei höfischen Festgelagen der stimulierenden Wirkung des Alkohols zuschreiben dürfen. Bei den Helden

---

[10] Vgl. Selivanov, Russkij ėpos, S. 164. Man sollte freilich eine angemessene Perspektive beibehalten. Auch im übrigen Europa war die Trunksucht alles andere als unbekannt. So war es der Russe Fürst Andrej Kurbskij, der über die deutschen Bewohner Livlands anmerkte, daß sie sogar „während des Tages selten nüchtern" seien, zit. bei Rüß, Moskauer „Westler" und „Dissidenten", S. 186, und es ist ferner zu bedenken, daß in Rußland exzessives Trinken, dessen abstoßende Folgen z.B. Olearius nicht stark genug herausstreichen kann, vor allem vor und nach den verschiedenen Fastenperioden, wie woanders auch, üblich war. J.A. v. Mandelsloh bekräftigt diesen Tatbestand, indem er schreibt: „Dieße Woche [nach Ende der Osterfasten] exercirten sich die Rußen in 3 Exercicien, alß im Sauffen, im Fleischfreßen und im Beyschlaffen, gewaldlich fleißlich." Zit. bei Liszkowski, Adam Olearius' Beschreibung des Moskauer Reiches, S. 243.

[11] Vgl. Rossijskoe zakonodatel'stvo, t. II, S. 327–329, Abs. 52. Der unter Zar Michail Fedorovič nach Rußland gelangte Tee galt bei adligen Personen der 2. Hälfte des 17. Jh. als teures Heilgetränk und wurde erst in späterer Zeit zum russischen Nationalgetränk. Vgl. Kostomarov, Očerk domašnej žizni, S. 190.

[12] Vgl. Moskowitische und persische Reise, S. 209. Kostomarov attestiert dem russischen Adel trotz der in Phasen verweichlichenden Einflüsse von häuslichem und höfischem Komfort eine gute gesundheitliche Konstitution und Abhärtung. Erkältungskrankheiten waren selten. Häufig erwähnt werden Hämorrhidialbeschwerden, Gicht, Kopfschmerzen, Rückenleiden u.ä., die überwiegend mit traditionellen Mitteln – heißen Bädern, Wodka, Knoblauch, Kräutern, aber auch allerlei Zaubermitteln und Gesundbetungen – bekämpft wurden. Vgl. Očerk domašnej žizni, S. 197 ff.

der Bylinen hat der Genuß von Wein oder Bier vor der Schlacht mit den Steppennomaden die Funktion eines beschwörenden, kraftspendenden Rituals, in Wirklichkeit wohl aber auch oft einen mehr oder weniger bewußt angestrebten enthemmenden und angstmindernden Effekt. Der Bote eines Kiever Fürsten übermittelte einem Verbindungsmann im gegnerischen Lager folgenden bezeichnenden Ausspruch, mit dem jener die Dringlichkeit einer baldigen militärischen Entscheidung anmahnte: „Es ist wenig Met gebrannt, aber die Gefolgschaft ist groß."[13] Es drohte nämlich der Družina mit dem Honiggetränk auch die Kampfeslust auszugehen.

Trinkrituale und Alkoholkonsum spielten in der Diplomatie am Moskauer Hof eine hervorragende Rolle. Dieser Teil des diplomatischen „Geschäfts" wurde häufig von hochadligen Repräsentanten der Moskauer Aristokratie bestritten, die bei solchen Gelegenheiten ihre Trinkfestigkeit unter Beweis stellen konnten, was freilich von ihren ausländischen Gästen oft nicht mehr wahrgenommen wurde, da sie durch das systematische *Napoiti* („antrinken") sozusagen gezielt „unter den Tisch" getrunken worden waren.[14] Daß die fremden Diplomaten im Zustand des Rausches dann bisweilen höchst Wissenswertes und Nützliches ausplauderten, [15] war der willkommene und erhoffte Nebeneffekt solcher offizieller Trinkveranstaltungen zu ihren Ehren, die aber natürlich auch den Zweck hatten, eine entspannte und freundliche Atmosphäre für die anstehenden oder laufenden Verhandlungen herzustellen bzw. den Gesprächspartner genauer kennenzulernen.

Wie stark die Trinkkondition des moskowitischen Adels bei festlichen Banketten beansprucht wurde, zeigt die folgende Beschreibung eines Festmahls zu Ehren einer polnischen Gesandtschaft im Jahre 1600: „Dann läßt der Herrscher jedem einzeln einen Becher oder Kelch mit spanischem Wein zuschicken, mit einigen Worten und Zeremonien wie oben [beschrieben]. Dann, wenn jeder etwas mehr als die Hälfte des Mahls beendet hat, sendet der Herrscher wiederum zu jedem einen großen Kelch mit rotem Met... Danach werden große Silberschüsseln mit weißem Met hereingebracht und auf die Tische gestellt. Jeder nimmt sich daraus in großen Bechern. Sobald eine leer ist, wird eine andere hereingetragen mit einer anderen Sorte, stärker oder weniger stark... Dann schickt der Herrscher jedem zum dritten Mal einen vollen Kelch mit starkem Met oder Rotwein. Dann, schließlich, wenn der Herrscher zu Ende

---

[13] PSRL 7, S. 325.
[14] Wegen Trunkenheit und Übelkeit war der ungarische Gesandte im Jahre 1503 nicht dazu in der Lage, die „Reden" seines Königs dem Moskauer Großfürsten vorzutragen. Vgl. Sbornik RIO, Bd. 35, Nr. 73, S. 346.
[15] Während des Festmahls der litauischen Gesandten im November 1492 machten diese im betrunkenen Zustand („p'jani") gegenüber ihren russischen Tischnachbarn Bemerkungen über eventuelle Heiratsverbindungen, über „Liebe" und „vertragliche Übereinkunft". Ebd. Nr. 18, S. 74.

gespeist hat, übersendet er jedem zum vierten und letzten Male einen weiteren vollen Becher mit Met aus jungem Honig, welcher nicht sehr stark ist, aber klar wie Quellwasser und sehr köstlich."[16]

Alkoholgenuß war mithin im adligen Milieu Altrußlands weit verbreitet und wies, wie angedeutet, keineswegs nur eine private, sondern in den offiziellen Zusammenhängen der Fürst-Adel-Beziehung – sogar primär – eine soziopolitische Dimension auf. „Sich zu belustigen" *(veseliti sja)* hieß für Fürst und Družina in erster Linie, gemeinsam zu zechen. *Pir* (von *piti* = trinken) war die speziellere Bezeichnung dafür und steht besonders für das Konvivium des Herrschers mit seinem Gefolge.[17] Die Trinkgeselligkeit der Družinen diente dem politischen Zusammenhalt der herrschenden Elite, welche zudem die exklusive Nähe zum Fürsten bei gemeinsamen Festen und Gelagen als politische und soziale Statusbestätigung erlebte. In der Byline „Il'ja Muromec im Streit mit Vladimir" heißt es, daß der Kiever Fürst ein „ruhmreiches und ehrenvolles Festgelage für viele Fürsten und Bojaren" veranstaltete.[18] Die Trinkzusammenkünfte in dem sich erweiternden, komplizierter werdenden und auch stärker ritualisierten Hofgeschehen der Moskauer Zeit hatten im Grunde genau die gleiche elementare soziale Funktion elitärer Bewußtseinsbildung und Herrschaftspräsentation. In dem Maße jedoch, wie das Individuum immer verfeinerteren höfischen Ritualen und Verhaltensnormen unterworfen wurde, deren genaue Kenntnis und souveräne Handhabung eine gelungene Karriere, die entgegengesetzte Disposition politischen und sozialen Abstieg nach sich ziehen konnte, geriet der zunehmende Zwang zur Selbstkontrolle in einen gewissen Konflikt mit traditionellen höfischen Trinkformen. Ein sozusagen „gebremstes" Trinkverhalten schien auf jeden Fall, um politischen Schaden von sich fernzuhalten, im öffentlichen Raum angeraten. Der exzessive Gebrauch berauschender Getränke, der unbeschwerte und sozusagen „volkstümliche" Umgang mit ihnen, mag in der privaten Sphäre weiterhin wie eh und je geübt worden sein, barg aber im sensiblen Gesellschaftsmilieu des Hofes unübersehbar Gefahren. Das vom Stoglav formulierte Postulat der „kontrollierten Belustigung" hatte denn auch gerade dort, im höfischen Rahmen, eine besondere Relevanz, während das Trinken „bis zur Bewußtlosigkeit" nicht nur ein gesundheitliches und moralischen Problem, sondern auch politisch im Sinne individueller Statusbehauptung schädlich sein konnte. Öffentlich am Hof in Gegenwart anderer

---

[16] Jaques Margeret's State of the Russian Empire, S. 148 f.

[17] Vgl. Halbach, Der russische Fürstenhof, S. 89. „... er [der Großfürst Ivan III.] pflegt vertrauten Umgang und Großzügigkeit mit seinen Höflingen und manchmal nimmt er gemeinsame Mähler mit ihnen ein. Er erfreut sich daran zu sehen, daß sie gut trinken ..." Vgl. George Trakhaniot's Description, S. 64.

[18] Zur Zeit Kotošichins um die Mitte des 17. Jh. wurden täglich ca. 6.000 Liter Honiggetränk und Bier ausgeliefert, bei Hoffesten bis zu 37.000 Liter dieser Getränke und über 6.000 Liter Wein. Ebd. S. 311.

Standesgenossen als „Säufer" und „Trunkenbold" beschimpft zu werden, wurde im übrigen als schwere Beleidigung empfunden[19] und führte unweigerlich zu einem gerichtlichen Verfahren, dessen Ziel bezeichnenderweise war, „die Ehre des zarischen Hofes" wiederherzustellen.[20]

Die vom Fürsten veranstalteten Bankette erstreckten sich oft über mehrere Tage: „Es war der Tag der Verklärung des Herrn, als diese Schlacht stattfand. Nachdem Vladimir sie bestanden hatte, gründete er die Kirche und veranstaltete ein großes Fest, für das 300 Kessel *(provary)* Honig gekocht wurden. Und er rief alle seine Bojaren und Statthalter und die Ältesten in allen Schichten und viel Volk zusammen und verteilte 300 Grivnen an die Armen. Und der Fürst feierte acht Tage lang."[21]

Bei solchen Veranstaltungen wurden ungeheure Mengen Fleisch verzehrt. Es ist bekannt, daß in der weltlichen Oberschicht jener Zeit der Fleischverbrauch außerordentlich hoch war.[22] Über ein Festbankett zu Ehren des polnischen Gesandten Lew Sapieha im Jahre 1600 heißt es bei Margeret: „Dann kommt das Fleisch. Der Herrscher schickt zu jedem der Hauptgäste eine Platte mit Fleisch. Danach werden alle Tische mit Fleisch in großem Überfluß versorgt."[23] Über ein Gastmahl bei Vladimir d. Hl. wird berichtet: „Und es gab eine Menge Fleisch und Wildbret; alles war im Überfluß vorhanden."[24] Fleisch vom Rind, Schwein und Lamm sowie Wildbret aller Art, darunter das hochgeschätzte Elchfleisch, zählten in dieser Reihenfolge in Rußland zu den gewöhnlichen Nahrungsmitteln des Adels. Im „Gedicht vom Reichen und vom Armen" ist vom Fleisch der Wildgans, des Haselhuhns, des Kranichs, des Hirsches und anderer edler Wildarten die Rede. Schwanenfleisch wird am Moskauer Hof als besondere Delikatesse erwähnt. Das Zerlegen der Tiere bei Tisch, im 19. Jh. als „russisches System" bezeichnet, gehörte zum Speiseritual der Oberschicht. Im Gedicht vom Reichen und von Lazarus (12. Jh.) wird der Haushalt eines

---

[19] Fürst Grigorij Kozlovskij strengte 1651 ein Gerichtsverfahren gegen Michail Kutuzov an, der ihn vor anderen im Kreml' – auf dem *Postel' noe kryl'co* – als „besoffenen Fürsten" bezeichnet hatte, wobei durch Zeugenaussagen herauskam, daß jener diesem gegenüber bemerkt hatte, daß „bei dir im Gesicht ein betrunkenes, funkelndes Teil" sitzt. Vgl. Zabelin, Domašnij byt, č. 1, S. 337 f. Fedor und Aleksej Saltykov hatten Mikifor Fustov 1674 auf dem Zarensitz Kolomenskoe u.a. als „Säufer" tituliert, was eine gerichtliche Untersuchung nach sich zog. Ebd. S. 339.

[20] Fürst Lavrentij Meščerskij wurde im März 1650 zu zwei Wochen Haft aufgrund beleidigenden Verhaltens gegenüber Aleksej Dubrovskij im Kreml' vom Zaren Aleksej Michajlovič „für die Ehre seines Hofes" verurteilt. Ebd. S. 335. Den Moskauer Gesandten nach Litauen wurde 1503 die Maßregel auferlegt, daß sie moderat und nicht bis zum Zustand der Trunkenheit trinken sollten, um der „Ehre" des großfürstlichen Namens keinen Abbruch zu tun. Vgl. Sbornik RIO, t. 35, S. 428.

[21] PSRL I. S. 125.

[22] Vgl. Elias, Über den Prozeß der Zivilisation, Bd. 1, S. 158.

[23] Jaques Margeret's State of the Russian Empire, S. 148.

[24] Zit. nach Donnert, Das Kiewer Rußland, S. 186 f.

Feudalen beschrieben: „Bei seinem Festmahl wartet eine große Dienerschaft auf. Da gibt es Goldgefäße, mit Silber beschlagene, und Speisen in Hülle und Fülle... Eine große Zahl von Köchen arbeitet dort und bereitet alles mit viel Mühe zu, viele andere laufen mit Schüsseln auf den Händen herum..., andere tragen rauchende Fenchelölschüsseln, andere Gläser mit Wein und große Silberbecher mit Goldbeschlag, Pokale und Kessel; an Getränken gibt es eine Menge Honig und Kwas, Wein, reinen Honig und gewürzten; bei den die ganze Nacht dauernden Gelagen spielen Laute und Schalmei auf, und es gibt da viel Unterhaltung durch Schmeichler und Spielleute, Narren und Possenreißer, Tanz, Zotenreißerei, Gebrüll und Gesang. Und alle mühen und magern sich ab, um den Bauch eines Reichen zu sättigen...“[25] Die Beschreibung weist starke Anklänge an eine Illustration aus dem „Stundenbuch" des Herzogs von Berry (ca. 1410) auf, die den Feudalherrn umgeben von der schmausenden und zechenden Gastgesellschaft seines Haushalts zeigt.[26]

Als Eßinstrumente werden Löffel und Messer erwähnt, selten und spät Gabeln. Bekanntlich hat sich die Gabel im westlichen Adel erst vom 16. Jh. an allmählich durchgesetzt und galt noch im 17. Jh. als ein Luxusgegenstand.[27] Vladimir ließ auf Beschwerde seiner Družina statt Hölzlöffel silberne anfertigen. Eine silberne Trinkschale des Fürsten Vladimir Davydovič (1139–1151) trägt die Inschrift: „Dies ist die Schale des Füsten Vladimir Davydovič. Wer aus ihr trinkt, dem möge es wohl ergehen, und er möge seinen Gott und den Herrn Großfürsten rühmen," was zeigt, daß das Trinkgefäß für den gemeinsamen Umtrunk bestimmt war.[28] Man trank in diesen heldischen Zeiten auch aus riesigen Urhörnern, die mit Gold oder Silber beschlagen waren.[29] Das zerlegte Fleisch wurde mit den Händen, flüssige Speisen mit Löffeln von mehreren Personen gleichzeitig aus einer Schüssel gegessen. Norbert Elias schreibt: „Menschen, die so miteinander essen, wie es im Mittelalter Brauch ist, Fleisch mit den Fingern aus der gleichen Schüssel, Wein aus dem gleichen Becher, Suppen aus dem gleichen Topf oder dem gleichen Teller..., standen in einer anderen Beziehung zueinander als wir; ihr emotionales Leben hatte eine andere Struktur und einen anderen Charakter."[30] Diese anderen emotionalen Strukturen waren Folge und sichtbare Äußerung eines uns möglicherweise

---

[25] Zit. bei Halbach, Der russische Fürstenhof, S. 91 f.
[26] Vgl. Powis, Aristocracy, S. 49.
[27] Einige Gabeln befanden sich unter den Kostbarkeiten Karls V. Vgl. Elias, Über den Prozeß der Zivilisation, Bd. 1, S. 88. Löffel und Gabeln waren in russischen adligen Haushalten im 16. und 17. Jh. aus Silber und Gold, mit eingelegten Edelsteinen, verkürztem Griff und eingraviertem Namen des Besitzers. Vgl. Kostomarov, Očerk domašnej žizni, S. 157.
[28] Vgl. Halbach, Der russische Fürstenhof, S. 90.
[29] Vgl. Kornilowitsch, Kaganowitsch, Illustrierte Geschichte der russischen Kunst, S. 41.
[30] Über den Prozeß der Zivilisation, Bd. 1, S. 88.

ganz fremden oder nur schwach erahnten Lebensgefühls, das durch das enge und alltägliche Konvivium von Fürst und Družina, Großfürst bzw. Zar und Bojarenadel in Rußland eine wahrscheinlich sehr viel intensivere Ausprägung in Richtung des Ideals fürstlich-adliger Kooperation und gemeinsamen Tuns erfuhr als in den stärker feudalisierten Oberschichten des Westens.

Neben den in Rußland häufigen Festbanketten mit quasi offiziellem Charakter gab es in den adligen Häusern in Moskau und auf den Landsitzen ausgedehnte und üppige Festgelage zu allen möglichen Anlässen. Diese begannen gewöhnlich zur Mittagszeit und erstreckten sich bis in den späten Abend und die Nacht. Der Überfluß an Speisen und Getränken auf solchen ausgedehnten Gastmählern galt als Zeichen von Wohlstand und Großzügigkeit, und die dabei auf den Herrscher und seine Familie sowie andere hochrangige – auch nichtanwesende – Personen ausgebrachten Trinksprüche verlängerten gewissermaßen das Ideal fürstlich-adliger Gemeinsamkeit von der öffentlichen in die private Sphäre.

Die Nahrungsmittelerzeugung auf den hochadligen Gütern des 17. Jh. war auf die Bewirtung vieler Gäste ausgerichtet. Es gab Obst- und Gemüsegärten, und vor allem Fischfang hatte in der bojarischen Wirtschaft eine erhebliche Bedeutung. Boris Morozov verfügte in der Nähe Moskaus über einige Freistätten (Sloboden), deren Bevölkerung ausschließlich mit dem Fischfang befaßt war, weshalb Morozov immer mit frischem Fisch versorgt war. Die begehrten Störe und Lachse waren als „rote" Fische allein den Fürsten, dem Adel und der hohen Geistlichkeit vorbehalten. Im übrigen spielte Fisch auch wegen der langen Fastenzeit im Nahrungshaushalt des Adels eine große Rolle.[31]

Daß Gastfreundschaft im adligen Milieu – aber sicher nicht nur dort – eine hohe Wertschätzung genoß, zeigen die Unterweisungen des Kiever Fürsten Vladimir Monomach († 1125) an seine Söhne: „Seid nicht müßig in eurem Haus, sondern seht selbst nach allem..., auf daß, die euch besuchen, weder euer Haus noch eure Mahlzeit verlachen. Ehret insonderheit euren Gast, von wo er auch zu euch komme, ob er ein Einfacher sei, ein Vornehmer oder ein Abgesandter. Könnt ihr ihm keine Geschenke bieten, so gebt ihm Speise und Trank, denn durch die Lande verbreiten sie unterwegs des Menschen Ruf, gut oder schlecht."[32]

---

[31] Vgl. Zabelin, Bol'šoj bojarin, S. 39–45; Heller, Russische Wirtschafts- und Sozialgeschichte, Bd. 1, S. 143. „Wildbret und Fisch gehören auf der Herren Tisch", lautete ein spätmittelalterliches Rechtssprichwort. Vgl. Schreiner, Mönchsein in der Adelsgesellschaft, S. 583. Zu den unvermeidlichen alltäglichen Bestandteilen des reichen Tisches gehörten in Rußland das bei allen Bevölkerungsschichten verbreitete Kwas-Getränk und Brot, wobei auch adlige Personen das wegen seiner Nahrhaftigkeit höher geschätzte Roggenbrot bevorzugten.

[32] Zit. nach Zenkovsky, Aus dem alten Rußland, S. 68.

Das adlige Haus war aber nicht nur Wohnstatt und Ort von Gastlichkeit,[33] sondern äußere Präsentation von Reichtum und Stand. Der ortsfremde Bojar Stavr Godinovič brüstete sich bei einem der berühmten Gastmähler Vladimirs des Heiligen mit der Größe, Schönheit und wertvollen Ausstattung seines Hauses, im Vergleich zu dem der Palast des Kiever Fürsten ihm wie eine schmucklose Festung anmutete,[34] was zwar als eine grobe Untertreibung zu werten, aber für einen bestimmten Aspekt adligen Selbstverständnisses durchaus aufschlußreich ist. Die Wohnhäuser des Adels boten in der städtischen Topographie Altrußlands einen markanten und herausragenden Blickfang: „Im Unterschied zum einfachen Volk besaßen die Angehörigen der Feudalität und der städtischen Oberschicht prächtige Palais und Herrenhäuser, die den altrussischen Städten einen imposanten Anblick verliehen. Gewöhnlich an den Ufern eines Flusses gelegen, von starken Mauern umgeben, bebaut mit einer großen Anzahl hölzerner Häuser, zwischen denen steinere Kirchen und die mit goldenen Spitzen geschmückten Turmhäuser des städtischen Adels hervorlugten, lösten die russischen Städte, im Grün ihrer Gärten versinkend, bei fremden Besuchern Erstaunen und Entzücken aus."[35] Mehr als ein Dutzend adliger Häuser in Kiev sind heute archäologisch identifizierbar. Die frühesten Erdschichten im Novgorod des 10. Jh. haben ebenfalls Häuser von Družinniki zutage gefördert. Der altrussische Fürstenadel lebte in der Stadt und besaß später in deren Umgebung Landbesitz. In der Novgoroder Region tauchen Bojarenhäuser auf dem flachen Lande erst im 14., allerfrühestens im 13. Jh. auf.[36]

Landsitze des hohen Adels in nicht allzu großer Entfernung von Moskau, die auch als Stätten der Entspannung und erholsamer und vergnüglicher Aufenthalte dienten, sind natürlich nicht erst eine Erscheinung des 17. Jh. Seit dieser Zeit entwickeln hohe Aristokraten aber ein besonderes Flair für den stil- und prachtvollen Ausbau ihrer ländlichen Palais und Residenzen, bestücken sie mit repräsentativem und wertvollem Interieur, widmen der Anlage und Gestaltung von Gärten und Teichen auch unter ästhetischem Aspekt eine erhöhte Aufmerksamkeit und finden am Leben in ihren nichtstädtischen Herrenhäusern inmitten der Natur offenbar zunehmend Geschmack, was

---

[33] Nach Kotošichin lud man sich zu christlichen Feiertagen, Namenstagen, Taufen, Geburten usw. gegenseitig ein und veranstaltete Gastmähler. Vgl. O Rossii, S. 147. Adels- und Fürstenspiegel des späten westlichen Mittelalters forderten adlige und mächtige Leute dazu auf, beim Essen und Trinken „ein Herrlichkeit" zu machen „über andere Leute", auf daß „ihre Würdigkeit und Ehre" gelobt und gemehrt werde (Johann Geiler von Kaysersberg). Vgl. Schreiner, Mönchsein in der Adelsgesellschaft, S. 582.

[34] Die *Gridnica*, ein Raum, in dem sich die Gefolgschaftsmitglieder zu versammeln pflegten, war mit grauem Biber belegt, ihre Decken mit schwarzem Zobel überzogen, der Fußboden war in der Mitte silbern, die Türschlösser vergoldet. Die Byline ist zit. bei Selivanov, Russkij épos, S. 165.

[35] Donnert, Das Kiewer Rußland, S. 185.

[36] Vgl. Bushkovitch, Towns and Castles, S. 255–257.

sich auch in der längeren Verweildauer dort widerspiegelt. Ob dahinter ein neues Lebensgefühl steckte, ein anderes Welt- und Naturverständnis, ob der ungeheure Reichtum einiger Aristokraten oder die Nachahmung ausländischer Vorbilder, eventuell aber auch die wachsende Einspannung in ein formales und steifes höfisches Zeremoniell, dem man wenigstens für eine gewisse Zeit zu entfliehen suchte, oder längere Mußezeiten aufgrund eines Strukturwandels adliger Dienstbetätigung solche Tendenz befördert haben, wissen wir nicht. Bis zur Mitte des 17. Jh. wenigstens hielt sich der hohe Moskauer Hofadel eher selten und für nur kurze Zeit auf seinen außerstädtischen Besitzungen auf. Der Verwandte des Zaren Aleksej Michajlovič, der Bojar Nikita Romanov, lebte ständig am Zarenhof und hatte keine Residenz außerhalb Moskaus,[37] wohl aber der Zar selbst, der z.B. sein Dorf Izmajlovo häufig zum Zweck der Erholung und des Vergnügens aufsuchte. Boris Morozovs Gut Pavlovskoe im Zvenigoroder Kreis hatte ähnlich wie Izmajlovo nicht nur wirtschaftliche Funktionen. Es war eine Art Datscha, auf die sich Morozov des öfteren zurückzog, wo er große Festmähler veranstaltete und wohin er seine Moskauer bojarischen Standesgenossen oder manchmal auch den Zaren selbst einlud. Von dem Stol'nik A.I. Bezobrazov ist bekannt, daß er als Vorwand für seine ausgedehnten Aufenthalte in seiner Belevschen Besitzung und die damit verbundene Entfernung vom Dienst seinen angeschlagenen Gesundheitszustand angab, den er dort zu verbessern hoffte.[38]

Die herrschaftlichen Häuser *(choromy)*[39] auf den hauptstadtnahen Gütern des hohen Adels waren im 17. Jh. zwei- bis dreistöckig mit einer im Vergleich zu früher größeren Zahl von Wohnräumen und prächtigerer Architektur und Einrichtung. Die Entwicklung zu repräsentativeren Formen der adligen Wohnsitze bestätigt Olearius: „Die grossen Herren... wohnen jetzo in ihren köstlichen Pallasten / so doch nur innerhalb 30 Jahren erst erbawet seynd

---

[37] Vgl. Tichonov, Podmoskovnye imenija russkoj aristokratii, S. 136.
[38] Ebd. S. 137.
[39] Die Choromy stellen einen Komplex mehrerer miteinander verbundener Gebäudeteile dar. Eine exakte Beschreibung der altrussischen Adelshäuser ist leider nirgendwo überliefert. Die Choromy bestanden aus drei Stockwerken, dem Untergeschoß *(podklet')*, dem mittleren Teil mit Wohnräumen und Paradezimmer *(svetlica)* und der oberen Etage mit Böden, Söllern und Frauenzimmern *(teremy)*. Die bojarischen Choromy bewahrten in groben Zügen ursprüngliche Charakteristika des verbreiteten Bauernhaustyps *(izba)*, waren im Unterschied zur „schwarzen Izba" jedoch „weiß", d.h. mit Rauchfang und Schornstein ausgestattet. Für die Fenster wurden Fischblasen genommen, teilweise auch Glimmer. Die aus farbigen Glimmerstücken bunt zusammengesetzten Fenster konnten bezüglich der Lichtdurchlässigkeit mit damaligem westlichen Fensterglas durchaus mithalten. Vgl. Zabelin, Domašnij byt, S. 26–31; Heller, Russische Wirtschafts- und Sozialgeschichte, Bd. 1, S. 173 f.

/ zuvor behalffen sie sich auch in schlechten Häusern."[40] Und der Schwede Peter Petrejus schrieb (1615): „...und wird der vor den fürnembsten und Prächtigsten Mann gehalten / und für den grösten Han im Korbe / der das höchste Gebäw in der Stadt / mit eim Karnap uber der Treppen des Vorhauses hat zu Wege gebracht."[41] Im Dorf Medvedkova, früher im Besitz des Fürsten Dmitrij Požarskij, besaß Vasilij Golicyn ein herrschaftliches Haus, in dem es sieben durch Dielen verbundene Wohnräume gab. Die Außenwände waren mit Brettern beschlagen. An beiden Seiten des Hauses gab es vier große Freitreppen mit gedrechseltem Säulengeländer. Über den Wohnstuben lagen Bodenräume und kleine Söller *(vyški)*. Die hölzernen Dachschindeln waren auf „čerkessische" und „polnische" Weise geformt bzw. angebracht. Auf dem Dach befanden sich mit verschiedenen Farben bemalte Banner aus Blech. In jedem Wohnraum stand ein Ofen. An einer Wand hing das Portrait des schwedischen Königs. In die drei roten Fenster des Bades waren Glimmerscheiben eingefügt, die Tür war mit einem Tuchgewebe überzogen, der Ofen bemalt.[42] Im Herrenhaus des Fürsten Dolgorukij im Dorf Dmitrovskoe, über das eine Beschreibung aus dem Jahre 1683 existiert, gab es überall Ikonen. Die glasierten grünen Öfen waren eckig oder rund. In einem Zimmer hingen zehn auf Leinwand gemalte Bilder biblischen Inhalts. Es gab Tische aus Eiche und Fichte mit Schubladen, Wandbänke und bemalte Geschirrschränke.[43] Im Landhaus Artamon Matveevs auf seiner Votčina Rožestvennyj wurden 1678 zwei Tische, die mit Goldfarbe bemalt waren, registriert, ferner u.a. vier mit rotem Leder bezogene Stühle und vier bemalte Vertikos. Die Ikonen hingen in geschnitzten Kästen *(v reznych kiotach)*. Die unteren Wohnräume ohne Öfen dienten dem Sommeraufenthalt. In den Zimmern der oberen Etage waren die Türen und Wände mit Malereien versehen. Im Garten des Herrenhauses standen 60 Apfelbäume.[44] Als Johann-Georg Korb 1648 auf seinem Weg nach Moskau Možajsk passierte, notierte er, daß der Bojar Ivanov „eine sehr schöne Datscha hat; ...in seinem Garten sind viele Blumenbeete und eine Waldung mit kleinen, aufgeschütteten Erdhügeln, die kunstvoll arrangiert sind."[45] Der Herrenhof *(usad'ba)* des Stol'nik A.I. Bezobrazov in seinem Dorf Spasskij bestand aus einem Wirtschaftsgebäudekomplex (Speicher, Pferdestall, Waschhaus, Mälzerei usw.), den Wohnräumen der leibeigenen Dienerschaft

---

[40] Moskowitische und persische Reise, S. 203. Collins sieht in Architektur und Innenausstattung der Adelshäuser bzw. im Trend, „außerhalb Lustschlösser zu errichten", polnischen Einfluß wirksam. Vgl. Graf, Samuel Collins' Moscovitische Denkwürdigkeiten, S. 37 f.
[41] Historien, S. 8 f.
[42] Vgl. Tichonov, Podmoskovnye imenija russkoj aristokratii, S. 149 f.
[43] Ebd. S. 145.
[44] Ebd. S. 152.
[45] Zit. bei Keep, The Muscovite Elite, S. 218.

und dem vom Besitzer neuerrichteten Herrenhaus mit Dachbodenvorsprüngen, die mit Kreuzen geziert waren. In den drei Obstgärten wuchsen Äpfel, Birnen und Pflaumen, außerdem gab es Blumen- und Gemüsegärten. In seiner freien Zeit ging Bezobrazov der Jagd mit Hunden und Falken und dem Fischfang nach.[46] Er verkörperte den Typ des mittelgroßen Votčina-Besitzers, dessen ländliches Domizil neben dem Wohn- und Erholungs- bzw. Lustbarkeitszweck einen noch stark hervortretenden wirtschaftlichen Charakter aufwies. Lustschlösser ohne ökonomische Funktion leisteten sich in der Umgebung Moskaus offenbar nur reiche Aristokraten. Vasilij Golicyn besaß zwei davon. Die hauptstadtnahen Landgüter der Fürsten Čerkasskie hatten v.a. die Aufgabe, ihren städtischen Hof mit Nahrungsmitteln zu versorgen. Der Herrensitz im Dorf Ostankino diente ihnen zugleich aber auch als Sommerfrische und Jagddomizil. Von den 69 Bediensteten bildeten immerhin die Hundewärter mit 9 Höfen und 17 Personen zu einer bestimmten Zeit die größte Gruppe des Hofpersonals. Außerdem gab es einen Falknerhof mit 4 Bewohnern, ferner 5 Höfe der Viehknechte (9 Leute), 7 Höfe des Kochpersonals (15 Leute), 4 Bäckerhöfe (7 Leute) und 5 Höfe von nicht näher bezeichneten Personengruppen.[47]

Die Stadthäuser des Adels waren bis zum 17. Jh. überwiegend in der traditionellen Holzbauweise errichtet, obwohl vereinzelt Steinhäuser auch schon in früheren Jahrhunderten erwähnt werden, besonders im Besitz von Prälaten, hohen Aristokraten und reichen Kaufleuten.[48] Olearius bestätigt für die Mitte des 17. Jh. die vorherrschende Holzbauarchitektur der Wohnhäuser Moskaus, „ausgenommen der grossen Herrn und etliche von den reichesten Kaufleuten... / welche auff ihren Höfen / steinerne Palatin haben..." Innerhalb der Kremlmauern „seynd viel köstliche von Steinen auffgeführte bebawte / Palatien und Kirchen darinnen zu finden / welche vom Großfürsten / Patriarchen / fürnembsten ReichsRäthen und Herrn Bewohnet und besuchet werden."[49] An anderer Stelle kann Olearius seine Bewunderung für den Wohn- und Lebensstil der moskowitischen Aristokraten ebenfalls nicht verhehlen: „Sie wohnen in herrlichen Häusern und Pallasten / führen einen großen Staat..."[50] Bei den Stadtsitzen des Adels und reicher Kaufleute handelte es sich in der Regel um eingefriedete Grundstücke, auf denen sich eine Art Ehrenhof und das Herrenhaus selbst befanden, oft aus zwei Teilen bestehend, die ein Flur verband.

---

[46] Vgl. Novosel'skij, Votčinnik, S. 99–102.
[47] Vgl. Ščepotov, Pomeščič'e predprinimatel'stvo, S. 23.
[48] Daniel Printz, der in den 70er Jahren des 16. Jh. als Gesandter im Moskauer Reich war, beschreibt die Häuser der Adligen und Stadtbewohner in der Provinz als „meist klein und mit Stoh gedeckt". Vgl. Moscoviae ortus, S. 726. Vgl. auch George Trakhaniot's Description, S. 61.
[49] Moskowitische und persische Reise, S. 144.
[50] Ebd. S. 265.

Dahinter lagen die Wirtschaftsgebäude und Gärten. Daß aber längst nicht alle adligen Stadtbewohner in den feuersichereren Steinhäusern[51] lebten, geht aus einem Erlaß des Jahres 1688 hervor, der Adlige dazu zwingen sollte, ihre Stadthäuser aus Stein zu bauen und mit nichtbrennbaren Materialien abzudecken.[52] Die reichsten und mächtigsten Bojarenfamilien besaßen oft mehrere Häuser in Moskau. Vasilij Golicyn hatte neben seinem repräsentativen Palais unweit des Kreml' noch ein Anwesen von bescheidenerem Ausmaß auf dem Arbat und eine andere Besitzung an der Smolensker Straße sowie Gärten südwestlich und östlich der Stadt. Nikita Romanov besaß fünf Höfe in Moskau. Der Haupthof auf der Nikitskij-Straße bestand aus einer größeren Zahl steinerner und hölzerner Wirtschaftsgebäude und dem Bojarenpalais *(palata)*. Hier waren Vorräte in überreichem Maße gelagert, z.B. in den eisgekühlten Kellern auch ausländische Weine. Auf dem hinteren Teil des Hofes gab es u.a. eine Braustelle für Bier *(pivovarnja)*, ebenfalls die aus Stein gebauten Pferdeställe, in denen auch die wertvollen Equipagen und Schlitten standen, sowie eine Scheune mit weiteren Gefährten und teurem Sattelgerät. Erwähnt wird eine Schmiede, wahrscheinlich gab es noch andere Handwerkerstätten. Es waren ein Garten und ein Gemüsestück vorhanden, aber zur Versorgung mit frischem Gemüse reichte dies nicht aus, sie wurde durch zwei Gemüsegärten außerhalb der Stadt ergänzt. Zum Stab der Köche gehörten 25 Personen. Beim Tode des Bojaren bestand das Hofpersonal aus 486 Personen, darunter waren Wasserträger, Ofenheizer, Badegehilfen.[53] Im Untergeschoß des Herrenhauses befanden sich die Kanzlei und das Archiv der Familie. Es gab spezielle Räume im unteren, nicht bewohnten Bereich für die Verwahrung der verschiedenen Besitztümer, für die Lagerung von Wachs, von Kerzen und Salz und für die Apotheke. Im zweiten Stockwerk befand sich der für das 17. Jh. in großen Adelshäusern typische kreuzförmige Saal als Ort für festliche Anlässe, Empfänge, Beratungen und Hausgottesdienste. Daneben lag das Kabinett des Hausherren. Es wurde bereits erwähnt, daß Nikita Romanov

---

[51] Adolph v. Lyseck schreibt: „Aber die Großen und die Kaufleute haben Steinhäuser... mit... kleinen Fensterchen, welche mit eisernen Läden verschlossen werden, und sie fürchten Feuer nicht." Vgl. Skazanie, S. 381.

[52] Vgl. Hughes, Russia and the West, S. 93. Das Wohnen in Holzhäusern galt allgemein als angenehmer und gesünder. Vgl. Kostomarov, Očerk domašnej žizni, S. 140.

[53] Vgl. Zaozerskaja, Iz istorii, S. 59–61. Im Jahre 1654 waren auf dem Moskauer Hof Boris Morozovs 361 Leute, da er sich aber damals auf dem Feldzug gegen Polen befand, lag die Zahl wahrscheinlich wesentlich höher. Vgl. Gejman, O chozjajstve, S. LXXII. Auf dem Hof Ja. K. Čerkasskijs gab es zu dieser Zeit 533 Personen. Vgl. Crummey, Aristocrats, S. 145. Das Bad wurde häufig aufgesucht. In adligen Häusern benutzte man Seife und wusch sich mit Rosenwasser. Zum Hof des Vornehmen gehörte das russische Dampfbad, das mindestens einmal wöchentlich geheizt wurde. Vgl. Kostomarov, Očerk domašnej žizni, S. 195 f.

seine riesigen Reichtümer als unbewegliches Kapital in Truhen aufbewahrte. Die Räume waren mit Möbeln ausländischer Herkunft bestückt, darunter gab es zahlreiche Kuriositäten. Als Musikliebhaber erwarb Nikita Romanov zwei Orgeln und zwei „deutsche Flöten".[54] Aber im Unterschied etwa zu Boris Morozov war das ausländische Ambiente bei ihm weniger mit politischem Veränderungswillen gekoppelt; er gehörte eher zum Typ des reichen modischen Trendnachläufers.[55]

Das Palais Vasilij Golicyns war nach der enthusiastischen Beschreibung de la Neuvilles „eines der prächtigsten in Europa; es ist mit Kupfer gedeckt und mit sehr reichen Tapeten und höchst kuriosen Bildern ausgestattet."[56] Der Wert des Hauses wurde, als man Vasilij Golicyn 1689 stürzte und in die Verbannung schickte, auf 16.154 Rubel geschätzt. Seine Familie mußte im Exil mit täglich einem Rubel auskommen![57] Neben Bildern und Fresken biblischen Inhalts hingen im großen Saal Portraits russischer Herrscher und vier „deutsche Drucke". In allen Räumen hingen Spiegel. Spiegel erhielten die Bedeutung eines Zimmermöbels erst seit der 2. Hälfte des 17. Jh. Das Prunkstück des Schlafzimmers war ein importiertes Himmelbett mit Schnitzereien von Tier- und Pflanzenmotiven und Menschengesichtern. Über einem anderen Bett war ein Spiegel angebracht.

Es ist klar, daß das überaus reiche und teure Mobiliar in den Häusern Romanovs, Morozovs, Matveevs oder Golicyns weit über den üblichen Standards adliger Wohungsinterieurs lag, die in der Mehrzahl auch noch im 17. Jh. eher traditionelle Züge aufwiesen. Stühle und Sessel waren noch selten,[58] Bänke spielten als Sitzmöbel und Liegestätten die größere Rolle. Als Attribut von Reichtum und Vornehmheit galt offenbar schon in Kiever Zeit das luxuriöse Bett. Im „Gedicht vom Reichen und vom Armen" stellt der Autor das Nachtlager eines reichen Mannes dar: „Sie bereiten ihm das Bett mit Zierwerk aus Elfenbein, ausstaffiert mit pelzbezogenem Federwerk." Das Igorlied zeigt den Fürsten in einem Bett aus Edelholz, und Daniil Zatočnik führt das Nachtlager in einem weichen Bett mit Zobelfelldecken ebenfalls als Attribut herrschaftlichen Wohnens an.[59] Vasilij Golicyn und seinem Sohn Aleksej gehörten 1690 zwölf kunstvolle Betten, von denen das teuerste auf 150

---

[54] Im Besitz Vasilij Golicyns befanden sich 1690 vier Orgeln. Vgl. Zabelin, Domašnij byt, S. 229.

[55] Vgl. Rüß, Moskauer „Westler" und „Dissidenten", S. 203.

[56] Zit. bei Hughes, Russia and the West, S. 94. In reichen Adelshäusern gab es zu dieser Zeit importierte Stofftapeten mit bildlichen Darstellungen, die sog. Spalery. Vgl. Zabelin, Domašnij byt, S. 143.

[57] Ebd.

[58] 1692 schenkte die Zarin Natal'ja Kirillovna dem Stol'nik Ivan Iv. Naryškin zwölf „goldfarbene deutsche" Stühle. Vgl. Zabelin, Domašnij byt, S. 210.

[59] Vgl. Halbach, Der russische Fürstenhof, S. 77 f; Limonov, Vladimiro-Suzdal'-skaja Ruś, S. 166.

Rubel geschätzt wurde. Anläßlich wichtiger Familienereignisse wie Geburten, Hochzeiten, Taufen usw. wurden Paradebetten aufgestellt.[60] Als gewöhnliche Beleuchtung dienten Talglichter. Wachskerzen wurden in adligen Häusern nur zu besonderen Anlässen und an Festtagen gebraucht. Die Wandkerzenhalter und Kerzenständer, letztere oft von beträchtlicher Größe, waren aus Kupfer oder Eisen.

Bis in die 2. Hälfte des 17. Jh. blieb Tafelglas in der Oberschicht eine Seltenheit. Das normale Geschirr war aus Holz, Kupfer oder Zinn, das Paradegeschirr meist aus Silber oder Gold. Olearius berichtet über den Aufenthalt auf dem Landsitz eines Bojaren namens N. Basilowitz: „Wir wurden frühe umb 3 Uhr von dem Bojar auch wol empfangen / mit allerhand Essen und Trincken aus silbern Geschirren herzlich tractiret: Er hatte zweene Trompeter / die er vor der Taffel / sonderlich bey Gesundheit trincken / welches er den Teutschen wol abgelernt hatte / lustig auffblasen ließ."[61] Goldenes und silbernes Geschirr bildete nach den Ikonen in vornehmen Häusern den wichtigsten Zimmerschmuck, der gerne öffentlich zur Schau gestellt wurde. De la Neuville berichtet von Vasilij Golicyn, daß er 400 Silberschüsseln besessen habe.[62] Adolph v. Lyseck überraschten in den Privatgemächern Artamon Matveevs die zahlreichen wertvollen Uhren, im Besitz Golicyns befanden sich 1690 15 z.T. sehr teure Uhren.[63] Ivan Vasil'evič Ščelkalov vermachte 1620 in seinem Testament dem Kellermeister des Troice-Sergiev-Klosters und bekannten Schriftsteller Avramij Palicyn eine vergoldete Uhr.[64]

Wenn gesagt worden ist, daß der Geschmack jener Zeit Schönheit nur in der Anhäufung von Gold und Silber, in grellen Farben, verwegenen Mustern und bunt zusammengewürfelten, teuren Raritäten anerkannte,[65] dann wird man zu bedenken haben, daß Ästhetik im Sinne des kunst- und stilvollen Arrangements eine für den Adel möglicherweise ganz nebensächliche Kategorie war und deshalb die zufällige und willkürliche Zusammenstellung von traditioneller und moderner Ausstattung nicht als Zeichen eines schlechten Geschmacks, sondern primär unter dem Aspekt der in der Oberschicht immer schon üblichen Zurschaustellung von Reichtum und Stand zu sehen ist. Der tiefere Sinn war die herrschaftsstabilisierende Selbstdarstellung sozialer und politischer Privilegiertheit. Darin unterschieden sich die russischen Hocharistokraten in keiner Weise von ihren westlichen Standesgenossen, die ähnlich um sich eine Aura von Glanz und Pracht verbreiteten.

---

[60] Vgl. Zabelin, Domašnij byt, S. 260, 263.
[61] Moskowitische und persische Reise, S. 13.
[62] Vgl. Brückner, Beiträge, S. 306 f.
[63] Vgl. Zabelin, Domašnij byt, S. 227.
[64] Vgl. Lichačev, Sbornik aktov, S. 80.
[65] So Zabelin, Domašnij byt, S. 231.

Es wurde schon erwähnt, daß in adligen Häusern und Palästen des 17. Jh. Portraits von russischen Fürsten, Zaren und hohen Geistlichen und von ausländischen Fürsten und Königen hingen. Dies zeigt, daß die Bilder verstorbener und aktueller Herrscher aus dem sakralen Bereich des Kirchlichen und des Zarischen heraustreten und einen bestimmten Platz in der privaten Sphäre der russischen Oberschicht einnehmen.[66] Von den drei aufeinanderfolgenden Leitern des Außenamtes, Afanasij Ordin-Naščokin, Artamon Matveev und Vasilij Golicyn, existieren in realistischer Weise gemalte Amtsportraits unbekannter Künstler, die sie in der Pose von Diplomaten und Staatsmännern, umgeben von Akten und Büchern (Ordin-Naščokin, Golicyn) und mit Herrschaftsinsignien versehen – Matveev hält in der Hand eine Art Szepter, Golicyn trägt eine Medaille an einer Kette, im Hintergrund sieht man sein Wappen –, zeigen. Merkmale, die sie als Angehörige des Kriegerstandes ausweisen könnten – Golicyn war immerhin der Oberbefehlshaber aller russischen Truppen in den beiden Krimfeldzügen von 1687 und 1689 –, fehlen gänzlich.[67] Es ist übrigens die Zeit, in der wertvolle Waffen, die nie benutzt werden, die Wände reicher Adelshäuser zieren. Hierin kommen zweifellos gewisse veränderte Tätigkeits- und Bewußtseinsprioritäten des russischen Hochadels im 17. Jh. zum Ausdruck, als die alten Adelsaufgebote mehr und mehr ihre dominierende militärische Rolle zugunsten der Truppen „neuer Ordnung" eingebüßt hatten.

Nachrichten über Wandmalereien mit religiösen Motiven in weltlichen Palästen gibt es nicht vor dem 16. Jh. Im 17. Jh. wurden in reichen Bojarenhäusern ausländische Stofftapeten verwendet, auf denen oft Tiere, Pflanzen, Jagdszenen usw. dargestellt waren. Bereits aus dem 12. Jh. ist bekannt, daß Sommerschlafräume *(povaluši)* in vornehmen Häusern ausgemalt waren.[68] Daß hohe Adlige im 17. Jh. ausländische Portraitmaler engagierten,

---

[66] Vgl. Kämpfer, Das russische Herrscherbild, S. 208. Eine Mittelstellung zwischen einem realistischen Portrait und einer Ikone nahmen die sog. *parsuny* (persona) ein, die vieles von der Technik der Ikonenmalerei übernahmen, jedoch unverwechselbare Personen mit ihren markanten individuellen Zügen darstellten. Sie können als Übergang zum Individualportrait westeuropäischer Auffassung gelten. Ebd. S. 201. Als typisches Beispiel steht das Portrait des Fürsten M.V. Skopin-Šujskij († 1610) (Tret'jakov-Galerie). Der dunkelgrüne, gold- und silberbestickte Kaftan ist mit Perlen und Edelsteinen geschmückt. Eine andere bekannte Parsuna ist die große Leinwand, die den Stol'nik V.F. Ljutkin zeigt (1698). Es handelt sich um ein großformatiges Repräsentationsportrait, das Ljutkin in voller Gestalt, in natürlicher Größe vor dem Hintergrund eines roten Samtvorhanges wiedergibt. Vgl. Kornilowitsch, Kaganowitsch, Illustrierte Geschichte, S. 183 f.

[67] In der seit der Renaissance in Westeuropa hochgeschätzten Triumphpose des berittenen Kriegsfürsten wird Vasilij Golicyn in dem Werk des Georg Adam Schleissing, Neuentdecktes Sibirien, 1693, dargestellt (abgebildet bei E. Donnert, Altrussisches Kulturlexikon, S. 103). In bezug auf die russischen Fürsten und Zaren bemerkt F. Kämpfer, daß diese Art Triumphattitude allem Anschein nach in Rußland als der zarischen Würde nicht angemessen betrachtet wurde. Vgl. Das russische Herrscherbild, S. 224.

[68] Vgl. Zabelin, Domašnij byt, S. 148.

zeigt das Beispiel eines Hamburger Meisters namens Walter („inozemec anburskija zemli"), der offenbar wegen eines gelungenen Ölbildes, das den Stol'nik Fürst Boris Alekseevič Golicyn darstellte, an den Hof des Zaren verpflichtet wurde. Im Besitz Artamon Matveevs befanden sich ein Portrait des Bojaren Il'ja Danilovič Miloslavskij, ferner zwei Bilder auf Leinwand, die Matveev in seiner Amtskleidung zeigen („Artamon v služilom plat'e"), sowie zwei Bilder seiner beiden Söhne Ivan und Andrej „in stehender Haltung" („stojači"). Außer Bildern von russischen Herrschern (Vladimir d. Hl., Ivan IV., Fedor Ivanovič, Michail Fedorovič, Aleksej Michajlovič, Fedor Alekseevič), Portraits der Patriarchen Nikon und Ioakim, eines Gemäldes des polnischen Königs zu Pferde und zwölf Bildern von „deutschen" Fürsten konfiszierte man im Palast Vasilij Golicyns ein Portrait von ihm hinter Glas, in goldenem Rahmen, und ein weiteres, auf Leinwand gemaltes, sowie das Wappen des Fürsten.[69]

Ikonen gehörten zum unverzichtbaren Inventar eines jeden russischen Haushalts. Bereits in Kiever Zeit waren in der Dnepr-Metropole und an anderen Orten des Reiches Ikonenmaler tätig, von denen der Name Alimpijs überliefert ist. Nach der Zahl der Ikonen und ihrer Qualität beurteilte man das Vermögen gleichermaßen wie nach der Menge des Gold- und Silbergeschirrs, das auf der Anrichte stand. Die Ikonen wurden in mehreren Reihen in einer vorderen Ecke des Wohnraums untergebracht. Jede einzelne war mit einem Vorhang verhängt, um sie vor Staub zu schützen, und vor die ganze Ecke wurde ein Vorhang aus einem schweren, dichten Stoff gezogen. In wohlhabenden Häusern waren die Ränder und der Hintergrund der Ikone mit ziselierten oder getriebenen Gold- und Silberbeschlägen bedeckt. Unter den Ikonen hingen Tücher, die meist aus Atlas waren, bestickt mit Seide, mit Metallfäden und Perlen. In dem erwähnten „Kreuzzimmer" eines herrschaftlichen Hauses, in dem auch Gottesdienste abgehalten wurden, war eine Wand ganz mit Ikonen bedeckt. Die Besitzer von Ikonen von hoher künstlerischer Qualität betrachteten diese als wertvolles Gut. In adligen Testamenten werden häufig Ikonen zusammen mit den Gegenständen aus Edelmetallen aufgeführt.[70] Ivan Mich. Glinskij vermachte im Jahre 1586 seiner Tochter Anna eine ganze Reihe von offenbar sehr wertvollen Ikonen *(obrazy okladnye)*; einige weitere, die sich im Troice-Sergiev-Kloster, der Gebets- und Grabstätte Glinskijs, befanden, verblieben endgültig im Besitz des Klosters.[71] Ivan Vasil'evič Ščelkalov, der keine Kinder hatte, vermachte 1620

---

[69] Ebd. S. 222 f.
[70] Vgl. Kornilowitsch, Kaganowitsch, Illustrierte Geschichte, S. 31, 76, 81.
[71] Vgl. Sbornik dokumentov, t. III, S. 77 f.

ebenfalls dem genannten Kloster einige Kreuze[72] und Ikonen, während von Privatpersonen u.a. der Beichtvater des Erblassers mit einer Ikone beschenkt wurde.[73] Neben Pferden, Kühen, Schafen, Hausrat, Gefäßen, Kesseln, Getreide und einem Anwesen in Moskau erhielt die Frau von Dmitrij Grigofevič Pleščeev 1558/59 auch drei Ikonen.[74] Der wenig begüterte und dem niederen Adel zuzurechnende Ivan Golova Solovcov hinterließ 1594/95 seinen drei Söhnen, zwei Töchtern und der Enkelin, der Tochter des ältesten Sohnes, jeweils ein Heiligenbild, von denen eines, das die Gottesmutter darstellte und das an den Ältesten ging, mit Silber belegt war.[75] In diesem Fall gehörten die Ikonen sogar zu den einzigen beweglichen Hinterlassenschaften, die zudem noch vor den ebenfalls vererbten unfreien Personen genannt werden. Nicht alle adligen Testamente erwähnen Ikonen als Erbgut, woraus aber nicht der Schluß gezogen werden darf, daß sie nicht vorhanden waren. Anscheinend war es so, daß sie häufig nur dann aufgeführt wurden, wenn sie einen sehr hohen künstlerischen und materiellen Wert verkörperten oder wenn sie, wie im Falle Solovcovs, zu den einzigen beweglichen vorhandenen Erbstücken gehörten und ihre ideelle Bedeutung als familiäres Erinnerungsgut und religiöses Verehrungsobjekt deshalb einen besonderen Stellenwert erlangte. Die religiöse Funktion und Zweckbestimmung war freilich kein Hindernis für eine profane Sicht auf die Ikonen als Kapitalbesitz, der verkauft und, im Notfall, verpfändet werden konnte.[76]

3. Kleidung

Zu den in Truhen aufbewahrten und in den Testamenten oft detailliert beschriebenen Wertsachen gehörte die adlige Kleidung. Schon in Kiever Zeit

---

[72] Kreuze werden neben Ikonen in adligen Testamenten des öfteren erwähnt, so bei Semen Dm. Peškov-Saburov (1559/60) ein goldenes Kreuz mit Reliquien, das er von seiner Schwiegermutter geschenkt bekommen hatte und seiner Nichte Varvara vermacht. Ebd. S. 45.
[73] Vgl. Lichačev, Sbornik aktov, S. 79–81.
[74] Ebd. S. 35.
[75] Vgl. Sbornik dokumentov, t. III, S. 108 f.
[76] Aus dem Testament Grigorij Dm. Rusinovs (1521/22) geht hervor, daß ihm ein gewisser Ivan Obrazcov eine Ikone verpfändet hatte. Vgl. Akty russkogo gosudarstva 1505–1526 gg., Nr. 96, S. 198–200. In der „Geschichte vom Schelmen Frol Skobejev" (2. Hälfte des 17. Jh.) schenkt der hohe Adlige Nardin-Naščokin seinem wenig begüterten Schwiegersohn Frol eine Ikone, „die mit Gold und Edelsteinen ausgelegt war, also daß dieser ganze Schmuck fünfhundert Rubel gekostet hatte." Bei der Übergabe des Geschenks durch einen Bediensteten sollte dieser dem „Schelm und Gauner Frolka" sagen, „daß er das Heiligenbild nicht verscherbeln soll." Zit. nach Zenkovsky, Aus dem alten Rußland, S. 504.

waren die Gewänder der Fürsten und Bojaren mit ornamentierten Gold- und Silberplättchen geschmückt, mit farbigen Seidenfäden und mit Metallfäden durchwirkt, mit Perlen und Edelsteinen besetzt. „Vom Kopfputz der Fürstin oder der Bojarenfrau hingen klirrende Anhänger herab, und ihre Finger waren mit wertvollen, in allen Regenbogenfarben glitzernden Ringen besteckt."[77] Auf einer Miniatur des Codex (Izbornik) Svjatoslavs von 1076 besteht die Kleidung der Fürstin aus zwei durch einen goldenen Gürtel zusammengehaltenen Gewändern, aus einem kurzen Oberkleid und einem langen Unterkleid. Die Ärmel des Oberkleides sind – charakteristisch auch für die Tracht der späteren Zeit – weit, die des Untergewands eng, mit goldenen Unterärmeln. Am Hals trägt die Fürstin ein breites Band mit Edelsteinen. Die Schuhe sind mit Goldstickerei verziert.[78] In einem anderen Sammelband für Svjatoslav von 1073 wird dieser im Kreise seiner Familie in einem dunkelblauen Mantel und einem blauen Kaftan dargestellt.[79] Ibn Fadlan, der die Bestattung eines vornehmen Russen an der Wolga miterlebte, schreibt: „Sie bekleideten ihn mit Unterbeinkleidern, Oberhosen, Stiefeln, einem Kurtak und Kaftan von Goldstoff mit goldenen Knöpfen und setzten ihm eine goldstoffne Mütze mit Zobel auf."[80]

Um die Mitte des 17. Jh. beklagte Jurij Križanič: „In Deutschland könnten sich drei Fürsten für das Geld kleiden, was bei uns ein einfacher Bojar für seine Gewänder verschwendet."[81] Ausländische Besucher zeigten sich vom prachtvollen Ornat russischer Adliger beinruckt. Adolph Lyseck führt dazu folgendes aus: „Personen aus der oberen Schicht tragen Kleidung aus teurem Stoff, mit Gold genäht und wertvollen Edelsteinen verziert. Bei allen, außer den Geistlichen und denen, die sich in zarischer Ungnade befinden, sind die Haare auf dem Kopf geschoren... Sie tragen Pelzmützen, größtenteils aus schwarzem Fuchs im Wert bis zu hundert Rubeln. Die langen Bärte werden dermaßen hoch geschätzt, daß man die Würde eines Mannes nach ihrer Länge bemißt. Die Frauen der höheren Kreise bemühen sich, die Mängel der Natur durch blendendes Schmuckwerk zu ersetzen."[82] Bei der ersten „geheimen

---

[77] Kaganowitsch, Kornilowitsch, Illustrierte Geschichte, S. 58.
[78] Vgl. Donnert, Das Kiewer Rußland, S. 189.
[79] Eine ausführliche ikonographische Analyse der Miniatur bei Kämpfer, Das russische Herrscherbild, S. 116–121.
[80] Zit. nach Donnert, Das Kiewer Rußland, S. 188.
[81] Zit. bei Ikonnikov, Afanasij Lavrent'evič Ordin-Naščokin, S. 303. Margeret betont allerdings, daß sich die Adligen nur bei festlichen und öffentlichen Anlässen besonders, ansonsten „sehr einfach" kleideten. Vgl. Jaques Margeret's State of the Russian Empire, S. 109.
[82] Lizek, Skazanie, S. 382 f. Auf dem Flur zum Audienzsaal beobachtete Lyseck „viele ältere Ratgeber in reichen Gewändern mit langen grauen Bärten, was bei den Russen nicht als die schlechteste Zier gilt." Ebd. S. 360. Das Kahlscheren des Haupthaars entsprang östlichem Vorbild und wurde bei zarischer Ungnade und bei Trauer um einen Familienangehörigen ausgesetzt. Vgl. Kostomarov, Očerk domašnej žizni, S. 171.

Audienz" der holsteinischen Gesandtschaft in Moskau, der Olearius beiwohnte, erschienen „zwene Bojaren / und zwene Cantzler", die „mit sehr köstlichen Kleidern angethan" waren: „Ihre Röcke Güldenstück / mit sehr grossen Perlen und Edelgesteinen breit gesticket / über die Brust mit grossen güldenen Ketten Creutzweise behänget / Die Bojaren hatten auf den Häuptern jeglicher ein Bonnet (als bey uns die Calotten) mit grossen Perlen über und über gesticket / auf derer Wirbel ein Kleinoth: Die andern Zwene aber sassen in ihren gebräuchlichen hohen schwartz=Füchsen Mützen."[83] An anderer Stelle schreibt Olearius: „Sie tragen alle auff den Köpffen Mützen / die Knesen oder Fürsten / Bojaren oder ReichsRäthe / wenn sie in öffentlicher Versamblung begriffen / haben von schwartzen Füchsen und Zobeln Mützen bey einer Ellen hoch / sonst aber von Sammet / nach unser Art... / auch mit gülden oder Perlen Litzen besetzet."[84]

In fast allen adligen Testamenten werden wertvolle Kleidungsstücke erwähnt. Grigorij Dmitrievič Rusinov, der kurz vor dem Tatarensturm 1521, bei dem er den Tod fand, seinen letzten Willen niederschrieb, ist im Besitz einer Truhe und eines Koffers, die bei verschiedenen Personen abgestellt waren und die außer den darin aufbewahrten Schuldverschreibungen *(kabaly)* ausschließlich Kleidungsstücke enthielten: In der Truhe befinden sich drei Pelze, ein kragenloser, lasurblauer Kaftan mit langen Schößen *(odnorjatka)*, ein purpurroter, ärmelloser langer Kaftan *(terlik)* aus Atlasseide, zwei Zobelfellmützen *(šapki s sobolem)* sowie drei ovale Kappen *(kolpaki)* tatarischer Herkunft, die mit dünner Seide belegt sind. In dem Koffer liegen zwei Pelze, ein ärmelloser Kaftan aus grünem Seidendamast, ein weiterer blauseidener Kaftan, ein lasurfarbenes, langschößiges Oberkleid mit kurzen, weiten Ärmeln *(opašeń)*, zwei Seidenhemden, zwei Hosen, neue Stiefel, lasurfarbene Strümpfe, purpurrote Socken. Außer der Rüstung, neun Pferden, vier Sätteln, einem Teppich, seiner Lederhaut zur Lastenbeförderung *(koža v'jučnaja)*, einem Kessel, einer Kupferpfanne und anderem Gerät hatte Rusinov auch einige Kleidungs- und Schmuckstücke bei sich auf dem Feldzug: einen Pelz, zwei Kaftane, eine Zobelfellmütze, zwei schmuckverzierte, ovale Kappen; am Leib trug er ein silbernes Kreuz und eine silberne Brustikone *(ponageja srebrjana)*.[85] Rusinov gehörte sowohl von seiner Herkunft als auch von seinem sozialen Status her

---

[83] Moskowitische und persische Reise, S. 38. Die Bojaren waren Fürst Boris Mich. Lykov-Obolenskij und Vasilij Iv. Strešnev, die D'jaken Ivan Gramotin und Ivan Gavarenov.

[84] Ebd. S. 182. Auch im privaten Bereich und bei Festgelagen im eigenen Haus trugen die Adligen ihre schweren Fellmützen als Zeichen von Rang und Würde. Vgl. Kostomarov, Očerk domašnej žizni, S. 171.

[85] Akty russkogo gosudarstva 1505–1526 gg., S. 198–200 (Nr. 196).

keineswegs zur Spitze der Moskauer Adelsgesellschaft, sondern ist den Kreisen des relativ begüterten Provinzadels zuzurechnen.[86] Dmitrij Grigor'evic Pleščeev, bekannter Voevode und aus einem vornehmen Moskauer Bojarengeschlecht (Monastyrevy) stammend, das jedoch im 16. Jh. bereits stark zersplittert war, verfügte in seinem Testament von 1558/59 den Verkauf seiner Kleidung, von dessen Erlös die Testamentsverwalter die Gebete für die Seele des Verstorbenen bezahlen sollten. Dabei werden im einzelnen aufgeführt: ein schneeweißer Seidenkaftan, ein ärmelloser Mantel aus weißer Atlasseide mit Spitzen, ein buntfarbener Kaftan aus Samt, ein Mantel aus Polarfuchsfell, mit blauem Taft besetzt, ein weiterer purpurroter, ärmelloser Kaftan aus Taft, ein Marderpelz mit weißer Seide, auf der sich mit Gold und Silber gewirkte Muster befinden, noch ein kunstvoll gefertigter Pelz und zwei schwarze Fellmützen.[87] Semen Dmitrievič Peškov-Saburov, ein bedeutender und sehr reich begüteter Vertreter dieses alten Moskauer Bojarengeschlechts, der 1550 zum Okol'ničij erhoben wurde, verfügte in seinem Testament von 1560, daß sein toter Leib beim Begräbnis mit einem Marderpelz auf grünem Samt bedeckt werden sollte. Sein Testamentsverwalter, Fürst Ivan Andreevič Kurakin, erhielt einen Hermelinpelz mit golddurchwirktem blauen Samt und elf silbernen Knöpfen.[88] Eine große Truhe mit Kleidung wurde in der Moskauer Schatzkammer des Troice-Klosters aufbewahrt, dort ebenfalls eine Kiste mit Kleidung und Rüstung, die der Neffe erhalten sollte.[89] Unter den zahlreichen einzufordernden Außenständen befanden sich auch zwei Pelze und ein lasurblauer Kaftan mit Silberknöpfen.[90] Der Schwiegersohn erhielt ein mit Hermelin besetztes purpurnes Seidengewebe, Fürst Grigorij Andreevič Kurakin einen neuen Zobelpelz. Im übrigen sollte die Kleidung, neben anderem, zur Bezahlung der Schulden, für Kirchenspenden und Seelengedenken verwendet werden.[91]

Welche kostbaren Gewänder der Bojar Fürst Ivan Michajlovič Glinskij († 1602) besaß, läßt sich daran ermessen, daß er sie in seinem Testament von 1586 dem Zaren persönlich zur Verfügung stellte. Die einzige Erbin, die Tochter Anna, erhielt vom väterlichen Ornat lediglich die große Prunkmütze, dafür aber den gesamten Schmuck und die gesamte Kleidung ihrer Großmutter und ihrer Mutter.[92] Darüber sowie über die anderen Wertsachen (Silbergeschirr, Rüstung, Sättel) existierte ein Inventarverzeichnis, das zusammen mit dem Testament

---

[86] Ein Teil seiner Votčina Berljukovo, den er seiner Schwester Nastasja und ihren Kindern vererbte, umfaßte am Ende des 16. Jh. 94 Höfe. Ebd.
[87] Vgl. Lichačev, Sbornik aktov, S. 34 (Nr. 11).
[88] Ebd. S. 45 f.
[89] Sbornik dokumentov, t. III, S. 42.
[90] Ebd. S. 41.
[91] Ebd. S. 45 f.
[92] Ebd. S. 77.

in einem gesonderten Kästchen aufbewahrt wurde.[93] Von der Dienerschaft des Fürsten wurden vier mit einem nicht näher bezeichneten Kleidungsstück *(p-latno)* im Wert von ca. 4 Rubeln bedacht, zwei seiner Kriegsmannen erhielten neben Grundbesitz (Bersegan Akčjurin), Bargeld und je einem Pferd mit Sattelzeug wertvolle Kleidungsstücke aus dem persönlichen Besitz Glinskijs, u.a. „meine schwarze große Mütze" (Akčjurin) oder „meinen himbeerfarbenen Kaftan mit Knöpfen" bzw. „meinen dicken Mantel *(teligjaj tolstoj)* aus Samt und Seide" (Čebukov).[94]

Nach Kotošichin war es üblich, daß die Bojaren ihre Hof- und Dienstleute neben dem jährlichen Geldlohn u.a. auch mit Bekleidung ausstatteten. Festschmaus und Hochzeitsrobe wurden im Falle einer Verheiratung der Dienstleute vom adligen Herrn gestellt, in dessen Gemächern die Feiern auch stattfanden.[95] Felle und kostbare Stoffe gehörten zu den beliebtesten Geschenken an hochstehende Personen, sei es als Belohnung für geleistete Dienste, gemäß Sitte und Höflichkeit oder aber zum Zweck der Bestechung.[96] Die teure Garderobe der adligen Frau, die sie als Mitgift in die Ehe einbrachte, wurde bisweilen vom Ehemann dazu benutzt, momentane Geldschwierigkeiten aus dem Wege zu räumen. So hatte Vasilij Ivanovič Larionov laut Testament (zwischen 1533–38) die textile Mitgift seiner Gattin in Bares umgewandelt. Durch den Verkauf von Pferden und seiner eigenen Kleidung nach seinem Tode sollte ein Teil des ihr noch zustehenden Betrages zurückerstattet werden.[97]

Daß im adligen Selbstverständnis die kostbare Robe und das kunstvoll gefertigte Gewand hoch angesiedelt waren, ist ein unzweideutiger Befund. Man wird, entsprechend dieser Wertschätzung des Äußeren, in bestimmten adligen Kreisen mit einem ausgeprägten Hang zur modischen Repräsentation zu rechnen haben. Der Holländer Isaak Massa berichtet von Fedor Nikitič Romanov, dem späteren Patriarchen, daß dieser in der Öffentlichkeit eine so gute Figur darbot, „daß die Moskauer Schneider gewöhnlich sagten, wenn die Kleidung jemand gut saß: ‚Ihr seid ein zweiter Fedor Nikitič.'"[98] Die engen

---

[93] Ebd. S. 79.
[94] Ebd..
[95] Vgl. O Rossii, S. 158.
[96] Vgl. Brückner, Beiträge, S. 81. Collins schreibt: „Denn die meisten seiner [des Zaren] Gnadenbeweise bestehen in Geschenken von Seide, Zobelfell, Tuch, Samt oder Goldstoff." Graf, Samuel Collins' Moscovitische Denkwürdigkeiten, S. 22. Über die verbreitete Bestechungspraxis am Moskauer Hof berichtet u.a. Olearius, Moskowitische und persische Reise, S. 251.
[97] Vgl. Lichačev, Sbornik aktov, S. 8. Bei privaten Festanlässen wechselte die Frau des Gastgebers während der Begrüßungszeremonie mehrfach die Kleider, um auf diese Weise den Außenstehenden Pracht und Wohlstand vor Augen zu führen. Vgl. Kostomarov, Očerk domašnej žizni, S. 226.
[98] Zit. nach Vasenko, Bojare Romanovy, S. 60. In der Wiedergabe bei Kostomarov: „Jetzt bist Du ein vollkommener Fedor Nikitič." Vgl. Russkaja istorija, t. 1, S. 752.

Handelsbeziehungen der Nordost-Ruś und besonders des Vladimir-Suzdaler Raumes mit dem Orient im 14. und 15. Jh. fanden ihren Niederschlag im äußeren Erscheinungsbild der vornehmen Russen, das in der Kleidung östliche Züge anzunehmen begann.[99] Im 17. Jh. legten einige adlige Vertreter der höfischen Kreise polnische oder „deutsche" (d.h. nord- und westeuropäische) Tracht an, was heftige Kritik bei den orthodoxen Kirchenoberen hervorrief. So ereignete es sich, daß in den letzten Jahren der Regierung des Zaren Aleksej Michajlovič ein Bojar in polnischer Kluft auf die Jagd ritt und diese Kleidung nachher auf Befehl des Patriarchen verbrannt wurde. Am 6. August 1675 erging ein Erlaß, der allen Hofbeamten und ihrem Gesinde das Kleiden nach ausländischer Sitte bei empfindlichen Strafen verbot.[100] Der von Zeitgenossen und späteren Historikern oft unbedacht als „Westler" eingestufte Kanzler Ordin-Naščokin lag ganz auf dieser Linie, wenn er – nach seiner Meinung – gedankenlose und oberflächliche Nachahmung im Äußeren ablehnte: „...was gehen uns die Gewohnheiten anderer Völker an? Ihre Kleider passen uns nicht, noch passen unsere ihnen."[101] Allerdings erfuhr das Tragen polnisch-westlicher Tracht in der Regierungszeit Fedor Alekseevičs (1676–1682), der sich als erster Zar bei bestimmten Anlässen westlich kleidete, gewissermaßen eine Rehabilitation und Anerkennung sozusagen von höchster Stelle. Fedor, der von dem vielseitig gebildeten und gelehrten Simeon Polockij erzogen worden war, Polnisch sprach und eine Polin zur Gemahlin hatte, führte am Hof neue Moden ein: Das lange moskowitische Obergewand wurde gegen den kürzeren polnischen Kontusch eingetauscht, die langen Unterkleider der Männer verschwanden, Haar und Bart wurden gekürzt. Dies zeigt an einem kleinen historischen Detail übrigens die Unzulässigkeit des verbreiteten Klischees, erst Peter der Große habe das „Fenster nach Europa" aufgestoßen und den Zustrom westlicher Kultur nach Rußland betrieben. Dieser Prozeß war längst vor ihm in Gang.[102]

Versuchen wir, aus dem leider viel zu geringen Material zum äußeren Erscheinungsbild des russischen Adels einige allgemeine historische Schlüsse zu ziehen. Das kostbare Gewand als Ausweis von Vornehmheit und Reichtum

---

[99] Vgl. Heller, Russische Wirtschafts- und Sozialgeschichte, Bd. 1, S. 185. Pryžov, Istorija kabakov, S. 42 mit Hinweisen auf tatarische Wortentlehnungen wie bašmak, kaftan, kolpak, klobuk, taf'ja usw.

[100] Vgl. Brückner, Beiträge, S. 192.

[101] Graf, Samuel Collins' Moscovitische Denkwürdigkeiten, S. 56. Das überlieferte Amtsporträt von Ordin-Naščokin (siehe Rüß, Moskauer „Westler" und „Dissidenten", S. 204) zeigt ihn in traditioneller russischer Tracht und Aufmachung, im Unterschied zu seinen Nachfolgern Matveev und Golicyn (siehe ebd. S. 208 und 213).

[102] Vgl. Rüß, Moskauer „Westler" und „Dissidenten", S. 194–196. Bereits unter Vasilij III. († 1533) kam es in Mode, den Bart zu scheren, was die Geistlichkeit auf den Plan rief und zu entsprechenden kritischen Passagen im „Stoglav" führte.

spielte im Leben des Adels eine nicht unbedeutende, wahrscheinlich sogar – im europäischen Kontext – eine außergewöhnlich wichtige Rolle. Dies hatte in erster Linie gesellschaftliche Ursachen. Früher als im Westen war der russische Adel „Hofadel" und – immer schon – „Stadtadel". Die Crème der moskowitischen Aristokratie, aber nicht nur sie, war in großer Zahl ständig in der Hauptstadt versammelt, eingespannt in dienstliche und zeremonielle Verpflichtungen, die das Tragen kostbarer Roben verlangten,[103] aber auch in ein reges gesellschaftliches Treiben, das zum gegenseitigen Vorzeigen von Stand, Reichtum und Erfolg durch die äußere Aufmachung anregte und stimulierte und sozusagen permanent Gelegenheit bot. Die Kleidung war ein wichtiges gesellschaftliches Unterscheidungsmerkmal,[104] sie signalisierte nicht nur die Unterschiedlichkeit der sozialen Gruppen und Stände, sondern gab innerhalb der Adelsgesellschaft den Eingeweihten unverkennbare Hinweise auf den Rang und die Herkunft des einzelnen. Ein goldener Gürtel, den Vasilij Kosoj bei der Vermählungsfeier des Großfürsten Vasilij II. im Jahre 1433 trug und der angeblich durch unrechtmäßige Machenschaften des Tausendschaftführers Vasilij Vas. Vel'jaminov als Erbstück an ihn gelangt war, führte auf der Hochzeit zum Eklat und war der äußere Anlaß für langwierige innere Konflikte.[105] Der edle Seiden- und Brokatstoff, der kostbare Pelz, die Anzahl der goldenen oder silbernen Knöpfe am Obergewand, die Raffinesse und teure Machart der gold- und silberdurchwirkten Roben, die edelsteinbesetzten Kappen, die wertvollen Ringe an vielen Fingern, all dies waren im höfischen Milieu, bei der personellen Zusammenballung der Aristokratengesellschaft auf relativ begrenztem Raum, wichtige optische Indikatoren für Herkunft und Stellung von deren einzelnen Mitgliedern,[106] die zu deuten und deren soziale Signalfunktion einzuschätzen

---

[103] Vgl. Crummey, Aristocrats, S. 132. Ein ausländischer Beobachter (G. David) schreibt 1690: „In den zarischen Schatzkammern wird eine Menge prächtiger Kleider aufbewahrt mit dem Zweck, daß adlige Personen von da nehmen können, wenn Gesandte ankommen oder wenn man überhaupt vor dem Volk erscheinen muß... Aber jetzt ist das schon nicht mehr so. Sie haben ihre eigenen Roben, und dabei sehr verschiedenartige und prachtvolle, und viele, die ständig am Hof sein müssen, verwahren im Palast zumindest einen Staat, um bei Notwendigkeit nicht deswegen nach Hause gehen zu müssen." Vgl. David, Sovremennoe sostojanie, S. 94.

[104] Daniil Zatočnik (2. Viertel des 13. Jh.) schreibt: „Goldene Ringe gehören nicht in die Nasenlöcher von Schweinen, und ebensowenig ziemen sich kostbare Gewänder für einen Cholopen." Zit. bei Donnert, Das Kiewer Rußland, S. 188.

[105] Zur angeblichen „Genealogie" des Gürtels, den der Bojar Petr Dobrynskij auf dem Festmahl „identifizierte", oben S. 108. Gold- und silberverzierte Gürtel gehörten zur standesgemäßen Kleidung eines jeden Adligen und galten in den frühen Jahrhunderten als die markantesten Hinterlassenschaften. Vgl. Kostomarov, Očerk domašnej žizni, S. 169.

[106] Norbert Elias schreibt: „...Prestige- und Repräsentationsaufgaben sind ein unentbehrliches Instrument der sozialen Selbstbehauptung, besonders wenn... ein nie erlöschender Konkurrenzkampf um Status- und Prestigechancen alle Beteiligten in Atem hält." Vgl. Die höfische Gesellschaft, S. 98.

den Beteiligten eine vertraute und selbstverständliche Sache war. Im 17. Jh. galt die Höhe der Fellmütze als Maßstab für das Ansehen und den Rang eines jeden,[107] aber nicht zu allen Anlässen und zu allen Zeiten wurden solche Fellmützen getragen, und sie waren mit Sicherheit nicht die einzigen Kriterien der sozialen und ranglichen Identifizierung anhand des adligen Ornats.

In den Miniaturen der illuminierten Nikonchronik (16. Jh.) und in anderen bildlichen Darstellungen, die den Herrscher im Kreis seiner adligen Umgebung zeigen, wird letztere gewöhnlich als eine nichthierarchisierte, geschlossene Gruppe vorgestellt, welcher Eindruck speziell durch die einheitliche und stark schematisierte Gewandung betont und verstärkt wird, die Unterschiede im sozialen und politischen Status nicht zu erkennen gibt. Als auffälliger Unterschied zu westlichen Adelsgesellschaften, der auch nicht durch andere Bilder und Quellen widerlegt wird, war im Moskau des 16./17. Jh. das Tragen von Waffen in Friedenszeiten – Schwert, Dolch, Zierdegen – offenbar kein Standesmerkmal des russischen Hochadels,[108] so daß in dieser Hinsicht der Kleidung – neben anderen sozialen Zeichen wie etwa dem Berittensein oder dem Auftreten in der Öffentlichkeit mit dem Dienstgefolge[109] – eine dominante Bedeutung zukam.[110]

---

[107] Brückner, Beiträge, S. 81; Kostomarov, Očerk domašnej žizni, S. 170.

[108] Der Sachverhalt bedarf einer genaueren Untersuchung und Erklärung. Eine naheliegende Deutung, die aber dem Quellenbefund widerspricht, bestände darin, daß das Selbstverständnis des hohen Adels nicht primär von seiner kriegerischen Betätigung gespeist wurde. Ausländische Beobachter bezeichneten häufig die hochadligen Personen in Thronnähe als „Räte", vermutlich bestärkt in dieser Kennzeichnung durch das unkriegerische „Outfit" jener Leute, die aber, wie aus anderen Quellen bekannt ist, oft zu den herausragenden militärischen Führern ihrer Zeit gehörten. Das Tragen von Säbeln war eine Modeerscheinung speziell im Zuge des verstärkten polnischen Einflusses in der Zeit Zar Fedor Alekseevičs († 1682). Vgl. Brückner, Culturhistorische Studien, S. 81. Margeret, der seit 1600 mehrere Jahre in Moskau war, bestätigt, daß die russischen Adligen keine Waffen trügen, außer im Krieg und auf Reisen. Vgl. Jaques Margeret's State of the Russian Empire, S. 161. Die äußerst harten Strafen – das Ziehen des Säbels kostete drei Monate Gefängnis, eine Verwundung mit dieser Waffe den Verlust der Hände bzw. bei Todesfolge das Leben, wurde in Gegenwart des Zaren jemand mit der Waffe verwundet, bezahlte der Täter das mit dem Leben (vgl. PRP, t. 6, S. 37 ff.) – mögen vom Tragen von Waffen überhaupt abgeschreckt haben. Dies gilt allerdings nicht für die Kiever Epoche. Die „Russen", denen Ibn Fadlan 921/22 an der Wolga begegnete, trugen „fränkische Schwerter". Im Westen ist der Zusammenhang von Adel und „Waffen"trägerschaft offenkundig. Das Schwert war Ausdruck von Macht bzw. der Fähigkeit, Satisfaktion zu erteilen. Vgl. Powis, Aristocracy, S. 44. Als Regalie und Insignum herrscherlicher Gewalt spielt das Schwert in Moskau keine Rolle.

[109] Anschaulich beschrieben bei Olearius, Moskowitische und persische Reise, S. 265.

[110] Spielt die Waffe als Mittel der Entscheidung keine so große Rolle, „so treten Intrigen, Kämpfe, bei denen um Karriere und sozialen Erfolg mit Worten gestritten wird, an ihre Stelle" bzw. Eigenschaften wie Überlegung, Berechnung, Selbstbeherrschung,

In den erwähnten Miniaturen begegnet ein Herrschertyp, der durch die Spezifikatoren der altrussischen Fürstentracht allein, den über die Schulter geworfenen (pelzgefütterten) Mantel mit langen Zierärmeln und Zierstreifen (Peribrachiona, Epimanikia), häufig von seiner adlig-bojarischen Umgebung nicht oder kaum zu unterscheiden ist.[111] Darin, im ikonographisch heruntergespielten Abstand im Äußeren, spiegelte sich zweifellos, trotz der ideologischen Intention, ein Stück mittelalterlicher russischer Herrschaftsrealität wider.

4. Jagd, Spiel, Vergnügen

Im Unterschied zum Westen war die Jagd in Rußland kein herrschaftliches Privileg.[112] Dennoch war sie, wie dort, eine beliebte Beschäftigung des Adels. Es geht hier nicht um die von abhängigen Spezialisten betriebene adlige Jagd als Wirtschaftsfaktor, sondern um ihre Rolle als Zerstreuung, Vergnügen, Übung und Bewährungsmöglichkeit für die Oberschicht. In der Darstellung der Lebenssphäre der Fürsten und ihrer Gefolgschaften in Kiever Zeit war die Jagd ein Hauptthema. Bei Vladimir Monomach hat sie eine klar erkennbare pädagogische Bedeutung: „Und wißt, der Jagd oblag ich mit Eifer... Wißt also, was ich in Černigov schaffte: Zehn bis zwanzig Wildpferde habe ich mit eigenen Händen im Wälderdickicht zusammengebunden, übrigens hatte ich diese Wildpferde unterwegs reitenderweise im Wald und Feld mit eigenen Händen gefangen. Zwei Auerochsen haben mich und mein Pferd dazu auf die Hörner genommen, ein Hirsch ging mit dem Geweih auf mich los, und zwei Elche waren es, einer, der mich mit den Läufen traf, einer, der mit dem Geweih

---

Kontrolle der Affekte und Menschenkenntnis als markante Wesenszüge des Hofadels. Vgl. Elias, Über den Prozeß der Zivilisation, Bd. II, S. 370.

[111] Vgl. Kämpfer, Das russische Herrscherbild, S. 188 und speziell die dort wiedergegebenen Abbildungen zur Regierungszeit Ivans IV., Nr. 94 (S. 185), Nr. 96, 97 (S. 190), Nr. 106 (S. 193), Nr. 109 (S. 194). Charakteristisch ebenfalls die Miniatur „Einzug Vladimir Monomachs in Kiev im Jahre 1113", abgebildet bei Donnert, Das Kiewer Rußland, S. 236. Vgl. die Ähnlichkeit des zarischen und bojarischen Ornats auf der Ikone „Niederlegung des Herrengewandes" (nach 1625, abgebildet bei Kämpfer, a.a.O. S. 236, Nr. 140). Der Kiever Fürst Svjatoslav trug nach der Beschreibung des Leo Diaconus bei der Begegnung mit Kaiser Johannes Tzimiskes im Jahre 972 eine einfache, wahrscheinlich leinene Hemdbluse, wodurch er sich in nichts von seinen Kriegern unterschied. Nur ein kostbarer Ohrring mit Perlen und Rubinen und eine herabhängende Locke ließen den Fürst von seinem Gefolge abstechen. Vgl. Donnert, Das Kiewer Rußland, S. 188. Der wertvolle Ohrring war auch in späterer Zeit, neben silbernen und goldenen Halsketten mit Kreuz und Edelsteinringen, ein männliches Schmuckrequisit. Vgl. Kostomarov, Očerk domašnej žizni, S. 171.

[112] Vgl. Heller, Russische Wirtschafts- und Sozialgeschichte, S. 145; Powis, Aristocracy, S. 44.

auf mich losging. Ein Wildeber riß mir das Schwert von der Hüfte ab, ein Bär zerriß mir den Schurz am Knie, ein wütender Irbis sprang mir an die Hüfte und riß das Pfert und mich um... Und oft bin ich vom Pferd gestürzt, den Kopf schlug ich mir zweimal auf, Arme und Beine verletzte ich mir; in meiner Jugend kam es zu diesen Verletzungen, als ich weder um mein Leben besorgt war noch meinen Kopf hütete... Und für die Jäger gab ich bei der Jagd selbst die Anweisungen, ich beaufsichtigte die Pferdeknechte und die Wartung der Falken und Habichte."[113] Bereits die Fürstin Ol'ga errichtete im Drevljanenland sog. *lovišča*, Jagdreviere. Der Terminus „lovčij narjad" (Jagddienst) läßt auf die Existenz eines ausgestalteten und personalreichen Dienstsektors für die Jagd am Fürstenhof schon in frühester Zeit schließen.[114] Die Jagd war eine beliebte gemeinschaftliche Betätigung von Fürst und Gefolgschaft. Auf einer Wallfahrt mit begleitender Jagd mit einigen seiner Bojaren ereilte Vasilij III. im Herbst 1533 eine schwere Krankheit, der er bald darauf erlag.[115] Olearius erzählt, daß der Zar sich „mit seinen fürnembsten Herren" zweimal im Jahr auf eine Wallfahrt zum Troice-Sergiev-Kloster begebe, und „weil daselbst eine überaus schöne Gegend und gute Wildbane / pfleget der Großfürst mit der Jagt sich darbey zu verlustiren."[116] Fedor Nikitič Romanov, der spätere Patriarch, war ein leidenschaftlicher Liebhaber der traditionellen russischen Form des Jagens mit Greifvögeln und Hunden.[117] Die Beizjagd mit Falken und Habichten galt als distinktives Merkmal fürstlichen und adligen Lebensstils.[118] Es wurde schon erwähnt, daß die Bojaren Čerkasskie in der Nähe Moskaus im 17. Jh. ein Jagdschloß im Dorf Ostankino besaßen, in dem zu einem bestimmten Zeitpunkt von 34 Bedienstetenhöfen allein zehn mit Falknern und Hundeführern, insgesamt 21 Personen, bewohnt waren.[119] Ein großer Liebhaber der Jagd mit Falken, Hunden und Bären war der Bojar Nikita Ivanovič Romanov. Ihm standen 20 Falkner, 31 Hunde- und drei Bärenführer zur Verfügung.[120] Zwar trat von den beiden Aspekten des adligen Jagdwesens – Sportjagd und systematisch betriebenes Jagdgewerbe – der zweite im 13.–15. Jh stärker in den Vordergrund,[121] aber auch späterhin bildete das Jagen als Zertreuung und höfische Unterhaltung einen wichtigen Bestandteil adligen Freizeitvergnügens. Herberstein berichtet

[113] Zit. nach Zenkovsky, Aus dem alten Rußland, S. 74.
[114] Vgl. Halbach, Der russische Fürstenhof, S. 93.
[115] Vgl. PSRL 6, S. 266–276.
[116] Vgl. Moskowitische und persische Reise, S. 301.
[117] Vgl. Vasenko, Bojare Romanovy, S. 60.
[118] Vgl. Halbach, Der russische Füstenhof, S. 296 f. Der Großfürst Vasilij III. und die Zaren Boris Godunov und Aleksej Michajlovič waren besonders leidenschaftliche Anhänger der Beizjagd. Der oberste Falkner, der „Sokol'ničij", stand am Hof im Rang über dem „Stol'nik". Vgl. Kostomarov, Očerk domašnej žizni, S. 241.
[119] Vgl. Ščepotov, Pomeščič'e predprinimatel'stvo, S. 23.
[120] Vgl. Zaozerskaja, Iz istorii, S. 62.
[121] Vgl. Halbach, Der russische Fürstenhof, S. 287.

ausführlich von seiner Teilnahme an mehreren großangelegten Jagdunternehmungen, bei denen eine Heerschar uniformierter Jagdgehilfen Hunde zur Hatz führte und Hunderte von schnellen Reitpferden bereitgestellt wurden.[122] Boris Ivanovič Morozov hatte einige Mitglieder der holsteinischen Gesandtschaft, der Olearius angehörte, auf seine Güter zur Falkenjagd eingeladen.[123] Daß in einer Adelsgesellschaft, wie der russischen, die mit Verwaltungs- und repräsentativem Hofdienst und mit Kriegsaufgaben reichlich in Anspruch genommen war, die man, im Unterschied zu großen Teilen des westlichen Adels, schlecht als „nichtarbeitende" Klasse bezeichnen kann, dem Erholungs- und Vergnügungscharakter der Jagd möglicherweise ein höherer Stellenwert zukam als ihrer Übungsfunktion für militärische Bewährung auf dem Schlachtfeld, liegt nahe.

Von anderen Vergnügungen und Lustbarkeiten des Adels wissen wir leider wenig. Nach dem Zeugnis von Ausländern war das Schachspiel am Hof sehr verbreitet. In der zarischen Rüstkammer gab es spezielle Meister – Drechsler –, die einzig und allein mit der Herstellung und Reparatur von Schachbrettern und Schachfiguren befaßt waren,[124] was die Bedeutung des Schachspiels im Hofmilieu verdeutlicht. In einer Byline zeigt der altrussische Recke Dobrynja – dessen Name uns in historischen Quellen allerdings nicht begegnet – seine Überlegenheit gegenüber dem Mongolenkhan Batu nicht nur im direkten Kampf und im Bogenschießen, sondern auch im Schachspiel.[125] Im Stoglav (1551) wurden Schach und andere Spiele verboten, aber daran hielt sich nicht einmal der Zar selbst, denn es ist bekannt, daß Ivan IV. während einer Schachpartie gestorben ist. Die moralisch schädliche Wirkung des Würfelspiels, das zum Faulenzen und zur Vernachlässigung der Dienstpflichten, zum Ruin und zu Mord und Totschlag führte und das offenbar in adligen Kreisen sehr beliebt war, wird ebenfalls vom Stoglav angeprangert: Die Bojaren und Bojarensöhne sollten sich mit den Einnahmen von ihren Gütern zufriedengeben und Glücksspiele meiden.[126]

Die Helden der Bylinen treten häufig als ausgezeichnete Sänger und Musikanten auf. Das spezifische Genre des Heldengesangs war eine auf die Gefolgschaftskreise bezogene und natürlich auch in ihnen besonders gepflegte Art der Unterhaltung. Da die weltlichen Brauchtums- und Heldenlieder, die bei Gastmählern und Festen gesungen und vorgetragen wurden, häufig noch deutliche Spuren ihres heidnischen Ursprungs aufwiesen, unterlagen sie dem Bannstrahl eifernder Kirchenoberer, die u.a. die Fürsten und Bojaren anprangerten, sich bei manchen Gelegenheiten wie „possentreibende Trunkenbolde"

---

[122] Ebd. S. 288.
[123] Vgl. Rüß, Moskauer „Westler" und „Dissidenten", S. 201.
[124] Vgl. Zabelin, Domašnij byt, S. 374 f.
[125] Vgl. Selivanov, Russkij épos, S.
[126] Vgl. Rossijskoe zakonodatel'stvo, t. 2, S. 308.

zu gebärden. Die in Verbindung mit dem üblichen Festgelage bei Hochzeiten gesungenen weltlichen Brauchtumslieder waren in den Augen der Geistlichkeit „Teufelsgesänge", denen beizuwohnen den Klerikern untersagt war. Der Metropolit Johann II. (1080–1089) verfügte deshalb auch, daß sie ein Gastmahl sofort zu verlassen hätten, sobald dort „Spiele, Tänze und Gudokmusik" (*gudok* = Streichinstrument) veranstaltet würden.[127] Es ist nicht zu erwarten, daß die adligen Gefolgsmannen und rauhen Kriegernaturen, deren ständiger Begleiter der Tod auf dem Schlachtfeld war und die deshalb mit einer späteren Epochen fremden Unmittelbarkeit und Intensität ihre Affekte auslebten und die schönen Seiten des Leben auskosteten, in ihrer Mehrzahl solche lebens- und sinnenfeindlichen kirchlichen Anweisungen besonders geschätzt hätten. Die häufigen kirchlichen Verbote – der Stoglav untersagte ebenfalls den Gebrauch von Volksmusikinstrumenten – sind dafür eigentlich der schlagendste Beweis. Aber es gibt auch eine genügende Zahl anderer Quellen, literarische und bildliche, die die Bedeutung der episch-musikalischen Unterhaltung im adligen Leben bezeugen. Harfenspieler, sog. Gusljare, sangen an den Höfen der Kiever weltlichen Würdenträger über Tapferkeit, Mut und Treue als höchste Mannestugenden. Bojan, die „Nachtigall der alten Zeit", wie er im Igoflied genannt wird, war der legendäre Dichter und Sänger epischer Heldenlieder, die im Fürsten- und Gefolgschaftsmilieu der Kiever Ruś gehört wurden. Unter den Adligen jener Zeit gab es nicht wenige leidenschaftliche Musikliebhaber, die das musikalische Vergnügen kultivierten und sich mit Sängern, Musikern und Tänzern umgaben.[128] Im „Lied von dem Reichen und dem armen Lazarus" (12. Jh.) wird das Mittagsmahl des Reichen beschrieben, das von „Gusli-Klang" und allerlei Aufführungen von Gauklern und Spaßmachern umrahmt war. Mehrere Bedienstete erzählten dem einschlummernden Reichen Märchen und spielten ihn mit Musik in den Schlaf.[129] Auf einem Wandgemälde in der Kiever Sophien-Kathedrale sieht man Spielleute und Gaukler in Narrenkleidung, die den Fürsten mit Musik, Tänzen und akrobatischen Darbietungen erfreuen.[130] Komödianten und wandernde Spielleute (Skomorochen) gelangten an Fürsten- und Adelshöfen oftmals zu großen Ehren und traten nicht selten in ein Dienstverhältnis zu deren Herren, ein Vorgang, der auch im übrigen Europa zu beobachten ist, wo sich zahlreiche ehemalige Vaganten an adligen Höfen niederließen.[131] Bis zur Mitte des 17. Jh. bildeten die Skomorochen die Hauptrepräsentanten des weltlichen Musik- und Theaterlebens. Am Hof ebenso wie bei reichen Bojarenfamilien spielten sie zur Belustigung der hohen

---

[127] Vgl. Donnert, Das Kiewer Rußland, S. 194 f.
[128] Zum Vorangehenden ebd., S. 196 f.
[129] Ebd. S. 196.
[130] Abgebildet bei Faensen, Kirchen und Klöster im alten Rußland, S. 81, Abb. Nr. 26.
[131] Donnert, Das Kiewer Rußland, S. 201.

Gesellschaft eine bedeutende Rolle. Ivan IV. selbst kleidete sich bei Gelegenheit im Kreis seiner adligen Umgebung in ein Skomorochengewand, was ihm den scharfen Tadel des Metropoliten eintrug.[132] Gegen die vorherrschende rigide und sinnenfeindliche Haltung der Kirche, die viele profane Belustigungen als sündhafte und unchristliche Äußerungen permanent anprangerte, kam es in der 2. Hälfte des 17. Jh. unter westlichem Einfluß zu merklichen Veränderungen im Vergnügungs- und Geschmacksverhalten in bestimmten höheren Adelskreisen. Es wurde modern, bei Festgelagen weltliche Tafelmusik zu hören.[133] In adligen Häusern standen Orgeln und andere Musikinstrumente, die der weltlichen Unterhaltung dienten. Das Haus Artamon Matveevs, dessen Gattin die zum orthodoxen Glauben übergewechselte Schottin Lady Hamilton war, entwickelte sich zu einer Stätte unterhaltsamer Soirées für Standesgenossen und die zarische Familie. Matveev wurde zugleich zum Spiritus rector des ersten russischen Hoftheaters, für das der Pastor Gottfried Gregorii mit weltlicher Musik untermalte „Komödien" zur Belustigung der Hofgesellschaft inszenierte, die seit der Heirat Aleksej Michajlovičs mit der jungen und schönen Natalja Naryškina ein besonderes Faible für weltliche Vergnügungen entwickelte.[134] Allerdings wurde die neue Bühne auf Betreiben nicht nur der hohen Geistlichkeit, sondern auch einer stark traditionalistisch orientierten, einflußreichen Gruppierung innerhalb des Adels nach vierjähriger Existenz im Jahre 1676 mit dem Tod des Zaren Aleksej Michajlovič und dem Sturz Matveevs und der vorübergehenden Erneuerung eines repressiven geistigen Klimas bereits wieder geschlossen.

5. Frömmigkeit und Tod

Adlige Frömmigkeit tritt uns hauptsächlich nur in ihren materialisierten Bekundungen und äußeren Haltungen entgegen, die über die Tiefe der inneren Religiosität keine eindeutigen Aussagen zulassen. Kirchliche und weltliche Idealentwürfe über ein gottgefälliges Leben sind nur der Ausdruck einer widersprüchlichen Realität. „Es gibt eine Fülle von Zeugnissen", schreibt Norbert Elias, „die spüren lassen, daß die Stellung zu Leben und Tod in der weltlichen Oberschicht des Mittelalters keineswegs immer mit jener Stellung übereinstimmt, die in den Büchern der geistlichen Oberschicht vorherrscht und die wir gewöhnlich als ‚typisch' für das Mittelalter betrachten. Für die geistliche Oberschicht... ist das Leben in seiner Gestaltung durch den Gedanken an den

---

[132] Vgl. Donnert, Altrussisches Kulturlexikon, S. 260.
[133] Vgl. Hösch, Die Kultur der Ostslawen, S. 199.
[134] Zum Vorangehenden Rüß, Moskauer „Westler" und „Dissidenten", S. 207–209.

Tod und das, was nachher kam, an das Jenseits, bestimmt. In der weltlichen Oberschicht ist das keineswegs mit solcher Ausschließlichkeit der Fall."[135]
Es herrscht weitgehende Übereinstimmung darüber, daß die offizielle Übernahme des Christentums in Rußland im 10. Jh. nicht das Resultat einer breiten religiösen Massenbewegung gewesen ist, sondern von einem Teil der Elite in der engeren Umgebung des Kiever Fürsten und mit klar erkennbarem politischen Kalkül betrieben wurde.[136] Vladimirs Vorgänger Svjatoslav hatte sich noch dem Ansinnen seiner Mutter Ol'ga, ihn zum Christentum zu bewegen, mit dem Hinweis darauf widersetzt, daß ein solcher Schritt das Gespött seiner Družina hervorrufen würde.[137] Die Anhänglichkeit von Teilen des Adels an heidnische Traditionen und Gebräuche war zweifellos auch nach der Christianisierung noch vorhanden. Auch die Restauration des heidnischen Gottes Perun wenige Jahre vor dem Glaubenswechsel läßt möglicherweise auf die Existenz eines militanten Heidentums in der Gefolgschaft schließen und war nicht nur spätere effektvolle hagiographische Schwarz-Weiß-Malerei, wie vielfach angenommen wird. Das Begräbnis Vladimirs selbst enthielt noch deutliche heidnische Elemente.[138] Über das heidnische Begräbnis eines vornehmen „Russen" an den Ufern der Wolga im zweiten Jahrzehnt des 10. Jh. berichtet der Araber Ibn Fadlan. Die mehrtägige Totenfeier entwickelte sich zu einer wahren Orgie des rituellen Rausches. Der Tote wurde zusammen mit seiner Lieblingsfrau im Schiff verbrannt, Teile seines Besitzes dem Feuer übergeben. Die Frau, bevor man sie tötete, mußte sich den Verwandten des Verstorbenen hingeben. Die ganzen Umstände der Zeremonie lassen erkennen, daß sie dem Opfer des Sterbens starke innere Widerstände entgegensetzte, auch wenn sie sich schließlich in ihr Schicksal fügt: „Nun sehe ich meinen Geliebten, er sitzt im Garten, und der Garten ist schön, grün, und mit ihm seine Mannen und Schildknappen, und nun ruft er mich – so führt mich denn zu ihm."[139] Daß eine heidnische Paradiesvorstellung, der Glaube an ein Jenseits und ein Weiterleben nach dem Tode, existierte, beweisen die reichen Beigaben an Speisen, Trinkgefäßen, Schmuck und Waffen in Adelsgräbern des 10. und beginnenden 11. Jh. in Kiev, in der Nähe von Černigov (Timerevskij) und Smolensk (Gnezdovo).[140] Da wir über den langwierigen Prozeß der Verchristlichung nach dem offiziellen Taufakt nur sehr Spärliches aus den Quellen erfahren, läßt sich auch über

---

[135] Über den Prozeß der Zivilisation, Bd. I, S. 271.
[136] Vgl. A. Poppe, The Political Background to the Baptism of Ruś. Byzantine-Russian Relations between 986–989. In: Dumbarton Oaks Papers 30 (1976), S. 197–244; Rüß, Das Reich von Kiev, S. 311; Frojanov, Kreščenie, S. 54.
[137] Vgl. dazu Hellmann, Das Herrscherbild in der sog. Nestorchronik, S. 21.
[138] Vgl. Frojanov, Kreščenie, S. 56.
[139] Sbornik dokumentov, t. I, S. 68.
[140] Zusammenfassend Bulkin, Dubov, Lebedev, Archeologičeskie pamjatniki Drevnej Rusi IX–XI vekov, S. 140 ff.

das Fortleben heidnischer Vorstellungen im gefolgschaftlichen Milieu wenig Konkretes aussagen. Aber es ist wohl anzunehmen, daß die herrschaftsstützende Rolle des Christentums die Vorbehalte und Vorurteile in bestimmten Kreisen des Adels gegenüber dem neuen Glauben relativ rasch abzubauen half und die Anhänglichkeit an alte Mythologien zu einer politisch nicht mehr relevanten Privatangelegenheit einiger weniger wurde. Jedenfalls waren für den Kiever Fürsten Vladimir Monomach tägliches Gebet und täglicher Kirchgang bereits eine selbstverständliche Christenübung, die er auch seinen Kindern empfahl: „Beim Tun des Guten seid nicht faul im Guten, vor allem aber hinsichtlich des Kirchgangs. Daß euch nie die Sonne noch auf dem Lager antreffe! So pflegte es mein Vater [Vsevolod, 1030–1093] und alle guten und vollkommenen Männer zu halten. Hat man Gott in der Morgenandacht gelobt und geht dann die Sonne auf, so preise man, die Sonne anschauend, Gott mit Freuden..."[141]

Die Fürstenbestattung, eingebunden in christliches Zeremoniell mit Prozession, Trauer und Gesang an der Bahre des Toten, war ein aufwendiges und optisch eindrückliches Spektakel, das nicht zuletzt dem Zweck diente, die hohe Stellung und das Ansehen des Verstorbenen bzw. seiner Familie zu demonstrieren und den gesellschaftlichen Führungsanspruch der adligen Gefolgschaft, welche die Trauerszenerie dominiert, zu bekräftigen: „Und es starb der wohlgeborene Fürst Michail, genannt Svjatopolk..., hinter Vyšgorod. Und man brachte ihn in einem Boot nach Kiev... und legte ihn auf eine Bahre, und es weinten über seinen Tod seine Bojaren und die Družina, alle, und sie sangen für ihn die üblichen Lieder und bestatteten ihn in der Kirche des Hl. Michail, die er selbst begründet hatte. Seine Fürstin aber verteilte viel Reichtum an Klöster, Popen und Bedürftige."[142]

Die Vita des Fürsten Aleksandr Nevskij († 1263) berichtet folgendes über seine Bestattung: „Man trug seinen Leib nach Vladimir. Der Metropolit samt allen Geistlichen, die Fürsten und Bojaren und alles Volk, klein und groß, empfingen ihn mit Kerzen und Weihrauchgefäßen in Bogoljubovo. Da so viel Volk da war, drängten sie sich, bis an die verehrte Bahre mit der Leiche zu gelangen..."[143] Die enge Verbundenheit zwischen Fürst und Gefolgschaft, welche letztere sich in Trauer und Schmerz um die Bahre des Toten schart, kommt in beiden und ähnlichen Berichten überaus sinnfällig

---

[141] Zit. nach Zenkovsky, Aus dem alten Rußland, S. 69. Fürsten und Bojaren spielten in der Kiever Ruś eine zentrale Rolle bei der Gründung und dem Unterhalt von Klöstern. Vgl. Bushkovitch, Religion, S. 35.

[142] Sbornik dokumentov, t. I, S. 110. Zu dem von Unruhen in Kiev begleiteten Machtwechsel im Jahre 1113 vgl. Rüß, Das Reich von Kiev, S. 333.

[143] Zenkovsky, Aus dem alten Rußland, S. 211. Wenn in späterer Zeit der Großfürst bzw. der Zar oder ein Mitglied der zarischen Familie starben, erschienen die Bojaren, die „nahen Leute" und Dumaangehörigen in Schwarz gekleidet am Hof. Vgl. Kostomarov, Očerk domašnej žizni, S. 267.

zum Ausdruck. Sie enthalten zugleich jene Elemente, die für aristokratisches Sterben in späterer Zeit charakteristisch waren: Herrschaftsdemonstration, Kirchenverbundenheit, Sorge um das Seelenheil und Generosität gegenüber Armen und Notleidenden.

Die oft sehr detaillierten Anweisungen hinsichtlich der zu leistenden Gebete für die Seele des Verstorbenen nehmen in den adligen Testamenten des 16. und 17. Jh. einen so breiten Raum ein, stehen zum Teil so stark im Zentrum der Aufmerksamkeit des Erblassers, daß sich daraus ein bestimmter markanter Zug der religiösen Mentalität des Adels jener Zeit, die starke Bewußtheit von der Sündhaftigkeit irdischen Daseins gepaart mit paradiesischer Heilserwartung, unschwer ablesen läßt. Aus der Fülle des Materials seien einige Beispiele herausgegriffen. Ivan Michajlovič Glinskij wies in seinem Testament von 1586 seinen geistlichen Beistand Ivan Vedenskij an, an seinem Todestag 20 Rubel an Arme und Bettler zu verteilen, am 3. und 9. Tag nach dem Tode jeweils zehn Rubel, am 20. Tag danach 15 Rubel und am 40. Tag wiederum 20 Rubel. 40 Kirchen erhielten je 20 Altyn, wofür in ihnen 40 Tage lang in Gebeten (sog. *sorokousty*) der Seele des Toten gedacht werden sollte.[144] Für spezielle Fürbitten bekamen der Bischof von Rjazań 40 Rubel, der Kellermeister des Troice-Klosters 30 Rubel und ein Starec desselben Klosters, Varsunovij Ekimov, ebenfalls 30 Rubel. Das Dreifaltigkeitskloster war auch Glinskijs Grabstätte. Die Klosterbruderschaft sollte zweimal im Jahr, am Todes- und Geburtstag des Verstorbenen, in Gedenken an seine Seele und an sein Geschlecht („po moem rodu") gespeist werden, wofür dem Kloster 200 Rubel zur Verfügung gestellt wurden. Für Speisung der Mönche und Eintragung seines Namens in das Totengedenkbuch erhielt das Kirillov-Kloster 50 Rubel.[145] Ivan Vasil'evič Volynskij bestimmte in seinem Testament von 1629/30 das Čudov-Kloster zu seiner Grabstätte. Es erhält bei seinem Tod 70 Rubel. Der Sarg des Toten soll mit seinem goldbestickten Mantel bedeckt werden. Zur Beerdigung wünscht er die Anwesenheit des Patriarchen und anderer hoher Geistlicher, die dafür Geld bekommen, der Patriarch zehn Rubel. Für den Leichenschmaus sowie am 3., 9., 20. und 40. Tag nach dem Tode erhält das Čudov-Kloster je sieben Rubel für die Speisung der Bruderschaft, ferner bekommen alle Leute des Klosters je eine Grivna als Almosen, und den am Begräbnis beteiligten Geistlichen werden ihre Dienste mit Geldzahlungen nach der bei solchen Anlässen üblichen Höhe entlohnt. An 40 Kirchen wird Geld zur Ableistung der Sorokousty gegeben. Ferner sollen Almosen an Bettler und Eingekerkerte verteilt werden. Gemietete Sprecher lesen 40 Tage lang unaufhörlich am Grabe aus dem Psalter. Die Kirche der Hl. Gottesmutter erhält fünf Rubel für die

---

[144] Vgl. Sbornik dokumentov, t. III, S. 79 (Nr. 49).
[145] Vgl. Ebd. S. 78 f.

Eintragung des Namens ins Totengedenkbuch *(senanik)*.[146] Semen Dmitrievič Peškov-Saburov verfügt 1559/60, ihn im Kloster des Hl. Filipp Ipat'ij zu bestatten, dort, wo „unsere Eltern begraben liegen". Man solle anordnen, daß „mein sündiger Leib mit dem Marderpelz auf grünem Samt" bedeckt und dieser sowie ein Pferd nach der Beerdigung dem Kloster geschenkt werde. Die Kirchen auf den Besitzungen Saburovs und einige Klöster in Kostroma erhalten Geld- und Sachspenden, eine Kirche in Moskau und ein Kloster in Kostroma ferner Geschenke zum Gedenken an die erste Frau und andere Verwandte des Toten.[147] Grigorij Dmitrievič Rusinov schenkt dem Kirillov-Belozerskij-Kloster in seinem Testament von 1521/22 100 Rubel. Ein anderes Kloster in Vologda erhält fünf Rubel, der Rest des Geldes dient den Gebeten für das Seelenheil des Verstorbenen.[148] Häufig sind in diese Seelenfürbitten die toten Verwandten eingeschlossen.[149] Es ist üblich, daß die Beichtväter des Gestorbenen mit Geld und Geschenken bedacht werden.[150] So vermachte Ivan Vasil'evič Ščelkalov seinem Beichtvater 1620 testamentarisch 15 Rubel und eine Ikone, außerdem zwei Popen im sibirischen Tjumeń, dem Dienstort Ščelkalovs, 20 Rubel. Eine bestimmte Geldsumme sollte für die Speisung der Popen, Armen und Bettler in Tjumeń bereitgestellt werden. Ščelkalov verfügte die Überführung seines Leichnams aus Sibirien in das Dreifaltigkeitskloster, wo er neben seinem Vater bestattet werden wollte.[151]

Ein eindrucksvolles Dokument für die sicherlich nicht selten anzutreffende Ambivalenz adliger Frömmigkeit ist das Testament Ivan (Golova) Solovcovs von 1594/95. Hierin mischen sich tiefe Gläubigkeit, Gottvertrauen und christliches Ideal mit einer dazu in krassem Widerspruch stehenden Roheit, Gewalt und Sündhaftigkeit im wirklichen Leben. Solovcov bittet alle Menschen, mit denen er Streit geführt hatte, um Vergebung: Er sei vor ihnen schuldig geworden. Er habe Leute, die ihm dienten, beleidigt und gekränkt, habe sie, ob schuldig oder nicht, geschlagen, habe sich mit Gewalt ihren Frauen, Witwen und jungen Mädchen genähert, habe seine Bauern und Bäuerinnen beleidigt, geschlagen und anderweitig bestraft, auch wenn sie unschuldig waren, habe schließlich sogar, „meiner Sündhaftigkeit wegen", einige Menschen zu Tode gebracht.[152] Dieses

---

[146] Lichačev, Sbornik aktov, S. 84 (Nr. 26).
[147] Sbornik dokumentov, t. III, S. 45 (Nr. 24).
[148] Vgl. Akty russkogo gosudarstva 1505–1526 gg., S. 198–200 (Nr. 196). Das Streben nach immerwährendem Gebetsgedenken war auch im westlichen Adel verbreitet. Vgl. Schreiner, Mönchsein in der Adelsgesellschaft, S. 566.
[149] Die übliche Formel lautet „für mein Geschlecht und für meine Seele" (vgl. z.B. das Testament Dmitrij Tim. Sinijs von 1510, Akty russkogo gosudarstva 1505–1526 gg., S. 70–72, Nr. 65), manchmal werden die Verwandten einzeln aufgeführt, so im Testament Semen Dm. Peškov-Saburovs von 1559/60, vgl. Sbornik dokumentov, t. III, S. 42.
[150] Ebd. S. 27, 45, 79.
[151] Vgl. Lichačev, Sbornik aktov, S. 79–81.
[152] Vgl. Sbornik dokumentov, t. III, S. 112 (Nr. 72).

sehr eindrucksvolle Sündenregister läßt ihn, da er sich am Ende des Lebens reuig und der Geistlichkeit gegenüber großzügig zeigt,[153] dennoch nicht daran zweifeln, daß Gottes Segen, den er inständig erfleht, auch künftighin auf seiner Familie ruhen werde. Obwohl es sich bei dem testamentarischen Sündenbekenntnis Solovcovs um ein vereinzeltes überliefertes Beispiel handelt, liegt der Verdacht nahe, daß die auffällige Großzügigkeit und Spendabilität gegenüber Geistlichen, kirchlichen Institutionen und Bedürftigen am Ende ihres Lebens bei vielen Adligen aus einem massiven Sünden- und Unrechtsbewußtsein, das im Angesicht des Todes extreme Jenseitsängste produzierte, geboren war.

Zu den üblichen christlichen Taten kurz vor dem Tode, die dazu dienten, die Aussichten für die Erlangung der göttlichen Gnade und des Seelenheils zu verbessern, gehörte die Freilassung von Abhängigen und Sklaven. Solovcov entließ seinen „Mann" Šemejka Rodionov in Freiheit, erklärte dessen Schuld von zehn Rubeln für aufgehoben und dessen momentanen Besitz als ihm gehörig.[154] Fürst Ivan Michajlovič Glinskij setzte eine nicht genannte Zahl von Unfreien und vertraglich bzw. durch Schuldverschreibungen gebundenen Abhängigen in Freiheit mit allem, „wer mir womit diente" und „wer worin ging". Wolle seine Tochter Anna die Leute behalten, sei ihr dies nur gestattet, wenn jene es aus freien Stücken täten. Die ihnen urkundlich übergebenen Landanteile dürften ihnen nicht weggenommen werden.[155] In manchen Fällen wurden sämtliche unfreien und abhängigen Personen, bei gleichzeitigem Verzicht auf Rückzahlung aller ihrer Schulden, in die Freiheit entlassen.[156] Oft durften sie die Besitztümer, wie Pferde und Kleidung, die sie von ihrem adligen Herrn bekommen hatten, behalten, oder es wurde ihnen Geld zum Erwerb von Vieh, Kleidung und Gerät aus der Erbmasse zur Verfügung gestellt.[157] Im Sinne von erhoffter Absolution und göttlicher Gnade galt eine materielle Mindestausstattung der Freigelassenen offenbar als standesgemäße Christenpflicht. So ließ zwar Vasilij Jakovlevič Volynskij laut Testament alle seine Leute frei, konnte sie aber mit keinerlei Dingen ausstatten, „weil ich",

---

[153] Sozial ist Solovcov dem niederen Dienstadel zuzurechnen. Die Geistlichen der Kirche des Wundertäters Nikola in Sava erhielten für ihre private Nutzung zehn Desjatinen Land. Ferner sollte die Kirche für die an 40 Tagen nach dem Tode stattfindenden Fürbitten Geld „kraft Vermögen" erhalten. Ebd.

[154] Ebd.

[155] Ebd. S. 78 (Nr. 49).

[156] Vgl. Akty russkogo gosudarstva 1505–1526 gg., S. 70–72 (Nr. 65, 1510), S. 198–200, 1521/22); Lichačev, Sbornik aktov, S. 87 (1629/30); Sbornik dokumentov, t. III, S. 40 (Nr. 23, 1558/59); ebd. S. 45 (Nr. 24, 1559/69). In anderen Fällen wiederum werden nur die im Testament nicht namentlich erwähnten Personen freigelassen, vgl. z.B. ebd. S. 27 (Nr. 13, 1545/46), oder – umgekehrt – die namentlich aufgeführten, während die anderen den Erben zugeteilt werden.

[157] Ebd. S. 42 (Testament Semen Dm. Peškov-Saburovs), S. 78 (Testament Ivan Mich. Glinskijs); Lichačev, Sbornik aktov, S. 87 (Testament Ivan Vas. Volynskijs).

wie er zerknirscht feststellt, „wegen meiner Sünden ein verkaufter Mensch bin."[158] Als Akt christlicher Nächstenliebe und Mildtätigkeit läßt sich die häufig geübte Praxis einstufen, den Bauern der Dienst- oder Eigengüter die Rückzahlung der ihnen in Geld und Getreide gewährten Darlehen zu erlassen und die Schuldurkunden herauszugeben oder zu vernichten.[159] Solche Beispiele persönlicher Fürsorge relativieren das Bild von der gnadenlosen ökonomischen Ausbeutung der bäuerlichen Unterschicht durch die herrschende Adelsklasse bis zu einem gewissen Grade, wenn auch ihre soziale Wirkung und Bedeutung nicht überschätzt und die individuelle Beliebigkeit nicht übersehen werden darf.

Viele Adlige machten im Alter oder vor ihrem Tod Kirchen und Klöstern umfangreiche Landschenkungen. Die Motivation dazu entsprang entweder den zuvor beschriebenen Gründen für Wohltätigkeit und Fürsorge[160] oder war mit dem Eintritt in ein Kloster am Ende des Lebens verknüpft, wobei die Schenkung als Äquivalent für lebenslange Versorgung verstanden wurde.

Drei Brüder der Fürsten Obolenskie-Peninskie schenkten 1525/26 dem Dreifaltigkeitskloster die Votčina Boronovolokovo im Perejaslavler Kreis „zum ewigen Gedenken an unsere Eltern". Für diese Schenkung erhielten sie vom Abt das Recht, ihren Alterswohnsitz, sobald dies jemand von ihnen wünschte, im Kloster zu nehmen. Der Rückerwerb der Votčina durch Verwandte für 500 Rubel wurde ausdrücklich gestattet.[161] Dmitrij Grigoŕevič Pleščeev schenkte 1558/59 dem Josif-Kloster eine Votčina, wobei aber das noch zu erntende Getreide für die Begleichung seiner Schulden verwendet werden sollte.[162] Mit Schulden zu sterben, wurde, wie erwähnt, als der Erlangung des Seelenheils abträglich empfunden: „Man soll mich nicht in Schulden zu Grabe tragen, und meiner Seele dadurch nicht Schaden zufügen."[163] Pleščeev erbat sich als Gegenleistung für seine Schenkung zwei jährliche Speisungen: an seinem Todestag und am Tag des Apostels Thomas (6. Oktober).[164]

Vom Tode Ivan Mich. Glinskijs, der bei Abfassung seines Testaments 1586 keine männlichen Nachkommen hatte, hätte das Dreifaltigkeitskloster stark profitiert: Er vermachte ihm zwei seiner Erbgüter im Rostover Kreis, eines in der Nähe von Moskau, ein weiteres im Perejaslavler Kreis und die

---

[158] Ebd. S. 69 (Nr. 20, 1600/01). Immerhin erhielten aber zwei Nonnen des Voznesenkij-Klosters 90 Rubel, wofür sie sein Begräbnis im Dreifaltigkeitskloster organisieren sollten. Ebd. S. 68.
[159] Vgl. Sbornik dokumentov, t. III, S. 110 (Nr. 72, 1594/95); ebd. S. 40 (Nr. 23, 1558/59); ebd. S. 46 (Nr. 24, 1559/60).
[160] Aus Artikel 75 des Stoglav von 1551 ist zu entnehmen, daß viele den Klöstern Land vermachten „zur Erinnerung an ihre Seelen und ihren Eltern zum ewigen Gedenken." Rossijskoe zakonodatel'stvo, t. II, S. 352.
[161] Vgl. Akty russkogo gosudarstva 1505–1526 gg., S. 267 f (Nr. 263).
[162] Vgl. Sbornik dokumentov, t. III, S. 40 (Nr. 23).
[163] Ebd. S. 108 (Nr. 72).
[164] Vgl. Lichačev, Sbornik aktov, S. 31 f (Nr. 11).

Neuerwerbungen *(kupli)* des Vaters (zwei Weiler und einige Wüstungen). Diese umfangreiche Schenkung war an keine weiteren Bedingungen geknüpft, sie geschieht „für meine Seele und für mein Geschlecht."[165] Semen Dmitrievič Peškov-Saburov schenkte 1559/60 dem gleichen Koster seine Votčina Voronino Saburovo am Fluß Moskva „der glückseligen Wonne und der ewigen Ruhe wegen" mit der Auflage jährlicher Speisungen, „solange das Kloster steht." Ein Wiedererwerb der Votčina durch Angehörige seines Geschlechts verbot er.[166] Ivan Vasil'evič Ščelkalov, der keine direkten Erben hatte, vermachte 1620 sein Suzdaler Erbgut und seinen Moskauer Stadthof sowie mehrere Kreuze und Ikonen, die bei ihm im sibirischen Tjumeń waren, dem Troice-Kloster. Das Moskauer Zlatoust-Kloster erhielt seine Vladimirer Votčina geschenkt.[167]

1557 schenkte Agrafena Ivanovna, Gattin des verstorbenen Ivan Grigor'evič Morozov, dem Metropoliten Makarij umfangreiche Ländereien.[168]

Zwar wurden nach 1551 Stiftungen an Kirchen und Klöster formal eingeschränkt, hatten aber desungeachtet weiterhin ihren festen Platz in den weltanschaulichen und religiösen Vorstellungen des russischen Adels.[169] Natürlich ist nicht immer genau auszumachen, inwiefern den Landschenkungen an geistliche Institutionen zugleich auch ein rationales Kalkül zugrunde lag, da sie den Besitz in der Hand der Familie wegen des Rückkaufrechts der Verwandten unter Umständen für die Zukunft absicherten. Wurden die Ländereien konfisziert oder anderweitig veräußert, war diese Möglichkeit eingeschränkt. Dennoch läßt der gesamte Kontext adligen religiösen Verhaltens den Schluß zu, daß Frömmigkeit und die Sorge um individuelle Heilssicherung das Stiftungsgebaren des Adels in ganz erheblichem Maße beeinflußt haben.

Daß viele Adlige vor ihrem Lebensende in hohem Alter ins Kloster gingen, wird mehrfach bezeugt, so z.B. für Jakov Zachar'ič Koškin, einem berühmten Bojaren unter Ivan III., der 1510 im Novospasskij-Kloster starb.[170] Auch war es nicht unüblich, daß Adlige auf dem Sterbebett die Mönchsweihe

---

[165] Vgl. Sbornik dokumentov, t. III, S. 78. Die Seelengedenken und jährlichen Speisungen zum Geburts- und Todestag werden von Glinskij gesondert bezahlt. Ebd.
[166] Vgl. Lichačev, Sbornik aktov, S. 41 (Nr. 13). Von als Testamentszeugen fungierenden Verwandten des Erblassers konnten nach den Bestimmungen des Sudebnik von 1550 die verschenkten Güter nicht zurückgekauft werden, ihre Anwesenheit bedeutete eine Verstärkung der Zustimmung zum Testament. Vgl. Semenčenko, Udostoveritel'naja čast' duchovnych gramot XIV–XV vv., S. 62.
[167] Lichačev, Sbornik aktov, S. 80.
[168] Vgl. Akty feodal'nogo zemlevladenija, t. I, S. 59 (Nr. 45).
[169] Vgl. Knudsen, Landpolitik unter Ivan IV., S. 118.
[170] Vgl. Akty russkogo gosudarstva 1505–1526 gg., S. 309.

empfingen,[171] obwohl gegen diese Praxis, zumindest wenn sie von regierenden Fürsten, wie z.B. Vasilij III., geübt wurde, zuweilen gerade in bojarischen Kreisen heftiger Widerstand aufkam.[172] Der Kiever Fürst Izjaslav soll die Mönche des Höhlen-Klosters deshalb zu verfolgen begonnen haben, weil sie einen ihm nahestehenden Bojaren auf dessen Wunsch und ohne sein Wissen in den Mönchsstand aufgenommen hatten, welcher Schritt offenbar als gesellschaftlich nicht tolerierter Statustausch von weltlicher Tätigkeit bzw. „Ruhm und Ehre" in den Zustand des „sozialen Todes" angesehen wurde.[173] Die von der byzantinischen Kirche übernommene Auffassung, daß der Empfang der Mönchsweihe vor dem Tode die Errettung der Seele befördere und die im Leben begangenen Sünden auslösche bzw. abmildere, war weit verbreitet und rief sogar im Kreise derer Protest hervor, die entschiedene Anhänger des mönchischen Lebens waren.[174]

Unter den verschiedenen persönlichen Gründen, die einen Adligen zum freiwilligen Eintritt in ein Kloster bewogen,[175] gehörten Alter und Krankheit zu

---

[171] Vgl. Knudsen, Landpolitik unter Ivan IV., S. 117 f; Crummey, Aristocrats, S. 152. Ivan Rodionovič Kvašnin, berühmter Bojar Dmitrij Donskojs, starb 1390 als Mönch Ignatij. Vgl. PSRL 18, S. 140. Die Annahme des Mönchshabits in der Todesstunde (professio in extremis) war auch im Westen weit verbreitet. Vgl. Schreiner, Mönchsein in der Adelsgesellschaft, S. 566.

[172] Fürst Ivan Borisovič Ruzskij, der während einer schweren Krankheit in das Volokolamsk-Kloster überführt wurde und den Wunsch bekundete, zum Mönch geschoren zu werden, stieß damit auf die Ablehnung seiner Bojaren, denen Ivan III. in dieser Frage beipflichtete, „da er noch jung ist." Vgl. Zimin, Knjažeskie duchovnye gramoty, S. 272. Geteilten Zuspruch in der Bojarenschaft fand auch Vasilijs III. – dennoch vollzogene – Absicht, vor dem Tode die Mönchsweihe zu empfangen. Vgl. PSRL 6, S. 274. Der innigste Wunsch Dmitrij Donskojs soll es gewesen sein, „das Mönchsgewand anzulegen." Vgl. Slovo o žitii velikogo knjazja Dmitrija Ivanoviča, S. 214.

[173] Vgl. Aristov, Nevol'noe i neochotnoe postriženie, S. 67. Ausführlich zum „sozialen Tod" Steindorff, Einstellungen zum Mönchtum, S. 72, 78, 85 ff.

[174] Vgl. Aristov (wie Anm. 173), S. 75.

[175] Die zwangsweise Scherung als Folge herrscherlicher Ungnade gehörte bei der seltenen Anwendung der Todesstrafe zu jenem vom Adel gefürchteten Typ von Repressalien (Heiratsverbot, Verbannung), die auf eine politische Vernichtung der betreffenden Person und ihres Geschlechts hinauslaufen konnte. Die geistliche Karriere Filarets ging auf seine zwangsweise Scherung unter Boris Godunov zurück, der sich auch anderer hochrangiger Rivalen um die Macht – u.a. I.P. Šujskijs und I.F. Mstislavskijs – durch erzwungene Einweisung ins Kloster entledigte. Vgl. Pavlov, Gosudarev dvor, S. 35, 36. Ein Bruder Jaroslavs des Weisen wurde 24 Jahre gefangengehalten und mußte, als er freigelassen wurde, ins Kloster gehen. Vassian Patrikeev wurde infolge der ihn und seinen Vater im Jahre 1499 ereilenden Ungnade zum Eintritt ins Kloster gezwungen. Vgl. allgemein Šachmatov, Kompetencija, č. I. S. 161; Kollmann, Kinship, S. 153; Kleimola, Redux, S. 27. Daß im 16. und 17. Jh. der frühe Eintritt von Aristokraten in ein Kloster vielleicht Ausdruck des Bedürfnisses nach einer alternativen Lebensform außerhalb des staatlichen Dienstes war, ist eine von S.O. Šmidt, Obščestvennoe soznanie, S. 14, angestellte Erwägung.

den häufigsten. Das Kloster eröffnete ihm eine relativ gefahrlose, sorgenfreie, nicht isolierte und kommunikative Lebens- und Altersperspektive, ohne daß er auf den üblichen Luxus und die Freuden des weltlichen Daseins unbedingt zu verzichten brauchte. Neben den streng asketisch ausgerichteten mönchischen Einrichungen gab es Klöster, deren adlige Insassen üppige Speisungen, die als Seelengedenken für Eltern und Verwandte deklariert waren, veranstalteten, regelrechte Gastmähler und Gelage, bei denen z.T. sogar Frauen anwesend waren.[176] Artikel 52 des Stoglav von 1551 behandelt ausführlich die physische und moralische Schädlichkeit des Alkoholkonsums in Klöstern, macht jedoch für die adligen Klosterbewohner – Fürsten, Bojaren und hochrangigen Amtspersonen – mit Hinweis auf ihr Alter und ihre Schwäche, aber auch darauf, daß sie große Schenkungen tätigten, eine Ausnahme: Sie sollen nicht der strengen Mönchsregel unterliegen und das zu essen und zu trinken bekommen, „wer was verlangt."[177]

Paul von Aleppo, der 1655 die Grabstätten der Moskauer Erzengelkathedrale beschrieb, berichtet, daß sich „über jedem Grabmal eine Darstellung des Bestatteten, so wie er im Leben war", befand.[178] Derselbe Beobachter pries den Eifer und Ernst des russischen Adels in Beachtung der Liturgie, seinen Respekt für Kirchen und Heiligenbilder und die mildtätige Großzügigkeit gegenüber den Armen. Daheim zeige sich die Frömmigkeit in den prächtigen Ikonen und der Hauskapelle, die bei vielen vorhanden sei,[179] worüber auch Olearius Mitteilung macht: „Dan man funde nunmehr fast umb das fünffte Hauß eine Capelle, massen ein jeglicher grosser Herr itzund ihm eine eigene Capelle bawen lassen / und einen eigen Pfaffen auff seine Unkosten hält / und also

---

[176] Vgl. Aristov, Nevol'noe i neochotnoe postriženie, S. 64. Die Mahlzeiten im Refektorium von Cluny ließen an fürstliche Gelage denken. Das Sozialprofil dieses Klosters war phasenweise – etwa unter dem Abt Hugo (1049–1109) – stark vom Adel geprägt. Die Privilegierung adliger Abstammung in Klöstern ist auch ein zu Kritik herausforderndes Thema bei vielen Autoren des 13. Jh. In Benediktiner- und Zisterzienserkonventen waren im späten Mittelalters raffinierte und üppige Speisen Ausdruck aristokratischer Lebensmuster, die in Klöstern Eingang gefunden hatten. Dazu gehörte auch die zeitlich befristete Auflösbarkeit des mönchischen Keuschheitsgelübdes für Adlige. Vgl. Schreiner, Mönchsein in der Adelsgesellschaft, S. 570–575, 591–592.

[177] Wenn Adlige zum Gebet oder aus anderen Gründen ein Kloster aufsuchten, wurden sie gesondert von der Geistlichkeit beköstigt. Vgl. Rossijskoe zakonodatel'stvo, t. II, S. 324 (Art. 49 des Stoglav).

[178] Kornilowitsch, Kaganowitsch, Illustrierte Geschichte der russischen Kunst, S. 183.

[179] Zit. nach Crummey, Aristocrats, S. 150. Eine wichtige Rolle im adligen Haus spielte der geistliche Beistand (duchovnik), der zu Rat, Belehrung und Trost in Familienangelegenheiten und bei zarischer Ungnade häufig in Anspruch genommen wurde. Vgl. Kostomarov, Očerk domašnej žizni, S. 296.

mit den Seinen alleine seinen Gottesdienst darinnen verrichtet."[180] Die auf den Gütern hoher Adliger stehenden Kirchen, wie z.B. die der Fürsten Čerkasskie in Ostankino, der Fürsten Šeremetevy in Ubory, der Naryškiny in Fili oder des Fürsten B.A. Golicyn in Dubrovicy, waren eindrucksvolle architektonische Manifestationen ihres Glaubens und ihrer Hoffnung auf Seelenerrettung und zugleich bedeutende architektonische Monumente der Zeit.[181] Daß allerdings die adligen Eigenkirchen keineswegs immer in einem guten Zustand waren bzw. in der nötigen Weise versorgt und oft aus anderen als aus Frömmigkeitsgründen errichtet wurden, enthüllen die beredten Klagen des Hundertkapitelkonzils von 1551: „Denn viele Menschen erbauen Kirchen nicht um Gottes willen, sondern aus Eitelkeit und Stolz und ihres Ranges und ihrer Frauen wegen."[182] Der Stol'nik A.I. Bezobrazov, der äußerst rücksichtslos und grausam gegenüber seinen Dienstleuten und Bauern auftrat (einige gingen an seinen Schlägen zugrunde), worüber selbst einige Standesgenossen den Kopf schüttelten, legte bei allem Aberglauben, Geiz und anderen christlichen Untugenden eine sehr äußerliche Frömmigkeit an den Tag: In seinem Dorf Spasskij ließ er eine Kirche aus Stein errichten, woanders eine Holzkirche.[183]

Es überrascht dagegen, in welcher demütigen, freundlichen und bescheidenen Art der zeitweilig erste Mann im Staat unter dem Zaren Aleksej Michajlovič, Boris Morozov, mit den Geistlichen der auf seinen Gütern gelegenen Kirchen und Klöster verkehrte und als ihr großzügiger Förderer und an ihrem Wohlergehen Interessierter auftrat. So war eine Geschenksendung schwedischen Importeisens an das Makarev-Kloster mit einem Schreiben des Bojaren an die Bruderschaft begleitet, in dem es u.a. hieß: „...Boris Morozov bittet untertänigst. Seid, meine Herren, so freundlich, befehlt, mir über Eure seelische Errettung und über [Euer] körperliches Wohlbefinden und über Euer ganzes seliges Dasein zu schreiben, wie Euch Gott Gnade erweist. Und über mich gestattet mir mitzuteilen, daß ich am 4. April (1660) das helle Antlitz des Herrschers schaute und, dank Gott, gesund bin... Für den Kirchenbau habe ich Euch... Eisen aus Schweden geschickt..., und befohlen, daß Ihr es in Empfang nehmt... Um all das bitte ich Euch ergebenst."[184]

---

[180] Moskowitische und persische Reise, S. 150. Kotošichin schreibt: „Und bei den großen, nicht bei vielen, Bojaren sind auf deren Höfen ihre eigenen Kirchen errichtet." O Rossii, S. 147.

[181] Vgl. Crummey, Aristocrats, S. 154. Die früheste Mitteilung darüber, daß sich ein Adliger eine Kirche – in diesem Fall vor seinem Moskauer Hof – bauen ließ, bezieht sich auf den Schatzmeister Vasilijs II., Vladimir Grigor'evič Chovrin. Vgl. Ustjužnyj letopisnyj svod, S. 81. Es wird angenommen, daß Hauskirchen schon in Kiever Zeit zum Bestandteil des reichen Hofes gehörten. Vgl. M. Gruševskij, Očerk istorii Kievskoj zemli ot smerti Jaroslava do konca XIV stoletija. Kiev 1891 (Neudruck 1991), S. 407.

[182] Rossijskoe zakonodatel'stvo, t. II, S. 361 f (Art. 84 des Stoglav).

[183] Vgl. Novosel'skij, Votčinnik, S. 15–21.

[184] Zit. bei Zabelin, Bol'šoj bojarin, S. 498.

Frömmigkeit und Tod 213

Der Tod war ein immer gegenwärtiger Begleiter des mittelalterlichen Menschen. In den Gesta Romanorum (um 1300) fragt ein König einen Philosophen unter anderem: „Mit welchen Gefährten lebt er (der Mensch)?" Die Antwort: „Mit sieben, die ihn ständig bedrängen. Das sind Hunger, Durst, Hitze, Kälte, Müdigkeit, Krankheit und Tod."[185] Die Sterblichkeit innerhalb des russischen Adels war, wie in anderen Teilen Europas,[186] hoch, und wahrscheinlich, über den gesamten Zeitraum gesehen, permanent höher als im westlichen Adel, da Kriege die russische Geschichte sozusagen ohne Unterlaß ausfüllten. Das Leben eines russischen Adligen war über weite Strecken das eines Kriegers. Poetisch wird dies im Igorlied so ausgedrückt: „Und meine Kursker, erprobte Krieger / Unter Trompeten in Windeln geschlagen / gekost unter Helmen / großgefüttert mit Lanzenspitzen / Sie kennen die Straßen / sind heimisch in Schlachten / immer sind ihre Bogen gespannt / offen die Köcher / die Klingen geschärft / Sie jagen, graue Wölfe der Steppe / sich selber zu Ehre, zum Ruhm ihres Fürsten."[187] Die andere Seite des Ruhms war der Tod auf dem Schlachtfeld: „Fürstenzwist kürzte Menschenleben / selten erklang... auf russischer Erde ein Pflügerruf / alltäglich aber war das Gekrächz von Raben / die sich in die Erschlagenen teilten..."[188] Und: „...da kamen die Heiden von allen Seiten / als Sieger in das russische Land."[189] Der Sieg Dmitrij Donskojs am 8.9.1380 auf dem „Schnepfenfeld" (*Kulikovo pole*) über die Mongolen war mit ungeheuren Blutopfern erkauft: „Sie schlugen sich von der sechsten Stunde bis zur neunten; wie aus einer Regenwolke wurde das Blut beider vergossen, der Christen und der Tataren. Es gab eine Unmenge Toter von beiden Seiten..., und Leiche fiel auf Leiche."[190] Der Moskauer Bojar Michail Alekseevič meldete dem Sieger: „Du unser Herr, Großfürst Dmitrij Ivanovič, uns fehlen, Herr, 40 Großbojaren aus Moskau, 12 Fürsten aus Belozersk, 30 Älteste aus Novgorod, 20 Bojaren aus Kolomna, 40 Bojaren aus Serpuchov, 30 litauische Herren, 20 Bojaren aus Perejaslavl', 25 Bojaren aus Kostroma, 35 Bojaren aus Vladimir, 8 Bojaren aus Suzdal', 40 Bojaren aus Murom, 70 Bojaren aus Rjazań, 34 Bojaren aus Rostov, 23 Bojaren aus Dmitrov, 60 Bojaren aus Možajsk, 30 Bojaren aus Zvenigorod,

---

[185] Zit. bei Borst, Lebensformen im Mittelalter, S. 30.
[186] Von 16 Magnatenfamilien der Diözese Osnabrück im 12. Jh. waren zehn am Ende des 13. Jh. ausgestorben. Die englische Aristokratie beging auf den Schlachtfeldern im „Krieg der Rosen" gewissermaßen kollektiven Selbstmord. Viele Familien verschwanden aufgrund von Krankheiten oder Unfruchtbarkeit. Epidemien und Seuchen machten auch vor Aristokraten nicht halt. Vgl. Powis, Aristocracy, S. 18 f.
[187] Zit. nach Zenkovsky, Aus dem alten Rußland, S. 145.
[188] Ebd. S. 149.
[189] Ebd. S. 150.
[190] Zit. nach Donnert, Altrussisches Kulturlexikon, S. 82.

15 Bojaren aus Uglič."[191] Der ruhmreiche Sieg konnte nur schwach darüber hinwegtrösten, daß in wenigen Stunden ein großer Teil der Blüte des russischen Adels sein Leben in der Schlacht verloren hatte. Solches dramatische und massenweise Sterben war freilich kein Einzelereignis im Verlauf der russischen Geschichte.

Der tägliche Tod im Grenzkrieg, beim Überfall, auf Verteidigungsposten war das allerdings weit weniger spektakuläre und öffentlichkeitswirksame Sterben als jenes auf dem Schlachtfeld. Er war Normalität, sein propagandistisches Idealisierungspotential gering. Er wurde nicht besungen und wohl auch verdrängt. Mit Gottes und der Heiligen Hilfe – ein unverzichtbares Requisit des russischen adligen Kriegers auf seinen Feldzügen war die zur privaten Anbetung mitgeführte Ikone – hoffte man, ihm zu entgehen. Viele, besonders aus dem niederen Adel, die keine hohen Kommandostellen bekleideten und deshalb besonders gefährdet waren,[192] versuchten der Todesgefahr durch Dienstflucht und Desertion zu entkommen. Angesichts des permanenten gewaltsamen Sterbens wurde das Dahinscheiden im Kreise der Familie und bei vollem Bewußtsein verständlicherweise als eine größere himmlische Gnade betrachtet als der Heldentod auf dem Schlachtfeld oder im Grenzkrieg. Eine Adelsschicht, die diesen über Jahrhunderte als trivialen Alltag erlebt, wird Mittel und Symbole des Kriegshandwerks möglicherweise weniger in das eigene Wertbewußtsein integrieren, als das dort geschieht, wo der Krieg zu den dramatischen Ausnahmen und singulären Katastrophen gehört. Dies ist vielleicht neben den anderen erwähnten Gründen eine Erklärung für das auffällig unkriegerische Äußere der Moskauer hohen Aristokratie im öffentlichen Erscheinungsbild.

Es besteht jedenfalls Grund zu der Annahme, daß manche Adelsfamilien, wie die Obolenskie oder Paleckie, die im 16. Jh. weitverzweigte Geschlechter waren, durch Kriege so dezimiert wurden, daß einige Linien gänzlich ausstarben.[193] Seuchenkatastrophen, wie der Pest von 1654 in Moskau, konnten

---

[191] „Zadonščina", zit. nach Zenkovsky, Aus dem alten Rußland, S. 199 f. Zur Überlieferungsgeschichte des Denkmals vgl. Zimin, Zadonščina, S. 5–17. Die Teilnahme von Novgorodern an der Schlacht gegen Mamaj, wie viele andere Details auch, ist umstritten. Ebd. S. 9. Die Zahlen, was die Verluste und die Größe der Heere anbelangt (in den späteren Chroniken ist von 300.000 und mehr Tataren die Rede), sind mit Sicherheit überzogen.

[192] N. Kollmann kommt zu dem Ergebnis, daß Männer der bojarischen Elite im 14.–16. Jh. wenigstens 50 Jahre alt wurden, viele, auch im 17. Jh., erreichten die 60er Jahre. Vgl. Kinship, S. 191 ff. Da im Durchschnitt der Bojarenrang erst mit dem Alter von knapp über 40 erlangt wurde, läßt sich allerdings das relativ hohe Altersniveau der bojarischen Spitze nicht auf die Adelselite insgesamt (und viel weniger auf den niederen Kriegsadel) übertragen, weil viele potentielle Anwärter auf höchste Stellungen das Eintrittsalter zu ihnen gar nicht erreichten.

[193] Vgl. Crummey, The Fate of Boyar Clans, S. 21. Viele Zweige der Fürsten Obolenskie starben unter dem unmittelbaren Einfluß des Opričnina-Terrors aus. Vgl. Pavlov, Gosudarev dvor, S. 158.

sich auch nicht alle Aristokraten durch Flucht auf ihre Landsitze entziehen, worum der Voevode Fürst Pronskij den Zaren auf dem Höhepunkt des Sterbens inständig bat: „Ohne deinen Befehl, o Herr, dürfen wir nicht in die bei Moskau gelegenen Dörfer übersiedeln, wie wir der schweren Luft hier wegen gern thäten, um nicht insgesamt hier wegzusterben. Darum bitten wir dich, uns, deinen Sklaven, einen solchen Befehl ausfertigen zu lassen."[194]

Krankheiten, Seuchen und Kriege hatten insgesamt für die Sterblichkeitsrate im russischen Adel eine wesentlich größere Bedeutung als politische Einflüsse, die nur in der Zeit des Opričnina-Terrors Ivans IV. ein aus dem üblichen Rahmen fallendes hohes Vernichtungsergebnis zeitigten. Die Annahme allerdings, Ivan habe die hohe Aristokratie aus politischen Motiven gänzlich ausrotten wollen, ist absurd, und es handelt sich dabei um ein nicht aus der Zeit geborenes Argument. Eine solcherart motivierte Tat hätte nämlich den revolutionären Umschlag einer über Jahrhunderte gewachsenen politischen Ordnung bedeutet, was aber weder die realen Machtverhältnisse noch das herrschende Gesellschaftsverständnis zuließen. So ist man in letzter Zeit zu älteren Deutungen des Opričnina-Terrors zurückgekehrt, die in ihm nicht einen Schlag gegen die Hocharistokratie als soziale Gruppe sahen, sondern als gegen Einzelpersonen und Gruppen gerichtet, aus einer spezifischen übersensiblen psychischen Disponiertheit des Zaren geboren[195] und letztlich als Mächtstärkung seiner Stellung durch Einschüchterung und Verbreitung von Schrecken intendiert. Die physische Vernichtung einiger sehr prominenter Vertreter der hohen Aristokratie und einer großen unbekannten Zahl von weniger prominenten Personen aus der Oberschicht und anderen Bevölkerungsgruppen änderte aber im Grunde nichts an den politischen und sozialen Machtverhältnissen. Es waren vor allem die ökonomischen Wunden des Terrors und der Kriege Ivans IV., die das Moskauer Reich in eine langwierige Krise stürzten. Was sich allerdings, freilich schwer nachweisbar, tief in das Bewußtsein der Aristokratie eingegraben haben mag, war die angstvoll erlebte Erfahrung, jederzeit Opfer von unberechenbarer, schrankenloser Willkür und Tyrannei werden zu können, die das Maß historisch überlieferter und gesellschaftlich tolerierter „Strenge" von oben in unerträglicher Weise überschritten. Wenn vielfach die relative „Milde" der russischen Zaren des 17. Jh. hervorgehoben wurde, so war sie wohl weniger Ausdruck von deren individueller charakterlicher Beschaffenheit, sondern Folge einer von der Aristokratie mitgesteuerten Verhaltensweise, die

---

[194] Zit. bei Brückner, Beiträge, S. 41. Am schlimmsten waren die sozialen Unterschichten betroffen. Vom Gesinde der Magnaten in Moskau starben z.B. bei Nikita Iv. Romanov 73 %, bei Boris Morozov 95 %, bei Jakov Čerkasskij 80 %, A.N. Trubeckoj 97 %. Ebd. S. 49.
[195] Vgl. Kämpfer, Stökl, Rußland, S. 914. 128 Namen von hingerichteten Adligen sind bekannt, davon 21 aus Familienclans mit Dumasitz. Ebd. S. 919.

nicht zuletzt die abschreckende historische Erfahrung unkalkulierbarer, terrorhafter herrscherlicher Repressionen als mahnendes Lehrstück zum Hintergrund hatte.

6. Erziehung und Bildung

War der russische Adel „gebildet"? Oder fügte er sich in die in vielen westlichen Schriften des 16. und 17. Jh. entworfene Vorstellung vom Moskauer Reich als in seinem Wesen „rude and barbarious"?[196]

Es ist schwer, aus dem lückenhaften und z.t. äußerst widersprüchlichen Quellenmaterial ein einigermaßen verläßliches Urteil in dieser Frage zu gewinnen. Mokierte sich etwa der Freiherr v. Herberstein über Ungeschliffenheit und Unbildung der Moskauer Diplomaten, die 1525 bei Karl V. in Spanien weilten und in Herbersteins Begleitung wieder heimzogen,[197] so gewann der Österreicher Adolph v. Lyseck 1675 einen gänzlich anderen Eindruck: „Die Fürsten, Bojaren und alle den Zaren Umgebenden sind kluge, gebildete Leute..."[198] Diese Äußerung steht in scharfem Kontrast zu der abfälligen Bemerkung Grigorij Kotošichins über die Mitglieder der Bojarenduma, die dort den Mund nicht auftäten, weil sie dumm und ungebildet seien, und der Klage des Fürsten Ivan Chvorostinin, daß die Menschen im Staate Moskau dumm seien und man mit niemandem verkehren möge.[199] Der Niederländer Miege vermutete hinter der verbreiteten Unbildung eine zielgerichtete Politik: „„...die Zaren halten ihre Untertanen grundsätzlich in Unwissenheit, sonst würden sie nicht Sklaven bleiben wollen."[200] Dem stehen, wiederum aus demselben Jahrhundert, bewundernde Kommentare westlicher Besucher zu Sprachkenntnissen und Bildung einiger Moskauer Politiker und Aristokraten gegenüber. So schrieb der Engländer Collins, daß Afanasij Ordin-Naščokin „ein großer Politiker ist und ein sehr wichtiger und kluger Staatsminister, der keinem Minister in Europa etwas nachgibt."[201] Er beherrschte das Lateinische und die deutsche Sprache, und die Dienstumstände zwangen ihn, Polnisch zu lernen. Sein Nachfolger als Kanzler, Artamon Matveev, war in der Lage, sich mit ausländischen Diplomaten in lateinischer Sprache zu unterhalten.[202] Ein Angehöriger der österreichischen Gesandtschaft von 1675 erwähnt, daß er als ein „verständiger Herr und großer Liebhaber der Wissenschaften" den „unrühmlichen" Zustand

---

[196] „Rude and Barbarious Kingdom" ist der Titel eines von R.O. Crummey herausgegebenen Quellenbandes über die moskowitische Gesellschaft des 17. Jh.
[197] Vgl. Rüß, Die Friedensverhandlungen, S. 216.
[198] Skazanie, S. 381.
[199] Zit. bei Rüß, Moskauer „Westler" und „Dissidenten", S. 190 und 192.
[200] Zit. bei Sievers, Deutsche und Russen, S. 125.
[201] Graf, Samuel Collins' Moscovitische Denkwürdigkeiten, S. 56.
[202] Bezweifelt von Crummey, Aristocrats, S. 161.

des Schulwesens in seinem Land erkannt und „mit Vorwissen des Czars" in seiner Familie einen „polnischen Studiosum" als Hauslehrer eingestellt habe.[203] Foy de la Neuville, der seine Unterhaltung mit dem Fürsten Vasilij Golicyn auf Lateinisch führte, zeigte sich von der vielseitigen Bildung dieses hohen Aristokraten tief beeindruckt.[204]

Leider verfügen wir über wenige entsprechende direkte Zeugnisse zum Bildungsstand russischer Adliger aus früheren Jahrhunderten, und die zitierten überlieferten scheinen eher nahezulegen, daß es sich bei den genannten Personen um Ausnahmen und nicht um repräsentative Beispiele für die geistige Atmosphäre und das Bildungsniveau innerhalb der moskowitischen adligen Führungselite des 17. Jh. handelte.

Mag auch diese Vermutung bezüglich der – erst allmählich einsetzenden – Aneignung von westlichen Bildungsinhalten zutreffend sein, so wäre es allerdings voreilig, daraus generelle Schlüsse über den niedrigen Bildungsstandard des russischen Adels schlechthin zu ziehen. Die Fähigkeit, zu lesen und zu schreiben, war im hohen russischen Adel wahrscheinlich eher die Regel als die Ausnahme, besonders seitdem mit den komplizierter werdenden diplomatischen und administrativen Aufgaben im expandierenden Moskauer Großreich und beim wachsenden Konkurrenzkampf innerhalb des Adels um Führungspositionen und Fürstennähe Bildung als zusätzliches Qualifikationsmerkmal zweifellos an Bedeutung für den einzelnen Adligen gewann. Fürst Andrej Kurbskij, selbst ein Gebildeter seiner Zeit und Verfasser der „Geschichte über den Moskauer Großfürsten", bestätigt indirekt, daß sich der Adel des Wertes von Bildung und Schriftkundigkeit durchaus bewußt war, wenn er sich zwar abfällig über „unsere russischen Schreiber" (d.h. die D'jaken) äußert, aber hinzufügt, daß ihnen der Großfürst besonderes Vertrauen schenke,[205] und das war eben genau das, worauf das Streben politisch ambitionierter Aristokraten zeitlebens ausgerichtet war. Übrigens hebt Andrej Kurbskij an mehreren Stellen die ihm offenbar besonders bemerkenswert erscheinende Bildung einiger hoher Adliger hervor, deren aus anderen Quellen bekannte Tätigkeiten dieses Merkmal nicht unbedingt erwarten lassen. Über Fürst Ivan Fedorovič Bel'skij schreibt er, daß dieser nicht nur ein tapferer Mann gewesen sei, „sondern auch von großem Verstand und in einigen heiligen Schriften sehr gut bewandert [iskusen]." Fürst Ivan Kubenskij sei „ein sehr kluger Mann" gewesen, und die Bojaren Aleksandr Jaroslavič und Vladimir Kurljatev, die Ivan IV. hinrichten ließ, seien beide von so großer Buchgelehrtheit gewesen, daß sie „alle heiligen Schriften auswendig konnten." Ivan Chabarov aus dem alten Bojarengeschlecht der Dobrynskie kannte sich nach Kurbskij ebenfalls in den Büchern aus, und über M.M. Lykov erfahren

---

[203] Zit. bei Welke, Rußland in der deutschen Publizistik, S. 219.
[204] Vgl. Rüß, Moskauer „Westler" und „Dissidenten", S. 214.
[205] Zit. bei Rüß, Adel und Adelsoppositionen, S. 27.

wir bei ihm, daß er zu wissenschaftlichen Studien nach Deutschland geschickt worden sei „und sich dort die deutsche Sprache und Schrift sehr gut angeeignet" habe.[206]

Von einem geistlichen Schriftkundigkeitsmonopol kann weder in Kiever Zeit noch später die Rede sein. In der Unterweisung Vladimir Monomachs an seine Söhne steht zu lesen: „...was ihr euch nicht eigen gemacht habt, das lernt – gleichwie mein Vater [Vsevolod], der, wenn er daheim saß, 5 Sprachen erlernte; das bringt nämlich Ehre von anderen Ländern ein. Denn Faulheit ist die Mutter von alledem: Verstandenes wird vergessen, Unverstandenes wird nicht gelernt."[207] Schon Vladimir der Heilige hatte versucht, elementare Bildung in weltlichen Kreisen zu verbreiten. Er befahl, „die Kinder des Adels, der mittleren Stände und die Armen den Priestern und Diakonen in der Kirche zu übergeben, damit sie aus den Büchern lernten."[208] Er „ließ die Kinder der angesehensten Männer holen, damit sie in der Schrift unterwiesen würden."[209] Jaroslav der Weise, von dem gesagt wird, daß er „die Bücher liebte" und der selbst eifrig „bei Tag und Nacht" las, ließ in der Novgoroder Sophienkathedrale eine für jene Zeit hervorragende Bibliothek zusammenstellen.[210] Auf Weisung des Novgoroder Statthalters Ostromir entstand das sog. Ostromir-Evangeliar (1056), und für den Fürsten Izjaslav Jaroslavič wurde der „Codex des Svjatoslav" (1073) angefertigt, den letzterer von seinem Bruder übernommen hatte. Fürst Vladimir Vasilkovič († 1288) trug den Beinamen „der Philosoph". Das literarisch ambitionierte Bittgedicht des Daniil Zatočnik belegt, daß in der Fürstengefolgschaft „literati" ihren Platz hatten. Das Novgoroder Birkenrindenschrifttum ist eine Bestätigung dafür, daß es in der Kiever Ruś Ansätze eines Schulwesens gegeben hat (Alphabetfund, Schreibübungen des Knaben Onfim), und daß in Novgorod breite Bevölkerungsschichten zu lesen und zu schreiben imstande waren.[211] Eine Chronik berichtet, daß sich im Jahre 1341 der junge Fürst Michail Aleksandrovič von Tveŕ nach Novgorod begab, um dort unterrichtet zu werden.[212]

---

[206] Vgl. RIB, t. 31, S. 167, 280, 298.
[207] Zit. nach Zenkovsky, Aus dem alten Rußland, S. 69.
[208] Zit. nach Kornilowitsch, Kaganowitsch, Illustrierte Geschichte der russischen Kunst, S. 31.
[209] Zit. nach ‚Oh Bojan', S. 59.
[210] Zenkovsky, Aus dem alten Rußland, S. 41.
[211] Vgl. Donnert, Das Kiewer Rußland, S. 210. Auf der Klinge eines Schwertes vom Beginn des 11. Jh. sind Beruf (koval', d.h. Schmied) und Name des Meisters (LJUDOTA oder LJUDOŠA) eingraviert. Vgl. Kirpičnikov, Vooruženie voinov, S. 167. 1993 wurde in Novgorod eine Birkenrindeninschrift (Nr. 752) aus der Erdschicht des späten 11. / Anfang des 12. Jahrhunderts entdeckt, in der sich eine offenbar junge, hochgestellte Frau an ihren Geliebten wendet, der ein verabredetes Rendezvous nicht eingehalten hat. Vgl. V.L. Janin, Fenomenal'nye nachodki Novgorodskoj archeologičeskoj ėkspedicii v polevom sezone 1993 goda. In: VI (1994, 4), S. 170 f.
[212] PSRL 10, S. 213.

Bildung in damaliger Zeit beschränkte sich in der Hauptsache auf religiös-erbauliches Schrifttum, die Lehren der Kirchenväter, Heiligenviten, historisch-polemische Traktate zur Geschichte der Kirche, Chroniken, Sagen und Erzählungen zur russischen Vergangenheit. Eine stärkere Orientierung der Bildungsinhalte auf ein auch an rein weltlichen Themen interessiertes adliges und stadtbürgerliches Publikum erfolgte erst seit dem 16. und besonders im 17. Jh. So befanden sich unter den namentlich erwähnten Büchern der 93 Bände umfassenden Hausbibliothek Vasilij Golicyns ein in deutscher Sprache verfaßtes zoologisches Werk, ein Handbuch der Feldmeßkunde (in Deutsch), ein diplomatisches Handbuch, eine Grammatik der polnischen und lateinischen Sprache, eine tiermedizinische Abhandlung über Pferde und Jurij Križanič's „Gespräche über die Herrschaft".[213] Beim Fürsten Ivan Chvorostinin fand man satirische Gedichte. Er wurde wegen seiner öffentlich bekundeten häretischen Neigungen ins Kloster verbannt (1623) und durfte dort nur geistliche Literatur lesen.[214] Der Bojar Nikita Romanov war Bezieher sog. Vesti-Kuranty,[215] Übersetzungen westlicher Zeitungen, die eigentlich für den speziellen Gebrauch des Außenamtes angefertigt wurden. Eine Reihe hoher russischer Adliger, wie der erwähnte Chvorostinin, ist selbst schriftstellerisch hervorgetreten. Das Paradebeispiel im 16. Jh. ist der Fürst Andrej Kurbskij, der seine literarische Tätigkeit allerdings erst in der Emigration im benachbarten Polen-Litauen entfaltete, aber dessen Schriften dennoch stark von der russischen Bildungstradition geprägt waren. Seine Gelehrsamkeit ist uns, wie in anderen Fällen auch, vielleicht nur deshalb bekannt geworden, weil ihn sein politisches Schicksal dazu gezwungen hat, den literarischen Weg zu beschreiten. Dies gilt auch für Fürst Vasilij Ivanovič Patrikeev, Sohn eines der bedeutendsten Bojaren Ivans III., der 1499 im Zusammenhang mit dem Thronfolgekonflikt nur knapp der Hinrichtung entging und als Mönch Vassian zu einem streitbaren und zeitweise bei Hofe äußerst einflußreichen, später jedoch in Ungnade gefallenen Verfechter einer „armen" Kirche wurde.[216] Aus einem alten und einflußreichen Bojarengeschlecht stammte Vasilij Mich. Tučkov († 1548), Verfasser einer Redaktion der Vita Michail Klopskijs.[217] Beide, Patrikeev und Tučkov, standen in enger geistiger Beziehung zu Maksim Grek, einem gelehrten griechischen

---

[213] Vgl. Solovev, Istorija Rossii, kn. 7, S. 436.
[214] Vgl. Kostomarov, Russkaja istorija v zizneopisanijach, t. I, S. 759.
[215] Vgl. Zaozerskaja, Iz istorii feodal'noj votčiny, S. 63.
[216] Vgl. Kazakova, Vassian Patrikeev. Kurbskij, der nach seiner Übersiedlung Polnisch und Lateinisch lernte, hat seine russischen Schriften offenbar Schreibern diktiert, „weil ich nicht Russisch zu schreiben verstehe." Vgl. Auerbach, Kurbskij, S. 375; Skrynnikov, Groznyj, S. 161, 179.
[217] Vgl. Šmidt, Novoe o Tučkovych, S. 134. Ein Sendschreiben Maksim Greks über Verwaltung und „mildes Gericht" war an Vasilij Tučkov adressiert, den Grek als „gelehrt" und „vernunftbegabt" bezeichnet. Ebd. S. 136.

Kleriker aus Arta, der seit 1518 im Auftrag Vasilijs III. liturgische Texte ins Russische übertrug und mit dem, wie die Prozeßprotokolle gegen Ivan Berseń-Beklemišev von 1525 enthüllen, eine Gruppe adliger „Intellektueller" über Bücher („o knižnom") zu diskutieren pflegte. Genannt werden Fürst Ivan Tokmak, Vasilij Tučkov, I.D. Saburov, Fürst A. Cholmskij, Juško Tjutin und – als intimster Gesprächspartner – Berseń-Beklemišev.[218] Der Hauptkontrahent Vassian Patrikeevs in der Frage klösterlichen Grundbesitzes, Iosif von Volokolamsk, verfaßte eine Anzahl von Sendschreiben, deren Adressaten, außer den Groß- und Teilfürsten Ivan III., Vasilij III. und dessen Bruder Jurij Ivanovič, einige „Große" bzw. einige namentlich angesprochene adlige Personen waren: die Fürstin Golenina, Ivan Ivanovič Tret'jakov, Boris Vasil'evič Kutuzov, Vasilij Andreevič Čeljadnin.[219] Umgekehrt richtete ein Sendschreiben an Iosif Ivan Ivanovič Golovin, als Grundbesitzer im Volocker Kreis beheimatet und einer sehr begüterten und gebildeten Familie entstammend.[220] Der Verfasser der „Zadonščina", die als die vollendetste literarisch-künstlerische Darstellung des Sieges Dmitrij Donskojs über die Tataren auf dem Schnepfenfeld im Jahre 1380 gilt, war der ehemalige Bojar und spätere Geistliche Sofonij von Rjazań. Der unbekannte Autor des Igofliedes gehörte aller Wahrscheinlichkeit nach zum Kreis der fürstlichen Gefolgsleute[221] ebenso wie der Verfasser des ursprünglichen Textes der Vita Aleksandr Nevskijs, in der es heißt: „All dieses habe ich von meinem Herrn gehört, dem Fürsten Alexander Jaroslawitsch..."[222] Ein hochgebildeter Diplomat, der sich in der antiken Literatur und Philosophie (Aristoteles, Ovid) auskannte, war der Okol'ničij Fedor Ivanovič Karpov († 1545), welcher in mehreren Sendschreiben, so in einem Antwortbrief an den Metropoliten Daniil, seine Staatsauffassung – Gerechtigkeit und Milde als Tugenden einer monarchischen Regierung – darlegte, die stark von einer profanen Ethik geprägt war.[223] Möglicherweise war Aleksej Adašev, einer der

---

[218] Vgl. AAE t. 1, Nr. 172, S. 141.
[219] Vgl. Poslanija Iosifa Volockogo, S. 152–160 (an einen unbekannten „Großen" und den „Großen Ioann"), S. 178 f (an Ivan III.), S. 179–183 (an die Fürstin Golenina), S. 183–185 (an den Großfürsten), S. 187–208 (an Ivan Iv. Tret'jakov), S. 208–227 (an Boris Vas. Kutuzov), S. 227 f (an Vas. Andr. Čeljadnin), S. 229–232 und S. 235 f (an den Teilfürsten Jurij Ivanovič), S. 239 f (an Vasilij III.).
[220] Ebd. S. 334–336. Vgl. zu den Goloviny Veselovskij, Issledovanija, S. 442–449.
[221] Vgl. Zenkovsky, Aus dem alten Rußland, S. 581.
[222] Ebd. S. 596.
[223] Klibanov bezeichnet Karpovs Ideen als politische Utopie eines russischen Humanisten, vgl. „Pravda" Fedora Karpova, S. 149. Ržiga deutet sie, in der klaren Trennung von weltlicher und geistlicher Gewalt, als ersten Versuch einer Säkularisierung des politischen Denkens. Vgl. Bojarin-zapadnik, S. 47. Kurbskij bezeichnete Karpov als „vernunftbegabten Mann", und der Metropolit Daniil nannte ihn „sehr weise" und mit „Verstand" begabt. Karpov kannte das Griechische und Latein und beherrschte östliche Sprachen. Vgl. Zimin, Obščestvenno-politićeskie vzgljady Fedora Karpova, S. 161 f.

einflußreichsten Politiker in den ersten Jahren der selbständigen Regierung Ivans IV., Autor des „Chronisten vom Beginn [der Herrschaft] des Zaren und Großfürsten Ivan Vasil'evič" *(Letopisec načala carja i velikago knjazja Ivana Vasil'eviča)*, welche Chronik die Zeit vom Tode Vasilijs III. bis zur Eroberung von Kazań umfaßt.[224] Ivan Peresvetov, ein aus Litauen gebürtiger Kleinadliger russischer Herkunft, der vor seinem Eintreffen in Moskau 1538/39 Johann Zapolya und Ferdinand I. gedient hatte, vertrat in seinen Schriften die Ideologie des kleinen Dienstadels, verlangte die Neugliederung der Adelsklasse auf der Grundlage ihrer Verdienste um den Staat und sah im übrigen die Gerechtigkeit und – im Gegensatz zu Karpov – „Strenge" bzw. „Schrecken" *(groza)* als die wichtigsten Prinzipien einer idealen Staatsführung an.[225] Der D'jak Ivan Timofeev († 1631) war Verfasser eines Geschichtswerkes mit dem Titel „Vremennik" („Buch der Zeiten"), das die Periode von Ivan IV. bis Vasilij Šujskij behandelte und als bedeutendes Zeitzeugnis zugleich ein beachtliches Bildungsniveau seines Schöpfers, der Griechisch und Latein beherrschte, offenbart sowie dessen Sympathien für die hohe bojarische Aristokratie.[226] Aus deren Reihen stammte Fürst Ivan Michajlovič Katyrev-Rostovskij († 1640), dessen „Annalen-Buch" wegen seiner Unvoreingenommenheit und dem Bemühen um wahrheitsgetreue Darstellung zu den besten historischen Berichten über die sog. „Zeit der Wirren" zählt, [227] die auch Thema des Werkes Avramij Palicyns, eines ehemaligen kleinen Dienstadligen, war. Zum Genre einer eher schon realistischen, weltlichen Biographie, die hier erstmals begegnet, gehört die Lebensgeschichte der Juljanija Osorjina, der Frau eines kleinen Landadligen, deren „Vita" von ihrem Sohn Kallistrat Družina-Osorjin im frühen 17. Jh. geschrieben wurde.[228] Der durch soziale Unruhen im Zuge des Bolotnikovaufstands von 1608 in Not geratene Ivan Funikov schrieb an einen Gönner von nicht geringer sozialer Stellung eine „Botschaft von Edelmann zu Edelmann" *(Poslanie dvorjanina k dvorjaninu)*.[229] Von Petr Kvašnin, einem Abkömmling einer alten Adelsfamilie, stammen etwa fünfzig lyrische Gedichte, die um 1680 verfaßt wurden und das Thema schmerzlicher oder unerwiderter Liebe zum Inhalt haben.[230]

Selbst diese mit Sicherheit unvollständige Liste – eine Reihe von Werken läßt aufgrund ihres Inhalts und ihrer Sprache nichtgeistliche Verfasser aus dem Adelsmilieu vermuten – ist ein durchaus eindrucksvoller Beleg für

---

[224] Vgl. Miller, Official History, S. 338; Hecker, Politisches Denken, S. 8.
[225] Vgl. Donnert, Altrussisches Kulturlexikon, S. 280 f.
[226] Vgl. Vremennik Ivana Timofeeva, S. 349–409.
[227] Zenkovsky, Aus dem alten Rußland, S. 637.
[228] Ebd. S. 397–407.
[229] Er wird mit Ivan Vasil'evič Funikov identifiziert, der im Kataster von Tula zwischen 1587–1589 erwähnt ist. Ebd. S. 655.
[230] Ebd. S. 663.

den erstaunlich hohen Anteil adliger Schriftsteller am literarischen Schaffen Altrußlands. Verständlich wird dies allerdings nur, wenn von einer keineswegs vereinzelten und singulären Schriftkundigkeit und elementaren Bildung im Adel ausgegangen und von älteren Anschauungen, die Schreib- und Lesefähigkeit (*gramotnost'*) auf den geistlichen Stand beschränkt sahen, [231] Abschied genommen wird. Es gibt eine Fülle von weiteren direkten Zeugnissen und indirekten Anzeichen, die diese Vermutung abstützen. So finden sich in den fürstlichen und großfürstlichen Testamenten des 14.–16. Jh. gewöhnlich die Unterschriften der bojarischen Zeugen. In den adligen Testamenten wird häufig vermerkt, daß sie vom Erblasser eigenhändig unterschrieben oder selbst von ihm abgefaßt wurden, wenn auch letzteres überwiegend – wie bei anderen Urkunden – von weltlichen und geistlichen „Spezialisten" geleistet wurde. Aus dem 17. Jh. ist eine umfassende Korrespondenz zwischen einigen Adligen und ihren Gutsverwaltern und Bauern überliefert. Einige Guba-Urkunden fordern, daß man aus dem lokalen Adel schriftkundige Personen zu Starosten wählen solle. So heißt es in der Belozersker Guba-Urkunde von 1539: „Ihr solltet als Häupter in jenen Bezirken Bojarenkinder erwählen, drei oder vier Personen, die des Lesens und Schreibens kundig sind..."[232] Einige Tätigkeiten, wie z.B. die hohe Diplomatie, lassen erwarten bzw. zeigen, daß deren adlige Exekutoren schriftkundig waren, auch wenn es dafür, wie z.B. im Falle des Bojaren Michail Jufevič Zachafin, des „Chefdiplomaten" Vasilijs III., oft keine direkten Beweise gibt.[233] Die Pleščeevy, aus deren Reihen am Ende des 15. und zu Anfang des 16. Jh. eine Anzahl bekannter Diplomaten hervorging, waren offenbar hochgebildete Personen.[234] Es ist sicherlich kein Zufall, daß Adlige, wie Fedor Iv. Karpov und Vasilij Mich. Tučkov, die beide literarisch in Erscheinung getreten sind, entweder selbst im diplomatischen Geschäft tätig oder Söhne von bedeutenden Diplomaten waren.[235] Zu den in signifikanter Weise im diplomatischen Feld engagierten Adligen gehörten im 15. und 16. Jh. Vertreter der nichttitulierten Bojarenfamilien der Morozovy (Morozovy-Popleviny, Morozovy-Tučkovy) und der Zachafiny-Romanovy.[236] Die adligen Leiter von Gesandtschaften ins Ausland haben – häufig von ihnen selbst verfaßte – Finalrelationen oder Berichte hinterlassen.[237] Aus dem 17. Jh. gibt es Reisebeschreibungen und

---

[231] Dies tat, v.a. unter Hinweis auf die offensichtlich geringe Buchgelehrtheit Dmitrij Donskojs und die Schriftunkundigkeit Vasilijs II., Solovév, Istorija, kn. II, S. 620.

[232] Rossijskoe zakonodatel'stvo, t. II, S. 214.

[233] Vgl. Rüß, Der „heimliche Kanzler" Vasilijs III., S. 10.

[234] Vgl. Veselovskij, Issledovanija, S. 253–258; Podmoskove, S. 381.

[235] Michail Vas. Tučkov galt als Spezialist für die Beziehungen mit den tatarischen Nachbarn. Vgl. Zimin, Rossija na poroge novogo vremeni, S. 177.

[236] Vgl. Rüß, Die Friedensverhandlungen, S. 216.

[237] Vgl. Conrad-Lütt, Hochachtung und Mißtrauen: Aus den Berichten der Diplomaten des Moskauer Staates (Quellenverzeichnis S. 312–314).

Erziehung und Bildung 223

Tagebuchaufzeichnungen russischer adliger Diplomaten jenseits der Grenzen, z.B. von Petr Andreevič Tolstoj über seine Italienreise 1697–1699, von Andrej Matveevič Apraksin aus den gleichen Jahren über seine Reisen in die Niederlande, nach Italien und durch deutschsprachige Gebiete und von Andrej Artamonovič Matveev, dem Sohn des bekannten Kanzlers Artamon Matveev, über seinen Besuch in diplomatischer Funktion in den Niederlanden im Jahre 1699.[238]

Da allgemeinbildende Schulen und Universitäten fehlten, wird sich die Wissensvermittlung hauptsächlich auf privater Hauslehrerbasis abgespielt haben. Artamon Matveev beschäftigte bei sich einen „polnischen Studiosum" für die Erziehung seines Sohnes Andrej. Im Jahre 1642 stritten sich Grigorij Obljazov und Boris Pleščeev um einen Leibeigenen, den letzterer ersterem „abgeworben" und der Pleščeev und seinen Schwestern das Lesen und Schreiben beigebracht hatte.[239] Die Frau von Peters I. Halbbruder Ivan, Proskovija Saltykova, engagierte für ihre Töchter zwei deutsche Erzieher, die sie in Französisch, Russisch, Deutsch, Geographie, Musik und Tanz unterrichteten.[240] Von Kotošichin hören wir, daß den jungen Zaren im Alter von fünf Jahren ein hochgestellter kluger Bojar an die Seite gestellt werde „zur Beschützung und zur Belehrung", den ein Okol'ničij oder ein anderer Dumaangehöriger in der Erziehung unterstütze; außerdem würden aus dem Kreis der Bojarenkinder Altersgenossen der Careviči als Diener und Stol'niki erkoren.[241] Der Erzieher des Zaren Aleksej Michajlovič war der Bojar Boris Morozov. Mit der selbständigen Regierung seines zarischen Schützlings[242] stieg Morozov zu einem der reichsten und mächtigsten Männer am Moskauer Zarenhof auf. Es werden gewisse Ansätze eines Bildungskonzepts erkennbar, wenn Morozov den Thronfolger bewußt mit Dingen konfrontierte, die „die Vorstellungskraft des Knaben anfeuern", ihn geistig beflügeln sollten. Auf seine Anweisungen wurden Aleksej und seinem jüngeren Bruder Ivan ausländische Kleider genäht. Aleksej besaß ein Schaukelpferd aus Deutschland und eine Rüstung aus der Werkstatt des deutschen Handwerksmeisters Peter Schalt, und Morozov schenkte dem Knaben mehrere Drucke, die aus

---

[238] Vgl. Otten, „Und die Paläste...". Ebd. S. 312–315 (Fundort der Quellen). Die „Erinnerungen" des Bojaren Matveev sind für die frühe Geschichte Peters des Großen bedeutsam. Aus dem 18. Jh. gibt es eine Vielzahl historischer Exzerpte in Sammelbänden, die von den niederen Adligen und Dienstleuten, Städtern, Kaufleuten, niederen Geistlichen und Bauern gelesen und für ihren persönlichen Gebrauch ab- bzw. zusammengeschrieben wurden. Vgl. Kämpfer, P.N. Krekšins historiographischer Versuch über Peter den Großen, S. 206 f.
[239] Vgl. Zabelin, Domašnij byt, S. 312 f.
[240] Vgl. Sievers, Deutsche und Russen, S. 128.
[241] O Rossii, S. 17.
[242] Aleksej Michajlovič benutzte wie sein Vater Michail Fedorovič im Alter eine Brille. Auf dem Brillenetui des Zaren Michail Fedorovič stand: „Die Brille des Fürsten Aleksej Vasil'evič Priimkov-Rostovskij." Zabelin, Domašnij byt, S. 240.

Deutschland stammten.²⁴³ Es ist klar, daß diese Sachen nicht lediglich einen bloß ästhetischen und dem Spiel dienenden Selbstzweck erfüllen, sondern daß sie einen tiefer wirkenden Einfluß auf das Bewußtsein und die Vorstellung des phantasiebegabten Knaben ausüben sollten, wie dies von Morozov selbst wohl so empfunden wurde, in dessen Person unternehmerischer Geist, wirtschaftliche Tüchtigkeit, politische Begabung und pragmatisch orientierte Bildung eine glückliche Verbindung eingingen.

Zar Boris Godunov schickte zu Anfang des 17. Jh. eine Anzahl jüngerer Adliger zum Zweck des Studiums ins Ausland: fünf nach Lübeck, sechs nach Frankreich und vier nach England. Von allen diesen ist allerdings nur ein einziger in die Heimat zurückgekehrt.²⁴⁴ Möglicherweise hat diese schlechte Erfahrung ihren Widerhall bei Kotošichin gefunden, der schreibt: „Sie schicken deshalb ihre Kinder nicht zum Studieren der Wissenschaften... in andere Staaten, weil sie folgendes fürchten: Wenn sie Glauben und Sitte der dortigen Staaten kennengelernt hätten und die wohltuende Freiheit, würden sie beginnen, ihren Glauben abzulegen und sich den anderen anzuschließen und an die Rückkehr... nicht zu denken."²⁴⁵ Vielleicht hat Kotošichin mit dieser Bemerkung auch seinen eigenen Lebensweg legitimieren wollen. Jedenfalls sind später sogar solche Personen nach Rußland zurückgekehrt, die diesem zunächst in innerer geistiger Ablehnung gegenübergestanden hatten wie Ordin-Naščokins hochgebildeter Sohn Voin, über den Zar Aleksej Michajlovič seinem betrübten Kanzler schrieb: „Er handelte aus Unwissenheit so. Er ist ein junger Mensch, er wollte Gottes weite Welt anschauen und ihre Dinge; wie der Vogel dorthin und hierhin fliegt und, nachdem er eine Strecke zurückgelegt hat, wieder in sein Nest zurückkommt, so wird sich auch Euer Sohn an sein Nest und seine seelische Zugehörigkeit erinnern und bald zu Euch zurückkehren,"²⁴⁶ was auch tatsächlich eintraf. Deutlich ist aus diesem Brief des Zaren die positive Bewertung jugendlicher Weltoffenheit herauszuhören, die sich späterhin z.B. auch bei dem Fürsten Vasilij Golicyn wiederfindet, der gegenüber seinem Gesprächspartner Neuville davon sprach, daß die russischen Adligen sich daran gewöhnen sollten, ins Ausland zu reisen und dort ihre

---

²⁴³ Vgl. Rüß, Moskauer „Westler" und „Dissidenten", S. 202. Ausländische belehrende oder belustigende Druckblätter *(potešnie nemeckie pečatnye listy)* oder ausländisches Spielzeug waren in Adelskreisen und in der Zarenfamilie im 17. Jh. begehrte Geschenkobjekte. Vgl. Zabelin, Domašnij byt, S. 219.
²⁴⁴ Vgl. Brückner, Culturhistorische Studien, Teil I, S. 3. Nach Platonov, Moskva i zapad, S. 40 wurden insgesamt 18 Personen, je sechs nach England, Frankreich und Deutschland, geschickt, von denen niemand zurückkehrte. Ihm folgt, merkwürdigerweise ohne Erwähnung der Nichtrückkehr, Puškarev, Obščestvenno-političeskaja mysl' Rossii, S. 161.
²⁴⁵ O Rossii, S. 66.
²⁴⁶ Zit. bei Rüß, Moskauer „Westler" und „Dissidenten", S. 191.

Erziehung und Bildung 225

Kinder studieren zu lassen.[247] Man wird diese Bemerkung nicht als Beweis für den geringen Bildungsstandard des russischen Adels mißverstehen dürfen, sondern als Ausdruck des Wunsches zu sehen haben, die traditionelle Bildung durch neue und stärker säkularisierte Inhalte westlicher Provenienz sozusagen „aufzufrischen" und qualitativ anzuheben, mit welchem Bemühen sich Teile der damaligen Hofgesellschaft in erstaunlich weltoffener Weise identifizierten.

Wie stark sich „Bildung" einer allgemeingültigen Definition entzieht und deshalb zeitgenössische Einschätzungen darüber in ihrem subjektiven Wertekontext zu beachten sind, zeigt das Beispiel des zarischen Usurpatoren (1605) und heimlichen Katholiken Pseudodmitrij I., der wegen der angeblichen Ungebildetheit der Bojaren für deren Studienaufenthalte im – vermutlich wohl katholischen – Ausland plädierte.[248] Alle negativen Äußerungen zum Bildungsstand des russischen Adels stammen von ausgesprochenen Systemgegnern, wie Grigorij Kotošichin, von Personen, die der russischen Bildungstradition kritisch oder ablehnend gegenüberstanden oder von Ausländern, die aus einem gewissen zivilisatorischen Überlegenheitsgefühl heraus zu einer generellen Abqualifizierung der als „barbarisch" empfundenen moskowitischen Verhältnisse neigten. Die literarischen Hinterlassenschaften des Adels und die Alltagsquellen vermitteln hingegen ein Bild, das dazu in deutlichem Widerspruch steht und jene Negativvorstellungen deshalb erheblich relativiert. Wir halten die Bildung und deren Verbreitung im russischen Adel mit Hinweis auf das Fehlen von Schulen und Universitäten durchaus nicht für „marginal",[249] indem wir uns lediglich an den besseren formalen und institutionellen Kenntniserwerbsmöglichkeiten und dem zweifellos breiteren Wissensangebot und der vollkommeneren Systematik der Wissenschaften im Westen und Süden Europas orientieren. Adlige Bildung ist in den Kontext der gesellschaftlichen Bedingungen eingebettet, erfüllt dort bestimmte Funktionen und ist geprägt von der Art der selbstgestellten oder von außen herangetragenen Anforderungen an die herrschende Klasse. Der ganze Komplex der mit dem westlichen Rittertum verbundenen Erziehung und Bildung – wohl keine soziale Schicht des Mittelalters kann sich eines solchen Reichtums an Literatur- und Bildzeugnissen (Ritterepik, Troubadourlyrik, Curtesien, Ehrencodices, pädagogische Schriften, Turnierhandbücher, heraldische

---

[247] Ebd. S. 214. 1696 wurden 67 Personen, zumeist junge Adlige aus den vornehmsten Familien, zum Studium von Nautik und Schiffbau nach Westeuropa und Italien abkommandiert. Vgl. Otten, „Und die Paläste...", S. 280. Den Aufenthalt studierender russischer Adliger in Berlin im Jahre 1699 bezeugen der Reisebericht Andrej Apraksins (1663–1731) und die Gesandtschaftsrelation Andrej Artamonovič Matveevs (1666–1728). Ebd. S. 304.
[248] Vgl. Jabločkov, Istorija dvorjanskago soslovija, S. 190.
[249] So Otten „Und die Paläste...", S. 284. Vgl. auch Keenan, The Trouble with Muscovy, S. 120 f. Manchmal werden in adligen Testamenten auch Bücher als Erbstücke erwähnt, z.B. im Testament Ivan Vas. Volynskijs 1629/30, die er an Kirchen vermacht. Vgl. Lichačev, Sbornik aktov, S. 86.

Werke usw.) rühmen wie der Ritteradel[250] – entfällt weitgehend in Rußland. Bereits in Kiever Zeit wurden zwischenfürstliche kriegerische Konflikte angesichts der äußeren Gefahr als politischer Unwert gebrandmarkt.[251] Eine positive Ethik des ritterlichen Kampfes unter Standesgenossen, die Idealisierung eines darauf abgestellten Verhaltens und Lebens fanden somit keinen fruchtbaren Boden, auf dem sich eine entsprechende Literatur und Bildung hätten entfalten können. Kampfweise und Kriegerethik des russischen Adels waren geprägt durch die Auseinandersetzung mit äußeren Feinden, mit den Andersgläubigen und den „Heiden" aus der Steppe vor allen Dingen, was das auch die weltliche Literatur durchziehende religiöse Pathos und den starken Anteil christlicher Inhalte im Bildungskodex des russischen Adels zu erklären vermag, für den sie angesichts seiner militärischen Exponiertheit und konstanten Todesbedrohung eine besonders unmittelbare existenzielle Bedeutung hatten. Aber noch etwas anderes ist wesentlich. Die adlige Topographie im außerrussischen Europa, die das ritterliche Ideal hervorbrachte und stimulierte, war das Ergebnis einer feudalen Gesellschaftsordnung, für die das Trennende, das Eigene und Individuelle, das Ständische und Antizentralistische charakteristisch waren. Der russische Adel hingegen war aufgrund anderer Bedingungen gefolgschaftlich, stadtorientiert, höfisch und fürstenbezogen. Diese andersgeartete „adlige Topographie" stellte andere Bildungsanforderungen. Der russische Adlige war niemals so ausschließlich „Privatier", wie die feudale Gesellschaftsstruktur des Westens eine solche Daseinsform zuließ. Sozialprestige und politisches Ansehen realisierten sich in Rußland im Dienst der Fürsten und Zaren, als Berater und Krieger, Administratoren und Diplomaten, durch die Rangstellung im höfischen Milieu. Dies produzierte ein ganz spezifisches adliges Bildungsprofil, eine geistige Disponiertheit, die sich in Konkurrenz mit anderen um Machtpositionen und politischen Einfluß zu bewähren hatte, ein durch einen gewissen Pragmatismus gekennzeichnetes Bildungsniveau, das zur Ausübung der vielfältigen staatlichen Aufgaben befähigte. Die umfangreiche private Korrespondenz der in Moskau ansässigen Adligen über ökonomische Belange mit den Verwaltern ihrer oft weit entfernten Güter zeigt, daß auch von dieser Seite her, um die persönliche Kontrolle des Einkommens und Besitzes zu gewährleisten, Bildung in ihrer elementarsten Form von Vorteil war. Deren weite Verbreitung im russischen Adel steht somit für uns außer Frage. Sie war hier nicht Luxus und privates Vergnügen für Mußestunden eines arbeitsfreien Herrendaseins, sondern notwendiges Rüstzeug für erfolgversprechende adlige soziale und politische Existenz. Damit

---

[250] Vgl. van Winter, The Knightly Aristocracy, S. 325.
[251] So heißt es im Igoflied: „Damals, zur Zeit Olegs, des Unglückssohnes, begann die Saat der Fehden zu wuchern / ... Fürstenzwist kürzte Menschenleben / ...Sie stiftete Zwietracht untereinander, / da kamen die Heiden von allen Seiten / als Sieger in das russische Land." Zit. nach Zenkovsky, Aus dem alten Rußland, S. 149 f.

soll nicht die Singularität dieser Erscheinung innerhalb der europäischen Adelsgesellschaft behauptet,[252] sondern nur einer Deutungstendenz entgegengetreten werden, die für bestimmte negativ bewertete Entwicklungen der russischen Geschichte die angeblich krassen Bildungsdefizite des russischen Adels glaubt verantwortlich machen zu können. Die Bildungsinhalte entsprachen hier wie woanders den gesellschaftlichen Bedingungen und historischen Traditionen. Und es muß in diesem Zusammenhang nochmals daran erinnert werden, daß der russische Adel, und dabei nicht nur die Masse der kleinen Dienstmannen, bis ins 17. Jh. hinein seinen Charakter als Kriegeradel bewahrte und entsprechend eine beträchtliche Zeit seines Lebens in Waffen und im Kampf verbrachte. Gehässige Kritik wurde an jenen engen Vertrauten Ivans III. geübt, die ihn im Jahre 1480 vom bewaffneten Widerstand gegen die Tataren abrieten und deren Charakterisierung als „reich" und „dickwanstig"[253] darauf hinweisen soll, daß diese Leute den Kampf scheuten, im Kampf ungeübt waren, ihr politisches Selbstverständnis nicht am Bild des auch kämpfenden Bojaren orientierten und in diesem Sinne den Herrscher beeinflußten. Eine solche Einstellung entsprach nicht den gesellschaftlichen Erwartungen an adliges Verhalten und Wirken in der öffentlichen Sphäre. Das Ideal verkörperte der kluge und gebildete Ratgeber, der gleichzeitig ein fähiger und tapferer militärischer Führer war. Eine so klare Ausgrenzung einer dieser Tätigkeiten, wie sie der burgundische Ritter Olivier de la Marche in den frühen 70er Jahren des 15. Jh. vornahm, als er seinen Entschluß beschrieb, sich ganz der Diplomatie zuzuwenden – „Ich legte die Lanze beiseite und nahm die Feder in die Hand"[254] – war für den russischen Adel undenkbar.

---

[252] Bedenkenswert erscheint in diesem Zusammenhang freilich folgende Aussage bei Norbert Elias: „Das Gros der weltlichen Oberschicht des Mittelalters führte das Leben von Bandenführern." Vgl. Über den Prozeß der Zivilisation, Bd. 1, S. 269. Ebenfalls in bezug auf die westliche Aristokratie des Mittelalters schreibt Jonathan Powis: „Die Historiker waren größtenteils nicht sehr beeindruckt von den Standards aristokratischer Gelehrsamkeit. Es mag sein, daß Angehörige einer erblichen Elite wahrscheinlich weniger als ehrgeizige Aufsteiger zur vordersten Front intellektueller Wissenserkundung streben. Einem Übermaß an Buchgelehrsamkeit wurde traditionell mit aristokratischer Verachtung begegnet... Bloße Gewalt war aber kaum angemessen, und wenn Adligen die Klugheit zum Herrschen fehlte, waren da zweifellos andere, die sie ersetzten. In der Mitte des 15. Jh. riet Gomez Maurique ... seinen adligen Standesgenossen in Kastilien, zu studieren, wie die Alten den römischen Staat regierten, wenn sie ihren eigenen weiterhin erfolgreich verwalten wollten. Als sich die Möglichkeiten einer formalen Erziehung während und nach der Renaissance erweiterten, wurde dem Rat von Gomez breite Folge geleistet. Neue Schulen und Akademien wurden gegründet." Vgl. Aristocracy, S. 45 f.
[253] PSRL 6, S. 230. Genannt werden Ivan Vasil'evič Oščera und Grigorij Andreevič Mamon. Vgl. auch Rüß, Adel und Adelsoppositionen, S. 37–40.
[254] Zit. bei Powis, Aristocracy, S. 45.

VI. DIE ADLIGE FRAU

Moderne Untersuchungen zur Geschichte der adligen Frau im vorpetrinischen Rußland sind nicht eben häufig.[1] Es scheint, als ob sich die vermeintlich starke Isolierung und Ausschließung der vornehmen Frau von Öffentlichkeit und Gesellschaft in der Vernachlässigung und Mißachtung ihrer historischen Rolle als relevantes Forschungsobjekt bis in die heutige Wissenschaft verlängert hat.

Für viele war und ist es eine selbstverständliche Wahrheit, daß „Männer Geschichte machen". Geschrieben jedenfalls wurde sie fast ausschließlich von ihnen. Die männliche Sicht auf die Frau bzw. das Frauenbild einer patriarchalisch strukturierten und organisierten Gesellschaft ist in der Überlieferung und ihrer wissenschaftlichen Behandlung dominant. Zweifelhaft ist aber, ob damit die historische Realität adligen Frauendaseins in Rußland ihre adäquate Widerspiegelung findet.

Einer verbreiteten Meinung zufolge war der gesellschaftliche Handlungsspielraum der russischen adligen Frau in der frühen Zeit weitaus größer als in der Spätphase der moskowitischen Geschichte.[2] Man verweist hierbei gewöhnlich auf die aktive politische Rolle einiger regierender Herrscherinnen, so auf die Kiever Fürstin Ol'ga, die als Witwe Igor's die Regentschaft für den minderjährigen Nachfolger Svjatoslav ausübte und auch nach dessen Regierungsübernahme das politische Geschehen des Landes maßgeblich mitbestimmte. Eine bemerkenswerte politische Rolle spielten einige Fürstinnen, die mit fremden Herrschern verheiratet wurden, wie Evpraksija Vsevolodovna-Adelheid, Gattin Kaiser Heinrichs IV., und Anastasija Jaroslavna als Gattin des ungarischen Königs im 12. Jh., sowie Agaf'ja Svjatoslavna in Polen im 13. Jh. Freilich

---

[1] Einen Überblick über die nichtrussische bzw. nichtsowjetische Literatur unter Einschluß älterer Arbeiten vermittelt Puškareva, Zarubežnaja istoriografija o social'nom položenii ženščiny v drevnej Rusi. Von neueren Arbeiten vgl. ferner: McNally, From Public Person to Private Prisoner; Kollmann The Seclusion of Elite Muscovite Woman; Levy, Women and the Control of the Property; Goehrke, Die Witwe im alten Rußland; ders., „Mein Herr und Herzensfreund!" Die hochgestellte Moskowiterin nach privaten Korrespondenzen des späten 17. Jahrhunderts; Snesarevskij, Otnošenie k ženščine v pamjatnikach pis'mennosti; Puškareva, Ženščiny drevnej Rusi, sowie den von B.E. Clements, B.A. Engel, C.D. Worobec hrg. Band: Russia's Women . Accomodation, Resistance, Transformation. Berkeley, Los Angeles, Oxford 1991.

[2] Vgl. Kollmann, The Seclusion, S. 177; McNally, From Public Person to Private Prisoner, S. 3 f.; Levin, The Role, S. 306.

gab es auch in späterer Zeit eine Reihe markanter Frauengestalten, die in Phasen der Minderjährigkeit des designierten Nachfolgers als Regentinnen eine selbständige politische Rolle spielten, wie Sofija Vitovtovna, die Mutter Vasilijs II., Elena Glinskaja bis zu ihrem Tode 1538 als Sachwalterin der Herrschaftsrechte Ivans IV. oder Sofija Alekseevna zwischen 1682 und 1689 als Regentin für ihren regierungsunfähigen Bruder Ivan V. und ihren minderjährigen Halbbruder Peter. Erscheinen diese z.T. hochgebildeten[3] und politisch ambitionierten Frauen als Angehörige der regierenden Dynastie und aufgrund ihrer exponierten Regentinnenfunktion im Rampenlicht der Öffentlichkeit und damit zugleich in den Annalen der Geschichte, so gilt dies in weit geringerem Maße für die Masse der vornehmen Frauen aus der herrschenden Adelselite, die in der Überlieferung aus der Anonymität des Privaten selten heraustreten.

Einer archaischen Geschichtsepoche wird man jene in den Bylinen begegnenden Reckinnen (*polenicy*) zuzurechnen haben, die, um sie heiraten zu können, im Kampf besiegt werden mußten. Nastas'ja, die Frau des Bylinenhelden Dunaj Ivanovič, konnte besser als alle Männer mit dem Bogen schießen, womit sie sich öffentlich brüstete, weshalb ihr Gatte sie und das ungeborene Kind tötete. Das gleiche Schicksal ereilte die Zauberin Marina Ignat'eva, die in Kiev viele starke Recken zugrunde gerichtet hatte. Nicht nur im Bogenschießen, sondern auch im Schachspiel zeigten sich die Polenicy den männlichen Helden überlegen, und nicht immer akzeptierten sie, nachdem sie als Braut gewaltsam erobert worden waren, die untergeordnete Rolle in der Ehe, wie dies die „gezähmte" Polenica des Recken Dobrynja Nikitič tat, die zur normalen Frau „mit langen Haaren und kurzem Verstand" („volos dolog, um korotok") wurde.[4]

Nicht von der Hand zu weisen ist, daß das Bild von der starken und unabhängigen Frau möglicherweise einer gar nicht so weit entfernten Zeit angehörte, in der nämlich die gesellschaftlichen Frei- und Spielräume der Frau noch nicht so umfassend eingeschränkt waren, wie sich das mit der Verbreitung des Christentums anbahnte, als weibliches „Heldentum" nun vor

---

[3] Das Bild Sofija Alekseevnas ist durch die peterfreundliche Historiographie nach ihrem Sturz stark verfälscht worden. Sie erhielt eine vorzügliche Ausbildung durch Simeon Polockij, Sil'vestr Medvedev und Karion Istomin, sprach und kleidete sich Polnisch. Eine Reihe innenpolitischer Konflikte meisterte sie mit großem politischen Geschick, so das Strelitzenproblem u.a. durch eine glänzende Rede gegen die Altgläubigen in einem Religionsgespräch am 5.7.1682 und durch den psychologisch wirksamen Auszug des Hofes in die zarischen Sommerresidenzen im August desselben Jahres. Vgl. LGR, S. 352 f. Umfassende Bewertung bei O'Brien, Russia under Two Tsars. Eine positive Bewertung der Regentschaft Elena Glinskajas, deren Stellung nicht als eine bloß formale betrachtet wird, bei Rüß, Elena Vasil'neva Glinskaja, passim; ders. Die Friedensverhandlungen, S. 193; Goehrke, Die Witwe, S. 77.

[4] Vgl. Selivanov, Russkij épos, S. 61.

allem in Demut und Ergebenheit gegenüber dem Manne gesehen wurde. Spiegeln vielleicht die männlichen Siege über die „wilden" Polenicy den endgültigen Triumph des Patriarchats und die Zähmung der Frau mit Hilfe der neuen christlichen Lehre wider? Bekannt ist jedenfalls, daß die Frauen der heidnischen Waräger-Normannen oft ein erstaunlich freies und, weil die Männer monate- und jahrelang auf Kriegszügen waren und vielfach überhaupt nicht zurückkamen, selbständiges und in sexueller Hinsicht relativ ungezwungenes Leben führten.[5] Vom heidnischen Vladimir weiß die christliche Überlieferung zu berichten, daß er fünf Frauen und 800 Beischläferinnen – darunter verheiratete – gehabt habe. Die christliche Vorstellung von ehelicher Treue war denn auch vor allem ein Mittel zur gesellschaftlichen Disziplinierung und zum Triebverzicht der Frau. Männliche Verstöße dagegen genossen im kriegerischen Gefolgschaftsmilieu und auch späterhin eine unverhüllte Akzeptanz. In der Byline „Wol'ga" machen der Held und seine Družina gegen die Steppenreiter reiche Beute: teure Pferde, Säbel, Dolche und – billige Frauen, die schönsten viel billiger als ein Pferd, ein Säbel oder ein Dolch.[6] Das Hauptinteresse des langjährigen Günstlings des Zaren Aleksej Michajlovič, B.M. Chitrovo, galt seinen zahlreichen Konkubinen,[7] und immer wieder tauchen in adligen Testamenten Namen von Frauen aus unteren sozialen Schichten auf, die in den Genuß erstaunlich hoher Geldsummen oder teurer Geschenke gelangen, was den Verdacht nährt, daß es sich dabei nicht lediglich um die Anerkennung für geleistete Dienste, sondern eher um eine Art Abfindung für intimere Zuwendung handelt.

Frauen, sofern sie nicht dem Bild der frommen, bescheidenen, schweigsamen, gehorsamen und demutsvollen Gattin und der fleißigen und umsichtigen Verwalterin des Hauses entsprachen, gerieten leicht in den Geruch des Aventuristischen und, viel schlimmer, galten als Inkarnation des Bösen, Leichtfertigen, Hinterlistigen, Grausamen, Sündhaften, vor denen die Väter ihre Söhne warnen zu müssen glaubten, wie das „Gespräch des Vaters mit dem Sohn über die weibliche Bößartigkeit" aus der 2. Hälfte des 17. Jh. zeigt, dessen anonymer Verfasser seinen Frauenhaß mit zahlreichen Bibelstellen untermauert. Als das schlimmste Übel gilt ihm eine starke Frau: „Wehe der Stadt, in der eine Frau die Macht hat, wehe auch dem Haus, in dem die Frau herrscht, Böses wird dem Manne widerfahren, der seiner Frau gehorcht

---

[5] Vgl. Pörtner, Die Wikinger Saga, S. 108 ff.
[6] Vgl. Selivanov, Russkij ėpos, S. 99.
[7] Vgl. Hellie, Enserfment, S. 249.

..."[8] Solche Vorstellungen genossen damals offenbar nicht geringe gesellschaftliche Akzeptanz,[9] waren Teil einer fest etablierten Moral, die in der schweigsamen Duldung und gehorsamen Unterordnung das Ideal weiblicher Existenz erblickte. So heißt es in der „Hausordnung", dem „Domostroj", der vermutlich vom Popen Sil'vestr Mitte des 16. Jh. verfaßt wurde und in zahlreichen Abschriften verbreitet war und der als Sinnbild häuslicher Tyrannei und herzlosen Despotismus gilt, u.a.: „Ein tugendhaftes, fleißiges und schweigsames Weib ist die Zierde ihres Mannes", und: Eine tüchtige Hausfrau habe sich die Erfahrungen anderer zu eigen zu machen, „wie sie ihren Männern gehorchen... und sich in allem unterordnen."[10] Dieses Ideal patriarchalischer Herrschaft wird von Einheimischen, wie Kotošichin,[11] der es nach C. Goehrke „eigentlich besser hätte wissen müssen", oder ausländischen Beobachtern, die wenig Einblick hinter die Kulissen hatten und deren Frauenbild sich nahtlos in das Gesamtbild vom „barbarischen" Moskowien einfügte, als mit der Realität weitgehend übereinstimmend geschildert. Bei Peter Petrejus steht zu lesen: „In der Hausshaltung / haben die vornehmbsten vnd Edelsten Frawen wenig authoritet / sondern werden von jhren Männern / als Leibeigen gehalten / vnd sitzen in jhren Gemächern versperret / vnd nähen gemeiniglich..."[12] Johann Georg Korb, Sekretär einer habsburgischen Gesandtschaft, die 1698/99 nach Moskau kam, schrieb über die adligen Frauen: „Im Hause beanspruchen sie keinerlei Gewalt, so daß in Abwesenheit des Herrn die Diener die vollständige Sorge für das Hauswesen... übernehmen..."[13]

Belehrungen, wie die im „Domostroj" und im „Gespräch des Vaters mit dem Sohne" enthaltenen, waren, obwohl sie ein bestimmtes soziales Milieu zum konkreten Hintergrund hatten, gesamtgesellschaftlich intendiert und erhoben Anspruch auf Anerkennung somit auch bei den Frauen der

---

[8] Titova, Beseda, S. 328.
[9] Das Stereotyp von der „bösen Frau", wie es im kirchlichen Schrifttum des russischen Spätmittelalters gehäuft auftritt, wird von einigen als Gegenreaktion auf die wachsende soziale und politische Rolle der Frau gedeutet. Vgl. Snesarevskij, Otnošenie k ženščine, S 35-39.
[10] Zit. in: O, Bojan, S. 397, 399. Darüberhinaus wird in diesem offen frauenfeindlichen Traktat eine „maßvolle" körperliche Züchtigung des Eheweibs mit der Peitsche als „vernünftig", genügend „schmerzhaft" und „gesund" angepriesen. Vgl. Kostomarov, Očerk domašnej zizni, S. 201.
[11] Vgl. O Rossii, S. 148 f.
[12] Historien, S. 597. Olearius, der sich ansonsten über Roheit und barbarische Sitten in Moskau breit ausließ, wies allerdings Herbersteins vielzitierte Behauptung, die russische Frau liebe ihren Mann umso mehr, je mehr Prügel sie beziehe, als widernatürlich zurück. Vgl. Vermehrte Neue Beschreibung, S. 27.
[13] Tagebuch der Reise nach Rußland, S. 196. Das v.a. von den Ausländern produzierte Negativbild von dem sklavischen Dasein der russischen Frau im 16. und 17. Jh. hat in den Arbeiten N.I. Kostomarovs im 19. Jh. eine breite Popularisierung erfahren. Vgl. Očerk domašnej zizni, S. 200 ff.

adligen Oberschicht. Daß sie aber, wie zu vermuten, besonders in diesen Kreisen auf ein zwiespältiges Echo stießen und ein ambivalentes Verhalten bei vielen adligen Frauen hervorriefen, hängt mit deren sozialer Machtstellung zusammen, die ihnen Handlungs- und Freiräume verschaffte, welche es ihnen erleichterten, sich über männliche gesellschaftliche Moralvorstellungen und Normen hinwegzusetzen.

Ansätze jener mit Frauenverachtung gepaarten patriarchalischen Gesinnung lassen sich bereits in früher Zeit erkennen, wenn die Gefolgschaftsmitglieder auf den fürstlichen Gastmählern mit ihren Heldentaten und Besitztümern prahlten, und wo es dann heißt: „Der Kluge rühmt sich seines Vaters und seiner Mutter / Der Törichte brüstet sich mit seiner jungen Frau."[14] Wenn diese sich herausputzte, mit Schmuck behängte, wie das in adligen Kreisen wohl immer üblich war und von den Männern auch so gewünscht wurde,[15] dann hört man den gestrengen Moralisten des „Gesprächs" beredte Klage führen über den Nichtsnutz äußerer Schönheit – „denn die Schönheit der Frau ist dem Manne eine stete zusätzliche Gram."[16]

Frauen, die sich aktiv in die Politik einmischten, hatten keinen guten Ruf, und über sie kursierten unter der Hand allerlei Verdächtigungen und Anschuldigungen. Sie wurden geradezu als Ursache allen Übels der Welt betrachtet. Kurbskij spricht von dem negativen Einfluß der „bösen Frauen und Zauberinnen" auf die Großfürsten, wobei er wahrscheinlich an Sofija Palaiolog, Elena Glinskaja und deren Mutter Anna dachte.[17] Letzterer wurde von einigen der große Brand in Moskau im Jahre 1547 angelastet.[18] Herberstein kolportierte Gerüchte über ehebrecherisches Verhalten der Regentin Elena,[19] von der sogar behauptet wurde, daß Ivan IV. aus ihrer intimen Beziehung mit dem Fürsten Ivan Telepnev-Obolenskij stammte.[20] Berseń-Beklemišev machte gegenüber Maksim Grek Sofija, die Gattin Ivans III., für die nach seiner Auffassung

---

[14] Zit. Selivanov, Russkij ėpos, S. 61.
[15] Im Igoflied heißt es: „Russenfrauen wehklagten und sprachen: ‚Nie werden wir unsere Lieben ... mit Augen erschauen, und Gold und Silber werden wir nie mehr in Händen halten." Zit. nach Zenkovsky, Aus dem alten Rußland, S. 151. Der Verfasser des „Gesprächs" schreibt: „... aber die Männer liebten auf ihren Frauen vielerlei Schmuckstücke." Titova, Beseda, S. 239. Die russischen Sieger über die Tataren am Don brachten ihren Frauen „alles in Fülle mit, die Frauen der Russen ließen Tatarengold klingen" („Zadonščina"). Zit. nach Zenkovsky, Aus dem alten Rußland, S. 198.
[16] Titova, Beseda, S. 239.
[17] Prince A.M. Kurbsky's History, S. 2.
[18] PSRL 13, S. 456.
[19] Vgl. Rerum Moscoviticarum Commentarii, S. 17.
[20] Vgl. Smirnov, Očerki, S. 39. Ivan IV. schreibt in seinem 1. Sendschreiben an Fürst Andrej Kurbskij: „Und so sagte auch dein Großvater, Michail Tučkov, beim Tode unserer Mutter, der großen Zarin Elena, über sie viele anmaßende Worte zu unserem D'jaken Elizar Cypljatev." Vgl. Poslanija Ivana Groznogo, S. 300.

negativen Veränderungen im moskowitischen Staatsleben verantwortlich,[21] und bei Herberstein findet sich über sie die Bemerkung, daß ihre Ränkespiele Ivan III. dazu veranlaßt hätten, seinen Enkel Dmitrij von der Nachfolge auszuschließen.[22] Auf einem Festmahl bei Fürst Ivan Vorotynskij anläßlich der Taufe seines Sohnes am 23. April 1610 wurde der damals allseits bekannte und beliebte Fürst Skopin-Šujskij anscheinend vergiftet: Alle sogleich erfolgten ärztlichen Bemühungen waren vergeblich. Das Gerücht schrieb die Vergiftung der Frau Dmitrij Šujskijs, Ekaterina, der Tochter Maljuta Skuratovs, zu, die uns in einem Volkslied als böse „Schlange" (*zmeja podkolodnaja*) wiederbegegnet.[23] Wird, wie die meisten anderen der erwähnten Frauen, die Mutter des Zaren Michail Fedorovič, Marfa, in den offiziellen Dokumenten mit größter Ehrerbietung und Hochachtung behandelt,[24] so existiert daneben auch über sie eine Überlieferungsschicht gänzlich anderer Art, die politische Mißstände und Fehlentwicklungen ihrem zeitweise überragenden Einfluß auf den Sohn und neugewählten Zaren zuschrieb. Der D'jak Ivan Timofeev vermerkte mißbilligend, daß sie gleichsam einen zweiten Thron innehabe und mit dem Sohn „über alle Dinge gemeinsam Befehle erlasse."[25] Als sie starb, löste dies im fernen sibirischen Tobol'sk in den dortigen Adelskreisen kaum verhohlene Freude aus. So soll der Voevode Fedor Andreevič Teljatevskij aus diesem Anlaß geäußert haben, daß „wir nun vom ersten bösen Übel befreit" worden sind.[26]

Es bedarf keiner besonderen Einbildungskraft, um sich vorzustellen, welche Provokation Auftreten und äußeres Erscheinungsbild von Maryna Mniszech, Tochter des Voevoden von Sandomir, Katholikin und Frau des ersten Pseudo-Dmitrij, in der Moskauer Gesellschaft und in Adelskreisen auslöste. Die verwöhnte, luxusliebende Frau, die die moskowitische Kleidung verachtete und ihr Haar, entgegen den russischen Gepflogenheiten, offen trug, führte nach dem Tode Dmitrijs (1602), indem sie ihr politisches Schicksal mit dem Thronprätendenten von Tušino und nach dessen Tod (1610) mit dem Kosakenhetman Zaruckij verband, ein abenteuerliches Leben, das von Flucht, dramatischen Verfolgungen und der steten Hoffnung auf Wiedererlangung der

---

[21] Vgl. AI, t.1, Nr. 172, S. 142.
[22] Vgl. Rerum Moscoviticarum Commentarii, S. 9.
[23] Vgl. Kostomarov, Russkaja istorija, t.I, S. 713. Skopin-Šujskij wurde – eine ganz außergewöhnliche und einmalige Ehre – in der Erzengelkathedrale, der Ruhestätte der Moskauer Großfürsten und Zaren, begraben. Ebd. S. 714.
[24] Zitate bei Vasenko, Bojare Romanovy, S. 146, 150 f., 158. Die in den Chroniken begegnenden Epitheta für Elena Glinskaja lauten: „fromm" (*blagočestivaja*), „gottliebend" (*bogoljubivaja*), „christliebend" (*christoljubivaja*), „sehr weise" (*velemudraja*), „gütig", „treu" (*blagovernaja*).
[25] Vgl. RIB, t.13, Sp. 462.
[26] Vgl. Bachrušin, Političeskie tolki, S. 96.

Herrschaft geprägt war. Sie war eine gute Reiterin[27] und zeigte sich – eine Ungeheuerlichkeit – in der Öffentlichkeit mit Säbel und Pistolen bewaffnet. Wenn sie im Kerker zu Tode gebracht wurde, so geschah das nicht nur deshalb, um eine ohnehin ungefährlich gewordene Thronanwärterschaft zu beseitigen, sondern doch wohl v.a. aus Rache für die als unerträglich empfundene Gesellschaftsprovokation. Marynas vierjähriger Sohn, ihre „unselige Brut", wurde in Moskau öffentlich erhängt.

Als „närrische Grimmige" bezeichnete der Zar Aleksej Michajlovič die Bojarin Feodos'ja Prokof'evna Morozova, die zusammen mit ihrer Schwester Evdokija Urusova zu den prominenten adligen Anhängerinnen der Altgläubigen gehörte. Der Patriarch versuchte nach ihrer Einkerkerung, ein gutes Wort beim Zaren für die beiden einzulegen, indem er beschwichtigend sprach: „Das ist ihre Frauensache; was denken sie schon viel nach!" Als er sich selbst von der Hartnäckigkeit ihrer Überzeugungen ein Bild gemacht hatte, wurden in der Bojarenduma vereinzelte Stimmen laut, Feodos'ja Morozova öffentlich als Ketzerin zu verbrennen. Wahrscheinlich schreckten die Bojaren vor diesem Schritt nur zurück, weil jene aus ihren eigenen Kreisen stammte[28] und man offenbar die publizitätsträchtige Wirkung einer solchen öffentlichen Veranstaltung, aus der eine weibliche Märtyrerin hervorgehen konnte, befürchtete. Die physische Vernichtung der beiden Frauen geschah jedenfalls heimlich und unter schrecklichen Qualen, die ihnen vor ihrem Tode auf Befehl eigener Standesgenossen zugefügt wurden.[29] Es war dies ein bisher unerhörtes Ereignis, daß Frauen von so vornehmer Abstammung auf diese Weise und mit Billigung bzw. aufgrund Verdikts der herrschenden Kreise in den Tod geschickt wurden, allerdings auch der seltene Fall, daß sich adlige Frauen aus eigenem Antrieb und unabhängig von der herrschenden Meinung öffentlich so weit vorgewagt hatten.

Wurde also das Wirken von adligen Frauen in der politischen Sphäre häufig mit äußerstem Mißtrauen und Widerwillen betrachtet, so können sie im rechtlichen und sozialen Raum als relativ gut geschützt und gesichert

---

[27] Bei Jaques Margeret findet sich die Mitteilung, daß die weiblichen Begleitpersonen der Zarin bei deren Ausreisen der Kutsche beritten folgten, sie saßen auf den Pferden „wie Männer". Vgl. Jaques Margeret's State of the Russian Empire, S. 109.

[28] Sie war eine geborene Miloslavskaja und seit ihrem 30. Lebensjahr Witwe von Gleb Ivanovič Morozov, dem Bruder des berühmten Boris Morozov. In ihrem Haus standen ihr ca. 300 Bedienstete zur Verfügung. Sie besaß 8000 Bauern. Sie fuhr aus in einer teuren Kutsche, die mit Mosaiken und Silber bedeckt war und die von sechs oder zwölf Pferden gezogen und von ca. 100 Dienern und Dienerinnen „zur Wahrung von Ehre und Gesundheit" begleitet wurde. Vgl. Solovev, Istorija Rossii, kn. 7, S. 171.

[29] Zum Vorangehenden ebd. S. 171 f. Sie starben den Hungertod in einem abgedeckten und scharf bewachten Erdloch hinter den Mauern der Zitadelle von Borovsk. Vgl. Goehrke, Die Witwe, S. 65.

Die adlige Frau

gelten, was Herbersteins Bemerkung, daß das Leben der „russischen Weiber erbärmlich" sei,[30] als viel zu pauschal und undifferenziert erscheinen läßt.

Nach dem Statut (*ustav*) Jaroslavs und des Metropoliten Ilarion (Mitte 11. Jh.) mußten einer „großen" Bojarentochter für die Schande der Ehrverletzung 5 Grivnen Gold bezahlt werden, eine gleiche Summe erhielt der Metropolit. Frauen von „kleinen" Bojaren oder nur"guten" oder „einfachen" Leuten wurden mit Silbergrivnen oder Fellgrivnen entschädigt. Das Entschädigungsverhältnis zwischen den genannten vier Gruppen betrug 20 : 4 : 1,3 : 1.[31] In allen Fällen der Ehrverletzung – dies bereits schon in den Verträgen zwischen Novgorod bzw. Smolensk und den deutschen Hansestädten im 12. – 13. Jh. – war die Strafzumessung bei Frauen doppelt so hoch wie bei entsprechenden Vergehen gegenüber Männern.[32]

In der Gesellschaftshierarchie richtete sich die Ehre und Stellung einer adligen Frau in der Regel nach der Position des Mannes. Die Frau eines Bojaren war „Bojarin" und genauso angesehen in der adligen Weiblichkeit wie ihr Mann in der bojarischen Männergesellschaft. Die Stellung einer unverheirateten Tochter entsprach nach dem *Uloženie* (10. Kap.) dem Rang des Vaters, von der Ausnahme abgesehen, daß adlige Frauen, z.B. als der Zarin nahestehende Personen, selbst eine Dienstbedeutung erlangen und dann einen höheren Rang erreichen konnten, als ihn ihre Männer oder Väter innegehabt hatten.[33]

Im Strafrecht war die Frau dem Manne bereits in der *Russkaja Pravda* (Art. 88) gleichgestellt.[34] Das Eigentumsrecht sicherte adligen Töchtern und Witwen schon in Kiever Zeit einen standesgemäßen Lebensunterhalt zu.[35] Existierte kein Testament und gab es keine männlichen Nachkommen, so fiel der Besitz an die weiblichen Erben.[36] Fehlten auch diese, so gelangte das Eigentum an die nächsten Verwandten. Schrieb eine Frau ein Testament und bestimmte ihren Mann zu dessen Vollstrecker, so wurde es laut Beschluß von 1557 nicht als

---

[30] Vgl. Rerum Moscoviticarum commentarii, S. 48: „Mulierum conditio miserrima est."

[31] Vgl. Florja, Formirovanie, S. 64; Ščapov, Rimskoe pravo, S. 213.

[32] Vgl. Florija, Formirovanie, S. 63; bei Jungfrauen betrug sie das Vierfache (s. die Gesetzescodices von 1550, 1589, 1649). Vgl. auch Kollmann, Honor and Dishonor, S. 137.

[33] Vgl. Markevič, Istorija mestničestva, S. 152.

[34] Vgl. Puškareva, Zarubežnaja istoriografija, S. 141.

[35] Vgl. Goehrke, Die Witwe, S. 71; Sbornik dokumentov, t.I, S. 140 (Art. 86, 88, der „Erweiterten Pravda").

[36] Vgl. Sudebniki XV – XVIvekov, S. 98 f.; Zakondodatel'nye akty russkogo gosudarstva, S. 145 (Erlaß von 1628 über das Recht der Inbesitznahme von Erbgut durch Töchter bei Fehlen männlicher Nachkommen). Vgl. auch ebd., S. 151 (Nr. 190, 1628/29). Das *Uloženie* von 1649 sah ein Erbrecht der Töchter nur für den Fall vor, daß keine Söhne vorhanden waren oder früh starben. In einem solchen Fall konnten Töchter das Erbgut an ihre Kinder weitergeben. Vgl. PRP VI, S. 243 f.

gültig anerkannt, weil vermutet werden konnte, daß die Verfügungen nicht ihrem eigenen Willen entsprangen.[37] Nach den unterschiedlichen Besitztypen richteten sich die Ansprüche und Rechte der erbenden Frauen. Über ein käuflich erworbenes Erbgut verfügte die Witwe vollkommen frei, es war, anders als bei ererbten Familiengütern, dem Zugriff der Verwandten völlig entzogen.[38] Viele adlige Erbgutbesitzer übergaben ihren Witwen ihr Eigentum an Land zu lebenslanger Nutzung oder bis zur Wiederverheiratung. So erhielt die Fürstin Marija Petrovna Gorbataja von ihrem Mann I.B. Gorbatyj die Volost' Jumchna mit dem Dorf Danilevskoe und mehreren Weilern und vier Kirchen im Jurevskij uezd an der Wolga, die dem Wert ihrer Mitgift von ca. 400 Rubeln entsprach und die sie 1551 dem Troice-Kloster vermachte.[39] Dmitrij Grigoŕevič Pleščeev übegab 1558/59 testamentarisch den Drittelanteil am Ergbut seines Vaters seiner Frau bis zur eventuellen Wiederverheiratung. Eine Veräußerung des Landbesitzes durfte sie allerdings nur an ihre beiden Schwäger vornehmen.[40] Vasilij Ivanovič Larionov übereignete seiner Frau die vom Onkel erworbene Votčina zu lebenslanger Nutzung bzw. bis zur erneuten Heirat, danach sollte der Besitz an das Troice-Kloster gehen.[41] Die Fürstin Vasilisa Cholmskaja, Frau des Bojaren Daniil Dmitrievič Cholmskij, erbte drei große Votčinen im Moskauer, Dmitrover und Ruzaer Kreis, die sie bei ihrem Tode zum Seelengedenken an ihren Mann und ihre beiden Söhne Semen und Vasilij dem Troice-Kloster schenkte.[42] Die Nonne Evdokija, kinderlose Witwe des Fürsten Fedor Ivanovič Strigin-Obolenskij, vermachte im Jahre 1513 dem Troice-Kloster das 200 Rubel wertvolle Dorf Macha, wofür das Kloster Totengedenken für ihren Mann und das ganze Geschlecht abzuhalten hatte. Das Simonov-Kloster erhielt von ihr die Votčina Korenevo im Dmitrover Kreis. Ihre Mitgift, das im gleichen Kreis gelegene Dorf Esipovskoe mit sechs Weilern, bekam ihr Bruder; beide zuletzt genannten Votčinen blieben jedoch zu Lebzeiten der Fürstin-Nonne in ihrem Besitz.[43] Die Gattin des Bojaren und Konjušij Andrej Fedorovič Čeljadnin († 1502/03) und ihre Schwiegertochter Agrafena Fedorovna, Amme Ivans IV. und Schwester des Fürsten Ivan Fedorovič Telepnev-Obolenskij, erbten gemeinsam die umfangreiche Votčina Poreč'je in Dmitrov, die Mitte des 16. Jh. an die 2000 Desjatinen Land umfaßte und die sie dem Troice-Kloster schenkten.[44] Es sind dies nur einzelne und beliebig herausgegriffene Beispiele für z.T. riesigen Landbesitz, den Witwen

---

[37] Vgl. Zakonodatel'nye akty, S. 44 (Nr. 21).
[38] Ebd. S. 151 (Nr. 190).
[39] Vgl. Lichačev, Sbornik aktov, S. 21 – 24 (Nr. 7).
[40] Ebd. S. 32 (Nr. 11).
[41] Ebd. S. 7 (zwischen 1533 – 1538).
[42] Vgl. Akty russkogo gosudarstva 1505 – 1526 gg., S. 84 (Nr. 78, 20.1.1511).
[43] Ebd. S. 109 f. (Nr. 108).
[44] Ebd. S. 129 (Nr. 132, 1516).

und Töchter als frei verfügbares Eigentum in ihren Händen hielten. Im Falle des Vorhandenseins männlicher Nachkommen wurden der Witwe die Verwaltung und Nutzung der Güter bis zum Erbfall übertragen und ihr selbst danach in der Regel eine angemessene Ausstattung mit Geld[45] und (oder) Grundbesitz gewährt. Es gibt Hinweise, daß die Witwe auch am ungeteilten Gesamterbe ein bleibendes Mitverfügungsrecht besaß.[46] Irina Časovnikova übergab 1543/44 das vom Gatten ererbte Gut ihrem Sohn Ivan mit der Auflage, daß er es nicht verkaufen noch belasten dürfte und nach seinem Tode dem Troice-Kloster schenken sollte. Außerdem ist aus ihrem Testament zu erfahren, daß sie einen Hof käuflich erworben hatte, der im Falle des kinderlosen Todes ihres Sohnes zu seinem und ihrem Seelengedenken gestiftet werden sollte.[47]

Natürlich war im niederen Adelsmilieu mit der dort knapperen Landausstattung und dem geringeren beweglichen Besitz die soziale Lage der Frauen und Witwen entsprechend schwieriger. Irina Grigoŕevna Polozova teilte das Erbgut ihres Gatten unter ihre Kinder auf und behielt aus den zwei Besitzteilen je einen Weiler für ihren persönlichen Gebrauch. Außerdem bedang sie sich das Recht aus, im Alter bei ihren Kindern frei leben und unterhalten werden zu können.[48] Tat'jana Aleksandrovna Skripicina Balueva verteilte 1510/11 die ererbte Votčina unter ihre Kinder und die Schwiegertochter und erhielt dafür nach Inkrafttreten dieser Erbregelung eine jährliche Getreidelieferung ihrer Söhne.[49] Zacharij Ketunin bestimmte in seinem Testament von 1519 die genaue Höhe der jährlich von seinen drei Söhnen an ihre Mutter zu leistenden Nahrungsprodukte, der er außerdem neben allerhand Schmuck und Kleidung zwei Kühe und eine Bedienstetenfamilie hinterließ.[50] Solche Besitzverhältnisse sind bereits sehr in der Nähe des bäuerlichen sozialen Milieus angesiedelt, und sie machen die Diskrepanz im sozialen Status adliger Frauen deutlich, wie sie für den generellen Besitzabstand zwischen hohem Hof- und niederem Provinzadel charakteristisch war. Im großen und ganzen unterscheiden sich die testamentarischen Verfügungen adliger Frauen aber nicht von denen der Männer: Es ist die gleiche Sorge um das eigene Seelenheil und das der Familie zu beobachten, um eine standesgemäße Ausstattung der Kinder und um eine Begleichung der Schulden beim Ableben. Aksinja Pleščeeva vermachte

---

[45] Agrafena, die Frau des Fürsten Ivan Fedorovič Sudskij, brachte eine Mitgift von 300 Rubeln in die Ehe, die allerdings ihr Mann im Dienste des Herrschers verbraucht hatte („gosudarju proslužil"). Diese Summe sollte sie von ihren Töchtern, falls sie eine neue Heirat einging, zurückerstattet bekommen, die dafür in den Besitz ihres Erbgutteils gelangten. Vgl. Sbornik dokumentov, t.3, S. 25 ff. (Nr. 13, 1545/46).
[46] Vgl. Goehrke, Die Witwe, S. 83.
[47] Lichačev, Sbornik aktov, S. 12 f.
[48] Vgl. Akty russkogo gosudarstva 1505 – 1526 gg., S. 211 (Nr. 208, 1522)
[49] Ebd. S. 73 f. (Nr. 67), S. 116 (Nr. 114).
[50] Ebd. S. 175 (Nr. 179).

ihrem Schwiegersohn Ivan Vasil'evič Obolenskij-Kurljatev neben zahlreichem Schmuck, Pelzen und wertvollen Kleidungsstücken, die ihre Tochter Nastasja als Mitgift in die Ehe brachte, die Hälfte der Votčina Bogorodickij im Perejaslavler Kreis mit der Verpflichtung, daß er dafür die Schulden ihres Mannes Fedor Andreevič Pleščeev bezahlen sollte. Außerdem übergab sie dem Paar zahlreiche Bedienstete, u.a. einen Koch, einen Pferdeknecht, die Tochter einer Amme, die einer Schneiderin und einer Spinnerin und den Sohn eines Popen.[51]

Adlige Erbgutbesitzerinnen konnten somit in gleicher Weise über ihr Eigentum verfügen wie ihre männlichen Standesgenossen. Sie besaßen weitgehende Kredit-[52] und Handelsvollmachten und traten als voll geschäftsfähige Personen bei Grundbesitzkäufen bzw. -verkäufen oder Tauschoperationen in Erscheinung.[53] Die Töchter wurden am Reichtum der Familie in angemessener Weise beteiligt und mit einer attraktiven Mitgift ausgestattet. Auch für Frauen galt das Recht des Rückerwerbs von Erbgütern, die durch Verkauf der Familie entfremdet worden waren.[54]

Es ist viel über eine angeblich dramatische Verschlechterung der Stellung der russischen Frau im 16. und 17. Jh. geschrieben worden.[55] Man unterschied eine „progressive" Phase in der Geschichte der russischen Frau, die von den Anfängen bis ins 15. Jh. reichte, von einer „repressiven" bis zum Beginn des 18. Jh.[56] Dies ist eine in hohem Maße künstliche Konstruktion, die, ausgehend vom Phänomen des sog. *Zatvorničestvo*, der Ausschließung der adligen Frau aus der Öffentlichkeit, ihre dortige Rolle völlig von der als Rechts- und Privatperson mit den weitgehenden Befugnissen in Haus und Wirtschaft abkoppelte.[57] Zudem

---

[51] Ebd. S. 113 f. (Nr. 111, 1513/14).

[52] Fürst Ivan Petrovič Uchtomskij lieh sich von Marija, der Frau von Fedor Sovin, 30 Rubel mit der Verpflichtung, ihr die Ernte einiger seiner Dörfer für den Zeitraum von 5 Jahren zur Verfügung zu stellen, wonach das Geld zurückzuzahlen war. Vgl. Akty juridičeskie, S. 636 f. (Nr. 242).

[53] Beispiele: Akty russkogo gosudarstva 1505 – 1526 ff., S. 77 (Nr. 72), S. 105 (Nr. 101), S. 51 (Nr. 45). Vgl. auch Puškareva, Zarubežnaja istoriografija, S. 147; Levy, Women and the Control of Property, S. 205 – 209, 211. Es war keineswegs ungewöhnlich, daß hochgestellte Frauen selbst siegelten. Vgl. Goehrke, Die Witwe, S. 76, 78.

[54] Vgl. Levy, Women and the Control of Property, S. 203.

[55] Vgl. Melnikow, Die gesellschaftliche Stellung der russischen Frau; McNally, From Public Person to Private Prisoner. Goehrke, Die Witwe, betont den stabilen besitzmäßigen Status der Witwe bis ins 16. Jh. und eine nur vorübergehende Verschlechterung in ihren Kredit- und Handelskompetenzen in der 2. Hälfte des 16. bis zu Beginn des 17. Jh. und die Kontinuität besonders im Erbrecht, S. 85.

[56] Puškareva, Zarubežnaja istoriografija, S. 149.

[57] Das Sinken des wirtschaftlichen Ertrages der Güter in der von Kriegen erfüllten späten Regierungszeit Ivans IV. führt F. Kämpfer u.a. auf die Tatsache zurück, daß sie über längere Zeiträume von Frauen verwaltet werden mußten, da die Männer abwesend waren. Vgl. HGR, Bd. I., S. 940.

beruht die These von dem vermeintlich größeren Handlungsspielraum der adligen Frau im öffentlichen Leben in den frühen Jahrhunderten der russischen Geschichte auf einer sehr schmalen Quellenbasis. Wenigen herausragenden Fürstinnenfiguren der Frühzeit wurden die zahlreichen und durchaus problematischen Negativeinschätzungen der Frauenrolle durch Rußlandreisende des 16. und 17. Jh. gegenübergestellt. Aber auch in dieser späten Zeit gab es bedeutende Frauengestalten mit großem politischen Einfluß,[58] und abgesehen von der relativ stabilen Rechtsposition der russischen adligen Frau über die Jahrhunderte hinweg haftete der Bewertung ihres Wirkens im öffentlichen Raum immer eine gehörige Portion an Vorurteilsbeladenheit an, die sich aus vielerlei Quellen speiste. Trotz der Konstanz dieser Faktoren soll aber damit nicht behauptet werden, daß die Lebenssphäre der adligen Frau von neuen sozialen, politischen und geistigen Entwicklungen unberührt geblieben wäre.

So erforderte das neu auftretende Dienstgutsystem eine rechtliche Positionsbestimmung der Frau in ihm, die nicht ohne weiteres von anderen Besitzrechtsformen übertragbar war, wenn man nicht gravierende Beeinträchtigungen staatlicher Interessen, nämlich den Erhalt der Dienstfähigkeit, in Kauf nehmen wollte. Starb der Dienstgutbesitzer, so wurde, falls noch nicht dienstfähige Kinder vorhanden waren, das Land der Witwe übergeben. Erreichte der Sohn das Dienstalter, erhielt er das Dienstgut zugesprochen mit der Verpflichtung, die Mutter bis zu ihrem Tod und die Schwestern bis zur Heirat davon zu ernähren. Häufiger aber wurden in diesem Fall der Witwe und ihren Töchtern gesonderte Landanteile zum Lebensunterhalt (*prožitočnye*) abgezweigt, welche erstere bis zu ihrem Tode, bis zur Wiederverheiratung oder dem Eintritt in ein Kloster, letztere gemäß Erlaß von 1556 bis zum Alter von 15 und, nach späteren Bestimmungen, bis zur Heirat besitzen durften.[59] Die Größe dieser Landanteile hing nach dem *Uloženie* von 1649 von der Todesart des Dienstgutbesitzers ab. War er in der Schlacht gefallen, erhielten die Witwe 20 % und die Töchter je 10 % des Dienstgutes. Starb er eines natürlichen Todes während des Feldzuges, verringerte sich der abgezweigte Anteil auf 15 % bzw. auf 7,5 %, starb er zu Hause, betrug das *Prožitočnoe* nur noch 10 % bzw. 5 %.[60] Für adlige Frauen aus dem Hochadel, die in der Regel über Dienst- und Erbgut verfügten, waren solche Bestimmungen weniger existenziell als für die Frauen jener Masse der Adligen, die nur ein *Pomest'e*, oft von geringem Umfang, besaßen. Die zahlreichen Implikationen für das familiäre Verhältnis und die Beziehungen von Mann

---

[58] S. Levy weist auf das Beispiel Irinas, der Frau des Zaren Fedor Ivanovič und Schwester Godunovs hin, nach deren Willen Boris Godunov das Zartum übertragen worden sein soll und die – ungewöhnlich – als „Gosudarevna" (Herrscherin) bezeichnet wurde. Vgl. Women and the Control of Property S. 211 f. Siehe auch unten Anm. 90.
[59] Vgl. Zakonodatel'nye akty russkogo gosudarstva, S. 38 (Nr. 14, 1556); Staševskij, Služiloe soslovie, S. 25.
[60] Ebd.

und Frau, die jene Erbbestimmungen potentiell enthielten, lassen sich leicht ausmalen, ebenso die möglichen sozialen Härten. Oft kam es vor, daß sich Witwen und ihre Töchter in den „Schutz" eines anderen Adligen begaben, dem sie dafür ihren Landanteil zur Nutzung überließen. Da das *Prožitočnoe* der Töchter als Mitgift in die Ehe genommen wurde, versuchten jene Schutzherren nicht selten, die Verheiratung zu verhindern oder möglichst hinauszuzögern. Auch entsprach die Versorgung oft nicht den getroffenen Vereinbarungen.[61] Eine kinderlose Witwe erhielt gem. Artikel 193 des Sudebnik von 1589 ihre Mitgift zurück sowie eine Geldentschädigung von 2 Grivnen für jedes verbrachte Ehejahr (*poletnoe*).[62] 1603 beschwerte sich die kinderlose Witwe Avdot'ja, daß sie der Neffe ihres verstorbenen Mannes „nackt und bloß, frierend und hungrig" aus dem Hause gejagt und ihr weder das [bewegliche] „Eigentum des Mannes ... noch ihre Mitgift zurückerstattet ... noch die jährliche Geldentschädigung gegeben" habe.[63] Zwar wird man diesen Fall nicht unbedingt als repräsentativ für die schlechte wirtschaftliche Absicherung von Frauen im Alter werten dürfen, dennoch ist zu erwarten, daß speziell im niederen Adelsmilieu solche Lebensschicksale adliger Witwen keine Einzelerscheinung darstellten und als sozialer Mißstand deshalb die Beachtung der Regierung fanden.

Mit dem Tode des Mannes wurde die Stellung der adligen Frauen durch die Übernahme ihrer Verwandtschaftsaufgaben im häuslichen Bereich erheblich gestärkt. Als Witwe trat sie nun mit allen Rechten und Pflichten die Nachfolge des männlichen Familienoberhauptes an.[64] Sie selbst blieb, sofern sie es wollte, unabhängig von jeglicher Bevormundung etwa seitens naher Verwandter der männlichen Linie. Testamente von Vertretern der regierenden Fürstenhäuser verdeutlichen zudem, daß die Position der Fürstinmutter auch nach dem Erreichen des Erwachsenenalters der Kinder in familiären und besitzrechtlichen Belangen stark war. Dmitrij Donskoj befahl 1389 seinen vier Söhnen, einträchtig zu leben und ihrer Mutter „in allem" Gehorsam zu leisten. Diese erhält Land und Nutzungsrechte in verschiedenen Teilen des Reiches, über die sie uneingeschränkt verfügt. Stirbt einer der Söhne, so teilt die Mutter den Besitz unter die übrigen neu auf, „und meine Kinder dürfen sich von ihrem Willen nicht abkehren." Wer ihrem Willen zuwiderhandelt, „auf dem ruht nicht mein Segen."[65]

---

[61] Vgl. Sobornoe uloženie, S. 75.
[62] Vgl. Sudebniki XV – XVIvekov, S 407. Die andere Auslegung, daß die Witwe künftig jährlich zwei Grivnen empfing, vgl. z.B. Levy, Women and the Control of Property, S. 203 (nach Vladimirskij-Budanov), ist umstritten.
[63] RIB, t.14, S. 541.
[64] Vgl. Goehrke, Die Witwe, S. 70. Für die Kiever Zeit dazu: Romanov, Ljudi i nravy, S. 268 – 274.
[65] DDG, Nr. 12, S. 33 – 36. Im Testament Vasilijs II. heißt es: „Ich befehle meine Kinder der Fürstin, meine Kinder, lebt in Eintracht und leistet eurer Mutter in

Aus der Abschließung der russischen adligen Frau[66] in einen spezifisch weiblichen, von der männlichen Öffentlichkeitssphäre strikt getrennten Tätigkeits-, Wohn- und Kommunikationsbereich, den der Frauengemächer des Hauses (*Terem*), auf ihren geringen sozialen Status und politischen Einfluß zu schließen, wäre verfehlt. Zwar ist ihre Person den Augen der Öffentlichkeit weitgehend entzogen, nicht aber ihr nach außen repräsentierter sozialer Status, den sie als Angehörige der herrschenden Schicht demonstrativ zur Schau trägt. Olearius beschreibt dies so: „Der Knesen / Bojaren und fürnembsten Leute Weiber fahren des Sommers in bedeckte Wagen / so mit rothem Tuche überzogen / welche sie den Winter auch auff Schlitten gebrauchen. Indemselben sitzen sie prächtig als Göttinnen / und haben vor sich zum Füssen sclavisch Megden sitzen. Neben her lauffen viel Knechte und Sclaven / bißweilen bei 30.40 Stücke."[67] Es gab zweifellos eine spezifische „Öffentlichkeit" des weiblichen Adels. Es war dies kein autonom geschaffener, sondern ein von der patriarchalischen Ordnung sozusagen zugewiesener bzw. zugestandener Raum, der aber vor männlichen Eingriffen im Verweis auf typisch weibliche Kompetenz und Autorität einen gewissen Schutz bot und zugleich auch Platz beließ für die Entfaltung spezifischer fraulicher Strategien der privaten und öffentlichen Einflußnahme. Als Elena Glinskaja im Jahre 1536 der Frau des Kazańkhans Šig-Alej eine Audienz gewährte, wurde die Empfangszeremonie von Repräsentantinnen des Hochadels dominiert.[68] Frauen des vornehmen Hofadels nutzten ihre direkten Verbindungen zum weiblichen Teil der Großfürsten- und Zarenfamilie zum Vorteil ihrer Männer und männlichen Verwandten aus.[69] Die Zarin verfügte, nach Kotošichin, über einen Hofstaat von adligen Töchtern, Jungfrauen und Witwen, die sie ständig umgaben und bei ihr lebten. Nur die Töchter der allervornehmsten Geschlechter brauchten nicht in den Dienst der Zarin zu treten.[70] Die Karriere einer Hofdame, wie auch ihre Verheiratung durch die Zarin, wirkte sich auf die Stellung des Mannes positiv aus, indem er nun Ämter übertragen bekam, die ihm eine persönliche

---

allem Gehorsam, an meiner, des Vaters, Statt." Ebd. S. 194 (Nr. 61). Es ist möglich, daß diese Gehorsamspflicht der Mutter gegenüber vom Kirchenrecht ins weltliche Recht eingegangen ist. Vgl. Goehrke, Die Witwe, S. 70 f. (mit Berufung auf entsprechende Vorschriften im „Zakon Sudnyj ljudem").

[66] „Russian women are held unter close supervision and have their living quarters separate from that of their husbands ..." Vgl. Jaques Margeret's State of the Russian Empire, S. 110.

[67] Moskowitische und persische Reise, S. 216. Margeret schreibt: „Noble women ride in a carriage in summer and in a sleigh in winter." Vgl. Jaques Margeret's State of the Russian Empire, S. 109.

[68] Vgl. PSRL 29, S. 23.

[69] Vgl. Kotošichin, O Rossii, S. 31.

[70] Ebd. S. 35.

Bereicherung ermöglichten.[71] Ähnlich wie bei Männern kam es unter hochadligen Frauen zu Rangplatzstreitigkeiten. Die Fürstin Troekurova inszenierte einen solchen Streit mit ihrer Standesgenossin Buturlina, weil beide Geschenke im gleichen Wert erhalten hatten, was erstere als Herabsetzung empfand.[72] Im Rangplatzstreit zwischen Vasilij Golicyn und Grigorij Romodanovskij spielte die Mutter Golicyns, für die der Gedanke unerträglich war, daß ihr Sohn mit Romodanovskij ranglich auf eine Stufe gestellt wurde, wie ihren Briefen zu entnehmen ist, eine ausschlaggebende Rolle, indem sie ihre Beziehungen, Fürsprache- und Einflußmöglichkeiten spielen ließ, auf die der Sohn tatsächlich seine ganze Hoffnung setzte.[73] Wie aufmerksam sie das politische Geschehen in der Hauptstadt beobachtete, zeigt ein Brief aus dem Jahre 1677 an ihren in der Ukraine befindlichen Sohn: „Mein Lieber, ich antworte prompt auf alle deine Briefe, und ich schreibe über das, was ich in der Stadt höre, welche Ehren vom Herrscher verliehen wurden an welche Personen an welchem Tag und wer in Erwartung politischer Gnade steht."[74]

Die Tatsache, daß Frauen bei offiziellen Anlässen nicht gemeinsam mit den Männern auftraten, sondern, z.B. bei Gastmählern, getrennt von ihnen,[75] aber untereinander ebenfalls streng nach Rangordnung,[76] darf nicht dazu verleiten, darin einen Beweis für ihr Abgedrängtsein in eine unpolitische Sphäre zu erblicken. Eine moderne emanzipatorische Sicht, die hinter solchen Äußerlichkeiten patriarchale Strukturen entlarven und zu einer negativen Einschätzung der Frauenrolle gelangen würde, erscheint in der Anwendung auf die mittelalterliche und frühneuzeitliche Gesellschaftsordnung unangemessen.[77] Adlige Frauen, besonders die zur machtvollen Hofaristokratie gehörenden, hielten engen Kontakt miteinander. Sie waren in das komplizierte Netzwerk des politischen Spiels um Macht und Einfluß eingespannt, profitierten selbst von Karriereerfolgen der Männer in ihrem sozialen und hierarchischen Status. Es ist beobachtet worden, daß in Gesellschaften, die Frauen aus der Öffentlichkeit

---

[71] Vgl. Markevič, Istorija mestničestva, S. 354.
[72] Ebd. S. 354.
[73] Ebd. S. 549.
[74] Zit. nach Hughes, Russia and the West, S. 12. Von den 202 Briefen des Korrespondenzkonvoluts Vasilij Golicyns stammen allein 30 von seiner Mutter Tat'jana, darunter befinden sich elf mit wichtigen Nachrichten politischen Charakters. Vgl. Goehrke, „Mein Herr und Herzensfreund!", S. 19 (dort auch Ausschnitte aus dieser Korrespondenz, S. 658 – 661).
[75] Vgl. David, Status modernus magnae Russiae, S. 94. Die Frau des Gastgebers und die Frauen seiner Gäste speisten nur bei Hochzeiten gemeinsam und wenn die allerengsten Verwandten anwesend waren.
[76] Auch für Frauen existierten Dienstranglisten (*razrjady*) zum Zweck der Platzordnung auf Hochzeiten, so daß Rangstreitigkeiten bei solchem Anlaß entstehen konnten. Vgl. Markevič, Istorija mestničestva, S. 338.
[77] Vgl. auch Goehrke, „Mein Herr und Herzensfreund!" S. 668.

weitgehend ausschließen und die strukturell und aufgrund der vorherrschenden Einstellung das Agieren von Frauen in der öffentlichen Sphäre stark behindern, diese durchaus einen großen Einfluß auf das politische Verhalten der Männer haben können.[78] Die individuelle Separierung der russischen adligen Frau korrespondierte mit einem frauenbestimmten sozialen Interaktions- und Kommunikationsfeld, das jene z.T. wieder aufhob oder zumindest abmilderte, indem es im Rahmen der bestehenden Strukturen eine eigene politische Dynamik und spezifische Methoden der Einflußnahme entwickelte. Unter diesem Blickwinkel und auf dem Hintergrund der relativ starken rechtlichen und sozialen Position der russischen adligen Frau, welche sich vor allem aus der Tatsache erklärt, daß die russische Oberschicht eine Krieger- und Dienstkaste war, mit entsprechenden Risiken und langen häuslichen Abwesenheitsphasen, bedarf das Problem der Ausschließung von allgemeiner Öffentlichkeit, die aber zugleich eine schichteninterne weibliche Öffentlichkeit produzierte, einer differenzierten Bewertung.

Zwar wird man nach dem Vorangehenden der Auffassung nicht folgen können, daß das Anknüpfen und Arrangieren von Heiratsverbindungen „der einzige Teil des politischen Lebens" gewesen ist, „in dem Frauen eine traditionelle Rolle innehatten",[79] aber dies war in der Tat ein Bereich, in dem ihre Kompetenz und Zuständigkeit in besonderer Weise akzeptiert war. Wenn man dabei berücksichtigt, daß für die Ehewahl der Oberschicht gesellschaftliche, ökonomische, amts- und machtmäßige Kalküle eine zentrale Rolle spielten, dann wird sogleich die politische Dimension weiblicher Aktivitäten in diesem Sektor deutlich, die sich nicht auf ein bloßes passives Erdulden männlicher Heiratsstrategien, also auf ein initiativloses Objektverhalten beschränkten. Diese Tatsache und die wichtige Bedeutung der Heiratspolitik im Leben des russischen Adels ist von der Forschung immer wieder besonders hervorgehoben worden.[80]

Generell ist wie in anderen Adelsgesellschaften die Tendenz zu beobachten, durch Heiraten ein höheres soziales Prestige zu erreichen, d.h. sich beim Anknüpfen von Heiratsverbindungen nach „oben" zu orientieren.[81] Am offen-

---

[78] Vgl. Kollmann, The Seclusion, S. 184.
[79] Vgl. Croskey, Muscovite Diplomatic Practice, S. 267.
[80] Vgl. jüngst Keenan, Muscovite Political Folkways, S. 144 f., der Heiraten als „das wichtigste dynamische" Element im moskowitischen politischen System und im Streben nach Macht ansieht.
[81] Für das westliche frühe Mittelalter Schmid, The Structure of the Nobility, S 49; für den westeuropäischen Adel generell Powis, Aristocracy, S. 31 – 33; Elias, Die höfische Gesellschaft, S. 81. Eine interessante, aber noch detaillierter zu belegende Hypothese stellt R.O. Crummey auf, der für den russischen Adel des 17. Jh. feststellt, daß hochrangige männliche Adlige häufig sozial niedrigstehendere Frauen heiraten, während Frauen aus vornehmen Familien selten Männer von niedrigerem Rang ehelichen. Vgl. Reflections on Mestnichestvo, S. 275.

sichtlichsten wird dies in dem Bestreben, mit dem regierenden Herrscherhaus in verwandtschaftliche Beziehung zu treten, was in aller Regel die gesellschaftliche Position der betreffenden Adelsfamilie deutlich verbesserte und aufwertete, ohne daß dadurch, weil es ein akzeptierter Vorgang war, von dem viele Geschlechter profitieren konnten, die Machtbalance innerhalb der herrschenden Elite jemals gänzlich außer Kraft gesetzt oder der „Konsens in der Hierarchie" (Kollmann) aufgehoben worden wäre, wenn auch bisweilen empfindliche Störungen des Systems als Folge ungleichgewichtiger Kompetenzen oder abrupter personeller Veränderungen im Machtapparat auftraten, die nur widerwillig ertragen wurden. Als Ivan IV. Anastasija Romanovna heiratete, wurden Klagen laut, daß der Zar durch seine Wahl die großen Fürstengeschlechter entehre, da er „seine Sklavin" geehelicht habe.[82] Dies war die unzufriedene Reaktion auf das zahlreiche und geschlossene Aufrücken von Verwandten der Zarin in die Bojarenduma, wie es bis dahin in der moskowitischen Geschichte ohne Beispiel war. Allein elf Vertreter aus dem Geschlecht der Koškiny, davon zehn im höchsten Rang, gelangten in die Duma.[83] Bei der Wahl Michail Fedorovič Romanovs zum Zaren im Jahre 1613 berief man sich übrigens auf dessen Verwandtschaftsbeziehungen zu Ivan IV. und auf den guten Ruf Anastasijas im Volk.[84] Sein Machtantritt war ebenfalls vom politischen Aufstieg seiner nächsten Verwandten begleitet: Ivan N. Romanovs, Fedor Iv. Šeremetevs, Boris M. Lykovs, Ivan B. Čerkasskijs, Ivan F. Troekurovs, der Gebrüder Saltykov, der Sickie, Goloviny und Morozovy.[85] Skandalös verlief die Behandlung der Heirat des Romanov-Zaren: Seine erste Braut, eine Chlopova, die er offenbar liebte, wurde aufgrund von Intrigen zunächst zur Heirat nicht zugelassen (1617), dann rehabilitiert und abermals zur offiziellen Braut erklärt (1623), dann auf Protest der Zarenmutter Marfa zum Verzicht auf die Ehe gezwungen. Das Schicksal der Chlopova erregte die Öffentlichkeit und lenkte die Kritik auf das intrigante Spiel Marfas bei diesem Heiratsprojekt.[86] Der Fall zeigt zugleich die generell starke Position der Mutter bei der Eheentscheidung der Kinder, der sich sogar

---

[82] Vgl. Bachrušin, Političeskie tolki, S. 103. Dies ist ein tendenziöser und angesichts der früheren Heiratspraktiken der Moskauer Großfürsten (s. z.B. Anm. 89) unberechtigter Vorwurf. Ebenso unglaubwürdig ist deshalb auch die Behauptung Kotošichins, die Zarentöchter würden nicht an Fürsten und Bojaren verheiratet, da man ihnen nicht zumuten wollte, die Frauen von „Sklaven" zu sein. Vgl. O. Rossii, S. 15.

[83] Vgl. Rüß, Der „heimliche Kanzler" Vasilijs III., S. 173. Boris Godunov wagte es nicht, bei Lebzeiten des Zaren Fedor Ivanovič gegen seine Verwandten Romanovy vorzugehen. Vgl. Pavlov, Gosudarev dvor, S. 52.

[84] Vgl. Vasenko, Bojare Romanovy, S. 132.

[85] Ebd. S. 169; Jabločkov, Istorija dvorjanskago soslovija, S. 224.

[86] Michails erste Frau, Marija Dolgorukaja, starb wenige Tage nach der Hochzeit. Erst 1626, nun schon als 30jähriger, heiratete er Evdokija Strešneva, die ihm außer einem Sohn (Aleksej) lauter Töchter gebar, was das Gerücht aufkommen ließ, der Carevič sei ein „ausgetauschter". Vgl. Bachrušin, Političeskie tolki, S. 106.

der Zar und „Selbstherrscher" trotz aller Machtvollkommenheiten zu beugen hatte.

Möglicherweise um nicht zu sehr unter den Einfluß vornehmer Adelsfamilien zu geraten, aber wohl auch im Interesse der hohen Aristokratie selbst, die den Status quo der Machtverteilung nicht gestört sehen wollte, haben die Zaren des 17. Jh. ihre Frauen aus unbedeutenden Geschlechtern erwählt, deren Mitglieder allerdings dadurch sogleich eine gewisse Aufwertung und alle möglichen Privilegien und Dienstvorteile erreichten,[87] ohne deshalb freilich in ihrer Rangstellung mit den alten vornehmen Bojarengeschlechtern konkurrieren zu können.[88] Dies war in den Jahrhunderten davor anders. Personen, die ohnehin aufgrund ihrer vornehmen Herkunft und politischen Bedeutung eine einflußreiche Stellung am Hofe innehatten, strebten danach, diese durch Heiratsverbindungen mit der regierenden Moskauer Fürstendynastie für sich und ihr Geschlecht weiter zu festigen. Die herausragende Rolle der Vel'jaminovy-Voroncovy im 14. und beginnenden 15. Jh. bei Hof erklärt sich zum guten Teil aus den verschiedenen Eheverbindungen mit dem Moskauer Herrscherhaus und mit anderen hochrangigen Adelsfamilien.[89] Durch die Heirat des litauischen Überläufers Fürst Jurij Patrikeev mit Anna (1418), der Tochter Vasilijs I.

---

[87] Vgl. Kotošichin, O Rossii, S. 14: „ ... wegen der Zarin begnadet der Zar ihren Vater, seinen Schwiegervater, und ihr Geschlecht ..." Olearius berichtet: „Nach dem nun Ilia Danilowitz Miloslavski des Zaar Schwiegervater geworden / wurde er mächtig groß. Es ward ihm auff dem Schlosse neben I.Z. May. Wohnung ein Hauß gegeben ..." Vgl. Moskowitische und persische Reise, S. 253.

[88] Dies galt für die Strešnevy ebenso wie für die Miloslavskie und Naryškiny, aus deren Familien die Frauen des Zaren Aleksej Michajlovič, Marija und Natal'ja, stammten. 1657 überredete der Zar die Brüder Fürsten L'vov, mit Miloslavskij keinen Rangstreit vom Zaun zu brechen, und versprach ihnen, daß dieser in den Ranglisten immer niedriger stehen würde als sie. Er verfolgte damit das Ziel, seinen Schwiegervater vor öffentlicher Desavouierung zu bewahren. Vgl. Markevič, Istorija mestničestva, S. 541. Der Fürst Kurakin sah in der Heirat seiner Tochter mit Apraksin eine Erniedrigung, obwohl letzterer ein Neffe der Zarin Marfa Matveevna, der Frau Fedor Alekseevičs, war, d.h. die Verwandtschaft mit dem Zarenhaus erhöhte nicht den Rangwert eines Geschlechts. Ebd. S. 187. Eine westliche Quelle sieht in der Wahl niedriggeborener Zarenbräute die autokratische Staatsraison wirksam: Fedor Alekseevič habe seine Gemahlin „nicht von grosser/sondern ... redlicher Familie" gewählt, „damit dero Grossen zu verstehen gebende / daß er nach dem Exempel seiner Vorfahren darinnen gantz nach seinem Wohlgefallen und nicht nach dem Rath seiner Großen leben wolle ..." Zit. bei Welke, Rußland in der deutschen Publizistik, S. 211 f. Die „Frankfurter Postzeitung" bemerkte zur 2. Heirat Aleksej Michajlovičs, die Bojaren hätten „nicht gestatten wollen, daß der Czar anders als in ein altes vornehmes ... Hauß wieder heyratten solle." Zit. ebd. S. 206.

[89] Aleksandra, eine Enkelin des Stammvaters der Vel'jaminovy, war die Frau des Moskauer Großfürsten Ivan Ivanovič († 1359) und eine Schwester des Moskauer Tysjackij Vasilij Vas. Vel'jaminov. Vgl. Kollmann, The Boyar Clan, S. 15. Dessen Sohn Mikula heiratete die älteste Tochter des Großfürsten Dmitrij Konstantinovič von Suzdal', die jüngere wurde die Frau Dmitrij Donskojs. Vgl. PSRL 24, S. 232. Eine Tochter von Mikula Vel'jaminov heiratete Ivan Dm. Vsevolož, eine andere aus dem Geschlecht der

und Sofija Vitovtovnas, begann der politische Aufstieg der Patrikeevy, die bis zum Ende des Jahrhunderts und ihrem abrupten Sturz (1499) eine exponierte Stellung am Moskauer Großfürstenhof einnahmen. Die hohe Rangposition der Fürsten Cholmskie, Bels'kie, Šujskie und Glinskie am Ende des 15. und im Laufe des 16. Jh. und beginnenden 17. Jh. (Šujskie) hatte einen starken Rückhalt in ihren großfürstlichen und zarischen Verwandtschaftsbeziehungen.[90] Boris Morozov sicherte seinen Einfluß auf den Zaren Aleksej Michajlovič durch seine Heirat mit der Schwester der Zarin, einer Miloslavskaja, ab. Olearius erzählt, daß er, um zunächst seine Macht zu stabilisieren, die Verwandten der Mutter des Zaren, „die auch etwas zu sagen hatten", vom Hof entfernte, indem er sie auf ehrenvolle Ämter in die Provinz abschob.[91] Die Heirat Marija Temrjukovnas, einer Schwester der ehemaligen Zarin von Astrachań, mit Ivan IV. im Jahre 1561 stärkte die Stellung ihrer Verwandten Čerkasskie, die besonders im 17. Jh. durch häufige Dumazugehörigkeit und großen Reichtum hervortraten.[92] Zwar wird oft behauptet, daß die erste Ehe Vasilijs III. mit Solomonija Saburova als ein frühes Beispiel der späteren Praxis der Dynastie, sich mit unbedeutenden Geschlechtern zu verbinden, angesehen werden könne, aber das ist nur insofern zutreffend, als die Saburovy zu Beginn des 16. Jh. tatsächlich sozial und politisch abgesunken waren, freilich immer noch zum vornehmen alten Moskauer Bojarenadel gehörten. Eine Methode, Hof- und Zarennähe abzusichern und zu vertiefen, bestand, wie das Beispiel Morozovs zeigt, darin, Eheverbindungen zu der angeheirateten Verwandtschaft der Zaren anzuknüpfen. So erklärt sich die zeitweise überragenden Stellung Vasilij Golicyns nicht nur aus seiner vornehmen Abstammung, die bis auf den litauischen Großfürsten Gedimin zurückging, sondern auch aus den Verwandtschaftsbeziehungen seiner Mutter und seiner zweiten Frau zur herrschenden Romanov-Dynastie,[93] ganz zu

---

Vel'jaminovy (Marija) Fedor Goltjaj aus der Koškin-Linie. Vgl. Kollmann, Kinship, S. 131. Die Gattin Vasilijs II. (Marija) war eine Enkelin von Fedor Goltjaj-Koškin und Marija Vel'jaminova. Vgl. PSRL 20, S. 238.

[90] Vasilij Danilovič Cholmskij war mit einer Tochter Ivans III. verheiratet. Fedor Ivanovič Bel'skij ehelichte eine Nichte dieses Großfürsten (1498). Auf diese Verwandtschaftsbeziehungen wies Vasilij III. vor seinem Tode hin, um die von ihm vorgesehene Rolle der Bel'skie während der Regentschaft (seit 1533) zu rechtfertigen. Michail Glinskij war ein Onkel der Regentin Elena. Vasilij Šujskij heiratete 1538 Anastasija, eine Nichte Vasilijs III. Die aus dieser Ehe stammende Marfa wurde 1554 die Frau von Ivan Dmitrievič Bel'skij. Ivan Michajlovič Glinskij († 1602) und Zar Boris Godunov waren durch ihre Frauen aus der Familie Maljuta Skuratovs miteinander verwandt, Godunov durch seine Schwester Irina mit dem Zaren Fedor Ivanovič († 1598).

[91] Vgl. Moskowitische und persische Reise, S. 251 f.

[92] Vgl. Sokurov, O rode knjazej Čerkasskich, S. 30.

[93] Seine Mutter war eine Tochter von Ivan Filippovič Strešnev, einem Verwandten der Gattin des Zaren Michail Fedorovič. Noch näher stand Golicyn dem Zarenhaus durch seine zweite Frau Evdokija Strešneva, deren Vater ein Vetter der Zarin Evdokija war. Vgl. Danilow, V.V. Golicyn, S. 3.

schweigen davon, daß die Regentin Sofija mit ihrem „Liebling", wie sie Golicyn bisweilen zärtlich nannte, offenbar ein intimes Liebesverhältnis unterhielt. Der Nutzen eines geglückten Ehearrangements war vielfältig, zwar nicht exakt kalkulierbar, aber sehr häufig von kurzfristigen Karrieresprüngen[94] und längerfristig wirksamen politischen Positionsvorteilen begleitet. Die „Bojaren-Zaren" Boris Godunov, Vasilij Šujskij und Michail Fedorovič haben ihrem Herrschaftsanspruch mit Berufung auf ihre verwandtschaftlichen Beziehungen zur rjurikidischen Dynastie der Moskauer Daniloviči einen starken Nachdruck und ihrem Zartum damit ein Stück notwendiger Legitimität verleihen können. Bei aller ideologischen Erhöhung und zeremoniellen Entrücktheit der Herrscherperson vom Volk und ihres Gottgnadentums wurde der geblütsmäßige Abstand zwischen den regierenden Fürsten, Großfürsten und Zaren und dem Adel in Rußland offenbar nicht als groß oder gar unüberbrückbar erachtet, im Gegensatz etwa zu westlichen Ebenbürtigkeitsvorstellungen, wo standesungleiche (morganatische) Ehen als Mißheiraten angesehen wurden. Die verwandtschaftlichen Beziehungen der russischen Herrscher zu ihren adligen Untertanen verringerten die politische Distanz zwischen ihnen. Sie waren auf dieser Ebene Teil der Adelsgesellschaft, ihr nicht entrückt, mit ihr eng verwoben. Es bedurfte eines großen ideologischen und zeremoniellen Aufwands, um diese Realität zu verdecken. Es ist ein Mißverständnis, die Verbindung der Dynastie mit russischen Geschlechtern ausschließlich als Folge kirchlich-orthodoxen Gebots zu betrachten.[95] Sie lag im Interesse des Adels. Sie spiegelte die Fortexistenz genossenschaftlicher Struktur und Mentalität: der Herrscher als *primus inter pares*, auch genealogisch in das fürstlich-adlige *convivium* fest eingebunden. Den deutlichsten Ausdruck findet dieser adlige Einfluß in den zarischen Brautwahlen des 17. Jh., die in keiner Weise dem nach außen repräsentierten und internationalen Ranganspruch des Zarenhauses

---

[94] Der raschere Aufstieg Jurij Menšoj Peninskij-Obolenskijs zum Bojaren am Hofe Andrej Starickijs im Vergleich zum älteren Bruder, der nur den Rang eines Dvoreckij bekleidete, ist zweifellos auf seine Heirat mit der leiblichen Schwester der Teilfürstengattin Efrosinja Chovanskaja zurückzuführen. Vgl. Jurganov, Starickij mjatež, S. 104. Anläßlich eines Feldzuges im Jahre 1598 werden in den Dienstlisten neun Bojaren aufgeführt, darunter auch S.V. und I.V. Godunov, die in einer Redaktion an 7. und 8. Stelle genannt sind, in den „herrscherlichen Dienstlisten" (*gosudarevy razrjady*) – und dies fraglos unter dem Einfluß Boris Godunovs – jedoch an 4. und 5. Stelle (vor T.R. Trubeckoj, I.I. Golicyn und A. und I. Šujskij). Vgl. Buganov, Iz istorii, S. 60. Die Schwester Boris Godunovs, Irene, war Gattin des Zaren Fedor Ivanovič († 1598).

[95] Heiratsverbindungen mit ausländischen Fürstenhäusern waren in der Kiever Zeit keine Seltenheit. In Moskauer Zeiten waren die Großfürsten Vasilij I. und Ivan III. mit ausländischen Prinzessinnen verheiratet. Die Tochter Ivans III., Elena, heiratete den polnischen König und Großfürsten von Litauen, Aleksander. Die Polin Marina Mniszek war die Frau des Falschen Demetrius. 1680 heiratete Zar Fedor Alekseevič die Polin A.S. Gruszecka.

angemessen, aber sehr wohl geeignet waren, die Kontinuität aristokratischer Herrschaftsbeteiligung zu wahren und die Machtgewichte innerhalb der Elite in Balance zu halten.

Es ist interessant und bedarf sicherlich von Fall zu Fall der individuellen Ursachenerforschung, daß durchaus nicht alle Adelsfamilien bereit und begierig darauf waren, ihre heiratsfähigen Töchter mit den großfürstlichen und zarischen Eheaspiranten zu verbinden. So verlief etwa die Brautsuche für Ivan IV., die darin bestand, heiratsfähige adlige Töchter ausfindig zu machen und Details über ihr Aussehen, ihre Gesundheit, ihre Herkunft und ihre Verwandtschaftsbeziehungen in Erfahrung zu bringen, aus welchem Anlaß spezielle Kommissionen gebildet wurden, in einigen Landesteilen völlig erfolglos oder äußerst schleppend. Es mußten sogar denen Strafen angedroht werden, „die bei sich ihre jungfräuliche Tochter verbergen."[96] Ob man diese nicht der aufreibenden Prozedur solcher Brautschauen (*smotriny*) aussetzen wollte, sie durch Ehevertrag bereits anderen Bewerbern versprochen hatte oder die geringen Chancen bei einem so zahlreichen Kandidatinnenaufgebot in Rechnung zog oder ob gar ganz persönliche Verlust- und Trennungsängste hier und da eine Rolle gespielt haben, läßt sich nicht mehr erfahren. Welche Bedeutung der Wahl der Braut für das Geschlecht, aus dem die stammte, beigemessen wurde, zeigt eine Anweisung anläßlich der Brautsuche Vasilijs III. an I.V. Ljackij, der genauestens die möglichen verwandtschaftlichen Beziehungen einer Prätendentin mit den Familien der Pleščeevy und Ščenjatevy ausforschen sollte, die jene, falls sie vorhanden waren, von vornherein als Bewerberin aus uns unbekanntem Grund diskreditierten.[97] Der Fall liefert eine ungefähre Vorstellung davon, welche hektischen Aktivitäten und Ränkespiele in adligen Hofkreisen anläßlich einer bevorstehenden Heirat regierender Dynasten ausgelöst und in Gang gesetzt wurden. Als Affront wurde es empfunden, wenn ein Fürst, was allerdings nur in der literarischen Überlieferung vorkam, seine Frau aus dem nichtadligen Milieu erkor, wie dies Peter von Murom tat, der aus Dankbarkeit über die wundersame Heilung, die ihm von der niedriggeborenen Fevronija widerfuhr, diese zu seiner Fürstin machte. Das erregte insbesondere die adlige Frauenwelt des Fürstentums, über die ihre Männer zu Fevronija sagten: „Wir alle, Herrin,

---

[96] Vgl. Nazarov, Svadebnye dela XVIv., S. 118. Nachdem sich Fürst F.S. Mezeckij 1546 eine Woche in Rostov aufgehalten hatte, war immer noch niemand bei ihm erschienen, um das Vorhandensein einer potentiellen zarischen Braut zu melden. Seinem zweiwöchigen Aufenthalt in Vjaźma war ein ähnlicher Mißerfolg beschieden. („... nicht ein einziger Fürst oder ein Bojarensohn waren selbst bei uns, und die Töchter führen sie nicht her zu uns"). Die Fürstin Anna Penkova bittet im Oktober 1547 darum, nicht mit ihrer Tochter in Moskau erscheinen zu müssen, da diese krank sei, sie sie aber wohl eher vor einer Heirat mit Ivans IV. geistesschwachen Bruder Jurij bewahren wollte. Ebd. S. 118 – 123.

[97] Ebd. S. 119.

wollen den Fürsten Peter als Selbstherrscher über uns, von dir aber mögen unsere Frauen nicht, daß du über sie herrscht."[98]

Fürstliche und zarische Heiraten waren offizielle Staatsakte, die den Rangwert adliger Familien aufgrund ihres Gästestatus und ihrer zeremoniellen Aufgaben ziemlich genau widerspiegelten. Die Listen der Teilnehmer wurden seit 1526 im staatlichen Archiv geführt und aufbewahrt, und sie wurden als so bedeutsam angesehen, daß sie jeweils am Anfang der offiziellen militärischen Dienstlisten plaziert sind.[99] Von einigen sensiblen Tätigkeiten im Zeremoniell abgesehen – die Anwesenheit beim getrennten Bade der Brautleute oder am Ehelager („v myl'ne myt'sja", „u posteli") –, galt die Anwesenheit am Tisch („za stolom") beim offiziellen Hochzeitsmahl als besonders ehrenvoll.[100] Mit der Großfürstin Elena gemeinsam speisten auf der Hochzeit Andrej Starickijs im Jahre 1533: Marfa, die Frau Dmitrij F. Bel'skijs, Irina Tučkova, die Frau Jurij Zachar'ičs, Agrafena, die Frau von I. Paleckij, Elena, die Frau von Vasilij Andreevič [Čeljadnin?] und die Frau von Ivan Andreevič [Čeljadnin?]. Ihnen gegenüber saßen: Dmitrij Bel'skij, Ivan Chabar, Boris Iv. Gorbatyj, Vasilij Šujskij, Ivan Šujskij und Michail Zachar'in,[101] also Vertreter der Crème der Moskauer Aristokratie am Ende der Regierungszeit Vasilijs III. Wenige Monate später wäre die Zusammensetzung der Tischgäste höchstwahrscheinlich eine etwas andere gewesen.[102]

Auf der Stoglav-Synode von 1551 wurde die Heiratsfähigkeit bei Männern mit 15 (dem Dienstbeginnalter), bei Frauen mit 12 Jahren angegeben. Das durchschnittliche Heiratsalter adliger Männer lag vor 1710 bei 24 Jahren, später wesentlich darüber.[103] Adlige Heiraten wurden vertraglich vereinbart. Die formelle Kontaktaufnahme ging vom Vater des Ehekandidaten zu den Eltern der vorgesehenen Braut aus. Bei gegenseitigen Einladungen erfolgte die getrennte „Begutachtung" der Eheaspiranten durch die Eltern.[104] Vasilij Jakovlevič Volynskij verheiratete seine Nichte „auf Anordnung ihrer Mutter und gemäß Testament ihrer Mutter" mit einem gewissen Boris Michajlovič.[105] Fedor Vasil'evič Volynskij schloß mit Petr Vas. Šeremetev, dem er seine Tochter Anna versprach, 1643 einen Ehekontrakt, in dem die in Aussicht stehende Mitgift der Braut aufgeführt ist: Kleidung, Pelze, Schmuck, Decken, Teppiche usw. im Werte von 2.500 Rubeln, ein Erbgut in Rjazań mit 60 Höfen, dessen Wert

---

[98] Zit. bei Zenkovsky, Aus dem alten Rußland, S. 297.
[99] Vgl. Kollmann, Kinship, S. 124 f.; Byčkova, Sostav klassa feodalov, S. 112.
[100] Ebd. S. 138.
[101] Ebd. S. 116.
[102] Zu den personellen Veränderungen in der Bojarenduma nach dem Tode Vasilijs III. (Dez. 1533) vgl. Rüß, Machtkampf oder „feudale Reaktion", S. 483 – 485.
[103] Vgl. Kollmann, Kinship, S. 293.
[104] Vgl. Kotošichin, O Rossii, S. 149 f.
[105] Vgl. Lichačev, Sbornik aktov, S. 68, Nr. 20 (1600/01).

mit 1.200 Rubeln benannt ist, ein weiteres Erbgut in Nižnij-Novgorod und dort ebenfalls ein gekauftes Gut mit 50 Höfen. Von der Mitgift unterschieden sind fünf wertvolle Heiligenbilder, mit denen der Vater seine Tochter „segnet". Als Zeugen des Kontrakts fungierten hochgestellte Personen (u.a. der Fürst A.M. L'vov und die Fürsten Dmitrij und Petr Dolgorukie).[106] Daß bei Nichteinhaltung von Ehevereinbarungen mit beträchtlichen Schadenersatzansprüchen gerechnet werden mußte,[107] sollte deren Verbindlichkeit erhöhen. Die Aussicht auf eine „bessere Partie" oder der Widerwille der Betroffenen – immerhin bekamen sich die jungen Brautleute bis zum Abschluß der elterlichen Vereinbarungen nicht zu sehen – waren Unsicherheitsfaktoren, und der vielleicht drohende materielle Verlust sollte deshalb möglichst in Grenzen gehalten werden.

Es kann sein, daß in einigen Fällen die Großfürsten und Zaren ihr Veto gegen ihnen nicht genehme Heiratsverbindungen ihrer adligen Untertanen eingelegt haben. Dennoch wird man die Einholung ihrer Zustimmung zu einer Heirat – und dies auch nur im hocharistokratischen Milieu – kaum mehr als einen rein formellen Akt und keineswegs als grundsätzliche Einschränkung der Heiratsfreiheit des Adels bewerten dürfen.[108] Boris Godunov soll den Fürsten Mstislavskie und anderen ihm politisch gefährlichen Familien (Vasilij IV. Šujskij!) eine Heirat untersagt haben, welches Verbot unter dem ersten Falschen Demetrius wieder aufgehoben worden sei.[109] Einige deuten das obligatorische Erscheinen der Neuvermählten mit der Festgesellschaft am Tage nach der Hochzeit beim Zaren im Sinne von dessen Kontrollkompetenzen über adlige Heiratsarrangements,[110] obwohl die Beschreibung Kotošichins[111] einen solchen Schluß kaum zuläßt. Viel wesentlicher erscheint uns daran wiederum der Einbezug des Herrschers in die Lebenssphäre des Adels, das enge *convivium* von Zar und Hocharistokratie, dessen Verpflichtung, ihre Repräsentanten bei solchen Anlässen zu beschenken, zu bewirten und zu segnen und ihnen Ehre und Respekt zu erweisen und damit ihre hohe Stellung am Hof öffentlich anzuerkennen. Solche Gnadenerweise waren nicht bloß in das willkürliche Ermessen der Herrscher gestellt, obwohl sie hier gewisse Spielräume hatten, die ihnen das subjektive Gefühl von Machtautonomie vermitteln mochten, sondern sie waren strukturelles und deshalb nicht ohne weiteres aufhebbares Element eines Systems gegenseitiger Abhängigkeiten und Angewiesenheiten, die von äußeren Symbolen der Über- und Unterordnung häufig nur verdeckt waren und sich deshalb oft erst auf den zweiten Blick erschließen.

---

[106] Ebd. S. 104 – 107 (Nr. 31).
[107] Vgl. Kotošichin, O Rossii, S. 149 f.
[108] Diese behauptete Zabelin, Domašnij byt, S. 13.
[109] Vgl. Jaques Margeret's State of the Russian Empire, S. 169.
[110] So Zabelin, Domašnij byt, S. 13.
[111] Vgl. O Rossii, S. 153.

Die höchsten Adelsfamilien waren durch verwandtschaftliche Beziehungen mehr oder weniger eng miteinander verflochten. Hier können familiengeschichtliche und genealogische Detailstudien weitere interessante Aufschlüsse bringen, obwohl der generelle Sachverhalt eines relativ engmaschigen Netzes blutsmäßiger Verbindungen innerhalb der aristokratischen Elite außer Frage steht. Der Konkurrenzkampf um Macht und Positionen wurde durch ein Bündel gegenseitiger Loyalitäten aufgrund verwandtschaftlicher Beziehungen abgemildert. Die konstante Präsenz von Mitgliedern bestimmter Familien in höchsten Stellungen über viele Generationen hinweg läßt sich nur durch die Unterstützung, den Schutz, den Einfluß und die Rückendeckung eines an ihrer Hofposition interessierten mächtigen „Clans" mit seinen weitverzweigten verwandtschaftlichen Beziehungen und politischen Verbindungen erklären. Politischen Aufsteigern, die darüber nicht verfügten, gelang es nur selten, ihren persönlichen Machtstatus an ihre Nachkommen weiterzugeben bzw. in ihrer Familie zu konservieren. Ein gutes Beispiel liefert dafür der Vergleich zwischen dem Bojaren Michail Jurevič Zacharin († 1538) und dem Kanzler des Zaren Aleksej Michajlovič, Afanasij Ordin-Naščokin († 1680).

Michail Jurevič Zacharin war aufgrund seiner Herkunft für politische Machtpositionen am Hof und in Herrschernähe prädestiniert. Sein Vater Jurij Zacharin war Bojar unter Ivan III., ebenfalls sein Onkel Jakov Zacharič, dessen Unterschrift als Zeuge sich im Testament dieses Großfürsten findet und der bei der Angliederung Novgorods als Statthalter und in fast allen großen Feldzügen jener Zeit eine hervorragende Rolle spielte. Seine verwandtschaftlichen Beziehungen gaben Michail Zacharin einen starken Rückhalt in der Bojarenduma. Durch die Heirat seines Vaters mit Irina Tučkova bestanden enge Verbindungen zu dem alten und einflußreichen Moskauer Bojarengeschlecht der Morozovy-Tučkovy, das zu Ende der Regierungszeit Vasilijs III. und während der Regentschaft Elenas von insgesamt zwölf Dumabojaren allein drei stellte (I.G. Morozov, V.G. Morozov, M.V. Tučkov).[112] Nicht minder bedeutsam war die Heirat seines Sohnes Vasilij mit Anastasija, der Tochter des Bojaren Fürst Dmitrij F. Bel'skij, der seit den 20er Jahren bis zu seinem Tode (†1551) eine konstant hohe Position am Moskauer Hof innehatte.[113] Diese Heiratsverbindung war geradezu ein Meisterstück bojarischer Interessenpolitik im Sinne politischer

---

[112] Vgl. Zimin, Sostav bojarskoj dumy, S. 52; Alef, Aristocratic Politics, S. 100 – 107. Eine Heiratsverbindung zwischen einer Vorfahrin Michail Zacharins und einem Vertreter des Geschlechts der Morozovy ist bereits aus der 1. Hälfte des 15. Jh. bekannt. Ein Enkel Fedor Koškas, Ivan, verheiratete seine Tochter Solomonida mit Grigorij Ignat'evič Morozov. Solomonida geriet 1448/49 an der Pachra in tatarische Gefangenschaft. Vgl. Veselovskij, Issledovanija, S. 149, 202. Nach kanonischem orthodoxen Recht waren Heiraten zwischen Personen aus Verbindungen bis zur Urenkelgeneration verboten. Vgl. Kollmann, Kinship, S 69 f.
[113] Vgl. Rüß, Dmitrij F. Belskij, S. 183.

Machtsicherung: Sie stellte bisher fehlende verwandtschaftliche Beziehungen zum politisch an Einfluß gewinnenden titulierten Hochadel her und bedeutete gleichzeitig ein noch stärkeres Heranrücken an die regierende Moskauer Dynastie,[114] was seine vorläufige Krönung in der erwähnten Heirat Anastasijas, der Nichte Michail Zachaŕins, mit Ivan IV. fand. Aber damit nicht genug: Eine andere Tochter Dmitrij Bel'skijs, Evdokija, war mit Michail Jakovlevič Morozov († 1573), einem der bedeutendsten Personen dieses Geschlechts während der Regierung Ivans IV., verheiratet.[115] Wir hörten, daß Michail Zachaŕin mütterlicherseits von einer Morozova abstammte. Damit waren die Familien der Bel'skie, Zachaŕiny-Romanovy-Juŕevy und der Morozovy-Tučkovy alle verwandtschaftlich miteinander verbunden, und wir gehen kaum fehl in der Annahme, daß diese Tatsache für ihre exponierte politische Stellung während der Herrschaften Vasilijs III., Elena Glinskajas und Ivans IV. eine erhebliche Bedeutung gehabt hat.[116]

Ordin-Naščokin, der vom kleinen Provinzadligen aus der Pskover Umgebung zum Leiter des Gesandtschaftsprikazes und zum Bojaren aufstieg, fehlte dieser Rückhalt, den das hochadlige Milieu mit seinen verzweigten verwandtschaftlichen und politischen Verbindungen bot, hingegen völlig. Als sozial und blutsmäßig weit unter diesem Niveau stehender Außenseiter war er auf Gedeih und Verderb von der Gunst und Gnade des Zaren abhängig. Seine individuelle Leistung und sein politischer und rangmäßiger Status blieben ohne Folgewirkungen für sein Geschlecht, das sich nach seinem Abtreten in die relativ bedeutungslose Ausgangslage zurückversetzt sah.[117]

Im 17. Jh. gab es eine Kerngruppe von vier miteinander verwandten Geschlechtern, die zugleich im Mittelpunkt eines ganzen Netzes von Heiratsbeziehungen standen, die nahezu alle Familien der Hofaristokratie untereinander verbanden. Es waren dies die Romanovy, Čerkasskie, Šeremetevy und Odoevskie bzw., nachdem die Romanovy zur herrschenden Dynastie aufgestiegen waren, die Golicyny.[118]

---

[114] Der Vater Dmitrij Bel'skijs war mit einer Tochter der Schwester Ivans III. verheiratet. Ebd. S. 171.

[115] Veselovskij, Issledovanija, S. 201. Bel'skij selbst hatte eine Schwester des Bojaren Ivan Iv. Čeljadnin († 1535), Marfa, zur Frau. Die Čeljadniny gehörten zu den hochrangigsten Personen am Hofe der Großfürsten Ivan III. und Vasilij III. Sie waren durch Marija Andreevna, der Frau S.D. Cholmskijs, dessen Bruder eine Tochter Ivans III. heiratete, mit dem Großfürstenhaus verwandt. Ebd. S. 74.

[116] Es gibt viele andere Beispiele. Die Goloviny, Chovriny und Tret'jakovy, Nachfahren des Griechen Stefan Vasil'evič, verbanden wie ein Knäuel zahlreiche Bojarenfamilien. Vgl. zu ihren Verwandtschaftsbeziehungen und zu denen der Glinskie, Čeljadniny, Bel'skie, Mstislavskie: ders. Issledovanija po istorii opričniny, S. 128 – 130.

[117] Vgl. Rüß, Der „heimliche Kanzler" Vasilijs III., S. 172.

[118] Vgl. Crummey, Aristocrats, S. 78; Vasenko, Bojare Romanovy, S. 59.

Heiraten waren, wie früher auch, in diesen Kreisen in erster Linie politisch motiviert, nicht ökonomisch,[119] wenngleich sich beides nicht immer scharf voneinander trennen läßt. Sie zielten auf Stabilisierung, Absicherung oder Verbesserung der Hofposition, hatten also zugleich eine defensive und offensive Funktion. Sie vergrößerten das Potential an zu erwartender Protektion, Rücksichtnahme und Loyalität, schufen eine breitere personelle Basis für gemeinsame Interessen und Standpunkte und boten vermehrten Schutz vor individuellem politischen Scheitern und eine vielstimmigere Fürsprache im Falle politischer Ungnade. Ob verwandtschaftliche Solidarität allerdings in der Praxis immer diese genannten Effekte erzielte und im beschriebenen Sinne funktionierte, steht auf einem anderen Blatt.[120] Zu erwarten ist jedoch auch, daß der Grad der Verwandtschaft, bis zu dem noch solidarisches Handeln wirksam war und herausgefordert wurde, erheblich weiter gesteckt war als der traditionelle Familienrahmen, der, wie Erbrecht und Argumentation bei Rangstreitigkeiten zeigen, drei oder vier Generationen in männlicher Linie üblicherweise nicht überschritt.

Heiratspolitik des Adels und die Existenz einer von der Öffentlichkeit abgeschirmten weiblichen Lebenssphäre stehen in einem offenbaren Zusammenhang. Geschäftsgrundlage einer Ehe waren der politische und ökonomische Nutzen, den die Verbindung beiden Familien einbrachte, zweitrangig oder zumindest nicht die hauptsächlichen Kriterien waren Gefühle und gegenseitige Zuneigung. Über die körperlichen und geistigen Vorzüge und Nachteile erfuhren die künftigen Eheleute nur aus den mehr oder weniger exakten bzw. mehr oder weniger subjektiv gefärbten Beschreibungen ihrer Eltern. Es ist fraglich, ob unter solchen Voraussetzungen, besonders wenn die emotionale Basis für ein glückliches Zusammenleben fehlte, der moralische Anspruch an eheliche Treue von außerehelichen Beziehungen abhielt. In den früheren Phasen der westeuropäischen Geschichte galt „mindestens die außereheliche Beziehung des Mannes, zuweilen auch die der Frau, in der Meinung der weltlichen Gesellschaft als mehr oder weniger selbstverständlich", und in der höfischen Gesellschaft des 17. und 18. Jh. wurde die außereheliche Beziehung der Frau in gewissen Grenzen sogar als „gesellschaftlich legitim" angesehen.[121] Gewisse indirekte Anhaltspunkte in den Testamenten – große Geschenke an Frauen, die nicht zur Verwandtschaft gehörten, echte, nicht ins Stereotype abgeglittene Reue über die eigene Sündhaftigkeit – ließen den Verdacht von außerehelichen Kontakten bei adligen Männern aufkommen (s. oben S. 230). Ivan Golova Solovcev bekennt

---

[119] Crummey, Aristocrats, S. 9.
[120] Eine Familiensolidarität läßt sich gelegentlich nicht einmal unter Brüdern feststellen, wie das Beispiel Dmitrij, Ivan und Semen Bel'skijs zu zeigen scheint. Vgl. Rüß, Dmitrij F. Bel'skij, S. 172 f.
[121] Elias, Über den Prozeß der Zivilisation, Bd. 1, S. 251 f.

in seinem Testament von 1594/95 ganz offen, daß er sich an Frauen und Witwen mit Gewalt herangemacht habe, wofür er Vergebung erbittet.[122] Außerdem erfleht er für seine Töchter „Reinheit bis zum Lebensende",[123] d.h. wohl ein „unbeflecktes" Nonnendasein. Die Formulierung selbst drückt freilich die Furcht aus, daß diese „Reinheit" eventuell außerehelich zur Disposition stehen könnte. Daß außereheliche Liebesbeziehungen adliger Frauen für möglich erachtet wurden, zeigen die Gerüchte über ein Verhältnis Elena Glinskajas mit dem Bojaren Fürst Ivan Telepnev-Obolenskij. Diesen wurde dadurch zusätzliche Nahrung verliehen, daß Elena bei ihrer Heirat vielleicht nicht einmal zwanzig Jahre alt war, während der Großfürst Vasilij III. 1526 bereits das stolze Heiratsalter von 47 Jahren erreicht hatte, eine Alterskonstellation, die in adligen Kreisen, besonders bei Mehrfachheiraten, nicht so selten war. Die Regentin Sofija unterhielt, wie erwähnt, intime Beziehungen mit dem verheirateten Fürsten Vasilij Golicyn, die bei Hof als offenes Geheimnis galten. Bezeugt sind vom Patriarchen Filaret Fälle, in denen adlige Dienstmannen ihren Genossen gegen Geld die Ehefrauen während ihrer langen Abwesenheit auf Feldzügen oder an fernen Dienstorten zum Beischlaf (und wohl auch zur Kontrolle!) überließen. Mit einer gewissen sexuellen Freizügigkeit, die mit den strengen Moralvorstellungen, wie sie im „Domostroj" oder von der Kirche propagiert wurden oder wie sie etwa im aufkommenden Bürgertum Westeuropas vorherrschten, nichts gemein hatte, wird man also auch im russischen adligen Milieu zu rechnen haben. Mehr als andere Schichten war es nämlich der Adel gewohnt und aufgrund seiner Macht als herrschende Klasse auch dazu in der Lage, seine Triebe und Wünsche direkter und unmittelbarer als andere Gruppen auszuleben und zu erfüllen. Das Dasein – früher Krieger- und Kindbettod, „politische" Ehen – und die offizielle Moral – eheliche Treue, Jungfräulichkeit, Enthaltsamkeit usw. – standen dem allerdings oft entgegen bzw. verhinderten oder verzögerten die Realisierung adliger Triebmentalität, so daß in dieser Schicht latent ein gewisser Prozentsatz an zurückgehaltenem Triebpotential vorhanden war, das sich abseits von allgemeinverbindlichen ethisch-moralischen Normen Befriedigung und Erfüllung suchte. Entsprechend der gesellschaftlichen Stärke des Mannes wurde bei ihm das Durchbrechen von Tabus nachsichtiger beurteilt als vergleichbare sexuelle Vergehen der Frau, obwohl auch für deren sinnliche Bedürfnisse, wie „Das Gleichnis vom alten Mann" aus der 2. Hälfte des 17. Jh. bezeugt, durchaus gesellschaftliches Verständnis aufgebracht wurde. In der Geschichte wirbt ein alter Mann um die Gunst eines jungen Mädchens, indem er

---

[122] Vgl. Sbornik dokumentov, t.III, S. 112. Nach Kostomarov hatten vornehme Bojaren im 16./17. Jh. häufig Liebhaberinnen, und es galt außerdem nicht als besondere Sünde, wenn sie sexuelle Kontakte zu ihren weiblichen Dienstpersonen, auch gegen deren Willen, unterhielten. Vgl. Očerk domnašnej žizni, S. 204.

[123] Vgl. Sbornik dokumentov, t.III, S. 113.

ihr alle nur denkbaren Annehmlichkeiten eines privilegierten Frauendaseins in einem schönen Palast mit zahlreichen Bediensteten verspricht. Die Angebetete malt dem Greis sein Schicksal aus: „Was würde denn geschehen, selbst wenn du meine Eltern mit deinen kostbaren Geschenken umstimmtest und Vater und Mutter mich dir wider Willen zum Weibe gäben? Ich täte ja doch nicht, was du von mir verlangtest ... Dein Leib würde verdorren ...! Für einen Burschen aber, für einen stattlichen jungen Mann, den ich mir zum Liebsten erwählte, würde ich Kolatschen aus feinstem reinen Weizenmehl und Piroggen aus Butter, Milch und Eiern backen und ihm Obst in reicher Auswahl und stets Süßigkeiten vorsetzen. Ich würde ihm Wein in einem goldenen Pokal kredenzen und hätte vor allem für ihn ein gar weiches, behagliches Bett aus Schwanendaunen mit einem zeisiggrünen Kopfkissen und einer Zobeldecke ... Die Mägde und Kindermädchen würden meinen jungen Liebsten auf Händen tragen." Die abschlägige Antwort des Mädchens läßt denn an Deutlichkeit auch nichts zu wünschen übrig: „... und meiner sinnlichen Natur wirst du keine Wonne bereiten können. Ich ... werde mich für einen jungen Burschen, für einen stattlichen jungen Mann, begeistern und mich ihm hingeben ..."[124] Dies betrachtet der unbekannte Autor als normale Ordnung der Dinge, und dem Verhalten einer Frau, die gegen ihren Willen in eine Ehe gezwungen wurde und deshalb eine mehr oder weniger offene außereheliche Liebesbeziehung unterhält, begegnet er mit unverhohlener Sympathie. Nach allem Gesagten ist zu erwarten, daß diese Auffassung in adligen Kreisen keine sonderliche moralische Empörung ausgelöst hätte.

Die Abschirmung der heiratsfähigen Tochter vor den Augen der adligen Männerwelt und das vorbereitende Ritual des anvisierten Ehekontrakts zielten darauf ab, irrationalen und unkalkulierbaren Entscheidungen und Willensbekundungen der unmittelbar Betroffenen vorzubeugen. Die Kontrolle über die Heiratswahl der Frau wurde somit durch ihre Ausschließung von der Öffentlichkeit erhöht,[125] in gewisser Weise durch das Versteckspiel auch ihr Wert als Braut und „gute Partie". Die weitgehende Beschränkung ihres Kommunikations- und Handlungsraumes auf einen spezifisch weiblich besetzten Bereich war zugleich eine gewisse Garantie für den Erhalt ihrer Jungfräulichkeit und damit ihres Wertes als künftige Heiratspartnerin. Mag all dies auf den ersten Blick und aus heutiger Sicht den Objektcharakter adliger Frauenexistenz in Rußland nur noch unterstreichen, so ist auf der anderen Seite aber nicht zu verkennen, daß solche patriarchalischen Repressions- und Einengungsstrukturen, so widersprüchlich dies erscheint, zugleich weibliche Macht- und Einflußpotentiale ausdrückten, derer sich die Frauen sehr wohl bewußt waren. Reich und vornehm, waren sie unabhängig vom Mann. Ihre Herkunft, ihre rechtliche und ökonomische

---

[124] Zit. nach ‚O Bojan', S. 521 f. und 520.
[125] Vgl. Kollmann, The Seclusion, S. 178.

Stellung verliehen ihnen eine Autonomie, die im täglichen Leben, entgegen allen kirchlich-patriarchalen Unterordnungs- und Gehorsamsforderungen, eine eigene Dynamik entfaltete.

Unglückliche Heiraten waren häufig der Grund dafür, daß vornehme Frauen ins Kloster gingen, um sich auf diese Weise ihren Männern zu entziehen. Umgekehrt wurde Evpraksija, die Tochter des Polocker Fürsten Rogvolod, von ihrem Mann Jaroslav Vladimirovič verlassen (1214), der sich in Livland eine andere Frau genommen hatte. Witwen traten oft mit dem gesamten ererbten Besitz des Mannes in den Nonnenstand über, was im Sinne des Verstorbenen war, der sich durch die Gebete seiner Frau Sündenvergebung und Seelenrettung erhoffte. Die Gattin des Fürsten Konstantin wurde im Jahre 1218 „am Grabe ihres Mannes" zur Nonne geschoren. Um in den Besitz des gesamten Erbes zu gelangen, gaben die Frauen manchmal auch nur vor, sich scheren zu lassen. Generell aber war das Klosterdasein für Frauen vornehmen Geblüts eine gesellschaftlich anerkannte und für viele aufgrund ihrer persönlichen Situation (Witwe, Unverheirateten-Status, zerrüttete Ehebeziehung, Krankheit, nahender Tod) und der Bedrohungen von außen (Kriege, Plünderungen, Überfälle usw.) eine Sicherheit bietende und deshalb erstrebenswerte Alternative zum weltlichen Leben.[126]

Einen in mancher Hinsicht ungewöhnlichen Weg ging die früh verwaiste Fürstin Avdotija Mezeckaja, die bei ihrer Großmutter Marfa lebte und in einem Heiratsvertrag dem späteren Bojaren Ivan Michajlovič Voroncov versprochen war, den sie aber nicht wollte, weshalb die Großmutter eine Entschädigung von 500 Rubeln bezahlen mußte. Da Avdotija kurz nach dem Bruch mit Voroncov Jurij Ivanovič Pronskij heiratete, liegt hier offenbar der selten bezeugte Fall einer Liebesehe vor, die aber einen unglücklichen Ausgang nahm, da Pronskij als bekannter Heeresführer und Bojar in jungen Jahren starb (1555) und Avdotija als ca. 25jährige Witwe zurückließ. Daß diese, wie es im 16. Jh. für reiche Witwen sonst üblich war, sich weder neu verheiratete noch ins Kloster ging, ist als weiterer Beweis dafür gewertet worden, daß Avdotijas Ehe auf anderen als auf bloßen vertraglich-rationalen Grundlagen beruhte. Im übrigen führte sie nach dem Tod des Gatten energisch die eigene Wirtschaft fort und ließ sich nicht im Hauskloster der Mezeckie, sondern im Troice-Kloster, der Grabstätte der Pronskie, begraben.[127]

Aus dem 17. Jh. sind Briefe einiger adliger Frauen (Praskov'ja Chovanskaja, Dar'ja Larionova) überliefert, in denen sie mit ungewöhnlicher Zärtlichkeit

---

[126] Zum Vorangehenden Aristov, Nevol'noe i neochotnoe postriženie, S 65 – 70. 1086 errichtete Fürst Vsevolod das Andreevskij-Kloster, in das auch seine älteste Tochter Anna eintrat, die dort einer Klosterschule vorstand. Nach ihrem Tod 1106 ging ihre Schwester Evpraksija in dasselbe Kloster. Ebd. S. 68.
[127] Vgl. Kobrin, Opyt izučenija semejnoj genealogii, S. 56 – 58.

Die adlige Frau 257

und großer Sehnsucht ihren von zu Hause abwesenden Männern gegenübertreten.[128]

Es lag nahe, daß man angesichts des Erbrechts, das zur Zersplitterung des Besitzes und als Folge davon zum Absinken einiger Adelsfamilien in die Bedeutungslosigkeit führte, die Existenz einer Art Geburtenkontrolle für möglich hielt. Auf die machtvolle politische Stellung jener Adligen, die als einzige oder wenige Erben den geballten Reichtum ihrer Vorfahren auf sich vereinigten, wurde dabei hingewiesen.[129] Dennoch bleiben dies mangels direkter historischer Zeugnisse nicht mehr als moderne Mutmaßungen. Die brisante Kehrseite der Angelegenheit bestand darin, daß die Beschränkung auf eine geringe Zahl von Nachkommen die Gefahr heraufbeschwor, am Ende ohne männliche Erben dazustehen. Für das Aussterben ganzer Bojaren-Geschlechter gibt es hinreichend Beispiele. Mit dem Tod Ivan Dm. Bel'skijs († 1571), des einzigen Sohnes Dmitrij Bel'skijs, war die Rolle dieser über lange Zeit im 16. Jh. ranghöchsten Adelsfamilie ausgespielt. Ein ähnliches Schicksal erlitten im gleichen Zeitraum die Fürsten Vorotynskie. Mit Fürst I.I. Kurljatev starb um 1606/07 der letzte Vertreter dieser Familie. Mit Fürst F.A. Nogotkov erlosch zu Beginn des 17. Jh. das Geschlecht der Nogotkovy-Obolenskie. Fürst A.V. Trostenskij aus dem jüngeren Zweig der Fürsten Obolenskie war der letzte Träger dieses Namens. Fedor Tovarkov aus dem Geschlecht der Puškiny, Bojar Vasilijs I. und Vasilijs II., hatte sechs Söhne, von denen drei kinderlos starben. Von sieben Enkeln hinterließ nur einer zwei Söhne, mit denen Mitte des 16. Jh. die bojarische Linie der Puškiny erlosch. Vasilij Fedorovič Saburov († 1485) hatte fünf Söhne, einer davon starb in der Schlacht, die anderen blieben wie jener kinderlos, und nur Andrej Vasil'evič, der im hohen Alter den Bojarenrang erklomm (1532), hinterließ drei Söhne, die jedoch in jungen Jahren starben bzw. auf dem Schlachtfeld ihr Leben ließen. Die Geschichte des moskowitischen Adels ist voll von solchen Familienschicksalen. Veselovskij rechnet mit großen Verlusten durch Kriege und Gefangenschaft und mit einer hohen Kindersterblichkeit, die im Adel des 16. – 17. Jh. vergleichbar mit der im bäuerlichen Milieu des 19. Jh. gewesen sei.[130] Bürgerkriegsähnliche Zustände wie zur Zeit der Thronkämpfe unter Vasilij II. oder während der „Wirren" (Smuta) zu Beginn des 17. Jh., staatlicher Terror wie in der Zeit der Opričnina Ivans IV. oder auch die für Rußland wenig beachtete Erscheinung der Pest

---

[128] Vgl. Goehrke, „Mein Herr und Herzensfreund!" S. 662 f., 666 f.
[129] Als Beispiele für das 16. Jh. nannte Markevič die Familien Bel'skij, Mstislavskij, Vorotynskij und Šein. Vgl. Istorija mestničestva, S. 308. Alef, Bel'skies und Shuiskies, S. 223 f., angeregt durch die erfolgreiche Politik der Šujskie im 16. Jh., schließt die Möglichkeit nicht aus, „that ambitious members determined to restrict their progeny in order to increase their incomes and to consolidate their families' power positions."
[130] Issledovanija, S. 72 f.

im Übergang vom 14. zum 15. Jh. haben tiefe Lücken in die Reihen des Adels gerissen. Die häufige Wiederheirat von jungen Witwen ist ein deutlicher Hinweis darauf. Mit einer dem generellen medizinischen Stand entsprechenden hohen Müttersterblichkeit im Kindbett muß ebenfalls gerechnet werden. In Anbetracht all dieser Risiken und Gefahren war eine Geburtenkontrolle zum Zweck des Erhalts der familiären politischen und ökonomischen Stärke äußerst problematisch. Es gibt also gute Gründe, Skepsis in dieser Frage angebracht erscheinen zu lassen.[131]

Es liegt auf der Hand, daß in einer Gesellschaft, deren männliche adlige Mitglieder permanent im Kriegs- oder Verwaltungsdienst und deshalb über lange Zeit abwesend waren, der Frau automatisch eine große Verantwortung in Wirtschaft und Familie zufiel und sich dieser Sachverhalt positiv auf ihre Rechtsstellung und ihren ökonomischen und – in dem von der patriarchalischen Ordnung gesteckten Rahmen – politischen Status in der Gesellschaft auswirken mußte. Im europäischen Vergleich jedenfalls schneidet die russische adlige Frau nicht schlechter ab als ihre westliche Standesgenossin, ja liegt in ihrer rechtlichen und sozialen Absicherung und der Selbständigkeit ihres Handelns in mancher Hinsicht über den dortigen Standards.[132]

---

[131] „I know of no direct evidence that Duma families practiced birth control". Crummey, Aristocrats, S. 68.
[132] Dies betonte schon M. Weber, Ehefrau und Mutter in der Rechtsentwicklung. Tübingen 1907. Vgl. auch Goehrke, Die Witwe, S. 92; ders., „Mein Herr und Herzensfreund!" S. 668, 670.

VII. DER SOG. FREIE ABZUG (VOL'NYJ OT-EZD)

Der verfassungspolitische Stellenwert des „freien Abzugs", des realisierten oder potentiellen Dienstwechsels ohne Schaden für Person und Besitz, wird in der Forschung unterschiedlich hoch veranschlagt. Den einen gilt er als Ursache und Beweis für die Schwäche der Adelsposition und für das Fehlen von Feudalismus im mittelalterlichen Rußland.[1] Andere machen ihn für das Ausbleiben einer ständischen Entwicklung mitverantwortlich.[2] Wieder andere vertreten die Auffassung, daß er einer autokratischen Regierungsform im Wege gestanden habe und deshalb von den Moskauer Herrschern – seit dem 15. Jh. mehr oder weniger planmäßig – torpediert und schließlich gänzlich abgeschafft worden sei.[3] In deutlichem Gegensatz zu diesen hohen Einschätzungen der verfassungspolitischen Auswirkungen des Ot-ezd stehen allerdings Erwägungen über seine praktische Bedeutung, die von einem der besten Kenner des moskowitischen Adels, S. B. Veselovskij, als sehr gering erachtet wird: „... Ot-ezdy waren die Ausnahme von der allgemeinen Regel ... Fälle von Ot-ezdy waren sehr selten ... Der überwiegende Teil der Bojaren und Dienstleute dient erblich von Generation zu Generation..."[4]

Welche historische Wirklichkeit sich hinter der seit dem 14. Jh. in zwischenfürstlichen Verträgen regelmäßig begegneten Formel „Die Bojaren und Diener sind zwischen uns frei" („a bojarom i slugam meždu nas vol'nym volja") tatsächlich verbarg, ist schwer zu sagen. Daß es Dienstwechsel aufgrund des garantierten Rechts zu Freizügigkeit gegeben hat, steht außer Frage. Die vertragliche Fixierung dieses Rechts bei Unantastbarkeit der bestehenden Besitzstände kann sogar als bedeutende politische und soziale Errungenschaft des Adels angesehen werden. Sie erhöhte seine persönliche und soziale Sicherheit. Die Drohung mit dem potentiellen Abzug war ein wirksames adliges Sanktionsmittel für herrscherliches Wohlverhalten. Prestige und Macht eines Fürsten in der Udelzeit war von der Zahl und Bedeutung seiner adligen Dienstmannen abhängig. Verließen sie ihn, erlitt er Einbuße an beidem. Seine Fähigkeit als Fürst, die materiellen und politischen Bedürfnisse der adligen Gefolgsleute zu befriedigen, war öffentlich in Frage gestellt, das Ideal fürstlichadligen Konviviums und gemeinschaftlichen politischen Handelns stand vor

---
[1] Vgl. Goehrke, in: Rußland, S. 120.
[2] Vgl. Philipp, Zur Frage nach der Existenz altrussischer Stände, S. 71.
[3] Vgl. Alef, Das Erlöschen des Abzugsrechts, S. 7.
[4] Issledovanija, S. 466 f.

aller Augen in Zweifel, das „Image" vom „guten" und „gerechten" Fürsten war öffentlich angekratzt. Dies erklärt die stets äußerst empfindliche und gekränkte Reaktion der Fürsten auf das Verlassenwerden durch ihre adligen Mannen, besonders wenn diese zu ihren engsten und treuesten Dienern gehört hatten. So erboste und „grämte" sich Vasilij II. „sehr" über „einen seiner engsten Ratgeber", einen Bojaren, der zum Großfürsten von Tveŕ übergetreten war und den er unter allen Umständen zur Rückkehr in seine Dienste bewegen wollte, was ihm schließlich durch die Vermittlung des ehrwürdigen Martinian vom Sergiev-Kloster auch gelang.[5] Aber so etwas war eher die Ausnahme. Um sich selbst zu entlasten und das Verhalten der „Abziehenden" zu diskreditieren, haben ihnen die Fürsten viel häufiger das Odium von „Verrätern" angehängt, um sie auf diese Weise moralisch zu vernichten und den eigenen Schaden im öffentlichen Ansehen möglichst niedrig zu halten. Dies macht deutlich, daß die Inanspruchnahme des Abzugsrechts und die Stigmatisierung dieses Schritts als Verrat sehr eng beieinanderlagen und die Betroffenen sich auf einer äußerst schmalen Gratwanderung zwischen Legitimität und gesellschaftlicher Ächtung bewegten. Deshalb ist auch Skepsis angebracht gegenüber der früher geäußerten Vermutung, daß sich ein breiter, „von den Quellen nicht registrierter, weil im Rahmen der Ordnung normaler Fluktuationsprozeß abspielte, der auf der Gültigkeit des Rechts zu Freizügigkeit basierte",[6] und gegenüber der der Diskussion um die Abschaffung dieses Rechts zugrunde liegenden Annahme von seiner häufigen Inanspruchnahme, was den Machtambitionen der Moskauer Großfürsten entgegengestanden habe.[7]

Quellenstellen, die die Existenz des adligen Abzugsrechts in Kiever Zeit belegen, fehlen. Zweifel daran freilich, daß die bis in die 1. Hälfte des 16. Jh. begegnende Vertragsformulierung: „Die Bojaren und Diener sind zwischen uns frei" in der Frühphase der russischen Geschichte mit ihren ständig von Herrschaft zu Herrschaft „wandernden" Fürsten von einer permanenten Aktualität und Relevanz war, kann indes nicht bestehen.[8] Zwei Szenarien

---

[5] Nach Tichomirov, Feodal'nyj porjadok, S. 329; D'jakonov, Očerki, S. 257 f.; Pavlov-Sil'vanskij, Sočinenija, t. I, S. 36. Bei der Charakterisierung Michail Aleksandrovičs von Tveŕ (1333-1399) wird der Zusammenhang zwischen einem „guten Fürsten" und der Größe seiner Gefolgschaft von einer Chronik folgendermaßen wiedergegeben: „... und zu seiner Družina war er freigiebig, auf Gold war er nicht begierig ..., sondern alles, was er besaß..., schenkte er seiner Družina... Deshalb dienten ihm viele..., und sein Hof festigte und vergrößerte sich von Tag zu Tag." PSRL 15, S. 469.

[6] Rüß, Adel und Adelsoppositionen, S. 75.

[7] Alef, Das Erlöschen des Abzugsrechts, S. 7: „Ein autokratisches Regierungssystem konnte sich nicht entwickeln, solange diese Institution bestand."

[8] Jabločkov, Istorija dvorjanskago soslovija, S. 19 sieht in der völlig freien Fürst-Gefolgschaft-Beziehung die Wurzel für die Existenz des Ot-ezd auch in späterer Zeit. Als markantes Beispiel für die Freiheit des Fürstendienstes wird häufig Žiroslav Ivankovič angeführt: Er begegnet als Posadnik des Fürsten Vjačeslav in Turov, 1147 dient er dem

machen den Sinn und auch die Brisanz jener Formel augenfällig: Entweder folgte die Družina dem Fürsten geschlossen in sein neues Herrschaftsgebiet, teilweise unter Hinterlassung von unbeweglichem Besitz im alten, oder einige Gefolgschaftsmitglieder machten den Herrschaftswechsel nicht mit und traten in die Dienste des neuankommenden Fürsten ein.

Thronwechsel waren somit die häufigsten Anlässe für die Aufkündigung adliger Dienstverhältnisse, für die Inanspruchnahme des freien Dienstwechsels. Von zweifellos größerer Relevanz war dabei sicherlich der erste Fall: daß adlige Fürstendiener über Land und andere Besitztümer in einem Gebiet verfügten, das nicht zum Machtbereich ihres Gefolgsherrn gehörte. Jene erwähnte Formel trägt deshalb dem politisch-topographischen Zustand des Auseinanderklaffens von Dienstbeziehung und Besitzverankerung Rechnung, die Unantastbarkeit des Eigentums und ungestörter Dienst bilden somit ihren zentralen Sinn.

Es sind zwei fundamentale Faktoren, die die Notwendigkeit der vertraglichen Festschreibung dieses Passus in Moskauer Zeit stimulierten. Zum einen war dies der Streubesitz des hohen Adels, der sich auf weit voneinander entfernte Gebiete des Großfürstentums verteilte, zum anderen die Existenz von Teilfürstentümern (*udely*) aufgrund des auch im regierenden fürstlichen Milieu gültigen Erbprinzips, daß alle männlichen Nachkommen mit angemessenen Herrschaften auszustatten seien. Es konnte geschehen, daß der Grundbesitz eines großfürstlichen Bojaren durch eine Neuverteilung des Moskauer Territoriums in den Herrschaftsbereich eines Teilfürsten gelangte, wie auch der umgekehrte Fall, daß sich ein teilfürstlicher Dienstmann durch territoriale Verschiebungen im großfürstlichen Machtgebiet wiederfand, in eben derselben Weise eintreten konnte. Die Dienstbeziehungen sollten davon unberührt, die Freizügigkeit gewährt und das Eigentum unangetastet bleiben. Tributleistungen und Gericht waren auf den jeweiligen Herrschaftsbereich, in dem sich der adlige Besitz befand, bezogen, also abgelöst vom faktischen Dienstverhältnis. Die Höhe der Leistungen und die gerichtliche Behandlung sollte für alle adligen Dienstleute, die ortsansässigen und dort dienenden wie die fremddienenden, gleich sein.[9] Es ist klar, daß diese Bestimmungen eine außerordentlich große praktische Bedeutung hatten und keineswegs juristische Leerformeln darstellten, die von der Wirklichkeit längst überholt waren.[10] Sie schützten vor allem

---

Fürsten Gleb Jurevič, 1149 agiert er im Auftrag der Fürsten Vjačeslav und Jurij, 1159 geht er als Gesandter des Fürsten Svjatoslav Ol'govič zu Izjaslav Davydovič, dann ist er Posadnik in Novgorod, wird dort 1171 von Fürst Rjurik abgesetzt, aber von dessen Nachfolger Fürst Andrej wieder eingesetzt. Vgl. Pogodin, O nasledstvennosti, S. 81.

[9] DDG Nr. 79, S. 299.

[10] O. Hoetzsch konstatiert, daß bereits vom Ende des 14. Jh. an „die Möglichkeit für den Freien, den Dienstvertrag aufzusagen, den Herrn zu wechseln, immer mehr ausgeschlossen" wird, vgl. Adel und Lehnswesen, S. 552, was den Freizügigkeitspassus in den Verträgen des 15. und 16. Jh. als anachronistisch erscheinen ließe. Wie Hoetzsch auch

die Interessen des hohen Moskauer Adels im Dienste der Moskauer Großfürsten mit weitverzweigten Besitzverhältnissen und von der Hauptstadt weit entlegenem Grundeigentum. Es besteht breite Übereinstimmung darüber, daß sich die Freizügigkeit der adligen Erbgutbesitzer[11] seit dem 14. Jh. tendenziell immer mehr zugunsten der machtmäßig überlegenen Moskauer Großfürsten auswirkte.[12] Dies ist jedoch nicht nur so zu verstehen, daß der Bojarenstrom aus nicht der Moskauer Oberhoheit unterstehenden Fürstentümern in Richtung Moskau verlief und nicht von ihm weg, sondern v. a. auch dahingehend, daß sich die Moskauer Großfürsten den unbehinderten Dienst ihrer hochadligen Klientel aus allen Reichsteilen immer wieder vertraglich absichern ließen. Daß sie ihren teilfürstlichen Vertragspartnern das gleiche Recht in bezug auf deren Dienstmannen zugestanden, lag im Sinne des Funktionierens der Regelung, ohne daß diese juristische Gleichbehandlung eine ernsthafte Gefahr für die großfürstlichen Interessen bedeutet hätte. Der hohe Adel tendierte nach Moskau und nicht in die Dienste eines Teilfürsten. Teilfürstlicher adliger Dienst war auf lange Sicht für ein Geschlecht rang- und statusmindernd, oft eine resignierte Bescheidung ohne soziale und politische Zukunftsperspektiven.[13] Diese Realität machte den Verlust eines gesellschaftlich relevanten Adelspotentials für die Moskauer Großfürsten wenig wahrscheinlich und die rechtliche Gleichstellung ihrer machtmäßig unterlegenen Vertragspartner in der zweiseitig verpflichtenden Freizügigkeitsformel deshalb erträglich und tolerierbar, was ihre Beibehaltung denn auch keineswegs als „Merkwürdigkeit", die mit der Verfassungswirklichkeit nichts zu tun hatte,[14] erscheinen läßt.

Es ist deshalb ebenso die Vorstellung, daß das „Recht auf Abzug" von den Moskauer Herrschern mehr oder weniger planmäßig torpediert und schließlich „abgeschafft" worden sei,[15] in hohem Maße fragwürdig. Völlig zu Recht wurde konstatiert, daß das Abzugsrecht nicht darum verschwand, weil es irgend

---

D'jakonov, Vlast', S. 166; ders. Očerki, S. 255; Pavlov-Sil'vanskij, Feodalizm, S. 124.

[11] Im Testament Vladimir Andreevič Serpuchovskijs von 1410 ist von „Bojaren und Dienern, welche dem *dvorskij* unterstehen" und für die Freizügigkeit nicht gilt, die Rede, was so gedeutet wurde, daß sie mit Dienstgut ausgestattet waren, das sie zu Treue verpflichtete. Vgl. Jabločkov, Istorija dvorjanskago soslovija, S. 88, 90.

[12] Vgl. Stökl, Russische Geschichte, S. 168, 208; Nitsche, Die Mongolenzeit, S. 693; Rüß, Adel und Adelsoppositionen, S. 75.

[13] Dem Volocker Teilfürsten Fedor Borisovič „wollte nicht ein einziger Bojar dienen, auch kein D'jak, außer Kour und Rtišč." Vgl. Poslanija Iosifa Volockogo, S. 215. Siehe auch oben S. 79.

[14] So Pipes, Rußland, S. 96.

[15] Siehe Anm. 3 sowie Pipes, Rußland, S. 95, vgl. auch die sowjetische Forschung: „Im Maße der Festigung der zentralen Macht begann das Recht zum Ot-ezd die Moskauer Großfürsten zu behindern ..." Rossijskoe zakonodatel'stvo, t. 4, S. 13.

jemand außer Kraft setzte, sondern weil es in der Praxis schließlich nirgendwo mehr anwendbar gewesen sei.[16]

Das Problem des freien Dienstes ist in der historischen Forschung durch die geläufige Vermengung zweier verschiedener Erscheinungen, der Dienstflucht, dem Abzug (*ot-ezd*) einerseits und der Freizügigkeit (*„vol' nym volja"*) im Rahmen fürstlicher Vereinbarungen andererseits, außerordentlich verwässert und unklar gemacht worden. Da diese zwei Erscheinungen auf einer inhaltlichen Ebene angesiedelt und als identisch betrachtet wurden, mußte man zwangsläufig zu dem Ergebnis kommen, daß in den Verträgen unter Bewahrung alter Formeln Rechtszustände garantiert worden seien, die von der historischen Wirklichkeit längst überholt waren.[17]

Das ungehinderte Überwechseln in den Dienst eines anderen Fürsten dürfte aber nur dann relativ problemlos möglich gewesen sein, wenn zwischen den Fürsten freundliche Beziehungen bestanden bzw. wenn das Abzugsrecht – selten genug – ausdrücklich geregelt war, wie im Vertrag Dmitrij Donskojs mit Vladimir Andreevič von Serpuchov aus dem Jahre 1367: „... Und wer von den Bojaren und Dienern zu Dir, meinem jüngeren Bruder, von mir vor diesem Vertragsabschluß wegzog [*ot-echal*], oder nach diesem Vertrag zu Dir übertreten wird, die darf ich nicht mit Repressalien verfolgen [*na tych mi neljub'ja ne deržati*]. Desgleichen aber auch wer von den Bojaren und Dienern zu mir gekommen ist ... oder kommen wird ..., jene darfst Du nicht mit Deinem Zorn belegen."[18]

Die Existenz eines absoluten, von fürstlichem Einverständnis und fürstlicher Übereinkunft vollkommen unabhängigen und losgelösten adligen Rechts auf freien Abzug ist ein langgehegter wissenschaftlicher Mythos. Dieser Mythos beruht auf der Annahme eines irgendwann existierenden Idealzustandes der völlig freien und jederzeit realisierbaren adligen Fürstenwahl. Repressalien gegen Abziehende, schon aus der Mitte des 14. Jh. und in größerem Umfang aus dem 15. Jh. überliefert, werden als Beweis dafür genommen, daß der Ot-ezd vorher reibungs- und konfliktlos funktioniert hätte.[19] Konkrete Quellenbelege freilich gibt es dafür nicht. Da alle in Chroniken und Geschlechterbüchern mitgeteilten Fälle von Ot-ezdy ausschließlich Folge von irgendwelchen Konfliktsituationen waren und Strafen nach sich zogen, läßt sich jedenfalls der Beweis der Identität von Verfassungsanspruch und Verfassungswirklichkeit mit konkretem Material nicht antreten.

---

[16] Vgl. Pokrovskij, Izbrannye proizvedenija, kn. I, S. 258.
[17] Siehe oben Anm. 14 sowie z. B. Presnjakov, Moskovskoe carstvo, S. 43.
[18] DDG Nr. 5, S. 20. Die Auffassung, daß das Abzugsrecht nur bei vertraglicher Vereinbarung respektiert war, bei Sergeevič, Russkie juridičeskie drevnosti, S. 381.
[19] Dies ist ein insbesondere von M. D'jakonov populär gemachtes historisches Szenario. Vgl. Vlast', S. 181.

Bereits der erste spektakuläre Fall eines „Abzugs" „großer Bojaren" Moskaus nach Rjazań unter Ivan II. wies keinerlei Merkmale auf, die ihn in die Kategorie des „freien Dienstwechsels" einzuordnen ermöglichen würden. Als am 3. Februar 1357 der Tausendschaftsführer (*tysjackij*) Aleksej Petrovič Chvost auf der Straße von Unbekannten erschlagen wurde, verließen („ot-echaša") einige „große Moskauer Bojaren dieses Totschlags wegen mit Frauen und Kindern" den Großfürsten in Richtung Rjazań,[20] unter ihnen der Sohn des Vorgängers Chvosts im Amt, Vasilij Vas. Vel'jaminov. Es war dies der Höhepunkt eines seit langem schwelenden Konfliktes und bojarischer Rivalität.[21] Der Abzug geschah heimlich („po poslednemu puti"), und Ivan II. hat sehr bald darauf, bei seinem Aufenthalt in der Horde, den Versuch unternommen, die prominenten Flüchtlinge in seine Dienste zurückzuholen,[22] was auch gelang, denn im Verlauf eines Jahres wurde ausgerechnet jener Mann mit dem Tysjackij-Amt betraut, gegen den sich der Verdacht gerichtet hatte, daß er bei der Ermordung Chvosts die Hand im Spiel gehabt haben könne, nämlich Vasilij Vas. Vel'jaminov. Als er 1373 starb, wurde das Amt nicht neu besetzt, und der Sohn Ivan floh 1375 zum Großfürsten Michail Aleksandrovič von Tveŕ, was zu ernsthaften außenpolitischen Verwicklungen und sogar militärischen Auseinandersetzungen führte. Die Moskauer Sicht auf das Überlaufen Vel'jaminovs, der bei den Tataren gegen Moskau intrigierte und der sich in der Fremde weiterhin mit dem Titel eines Tysjackij schmückte, war eindeutig: Es sei geschehen „mit großer Lüge und Schmeichelei", „zum Verderb" und „zum Unglück" der Christenheit.[23] Die Besitzungen Vel'jaminovs wurden konfisziert,[24] er wurde, nachdem man ihn durch eine List ergriffen hatte, am 13. August 1380 unter großer Anteilnahme des Volkes[25] öffentlich hingerichtet. Daß es sich bei dieser Affäre nicht um den Sachverhalt des freien Dienstwechsels, sondern um politischen Verrat gehandelt habe,[26] ist eine angesichts der antimoskowitischen Aktivitäten Vel'jaminovs in Tveŕ und in der Horde naheliegende Deutung, zumal das Prinzip des freien Dienstes im Vertrag zwischen Dmitrij Donskoj und Michail Aleksandrovič von Tveŕ aus dem Jahre 1375 erneut bestätigt worden war.[27] Aber, so ist

---

[20] PSRL 15, S. 65.
[21] Vgl. Očerki istorii SSSR XIV – XVvv., S. 207 ff.; Čerepnin, Russkie feodal'nye archivy, č. 1, S. 20-24; Rüß, Der Kampf um das Moskauer Tysjackij-Amt, S. 481 f.
[22] Vgl. PSRL 15, S. 66.
[23] PSRL 11, S. 22 f.; PSRL 26, S. 121 f.; PSRL 8, S. 22.
[24] Vgl. DDG Nr. 9, S. 27. Zum Grundbesitz der Vel'jaminovy vgl. Podmoskóve, S. 370-373.
[25] PSRL 11, S. 45.
[26] Alef, Das Erlöschen des Abzugsrechts, S. 15 f.
[27] „Und wer von den Bojaren und Dienern von uns zu dir oder von dir zu uns abzog [ot-echal], und ihre Güter [sela] liegen in unserer Votčina, im Großfürstentum, oder in deiner Votčina, in Tveŕ, ist es uns und dir nicht erlaubt, in jene Dörfer einzudringen [v-stupatisja] ... und die Bojaren und Diener genießen Freizügigkeit... Und wer uns

zu fragen, welchen Wert hatten denn diese Regeln überhaupt, wenn sie bei Inanspruchnahme von der stärkeren Seite, aber nicht nur von ihr, immer wieder als Verrat behandelt wurden?

Zu Anfang des Jahrhunderts war der Bojar Akinf aus Zorn darüber, daß er seine erste Stelle am Hof dem Kiever Bojaren Rodion überlassen mußte, von Moskau nach Tverˇ gegangen. Wie man diesen Schritt damals in Moskau beurteilte, zeigen die Worte Rodions, der seinen Konkurrenten in der Schlacht tötete und das abgeschlagene Haupt Ivan Kalita überreichte: „Hier, Herr, ist das Haupt deines Verräters und meines Rivalen!"[28] 1433 verließ der Bojar Ivan Dmitrievič Vsevolož den Großfürsten. Dies wurde ihm als Schuld angerechnet, man konfiszierte seine Güter. Später wurde er in Moskauer Gewalt gebracht und geblendet.[29] Ein ähnlich grausames Schicksal erlitt Fürst Roman Perejaslavskij, Bojar des Teilfürsten Vasilij Kosoj, der zum Großfürsten hatte überlaufen wollen und dem dafür Hände und Füße abgehackt wurden.[30]

Dienstwechsel, die aufgrund der verworrenen innenpolitischen Verhältnisse während der Thronkämpfe zur Zeit der Herrschaft Vasilijs II. (1425 – 1462) häufiger vorkamen, wurden trotz der weiterhin in den zwischenfürstlichen Verträgen garantierten Freizügigkeitsklauseln durchgängig als Verrat gebrandmarkt. Freilich waren es nur ganz wenige aus den alten Moskauer Bojarengeschlechtern, die ihr Schicksal mit den teilfürstlichen Thronprätendenten verbanden,[31] z. B. Michail Fed. Saburov, der zeitweise auf der Seite Dmitrij Šemjakas zu finden ist, in die Dienste Vasilijs II. zurückkehrte[32] und vor seinem – möglicherweise erzwungenen – Eintritt ins Kloster seine Votčinen der Großfürstin Marija vermachte,[33] oder die Brüder Petr, Ivan und Nikita Konst. Dobrynskie, welcher letzterer als einer der Hauptbeteiligten bei der Blendung des Großfürsten in Erscheinung trat und sein Schicksal späterhin mit dem von Vasilij II. bekämpften und zur Flucht nach Litauen gezwungenen Fürsten Ivan Andreevič von Možajsk eng verknüpfte.[34]

---

oder dir dient, im Großfürstentum oder in deiner Votčina in Tverˇ, von jenen nehmen wir Tribut wie von unseren ... Und Gericht und Abgaben erfolgen vom Land und vom Wasser..." Sbornik dokumentov, t. 2, S. 116.

[28] Zit. nach Solovˊev, Istorija Rossii, t. II, S. 216 f.
[29] PSRL 15, S. 290.
[30] PSRL 5, S. 28.
[31] In einer Chronik heißt es, daß die Moskauer Bojaren „nicht gewohnt waren, den Teilfürsten zu dienen," PSRL 23, S. 147, und als Vasilij II. nach der Niederlage gegen Jurij von Galič Moskau verlassen mußte und Kolomna erhielt, kamen zu ihm „alle Moskauer, die Fürsten, und Bojaren, und Voevoden, und Bojarenkinder, und Dvorjanen..." Ebd.
[32] PSRL 6, S. 178.
[33] Vgl. Veselovskij, Issledovanija, S. 516 f.
[34] In seinem Testament verfügt Vasilij II. über den ehemaligen Grundbesitz der Dobrynskie. Vgl. Akty socialˊno-ėkonomičeskoj istorii, t. I, S. 597. Zu ihnen ausführlich Veselovskij, Vladimir Gusev, S. 36-38.

Die Quellen aus der Zeit der dynastischen Konflikte unter Vasilij II. enthalten jedenfalls eine Fülle von Hinweisen darauf, daß der vertragliche Grundsatz „Die Bojaren und Diener sind zwischen uns frei" im Zuge der Kämpfe permanent gebrochen wurde. So heißt es im Vertrag zwischen Vasilij und dem Galičer Fürsten Jurij Dmitrievič von 1433 u. a.: „Und was meine Leute deinen Bojaren ... und deinen Leuten geraubt haben, nicht in der Schlacht, das sollen sie zurückgeben ..."[35] Als im Jahre 1447 eine größere Zahl Adliger, die Dmitrij Šemjaka gedient hatten, zu Vasilij II. überlief, geschah es, daß jener sie „beraubte, ihre Dörfer und Häuser wegnahm, und die beweglichen Besitztümer und ... das Vieh ...," was in einer Kirchenversammlung der Moskauer Metropolie scharf verurteilt wurde.[36] Gang und gäbe war es auch, die dem rivalisierenden Fürsten dienenden Adligen gewaltsam zum Treueschwurbruch zu veranlassen, sie unter Bürgschaft oder Arrest zu stellen.[37]

Die Haltung der Kirche zur Freizügigkeit des Adels war ähnlich widersprüchlich wie die der Fürsten: Wurde 1447 das Verhalten Šemjakas gegenüber den abziehenden Dienstleuten öffentlich angeprangert, so war der traditionelle kirchliche Standpunkt in dieser Frage[38] ausgesprochen antiaristokratisch. Der Ot-ezd wurde als Verrat angesehen. In der „Belehrung an alle Christen", in Abschriften des 14. und 15. Jh. weit verbreitet, wird der abziehende Fürstendiener mit Judas verglichen. Spätere Chroniken bezeichnen Bojaren, die ihren Fürsten verlassen und in die Dienste eines anderen eintreten, als „Aufrührer".[39] Als ein solcher galt offenbar für Ivan III. der als Statthalter in Velikie Luki tätige Ivan Vladimirovič Lyko-Obolenskij, über den sich 1479 die dortige Bevölkerung wegen mißbräuchlicher Amtsgewalt beschwerte und der infolge zusätzlicher verleumderischer Anschuldigungen und Entschädigungsforderungen zum Teilfürsten Boris Vasil'evič überlief, welcher ihn aber vergebens vor den großfürstlichen Häschern zu schützen versuchte. Boris beklagte sich bei seinem Bruder Fürst Andrej Vasil'evič von Uglič darüber, daß der Großfürst Gewalt ausübe und niemanden frei in ihre Dienste treten lasse.[40] Diese Reaktion wurde als erste Regung des Protestes gegen die unbegrenzte Selbstherrschaft gedeutet.[41] Betrachtet man allerdings den Fall im historischen Kontext der

---

[35] DDG, Nr. 30, S. 77. Vgl. auch DDG, Nr. 34, S. 88 (1434), Nr. 35, S. 91 (1436), Nr. 36, S. 104 (1439) usw.

[36] Vgl. Russkij feodal'nyj archiv, t. I, S. 112.

[37] DDG, Nr. 24, S. 65; Nr. 36, S. 102; Nr. 38, S. 108 f. usw.

[38] Die Auffassung, daß die Kirche seit dem 14. Jh. eine neue und negative Sicht auf adlige Dienstwechsel eingenommen habe (D'jakonov, Pavlov-Sil'vanskij), ist insofern hypothetisch, als über ihre Stellung zu Ot-ezdy in Kiever Zeit nichts bekannt ist. Eher spricht aber die früh vertretene Ideologie fürstlich-gefolgschaftlicher politischer Harmonie und Eintracht für eine ungebrochene negative kirchliche Bewertung des Ot-ezd.

[39] Vgl. Pavlov-Sil'vanskij, Sočinenija, t. I, S. 36; D'jakonov, Vlast', S. 168.

[40] PSRL 6, S. 222.

[41] Vgl. Presnjakov, Obrazovanie, S. 454.

vorangehenden Zeit, so haftet ihm nichts Besonderes an, was als Ausdruck einer neuen Qualität in der Behandlung des sog. „freien Abzugs" interpretiert werden könnte. Durchaus ungewöhnlich ist, daß uns Lyko-Obolenskij späterhin in einer Reihe von Feldzügen als Voevode begegnet und 1495 sogar die Statthalterschaft in Novgorod übertragen bekam.[42] So glimpflich kamen Personen oder Familien, aus denen ein Mitglied „abgezogen" war, normalerweise nicht davon: Ot-ezdy wirkten sich in der Regel negativ auf Dienst- und Rangstellung in der Adelshierarchie aus. Betroffen davon war z. B. die gesamte Nachkommenschaft des oben erwähnten Ivan Vel'jaminov. Sie verlor für lange Zeit jene hohe Stellung am Hof, auf die sie aufgrund ihrer vornehmen Abkunft hätte Anspruch haben können.[43] Der Übertritt zu einem Teilfürsten war immer mit Rangverminderung verbunden, die offensichtlich wurde, wenn die betreffende Person oder ihre Nachfahren in großfürstliche Dienste zurückkehrten.[44] Adlige, die nach Litauen oder Tveŕ (bis zum Ende von dessen Selbständigkeit 1485) abzogen, büßten für immer für sich und ihr Geschlecht den Anspruch auf eine exponierte Position und Rangstellung in Moskau ein. Am Anfang des 15. Jh. ging Feodosij Beleut, dessen Vater, Großvater und zwei jüngere Brüder Bojaren waren, nach Litauen. Als später seine Söhne nach Moskau zurückkehrten, gelang es ihnen und ihren Nachkommen nie wieder, im bojarischen Milieu Fuß zu fassen.[45] Für das Überlaufen nach Litauen bürgerte sich seit Ivan III. in den Quellen der Terminus „Flucht" („bežal v Litvu") ein, der über die Moskauer Bewertung eines solchen Schrittes keinen Zweifel ließ. Nach der Angliederung von Tveŕ wurde der von dort stammende Bojar Afanasij Šetnev eingekerkert, weil seine Neffen, die Zjuziny, mit dem Tverer Fürsten Michail Borisovič nach Litauen übergewechselt waren.[46] 1493 geriet der aus Litauen stammende Fedor Bel'skij in Verdacht, in seine Heimat zurückkehren zu wollen, woraufhin er vorübergehend in Galič inhaftiert wurde.[47] Das gleiche Schicksal erlitt 1514 wegen derselben Absicht Michail Glinskij, der jahrelang im Kerker zubrachte und, nach vorübergehender Freiheit am Ende der Regierung Vasilijs III., während der Regentschaft Elenas dort auch starb.[48] 1534 flohen Semen Bel'skij und Ivan Ljackij nach Litauen; die angeblich mit ihnen unter einer Decke steckenden Ivan Bel'skij und Ivan

---

[42] Vgl. Alef, Das Erlöschen des Abzugsrechts, S. 43.
[43] Vgl. Veselovskij, Issledovanija, S. 474, 493. Eine spürbare Verbesserung ihrer Rangstellung bei Hof erfolgte erst wieder unter Boris Godunov, mit dem sie verwandt waren, vgl. Pavlov, Gosudarev dvor, S. 68.
[44] Veselovskij, Issledovanija, S. 514.
[45] Ebd. S. 501.
[46] Vgl. D'jakonov, Vlast', S. 191 f.
[47] PSRL 7, S. 225.
[48] Vgl. Rüß, Machtkampf, S. 490-493.

Vorotynskij wurden unter strenge Bewachung gestellt.[49] Flucht nach Litauen war mit dem Verlust des Bojarenrangs verbunden. Fürst Vasilij Semenovič Bujnosov stand deswegen unter Ivan IV. „in Ungnade", „das Bojarentum wurde ihm entzogen".[50]

Die meisten überlieferten Bürgschaftsurkunden (*poručnye zapisi*) oder Nichtabzugsverpflichtungen (*zapisi o neot-ezde*), die in steigender Zahl aus der Zeit Vasilijs III. und Ivans IV. bekannt sind, wurden zur Verhinderung eines Überlaufens nach Litauen ausgestellt. Der Zuverlässigkeit und Treue litauischer Überläufer begegnete man in Moskau aufgrund einiger schlechter Erfahrungen in der Vergangenheit mit unverhohlenem Mißtrauen. Es war nicht vergessen, daß der prominente Svidrigajlo Ol'gerdovič, dem 1408 ein nach damaliger Meinung vieler Bojaren unangemessen großes Herrschaftsgebiet übertragen worden war, die Moskauer Untertanenschaft bereits zwei Jahre später in Richtung Litauen wieder verlassen hatte.[51] Ivan Lukomskij, auch ein litauischer Überläufer, bezichtigte man im Jahre 1493 der geheimen Kontakte zum Großfürsten Aleksander und zu König Kasimir, welcher ihn beauftragt haben soll, den Moskauer Großfürsten umzubringen. Das Gift habe man sogar bei ihm gefunden.[52] Lukomskij wurde hingerichtet und der in diese Affäre verwickelte „Litauer" Fedor Bel'skij verhaftet. Aus dem Jahre 1506 ist eine schriftliche Treueverpflichtung des Fürsten Konstantin Ivanovič Ostrožskij, des ehemaligen Woewoden von Troki, bekannt, auf deren Grundlage er in moskowitische Dienste aufgenommen wurde.[53] Bereits 1507 kehrte er wiederum nach Litauen zurück und war 1514 der siegreiche Feldherr über die moskowitischen Truppen bei Orša.[54] Die Niederlage wurde dem Verrat M. Glinskijs zugeschrieben. Die Glinskie waren 1508 nach einem gescheiterten Aufstand gegen König Sigismund nach Moskau übergelaufen. Aus Enttäuschung darüber, daß Vasilij III. ihm das 1514 eroberte Smolensk entgegen vorheriger Versprechung nicht in herrschaftliche Verfügung gab, soll Michail Glinskij einen neuerlichen politischen Frontwechsel geplant haben,[55] was ihm

---

[49] Vgl. AZR, II, Nr. 179; PSRL 26, S. 315; Tatiščev, Istorija Rossijskaja, t. 6, S. 140. In den „Sendschreiben im Namen der Bojaren" von 1567 wehrt sich der Sohn Vorotynskijs gegen den Vorwurf, sein Vater habe nach Litauen fliehen wollen. Vgl. Poslanija Ivana Groznogo, S. 262. Zu Fürst Semen Bel'skij ausführlich Backus, Treason, S. 126-144. Als mögliche Anstifter für eine Flucht nach Litauen werden Ivan und Semen Bel'skie 1524 in einer Bürgschaftsurkunde für Dmitrij Bel'skij genannt. Vgl. SGGD, t. I, Nr. 152, S. 422.
[50] Barchatnaja kniga, t. I, S. 85.
[51] PSRL 8, S. 85.
[52] Ebd. S. 225.
[53] Vgl. SGGD, t. I, Nr. 146, S. 403 f.
[54] Ostrožskij wird in den Moskauer Chroniken bei diesem Ereignis als „Landesverräter" („gosudarskoj izmennik") bezeichnet. PSRL 8, S. 258.
[55] Herberstein, Historien, S. 119 f.; PSRL 8, S. 257; PSRL 13, S. 21.

eine langjährige Kerkerhaft eintrug, die nach seiner Freilassung (1527) in ein Bürgschaftsverhältnis einmündete. 1547 wurde ein angeblicher Fluchtversuch seines Verwandten M. V. Glinskij und Ivan Turuntaj-Pronskijs nach Litauen vereitelt. Auch sie wurden unter Bürgschaft gestellt.[56] Den 1526 nach Moskau übergetretenen Fürsten Fedor M. Mstislavskij verdächtigte man 1529 geheimer politischer Kontakte zum polnischen König und unterstellte ihm Fluchtabsichten. In einer Treueerklärung verpflichtete er sich u. a., insbesondere keine Beziehungen zu seinem Vater Michail Ivanovič Mstislavskij „und anderen Feinden des Staates" aufzunehmen.[57] Dieser Michail Ivanovič war 1514 mit seinem angestammten Besitz Mstislavl' in moskowitische Dienste übergetreten, jedoch nach der Niederlage der Moskowiter bei Orša im gleichen Jahr in die litauische Untertanenschaft zurückgekehrt, „er verriet den Großfürsten und brach den Kreuzkuß ..."[58] Im Februar 1531 wurde seinem Sohn Fedor eine weitere Bürgschaftsverpflichtung auferlegt. Hierin gab er seine Fluchtpläne zu, wurde aber gleichzeitig durch die Fürsprache des Metropoliten und der Geistlichkeit von der „großfürstlichen Ungnade" entbunden.[59]

Die Beispiele zeigen, daß man in Moskau die Treue und politische Loyalität litauischer Überläufer nicht ganz zu Unrecht mit erheblichen Vorbehalten betrachtete. Adlige aus Litauen spielten weder in der Duma Ivans III. und Vasilijs III. noch während der Regentschaftsperiode eine markante Rolle,[60] sicherlich ein Grund für deren häufige Unzufriedenheit, da ihre an den Übertritt nach Moskau geknüpften politischen Erwartungen nicht erfüllt wurden, was zugleich in den Augen der Regierung ein Sicherheitsrisiko darstellen und außenpolitische Gefahren heraufbeschwören mochte.[61] Jedenfalls bezogen sich

---

[56] Piskarevskij letopisec, S. 60; SGGD, t. I, Nr. 165, S. 454-457.
[57] Vgl. SGGD, t. I, Nr. 157, S. 433-435.
[58] PSRL 8, S. 258.
[59] Vgl. SGGD, t. I, Nr. 159, S. 439-443.
[60] Von zwölf Dumabojaren im Moment des Regierungswechsels 1533 waren nur zwei litauischer Herkunft: Michail Glinskij und Dmitrij Bel'skij. Der erste wurde 1534 ausgeschaltet, der politische Einfluß des letzteren war während der Regentschaft gering. Vgl. Rüß, Machtkampf, S. 483 ff., 490 ff.
[61] Auf die Kenntnisse der Moskauer Verhältnisse Semen Bel'skijs stützte sich offenbar 1541 der Krimkhan Safa Girej bei seinem Angriff auf Moskau. Als er auf unerwartet starken Widerstand stieß, warf er Bel'skij vor, ihn falsch informiert zu haben. PSRL 8, S. 299. Turuntaj-Pronskij wurde 1547 auferlegt, nichts von den „dumy" des Großfürsten weiterzutragen. SGGD, t. I, Nr. 165, S. 456. Ein ähnlicher Passus hinsichtlich der Schweigepflicht über die außenpolitischen Absichten des Großfürsten findet sich in der Bürgschaftsurkunde für den Fürsten Fedor Mstislavskij 1531. Ebd. Nr. 159, S. 442. Es ist wahrscheinlich, daß die Aussagen des aus moskowitischer Gefangenschaft geflohenen Polen Vojtech über die politischen Verhältnisse in Moskau nach dem Tode Vasilijs III., vgl. AZR, t. I, S. 331, sowie die politischen Machenschaften Semen Bel'skijs – er befand sich 1535 beim litauischen Heer, das Gomel' erorberte – den Entschluß König Sigismunds zum Krieg gegen Moskau nicht unwesentlich beeinflußt haben.

von 14 bekannten Bürgschaftsurkunden zwischen 1474 und 1547 allein acht auf Adlige litauischer Herkunft (K. Ostrožskij, I. Bel'skij, D. Bel'skij, I. Vorotynskij, M. L. Glinskij, zwei für F. Mstislavskij, M. V. Glinskij). Die Bürgschaftsurkunde für Ivan und Andrej Michajlovič Šujskie (1528) wurde nach Aufdeckung ihrer Fluchtpläne nach Polen-Litauen ausgestellt. Für sie bürgten 30 Personen mit insgesamt 2.000 Rubeln.[62] Die Bürgschaftsurkunden aus der Zeit Ivans IV.[63] bezogen sich wiederum hauptsächlich auf Adlige, deren Väter und Großväter aus Litauen stammten (1561 Vasilij Mich. Glinskij, 1562 Ivan Dm. Belskij, 1563 Aleksandr Iv. Vorotynskij, 1566 Michail Iv. Vorotynskij, 1571 und 1581 Ivan Fed. Mstislavskij und seine Kinder).[64] In allen Fällen, auch in jenen, in denen die unter Bürgschaft gestellten Personen keine „Litauer" waren (1564 Ivan Vas. Šeremetev, 1565 Ivan Petr. Jakovlev, Lev Andr. Saltykov, Vas. Sem. Serebrjanyj, 1566 Ivan Petr. Ochljabinin, Zacharij Iv. Očin-Pleščeev),[65] bildeten Fluchtverzicht und Verbot geheimer Kontakte mit Polen-Litauen zentrale Bestimmungen. Unter Bürgschaft standen nach Kotošichin im 17. Jh. auch jene „adligen, wohlgeborenen Leute", die mit irgendwelchen Aufträgen in andere Länder geschickt wurden, damit sie dort „nicht blieben und zurückkehrten".[66]

Das sog. Recht des freien Abzugs berührte einen hochsensiblen Bereich fürstlich-adliger Beziehung. Die Aufbietung von zahlreichen Bürgen für die Diensttreue eines Adligen, also das seit der 2. Hälfte des 15. Jahrhunderts zunehmend praktizierte Bürgschaftssystem zur Fluchtverhinderung, ist von einigen Historikern als indirekter Beweis für die grundsätzliche Anerkennung der adligen Freizügigkeit bewertet worden,[67] welche letztere durch jeweils konkrete schriftliche Treueverpflichtungen in Einzelfällen außer Kraft gesetzt wurde. Es besteht auch die Ansicht, daß durch solche Bürgschaften und Ergebenheitserklärungen die letzten Reste der Idee vom „freien Abzug" liquidiert worden seien.[68] Beiden Auffassungen gemeinsam ist, daß ein enger Zusammenhang zwischen dem freien Abzugsrecht und seiner Beschränkung durch Bürgschaften

---

[62] Vgl. SGGD, t. I, Nr. 156, S. 430-432.

[63] Sie unterscheiden sich von den älteren durch eine größere Zahl von mit dem Leben haftenden sowie generell durch eine höhere Anzahl von Bürgen und durch wesentlich höhere Bürgschaftssummen (die 34 Bürgen für Fürst Ivan Iv. Pronskij im Jahre 1547 hafteten mit 10000 Rubeln, SGGD, t. I, Nr. 166, S. 458 f.).

[64] Vgl. SGGD, t. I, Nr. 172, 175/176, 177, 178/179, 189/190/191, 196/197/198/199, 201.

[65] Ebd. Nr. 180/181, 182/184, 185, 186, 194, 195.

[66] Vgl. O Rossii, S. 53. Kontakte mit dem Ausland über andere Personen ohne Wissen und Erlaubnis des Zaren würden mit Verlust des Besitzes bestraft. Verwandte einer Person, die Rußland verlassen hatte, würden streng verhört bzw. gefoltert, um die Absichten und Motive des Geflohenen herauszubekommen. Ebd.

[67] Vgl. Timošuk, Ioann Groznyj, S. 446.

[68] Vgl. Presnjakov, Moskovskoe carstvo, S. 43.

und schriftlich fixierte Loyalitätseide hergestellt wird. Dabei ist offensichtlich, daß die zwangsweise Bindung von prominenten Adligen an den Moskauer Herrscher durch Bürgschaften mit der traditionellen Freizügigkeit, wie sie in den Fürstenverträgen fixiert ist,[69] nur vordergründig etwas zu tun hat. Unter Bürgschaft wurden speziell hohe Adlige litauischer Herkunft gestellt bzw. Personen, die man der Flucht in das westliche Nachbarland oder geheimer politischer Kontakte mit ihm verdächtigte. Diese Art von adliger Freizügigkeitsbeschränkung hing folglich eng mit den außenpolitischen Verhältnissen zwischen Moskau und Polen-Litauen zusammen. Die territoriale und politische Machtstärkung Moskaus durch den Übertritt zahlreicher westrussischer Adliger war mit einer zunehmenden Feindseligkeit und erhöhter Spannung zwischen beiden Staaten erkauft. In dieser Situation stellten Teile des westrussischen adligen Elements am Moskauer Hof ein außenpolitisches Sicherheitsrisiko dar, zumal einige aus Unzufriedenheit über ihre neue Stellung nach dem Übertritt ein eher labiles Treueverhalten an den Tag legten. Bürgschaftsurkunden dienten der Fluchtverhinderung zu einem feindlichen Nachbarn. Sie waren Folge einer bestimmten veränderten außenpolitischen Lage und konkreter negativer Erfahrungen der Moskauer Großfürsten mit litauischen Überläufern. Insofern sind sie als Beleg für die Einschränkung und Abschaffung des „Rechts auf freien Abzug" eine ungeeignete Quelle.[70] Mit ihrer Ausstellung bahnte sich der Prozeß der Rehabilitation an, der häufig durch die Fürsprache des Metropoliten oder hoher Geistlicher für in Ungnade gefallene Personen eingeleitet wurde.[71] Die Methode, einen relativ großen Personenkreis als Bürgen zu benennen, hatte zum Ziel, möglichst vielen Standesgenossen eine Aufsichtsfunktion über das Dienst- und Treueverhalten einzelner Verdächtiger zu übertragen und sie zugleich aufgrund ihrer Inpflichtnahme zur Zahlung beträchtlicher Geldsummen im Fluchtfall an die Interessen des Herrschers zu binden.[72] Es ist keine Frage, daß auf diese Weise das Mißtrauen des Adels untereinander gestärkt, seine

---

[69] Noch 1531 im Vertrag zwischen Vasilij III. und dem Teilfürsten Jurij von Dmitrov, vgl. DDG, Nr. 101, S. 416-417.

[70] Vgl. zum Vorangehenden Rüß, Adel und Adelsoppositionen, S. 84 f.

[71] Fürst Andrej Mich. Šujskij wandte sich an den Novgoroder Erzbischof Makarij, daß er sich bei der Regentin Elena dafür einsetze, ihn unter Bürgschaft zu stellen. Vgl. Dopolnenija k aktam istoričeskim, t. I, Nr. 27, S. 27.

[72] Für Fürst Ivan Fed. Mstislavskij bürgten 1571 die Bojaren N. P. Odoevskij, M. Ja. Morozov und der Okol'ničij A. P. Chovanskij mit der Summe von 20000 Rubeln, welche auf 285 „Unterbürgen" verteilt wurde. Vgl. SGGD, t. I, Nr. 196, 197, 198, S. 561 – 581. Im 17. Jh. waren die adligen Dienstmannen eines Aufgebotskreises durch ein engmaschiges Bürgschaftsnetz miteinander verbunden. Vgl. Staševskij, Služiloe soslovie, S. 30. H. Dewey und A. Kleimola sehen das Bürgschaftssystem in einem zeitlich und inhaltlich weiten Rahmen bereits schon in der Kiever Zeit als Teil der grundlegenden Struktur des russischen Gesellschaftsdenkens wirksam. Vgl. Russian Collective Consciousness, S. 181, 190.

Solidarität im Verhältnis zur großfürstlich-zarischen Macht geschwächt und eine politische Atmosphäre geschaffen wurde, die gegenseitige Denunziationen geradezu provozierte,[73] wenngleich die relative Humanität dieses System wiederum nicht verkannt werden soll, das sogar dann zur Anwendung kam, wenn sich jemand offenbar schwere politische Vergehen hatte zuschulden kommen lassen.[74]

Flucht oder der Übertritt in den Dienst eines feindlichen Fürsten fielen somit nach zeitgenössischem herrschenden Verständnis nicht in die Kategorie des freien adligen Abzugsrechts. Das schließt nicht aus, daß in jedem konkreten Fall höchst unterschiedliche Auslegungen – jedenfalls auf der Seite der Abziehenden andere als bei den vom Abzug Betroffenen – über die politische, rechtliche und moralische Qualität des Schrittes existierten, was jeweils von der anderen Bewertung der konkreten Situation abhing. Aber daß Dienstwechsel mit feindseliger Absicht in gar keinem Fall als Inanspruchnahme des adligen Rechts auf Freizügigkeit anerkannt, sondern hingegen als Verletzung dieser traditionellen Norm aufgefaßt wurden, läßt sich nicht nur den empfindlichen Reaktionen und repressiven Maßnahmen entnehmen, die in solchen Fällen gang und gäbe waren, sondern auch ihrer eindeutig negativen Qualifizierung in offiziellen Vertragsdokumenten: „Wenn aus Moskau, aus dem Großfürstentum, ein Feind des Großfürsten [von mit gesperrt, H. R.] nach Groß-Novgorod geht, so soll diesem Vertrag gemäß Novgorod ihn nicht aufnehmen; wenn ein Feind des Großfürsten aus dem russischen Land, aus dem Großfürstentum Moskau, nach Litauen oder zu den Deutschen flieht oder von Litauen oder aus den deutschen Gebieten nach Groß-Novgorod geht, so soll Novgorod diese Feinde nicht aufnehmen."[75] Der Tverer Großfürst Michail Borisovič verpflichtete sich in einem Vertrag mit Ivan III., dessen Feinde nicht bei sich

---

[73] Ein düsteres Gesellschaftspanorama zeichnet in diesem Zusammenhang R. Pipes: „Der Russe war zur Denunziation verpflichtet und auch bereit ... Unter solchen Bedingungen konnte die Gesellschaft weder ein Gemeinschaftsgefühl entwickeln noch als Ganzes der politischen Gewalt Widerstand leisten." Rußland, S. 118. Vgl. auch Kleimola, The Duty to Denounce, S. 770; dies., Ivan the Terrible and his „Go-Fers", S. 284. Dewey, Kleimola, Russian Collecitve Consciousness, S. 180 ff. sehen in der *poruka* eine Methode der sozialen Kontrolle durch despotische Herrscher. Sicherheitseide ließ sich der französische König von den Mannen seiner großen Barone schwören, worin sie sich für die Treue ihrer Herrn verbürgten. Vgl. Kienast, Untertaneneid und Treuevorbehalt, S. 120.
[74] Vgl. Rüß, Adel und Adelsoppositionen, S. 84.
[75] Zit. nach Alef, Das Erlöschen des Abzugsrechts, S. 35 (Vertrag Vasilijs II. mit Novgorod 1456). Vgl. auch Ivans III. Vertrag mit seinem Bruder Boris von 1486: „Und mit dem König und litauischen Großfürsten Kasimir, unserm Feind [von mir gesperrt, H. R.] ..., darfst du keinerlei Verbindung aufnehmen." DDG, Nr. 81, S. 326.

aufzunehmen („... tvoich nedrugov ... k sebe ich ne priimati").[76] In einem Loyalitätseid aus dem 3. Viertel des 15. Jh. erklärt die betreffende Person für sich und ihre Kinder, zu keinem anderen Herrscher („ni ... k inomu gosudarju") vom Großfürsten abzuziehen („ne ot-echati"),[77] womit hier nicht der Verzicht auf die traditionelle adlige Freizügigkeit gemeint ist, sondern ein Dienstwechsel mit feindlicher Absicht. Daß als einen solchen auch die polnisch-litauische Seite den Übertritt ihrer adligen Untertanen in den Herrschaftsbereich russischer Fürsten ansah, zeigt der Vertrag zwischen Kasimir IV. und Großfürst Michail Borisovič von Tveŕ aus dem Jahre 1483: Dienstfürsten, die nach Tveŕ überlaufen („chto ot-edet"), verlieren ihren ererbten Herrschaftsbesitz („ot-činy svoei lišon-").[78] Für Dienstfürsten unter Moskauer Oberhoheit galt Entsprechendes: Ihr Herrschaftsgebiet wurde als untrennbarer Bestandteil des Moskauer Reichsterritoriums betrachtet, das sie verloren, wenn sie sich der Untertanenschaft des Moskauer Großfürsten entzogen. Es ging hier um die **Staatsgrenzen**, weswegen es auch u. E. völlig ausgeschlossen erscheint, daß jemals ein Freizügigkeitsrecht für Dienstfürsten **mit Votčina**, bei der es sich in der Regel um einen geschlossenen, größeren Herrschaftskomplex mit autonomen Herrschaftsrechten handelte, existiert habe.[79] Wenn die Moskauer Großfürsten auch ihren **verwandten Teilfürsten** eine Aufnahme der Dienstfürsten mit Territorium verbieten,[80] so ging es dabei nicht um eine Abkehr von einem irgendwann vorhandenen anderen Verfassungszustand, sondern um die unantastbare und stabile innermoskowitische territoriale Ordnung, wie sie in den großfürstlichen und zarischen Testamenten als verpflichtend für die

---

[76] DDG, Nr. 63, S. 202. Vgl. auch ebd. Nr. 59, S. 187; Nr. 79, S. 296; vgl. ferner den Vertrag Ivans III. mit dem Großfürsten Ivan Vasil'evič von Rjazań aus dem Jahre 1483, ebd. Nr. 76, S. 284.

[77] Vgl. Russkij feodal'nyj archiv, t. I, S. 175. 1532 ging Michail Andreevič Pleščeev die Verpflichtung ein, nicht vom Großfürsten Vasilij zu dessen Brüdern Jurij und Andrej „abzuziehen" („nikak ne ot-echati"). Vgl. Tichomirov, Knjaź Jurij Ivanovič Dmitrovskij, S. 162.

[78] Vgl. DDG, S. 484.

[79] So aber D'jakonov, Očerki, S. 259; Pavlov-Sil'vanskij, Sočinenija, t. I, S. 42; Alef, Das Erlöschen des Abzugsrechts, S. 21, 28.

[80] Der diesbezügliche Passus erscheint erstmals im Vertrag zwischen Vasilij II. und Jurij von Galič aus dem Jahre 1428 (vgl. DDG, Nr. 24, S. 65). Ivan III. verbietet Fürst Fedor Bel'skij den Übertritt von seinem Nachfolger Vasilij zu einem seiner Kinder, was den Verlust seiner Votčina zur Folge hätte. Vgl. ebd. Nr. 89, S. 357. Dieses Verbot findet sich im selben Dokument (Testament Ivans III. von 1504) auch bezüglich der Tverer Dienstfürsten und der „Bojaren von Jaroslavl'", womit die lange Zeit einen relativ eigenständigen Herrschaftsstatus einnehmenden Jaroslavler Fürsten gemeint sind. Vgl. Zimin, Formirovanie, S. 97. Das Abzugsverbot für Dienstfürsten mit Votčina vom Thronfolger Ivan zu seinem jüngeren Bruder Fedor oder „irgendwohin" enthält ebenfalls das Testament Ivans IV. (zur Datierung Stökl, Testament und Siegel, S. 17-19). Vgl. DDG, Nr. 104, S. 438, 443 f. S. auch folgende Seite 274.

Nachfolger und Erben festgelegt war, und die sich im Falle eines ungehinderten Rechts zum Dienstwechsel für die mit z. T. riesigen Herrschaftsgebieten ausgestatteten Dienstfürsten permanent in einem äußerst labilen Zustand befunden hätte. Im Testament Ivans IV. findet diese Vorstellung einer stabilen territorialen Ordnung mit festen äußeren und inneren Grenzen ihren klaren Ausdruck: „Und die Fürsten Odoevskie, Obolenskie, Vorotynskie, Trubeckie, Masal'skie und ihre Söhne gehören mit ihren Votčinen meinem Sohn Ivan, zum Großfürstentum.... [von mir gesperrt, H. R.]. Und wer von jenen Fürsten ... von meinem Sohn Ivan abzieht zu meinem Sohn Fedor ..., dessen Votčinen gehören meinem Sohn Ivan ... Und die Jaroslaver Fürsten-Bojaren ... dürfen mit ihren Erbgütern und den von meinem Sohn Fedor abgekauften nicht zu meinem Sohn Ivan oder sonstwohin überwechseln. Und wer von meinem Sohn Fedor irgendwohin abzieht, dessen Land gehört meinem Sohn Fedor ..."[81]

Die für die Dienstfürsten besonders enge Verknüpfung von Untertanenschaft und Territorialbesitz, über welchen sie bei einem Abzug die Verfügung verloren, ist von Anfang an gegeben und deshalb als Quelle für die Einschränkung des freien Ot-ezd ungeeignet. Dies gilt auch für jene oft angeführten Loyalitätseide der Teilfürsten Andrej Starickij und Vladimir Andreevič aus den Jahren 1536 bzw. 1553, in denen sie sich dazu verpflichteten, keine Bojaren, die aus Moskau in ihr Teilfürstentum kämen, in ihre Dienste aufzunehmen.[82] Der Historiker Solov'ev hat das Besondere an jenen Eiden v. a. darin gesehen, daß zum ersten Mal das Abzugsrecht der dienenden Leute ausdrücklich verboten worden sei.[83] In beiden Fällen handelte es sich aber um schwerwiegende Loyalitätskonflikte zwischen der Regierung und den Teilfürsten und um die Verhinderung einer aktiven Abwerbung großfürstlicher bzw. zarischer adliger Dienstleute mit dem möglichen Ziel einer eigenen Machtübernahme in Moskau.[84] Diese Konstellation wiederholte das altbekannte Szenario eines

---

[81] DDG, Nr. 104, S. 435, 442.

[82] Vgl. SGGD, t. I, Nr. 163, S. 452; D'jakonov, Vlast', S. 185. Bereits 1534 mußten die Teilfürsten Jurij und Andrej vor dem Metropoliten einen Loyalitätseid leisten, der u. a. die Verpflichtung enthielt, „keine Leute vom Großfürsten Ivan zu sich zu rufen." PSRL 29, S. 126; D'jakonov, Očerki, S. 261.

[83] Vgl. Istorija Rossii, t. III, S. 401. Ihm folgt D'jakonov, Vlast', S. 184.

[84] In Litauen sollte als Grund für die Einkerkerung Andrej Starickijs nach seinem gescheiterten Aufstand im Jahre 1537 erklärt werden, daß er versucht habe, den Staat an sich zu bringen. Vgl. AZR, S. 321. Ivan IV. spricht in seinem Sendschreiben an A. Kurbskij davon, daß man seinen Onkel zum Zaren habe erheben wollen. Vgl. The Correspondence, S. 72. Er schreibt auch, daß „uns damals viele verließen und zu unserem Onkel, dem Fürsten Andrej, übergingen..." Ebd. S. 70. In den Aufrufen Andrejs an die Novgoroder Dienstgutsbesitzer heißt es, daß „der Großfürst klein ist, den Staat aber regieren die Bojaren. Tretet in meine Dienste über." Zit. bei Rüß, Machtkampf, S. 502 (dort auch eine Analyse der Ereignisse um Andrej Starickij). 1554 motivierte Nikita Sem. Lobanov-Rostovskij seine Fluchtabsichten nach Litauen mit der Furcht vor Repressalien aufgrund seiner schwankenden Haltung während der schweren Krankheit

Dienstwechsels mit feindseliger Absicht, die bei den damals äußerst gespannten gegenseitigen Beziehungen im Übertrittsfall wohl zu Recht unterstellt werden durfte, weshalb in der Treueverpflichtung das Abzugsverbot auch ausdrücklich mit dem Hinweis auf die den großfürstlichen Interessen bewußt Schaden zufügende Motivation der Abziehenden („na vaše licho") verbunden wird.[85] Es wird hier nur sprachlich präzisiert, was bei ähnlichen politischen Umständen der Begriff Ot-ezd schon immer beinhaltete: Flucht, Verrat, Intrige, jedenfalls ein herrscherschädigendes Verhalten unter Bruch des geleisteten Treueeides.

Was bleibt übrig von der vielbeschworenen Freizügigkeit des russischen Adels? Ist aufgrund der vorangehenden Darlegungen die häufig sehr hoch angesiedelte verfassungspolitische Bedeutung und Wirkung des sog. freien Abzugs weiterhin aufrechtzuerhalten? In welcher Hinsicht bedürfen die gängigen Vorstellungen der Revision?

Ein völlig freies Recht zu einem jederzeit realisierbaren Dienstwechsel unabhängig vom fürstlichen Willen und fürstlicher Übereinkunft und ohne Schaden für Besitz und Person des „Abziehenden" hat es wohl niemals in der russischen Geschichte gegeben. Es hätte dem elementaren fürstlichen und staatlichen Interesse an einer gewissen Berechenbarkeit, Kalkulierbarkeit und Kontrollierbarkeit adligen Dienstverhaltens eklatant widersprochen und wäre zum permanenten Anlaß für Unordnung, Unruhe und Instabilität auf der regierenden Ebene und im herrscherlich-adligen Milieu geworden. Die relativ geringe Zahl von überlieferten Ot-ezdy,[86] die Tatsache, daß sie, wie Veselovskij sagt, Ausnahmen waren, seltene Fälle, die deshalb oft auch ein so großes öffentliches Aufsehen erregten, spricht dafür, daß der adligen Freizügigkeit und Freiheit Zügel angelegt, Beschränkungen gesetzt und Hindernisse in den Weg gestellt waren.

Einer unbeschränkten adligen *vol'nost'* stand das Treueverhältnis zum Gefolgsherren und Fürsten entgegen, das durch einen Treueeid bei Eintritt des Adligen in eine Dienstbeziehung oder bei Herrscherwechseln begründet wurde. Das Gefolgschaftsverhältnis zwischen Herrn und Mann war auch im slavischen Raum auf Treue begründet, das den Gefolgsherrn zu Schutz, Milde und Freigiebigkeit, den Mann zu Rat und (kriegerischer) Hilfe verpflichtete.

---

des Zaren im Jahre 1553. Er sei damals von Vladimir Andreevič aufgefordert worden, ihm zu dienen bzw. Dienstleute vom Zaren abspenstig zu machen. Viele hätten lieber Vladimir Andreevič als den kleinen Dmitrij als Nachfolger im Falle von Ivans IV. Tod gesehen. Vgl. PSRL 29, S. 226-227. Eine Analyse der Geschehnisse des Jahres 1553 bei Rüß, Adel und Nachfolgefrage, S. 346-350, 355 ff.

[85] Vgl. SGGD, t. I, Nr. 163; Smirnov, Očerki, S. 54. Loyalitätseide Vladimir Andreevičs: SGGD, t. I, Nr. 167-169.

[86] I. Auerbach konstatiert, daß hohe Adlige an sich nicht anfällig für Flucht waren, zumal im Fall des Ot-ezd nach Litauen die sozialen Anreize gering gewesen seien. Vgl. Ivan Groznyj, Spione und Verräter im Moskauer Rußland, S. 31.

Beide waren durch das Band der Freundschaft miteinander verkettet.[87] Es ist charakteristisch für die überlieferte fürstliche Sicht weit über die Kiever Phase der russischen Geschichte hinaus, daß in ihr die Momente der Freundschaft, des Miteinanders, der Zusammenarbeit, der Kooperation, des brüderlichen Konviviums und der Treue im Verhältnis zum Adel über jene des einseitigen Gehorsams, der Verpflichtung und Unterwerfung überwiegen. Mit der Anrede „Brüder, Getreue!" wendet sich 1185 Igoŕ Svjatoslavič, zum Kampf gegen die Polovcer anspornend, an sein Gefolge.[88] Im Angesicht seiner toten Verwandten und Bojaren, die gegen den Tatarenkhan Batu 1237 ihr Leben verloren, ruft der Rjazaner Fürst Igor' Igoŕevič klagend aus: „O meine lieben Brüder und ihr, liebwertes Gefolge, nie wieder werden wir unsere Freude teilen. Ihr meine teuren Lichter, warum wurdet ihr dunkel? Nicht genug Freude hatte ich mit euch! So Gott eure Gebete erhört, betet, daß ich, euer Bruder, mit euch sterbe."[89] Die Anrede „Brüder!" ist ein stehendes Epitheton in der „Zadonščina", welche den Kampf des Moskauer Großfürsten gegen die Tataren im Jahre 1380 schildert: „Darauf sagte Fürst Dmitrij zu seinen Bojaren: ‚Brüder, Bojaren, Heerführer, Bojarensöhne! Hier, ihr Brüder, gibt's nicht süßen Moskauer Met und nicht Ehrensitze an der Festtafel – hier ist der Ort, euch und euren Frauen einen Rang zu erringen'."[90] In seinem Vermächtnis wandte sich derselbe Großfürst mit folgenden Worten an die Bojaren: „... Mit euch gemeinsam habe ich große Siege erkämpft, durch euch war ich im Kampf den Feinden schrecklich ..., mit euch gemeinsam habe ich das Großfürstentum gestärkt und gefestigt ..., ich habe euch in großer Ehre und Liebe gehalten, mit eurer Hilfe habe ich die Städte und großen Herrschaften verwaltet, eure Nachkommenschaft habe ich in Liebe geachtet, niemandem habe ich Böses zugefügt ...; ich habe alle hochgeschätzt und geliebt und in großer Ehre gehalten, habe Freude und Trauer mit euch geteilt; ihr wart eigentlich mehr Fürsten meines Landes als meine Bojaren ..."[91] Zwar ist die

---

[87] Diese Charakterisierung des Gefolgschaftswesens, die W. Schlesinger für den germanisch-deutschen Verfassungsbereich gibt, vgl. Herrschaft und Gefolgschaft, S. 253, läßt sich ohne weiteres auf die frühe, „gefolgschaftliche" Phase der russischen Geschichte übertragen, in der die Treue ebenfalls als ein wechselseitiges Verhältnis aufgefaßt wurde. Darauf, daß die sog. „germanische Treue" eine Schöpfung der neuzeitlichen Historiographie und ein Gefolgschaftsverhältnis ohne gegenseitige Treueverpflichtung nicht denkbar ist und also Gefolgschaft und Treue nicht auf die Germanen beschränkt gewesen seien, hat mit Nachdruck Fr. Graus hingewiesen. Vgl. Herrschaft und Treue, S. 8, 13, 34; ders. Über die sog. germanische Treue, S. 72, 74, 104. Als „Genossen", nicht als „Untertanen" bezeichnet Jabločkov, Istorija dvorjanskago soslovija, S. 25 den russischen Gefolgschafts- und Fürstenadel bis in die Zeit Ivans III.
[88] Vgl. Zenkovsky, Aus dem alten Rußland, S. 144.
[89] Ebd. S. 180.
[90] Ebd. S. 196.
[91] PSRL 11, S. 114.

quellenkritische Frage nach der Authentizität dieser von Dmitrij gezeichneten Idylle nicht unerheblich, da bekannt ist, daß die Gestalt des Siegers am Don schon bald nach seinem Tod eine stark an die hagiographische und heroische Literatur angelehnte Verherrlichung erfahren hat.[92] Aber der generelle Eindruck, den seine Regierung vermittelt, widerspricht nicht dem in der „Zadonščina" und in der „Rede vom Leben und Ende des Großfürsten Dmitrij Ivanovič" gezeichneten Bild, das unbestritten im literarischen Pathos verklärt und hochstilisiert worden ist, ohne daß jedoch deshalb an der Essenz des historischen Sachverhalts einer engen Treuebeziehung zwischen dem Fürsten und dem Adel grundsätzlich zu zweifeln wäre.[93] 1533 wandte sich der Großfürst Vasilij III. ebenfalls kurz vor seinem Tode an die versammelten Adligen: „Ihr Bojaren und Bojarensöhne und Fürsten ... solltet meinem Sohn dienen, wie ihr mir gedient habt, nämlich treu ..." Im engeren Kreis der Bojarenduma sagte er: „Möget ihr alle zusammenstehen und die Staatsgeschäfte gemeinsam leiten."[94] In einer Chronik zum Jahre 1534 steht zu lesen, daß sich Ivan IV. mit seinen „dobrochoty", seinen Gönnern und Wohltätern, „den Fürsten und Bojaren", beriet.[95]

Die Beispiele zeigen nicht nur die Kontinuität einer engen Zusammenarbeit, sondern als deren ethisch-moralische Grundlage ein enges Treueverhältnis zwischen Herrscher und Adel über einen langen Zeitraum. Darstellungen in den Miniaturen der *Carstvennaja kniga* aus der Mitte des 16. Jh. präsentieren den Herrscher selten allein, sondern gewöhnlich umgeben von einem Gefolge von Bojaren und Hofleuten, die sich in ihrer äußeren Aufmachung von der des Großfürsten und Zaren nicht wesentlich unterscheiden.[96]

Die in Schriften und bildlichen Darstellungen veröffentlichte Ideologie herrscherlich-adliger politischer Übereinstimmung, Harmonie und Einheit war durch Eide bekräftigt, die seit altersher in mündlicher Form, seit der Christianisierung durch Kreuzkuß und vor dem Evangelium mit erhobener rechter Hand (*krestnoe celovanie*) geleistet wurden.[97] Die Eidleistung, meist unter Aufsicht und Leitung des höchsten kirchlichen Repräsentanten, geschah kurz vor dem Ableben des alten Herrschers, vielfach noch in seiner Gegenwart oder unmittelbar nach seinem Tode.[98] Als im Jahre 1553 Ivan IV. schwer erkrankte,

---

[92] Vgl. Gudzij, Chrestomatija, S. 179-187.
[93] Vgl. Rüß, Adel und Adelsoppositionen, S. 4 f.
[94] PSRL 29, S. 122.
[95] PSRL 6, S. 292; PSRL 4, S. 566.
[96] Vgl. Šmidt, Iz istorii redaktirovanija Carstvennoj knigi, S. 223 f.
[97] Vgl. Rüß, „Eid", in: Lexikon des Mittelalters, S. 1690 f.
[98] Beim Tode Vasilijs III. im Dezember 1533 „küßten alle Bojaren untereinander das Kreuz darauf, daß sie der Großfürstin und ihrem Sohn ... ohne Hintergedanken [prjamo] dienten und das Großfürstentum und das Gesetz unter ihnen bewahrten ohne List und Tücke [bez chitrosti], alle zusammen ..." Vgl. Piskarevskij letopisec, S. 24.

nahmen hohe Bojaren den Eid auf den designierten minderjährigen Nachfolger Dmitrij von den in Moskau anwesenden Adligen ab, was allerdings nicht unumstritten war.[99] Ob sich Andrej Kurbskij auf jenes Ereignis bezog, als er die Rechtskraft eines erzwungenen Eides generell verwarf,[100] ist offen. Daß man in Rußland den Eid – allerdings nicht gegenüber Feinden – hoch achtete, führt Collins darauf zurück, daß er vor allem im privaten Verkehr selten abgenommen wurde.[101] In der Unterweisung Monomachs an seine Söhne heißt es: „Wollt ihr aber euren Brüdern oder anderen etwas mit dem Kuß aufs Kreuz schwören, so erforscht euer Herz zuvor und schwört nur, was ihr wirklich halten könnt; nach dem Schwur aber habt acht, daß ihr eure Seele nicht durch Übertretungen zugrunde richtet"![102] Meineid wird im Uloženie von 1649 mit Hinweis auf die kanonische Rechtsüberlieferung schärfstens bestraft.[103] Die Heiligkeit des Eides im Prozeßwesen ist zweifellos als Reflex seiner allgemeinen gesellschaftlichen Achtung, also auch der von Dienst- und Treueeiden, zu werten, welche letztere dem Herrscher seitens der hochadligen Repräsentanten persönlich zu leisten waren.[104] Die Kreuzküssung verlieh diesen Akten eine höhere Weihe und erschwerte ihre leichte Aufkündigung.[105] Die Kirche entwickelte eine spezielle Lehre von der Fürstentreue, die gespeist war aus der Vorstellung des Alten Testaments vom König als dem „Gesalbten Gottes" und der neutestamentlichen Sicht, daß man „dem Kaiser geben solle, was des Kaisers sei". In der kirchlichen Literatur ist die Gleichsetzung des Verräters am eigenen Herrn mit Judas so allgemein verbreitet, daß bereits im 10. Jh. die erste altslawische Legende des

---

[99] In der Provinz wurde die Kreuzküssung ebenfalls unter der Aufsicht hoher Adliger vollzogen, so 1554 in Ustjug von dem dortigen Statthalter Fürst Petr Ščenjatev, Vgl. Ustjužnyj letopisnyj svod, S. 108. 1533 wurde befohlen, „in alle Städte zu schicken [und] alle Leute zum Kreuzkuß zu führen darauf, daß sie dem Großfürsten und dem Land dienen und Gutes wollen ohne Hintergedanken." Piskarevskij letopisec, S. 24.

[100] Vgl. Rüß, Eid (wie Anm. 97). 1533 wurden die Bojaren des Teilfürsten Jurij gesondert zum Eid auf die Regentschaftsregierung und den minderjährigen Nachfolger geführt, was von den Betroffenen moniert wurde: „... was ist das für ein Kreuzküssen, das ist ein gezwungenes Kreuzküssen." Vgl. Piskarevskij letopisec, S. 25.

[101] Vgl. Graf, Samuel Collins' Moscovitische Denkwürdigkeiten, S. 50.

[102] Zit. nach Zenkovsky, Aus dem alten Rußland, S. 67 f.

[103] Vgl. Sobornoe uloženie, S. 71.

[104] Vgl. Jaques Margeret's State of the Russian Empire, S. 107.

[105] Diese Auffassung steht im Gegensatz zu der von meinem verstorbenen Mentor M. Hellmann geäußerten Ansicht, daß „bei der sehr häufigen Wiederholung bzw. Erneuerung und der in den Quellen allenthalben festzustellenden leichten Aufkündigung solcher eidlicher Verpflichtung" eine „nicht sehr weit in die Tiefe des allgemeinen Bewußtseins" gedrungene Treuevorstellung anzunehmen sei. Vgl. Staat und Recht in Altrußland, S. 50. Kritisch dazu auch Schulz, Die Immunität, S. 94. Als vom litauischen Großfürsten Ol'gerd Ivan Kozel'skij zum Moskauer Großfürsten Dmitrij Donskoj überlief, entband ihn der Metropolit Aleksej von seinem Treueid, vgl. Tichomirov, Feodal'nyj porjadok, S. 327, d. h. es war die kirchliche Sanktion notwendig, um von einem alten in ein neues Treueverhältnis zu wechseln.

hl. Wenzel als angebliches Bibelzitat anführt: „Jeder, der sich gegen seinen Herrn erhebt, gleicht Judas."[106] Ähnliche Vorstellungen waren auch in Rußland durch die Kirche verbreitet. Widerstand, Auflehnung und Aufkündigung der Treueverpflichtung waren in kirchlicher Sicht nur dann legitim, wenn der Herrscher zu einem Tyrannen wurde, der die religiösen und sittlichen Normen verletzte.[107] Auslegungsrahmen und Interpretationsspielraum für dieses Kriterium waren freilich weit dehnbar. Hatte nicht Andrej Starickij im Jahre 1537 gegen das göttliche Gesetz verstoßen, als er einen Aufstand gegen die von Gott berufene Regierung des minderjährigen Ivan IV. inszenierte, wobei er sich über frühere feierliche Treueschwüre hinwegsetzte? Die regierungstreuen Moskauer Voevoden gaben Andrej, um eine militärische Konfrontation zu vermeiden, das mit Kreuzküssung bekräftigte Versprechen, ihn, seine Familie und seine Dienstmannen ungeschoren („nevredimo") zu lassen, wenn er freiwillig einlenkte.[108] Daß sie dieses Versprechen dann doch brachen, wurde ihnen im Sinne ihres Einsatzes für das übergeordnete staatliche Interesse denn auch nicht übel angekreidet: Elena Glinskaja, die Regentin, beließ es bei einer mündlichen Rüge (*slovesnaja opala*) an die Adresse ihres Favoriten Ivan Telepnev-Obolenskij wegen des Kreuzkußbruchs,[109] welcher normalerweise als tödliche Sünde betrachtet wurde.

Die Ereignisse offenbaren die schweren Gewissenskonflikte, in welche die adligen Dienstmannen des Staricker Teilfürsten durch dessen rebellische Aktion gestürzt wurden und die aus dem Widerstreit von Loyalität und den absehbaren negativen Folgen der unvermeidlichen Niederlage resultierten. Andrejs Bojar Jurij A. Peninskij-Bol'šoj, der mit Truppen seines Herrn in großfürstlichem Dienst in Kolomna stand, quälte sich eine ganze Nacht im Gebet um eine Entscheidung und floh dann am nächsten Tag heimlich von Kolomna zu seinem Fürsten. Dieser drückte seine Erleichterung und Freude über die Treue Peninskijs dadurch aus, daß er ihn mit Geschenken überhäufte und „ihm große Ehre vor allen" erwies.[110] Einer der Stol'niki Andrejs, Fürst Ivan Šach Černjatinskij, versuchte, als er die mißliche Lage seines Herrn erkannte, sich von seinem Eid lösen zu lassen, für welchen Schritt er aber keine Fürstreiter und Vollstrecker fand,[111] was als Zeichen

---

[106] Vgl. Graus, Über die sog. germanische Treue, S. 116 f.
[107] Vgl. Val'denberg, Ponjatie o tiranne, S. 228 ff., 234.
[108] Vgl. PSRL 26, S. 318; Povest' o poimanii knjazja Andreja Ivanoviča Starickogo, S. 87.
[109] Vgl. PSRL 8, S. 294.
[110] Vgl. dazu Jurganov, Starickij mjatež, S. 108. Jurij Peninskij war ein Vetter Ivan Telepnev-Obolenskijs, was verdeutlicht, welchen Spannungen die familiäre Solidarität bei Konflikten zwischen Groß- und Teilfürsten ausgesetzt sein konnte.
[111] Vgl. PSRL 34, S. 25; Povest' o poimanii knjazja Andreja Ivanoviča Starickogo, S. 87.

der hohen Achtung vor den eingegangenen Treueverpflichtungen gegenüber dem Teilfürsten und zudem als genereller Hinweis auf die gesellschaftliche Einschätzung und Bedeutung des Treuebegriffs im adligen Milieu gewertet werden kann. Diejenigen, die Andrej verließen, taten dies nach Meinung des mit ihm sympathisierenden Verfassers der „Erzählung" über seine Gefangensetzung „des Reichtums wegen" und weil sie „Gott und das Gesetz vergaßen."[112] Als sich im Jahre 1450 Dmitrij Šemjaka in Ustjug festsetzte und einige der dortigen „guten Leute den Großfürsten Vasilij nicht verraten wollten und das Kreuz nicht auf Dmitrij küßten, ließ er sie hinrichten."[113] Jurij von Galič mußte es 1433, als er kurzfristig in den Besitz des Großfürstenstuhls gelangt war, erleben, wie die Moskauer Bojaren und adligen Dienstmannen ihn reihenweise verließen, „keiner von den Moskauern" blieb bei ihm, alle begaben sich „von überall her" zu ihrem alten Herrn Vasilij II. nach Kolomna, was zugleich die Ambitionen Jurijs auf Moskau besiegelte.[114] In den nicht häufigen Fällen, in denen die Chronisten den Tod eines Bojaren überliefern, wird, falls überhaupt ein nekrologischer Zusatzvermerk erfolgt, was selten ist, neben der Tapferkeit meist auch auf die Treue als markante Eigenschaft und Tugend hingewiesen. Über Protasij Vel'jaminov, den Tausendschaftsführer Ivan Kalitas, heißt es: „... er war ein ehrenhafter und treuer Mann und durch alle möglichen guten Taten ausgezeichnet."[115] Über Fürst Vasilij Ivanovič Berezupskij, der 1370 vor Volokolamsk gegen die Litauer tödlich verwundet wurde, wird gesagt, daß er sich auf vielen Feldzügen und in vielen Schlachten hervorgetan und dem Großfürsten in Treue gedient habe.[116] 1392 starb der Bojar Daniil Feofanovič, ein Enkel Fedor Bjakonts, dessen Verdienste und Treue in folgender Weise beschrieben werden: „... er war ein wahrhafter Bojar des Großfürsten und ein rechter Wohltäter, denn er diente dem Herrscher ohne Schmeichelei in der Horde und in der Ruś mehr als alle, und er setzte sein Leben aufs Spiel in fremden Ländern, an unbekannten und fremden Orten, nahm viele Mühen auf sich und ertrug große Anstrengungen; ... wegen seiner Liebe zu ihm war der Großfürst auf seinem Begräbnis voller Mitleid, brach in Tränen aus und weinte viele Stunden..."[117] 1391 sagte Fürst Boris Konstantinovič zu seinen Bojaren: „Meine Herren und Brüder, Bojaren und Freunde! Seid eurer Kreuzküssung, meine Herren, eingedenk ... und unserer Liebe und Nähe zu euch."[118] Auch Verschwörer banden sich durch Kreuzküssung in gegenseitiger Treue.[119]

---

[112] Ebd. S. 86.
[113] Vgl. Ustjužnyj letopisnyj svod, S. 82.
[114] Vgl. PSRL 12, S. 18.
[115] PSRL 21, S. 328.
[116] PSRL 18, S. 110.
[117] PSRL 8, S. 62 f.
[118] Zit. bei Sergeevič, Drevnosti, t. I, S. 378.
[119] Vgl. Veselovskij, Issledovanija po istorii opričniny, S. 101.

Das Dienstverhältnis zwischen Fürst und Gefolgsmann beruhte somit auf einer durch Eid untermauerten gegenseitigen Vertrauensbeziehung, der man die Verwurzelung in einem übergeordneten, ethisch fundierten Treuebegriff mit Hinweis auf das Fehlen seiner juristischen Durchbildung und Normung, wie sie etwa im Klientelverhältnis des römischen Rechts gegeben ist, nicht wird absprechen können. Die Treue hat im Gegenteil in Rußland eine äußerst wichtige Funktion als bindendes ideologisches Element fürstlich-adliger Herrschaft. Dienst als zentrale Kategorie adliger Existenz ist ohne die Einbettung in ethische Normen von Gegenseitigkeit, Verläßlichkeit und Treue undenkbar, wenn man ihn nicht als Ausfluß einer permanenten adligen Zwangsverpflichtung betrachten wollte, was aber schwerlich angeht. Ohne die die Mühen des Dienstes versüßenden materiellen und politischen Verlockungen, die von einer Ideologie des einträchtigen Handelns und brüderlichen Miteinanders zwischen Fürst und Gefolgschaft, Herrschertum und Adel zusätzlich inspiriert waren, ist die konstant hohe Bereitschaft der russischen weltlichen Oberschicht, zu dienen, allerdings kaum erklärlich. Der Adel erwartete vom Gefolgsherrn und Fürsten keine bloß ideelle Leistung von Treue, sondern als deren materialisierten Ausdruck von Gegenseitigkeit handfeste Gaben und Belohnungen.

Der Treuegedanke war folglich ein wichtiges ethisch-moralisches Hemmnis für die Ausübung des sog. freien Abzugs. Dieser war ein die Alltäglichkeit durchbrechendes und die idealen Normen der Fürst-Adel-Beziehung verletzendes Randphänomen, das dennoch und gerade deswegen besondere öffentliche Aufmerksamkeit erregte. Möglicherweise enthielt der Kreuzkußeid bei Diensteintritt[120] neben den Versprechen, dem Fürsten treu zu dienen, sein Leben für ihn nicht zu schonen, ihm und seinen Kindern „Gutes zu wollen", seine „Ehre zu wahren", ihm über alles sein Fürstentum und seine Person betreffende „Böse und Gute" aufrichtig Mitteilung zu machen, Gehorsam zu leisten und den Eid einzuhalten[121] auch die Verpflichtung, zu niemandem und nirgendwohin „abzuziehen", wie das in der ältesten bekannten schriftlichen Treueerklärung eines Bojaren aus der 1. Hälfte des 15. Jh. überliefert ist.[122] Aber selbst wenn letzteres Verbot nicht zum üblichen Bestand eines adligen Treueeides gehört hat und in diesem Fall aus einem voraufgegangenen Konflikt resultierte, widersprach der Abzug ohne Einwilligung des Fürsten dem Geist der übrigen eingegangenen Treueverpflichtungen in eklatanter Weise.

---

[120] Der übliche Ausdruck hierfür war, „prikazat'sja v službu", während für die Aufkündigung des Treueeids der Terminus „otkazyvat'sja" begegnet. Vgl. Sergeevič, Drevnosti, t. I, S. 377, 380; D'jakonov, Očerki, S. 252.
[121] Vgl. Veselovskij, Issledovanija, S. 466; D'jakonov, Očerki, S. 83, 252; Zagoskin, Central'noe upravlenie, S. 62.
[122] Vgl. SGGD, t. I, Nr. 103, S. 249-250.

Die ungehinderte Freiheit der Wahl des Fürstendienstes mag höchstens als diffuse ideologische Beschwörung eines vermeintlich in der Vergangenheit existenten uneingeschränkten adligen Freizügigkeitsstatus angesichts der wachsenden herrscherlichen Macht, die adlige Gegenpositionen herausforderte, eine gewisse Rolle für das politische Selbstbewußtsein des Adels gespielt haben. Insofern mag das „Recht" auf „freien Abzug" als Gegenidee zur unbedingten Gehorsams- und Treueforderung bzw. als Sanktionsvorbehalt im Falle herrscherlichen „Vertragsbruchs" durchaus eine gewisse theoretische Relevanz in der adligen Ideologie besessen haben. Die in den Fürstenverträgen festgelegte Freizügigkeit mochte als eine Art ständische Errungenschaft im Sinne des Vol'nost'-Gedankens aufgefaßt werden, als ein großes Maß an garantierter Freiheit. Doch sind dies nicht mehr als moderne Mutmaßungen. Geläufig und wichtig war den Beteiligten – den Fürsten und dem Adel – aber mit Sicherheit, welchen konkreten Bezug zur sozialen und politischen Wirklichkeit der besagte Freizügigkeitspassus aufwies und was er ihnen an handfesten Vorteilen einbrachte: Dem Adel garantierte er ungehinderten, von Repressalien freien Dienst, unabhängig davon, wo er besitzmäßig beheimatet war. Die besitzmäßige Verankerung sollte sich nicht zum Nachteil für gewachsene Dienstbeziehungen erweisen. Angesichts des hochadligen Streubesitzes und häufiger territorialer Veränderungen aufgrund von dynastischen Erbteilungen innerhalb der Grenzen des Moskauer Großfürstentums war die Regelung des ungestörten adligen Dienstes eine immer aktuelle und politisch eminent bedeutsame Notwendigkeit. Sie geschah im Interesse der Stabilität und des Erhalts vorhandener Dienstverhältnisse, im Sinne der bestehenden Ordnung und der bestehenden Machtverteilung zwischen Groß- und Teilfürsten. Insofern war der Freizügigkeitspassus „A bojarom i slugam meždu nas vol'nym volja" eine reine Status-quo-Formulierung: Er steckte den Rahmen ab für adlige Bewegungsfreiheit auf der Grundlage der existierenden Dienstbeziehungen. Seine Absicht lag nicht darin, zu Dienstübertritten zu animieren, sondern darin, bestehende adlige Dienstbindungen zu respektieren und zu achten. Es ging also nicht um adlige Freizügigkeit im Sinne völlig unbeschränkter Freiheit der Fürstenwahl, was einer traditionellen Deutung zufolge mit dem Begriff „vol'nyj ot-ezd" gemeint war, sondern um die gegenseitige Garantie der Unverletzlichkeit von Dienstbeziehungen. An ihr hatten zweifellos auch die Fürsten ein fundamentales Interesse. Den Udelfürsten wurde zur Wahrnehmung ihrer herrschaftlichen Aufgaben, deren Erfüllung partiell auch im großfürstlichen Interesse lag, die Integrität ihrer adligen Klientel zugesichert. Daß im politischen Alltag häufig dagegen verstoßen wurde, steht auf einem anderen Blatt. Es war ein wesentlicher Faktor großfürstlicher Macht, daß ihre über das ganze Reich besitzmäßig verstreute adlige Anhängerschaft ungestört und ungehindert und unabhängig davon, ob sie in einem teilfürstlichen Herrschaftsgebiet ansässig war, zu ihrer Verfügung stand. Die Territorien der

Teilfürsten waren auf diese Weise mit „Dienstimmunitäten" des großfürstlichen Adels durchlöchert.[123] Der umgekehrte Sachverhalt fiel angesichts der zahlenmäßig viel kleineren und sozial und abstammungsmäßig oft eher bedeutungslosen teilfürstlichen Gefolgschaft kaum ins Gewicht. Nicht von ungefähr steht der zitierte Freizügigkeitspassus in aller Regel in den Fürstenverträgen im engen Zusammenhang mit der Verpflichtung, die Bojaren, Bojarenkinder und Diener, die im Herrschaftsgebiet des einen Vertragspartners leben, aber dem anderen dienen, genauso zu achten und zu behandeln – u. a. hinsichtlich des Tatarentributs, des Gerichts, der Steuern und militärischen Leistungen – wie die eigenen Dienstmannen.[124] Auch diese Bestimmung zielte darauf ab, gewachsene und bestehende Dienstbindungen funktionsfähig zu erhalten und ihre Realisierung nicht zu behindern.

Ist es schwer nachzuvollziehen und deshalb wenig wahrscheinlich, daß die Fürsten einen gegen ihre ureigensten Interessen gerichteten Tatbestand – das mögliche Verlassenwerden von ihren adligen Dienstleuten – vertraglich toleriert, abgesegnet und damit legitimiert und ermuntert haben sollen, so bietet die hier angebotene Deutung des Freizügigkeitspassus eine plausible, logische und realitätsnahe Lösung des umstrittenen Problems. Sie läßt die Notwendigkeit adliger Bewegungsfreiheit in der Dienstbeziehung für das Funktionieren des Systems deutlich werden. Sie beseitigt den Widerspruch zwischen Bekämpfung des sog. freien Abzugs und seiner gleichzeitigen vermeintlichen vertraglichen Garantie. In Wahrheit wurde „freier Abzug" nie wirklich vertraglich garantiert. „Abziehen" ist stets, ob in rechtlichen Vertragsdokumenten oder annalistischen und literarischen Denkmälern, ein negativ besetzter Begriff. Er ist inhaltlich nicht mit der Freizügigkeitsformel der Fürstenverträge identisch. Mit ihm assoziierte man Verrat und Übelwollen. Dies kommt unmißverständlich im Loyalitätseid Andrej Starickijs von 1537 zum Ausdruck: „Und wer von dir [dem Großfürsten] zu mir überwechseln will ... zu eurem Schaden [na vaše licho] ..., den werde ich nicht aufnehmen ..."[125] „Abzug" war mit allen

---

[123] Bojaren und Inhaber eines *Put'* waren von der lokalen Militäradministration ausgenommen. Vgl. z. B. DDG, Nr. 41, S. 122. In seinem Testament von 1461/62 bestimmte Vasilij II., daß die von ihm an seine adligen Dienstmannen als Belohnung oder zum Kauf gegebenen Besitzungen, die gemäß seiner jetzigen testamentarischen territorialen Regelung im Gebiet eines Teilfürsten lagen, diesem gehören sollten, vgl. DDG, Nr. 61, S. 197, was als wenig beachteter Aspekt die Aufmerksamkeit jener Historiker verdient, welche eine konsequente Moskauer Zentralisierungspolitik gegen teilfürstliche Interessen zum wissenschaftlichen Dogma erhoben.
[124] Russkij feodal'nyj archiv, t. I, S. 212 (Vertrag Vasilijs II. mit Michail Andreevič von Vereja 1450). Vgl. auch DDG, Nr. 38, s. 111; Nr. 40, S. 120; Nr. 50, S. 189, 191; Nr. 63, S. 204, 207 usw.
[125] SGGD, t. I, Nr. 163, S. 452.

möglichen Strafen verbunden, u. a. mit Rangverlust bzw. langfristiger Rangabwertung.[126] Im Rangplatzstreit zwischen Dmitrij Mich. Požarskij und Boris Mich. Lykov (1609) beruft sich jener auf den Ot-ezd eines Vorfahren seines Kontrahenten: „... Fürst Jurij Vasil'evič und sein Bruder Fürst Andrej liefen von Euch, Herr, in den Udel zum Fürsten Andrej Ivanovič Starickij über. Und nach Eurem herrscherlichen zarischen Erlaß, wer von Euch Herrschern in ein Teilfürstentum abzieht, der zählt nicht ... [im ... ščetu ... ne davyvali]."[127]

Die Freizügigkeit des russischen Adels war niemals eine völlig unbegrenzte. Der sog. „freie Abzug" ist, ich wiederhole es, ein wissenschaftlicher Mythos. Ein angeblich fest verwurzeltes Gewohnheitsrecht der Freien, „ungehindert im Land Ruś umherzuziehen",[128] hat es nicht gegeben. Dienstwechsel geschahen auf eigenes Risiko und ohne juristische Legitimation, weder in der überkommenen Gewohnheit noch im kodifizierten Recht. Wenn in seltenen Fällen in Fürstenverträgen der Abzug adliger Dienstmannen gegenseitig toleriert wird,[129] so hatte dies vor allem politisch-atmosphärische Gründe: Es war der Ausdruck einer besonders engen und freundschaftlichen Beziehung zwischen den vertragschließenden Fürsten bzw. eine zusätzliche starke Bekräftigung des gewünschten herzlichen Einvernehmens. Der entsprechende Passus mit der Aufforderung, Abziehende keinen Repressalien auszusetzen, macht deutlich, daß die gegenteilige Verhaltensweise in diesen Fällen üblich war. Er spiegelte also nicht eine gängige Rechtspraxis, die normale Verfassungswirklichkeit wider, sondern war Ausnahme, Zeichen eines außergewöhnlich guten zwischenfürstlichen Verhältnisses bzw. indirekter Appell an ein solches für die Zukunft. Seine Existenz im Kontext der Fürstenbeziehungen war eine contradictio in adjecto: tolerierbar im Grunde nur, wenn nicht in Anspruch genommen wurde, was vertraglich gewährt war, da die Realisierung eines „freien Abzugs" unweigerlich zu Irritationen, Konflikten und Feindseligkeiten

---

[126] Unter Ivan IV. gab es einen Erlaß, der für den Ot-ezd eine Herabstufung des Geschlechts um zwölf Rangplätze vorsah, wovon das Geschlecht Kurbskijs betroffen war. Vgl. D'jakonov, Vlast', S. 195 f. Im Rangplatzstreit zwischen F. Kurakin und A. Trubeckoj (1643) führte der erstere an, daß Ju. N. Trubeckoj nach Polen geflohen sei und 1613 die Amnestie zur Rückkehr nicht genutzt habe. Kurakin verwies dabei auf den Entscheid Ivans IV. in solchen Fällen, sein Vorrang wurde anerkannt. Vgl. Markevič, Istorija mestničestva, S. 439.
[127] Zit. nach Sergeevič, Drevnosti, t. I, S. 391 f.
[128] So Pipes, Rußland, S. 54.
[129] Siehe oben S. 267 und Anm. 18. Vgl. auch Sergeevič, Drevnosti, t. I, S. 375. Im Testament des Fürsten Vladimir Andreevič von 1410 wird eine deutliche Unterscheidung zwischen den Bojaren und freien Dienern, also den hohen adligen Erbgutbesitzern, und den „slugi pod dvorskim", den niederen Hofdiensträngen, gemacht, welche letztere beim Wechsel zu einem anderen Fürsten ihres Landbesitzes verlustig gingen und zu deren Nichtaufnahme in ihre Dienste sich die Söhne Vladimirs gegenseitig verpflichteten. Vgl. Čerkasskij, Očerk, S. 93-94. Siehe auch Anm. 11.

hinführen mußte, die dem Geist der anvisierten politischen Zusammenarbeit und Übereinstimmung widersprochen hätten. Der Ot-ezd widersprach auch dem Treuegedanken und der kirchlich unterstützten Herrschaftsideologie. Kirche und Fürsten betrachteten ihn als Treuebruch und Verrat.[130] Es ist möglich, daß in der Frühzeit der russischen Geschichte, bei der Existenz vieler Fürstentümer und vieler annähernd gleich starker Fürsten, Ot-ezdy häufiger vorkamen, leichter und risikoloser zu realisieren und demgemäß gesellschaftlich noch nicht so stark geächtet waren wie in späterer Zeit. Es hat sich aber daraus, daß die politisch-strukturellen Gegebenheiten jener Epoche das Verlassen des Dienstes und Untreue wegen der Vielzahl von alternativen Dienstchancen, einer schwach ausgeprägten Seßhaftigkeit der Fürsten selbst und ihrer geringen Sanktionsmöglichkeiten gegen Abziehende begünstigten, kein ins Positive gekehrtes adliges Recht auf freien Abzug entwickelt. Die Vorstellung von einem ursprünglich „freien" Adel, der durch die Abschaffung des „Rechts" auf „freien Abzug" im Laufe des 15. und 16. Jh. zu einem „verknechteten Adel" – ganz in Parallele zur Entwicklung der bäuerlichen Leibeigenschaft – geworden sei,[131] ist verfehlt. Es hat lange Zeit eine relative adlige Freizügigkeit existiert, die den Dienst von der territorialen und herrschaftlichen Zugehörigkeit des Grundbesitzes unabhängig machte. Mit dem Aussterben der Teilfürstentümer im 16. Jh. erledigte sich diese Erscheinung und mithin ihre vertragliche Regelung von selbst.

---

[130] Vgl. auch Backus, Treason, S. 119.
[131] Vgl. Plechanov, Sočinenija, t. 20, S. 78.

VIII. DIENST UND ÄMTER

1. Allgemeines

Es ist mißverständlich, wenn Dienst als Zwang von oben und seine Existenz als Beweis für die Unfreiheit des russischen Adels gewertet wird.[1] Für die Kiever Gefolgschaft ebensowenig wie für die hohe Moskauer Aristokratie war Dienst die Quelle von Macht, Ansehen und Reichtum. Adliges Selbstverständnis war immer an Dienst gebunden. Losgelöst von diesem Bezugspunkt, unabhängig von Fürstendienst, gab es keine gesonderte Schiene adliger Existenz aufgrund irgendwelcher autogenen Kraftquellen. Adel realisierte und konstituierte sich durch Gefolgschaft und Dienst. Es ist dabei völlig unerheblich, mit welchem Engagement, mit wie großer Bereitwilligkeit und Häufigkeit er geleistet wurde: Er war der legitimierende Fixpunkt adligen Seins. Er war zentraler Bestandteil des adligen Ethos. Ein nur wirtschaftender und privatisierender Adel war ein Widerspruch in sich, es gab ihn – zumindest theoretisch – nicht. Mag es einzelnen Individuen erstrebenswert erschienen sein, sich einer solchen Lebensweise anzunähern, so war sie doch keineswegs als Dauerzustand adligen Daseins gesellschaftlich akzeptiert. Adel legitimierte sich durch Dienst, dem man sich im konkreten Fall entziehen, den man hin und wieder meiden, den man nur sporadisch ausüben, aber den man nicht prinzipiell von sich weisen konnte, ohne vor der Gesellschaft, vor seinen Standesgenossen und vor sich selbst in einen Rechtfertigungszwang für die eigene Privilegiertheit zu geraten. Es ist schwer vorstellbar, daß ein Adliger etwa in einer kriegerischen Bedrohungssituation als professioneller Waffenträger beiseitestand und dem Ruf des Fürsten zum Waffendienst nicht Folge leistete. Fälle von Dienstflucht, Desertion und Drückebergerei, wie sie besonders aus dem 17. Jh. im Milieu des niederen Dienstadels häufig vorkamen, stehen zu jener Aussage nicht im Widerspruch: Sie waren Folgeerscheinungen eines die Masse des kleinen Adels immer stärker belastenden militärischen Dienstsystems und nicht Ausdruck der Affinität zu einem – nicht vorhandenen – autonomen, vom Dienstpostulat unberührten adligen Lebensraum. Sie treten übrigens ausgerechnet in jener Schicht massiv auf, die den grundsätzlichen Zusammenhang von Dienst und Adel am direktesten verkörperte, nämlich in der Schicht der kleinen

---

[1] Staševskij, Dvorjanskoe soslovie, S. 8 schreibt: „Der Dienststand des Moskauer Staates war ein höriger Stand".

Dienstgutbesitzer, die zu militärischer Leistung verpflichtet waren und die Dienst wegen seiner für sie geringen materiellen Perspektiven und der oft sogar ruinösen ökonomischen Begleiterscheinungen als schwere Bürde empfinden mußten und nicht als soziale und politische Chance, aufgrund welcher sich die Aristokratie traditionell zu Fürsten- und Herrscherdienst stark hingezogen fühlte.

Der russische Adel lebte seit dem Auftreten von Gefolgschaften in frühostslavischer und Kiever Zeit in einer ungebrochenen Tradition des Fürsten- und Zarendienstes. In diesem Rahmen vollzog sich, ganz ähnlich wie im westlichen Frühmittelalter,[2] der Auf- und Abstieg von Familien innerhalb des Adels. Sein Selbstverständnis blieb an Kriegertum, Beute, Belohnung und Reichtum durch Fürstendienst und an Macht bzw. Ansehen durch Herrschernähe gebunden. Die als Dienstadel bezeichnete Schicht bildete seit der 2. Hälfte des 15. Jh. eine besondere Kategorie innerhalb der ebenfalls und immer schon Dienst leistenden und mit Erbgut ausgestatteten herrschenden Klasse und war insofern nur durch den Verpflichtungsgrad des Dienste und einige soziale Merkmale vom übrigen Adel unterschieden, so daß das Vorhandensein einer spezifischen Terminologie für einen Dienstadel nicht zu der Annahme verleiten darf, die nicht mit ihr bezeichnete adlige Oberschicht habe keinen Dienst geleistet. Die Qualität des Dienstes und die mit ihm zu erreichenden Positionen und Einkünfte sowie – davon teilweise abhängig – der Grad seiner Freiwilligkeit und die Bereitschaft, sich im Dienst zu engagieren, waren freilich innerhalb des Adels und von Individuum zu Individuum verschieden. Vieles deutet darauf hin, daß im hohen Adel immer eine große Bereitschaft und ein starker Antrieb bestanden haben, sich im Fürstendienst zu bestätigen und den sozialen und politischen Status für sich und sein Geschlecht zu erhalten und zu verbessern. Als Andrej Kurbskij von Litauen aus schwere Vorwürfe gegen Ivan IV. erhob, wies er grundsätzlich auf die Rolle der Aristokratie als Mitstreiterin des Fürsten, als Vermehrerin des Reiches hin, die unter schweren persönlichen Opfern die Macht der Großfürsten und Zaren und des Staates vergrößert habe,[3] was bei allem polemischen Pathos weitgehend der historischen Realität und der

---

[2] Vgl. Störmer, Früher Adel, S. 510. Nach Bloch wurde adlige Macht im frühen Mittelalter ausschließlich durch persönliche Erfolge und Leistungen im Fürsten- und Königsdienst erlangt. Vgl. Reuter, The Medieval Nobility, S. 4. Den meisten Erklärungsmodellen für die Genesis des frühen Adels liegt der Dienstbezug als primäre und wichtigste Ursache zugrunde. Ebd. S. 4 f.

[3] Vgl. The Correspondence, S. 2-6. Fürst Ivan Mich. Vorotynskij erklärte gegenüber polnischen Gesandten, daß zwar Vertreter vornehmer Geschlechter herrscherliche Ungnade hatten über sich ergehen lassen müssen, „aber die Regierung wurde uns nicht genommen." Zit. bei Jabločkov, Istorija dvorjanskago soslovija, S. 227. Der Bojar Fürst Vasilij Vas. Golicyn schätzte die politische Rolle des hohen Adels ähnlich ein: „Wir haben jeglichen Rat in unserer Hand gehabt" („my vsjakuju dumu vedali"). Ebd. S. 228.

eigenen Bewußtseinslage des Adels entsprach. Ein schönes Beispiel für adliges Dienstethos ist das Testament Ivan Golova Solovcovs aus dem Jahre 1594/95. Solovcov, der aus dem alten, aber inzwischen in zahlreiche Zweige zersplitterten Geschlecht der Vel'jaminovy stammte, bittet Gott für seine vier Söhne, daß sie das „zarische Antlitz" erblicken und beim Herrscher in großer Gnade stehen mögen, und fährt dann fort: „Vermehre, Herr, ihren Namen, und den ihrer Söhne und den der Söhne ihrer Söhne, und erhöhe, Herr, ihr Geschlecht von Familie zu Familie immerdar; schenke ihnen, Herr, in den Kriegen gegen die Andersgläubigen Mut und Tapferkeit, und Standhaftigkeit im Heer, und Sieg über die Feinde, auf daß ihre Befehlsgewalt nicht geringer werde [da ne oskudeet ot nich činonačal'stvo] ...; vergrößere, Herr, ihren Besitz und erweitere ihre Güter, daß ihre Häuser reich werden an Sklaven und Sklavinnen, und an jeder Art von Vieh; gib ihnen, Herr, daß sie in ihrem Leben alles Schöne dieser Welt empfangen ..."[4] Der Text enthält alle jene Aspekte, die der Adel immer schon mit seinem Dienst für einen Fürsten verbunden hatte: Reichtum, Macht, Ansehen, Ruhm. Adlige Existenz, sowohl ökonomisch und politisch als auch ethisch, realisierte sich im Fürstendienst, nicht – mit Einschränkungen betreffend die Ökonomie – außerhalb desselben. Die Faszination, die vom Regieren, Befehlen, Administrieren und vom Dasein in der Residenz und in Herrschernähe mit den dortigen gesellschaftlichen Abwechslungen ausging, war ungleich größer als das möglicherweise beschaulichere, aber auch in seiner einsamen Monotonie bedrückendere Leben in der Provinz, ganz abgesehen davon, daß ein solcher Rückzug nicht nur negative Auswirkungen auf die individuelle soziale Lage, sondern auch längerfristig auf die familiäre Rangposition innerhalb der Adelshierarchie haben konnte. Es gibt also mehrere Gründe dafür, daß der russische Adel in seiner Gesamtheit und von frühen Zeiten an den Charakter eines Dienstadels hatte, daß das Dienstmoment ein zentraler Bestandteil seiner Existenz war, welches seine privilegierte Position rechtfertigte und seine gesellschaftlichen Aktivitäten stimulierte. Dienst gewährte Unterhalt, wahrte oder verbesserte den sozialen Status, bot die Chance zur Vermehrung des Besitzes an flüssigem Kapital und Land, das mit jenem erworben oder als Schenkung aufgrund besonderer fürstlicher Gnade erhalten werden konnte. Bei dem bestehenden Erbrecht, das sich durch die gleichmäßige Aufteilung des Besitzes an die Söhne und die Vergabe von Mitgift- und Versorgungsanteilen für Töchter und Witwen permanent in Richtung einer Verkleinerung von Vermögen auswirkte, war Dienst bei den vorhandenen geringen ökonomischen Alternativen für die meisten das einzige Mittel, dem sozialen Absinken entgegenzusteuern bzw. den wirtschaftlichen Status der Eltern wieder zu erreichen und möglichst zu übertrumpfen. Die materielle Motiviertheit von Fürstendienst, um einer drohenden Verarmung vorzubeugen oder dessen Bereicherungschancen zu

---

[4] Sbornik dokumentov, t.III., S. 113, Nr. 72.

nutzen, ist auch in außerrussischen Adelsgesellschaften eine – freilich zeitlich und regional unterschiedlich stark ausgeprägte – verbreitete soziale Erscheinung gewesen. Im England des späten 16. und des 17. Jh. strebte die Aristokratie zielbewußt nach einträglichen Posten in der königlichen Verwaltung,[5] und die deutsche Ritterschaft, die während des gesamten späten Mittelalters infolge stagnierender Abgaben ihrer bäuerlichen Hintersassen und des Sinkens der Kaufkraft des Geldes bei gleichzeitig steigenden Ansprüchen an die Lebensqualität mit wirtschaftlichen Schwierigkeiten zu kämpfen hatte, begab sich scharenweise in Fürsten- oder Kirchendienst, um die eigene materielle Situation zu verbessern. Das häusliche Elend des Mangels, hervorgerufen v.a. durch Erbteilung, trieb z.B. Wilwolt von Schaumburg in der Erwartung gesellschaftlicher Annehmlichkeiten und wirtschaftlicher Chancen aus der engen väterlichen Burg an den Hohenzollernhof. Er brachte es am Ende bis zum kaiserlichen Feldhauptmann und kehrte nach seinem Abschied mit beträchtlichem Vermögen auf seinen Stammsitz nördlich von Coburg zurück (Mitte 15 Jh.).[6] Während in Frankreich die zentrale staatliche Verwaltung allmählich zu einer Domäne des Bürgertums wird, entwickelte sich der Hofapparat, der traditionell schon immer zum großen Teil mit Adligen besetzt war, im 17. Jh. endgültig zu einem Monopol bzw. zu einer Versorgungsanstalt für den hohen Adel.[7]

Die besondere Disponiertheit des russischen Adels zu Fürstendienst wurde durch seine ausgeprägte Mobilität, die durch politische Umstände gefördert und am Leben erhalten wurde und deren Wurzeln in die Kiever Zeit zurückreichten, begünstigt. Der Tendenz zu lokaler Verwurzelung durch Grundbesitz in deren Spätphase stand im Adel ein ausgeprägtes gefolgschaftliches Denken gegenüber, das sich auf die ständigen Wechsel der Fürsten in andere Herrschaften einstellte und sie mitvollzog und den Konflikt zwischen Seßhaftigkeit und Beweglichkeit des Fürstendienstes meist zugunsten des letzteren entschied. Es ist deshalb wegen dieser tiefsitzenden traditionellen gefolgschaftlichen Mobilitätsmentalität des russischen Adels auch nicht verwunderlich, mit welcher Leichtigkeit und Bereitwilligkeit er in späterer Zeit lebenslangen Dienst an ständig wechselnden Orten und in verschiedenen Positionen auf sich nahm. Man wird hierbei die überkommene adlige Dienstmobilität als eine im Vergleich zu provinzieller seßhafter Abgeschiedenheit attraktiver eingeschätzte Existenzform mit Sicherheit in Rechnung zu stellen haben, wie denn dieser Gegensatz noch deutliche Anklänge in realitätsnahen literarischen Gemälden der Neuzeit gefunden hat, in denen häufig das glanzvolle Leben des hohe Ämter bekleidenden

---

[5] Vgl. Crummey, Aristocrats, S. 34.
[6] Vgl. Goez, Das Leben auf der Ritterburg, S. 11 f. In vielen deutschen Territorien des Spätmittelalters bleiben die meisten höheren Staatsämter das Monopol des Adels. Vgl. Elias, Der Prozeß der Zivilisation, Bd. II, S. 271.
[7] Ebd.

Residenzadels der gesellschaftlichen Eintönigkeit und geistigen Öde und materiellen Beschränktheit kleinadligen Landlebens gegenübergestellt wird.[8] Dieses Problem war auch westlichen Adelsgesellschaften nicht unbekannt, in denen freilich die Affinität zu Grundbesitz und lokale Verwurzelung im allgemeinen einen höheren Grad an Intensität aufwiesen, als dies in Rußland der Fall war, und wo deshalb auch eine im Vergleich zu jenem größere innere Akzeptanz dieser adligen Lebensform vorherrschte. Dennoch galt es für den Ritter des Mittelalters gemeinhin als Pflicht, irgendwann die Enge des heimatlichen Lebenskreises zu verlassen, um nicht zu „verbauern", zu „versitzen" oder zu „verligen". Der Südtiroler Oskar von Wolkenstein († 1445) beklagte das langweilige Leben auf der Burg in plastischer Weise so: „... mein kurzweil die ist mangerlei: neur eselgesang und pfawengeschrei."[9] Ist die Vermutung abwegig, daß die in der Weite des russischen Raumes verstreuten adligen Grundbesitzer ein dauerndes und abwechslungsloses Leben in ländlicher Einsamkeit als kaum weniger bedrückend für das Gemüt empfunden haben werden? Kam eine solche abgeschiedene provinzielle Existenz für die hohe Aristokratie ohnehin nicht in Frage, so bedeuteten Fürsten- und Kriegsdienst für den seßhaften niederen Lokaladel nicht nur Opfer, Gefahren, längerfristige Trennung von Frau

---

[8] Eine eindrucksvolle Passage findet sich in Alexander Puschkins Erzählung „Der Schuß" (1831), in der beiläufig dieser Gegensatz aus der Perspektive eines kleinen Landjunkers so beschrieben wird: „Ich beschäftigte mich mit der Wirtschaft, doch insgeheim trauerte ich meinem früheren aufregenden und sorglosen Leben als Offizier nach. Am schwersten gewöhnte ich mich daran, die Herbst- und Wintertage in völliger Einsamkeit zu verbringen. Bis zum Mittagessen schlug ich noch irgendwie die Zeit tot, indem ich mich mit dem Dorfältesten unterhielt, auf das Feld fuhr oder neue Gebäude besichtigte, doch sowie es anfing dunkel zu werden, wußte ich einfach nicht, wohin mit mir. Die geringe Anzahl von Büchern, die ich unter den Schränken und in der Vorratskammer gefunden hatte, kannte ich bald auswendig. Sämtliche Märchen, an die sich die Haushälterin Kirilowna nur erinnern konnte, hatte ich mir erzählen lassen, die Lieder der Bauernweiber stimmten mich noch trauriger. Ich hätte mich auf den ungesüßten Fruchtschnaps verlegt, doch davon bekam ich Kopfschmerzen, auch gebe ich zu, daß ich fürchtete, ein Trinker aus unheilbarem Kummer zu werden, das heißt, ein unheilbarer Trinker, für die es sehr viele Beispiele in unserem Kreis gab. Nachbarn hatte ich nicht in meiner Umgebung, bis auf zwei oder drei jener Unheilbaren, deren Gespräch hauptsächlich aus Aufstoßen und Seufzen bestand. Die Einsamkeit war erträglicher.
In einer Entfernung von ungefähr vier Werst befand sich ein reiches Gut, das der Gräfin B. gehörte; doch wohnte auf ihm nur der Verwalter ...; im zweiten Frühjahr meines Einsiedlerlebens verbreitete sich das Gerücht, daß die Gräfin und ihr Ehegemahl diesen Sommer ihr Dorf aufsuchen würden. Sie trafen tatsächlich erst Anfang Juni ein.
Die Ankunft eines reichen Nachbarn ist ein wichtiges Ereignis im Leben der Landbewohner. Die Gutsherren und ihr Gesinde sprechen schon zwei Monate vorher und noch drei Jahre danach von dieser Begebenheit." Die unheimliche Wahrsagung. Erzählungen der russischen Romantik. Frankfurt a.M. 1971, S. 195 f.
[9] Zit. bei Goez, Das Leben auf der Ritterburg, S. 10.

und Kindern, sondern zugleich auch Abenteuer, Veränderung, neue Eindrücke, neue Menschen usw., waren somit selbst für die materiell am wenigsten von Dienst Profitierenden unter Umständen nicht ohne eine gewisse Attraktion und Anziehung, was aber in den Quellen – wo doch von dieser Seite die Belastungsfaktoren aus standespolitischem Interesse immer besonders hervorgekehrt wurden – keinen Niederschlag gefunden hat. Man wird also nicht nur der tradierten Gewohntheit und Fähigkeit zu Mobilität, sondern auch dem Wunsch nach Veränderung angesichts der gering geschätzten Lebensqualität von lokalem Daueraufenthalt eine gewisse Rolle in der adligen Dienstmotivation zuzuerkennen haben.

Erfolgreicher Dienst in hohen Positionen, besonders wenn er mit Fürstennähe verbunden war, gab Prestige und war für die Selbstwertschätzung des Adels von zentraler Bedeutung.[10] Die Ansicht, daß in der russischen Gesellschaft des Mittelalters Herkunft und Geblüt zu Lasten der persönlichen Fähigkeiten und Verdienste übermäßig hoch bewertet wurden,[11] geriete zur Mißverständlichkeit, wenn sie so aufgefaßt würde, daß die vornehme Abkunft automatisch einen bevorzugten Platz im adligen Rangsystem sicherte. Erst in Verbindung mit Dienst wurde überhaupt der Herkunftsfaktor relevant. Eine sich selbst genügende Berufung auf einen entfernten vornehmen Ahnen begründete keineswegs eo ipso eine bestimmte feststehende Rangposition innerhalb der Adelshierarchie. Es gab keinen sozusagen sekundären Adelsbereich, eine zweite Schiene adliger Existenz, die sich abseits von Dienst definierte und legitimierte. Aktuelle Ernennungen und Rangeinstufungen geschahen mit Blick auf die Dienstpositionen von Verwandten und Vorfahren im Vergleich zu denen von Mitgliedern anderer Geschlechter. Vornehme Abkunft wurde erst in der Übernahme hoher Ämter und Kommandostellen manifest. Geschah dies nicht, büßte

---

[10] Vgl. Crummey, Aristocrats, S. 35. Männer aus der Elite wiesen es als unehrenhaft von sich, mit nicht landbesitzgestütztem Militärdienst, unfreiem Status oder physischer Arbeit in Verbindung gebracht zu werden. Vgl. Kollmann, Honor and Dishonor, S. 142.

[11] Markevič, Istorija mestničestva, S. 205. Als Beleg verweist der Verfasser auf Kotošichin, der davon spricht, daß das Bojarentum aufgrund der hohen Abkunft verliehen werde, und auf die Tatsache, daß es sehr junge Bojaren gegeben habe. Auf der anderen Seite räumt er ein, daß in der Mehrzahl der Fälle die Kinder hochgestellter Personen keinen entsprechenden Dienstrang einnahmen. Ein prominentes Beispiel ist Fürst Aleksandr Iv. Vorotynskij, der es nur bis zum Stol'nik brachte. Ebd. S. 193–194. Eine starke Betonung von Leistung und Verdienst für die individuelle Adelskarriere bei Alef, Reflections on the Boyar Duma, S. 101–104; Rüß, Adel und Adelsoppositionen, S. 7 ff. Jabločkov, Istorija dvorjanskago soslovija, S. XXVIIII, sagt; „... Dienst für einen Fürsten wurde höher gestellt als die Herkunft von alten Bojarengeschlechtern ..." Als „wichtiges Element patrimonialer Systeme" betont Pipes „die Rangordnung der Elite nach ihren Funktionen für den Staat statt nach der gesellschaftlichen Herkunft", vgl. Rußland, S. 188.

sie ihre Relevanz als Bestimmungsfaktor des Ranges innerhalb der Adelsgesellschaft ein. Insofern trifft die etwas dramatische Formulierung „He who did not serve perished",[12] abgesehen von den materiellen Implikationen des Nichtdienens, den Kern der Sache: Dieses bedeutete Ausgrenzung, Herausfallen aus der Hierarchie, Absinken in Anonymität und Bedeutungslosigkeit, Verlust von Herrschafts-, Rang- und Machtansprüchen. Zweit- oder drittklassige Dienstverhältnisse, etwa bei Teilfürsten in der Provinz, wirkten sich statusmindernd aus.[13] Auch dies zeigt die tendenzielle Richtung an: Dienstpositionen geringer Qualität oder für weniger bedeutende Personen, auch wenn sie von Leuten vornehmer Herkunft ausgeübt wurden, verminderten deren Rangwert innerhalb der privilegierten Schicht. Der Adel eines Geschlechts offenbarte sich in der Qualität der von seinen Mitgliedern eingenommenen Dienststellungen, wie gleichzeitig der Dienstfaktor als wesentliches Kriterium für Statuszuweisung und Statuslegitimierung von den Beteiligten in Anspruch genommen und zur Geltung gebracht wurde. Es kann als breiter gesellschaftlicher Konsens in Kiev und Moskau angesehen werden, daß die Beziehung zwischen dem Fürsten und dem Adel zuallererst auf Dienst beruhte. Einige russische Sprichwörter unterstreichen dieses Verhältnis: „Ein Zar ohne Diener [sluga] ist wie ohne Hände." „Wo der Fürst ist, da ist auch sein Diener." „Ein treuer Diener ist dem Zaren das Allerteuerste."

Das bisher Gesagte läßt zwei wichtige Generalisierungen zu. Erstens: Dienst ist ein konstitutives Merkmal russischer adliger Existenz im gesamten hier behandelten Zeitraum. Nichtdienender Adel ist eine Abweichung von der gesellschaftlichen Norm. Es gibt Unterschiede in der Häufigkeit und Dauer des Dienstes. Der am Fürsten- und Zarenhof versammelte Hochadel ist permanenter und langfristiger mit Dienstaufgaben befaßt als der nur sporadisch bzw. bei Erfordernis zu Kriegsdienst aufgebotene niedere Provinzadel. Aber generell gibt es keine alternative adlige Existenz außerhalb einer Dienstbeziehung als politisch und sozial relevante und gesellschaftlich akzeptierte Erscheinung. Zweitens: Erst mit dem Auftreten von Dienstgütern seit der 2. Hälfte des 15. Jh. erhält Dienst für die mit jenen Ausgestatteten Verpflichtungscharakter. Das ausgeprägte Dienstethos des Erbadels der vorangehenden Zeit bestand aus einer Mischung von gesellschaftlicher Erwartung und freiwillig auferlegtem

---

[12] Vgl. Kleimola, Status, Place and Politics. The Rise of the Mestnichestvo, S. 196.
[13] Durch niedrige Dienste fielen ehemals so bedeutende Adelsgeschlechter wie die Fürsten Rostovskie, Starodubskie, Černigovskie und andere im 16. und 17. Jh. in der Rangleiter tief ab. Durch außergewöhnliche Diensterfolge einiger ihrer Mitglieder gelangten abgesunkene Familien wie die Dolgorukie und Požarskie im 17. Jh. wieder an die Spitze der Adelsgesellschaft. Vgl. Markevič, Istorija mestničestva, S. 442 f.

Selbstzwang, dem als Antrieb starke ideelle, materielle[14] und statusorientierte Motive zugrunde lagen.

Die hier vorgetragene Auffassung widerspricht einer Reihe von gängigen Vorstellungen. So wird etwa der **Zwangscharakter** von Dienst im Zusammenhang mit der These, daß sich die Entwicklung des Adels im Rahmen und unter den Bedingungen einer ausgeprägten fürstlichen Gebietsherrschaft nach dem Untergang des Kiever Reiches im nordöstlichen Kolonialland in einer von da an unautonomen und unfreien Weise vollzog, vielfach als Spezifikum russischer adliger Existenz besonders betont. Die für eine spätere Periode konstatierte rücksichtslose Unterwerfung des Adels unter das Staatsinteresse wird also auf sehr frühe Wurzeln zurückgeführt.[15] Das **freiwillige Moment** adligen Dienstes und dessen verschiedene historische Ursachen werden weitgehend ignoriert.

Für unhaltbar erachte ich fernerhin die These vom Vorhandensein eines an keinerlei Dienst gebundenen Adels, einer autonomen Adelsexistenz ohne jede Form von Bindungen an höhere Instanzen und Personen.[16] Dies ist nicht in dem Sinne zu verstehen, daß eine solche dienstunabhängige adlige Lebensweise gänzlich unrealisierbar bzw. ausgeschlossen gewesen wäre. Sie war es in einzelnen Fällen sicherlich keineswegs. Aufgrund seiner Freiwilligkeit muß selbstverständlich mit einer unterschiedlichen Bereitschaft zu Dienst und einem verschieden großen Engagement, was Häufigkeit und Dauer der übernommenen Aufgaben betrifft, gerechnet werden. Aber solche Verhaltensweisen waren letztlich alle auf das vorherrschende System des Dienstes bezogen, und ein gänzlicher Rückzug aus ihm war nur eine Negation desselben und keine Realisierung einer gesellschaftlich tolerierten und mit positiven ideologischen Gehalten besetzten alternativen adligen Lebensform. Insbesondere der hohe

---

[14] Auf den engen Zusammenhang von Grundbesitzerwerb und Dienst hat bereits nachdrücklich Roždestvenskij, Služiloe zemlevladenie, S. 225, 227, 231, 261 hingewiesen. Einen großen Teil des Landreichtums der Romanovy-Jur'evy bildeten zarische Schenkungen nach der Heirat Ivans IV. mit Anastasija Romanovna. Vgl. Pavlov, Gosudarev dvor, S. 191. Aus dem Testament F.I. Chvorostinins von 1602 ist ersichtlich, daß ein großer Teil seines riesigen Erbgutbesitzes von ca. 4000 četv. auf „herrscherliche Schenkungen" für hervorragenden Dienst zurückging. Vgl. ebd., S. 170. „Aufgrund der Verwandtschaft und für Dienst" erhielt Fürst B.M. Lykov die Votčinen des 1606/07 verstorbenen Fürsten I.I. Kurljatev in Obolensk und Borovsk. Ebd. S. 173.

[15] Vgl. etwa Fenster, Adel und Ökonomie, S. 45, 47; Romanovič-Slavatinskij, Dvorjanstvo v Rossii, S. 119.

[16] Jabločkov, Istorija dvorjanskago soslovija, S. 72, schreibt: „Ein Bojar konnte dienen und nicht dienen ..." Er vermutet das Vorhandensein eines dienenden und eines nichtdienenden Adels bereits in Kiever Zeit. In dieser historiographischen Tradition steht A. P. Pavlov mit seiner Bemerkung, daß erst in der 2. Hälfte des 16. Jh. aus einer „alten Erbgutaristokratie" eine „Dienstaristokratie" geworden sei. Vgl. Gosudarev dvor, S. 252.

Adel hat sich, wie zu Recht bemerkt wurde,[17] mit einer ganz erstaunlichen Diszipliniertheit den Anforderungen und Belastungen des Dienstes unterzogen. In der Zeit Ivans III. hatten Personen vor Erreichen des Okol'ničij-Ranges durchschnittlich immerhin 15, bis zur Ernennung zum Bojaren sogar 25 Jahre gedient.[18] Bis zur Mitte des 16. Jh. hat sich daran nichts wesentlich geändert,[19] und auch im 17. Jh. waren 20-30 Jahre Dienst vor Erreichen der macht-, prestige- und belohnungsträchtigen Dumaränge die Regel.[20] Dienst war, wie W.R. Augustine für das 18. Jh. feststellt, „the normal condition of life for the nobility",[21] dessen Traditionen freilich viel tiefer in die russische Geschichte zurückreichen, als jener Verfasser das vermutet.[22] Das Befreiungsmanifest Peters III. für den Adel vom 18. Februar 1762, das die Dienstpflicht aufhob, hat, abgesehen von einer kurzen Übergangszeit unmittelbar nach dem Edikt, keineswegs zu einer Privatisierung des adligen Lebens geführt.[23] Und beide großen Privilegien des 18. Jh., das von 1762 und die Gnadenurkunde Katharinas II. von 1785, die u.a. die Freiheit von der Dienstpflicht sanktionierte, sind nur von der Voraussetzung her zu erklären, daß man staatlicherseits von der fernerhin bestehenden Bereitwilligkeit des Adels zum Dienst überzeugt war.[24]

2. Zum „Erlaß über den Dienst" von 1556

Angesichts der tief in der russischen Vergangenheit wurzelnden adligen Diensttradition erscheint die formaljuristische Verpflichtung des Erbadels zum Dienst aufgrund eines Erlasses aus dem Jahre 1556[25] nicht als jenes einschneidende Ereignis in der Geschichte der russischen herrschenden Klasse, als das es vielfach so herausgestellt wurde (s. auch oben, Kap. III). Aus „Ratgebern" und

---

[17] Vgl. Kämpfer, Stökl, Rußland an der Schwelle zur Neuzeit, S. 938, Anm. 264.
[18] Vgl. Alef, Reflections, S. 91–107; ders., Aristocratic Politics, S. 78 f.
[19] Vgl. Kleimola, Patterns of Duma Recruitment, S. 236. Die Verfasserin beobachtet seit 1543 einen scharfen Bruch: Sowohl die Dienstzeiten vor der Ernennung zum Okol'ničij wurden bedeutend kürzer als auch die Wartezeiten zwischen dem Sprung vom Okol'ničij zum Bojaren. Ebd. S. 242. Verwandte der Großfürsten und Zaren machten allerdings wesentlich schnellere Karrieren.
[20] Vgl. Crummey, Aristocrats, S. 47.
[21] Notes, S. 374.
[22] Ebd. S. 377 (Verweis auf die von Peter I. inaugurierten Diensttraditionen).
[23] Vgl. Ruffmann, Russischer Adel, S. 163. Daß viele russische Aristokraten mit Geringschätzung auf den Staatsdienst herabblickten, der ihnen nicht als angemessene Beschäftigung für Herren von Stand erschien, vgl. Laqueur, Deutschland und Rußland, S. 16, ist wohl erst eine Erscheinung des späten 18. und 19. Jh.
[24] Vgl. Augustine, Notes, S. 374.
[25] Überliefert nur in einer Chroniknotiz, vgl. Sbornik dokumentov, t. III., S. 171, Nr. 24; Zakonodatel'nye akty, S. 38, Nr. 11.

„Genossen" seien nun wegen der Dienstverpflichtung jeglichen Grundbesitzes, so lautet der Tenor, „Untertanen" und „Sklaven" geworden.[26] In bezug auf den Erlaß wird freilich übergangen, daß es sich nicht um eine **persönliche** Dienstverpflichtung der Erbgrundbesitzer gehandelt hat, sondern um eine **dingliche** von ihrem Land. Insofern ist die Vorstellung, daß seit 1556 Dienst für alle verpflichtend wurde,[27] dahingehend zu präzisieren, daß zwar von **privilegiertem Grundbesitz** prinzipiell Dienst geleistet werden mußte, dies aber theoretisch nicht den **persönlichen Dienstzwang** für dessen Eigentümer einschloß, wenngleich die Regierung das freiwillige persönliche Dienstengagement der Erbgrundbesitzer als selbstverständlich voraussetzte und deshalb eine juristische Festschreibung dieses Tatbestandes eventuell sogar für überflüssig hielt.[28] Der Sinn der Maßnahme von 1556 bestand denn auch, wie bereits erwähnt, in erster Linie darin, die vorhandenen Dienstressourcen möglichst umfassend auszuschöpfen, indem nun von einer bestimmten Fläche guten Ackerlandes – von 100 Četvert' – ein Mann mit Pferd und voller Rüstung, bei weiten Feldzügen mit zwei Pferden, gestellt werden mußte.[29] Es hatte sich wohl nach Ansicht der Regierung vielfach ein Mißverhältnis zwischen staatlicher Belohnung und personellen bzw. materiellen Dienstopfern, die der Größe des Grundbesitzes in keiner Weise entsprachen, eingestellt.[30] Wer privilegiertes Land besaß und keinen Dienst davon trug, sollte künftig Geldleistungen für die Ausrüstung und Bezahlung von Kriegsleuten erbringen; wer mehr Leute stellte, als verlangt war, wurde mit höherer staatlicher Belohnung (*žalovanie*) prämiert.[31]

Der Erlaß von 1556 macht deutlich, daß es im Moskauer Reich Adlige gab, die an der Ausübung von Dienst und an Dienstleistungen zugunsten des Staates

---

[26] Vgl. Jabločkov, Istorija dvorjanskago soslovija, S. XXVIII f.

[27] Ebd. S. 217; Hellie, Enserfment, S. 28; Crummey, Aristocrats, S. 34.

[28] Die Festlegung von Dienstalter (Beginn mit 15 Jahren) und von Kriterien für Dienstbeendigung (Alter, Krankheit, Verwundung, geistige Unfähigkeit) im Erlaß von 1556 werden oft als indirekter Beweis für persönliche Dienstpflicht gewertet.

[29] Unter Boris Godunov wurde die Leistung vom Ackermaß um das Zweifache verringert. Im späteren 17. Jh. geschah die Festlegung der Dienstkraft aufgrund der Bewertung der ökonomischen Macht durch dafür zuständige Schätzer (okladčiki). Vgl. Staševskij, Služiloe soslovie, S. 17; Hellie, Enserfment, S. 48, 49. Als allgemeine Regel scheint die Höhe des Dienstes jetzt mehr von der Zahl der Bauern abhängig gemacht worden zu sein. Ebd. S. 49 f.

[30] Vgl. Zakonodatel'nye akty, S. 38.

[31] Ebd. Zwei unterschiedliche, bedeutungsträchtige Lesarten finden sich zum letzten Punkt im Sbornik dokumentov, t. III., S. 171, wo von einer „höheren Belohnung" die Rede ist, während in den Zakonodatel'nye akty, S. 38, der entsprechende Passus mit „großer Belohnung" wiedergegeben ist. Auf jeden Fall ist klar, daß die Bestimmung sich zugunsten des *hohen Adels* auswirken mußte, der aufgrund seiner ökonomischen und personellen Möglichkeiten dazu in der Lage war, ein größeres Kontingent von Kriegsleuten aufzubieten und sich praktisch damit eine profitable Einnahmequelle zu erschließen. Vgl. auch Hellie, Enserfment, S. 38.

geringes Interesse zeigten. Über Boris Polivanov wird zu Anfang des 17. Jh. berichtet, daß er relativ vermögend war, zurückgezogen auf seinem ländlichen Besitz lebte und Dienst überhaupt nicht schätzte. Sein geringer Ehrgeiz äußerte sich auch darin, daß er jedem, der seine Position beanspruchte, sie diesem bereitwillig einräumte.[32] Der bereits erwähnte A.I. Bezobrazov († 1690) legte weitaus größere Energien in Angelegenheiten seiner Votčina als im Dienst an den Tag und machte deshalb auch nicht die Karriere, welche seiner Herkunft, seinen Fähigkeiten und politischen Verbindungen entsprochen hätte. Dienst war für ihn nur eine traurige Notwendigkeit, der er sich äußerst widerwillig unterwarf und unter allen möglichen Vorwänden, meist gesundheitlichen, zu entziehen versuchte, wobei ihm seine ausgezeichneten Moskauer Beziehungen dabei häufig zugute kamen.[33] Das Anzetteln eines Rangplatz-Streites war oft auch ein Mittel, um einer ungeliebten Diensternennung aus dem Wege zu gehen.[34] Dennoch waren solche Fälle von innerlicher Dienstverweigerung nicht der eigentliche Anstoß für die Maßnahmen von 1556. Bei ihnen ging es in erster Linie darum, die Qualität und Größe des Landbesitzes in kontrollierbarer Weise mit entsprechenden Dienstverpflichtungen zu korrelieren und unausgeschöpftes Dienstpotential zu mobilisieren und für den Staat nutzbar zu machen. Es ist zweifelhaft, ob die Regierung vor dieser Zeit überhaupt den Umfang der zu erwartenden Dienste einigermaßen präzise einschätzen konnte,[35] wie es andererseits, zumindest was die Erbgutbesitzer betraf, weitgehend in deren Ermessen lag, wieviel Kriegsvolk sie jeweils zur Verfügung stellten.

Es gibt gute Gründe anzunehmen, daß die eigentliche Stoßrichtung des Erlasses von 1556 nicht in der formalrechtlichen Gleichsetzung von Dienst- und Erbgut bestand, die in der Praxis denn auch keineswegs eine Gleichbehandlung beider Besitzformen in bezug auf Dienst bedeutete,[36] sondern in einer **verstärkten Kontrolle und Mobilisierung des Kriegsdienstpotentials der Masse des kleinen, mit Pomest'e ausgestatteten Provinzadels**. In diesem Licht hat die Dienstverpflichtung von Erbgut in unseren Augen eher Feigenblattcharakter und Alibifunktion für die verschärfte Disziplinierung des kleinen und mittleren Kriegeradels, der zudem aufgrund seiner mangelnden ökonomischen Potenz kaum in den Genuß der von dem Erlaß in Aussicht gestellten zusätzlichen materiellen Belohnungen im Falle vermehrter Leistungen gelangen konnte. Nur der kleine

---

[32] Vgl. Markevič, Istorija mestničestva, S. 470.
[33] Vgl. Novosel'skij, Votčinnik, S. 7-9.
[34] Vgl. Markevič, Istorija mestničestva, S. 330.
[35] Vgl. Hellie, Enserfment, S. 38.
[36] Die Größen- und Qualitätsdaten über staatliche Dienstgüter waren bekannter und präziser als über die oft riesigen privaten Erbgüter, deren „Leistungsvermögen" zudem von ihren einflußreichen Besitzern in Moskau leicht zu ihrem Vorteil manipuliert werden konnte.

Provinzadel begegnet in den Quellen als Objekt einer strengeren Kontrolle seiner Dienste und seines Leistungsvermögens und als Opfer harter Bestrafung und Repressalien bei Nichterfüllung seiner Dienstpflichten. Dem Dienstgutbesitzer Boris Jarcov wurde wegen Nichterscheinens zum Feldzug gegen Kazań sein Pomest'e weggenommen, das sich der Sohn zurückerdienen mußte.[37] Aus einer Verfügung des Dienstgutamtes vom Februar 1556 geht hervor, daß viele Bojarensöhne aus Novgorod, Luck und Ržev nicht zu der von den Bojaren Fürst Petr Mich. Ščenjatev und Fürst Dmitrij Fed. Paleckij durchgeführten Musterung erschienen und deshalb ihre Dienstgüter konfisziert wurden.[38] Die Tendenz, sich der Kriegspflicht zu entziehen, verstärkte sich in den 60er und 70er Jahren des 16. Jh. in der Dienstgutschicht außerordentlich und wurde mit Entzug des Pomest'e und öffentlicher Auspeitschung geahndet.[39] Die ununterbrochenen Kriege Ivans IV. in Verbindung mit einer durch sie hervorgerufenen und verschärften wirtschaftlichen Krise waren für die sinkende Kampfmoral und Dienstwilligkeit des Moskauer niederen Kriegeradels verantwortlich. Viele aus ihm waren überhaupt nicht in der Lage, sich eine angemessene Kriegsausrüstung zu beschaffen,[40] wodurch das Todesrisiko auf dem Schlachtfeld beträchtlich erhöht wurde. Aus solchen Gründen und aus Armut begaben sich manche in die Abhängigkeit reicher Adliger,[41] was im Widerspruch zu staatlichem Interesse stand. Die Kriegsdienstmoral des niederen Provinzadels hat seit dieser Zeit spürbar Schaden gelitten. Während der Kämpfe gegen Stenka Razin 1671 blieb offenbar eine unübersehbare Zahl von Provinzadligen dem Kriegsgeschehen fern. Dieses Verweigerungsverhalten, von dem damals allerdings auch Teile des hohen und mittleren Moskauer Adels erfaßt waren, nahm während der beiden Krimfeldzüge von 1687 und 1689 noch beängstigendere Ausmaße an.[42] Diese Tendenz ist durch Ereignisse und spezifische Entwicklungen des 17. Jh., durch den Bürgerkrieg zu Anfang des Jahrhunderts,

---

[37] Vgl. Sbornik dokumentov, t.III., S. 171 f., Nr. 25.
[38] Ebd. S. 172, Nr. 26.
[39] Ebd. S. 191 f., Nr. 43 (1578); Hellie, Enserfment, S. 39; Abramovič, Dvorjanskoe vojsko, S. 192. Dies wird auch durch Heinrich v. Staden bestätigt, der außerdem berichtet, daß die Opričnina-Mitglieder aus dem konfiszierten Landfonds jener bedient wurden, die nach Prüfung der Musterungslisten sich früher dem Kriegsdienst entzogen hatten. Vgl. Sbornik dokumentov, t.III, S. 187 f.
[40] Von 279 Personen des Kontingents aus Kolomna erschienen 1577 lediglich 163 in voller Rüstung. Vgl. Hellie, Enserfment, S. 39. Noch eindrucksvollere Zahlen liefert für die Heeresabteilung von Kašira (*Kaširskaja desjatna*) Abramovič, Dvorjanskoe vojsko, S. 189.
[41] Artikel 81 des Sudebnik von 1550 lautet: „Aber diensttuende Bojarensöhne und ihre Kinder, die noch nicht gedient haben, darf niemand als Slaven aufnehmen, außer jene, die der Herrscher vom Dienst entläßt." Vgl. Sudebniki XV-XVI vekov, S. 180. I.I. Smirnov deutet diesen Passus, nach unserer Überzeugung zu Unrecht, als Schutzbestimmung für den kleinen Dienstadel. Ebd. S. 166.
[42] Vgl. HGR, Bd. II, S. 211 f. (H.-J. Torke).

durch Bauernaufstände, wirtschaftliche Krisen und die Entstehung der „Truppen neuer Ordnung", die den militärischen Wert des alten Reiterheeres sinken ließen, erheblich verschärft worden. Das eigentliche Opfer war der landarme und dienstgutbesitzende kleine Provinzadel, der die Masse der moskowitischen Streitmacht bildete. Er war zu Kriegsdienst verpflichtet. Alternative staatliche Dienste waren ihm weitgehend verschlossen, die sozialen Belastungsfaktoren von Dienst waren für ihn vorherrschend. Im Unterschied dazu überwogen für den hohen Adel stets die Bereicherungschancen durch Dienst. Insofern ist es kaum zulässig, den rechtlichen Gehalt des Erlasses von 1556 in der Weise zu verabsolutieren, daß die weiterhin bestehenden gravierenden ökonomischen und machtmäßigen Unterschiede innerhalb des Adels unter den Begriff eines „einheitlichen Dienststandes" subsumiert und mit dieser nivellierenden und griffigen Terminologie in abschwächender Weise heruntergespielt, minimalisiert und verwischt werden. Für den besitzstarken hohen Erbadel, der in einer langen Tradition des Dienstes stand, hatte das Jahr 1556 wahrscheinlich weit weniger den Charakter einer Zäsur als für manche Historiker,[43] die den Eindruck vermitteln, als sei mit einem einzigen formaljuristischen Federstrich der gesamte Adel zu einer zwangsverpflichteten, politisch entmachteten und – im Verhältnis zum Zaren – „leibeigenen"[44] Schicht degradiert worden.

3. Militärischer Dienst

Der russische Adel hatte seine Wurzeln – überspitzt formuliert – nicht im Land, sondern im Dienst für den Herrscher. Es ist zu Recht bemerkt worden, daß er in mancher Hinsicht eine sehr moderne Institution gewesen sei, sozusagen eine Art frühe Meritokratie.[45] Ein zum Fürstenhof orientierter Gefolgschafts- und Dienstadel, wie der russische, entwickelte bestimmte Charakterzüge, eine spezifische Mentalität, die von einem vornehmlich sich grundherrlich definierenden und legitimierenden Adel wohl erheblich unterschieden war. Verdienst und Leistung spielten im ständigen Konkurrenzkampf um Fürstengunst und Macht eine große Rolle. Sie waren, bei gleichwertigen blutsmäßigen Voraussetzungen, das entscheidende Kriterium bei der Auswahl für

---

[43] Für den Rechtshistoriker Sergeevič endet mit diesem Jahr die traditionelle Gesellschaftsverfassung, die „Vormoskauer Starina". Vgl. Drevnosti, t.III, S. 20. Nur eine isolierte, den historischen Kontext vernachlässigende, die Kontinuität des adligen sozialen und politischen Machtstatus außer acht lassende, die neuen materiellen Chancen für den hohen Adel übersehende und dabei einseitig rechtlich argumentierende Betrachtung kann allerdings zu einem solchen Ergebnis gelangen.
[44] Speranskij schrieb im Jahre 1805, daß es in Rußland nur zwei Stände gäbe, „Sklaven des Herrschers und Sklaven der Grundbesitzer. Jene werden nur in Relation zu diesen frei genannt." Zit. bei Pipes, Rußland, S. 113.
[45] Ebd. S. 106.

Ämter und Positionen.[46] Erfahrung, Loyalität, Kenntnisse, Fähigkeiten, Erfolge in der vorangehenden Laufbahn waren für den Aufstieg in die Bojarenduma von ausschlaggebender Bedeutung.[47] Der Großfürst Dmitrij Donskoj gab seinen Söhnen folgendes Vermächtnis mit auf den Weg: „Eure Bojaren aber sollt ihr lieben und ihnen die gebührende Ehre zuteil werden lassen **entsprechend der Verdienste eines jeden**"[48] (von mir gesperrt, H.R). Herberstein berichtet: „Er [der Großfürst] lasset auch kein mannheit oder ehrliche tath in dem krieg unbelonet. Deßhalb sind etliche mit einem gantz wohlbedachten rathschlag in sonderheit verordnet / welche auf dise ding sollend acht haben / damit dem zaghaftigen ein ewige schand und straaf / hargegen dem mannlichen / ein ewige besoldung und grosse ehr hernach volge und bestimmet werde. Welches dann nit allein in kriegen/ sondern **allen anderen gescheften sehr nutzlichen und gut ist**"[49] (von mir gesperrt, H.R.). Es fällt auf, daß der bekannte kaiserliche Diplomat und Schriftsteller, ansonsten ein unerbittlicher Kritiker der moskowitischen Verhältnisse, diesen Aspekt herrschaftlich-adliger Beziehung, offenbar in bewußter Kontrastierung zur eigenen Erfahrungswelt, besonders lobend hervorhebt. Als sich die Bojaren 1540/41 dazu entschlossen, die Streitigkeiten untereinander zu beenden und den Kampf gegen die tatarische Bedrohung aufzunehmen, taten sie dies mit der folgenden Begründung: „Wir dienen dem minderjährigen Herrscher, aber vom erwachsenen empfangen wir Ehre und **aufgrund unserer Verdienste** (von mir gesperrt, H.R.) auch unsere Kinder."[50] Andrej Kurbskij schreibt über sich selbst, daß er **aufgrund von Verdiensten** Voevode „der rechten Hand" bereits im Alter von 24 Jahren geworden sei[51].

Wie zur Zeit des Gefolgschaftswesens bezog der hohe Adlige die Rechtfertigung für seine Nähe zum Herrscher, für Belohnung und ranghohe Positionen aus seiner traditionellen Funktion als Heerführer, Krieger und Kampfgenosse des Fürsten.[52] Hohe militärische („stratilatskie") Posten waren ein Privileg

---

[46] Vgl. DRV, t.20, S. 169.
[47] Für die Zeit Ivans III. hat dies eindrucksvoll G. Alef nachgewiesen. Vgl. Reflections on the Boyar Duma, S. 108. Bezeichnend der Titel eines Aufsatzes von A. Kleimola über die Zeit Ivans IV. betreffs dieses Aspekts: Reliance on the Tried and True.
[48] PSRL 11, S. 114.
[49] Historien, S. 191.
[50] Piskarevskij letopisec, S. 43.
[51] Vgl. Alef, Reflections on the Boyar Duma, S. 108.
[52] Auch wenn letzterer immer seltener persönlich an der Spitze des Heeres in den Kampf zog, so ist doch die *Idee* dieser alten Kampfgenossenschaft auch noch im 16. Jh. lebendig. Als die Bojaren 1540 darüber berieten, ob sie der Aufforderung des minderjährigen Großfürsten zum Kampf gegen die Tataren nachkommen sollten, stellten sie folgende Erwägung an: „Unser Herrscher, der Großfürst Ivan, ist noch nicht in die Jahre gekommen, um sich selbst zu bewaffnen und gegen die Zaren in den Kampf zu ziehen ..." Vgl. Piskarevskij letopisec, S. 43.

der Aristokratie. Für eine erfolgreiche Karriere war Dienst in militärischen Kommandostellen eine unumgängliche Bedingung. Adlige, die ins engere politische Machtzentrum gelangten, hatten in aller Regel langjährige militärische Erfahrung. Selbst diejenigen, die allem Anschein nach nicht aufgrund ihres militärischen, sondern ihres politischen, diplomatischen oder administrativen Talents aufgestiegen waren, hatten irgendwann in ihrer Laufbahn militärische Posten bekleidet bzw. übten sie auch dann noch gelegentlich aus, wenn ihre Tätigkeit überwiegend zivile Schwerpunkte hatte.[53]

Welches Gewicht dem erfolgreichen militärischen Dienst für eine politisch einflußreiche Stellung zukam, läßt sich aber dennoch mit Bestimmtheit nicht sagen.[54] Es ist davon auszugehen, daß es gemäß den unterschiedlichen Begabungen und Fähigkeiten anerkannte Karriereschienen mit voneinander abweichendem Tätigkeitsprofil gab, die gleichermaßen zu hohen Positionen hinführten. Der Bojar Dmitrij F. Bel'skij verdankte seine konstant hohe Stellung am Moskauer Hof unter den Regierungen Vasilijs III., Elena Glinskajas und Ivans IV. neben seinen verwandtschaftlichen Beziehungen offenbar seinen überdurchschnittlichen militärischen Fähigkeiten, die er in zahlreichen Kommandos an der Süd- und Ostgrenze gegen die Tataren unter Beweis stellte.[55] Dennoch wurde er in seinem politischen Machtstatus zu allen Zeiten von anderen Personen, deren Tätigkeiten weniger einseitig auf das Kriegswesen ausgerichtet waren, übertroffen.

Vereinzelt finden sich in den Chroniken wertende Bemerkungen zu Kriegstaten von Adligen, die die öffentliche Hochschätzung der individuellen militärischen Leistung erkennen lassen. Als im Jahre 1429 die Tataren das Gebiet um Galič und Kostroma heimsuchten, stießen sie auf nur zaghafte Gegenwehr. In besonders hellem Licht erschienen deshalb die Taten von Fedor Dobrynskij

---

[53] Prominente Beispiele, aber keineswegs Einzelfälle sind im 16. Jh. der Bojar Michail Jur'evič Zachar'in (vgl. Rüß, Der „heimliche Kanzler" Vasilijs III., besonders S. 167), im 17. Jh. der Bojar Boris Morozov (vgl. die chronologischen Daten seiner Dienstkarriere in: Chozjajstvo krupnogo feodala, S. 310-312) und der Bojar und Kanzler Vasilij Golicyn, dessen Karriere, die ihn an die Spitze des Staates und des Heeres brachte, hauptsächlich in den Bahnen des engeren zivilen Hofdienstes ablief. Vgl. Danilow, V.V. Golicyn, S. 10.
[54] Die Aussage von N. Kollmann, militärischer Dienst sei bis ins 17. Jh. die „erste Vorbedingung zur Gewinnung von politischer Macht" gewesen (vgl. Kinship, S. 54), ist im Sinne der Fragestellung wenig hilfreich. Ähnliche Generalisierungen aufgrund soziologisch-statistischer Methoden bei Alef (Reflections on den Boyar Duma) und Kleimola (zuletzt: Reliance on the Tried and True).
[55] Vgl. Rüß, Adel und Adelsoppositionen, S 122 f. (Anm. 51); ders. Dmitrij F. Bel'skij, S. 180. Das außerordentlich hohe militärische Engagement vieler Adliger zeigen folgende Beispiele: Fürst Dm. Iv. Chvorostinin erscheint während seiner 14 Jahre als Okol'ničij 32mal in den militärischen Dienstlisten. Vor seiner Ernennung zum Okol'ničij 1576 taucht der Name Fed. Vas. Šeremetevs 29mal in den Militärdienstlisten auf. Vgl. RK, S. 240 ff. bzw. S. 148 ff.

und Fürst Fedor Pestroj Davydovič (Starodubskij), die allein und auf eigene Faust die Verfolgung wagten und einen Teil des Raubguts und der Gefangenen zurückbrachten. Zum Dank, als Ansporn und gewiß zum Ruhm der beiden Feldherren vermerkte ein Chronist: „Jenen Voevoden zu Lebzeiten Ehre und nach ihrem Tod ewiges Gedenken."[56] Zu Fedor Basenok, einem Vertrauten Vasilijs II., heißt es in einer Chronik anläßlich einer Schlacht gegen die Tataren im Jahre 1443: „Damals aber tat sich Fedor Vasil'evič Basenok durch Tapferkeit hervor."[57] 1456 berichtet dieselbe Chronik von seinem Sieg über das Novgoroder Heer und bezeichnet ihn als „kühnen Voevoden".[58] Aus dem Testament Vasilijs II. geht hervor, daß er, dessen Name übrigens in keinem Geschlechterverzeichnis auftaucht, mit Dienstgut auf Lebenszeit ausgestattet worden ist, denn die ihm von der Großfürstinmutter übereigneten Besitzungen sollten nach seinem Tode an den Großfürsten zurückfallen.[59] Daß Basenok allerdings allein aufgrund seiner militärischen Tüchtigkeit zu so hoher Stellung gelangte – 1452 wurde er Bojar –, ist nicht anzunehmen, obwohl die ihm nahestehende *Ermolinskaja Letopiś* diesen Eindruck zu erwecken versucht, was auf den hohen Stellenwert der militärischen Leistung im Bewußtsein der Zeitgenossen hindeutet. Aber gerade für Adlige niederer Herkunft war das Kriegswesen kein geeignetes Sprungbrett, um politische Karriere zu machen, da die wichtigen Kommandostellen hohen adligen Rängen vorbehalten waren, was den Spielraum niederer Dienstleute, sich auszuzeichnen, naturgemäß einschränkte. Basenok hatte zweifellos seine Karriere anderen Fähigkeiten zu verdanken. Er konnte aber seine hohe Stellung durch militärische Leistung untermauern, sie rechtfertigen und damit der allgemeinen Rollenvorstellung vom „Bojaren-Voevoden" entsprechen.

In diesem Zusammenhang ist die Biographie des unter Elena Glinskaja in den Bojarenrang erhobenen Ivan Danilovič Penkov von Interesse. Bevor er Bojar wurde, hatte er nur an einem einzigen militärischen Unternehmen teilgenommen, und zwar war er 1521 beim Angriff der Krimtataren Voevode in Kašira.[60] Ansonsten war er auf diplomatischer Bühne tätig.[61] Seinen Aufstieg unter Elena verdankte er wohl vor allem der Heirat mit Marija, der Schwester der Regentin. Die Chronik nennt ihn 1536 an erster Stelle, als er

---

[56] Ustjužskij letopisnyj svod, S. 74. Vgl. zu dem Ereignis auch PSRL 18, S. 170; PSRL 20, S. 233.
[57] PSRL 23, S. 151.
[58] Ebd. S. 155.
[59] Vgl. DDG, S. 199, Nr. 61.
[60] RK, S. 65.
[61] Er war 1526 bei den Gesprächen Vasilijs III. mit Gian Francesco Citus, dem Gesandten des Papstes, zugegen. 1531 unterzeichnete er als Pskover Statthalter einen Frieden auf 20 Jahre zwischen Pskov und dem Livländischen Orden. Vgl. Rüß, Adel und Adelsoppositionen, S. 10; Nosov, Očerki, S. 292 ff.

mit anderen hohen Bojaren Ivan und seine Mutter zum Dreifaltigkeitskloster begleitete.[62] Nach 1534 hat er mehrfach wichtige militärische Kommandos übertragen bekommen. Obwohl also die Biographie vor seiner Erhebung in den Bojarenrang darauf hinzudeuten scheint, daß er von seinem Habitus her mehr Diplomat und weniger Krieger war, ist er danach neben den Bojaren Fürst Ivan Telepnev-Obolenskij und Fürst Dmitrij Bel'skij der am meisten beanspruchte Voevode während der Regenschaftszeit. In diesem Fall scheint die Prestigeaufwertung durch militärischen Dienst in hoher Voevodenfunktion die offensichtlich mehr dem glücklichen Umstand verwandtschaftlicher Beziehungen zuzuschreibende rangliche und damit politische Erhöhung nachträglich zu rechtfertigen. Bewährung im Kriegsdienst galt offenbar immer noch als Hauptmerkmal eines aristokratisch-bojarischen Standesethos. Bereits seit den 80er Jahren des 16. Jh. führte Boris Godunov als einflußreichster Bojar in seiner Titulatur die Bezeichnung eines „Hofvoevoden", d.h. er war Anführer der zarischen Garde im Kriegsfall. Zwar besteht weitgehend Übereinstimmung darüber, daß die Moskauer Adelselite nie zu einer eng spezialisierten Offizierskaste wurde, sondern daß ihr Dienstradius stets breiter angelegt war und sich auf militärische und zivile Aufgaben in gleicher Weise erstreckte,[63] dennoch gibt es Beispiele dafür, daß eine relativ rasche und steile Karriere v.a. als Folge außergewöhnlicher militärischer Leistungen stattfinden konnte. Der bereits erwähnte Fürst Jurij IV. Pronskij war 1552 vor Kazań Kommandierender des vorgeschobenen Truppenteils (*peredovoj otrjad*) und am Sturm der Stadt maßgeblich beteiligt. Andrej Kurbskij rühmt aus diesem Anlaß seine Tapferkeit. 1554 stand er an der Spitze des Astrachán-Unternehmens. 1555 wurde er in relativ jungem Alter zum Bojaren ernannt und starb bereits im selben Jahr.[64] Die Erhebung Dmitrij Mich. Požarskijs in den Bojarenrang im Jahre 1613 geschah ausdrücklich unter Hinweis auf seine militärischen Verdienste bei der Befreiung Moskaus von den polnischen Interventen.[65]

Es ist erklärlich, daß in einer Gesellschaft, die Krieg als historische und aktuelle Dauerbedrohung vor Augen hatte, die in permanenter Kriegsbereitschaft lebte und deren adlige Oberschicht einen Großteil ihrer Zeit in kriegerischer Tätigkeit verbrachte, der **militärischen Leistung** als Kriterium für Rangerhöhung und politischen Aufstieg ein hoher Stellenwert zukam. Dies scheint auf den ersten Blick auch noch im 17. Jh. gegolten zu haben. Über die Hälfte der Dumaränge hat vor Erreichen dieses Status und danach ausschließlich als

---

[62] PSRL 29, S. 27.
[63] Vgl. Jabločkov, Istorija dvorjanskago soslovija, S. 90; Kleimola, Patterns of Duma Recruitment, S. 239.
[64] Vgl. Kobrin, Opyt izučenija semejnoj genealogii, S. 57.
[65] Vgl. Ključevskij, Sočinenija, t.III, S. 73. Für die Verdienste bei der Verteidigung Novgorod-Severskijs gegen die Truppen des Falschen Dmitrij wurde der junge P.F Basmanov in den Bojarenrang erhoben. Vgl. Pavlov, Gosudarev dvor, S. 69.

Heerführer oder militärische Administratoren in der Provinz gedient, im Heer fast nur in der traditionellen adligen Kavallerie, selten in den Regimentern „neuer Ordnung" oder bei den Strelitzen.[66] Dabei war der militärische Wert der alten Adelsreiterei im Laufe des 17. Jh. in konstantem Sinken begriffen. Bildete sie im Jahre 1632 26 Prozent der gesamten Truppenmacht, so waren es 1663 nur noch 8,5 Prozent.[67] Die schwindende Bedeutung dieser adligen Einheiten stand im Widerspruch zu dem weiterhin hohen **militärischen** Dienstanteil an einer gelungenen politischen Karriere. Die Gründe dafür sind vielschichtig. Die soziale und politische Vormachtstellung der Aristokratie war in keiner Weise in Frage gestellt, sie blieb unangefochten. Es gab keine soziale Schicht, die im Zuge der „militärischen Revolution" zu einer mit dem alten Adel konkurrierenden Kraft geworden wäre. Dieser ließ sich die Macht auch insofern nicht aus der Hand nehmen, als er im Bewußtsein seiner traditionellen Führungsrolle im Heer weiterhin hohe militärische Kommandos für sich beanspruchte, selbst wenn er unter den neuen strategischen und militärtechnischen Bedingungen damit offenkundig z.T. überfordert war, wie das Versagen der Voevoden Šein und Izmajlov 1632 vor Smolensk und Vasilij Golicyns 1687 und 1689 in den Krimunternehmen in krasser Weise vor Augen führte. Die wichtigen militärischen Kommandos blieben die Domäne der adligen Elite somit auch dann, als ihre professionelle Kompetenz mit dem veränderten Kriegswesen keineswegs immer Schritt hielt und der Leistungsbeitrag des Adels am Krieg und an der Verteidigung des Landes insgesamt zurückging. Darin offenbarte sich seine unangefochtene gesellschaftliche Machtposition, aus der ein genereller Führungsanspruch abgeleitet und auch dort aufrechterhalten wurde, wo sich aufgrund von Anpassungsproblemen an die veränderten Bedingungen und Entwicklungen im militärischen Sektor eine Diskrepanz zwischen professioneller Kompetenz und objektiven Anforderungen auftat. Die mehr oder weniger offenkundige Krise der militärische Autorität des alten Hochadels in einer Phase des Umbruchs hat sich deshalb nicht zu einer Krise seiner gesellschaftlichen Führungsrolle ausgeweitet. Die Kompetenzschwächen wurden überdeckt durch den weiterhin hohen Prestigewert des militärischen Kommandos und die mit ihm verbundenen Belohnungen und Privilegierungen, mit denen sich die führenden Repräsentanten der Aristokratie in reichem Maße bedienten und wodurch sie zugleich ihre sozialen und politischen Ansprüche nach außen hin bestätigen und legitimieren ließen. Es scheint, daß der bloße Pfründencharakter der militärischen Ernennung, d.h. die von tatsächlichen Leistungen und Verdiensten abgekoppelte und inadäquate Entlohnung, in einem aus früheren Jahrhunderten nicht bekannten Maße an Umfang zunahm. Das krasseste Beispiel sind die unvorstellbaren

---

[66] Vgl. Crummey, Aristocrats, S. 37 f.; ders. The Origins of the Noble Officialdom, S. 62 f.
[67] Vgl. Epstein, Die Hof- und Zentralverwaltung, S. 160.

Reichtümer, mit denen Fürst Vasilij Golicyn trotz seiner fehlgeschlagenen Krimfeldzüge überhäuft wurde. Fürst G.G. Romodanovskij, sein Bruder und sein Sohn wurden in einer Gnadenurkunde vom März 1678 für „ihr Vordringen zum Dnepr" öffentlich ausgezeichnet. Die Urkunde zählt die militärischen Erfolge und Verdienste Romodanovksijs bei der Verteidigung Čirigins gegen die Türken detailliert auf und überträgt ihm zahlreiche Dörfer zu dauerndem Besitz. Sie war vordatiert, d.h. ohne Rücksicht auf die tatsächlichen Ergebnisse des Feldzuges ausgestellt worden, da Čirigin im August desselben Jahres von den türkischen Belagerern erstürmt wurde.[68]

Es soll nicht behauptet werden, daß solche Pervertierungen in der materiellen Begünstigung des hohen Adels symptomatisch für die Zeit und das gesamte militärische Entlohnungswesen waren. Aber es kamen darin zweifellos gewisse Tendenzen zum Vorschein, die mit partiell nicht geglückten Anpassungen an die veränderte Militärverfassung zu tun hatten.

Daß im übrigen in einem System, dessen Machtbasis in entscheidendem Maße auf adligem Dienst beruhte, bei der ständig großen Zahl notwendiger Entlohnungen Ungerechtigkeiten und Fehlentwicklungen unausbleiblich waren, liegt auf der Hand. Sie wurden auch nicht durch die wachsende bürokratische Verwaltung des Dienstwesens beseitigt, die zwar verläßlichere Normen für seine Handhabung aufstellte, aber zugleich selbst Teil dieses Dienstsystems und somit mancherlei Anfechtungen von außen ausgesetzt war, die einem objektiven und neutralen Umgang mit ihm zuwiderliefen.

Unabhängig von der Frage nach dem angemessenen Verhältnis von militärischem Dienst und Entlohnung hatte deren Öffentlichmachung immer eine wichtige herrschaftsstabilisierende Funktion. Die Siegesfeier nach dem Kazán-Feldzug im Jahre 1553 erinnert an ähnliche Vorgänge, wie sie sich nach Kriegs- und Raubzügen der fürstlichen Gefolgschaft im Kiever Reich und auch späterhin unzählige Male abgespielt haben mögen: „Am 8. November fand ein Siegesmahl beim Zaren im großen Palast statt, und hier beschenkte er den Metropoliten und begnadigte die Bojaren und alle Dienstleute mit Pelzen und Gefäßen ohne Zahl, erwies seine Gnade für den Dienst drei Tage lang, und aus der Staatskasse wurden 48 Tausend verteilt."[69]

Die öffentliche Auszeichnung von Angehörigen der herrschenden Elite bestätigte ihnen ihre Unentbehrlichkeit und die Notwendigkeit ihrer privilegierten Existenz vor den Augen des Volkes. Sie stärkte ihr Selbstbewußtsein, entsprach ihrem Selbstverständnis als der einzigen zur Führung berufenen

---

[68] Vgl. dazu Danilov, Golicyn, S. 17 f.
[69] Vgl. Piskarevskij letopisec, S. 73. Vladimir d. Hl. belohnte den Recken Suchmantij für seinen Sieg über die Steppennomaden „mit Städten und Beistädten und Dörfern und Weilern und unzähligen Goldstücken und mit Geneigtheit". Zit. nach Selivanov, Russkij èpos, S. 174.

militärischen Kraft und erfüllte ihre Erwartungen bezüglich der gesellschaftlichen Anerkennung ihrer Verdienste. Die zarische Position wiederum ist nicht nur dadurch gekennzeichnet, daß sie Ehren und Belohnungen austeilte und damit ihrer übergeordneten Rolle Ausdruck verlieh, sondern auch dadurch, daß sie auf diese Weise die enge Interessenverbindung zur „staatserhaltenden" Adelsschicht demonstrierte und indirekt ihr völliges Einverständnis mit deren gesellschaftlichen Machtansprüchen dokumentierte.

Noch im 17. Jh., wie in den Jahrhunderten zuvor, erschienen Vertreter des Hochadels mit einer eigenen Streitmacht aus abhängigen Dienstleuten und kleinen Grundbesitzern auf dem Kriegsschauplatz. „Die Bojaren und grosse Herren müssen / nach dem sie viel Güter haben / eine gewisse Anzahl Reuter im Krieg halten", schreibt Olearius.[70] Margeret bestätigt die zu seiner Zeit weiterhin gültige Regelung von 1556 bezüglich der Rekrutierungs- und Ausrüstungsverpflichtungen abhängig von der Größe des Grundbesitzes.[71]

Nach Kotošichin waren diejenigen hohen Adligen, die aufgrund anderer Dienstaufgaben oder aus anderen Gründen nicht persönlich am Kriegsgeschehen teilnehmen konnten, ebenfalls zur Gestellung von berittener Mannschaft aufgefordert, „abhängig vom Umfang ihrer Erb- und Dienstgüter" und der Zahl ihrer Bauern.[72] Auch die hohe Bistumsgeistlichkeit war von dieser Verpflichtung nicht ausgenommen.[73]

Die vornehmsten Adligen hoben sich durch die Qualität ihrer Bewaffnung und Ausrüstung und die Zahl von zum persönlichen Schutz dienenden Begleitern, einer Art Schildträgern (*znakomcy*), die sie auch bei sonstigen Auftritten in der Öffentlichkeit umgaben, aus der Masse der übrigen Krieger hervor. Einige besonders hochstehende Personen führten persönliche Feldzeichen mit sich.[74] Das Adelsheer war in Kiever Zeit in drei, später in fünf Hauptabteilungen (*polki*) gegliedert,[75] die jede für sich, bei Notwendigkeit jedoch in aufeinander

---

[70] Vgl. Moskowitische und persische Reise, S. 248. Nach einer legendenhaften Überlieferung verfügte der 1332 aus Kiev an den Hof Ivans I. gekommene Rodion Nesterovič über 1700 Bojarenkinder und Dienstmannen. Vgl. Veselovskij, Issledovanija, S. 264. Heinrich v. Staden überliefert, daß hohe Adlige wie die Fürsten I.D. Bel'skij, M.I. Vorotynskij, A. Kurbskij und I.F. Mstislavskij an der Spitze von eigenen Truppenkontingenten ins Feld zogen. Vgl. Aufzeichnungen, S 5. Adlige niedrigeren Kalibers kamen mit entsprechend weniger Bewaffneten und Pferden, so Fürst Jurij Iv. Meščerskij 1664 mit zwei Reitern. Vgl. Romanovič-Slavatinskij, Dvorjanstvo, S. 119.
[71] Vgl. Jaques Margeret's State of the Russian Empire, S. 133.
[72] Vgl. O Rossii, S. 132.
[73] Ebd. S. 132, 137. Im Tverer Kreis dienten von 574 meist kleineren Erbgutbesitzern u.a. 30 dem Fürsten Mikulinskij, 60 dem Bischof von Tver'. Vgl. Tichomirov, Feodal'nyj porjadok, S. 334; vgl. auch DRV 20, S. 212.
[74] Ebd. S. 213.
[75] Vgl. Kirpičnikov, Fakty, S. 240.

abgestimmtem und gemeinsamem Vorgehen, operierten.[76] Allerdings waren die mangelhaft ausgebildete Befehlshierarchie und die eigenmächtiges Handeln fördernde Heeresgliederung sicherlich auch in vielen Fällen die Ursachen für militärische Mißerfolge.[77]

Der erste Voevode des Hauptpolk hatte zugleich das Oberkommando über das gesamte Heer inne. Die kommandierenden Voevoden der verschiedenen Truppengliederungen wurden nach Margeret im akuten Kriegsfall aus dem Kreis der Dumabojaren und Okol'ničie erwählt. Die permanent erforderlichen Grenzsicherungskommandos lagen gewöhnlich in der Hand von Dumadvorjanen und Moskauer Dvorjanen.[78] Aus diesem Kreis des hauptstädtischen Adels rekrutierten sich nach Kotošichin im Fall, daß die Großfürsten und Zaren selbst in den Krieg zogen, deren persönliche Schutzgarde und die Träger des zarischen Banners. Genauso erkoren die Bojaren und Voevoden „um ihrer Ehre willen" aus den ihnen unterstehenden Regimentern eine kleine adlige Garde „zur Behütung der zarischen Feldzeichen ... und ihrer eigenen besonderen (*osobych*) bojarischen Banner." Erstere waren „bestickt und bemalt mit Gold und Silber", auf dem gemusterten Seidengewebe befanden sich Christusdarstellungen oder solche irgendwelcher siegreicher Wunder, während die bojarischen „vielfarbigen, länglichen" Zeichen des 17. Jh. denen der polnischen Husaren ähnelten,[79] wie überhaupt die privaten Wappen, die im letzten Viertel des 17. Jh. weit verbreitet waren, auf ausländisches Vorbild zurückgingen und keine lange einheimische Tradition aufwiesen.[80]

---

[76] Vgl. Jaques Margeret's State of the Russian Empire, S. 128. Der „große Polk" versammelte sich in Tula, der vorgeschobene (*peredovoj*) in Dedilov, die Nachhut in Krapivna, rechter und linker Flügel in anderen Orten. Vgl. Jabločkov, Istorija dvorjanskago soslovija, S. 218.

[77] Vgl. Pipes, Rußland, S. 124.

[78] Vgl. Jaques Margeret's State of the Russian Empire, S. 128. Vom späten 15. bis zur Mitte des 16. Jh. erscheinen Okol'ničie selten in militärischen, sondern vornehmlich in administrativen und diplomatischen Funktionen. Vgl. Alef, Reflections on the Boyar Duma, S. 99; Kleimola, Patterns, S. 7.

[79] Vgl. Kotošichin, O Rossii, S. 131. Margeret schreibt: „Jeder Anführer hat sein eigenes Banner mit einem darauf gemalten Heiligen." Vgl. Jaques Margeret's State of the Russian Empire, S. 128. Zum westlichen und speziell polnischen Einfluß auf die russische Heraldik des 17 Jh. vgl. Platonov, Moskva i zapad, S. 146; Jabločkov, Istorija dvorjanskago soslovija, S. 233 f.

[80] Ebd. S. 235; vgl. auch Kulakov, Geral'dika, S. 8, der eine Anbindung der privaten Wappen des 17. Jh. bei jenen Familien, die der Legende nach im 13. Jh. „von den Pruzzen" nach Rußland gekommen sind, an die preußische Heraldik feststellt, die ihnen aus der „Preußischen Chronik" des Simon Grunau von 1526 bekannt war. So taucht der preußische schwarze Adler – eigentlich die Krähe als Symbol der Gefolgschaft – im Wappen Nikita Ivanovič Romanovs auf (1655) sowie in den Wappen der Šeremetevy, Jakovlevy und Kolyčevy die auch aus Preußen bekannten drei- bis fünfkronige Eiche. Wappen als äußeres Zeichen des Rittertums sind in Deutschland in der Kreuzzugszeit

Zur Rekrutierung der Truppen wurden aus Moskau höhere Adlige in die Provinzen entsandt, die dort, was aus dem späten 16. und 17. Jh. vielfach überliefert ist, oft mit größten Schwierigkeiten und unter Androhung schwerer Strafen die ihnen aus den Dienstlisten bekannten adligen Grundbesitzer zusammenbekamen. Das Bürgschaftssystem, ursprünglich zur Verhinderung von Flucht und Verrat geschaffen (s. Kap. VII), wurde auf die Rekrutierung ausgedehnt.[81] Das Nichtantreten zum angekündigten Mobilisierungstermin, eine niedrige Kampfmoral sowie Dienstflucht und Desertion waren, wie erwähnt, eine verbreitete Erscheinung beim niederen und mittleren Dienstadel, die mit der sozialen Krise dieser Schicht seit der 2. Hälfte des 16. Jh. und den waffentechnischen Veränderungen im Militärwesen – die Tendenz ging zur Infanterie mit Handfeuerwaffen – zusammenhing.[82] Im September 1633 meldete der Bojar Michail Borisovič Šein aus Smolensk, daß im vergangenen Jahr „viele Kriegsleute ... vor Smolensk ihre adligen Mitstreiter verlassen" und sich auf ihre Pomest'e-Güter begeben hätten: „Und andere laufen auch jetzt davon; ... und wieder andere sind überhaupt nicht zum Dienst für den Herrscher erschienen."[83] Ihnen allen drohte der Verlust ihrer Dienstgüter.[84].

Die charakteristischen Waffen der Gefolgschaftsmitglieder in Kiever Zeit waren Schwerter, die oft mit kunstvollen Ornamenten verziert waren und nach Ausweis des archäologischen Befunds häufig aus fränkischen Waffenschmieden stammten.[85] Im Norden und Nordwesten hielt sich das Schwert als Waffe der Reiterei bis ins 14. Jh. Seit dem 10. Jh. trat in den südlichen Gebieten

---

entstanden und wurden zum unabdingbaren „Zubehör" von Adel schlechthin. Vgl. Mikliss, Deutscher und polnischer Adel, S. 62 f.
[81] Vgl. Jabločkov, Istorija dvorjanskago soslovija, S. 219. Laut Dienstliste für Vladimir im Jahre 1570 mußte jeder Bojarensohn für sich zwei Bürgen benennen. Vgl. DRV 20, S. 160. Zur Rekrutierung vgl. auch Romanov-Slavatinskij, Dvorjanstvo, S. 119 f.
[82] Ausführlich dazu Hellie, Enserfment, S. 214-221. Er schreibt: „Die Angehörigen der mittleren Dienstklasse betrachteten Krieg als Ursache, ihm zu entkommen." Ebd. S. 214. Nach Collins habe Zar Aleksej Michajlovič auf den Vorschlag eines Ausländers, Deserteure hinrichten zu lassen, geantwortet, daß man dies kaum machen könne, „denn Gott hat nicht allen Männern gleichermaßen Tapferkeit gegeben." Zit. ebd. S. 219.
[83] Zakonodatel'nye akty, S. 159 (Nr. 206).
[84] Ebd. Ferner: S. 161 (Nr. 211), S. 162 f. (Nr. 215), S. 164 (Nr. 219). Im Juni 1611 eroberten die Polen Smolensk. Darauf nimmt ein Erlaß von 1613/14 Bezug: Wer nicht vor Smolensk erschienen war, verliert die Hälfte seiner Dienstgüter, wer vor Smolensk geflohen war, verliert unwiderruflich ein Drittel seiner Dienstgüter. Ebd. S. 82 (Nr. 71).
[85] 45 % der erforschten Schwerter des 9. – 11. Jh. weisen Namen karolingischer Waffenschmiede auf, 16 davon den Namen ULFBERTH. Vgl. Kirpičnikov, Vooružene, S. 163. In der „Zadonščina" (Ende 14. Jh.) spricht der Großfürst Dmitrij zu seinem Vetter Vladimir Andreevič: „Zwischen den Schenkeln haben wir die schnellen Pferde, auf dem Leib tragen wir vergoldete Panzer, Tscherkessenhelme, wir sind gerüstet mit moskowitischen Schilden, deutschen Wurfspießen, fränkischen Speeren, Schwertern aus Stahl ..." Zit. nach Zenkovsky, Aus dem alten Rußland, S. 193 f.

der Säbel, der für den berittenen Kampf mit dem leichtbewaffneten Feind aus der Steppe vorteilhafter war, allmählich an die Stelle des Schwertes. Andere Waffen waren Streitäxte, Pfeil und Bogen sowie Lanzen, die aber keine so spezielle Affinität zum adligen Kriegermilieu aufwiesen wie Schwerter und Säbel.[86] Die Bepanzerung bestand aus Kettenhemd und dem konisch geformten Helm. Säbel (*sablja*), Pfeil und Bogen (*saadak*), manchmal Speer (*rogatina*) oder Lanze (*kopja*) bildeten auch in späterer Zeit die Hauptwaffen. Margeret schreibt: „Die bedeutenden Adligen ... müssen ein Kettenhemd, einen Helm, eine Lanze, Pfeil und Bogen haben. So auch alle ihre Dienstleute ... Die Dvorjanen müssen leidlich gute Pferde, einen Bogen, Pfeile und einen Säbel haben. So auch ihre Mannen."[87] Die teuersten und schönsten Säbel waren oft orientalischer Herkunft, ihr Besitz Ausweis des hohen adligen Status. Handfeuerwaffen spielten im Adelsaufgebot dagegen eine geringe Rolle, sie waren an jene militärischen Kräfte „neuer Ordnung" gebunden, die zwar zunehmend an Bedeutung bei der Übernahme von Kriegsaufgaben gewannen, deren soziales Prestige aber nicht in dem Maße anwuchs, wie man dies aufgrund der sinkenden militärischen Bedeutung der alten Adelsreiterei vermuten könnte. Im Westen ist durch Entwicklungen solcher Art, durch die Verbreitung von Feuerwaffen und die Entstehung von Soldtruppen, die den Wert des Lehnsaufgebotes sinken ließen, die Stellung des Zentralherren gegenüber dem Adel außerordentlich gestärkt worden. Wenn das in Moskau nicht der Fall war, ja die soziale Privilegierung des Adels in einer Zeit seiner rückläufigen militärischen Bedeutung für den Staat sogar noch zunahm,[88] so erklärt sich dies damit, daß hier der Adel mit den übrigen herrschaftlichen Machtstrukturen auf so vielfältige und enge Weise verwoben war und so konkurrenzlos über die verschiedenen staatlichen Machtpositionen verfügte, daß sein partieller militärischer Bedeutungsschwund, der durch Privilegierungen und Dekorierungen im übrigen verdeckt und auf diese Weise auch bewußtseinsmäßig kompensiert wurde, seine dominante gesellschaftliche Führungsrolle weder unter Rechtfertigungszwang setzte noch gar zur Disposition stellte. Das Monopol der Aristokratie auf hohe Dienste, zugleich ein Machtmonopol, blieb in Rußland eine feste politische Größe der Adel-Herrscher-Beziehung. Dies einzukalkulieren, ist auch für eine realistische Bewertung der russischen Herrscherposition unabdinglich.

---

[86] Die These Frojanovs, daß die Masse der einfachen Krieger Schwertträger gewesen seien, vgl. Kievskaja Ruś. Očerki social'no-političeskoj istorii, S. 192 ff., ist weder archäologisch noch anhand schriftlicher Quellen hinreichend begründbar.

[87] Jaques Margeret's State of the Russian Empire, S. 134.

[88] Das Uloženie von 1649 wird vielfach als ein „Triumph der mittleren Dienstklasse" (Hellie) angesehen. „Der Prozeß der Umwandlung einer Dienstklasse in eine wohlgeborene, privilegierte Kaste", „eine geschlossene Militärkaste mit vielen Privilegien", „war auf dem bestehen Wege", schreibt Hellie, Enserfment, S. 72.

4. Statthalter, Voevoden, Bürokraten

Für die hier untersuchte Periode ist die Verbindung von militärischen und zivilen Funktionen in der adligen Dienstausübung charakteristisch. Es ist zwar nichts Ungewöhnliches, daß es immer Personen gegeben hat, die aufgrund spezieller Begabungen oder Fähigkeiten in dem einen oder anderen Dienstbereich besonders stark engagiert waren. Aber erst im 17. Jh. scheint es eine größere Zahl von hohen Adligen gegeben zu haben, die ihre Karriere nahezu ausschließlich mit dem zivilen Dienst verband.[89] Nach 1676 erreichte mehr als ein Fünftel Dumaränge, ohne jemals außerhalb des Hofes tätig geworden zu sein.[90] Die wachsende Ausdehnung, Differenziertheit, institutionelle Verselbständigung und Professionalisierung des bürokratisch-administrativen Apparates förderte Tendenzen zu zivilen adligen Karrieren. Eine solche Spezialisierung war solange nicht möglich, wie administrative Posten nicht nach Neigung und Fähigkeit, sondern aufgrund geleisteter militärischer Dienste als Pfründe vergeben wurden, also integraler Bestandteil des militärischen Entlohnungssystems waren. Dies war mindestens bis in die 2. Hälfte des 16. Jh. der Fall. Heinrich v. Staden erwähnt namentlich eine Reihe von hochstehenden Adligen wie I. Dm. Bel'skij, M. Vorotynskij, N. Odoevskij, A. Kurbskij, Vas. Temkin, P. Šujskij, I. Šeremetev, A. Basmanov, I. Mstislavskij, die ständig auf Kriegszügen waren und im Wechsel damit Statthalterpositionen in der Provinz bezogen, die sie ein bis zwei Jahre lang innehatten und die sie – nach Staden – unter Mißachtung des Rechts zu ungeheuerlicher Ausbeutung der Bevölkerung und persönlicher Bereicherung benutzten.[91]

Freilich wird man das Statthalterschaftssystem, das mit der „Durchfütterung" (*kormlenie*) der Amtsträger verbunden war (s. oben Kap. III), nicht einseitig als Versorgungsinstitut des Adels betrachten dürfen. Es war lange Zeit universales Verwaltungssystem. Der Statthalter (*namestnik*) übte als Vertreter des Zentralherren politische Gewalt aus, er war Leiter der lokalen Verteidigung, Administrator, Steuereintreiber und Richter.[92] Welchen professionellen

---

[89] Vgl. Demidova, Prikaznye ljudi, S. 332. Ein vereinzeltes Beispiel aus dem 16. Jh. ist die Karriere Ja. K. Čebotovs als Okol'ničij und Bojar (1551 – 1570), die vollkommen mit der Hofverwaltung verbunden gewesen zu sein scheint. Vgl. Kleimola, Reliance, S. 54.
[90] Vgl. Crummey, Aristocrats, S. 39.
[91] Vgl. Sbornik dokumentov, t. 3, S. 183.
[92] Gerichtsakten in großer Zahl sind aus Moskau seit der Mitte des 15. Jh. überliefert. Der Namestnik als Vertreter des Fürsten entschied einen Streitfall oder reichte ihn nach Moskau weiter, wo er von dortigen hochrangigen Adligen oder dem Großfürsten selbst behandelt wurde. Als Moskauer Statthalter (seit 1472) trat Ivan Jur'evič Patrikeev häufig als Richter in letzter Instanz auf. Auch andere hohe Adlige (Jakov Zachar'ič 1499, 1504; Jurij Zachar'ič 1490 – 1495, 1500) werden als Richter in letzter Instanz erwähnt. Nach Heinrich von Staden war Ivan Petrovič Čeljadnin – seit 1550 Marstallmeister (konjušij) –

Ehrgeiz er in diese Aufgaben hineinsteckte, läßt sich allerdings nicht mit dem bloßen Hinweis auf quellenkundig gewordene und besonders von ausländischen Beobachtern (v. Staden, Fletcher) überlieferte mißbräuchliche Amtsführung beantworten, die im übrigen in besonders krassen Fällen hart bestraft wurde. Korruption und Willkür, so sehr auch der Entlohnungscharakter des Namestnik-Amtes sie provozierte, waren doch lediglich nur ein Teilaspekt negativer Begleiterscheinungen dieses Verwaltungssystems, das fiskalische Erwartungen und Aufgaben zu erfüllen hatte und nicht in einem rechtsfreien Raum existierte, wie auch die Überschrift zum Sudebnik von 1550 verdeutlicht: „Wie die Bojaren und Okol'nicie [usw.] und in den Städten die Namestniki ... [von mir gesperrt, H.R.] Recht sprechen sollen."[93] Ein Erlaß zum Namestnik-Gericht vom Februar 1549 zielte darauf ab, die Normen der Rechtsprechung zu vereinheitlichen und die „Unordnung", d.h. die Vielgestaltigkeit und damit die Rechtsunsicherheit in diesem Bereich zu überwinden.[94] Daß aus der Gerichtsimmunität der Bojarenkinder jetzt nicht nur Tötungsdelikte und Raub, sondern auch Diebstahl auf frischer Tat (*tat' ba s poličnym*) herausgenommen wurden, spricht nicht schon an sich für den antibojarischen Charakter des Erlasses, der zwar gegen statthalterliche Willkür gerichtet war, aber zugleich die Kompetenzen der Namestniki noch erweiterte, wie auch die entsprechenden Artikel des Sudebnik von 1550 weder eine Tendenz zugunsten des niederen Adels noch der örtlichen gewählten Guba-Organe erkennen lassen.[95] Wenn laut Sudebnik von 1497 ohne Anwesenheit von Vertretern der lokalen Gesellschaft der Statthalter nicht Gericht halten durfte,[96] wenn 1550 ein Protokoll vorgeschrieben und die Sporteln für richterliche Tätigkeit festgelegt wurden,[97] so geschah all das in erster Linie im Sinne des gerechten Verfahrens und der Einschränkung von Willkür und

---

„in apwesen des großfürschten in der Muscauw oberster bojar und richter. Dieser pflegete alleine recht zu richten, darumb waz ihme der gemeine mann günstigk." Die in den zwischenfürstlichen Verträgen genannten „bojare vvedennye" („die eingesetzten Bojaren") waren als Kormlenie-Inhaber Richter und Verwalter in einem bestimmten Territorium. Vgl. Kobrin, Vlast', S. 165 – 173. Das Staden-Zitat aus: Aufzeichnungen, S. 8.

[93] Sudebniki XV – XVI vekov, S. 141. Gegen administrativen Machtmißbrauch von korrupten Statthaltern oder D'jaken konnte man sich gerichtlich zur Wehr setzen, etwa gegen ungerechtfertigtes Auspeitschen, Einkerkerung oder erzwungene Geschenke. Belege bei Kollmann, Honor and Dishonor, S. 144.

[94] Vgl. Nosov, Stanovlenie, S. 172.

[95] Speziell mit dem Namestnik-Gericht befassen sich die Artikel 60 – 75 des Sudebnik. Vgl. Sudebniki XV – XVI vv., S. 159 – 167. In Art. 60 lautet ein Passus: „Und die Guba-Ältesten dürfen, außer wenn ihnen die Räuber bekannt sind, sich in keiner Angelegenheit in den statthalterlichen Bereich einmischen" („u namestnikov ne vstupatiś ni vo čto"). Ebd. S. 160. Zur strittigen Bewertung des politischen Gehalts der entsprechenden Sudebnik-Abschnitte vgl. Rossijskoe zakonodatel'stvo, t.2, S. 149 – 152.

[96] Vgl. Sudebniki XV – XVI vekov, S. 24 (1497) und S. 160 (1550).

[97] Ebd.

war nicht Ausdruck des politischen Kampfes gegen die Hocharistokratie. Eine oberste richterliche Instanz in Moskau, ein Bojarenkollegium, hatte die Aufsicht über die lokale Verwaltungstätigkeit inne,[98] so daß bei aller zu erwartenden Klassensolidarität in der ausbeutenden Handhabung des Herrschaftsapparates das Moment der Kontrolle und des Rechts im übergeordneten staatlichen Interesse nicht ausgeschaltet war.

Über die alltägliche Praxis und das Funktionieren der Namestnik-Verwaltung ist wenig bekannt. Auffällig ist die Affinität einiger Personen und Familien zu bestimmten Statthalterpositionen. Ivan Vas. Ščadra war zwischen 1495 und 1505 achtmal Statthalter von Vjaźma. Fürst Dmitrij Fed. Bel'skij wird von sechs überlieferten Ernennungen für Vladimir zwischen 1509 und 1553 viermal als dortiger Statthalter genannt.[99] Vasilij V. Šujskij war zwischen 1500 und 1506 bzw. 1510–1514 ununterbrochen Novgoroder Namestnik. Ivan M. Šujskij hatte diesen Posten zwischen 1538 und 1549 siebenmal inne, während andere Šujskie eine erkennbare Tendenz zur Pskover Statthalterschaft offenbarten.[100] Die wie diese aus dem Rostover und Suzdaler Raum stammenden Fürsten Gorbatye und Rostovskie sind ebenfalls auffallend oft auf der Novgoroder Namestnik-Position anzutreffen. In nur neun von 28 Regierungsjahren Vasilijs III. befand sich dort kein Vertreter der genannten drei Geschlechter als Statthalter.[101] Wiederholte Ernennungen auf demselben Posten in mehr oder weniger großen zeitlichen

---

[98] Vgl. Nosov, Stanovlenie, S. 153. Die Übertragung der Verfolgung geringfügiger Straftaten an Vertreter der lokalen Gesellschaft im Zuge der Guba-Reform seit Beginn der 40er Jahre des 16. Jh. hatte zugleich die Schaffung zentraler kontrollierender Organe zur Folge, an deren Spitze hohe Aristokraten standen. So heißt es in Artikel 9 der Belozerskaja Gubnaja Gramota am Schluß: „... und darüber sollt ihr nach Moskau berichten, unseren Bojaren, die für Raubsachen verantwortlich sind." Vgl. Rossijskoe zakonodatel'stvo, t.2, S. 215. Nach Heinrich v. Staden „seind gewesen von großen geschlechten bojaren, die haben gericht in der Muscauw besessen und das ganze regiment in ihrer hand gehabt." Aufzeichnungen, S. 7 f. Erwähnt wird 1542 ein „Palast, wo die Bojaren Recht sprechen", also der ständige Sitz eines Bojarenkollegiums. Vgl. Platonov, Bojarskaja duma, S. 460 f.

[99] Vgl. Zimin, Spisok namestnikov, S. 28 f.

[100] Ivan Vas. Šujskij, von den sechs Statthalterschaften überliefert sind, war 1514/15 und 1518 Namestnik von Pskov. Sein Sohn F. Šujskij wird ein einziges Mal als Statthalter erwähnt, und zwar 1550 für Pskov. A.M. Šujskij hat 1539 und 1540 seine einzigen Namestnik-Funktionen in Pskov innegehabt. Ebd. S. 38. Zu Beginn der Regierungszeit des Zaren Fedor Ivanović erhielt Ivan Petr. Šujskij Pskov mit seinen Beistädten als Kormlenie, beim Tode Ivans IV. war er dort Voevode. Vgl. Pavlov, Gosudarev dvor, S. 31, 45.

[101] Vgl. Zimin, Knjažeskaja znat', S. 217 f. Al. Vlad. Rostovskij ist zwischen 1516 – 1522 ununterbrochen Namestnik in Novgorod, Andrej Dm. Rostovskij 1542, 1543 und 1545. Al. Andr. Rostovskij ist in den Jahren 1509 – 1515 Novgoroder Statthalter sowie 1536 Namestnik in Pskov.

Abständen waren keine Seltenheit.[102] Es ist zu vermuten, daß diese Ernennungspraktiken im Interesse einer ungestörten administriellen Kontinuität geschahen, indem die Kenntnis der lokalen Verhältnisse, an die die Erwartung einer geringeren Einarbeitungszeit bei ja nur relativ kurzer Amtsdauer geknüpft war, als Kriterium für die personelle Besetzung von Statthalterposten in gewissem Grade Berücksichtigung fand.

Die bedeutendsten Statthalterschaften wurden in der Regel Personen übertragen, die einen hohen Dumarang bekleideten.[103] Die Novgoroder Namestniki waren überwiegend Bojaren. Die wenigen überlieferten Ernennungen für Moskau beziehen sich durchweg auf hohe Adlige, die zu diesem Zeitpunkt eine exponierte politische Rolle spielten. Einige „Favoriten", wie der Bojar M. Ju. Zachárin, enger Vertrauter Vasilijs III., haben offenbar niemals einen Namestnik-Posten innegehabt. Dies weist auf ein anderes aus den Quellen erkennbares Stellenverteilungsprinzip hin, welches darin bestand, unliebsame Personen mehr oder weniger „ehrenvoll" in die Provinz abzuschieben[104] und die politischen Machtverhältnisse am Moskauer Hof durch solche personellen Manipulationen in gewünschtem Sinne zu beeinflussen. Jedenfalls scheint den politisch ehrgeizigsten Bojaren eine Statthalterschaft außerhalb Moskaus nicht unbedingt erstrebenswert gewesen zu sein. Allerdings hielten sich die Namestniki in der Regel wohl nicht ständig in dem ihnen unterstellten Gebiet auf,

---

[102] N.V. Obolenskij war 1534 – 1536 und wieder 1543 Namestnik in Smolensk, dort ebenfalls I.I. Chabarov 1547 – 1549 und 1552. I.G. Morozov war 1514 – 1516 und 1538 Statthalter in Novgorod, M.V. Morozov dort ebenfalls 1517 und 1521. Ju. D. Šein hatte die Statthalterschaft in Velikie Luki 1534 sowie 1536/37 inne, dort ebenfalls M.V. Tučkov 1519 und 1530. Die Angaben dieser und der vorangehenden Anmerkung nach Zimin, Spisok namestnikov, a.a.O.

[103] Für das 15. Jh. bestreitet G. Alef, Reflections on the Boyar Duma, S. 83 – 89, diesen Zusammenhang. Aber von 14 namentlich überlieferten Namestniki in Novgorod während der Regierungszeit Ivans III. bekleideten mit Sicherheit sieben den Bojarenrang und gehörten fünf ohne Frage zur ersten Garnitur der Moskauer Adelsgesellschaft. Suzdal', Perejaslavl' und Moskau werden jeweils nur ein einziges Mal während der Regierungszeit Ivans III. in Kormlenie-Verfügung genannt, und zwar ausnahmslos im Besitz hoher Bojaren (I. Ju Patrikeev, A.M. Pleščeev, S.I. Rjapolovskij). Dies gilt auch für Kolomna, wo als Namestniki I.V. Oščera und Ja. Zacharevič genannt werden. Vgl. Rüß, Einige Bemerkungen zum Namestničestvo-Problem, S. 407.

[104] Daß diese Methode der Beschneidung individuellen adligen Einflusses von der Regierung Ivans III. praktiziert worden sei, wird von Alef, Reflections on the Boyar Duma, S. 84 f., ausdrücklich bestritten, ist aber aus späterer Zeit eindeutig belegt, u.a. von Ivan IV. selbst, der zum Jahre 1540 schreibt: „ ... ich wollte nicht in sklavischer Abhängigkeit sein und schickte deshalb den Fürsten Ivan Vasil'evič Šujskij von mir fort zum Dienst ..." Vgl. The Correspondence, S. 76. Weitere Beispiele bei Rüß, Einige Bemerkungen zum Namestničestvo-Problem, S. 408 ff., für das späte 16. Jh. bei Pavlov, Gosudarev dvor, S. 30, 35, 36. A.I. Bezobrazov erklärte seine Dienstverschickung in die Städte am Terek öffentlich als „Verbannung", gegen die er sich mit Händen und Füßen zur Wehr setzte. Vgl. Novosel'skij, Votčinnik, S. 28 ff.

sondern „bereisten" (*naezžali*) es im Laufe des Jahres einige Male. Während ihrer Abwesenheit übernahm der *Tiun* die Stellvertretung.[105] Auf diese Weise konnte auch eine zwischenzeitliche Rückkehr nach Moskau zur Wahrung der dortigen politischen Interessen erfolgen.

Umgekehrt ist in inneren Konfliktphasen mit der Vergabe von Namestnik-Posten zur Gewinnung von Anhängern ebenfalls Politik betrieben worden. Dies wird besonders in dem Krisenjahr 1534, dem Beginn der Regentschaft Elenas, deutlich, als nicht nur eine extrem hohe Austeilung von Gnadenurkunden,[106] sondern auch eine im früheren und späteren Vergleich nicht wieder erreichte Zahl von Statthalterernennungen erfolgte.[107]

Bei der Diskrepanz von zur Verfügung stehenden Namestnik-Positionen[108] und darauf Anspruch erhebenden Adligen konnte die Verteilung unter Umständen als politisches Disziplinierungsmittel benutzt werden. Einigen Bojaren gestattete es ihr Reichtum offenbar, daß sie keine sonderlichen Ambitionen auf eine „Durchfütterung" in der Provinz an den Tag legten. Aus der Regierungszeit Vasilijs III. jedenfalls ist eine ganze Reihe hochgestellter Personen im Bojaren- und Okol'ničij-Rang bekannt, die anscheinend nie ein Statthalteramt ausgeübt haben. Wiederum gab es Adlige, die ein Kormlenie erhielten, ohne daß sie offenbar vor oder nach ihrer Ernennung militärischen Dienst leisteten, und nicht selten werden Adlige Namestniki, lange bevor ihnen zum ersten Mal militärische Aufgaben übertragen werden.[109] In diesen Fällen, wenn sie nicht ein falsches Bild aufgrund lückenhafter Überlieferung vermitteln, würde also die Administrationstätigkeit des Namestnik als staatlich-autonome Leistung und nicht als vom militärischen Dienst abhängige Belohnung angesehen worden sein. Es ist sehr wahrscheinlich, daß auch bei einigen längerfristigen Ernennungen, wie sie insbesondere für Novgorod mehrfach belegt sind, die administrative Aufgabe als autogener Wert von ihrem sonst üblichen Entlohnungscharakter für schon geleistete andere Dienste bereits völlig abgekoppelt war.

Darin, viel weniger jedoch durch die administrativen Tätigkeitsmerkmale, unterschied sich die Position des Namestnik von der des Voevoden, welche Bezeichnung sich für den Statthalter nach der Smuta im 17. Jh.

---

[105] Vgl. Nazarov, O proezdnom sude namestnikov, S. 88 f.
[106] Vgl. Kaštanov, Chronologičeskij pereček immunitetnych gramot XVI veka; ders. Immunitetnye gramoty 1534 načala 1538 goda.
[107] Vgl. Rüß, Einige Bemerkungen zum Namestničestvo-Problem, S. 410.
[108] Am Ende des 14. Jh. gab es nur 15 Namestnik- und ca. 100 Volosteli- (d.h. überwiegend ländliche Bezirke umfassende) Positionen. Vgl. Kollmann, Kinship, S. 30.
[109] Rüß, Einige Bemerkungen zum Namestničestvo-Problem, Anm 37.

allgemein durchsetzte.[110] Bereits in der frühen Kiever Zeit war der Voevode nicht nur Heereskommandeur im Kriegsfall, sondern auch Vorsteher der Militäradministration in Friedenszeiten, darüber hinaus enger politischer Berater und Vertrauter des Fürsten, häufig als Erzieher (*kormilec*) fungierend und mit einer auch hohen zivilen Amtsautorität ausgestattet. Daß das Voevodenamt im 10.–12. Jh. mit der Leitung des Fürstenhofes und dem Regiment über die Fürstenresidenz in Verbindung stand, läßt sich aufgrund der bruchstückhaften Überlierung nur erahnen.[111] Erst in der „Belehrung" Vladimir Monomachs tauchen Voevoden nur noch als gewöhnliche Heerführer auf, das heißt, wie in der Folgezeit, in einer bloß militärischen Funktion während eines Feldzuges. Verantwortung für die außerkievsche fiskalische, gerichtliche und militärische Administration trugen nun die Posadniki, die eigentlichen Vorläufer der späteren Namestniki, deren Amtszeit ebenfalls auf ein bis drei Jahre begrenzt war. Jaropolk setzte im Jahre 977 nach seinem Sieg über seinen Bruder Oleg und nachdem Vladimir aus Novgorod geflohen war dort seine Posadniki ein, „und er herrschte allein in der Ruś."[112] Die Posadniki waren vermutlich Angehörige der „älteren Družina". In Novgorod wurden sie von ca. 1130 an von der Volksversammlung gewählt und nahmen dort etwa die Stellung eines zweiten Staatsoberhauptes neben dem von außen kommenden Fürsten ein. Sie gehörten den reichsten und vornehmsten Geschlechtern an. Von 27 Posadniki zwischen 1180 und 1240 lassen sich 19 als Angehörige von sieben Posadnik"dynastien" nachweisen. Wiederwahl fand häufig statt. Heiratsverbindungen mit Fürsten zeigen den hohen gesellschaftlichen Status der Novgoroder Posadniki. Sie leiteten die Volksversammlung (*veče*), führten diplomatische Missionen an und

---

[110] „Vom Jahre 1613 an wurden unter dem Herrscher, Zaren und Großfürsten Michail Fedorovič von ganz Rußland in den Städten Voevoden und Amtsleute eingerichtet; bis zum Jahre 1613 hatte es während der Bojarenherrschaft und unter Zar Vasilij in diesen Städten auch Voevoden gegen, aber unter Zar Fedor Ivanovič und unter Zar Boris hatte es bis zur Ankunft des Falschen Demetrius im Jahre 1605 in diesen Städten keine Voevoden gegeben ...." Rospiś voevodam v těch gorodach, gdě prežde byli sud'i i gubnye starosty. In: Vremennik Imperatorskago Moskovskago obščestva istorii i drevnostej rossijskich, 1849, 3, III, S. 6 ff. Die letzte Erwähnung von Namestniki geschah 1593/94. Vgl. Razrjadnaja kniga, S. 484 f.

[111] Vgl. Halbach, Der russische Fürstenhof, S. 145. Unter der Voraussetzung, daß man die Hypothese Šachmatovs von der Identität Mstislav Ljutyjs (Sohn Svenel'ds) mit dem als Vater Dobrynjas benannten Maluk Ljubčanin akzeptiert, kann man eine längere genealogische Linie von Voevoden des Kiever und Novgoroder Fürstentums rekonstruieren: Svenel'd (Voevode Igoŕs, Svjatoslavs, Jaropolks) – Mstislav Ljutyj (Svenel'ds Sohn) – Dobrynja (Mstislavs Sohn, Voevode Vladimirs) – Vyšata (Dobrynjas Sohn, Voevode Vladimirs) – Jan (Vyšatas Sohn, Voevode Vsevolods) – Putjata (Jans Bruder, Voevode und Tausendschaftsführer). Ebd. S. 143 (Anm. 450).

[112] Sbornik dokumentov, t.I, S. 86.

standen an der Spitze von militärischen Unternehmungen. Ferner übten sie richterliche und administrative Gewalt aus.[113]

Die militärische Funktion der Kiever Voevoden steht in einem nicht ganz eindeutigen Konkurrenzverhältnis zu der des Tausendschaftsführers (*tysjackij*), der in Novgorod zusammen mit dem Posadnik von der Stadtbevölkerung gewählt wurde, während er im übrigen Reich ein vom Fürsten ernannter Amtsträger war, der auch Gerichts-, Aufgebots- und Steuereintreibungsfunktionen innehatte, in Novgorod seit Ende des 13. Jh. darüberhinaus für das Handelsgericht sowie Maß- und Marktaufsicht zuständig war.[114] Jan Vyšatič wird 1089 als Voevode der Kiever Tausendschaft bezeichnet. An der Wende vom 11. zum 12. Jh. geht offenbar das alte Voevodenamt in das des Tysjackij über.[115] Der soziale und politische Bezug zur handelstreibenden Stadtbevölkerung, wie er in Novgorod besonders deutlich in Erscheinung tritt, war auch für die Moskauer Tysjackie des 14. Jh., die sich traditionell aus dem Bojarentum rekrutierten, neben ihrer militärischen Bedeutung ein auffälliges Funktionsmerkmal.[116]

In der 1. Hälfte des 16. Jh. treten an der Südgrenze neben den Namestniki jährlich ernannte Voevoden mit militäradministrativen Aufgaben in Erscheinung, ebenfalls in dem von Ivan IV. eroberten Kazań sowie in den livländischen und in den neu kolonisierten sibirischen Gebieten, wo die Voevoden nun auch die früher dem Namestnik gehörenden fiskalischen und juristischen Kompetenzen auf sich vereinigten.

Besonders während des Bürgerkrieges zu Beginn des 17. Jh. ist das Voevodensystem zum Zweck einer verstärkten Zentralisierung und Militarisierung der Provinzverwaltung vollständig auf die zentralen Gebiete Rußlands ausgedehnt worden..[117]

Die Voevoden waren, stärker als der Namestnik, an die Vorschriften der zentralen Behörden gebunden und mußten über ihre Tätigkeit genaue Rechenschaft ablegen. Das Amt wurde grundsätzlich nur auf Zeit vergeben, wobei ein Jahr die Norm darstellte, alle darüber hinausgehenden Ernennungen als besondere Gunst anzusehen waren.[118] Nie wurde ein Voevode in ein Gebiet geschickt, wo er

---

[113] Vgl. Rahbek Schmidt, Soziale Terminologie, S 499; Goehrke, Groß-Novgorod, S. 462 f.; Janin, Novgorodskie posadniki.
[114] Vgl. Knackstedt, Moskau, S. 79 – 81.
[115] Vgl. Halbach, Der russische Fürstenhof, S. 162.
[116] Vgl. Rüß, Der Kampf um das Moskauer Tysjackij-Amt, S. 488.
[117] Vgl. Davies, The Town Governors, S. 102, 138 – 142. Nach Personennamen und Städten geordnete Listen aller Voevoden des 17. Jh. hat A.P. Barsukov (Spiski gorodovych voevod) zusammengestellt.
[118] Unterschiedliche Angaben über die normale Amtsdauer eines Voevoden bei Pipes, Rußland, S. 104 (1 Jahr), und bei Torke, Gab es im Moskauer Reich des 17. Jh. eine Bürokratie?, S. 291 (3 Jahre). Letzterer Verfasser führt selbst das Beispiel von Šuja an, wo zwischen 1613 und 1689 52 Voevoden ernannt wurden, d.h. jeder diente dort durchschnittlich eineinhalb Jahre. 1635 wies P.N. Zvenigorodskij auf die seiner Meinung

Grundbesitz hatte,[119] und auch die relativ kurze Amtsdauer verhinderte eine zu starke Identifizierung und Verquickung mit lokalen Interessen. Die wichtigsten Voevodenposten waren die von Novgorod, Pskov, Kazań, Astrachań, Kiev, Smolensk, Sibirien und Archangel'sk, und deren Inhaber hatten in der Regel bereits einen Duma-Rang erreicht.[120] Die Voevoden in den sibirischen Städten waren bis zum Jahre 1598 selbständig, d.h. verkehrten unmittelbar mit Moskau, waren jedoch ab dann dem Voevoden von Tobol'sk unterstellt. Dieses System der administrativen Abhängigkeit kleinerer Statthalter von den Voevoden zentraler Hauptorte setzte sich allmählich im ganzen Reich durch.[121] Der Rang war bei der Verteilung der Voevodenposten entsprechend ihrer Bedeutung wie in allen anderen Dienstbereichen ein strikt beachtetes Auswahlmoment. Saßen mehrere Voevoden an einem Ort, spielte der vom Dienstlistenamt stets mit Sorgfalt zuerst genannte die führende Rolle. Unter den Statthalterpositionen in Livland zur Zeit Ivans IV. war die des 1. Voevoden von Dorpat die ehrenvollste, deren Inhaber lange Zeit den Bojarentitel trugen und die sich zeitweise auch noch mit dem Titel „Namestnik Viflandskie zemli" („Statthalter der Livländischen Länder") schmückten.[122] Auf der anderen Seite waren es selten die bedeutendsten und hochrangigsten Vertreter der Adelsklasse, die Voevoden wurden, da sie als solche vom Zentrum des politischen Lebens in Moskau entfernt worden wären. So galten etwa die Voevodschaften in Sibirien und in den Kazaner Beistädten faktisch als Verbannung. Häufig bewarben sich aus dem Kriegsdienst entlassene Invaliden oder sonst entlassene Dienstleute für einen Voevodenposten, weshalb diesem bisweilen der Geruch einer „Zivilversorgung der Invaliden" anhaftete. Im Grunde lebte aber darin der traditionelle Zusammenhang von Dienst und Entlohnung mit Hilfe eines Amtes, wie er für das Kormlenie-System charakteristisch gewesen war, fort. Trotz aller Vorschriften und Instruktionen hatte der einzelne Voevode vor Ort relativ umfassende Handlungsvollmachten und Ermessensspielräume. Wozu genaue Anweisungen nicht vorlagen, sollte er entscheiden, „wie es Gott eingibt"; in wichtigen Staatsangelegenheiten allerdings hatte er Befehl aus Moskau anzufordern. In Gerichtssachen war der Voevode nur die 1. Instanz in kleineren Fällen, in den weit von Moskau entfernten Gebieten konnte er freilich auch kleine Leute ohne zarische Vollmacht bei entsprechendem Tatbestand hinrichten lassen. Für die Hinrichtung von adligen Personen, die im allgemeinen der

---

nach mißständliche Entwicklung hin, daß der eine oder andere bereits das zweite oder dritte Jahr eine bestimmte Voevodschaft innehätte. Ebd. Olearius spricht von zwei oder drei Amtsjahren. Vgl. Moskowitische und persische Reise, S. 222 f.

[119] Vgl. Pipes, Rußland, S. 104.
[120] Vgl. Crummey, Aristocrats, S. 49.
[121] Vgl. Kotošichin, O Rossii, S. 125.
[122] Vgl. Angermann, Studien zur Livlandpolitik Ivan Groznyjs, S. 35 – 38.

Strafgerichtsbarkeit des Voevoden nicht unterstellt waren, mußte hier die ausdrückliche zarische Zustimmung vorliegen.[123] Hauptaufgabe des Voevoden war es letztlich, die Ordnung aufrechtzuerhalten, die von oben festgesetzten Quoten von Dienstleuten bereitzustellen und Steuern abzuliefern.[124] Für Einbußen bei den staatlichen Einnahmen war er persönlich haftbar. Er residierte auf dem von der Bevölkerung errichteten Voevodenhof und verfügte über einen personellen Apparat aus Hauptleuten, Sekretären, Schreibern, Dolmetschern, Aufsehern usw. Die Inhabe des Polizeiwesens überantwortete ihm so vielfältige Aufgaben wie Post, Feuerwehr, Verkehrwesen, Pestaufsicht, Kontrolle von Handel, Maßen und Gewichten. Vielfach kamen noch weitere Funktionen hinzu, wie Fragen des Dienstes und der Dienstgüter in den Grenzstädten und diplomatische Beziehungen mit den Nachbarn in Astrachań (Große Horde) und in Sibirien.[125]

Es ist dennoch schwierig, ein generelles Urteil über die Macht des Voevoden abzugeben. Sie war abhängig von der Größe des ihm unterstellten Gebietes, von der Art und Weise, wie er die ihm zustehenden Kompetenzen nutzte und wie eng er sich an die aus Moskau gegebenen Vorschriften und Instruktionen klammerte. Auch mag im Maße der Entfernung vom Zentrum und des dadurch bedingten langen bürokratischen Weges der Spielraum zu persönlicher – und auch willkürlicher – Machtentfaltung im Amt zugenommen haben, was einige moderne Historiker dazu bewog, ihn mit den negativen Merkmalen eines asiatischen „Satrapen" zu beschreiben.[126] Und als eine gänzlich unzutreffende Charakterisierung muß die folgende gelten: „Der Statthalter [namestnik] verwaltete für sich, der Voevode für den Zaren."[127] In Wirklichkeit existierte, trotz des terminologischen Wechsels, ein enger historischer Zusammenhang zwischen beiden Positionen. Wie der Namestnik nicht nur für sich verwaltete, so der Voevode nicht nur für den Zaren. Oder genauer: Im Prinzip waren beide lokale Verwaltungsagenten der Moskauer Großfürsten und Zaren. Ihre Aufgaben und Kompetenzen waren ähnlich. Die Entlohnungsweise war verschieden, aber der Pfründecharakter des Amtes in beiden Fällen, beim Namestnik offen als legitimer Bestandteil des Systems, beim Voevoden mehr verdeckt, unübersehbar. Tendenziell war die Stellung des Voevoden im Zuge der Entwicklung zentraler kontrollierender und lokaler konkurrierender Verwaltungsinstanzen wahrscheinlich schwächer. Seine Autorität gegenüber reichen

---

[123] Vgl. Kotošichin, O Rossii, S. 124. Zum Vorangehenden ferner Torke, Gab es im Moskauer Reich des 17. Jh. eine Bürokratie?, S. 289 – 296.
[124] Beispiele für nicht vollständig abgeführte Steuern bzw. Steuerrückstände lassen sich viele finden. Die Eintreibung von Sondersteuern für bevorstehende Feldzüge war gewöhnlich mit der Androhung schwerer Strafen für Bestechung verbunden. Ebd. S. 294.
[125] Ebd. S. 292 f.; Pipes, Rußland, S. 104; Dmitriev, O social'no-ėkonomičeskom stroje, S. 100.
[126] So Pipes, Rußland, S. 104.
[127] Čičerin, Oblastnyja učreždenija, S. 54.

und vornehmen Standesgenossen seines Verwaltungsbereiches war oft gering. Wie der Adel die Qualität beider Positionen einschätzte, läßt sich vielleicht auch daraus ablesen, daß das Voevodenamt, abgesehen von den wichtigen Grenzstädten und großen Gebietszentren (Novgorod, Pskov, Smolensk, Kazań, Astrachań, Tobolsk), auf die Vertreter hochadliger Familien Anwartschaft erhoben, eher zu einer Domäne der hauptstädtischen mittleren Dienstschicht wurde,[128] während Namestnik-Stellen überwiegend von hohen Aristokraten besetzt waren. Generell aber galt, daß die Provinzverwaltung weitgehend in adligen Händen lag. Auch in dieser Hinsicht hat sich die herrscherliche Gewalt nicht aus ihrer Abhängigkeit von adligem Dienst lösen können. Die leitenden Repräsentanten der Provinzadministration waren ausnahmslos Adlige. Ihr Aufenthalt im Amt war kurzfristiger Natur, was dessen Versorgungs-, Entlohnungs- und Entschädigungscharakter unterstreicht. Die damit verbundenen negativen Erscheinungen waren einkalkulierter Bestandteil des Systems. Es ging um staatliche Einnahmen und adlige Versorgung. Das schloß sich im Prinzip zwar nicht aus, war in der Praxis jedoch durchaus nicht leicht zu harmonisieren. Die Funktionsschwäche und Effektivitätsdefizite einer solchen Verwaltung wird man aber nur dann beklagen, wenn man ein sog. objektives staatliches Interesse dem subjektiven Klassenegoismus der Elite gegenüberstellt, also eine von Gruppeninteressen sozusagen „gereinigte" Administration, die sich nur den objektiven Erfordernissen des Staates verpflichtet weiß, als unter den gegebenen historischen Bedingungen realistische Möglichkeit in Betracht zieht. Das ist eine unhistorische Sichtweise. Als herrschende Klasse bewahrte der Adel seinen Anspruch auf die wichtigsten Positionen in Staat und Verwaltung. Provinzposten boten ein reiches Feld für adligen Unterhalt. Die Aussicht darauf war ein wichtiges Stimulans für lebenslangen Dienst. Die materiellen Chancen und die Verlockungen der Macht über viele Menschen – über ein Gebiet, eine Stadt – ketteten adlige Interessen an die der Großfürsten und Zaren, die ihrerseits wegen fehlender gesellschaftlicher Alternativen vom Dienst des Adels abhängig blieben. Aus dieser innigen Verklammerung der Interessen formte sich eine enge politische Schicksalsgemeinschaft der Herrschenden, ein unauflösliches Aufeinanderangewiesensein, eine tiefverwurzelte und ideell überhöhte Abhängigkeit mit ihren unvermeidlichen beiderseitigen Frustrationen und Aggressionen, die aber zum Zerfall dieses Bündnisses nicht ausreichten, zumal sich aufgrund der historischen Entwicklung alternative politische Kräftekonstellationen nicht anboten.

---

[128] 1686/87 waren von den Voevoden drei Bojaren, zwei Okol'ničie, 27 Stol'niki, acht Strjapčie, neun Žil'cy, 52 Moskauer Dvorjanen und 31 Dvorjanen aus der Provinz. Vgl. Hellie, Enserfment, S. 71.

Wenn gesagt wurde, daß der adlige Bürokrat und „Beamte" eine Erscheinung erst des 17. Jh. gewesen sein,[129] so ist das nur bedingt richtig. Was sich im Vergleich zu früheren Zeiten veränderte, war der Anteil des zivilen Dienstes an der adligen Karriere, der zunahm. Ein reiner Krieger- und Militäradel ist die russische Aristokratie niemals gewesen. Beratende und verwaltende Funktionen gehörten immer zu ihren prestigeträchtigen Tätigkeiten hinzu.

Der hohe russische Adlige war traditionell Krieger und Administrator, und wir dürfen annehmen, daß er diesen zivilen Teil seines Tuns in herrscherlichen Diensten durchaus nicht gering schätzte, auch wenn in den Augen einer breiteren Öffentlichkeit die kriegerische Tat ein höheres Maß an Achtung und lobender Zustimmung verdiente als das unheroische Administrieren, welches zudem offensichtlich mit persönlichen, egoistischen Motiven verknüpft war. Die Glorifizierung der Heldentat auf dem Schlachtfeld und die barsche Kritik an dem „reichen" und „bequemen", d.h. nur noch verwaltenden, nichtkämpfenden Edelmann in zeitgenössischen Quellen[130] dürfen somit nicht zu dem falschen Schluß führen, als sei ziviler Dienst eine vom Adel verachtete, seinem Ethos und Selbstverständnis ferne oder sogar mit negativen Vorstellungen besetzte Tätigkeit gewesen. Die fundamentalen materiellen und politischen Interessen und Möglichkeiten, die mit zivilen Dienst- und Machtpositionen verbunden waren, schließen eine solche Vermutung eigentlich aus. Daß in späterer Zeit der adlige Offizier auf den adligen Zivilbeamten mit einem gewissen Hochmut herabblickte,[131] steht auf einem anderen Blatt und hat eine spezifische Entwicklung zur Voraussetzung, die der hier betrachteten Geschichtsperiode fremd war, nämlich die einer ausschließlich in den Bahnen des zivilen Dienstes verlaufenden adligen Karriere.

Für den mittleren und hohen Adel in vorpetrinischer Zeit war die abwechselnde Tätigkeit als Krieger und im zivilen Sektor somit charakteristisch. Das schloß nicht aus, daß einige Personen überwiegend in dem einen oder anderen Bereich Aufgaben übertragen bekamen im Maße ihres Einflusses auf solche Ernennungen oder entsprechend besonderer Fähigkeiten. Der soziale und politische Abstand der Masse der niederen Dienstleute von den höheren adligen Chargen manifestierte sich nicht zuletzt in ihrer Beschränktheit auf den militärischen Bereich, während sie umgekehrt nur über den zivilen Dienst

---

[129] Vgl. Crummey, The Origins of the Noble Official, S. 47.

[130] Vgl. etwa die mit solchen Epitheta arbeitende Kritik an den vom Kampf gegen die Tataren im Jahre 1480 abratenden engen Vertrauten Ivans III. PSRL 6, S. 230.

[131] Diese Einstellung wurde auch durch ein soziales Überlegenheitsgefühl gespeist. 80 % der Beamten und Schreiber in der zentralen und provinzialen Verwaltung waren um 1750 Nichtadlige. Der Adel in der Bürokratie war meist landlos und hing vom Salär ab. Die höchsten Ränge im Militär waren aber in der Regel im Besitz hoher Aristokraten. Vgl. Crummey, Russian Absolutism and Nobility, S. 462 f.

gelegentlich zu großem politischen Einfluß gelangten. Die Elite des Adels freilich reklamierte die hohen militärischen und zivilen Posten gleichermaßen und traditionell für sich, auch dort, wo es an professioneller Kompetenz offenkundig mangelte, und zwar dann aus einem generellen Führungsanspruch heraus, was z.B. die rasche Aneignung leitender Stellungen durch hohe Adlige in dem sich stark ausdehnenden zentralen bürokratischen Apparat seit der Mitte des 16. Jh. erklärlich macht. Heinrich v. Staden, der die politische und administrative Führungsrolle des vornehmen Moskauer Bojarenadels mehrfach hervorhebt, berichtet, daß „auf jeder gerichtscanzelei und allen anderen canzeleien einer von diesen oder anderen boiaren oder knesen einer gesessen, Und was derselbige dem canzeler befahl zu schreiben, das muste er tun."[132] Mit den „canzeleien" sind die Zentralämter (*prikazy*) gemeint, die „canzeler" sind ihre Sekretäre (*d'jaki*).

Die Entstehung solcher oberster Verwaltungs- und Gerichtsbehörden läßt sich bis in die 2. Hälfte des 15. Jh. zurückverfolgen.[133] Ihre Zahl belief sich, unter Einbeziehung der verschiedenen Untersuchungskommissionen (*sysknye prikazy*) mit den Eigenschaften eines Zentralamts, die oft aber nur kurze Zeit existierten, im 16. und 17. Jh. zusammen auf weit über 100.[134] Eine systematische Gliederung der Prikaze nach sachlichen Merkmalen ist aufgrund der häufigen Kompetenzüberschneidungen und ihrer Aufgabenvielfalt ein nahezu hoffnungsloses Unterfangen.[135] Was hier besonders interessiert, ist die Tatsache, daß die Leitungspositionen der mit überwiegend nichtadligem Personal

---

[132] Vgl. Aufzeichnungen, S. 7 f.

[133] Vgl. Leont'ev, Obrazovanie prikaznoj sistemy, S. 21; Torke, in: LexGR, S. 422 („Zentralämter"). Der Terminus in dieser Bedeutung ist zum ersten Mal für 1512 belegt und löste nicht vor Mitte des 16. Jh. den zunächst gebräuchlichen Ausdruck „izba" (Amsstube) ab.

[134] Vgl. Brown, Muscovite Government Bureaus, S. 289 – 293 (zählt einschließlich der Prikaze des Patriarchen zwischen 1550 – 1710 153). Nach Ustjugov gab es in den 60er Jahren des 17. Jh. um die 40 ständige Prikaze, mit den zeitweisen kommt er auf ca. 80. Vgl. Evoljucija prikaznogo stroja, S. 134. Ihm folgt O'Brien, Muscovite Prikaz Administration, S. 4. Nach Torke waren es im 16. und 17. Jh. zusammen an die 100 (ohne die des Patriarchen). Vgl. Gab es im Moskauer Reich des 17. Jh. eine Bürokratie?, S. 279 (dort auch S. 278 zu den Zahlen in den Quellen – Kotošichin, Olearius, Kilburger – und in der Sekundärliteratur).

[135] Ustjugov gibt eine grobe Gliederung in staatliche und hofbezogene Prikaze. Erstere unterteilt er in jene mit innenpolitischen und jene mit außenpolitischen Aufgaben. Diese waren entweder mit dem militärischen oder diplomatischen Komplex befaßt, jene mit allgemeinstaatlichen oder gebietsbeschränkten Aufgaben. Fast alle Prikaze besaßen richterliche Kompetenz. Vgl. Evoljucija prikaznogo stroja, S. 135. Ein differenziertes Gliederungssystem entwickelt Brown, Muscovite Government Bureaus, S. 288 ff. (I. Reichsprikaze, II. Hofprikaze, III. Privatprikaze des Zaren, IV. Prikaze des Patriarchen). Eine Aufzählung und Aufgabenbeschreibung der Prikaze im 17. Jh. geben Kotošichin, O Rossii, S. 85 – 117, und Olearius, Moskowitische und persische Reise, S. 266 – 269.

besetzten Zentralbehörden einer zunehmenden Aristokratisierung unterlagen. So bekleidete im Jahre 1613 nur etwa ein Drittel der Prikaz-Vorsteher einen Duma-Rang, in der Mitte des Jahrhunderts bereits die Hälfte, und in den 80er Jahren waren es schon 79 Prozent.[136] An der Spitze der bedeutendsten Prikaze standen in der Regel Personen im Rang von Bojaren oder Okol'ničie, die weniger wichtigen wurden von Dumadvorjanen, Stol'niki oder Moskauer Dvorjanen geleitet. Eine Ausnahme bildeten über weite Strecken das Dienstlisten- (*Razrjad*), Dienstgut- (*Pomestnyj prikaz*) und Außenamt (*Posol'skij prikaz*), die jeweils von D'jaken geführt wurden, welche sich häufig zu Dumad'jaken und in Einzelfällen zu Okol'ničie hochdienten. Prominente Bojaren an der Spitze des Gesandtschaftsprikazes, die das traditionelle Personalprinzip in dieser Behörde zeitweilig durchbrachen, waren Afanasij Ordin-Naščokin, Artamon Matveev und Vasilij Golicyn in der 2. Hälfte des 17. Jh. und mit großer Wahrscheinlichkeit der Bojar Michail Ju. Zacharin unter Vasilij III., als der Gesandtschaftsprikaz unter diesem Namen noch nicht existierte.[137] Es war aber mit Sicherheit kein Zufall, daß die genannten drei Zentralbehörden adliger Leitung über lange Zeiten hinweg verschlossen blieben, da die beiden ersten ein hohes Maß an Unabhängigkeit, Unvoreingenommenheit und Neutralität bei dem für den Adel hochsensiblen Ernennungs- und Belohnungsvorgang erforderten und der wichtige Bereich der Außenpolitik in nüchternem staatlichen Interesse verständlicherweise lieber jenen anvertraut wurde, die durch jahre- und jahrzehntelange permanente Beschäftigung mit der Materie den nötigen politischen und diplomatischen Sachverstand mitbrachten. Daß zu solchen Spezialisten mit großer fachlicher Kompetenz auch – und zunehmend – hohe Adlige gehörten, verdeutlicht den fortschreitenden Prozeß einer „Aristokratisierung" der Verwaltung bzw. „Verbürokratisierung" von Teilen der Elite, welche die sich neu eröffnenden Chancen des zivilen Dienstes in Spitzenpositionen der Zentralverwaltung als Alternative zum traditionellen „gemischten" Dienst in wachsender Zahl erkannten. Es gibt darüber aufschlußreiche Berechnungen für das 17. Jh., die diesen adligen Trend zu zivilen Karrieren veranschaulichen: 35 Prozent derjenigen, die in die Duma aufgenommen wurden, dienten danach ausschließlich in den Kanzleien, 35 Prozent übernahmen auch weiterhin militärische Kommandos, 14 Prozent übten ausschließlich militärischen Dienst aus, die restlichen hatten künftig nur noch Hoffunktionen inne. Fast 60 Prozent aller Dumamitglieder besaßen irgendwann mindestens einen Posten in der Bürokratie, der elfte Teil davon waren ausgesprochene Verwaltungsspezialisten, die selten außerhalb der zentralen Behörden dienten.[138] Nach Erreichen des Dumaranges wurde Kanzleidienst sehr viel öfter und in bedeutenderen Ämtern

---

[136] Vgl. Ustjugov, Evoljucija prikaznogo stroja, S. 167.
[137] Vgl. Rüß, Der „heimliche Kanzler" Vasilijs III., S. 170.
[138] Vgl. Crummey, The Origins of the Noble Official, S. 66 – 68.

übernommen als davor.[139] Leider fehlt zu solchen Zahlen und Beobachtungen das Vergleichsmaterial aus der Zeit vor dem 17. Jh. Daß hohe Adlige mit dem Entstehen zentraler administrativer Institutionen sogleich an deren Spitze drängten, scheint die zitierte Äußerung Heinrich v. Stadens zu belegen.[140] Von Bojaren wurden unter Boris Godunov allerdings erst nur wenige Prikaze geführt, während in deren Hände nach 1648 nahezu alle wichtigen Leitungen übergingen.[141]

Im 17. Jh. gibt es bemerkenswerte Ämterhäufungen besonders bei politisch einflußreichen und dem Zaren nahestehenden adligen Personen. So war der Bojar I.D. Miloslavskij, der Schwiegervater Zar Aleksej Michajlovičs, Leiter des Prikazes der „Großen Kasse" und vier weiterer Zentralbehörden. 1647 sind der Prikaz der „Großen Kasse", das „Neue Viertel" (*Novaja čet'*), der Strelitzen- und der Ausländerprikaz in der Hand von B.I. Morozov, die er von seinem Vorgänger, dem Bojaren F.I. Šeremetev, übernommen hatte. An der Spitze mehrerer Prikaze stand zwischen 1634 – 1642 Fürst I.B. Čerkasskij. Das gilt in späterer Zeit ebenfalls für Afanasij Ordin-Naščokin, Artamon Matveev, Fürst Vasilij Golicyn, der zeitweise elf Prikaze führte, und andere prominente Adlige.[142] Es liegt auf der Hand, daß in diesen Fällen die Ämterkumulierung in erster Linie nicht mit den überragenden administrativen Fähigkeiten der jeweiligen Prikazleiter erklärt werden kann, sondern vielmehr mit ihrem politischen Talent, eine einflußreiche Stellung am Hof durch prestigeträchtige und einträgliche Ämter abzusichern bzw. auszubauen. Adliges Interesse am bürokratischen Apparat als Macht- und Bereicherungsinstitut nahm im Maße von dessen wachsender staatlicher Bedeutung zu. Die Bitte S.F. Saburovs im Jahre 1591, der Herrscher möge ihm die Gnade erweisen und ihn zum militärischen Dienst entsenden, da er „in der Amtsstube [izba] nicht sitzen" wolle,[143] darf somit nicht als Ausdruck einer generellen adligen Einstellung gegenüber Kanzleidienst gedeutet werden. Sobald die mit ihm verbundenen massiven politischen und materiellen Chancen offenbar wurden, schwanden die Vorbehalte. Kanzleidienst bot neben der regulären Entlohnung die Möglichkeit, sich durch Geschenke und – übliche – Bestechungsgelder von Bittstellern zu bereichern, er gab die Gelegenheit, ein Netz von Beziehungen aufzubauen

---

[139] Ders. Aristocrats, S. 41.

[140] Der Bojar Fürst I.V. Sickij befand sich zehn Jahre lang an der Spitze des Prikazes der „Großen Einnahme" (Pr. Bol'šogo prichoda), was ein präzedenzloser Fall im 16. Jh. war. Zwischen 1584 – 1605 standen Adlige als „Richter" (sud'ja) den meisten allgemeinstaatlichen Behörden vor. Vgl. Pavlov, Prikazy, S. 207.

[141] Vgl. Weickhardt, Bureaucrats, S. 343 – 345. Unterschiedliche Angaben dazu über die Zahl der von Bojaren geleiteten Prikaze zur Zeit Boris Godunovs bei Pavlov, Gosudarev dvor, S. 55 f.

[142] Vgl. Epstein, Die Hof- und Zentralverwaltung, S. 75; Weickhardt Bureaucrats, S. 344.

[143] Zit. bei Pavlov, Prikazy, S. 207 f.

und sich einflußreiche Personen zu verpflichten und andere von sich abhängig zu machen. Die Anwesenheit in Moskau in einer Behörde, in Hofnähe also, war bequemer, sicherer und mit besseren politischen Perspektiven verbunden als das Leben im Feld und entfernt vom Hof und vom politischen Entscheidungszentrum.[144] Der Adel überließ deshalb nicht anderen gesellschaftlichen Kräften die neu entstehenden bürokratischen Machtzellen. Es ist charakteristisch für das traditionelle Verständnis des Verhältnisses zwischen Herrschertum und Elite, daß jenes die Bürokratie nicht als Gegengewicht gegen die dominante gesellschaftliche Position des Adels zu benutzen versuchte, sondern im Gegenteil diese Usurpierung der bürokratischen Leitungsfunktionen durch ihn aktiv unterstützte. Zu einer Neuformierung der gesamtgesellschaftlichen Kräftekonstellation ist es auf diese Weise nicht gekommen.[145]

Die professionelle Qualität adliger bürokratischer Amtsträger war gewiß recht unterschiedlich, sie wird für die 2. Hälfte des 17. Jh. als bereits relativ hoch angesehen.[146] Die Aufgabe des Prikazleiters, des *Sud'ja* („Richter"), war ohnehin nicht die alltägliche Verwaltungsarbeit, die von den Sekretären (*d'jaki*) und Schreibern (*pod'jačie*) geleistet wurde. Er hatte zu führen, zu kontrollieren, Gericht zu halten und dem Zaren und der Duma vorzutragen. Diese Tätigkeiten erforderten nicht seine ständige Anwesenheit im Amt, er konnte vorübergehend auch ganz andere, etwa militärische, Aufgaben erfüllen. Es ist wiederum für das Selbstverständnis der Moskauer Aristokratie bezeichnend, daß ihre vornehmsten Vertreter auch noch im 17. Jh. Militär- und Kanzleidienst häufiger abwechselten, als dies bei niedrigeren adligen Chargen in der Bürokratie der Fall war.[147] Feste Regeln dafür, welche Angelegenheiten die Prikaze selbständig durchführen konnten und bei welchen sie die Entscheidung dem Zaren und der Duma überlassen mußten, gab es nicht.[148] In vielen Bereichen, so in denen der Diplomatie und in Fragen des adligen Dienstes, war der Einfluß der Bojarenduma jedoch beträchtlich. Eigenmächtige Entscheidungen etwa der D'jaken des Gesandtschafts-, Dienstlisten- und Dienstgutprikazes ohne

---

[144] Vgl. Crummey, Aristocrats, S. 53.
[145] Vgl. Weickhardt, Bureaucrats, S. 352. Die Berufung „unfähiger" Personen auf hohe Posten zog die Aufmerksamkeit vieler Ausländer auf sich, die aber nicht mit dem Prinzip des gemeinschaftlichen Dienstes, das in Moskau galt, vertraut waren, wonach die repräsentative erste Position nicht zugleich die mit dem höchsten Kompetenzanspruch sein mußte. Vgl. Markevič, Istorija mestničestva, S. 295. Eine enge politische Kräftekonstellation zwischen „niedriggeborenen Elementen", der Bürokratie, dem niederen, dienstgutbesitzenden Dvorjanentum und dem Herrscher gegen die alte Aristokratie sieht Storožev, Bojarstvo, S. 186, 189, 190, 196 – bei freilich einseitiger Quellenauswertung – im 17. Jh. wirksam.
[146] Zum unterschiedlichen Aristokratisierungsgrad der Bürokratie in westeuropäischen Ländern vgl. Powis, Aristocracy, S. 79.
[147] Vgl. Crummey, The Origin of the Noble Official, S. 70; ders. Aristocrats, S. 53.
[148] Vgl. Epstein, Die Hof- und Zentralverwaltung, S. 54.

bojarisches Placet galten prinzipiell als ungesetzlich.[149] Auch in Finanzfragen war die Entscheidung der Behördenleiter selbst bei geringfügigen Details oft auf die Zustimmung der obersten Machtträger angewiesen.[150]

Die meisten Historiker stellen das Effizienzkriterium bei der Beurteilung der Moskauer Prikaz-Bürokratie an vorderste Stelle und kommen dabei, kaum überraschend, zu einem negativen Ergebnis. H.-J. Torke schreibt: „So schwach wie der Zusammenklang des ganzen Ämterwesens entwickelt war, so ungeordnet gestaltete sich die Verwaltungspraxis im einzelnen. Das entscheidende Kriterium für eine gute Verwaltung, die pünktliche und vollständige Eintreibung der Steuern, wurde in Moskau nicht erfüllt. Dieser Makel gilt für alle Ämter, da sie alle über direkte Einnahmen verfügten."[151] Und derselbe Autor hält die von B. Čicerin um die Mitte des 19. Jh. gegebene negative Charakterisierung der lokalen Voevoden-Administration für vollkommen auf die Zentralverwaltung übertragbar, welcher geschrieben hatte: „Im Moskauer Staat hatte man keine Ahnung von einem systematischen Verwaltungsaufbau, von einer genauen Abgrenzung der Gewalten und der Herstellung richtiger Beziehungen zwischen den Regierungsstellen und -personen."[152]

Es ist leicht zu erkennen, daß solche Negativurteile von idealen Normen einer funktionierenden modernen bzw. einer relativ effizienten frühmodernen Bürokratie in westlichen Staaten geprägt sind. Nun ist aber durchaus nicht erwiesen, daß die dort gültigen Kriterien für eine „gute" Bürokratie im russischen historischen Kontext den gleichen Stellenwert besaßen und deshalb als Prinzipien einer erfolgreichen Verwaltung auch tatsächlich angestrebt, aber verfehlt wurden. Wenn man „die pünktliche und vollständige Eintreibung der Steuern" permanent nicht erreichte, so könnte diese dauernde Hinnahme eines offensichtlichen Mißstandes möglicherweise damit zusammenhängen, daß die prompte Erfüllung des staatlichen Steuerauftrags eben nicht „als das entscheidende Kriterium für eine gute Verwaltung" angesehen wurde oder zumindest mit konkurrierenden Ansprüchen und Erwartungen an die Bürokratie im Widerstreit lag, die ein gewisses Maß an staatlicher Toleranz bei den anvisierten Steuerquoten begünstigten bzw. zuließen. Die Aufrechterhaltung des Kompetenzwirrwarrs der Ämter scheint in ähnlicher Weise auf spezifische russische Bedingungen und Entwicklungen zurückzugehen, in denen das bürokratische Ideal eines „systematischen Verwaltungsaufbaus" jedenfalls nicht jene Wertschätzung genoß wie in anderen Ländern oder bei neuzeitlichen Historikern des frühabsolutistischen Verwaltungsstaates. Der relativ hohe professionelle Standard des nichtadligen bürokratischen Personals von Sekretären

---

[149] Vgl. Pavlov, Prikazy, S. 207.
[150] Vgl. Ustjugov, Evoljucija prikaznogo stroja, S. 167.
[151] Vgl. Gab es im Moskauer Reich des 17. Jh. eine Bürokratie?, S. 283.
[152] Vgl. Oblastnye učreždenija Rossii, S. 353.

und Schreibern[153] bot ja durchaus günstige Voraussetzungen dafür, um die erwähnten Mängel zu erkennen und zu beseitigen. Aber ganz offensichtlich fehlte in den herrschenden Kreisen der politische Wille dazu. Und dies wird verständlich, wenn man sich vor Augen hält, daß der Adel in Rußland, anders als etwa im Frankreich des 17. Jh., durch die aufkommende Bürokratie keineswegs so dramatisch wie dort entfunktionalisiert, verhöflicht, diszipliniert und entmachtet worden ist. Die innenpolitische soziale Bündniskonstellation, die in Frankreich den absoluten Herrscher ermöglichte, hatte auf russischem Boden keine Entsprechung. Bürokratie und zentrale Verwaltung wurden nicht zu einem den Adel paralysierenden Machtinstrument des Herrschers, wie das in Frankreich der Fall war, wo sie in die Hände von mit dem alten Adel konkurrierenden neuen, im Bündnis mit dem Königtum stehenden sozialen Kräften gerieten. In Rußland hingegen vereinnahmte die Aristokratie allmählich nahezu alle Leitungspositionen in der Prikaz-Bürokratie für sich.[154] Es gab eine ganze Reihe von vorübergehend existierenden Kommissionen und Prikazen, die den Namen der ihnen vorstehenden hochadligen Personen trugen.[155] Die Zentralverwaltung wurde zu einem breiten und nicht nur formal-repräsentativen Betätigungsfeld für den Adel, der die Spitzenstellungen als lohnende Ressource für materielle Bereicherung und Basis für individuellen politischen Einfluß am Hof okkupierte. So kam es, daß die Kompetenzen der einzelnen Ämter nicht nur nach sachlich-rationalen Erfordernissen des Staates, sondern auch nach den Prestige- und Statusansprüchen[156] ihrer adligen Leiter verteilt wurden. Damit hielt zugleich die traditionelle Pfründen- und „Durchfütterungs"mentalität des Adels auch in der zentralen Behördenverwaltung ihren Einzug, die auf das ganze System abfärbte. Die angesprochenen „Mißstände" – Kompetenzwirrwarr und (für den Staat) ineffiziente Steuereintreibung – hatten also ihre Ursache nicht primär in verwaltungsstrukturellen (institutionellen, organisatorischen, personalen) Defiziten, sondern waren das unvermeidliche und logische Resultat der ungebrochenen sozialen und politischen Machtstellung der herrschenden adligen Elite in Staat und Gesellschaft. Verwaltungsinstitutionen blieben auf allen Ebenen Einrichtungen, die neben der Erfüllung übergeordneter staatlicher Aufgaben der Befriedigung der spezifischen Klasseninteressen des herrschenden Adels dienten. Ein hoher Anteil des Verwaltungsertrages und administrativer Vollmachten wurde also für die herrschende adlige Schicht abgezweigt und

---

[153] Zu Qualifikation, Professionalität und sachlicher Kompetenz des Prikaz-Stabes vgl. DRV, t.20, S. 150, 152; Demidova, Priraznye ljudi, S. 338; Halbach, Kanzlei und Kanzleramt, S. 44.

[154] Insofern ist die Behauptung Keenans, die Bürokratie sei „nichtadlig" gewesen, vgl. Folkways, S. 137, in ihrer Pauschalität unzutreffend.

[155] Aufgeführt bei Brown, Muscovite Government Bureaus, S. 290 – 292.

[156] „Politics in Muscovy was a politics of status, not of function ..." Vgl. Keenan, Folkways, S. 138.

blieb deshalb außerhalb des Prinzips der öffentlichen Verantwortlichkeit. Von dieser grundlegenden machtstrukturellen Voraussetzung hat jegliche Erörterung über Systematik und Effizienz des russischen Verwaltungssystems im betrachteten Zeitraum auszugehen.

5. Hofämter

Eine Reihe der späteren Prikaze ist aus der Hofverwaltung im engeren Sinne, die ursprünglich – aber oft auch noch im 17. Jh. – von der „staatlichen" Landesverwaltung nicht streng geschieden war, hervorgegangen.[157] Hofämter bildeten ein weites Feld adliger Betätigung in fürstlichen und zarischen Diensten. Waren in frühen Zeiten in Rußland, wie in allen älteren Monarchien, die obersten Hof- und Landesbeamten weitgehend identisch, so änderte sich das mit der zunehmenden Ausdehnung und Differenzierung des bürokratisch-administrativen Apparates im Laufe des 16. und 17. Jh. Die älteren klassischen Ämter waren entsprechend mit hofübergreifenden Kompetenzen ausgestattet und deshalb begehrtes Objekt adliger politischer und materieller Ambitionen. Freilich gilt dies als generelle Aussage nicht für die Kiever Zeit, in der weite Bereiche der Hofverwaltung in den Händen von niederen bzw. unfreien Dienstkräften lagen.[158]

Die erste Erwähnung eines Dvorskij (von *dvor* = Hof) Oleksej geschah unter dem Jahre 1171,[159] der als Družinamitglied des volhynischen Fürsten Izjaslav Mstislavič genannt wird. Die Dvorskie waren vermutlich die Chefs der fürstlichen Hofdienerschaft, sie treten aber, wie der Dvorskij Andrej des Fürsten Daniil im 13. Jh.,[160] immer auch im militärischen Kontext in exponierter Rolle auf. In der nordöstlichen Rus des 14. und 15. Jh. sind sie in der Mehrzahl der Erwähnungsfälle Verwalter der provinziellen fürstlichen Wirtschaftshöfe.[161] Ihnen übergeordnet waren die Dvoreckie, eine Art Hofmeister an den fürstlichen Residenzen, vergleichbar dem westlichen Hofmarschall. Auch ihnen oblagen Funktionen im Bereich der Hofdisziplin, der Hofetikette und der Aufsichtsgewalt über höfische Wirtschaftsbereiche. Der „Moskauer Hof" wurde in den 30er Jahren des 16. Jh. zur Verwaltungsstelle der „Großen Residenz" (*Bol'šoj dvorec*), die die gesamten Einkünfte aus den Hofgütern und den zum Hof gehörenden Gebieten und Orten unter sich hatte. An der Spitze stand bis zum Beginn des 17. Jh. der Dvoreckij, der auch

---

[157] Vgl. Epstein, Die Hof- und Zentralverwaltung, S. 14 – 16; Leont'ev, Obrazovanie prikaznoj sistemy, S. 21; Pipes, Rußland, S. 77.
[158] Vgl. Halbach, Der russische Fürstenhof, S. 170.
[159] PSRL II, Sp. 244.
[160] Ebd. Sp. 794.
[161] Halbach, Der russische Fürstenhof, S. 236.

aufgrund seiner Verantwortung über einen großen Stab von – z.T. ebenfalls adligem – Hofpersonal fast immer den Bojarenrang bekleidete.[162] Außerdem waren ihm die in den ehemals selbständigen Fürstentümern sitzenden Dvoreckie unterstellt,[163] die dort ähnliche Funktionen erfüllten, zu denen nun auch militärische und gerichtliche gehörten. Vor 1505 werden in Novgorod und in Tveŕ Dvoreckie erwähnt. Der Tverer Dvoreckij tritt im Testament Ivans III. von 1504 mit einem Stab von D'jaken und Amtsleuten („prikazčiki") entgegen. Ihm unterstand die Verwaltung der lokalen Hofländereien. Auf seinen Befehl hin wurden im Namen des Großfürsten Besitzurkunden für Adlige ausgestellt. Sein Gericht war für die hiesige Bevölkerung in Strafrechtssachen höchste Instanz. Er erließ Anordnungen für die bäuerliche Bevölkerung auf Hofland. Er war Richter in Streitfällen zwischen großfürstlicher Domäne einerseits und Feudalen, „schwarzen" Bauern und Stadtbewohnern auf der anderen Seite. Er übte eine gewisse Kontrolle über die Tätigkeit der Kormlenie-Inhaber aus. Die Tverer Dvoreckie stammten in der Regel nicht aus dem lokalen Adel, sondern waren dem Großfürsten nahestehende Angehörige der Altmoskauer Bojarenaristokratie.[164] Einige waren sogar ausgesprochene „Favoriten", wie der Bojar Michail Juŕevič Zachaŕin oder Ivan Juŕevič Šigona-Podžogin unter Vasilij III., die zeitweilig das Amt eines Tverer Dvoreckij innehatten.[165] Die Söhne Zachaŕins, Ivan und Vasilij, waren ebenfalls Dvoreckie, der eine von Rjazań (mit Vologda, 1539/40), der andere von Tveŕ (mit Volokolamsk, Ržev und Klin, 1546–1552). Eine vergleichbare Konstellation läßt sich für die Brüder I.S. Voroncov und F.S. Voroncov beobachten. Der erste war 1545 Dvoreckij von Tveŕ, der zweite zwischen 1538–1542 von Uglič und Kaluga (mit Galič, Zubcov, Bežeckij Verch, Perejaslavl' Zalesskij). Ein Verwandter, V.M. Voroncov, war 1546/47 Dvoreckij von Dmitrov. Die Brüder Ju.D. und V.D. Šein waren ebenfalls in enger zeitlicher Nähe Dvoreckie, der eine von Tveŕ (1542), der andere von Dmitrov (1543/44).[166] Die Beispiele zeigen eine gewisse signifikante Häufigkeit des Amtes in bestimmten Familien, und zwar besonders in denen, die sich ohnehin durch eine auffallende Affinität zum

---

[162] Vgl. Poraj-Košič, Očerk istorii russkogo dvorjanstva, S. 52 f.
[163] Dvoreckie standen den ehemals unabhängigen „Höfen" von Rjazań, Tveŕ, Dmitrov, Nogorod, Bežeckij Verch, Uglič vor. Bis auf den Novgoroder und den Kazaner Hof werden diese unter Ivan IV. im „Großen Hof" eingeschmolzen. Vgl. Epstein, Die Hof- und Zentralverwaltung, S. 19.
[164] Vgl. Zimin, O sostave dvorcovych učreždenij, S. 180 f.; Florja, O putjach političeskoj centralizacii, S. 286; Rossijskoe zakonodatel'stvo, t.II, S. 130. Eine große Zahl der Dvoreckie erreichte, entgegen der Auffassung von Kollmann, Kinship, S. 94, den Bojarenrang. Der hauptstädtische Dvoreckij, Vorsteher des Bol'šoj Dvorec, war zwischen 1513 – 1577 immer ein Bojar, auch noch 1584. Das Amt verschwindet in der Zeit des Zaren Aleksej Michajlovič. Vgl. DRV, t.20, S. 139 f.
[165] Vgl. Sbornik RIO, t.35, S. 492, 578, 597, 624 (Zachaŕin), 850 (Šigona-Podžogin).
[166] Vgl. Zimin, O sostave dvorcovych učreždenij, S. 192 – 194.

Hof und zu nichtmilitärischen Tätigkeitsfeldern auszeichneten, wie etwa, außer den genannten, die Tučkovy, Morozovy, Čeljadniny, Karpovy, Kubenskie und andere.

Es bestand offensichtlich eine Verbindung des Dvoreckij-Amtes von Tveŕ mit den außenpolitischen Beziehungen des Moskauer Großfürstentums zu Polen-Litauen.[167] Sowohl Michail Zachaŕin als auch Ivan Šigona-Podžogin führten als Tverer Dvoreckie Verhandlungen mit litauischen Gesandtschaften.[168] In exponierter diplomatischer Mission zum westlichen Nachbarn war als Dvoreckij von Tveŕ auch Zachaŕins Sohn Vasilij in der Regierung Ivans IV. tätig.[169] Michail Jak. Rusalka Morozov führte als Dvoreckij (seit 1479) im Jahre 1490 Verhandlungen mit Polen und begleitete 1495 Ivans III. Tochter Elena zu ihrer Hochzeit mit König Aleksander ins westliche Nachbarland. Ivan Oščera, Dvoreckij von Kaluga und Starica zwischen 1497–1503, war am diplomatischen Verkehr mit Polen, der Moldau und der Krim beteiligt.[170] In späterer Zeit wurde der Titel eines Dvoreckij manchmal „des Namens wegen" an Personen vergeben, die außenpolitische Missionen zu erfüllen hatten,[171] was die Auffassung vom diplomatischen Funktionsanteil an diesem Amt erhärtet. Olearius bezeichnet den „Hoffmeister" als den zu seiner Zeit höchsten Hofbeamten, „der alles / was die Hoffhaltung und den Hoffstadt betrifft / und sonderlich zu der Zaarischen Taffel gehöret / in verwaltung hat."[172]

In Rang- und Ehrenwert sehr hoch stand vom 15. bis zum Beginn des 17. Jh. das Amt des zentralen „Marschalls", des Konjušij. Einer der bedeutendsten Bojaren Ivans III., Andrej Fed. Čeljadnin, aus einem alten Moskauer Adelsgeschlecht stammend, wird in dieser Position im Jahre 1495/96 erwähnt,[173] aber es ist möglich, daß bereits Fürst Ivan Juŕevič Patrikeev, bevor er zum „großen Statthalter" ernannt wurde,[174] Konjušij gewesen ist, da ein solcher mit identischen Vor- und Vatersnamen in einigen Urkunden auftritt.[175] Über die konkreten Funktionen, die mit dem Amt verbunden waren, ist wenig bekannt. Der Name (von *kon'* = Pferd) deutet auf die ursprüngliche Tätigkeit als eine

---

[167] Vgl. Rüß, Der „heimliche Kanzler" Vasilijs III., S. 168.
[168] Ebd. Anm. 45.
[169] Ders. Die Friedensverhandlungen, S. 216, Anm. 40.
[170] Vgl. Croskey, Muscovite Diplomatic Practice, S. 85.
[171] Vgl. Markevič, Istorija mestničestva, S. 174.
[172] Moskowitische und persische Reise, S. 65. Dvoreckie und *Ključniki* (Schlüsselbewahrer) sind in diesen Funktionen Vorsteher auch des bojarischen Hofes. Vgl. Kostomarov, Očerk domašnej žizni, S. 192.
[173] DRV, t.20, S. 8.
[174] 1492 bezeichnet er sich in einem Schreiben an den litauischen Pan Radziwiłł als „naivyššij voevoda gosudarja", vgl. Sbornik RIO, t.35, S. 71, was auf die Inhabe des Marschallamtes als der höchsten militärischen Position hindeuten könnte.
[175] Vgl. Halbach, Der russische Fürstenhof, S. 285 f.

Art oberster Stallmeister hin,[176] welcher in Kiever Zeit unter dem Terminus „starej'šina kon'uchom" (z.B. in der Erzählung von Olegs Tod im Jahre 912) bzw. „kon'uch star" (*Russkaja Pravda*) begegnet, für welchen letzteren das höchste Wergeld von 80 Grivnen bezahlt werden mußte.[177] Möglicherweise war „Konjušij" in Moskauer Zeit phasenweise ein Ehrentitel und keine Funktion, da als eigentlicher Geschäftsleiter des Pferderessorts der Jasel'ničij (von jasli = Futterkrippe) galt.[178] Die langen Vakanzen zwischen den Erwähnungsfällen und die Tatsache, daß die Amtsträger jeweils zu ihrer Zeit zu den machtvollsten Personen am Hof gehörten, könnten für diese These sprechen. Aber sicher ist das keineswegs. Die Praxis, politisch einflußreichen Adligen hohe Ämter zu übertragen, die mit lukrativen Einkünften[179] und einem hohen gesellschaftlichen Repräsentationswert verbunden waren, ist uns bereits aus anderen Zusammenhängen bekannt. Konjušie waren im 16. Jh. Ivan Andreevič Čeljadnin, der in der Schlacht von Orša (1514) in litauische Gefangenschaft geriet und dort starb und der bei seiner ersten Erwähnung in den Quellen als Gesandter nach Litauen im Jahre 1508 als Träger dieses Amtes begegnet,[180] sein Sohn Ivan,[181] sodann der Favorit der Großfürstin Elena, Ivan Fedorovič Telepnev-Obolenskij, Michail Vas. Glinskij, der Bruder der Großfürstin Elena, Ivan Petrovič Fedorov-Čeljadnin, eine maßgebliche politische Persönlichkeit in der ersten Regierungshälfte Ivans IV.,[182] der spätere Zar Boris Godunov unter Zar Fedor Ivanovič und nach seiner Krönung sein Verwandter Dmitrij Iv. Godunov. Als der erste Falsche Dmitrij nach dem Tode Boris Godunovs († 1605) dessen alte Gegner mit Ehren und Ämtern überhäufte, machte er Michail Nagoj zum „großen Konjušij". Kotošichin führt die Abschaffung des Amtes auf seine politische Qualität zurück, die den Inhaber im Falle des Fehlens eines

---

[176] Vgl. DRV, t.20, S. 178.
[177] Vgl. Rahbek Schmidt, Soziale Terminologie, S. 360, 367, 392, 484. Im galizisch-wolhynischen Südwesten hieß der oberste Stallmeister und Marschall „Sedel'ničij", was dem Konjušij an anderen Höfen des 13. – 15. Jh. entsprach.
[178] Vgl. Halbach, Der russische Fürstenhof, S. 287; Kollmann, Kinship, S. 95.
[179] Giles Fletcher berichtet, daß Boris Godunov, als er das Konjušij-Amt innehatte, bevor er Zar wurde, jährlich 12000 Rubel erhielt und umfangreiche Dienste für sich in Anspruch nehmen konnte. Ebd.
[180] Vgl. Zimin, Formirovanie bojarskoj aristokratii, S. 173.
[181] Unterschiedliche Angaben über ihn bei Veselovskij, Issledovanija, S. 74 (danach ist Ivan Iv. Čeljadnin 1535 kinderlos gestorben) und Zimin, O sostave dvorcovych učreždenij, S. 191 (danach starb er 1541 und wurde 1539 Nachfolger Telepnev-Obolenskijs im Konjušij-Amt).
[182] Heinrich v. Staden kennzeichnet seine Stellung als in Abwesenheit des Großfürsten „oberster boiar und richter", vgl. Aufzeichnungen, S. 8, womit er zum einen die allgemein angenommene hohe Stellung des Konjušij bestätigt, zum anderen aber einen weniger beachteten Aspekt seiner Tätigkeit, den eines obersten Richters, mitteilt. Siehe auch oben Anm. 92.

Nachfolgers zum ersten Anwärter auf den Thron prädestiniert habe.[183] In dieser Mitteilung mag eine dunkle Erinnerung an die hohe Würde des Konjušij-Amtes nachklingen.[184]

Es ist im 17. Jh. im Amt des Jasel'ničij, der in der Regel nur noch den Rang eines Dumadvorjanen bekleidete, aufgegangen. 1599 wird erstmals ein *Konjušennyj Prikaz* erwähnt, also eine regelrechte Behörde, die, wie andere auch, von den Abgaben ihr direkt unterstellter Dörfer und Kreise unterhalten wurde und die das gesamte zarische Pferderessort mit seinem zahlreichen Dienstpersonal organisierte und beaufsichtigte. In den dem Zaren gehörenden Ställen und Herden zählte man im 17. Jh. durchschnittlich mehr als 40.000 Pferde.[185] Dies verdeutlicht die hohe militärische Bedeutung der Konjušij-Würde, welche als eine von deren hervorstechendsten Amtsmerkmalen gelten kann. Alle oben genannten Konjušie begegnen deshalb auch in exponierten militärischen Positionen. Fürst Ivan Fed. Telepnev-Obolenskij gehörte nach Erlangung der Würde neben Fürst Dmitrij Bel'skij zu den am meisten beschäftigten Heerführern seiner Zeit.[186] Bei ihm, wie bei seinen anderen Amtsvorgängern und -nachfolgern auch, war das militärische Engagement mit politischer Macht gepaart. Sieht man das militärische Amtsprofil in Zusammenhang mit dem herausragenden Rang- und Ehrenstatus der Konjušij-Position, so wird einmal mehr der hohe gesellschaftliche Stellenwert des kriegerischen Faktors im Ethos und Selbstverständnis des russischen Adels erkennbar.

Einen ausgesprochen zivilen Charakter hatte hingegen das Amt des Kaznačej (von *kazna* = „Steuerkasse", Vermögen, Schatz). Der Moskauer Gesandte Potemkin bezeichnete 1668 den französischen Finanzminister Colbert als „Kaznačej"[187] und erlaubt damit Rückschlüsse auf den Tätigkeitsbereich des letzteren, der erstmals im Testament Ivans II. im Jahre 1358 auftaucht.[188] Daß es sich beim Kaznačej um ein sehr hohes Amt schon bei seinen frühen Erwähnungen handelte, geht aus der Tatsache hervor, daß als einer seiner Träger im Jahre 1408 der berühmte Bojar Ivan Fed. Koška genannt wird.[189] Der

---

[183] Vgl. O Rossii, S. 81 f., 126.

[184] Margeret schreibt: Das bedeutendste Amt in Rußland ist das „des großen Stallmeisters, den sie Konjušij nennen." Vgl. Jaques Margeret's State of the Russian Empire, S. 124.

[185] Vgl. Poraj-Košič, Očerk istorii russkogo dvorjanstva, S. 60. In Kiever Zeit wird einmal eine Herde des Černigover Fürsten erwähnt, die 1000 Hengste und 300 Stuten umfaßte. PSRL II, S. 332. 1474 kam eine Karawane von Kazań nach Moskau, die 40000 Pferde zum Verkauf anbot. PSRL 12, S. 156.

[186] Vgl. Rüß, Dmitrij Bel'skij, S. 179, Anm. 71.

[187] Vgl. Putešestvija russkich poslov, S. 263.

[188] Vgl. DDG, Nr. 4.

[189] PSRL 11, S. 120. Der Tatarenkhan Edigej bezeichnete ihn in einem Brief als „Kaznačej", Favoriten" (*ljubovnik*) und „Ältesten" (*starejšina*) des Großfürsten Vasilij I. Vgl. SGGD, č.II, Nr. 15, S. 16.

„Schatzmeister" hatte Verbindungen zum Archiv, in dem wichtige Schriftdokumente aller Art aufbewahrt wurden. Er war für weite Teile der Finanzpolitik verantwortlich, z.B. für den Tatarentribut (*vychod*), für Handelssteuern und Zölle. Er hatte die Aufsicht über den großfürstlichen Schatz, zu dem nicht nur Geld und wertvolle Gegenstände, sondern ein reiches Lager von teuren Fellen gehörte, mit deren Verwahrung, Schätzung und Verkauf er betraut war. Er teilte zu verschiedenen Anlässen Geld und Kleidung an die Mitglieder des Herrscherhauses oder Geschenke an adlige Personen aus. Krönungsschmuck und Krönungsornat standen unter seiner Obhut. Er entschied über den Kauf von Luxusimportwaren für den großfürstlichen Schatz. Ihm standen richterliche Funktionen über Personen seines Kompetenzbereiches zu, auch über vorübergehend in Moskau weilende auswärtige Kaufleute. Zwei Geschäftsbereiche standen mit den auswärtigen Beziehungen in engem Zusammenhang, nämlich die Aufbewahrung der außenpolitischen Dokumentation im Archiv sowie die Entgegennahme bzw. Verteilung von Geschenken im diplomatischen Verkehr.[190] Dies erklärt, warum die Kaznačei häufig im Gesandtschaftswesen im Zeremoniell wie auch im konkreten Verhandlungsgeschehen eine wichtige Rolle spielen. Ein ausgeprägter Geschäftssinn und überdurchschnittliche Finanzkundigkeit prädestinierten in besonderem Maße zur Oberaufsicht über die herrscherliche Schatzkammer und den „Schatzhof" (*kazennyj dvor*). Unter Dmitrij Donskoj bekleidete „Kuz'ma kaznačej", ein mit der Krim und dem genuesischen Sudak (Surož) Handel treibender Fernkaufmann (*gost'*), der auch unter den zehn „gosti Surožane" war, die in der Schlacht auf dem Schnepfenfeld (1380) als tapfere Helden in der Umgebung des Großfürsten erwähnt werden, das Amt.[191] Ob er zur Familie der aus Griechenland stammenden Chovriny gehörte, die sich am Ende des 14. oder zu Beginn des 15. Jh. in Moskau niederließen, ist ungewiß. Die genealogische Überlieferung sieht als deren Stammvater Stefan Vasil'evič an, der mit seinem Sohn Grigorij Chovra aus Sudak und Kaffa in die Dienste des Großfürsten Vasilij I. getreten sei, worüber auch Andrej Kurbskij berichtet.[192] Aller Wahrscheinlichkeit nach waren sie reiche griechische Fernhandelskaufleute von nichtadliger Abkunft, wie anders dagegen ihre offizielle Genealogie suggerieren möchte, die Stefan als „Fürsten" bezeichnet.[193] Im 15. Jh. besaßen sie auf dem Kremlgelände einen Hof, und sie ließen zahlreiche Steinbauten im Simonov-Kloster ausführen, mit dem sie als Grablege der Familie eng verbunden waren. Der Sohn Grigorij Chovras, Vladimir, einer der reichsten Leute in Moskau in der 2. Hälfte des 15. Jh., wird in

---

[190] Vgl. Veselovskij, Issledovanija, S. 442; Poraj-Košič, Očerk istorii russkogo dvorjanstva, S. 55; Halbach, Der russische Fürstenhof, S. 315 ff.
[191] Ebd. S. 326.
[192] Vgl. RIB, t. 31, S. 281.
[193] Veselovskij, Issledovanija, S. 443 f.

der Chronik als „Fernhändler und Bojar des Großfürsten" bezeichnet.[194] Seine gesamte Tätigkeit deutet darauf hin, daß er die Funktion eines Kaznačej ausübte.[195] Seine Tochter Evdokija war mit Fürst Ivan Jur'evič Patrikeev, also einem der höchsten Repräsentanten des Moskauer Adels, verheiratet, sein Sohn Ivan (Golova) mit einer Tochter Fürst Daniil Dm. Cholmskijs, deren Bruder wiederum eine Tochter Ivans III. ehelichte,[196] so daß die Chovriny-Goloviny in entfernter verwandtschaftlicher Beziehung zum großfürstlichen Hause standen. Vier Goloviny hatten im 16. Jh. über einen Zeitraum von ca. 53 Jahren das Amt des Kaznačej inne, was eine auffällige Verbindung eines Hofamtes mit einer einzigen Familie bedeutete, die sich, zumindest ihr älterer Zweig, durch ihren Reichtum, ihre Finanzkundigkeit und hohe Bildung nicht nur ständig für das oberste Schatzamt empfahl, sondern die aufgrund ihrer sozialen Merkmale und Fähigkeiten einen raschen Aufstieg in den hohen Moskauer Adel vollzog und sich dort durch Verwandtschaftsbindungen mit dessen hervorragendsten Vertretern fest etablierte.

Hofämter lassen sich grob in jene einteilen, die mit der Verwaltung des Hofes im weitesten Sinne zu tun hatten, in jene, die in enger Beziehung zur Person des Herrschers und seinem Aufenthalt im Palast standen, und jene, denen das Pferde- und Jagdressort anvertraut war.[197] Zur ersten Gruppe der Hofämter, die, wie der Dvoreckij und der Kaznačej, von Adligen besetzt wurden, gehörten der „Schlüsselbewahrer" (*ključnik*) und der Inhaber der Oberaufsicht über die Waffenkammer (*oružničij*). Dem Ključnik unterstanden der gesamte Bereich der Vorbereitung und Belieferung der herrscherlichen Tafel und die in diesem Sektor tätigen niederen Hofbediensteten. Ein Oružničij begegnet erst unter Vasilij III. im Jahre 1509/10, als A.M. Saltykov dazu ernannt wurde. Letzteres Amt hatten immer nur sehr vornehme Adlige inne, im 17. Jh. waren es grundsätzlich Personen im Bojarenrang. Sie verfügten über die wertvollsten Waffen, v.a. die persönlichen der großfürstlichen und zarischen Herrscher, und standen der Waffenkammer im Kreml' und den ihr angeschlossenen Werkstätten (*Oružejnaja palata*) und dem dort arbeitenden Personal vor. Olearius nennt den Oružničij „Rust-Cammer Herr".[198]

Hochrangige Adlige, oft Verwandte des Herrschers, übten das Amt des „Oberschenks" aus, das unter der Bezeichnung „Kravčij" seit 1514 existierte. Der Kravčij – bei Olearius der „Vorschneider und Credenzer" – stand während der Tafel bei Tisch direkt dem Herrscher gegenüber und prüfte oder (bzw.) reichte ihm die von den Stol'niki herangetragenen Speisen und Getränke.

---

[194] PSRL 23, S. 154.
[195] Vgl. Zimin, Formirovanie bojarskoj aristokratii, S. 271. Er wird kein einziges Mal in militärischer Funktion genannt. Vgl. Kollmann, Kinship, S. 49.
[196] Vgl. Veselovskij, Issledovanija, S. 446.
[197] Vgl. Poraj-Košič, Očerk istorii russkogo dvorjanstva, S. 44.
[198] Vgl. Moskowitische und persische Reise, S. 265.

Kravčie waren in der 1. Hälfte des 16. Jh. der Schwager des Großfürsten Vasilij, Ivan Jufevič Saburov, Fürst Jurij M. Golicyn, Fürst Ivan Iv. Kubenskij, Fürst Jurij Vas. Glinskij, unter der selbständigen Regierung Ivans IV. zeitweise Boris Godunov und unter diesem Aleksandr Nik. Romanov Jufev. Die Kravčie wurden während der Dauer ihres Amtes gewöhnlich mit den Einkünften aus der Stadt Gorochovec entlohnt.[199] Da es sich um eine Vertrauensstellung handelte, stand der Amtsträger in der Hofhierarchie sehr weit oben.[200]

Speziell für die Qualität und Darreichung der Getränke und das Vortrinken unter den Augen des Herrschers – Angst vor Gift! – war der „Mundschenk", der Čašnik (von *čaša* = Becher, Kelch), verantwortlich, der bereits am Ausgang des 13. Jh. erwähnt wird. Im Rang stand er unter dem Kravčij, aber über einem gewöhnlichen Dumadvorjanen, also relativ hoch. In einem Grenz- und Handelsvertrag zwischen Novgorod und Livland von 1420 unter Beteiligung des Moskauer Großfürsten nennt die Vertragsurkunde „des großen Königs sein mundschenken Feder Peterkeyness" [Fedor Patrikeevič], der Moskauer Statthalter in Novogorod und Pskov zwischen 1421 – 1428/29 und durch die Heirat seines Bruders Jurij mit einer Tochter Vasilijs mit dem Großfürstenhaus verwandt war. Das Amt des Mundschenken hatte einen engen Bezug zur Beutnerei und mithin zur Alkoholherstellung. Seit 1547/48 sprechen die Quellen von einem Sytennyj dvor (von *syta* = Honigwasser), wo die Honigvorräte und Getränke gelagert, verarbeitet und verwaltet wurden und als dessen Leiter der „Verwalter des Kellerschlüssels" (*ključnik pogrebnyj*) genannt wird.[201] „Und wenn der Zar oder die Zarin und die Careviči und Carevny zu speisen beginnen, kommt er mit einem Tablett herein und läßt die Getränke vor den Zaren und Zarinnen ... und den Bojaren und Hofleuten und den Bojarinnen zum Mittags- und Abendmahl dem Rang nach aufstellen."[202]

Seit dem 16. Jh. werden auch Stol'niki im festlichen Tafeldienst erwähnt. In den Quellen des 13. und 14. Jh. erscheinen sie im Dienste des Novgoroder Erzbischofs und als Fürstenleute meist im Range von Bojaren. In der Moskauer Chronistik begegnen sie erst 1495 in der Hochzeitsgesandtschaft, die Elena nach Polen-Litauen begleitete.[203] In urkundlichen Quellen aus anderen Fürstentümern des 14. und 15. Jh. treten sie als Wirtschaftsbeamte mit engem Bezug zu Waldgewerbe und Fischerei auf, entweder als Hofbeamte

---

[199] Vgl. DRV, t.20, S. 181.
[200] „... das Amt ist eines von den höchsten", schreibt David, Status modernus magnae Russiae, S. 93.
[201] Vgl. Halbach, Der russische Fürstenhof, S. 309 – 311.
[202] Sbornik RIO, t.35, S. 170.
[203] Vgl. PSRL 30, S. 138. Genannt werden Ivan Grig. Morozov, Michail Andr. Pleščeev, Andrej Vas. Saburov und Ivan Iv. Oščera. Vgl. zu ihnen Zimin, Formirovanie bojarskoj aristokratii, S. 234 f. (Morozov), 199 f. (Pleščeev), 193 f. (Saburov), 215 f. (Oščera).

mit Sitz in der Bojarenduma, wie in Rjazań, oder auf einer niedrigeren lokalen Dienstebene.[204] Die Moskauer Stol'niki waren vornehme junge Adlige,[205] die mit diesem Amt den *cursus honorum* am Hof betraten, oder auch Angehörige mittlerer Adelsränge, für die dieses Amt den Gipfel ihrer Karriere bedeutete. Sie nahmen die vom nichtadligen Dienstpersonal zubereiteten Speisen in Empfang und bedienten bei Tisch (*stol'nik* von *stol* = Tisch oder Kost).

Bei öffentlichen Banketten war genau festgelegt, wer wen zu bedienen hatte. Stol'niki, die am „großen Tisch", an dem der Herrscher und die vornehmsten Gäste saßen, aufwarteten, standen rangmäßig höher als ihre Amtsgenossen, die für die anderen Tische zuständig waren. Zur Bewirtung ausländischer Gäste wurde ein Stol'nik an ihre Tafel beordert. Auch wenn man ihnen Speisen und Getränke auf den Gesandtschaftshof schickte, wurde damit ein Stol'nik beauftragt. Es gab „Kammerstol'niki" (*komnatnye stol'niki*), die die Herrscher bedienten, wenn sie privat speisten. Bei Ausfahrten wurden die Großfürsten und Zaren von einer bestimmten Anzahl von Stol'niki begleitet, zu denen auch der „Kutscherstol'nik" (*voznica*) gehörte, der hinten auf der Kutsche oder dem Schlitten stand.[206] Bei Audienzen stellten sie die Leibwache (*rynda*) des Herrschers,[207] waren Hauptleute im zarischen Regiment, arbeiteten in den Prikazen und in der Provinzverwaltung, wurden mit diplomatischen Aufgaben betraut und noch öfter mit militärischen Posten als selbständige Heerführer oder in gemeinschaftlichem Kommando (*v tovariščach*) mit anderen. Von den 1546/47 erwähnten 32 Stol'niki gelangte über ein Drittel später in die Duma.[208] Ihre Zahl stieg im Laufe des 17. Jh. stark an. Im Jahre 1617 erhielten

---

[204] Vgl. Halbach, Der russische Fürstenhof, S. 227.

[205] Nach David, Status modernus magnae Russiae, S. 93, waren sie „Söhne von Bojaren". Die Stol'niki, die in den Bojarenlisten von 1546/47 eingetragen sind, waren junge Leute und gehörten zur Blüte der Aristokratie des 16. Jh. Vgl. Nazarov, O strukture „gosudareva dvora", S. 49. Dies gilt auch für die in der Bojarenliste von 1588/89 erwähnten 31 Stol'niki. Vgl. Pavlov, Gosudarev dvor, S. 109.

[206] Als „Voznica" und „Stol'nik" wird 1663 Fürst Vasilij Golicyn anläßlich einer Pilgerfahrt des Zaren Aleksej zum Dreifaltigkeitskloster bezeichnet. Der Titel „Voznica" ist seit 1665 – 1668 ständig mit dem Namen Vasilij Golicyns verbunden. Vgl. Danilow, V.V. Golicyn, S. 5 f.

[207] Vgl. DRV, t. 20, S. 221 f. Die – meist sechs – Ryndy standen mit Beilen unbeweglich zu beiden Seiten des Thrones. Bei Ausritten gingen sie dem Zaren voran. Im 16. Jh. wurden sie aus vornehmen adligen Familien erwählt, im 17. Jh. häufig aus niedrigrangigen Hofdienern. Vgl. ebd. S. 223 f.; Poraj-Košič, Očerk istorii russkogo dvorjanstva, S. 78 f. F. Kämpfer vermutet bei dem erstmals 1522 erwähnten Hofamt das Vorbild tatarischer Tradition. Vgl. Die Leibwache (*rynda*) Ivans IV., S. 146 f., 151.

[208] Vgl. Nazarov, O strukture „gosudareva dvora", S. 59.

117 Stol'niki Dienstgut und Geld, 1627 gab es 234 und unter dem Zaren Aleksej Michajlovič über 500 Stol'niki.[209]

Die Strjapčie standen dem Herrscher bei seinen täglichen persönlichen Verrichtungen wie Ankleiden, Waschen, Kämmen usw. zur Verfügung und erwiesen ihm bei seinen Ausfahrten und öffentlichen Auftritten – Olearius bezeichnet sie als „reisige Hoff Junckern" – alle möglichen kleineren Dienste, die gerade anfielen. Bei Feldzügen führten sie die Ausrüstung des Zaren mit. Zur Zeit Kotošichins gab es ca. 800 Strjapčie, von denen jeweils die Hälfte, ähnlich einem Stol'nik, halbjährlich zu Hofdiensten bereitstand, während der andere Teil auf seinen Gütern verbrachte.[210] In der Nacht wachte einer von ihnen zusammen mit einem Stol'nik und anderen Hofdienern vor dem Schlafzimmer des Zaren.[211] Der Ehrenwert des Amtsträgers war davon abhängig, wie nahe er durch seine Tätigkeit an die Herrscherperson herankam und wie bedeutend und wertvoll die ihm anvertrauten persönlichen Requisiten des Zaren waren. Der „Schlüsselstrjapčij" (*strjapčij s klučem*), Inhaber des Schlüssels der herrschaftlichen Gemächer, stand rangmäßig über den Stol'niki und Dumadvorjanen,[212] während die gewöhnlichen Strjapčie, gemessen an der Höhe ihrer Entlohnung, unter diesen und sogar unter den Moskauer Dvorjanen eingestuft waren. Im 16. Jh. entstammten sie vielfach alten Moskauer Bojarengeschlechtern oder lokalen Adelsfamilien, deren Bedeutung zu dieser Zeit bereits stark zurückgegangen war. Nur wenige erreichten Dumaränge, wie z.B. Aleksej Fed. Adašev unter Ivan IV., und zu Ende des 16. Jh. wurden ihnen auch gewöhnlich keine militärischen Aufgaben mehr übertragen.[213] Auf den Feldzügen Vasilijs III. im Jahre 1513 gegen Polen-Litauen und im Jahre 1522 gegen die Krimtataren befanden sich jeweils zwei Strjapčie im Gefolge des Großfürsten (die Fürsten Ščetininy 1513 und Ščenjatevy 1522), Boris Godunov hatte 1598 gegen die Tataren zwanzig Strjapčie bei sich.[214]

---

[209] Vg. DRV, t.20, S. 226; Hellie, Enserfment, S. 23. Nicht akzeptabel ist allerdings ihre pauschale Zuordnung zur „niederen oberen Dienstklasse" durch diesen Autor, wenn man bedenkt, daß Personen vornehmsten Adels, wie Fürst Vasilij Golicyn, jahrelang als Stol'niki am Hof tätig waren. Hellie schließt unzulässig vom – mittleren – Rangwert des Amtes auf den entsprechenden Adelsstatus seiner Träger, für die aber vielfach die Stol'nik-Position nur eine Durchlaufstation auf der Karriereleiter nach oben war.
[210] Vgl. O Rossii, S. 25 f.
[211] Vgl. Jabločkov, Istorija dvorjanskago soslovija, S. 216.
[212] Allerdings unterlag der Ämterwert starken Schwankungen. So standen die Dumad'jaken seit 1615/16 über dem Schlüsselstrjapčij, seit 1626 unter ihm, nach einigen Jahren wieder über ihm. Das änderte sich sogar während der Amtszeit eines Schlüsselstrjapčij, wie im Falle S.E. Poltevs in den 80er Jahren des 17. Jh. Vgl. Demidova, Služilaja bjurokratija, S. 80 f.
[213] Vgl. Nazarov, O strukture „gosudareva dvora", S. 50 f.
[214] Vgl. Poraj-Košič, Očerk istorii russkogo dvorjanstva, S. 76.

Der Postel'ničij (von *postel'* = Bett), der Oberkammerherr, war mit allem befaßt, was sich auf das Schlafengehen und das Bewachen des schlafenden Herrschers bezog. Das Amt erscheint in den Dienstlisten am Ende des 15. Jh., wird aber schon im 12. Jh. erwähnt. Seine Träger waren oft in höfische und staatliche Geheimnisse eingeweiht, was ihre Vertrauensstellung und den relativ hohen Rang des Amtes, das im 17. Jh. an die Okol'ničij-Ehre heranreichte, zu erklären vermag.[215] Zu jener Zeit trug der Postel'ničij stets ein Siegel „für rasche und geheime Angelegenheiten des Zaren" bei sich. Nach Kotošichin war er noch für die Handwerkskammer (*masterskaja palata*) am Hof und ein spezielles Troßressort (*oboz*) zuständig, übernahm unter Umständen aber auch verschiedene andere Dienste, sowohl zivile als auch militärische. Mit seinen Helfern, den Spal'niki (von *spat'* = schlafen), gewöhnlich jungen Männern aus vornehmen Adelsfamilien, übernachtete er in den den Schlafgemächern des Herrschers am nächsten gelegenen Räumen, nach Kotošichin sogar zusammen mit dem Zaren in einem Zimmer.[216] Die Spal'niki waren ferner für das Auskleiden und die Nachttoilette des Herrschers zuständig. Als Angehörige des Hochadels gelangten sie über dieses Amt im Laufe ihrer weiteren Karriere oft direkt in den Bojaren- oder Okol'ničij-Rang.[217]

Zu den niederen Hofamtschargen gehörten der erst unter Ivan IV. erwähnte Šaterničij, der die Aufsicht über die Gegenstände für die Ausschmückung und Verzierung der zarischen Gemächer hatte, und der Istopničij, der für das Heizen und die Sauberkeit im Palast verantwortlich war und die Eingänge zu den den zarischen Schlafräumen nahegelegenen Zimmern kontrollierte.

Als den „bedeutendsten Würdenträger" in der Teilfürstenperiode und der Moskauer Zeit sehen einige Historiker den Pečatnik, den Inhaber des Siegels, an.[218] Eine solche Einschätzung seiner Stellung ist aber aufgrund der wenigen und unklaren Erwähnungsfälle für die Zeit vor dem 17. Jh. kaum gerechtfertigt. Überwiegend werden Kleriker in der Funktion von Siegelbewahrern genannt,[219] was deutliche Parallelen zur westlichen Entwicklung aufweist, wo die

---

[215] Z.T. waren es ausgesprochene „Favoriten" von nicht allzu hoher Herkunft, wie Adašev unter Ivan IV., Rtiščev unter Aleksej Michajlovič und Jazykov unter Fedor Alekseevič, die das Amt bekleideten. Vgl. ebd. S. 74.
[216] O Rossii, S. 29; Halbach, Der russische Fürstenhof, S. 333.
[217] Vgl. Kotošichin, O Rossii, S. 24.
[218] Z.B. Poraj-Košič, Očerk istorii russkogo dvorjanstva, S. 65. Es ist freilich zu konstatieren, daß sich das Moskauer Herrschaftssystem generell gegen überragende Machtausstattung über das Amt sperrte. Kein Amt war so kompetenzstark, daß sein Inhaber zu einer die Machtbalance innerhalb der Bojarenschaft störenden Stellung gelangen konnte.
[219] Der 1241 erwähnte Pečatnik Kirill war eventuell mit dem Metropoliten Kirill II. identisch. Vgl. Stökl, Kanzler und Metropolit; Halbach, Kanzlei und Kanzleramt in Rußland vor dem 16. Jahrhundert; ders. Der russische Fürstenhof, S. 242. Der von Dmitrij Donskoj für das Metropolitenamt nominierte Pope Mitjaj aus Kolomna wird als Pečatnik

Vorsteher der „Kanzlei" aufgrund von deren traditioneller und erst allmählich gelöster Anbindung an die *capella regia*, die Hofkapelle, oft hohe Geistliche waren. Die Urkundenausstellung und Besiegelung wurde nach dem Gesetzbuch Ivans III. von 1497 mit gestaffelten Gebühren für die damit befaßten Personen entschädigt, wobei dem Pečatnik als demjenigen, der die abschließende Besiegelung der Urkunden vornahm, der höchste Anteil zufiel.[220] Im Testament Ivans III. wird Jurij Dm. Trachaniot, ein Grieche, der mit Sofija Palaiolog 1472 nach Moskau gekommen war, als Hüter derjenigen Siegel genannt, mit denen die Schatztruhen des Großfürsten verschlossen wurden.[221] Zwar spielte Trachaniot, den Herberstein als „Schatzmeister und Cantzler" bezeichnete, in der Hofadministration und Diplomatie unter Ivan III. und Vasilij III. eine bedeutende, aber wiederum auch keine so überragende Rolle, daß man daraus auf den exklusiven politischen Wert der von ihm eingenommenen Hofämter, u.a. des Pečatnik-Amtes, schließen könnte. Als hochgebildeter und sprachgewandter Fachmann war er für die bezeichneten Dienstbereiche prädestiniert, in der adligen Ranghierarchie standen die Trachaniotovy jedoch auf einer relativ niedrigen Stufe.[222] Das gilt übrigens auch für den prominentesten Träger des Pečatnik-Titels in der 2. Hälfte des 17. Jh., Afanasij Ordin-Naščokin, der als „Bewahrer des großen Reichssiegels" zugleich Leiter des Außenamtes war. Bei ihm, wie bei seinen nicht minder prominenten Nachfolgern Artamon Matveev und Fürst Vasilij Golicyn, verbindet sich der Titel nun mit einer erst seit dieser Zeit erkennbaren Machtstellung seiner Träger, die die Rolle von Regierungschefs innehaben.

Aus der frühen russischen Geschichte wird berichtet, daß die Fürsten und ihre Družina sich alljährlich zu den „Jagdgebieten" (*lovišča*) aufmachten, bestimmten Arealen, in denen die Jagd auf wilde Tiere nicht nur zu Vergnügungszwecken, sondern in großem Maßstab zur Beschaffung von Fellen zum Weiterverkauf auf fremden Märkten, als Erwerbsjagd, betrieben wurde. Es ist außerdem bekannt, daß eine ganze Reihe russischer Herrscher, wie etwa Vladimir Monomach, Vasilij III. und Aleksej Michajlovič, leidenschaftliche Jäger waren. Im 12. Jh. wird bereits ein L o v č ij, ein Jagdmeister, erwähnt, der zu jener Zeit vermutlich einen recht niedrigen Rang am Hof hatte.[223] Im 14. –

---

bezeichnet. PSRL 11, S. 36 f. Im Testament des Teilfürsten Michail Andr. von Vereja wird ein Pope Ivan als Pečatnik in der Zeugenliste aufgeführt. DDG Nr. 80, S. 303, 305, 310 – 315.

[220] Vgl. Sudebniki XV – XVI vekov, S. 22.

[221] Bevor er das Pečatnik-Amt innehatte (seit Ende 1503), war er Postel'ničij, später Kaznačej (seit 1509). Vgl. ausführlich zu ihm Zimin, Formirovanie bojarskoj aristokratii, S. 273 – 275.

[222] In der offiziellen Genealogie der moskowitischen Adelsgeschlechter (*Gosudarev rodoslovec*) standen sie an 22. Stelle. Vgl. Veselovskij, Issledovanija, S. 10.

[223] Vgl. Rahbek Schmidt, Soziale Terminologie, S. 486.

16. Jh. waren die Jagdgebiete in Verwaltungseinheiten (*stany*) unterteilt, an deren Spitze die Lovčie standen, die aus der Gebietsverwaltung der Statthalter ausgenommen waren. Es gab ein zentrales Hofressort mit der Verwaltung der gesamten Jagdnutzungen des Fürsten (*lovčij put'*), dessen Moskauer Leiter die lokalen Jagdaufseher sowie spezielle Jagdministeriale, wie die Biberfänger (*bobrovniki*) und Hundeheger (*psari*), untergeordnet waren. Manchmal erreichten die Lovčie den Okol'ničij-Rang.[224]

Es wurde schon erwähnt, daß die sog. putnye bojare über bestimmte Einkünfte von fürstlichen Ländereien und Siedlungen zu wachen hatten, wo Pferde gezogen, Wachs gekocht, Bienenstöcke aufgestellt, Fisch gefangen und Hunde und Falken abgerichtet wurden. Es gab ein spezielles Beizjagdressort, das des Sokol'ničij (von *sokol* = Falke)[225], der als besonders privilegiert galt und dessen Ehrenwert über dem des Lovčij lag. Michail Kljapik Stepanov, Sokol'ničij zwischen 1503–1511, war häufig mit diplomatischen Verhandlungen betraut. Daß er das Amt des Falkners hatte, scheint nicht zufällig, denn Falken waren ein häufiges diplomatisches Geschenk.[226] Als der Falsche Dmitrij im Juni 1605 in Moskau einzog und zahlreiche Ehren an seine Anhänger und die Gegner des verstorbenen Zaren Boris Godunov verteilte, wurde ein Mitglied der Bojarenfamilie der Puškiny, Gavrila Grig. Puškin, zum „Großen Falkner" ernannt.[227]

Aus den höheren Kreisen des Provinzadels wurden seit dem 16. Jh. junge Männer nach Moskau beordert, die dort drei Jahre lang zu leben hatten und zu allen möglichen Diensten, auch am Hof, herangezogen wurden. Man nannte sie Žil'cy (von *žit'* = wohnen, leben). Nach der Bojarenliste von 1588/89 gab es davon 210. In den 60er Jahren des 17. Jh. lag ihre Zahl zwischen zwei-dreitausend. Sie dienten dem Zaren als Schutzwache, waren überhaupt für die innere Sicherheit im Kreml' verantwortlich. 40 von ihnen nächtigten abwechselnd in dem dritten vom zarischen Schlafgemach entfernten Raum. 200 – 300 hatten Ehrendienst bei Tisch und feierlichen Gastmählern zu leisten. Sie waren bei dieser Gelegenheit in Brokat gekleidet, mit schwarzem Fuchsfell und goldenen Ketten auf der Brust. Bei Ausfahrten begleiteten sie den Herrscher in farbenprächtigem Aufzug und auf Pferden, die wie zum Kriegszug gesattelt waren. Da nicht wenige von ihnen Kinder auch aus hochadligen Familien waren

---

[224] DRV, t.20, S. 185.
[225] U. Halbach vermutet im Schweigen der Moskauer Quellen über das Hofamt des Sokol'ničij vor dem 16. Jh. eine Überlieferungslücke. Vgl. Der russische Fürstenhof, S. 301.
[226] Vgl. Croskey, Muscovite Diplomatic Practice, S. 84.
[227] Vgl. Jabločkov, Istorija dvorjanskago soslovija, S. 190. Ausführlich zu Gavrila Puškin vgl. Veselovskij, Issledovanija, S. 109 – 112.

(Olearius bezeichnet sie als „Edelknaben"), war ihnen der Aufstieg in höhere Hofamtspositionen möglich.[228]

Der Okol'ničij war, bevor er im 15. Jh. zum zweiten Dumarang ohne spezifische andere Funktion wurde, ursprünglich ein Hofbeamteter. Er wird erstmals 1284 in einer Urkunde erwähnt, ohne daß allerdings bekannt wäre, was genau er eigentlich am Fürstenhof zu tun hatte. Der Begriff leitet sich von „okolo" (d.h. „um", „neben", „in der Nähe") her, weshalb man ihn als „Umling" bezeichnen könnte, als Person, die sich bei Empfängen, Ausfahrten usw. des Herrschers in dessen Nähe aufhielt, die darüberhinaus mit der Organisation des höfischen Zeremoniells beschäftigt war.[229] Im 16. Jh. tritt er gelegentlich in der Funktion eines Quartiermeisters auf, aber es ist fraglich, ob dies eine speziell mit seinem Titel verbundene Tätigkeit gewesen ist.[230] Bei Kotošichin ist der Terminus „Kammerbojar" (*komnatnoj bojarin*), also der mit dem Recht des unmittelbaren Zugangs zum Herrscher ausgestattete Adlige, mit dem Okol'ničij identisch.[231] Im Testament Dmitrij Donskojs von 1375 steht in der Zeugenliste der Okol'ničij Timofej Vas. Vel'jaminov, Sohn des letzten Tausendschaftsführers, vor drei weiteren Bojaren ohne Amtstitel.[232] Ein ausländischer Beobachter aus dem späten 17. Jh. vergleicht die Okol'ničie mit den polnischen Kastellanen, sieht in ihnen Heerführer und hohe Administratoren.[233] Alle diese Funktionsbeschreibungen erfassen die vielseitige Tätigkeit der Okol'ničie, seitdem sie den 2. Rang in der Duma nach den Bojaren bilden und keine Höflinge im engeren Sinne mehr waren, nur unzureichend. Sie sind in dieser Hinsicht völlig mit den Bojaren zu vergleichen, deren Rangbedeutung sich durch ihre Zugehörigkeit zur Duma ergab und die neben ihrer Arbeit in dieser Institution ansonsten, als Gruppe, universell verwendbar und verfügbar und an kein spezielles Hofressort gebunden waren.

Die Erwähnung des D'jakentums an dieser Stelle ist aus zwei Gründen problematisch. Zum einen waren die D'jaken sowohl in der fürstlichen und zarischen Landesverwaltung und in den Zentralbehörden als auch in der Hofverwaltung tätig. Ihr Arbeitsgebiet war in erster Linie das Urkundenwesen und der Schriftverkehr in allen genannten Verwaltungsbereichen. Sie dienten mit der Feder, und zwar überall,[234] wo dies erforderlich war. Zum anderen

---

[228] Vgl. Poraj-Košič, Očerk istorii russkogo dvorjanstva, S. 83 f. Nicht zutreffend ist die Behauptung R. Hellies, Žil'cy hätten zwar in der Hauptstadt, aber nicht am Hof gedient. Vgl. Enserfment, S. 23. Das widerspricht der Beschreibung ihrer Tätigkeit bei Kotošichin, O Rossii, S. 26.
[229] Ebd. S. 48.
[230] Vgl. Halbach, Der russische Fürstenhof, S. 336.
[231] Vgl. O Rossii, S. 26.
[232] DGG, Nr. 8, S. 25.
[233] Vgl. David, Status modernus magnae Russiae, S. 93.
[234] „... sie machen alle möglichen Angelegenheiten ..., sie werden mit allen möglichen Aufträgen befaßt." Vgl. Kotošichin, O Rossii, S. 26.

waren sie, anfangs alle, später eine beträchtliche Zahl von ihnen, nichtadliger Herkunft. Der Terminus „D'jak" (von *diakon* = niederer Geistlicher) weist auf das soziale Milieu hin, dem sie ursprünglich bzw. hauptsächlich entstammten. In einem Brief an Michail Jak. Morozov († 1572/73) schreibt Timofej Teterin: „Und der Großfürst hat als neue Vertraute die D'jaken ..., deren Väter Euren Vätern [nicht einmal] als Sklaven genug gewesen wären, aber nun besitzen sie nicht nur Land, sondern handeln sogar mit Eurem Vieh".[235] Wenn sie dennoch im Kontext der russischen Adelsgeschichte erwähnt werden müssen, liegt das daran, daß viele aufgrund ihres Dienstes den sozialen Status und Rang von Adligen erreichten und in die Moskauer Adelsliste eingetragen wurden[236] und ein großer Teil von ihnen aus dem niederen Adel kam;[237] dies gilt z.B. für die meisten ihrer herausragendsten Vertreter des 16. Jh.[238]

Das D'jakentum bildete die Oberschicht des Prikaz-Apparates. Viele Zentralbehörden unterstanden lange Zeit der Leitung eines D'jaken, so der Gesandtschaftsprikaz und das Dienstlistenamt.[239] Jedem adligen Vorsteher eines Prikazes war ein D'jak zugeordnet, ohne dessen Zustimmung Entscheidungen in der Regel nicht getroffen wurden. Er besaß aufgrund seiner Bildung, seines Wissens,[240] seiner bürokratischen, administrativen und diplomatischen Erfahrung die notwendige Sachkompetenz, die ihn nicht selten zum gefragten politischen Berater der Großfürsten und Zaren werden ließ, wie uns dies vom Fürsten Andrej Kurbskij bestätigt wird.[241] Der politische Einfluß von Dumad'jaken war bisweilen außerordentlich groß, zumal dann, wenn sie, wie Menšij Putjatin unter Vasilij III., zum engsten Beraterkreis, zur „bližnjaja duma" des Herrschers gehörten.[242]

---

[235] Vgl. RIB, t.31, S.490.

[236] Der Petition eines D'jaken, seine Söhne in die Moskauer Adelsränge einzuschreiben, wurde so gut wie immer stattgegeben. Vgl. Plavsic, Chanceries, S. 41; Pavlov, Prikazy, S. 212.

[237] 87 % der D'jaken zu Beginn des 17. Jh. waren adliger Herkunft, 1682 nur noch 53 %, 1688 64 %, auf das gesamte Jahrhundert bezogen 71 %. Ihre Gesamtzahl betrug in den 80er Jahren des 16. Jh. ca. 70, am Beginn des Jahrhunderts (1611) 72 (davon 55 in Moskau) und 103 (davon 68 in Moskau) im Jahre 1676. Vgl. ders., Prikazy, S. 209; Bogojavlenskij, Prikaznye d'jaki, S. 211 ff.; Torke, Gab es im Moskauer Reich des 17. Jh. eine Bürokratie?, S. 286; Demidova, Služilaja bjurokratija, S. 78.

[238] Vgl. Lichačev, Razrjadnye d'jaki XVI veka.

[239] Nach Fletcher gab es 1588 vier Dumad'jaken, die alle selbständige Leiter von Prikazen waren. Vgl. Zagoskin, Central'noe upravlenie, S. 42 f.

[240] Plavsic, Chanceries, S. 27 bezeichnet das Prikaz-Personal als „intellektuelle Elite Moskaus". Vgl. auch Ustjugov, Evoljucija prikaznogo stroja, S. 164 – 166, der auf die literarische und wissenschaftliche Tätigkeit einiger D'jaken des 17. Jh. hinweist (Griboedov, Kotošichin, Venjukov, Favorov).

[241] Siehe oben, S. 217.

[242] Vgl. zu ihm Rüß, Die Friedensverhandlungen, S. 213.

Der D'jak Fedor Mišurin, einer anderer Vertrauter Vasilijs III., wurde nach dem Tode der Regentin Elena im Zusammenhang mit der Hinrichtung des Fürsten Ivan Telepnev-Obolenskij und der im Herbst 1538 erfolgten Einkerkerung Fürst Ivan Bel'skijs enthauptet,[243] was darauf hindeutet, daß er seine Tätigkeit nicht als eine bloß passive, ausführende, sondern als eine betont politische, die er mit dem Schicksal jener hohen Adligen eng verband, aufgefaßt hat. Die vorwurfsvolle Klage Berseń-Beklemiševs darüber, daß sich der Großfürst „selbstdritt" (*sam-tretej*) mit seinem Kämmerer und seinem D'jaken (Dolmatov) zu vertrauter politischer Beratung zurückzog,[244] läßt die auch später bei Kurbskij anklingenden Ressentiments des Adels gegen den wachsenden politischen Einfluß „unserer russischen Schreiber" deutlich werden. Der englische Gesandte Bowes berichtet in einem Schreiben an Königin Elisabeth I., daß der Bojar Nikita Rom. Jur'ev und der D'jak A. Ščelkalov sich nach dem Tode Ivans IV. wie die neuen Zaren aufführen würden.[245] Der D'jak I. Strešnev konnte in den letzten Jahren der Regierung „des Schrecklichen" Anweisungen an Bojaren ergehen lassen, ohne davon den Herrscher in Kenntnis zu setzen.[246] Eine z.T. zwielichtige, aber immer einflußreiche Rolle spielte als D'jak Ivan T. Gramotin (Kurbatov) im ersten Drittel des 17. Jh., der die politischen Wechsel und seine propolnische Haltung in den Jahren 1610 – 1611 unbeschadet überstand und den Isaak Massa folgendermaßen charakterisierte: Der ehemalige Gesandte beim römischen Kaiser sei eher einem gebürtigen Deutschen ähnlich, er sei klug und vernunftbegabt in allem und habe viel von den Polen und den Preußen gelernt.[247]

Die lange Amtszeit vieler D'jaken – Gramotin diente bis zum Jahre 1635, S.T. Avramov stand von 1584 bis 1605 dem Dienstlistenamt (Razrjad) vor, E.D. Vyluzgin leitete von 1584 bis 1602 den Pomestnyj prikaz, A. Ja. Ščelkalov war von 1570 bis 1594 Chef des Gesandtschaftsprikazes usw. – erhöhte zweifellos ihre Kompetenz und Bedeutung als stabile personelle Faktoren der Bürokratie im Gegensatz zur häufig wechselnden Verwaltungsspitze. Männer wie D.M. Bašmakov, F.F. Lichačev, I.A. Gavrenev oder E.I. Ukraincev hatten aufgrund ihrer langjährigen Diensterfahrung in der Innen- und Außenpolitik des 17. Jh. ein großes politisches Gewicht. Einige Historiker tendieren dahin, den D'jaken als den Schriftführern, Berichterstattern und Formulierern von Beschlüssen in

---

[243] Vgl. PSRL 13, S. 126.
[244] Vgl. AAE, t.I, Nr. 172, S. 141 – 143
[245] Zit. bei Camphausen, Die Bojarenduma, S. 142. Ein habsburgischer Gesandter berichtet, daß der D'jak Vas. Jak. Ščelkalov, den er als „großen Kanzler" bezeichnet, 1598 seinen politischen Einfluß beim Volk zugunsten der Fürsten und Bojaren gegen Boris Godunov geltend gemacht habe. Vgl. Donesenie o poezdke v Moskvu pridvornogo rimskogo imperatora Michaila Šilja v 1598 g. M. 1875, S. 12.
[246] Vgl. Markevič, Istorija mestničestva, S. 451.
[247] Zit. nach Platonov, Moskva i zapad, S. 71.

der Duma des 17. Jh. sogar eine ausschlaggebende Macht zuzuerkennen.[248] Aus den Quellen über Novgorod im 16. Jh. geht hervor, daß die D'jaken, die dort auch in der lokalen Rechtsprechung eingeschaltet waren, in der zivilen Verwaltung insgesamt eine größere Rolle spielten als die ihnen übergeordneten Statthalter.[249]

Die Beispiele zeigen, daß die Spitzen des D'jakentums an Macht und politischem Einfluß zuweilen sogar an den hohen Adel – nicht aufgrund ihrer Herkunft, sondern ihrer fachlichen Kompetenz und ihrer Dienststellung und als Angehörige der Duma – heranreichten.

Dumad'jaken gab es im ganzen 17. Jh. 45 oder 46.[250] Nach Kotošichin saßen jeweils nicht mehr als drei oder vier D'jaken in der Duma. Von ihnen genoß der Leiter des Gesandtschaftsprikazes das höchste Ansehen, auch wenn er von geringerer Herkunft war als seine anderen D'jakenkollegen.[251] Die Führungskräfte des administrativen und bürokratischen Sektors in der Person der D'jaken wiesen einerseits einen bedeutenden adligen Anteil auf, die Zahl von deren exponiertesten Vertretern in der Duma war zum anderen über einen langen Zeitraum gesehen relativ gering, was davor bewahren sollte, die politische und soziale Dimension der Existenz dieser kleinen Dienstelite von Fachspezialisten innerhalb des um ein Vielfaches größeren Kreises mittlerer und hochadliger militärischer und ziviler Amtsträger zu überschätzen. Selten gelangten D'jaken in höhere als in Dumadvorjanenränge,[252] nie wurden sie Bojaren. Nur bei zeremoniellen Anlässen, etwa bei Gesandtenempfängen, traten sie gelegentlich bewaffnet in Erscheinung, und obwohl ihnen der Besitz von militärischer Ausrüstung vorgeschrieben war,[253] bedeutete Kriegsdienst für sie wohl eher eine seltene Ausnahme.

Die Dienstgutzuteilungen für Dumad'jaken bewegten sich in der Größenordnung, wie sie Okol'ničie zu erwarten hatten, also bis zu 1000 *Četverti*, die der Schreiber (*pod'jačie*), welche die Masse des Prikazpersonals stellten und deren Amtsstufe die ganz überwiegende Zahl der D'jaken durchlaufen

---

[248] Vgl. Torke, Oligarchie in der Autokratie, S. 195.
[249] Vgl. Angermann, Studien zur Livlandpolitik, S. 45. Ein Prozeß im Jahre 1584 enthüllte, daß der D'jak A.V. Šerefedinov gegenüber adligen Chargen aus der Provinz seine administrative Machtstellung weit über das Maß hinaus mißbraucht hatte. Vgl. Akty Juškova, S. 202 – 233.
[250] Torke, Oligarchie in der Autokratie, S. 195.
[251] O Rossii, S. 23. Margeret spricht von zwei Dumad'jaken zur Zeit seines Aufenthalts in Rußland am Anfang des 17. Jh. Vgl. Jaques Margeret's State of the Russian Empire, S. 104. 1667 werden sechs, 1686 zehn Dumad'jaken erwähnt. Vgl. DRV, t.20, S. 156.
[252] Vgl. Demidova, Prikaznye ljudi, S. 352.
[253] Vgl. Zakonodatel'nye akty, Nr. 319 (1646, Anordnung über Ausrüstung und militärischen Dienst der Schreiber), S. 218.

hatte,[254] lagen wesentlich darunter. Einige D'jaken waren auch im Besitz von Erbgütern.[255] Die für sie regelmäßig fließenden Geldentlohnungen und Naturalleistungen bildeten jedoch – neben Bestechungseinkünften –[256] ihre wichtigste Einnahmequelle. Als nur dem Vorsteher ihres Prikazes in Strafsachen unterstellt und wie alle Adligen gegen ständische Ehrverletzung (*za bezčestie*) durch ein Bußgeld geschützt, waren sie auch in rechtlicher Hinsicht in die priveligierte Klasse integriert. Sie waren im 17. Jh. mestničestvofähig. Im Uloženie von 1649 werden sie als ein Rang (*čin*) angesehen, die gemeinen D'jaken vor den Žil'cy, den Dvorjanen und Bojarenkindern der Provinz,[257] die Dumad'jaken gewöhnlich hinter den Okol'ničie.[258] Letztere waren wiederum nicht so hoch gestellt, daß ihr Vatersname immer mit dem Suffix -*vič* versehen war. Unter dem Zaren Fedor Alekseevič wurde genau festgelegt, wann dies erlaubt war, und zwar dann, wenn sie allein, d.h. ohne übergeordnete Chargen im Prikaz waren, oder bei allen staatlichen Abordnungen und Gesandtschaften zusammen mit Bojaren oder Okol'ničie.[259] Bei Dumasitzungen mußten sie stehen.

Das D'jakentum ist eine komplizierte Erscheinung. Es bot Nichtadligen die Möglichkeit, in die privilegierte Dienstschicht aufzusteigen; Personen niedrigster adliger Herkunft gelangten in die Duma oder wurden zu bedeutenden Entscheidungsträgern in Verwaltung und Behörden. Dumad'jaken standen gemessen an ihrer staatlichen Entlohnung mit Vertretern des Hochadels auf einer Stufe. Ausschlaggebend war nicht ihre Herkunft – mit der Einschränkung eines Dienst- bzw. Rangvorteils von adligen vor nichtadligen D'jaken –, sondern ihre Professionalität. Diese wurde ihnen durch eine relativ hohe Status- und Ehrenzuweisung entschädigt. Sie brachte ihnen die Nähe des Herrschers und

---

[254] Vgl. dazu die Übersicht (Tafel IX) bei Demidova, Služilaja bjurokratija, S. 77. Von 50 direkt zu D'jaken bestimmten Personen im 17. Jh. kamen 39 aus der höheren adligen Dienstschicht, acht aus der Großkaufmannschaft (*gosti*). Vgl. Hellie, Enserfment, S. 70. Am Ausgang des 17. Jh. gab es etwa 3000 Schreiber (*pod'jačie*). Vgl. Preobraženskij, Ob evoljucii, S. 72.

[255] Vgl. z.B. Akty russkogo gosudarstva 1505 – 1526 gg., Nr. 4, S. 10; Nr. 80, S. 312 f.; Nr. 104, S. 107.

[256] 1642 wurden auf dem *Zemskij Sobor* Beschwerden über die unrecht- und übermäßige Bereicherung der D'jaken im Amt laut, die im Besitz von Votčinen, Häusern und steinernen Palästen seien. In einigen Fällen übertraf die „Durchfütterung" im Amt die jährlichen staatlichen Entlohnungen um ein Vielfaches, so daß man letztere einstellte. Vgl. Bogojavljenskij, Prikaznye d'jaki, S. 235 f.

[257] Vgl. Sobornoe Uloženie 1649 goda, S. 28, 103.

[258] Ebd. S. 74, 97, 103. Die Unterschriften der Großkaufleute standen im *Uloženie* über denen der D'jaken, wogegen der Sekretär Lopuchin mit Hinweis auf seine adlige Abkunft protestierte. Vgl. Markevič, Istorija mestničestva, S. 160; Demidova, Služilaja bjurokratija, S. 84 f. Der Streit wurde prinzipiell zugunsten der D'jaken entschieden mit der Begründung, daß sie, im Gegensatz zu den Kaufleuten, „zusammen mit den Bojaren" dem Zaren in staatlichen Angelegenheiten dienten. Ebd. S. 85.

[259] Vgl. Markevič, Istorija mestničestva, S. 164.

politischen Einfluß. Der Graben des Blutes zum Hochadel wurde dadurch freilich nicht überwunden. Dem Aufstieg nach oben waren Grenzen gesetzt. Ihre niedrige Herkunft (*nerodovitost'*) wurden sie nicht los, auch wenn einige einflußreiche Vertreter mit hochadligen Familien in Verwandtschaftsbeziehungen traten. Bei zeremoniellen und anderen Anlässen bekamen sie das mehr oder weniger deutlich zu spüren. Es kamen darin gewisse Ressentiments des hohen Adels gegen niedriggeborene Personen zum Ausdruck, die durch ihre Unentbehrlichkeit aufgrund spezieller Kenntnisse und Erfahrungen eine Stellung in Herrschernähe und Zugang zum inneren Zirkel der Macht erobert hatten, welche jener traditionell für sich selbst reklamierte. Psychologisch konnte das Auftauchen solcher Leute im herrschenden hochadligen Milieu durch abwertende Distanzierung verarbeitet werden. Es ist bezeichnend, daß das Wort „D'jak" noch im 17. Jh., trotz der „Aristokratisierung" des Amtes, in bezug auf einen hohen Adligen als Schimpfwort und Beleidigung gebraucht wurde.[260] Umgekehrt existierte in D'jakenkreisen eine aus dem Bewußtsein der überlegenen Fachkenntnis erwachsene Herablassung und Verachtung gegenüber vornehmen und mächtigen, aber im Vergleich zu ihnen „ungebildeten" Vertretern des Hochadels, wie sie etwa in den abwertenden Bemerkungen des Unterd'jaken Kotošichin über die Bojaren scharf zum Ausdruck kommt,[261] die er in der Emigration zu Papier brachte. Einen Hinweis auf das Selbstwertgefühl eines einflußreichen D'jaken gibt die Rangliste für die Sitzordnung bei Tisch, die V. Ščelkalov anläßlich der Hochzeit des Herzogs Magnus mit der Tochter des Vetters Ivans IV. 1573 erstellte und in der er sich als gemeinsam mit den Bojaren sitzend eintrug, obwohl er in Wirklichkeit natürlich einen so hohen Platz bei Tisch nicht einnahm.[262] In diesem Verhalten Ščelkalovs drückten sich exemplarisch die sozialen Ambitionen des russischen Fachbeamtentums, das die D'jaken bis zu einem gewissen Grade schon verkörperten,[263] aus, die sich an den Statusnormen der Aristokratie und nicht an eigenen gesellschaftlichen und politischen Werten und Zielen orientierten. Die überwiegend kleinadlige Herkunft der D'jaken erleichterte diese Korrumpierung durch das aristokratische Lebensmodell. Die Integration in das Entlohnungs- und Rangsystem der privilegierten dienenden Klasse verhinderte die Entwicklung eines aus der niedrigen Herkunft und der hohen Professionalität gespeisten eigenständigen Bewußtseins als Voraussetzung zur Entstehung einer neuen politischen und

---

[260] Vgl. Zabelin, Domašnij byt, S. 328.
[261] Vgl. Rüß, Moskauer „Westler" und „Dissidenten", S. 190.
[262] Vgl. Markevič, Istorija mestničestva, S. 292.
[263] Sie hatten einen Amtseid zu leisten. Ihr Dienst war lebenslang, sie hatten mehrere Dienststufen zu durchlaufen, die Kriterien für Karriereschritte bildeten in erster Linie Wissen und Können. Sie waren hochspezialisierte Experten des administrativen Schriftwesens.

sozialen gesellschaftlichen Kraft, welche die beherrschende Stellung der hohen Aristokratie in Rußland hätte schwächen können.

Ämter und Amtsgebiete sind in Rußland nicht in privatherrschaftliche Verfügung der Amtsträger gelangt. Anders als in Polen, wo bestimmte Magnatenfamilien aufgrund ihres materiellen und gesellschaftlichen Übergewichts Ämter zumeist durch Kauf in ihren festen Besitz brachten, ohne allerdings dadurch eine Parallelentwicklung zu der noch weitergehenden Privatisierung der Ämter aufgrund des Lehnswesens in Deutschland zu erreichen, ist in Rußland das Prinzip „dignitas non propria, sed mandata" niemals angetastet worden.

Dennoch läßt sich beobachten, daß bestimmte Familien in bestimmten Ämtern auffallend häufig vertreten sind. Das hängt allerdings nicht mit Ämtererblichkeit zusammen, sondern mit Kompetenzweitergabe aufgrund frühzeitigen Vertrautmachens mit den spezifischen Besonderheiten und Anforderungen eines Amtes. Nicht anders ist die Existenz regelrechter D'jaken"dynastien" zu erklären, ebenso wie die oftmalige Inhabe der Kaznačej-Position durch die auf ökonomischem Gebiet versierten Chovriny und Goloviny oder die häufige Verwendung bestimmter Adelsfamilien zu diplomatischen Missionen, für die Sprachen- und Schriftbildung die Voraussetzung waren. Gab es also keine Vererbung von Ämtern, so gab es aber die Weitervermittlung von spezifischen Kompetenzen und Fähigkeiten, die sich in einigen Familien traditionell großer Wertschätzung erfreuten und zur Übernahme bestimmter Ämter prädestinierten, die wiederum gute Chancen zum Aufstieg in der Adelshierarchie boten, da sie in der Regel mit Herrschernähe verbunden waren.

Eine Auffälligkeit des älteren russischen Hofämterwesens vor Ivan III. besteht darin, daß fast alle Titel mit der Wirtschafts- und Landesverwaltung in einem die höfische Sphäre überschreitenden Sinne zusammenhängen. Es gibt kaum Ämter, die von der Bezeichnung her auf ihren Funktionskontext des begrenzten Dienstes an der Herrscherfamilie und der Hofgesellschaft zurückgehen.[264] Dies hat sich hinsichtlich des engen Bezugs der Terminologie zum Hofdienst (vgl. etwa *Postel'ničij, Spal'nik, Čašnik, Istopničij* usw.) in späterer Zeit zwar deutlich geändert, was zugleich als Hinweis auf die zunehmende Differenzierung und quantitative wie qualitative Ausdehnung des „Hofes"[265] gewertet werden kann, unverändert blieb aber die vom unmittelbaren

---

[264] Vgl. Halbach, Der russische Fürstenhof, S. 330.
[265] Bis zur 2. Hälfte des 12. Jh. ist bei der Personenumgebung der Fürsten nicht von „Hof", sondern von „Gefolgschaft" die Rede. Als Ort von zeremoniellem Geschehen tritt der altrussische Fürstenhof im Unterschied zu einer späteren Zeit so gut wie nicht in Erscheinung. Die Räume, in dem sich das Hofleben, das *convivium* von Fürsten und Družina, abspielte, waren die zunächst als *gridnica*, später (seit dem 12. Jh.) als *seni* bezeichneten Paradesäle des Palastes. In der Teilfürstenzeit tritt der Hof (*dvor*) deutlich in seiner Funktion als Mittelpunkt fürstlich-dominialer Stellung und Wirtschaftsorganisation auf. Vgl. Halbach, Der russische Fürstenhof, S. 46, 65 – 67,

Tätigkeitszusammenhang des Hofamtes abgelöste vielseitige andere administrative und militärische Verwendung seiner Träger im größeren Landesrahmen. Es gab im 16. und 17. Jh. eine Entwicklung in Richtung zu reinen Hofressorts, die nunmehr von der übrigen Landes- und Zentralverwaltung deutlich geschieden waren, was aber nicht zu einer „Verhofung" des damit befaßten Adels im Sinne eines sich im höfischen Rahmen erschöpfenden adligen Handelns geführt hat. Universelle Betätigung und dienstliche Mobilität gehörten zum tiefverwurzelten traditionellen Bewußtseinsbestand und zur weiterhin geschätzten Lebens- und Existenzform der adligen Elite trotz eines gegenläufigen Entwicklungstrends weg von allseitiger Verwendbarkeit zu mehr Spezialisierung als Ergebnis einer komplizierter werdenden sozialen und politischen Umwelt. Hofämter waren häufig nur Durchlauf- oder Zwischenstationen für andere zivile und militärische Aufgaben oder wurden zu gleicher Zeit von ihren Inhabern mit diesen ausgeübt. Der Hof war nicht nur der Ort, wo Machtchancen verteilt, Rang und Status erworben und Einfluß zur Geltung gebracht wurden, sondern in gewissem Grade auch Erziehungsstätte und Kaderschmiede zur Vorbereitung der Elite auf ihre künftigen Verpflichtungen im größeren Rahmen des Fürstentums und Reiches. Insofern waren adlige Hofamtsträger im allgemeinen immer mehr als nur ausschließlich das.[266]

---

80 f., 175. Von „Hofkultur" und „Hofstaat" wird für Rußland im allgemeinen erst seit dem Ende des 15. Jh. gesprochen im Zusammenhang mit der ideologischen Erhöhung des Herrscheramtes, einer den veränderten historischen Grundlagen Rechnung tragenden gesteigerten Staatssymbolik, der Ansiedlung neuer zentraler Behörden am Hof, seiner räumlichen Ausdehnung und architektonischen Prachtentfaltung, dem rasch wachsenden Zustrom von adligen Funktionsträgern und einem an Umfang und Häufigkeit deutlich höheren zeremoniellen Aufwand. Um die Mitte des 16. Jh. gab es nach Veselovskij ca. 2600 Menschen, die zum „Hof" gehörten. Vgl. Issledovanija, S. 87; Raba, The Moscow Kremlin, S. 6. Nach dem Verständnis einer Moskauer Quelle umfaßte „Hof" das gesamte Personenspektrum fürstlicher Dienstleute („sein großfürstlicher Hof, die Dienstfürsten und Bojaren und Bojarenkinder"). Vgl. Ustjužnyj letopisnyj svod, S. 101. Die engere Hofumgebung der Großfürsten und Zaren im 16. Jh. aufgrund der Dienstlisten für Feldzüge (1512, 1549, 1590, 1598) belief sich nach V.I. Buganov auf 2 – 3 Dutzend Personen am Anfang des Jahrhunderts und steigerte sich in der Folgezeit auf bis zu 200 Personen. Vgl. K izučeniju „gosudareva dvora", S. 61. A.P. Pavlov zählt zum Personenbestand des „Hofes" am Ende des 16. Jh. und zu Anfang des 17. Jh. die Dienstränge, die eigentlichen Hofränge, die Moskauer Ränge, die „zugewählten Dvorjanen" und die D'jaken. Vgl. Gosudarev dvor, S. 109.

[266] The „new middle service class ‚court society' comprised the ‚basic contingent' of appointees to military posts and administrative positions …".Vgl. Kleimola, Ivan, S. 284. Eine moderne Abhandlung über den frühneuzeitlichen Großfürsten- und Zarenhof ist ein spürbares Desiderat der Forschung. Kompetenz und Aufgabenbereich der einzelnen Hofämter sind nicht hinreichend geklärt. Es fehlen vor allem systematische personengeschichtliche Untersuchungen zu den verschiedenen Hofamtsträgern. Es ist z.B. über die Dauer von deren Amtszeit wenig bekannt. Aufschlußreich wäre es, mehr über die dem Amt vorausgehende und nachfolgende Karriere eines Adligen zu erfahren. Nach den

6. Adel und Diplomatie

Es gibt die Auffassung, daß der hohe russische Adel die Diplomatie als karriereförderndes Gebiet nicht sonderlich geschätzt hat.[267] Diese Meinung speist sich aus einem ganzen Bündel von indirekten Beweisen. Es wird gesagt, daß nur ein verschwindend geringer Teil des hohen Adels unmittelbar mit diplomatischen Aufgaben betraut wurde, was damit zusammenhänge, daß der Prestigewert der diplomatischen Tätigkeit offenbar nicht sehr groß gewesen sei. Das Argument ordnet sich in die verbreitete Vorstellung von der adligen Geringachtung des zivilen Tuns im Vergleich zum militärischen Dienst ein, die aber zweifellos in solcher Verallgemeinerung zu Unrecht besteht. Wenn die Abstinenz hochadliger Repräsentanten von auswärtigen diplomatischen Missionen mit ihrer Unentbehrlichkeit zu Hause, wo militärische und administrative Aufgaben von ihnen erfüllt werden mußten, begründet wird,[268] so verweist auch dieses Argument indirekt auf den vermeintlich niedrigeren Stellenwert der Diplomatie im vielseitigen Tätigkeitsspektrum des Adels. In diesem Zusammenhang wird angeführt, daß an der Spitze des Gesandtschaftsprikazes bis weit in das 17. Jh. hinein **D'jaken** und nicht **Bojaren** gestanden hätten. Ferner hätten die geringe Spezialisierung, mangelnde Sprachkenntnisse und Unbildung des Adels seiner Verwendung in der Diplomatie entgegengestanden.[269] Die Tatsache, daß in der konkreten Verhandlungspraxis und bei Gesandtschaften ins Ausland und überhaupt im diplomatischen Geschehen die D'jaken eine dominierende Rolle spielten und die adligen Teilnehmer durch deren professionelle Überlegenheit zu bloßen repräsentativen Figuren degradiert worden

---

Gründen des mehrfach wechselnden Prestigewertes der Ämter ist kaum gefragt worden. Die Forschung ist weitgehend auf einem rein deskriptiven Niveau stehengeblieben.

[267] Vgl. etwa Rasmussen, The Muscovite Foreign Policy Administration, S. 161 (Anm. 39); Croskey, Muscovite Diplomatic Practice, S. 102 f.

[268] Ebd. S. 102.

[269] Westliche Zeitgenossen haben sich z.T. abfällig über Moskauer Diplomaten geäußert und damit das Klischee von deren niedrigem professionellen Standard im Urteil der Nachwelt verfestigt. Die moskowitischen Gesandten, die 1525 bei Karl V. in Spanien weilten, erwiesen sich nach der Beobachtung des Freiherrn v. Herberstein als ungebildet, im Auftreten schwerfällig und ungeschliffen (s. oben S. 219). Daraus wurde der sehr weitreichende Schluß gezogen, daß der Großfürst, im Bewußtsein der Defizite an Bildung und Umgangsformen seiner Diplomaten, „es fast zur Doktrin erhob, über wichtige Angelegenheiten nur in Moskau zu verhandeln, wo man durch allerlei Mittel wie Isolierung, Druck, Aufschieben den sonst durch Bildung und Wendigkeit vielleicht überlegenen fremden Gesandten beizukommen suchte." Vgl. Picard, Das Gesandtschaftswesen, S. 26. Nach der bildlichen Redeweise der polnischen Botschafter, die zu Anfang des 17. Jh. nach Moskau kamen, gleiche der moskowitische Gesandte einem Schlauch: „Was man in diesen hineintut, das trägt er, was man aber dem Gesandten befiehlt, das tut er." Zit. bei Landau, Die Moskauer Diplomatie an der Wende des 16. Jahrhunderts, S 110.

seien,[270] wird ebenfalls als Indiz für das geringe Engagement und die fehlenden Ambitionen des Adels in der Diplomatie gewertet. Im Unterschied zum 17. Jh. sind Mitteilungen in den Geschlechterbüchern über adlige diplomatische Dienste in der Zeit davor eine Seltenheit – auch dies die objektive Widerspiegelung eines realen historischen Sachverhalts bzw. Ausdruck der Geringschätzung des Werts einer solchen Notiz für die individuelle Karriere?

Es ist zunächst festzustellen, daß es praktisch keinen Tätigkeitsbereich gab, der vom russischen Adel prinzipiell gemieden wurde, sofern er mit materiellen und politischen Chancen verbunden war.

Die Außenpolitik betraf elementare existentielle Belange des Staates, und es ist von daher gänzlich ausgeschlossen, daß die herrschende Elite nicht mit ihr befaßt und ihre Formulierung und Durchführung dem Herrscher im Verein mit einigen auf sie spezialisierten unteren Chargen der Administration überlassen worden wäre.

Fragen von Krieg und Frieden gehörten zum wichtigsten Beratungsgegenstand der Bojarenduma seit altersher. Es ist unzweifelhaft, daß bis ins 17. Jh. hinein die Bojarenduma in der außenpolitischen Entscheidungsfindung eine zentrale Rolle gespielt hat.[271] Die Verträge mit den Griechen sind von Gefolgschaftsangehörigen der Kiever Fürsten mitbeeidet und mitunterzeichnet worden. Svjatoslav hielt mit seinem Gefolge in Perejaslavec (Bulgarien) Rat über die weiteren Beziehungen zum byzantinischen Kaiser. Svenel'd, bekannter Gefolgsmann Svjatloslavs, wird 971 neben seinem Fürsten als Vertragspartner der Byzantiner an exponierter Textstelle namentlich genannt.[272]

Möglicherweise war er derjenige, der den Frieden mit den kaiserlichen Diplomaten ausgehandelt hatte. Von Vladimir d. Hl. wird berichtet, daß er sich mit der Družina über „Aufbau" und „Verwaltung" des Landes und „über militärische Dinge" („o ratech"), d.h. über Krieg und Frieden, ständig beriet.[273] Als Vsevolod („das Große Nest") von seinen Černigover und Rjazaner Bojaren im Jahre 1196 der Vorschlag zum Krieg gemacht wurde, lehnte er dies ab.[274] Umgekehrt verhinderten im Jahre 1153 die Bojaren von Galizien,

---

[270] Vgl. Alpatov, Russkaja istoričeskaja mysl', S. 325.
[271] Vgl. Belokurov, O Posol'skom prikaze, S. 4, 10 f., 12, 14. Am Ende des 16 Jh. erstatteten die D'jaken des *Posol'skij prikaz* nicht dem Herrscher, sondern den *Bojaren* Bericht über die moskowitischen Außenbeziehungen. Vgl. Savva, D'jaki, S. 229 – 230. Bezüglich der Formulierung der Außenpolitik heißt es: „Und für welche Sache sich die Bojaren entscheiden, das befiehlt der Zar und die Bojaren den Dumad'jaken ... niederzuschreiben." Zit. bei Belokurov, O Posol'skom prikaze, S. 20.
[272] „Niederschrift des Vertrages, geschlossen unter Swjatoslaw, Großfürst der Rus, und Sweneld, aufgeschrieben bei Theophilos, Geheimsekretär, an Johannes mit Zunamen Tzimiskes, Griechischer Kaiser, Dorostol, im Monat Juli im vierzehnten Indiktjahr, im Jahre 6479 (971)." Zit. nach Zenkovsky, Aus dem alten Rußland, S. 31.
[273] PVL č. I, S. 86.
[274] PSRL II, S. 699.

daß sich ihr Fürst in ein ungewisses Kriegsabenteuer stürzte.[275] Als im Jahre 1093 die Polovcer Gesandte zum neuen Kiever Fürsten Svjatopolk schickten, um einen Frieden auszuhandeln, spaltete sich die Družina über dieser Frage in zwei Parteien, die „bedachtsamen Männer" („muži smyslenei"), Jan und andere, die vom Kampf abrieten, und die „Unvernünftigen" („nesmyslenei").[276] Im Jahre 1103 trafen sich die Gefolgschaften Svjatopolks und Vladimirs zur gemeinsamen Beratung über das Vorgehen gegen die Polovcer in einem Zelt. Die Bedenken der Družina Svjatopolks, den Kampf zum jetzigen Zeitpunkt zu beginnen, wurden von Vladimir aus dem Wege geräumt.[277] Die Beispiele ließen sich vermehren. Sie zeigen, daß die Gefolgsleute und adligen Ratgeber („dumcy") in den Fragen der Außenpolitik ständig eingeschaltet waren und der Fürst ohne ihr Wissen keine bedeutendere Unternehmung in Angriff nehmen konnte. Berühmt sind die Worte der Družina an Fürst Mstislav Izjaslavič: „Fürst, du kannst ohne uns weder etwas planen noch tun," und an seinen Sohn Vladimir 1169: „Du hast dir das selbst, Fürst, ausgedacht, so werden wir dir nicht folgen, wir haben nichts gewußt."[278] Auch in diesen Fällen ging es um Krieg.

Die Ausweitung der internationalen Beziehungen Moskaus seit Ivan III. und die Zunahme der Häufigkeit auswärtiger Kontakte führten notwendigerweise zu ihrer strafferen Regulierung, Organisierung und Dokumentierung und zur Schaffung einer eigens mit der Außenpolitik und dem diplomatischen Schriftverkehr befaßten Administration.[279] Der Beginn der Geschichte des Gesandtschaftsprikazes wird üblicherweise mit der Ernennung des D'jaken Ivan Viskovatyj im Jahre 1549 zu seinem Leiter gleichgesetzt.[280]

Aber die Prinzipien und Methoden des außenpolitischen Verkehrs sind fraglos bereits vor dieser Zeit im großen und ganzen ausgebildet worden. In der Organisation des diplomatischen Vorgangs, der Dokumentierung der außenpolitischen Beziehungen und der Qualität des diplomatischen Personals bewegte sich das Moskauer Gesandtschaftswesen unter Vasilij III., vor seiner eigentlichen Institutionalisierung im *Posol'skij Prikaz*, schon auf einem erstaunlich hohen Niveau.[281] Es erhebt sich deshalb die Frage, inwieweit durch die Existenz einer auf die auswärtigen Beziehungen spezialisierten Bürokratie der traditionelle Einfluß der Bojarenduma auf die Außenpolitik berührt und in

---

[275] PSRL XXV, S. 58.
[276] Vgl. Sbornik dokumentov, t.I, S. 191.
[277] Ebd. S. 195.
[278] PSRL II, S. 97.
[279] Vgl. W. Rödig, Der auswärtige Dienst unter Ivan III. (1462 – 1505) (Die Anfänge der russischen Diplomatie). Diss. Göttingen 1949.
[280] Vgl. Belokurov, O Posol'skom prikaze, S. 15.
[281] Vg. Rüß, Die Friedensverhandlungen zwischen Moskau und Polen-Litauen im Jahre 1537, S. 217.

welchem Maße der Adel vom Spezialisierungs- und Professionalisierungstrend in der Diplomatie erfaßt worden ist.

Daß die Bojarenduma auch im 17. Jh. noch zu außenpolitischen Beratungen zusammentrat, bestätigt, wenn auch in der abwertenden Geringachtung ihrer Entscheidungsbefugnis wenig glaubwürdig, Olearius: „Er [der Zar] behält für sich alleine das Recht / Krieg frembden Völckern anzukündigen und nach seinem belieben zu führen / und ob er zwar seine Bojaren und Räthe darüber befraget / thut ers doch auff solche weise / als vormahls der Xerxes König in Persien ... Sagte: Er hätte sie zwar deßwegen beruffen / damit er nicht alles auß seinem eigen Rath thäte / aber sie solten auch darbey wissen / daß ihnen mehr zustünde / gehorsamen als rathen".[282] Auch Kotošichin schreibt, daß der Zar mit den Bojaren in der Duma zusammensitze und mit ihnen „über die auswärtigen (von mir gesperrt, H.R.) und seine eigenen staatlichen Angelegenheiten" beratschlage, verbindet diese Mitteilung freilich ebenfalls mit einer tendenziösen und wenig schmeichelhaften Charakterisierung der Dumamitglieder, von denen viele aus Dummheit und Unwissen den Mund nicht auftäten.[283] Die Friedensgespräche in Moskau mit Polen-Litauen im Jahre 1537 zeigen, daß in den Verhandlungspausen Beratungen der Bojarenduma stattfanden, was von den moskowitischen Delegationsmitgliedern mehrfach selbst bestätigt wird. „Wir sagen das nicht direkt von uns aus, sondern die Bojaren unseres Herrschers haben ihren Herrscher dahingehend zu beeinflussen begonnen ..." An anderer Stelle heißt es: „Wir wagen dies nicht euch zu sagen, daß der Herrscher so [d.h. gemäß dem Vorschlag der Litauer] den Waffenstillstand wolle, aber unsere Herren und unsere Brüder und wir wollen den Herrscher dahin bringen, daß er es so macht." Wenn sich schließlich die folgende Mitteilung auch nicht explizit auf die gesamte Bojarenduma beziehen läßt, so steht doch außer Zweifel, daß erst ihr Placet zum Verhandlungsergebnis den Weg zum Vertragsabschluß freigab: „Und auf Befehl des Großfürsten der ganzen Ruś, Ivan Vasil'evič, entschieden [prigovorili] die Bojaren ..., mit den königlichen Gesandten ... einen Waffenstillstand auf fünf Jahre abzuschließen."[284] Aus dem Chronikbericht über den tatarischen Verwüstungsfeldzug von 1408, der mit Kritik an dem Großfürsten Vasilij I. und seinen „jungen" Ratgebern nicht spart, deren unbedachtes Agieren zur Katastrophe geführt hätte, geht indirekt hervor, daß in diesem Fall der gute Brauch, in wichtigen außenpolitischen Fragen die gesamte Bojarenduma am Entscheidungsprozeß zu beteiligen, sträflich mißachtet wurde.[285] Dies war

---

[282] Vgl. Moskowitische und persische Reise, S. 223.
[283] Vgl. O Rossii, S. 24.
[284] Vgl. AZR, S. 277, 294 und 297.
[285] Vgl. Ključevskij, Bojarskaja duma, S. 158; Rüß, Adel und Adelsoppositionen, S. 33 – 37.

denn auch wohl eher eine Ausnahme, wie die ständig begegnende Formel im auswärtigen Verkehr, „der Großfürst" habe „mit den Bojaren entschieden", dieses oder jenes zu tun, bezeugt.

Die Verhandlungsdelegationen wurden aus dem Kreis der Bojarenduma erwählt und als „Antwortkommissionen" (*otvetnye komissii*) bezeichnet,[286] welcher Terminus ihren von der Duma abhängigen Verhandlungsstatus unterstreicht. Bei den Empfangs- und Abschiedsaudienzen für große ausländische Gesandtschaften waren die Mitglieder der Bojarenduma in der Regel vollzählig versammelt.

Das geschah nicht nur der prachtvollen Repräsentation und der zeremoniellen Verbeugung vor den auswärtigen Gästen zuliebe, sondern kann zugleich als deutlicher Hinweis auf den entscheidenden Anteil der Duma am konkreten diplomatischen Vorgang gewertet werden.

Es ist klar, daß die Sach- und Detailkompetenz des Gesandtschaftsprikazes nicht ohne Einfluß auf die außenpolitische Entscheidungsfindung in der Bojarenduma geblieben ist, in der langwierige Diskussionen durch den gezielt vorbereiteten diplomatischen Sachverhalt unter Umständen erheblich abgekürzt wurden und dem Expertenwort der Dumad'jaken ein großes Gewicht zukam, die ihre Berufsqualitäten in besonders auffälliger Weise in der Diplomatie zur Geltung brachten,[287] wie die Beispiele Menšij Putjatins, Ivan Viskovatyjs, der Brüder Ščelkalov, I.T. Gramotins, A.I. Vlas'evs, P.A. Tret'jakovs, Almaz Ivanovs, E.I. Ukraincevs und anderer im 16. Jh. und 17. Jh. zeigen. Freilich bestand durch sie als Mitglieder der Duma zwischen dieser und dem Außenamt eine personelle Querverbindung, die den außenpolitischen Sachverstand der Bürokratie in dem höchsten russischen Adelsgremium sozusagen fest etablierte. Aber auch ohne diesen wies die Bojarenduma zuzeiten eine hohe diplomatische und außenpolitische Kompetenz ihrer Mitglieder auf, wie dies etwa während der Regentschaft Elenas in signifikanter Weise der Fall war,[288] so daß die moskowitische Verhandlungsführung 1537 nicht nur bei der Formulierung der allgemeinen Ziele gegenüber Polen-Litauen, sondern auch bei Detailfragen und taktischen Vorgehensweisen unmittelbar von ihr profitieren konnte.

Die Vorstellung, der Adel habe die Diplomatie als Betätigungsfeld nicht geschätzt, weil sie der Karriere weniger förderlich gewesen sei als militärischer Dienst, ist somit unbegründet. Es ist hingegen sogar wahrscheinlich, daß herausragende diplomatische Fähigkeiten und Leistungen als Qualifizierungsvoraussetzungen für Rangerhöhungen und politischen Einfluß bei Hofe

---

[286] Vgl. Rogožin, Čistjakova, Posol'skij prikaz, S. 114.

[287] Ikonnikov zitiert ein altes russisches Sprichwort: „Kak pometit d'jak, to i byt' delu tak" („Wie es der D'jak vorhat, so wird es gemacht."). Vgl. Afanasij Lavrent'evič Ordin-Naščokin, S. 289.

[288] Vgl. Rüß, Die Friedensverhandlungen zwischen Moskau und Polen-Litauen im Jahre 1537, S. 214 f.

hoch im Kurs standen. Seit der Existenz einer außenpolitischen Dokumentation (nach 1474) werden von 47 Bojaren Ivans III. immerhin elf in den diplomatischen Akten erwähnt und von 25 Okol'ničie sogar zwölf. Zwei der prominentesten und einflußreichsten Adligen dieser Periode, Fürst Ivan Jufevič Patrikeev und Jakov Zachaŕič Koškin, werden besonders oft in diplomatischen Zusammenhängen genannt. Drei Gesandtschaften nach Polen und eine in die Krim wurden von Bojaren angeführt.[289] An dieser Praxis, nach Polen-Litauen und zu den anderen unmittelbaren Nachbarn bei „großen Gesandtschaften" stets hochrangige Adelsvertreter als Verhandlungsleiter zu entsenden, hat sich in der Folgezeit nichts geändert, was übrigens in auffälligem Gegensatz zu den Gesandtschaften steht, die nach Westeuropa geschickt wurden und deren Mitglieder im allgemeinen zur drittklassigen Garnitur des Moskauer Gesandtschaftspersonals und bei weitem nicht zu den vornehmsten Familien gehörten.[290] Bestimmte Adelsgeschlechter mit einer konstanten Repräsentation ihrer Angehörigen in der Bojarenduma waren auffallend häufig auf diplomatischem Feld tätig. Fünf Mitglieder der im 15. Jh. bedeutenden Kutuzovy nahmen zwischen 1482 – 1500 an sieben Gesandtschaften teil. Vier Brüder Zabolockie dienten bei fünf Missionen ins Ausland. Zahlreiche Pleščeevy werden auf diplomatischen Posten erwähnt.[291] Zu den markanten diplomatischen Figuren zählten Vertreter der alten nichttitulierten Bojarengeschlechter der Morozovy (Morozovy-Popleviny, Morozovy-Tučkovy) und Zachaŕiny-Romanovy.[292] Eine von deren bedeutendsten Persönlichkeiten, Michail Juŕevič Zachaŕin, kann mit Recht als „Chefdiplomat" Vaisilijs III. angesehen werden.[293] Belokurov

---

[289] Vgl. Croskey, Muscovite Diplomatic Practice, S. 101 f.
[290] Vgl. Rüß, Die Friedensverhandlungen zwischen Moskau und Polen-Litauen im Jahre 1537, S. 217. Als Gesandtschaftsleiter nach Polen-Litauen begegnen 1522 Vas. G. Morozov, 1527 Ivan Vas. Ljackij, 1537 Vas. G. Morozov, 1549 Michail Jak. Morozov, 1554 Vas. Mich. Juŕev. Vgl. für das 17. Jh. auch Crummey, Aristocrats, S. 59.
[291] Vgl. Croskey, Muscovite Diplomatic Practice, S. 110 f.; Zimin, Formirovanie bojarskoj aristokratii, S. 195 – 202 (zu den Pleščeevy).
[292] Im diplomatischen Verkehr mit Polen-Litauen: Michail Jak. Rusalka (1490, 1495), V.G. Morozov (1503, sowie Anm. 290), I.G. Morozov (1523), Jakov Morozov-Poplevin (1529, 1530, 1531), Jakov Zachaŕevič (1492, 1493, 1501, 1502, 1503, 1504), Jurij Zachaŕič (1501), Vas. Jak. Zachaŕič (1517, 1525, 1526), Ivan Vas. Ljackij (1526, sowie Anm. 290). Bedeutende Vertreter beider Geschlechter spielten auch unter Ivan IV. im diplomatischen Verkehr mit Polen-Litauen eine herausragende Rolle: Vas. Mich. Juŕev (1549, 1553, sowie vorangehende Anm.), Danila Romanovič Juŕev (1552, 1562), Michail Jak. Morozov (1556, sowie vorangehende Anm.). Vgl. ebd. S. 216, ferner Tiberg, Zur Vorgeschichte des Livländischen Krieges, S. 31, 33, 38, 44, 48, 54, 72, 75 f., 206. Zu den beiden Geschlechtern vgl. Veselovskij, Issledovanija, S. 196 – 210 (Morozovy), 148 – 161 (Zachaŕiny-Romanovy).
[293] Zu seinen diplomatischen Tätigkeiten detailliert Rüß, Die Friedensverhandlungen zwischen Moskau und Polen-Litauen im Jahre 1537, S. 210 ff.; ders., Der „heimliche Kanzler" Vasilijs III., S. 168 – 170.

nennt eine Reihe von hohen Adligen, die in der 1. Hälfte des 16. Jh. ständig diplomatisch tätig waren. Zu ihnen gehörten aufgrund ihres Amtes als Behüter der außenpolitischen Dokumente und Akten sowie als Verantwortliche für die Versorgung und Ausstattung der eigenen und fremden Gesandten und für die Ausgabe und Entgegennahme von Geschenken die „Schatzmeister" (Kaznačei). Teilnehmer fast aller außenpolitischen Verhandlungen mit Litauen und den Tataren zwischen 1489–1509 war der Kaznačej Dmitrij Vladimirovič Ovca (Chovrin), der häufig auch ohne Beteiligung anderer Bojaren diplomatisch agierte.[294] Jurij Trachaniot („der Ältere") wurde als Gesandter zu Kaiser Friedrich und zu Kaiser Maximilian geschickt (1485/86, 1489/90, 1490/91, 1492/93) und war bei den Verhandlungen mit kaiserlichen Gesandten in Moskau zugegen.[295] Die meiste Zeit verbrachte der auch als Kaznačej tätige Okol'ničij Fedor Iv. Karpov auf diplomatischer Bühne.[296] Als 1529 während der Abwesenheit des Großfürsten von der Hauptstadt türkische Gesandte in Moskau eintrafen, wurden sie von Michail Jur'evič Zachar'in und dem Kaznačej P. Golovin empfangen und angehört.[297] Der Empfang der Gesandten aus dem Osmanischen Reich, der Krim und aus der Nogaier Horde geschah häufig auf dem Amtssitz des Kaznačej, dem *Kazennyj dvor*. Hier begrüßten im Jahre 1562 die Bojaren D.R. Jur'ev und V.M. Jur'ev die Nogaischen Emissäre. Auch die Gesandten des Deutschen Ordens wurden dort 1519 und 1520 vom Kaznačej Jurij Trachaniot,[298] der zu den am häufigsten beschäftigten Diplomaten seiner Zeit gehörte,[299] empfangen.

An der Spitze von „großen Gesandtschaften", die zu Friedens- und Bündnisabschlüssen bevollmächtigt waren, standen oft zwei bis drei Adlige, von denen zumindest einer ziemlich vornehm war.[300] Waren die Gesandten vom Rang her nicht bedeutend, wurden sie für deren Dauer mit einem fiktiven Titel, z.B. dem eines „Bojarin", ausgestattet. Adlige Verhandlungsführer bekamen darüberhinaus nicht selten sog. „Ehrenstatthalterschaften" übertragen, deren Bedeutungswert sich nach dem Rang der betreffenden Person richtete.[301]

---

[294] Vgl. Belokurov, O Posol'skom prikaze, S. 15 f.
[295] Zimin, Formirovanie bojarskoj aristokratii, S. 273.
[296] Vgl. Kleimola, Patterns of Duma Recruitment, S. 238.
[297] Vgl. Rüß, Der „heimliche Kanzler" Vasilijs III., S. 170 f.
[298] Vgl. Belokurov, O Posol'skom prikaze, S. 16 – 18.
[299] Im Jahre 1500 ging er als Gesandter nach Dänemark, er führte Verhandlungen mit den kaiserlichen Gesandten 1517 und 1518, mit der Türkei 1513, 1514, 1515, 1518, 1522, mit dem Orden 1517, 1519, 1520. Vgl. Zimin, Formirovanie bojarskoj aristokratii, S. 274.
[300] Vgl. Belokurov, O Posol'skom prikaze, S. 67; Tiberg, Zur Vorgeschichte des Livländischen Krieges, S. 27.
[301] Vgl. Zagoskin, Central'noe upravlenie, S. 82.

M.G. Saltykov wurde 1603 zur Durchführung einer Gesandtschaft in den Bojarenrang erhoben.[302] Eine interessante Deutung der Tatsache, daß ins Osmanische Reich, nach Persien, zum Papst, nach Westeuropa und zum Römischen Kaiser in der Regel nur adlige Vertreter mittlerer Ränge ernannt wurden, besagt, auf der Grundlage einer Bemerkung Kotošichins,[303] daß wegen der großen Entfernung und der damit verbundenen Unbilden und Gefahren nur relativ kleine und einem **hochrangigen Adligen nicht angemessene** Gesandtschaften auf die Reise geschickt werden konnten.[304] Hochgestellte Adelspersonen setzten offenbar in der Regel keinen besonderen Ehrgeiz daran, als Leiter von nicht immer ungefährlichen diplomatischen Missionen zum Krimkhan[305] gesandt zu werden, der großen Wert darauf legte, daß man aus Moskau Botschafter im Bojarenrang zu ihm schickte, die aber dort häufig diesen Titel, den sie zuhause nicht besaßen, nur für die Dauer des diplomatischen Auftrags annahmen. Als der Krimkhan Saip-Girej von der Regentschaftsregierung Elenas verlangte, die zu jener Zeit mächtigsten Moskauer Bojaren, die Fürsten Vasilij Šujskij und Ivan Telepnev-Obolenskij, als „große Gesandte" zu ihm zu schicken, ließ man ihn wissen, daß die erwünschten Personen wegen der Jugend des Herrschers am Hof unentbehrlich seien.[306] Der Fall zeigt, daß zwischenstaatliche Rangfragen,[307] Prestigeüberlegungen und Repräsentationswünsche Einfluß auf die Auswahl des diplomatischen Personals hatten. Entsprechend der Bedeutung, die die Regierenden dem beiderseitigen Verhältnis bzw. dem diplomatischen Akt beimaßen, wurden bei der Ernennung von Gesandten und Verhandlungsführern neben Kriterien der Professionalität solche von Herkunft und Rang sehr genau beachtet. Von daher bestand geradezu ein staatliches Erfordernis, einen bestimmten Kader an diplomatiefähigen und -erfahrenen **adligen** Vertretern ständig zur Verfügung zu haben. Repräsentanten der Hocharistokratie dürfte der gelegentliche Sprung ins diplomatische Metier aufgrund ihrer vielseitigen politisch-administrativen Erfahrung auf vaterländischer Bühne ohnehin nicht allzu schwer gefallen sein. Die jeweils Einflußreichsten von ihnen wurden mit diplomatischen „Untertanen"kontakten betraut, d.h. mit dem diplomatischen Verkehr auf niederer und vorbereitender Ebene. An Michail Jur'evič Zachar'in und Fürst Dmitrij Bel'skij als den mächtigsten Männern im bojarischen Umkreis

---

[302] Vgl. Juzefovič, Kak v posol'skich obyčajach vedetsja, S. 30.
[303] Er schreibt, „daß der weite Weg, durch viele verschiedene Staaten" gefährlich sei und den „großen Gesandten" zum Kaiser viel Übles zustoßen und Schaden widerfahren würde. Vgl. O Rossii, S. 41.
[304] Vgl. Juzefovič, Kak v posol'skich obyčajach vedetsja, S. 31.
[305] Gerade in der Krim waren die russischen Gesandten häufig allen möglichen „beleidigenden" Behandlungen ausgesetzt. Ebd. S. 42.
[306] Vgl. Rüß, Einige Bemerkungen zum Namestničestvo-Problem, S. 408.
[307] Vgl. dazu Juzefovič, Kak v posol'skich obyčajach vedetsja, S. 40. Kotošichin führt im einzelnen auf, welche adligen Ranginhaber in welche Länder und mit wieviel Personen geschickt werden. Vgl. O Rossii, S. 41 f.

Vasilijs III. in dessen später Regierungsphase war im Dezember 1533 eine litauische Gesandtschaft gerichtet, um Friedensgespräche anzuknüpfen. Im Namen beider schickte der neue Großfürst im gleichen Monat einen Boten an die litauische Rada.[308] Im Frühjahr des folgenden Jahres setzte sich der litauische Fürst Radziwiłł, in Kenntnis der Machtveränderungen in Moskau seit der Regentschaftsübernahme Elenas, mit Fürst Ivan Telepnev-Obolenskij in Verbindung, dessen aktive diplomatische Rolle bei diesen Verhandlungen, die an seinem Hof stattfanden, aus den Quellen deutlich hervorgeht. Obolenskij schickte seinerseits seinen eigenen Mann Jakov Snazin mit einem Brief zu Radziwiłł, in welchem er seinen auf Frieden zielenden Einfluß beim Großfürsten geltend zu machen versprach.[309] Fürst Ivan Juŕevič Patrikeev empfing im Jahre 1494 den polnischen Gesandten auf seinem Hof in Moskau.[310] Im Namen der Bojaren Fürst F.I. Mstislavskij, B.F. Godunov und F.N. Romanov wurden seit 1586 bis zum Tode des Zaren Fedor Ivanovič diplomatische Schriftstücke an Mitglieder der litauischen Rada gesandt.[311] Dies sind einige Beispiele, die zeigen, daß die mächtigsten Personen im Innern geradezu zwangsläufig, durch eingespielte Formen des diplomatischen Verkehrs, mit außenpolitischen Problemen unmittelbar in Berührung kamen und aktiv in das diplomatische Geschehen eingriffen, was somit zugleich als Zeichen ihres großen Ansehens und Einflusses bei Hof gewertet werden kann. Es ist dies ein weiteres unzweideutiges Indiz gegen die These vom geringen Prestigewert der Diplomatie in der adligen Einschätzung öffentlicher Betätigung.

Nahezu ein Fünftel aller Mitglieder der bojarischen Elite des 17. Jh. diente zu irgendeiner Zeit in diplomatischer Funktion.[312] Einige hohe Aristokraten waren besonders oft mit diplomatischen Aufgaben betraut, wie z.B. Fürst Nikita Ivanovič Odoevskij, der zwischen 1659 – 1667 siebenmal als Gesandter in Polen weilte.[313] Die Union von Perejaslavl' (1654) mit Bogdan Chmel'nickij wurde von dem Bojaren Vasilij Vas. Buturlin ausgehandelt. Der Leiter des Außenamtes, der Dumad'jak L. Lopuchin, spielte bei den Verhandlungen nur eine zweitrangige Rolle. Dies war aber durchaus keine neuartige Erscheinung, wie manche in Unkenntnis der vorangehenden Diplomatiegeschichte

---

[308] Vgl. AZR, Nr. 175, S. 222 – 224. Der litauische Bote wurde am Hof Bel'skijs gehört.
[309] Vgl. PSRL 29, S. 24 f. Aus Kazań war im Mai 1534 ebenfalls eine Botschaft an Telepnev-Obolenskij gerichtet. Ebd. S. 26.
[310] Vgl. Sbornik RIO, t.35, S. 149.
[311] Vgl. Pavlov, Gosudarev dvor, S. 35.
[312] Vgl. Crummey, Aristocrats, S. 59.
[313] Vgl. DRV, t.20, S. 136.

meinen.³¹⁴ Die maßgebliche Figur in der Außenpolitik Vasilijs III. war lange Zeit der Bojar Michail Jur'evič Zacharin, der auch die Waffenstillstandsverhandlungen mit Polen-Litauen im Jahre 1537 als Leiter der russischen Verhandlungsdelegation zu einem erfolgreichen Abschluß führte. An der Spitze der „großen Gesandtschaft" nach Polen-Litauen im Jahre 1610, die die anvisierte Thronbesteigung Władysławs in Moskau aushandeln sollte, standen Fürst Vasilij Golicyn und Fedor Nikitič Romanov. Beide gehörten zur absoluten Crème der Moskauer Aristokratie. Golicyn vererbte sein diplomatisches Talent an seinen Sohn Vasilij, der unter Sofija zum ersten hochadligen Chef des Gesandtschaftsprikazes wurde und dessen diplomatische Fähigkeiten, wie die seiner Vorgänger Ordin-Naščokin und Matveev, durch Taten und durch Zeugnisse zeitgenössischer Beobachter eindrucksvoll bestätigt sind.

Der hohe Adel wußte das diplomatische Zeremoniell als elitegemäße und individuelle Machtbekundung zu nutzen und zu schätzen. Die Teilnahme daran galt als wichtiger Erweis des momentanen politischen Einflusses und der staatsmännischen Bedeutung. Vasilij Šujskij und Ivan Telepnev-Obolenskij ließen es sich 1537 nicht nehmen, ihre Machtstellung am Hof beim Empfang der litauischen Gesandtschaft öffentlich zu demonstrieren, obwohl sie selbst am unmittelbaren Verhandlungsgeschehen nicht beteiligt waren. Als im August 1536 der königliche Gesandte Nikodim Techanovskij in Moskau weilte, hielt ihm Vasilij Šujskij die Abschiedsrede.³¹⁵ Ein hochrangiges Mitglied der Bojarenduma stellte gewöhnlich dem Großfürsten bzw. Zaren die fremden Gesandten bei der ersten Audienz vor. Je höher der Rang der Adligen war, die bei den sog. „Begegnungen" (*vstreči*) auf dem Weg zur Audienz auf den Treppen oder im Vorzimmer postiert waren, um so größer die Ehre, die den Gesandten erwiesen wurde. 1494 wurden die Fürsten Fedor und Vasilij Telepnev-Obolenskie mit dem üblichen zeremoniellen Getränk auf den Hof des polnischen Emissärs geschickt.³¹⁶ 1537 verrichtete dieses Amt Ivan Vasil'evič Tučkov,³¹⁷ ein Mann aus dem bedeutenden Moskauer Bojarengeschlecht der Morozovy. In manchen Fällen waren offensichtlich die vornehme Herkunft und der Fürstentitel der Grund dafür, daß Adligen Aufgaben im diplomatischen Zeremoniell übertragen wurden, um auf diese Weise Macht

---

[314] Vgl. z.B. Weickhardt, Bureaucrats, S. 347, der von einem bis dahin existierenden diplomatischen „Monopol" der D'jaken spricht. Beispiele für häufiges Engagement hochrangiger Aristokraten im diplomatischen Verkehr unter Zar Fedor Ivanovič († 1598) bei Pavlov, Gosudarev dvor, S. 34, 42. Ein oft beschäftigter Diplomat in leitender Funktion war unter Boris Godunov der Bojar M.G. Saltykov, vgl. ebd. S. 69. Mitglieder der sog. „Antwortkommissionen" und Verhandlungsführer waren unter Fedor Ivanovič und Boris Godunov gewöhnlich Bojaren und Okol'ničie. Ebd. S. 230.
[315] Vgl. AZR, Nr. 175, S. 257 f.
[316] Vgl. Sbornik RIO, t. 35, S. 113.
[317] Vgl. AZR, Nr. 175, S. 269.

und internationales Prestige des Moskauer Herrschers zu unterstreichen.[318] Bei der Vertragsbeeidung spielten hohe Adlige eine wichtige Rolle. So hielt Michail Jurevič Zacharin bei den Waffenstillstandsabkommen mit Polen-Litauen in den Jahren 1522, 1526 und 1537 das Kreuz über den Vertragsurkunden, welches in Gegenwart der Gesandten von den Großfürsten Vasilij (1522, 1526) und Ivan (1537) geküßt wurde. Die Bedeutung dieser zeremoniellen Verrichtung im diplomatischen Ritual und aufgrund ihrer exponierten Nähe zum Herrscher symbolisierte in diesem Fall höchst anschaulich den hohen Macht- und Repräsentationsstatus ihres Vollstreckers.[319]

Wie jeder andere adlige Dienst wurde auch der diplomatische mit Geld und Land entschädigt, in manchen Fällen, etwa bei erfolgreichen Friedens- und Waffenstillstandsverträgen, in überaus großzügiger Weise. A.L. Zjuzin, der 1614 als Gesandter aus England zurückkehrte, erhielt 100 Rubel, 40 Zobelfelle, wertvollen Stoff, Seidendamast und einen Pokal,[320] und dabei gehörte er keineswegs zu den höchsten Moskauer Adelskreisen,[321] deren Entlohnung für vergleichbare Tätigkeit noch wesentlich üppiger ausgefallen sein dürfte. Es bestand also auch von der materiellen Seite her kein Grund für den Adel, die Diplomatie zu meiden. Und eine Bestätigung der hier vertretenen Auffassung, daß der hohe Adel an der Außenpolitik und am diplomatischen Geschehen traditionell einen gewichtigen Anteil hatte, liefert einer der bedeutendsten russischen Diplomaten selbst. Afanasij Ordin-Naščokin schrieb, daß „im Moskauer Zartum seit altersher (*iskoni*), wie in anderen Staaten auch, die außenpolitischen Angelegenheiten Personen der geheimen, engeren Duma betreiben." Er hielt es, wenn er dies auch angesichts seiner eigenen niedrigen adligen Herkunft und mit Blick auf die ihn im Amt behindernden vornehmen Standesgenossen mit einem sarkastischen und bitteren Unterton vermerkte, für angemessen, daß in der Außenpolitik die „großen Geschlechter" und „nahen Bojaren" das Sagen hätten. Sie seien von „vielen Freunden" umgeben, verstünden es „zu leben"

---

[318] Fürst Fedor Alabyš [Jaroslavskij] wurde zur Begrüßung des Gesandten Maximilians bestimmt. Eine von falschen Voraussetzungen ausgehende Deutung dieser Personenwahl bei Croskey, Muscovite Diplomatic Practice, S. 82. In der Hochzeitsgesandtschaft Elenas nach Polen 1495 befand sich eine Reihe titulierter Adliger. Vgl. Sbornik RIO, t.35, S. 164. Einige der vornehmen Verhandlungsteilnehmer fürstlicher Abstammung (I.V. Šujskij, V.D. Penkov, I.F. Paleckij, B.D. Ščepin-Obolenskij), die 1526 dem kaiserlichen Gesandten Herberstein gegenübertraten, mögen aus Repräsentationsgründen in das diplomatische Geschehen einbezogen worden sein. Vgl. Rüß, Die Friedensverhandlungen zwischen Moskau und Polen-Litauen im Jahre 1537, S. 211 f.
[319] Vgl. ders., Der „heimliche Kanzler" Vasilijs III., S. 170.
[320] Vgl. Rogožin, Čistjakova, Posol'skij prikaz, S. 118.
[321] Die Zjuziny waren Tverer Herkunft und wurden nach der Suzdaler Dienstliste geführt. Vgl. Zimin, Formirovanie bojarskoj aristokratii, S. 266, 279; Pavlov, Gosudarev dvor, S. 17.

und verfügten über eine „weite Vorausschau", so daß ihre außenpolitische Entscheidung „von niemandem gescholten" würde.[322] Wahrheit und Ironie liegen in diesem Fall eng beieinander.

---

[322] Zit. nach Ikonnikov, Afanasij Lavrent'evič Ordin-Naščokin, S. 287 f.

IX. SYSTEMIMMANENTE MERKMALE

1. Favoriten und Günstlinge

Zu jeder Zeit hat es Adlige gegeben, die sich einer besonders großen Nähe zum Herrscher erfreuten, sein besonderes Vertrauen genossen, seine politischen Entscheidungen maßgeblich beeinflußten, durch seine Gnade und Protektion zu einer exponierten Hofstellung gelangten, die sie über andere Standesgenossen, wenn meist auch nicht dem Rang, sondern der tatsächlichen Machtfülle nach, weit hinaushob. Politische und materielle Begünstigung von Einzelpersonen oder kleinen Gruppen ist nicht erst eine Erscheinung des 17. Jh., wie einige moderne Forscher meinen.[1] Sie ist vielmehr ein gewissermaßen zwangsläufiges und unvermeidliches strukturelles Element der herrscherlich-adligen Beziehung, wie sie sich seit frühester Zeit in Rußland ausgebildet und entwickelt hat.

Die Ursachen für Favoritentum und Günstlingswesen sind vielfältig und komplex. Es gab zahlreiche Möglichkeiten, in eine favorisierte politische Position zu gelangen. Neben herausragenden Fähigkeiten, Talenten und Verdiensten waren es oft mehr oder weniger zufällige und glückliche Umstände, die zu ihr hinführten. Heiratsverbindungen mit der regierenden Dynastie bildeten eine gleichsam klassische Voraussetzung für besondere herrscherliche Gunst. Die jeweils konkreten und oft sehr unterschiedlichen Gründe einer Favoritenkarriere spiegeln freilich in der Regel nur eine sekundäre Ursachenschicht wider. Hinter dieser verbarg sich eine tieferliegende und strukturell bedingte Kausalität adligen Favoritentums.

Der Hofmeister des Kiever Fürsten Izjaslav war seinem Herrn ein „ljubimyj", ein in besonderer Liebe und Gunst Gehaltener. Jakim Kučkovič wird als „geliebter Diener" („sluga v'zljublennyj") des Fürsten Andrej Bogoljubskij bezeichnet. Als „ljubovnik" (Liebling) des Moskauer Großfürsten Vasilij I., der am Hof als „Schatzmeister" und „Ältester" eine beherrschende Stellung erlangte, begegnet der Bojar Ivan Fedorovič Koškin. Der Tatarenkhan Edigü beschwerte sich beim Großfürsten darüber, daß dieser „aus seiner [Koškins]

---

[1] Vgl. etwa Crummey, Aristocrats and Servitors, S. 168; ders. Reflections on Mestnichestvo, S. 272. Eine relativierende Einschränkung zu seiner ansonsten hohen Bedeutungszumessung des Favoritentums im 17. Jh. macht H.-J. Torke: „Zwar hatte es immer Günstlinge gegeben, aber nicht den Typus der einander ablösenden Günstlinge." Vgl. Oligarchie in der Autokratie, S. 198.

Rede und seinem Rat" nicht mehr „heraustrete".[2] Der Bojar Semen Morozov tritt unter derselben Bezeichnung als Anhänger Fürst Jurij Dmitrievičs von Galič auf, welche Position eine solche Mißgunst unter den übrigen Bojaren und Hofangehörigen erzeugt haben soll, daß sie zu Vasilij II. überliefen.[3] Boris Godunov führte den nichtoffiziellen Titel eines „Freundes des Zaren" und wurde auf diese Weise vor den anderen Bojaren erhöht.[4] In einem Dokument, das anläßlich seiner Wahl zum Zaren erstellt wurde, heißt es zur Begründung, daß ihn Ivan IV. sehr „geliebt" und ihn als seinen „Sohn" betrachtet habe. An anderer Stelle wird auf seine Verwandtschaft zur erloschenen Dynastie – er war der Schwager des Zaren Fedor Ivanovič – hingewiesen.[5] Als „meinen Freund Sergeevič" pflegte Zar Aleksej Michajlovič in seinen Briefen an ihn Artamon Sergeevič Matveev anzureden. Über dessen Stellung und das Verhältnis beider berichtet aus eigener Anschauung C. V. Wickhart, Mitglied der kaiserlichen Gesandtschaft Bottonis des Jahres 1675: „Mit seiner geberden Sittsamkeit / mit welcher er den Groß-Fürsten ganz nachartet / hat er desselben Hertz also gewunnen und eingenommen / daß seinen Rathschlägen niemand widerstreben dörffe / und wer von dem Czarn irgendetwas zu begehren hätte / desselbiges durch disen allmögenden Ministrum erhalten müste."[6] Der Vorgänger Matveevs im Amt, Afanasij Ordin-Naščokin, der „erste Kanzler des Reiches", Reichssiegelbewahrer, Bojar und Leiter des Gesandtschaftsprikazes, wie jener von niedriger Herkunft, charakterisiert in einem Brief an den Zaren Aleksej Michajlovič seine völlig von ihm abhängige Favoritenposition bei Hofe in folgender Weise: „Offenkundig ist Dir, großer Herrscher, daß ich, Dein Sklave, Dir aufgrund Deiner unermeßlichen herrscherlichen Großmut und nicht aufgrund einer Hofwahl [*po palatnomu vybory*] diene ... und ich fürchte niemanden von den Mächtigen wegen Deiner Gnade ..."[7] Einen anderen Günstling Zar Aleksejs und Gegner Ordin-Naščokins, den Bojaren B. M. Chitrovo, der mit dem Zaren zusammen erzogen worden war und später einen großen Einfluß auf ihn ausübte, nannte man bei Hofe den „flüsternden Liebling" (šepuščij ljubimec"), weil er im Bojarenrat den anderen an Kenntnis durch heimlich beschaffte Informationen stets voraus war.[8] Die Regentin Sofija redete Vasilij Golicyn, der in ihrer Regierungszeit zu unvergleichlicher Machtstellung emporstieg und von ihr mit Geschenken und Gnadenerweisen überhäuft wurde, in ihren Briefen mit „mein Liebling" an,[9] wobei dieser Terminus in diesem Fall nicht nur

---

[2] Vgl. PSRL 11, S. 120.
[3] Die Beispiele bei Halbach, Der russische Fürstenhof, S. 192.
[4] Vgl. Markevič, Istorija mestničestva, S. 188.
[5] Vgl. Vasenko, Bojare Romanovy, S. 69.
[6] Zit. bei Torke, Oligarchie in der Autokratie, S. 186.
[7] Zit. bei Ikonnikov, Afanasij Lavrent'evič Ordin-Naščokin, S. 288.
[8] Ebd. S. 289.
[9] Vgl. Rüß, „Westler" und „Dissidenten", S. 214.

eine politische Dimension im Sinne besonderer politischer Protektion aufwies, sondern offenbar an ein tatsächliches intimes Liebesverhältnis geknüpft war, wie ja auch gerüchteweise vermutet wurde, daß Ivan Fed. Telepnev-Obolenskij seinen steilen politischen Aufstieg zwischen 1533–1538 einer intimen Beziehung zur Regentin Elena verdankte.[10] Unbeachtet dabei blieben angesichts einer so spektakulären vermeintlichen Liaison meist andere und möglicherweise viel „solidere" Gründe für die Favoritenstellung Obolenskijs: Seine Schwester Agrafena Čeljadnina war die Amme des kleinen Großfürsten, und eine Cousine von ihm war mit Michail Glinskij, dem Onkel der Regentin, verheiratet.[11]

Adelspersonen, die mit der Erziehung des künftigen Thronfolgers betraut waren, nutzten nicht selten diese Aufgabe, die ihnen das Privileg einer exklusiven Herrschernähe einbrachte,[12] zu ihrer politischen Favorisierung. Der „kormilec" Asmud wird 945 als Erzieher des kleinen Svjatoslav Igořevič erwähnt. Er gehörte zusammen mit Svenel'd nach dem Tode Igoŕs dem Regentschaftsrat an, der anstelle des minderjährigen Nachfolgers regierte. Es wurde vermutet, daß die raren Hinweise auf die Existenz solcher *kormil'cy* (von *kormiti* = ernähren) als bewußtes Schweigen der Überlieferung zu deuten sind, da jene zu ernsthaften Konkurrenten um die Fürstenherrschaft werden konnten.[13] Auf jeden Fall steht der Kormilec und sein terminologischer Nachfolger „djad'ko" (von *djadja* = Onkel) für eine wichtige Vertrauensstellung gegenüber dem Fürsten (A. Poppe). Inwieweit die Tätigkeit Amtscharakter im Sinne vorgegebener Beteiligung an der Fürstenregierung, der Hofhaltung und der Familienpolitik aufwies, ist umstritten.[14] T. O. Wojciechowski stellte die interessante Hypothese auf, daß die Fürstengewalt der polnischen Piasten möglicherweise aus der Stellung des Erziehers *(piastun)* hervorgegangen

---

[10] Die maßgebliche Quelle für das angebliche Intimverhältnis zwischen Elena und Telepnev-Obolenskij ist Herberstein: „Als aber har nach der fürst gestorben / unnd die wittfraw ihr küniglich bett von stundan mit einem Boiaronen / so mitt dem zunammen Owuzina geheissen / beflecket ..." Moscouiter wunderbare Historien, S. 29 f.

[11] Vgl. Rüß, Machtkampf, S. 487.

[12] Wegen ihres Zugangs zum zarischen Zögling wurden mit der Erziehung beauftragte Bojaren im 17. Jh. auch als „Zimmerbojaren" *(komnatnye bojare)* bezeichnet. Vgl. DRV, t. 20, S. 136. Zur Bedeutung der Königsnähe für den Aufstieg einer Person oder eines Geschlechts im westlichen Mittelalter vgl. Schmid, The Structure of the Nobility, S. 50–54.

[13] Vgl. Gardanov, Kormil'stvo, S. 59.

[14] Als eindeutigen Hinweis auf den Amtscharakter sieht U. Halbach eine Schenkungs- und Immunitätsurkunde des Rjazaner Großfürsten Oleg aus den 70er Jahren des 14. Jh. an, in der als Beurkundungszeugen genannt werden: „und als Bojaren waren bei mir: Sofonij Altykulačevič, Semen Fedorovič, Mikita Andreevič, Timoš Oleksandrovič, Manaseja djad'ko, Juŕi okol'ničii, Juŕij čašnik ..." PRP, t. III, S. 96. Vgl. Halbach, Der russische Fürstenhof, S. 158 f. In einer Urkunde des Smolensker Fürsten Fedor Rostislavič heißt es: „grigor namestnik, danilo, artemij, mikula djadkovič, luka okol'ničij, putjata djadkovič." Smolenskie gramoty, S. 63.

sei.[15] Der Kiever Fürst Mstislav Rostislavič bestimmte im Jahre 1180 den Bojaren Boris Zachafič zum Erzieher seines Sohnes.[16] Ein berühmtes Beispiel für einen Kormilec ist Georgij Simonovič, der in der Hypatiuschronik unter 1130 als Tausendschaftsführer von Rostov erwähnt wird.[17] Er war der Erzieher von Vladimir Monomachs Sohn Jurij (Dolgorukij), der zu ihm „wie zu einem Vater stand" und ihm, nachdem er den Kiever Thron erlangt hatte, das Suzdaler Gebiet überließ.[18] Bereits der Vater Georgijs, der aus Skandinavien vertriebene und von Jaroslav ehrenvoll aufgenommene Simon, war von diesem Kiever Großfürsten seinem Sohn Vsevolod als „Ältester bei ihm" beigegeben worden und habe, nach Aussage des Kiever Paterikons, „große Macht" von Vsevolod empfangen.[19] Einen „djad'ko" erwähnt erstmals die galizische Chronik zum Jahre 1205/06, der mit der Fürstenwitwe Anna und dem vierjährigen Daniil Romanovič nach dem Tode von Großfürst Roman die Hauptstadt Galič verließ[20] und sich im Kampf der Romanoviči um ihr Vatererbe Galizien und als Beschützer Daniils in der Folgezeit große Verdienste erwarb. In der Zeugenliste einer Urkunde des Smolensker Fürsten Fedor Rostislavič von 1284 figuriert unter den Räten ein „Ostafij Djadko" und gleich nach ihm ein „Mikula Djadkovič".[21] In einer Urkunde des letzten galizischen Fürsten Jurij-Boleslav für den deutschen Ordensmeister vom 11. Februar 1334 findet sich als an zweiter Stelle nach dem Bischof von Galič genannter Zeuge ein „Temetrius Detko". Dieselbe Person rangiert ein Jahr später in einer Fürstenurkunde an denselben Adressaten als „Demetrius detko noster" an erster Würdenstelle und wurde nach dem Tod Jurij-Boleslavs Regent des verwaisten Fürstentums.[22] Als Erzieher Dmitrij Donskojs übte der Metropolit Aleksej, der adliger Abstammung war, zugleich einen großen politischen Einfluß in der Regentschaftsregierung während dessen Minderjährigkeit aus.[23] Ansonsten ist über adlige Fürstenerzieher über weite Phasen der moskowitischen Geschichte so gut wie nichts bekannt, obwohl es sie zweifellos gegeben hat und die uns als markante Hoffiguren möglicherweise aufgrund eben dieser Vertrauenstätigkeit in den Quellen auch ständig begegnen. Vielleicht gab es aber auch ein gewisses Bestreben, die Fürstenerziehung nicht zum Spielball adliger Rivalität werden, zum Werkzeug adliger Interessenpolitik verkommen zu lassen und sie deshalb so weit wie möglich dem adligen Zugriff zu entziehen und sie hauptsächlich

---

[15] Vgl. O Piaście i piaście. In: Rozprawy Akademii umiejętności wydz. hist. fil., seria II, t. 7, Kraków 1895, S. 171–221.
[16] Vgl. Halbach, Der russische Fürstenhof, S. 151.
[17] Vgl. PSRL II, S. 293.
[18] Vgl. Das Paterikon des Kiever Höhlenklosters, S. 5.
[19] Ebd. S. 1.
[20] PSRL II, S. 719.
[21] Vgl. Smolenskie gramoty, S. 66.
[22] Vgl. Halbach, Der russische Fürstenhof, S. 156–157.
[23] Vgl. Nitsche, Die Mongolenzeit und der Aufstieg Moskaus, S. 601.

in die Verantwortung geistlicher Personen und der Fürstinnen selbst zu legen, was freilich nicht der Notwendigkeit enthob, die Vermittlung der speziell für die weltlichen Regierungsgeschäfte und die militärischen Aufgaben erforderlichen Fähigkeiten und Kenntnisse von Fall zu Fall adligen Personen zu übertragen.

Im Jahre 1533 wurde der minderjährige Ivan dem Schutz des Metropoliten Daniil durch den sterbenden Großfürsten Vasilij in besonders eindringlicher Weise anempfohlen,[24] und die dabei verwendete Terminologie entspricht exakt jener, mit der Mstislav Rostislavič 1180 den Bojaren Boris Zachařič zum Erzieher seines Sohnes machte.[25] Sie begegnet auch im Testament Vasilijs I. von 1423 zweifellos im Sinne eines Erziehungsauftrags: „Ich empfehle meinen Sohn, Fürst Vasilij, meiner Fürstin an. Und du, mein Sohn Fürst Vasilij, ehre die Mutter und gehorche deiner Mutter an meiner, deines Vaters, statt."[26] Es ist bekannt, daß der Metropolit Daniil in den ersten Regentschaftsjahren eine außergewöhnlich aktive politische Rolle gespielt hat, daß wichtige politische Entscheidungen von seiner Zustimmung abhängig gemacht wurden.[27] Allerdings hat Vasilij III. in seinem Vermächtnis kurz vor seinem Tod ebenfalls den Bel'skij-Brüdern Dmitrij, Semen und Ivan Fedoroviči sowie Michail Glinskij als seinen Verwandten eine exponierte politische Rolle während der Minderjährigkeit seines Sohnes zugedacht und diese mit dem hier als Erziehungsterminus vorgestellten Begriff „prikazyvaju" verbunden: „Und ich anempfehle euch [den Bojaren] meinen Neffen Fürst Dmitrij Fedorovič Bel'skij und seinen Brüdern sowie Michail L'vovič Glinskij ... Und du, Fürst Michail Glinskij, solltest für meinen Sohn Ivan ... und für meine Großfürstin Elena ... dein Blut vergießen und deinen Körper in Stücke hauen lassen."[28] Ob mit dieser politischen Rollenzuweisung gleichzeitig an die Überantwortung der Erziehung des Thronfolgers gedacht war, ist unklar. Fest steht jedenfalls, daß die Nachfolger diesen letzten politischen Willen Vasilijs gründlich mißachtet haben: Glinskij und Ivan Bel'skij wurden eingekerkert, Semen Bel'skij floh nach Litauen und Dmitrij Bel'skij, dadurch kompromittiert, wurde durch ständige militärische Kommandos von der politischen Einflußnahme in der Hauptstadt abgeschnitten.

---

[24] „prikazyvaju syna Ivana ... tebe otcu svoemu Danilu mitropolitu vsea Rusi ..." PSRL 29, S. 121.

[25] Vgl. oben S. 362: „se prikazyvaju detja svoe Volodimere Borisovi Zachařičju."

[26] DDG Nr. 22, S. 60.

[27] So etwa der Krieg gegen Litauen: „und der Großfürst befahl zu sich seinen Vater, den Metropoliten Daniil ..., und der Großfürst sagte dem Metropoliten, daß er seine Voevoden zum Krieg gegen die königlichen Länder schicken wolle ... Der Metropolit aber sagte zum Großfürsten: „... du mußt, Herrscher, das Christentum vor Gewalt in Schutz nehmen ..."' Tatiščev, Istorija Rossijskaja, t. 6, S. 141. Daniil sorgte durch die energisch betriebene Vereidigung der Brüder Vasilijs und des Adels auf den minderjährigen Nachfolger für den nahtlosen Übergang der Herrschaft auf die Regentschaftsregierung. Vgl. PSRL 29, S. 126.

[28] PSRL 29, S. 122.

Erst 1540 erhielt einer der Genannten die ihm von Vasilij III. zugedachte Stellung: Ivan Bel'skij, und zwar jetzt offenbar auch mit der Rolle eines väterlichen Freundes und Erziehers des damals zehnjährigen Ivan betraut, der dazu rückschauend bemerkte: „... ich wollte nicht unter sklavischer Gewalt stehen und schickte deshalb den Fürsten Ivan Vasil'evič Šujskij von mir fort zum Dienst, und ich befahl, daß bei mir der Bojar Fürst Ivan Fedorovič Bel'skij sei."[29]

Daß an die Position des Fürstenerziehers besonders in Regentschaftsphasen hohe Erwartungen hinsichtlich eines maßgeblichen künftigen politischen Einflusses geknüpft wurden, bestätigen die Ereignisse von 1553, als der todkranke Zar die Nachfolge seines minderjährigen Sohnes Dmitrij gegen schwerwiegende Bedenken eines Teils des Adels durchzusetzen versuchte. So führte der Okol'ničij Fedor Grigor'evič Adašev an, daß der Nachfolger noch in den Windeln läge. Der Treueid auf ihn bedeute in Wirklichkeit die Herrschaft der Zachar'iny, der Verwandten der Zarin, da von ihnen, wie man wird hinzufügen können, ein bestimmender Einfluß auf die Erziehung des Thronerben zu erwarten war, zu welcher Aufgabe der Zar selbst sie nämlich indirekt legitimierte, als er sie aufforderte, für die Rechte des Nachfolgers mit allen Kräften einzustehen, weil gerade sie am wenigsten Schonung von seiten ihrer feindlichen Standesgenossen zu erwarten haben würden.[30]

Das berühmteste Beispiel für einen Fürstenerzieher, der nach dem Herrschaftsantritt seines zarischen Schützlings zu außerordentlicher Macht emporstieg, ist der Bojar Boris Morozov, der „djad'ko" Aleksej Michajlovičs. Bei seinem Tod wandte sich der alte Zar Michail Fedorovič an Morozov mit folgenden Worten: „Ich anempfehle dir [prikazyvaju], meinem Bojaren, den Sohn und sage unter Tränen: so wie du uns gedient und mit großer Heiterkeit und Freude dich gemüht hast, so bewahre künftig dieses Haus, seinen Besitz und seinen Frieden. In Gottesfurcht und aller erdenklichen Weisheit kümmere dich um Gesundheit und Belehrung des Sohnes, und so wie du 13 Jahre lang mit unserem Haus untrennbar in Geduld und steter Sorge verbunden warst und ihn wie einen Augapfel gehütet hast: so diene ihm auch jetzt."[31] Der Mursa Fedot Berdišev kommentierte den Thronwechsel im Jahre 1645 mit den Worten: „Und er setzte Morozov auf das Zartum."[32] Die Zeitgenossen sagten über Morozov, daß er durch zarisches Wohlwollen „in Wort und Tat

---

[29] The Correspondence, S. 76.
[30] Vgl. PSRL 13, S. 523–526.
[31] Zit. nach Jabločkov, Istorija dvorjanskago soslovija, S. 223; Fuhrmann, Tsar Alexis, S. 1; Zabelin, Bol'šoj bojarin, S. 9.
[32] Zit. bei Bachrušin, Političeskie tolki, S. 113.

mächtig" sei.[33] Es ist in diesem Zusammenhang von Interesse, daß Morozov in der Funktion des Erziehers den Bojarenrang verliehen bekam und die vorangehende Karriere in erster Linie nicht von militärischen, sondern von ausgesprochenen Hofpositionen als Stol'nik und dann als Spal'nik Zar Michails geprägt war.[34] In den Dienstlisten stand er unter Aleksej Michajlovič immer an erster Stelle, was sich auf die ganze Familie auswirkte, die im Rang hoch angesiedelt war.[35] Als es 1648 zu einem Aufstand in Moskau kam und der aufgewühlte Mob von Aleksej Michajlovič die Auslieferung Morozovs verlangte, sagte der Zar: „Dieser Mann ist mir teuer; er ist der Mann der Schwester der Zarin, und seine Auslieferung zur Bestrafung mit dem Tode wird mir schwer." Durch seinen Beichtvater und den Patriarchen ließ er um Gnade für seinen Erzieher und Schwager bitten und trat schließlich selbst vors Volk „mit unbedecktem undt blosen häupte undt weinenden augen" und bat und flehte „umb Gottes willen", „sich zu frieden zu stellen undt des Morosows zu verschonen",[36] was er auch erreichte. Collins schreibt wenige Jahre nach dessen Tod über Morozov: „Er starb vor sechs Jahren in sehr hohem Alter. Er hatte Erfolg im Rat, war geliebt von seinen Fürsten, beklagt vom Volk, aber nicht vom Adel, der seine Absichten noch nicht ausführen kann ..."[37]

Im Grunde ist, etwas überspitzt formuliert, die ganze politische Geschichte des russischen Adels eine ununterbrochene Kette von Kämpfen, Intrigen, Ränkespielen und Karrieremühen um Macht, Einfluß, Herrschernähe. Dieses System produzierte ohne Unterlaß Favoriten und Günstlinge, die häufig wie Sternschnuppen in der politischen Szenerie aufleuchteten und ebenso schnell wieder verloschen, weswegen sie im 17. Jh. auch manchmal als „Zeitlinge" (vremenščiki) bezeichnet wurden. Jedenfalls hatten fast alle Moskauer Herrscher seit dem 14. Jh. in exponierter Vertrauensstellung und manchmal ungewöhnlich hohem Rang Personen, die das Erreichen einer solchen Position aufgrund ihrer keineswegs immer bedeutenden Herkunft nicht unbedingt erwarten ließen. Es ist oft schwer auszumachen, welchen glücklichen Umständen und Zufällen sie

---

[33] Vgl. Zabelin, Bol'šoj bojarin, S. 6. Westliche Korrespondenten bezeichneten Morozov als „des Groß Fürsten Praeceptor", der „das Regiment führete". Vgl. Welke, Rußland in der deutschen Publizistik, S. 205.
[34] Vgl. Gejman, O chozjajstve B. I. Morozova, S. LXV.
[35] Vgl. Markevič, Istorija mestničestva, S. 541.
[36] Die Zitate bei Torke, Die staatsbedingte Gesellschaft, S. 221 f. Die Hamburger „PostZeitung" berichtete, der Zar habe die aufgebrachte Menge „auffs beweglichste" gebeten, „daß man den Morosoph / welchen sein Vater glaubwürdigen Andenckens / auff seinem Todbette ihme auffs höchste recommandiret / wie auch daß er Morosoph / ihn von Kindsbein ab aufferzogen / unnd sein getreuer Ephorus gewesen / das Leben schenken wolte." Zit. bei Welke, Rußland in der deutschen Publizistik, S. 205 f.
[37] Vgl. Graf, Samuel Collins' Moscovitische Denkwürdigkeiten, S. 54. Zur politischen Bewertung Morozovs vgl. auch Rüß, Moskauer „Westler" und „Dissidenten", S. 201–203.

ihren steilen Aufstieg verdankten. Andere wiederum, wie Aleksej Adašev, Abkömmling eines in der Rangfolge der offiziellen Genealogie sehr tiefstehenden Geschlechts und in der ersten Regierungsphase Ivans IV. eine der markantesten Persönlichkeiten am Hof, Leiter der Privatkanzlei des Zaren, Dumamitglied im Rang eines Okol'ničij und bis zu seinem Sturz (1560) faktisch in der Rolle eines Regierungsoberhauptes, erlangten die Gunst des Herrschers durch langjährige Arbeit, unzweifelhafte Verdienste, überdurchschnittliche Fähigkeiten. Wenn sie noch dazu alten und vornehmen Geschlechtern angehörten, nannte man sie „stolpy" („Säulen", „Stützen"), die aus der Adelsgesellschft wie Bollwerke von Macht, Einfluß und Geblüt weit herausragten. Den Typus eines solchen „Stolps" stellte Michail Jurevič Zachařin dar, eine der wohl bedeutendsten politischen Figuren des 16. Jahrhunderts, ein Staatsmann von hohen Graden, Diplomat und einflußreicher Ratgeber Vasilijs III.[38] I. B. Čerkasskij († 1642) verkörperte als einer der ersten jenen Typ von Günstlingen des 17. Jh., die durch eine Kumulation von wichtigen fiskalischen und militärischen Ämtern ihre nicht minder vornehmen Standesgenossen weit hinter sich ließen. Ihm folgte 1638/39 mit F. I. Šeremetev, dem Schwager Filarets, eine politische Persönlichkeit von ähnlichem Kaliber, die jedoch ihres überragenden Einflusses mit dem Tod Michail Fedorovičs verlustig ging, wie der schwedische Resident Krusebiörne ein halbes Jahr später berichtete: „Vor wenig tagen hatt F. I. Scheremetieff, welcher bey lebzeitten Ihrer Z. M. Vaterss Seel. Gedächtniss bey nahe der einzige war, durch welches Consilia Reusslandt mit allen wichtigen negotiis dirigirt wurde, seiner hohen charge freywillig reconcirt ... Boris Morosoff, der Ihrer Z. M. vor diesem Ephorus gewesen ..., hatt seine stelle betretten ..."[39]

Eine dominierende Ratgeberfunktion in der Duma war, wie die zitierten Beobachtungen von Collins und Krusebiörne bezeugen, ein signifikantes Merkmal politischer Favorisierung. „Und da hat Svjatoslav nur mit seiner Fürstin und dem Milostnik Kočkar Rat abgehalten und den besten Männern seiner Duma diesen nicht mitgeteilt", heißt es unter dem Jahre 1180 in der südrussischen Hypatius-Chronik.[40] Der „milostnik" (von *milost'* = Gnade, Gunst, Großmut) Kočkar gehörte wahrscheinlich dem nichtbojarischen Dienstmilieu des Fürsten an,[41] dem er durch besondere Gunstzuwendung verbunden war und dessen Vertrauen und Gehör er offenbar in einer Weise fand, daß dadurch die traditionelle kollektive Beratung der „ältesten" und „besten", d. h. der vornehmsten Družinamitglieder zumindest phasenweise außer Kraft gesetzt war. Adlige Kritik, sofern sie individuelle Favorisierung als Mißstand überhaupt wahrnahm – und dies war dann der Fall, wenn man gerade selbst nicht zu

---

[38] Vgl. Rüß, Der Bojar M. Ju. Zachařin; ders. Der „heimliche Kanzler" Vasilijs III.
[39] Zit. bei Torke, Oligarchie in der Autokratie, S. 183.
[40] PSRL II, Sp. 614.
[41] Vgl. Halbach, Der russische Fürstenhof, S. 192–197.

den politisch Begünstigten gehörte –, richtete sich besonders häufig gegen die Tendenz bei den Fürsten, andere Berechtigte von der Beratung auszuschließen, wichtige Entscheidungen mit wenigen „nahen Leuten" *(bližnie ljudi)* im engsten Kreis zu treffen, einzelnen bevorzugten Ratgebern einen übermäßigen Einfluß zuzugestehen. In dem Vorwurf an die Adresse Vasilijs III., daß er sich „selbstdritt" („sam-tretej") mit wenigen Vertrauten zurückziehe, kommt diese Befürchtung der einseitigen Favorisierung eines kleinen Ratgeberkreises oder einzelner Individuen deutlich zum Ausdruck.[42] Als Ivan Fed. Bel'skij im Jahre 1542 von einer Bojarengruppierung, in der die Kubenskie, Paleckie und Šujskie federführend waren, gestürzt wurde, heißt es zur Begründung, daß der Großfürst ihn „bei sich in der Nähe und in erster Beraterfunktion [v približenii i v pervosovetnikach]" gehalten habe.[43] Im September 1543 wurde der Bojar F. S. Voroncov entmachtet, „weil der Großfürst ihn übermäßig auszeichnet und protegiert [žaluet i berežet] ..."[44] Die Sieger ereilte zwei Monate später ein ähnliches Schicksal. Als ihr „pervosovetnik" wurde Andrej Šujskij hingerichtet,[45] Voroncov erlangte für einige Jahre wieder die vorherige Herrschernähe („ego v približenii u sebja učinil"),[46] die dann nach seiner Hinrichtung die Glinskie einnahmen („v te pory Glinskie u gosudarja v približenii i žalovanii").[47] Nach dem Tode der Regentin Elena hatte Vasilij Šujskij seinen Konkurrenten Telepnev-Obolenskij mit der Begründung umbringen lassen, „daß ihn der Herrscher und Großfürst in seiner Nähe gehalten hatte [v približenii deržal]".[48] Zu Lebzeiten der Regentin hatte man den Wunsch des Krimkhans, einen der beiden Rivalen als Gesandten zu schicken, noch mit dem Hinweis abgewiesen, daß „Fürst Vasilij Vasil'evič Šujskij und Fürst Ivan Fedorovič bei unserem Herrscher große und nahe Leute sind [ljudi velikie i bližnie] ..."[49] Russische Überläufer sprachen im Jahre 1614 nicht ohne Zorn über den herausragenden Einfluß Boris Saltykovs beim neugewählten Zaren. Nach ihren Worten „gehört ihm der höchste Rat und die Macht, nicht dem Rang nach, sondern deshalb, weil er ein Verwandter ... der Mutter des jetzigen Großfürsten ist."[50] In den von Ivan verfaßten „Sendschreiben im Namen der Bojaren" wird der Terminus „erstes Ratgebertum" *(pervosovetničestvo)* als Merkmal und besondere Ehre für jene wenigen hochgestellten Adligen – I. D. Bel'skij,

---

[42] Der Vorwurf stammt von Ivan Berseń-Beklemišev. Vgl. AAE t. I, Nr. 172, S. 142. Vgl. dazu Rüß, Adel und Adelsoppositionen, S. 107 ff.
[43] Tatiščev, Istorija, t. 6, S. 154.
[44] PSRL 13, S. 145.
[45] Ebd.
[46] Ebd. S. 449.
[47] Ebd. S. 456.
[48] Ebd. S. 123.
[49] Zit. bei Jurganov, Političeskaja boŕba, S. 111.
[50] Zit. bei Bachrušin, Političeskie tolki, S. 99.

I. F. Mstislasvskij, M. I. Vorotynskij, I. P. Fedorov-Čeljadnin – gebraucht,[51] die nach des Zaren Meinung an Würdigkeit, Geblüt und Macht eine unvergleichliche Stellung im Lande einnähmen und darin dem polnischen König, an den die „Sendschreiben" gerichtet waren, gleichkämen. Im 17. Jahrhundert gab es den Ehrentitel eines „bližnij bojarin", eines „nahen Bojaren", den z. B. Afanasij Ordin-Naščokin trug und den auch Kotošichin als Favorisierungsmerkmal mehrfach erwähnt.[52] „Wer immer [vom Großfürsten] entfernt war, der fror", schrieb Heinrich v. Staden[53] und drückte damit bildlich das Gegenteil von dem aus, was herrscherliche Nähe bedeutete.

Obwohl also exponierte Fürstennähe und Ratgeberschaft, die mit „v približenii" und „v pervosovetnikach" ausgedrückte adlige Favoriten- und Günstlingsstellung, keineswegs aus dem Rahmen der russischen Verfassungswirklichkeit fallende und somit eher normale Erscheinungen der Herrscher-Adel-Beziehung waren, wurden sie nicht selten von Gruppen und Personen, die selbst an die Macht wollten, als Vorwurf und anklagende Rechtfertigung ihrer eigenen Ambitionen ins Feld geführt. Dies war besonders in Phasen der Minderjährigkeit des Thronfolgers der Fall, wenn die favorisierte Stellung einzelner Adliger nicht durch herrscherlichen Willen legitimiert war, sondern als usurpiert gelten konnte. In diesen Fällen war der minderjährige Thronerbe oft nicht mehr als das repräsentative Feigenblatt für die jeweils an der Macht befindlichen Personen, die sein angebliches Votum für ihre exponierte Stellung dazu benutzten, den eigenen Entscheidungen ein gewisses Maß an übergeordneter Legitimität zu verleihen. Da die politische Alibifunktion einer solchen Legitimierungstaktik allerdings offenkundig war, wurde das Recht der „Favoriten" zur Regierungsausübung ständig von anderen rivalisierenden Gruppen und Personen bestritten, die den Bruch des kollegialen Herrschaftsprinzips der Bojarenduma, die Usurpierung von Macht unter Ausschaltung der an ihrer Teilhabe übrigen Berechtigten und die unzulässige Verabsolutierung und mißbräuchliche Ausnutzung der Favoritenstellung beklagten. Waren sie selbst an der Macht, verhielten sie sich freilich kaum anders. Sie waren dann ebenso bestrebt, ihre Anhänger in die Duma zu bringen, um diese mit ihren Entscheidungen zu majorisieren oder wichtige Beschlüsse überhaupt gänzlich ohne Beteiligung der rivalisierenden Standesgenossen zu treffen.[54] Über

---

[51] Vgl. Poslanija Ivana Groznogo, S. 244 f.
[52] Vgl. Ikonnikov, Afanasij Lavrent'evič Ordin-Naščokin, S. 293; Kotošichin, O Rossii, S. 39, 42, 45.
[53] Vgl. Aufzeichnungen, S. 108.
[54] 1539 wurde Ivan Bel'skij dafür eingekerkert, daß er „dem Großfürsten riet, daß der Großfürst dem Fürsten Jurij Golicyn den Bojaren- und Ivan Chabarov den Okol'ničij-Rang verleihe", und zwar unter Umgehung eines allgemeinen Dumabeschlusses: „Aber die Fürsten Vasilij und Ivan Šujskie waren nicht an diesem Rat beteiligt, und sie begannen diesbezüglich große Feindschaft und Zorn zu halten." PSRL 13, S. 126.

Michail Borisovič Šein beklagte sich Ivan Buturlin, daß er „allein mit den Izmajlovy beratschlagte." Diesem Bojaren, der 1632–1634 den Oberbefehl über die russischen Truppen im Smolensker Krieg innehatte und der die Verantwortung für die Niederlage mit seinem Leben bezahlen mußte, warfen seine adligen Zeitgenossen und Untergebenen, die er auf alle erdenkliche Weise verletzte, beleidigte und vor dem Zaren in ein schlechtes Licht rückte, übermäßigen Stolz und unterträglichen Hochmut vor. Nach Šeins Worten hätten viele seiner bojarischen Standesgenossen „in der Zeit, als er diente, hinter dem Ofen gehockt, sie zu finden wäre unmöglich gewesen." Niemanden habe er, was Leistungen, Verdienste und Herkunft anbelangte, neben sich als gleichwertig anerkannt. Es ist verständlich, daß viele hinter vorgehaltener Hand über diesen Günstling Filarets, gegen den selbst Zar Michail Fedorovič nichts zu sagen wagte, murrten und alle möglichen Verleumdungen über ihn verbreiteten.[55] Die politische Intrige, das kunstvoll gestrickte Netz gezielter Verunglimpfungen und das bewußt ausgestreute Gerücht bildeten den unvermeidlichen Nährboden für ein System, das mit einer gewissen zwangsläufigen Regelmäßigkeit adlige Favoriten und Günstlinge produzierte, solange die geringere und größere Nähe zum Thron mit den damit verbundenen Einflußmöglichkeiten und die Verteilung der mit Macht und Autorität verbundenen Ämter und Positionen letztlich in das subjektive Ermessen der jeweiligen Herrscherperson gestellt blieben.

Es ist zwischen zwei Spielarten des Favoriten und Günstlings zu unterscheiden. Der eine entstammt dem hochadligen Milieu. Er ist reich, ehrgeizig, talentiert, mit den Gepflogenheiten am Hof eng vertraut, durch Erfolge im Dienst ausgezeichnet, Mitglied der Bojarenduma und durch verwandtschaftliche Beziehungen mit den vornehmsten Adelsgeschlechtern oder dem Herrscherhaus verbunden. Er genießt die Unterstützung, den Schutz, den Einfluß und die Rückendeckung eines an seiner exponierten Stellung interessierten mächtigen „Clans". Sein Favoritentum beruht auf erkennbaren Verdiensten, Fähigkeiten und Anstrengungen, unterstützt eventuell von überraschenden politischen Konstellationen, glücklichen Umständen, Zufällen, der „Gunst des Schicksals". Er stellt sozusagen den Standardtyp des hochadligen Favoriten dar, wie er zu allen Zeiten begegnet.

Der andere, gewissermaßen „lupenreine" Typus des Favoriten ist der *homo novus*, ein Mann von zweifelhafter bzw. geringer Herkunft und niedriger sozialer Stellung, der mit allen Fasern seiner politischen Existenz von der Gunst des Herrschers abhängt. Seine Vertrauensstellung stößt überwiegend auf Ablehnung, Widerstand und Mißgunst im hochadligen Milieu. Er führt dagegen seine überdurchschnittliche Kompetenz und ungewöhnliche Begabung ins Feld, was seiner Hofposition eine gewisse Stabilität, Unangreifbarkeit und Dauer verleiht. Seine individuelle politische Leistung bleibt jedoch ohne Folgewirkung

---

[55] Vgl. Bachrušin, Političeskie tolki, S. 101.

für sein Geschlecht, das sich nach seinem Abtreten oder Sturz in die relativ bedeutungslose Ausgangslage zurückversetzt sieht. Im 17. Jh. gelangten niedriggeborene Leute wie Ordin-Naščokin, Chitrovo, Rtiščev und Matveev in Stellungen und Ämter, die bis dahin nur dem hohen Adel vorbehalten waren. Ein üblicher Vorgang war dies auch damals keineswegs, er bedeutete nun aber, daß der Favorisierung von Personen geringen Herkommens *(chudorodnych)* der Geruch des Exzeptionellen, des Normabweichenden, Geheimen und Verbotenen genommen wurde. Er beförderte die breitere gesellschaftliche Akzeptanz dieser uralten Erscheinung, die immer auch ein Instrumentarium in der Hand der Fürsten war, der dominierenden Stellung des hohen Adels in ihrer Umgebung ein Zeichen des eigenen politischen Willens in der Freiheit bei der Auswahl ihrer engsten Vertrauten entgegenzusetzen und somit eine mehr oder weniger illusionäre Unabhängigkeit von der herrschenden hochadligen Elite zu demonstrieren. Daß dieser Unabhängigkeit deutliche Grenzen gesetzt waren, zeigt sich in der Tatsache, daß Favorisierung und Protegierung auf den **Ehrenwert** einer Person im Verhältnis zu anderen Geschlechtern überhaupt keinen Einfluß hatten. Die intimsten und mächtigsten Günstlinge mußten, wenn sie von ihrer Herkunft her nicht auf der obersten Stufe der Adelsleiter standen, immer anderen, die sie an Geblüt und Geschlechterehre übertrafen, den Vortritt lassen, sei es im Zeremoniell oder in der Zuweisung von Dienstpositionen. Obwohl er sich mit dem Titel eines „Freundes des Zaren" schmückte, mußte z. B. Boris Godunov, wenn er etwa mit dem Fürsten Fedor Ivanovič Mstislavskij gemeinsamen Dienst ausübte, diesem grundsätzlich den ersten Platz einräumen. Die Herrscher versuchten deshalb häufig, ihre Günstlinge aus der Schußlinie von Rangplatzambitionen Höherstehender zu nehmen und besonders die niedriggeborenen Favoriten so weit wie möglich vor Rangstreitigkeiten zu schützen und zu bewahren.[56] Freilich konnte dies nur im Rahmen des Systems mit den sich bietenden Möglichkeiten des politischen Taktierens und personellen Manipulierens und nicht in Mißachtung oder prinzipieller Infragestellung der Herrschafts- und Machtansprüche des Hochadels geschehen.

Daß es bereits lange vor dem 17. Jh., allerdings in seltenen Ausnahmefällen, vorkommen konnte, trotz Nichtzugehörigkeit zum hohen Adel den Bojaren- oder Okol'ničijrang zu erreichen, zeigt das Beispiel Fedor Basenoks, des Favoriten Vasilijs II., der in keinem Geschlechterverzeichnis erscheint, aber aufgrund seiner überragenden Verdienste im Kampf Vasilijs II. um den Thron und als erfolgreicher Administrator und militärisch begabter Feldherr – er

---

[56] Vgl. Markevič, Istorija mestničestva, S. 541 f. Verwandte der Herrscher, die von niedriger Abstammung waren, vermieden es, z. B. an offiziellen Banketten teilzunehmen, um sich nicht der Erniedrigung aussetzen zu müssen, weit unter anderen an der Tafel plaziert zu werden. Vgl. Kotošichin, O Rossii, S. 47.

stand zeitweise an der Spitze des Hofregiments – das besondere Vertrauen des Großfürsten genoß.[57] Nur in Zeiten äußerster Krisen war es aber wohl möglich, daß Personen von niedriger Herkunft über die militärische Leistung, dennoch niemals ausschließlich durch sie, in eine favorisierte Hofposition gelangten. Dies gilt für Kuźma Minin und Fürst Dmitrij Požarskij, die sich im nationalen Befreiungskampf gegen die polnisch-schwedische Intervention zu Beginn des 17. Jh. große Verdienste erwarben. 1615 kränkten die polnischen Gesandten die Ehre des vornehmen Fürsten Vorotynskij dadurch, daß sie sagten: „Jetzt ist bei Euch ... Kuźma Minin, ein Fleischer aus Nižnij-Novgorod, Behüter des Schatzes und großer Regent [pravitel'], er beherrscht Euch alle ..."[58] 1614 brüstete sich ein Mann Požarskijs, daß „unser Herr, Fürst Dmitrij Požarskij, in Moskau dem Herrscher Anweisungen gibt [ukazyvaet] ..."[59] Ihre starke Stellung, die ihnen den Dumadvorjanen- bzw. Bojarenrang einbrachte, verdankten Minin und Požarskij freilich nicht allein ausschließlich der Gnade und Gunst des Zaren, sondern ihrer außerordentlichen Popularität und Autorität als Befreier Moskaus in breiten Bevölkerungsschichten. Über Požarskij, der sich auf der Landesversammlung von 1613 der Wahl Michail Romanovs zum Zaren widersetzte, behaupteten böse Zungen sogar, daß er selbst Ambitionen auf den Thron gehabt hätte.[60]

Im Normalfall verlief der Weg zu Fürstennähe und Favoritenstellung für niedriggeborene Personen über Hofdienst, Ämter und Diplomatie. Es wurde bereits auf die Rolle der D'jaken als häufig sehr enge Berater und Vertraute der Herrscher hingewiesen, eine Position, die sie in der Regel ihrer fachlichen Kompetenz und bedingungslosen Hingabe an die großfürstlichen bzw. zarischen

---

[57] Vgl. zu ihm oben S. 301. 1447 gehörte er zu jenen treuen Anhängern Vasilijs, die mit ihren „Höfen" nach Litauen emigrierten, um von dort den Kampf gegen Dmitrij Šemjaka fortzusetzen. Vgl. Ustjužskij letopisnyj svod, S. 81. Er wurde nach dem Tode Vasilijs II. geblendet und starb im Kloster, was möglicherweise die Folge seiner Kritik am Verlust seiner favorisierten Stellung unter Ivan III. war. Vgl. Rüß, Adel und Adelsopposition, S. 151. Nach Auffassung Ja. S. Lur'es stand er dem Verfasser der Ermolinskaja letopiś nahe, in der eine gewisse kritische Sicht auf die Herrschaft Ivans III. erkennbar wird. Vgl. Iz istorii russkogo letopisanija, S. 162 f. Vgl. ferner Zimin, Formirovanie bojarskoj aristokratii, S. 252 f. 1453 schenkte die Großfürstin Sofija Vitovtovna Basenok für außergewöhnliche Verdienste die Besitzungen Okulovskoe und Repinskoe in Kolomna zu lebenslanger Nutzung. Als außergewöhnlichen Vertrauensbeweis hat auch die Tatsache zu gelten, daß Basenok im ersten Testament Vasilijs II. als Zeuge fungiert. Vgl. Veselovskij, Issledovanija, S. 439. Selbst Ivan IV. hatte es nicht gewagt, seinen engen Vertrauten Bogdan Bel'skij höher als in den Dumadvorjanenrang einzustufen. Mit hintergründigem politischen Kalkül geschah die Ernennung zum Okol'ničij – Bel'skij war Anhänger der Romanovy – anläßlich der Krönung Boris Godunovs. Vgl. Pavlov, Gosudarev dvor, S. 65.
[58] Vgl. AZR, t. IV, Nr. 210, S. 495.
[59] Zit. bei Bachrušin, Političeskie tolki, S. 99.
[60] Ebd.

Interessen verdankten. 1533 schickte Vasilij III. von Volokolamsk aus, wo sich sein Gesundheitszustand bedrohlich verschlechtert hatte, seinen Strjapčij Jakov Mansurov und den „leitenden D'jaken" („d'jaka vvedenogo") Grigorij Menšij Putjatin „heimlich" nach Moskau, damit sie die Testamente seines Großvaters und Vaters herbeischafften; er befahl, daß davon in Moskau „weder dem Metropoliten noch den Bojaren", viel weniger den Brüdern und auch nicht der Großfürstin selber etwas gesagt würde. Nur Menšij Putjatin und der Dvoreckij Ivan Šigona Podžogin, ein weiterer enger Vertrauensmann des Großfürsten, gehörten zu seinen ersten intimsten Gesprächspartnern über die Frage, welcher Personenkreis für die Testamtentsberatungen zugelassen werden sollte.[61]

Šigona Podžogin entstammte einem unbedeutenden Zweig des Geschlechts der Dobrynskie, brachte es vom Bojarensohn zum Dumamitglied und wird mit Fug und Recht als der Typ des klassischen Favoriten charakterisiert, der seine Erhöhung seinen zweifellos überdurchschnittlichen persönlichen Fähigkeiten und der besonderen Gunst des Großfürsten verdankte.[62] Niemals übte er militärische Posten aus, dagegen wurde er häufig mit verantwortungsvollen Spezialaufträgen betraut. Auch als Diplomat ist er mehrfach – 1537 als gleichberechtigter Verhandlungsleiter mit dem Bojaren Michail Jufevič Zacharin – in Erscheinung getreten.[63] Die letzten Stunden Vasilijs III. verbrachte er ständig an seiner Seite, holte den Beichtvater herbei, beriet sich mit ihm über die Mönchsweihe des Großfürsten, die er im übrigen ablehnte, und stand ganz in der Nähe des Sterbenden, als „der Atem geringer wurde" und „der Geist ihn [den Großfürsten] verließ."[64]

Die *homines novi* des 17. Jh., die ebenfalls „Palastleute" („palatnye ljudi") waren, die der Fürst B. I. Kurakin (1676–1727) in seiner „Geschichte über den Zaren Petr Alekseevič" in abwertender Weise von den vornehmen Bojaren und Fürsten unterscheidet[65] und die fast ausschließlich über die höfische, administrative und diplomatische Dienstschiene nach ganz oben aufstiegen, genossen nicht selten ein ähnlich enges Vertrauensverhältnis zu den regierenden Herrscherpersonen. So verkehrte z. B. Zar Aleksej Michajlovič mit seiner zweiten Frau Natal'ja Naryškina häufig im Hause seines „Kanzlers" Artamon Matveev. Im Jahre 1673, als der Sachse Laurentius Rinhuber im Auftrag Herzog Ernsts ein diplomatisches Schreiben überreichte, „haben Se. Zarliche Majestät ein verwunderliches Wohlvergnügen gehabt, als Herr Artamon Ew. hochfürstl. Durchl. sonderbaren modum regiminis und höchstlöbliche Landesordnung in

---

[61] Vgl. PSRL 29, S. 118.
[62] Veselovskij, Issledovanija, S. 314.
[63] Vgl. Rüß, Die Friedensverhandlungen, S. 210, 212.
[64] Vgl. PSRL 13, S. 409, 418. Vgl. auch Rüß, Der Bojar M. Ju. Zacharin, S. 170–172.
[65] Vgl. Storožev, Bojarstvo, S. 215.

statibus theologico, politico und oeconomico, so aus denen mitgegebenen Tabellen und Büchern zu ersehen, ordentlich referieret ..."[66] Persönliche Sympathie ging hier, wie auch im Verhältnis Aleksej Michajlovičs zu Matveevs Vorgänger Ordin-Naščokin, mit der Hochschätzung der diplomatischen Professionalität und Kunst dieses vom D'jakensohn zum „Reichssiegelbewahrer" aufgestiegenen Günstlings des Zaren eine feste Verbindung ein.

Dort, wo Favoriten und Günstlinge zur politischen Alltagsrealität gehören, gedeiht auch das System der Patronage.[67] Es bedarf keines näheren Beweises, wie stark familiäre Solidaritätsvorstellungen der jeweiligen Favoriten auf die Formierung einer sie sowohl stützenden als auch von ihrem besonderen Einfluß profitierenden politischen Klientel eingewirkt haben. Es war die Regel, daß hochadlige „starke Leute" ihre Verwandten in wichtige Ämter und Positionen zu lancieren und ein dichtes Geflecht von anderen machtstärkenden Beziehungen aufzubauen verstanden. Der vom polnischen König Sigismund 1610 für das Amt des Kaznačej vorgesehene Kaufmann Andronov schlug zwecks politischer Etablierung seiner Anhängerschaft aus dem Tušino-Lager und aus Smolensk vor, alle „Kostgänger" („pochlebcy") Vasilij Šujskijs, d. h. seine im zentralen Prikazapparat sitzende Bürokratenklientel, aus ihren Ämtern zu entfernen.[68] Die Briefe etwa an Vasilij Golicyn oder I. A. Chovanskij, in denen sich Menschen aus verschiedenen Bevölkerungsschichten, vom Kaufmann bis zum hohen Adligen, um Förderung, Fürsprache und Unterstützung in irgendwelchen persönlichen Angelegenheiten bei ihnen verwendeten, lassen die Existenz solcher patronaler Klientelbeziehungen deutlich erkennen. Nicht wenige der erfolgreichsten Parvenues des 17. Jh. hatten ihre Karriere als „Klienten" von bekannten und vornehmen Vertretern aus dem Hochadel begonnen. So wird vermutet, daß N. S. Sobakin, B. M. Chitrovo oder die Rtiščevy ihren Aufstieg dem Einfluß Boris Morozovs zu verdanken hatten.[69] Wenn manchmal scheinbar Unbeteiligte in den Sog eines Favoritensturzes gerieten, so sind klientelhafte Beziehungen als Hintergrund in vielen Fällen wahrscheinlich die Ursache. Der hochadlige Favorit war Glied eines weitverzweigten Netzes verwandtschaftlicher, ökonomischer und politischer Beziehungen. Hinter ihm standen ein

---

[66] Zit. bei Rüß, Moskauer „Westler" und „Dissidenten", S. 211.

[67] „Anyone who had close personal contact with the tsar or exercised moral authority over him might make an effective patron." Crummey, Aristocrats, S. 105.

[68] Vgl. Jabločkov, Istorija dvorjanskago soslovija, S. 201. Mit richterlichen Befugnissen ausgestattete Personen beschwerten sich häufig und wohl nicht immer zu Recht darüber, daß man ihnen in ihren Urteilen die Begünstigung bestimmter Personen bzw. Personengruppen vorwarf. Belege bei Kollmann, Honor und Dishonor, S. 144.

[69] Vgl. Crummey, Aristocrats, S. 105. Eine zeitweise favorisierte Stellung, die ihnen aber wegen ihrer geringen Herkunft nicht dauernde Etablierung im bojarischen Milieu einbrachte, hatten die Sobakiny bereits unter Ivan IV. inne. Vgl. Pavlov, Gosudarev dvor, S. 17.

mächtiger adliger Clan und eine zahlreiche Klientelgefolgschaft, welche an seiner Favorisierung ein dauerndes Interesse hatten und davon profitierten. Dies galt ähnlich für den *homo novus*, den Parvenue und Emporkömmling dunkler Herkunft, der, wenn schon nicht einflußreiche adlige Protegées an seinem Aufstieg beteiligt waren, was aber wohl häufig der Fall war, spätestens in seiner exponierten herrschernahen Günstlingsposition wie ein Brennspiegel adlige politische Ambitionen als zu fördernde auf sich lenkte und dadurch in ein Knäuel persönlicher Loyalitäten und Verpflichtungen geriet, wie sie für solche adligen Klientelverhältnisse charakteristisch und nicht nur für Rußland typisch waren.

Die Stellung von Favoriten und Günstlingen war immer labil. Das lag wegen der Abhängigkeit von der persönlichen Gnade des Herrschers in der Natur der Sache. Sie war es aber auch deshalb, weil Günstlinge immer auch Exponenten rivalisierender adliger Gruppierungen waren, die somit nicht nur am Tropf der wohlwollenden herrscherlichen Zuneigung hingen, sondern vor den Machtambitionen anderer dauernd in Schutz genommen werden mußten, was bisweilen die großfürstlich-zarische persönliche Loyalität über Maßen strapazierte und einen weiteren wesentlichen Unsicherheitsfaktor für den favorisierten Menschen bedeutete. Nicht alle wußten die Schwachpunkte ihrer exponierten politischen Existenz richtig einzuschätzen, es bestand die Neigung, sie zu negieren, zu anmaßendem Stolz, wie ihn eine Chronik bei solchen „Zeitlingen" bemerkt, die „nicht in Unterordnung und Gehorsam sein wollen und sich überhaupt nicht fürchten."[70] Ivan Andreevič Chovanskij hatte die Kühnheit, die für den Hofadel obligatorische Teilnahme an der feierlichen Zeremonie des Neujahrsfestes einfach zu mißachten,[71] was nicht nur ein gesellschaftlicher Affront, sondern auch ein politischer Fehler war. Aus dem Schriftverkehr des Zaren Aleksej Michajlovič mit einigen „starken Leuten", den Bojaren V. Šeremetev, G. Romodanovskij, Ju. Dolgorukij, geht hervor, daß sie ihm überhaupt nicht gehorchten und die von ihm erteilten Verweise ebenfalls keinerlei Folgen hatten und rasch vergessen wurden.[72] Seinen Schwager Il'ja Dan. Miloslavskij, der zahlreiche Ämter innehatte und sie „mit großer Kraft" verwaltete, wie Collins berichtet, „fürchtete" der Zar „eher, als daß er ihn liebte."[73] Ein selbstverständlicher Aspekt des Favoritentums war es eben auch, daß Macht und Einfluß eines Günstlings von den Stärken und Schwächen der jeweiligen Herrscherperson abhingen und bei einem entscheidungsschwachen und unselbständigen Wesen, wie es Aleksej Michajlovič nachgesagt wird, eine entsprechend große Bedeutung für die Regierungspolitik gewannen.

---

[70] PSRL 5, S. 66.
[71] Vgl. Markevič, Istorija mestničestva, S. 190 f.
[72] Ebd. S. 522.
[73] Vgl. Graf, Samuel Collins' Moscovitische Denkwürdigkeiten, S. 54.

Es ist nur die halbe Wahrheit, Günstlinge und Favoriten als Teil der Autokratie, als deren unerläßliche Begleiterscheinung zu betrachten.[74] Sie waren ebenso Teil des aristokratisch besetzten Verfassungsfeldes, in dem sie auf vielfache und abhängige Weise mit ihrer politischen Existenz wurzelten, wie entsprechend die autokratische Staatsspitze in ein aristokratisches Umfeld eingebettet war, das ihr ein von diesem unabhängiges oder abgekoppeltes politisches Dasein, wie die Terminologie suggerieren könnte, nicht gestattete. Favoritentum war ein dem System innewohnendes Merkmal, das sich aufgrund des permanenten adligen Strebens nach größtmöglicher Herrschernähe in mehr oder weniger ausgeprägter Form immer einstellte. Da die Beziehungen zwischen Herrscher und Adel in Rußland vor allem auf Dienst beruhten, gab es nachvollziehbare und gesellschaftlich akzeptierte Kriterien für Favorisierung. Viele Günstlinge und Favoriten waren dies aufgrund ihrer erwiesenen Fähigkeiten und Begabungen, die sie gerade auch adligem Verständnis nach für exponierte Stellungen und besonderen Einfluß prädestinierten. Hierher gehört das Expertentum der meisten *homines novi*, die zu den engsten Mitarbeitern und Vertrauten der Großfürsten und Zaren aufstiegen. Viele der hochadligen Favoriten waren ausgesprochen fähige Militärs, Administratoren oder Diplomaten. Aus dem Munde des kleinen Dienstadligen Ivan Buturlin erfuhr die herausragende Figur bei Hofe zwischen 1629 und 1642, I. B. Čerkasskij, hohes Lob: „Als der Bojar Fürst Ivan Borisovič Čerkasskij den Dienstgutprikaz leitete und ... über viele Prikazleute bestimmte, da lief in den Prikazen, die ihm unterstanden, alles zum Guten ..."[75]

Favorisierung war durchaus kein antiaristokratisches, den politischen Ambitionen der Adelsklasse entgegensetztes und ausschließlich der Willkür und Launenhaftigkeit des Herrschers und somit allein seiner autogenen Machtfülle unterworfenes Prinzip. Sie war in der adligen Denkweise als erstrebenswertes individuelles Karriereziel, so ambivalent auch das Verhältnis im konkreten Alltag zu ihr gewesen sein mag, tief verwurzelt. Das personelle Arsenal, aus dem die Herrscher sich ihre Favoriten und Günstlinge erwählten, war überwiegend der hohe Adel, d. h. der traditionell mit der größten ökonomischen

---

[74] „Die Günstlinge schöpften ihre Macht aus ihrer Nähe zum Hof, waren demnach Teil der Autokratie." Torke, Oligarchie in der Autokratie, S. 179.

[75] S. V. Bachrušin nennt Čerkasskij den „Premier" in der Regierung des Zaren Michail, der den wichtigsten Behörden vorstand, 1638 an der Südgrenze die Erneuerung der Befestigungslinien leitete, die Außenpolitik jener Jahre maßgeblich bestimmte, diplomatische Verhandlungen führte, dem die Verfolgung der wichtigsten Strafsachen anvertraut wurde, der in seiner Hand praktisch „alle Fäden des staatlichen Mechanismus konzentrierte", über den aber erstaunlich wenig von Zeitgenossen überliefert ist, wie das in den Fällen, wenn Favoritentum auf Sachkundigkeit und solider Arbeit beruhte und somit anerkannten Normen adligen Karrieredenkens entsprach, wohl häufig vorkam. Die zitierte Textstelle bei Bachrušin, Političeskie tolki, S. 100 f.

und politischen Macht ausgestattete Teil der Elite, ihre oligarchische Spitze. Vornehme Herkunft, Reichtum und gelungene Heiratsverbindungen zusammen mit besonderen Verdiensten und Fähigkeiten bildeten eine günstige Voraussetzung, in vertrauensvolle und einflußreiche Herrschernähe zu gelangen. Ohne die irrationalen, „unvernünftigen", willkürhaften Aspekte des Favoritentums zu unterschätzen, dessen Gedeihen gemeinhin als Ausdruck herrscherlicher Omnipotenz gewertet wird, ist für Rußland eine relativ starke Einbindung in das aristokratische Lebensmodell und die Verklammerung mit den Leistungsnormen adligen Dienstes charakteristisch. Die Rolle des Herrschers in diesem System ist die einer Pazifizierungsinstanz für rivalisierende adlige Machtambitionen. An ihn ist die Erwartung gerichtet, als eine Art oberster Schiedsinstanz für einen Interessenausgleich innerhalb der herrschenden Klasse zu sorgen. Als „Regisseur" des adligen Spiels um Macht und Reichtum befindet er über die Besetzung der Haupt- und Nebenrollen. Er hat das Recht zu Ungnade und Begünstigung. Er kanalisiert die ungezähmten Bäche aristokratischen politischen Ehrgeizes durch seine autoritative Entscheidung über geringere oder größere Herrschernähe und vermindert dadurch das im adligen Kräftespiel latent vorhandene Konfliktpotential, welches charakteristischerweise in Phasen der altersbedingten Regierungsunfähigkeit der Herrscherperson signifikant anzusteigen pflegte. Seine hohe Autorität war somit zu einem erheblichen Teil produziert und legitimiert durch die Bereitschaft und den Willen der Elite, sich grundsätzlich seinem Votum hinsichtlich der jeweiligen adligen Machtverteilung im Staat zu unterwerfen. Dies war der fruchtbare Boden für permanente Favorisierungen und Begünstigungen. Es bildete den Nährsatz für eine adlige Psychologie, deren individuelle Begehrlichkeit an die Herrscherfigur als Verteilerinstanz von sozialen und politischen Machtchancen einherging mit der allgemeinen Anerkennung ihres politisch sakrosankten Status als notwendiger Bedingung für adlige Interessenregulierung. Natürlich läßt sich die herrscherliche Stellung nicht allein auf ihre Funktionalität im adligen Gesellschaftskontext reduzieren. Aus dieser jedoch schöpften die russischen Großfürsten und Zaren einen wesentlichen Teil ihrer politischen Autorität und Macht, womit freilich zugleich deren Beschränkung und Grenzen angedeutet sind.

2. Adlige Stadtsässigkeit

In einer bekannten Textstelle bei Adam Olearius heißt es: „Die meisten der ReichsRäthe und andere Hoffbediente seynd Knesen oder Fürsten und reiche Herren / welche zwar ihre eigene herrliche Länder und Leute haben / dürffen aber dieselbige nicht in Person besitzen / sondern durch ihre Hoffmeister / Amptleute und Voigte verwalten lassen. Sie selbst müssen in Mußcow wohnen / täglich zu Hoffe kommen / und wenn keine sonderliche Verrichtung /

gleichwohl vor Ihr. Zaar. May. das Haupt schlagen. Damit sie nicht / wenn sie auff ihren Gütern bey ihren Unterthanen wohneten / etwa eine conspiration wider Ihr. Zaar. May. vornehmen möchten."[76] Adam Olearius hat hier, mit großer Wirkung auf die spätere Historiographie, ein Bild vom hohen russischen Adel gezeichnet, für das die düsteren Farben des Zwanges, der Kontrolle und totalen Unterwerfung charakteristisch sind:[77] Die Herrschaftsrechte über seinen Grundbesitz sind eingeschränkt, der Wohnaufenthalt in Moskau ist nicht frei gewählt, das tägliche Erscheinen und Hauptschlagen vor dem Zaren Pflicht. Aus der Tatsache, daß der hohe Adel nicht auf seinen Gütern ständig residiert und einen zahlreichen Stab von Untergebenen mit ihrer Verwaltung betraut, zieht Olearius den Schluß, daß er jene „nicht in Person besitzen" dürfe. Die Beobachtung, daß zahlreiche Adlige, speziell die mit Hofämtern und mit Sitz in der Duma ausgestatteten, einen hauptstädtischen Wohnsitz haben, deutet er als Zwangszuweisung zum Zweck ihrer besseren Kontrolle und Überwachung, was für einen mit dem absolutistischen Herrschaftsinstrumentarium und der adlig-höfischen Sichtweise vertrauten westeuropäischen Fürstendiener ein naheliegender Gedanke war, der aber in keiner Weise die komplexe politische und soziale Dimension dieser Erscheinung und ihre weit in die russische Vergangenheit zurückreichenden historischen Wurzeln auch nur annähernd erfaßt.[78]

B. A. Rybakov nannte die altrussische Stadt „eine Art kollektive Burg der größten Magnaten des umgebenden Landes mit dem Fürsten selbst an der Spitze."[79] Dies ist, wenn auch nicht in dem, was Rybakov eigentlich zum Ausdruck bringen wollte, der vor allem auf die Existenz eines Kiever

---

[76] Moskowitische und persische Reise, S. 265.

[77] Olearius beschreibt die Verfassung Rußlands überaus negativ als tyrannisch, despotisch, autokratisch. Die Untertanen vom Adligen bis zum Bauern seien „Sclaven" des Zaren, „welche er als ein Haußvater seine Knechte regieret und tractiret." Vgl. Vermehrte Newe Beschreibung, S. 219.

[78] Als gravierenden Mangel seiner durchweg negativen Urteile über die politischen und sozialen Verhältnisse Rußlands muß der Umstand gelten, daß Olearius vor allem die notwendigen sprachlichen Voraussetzungen für eine gründliche und kritische Beschäftigung mit der russischen Gesellschaft und Kultur fehlten – zu einer freien Konversation langten seine geringen Grundkenntnisse der russischen Sprache nicht – und daß er deshalb auf die Vermittlung zufällig anwesender Dolmetscher oder die Interpretation von Gewährsmännern angewiesen war. Vgl. Liszkowski, Olearius' Beschreibung des Moskauer Reiches, S. 236. S. auch oben Kap. I, S. 23 ff.

[79] Vgl. Pervye veka russkoj istorii, S. 155. A. A. Gorskij deutet die Tatsache, daß eine große Zahl von Gräbern von Družinaangehörigen in zusammenliegenden Kurganarealen außerhalb Černigovs lagen, als Hinweis auf Družinaansiedlungen außerhalb der Stadt (vor dem 10. Jh.). Vgl. Družina i genezis feodalizma, S. 21. Derselbe Verfasser behauptet, daß sich einige Gefolgschaftsmitglieder ständig auf ihren ländlichen Besitzungen aufgehalten hätten und begründet dies mit dem Auftreten von adligen Kurgangräbern auf Dorffriedhöfen. Ebd. S. 23–24.

grundbesitzenden Feudaladels Wert legte, eine zutreffende Beschreibung. Der altrussische Gefolgschaftsadel war topographisch fixiert auf die städtischen und halbstädtischen Fürstensitze. Ausgrabungen in Kiev, Černigov, Gnezdovo und an anderen Orten bezeugen, daß sich mindestens seit dem 10. Jh. in den burgstädtischen Zentren eine machtvolle Oberschicht herausgebildet hat, für die Waffen und der Besitz von Gold und anderem Schmuck die äußeren Zeichen von Herrschaft und gesellschaftlichem Ansehen bedeuten. Die auffällige Stadtorientiertheit des altrussischen Gefolgschaftsadels hat ihre Ursachen in seinem handelsökonomischen Interesse und der Tatsache, daß die burgstädtischen Zentren zugleich immer auch Fürstensitze und die Mitglieder der Gefolgschaft Träger und Exekutoren der fürstlichen Administration waren. Adel und Fürsten blieben stets in einer Weise des kooperativen genossenschaftlichen Miteinanders verbunden. Sie vereinten gleiche politische und wirtschaftliche Interessen. Im Umkreis des Fürsten, im verfassungspolitischen Ausstrahlungsfeld fürstlicher Herrschaft gewann der einzelne Adlige soziales Gewicht und politisches Prestige. Fürstendienst und das hohe Amt verschafften Macht, Reichtum und sozialen Aufstieg und waren an Herrschernähe und somit Stadtsässigkeit gebunden. In Novgorod entwickelte sich eine vom übrigen Rußland abweichende Verfassung einer oligarchisch regierten Stadtrepublik. Dort beschlagnahmte die aus grundbesitzenden und Handel treibenden Bojaren und reichen Kaufleuten zusammengesetzte einheimische Stadtaristokratie die wichtigsten Ämter und Institutionen und beschränkte die Position des Fürsten weitgehend auf die eines vertraglich gebundenen repräsentativen Oberhauptes und militärischen Anführers. Die in der Stadt lebende Oberschicht spielte, wie in anderen altrussischen Zentren, in der Volksversammlung *(veče)* eine unverkennbar dominante Rolle, obwohl diese Einschätzung in der Forschung nicht unumstritten ist.[80] Daß der *gorod*, die „Burg", Sitz des Fürsten und seiner Gefolgschaft, die Bezeichnung für „Stadt" im umfassenden Sinne geblieben ist, während anderswo in Europa das Wort für „Stadt" von der Benennung des Suburbiums (in Deutschland seit dem 12. Jh. „stat", in Polen seit dem 13. Jh. „město") herstammt, wirft ein bezeichnendes Licht auf die stets bedeutsame politische, militärische und administrative Rolle des bewaffneten Gefolgschaftsadels in den altrussischen burgstädtischen Zentren.[81] Dabei ist ein bezeichnendes Merkmal der sozialen Topographie die Tatsache, daß die adligen städtischen Höfe sowohl in der Berg- als auch in der suburbialen Talsiedlung

---

[80] So spricht etwa Frojanov dem Adel die nötigen Mittel und Möglichkeiten ab, sich das Veče politisch zu unterwerfen. Vgl. Kievskaja Ruś. Očerki social'no-političeskoj istorii, S. 184. Vgl. zum politischen Gewicht der altrussischen Oberschicht im Veče Rüß, Das Reich von Kiev, S. 388 ff (mit weiterer Literatur).

[81] Für Kultur und Lebensweise des städtischen Adels aufschlußreich Gurevič, Dom bojarina XII v. v drevnerusskom Novogrudke.

(podol) anzutreffen sind,[82] also das städtische Territorium flächendeckend mit adligen Wohnsitzen durchsetzt ist. Über deren Existenz lassen archäologische Ausgrabungen und schriftliche Quellen keinen Zweifel. Zur Entstehung Kievs heißt es in der Nestorchronik, daß die Burg in frühester Zeit dort gewesen sei, „wo jetzt der Hof von Gordjata und Nikifor steht, und der Fürstenhof war in der Burg, wo jetzt der Hof von Vorotislav und Čudin ist."[83] Wenn der Kiever Fürst Izjaslav Jaroslavič (1054–1078) sich, wie das häufig geschah, zum Abt Feodosij in das Kiever Höhlenkloster begab, „dann entließ er alle Bojaren in ihre Häuser..."[84] Unter dem Jahre 1354 heißt es in einer Chronik: „Fürst Jurij Jaroslavič erneuerte... Murom...; und er baute seinen Hof in der Stadt auf, ebenso seine Bojaren und die großen Herrschaften und die Kaufleute und alle Leute..."[85] P. B. Struve sah es als einen Grundzug russischer adliger Existenz an, daß die mächtigen und reichen Leute in den Städten saßen und zugleich Herren über ausgedehnte Landbesitzungen waren.[86]

Über die Bebauung des Kreml'areals in Moskau schreibt Herberstein: „Es ist dises schloß also groß das über deß Fürsten kostliche unnd vilfaltige steinene heüsser / auch der Erzbischoff / deß gleichen deß fürsten gebrüder / ettliche fürsten / und vyl andere Herren / weytte hültzene heüsser darinnen habend."[87] Daß auf dem Kreml'gelände bereits im 14. Jh. – und damals wahrscheinlich in noch stärkerem Umfang, weil in der Folgezeit Kirchen- und Repräsentativbauten adlige private Wohnsitze teilweise verdrängten – die mächtigsten Vertreter des Bojarenadels ihre eigenen Höfe hatten, darf angenommen werden.[88] Im Testament Ivans III. von 1504 werden den „Bojaren, Fürsten und Bojarenkindern" ihre innerhalb des Kreml' und im Posad gelegenen

---

[82] Vgl. Knackstedt, Moskau, S. 47 f.
[83] Zit. nach Zenskovsky, Aus dem alten Rußland, S. 19.
[84] Zit. nach Halbach, Der russische Fürstenhof, S. 109.
[85] PSRL 34, S. 111.
[86] Vgl. Social'naja i ėkonomičeskaja istorija Rossii, S. 49. Dies erinnert in manchem an die Verhältnisse in einigen südeuropäischen Ländern (Italien, Spanien, Südfrankreich) seit dem hohen Mittelalter, in denen ebenfalls eine viel engere politische und als Folge topographische Verbindung des adligen Elements mit der Stadt festzustellen ist, als dies beim mittel- und nordeuropäischen grundsässigen Adel der Fall war. Vgl. Reuter, The Medieval Nobility, S. 10. Margeret schreibt: „The principal nobles always reside in Moscow." Vgl. Jaques Margeret's State of the Russian Empire, S. 103. Die Existenz von befestigten Fürstensitzen beweist keineswegs, wie Pavlov-Sil'vanskij behauptete, auch die von bojarischen befestigten Sitzen auf ihren Gütern. Die Verteidigung bei feindlichen Einfällen geschah in der Regel vom fürstlichen städtischen Mittelpunkt aus. Die Verpflichtung, diesen bei Belagerung zu verteidigen („gorodnaja osada"), gehörte zu den wichtigsten Aufgaben der adligen Grundherren der Umgebung. Vgl. Kobrin, Vlast' i sobstvennost', S. 206.
[87] Moscouiter wunderbare Historien, S. LXIX f.
[88] Vgl. Kollmann, Kinship, S. 250.

Häuser und Höfe ausdrücklich als unantastbares Eigentum garantiert.[89] Die bojarischen Herrschaftssitze im Kreml' entwickelten sich baulich z. T. in separate geschlossene Residenzen, die M. N. Tichomirov als „befestigte Kastelle" charakterisierte.[90] Auf einem Plan des Kreml' vom Beginn des 17. Jh. („Kremlena grad") ist das Haus Bogdan Jak. Bel'skijs, nördlich vom Troickij-Tor gelegen, abgebildet. Das hohe Haupt- bzw. Wohngebäude des Bojaren ist von einigen kleineren Wirtschafts- und Bedienstetenhäusern, die alle innerhalb eines durch Türme verstärkten Palisadenzauns liegen, umgeben. Der früher den Bojaren Vas. Fed. Obrazec und seinem Sohn Ivan Chabarov-Simskij († 1533/34) gehörende Wohnsitz war zu dieser Zeit ein befestigtes Gebäude mit Palisadenzaun und einem Toreingang.[91] Die Veränderung der adligen Besitzverhältnisse auf dem Kreml'gelände ist z. T. ein Reflex des gesunkenen oder gestiegenen politischen Einflusses dieser oder jener Personen bzw. Familien. Der Hof der Saburovy verschwindet nach dem Tod Vasilij Saburovs im Jahre 1485. Mit dem Tod Ivan Striga-Obolenskijs (1478) und Aleksandr Obolenskijs (nach 1487), als in diesem Zweig nur minderjährige Nachkommen übrigblieben, wurde deren Kreml'hof vom Großfürsten übernommen,[92] der später in den Besitz des Favoriten Vasilijs III., Michail Jurevič Zacharins, überging. Kleinere Besitzer wurden zugunsten mächtiger Bojaren wie der Fürsten Patrikeevy unter Ivan III., die aber schon früher im Kreml' angesiedelt waren, verdrängt. Die relativ unbedeutende Dienststellung von Michail Andreevič Pleščeev[93] – ganz im Gegensatz zu der seines Vaters Andrej unter Ivan III., der zu dessen engsten Vertrauten gehörte und den Bojarenrang bekleidete, – mag zusammen mit der ihn ereilenden Ungnade in den 20er Jahren als Erklärung für den Verlust seines ererbten Kreml'hofes dienen, der sich seit dem 14. Jh., erweitert durch ehemalige Besitzungen der Vel'jaminovy, in der Hand dieser Familie befand. Er gelangte 1526 in den Besitz des aus Litauen übergelaufenen Fürsten Fedor Mich. Mstislavskij.[94] Eine aus Stein gebaute Residenz auf dem Kreml'gelände nahe dem Tor des hl. Frol besaßen die Chovriny.[95] Die Nachfahren Fedor Sviblovs, eines reich begüterten Bojaren Dmitrij Donskojs,

---

[89] Vgl. Howes, The Testaments of the Grand Princes of Moscow, S. 27 (russ. Text S. 144); DDG Nr. 89, S. 354.

[90] Vgl. Srednevekovaja Moskva, S. 39. Zu den „stolzen Höfen" der engsten Berater des Großfürsten vgl. auch M. A. Gukovskij, Soobščenie o Rossii moskovskogo posla v Milan (1486 g.). In: Voprosy istoriografii i istočnikovedenija istorii SSSR, hrg. v. S. N. Valk. M.-L. 1963, S. 655.

[91] Vgl. Raba, The Moscow Kremlin, S. 22, Anm. 80. Der Ziegelsteinbau war von Vasilij Obrazec im Jahre 1485 errichtet worden. Vgl. PSRL 6, S. 237.

[92] Ebd. S. 22.

[93] Vgl. zu ihm Zimin, Formirovanie bojarskoj aristokratii, S. 199 f.

[94] Vgl. Raba, The Moscow Kremlin, S. 25, Anm. 92.

[95] Vgl. PSRL 28, S. 205.

waren noch am Ende des 15. Jh. im Besitz von dessen Kreml'hof.[96] In der
Nähe befand sich das manchmal als Gefängnis benutzte befestigte Haus Nikita
Fed. Beklemiševs, das im Zusammenhang mit der Affäre um seinen Sohn
Ivan Bersen'-Beklemišev[97] von Vasilij III. konfisziert wurde. Bis zu seiner
Hinrichtung im Jahre 1499 hatte Fürst Semen Rjapolovskij im „Bojarenviertel"
des Kreml' südöstlich des Frol-Tores ein Anwesen, ferner lagen dort die Höfe
der Morozovy und Čeljadniny.[98] Große Teile des Kreml'territoriums blieben
somit bis zum 17. Jh. in adliger Hand, wobei der häufige Wechsel des Besitzes
die Grundstruktur adliger Wohnpräsenz im Burgbereich nicht antastete. Da die
Grundstücke der adligen Kreml'bewohner in der Regel für eine wirtschaftliche
Nutzung zu klein waren, besaßen diese jenseits der Kreml'mauern meistens
noch Anwesen mit spezieller ökonomischer Funktion. Ivan Jur'evič Patrikeev
hatte eine Anzahl von Höfen in verschiedenen Stadtteilen Moskaus, ferner
in Perejaslavl' und Kolomna. Bis zur Existenz des Udel-Systems besaßen
auch viele Teilfürsten eine Residenz in zentraler Lage des Kreml'hügels. Auf
Dmitrij Šemjakas Hof wurde Großfürst Vasilij II. im Jahre 1446 inhaftiert und
geblendet.[99] Fürst Vladimir Andreevič von Serpuchov ließ zu Beginn des 15. Jh.
seinen „großen Moskauer Hof" von Theophanes dem Griechen mit Fresken
verschönern.[100] Er besaß ferner in der Stadt Moskau zwei weitere Höfe und
zwei Gärten. Der Hof des Teilfürsten Vladimir Andreevič († 1569) war zugleich
ein großer wirtschaftlicher Komplex.[101] Dies erklärt, daß sich in Moskau ständig
eine bestimmte Zahl von Adligen aufhielt, die nicht im Dienst der Großfürsten
standen und für die anfangs in Streit- und Straffällen ein gemischtes Gericht
zusammentrat, während später alle der Jurisdiktion des großfürstlichen „großen
Statthalters" unterstellt waren.[102]

Auf dem alten Kreml'hof Jurij Dmitrovskijs, des Bruders Vasilijs III.,
ließ Ivan IV. im Jahre 1560 für seinen debilen Bruder Jurij eine um mehrere
Gebäude erweiterte Residenz errichten, die von dem Bojaren Ivan Vas.
Šeremetev († 1570) für die riesige Summe von 7800 Rubeln erworben wurde.
Sein Sohn Fedor verlor sie unter Boris Godunov, und unter der Herrschaft
Vasilij Šujskijs zu Anfang des 17. Jh. kam sie in den Besitz von dessen Bruder
Aleksandr.[103]

---

[96] Vgl. Raba, The Moscow Kremlin, S. 25, Anm. 93.
[97] Vgl. dazu Rüß, Adel und Adelsoppositionen, S. 106 ff.
[98] Vgl. Zabelin, Istorija goroda Moskvy, S. 219.
[99] PSRL 25, S. 226.
[100] Vgl. Tichomirov, Srednevekovaja Moskva, S. 38.
[101] Vgl. Bachrušin, Osnovnye problemy istorii Moskvy, S. 172.
[102] Vgl. Byčkova, Sostav klassa feodalov, S. 92.
[103] Vgl. Koževnikov, Zemel'nye vladenija doma Romanovych, S. 18. Die Existenz
von adligen steinernen Residenzen innerhalb der Kreml'mauern im 17. Jh. bezeugt
Collins. Er erwähnt die über Boris Morozov, Jakov Čerkasskij, Aleksej Trubeckoj,
Il'ja Miloslavskij und Ivan Odoevskij. Vgl. Graf, Samuel Collins' Moscovitische
Denkwürdigkeiten, S. 32.

Die Masse der adligen Höfe in Moskau befand sich jedoch diesseits der Kreml'mauern, im Posad. Ihre genaue Lokalisierung ist nur in Einzelfällen möglich. Der Moskauer Hof der Romanovy befand sich in Kitaigorod an der Stelle, wo später das Znamenskij-Kloster errichtet wurde, dem Zar Michail Fedorovič den dortigen Familienbesitz vermachte. Das Haus Jurij Zachaŕičs († 1505) stand nahe der Kirche des hl. Georg auf der Dmitrovka.[104] Hierhin siedelte die Witwe Michail Juŕevič Zachaŕins, Feodosija, nach dem Moskauer Brand im Jahre 1547 vom Kreml'hof ihres Mannes über.[105]

Die hohen Adligen, viele von ihnen Nachfahren selbständiger Fürsten, unterhielten in ihrer Stadtresidenz eine z. T. aufwendige Hofhaltung. Sie umgaben sich mit kleineren bewaffneten Truppen zu ihrem persönlichen Schutz und zur repräsentativen Zurschaustellung. Als Ivan IV. seinen Schwager Nikita Romanov arrestieren wollte, schickte er zu diesem Zweck 200 Strelitzen, weil mit einem eventuellen bewaffneten Widerstand der Hofmannschaft Romanovs gerechnet werden mußte.[106] Mit allem dazugehörigen Zeremoniell und repräsentativen Gepränge empfingen hohe Adlige bei sich ausländische Diplomaten. 1536 kamen die litauischen Gesandten in die Moskauer Residenz des Fürsten Ivan Telepnev-Obolenskij. Sie wurden dort auf der unteren Treppe von seinen Dienstleuten begrüßt und von ihnen ihrem Herrn („gosudarju") zur Audienz zugeführt. Letztere nahmen die Schriftstücke aus den Händen der Gesandten entgegen, saßen mit ihnen beim gemeinsamen Festbankett und begaben sich zu einem diplomatischen Höflichkeitsbesuch mit Wein an den Ort ihrer Unterbringung.[107]

Der hohe Adel verfügte nicht nur über Höfe in Moskau, sondern auch in anderen Städten des Reiches, die aber nicht alle in die Kategorie adliger Wohndomizile und „Residenzen" fallen. Es handelte sich hierbei vielfach um von Leibeigenen bewohnte städtische Wirtschaftskomplexe, die mit Handwerk und Handel befaßt waren. So besaß N. I. Romanov im 17. Jh. 320 Höfe in zehn Städten. Nach dem Bojarenbuch von 1646 hatte F. I Šeremetev zwei Höfe in Kolomna, I. V. Morozov sieben in Vologda und G. I. Morozov sieben in Murom.[108]

Die Frage nach den verfassungspolitischen Implikationen von Hofnähe und Stadtsässigkeit des russischen Adels bedarf einer nach Ursachen und Folgen dieser Erscheinung differenzierenden Antwort. Natürlich lag es nahe, das Schicksal des französischen hohen Adels im absolutistischen Frankreich, seine allmähliche Verwandlung seit dem 15. und 16. Jh. in einen höfischen

---

[104] Vgl. Koževnikov, Zemel'nye vladenija doma Romanovych, S. 52.
[105] Ebd. S. 71.
[106] Vgl. Bachrušin, Osnovnye problemy istorii Moskvy, S. 172.
[107] Tichomirov, Srednevekovaja Moskva, S. 187.
[108] Vgl. Zaozerskaja, Iz istorii feodal'noj votčiny, S. 43.

Adel und die seiner Mitglieder in „Höflinge" des Königs, die diesem auch in niedrigsten Funktionen dienten, seine Fesselung im „goldenen Käfig" von Versailles und seine Verpflichtung, gemäß den Wünschen des Königs fast täglich aus seinem Pariser Stadthôtel zum Hof herüberzufahren,[109] mit dem der russischen Elite zu vergleichen. Olearius, der Zeitgenosse, hat denn auch an diesem historischen Muster orientierte Assoziationen entwickelt und die Stadtsässigkeit des russischen Adels als Zwangsmaßnahme der nach absoluter Kontrolle und Überwachung strebenden autokratischen Macht, also als bewußte Zähmungs- und Pazifizierungspolitik, dargestellt. Von modernen Historikern wurde dem widersprochen: Eine solche Notwendigkeit, die Adligen in einen „goldenen Käfig" einzusperren, habe in Rußland überhaupt nicht bestanden, da jene ökonomisch schwach und mangels alternativer Möglichkeiten an zarischen Dienst gebunden und der Gnade der Krone hoffnungslos ausgeliefert gewesen seien.[110] Es ist freilich auch der – allerdings sogleich verworfene – Gedanke geäußert worden, daß der russische Herrscher in der Hauptstadt eine Kreatur des Adels hätte werden können, was aber nicht passiert sei, da im Gegenteil die adlige Stadtsässigkeit die Tendenz zur Entfaltung eines übermächtigen „garrison state" geradezu noch begünstigt habe.[111]

Solchen Erklärungsversuchen ist die beschränkte historische Perspektive[112] und eine gewisse Tendenz hin zu plakativ-einprägsamen Begründungen gemeinsam.

Fürstennähe und Stadtsässigkeit sind für den russischen Adel und speziell für dessen ökonomisch und politisch führende Spitze seit ältesten Zeiten charakteristisch. Dies steht im Zusammenhang mit seiner hohen Wertschätzung von Fürstendienst als elementarer adliger Lebensform und Quelle von Reichtum, Prestige und Macht. Die Gefolgsleute der Kiever Fürsten haben ihre Wohndomizile in der Stadt, in unmittelbarer Nähe zum Fürstenhof auf dem Burgberg oder in der Talsiedlung und verfügen darüber hinaus in einer späteren Phase der Geschichte über Landbesitz im näheren Umkreis des burgstädtischen Zentrums. Die vornehmen Novgoroder Bojarengeschlechter halten ganze Wohnquartale im Stadtbereich in ihren Händen – die Sophienseite mit der Kathedrale und dem erzbischöflichen Hof wird traditionell als „aristokratisch" bezeichnet – und besitzen gegen Ende der Novgoroder Unabhängigkeit mehr als ein Drittel des gesamten Grund und Bodens des riesigen kolonialen Territoriums der Stadtrepublik. Sie besetzen die leitenden Staatsämter, kontrollieren die Politik

---

[109] Vgl. Elias, Die höfische Gesellschaft, S. 123.
[110] Vgl. Crummey, The Origins of the Noble Official, S. 68.
[111] Vgl. Hellie, What happened, S. 222-224.
[112] R. Hellie ist offenbar der Ansicht, daß adlige Stadtsässigkeit erst eine Erscheinung der Zeit Ivans IV. gewesen sei. Ebd. S. 222.

und sind die Hauptprofiteure des wirtschaftlichen Reichtums des Stadtstaates.[113] Die Moskauer Bojaren residieren innerhalb des Burgbereiches und außerhalb desselben, nennen Grundbesitz in der näheren und weiteren Entfernung von Moskau ihr eigen, der ihren überwiegenden städtischen Aufenthalt zu versorgen hat, welchen letzteren sie jeweils nur kürzerfristig zur Erholung, zum Vergnügen, zur Jagd oder zur Kontrolle und Organisation ihrer ländlichen Güter unterbrechen.

Vom hohen Adel wurde es geradezu als Strafe empfunden und deshalb von den Herrschern als solche auch praktiziert, auf dem eigenen Landgut leben zu müssen. So wurde etwa M. V. Tučkov während der Bojarenherrschaft nach dem Tode Elena Glinskajas „in sein Dorf" verbannt („soslan"), und Vasilij III. bestrafte S. F. Kurbskij dadurch, daß er ihn „von seinem Angesicht verjagte",[114] d. h. ihm den Zugang zum Hof sperrte und ihm dadurch die großfürstliche Gnade öffentlich entzog. Die Entfernung vom Hof, die verdeckte oder offene Verbannung vom Zentrum der Macht und vom Ort der sozialen und politischen Chancenverteilung in die entlegene Provinz war eines der schlimmsten Übel, das einem vornehmen Bojarenaristokraten widerfahren konnte. Das Verbot, den Hof betreten zu dürfen,[115] traf den Nerv seines Selbstverständnisses, verletzte seine Ehre und rührte an die Wurzeln seiner sozialen und politischen Existenz. Es war deshalb ein beliebtes herrscherliches Disziplinierungsmittel und eine häufig angewendete Methode, sich politische Gegner vom Halse zu schaffen (s. auch Kap. VIII). Die Ernennung Andrej Kurbskijs zum Statthalter in Jur'ev im Jahre 1563 betrachtete Ivan IV. als „mindere Bestrafung" („nakazanie maloe").[116] Während der Minderjährigkeit dieses Zaren hatten rivalisierende Bojarengruppierungen ihre Gegner dadurch politisch ausgeschaltet, daß sie von Moskau zum Dienst in die Provinz abkommandiert wurden.[117] Der Pole Vojtech berichtete über die Machtverhältnisse in Moskau kurz nach dem Tode Vasilijs III., daß einige Bojaren mit militärischen Aufgaben, die sie von der Hauptstadt entfernten, beladen würden und somit keinerlei politischen Einfluß hätten.[118] Als Vasilij Šujskij im Mai des Jahres 1606 zum Zaren ausgerufen wurde, verbannte er seine alten Gegner auf entlegene Provinzposten: Fürst

---

[113] Vgl. Goehrke, Groß-Novgorod und Pskov/Pleskau, S. 458.
[114] Vgl. RIB, t. 31, S. 165. Boris Godunov leitete die politische Ausschaltung der Fürsten Šujskie 1586 mit ihrer Verbannung auf ihre ländlichen Besitztümer ein. Vgl. Pavlov, Gosudarev dvor, S. 36. Bogdan Bel'skij befand sich nach einem Vermerk in der „Bojarenliste" von 1588/89 „im Dorf", was als Hinweis auf seine erzwungene Entfernung aus Moskau zu werten ist. Ebd. S. 38.
[115] V. N. Tatiščev führt dies („znatnomu ne veljat ko dvoru ezdit'") als eine der gravierendsten Äußerungen herrscherlicher Ungnade (opala) an. Vgl. Rossijskoe zakonodatel'stvo, t. II, S. 132.
[116] Vgl. Rykov, Kurbskij, S. 195.
[117] Vgl. Rüß, Zum Namestničestvo-Problem, S. 408.
[118] Vgl. AZR, S. 331.

Rubec-Masal'skij wurde Voevode in Karelin, Afanasij Vlasev wurde nach Ufa geschickt, Michail Glebovič Saltykov nach Ivangorod, Bogdan Bel'skij nach Kazań.[119] Zar Boris Godunov entledigte sich des rivalisierenden Bojarengeschlechts der Romanovy und ihrer Verwandten (Čerkasskie, Sickie) Ende 1600 und Anfang des folgenden Jahres dadurch, daß er sie in entlegendste Teile des Reiches, z. T. unter strenger Bewachung, verbannte oder zum Dienst „verschickte".[120] Die Erlaubnis für die Fürstin Čerkasskaja, in deren Begleitung sich auch die Kinder von Fedor Nikitič Romanov befanden, im September 1602 in den angestammten Familienbesitz der Romanovy, das Gutsdorf Klin, zurückkehren zu dürfen und dort Aufenthalt zu nehmen, wurde interessanterweise lediglich als „Erleichterung" der Verbannungsstrafe angesehen.[121] Fürst Semen Šachovskoj wurde 1644 als Voevode in den fernen Norden geschickt, weil er als Bewunderer westlicher Kultur und Befürworter der Heirat zwischen Irina Michajlovna und dem dänischen Prinzen Waldemar diesem als „Häretiker" und „Ungetauften" dennoch hatte erlauben wollen, russische Kirchen zu betreten.[122] Nach Verlust seiner Zentralämter wurde Artamon Matveev 1676 zunächst als Voevode nach Verchotufe entsandt und bald darauf unter Einbuße seiner Bojarenwürde nach Pustozersk verbannt.[123]

Der tiefe Schmerz und die Verzweiflung darüber, weit weg von der Hauptstadt in finsterster Einöde geistig und physisch dahindarben zu müssen, kommt in den zahlreichen Petitionen Vasilij Golicyns nach seiner Verbannung 1689, in denen er sich auf seine große Verdienste beruft und seine gegenwärtige schlechte materielle Lage bitter beklagt, beredt zum Ausdruck.[124] Noch auf dem Gipfel seiner Macht hatte er sich selbst mit Bittschriften hochadliger Voevoden entlegener Gebiete zu befassen, die um eine Suspendierung aus ihren gottverlassenen Provinzposten nachsuchten.[125] Auf ihnen zu dienen, wurde von vielen hochadligen Repräsentanten empfunden, als seien sie bei lebendigem Leibe begraben worden: Die Todesstrafe, die über die Fürsten Chovanskij und Lobanov unter Aleksej Michajlovič verhängt worden war, wurde in Verbannung aufs flache Land umgewandelt,[126] was anzeigt, daß diese als nächstes angemessenes Strafäquivalent für die physische Eliminierung angesehen wurde. Selbst Bojaren auf wichtigen Positionen fühlten sich in der Ungnade des Herrschers, wenn

---

[119] Vgl. Jabločkov, Istorija dvorjanskago soslovija, S. 192 f. Nach dem Tode Ivans IV. wurden die Goloviny auf Voevodschaftsposten in Sibirien und Kazań mit seinen Beistädten gesetzt, was faktisch einer Verbannung gleichkam. Vgl. Pavlov, Gosudarev dvor, S. 35.
[120] Vgl. Vasenko, Bojare Romanovy, S. 80–87.
[121] Ebd. S. 88.
[122] Vgl. Bachrušin, Političeskie tolki, S. 108–110.
[123] Vgl. Torke, Oligarchie in der Autokratie, S. 187.
[124] Vgl. Hughes, Russia and the West, S. 78 ff.
[125] Vgl. Crummey, Aristocrats, S. 104.
[126] Vgl. Markevič, Istorija mestničestva, S. 525.

jene weit entfernt von der Hauptstadt ausgeübt werden mußten. V. B. Šeremetev bemühte sich inständig, von seinem Posten als Oberkommandierender der russischen Truppen in der Ukraine (1660) nach Moskau zurückkehren zu dürfen, um sich der Gnade des Zaren zu versichern.[127] Aus dem Briefwechsel Vasilij Golicyns mit seiner Mutter zur Zeit seiner Abwesenheit aus Moskau während des Krimfeldzuges geht hervor, daß ihn besonders adlig-höfische Interna und die Stadtgespräche und Gerüchte über die momentane Stellung bestimmter Personen oder Konkurrenten bei Hofe interessierten.[128] Von dem Spiel um Herrschernähe und Macht und vom städtisch-höfischen gesellschaftlichen Kontext vorübergehend ausgeschlossen zu sein, muß vielen hohen Aristokraten als eine schwer zu ertragende, gewaltsame Beschneidung ihrer gewohnten Lebens- und Handlungsräume vorgekommen sein. Hof und Stadt waren der Ort, wo adlige Politik gemacht, Privilegien verteilt, Funktionen vergeben, Verbindungen geknüpft, Entscheidungen getroffen wurden usw. Hier befand sich der „innere Zirkel" der Macht des Reiches.[129] Und es ist deshalb verständlich, daß es geradezu als politisches Privileg empfunden wurde, ständig in Moskau und bei Hofe präsent zu sein.

Stadtsässigkeit war somit der topographische Niederschlag einer an Hofnähe und Herrschergunst orientierten adligen Existenzform, wie sie sich in Rußland seit ältester Zeit in den ökonomisch und politisch führenden Kreisen der herrschenden Elite ausgeprägt hatte. Dabei waren immer auch bedeutende Teile des sozial schwachen und rangniedrigen Adels, zumindest zeitweise, Stadtbewohner. Zu ihnen gehörten v. a. die niedrigen adligen Chargen von Fürstendienern und Hofleuten, von denen aufgrund des Erlasses von 1550 über tausend meist mittlerer und niederer Herkunft mit Dienstland in der Nähe Moskaus ausgestattet wurden, um sie als Hauptstadtbewohner in Stand zu setzen, ihre dortige Diensttätigkeit angemessen versorgt ausführen zu können.[130] Der relativ hohe Anteil von Adligen mit ihren Familien, Dienern und Leibeigenen an der Bewohnerschaft russischer Städte erklärt die Tatsache, daß in vielen von ihnen um die Mitte des 17. Jh. – nicht allerdings in denen der Zentralgouvernements – die Tjaglopflichtigen nur eine Minderheit darstellten. R. Pipes schreibt: „... die Stadt Moskau verdankt das, was sie als Pracht besitzt,

---

[127] Ebd. S. 482.
[128] Vgl. Gramotki XVII-načala XVIII veka. Izd. podgot. N. I. Tarabasova, N. P. Pankratova, pod. red. S. I. Kotkova, M. 1969, S. 128–154; Russkaja starina, 1888, 3, S. 735–738; 7, S. 129–132.
[129] Vgl. auch Keenan, S. 138, 143.
[130] Siehe oben Kap. III, S. 126. Zu dem nur in Fragmenten erhaltenen Erlaß von 1586/87 über die Ausstattung von Adligen mit Pomest'e in Hauptstadtnähe vgl. Pavlov, Gosudarev dvor, S. 140–149.

nicht ihrer Vergangenheit als Handelszentrum, sondern dem autokratischen und aristokratischen Erbe."[131]

Speziell mit dem Hof Ludwig XIV. haben manche Historiker sinnlosen Prunk und geistloses Zurschaustellen, aristokratische Dekadenz und eine zunehmend totale Kontrolle adligen öffentlichen Lebens assoziiert. Überzeugend ist das nicht. Die politischen und ökonomischen Preise, die am Hof gewonnen wurden, waren sehr real. Kluge Herrscher wußten genau um den politischen Wert, den ihnen der tägliche enge Kontakt mit mächtigen Adligen und ihrer Klientel einbrachte. Der durch und durch aristokratische Charakter des Hoflebens spiegelte eine tiefwurzelnde Anpassung des Staates an adlige Machtpotentiale wider, nicht deren Mißachtung.[132] Es bestanden gegenseitige, nicht einseitige Abhängigkeiten zwischen Herrschertum und Adel. Außer handfesten politischen und materiellen Vorteilen bot der Hof letzterem eine Existenzweise, die sein nach Unterscheidung strebendes Prestigeverlangen befriedigte. Gerade auch deshalb ist die Faszination und Anziehungskraft, die vom Hofleben ausgeht, so stark. Es trifft vollkommen für die russischen Verhältnisse zu, was Norbert Elias für den französischen Hof konstatiert: Es gibt für die Adligen keinen anderen Ort, an dem sie ohne Degradierung leben können.[133] Diese höfisch-städtische Bindung des Adels hat sich in Rußland früh herausgebildet. Sie hat hier deshalb eine lange historische Tradition. Eine lange und ungebrochene Tradition hatte in Rußland aber auch Fürstendienst, der einer „Verhofung" des Adels im Sinne einer Reduzierung und völligen Anpassung seiner Aktivitäten und seines Verhaltens an nur noch höfische Erfordernisse entgegenwirkte. Der reine „Höfling" ist in Rußland erst eine relativ späte Erscheinung und auch dann noch eher eine Ausnahme, was aber nicht im Widerspruch zur frühen höfisch-städtischen Orientierung des russischen Adels steht. Daß diese spezifische Verhaltensweisen hervorbrachte, die sich von denen eines im Lande lebenden freien Feudaladels unterschieden, ist unzweifelhaft. Im Konkurrenzkampf um die Chancen, die Fürsten oder Zaren zu verteilen haben,

---

[131] Rußland, S. 206.
[132] Vgl. Powis, Aristocracy, S. 75.
[133] Vgl. Der Prozeß der Zivilisation, II, S. 366f. Als Affront mußte es deshalb die Bojarenschaft von Rostov-Suzdal' empfinden, als Andrej Bogoljubskij 1157/58 seine Residenz aus dem alten Fürstenzentrum nach Vladimir verlegte und östlich davon, außerhalb der Stadt, seinen neuen Sitz Bogoljubovo errichten ließ. Niemals zuvor und danach wurde die topographische Trennung von Fürstenresidenz und Adelssitzen so radikal vollzogen. Die Rolle der Bojarenschaft von Rostov und Suzdal' nach der Ermordung Andrejs und die geringe Bereitschaft der hauptstädtischen Družina, gegen die Verschwörer vorzugehen, schließt Sympathien des alten Adels gegenüber den Mördern nicht aus. Vgl. auch Halbach, Der russische Fürstenhof, S. 182ff.

ist die unmittelbare Anwendung von Gewalt weitgehend ausgeschaltet, die Affektäußerungen sind gebremst,[134] die Mittel des Wettbewerbs haben sich verfeinert und sublimiert, der Zwang zur Selbstkontrolle und Selbstbeherrschung ist gewachsen. Ein solches Mentalitätsprofil ist im hohen russischen Adel sehr früh angelegt. Die anfänglich noch relativ kleinen Ausmaße des Hofes[135] und das aus der Gefolgschaftszeit stammende und auch fortan lebendige Ideal des genossenschaftlichen Miteinanders von Fürst und Adel sowie die Angewiesenheit des Herrschers auf dessen Dienst haben jedoch bewirkt, daß jenes Verhalten nicht zu sklavischer Devotion einer ganzen Klasse degenerierte, wenn auch deren zunehmende Verhofung zweifellos ohne Veränderungen im Habitus der adligen Menschen nicht zu denken ist. Die Abhängigkeit des russischen Herrschers vom Adel – nicht vom einzelnen Individuum, über das er relativ willkürlich verfügt, wodurch er sich das Bewußtsein seiner außerordentlichen Macht sogar über die höchsten Repräsentanten der herrschenden Elite erhält – war struktureller Art und historisch tief verwurzelt. Die Großfürsten und Zaren hatten zu der adligen keine bürgerliche Alternative wie in anderen europäischen Ländern, mit der sie den Adel schrecken und disziplinieren konnten. Die in Rußland stets mit gesamtstaatlicher politischer Herrschaftsausübung verbundene adlige Stadtsässigkeit, die sich in Krisenzeiten auch als Schwächemoment erweisen konnte,[136] ist ein wesentlicher Grund für die nur rudimentäre Ausbildung eines städtischen Bürgertums westlicher Prägung, dessen ökonomische Potenz ja mit der politischen Emanzipation aus der Abhängigkeit eines feudalen Stadtherrn untrennbar verknüpft war.

Die städtische adlige Topographie drückte Nähe und doch zugleich eine gewisse Distanz zu Herrscher und Hof aus: Der Adel verfügt über eigene Häuser und Residenzen im Burg- und Stadtbereich, er ist nicht gezwungen, Logis im Schloß, wie der französische Adel in Versailles, zu nehmen. Der tägliche Rückzug ins Eigene, Private signalisiert ein Stück Unabhängigkeit, ist ein Sperriegel gegen totale politische Einverleibung, gegen permanente

---

[134] Das ist in einem relativen Sinne zu verstehen. Die Gerichtsprotokolle in Fällen „Zur Wahrung der Ehre des Hofes" zeigen keineswegs eine sich stets diszipliniert, kontrolliert und „höfisch" zurückhaltend benehmende adlige Gesellschaft. Häufig gab es handfeste und lautstarke Streitigkeiten, die in aller Öffentlichkeit im Kreml' (meist auf der „Roten Treppe", wo sich die Adligen zu versammeln pflegten) oder sogar in den Palasträumen in Gegenwart des Herrschers ausgetragen wurden, wobei in diesen Fällen der Beleidigungseffekt entsprechend groß war.

[135] Der Hof im Kreml' bot noch zur Zeit Ivans IV., laut M. Hellmann, „ein im ganzen eher schlichtes Bild". Vgl. Der Hof der Großfürsten von Moskau, S. 16.

[136] In den „Wirren" führte das Gefesseltsein des Hochadels an die Hauptstadt zu seiner zeitweiligen Handlungsunfähigkeit und dazu, daß er zum Spielball von außen kommender Kräfte (Polen, Tušincy, Kosaken, Provinzadel) wurde.

Kontrolle und Überwachung, versinnbildlicht adlig-autogene Bestandteile von Prestige, Reichtum und Macht. Die adligen Stadtbauten sind zu Holz und Stein gewordenes Symbol einer Herrschftsordnung, deren Grundstruktur von Fürstendienst und der politischen Tradition gefolgschaftlicher Beziehungen geprägt war.

X. DIE RANGPLATZORDNUNG (MESTNIČESTVO)

Das Rangordnungssystem war aufs engste mit dem Dienst des russischen Adels verknüpft. Zuverlässige Hinweise auf seine Entstehung stammen zwar erst aus dem 15. Jh., es ist aber anzunehmen, daß es schon viel früher, vielleicht schon in Kiever Zeit,[1] wenn auch nicht unter der Bezeichnung Mestničestvo und nicht in der spezifischen Ausformung bzw. Institutionalisierung der späteren Jahrhunderte, Gültigkeit hatte. Schließlich mußten auch schon damals militärische Posten und andere Stellen mit unterschiedlicher Verantwortung, Bedeutung und materieller Ausstattung verteilt werden, und dies geschah wohl kaum immer jeweils lediglich ad hoc und nach bloßem Gutdünken des Fürsten. Wenn zu Beginn des 16. Jh. die litauischen Pane gegenüber den Moskauer Bojaren sich darüber beschwerten, daß sie deren „Platz" *(mestec)* am Hof nicht kennen würden, „wo wer sitzt nach wem in der Rada eures Herrschers", oder Ivan IV. seinen Gesandten auftrug, herauszubekommen, welche Rangstellung unter den anderen Adligen der nach Litauen geflohene Andrej Kurbskij beim König einnehme („in welchem Verhältnis mit wem ihn der König hält"),[2] so wird aus diesen Äußerungen deutlich, daß die Erscheinung einer differenzierten und abgestuften adligen Würdigkeit *(starejšinstvo)* im Dienste des Monarchen als selbstverständlich vorausgesetzt wurde. Wir beteiligen uns deshalb auch nicht an den Spekulationen über die mögliche ausländische Herkunft des Mestničestvo[3]: Abgesehen davon, daß alle höher entwickelten Gesellschaften gewisse Ranghierarchien hervorbringen, mußte dem russischen Adel als einer immer auf Fürstendienst fixierten Elite in besonderer Weise daran gelegen sein, schon früh Prinzipien und Regeln zu entwickeln, die das Verhältnis der einzelnen Individuen untereinander und zum Herrscher nachvollziehbaren und einklagbaren Kriterien unterwarfen. Diese werden sich im Laufe der Zeit verfeinert, differenziert und den neuen Bedingungen angepaßt haben. Daß bestimmte mit dem System zusammenhängende Praktiken, die im 17. Jh. galten, im 16. oder 15. Jh. üblich waren, kann mit Sicherheit nicht gesagt werden. Die Überlieferung ist bruchstückhaft und zufällig, da die Masse der Mestničestvo-Dokumentation 1682 vernichtet wurde. Aber daß die Grundidee,

---

[1] Vgl. Pašuto, Čerty političeskogo stroja Drevnej Rusi, S. 54.
[2] Vgl. Šmidt, Mestničestvo, S. 176.
[3] Die Herkunft aus der Dienstetikette östlicher Herrscherhöfe oder aus polnisch-litauischen Gewohnheiten wurde in Erwägung gezogen. Ebd. S. 175.

die hinter dem Mestničestvo stand, nämlich die genealogische Würdigkeit und Seniorität in den obersten adligen Diensträngen zu beachten und die Vergabe von Positionen nicht der subjektiven Beliebigkeit und Willkür des Fürsten anheimzustellen, auf ältere Wurzeln der Družina-Zeit zurückgeht, scheint kaum zweifelhaft.[4]

Das System, welches auf der Vererblichkeit der Dienstbeziehungen zwischen den Familien beruhte, entzog das einzelne adlige Individuum seiner beliebigen Verfügbarkeit durch den Herrscher, und es ist von daher nicht anzunehmen, daß diese eine solche Einschränkung ihrer Gewalt über Personen selbst inszeniert haben werden, also der Schaffung des Mestničestvo fürstliche Initiative zugrunde lag. Ivan III. drückte seine Unzufriedenheit gegenüber einem auf seinen Rang in besonders hochfahrender Weise pochenden Bojaren mit der Bemerkung aus, daß ein solches Verhalten „litauischer" Adelsmentatlität und Gewohnheit entspreche,[5] und es ist bekannt, welche starke und unabhängige Position der dortige Adel gegenüber dem König- bzw. Großfürstentum bereits zu jener Zeit innehatte.

Das auf dem Dienst der Vorfahren und Verwandten und dem Adel des Geschlechts beruhende Prinzip der Seniorität fand ursprünglich in der Praxis nur bei den höchsten Adelsrängen, also im bojarischen Dumamilieu, Anwendung. Im mittleren und niederen Adel spielten persönliche Verdienste und Fähigkeiten die ausschlaggebende Rolle. Die Degenerierung des Systems hing u. a. damit zusammen, daß seit dem Ende des 16. und im Laufe des 17. Jh. sich der Kreis jener, die das Recht hatten, eine Dienst- und Ehrenstellung nach der Arithmetik des Mestničestvo zugewiesen zu bekommen, zunehmend „demokratisierte", d. h. von breiten Schichten des Adels und sogar anderen Bevölkerungsgruppen in Anspruch genommen wurde,[6] wodurch das Mestničestvo seine Exklusivität als hochadliges Privileg einbüßte. Die Abschaffung 1682 unter Federführung des Aristokraten Fürst Vasilij Golicyn wird man nicht allein als Schlag gegen eine gesellschaftsschädigende Institution im Sinne der Staatsraison werten dürfen, sondern zugleich als Maßnahme gegen ein Prinzip, das seinen elitären Charakter als qualifizierendes Attribut hochadliger Hof- und Dienstexistenz verloren hatte.[7] Es ist kein Zufall,

---

[4] Vgl. auch Zamyslovskij, O značenii XVII veka, S. 171; Markevič, Istorija mestničestva, S. 213. Leo Diaconus sagt, daß Svenel'd und Ikumor den ersten und dritten Platz in der Družina Svjatoslav Igorevičs eingenommen hätten. Der Platz an der Tafel während des Banketts konnte als Hinweis auf die Bedeutung des Družinniks in den Augen des Fürsten gelten. Ebd. S. 38, 45.

[5] „Du handelst nach litauischer Sitte" war der Vorwurf an die Adresse des aus Litauen stammenden Ivan Sudimont Kondrat'evič. Vgl. Markevič, Istorija mestničestva, S. 243. Vgl. auch Šmidt, Mestničestvo, S. 176 sowie ders. Stanovlenie, S. 273 f.

[6] Vgl. ebd. S. 298.

[7] In diesem Sinne auch Šmidt, ebd. S. 301.

daß damals ein Projekt entstand, das gewissermaßen als Kompensation für den Verlust dieses ehemals rein aristokratischen Prärogativs die Schaffung großer Statthalterschaften vorsah, welche unter Vertretern weniger hochadliger Familien aufgeteilt und deren Inhaber bzw. ihre Nachfahren „auf ewig" mit dem entsprechenden Namestnik-Titel ihres Herrschaftsbereiches ausgezeichnet werden sollten.[8]

Als mestničestvofähig galt anfangs nur jener Personenkreis, der in den seit den 70er Jahren des 15. Jh. mehr oder weniger regelmäßig geführten offiziellen Dienstlisten *(razrjady)* und im „herrscherlichen Geschlechterbuch" *(gosudarev rodoslovec)* Ivans IV., das 43 Kapitel umfaßte, eingetragen war.[9] Ernennungen zu führenden Voevoden-Posten, die nach dem Mestničestvo-Prinzip verteilt wurden, gab es im Laufe der 1. Hälfte des 16. Jh. nicht mehr als ca. 300, und ihre Träger stammten meist aus den wenigen Dutzend Familien, die als „genealogisch" *(rodoslovnye)* galten und zur Spitze der Moskauer Adelsgesellschaft gehörten.

Die im 15. und 16. Jh. aus den ehemals selbständigen Fürstentümern nach Moskau einströmenden vornehmen Familien mußten hier integriert und in die altmoskowitische Bojarenhierarchie eingegliedert werden.[10] Die Karten waren sozusagen neu zu mischen, was die politische Relevanz des auf den Kriterien von Stammbaum *(rodoslovnost')*, Dienstrang *(činovnost')* und bisherigen Ämtern *(razrjadnost')* aufbauenden Mestničestvo signifikant ansteigen ließ und es nun notwendig machte, Daten für diese Kriterien systematisch zu sammeln und zu verwalten. 1556 – dann 1584/85, 1598 und 1604 – wurden aus diesem Grunde die jährlichen Dienstlisten im sog. „herrscherlichen razrjad" *(gosudarev*

---

[8] Die zehn bedeutendsten Statthalterschaften befanden sich zur Zeit des Projektentwurfs in den Händen von Vertretern folgender Familien: Odoevskie, Dolgorukie, Čerkasskie, Šeremetevy, Golicyny, Chovanskie, Kurakiny. In ihnen wird man die Urheber des Projekts zu sehen haben. Statthalterschaftstitel wurden auch schon vorher „vererbt". I. M. Miloslavskij erhielt 1677 den Titel eines „Namestnik von Jaroslavl'" mit der Begründung, daß diesen unter Aleksej Michajlovič sein Onkel getragen habe. Vgl. Sedov, O bojarskoj popytke učreždenija namestničestv, S. 26–27.

[9] Inoffizielle Bojarenlisten zur Regulierung der Beziehungen am Hof existierten mit großer Wahrscheinlichkeit längst vor dieser Zeit. Die Reihenfolge der Unterschriften in Testamenten und Verträgen ist ein Hinweis auf die Rangstellung bei Hof. Vgl. Markevič, Istorija mestničestva, S. 229–230.

[10] Legendenhafte Überlieferungen von der ausländischen Herkunft einiger Bojarengeschlechter entstanden wahrscheinlich in diesem Zusammenhang einer unklar und umstritten gewordenen Hierarchie. Denn es fällt auf, daß fast alle untitulierten Moskauer Geschlechter sich ausländische Begründer gaben und viele ihre Herkunft speziell „aus dem Preußenland" („iz Prus") herleiteten, vgl. Barchatnaja kniga, I, S. 281–426, um sich auf diese Weise gegenüber den neu einströmenden, titulierten Familien aufzuwerten. Es existierte nämlich seit dem Ende des 15. Jh. die Legende, daß das russische Herrscherhaus von Prus, einem angeblichen Bruder des Augustus, abstamme, von dem Rjurik ein Nachfahre gewesen sei. Vgl. PSRL 21, S. 10.

razrjad), ausgehend vom Jahr 1475, zusammengefaßt,[11] so daß auf diese Weise für die posten-, ehren- und besitzverteilenden administrativen Instanzen eine unentbehrliche Dokumentation und für die geschichtliche Forschung eine wertvolle Quelle zur adligen Dienstexistenz entstand.

Der Abstand zu dem gemeinsamen Vorfahren konnte auf der Grundlage von privaten Archivunterlagen oder des offiziellen „herrscherlichen Geschlechterbuchs" mit Hilfe einer Rangplatzarithmetik ausgerechnet werden, wobei etwa die Regel galt, daß der Sohn des ersten Bruders mit dem vierten Bruder ranggleich war, der zweite mit dem fünften usw. oder der erste Sohn drei Stufen (*mesto* = Platz) unter dem Vater stand und seine jüngeren Brüder jeweils einen Rang voneinander getrennt waren. Bei Ernennungen oder Ehrenplätzen im Zeremoniell mußte die Würdigkeit innerhalb des Geschlechts dem Abstand der verschiedenwertigen Ämter und Positionen genau angepaßt sein. Komplizierter gestaltete sich der als alltäglich anzusehende Fall beim Vergleich fremder Familien untereinander, weil neben der Herkunft auch die Dienstkarrieren der Vorfahren wichtig wurden. Bei jeder Ernennung suchte man nach Präzedenzfällen, wobei z. B. folgendes herauskommen konnte: Der Bojar A weigert sich, unter dem Kommando vom Bojaren B zu dienen, weil der Großvater von B u n t e r dem Großvater von A gestanden hatte. Zur Verteidigung seiner Ehre strengt A einen Prozeß an, der vom Zaren und der Bojarenduma entschieden werden muß.[12]

Die Geschichte des moskowitischen Adels ist voll von solchen Rangplatzstreitigkeiten. A. Markevič, der die bis heute gründlichste Untersuchung zum Mestničestvo geschrieben hat, kommt auf wenigstens 1300 überlieferte Streitfälle, schätzt ihre wirkliche Zahl jedoch als weit höher ein.[13] Schon diese Quantitäten verdeutlichen, daß es sich beim Mestničestvo nicht um ein marginales Problem der russischen Adelsgeschichte handelt. Bei jeder Krönung belehrte der Metropolit bzw. Patriarch den Großfürsten oder Zaren: „Deine Bojaren und Großen begnadige und bewahre (sie) n a c h i h r e r W ü r d e . . ." [von mir gesperrt, H. R.]. Kotošichin erzählt, daß einige aus Kummer darüber, daß ihr Geschlecht niedriger als ein anderes gestellt wurde, erkrankten oder sogar starben,[14] was zeigt, daß es sogar physische Leiden auslöste. Es besteht deshalb kein Grund, den Historikern des Mestničestvo vorzuwerfen, sie hätten dessen Bedeutung für den russischen Adel übertrieben, wie es auch nicht als ein „Mysterium" erscheinen muß, daß sich dieses System trotz seiner offenkundigen Schwächen so lange gehalten hat.[15]

---

[11] Vgl. B u g a n o v, K izučeniju „gosudareva dvora", S. 55.
[12] Nach T o r k e, in: LGR, S. 311; K o t o š i c h i n, O Rossii, S. 43.
[13] Vgl. Istorija mestničestva, S. 487.
[14] Vgl. O Rossii, S. 45–46.
[15] Eine solche Einschätzung bei C r u m m e y, Reflections on Mestnichestvo, S. 280–281.

Aus der eigenen Beobachtung berichtet Olearius: „Sie geben Hochheit halber selbst unter ein ander nicht viel nach / dringen sich umb die Oberstelle / und geraten offt darüber in grossen Streit. Wie sichs denn einsten zu Nisenaugorod in unser gegenwart begab: Da den 14. Julij des ReichsCancelers auß Muscow Hoffmeister / ein ansehnlicher Mann / unser daselbst new erbawtes Schiff zu sehen / und die Gesandten zu grüssen kam. In dem er neben dem Pristaffen mit zur Taffel genötiget würde / gab es unter ihnen einen harten competens Streit: Bledinsin, Sukkinsin, butzfui matir Hurensohn / Hund / und andere schmehliche Worte waren ihre beste Titel / mit welchen sie sich gar ungestüm begrüsseten: Der Hoffmeister meinete / er wäre ein Sinbojar oder Edelman / der ander aber von geringen Leuten / könte derhalben wol über ihn sitzen. Der Pristaff aber: er wäre ein GroßFürstlicher Diener / dem seines Herrn wegen die Oberstelle mit Recht zukäme. Wir wurden überdrüssig / und schämten uns / solch fast eine halbe Stunde gewäretes Gezänke und außschelten / anzuhören / sie aber nicht darinnen fortzufahren / daß endlich die Gesandten dazwischen redeten ... Und baten / sie möchten sich freundlicher und lustiger erzeigen / damit ihre gegenwart uns desto angenehmer wäre. Darauff wurden sie stille / und durch einen guten Rausch gar vertrawlich mit einander."[16]

Die Kriterien dafür, wer über wem sitzen darf, sind hier offenbar vage. Der eine beruft sich auf seine Herkunft, der andere auf seinen Dienst. Darin offenbarte sich ein Grundkonflikt, der schon die ersten überlieferten Streitfälle ausgelöst hatte. Unter Ivan III. weigerte sich Jurij Zachaŕič Koškin, unter dem Kommando des Fürsten Daniil Vas. Ščenjatev aus dem Hause der vom litauischen Großfürsten Gedimin abstammenden Patrikeevy zu stehen. Ivan erinnerte Koškin an einen Fall aus den ersten Jahren seiner Regierung, als der vornehme Bojar Fedor Davydovič Chromoj aus dem Altmoskauer Geschlecht der Buturliny und Čeljadniny sich ohne Protest unter den Befehl des letzten Jaroslavler Großfürsten, eines noch nicht lange im Dienst der Moskauer Herrscher stehenden Mannes, gestellt hatte. In beiden Fällen gab Ivan III. also der Genealogie vor der Dauer des Dienstes in Moskau den Vorzug.[17]

In einem Streit, der sich auf der Postel'nyj-Treppe im Kreml' ereignete, bezeichnete Fedor Naščokin die Familie des Fürsten Evfimij Mysecki̇j als „Sklaven von Bojaren und Abkömmlinge von Pferdeknechten", während sein eigenes Geschlecht „von alters her den früheren Großfürsten" gedient habe und in „Sklaverei" („v cholopech"), „in solcher Unehre", nirgends gewesen sei.[18] Unter Zar Vasilij Šujskij wurde M. F. Kašin für die Verteidigung von Brjansk mit besseren Pelzen belohnt als sein Voevodenkollege A. N. Rževskij, obwohl diesem das eigentliche Verdienst an dem militärischen Erfolg zukam.

---

[16] Moskowitische und persische Reise, S. 190.
[17] Vgl. Buganov, Vraždotvornoe mestničestvo, S. 129.
[18] Zit. bei Zabelin, Domašnij byt, S. 329.

Seine Klage wurde mit der Begründung abgewiesen, daß Kašin Bojar und von vornehmerer Herkunft sei.[19] Der Stol'nik Matvej Puškin beschwerte sich, daß er gemeinsam mit Afanasij Ordin-Naščokin, aber unter diesem, der russischen Delegation in den diplomatischen Verhandlungen mit Polen angehören sollte. Er verwies dabei auf seine im Vergleich zu Naščokin wesentlich vornehmere Herkunft, was aber in diesem Fall in Anbetracht von dessen überragendem diplomatischen Talent keine positive Beachtung fand.[20] Im Streit zwischen Dmitrij Požarskij, dem Helden von 1612, und Boris Mich. Saltykov wurde hingegen das Herkunftsprinzip zuungunsten Požarskijs, der im übrigen in 14 (!) Mestničestvo-Konflikte verwickelt war, als ausschlaggebend angesehen.[21]

Vielfach wurden Verdienste bzw. der Dienst eines Geschlechts in Moskau aber sehr hoch eingeschätzt. In der ersten Hälfte des 16. Jh. behielten bei Mestničestvo-Streitigkeiten Mitglieder alter Moskauer Bojarenfamilien über Newcomer aus oft sehr vornehmen Fürstenfamilien meist die Oberhand.[22] In den 70er Jahren des 16. Jh. wurde Dienst häufig für wertvoller erachtet als Herkunft.[23] Ivan IV. drückte dies 1558 so aus: „Ich schicke meine Sklaven [svoich cholopej] zum Dienst, wo immer es passend ist für jeden zu sein,"[24] was allerdings auch im Sinne des Mestničestvo-Prinzips ausgelegt werden konnte, an das sich freilich selbst dieser machtbewußte Herrscher weitgehend gehalten hat. Anläßlich eines Rangplatzstreites im Jahre 1609 wurde erklärt, daß die Dienststellung der Verwandten höher zu bewerten sei als die Hierarchie innerhalb des Geschlechts.[25]

Die Mestničestvofähigkeit konnte nur durch Dienst erhalten werden. Mochte jemand von noch so vornehmer Abstammung sein, wenn er keine hohen Ämter bekleidete oder in Ungnade *(opala)* lebte, bedeutete dies ein Absinken seiner Würdigkeit, einen „Stillstand" („zakosnenie"). Über die Vel'jaminovy heißt es im 16. Jh., daß sie „der Ungnade wegen" nicht mehr „zählten" („v ščete ne stojali").[26] Nach der Hinrichtung einiger Kvašniny im Jahre 1571 und der Flucht eines von ihnen nach Litauen befand sich das gesamte Geschlecht in der Ungnade Ivans IV. 1589 schrieb V. A. Kvašnin: „... wir wagten um nichts

---

[19] Nach Buganov, Vraždotvornoe mestničestvo, S. 124.
[20] Vgl. Poraj-Košič, Očerk istorii russkogo dvorjanstva, S. 95.
[21] Vgl. Markevič, Istorija mestničestva, S. 501; Crummey, Reflections on Mestnichestvo, S. 273.
[22] Vgl. Kleimola, Status, Place and Politics: The Rise of the Mestnichestvo, S. 200 ff.
[23] Vgl. Šmidt, Mestničestvo, S. 183.
[24] RK, S. 169.
[25] „to est', čto ot bol'šova brata koleno pojdet, a v rozrjadech maly i chudy budut, a ot menšova brata pojdet, a v rozrjade veliki živut, i te, gosudaŕ, chudye s dobrymi po rodoslovcu lesviciju ne tjažutsja, a tjažutsja po slučaem rozrjady." Zit. bei Šmidt, Mestničestvo, S. 182.
[26] Vgl. Barchatnaja kniga, č. 2, S. 14–15.

den Herrscher zu bitten, nicht bezüglich der Vaterehre, nicht um die Rangstufe [o mestech]."[27] Nach der Flucht Andrej Kurbskijs nach Litauen wurde dieses Geschlecht um zwölf Rangplätze erniedrigt.[28] Als minderwertig galt der Dienst in einem Teilfürstentum. Minderwertige Dienste von Vorfahren wirkten sich ebenfalls statusschädigend aus.[29] 1629 verwies Fürst Priimkov im Streit mit den Požarskie darauf, daß letztere als Gubastarosten und Vertreter des Provinzadels fungiert hätten, was auf jeden Fall niedriger als Voevodendienst eingeschätzt werden müsse.[30]

Manchmal wurden schwer zu entscheidende Auseinandersetzungen auf dem Wege des Kompromisses gelöst. Zu Anfang der 60er Jahre des 15. Jh. gab es einen Streit zwischen Jakov Zachařič und Ivan Sudimont Kondrat'evič, einem vornehmen Litauer in moskowitischen Diensten, die sich beide Kostroma als Kormlenie teilten. Als sich eines Tages die Frau von Zachařič auf den ersten Platz in der Kirche setzte, wurde sie von dem später kommenden Sudimont gewaltsam von dort entfernt, der seine Frau Aksinja an deren Stelle plazierte. Einer Entscheidung in dieser Vorrangfrage wich Ivan III. dadurch aus, daß er Zachařič die Stadt Vladimir als Kormlenie übergab, während er Sudimont in Kostroma beließ.[31]

Die Anführer des Heeres wurden allgemein in der Reihenfolge: Voevode des Hauptpolk, Voevode der rechten Hand, der Vorausabteilung, der Nachhut und der linken Hand nach dem Rangplatzprinzip ernannt.[32] Es gab jedoch Fälle, in denen die Heerführer sich nicht einig wurden und wo sie sich angesichts einer besonders gefährlichen militärischen Lage auf einen Kompromißkandidaten für den Oberbefehl verständigten, der im Rang wesentlich niedriger stehen konnte.[33]

---

[27] Zit. bei Šmidt, Mestničestvo, S. 182.
[28] Markevič, Istorija mestničestva, S. 439 ff.
[29] Ebd. S. 436 (mit Beispielen).
[30] Nach Šmidt, Mestničestvo, S. 183. 1534 lehnte es A. Strigin-Obolenskij ab, als Gegengesandter in die Krim zu gehen und begründete dies damit, daß der Khan einen niedrigrangigen diplomatischen Vertreter nach Moskau geschickt habe. Von daher sei die Mission seinem Rang abträglich. Vgl. Markevič, Istorija mestničestva, S. 260.
[31] Vgl. ebd., S. 243. Siehe auch oben Anm. 5.
[32] Vgl. Zakonodatel'nye akty, S. 29, Nr. 2 (Erlaß vom Juli 1550), wo im Sinne einer Entschärfung der Rivalitäten bestimmt wurde, daß alle Heeresführer von Mestničestvo-Ansprüchen anderer unbehelligt bleiben sollten, daß alle dem Voevoden des Hauptpolk unterstellt seien, daß der 2. Voevode des Hauptpolk mit dem ersten der rechten Hand auf einer Stufe stehe und die ersten Voevoden aller Polks gleich wären mit der Ausnahme, daß das Kommando der rechten über dem der linken Hand rangiere. Ein Erlaß vom April 1620 klärt die Rangbeziehungen der 1. und 2. Voevoden im Falle eines dreigegliederten Heeres (großer Polk, Vorausabteilung und Nachhut). Vgl. ebd. S. 101 (Nr. 96).
[33] Markevic, Istorija mestničestva, S. 244.

Da die Rangplatzstreitereien eine schädliche Auswirkung auf die Kriegsführung hatten,[34] setzte die Regierung bei vielen Feldzügen, aber auch bei anderen Gelegenheiten wie Krönungs- und Hochzeitsfeierlichkeiten, das Recht, Mestničestvo-Diskussionen anzufachen, vorübergehend außer Kraft,[35] was jedoch nicht implizierte, daß die eingenommenen Posten und Plätze als Präzedenzfälle bei künftigen Ernennungen gelten durften.[36]

In Dekreten aus der Mitte des 16. Jh. wurde der Oberbefehlshaber generell von Rangplatzattacken seiner Mitvoevoden ausgenommen, was es ermöglichte, diese Position v. a. nach Fähigkeitskriterien zu besetzen.[37] Diese Regel hat sich freilich nicht für alle Zukunft durchgesetzt. So war z. B. Grigorij Romodanovskij im ersten russisch-türkischen Krieg 1676–1681 nicht bereit, sich Vasilij Golicyn, der das Kommando im Norden der Ukraine ausübte, unterzuordnen, was diesen schlicht zur Verzweiflung trieb und die Familien und Anhänger der beiden Rivalen zu vielfältigen Aktivitäten und Intrigen in Moskau veranlaßte.[38]

Eine gewisse Brisanz enthielten Ernennungen, bei denen Vertreter von sehr vornehmer Abstammung auf Günstlinge oder nahe Verwandte des Herrscherhauses trafen. Im allgemeinen versuchte die Regierung, durch ein entsprechendes personelles Taktieren oder die vorübergehende Aussetzung von

---

[34] Ein D'jak führte in einer Randbemerkung zu den Dienstlisten den Mißerfolg vor Wenden im Jahre 1578 auf Mestničestvo-Streitigkeiten zurück. Vgl. Buganov, Vraždotvornoe mestničestvo, S. 131. Als 1580 der Fürst Michail Nozdrovatyj nicht unter dem Fürsten Vasilij Chilkov stehen wollte, wurde ihm dies als Anmaßung vorgehalten, und im Falle seines Nichterscheinens zum Dienst und des damit verbundenen „großen Schadens für die herrscherliche Sache" („porucha gosudarevu delu") hatte er mit der schwersten Strafe zu rechnen. Vgl. Sbornik dokumentov, t. III, S. 190 (dort weitere Beispiele für Rangplatzstreitigkeiten unter Voevoden zwischen 1575–1580). Konkret weigerten sich im Rangstreit befindliche Voevoden, sich gegenseitig zur Hilfe zu eilen, Truppenteile abzugeben, Bewegungen des anderen im eigenen Operationsgebiet zuzulassen usw. Markevič, Istorija mestničestva, S. 532.
[35] Vgl. Zakonodatel'nye akty, S. 30 (Juli 1550). Der entsprechende Terminus dafür hieß „bez mest" (erstmals 1538 überliefert). Sitzungen der Bojarenduma standen generell unter diesem Gebot. Vgl. Šmidt, Stanovlenie, S. 295. Bei der Krönung des Zaren Michail Fedorovič im Jahre 1613 wurde verfügt, daß bei den Feierlichkeiten die Rangplatzordnung ausgesetzt sei. Vgl. Vasenko, Bojare Romanovy, S. 162. Dies galt auch bei der Hochzeit des Zaren Aleksej Michajlovič. Vgl. Kotošichin, O Rossii, S. 6. Obwohl 1617 das Empfangszeremoniell für den Patriarchen Filaret für „rangplatzfrei" erklärt wurde, kam es dennoch zu offenen Mestničestvo-Konflikten, vgl. Vasenko, Bojare Romanovy, S. 191, ebenso auf der Hochzeit des Zaren Michail Fedorovič 1624. Vgl. Poraj-Košič, Očerk istorii russkogo dvorjanstva, S. 94.
[36] Vgl. Sbornik dokumentov, t. III, S. 190; Markevič, Istorija mestničestva, S. 270.
[37] Vgl. Kleimola, Status, Place und Politics: The Rise of Mestnichestvo, S. 212. Der Hauptvoevode des Smolensker Feldzuges 1632–34, M. B. Šein, stand niedriger als eine ganze Reihe ebenfalls beteiligter Bojaren. Vgl. Crummey, Reflections on the Mestnichestvo, S. 278 f.
[38] Vgl. Markevič, Istorija mestničestva, S. 547 ff.

Ranganspruchen das Problem zu entschärfen. Dennoch blieb das Prinzip, der Herrscher könne mit „Geld und Gut begnadigen, nicht aber mit der vornehmen Abkunft" ["žaluet pomest'em i deńgami, a ne otečestvom"], ein nicht zu erschütterndes.[39] Boris Godunov stand trotz seiner überragenden politischen Machtstellung unter Zar Fedor Ivanovič und als dessen enger Verwandter in der Mestničestvo-Leiter stets unter dem Fürsten Fedor Ivanovič Mstislavskij. Er selbst versuchte wohl teilweise als Zar, seine Verwandten und Favoriten in den Vordergrund zu rücken, aber dies war auch unter anderen Herrschern üblich, und eine Äußerung Morozovs aus dem Jahre 1619 macht ganz klar,[40] daß der hohe Adel solche „Entgleisungen" gegen das Primat der Abstammung nicht als relevant für die Gültigkeit der Mestničestvo-Ordnung erachtete. Als Boris Mich. Lykov (Obolenskij) einen Rangplatzstreit mit dem Onkel des Zaren Michail, Ivan Nikitič Romanov, vom Zaun brechen wollte, versuchte jener ihn mit der verwandtschaftlichen Begründung der hohen Stellung Romanovs davon abzubringen. Lykov erklärte sich allerdings nur unter der Bedingung bereit nachzugeben, wenn der Zar per Erlaß die Höherstellung Romanovs aufgrund seiner Verwandtschaft öffentlich kundtue.[41]

Der Fürst L'vov, der zu jenen 15 vornehmen Familien gehörte, deren Mitglieder nach Kotošichin direkt in den Okol'ničij-Rang erhoben werden konnten, betrachtete für seine Person eine gemeinsame Tätigkeit mit dem Schwiegervater des Zaren Aleksej Michajlovič, Il'ja Dan. Miloslavskij, als unstatthaft. Sein Protest wurde mit der – historisch betrachtet stets eher den Wunsch der Regierung ausdrückenden – Begründung abgewiesen, daß früher niemals Mestničestvo-Streitigkeiten mit zarischen Verwandten angezettelt worden seien.[42]

Streitfälle wurden vom Herrscher im Verein mit einem Bojarengremium entschieden. Als sich Grigorij Vas. Zabolockij 1468 anläßlich eines Banketts weigerte, unter V. F. Saburov zu sitzen, wurden vier bojarische Richter mit der Angelegenheit befaßt, die die Seniorität der Saburovy gegenüber den Zabolockie generell anerkannten.[43]

---

[39] Zit. bei Savin, O mestničestve, S. 278. Ein fränkischer Chronist schrieb im frühen 9. Jh., daß der Kaiser zwar Privilegien erteilen, aber keine Adligen „machen" könne, das stehe nicht in seiner Macht, „denn es ist unmöglich." Zit. bei Powis, Aristocracy, S. 17.
[40] Zit. bei Markevič, Istorija mestničestva, S. 111.
[41] Ebd. S. 519; Poraj-Košič, Očerk istorii russkogo dvorjanstva, S. 93.
[42] Ebd. S. 95. Daß dies sehr wohl der Fall war, zeigt etwa die Klage V. P. Morozovs gegen den zarischen Verwandten Fürst I. B. Čerkasskij oder diejenige des Fürsten Dmitrij Trubeckoj gegen Ivan Nikitič Romanov anläßlich der Krönung Michail Fedorovičs. Vgl. Markevič, Istorija mestničestva, S. 500.
[43] Ebd. S. 241.

Die Strafen für unberechtigt erhobene Rangplatzansprüche oder für offenen Ungehorsam gegen die verfügte Rangreihenfolge waren empfindlich und in ihrer z. T. ehrenrührigen Art verletzend. Der unterlegene Kläger etwa mußte seinem Widersacher auf dessen Hof in einer Art symbolischer Unterwerfung in demutsvoller Reue, unberitten und auf der untersten Stufe der Freitreppe stehend, gegenübertreten, um diesem Genugtuung wegen der ihm widerfahrenen „Unehre" *(bezčestie)* zu gewähren.[44] Dieses als „Auslieferung" („vydavat' golovoju") bezeichnete Ritual[45] endete mit einer den Streit abschließenden, äußerlichen Versöhnung der Kontrahenten. Im Jahre 1618 lag Dmitrij Požarskij in Kaluga krank darnieder, und der Zar befahl, den Stol'nik Jurij Tatiščev mit Besserungswünschen und Erkundigungen über seinen Gesundheitszustand zu ihm zu schicken, der sich aber aus Rangplatzerwägungen weigerte, dies zu tun. Als die Regierung diesen Auftrag daraufhin als im Einklang mit dem Mestničestvo erklärte, beharrte Tatiščev dennoch auf seinem Vorrang und wurde dafür nicht nur mit der Knute bestraft, sondern Požarskij „ausgeliefert".[46]

1624 erschien Fürst Ivan Vas. Golicyn wegen des ihm zugewiesenen „Platzes" nicht zur Hochzeit des Zaren, für welchen Ungehorsam ihm Dienst- und Erbländereien konfisziert wurden.[47] V. V. Volynskij wurde wegen eines Mestničestvo-Vergehens sogar für den Rest des Lebens von der Hauptstadt verbannt.[48] Die Regel waren solche harten Strafen bei Mestničestvo-Verstößen jedoch nicht. Gefängnisstrafen von zwei bis drei Tagen wegen unberechtigt erhobener Rangplatzansprüche, zu deren Klärung ein Gerichtsverfahren angestrengt worden war, kamen vor.[49] Es ist der kuriose Fall überliefert, wo sich jemand sträubte, das Gefängnis zu verlassen, um der Kalamität zu entgehen, niedriger als sein Mestničestvo-Kontrahent stehen zu müssen.[50] Zu den verbreiteten Strafen gehörten nach Kotošichin das öffentliche Auspeitschen auf dem

---

[44] Vgl. Kotošichin, O Rossii, S. 44; Markevič, Istorija mestničestva, S. 476–478.

[45] Dem genauen Wortsinn nach bedeutete „vydavat' golovoju" die volle Verfügungsgewalt des Ranghöheren über das Leben des im Streit Unterlegenen, man setzte jedoch die Großherzigkeit des beleidigten Siegers in diesen Fällen voraus, der symbolische Akt der Ehrerweisung und äußeren Erniedrigung wurde als ausreichende Satisfaktion angesehen. Schärfere Strafen hätten die Initiierung eines Mestničestvo-Händels zu einem nicht mehr verantwortbaren Risiko gemacht, sie lagen also weder im adligen noch im objektiven staatlichen Interesse, das auf die Erhaltung des Dienststandes gerichtet war.

[46] Vgl. Poraj-Košič, Očerk istorii russkogo dvorjanstva, S. 93. Dieses Schicksal erlitt Požarskij selber als Unterlegener im Streit mit B. M. Saltykov. Vgl. Buganov, Vraždotvornoe mestničestvo, S. 129.

[47] Vgl. Crummey, Reflections on Mestnichestvo, S. 273.

[48] Ebd.

[49] Unter Aleksej Michajlovič wurden Mestničestvo-Streitfälle in der Regel nicht mehr im Zuge eines gerichtlichen Verfahrens entschieden, sondern dem Dienstlistenamt zur Klärung übergeben. Vgl. Markevič, Istorija mestničestva, S. 526.

[50] Ebd. S. 476.

Kreml'gelände und die Zahlung einer Geldbuße an den siegreichen Widersacher.[51] Das von der Regierung erklärte vorübergehende Außerkrafttreten des Mestničestvo wurde manchmal mit den allerschärfsten Strafandrohungen, wie Kirchenbann oder Tod, verbunden, ohne daß solche schlimmen Sanktionen aber auch wirklich in die Tat umgesetzt worden wären.[52] Überhaupt war die Strafpraxis, sofern es um den Adel ging, der nicht nur privilegiertes Rechtsobjekt war, sondern zweifellos auch eine Art Klassenjustiz ausübte, wahrscheinlich viel milder, als es die Erlasse und Gesetze vorschrieben.[53] Man wird von der herrschenden Elite kaum erwarten, daß sie durch die Tolerierung hoher Strafen ein System zu liquidieren half, dessen Erhalt bis weit in das 17. Jh. hinein zu ihrem ureigensten Interesse gehörte und dessen Existenz einen wichtigen Teil ihres Selbstverständnisses ausmachte.

Es ist sicherlich ein Mißverständnis, die Bedeutung des Mestničestvo-Systems für den Adel in erster Linie im Psychologischen anzusiedeln und es allein als Ausdruck eines hochgradigen Ehrendenkens der russischen Aristokratie zu werten.[54] Zwar gilt der Abwendung von „Unehre" und der Wiederherstellung

---

[51] Vgl. O Rossii, S. 45.

[52] Vgl. Markevič, Istorija mestničestva, S. 471.

[53] Die Aussagen der Forschung darüber sind nicht einheitlich. E. Harder-Gersdorff verweist auf Beobachtungen von Rußlandreisenden, die die Strafgesetze im Moskauer Reich für ungewöhnlich milde gehalten haben. Vgl. Die niederen Stände, S. 65. Nach A. Romanovič-Slavatinskij unterlagen alle Untertanen als „Sklaven" des Herrschers der Körperstrafe. Vgl. Dvorjanstvo, S. 234. Im Gegensatz dazu konstatiert N. P. Zagoskin, daß Dumaränge generell nicht der Körperstrafe ausgesetzt wurden, speziell auch nicht bei Mestničestvo-Vergehen. Vgl. Central'noe upravlenie, S. 68 f. Folter wurde bei Hochadligen generell nicht angewendet. Vgl. Kleimola, Up through Servitude, S. 228. Offiziell wurde die Körperstrafe für den Adel 1785 abgeschafft. Rangerniedrigung, Dienst an unbedeutenden oder entlegenen Orten, Konfiskation von Gütern als Sanktionen in Rangstreitfällen wurden meist gar nicht verwirklicht: Die betreffende Person mußte bis zum endgültigen Entscheid auf ihrem Gut leben oder durfte ihren Hof in Moskau oder woanders nicht verlassen. In der Regel wurde ihr nach kurzer Zeit, meist anläßlich eines wichtigen Feiertages, vergeben, was in der Form einer öffentlichen Verkündung durch einen Amtsträger geschah. Auch die Kerkerstrafen für Adlige, die in einer Mestničestvo-Sache für schuldig befunden wurden, war geringfügig. 1671 wurden P. I. Chovanskij und A. I. Rostovskij, weil sie aus Rangplatzerwägungen nicht zum Dienst erschienen waren, zum Tode verurteilt, jedoch auf Fürsprache der Careviči begnadigt und auf ihr Gut „verbannt", freilich auch nur für kurze Zeit. Vgl. Markevič, Istorija mestničestva, S. 474–479.

[54] Im Ansatz so Crummey, Aristocrats and Servitors, S. 136 f, der in seiner Einschätzung im wesentlichen dem Urteil von A. Markevič folgt, welcher das Mestničestvo als kein ernsthaftes politisches Privileg der Adelsklasse ansah und ihm eine geringe historische Bedeutung zumaß. Vgl. Savin, O mestničestve, S. 278. „Ehre" und „Unehre" waren nach den von N. S. Kollmann untersuchten Rechtsquellen (14.–17. Jh.) keineswegs auf den Adel beschränkte, sondern nahezu alle Bevölkerungsschichten sowohl bewußtseinsmäßig als auch juristisch erfassende Kategorien, die es zu schützen bzw. abzuwehren galt. Vgl. Honor and Dishonor, S. 132, 136.

der „Ehre" in den Mestničestvo-Zwisten die ganze Aufmerksamkeit und Energie der Betroffenen, aber in diesem Kontext haben jene Begriffe einen über die abstrakte Standesethik durchaus hinausreichenden und sehr realen **materiellen** Gehalt. Ehre war an Dienst gebunden und damit an Rang, an Einkommen, an Herrschernähe, Macht und Einfluß. Ein Absinken in der „Ehre" aufgrund des Mestničestvo konnte ganz konkret eine Einbuße an politischer Macht und eine Verminderung im sozialen Status bedeuten. Die nach der Rangplatzarithmetik höher stehende Person, die ihre „Ehre" erfolgreich gegen einen ambitionierten Kontrahenten verteidigte, konnte auch künftig bei gemeinsamem Dienst mit der übergeordneten Position und der höheren Entlohnung rechnen. Kränkung der „Ehre" wurde nach dem Uloženie von 1649 entsprechend der Höhe der staatlichen Geldentschädigungen *(oklady)* gesühnt, die wiederum vom Rang abhingen.[55] Insofern war „Ehre" ein ganz handfestes Gut und das häufige Unverständnis vieler Historiker über die öffentlich ausgetragenen endlosen Zänkereien und mit Verbalinjurien gespickten Beschimpfungen und gegenseitigen Beleidigungen, die nicht selten in Prügeleien ausarteten,[56] rührt offenkundig daher, daß die **materiellen** Hintergründe dieses Verhaltens verkannt wurden.[57] Nicht umsonst war es ein beliebtes Mittel bei solchen Auseinandersetzungen, die „Ehre" des Kontrahenten dadurch herabzuwürdigen oder zu schädigen, daß man auf Sündenfälle seines Geschlechts in der Vergangenheit den Finger legte. Der Ehrenwert des Geschlechts *(otečestvo)* aber war eine zentrale Kategorie in der Rangplatzordnung. Wieviel für den einzelnen und seine Familie damit auf dem Spiel stand, zeigt der juristische Umgang mit diesem adelstypischen Konfliktfeld, den Margeret folgendermaßen beschreibt: „Das Recht ist schneller und viel rigoroser bei diesen Streitigkeiten, Beleidigungen und Verleumdungen als in jeder anderen Angelegenheit."[58]

---

[55] Sobornoe Uloženie, S. 36 (Kap. X, Art. 83). Vgl. auch Florja, Formirovanie, S. 73; Kleimola, Up Through Servitude, S. 225; Markevič, Istorija mestničestva, S. 134–136.

[56] Auf dem Kreml'hof schlug der Strjapčij Aleksandr Protasev dem Strjapčij Ivan Chruščev einen Ziegelstein auf den Kopf, was mit Stockhieben und einer um das Vierfache erhöhten Geldbuße geahndet wurde. Vgl. Zabelin, Domašnij byt, S. 341 f.

[57] In der Furcht vor einem Absinken in der Dienststellung sah A. N. Savin die eigentliche Ursache für das oft übertrieben erscheinende Ehrverteidigungsverhalten des russischen Adels. Vgl. O mestničestve, S. 285. Um den Schutz des persönlichen Status geht es nach N. S. Kollmann in erster Linie bei der Verteidigung der Ehre. Vgl. Honor and Dishonor, S. 138.

[58] Jaques Margeret's State of the Russian Empire, S. 163. Zur „Rigorosität" der Strafpraxis vgl. aber Anm. 53. Auslassung oder Verwechslung von Buchstaben bei der Schreibung des Namens wurde als ehrenrührig angesehen. Wer im Streit einen Adligen mit Fürstentitel ohne Vornamen ansprach, konnte gerichtlich belangt werden. Vgl. Zabelin, Domašnij byt, S. 309; Kollmann, Honor and Dishonor, S. 133. Im Bewußtseinskontext der Rangplatzordnung waren dies keinesfalls Nebensächlichkeiten

Man hat behauptet, daß die Rangplatzordnung „zum Wesen der Autokratie" gehörte, „und als sie den Herrschern hinderlich wurde, begannen sie, sie einzuschränken und schließlich ganz abzuschaffen."[59] Dies ist eine fatale Verkennung von Entstehung und Charakter des Mestničestvo, und einmal mehr wird hier die für große Teile der Forschung typische eigenartige Überschätzung „der Herrscher" deutlich, welche nach Gutdünken schalten und walten können und die sozusagen losgelöst von gesellschaftlichen Bindungen und unabhängig von sie tragenden sozialen Schichten und Strukturen „einschränken" und „abschaffen", als sei dies ganz allein und ausschließlich in ihre vermeintlich unbegrenzten Machtvollkommenheiten gestellt. Die Fragwürdigkeit dieser Beschreibung der mittelalterlichen und frühneuzeitlichen russischen Verfassungstopographie wurde im Vorangehenden mehrfach aufgezeigt. Es gibt keinen Grund, das Mestničestvo als gewichtige Stütze unserer Argumentation aus dieser Beweiskette herauszunehmen.

Die Rangplatzordnung hat tief in die russische Geschichte zurückreichende Wurzeln[60] und ist nicht erst dann entstanden, als die Moskauer Herrscher sich als Autokraten zu bezeichnen begannen. Sie ist also keine Schöpfung der „Autokratie" und mithin auch nicht deren „Wesen" zugehörig. Wer die Omnipotenz der Moskauer „Autokraten" für unzweifelhaft erachtet, muß zwangsläufig den weitgehenden Schutz und die auffallende juristische Beachtung von Ehre, Würde und Rang des Individuums für eine nur schwer verständliche oder geradezu paradoxe Erscheinung halten.[61] Bei einer weniger hohen Einschätzung der autokratischen Machtfülle wird freilich bewußt, in welchem großen Maße das aristokratische Lebensmuster, wie es sich im Ehrenschutz für Geschlecht, Familie und Einzelperson nicht nur in Mestničestvo-Auseinandersetzungen offenbarte[62], gesellschaftsbestimmend war. Die oft geäußerte Meinung, daß das Mestničestvo eine korporative adlige Entwicklung verhindert und somit das

---

oder Banalitäten, wenn sie auch manchmal als Beispiele für die Pervertierung des Rangdenkens oder als Ausfluß übertriebener Ehrenvorstellung belächelt wurden.

[59] Vgl. Torke, in: LGR, S. 311.

[60] Die Fürsten nahmen in der Kiever Rus' die Herrschaften nach dem Seniorat ein. Dieses war sowohl in den Familienbeziehungen als auch im größeren gesellschaftlichen Kontext gültig. Von alters her waren bei Gastmählern und höfischen Zeremonien die Plätze vorne, oben und rechts ehrenvoller als unten, hinten und links. S. auch oben Anm. 4. Zu Beginn des 14. Jh. „überholte" Rodion Nesterovič, als er in moskowitischen Dienst trat, seinen Rivalen Akinf Gavrilovič, der daraufhin nach Tver' gegangen sein soll. Rodion erschlug ihn in der Schlacht, brachte Ivan Kalita den Kopf des Besiegten mit den Worten: „Dies, Herr, ist der Kopf deines Verräters und meines Platzrivalen [mestnik]!" Vgl. Buganov, Vraždotvornoe mestničestvo, S. 119–121. Quellenkritisch zum Akinf-Rodion-Konflikt – die zitierte Äußerung Rodions ist von einem Nachfahren aus dem 16. Jh. überliefert – Veselovskij, Issledovanija, S. 263–266.

[61] So Kollmann, Honor and Dishonor, S. 146.

[62] Beispiele ebd. S. 133, 136–140.

Entstehen eines autokratischen Herrschaftssystems begünstigt habe, weil Adelsinteressen aufgesplittert, vereinzelt und gegeneinandergelenkt wurden,[63] ist letzten Endes nicht zu beweisen. Man könnte gegenfragen: Hätte nicht gerade das **Fehlen** des Mestničestvo die Ausbildung der „Autokratie" ganz wesentlich **erleichtert**?

Zwar maß auch der Altmeister der russischen Historiographie, V. O. Ključevskij, der Zerstörung der adligen ständischen Solidarität durch das Mestničestvo eine gewisse Bedeutung bei, er betonte aber zugleich den **aristokratischen** und **defensiven** Charakter dieses Systems, das die bojarische Sicht auf die beherrschende Rolle des hohen Adels im Staat als nicht verliehenes, sondern ererbtes **Recht** widergespiegelt und vor Willkür von oben und Statusbedrohung von unten geschützt habe.[64] Diese Charakterisierung des Mestničestvo als Mittel zur Sicherung der Macht des hohen Adels und als genuin **aristokratisches** Prinzip findet sich auch in anderen älteren[65] und einigen neueren[66] Arbeiten.

„Das ist ihr [der Bojaren] Tod, wenn sie ohne Platz sein müssen", sagte man im 16. Jh.[67] und brachte damit die tiefe Verortung des Rangplatzdenkens in der bojarischen Psyche und physischen Befindlichkeit zum Ausdruck. Um die Stellung bei Hof, die Nähe zum Herrscher, das hohe Amt, den Platz im Zeremoniell – und dies alles immer zugleich mit wachem und argwöhnischem Blick auf die konkurrierenden Standesgenossen – kreiste alles Tun und Handeln des im Fürstendienst engagierten und auf dessen Spielregeln, Strukturen, Gesetzmäßigkeiten und Hierarchien fixierten russischen Adels. Er befand sich permanent auf einem gewissen gesteigerten Niveau angespannter Erregung und Beobachtung. Mißtrauen war freilich durchaus angebracht. Die Prikaz-Bürokratie war der komplizierten Arithmetik des Mestničestvo nicht

---

[63] N. I. Kostomarov schrieb: „Es war nützlich für die Erfolge der Selbstherrschaft, weil es den Bojaren nicht ermöglichte, sich zusammenzuschließen, untereinander allgemeine ständische Interessen zu entwickeln ..." Zit. bei Šmidt, Stanovlenie, S. 264. Entschieden in diesem Sinne auch: Jabločkov, Istorija dvorjanskago soslovija, S. XXIX; Kleimola, Redux, S. 25–26; dies., Status, Place and Politics, S. 214; Keep, The Muscovite Elite, S. 217; Hellie, The Structure of Modern Russian History, S. 20. Eine sowjetische Spielart dieser auf die liberale Intelligentsia des 19. Jh. zurückgehenden Einschätzung stellt die Auffassung dar, daß die nach Zentralisierung strebenden Großfürsten den Adel mit Hilfe des Mestničestvo spalteten und ihn um so leichter ihrer Gewalt unterwarfen. So Buganov, Vraždotvornoe mestničestvo, S. 121. S. O. Šmidt sieht das Mestničestvo als Instrument der „zentralistischen Macht" zur gesellschaftlichen Disziplinierung v. a. des fürstlichen Feudaladels gegen die Relikte der „feudalen Zersplitterung". Vgl. Mestničestvo, S. 180; ders., Stanovlenie, S. 276 f.

[64] Vgl. Sočinenija, t. II, S. 144, 154–156.

[65] Staševskij, Služiloe soslovie, S. 12–13; Storožev, Bojarstvo i dvorjanstvo, S. 187 f; Hoetzsch, Adel und Lehnswesen, S. 556.

[66] Nosov, Stanovlenie soslovnogo predstavitel'stva, S. 154; Veselovskij, Issledovanija po istorii opričniny, S. 475; Rüß, Adel und Adelsoppositionen, S. 23.

[67] Zit. bei Storožev, Bojarstvo i dvorjanstvo, S. 188.

immer gewachsen, es passierten Fehler, es gab strittige Fälle und offensichtliche Verstöße mit z. T. politischem Hintergrund. Eine nicht reklamierte Position konnte als Präzendenzfall bei künftiger Posten- und Würdenverteilung gewertet werden. Es standen nicht nur Karriere und Rang des einzelnen, sondern die seines ganzen Geschlechts auf dem Spiel. Das erforderte ständige Wachsamkeit und genaues Beobachten. Es war nützlich, Aufzeichnungen über den eigenen und den Dienst der Vorfahren anzufertigen, um im Streitfall gerüstet zu sein. Wenn jüngst wiederum behauptet wurde, die Bedeutung des Mestničestvo sei in der historischen Wissenschaft vielfach überschätzt worden,[68] so stimmt dies zumindest nicht bezüglich seines Einflusses auf Verhalten und Mentalität des Adels. Rangkonflikte setzten sich im täglichen Leben fort. Das zeigt anschaulich die Erzählung über die beiden Schwestern Marfa und Marija, die lange Zeit einander nicht treffen konnten, weil ihre Männer im Mestničestvo-Streit lagen.[69] Mit Beharrung und Verbissenheit, ungeachtet möglicher erniedrigender Strafen, wurde die „Ehre" des „Platzes" verteidigt. Argwohn und Mißtrauen, Hochmut und Demütigung, Frustration und Aggression, Schadenfreude, Neid und Haß waren gefühlstypische Begleiterscheinungen des Mestničestvo. Es förderte die Vereinzelung, adlige Solidarität wurde untergraben – dies sind bekannte und oft beklagte Auswirkungen. Die eigenartige Schizophrenie des Systems lag ja gerade darin, daß es mit Fug und Recht als Standesprivileg gelten konnte, dieser solidarische Ansatz jedoch einer ständigen Erosion durch eine ihm immanente Aufsplitterung in Einzelinteressen ausgesetzt war. Bei Abschaffung des Mestničestvo im Jahr 1682 wurde in einer feierlichen Erklärung, die der Patriarch Ioakim abgab, nicht nur auf seine schädlichen Folgen für die staatlichen Angelegenheiten, sondern eben auf diese seine „Feindschaft produzierende" („vraždotvornoe"), „Bruderhaß" fördernde („bratonenavistnoe") und „Liebe vertreibende" („ljubov otgonjajuščee") Wirkung hingewiesen.[70] Es ist verständlich, daß man die endgültige Liquidierung der Rangplatzordnung mit ihrer möglichst abstoßenden Charakterisierung und negativer Polemik begleitete. Für manche, die dies für bare Münze nahmen, ist es ein Rätsel, daß das Mestničestvo überhaupt so lange überlebt hat.[71] Wenn man es als staatliche Veranstaltung zum Zweck der Disziplinierung des Adels und der Stärkung von Zentralisation und Autokratie betrachtet,[72] ist eine solche Sicht in der Tat plausibel. Wenn hingegen das Mestničestvo, wie es hier geschieht, als Errungenschaft des Adels, als integraler Bestandteil adliger Dienstexistenz und

---

[68] Crummey, Reflections on Mestnichestvo, S. 275, 280.
[69] Vgl. Markevič, Istorija mestničestva, S. 490.
[70] Vgl. SGGD, č. 4, S. 404.
[71] Vgl. oben Anm. 15.
[72] So sieht A. Kleimola im Mestničestvo ein bewußtes Mittel der Autokratie zur Belohnung und Bestrafung adliger Diener und diese als „inoffizielle Wachhunde" über ihr eigenes und andere Geschlechter. Vgl. Up Through Servitude, S. 215 f.

aristokratischen Selbstverständnisses gesehen wird, erscheint das vermeintliche Mysterium seiner langen Fortdauer in einem durchaus erklärbaren Licht.
Die schädlichen Seiten des Mestničestvo, besonders im Kriegsfall, waren von Anfang an gegeben und nicht erst zum Zeitpunkt seiner Abschaffung erkennbar. Sie waren, wenn man so will, immanentes einkalkuliertes Risiko. Es oblag schließlich der Regierung, Ernennungen in der Weise auszusprechen, daß nicht gegen die Rangplatzordnung verstoßen wurde. Es dürfte ihr im allgemeinen bei dem anfangs relativ kleinen Kreis von Mestničestvo-Berechtigten auch nicht schwergefallen sein, den Kriterien des Systems gerecht zu werden. Die Vielzahl der Streitfälle in der Spätphase seiner Existenz ist nicht so sehr ein Indiz für dessen schadenstiftende Bedeutung,[73] als vielmehr Ausdruck der zunehmenden Schwierigkeiten des Prikaz-Apparates, der sich „demokratisierenden" und damit vom hochadligen Exklusivitätsanspruch lösenden Erscheinung sachlich Herr zu werden. Es wird im übrigen meist verkannt, daß die als „schädlich" charakterisierte Handlungsweise von Adligen, die auf einer Dienstposition einen Rangstreit vom Zaun brachen, das unter den gegebenen Umständen wirksamste adlige Sanktionsmittel zur Beachtung der Prinzipien des Mestničestvo darstellte und daß deshalb ihre ausschließliche Beurteilung unter dem Aspekt des staatlichen oder allgemeinen Nutzens, dessen Verfolgung man der herrschenden Elite, wie anderen gesellschaftlichen Gruppen auch, zwar nicht grundsätzlich absprechen, aber auch nicht durchweg unterstellen kann, an der Realität vorbeigeht. Die Regierung hat, wie oben bemerkt, bei einigen wichtigen Feldzügen und bei vielen zeremoniellen Anlässen und Festlichkeiten, welche letztere oft die gesamte Crème der adligen Elite anwesend sahen, was eine korrekte Platzverteilung nach dem Mestničestvo natürlich ungemein erschwerte, so daß eine Störung des festlichen Ablaufs als fast zwangsläufige Folge vorhersehbar war, das System vorübergehend außer Kraft gesetzt. Die ausdrückliche Deklarierung der zeitweisen Nichtgültigkeit macht allerdings den Ausnahmecharakter einer solchen Anordnung deutlich und bestätigt indirekt die grundsätzliche Anerkennung des Mestničestvo-Prinzips. Auch sonst handhabte man das System durchaus flexibel. Es hinderte die Fürsten, Großfürsten und Zaren überhaupt nicht daran, Personen mit großem politischen Einfluß und mit Positionen auszustatten, die ihnen aufgrund ihres Herkommens eigentlich nicht zustanden (s. Kap. IX, 1).[74] Man handelte nach dem Grundsatz:

---

[73] Eine gewisse Tendenz, die Quellen überzustrapazieren und somit die Zahl der Mestničestvo-Konflikte zu inflationieren, ist nicht von der Hand zu weisen. Immerhin waren aber die insgesamt 427 Dumamitglieder zwischen 1613–1689 in mindestens 294 Streitfälle verwickelt. Besonders häufig kam es zu Rangplatzstreitigkeiten in der 1. Hälfte des 17. Jh., während sie nach 1667 nahezu aufhörten. Vgl. Crummey, Reflections on Mestnichestvo, S. 270–271.
[74] Vgl. auch Veselovskij, Issledovanija, S. 474.

„Wessen Geschlecht geliebt wird, dessen Geschlecht wird auch erhöht."[75] Das Mestničestvo war also keineswegs eine unüberwindliche Barriere für Leistung und Verdienst,[76] zumal es ja selbst diese Kategorien als Unterscheidungs- und Bestimmungsfaktoren in sich schloß. Die erbitterte Konkurrenz um Positionen, die heftigen Rangplatzstreitigkeiten wären bei einer einseitigen Gewichtung des statischen Herkunftsprinzips kaum verständlich. Fähigkeiten und Verdienste besaßen in einer an Dienst orientierten Adelsgesellschaft, wie der russischen, einen hohen Stellenwert. Nicht nur deshalb, sondern auch wegen des in das historische Urteil unbewußt einfließenden idealistischen Verständnisses von Staatsnutzen und allgemeinem Fortschritt ist es verfehlt, das Mestničestvo als einen „Hauptfaktor in der Rückständigkeit Rußlands"[77] anzusehen. Es war nicht mehr und nicht weniger als ein schlecht und recht funktionierendes Regulativ adliger Rang- und Würdenverteilung. Es war, als im allgemeinen streng beachtetes und grundsätzlich nicht bestrittenes Privileg, Ausdruck adliger Macht und Mittel der herrschenden Elite, ihre ethischen und politischen Kategorien gesellschaftlich zur Geltung zu bringen. Könnte man also aus historischer Perspektive sehr wohl in der dominierenden sozialen und politischen Stellung des russischen Adels, der die Entwicklung anderer gesellschaftlicher Gruppen behinderte und sie von einer Beteiligung an der Regierung ausschloß und damit ökonomische Ressourcen und politische und geistige Potentiale nicht zur Entfaltung kommen ließ, eine wesentliche Ursache für die im westlichen Vergleich allenthalben zu beobachtende Rückständigkeit Rußlands erblicken, so ist es nicht angängig, ein Instrumentarium adliger Herrschaftssicherung dafür verantwortlich zu machen. Die generelle soziale und politische Macht des Adels, nicht die Art und Weise, mit welchen Methoden er seine Herrschaft im wohlverstandenen eigenen Klasseninteresse durchsetzte, ist für die Frage des allgemeinen gesellschaftlichen Entwicklungsstandes im Vergleich zu anderen Ländern relevant.

Das Mestničestvo war somit eine ambivalente Erscheinung. Es setzte den Herrschern Schranken. Eine vollkommen freie und willkürliche Verfügung über den Adel war ihnen sozusagen institutionell verwehrt. Ein Bojarenkollegium, das sich als eine Art ständisches Organ kaum als verlängerter Arm der Staatsspitze verstanden haben wird, traf in Streitfällen aufgrund einer möglichst umfassenden Dokumentation der Dienste der Kontrahenten und ihrer Vorfahren eine richterliche Entscheidung, für die das System selbst,

---

[75] Zit. bei Šmidt, Mestničestvo, S. 184.
[76] Niedriggeborene *(nerodoslovnye)* nehmen seit der 2. Hälfte des 17. Jh. auffallend oft hohe Ämter und Voevodenposten ein, d. h. die Bedeutung der Herkunft spielt für die Amtswürde, die mit der Mestničestvo-Würde nicht parallel verläuft, eine zunehmend geringe Rolle. Vgl. Markevič, Istorija mestničestva, S. 559; Got'e, Bojarskaja duma, S. 133.
[77] Kleimola, Status, Place and Politics, S. 214.

unabhängig vom Herrscherwillen, die Kriterien lieferte. Auf der anderen Seite bot es den Herrschern vielfältige Möglichkeiten zur Manipulation, wenn es um die Verteilung von Positionen ging. Denselben machtstärkenden Effekt zugunsten der verteilenden Instanz bewirkte das dem Mestničestvo immanente, es gewissermaßen konstituierende und am Leben haltende adlige Konkurrenz- und Rivalitätsverhalten,[78] durch das mögliche gesamtständische politische und soziale Zielsetzungen weitgehend absorbiert wurden. Die institutionalisierte Vereinzelung des Protestes und der Interessen unterminierte ständische Solidarität im Sinne einer schützenden Abgrenzung von oben. Das eigenartige Wesen des Mestničestvo lag darin, daß es als Recht einer privilegierten Klasse sich in der Wahrung von Einzelinteressen konkretisierte. Ähnlich widersprüchlich wird ein Urteil über den Einfluß des Mestničestvo auf das staatliche Wohl aussehen. Einige eklatante Fälle, in denen Mestničestvo-Streitigkeiten militärische Niederlagen offensichtlich mitverursachten, haben die populäre Meinung über den äußerst schädlichen Charakter der Rangplatzordnung für Staatsangelegenheiten, wie dies in der feierlichen Erklärung bei ihrer Abschaffung 1682 kundgetan wurde, verstärkt. Unvermeidlich war es, daß die verantwortungsvollsten Posten nicht immer von den Fähigsten besetzt wurden. Dies ist aber selbst in einer offenen Gesellschaft, wie sie damals nirgends in Europa existierte, ein schwer zu lösendes Problem.

Unzweifelhaft ist die starke Faszination, die das Mestničestvo als rang- und ehrenverteilendes Prinzip[79] auf die herrschende Klasse ausübte. Es war Indikator gesellschaftlichen Auf- und Abstiegs, unentbehrliches Mittel zur eigenen Positionsbestimmung in der sich dauernd wandelnden Hierarchie und empfindlicher Seismograph für eine veränderte politische Gunstlage. Es spiegelte aktuelle und längerfristige Wertschätzungen einer Person oder eines Geschlechts im buntfarbigen Kaleidoskop der höfisch-adligen Machtsphäre wider. Es konnte

---

[78] Diesen Faktor hat von den ausländischen Zeitgenossen zuerst und besonders Giles Fletcher betont, vgl. Sbornik dokumentov, t. III, S. 196 f, der ihn zur Begründung seines Bildes von der schrankenlosen moskowitischen Tyrannei als Folge adliger Schwäche ins Feld führte und mit dieser Auffassung einen sehr nachhaltigen Einfluß auf die wissenschaftliche historische Literatur ausgeübt hat. Was das Konkurrenzverhalten des Adels betrifft, so sind dafür nicht zuletzt die zahlreichen überlieferten Gerichtsfälle bezüglich Verleumdung und falscher Anklage charakteristisch, welche Vergehen nach Moskauer Rechtspraxis, wie nicht anders zu erwarten, hart bestraft wurden. Quellenbelege bei Kollmann, Honor and Dishonor, S. 140.

[79] Wenn Montesquieu das Vorhandensein eines Ehrbewußtseins in „despotischen Staaten" wie Moskau verneinte („Ce n'est point l'honneur qui est le principe des états despotiques: les hommes y étant tous égaux ..., les hommes y étant tout esclaves ..." Vgl. L'esprit des lois, livre I, chapitre VIII), so widerlegt der offensichtliche Tatbestand des Gegenteils, zumindest was das herrscherlich-aristokratische Verhältnis betrifft, die Annahme vom despotischen Wesen des Moskauer Staates.

sich deshalb der permanenten gespannten Aufmerksamkeit der herrschenden Elite, deren Mitglieder eifersüchtig auf ihre Rangstellung achteten, sicher sein, die aber durch Dienst untermauert werden mußte. Dienst für den Fürsten auf einem hohen quantitativen und qualitativen Niveau sicherte den „Platz" oder eröffnete Möglichkeiten des Aufstiegs. Das Mestničestvo war, wie eingangs betont, ein untrennbarer Bestandteil adliger Dienstexistenz und ein wichtiges Stimulans für adliges Dienstengagement und ist im übrigen außerhalb dieses Zusammenhangs gar nicht zu verstehen. Auf jeden Fall war aufs ganze gesehen der Nutzen, den es für die hohe Bereitschaft des russischen Adels zu dienen, hatte, unvergleichlich größer als der durch Streitigkeiten hin und wieder angerichtete allgemeingesellschaftliche Schaden, obwohl sich die Historikerschaft über diesen Aspekt des Mestničestvo stets besonders breit ausgelassen hat. Die positiven Seiten des Mestničestvo gerieten dabei weitgehend aus dem Blickfeld. Daß freilich der durch die Rangplatzordnung gewissermaßen institutionalisierte exklusive Herrschaftsanspruch des russischen Adels, die Ausschließung und das Fernhalten anderer gesellschaftlicher Kräfte von politisch relevanter Einflußnahme den sozialen und politischen Fortschritt Rußlands langfristig gehemmt und „verspätet" hat, ist schwerlich zu übersehen. Die von Peter I. eingeführte Rangtabelle (*tabel' o rangach*, 1722), die die alte Rangplatzordnung ersetzen sollte, übernahm von ihr, trotz der Zugeständnisse an Kriterien von Leistung und Fähigkeit, v. a. jene Prinzipien und Gepflogenheiten, die den Vorrang der Hocharistokratie im Staat auch fernerhin sicherstellten.

XI. DIE BOJARENDUMA

Die Laurentiuschronik sah es im 12. Jh. als das Kennzeichen eines schlechten Fürsten an, wenn er „Beratungen mit seinen Männern nicht liebt."[1] Vladimir der Heilige beriet sich mit seiner Družina „über den Aufbau des Landes und über militärische Dinge und über die gesetzliche Ordnung des Landes."[2] Dies war bei seinen Enkeln und Urenkeln im 11. und 12. Jh. ihr tägliches Geschäft.[3] Wenn der Fürst seine Entscheidungen ohne die Bojaren traf, konnten sie sich weigern, ihm zu folgen. Die Gefolgschaft sagte zu Mstislav Izjaslavič: „Fürst, Du kannst ohne uns weder etwas planen noch tun," und zu seinem Sohn Vladimir: „Du hast Dir das selbst, Fürst, ausgedacht, so werden wir Dir nicht folgen, wir haben nichts gewußt."[4] In seiner „Unterweisung" verallgemeinert Vladimir Monomach offenbar aus seinem eigenen Tun: Nach der Morgenandacht „setze man sich mit seinen Männern zur Beratung."[5] „Wo sind die Bojaren, die mich beraten [bojare dumajuščie], wo [meine] tapferen Mannen ...?" ruft der von den Polovcern geschlagene Igoŕ Svjatoslavič aus.[6] Und als 1177 der Rjazaner Fürst Gleb gegen den Fürsten Vsevolod eine Niederlage erlitt, führten die Sieger mit ihm „auch alle seine Ratgeber [dumcy] fort."[7] Bei Daniil Zatočnik (13. Jh.) wird jener als idealer Fürst beschrieben, der sich in seiner Regierung „auf seine klugen Bojaren" und „seine guten Ratgeber" stützt. Durch „kluge Bojaren" gewinne der Fürst vor vielen Leuten an Ehre und Ruhm in der Welt.[8] „Hält der Fürst mit einem guten Ratgeber Rat, so erlangt er einen hohen Thron. Mit einem schlechten verliert er auch den kleinen."[9] Im 14. Jh. sagte Dmitrij Donskoj zu seinen Söhnen über ihr Verhältnis zu den Bojaren: „Und Eure Bojaren liebt ..., ohne ihren Rat leitet nichts in die Wege."[10] Die Katastrophe des Tatareneinfalls von 1408 führt eine Chronik darauf zurück, daß es

---

[1] Vgl. Ključevskij, Bojarskaja duma, S. 50.
[2] PVL, č. I, S. 86.
[3] Eine umfassende Zusammenstellung von Quellenbelegen über Beratungen zwischen Fürst und Adel in Kiever Zeit bei Frojanov, Kievskaja Ruś. Očerki social'no-političeskoj istorii, S. 73, 81. Vgl. auch Pašuto, O mnimoj sobornosti, S. 172–175; Čerepnin, O charaktere, S. 379–380.
[4] Zit. bei Belov, Ob istoričeskom značenii russkago bojarstva, S. 78.
[5] Zit. bei Zenkovsky, Aus dem alten Rußland, S. 69.
[6] Zit. bei Zagoskin, Central'noe upravlenie, S. 7.
[7] PSRL I, S. 162.
[8] Skripil', Slovo, S. 92–94.
[9] Zit. bei Zenkovsky, Aus dem alten Rußland, S. 236.
[10] PSRL 21, S. 403.

der Großfürst versäumt habe, auf seine „alten" Ratgeber („starcy") zu hören, die in der Regierung erfahren seien, „denn weises Ratgebertum [stareč'stvo] ist der Stadt eine Zierde", es ist „von Gott überehrt worden."[11] Schon Vladimir Monomach hatte seinen Kindern empfohlen, „vor den Alten zu schweigen, auf die Weisen zu hören, den Älteren zu gehorchen."[12] Fürst Konstantin Vsevolodič Rostovskij ermahnte seine Söhne zum Gehorsam gegenüber „den Älteren, welche Euch das Gute lehren."[13] Berseń-Beklemišev stellte Anfang des 16. Jh. an die Herrscher diesen Anspruch: „die Leute belohnen und die Alten in Ehre halten."[14] Sein Zeitgenosse Maksim Grek bestand darauf, daß der Monarch auf seine weisen „Ratgeber" („sovetniki") hören solle und besonders auf jene, die für „Frieden und Ruhe mit allen Nachbarvölkern" eintreten.[15] In einem Sendschreiben des Erzbischofs Vassian an Ivan III. von 1480 steht zu lesen, daß der Großfürst nach Moskau gekommen sei zu seinen Fürsten und Bojaren „um des guten Rates und der Beratung willen."[16] Der anonyme Verfasser des „Gesprächs der Wundertäter von Varlaam" legt dem Zaren ans Herz, „mit seinen Ratgebern in jeder Angelegenheit Rat [zu] pflegen."[17] Die wahrscheinlich in den 70er Jahren des 16. Jh. entstandene „Andere Erzählung" *(Inoe skazanie)* sieht in dem den Zaren täglich umgebenden Rat „aus verständigen Männern, weisen und zuverlässigen, nahen Voevoden" ein unbedingtes Erfordernis. Der Herrscher dürfe sich „nicht einen Tag lang" von ihm trennen.[18] An mehreren Stellen seines Werkes äußert sich Andrej Kurbskij über die Notwendigkeit und Wichtigkeit der Beratung. Die Tätigkeit Aleksej Adaševs und des Popen Sil'vestr beurteilte er deshalb besonders positiv, weil sie viele „kluge Leute" um den Zaren versammelt hätten, so daß er „ohne ihren Rat nichts in die Wege leitete oder ausdachte."[19] Kurbskij verweist auf König Salomo, der gute Ratgeber als Voraussetzung für die Stärke des Fürstentums geschätzt habe.[20] Der Zar müsse „seine weisen Berater lieben, wie seine eigene Brut."[21] Ivan III. habe die Tataren

---

[11] PSRL 15, S. 185.
[12] Zit. bei Zenkovsky, Aus dem alten Rußland, S. 65.
[13] PSRL I, S. 187.
[14] Vgl. AAÈ Nr. 172, S. 142.
[15] Vgl. Budovnic, Russkaja publicistika XVI veka, S. 158–161; Ržiga, Opyt po istorii publicistiki XVI veka, S. 64, 74; Val'denberg, Drevnerusskie učenija o predelach carskoj vlasti, S. 257 f, 261–262.
[16] PSRL 6, S. 225.
[17] Vgl. Valaamskaja beseda, S. 166.
[18] Zit. nach Val'denberg, Dnevnerusskie učenija o predelach carskoj vlasti, S. 308.
[19] RIB t. 31, S. 171.
[20] Ebd. S. 172. Vgl. auch die übrigen angeführten Bibelstellen zur Bekräftigung seiner Auffassung, S. 213–215.
[21] Ebd. S. 211. Dies war die Antwort auf Vassian Toporkov, der Ivan IV. geraten haben soll, niemals Ratgeber um sich zu versammeln, die klüger seien als er selbst, nur dann könne er „Selbstherrscher" sein. Vgl. Val'denberg, Drevnerusskie učenija o predelach carskoj vlasti, S. 314 f; Kurbskij, Istorija o velikom knjaze moskovskom, S. 51.

besiegt und seine Grenzen erweitert „wegen seiner häufigen Beratschlagung mit seiner weisen und tapferen Umgebung [sigklity]; denn er war, wie man erzählt, ratliebend, und er begann nichts ohne gründlichste und vielfältige Beratung."[22] Seinem Nachfolger Vasilij III. warf hingegen Berseń-Beklemišev vor, daß er Widerspruch nicht dulde und sich „selbstdritt" („sam-tretej") mit seinen engsten Beratern zurückziehe und „vom Bett aus" alle Entscheidungen treffe,[23] was freilich ebenfalls indirekt die Bedeutung des fürstlich-adligen Rats, in diesem Fall im Rahmen einer „engeren" Duma, bezeugt. Während der Regentschaft Sofijas (1682–1689) stand die Bojarenduma nach der Bekundung Sil'vestr Medvedevs in allen Staatsgeschäften der Regentin ständig beratend zur Seite, und eine anonyme polnische Quelle von 1683 berichtet, daß Sofija „in Moskau mit den Bojaren herrscht … Ebenso vollziehen die Bojaren keine Beratungen in ihrer Abwesenheit."[24] Durch das Werk des D'jaken Ivan Timofeev († 1631) zieht sich wie ein roter Faden der Gedanke, daß der Zar die Verpflichtung habe, sich mit „guten Ratgebern" zu umgeben.[25]

Über das späte 16. und die erste Hälfte des 17. Jh. schreibt Kotošichin, daß die Zaren nach Ivan IV. in die Herrschaft „gewählt" („obirany") worden seien unter der Bedingung, daß „sie mit den Bojaren und Dumaleuten gemeinsam über alle Dinge Ratschlag hielten [mysliti] und ohne ihr Wissen insgeheim oder offen keinerlei Angelegenheiten täten." Der jetzige Zar Aleksej Michajlovič sei solche Verpflichtungen nicht eingegangen, nenne sich deshalb „Selbstherrscher" und regiere den Staat „nach seinem Willen". Wen er freilich von den Bojaren, den Dumaleuten oder aus dem Volk „liebt und Gnade erweist, der wird gefragt und er berät sich mit ihnen über jegliche Sachen." Der Vater des Zaren, Michail Fedorovič, nannte sich zwar auch „Selbstherrscher", habe aber „ohne bojarischen Rat" nichts machen können.[26]

Das Zeugnis Kotošichins ist deshalb von besonderem Interesse, weil es einer verbreiteten Meinung, der beherrschende verfassungspolitische Trend in Moskau seit dem 15. Jh. sei durch die Ausbildung der Autokratie unter fortschreitender Zurückdrängung des Bojarenadels gekennzeichnet gewesen, deutlich widerspricht. Selbstherrschaft und Adelsherrschaft schließen danach einander nicht aus, sondern verlaufen komplementär. Der Einfluß des hohen Adels auf die herrscherlichen Entscheidungen ist ungebrochen.

---

[22] Ebd. S. 215 f. Berseń-Beklemišev sagt über ihn, daß er „Widerspruch liebte und jene belohnte, die ihm Widerrede leisteten." Vgl. Sbornik dokumentov, t. III, S. 142 (Nr. 5, Febr. 1525).
[23] Vgl. AAĖ, t. I, Nr. 172, S. 142. Vgl. aber zum Vorwurf des „nesovetie" bei Beklemišev Rüß, Adel und Adelsoppositionen, S. 107 ff; Nosov, Stanovlenie soslovnogo predstavitel'stva, S. 160.
[24] Zit. bei Hughes, Sophia, S. 268 und 270.
[25] Vgl. Rowland, Towards an Understanding of the Political Ideas in Ivan Timofeyev's Vremennik, S. 395.
[26] Vgl. O Rossii, S. 126.

Zahlreiche Äußerungen von Zeitgenossen über die wünschbare Regierungsform stimmen mit der Beobachtung Kotošichins weitgehend überein. Die besondere Betonung der herrscherlichen Würde und Macht und ihre Herleitung vom Willen Gottes auf der einen Seite sowie die Herrschaftsbeteiligung der Bojarenschaft andererseits werden überwiegend nicht als Widerspruch empfunden.[27] Deshalb ist auch die Polarisierung und Hochstilisierung zweier konträrer Herrschaftsideologien, die man als Triebfedern des aktuellen innenpolitischen Kampfes wirksam sieht, keine angemessene Beschreibung zeitgenössischer Zustände. Kurbskij, ein glühender Verfechter des traditionellen bojarischen Ratgebertums, ist nie gegen den Anspruch des Zaren, „von Gott" eingesetzt und Quelle allen Rechts zu sein, aufgetreten. Ebenso betonte Maksim Grek neben der Verpflichtung des Monarchen, auf gute Ratgeber zu hören, die Gottähnlichkeit des Zaren als Ergebnis der Pflege von Herrschertugenden und als Folge seiner Machtvollkommenheiten.[28] Der Pope Sil'vestr vertrat gegenüber dem Voevoden A. M. Gorbatyj die Ansicht, daß man dem Zaren zu Händen arbeiten müsse „wie Gott ... und nicht wie einem Menschen", charakterisierte aber zugleich mit den Worten Demokrits das Verhältnis des Herrschers zu seiner adligen Umgebung („Družina") als von „Liebe" und „wohlwollender Freundlichkeit" („privet sladok") bestimmt.[29] Und die Verwendung des Terminus „Selbstherrschaft" in der oben zitierten „Anderen Erzählung" wird von ihrem unbekannten Verfasser durchaus nicht im Widerspruch zu seiner Forderung nach einem den Monarchen ständig umgebenden Rat kluger Männer aus dem weltlichen Adel gesehen.[30] „Selbstherrschaft" und Aufteilung der Macht zwischen dem Monarchen und seinen Ratgebern sind also nicht, wie manche

---

[27] Die Idee, daß die oberste Gewalt „von Gott" sei, wurde von der Geistlichkeit schon in Kiever Zeit propagiert. Vgl. die Quellenbeispiele bei D'jakonov, Vlast', S. 38–41. Der Satz, daß der Kaiser („cesar'") von Erdennatur („est'estvom zemnym") her jedem Menschen gleiche, durch die Macht seiner Würde aber wie Gott („jako Bog") sei, findet sich in der „Belehrung" anläßlich des Todes Andrej Bogoljubskijs (12. Jh.) und fast wörtlich übereinstimmend bei Iosif von Volokolamsk (16. Jh.). Wenn sich die Existenz dieser Ideen bis in die Frühzeit zurückverfolgen läßt, so wird man sich davor hüten müssen, ihr Auftreten in späterer Zeit politisch überzubewerten und ihnen nur deshalb gleichsam einen neuen, realen Sinngehalt und eine im Vergleich zu früher vorhandene politische Relevanz zuzuerkennen, weil die Macht der Moskauer Herrscher nun dem hohen Anspruch dieser Vorstellung nahegekommen sei, während sie früher, so D'jakonov, einen Anachronismus dargestellt habe. Ebd. S. 41 f. Die Idee vom göttlichen Charakter der obersten weltlichen Gewalt tritt überall im Europa des 16. Jh. auf. Vgl. die Quellenbeispiele bei Allen, A History of Political Thought, S. 126–132.
[28] Vgl. Philipp, Ivan Peresvetov, S. 54.
[29] Vgl. Budovnic, Russkaja publicistika, S. 203. In einem Sendschreiben des Metropoliten an Ivan III. von 1480 findet sich die gleiche Demokrit-Stelle. Vgl. PSRL 6, S. 227.
[30] Siehe Val'denberg, Drevnerusskie učenija o predelach carskoj vlasti, S. 309.

meinen,[31] zwei den innenpolitischen Kampf durchgehend bestimmende und unversöhnlich gegenüberstehende Herrschaftskonzepte, sondern im Verständnis der zitierten Quellen aufeinander bezogene und miteinander im Einklang befindliche zentrale Elemente einer **allgemeinen Ideologie** der herrschenden Klasse.[32] Jene ist, mit aller gebotenen Vorsicht, ein Spiegelbild der tatsächlichen gesellschaftlichen Machtverhältnisse.[33]

Die zitierten Quellenbeispiele aus verschiedenen Jahrhunderten lassen über die wichtige Bedeutung adliger Ratgeberschaft keinen Zweifel.[34] Sie gehört zu den auffälligen verfassungspolitischen Konstanten der russischen Geschichte im untersuchten Zeitraum. Das Beratungsgremium der Fürsten, die Duma,[35] war das höchste und angesehenste Organ der Entscheidungsfindung auf gesamtstaatlicher Ebene. In ihm waren die vornehmsten und sozial mächtigsten Repräsentanten der Adelsgesellschaft vertreten. Der Bojarenstatus implizierte die Mitgliedschaft zur Duma und war der erstrebte Endpunkt einer gelungenen Adelskarriere. Die Fürsten und Zaren selbst sahen den Erfolg ihrer Herrschaft wesentlich im Kontext eines sie umgebenden adligen Rates. In der Formel: „Sie [die Bojaren] sollen immer in Moskau, beim Herrscher, sein, untrennbar [von ihm]"[36] kommt die enge politische Gemeinschaft der regierenden Klasse zum Ausdruck. In den Quellen gibt es ununterbrochen Hinweise auf die Tätigkeit

---

[31] Beispiele für konträre Auslegungen sog. publizistischer Traktate durch die Verabsolutierung eines ideologischen Teilaspekts bei Rüß, Adel und Adelsoppositionen, S. 112–114.

[32] Ebd. S. 113. In diesem Sinne auch Rowland, Did Muscovite Literary Ideology Place Limits on the Power of the Tsar, S. 149.

[33] Ivan IV. mit seinen polemisch überspitzten Formulierungen und Interpretationen zum Thema „Selbstherrschaft", die aber in einem eklatanten Gegensatz zum wirklichen Umfang adliger Herrschaftsbeteiligung standen, und die Zugrundelegung bzw. Projizierung seines zeitweiligen politischen Selbstverständnisses auf die ihm vorangehende und folgende Zeit haben m. E. wesentlich zu der künstlichen Polarisierung von zwei vermeintlich unvereinbaren Herrschaftsentwürfen beigetragen.

[34] Die Großen des karolingischen Reiches schworen Karl und seinen Nachfolgern „Hilfe und Rat". Die Verpflichtung, „Rat" zu leisten, ist ein fester Bestandteil mittelalterlicher fürstlich-adliger Lehnskontrakte. Wie groß auch die Kluft zwischen Ideal und Wirklichkeit gewesen sein mag, so wurde die „Erteilung von Rat" lange Zeit als wichtigster Ausdruck adliger Macht und Verantwortung gesehen. Vgl. Powis, Aristocracy, S. 45.

[35] Der Terminus „Bojarenduma" ist künstlich, die Quellen enthalten die volle Wortform („duma bojar") nur einmal, und zwar in der Wahlkapitulation für den polnischen Thronkandidaten Władysław vom 17. 8. 1610. In den übrigen Fällen wird entweder nur von der „Duma" oder – häufiger – von den „Bojaren" gesprochen, bzw. es wird (besonders in der Frühzeit) nur das Verbum „dumati" (nachdenken, beraten) gebraucht. Vgl. LGR, S. 66 (H.-J. Torke).

[36] AI, t. II, Nr. 355. Kotošichin erwähnt, daß speziell die „nahen" Bojaren und die „Dumapersonen" Moskau ohne zarische Erlaubnis nicht für einen Tag verlassen würden. Vgl. Zagoskin, Central'noe upravlenie, S. 61.

der Bojarenduma, über deren Form der Zusammenkunft und Arbeitsweise allerdings unser Wissen äußerst beschränkt ist, da weder offizielle Protokolle geführt noch ein Archiv angelegt wurden oder eine Kanzleiorganisation existierte.

Vladimir Monomach versammelte seine Ratgeber nach der Morgenandacht in aller Frühe um sich. Fedor Alekseevič befahl 1676, „zur ersten Stunde", also bei Sonnenaufgang, in den Kreml' zu kommen und den Geschäften nachzugehen, womit jedoch kaum die hohen Aristokraten gemeint sein konnten, da in einem Erlaß von 1674 der Dienstbeginn der Bojaren auf morgens 10 Uhr festgesetzt worden war.[37] Aleksej Michajlovič forderte 1669 die Bojaren auf, abends bis zum Einbruch der Nacht im Goldenen Saal, dem neuen Beratungsort, zu konferieren.[38] Olearius berichtet, daß die Bojaren und „ReichsRäthe" „in Reichs und anderen wichtigen Sachen ... ihre Zusammenkünften und Berathschlagungen nach Mitternacht" abhielten und „sich umb 1. oder 2. Uhren zu Schlosse" verfügen würden, wo sie sich bis „Mittag umb 9. oder 10. Uhren" aufhielten.[39] Hier handelt es sich wohl um ein Mißverständnis, allerdings waren nächtliche Sitzungen wiederum auch keine Seltenheit. So geschahen etwa die Beratungen über Testament und Regentschaft vor dem Tode Vasilijs III. im Dezember 1533 überwiegend nachts.[40] Margeret gibt folgende Auskunft: „During the summer they [the boyars] ordinarily get up at sunrise and go to the castle (if they are in Moscow), where the council meets until ten a.m. Then the emperor, attended by those of the council, goes to hear the church service. This lasts from 11 until noon. After the emperor leaves the church, the nobles go home to eat dinner, and after dinner they lie down and sleep for 2 or 3 hours. In the late afternoon ... all the lords return to the castle, where they remain until 2 or 3 hours after sunset. Then they retire, eat supper and go to bed."[41] Fletcher sagt, daß die Duma am Montag, Mittwoch und Freitag zusammentrat, im 17. Jh. fanden tägliche Sitzungen statt.[42] Im 16. Jh. gab es ein besonderes Gebäude, das überwiegend als fester Tagungsort diente, im 17. Jh. versammelte man sich in verschiedenen Kreml'palästen und bei längeren Ausfahrten des Herrschers auch außerhalb der Hauptstadt, z. B. häufig im zarischen Landsitz Preobraženskoe.[43] Manchmal wurden sogar passende Gelegenheiten während der zweistündigen Morgenmesse zu kurzen Beratungen, Anhörungen

---

[37] Laut Zabelin, Domašnij byt, S. 292 nach der Morgenmesse *(obednja)*.
[38] Vgl. Torke, Oligarchie in der Autokratie, S. 192.
[39] Vgl. Moskowitische und persische Reise, S. 266. Ihm folgt Zagoskin, Central'noe upravlenie, S. 102 f.
[40] Vgl. PSRL 4, S. 552–564.
[41] Jaques Margeret's State of the Russian Empire, S. 108.
[42] Vgl. Zagoskin, Central'noe upravlenie, S. 104.
[43] Ebd. S. 89; Got'e, Bojarskaja duma, S. 134.

oder Anweisungen genutzt.⁴⁴ Insofern als die altrussische Duma weder an einem bestimmten Ort noch an eine feste Zeit gebunden war, keine Kanzleiorganisation besaß und in ihrem personellen Bestand und Umfang abhängig von den zur Beratung anstehenden Problemen ständig wechselte, zeigte sie nur schwache Ansätze zu einer Institutionalisierung und bewahrte weitgehend ursprüngliche und einfache Organisationsformen, was sich erst im Laufe des 17. Jh. durch die stärkere Verklammerung mit dem Prikaz-Apparat und ihre zunehmende Verbürokratisierung allmählich veränderte.⁴⁵ In gewisser Weise spiegelte sich in dieser Freiheit von streng reglementierter Tätigkeit und in der Kompetenzfülle, die sich auf alle Bereiche staatlichen Lebens erstreckte, der Charakter der Bojarenduma als Machtorgan der herrschenden Elite besonders sinnfällig wider. Sie war mehr als nur bloßes Herrschaftsinstrument, als eine Einrichtung unter anderen, sie verkörperte selbst den Anspruch auf oberste Gewalt, war höchstes Entscheidungsgremium. Die persönliche Anwesenheit des Herrschers bei ihren Sitzungen, die er als *primus inter pares* leitete, der tägliche nahe Kontakt mit ihm, das allgemein hochgeschätzte Privileg, „immer seine klaren herrscherlichen Augen zu schauen" („vidati vsegda svoi gosudarskie presvetlye oči"), hob den Macht- und Prestigewert der Duma über alle anderen existierenden fürstlichen und staatlichen Organe weit hinaus.

In Kiever Zeit waren Teilnehmer an Dumaberatungen neben den bedeutendsten Gefolgschaftsmitgliedern zuweilen Angehörige der Fürstenfamilie und Vertreter der hohen Geistlichkeit, unter Vladimir d. Hl. manchmal auch die „Ältesten der Städte" („starcy gradskie"). In prekären Situationen, wie im Dezember 1533, als es um die Regelung der Nachfolge Vasilijs III. ging, wurden ebenfalls der Metropolit und die Teilfürsten, die Brüder des Großfürsten, an den Beratungen, wenn auch nicht am unmittelbaren Entscheidungsprozeß im Rahmen der „nahen Duma", beteiligt. Die Anwesenheit des Metropoliten bzw. Patriarchen an Dumasitzungen scheint somit nichts Ungewöhnliches gewesen zu sein.⁴⁶ In der Nordost-Ruś des 14.–15. Jh. gehörten v. a. jene Vertreter des hohen Adels zur Duma, die gleichzeitig in der Hof- bzw. Landesverwaltung wichtige Positionen innehatten. Unter den Moskauer Herrschern läßt sich eine gewisse Vorliebe für die Beratung im engen Kreis von ca. 10–15 Personen *(bližnjaja duma)* beobachten. Margeret spricht von 32 Teilnehmern während seiner Anwesenheit in Moskau. Er erwähnt allerdings auch die Existenz eines „geheimen Rates" („privy council"), der mit den engsten Vertrauten des Herrschers besetzt gewesen sei und in Angelegenheiten von außerordentlicher Wichtigkeit getagt habe.⁴⁷ Von „geheimen" Beratungen, zu denen die „nahen"

---

⁴⁴ Vgl. Zabelin, Domašnij byt, S. 370.
⁴⁵ Siehe oben, S. 321 f.
⁴⁶ Vgl. Zagoskin, Central'noe upravlenie, S. 73.
⁴⁷ Vgl. Jaques Margeret's State of the Russian Empire, S. 104.

Bojaren und Okol'ničie gebeten wurden, berichtet auch Kotošichin.[48] Nach dem oben zitierten Zeugnis Berseń-Beklemiševs liebte es Vasilij III., sich auf einen kleinen Kreis engster Berater zurückzuziehen. Dies bestätigen die Testamentsberatungen kurz vor seinem Tode, die im Rahmen der „nahen Duma" stattfanden.[49] Fast ständig hielten sich die beiden Favoriten Vasilijs III., Zachańn und Šigona-Podžogin, am Krankenlager des sterbenden Großfürsten auf.[50] In seinem zweiten Sendschreiben an Ivan IV. wirft Kurbskij dem Zaren vor, daß er nach der Vertreibung Sil'vestrs und Adaševs zu den Sünden seiner Jugend zurückgekehrt sei und „Rat" mit „geliebten Schmeichlern" gepflegt,[51] das heißt wohl die intimere Beratungsform im Kreise allerengster Vertrauter gegenüber den regulären Dumazusammenkünften aller Mitglieder – Kurbskij spricht unter dem Einfluß seiner neuen Umgebung in Polen-Litauen von der „Erwählten Rada" *(Izbrannaja rada)* – favorisiert habe. Giles Fletcher berichtet, daß der „allgemeine Rat" selten oder nie einberufen, dagegen der „geheime Rat" sich täglich zur Beratung der staatlichen Angelegenheiten beim Zaren einfinden würde.[52]

Es lassen sich somit drei gremiale Formen der Beratung unterscheiden: die Versammlung aller Dumaangehörigen, zu der von Fall zu Fall auch hohe Geistliche[53] und die mit Herrschaften ausgestatteten Verwandten des Großfürsten bzw. Zaren hinzugezogen werden konnten, die „nahe Duma" aus wenigen mächtigen und besonders angesehenen und einflußreichen Ratgebern sowie schließlich die Form des „geheimen" oder „Selbstdritt"-Rates des Herrschers mit den allerengsten, intimsten Vertrauten. Daneben gab es Dumakommissionen als höchste Regierungsorgane während der Abwesenheit des Monarchen von der Hauptstadt, besondere Kommissionen für diplomatische Verhandlungen oder zur Bearbeitung wichtiger Detailfragen, seit 1681 eine

---

[48] Vgl. O Rossii, S. 25.

[49] Außer vier D'jaken nahmen an der ersten von drei Testamentsberatungen vier Bojaren (M. Ju. Zachańn, D. F. Bel'skij, I. V. Šujskij und M. L. Glinskij) und zwei Dvoreckie (I. Ju. Šigona-Podžogin, I. I. Kubenskij) teil. Die Teilnehmerzahl änderte sich in den folgenden Sitzungen am 23. und 26. 11. nicht wesentlich. Vgl. PSRL 6, S. 268–272.

[50] Vgl. Rüß, Der Bojar M. Ju. Zachańn, S. 170.

[51] Zit. nach Zagoskin, Central'noe upravlenie, S. 31.

[52] Vgl. Sbornik dokumentov, t. III, S. 199. Nach Ključevskij diskutierte die „nahe Duma" spezielle Interna der Hofsphäre, ferner allgemeinstaatliche Probleme, die vorerst einer größeren Öffentlichkeit verborgen bleiben sollten, geheime, v. a. außenpolitische Angelegenheiten sowie wichtige Fragen, die mit einer bestimmten Taktik in das erweiterte Dumagremium eingebracht werden sollten. Vgl. Camphausen, Die Bojarenduma unter Ivan IV., S. 47.

[53] S. oben S. 415. Unter dem ersten Pseudodemetrius gehörten außer dem Patriarchen vier Metropoliten, sieben Erzbischöfe und drei Bischöfe der Duma an, deren weltliche Mitglieder auf 70 erhöht und die „Senatoren" genannt wurden. Vgl. Jabločkov, Istorija dvorjanskago soslovija, S. 190.

ständige Kommission der Bojarenduma mit gerichtlichen und politischen Befugnissen *(Raspravnaja palata)*.[54]

Es liegt in der Natur der Sache, daß die überlieferten signifikanten Veränderungen in der Größe der Duma nur auf ihren ersten gremialen Typ zu beziehen sind. Der gravierendste Wandel vollzog sich im Laufe des 17. Jahrhunderts, besonders in seinen 70er und 80er Jahren, die durch eine bemerkenswerte „Inflation der Ehren" in allen Bereichen gekennzeichnet waren: Zählte man im Jahre 1630 24 Dumamitglieder, so gab es 144 im Jahre 1686,[55] wobei dieser Anstieg v. a. zugunsten des nicht dem hocharistokratischen Milieu entstammenden Dvorjanentums und der D'jaken erfolgte.[56] Es wird allgemein angenommen, daß diese personelle Aufblähung der Duma und ihre wachsende enge Verzahnung mit dem Verwaltungsbereich zu ihrem politischen Bedeutungsschwund beigetragen habe.[57] Überzeugend ist diese Ansicht allerdings nicht. Die Verklammerung von Regierungs- und Verwaltungssphäre in der Duma ist tendenziell seit eh und je gegeben: Dumamitglieder – und nicht nur die niederen Chargen der D'jaken – waren oft auch zugleich Verwaltungsträger.[58] Einige Ämter waren automatisch mit Dumazugehörigkeit verbunden. Man wird aber nicht vermuten, daß die Regierungskompetenz und damit die politische Autorität der Duma durch ihre in Administration und Bürokratie ausgewiesenen Spezialisten herabgemindert worden wäre, und die Tatsache, daß ein hoher Prozentsatz der Dumamitglieder zugleich Prikazleiter waren, nicht dahingehend bewerten, daß sie zu einem bloßen Verwaltungsorgan und mehr oder weniger unvollkommenen Anhängsel der Bürokratie degeneriert sei.[59] Die häufig vorgetragenen Zahlen zur Veränderung des sozialen Profils der Duma im 17. Jh. sind für eine solche Deutung wenig aussagekräftig. Wenn nur 46 % aller Dumamitglieder im 17. Jh. hocharistokratischer Abstammung

---

[54] Zu den Kommissionen vgl. Zagoskin, Central'noe upravlenie, S. 79–88. Bojarenkollegien als höchste Gerichtsinstanz, die ad hoc berufen wurden, gab es schon wesentlich früher. Vgl. Čerepnin, Russkie feodal'nye archivy, t. II, S. 320.

[55] Crummey, The Origins of the Noble Official, S. 49. Zu den Zahlen im 16. Jh. vgl. Kleimola, Patterns (1505–1550); dies., Patterns (1547–1565); dies., Reliance. Zur Zeit der Thronübernahme durch Boris Godunov 1598 bestand die Duma aus ca. 40 Personen. Vgl. Pavlov, Gosudarev dvor, S. 54.

[56] Der Karrieresprung vom Dumadvorjanen zum Bojaren wird erst seit Mitte des 17. Jh. zu einer häufigen Erscheinung. Vgl. Crummey, Aristocrats and Servitors, S. 24. Bis zur Mitte des 16. Jh. werden die Dvorjanen, „die in der Duma lebten", in den Quellen nur selten erwähnt, vgl. Solovév, Istorija Rossii, t. III, S. 419 f, seit 1572 erscheinen sie namentlich in den Listen der Dumamitglieder. Vgl. Ključevskij, Bojarskaja duma, S. 258.

[57] Crummey, The Origins of the Noble Official, S. 48; Torke, Die staatsbedingte Gesellschft, S. 292.

[58] Vgl. oben, Kap. VIII.

[59] Vgl. z. B. Epstein, Die Hof- und Zentralverwaltung, S. 41–42. Ihm folgt Torke, Autokratie und Absolutismus, S. 36.

waren,⁶⁰ so sagt diese Zahl über das politische Gewicht des hohen Adels in der Duma und zu verschiedenen Zeiten wenig aus. Die beredten Klagen Ordin-Naščokins über den Einfluß der alten vornehmen Geschlechter, die überall in der Politik bestimmend seien und ihm als nur von zarischer Gnade abhängigem Parvenue das Leben schwermachten,⁶¹ verdeutlichen dies zur Genüge. Zwar hielten niedrige adlige Elemente in bisher nicht bekanntem Ausmaß Einzug in die Duma, andererseits entsandten aber auch einige wenige hocharistokratische Familien mit konstanter Regelmäßigkeit in jeder Generation ihre Vertreter in diese Institution,⁶² und sie waren es vor allen Dingen, die als „nahe" Bojaren *(bližnie, bližniki)*⁶³ oder „Beschützer" *(oberegatel')* des Reiches – so der Titel Fürst Vasilij Vas. Golicyns – den engeren *(bližnjaja)*, geheimen *(tajnaja)* oder Kabinettsrat *(komnatnaja duma)*, der durch das zahlenmäßige Anschwellen der „vollständigen" Duma noch an praktisch-politischer Bedeutung zunahm, bildeten, d. h. formale Mitgliedschaft in der Duma war nicht gleichbedeutend mit politischer Macht, und diese konzentrierte sich weiterhin in den Händen der Hocharistokratie, die sie im Rahmen der traditionellen „nahen Duma" am wirksamsten zur Geltung bringen konnte.

Über die auch zahlenmäßig hocharistokratische Vorherrschaft in der Duma im 15. und 16. Jahrhundert ist indes überhaupt kein Zweifel möglich. 50 % der Bojaren und Okol'ničie zwischen 1462 und 1584 waren titulierte Fürsten. Das alte nichttitulierte Moskauer Bojarentum stellte in diesem Zeitraum einen nicht weit darunterliegenden Anteil von Dumamitgliedern.⁶⁴ Lediglich 4 % der

---

⁶⁰ Vgl. Crummey, The Origins of the Noble Official, S. 52.
⁶¹ Vgl. Rüß, Moskauer „Westler" und Dissidenten", S. 205.
⁶² Von 108 Geschlechtern, die im 17. Jh. in der Duma repräsentiert waren, besaßen 40 bereits im 15.–16. Jh. Dumamitgliedschaft, 34 gehörten der Duma im Verlauf des gesamten 17. Jh. an. Mitglieder von 35 Geschlechtern waren nur im 17. Jh. und mit einer Person vertreten. Ferner gab es 33 „neue" Geschlechter mit mehr als einem Mitglied in der Duma, die dort im 15.–16. Jh. noch nicht präsent waren. Die Zahlen veranschaulichen die Macht der Hocharistokratie, die sich durch traditionelle und konstante Vertretung in der Duma auszeichnete. 120 Bojaren und Okol'ničie mit Fürstentitel besaßen im 17. Jh. ein Drittel aller leibeigenen Bauern. Vgl. Vodarskij, Pravjaščaja gruppa, S. 76–80. M. E. Byčkova spricht sogar davon, daß es „formale juristische Rechte einzelner Familien, einen Platz in der Bojarenduma einzunehmen, an der Verwaltung des Landes teilzunehmen", gegeben habe. Vgl. Sostav klassa feodalov, S. 191.
⁶³ Vgl. Kotošichin, O Rossii, S. 39, 42, 45.
⁶⁴ N. E. Nosov zählt an titulierten „Dumcy" 37 Obolenskie, 18 Starodubskie, 17 Patrikeevy, 16 Jaroslavskie, 15 Suzdal'skie, zehn Rjazanskie, zehn Rostovskie, sechs Glinskie, fünf Bel'skie, fünf Odoevskie, vier Vorotynskie, vier Mstislavskie und zwei Čerkasskie. Von den nicht-titulierten Dumabojaren stellten das Geschlecht Ratši (Čeljadniny, Buturliny, Fedorovy) 23, das Geschlecht Miša Prušanins (Morozovy-Poplevinу, Šeiny, Tučkovy, Saltykovy, Davydovy) 28, das Geschlecht Redegi (Zachar'iny-Jur'evy, Kolyčevy, Jakovlevy, Šeremetevy, Koškiny) 34, das Geschlecht der Zernovy (Saburovy, Voroncovy-Vel'jaminovy, Godunovy) 26, das Geschlecht Bjakonts (Pleščeevy-Basmanovy) 12. Vgl. Stanovlenie, S. 154–155.

Dumaangehörigen waren bei Beginn der selbständigen Regierung Ivans IV. (1547) dem niederen Adel zuzurechnen.[65] Die Dumen in der Opričnina hatten einen ähnlich hochadligen Charakter wie ihre Pendants in der Zemščina. Dies gilt in noch stärkerem Maße für die Dumen in der Regierungszeit der Zaren Fedor Ivanovič und Boris Godunov.[66] Eine ganze Reihe von Nachkommen ehemals selbständiger Fürsten wie die Rostovskie, Penkovy, Jaroslavskie, Vorotynskie, Bel'skie, Mstislavskie, Šujskie und andere gelangten im 16. Jh. bei Aufnahme in die Duma direkt in den Bojarenrang, während untitulierte Moskauer Aristokraten diesen häufig erst nach Durchlaufen der Okol'ničij-Stufe erreichten. Zwischen 1505–1593 waren ca. 23 % der Okol'ničie titulierte, 77 % hingegen untitulierte Adlige, während von den etwa 200 Bojaren in diesem Zeitraum ca. 65 % zum titulierten Adel gehörten.[67] Auch im 17. Jh. waren die zur ersten Kategorie gehörenden Fürstenfamilien, deren Mitglieder direkt den Bojarentitel erhielten, im Vergleich zu den untitulierten vornehmen Geschlechtern, die dieses Privileg genossen, in der Überzahl, was jedoch wohl mit ihrem allgemeinen zahlenmäßigen Übergewicht korrespondierte.[68] Einige fürstliche Geschlechter (Patrikeevy, Rjapolovskie, Zvenigorodskie, Obolenskie) hatten schon seit dem 14. Jh. ihr Schicksal eng mit den Moskauer Herrschern verbunden und hatten Dumazugehörigkeit erlangt. Die Mehrzahl der Nachkommen von ehemals selbständigen Fürsten, die in ihrem Herrschaftsbereich noch gewisse Überreste von Souveränität bewahrt hatten, vollzog den Übertritt in die Bojarenduma jedoch erst relativ spät zu Beginn des 16. Jh.[69] Waren 1475 von 13 aus den Dienstlisten bekannten Dumamitgliedern nur vier Fürsten, so waren es 1505 von 18 bereits die Hälfte, und zwar alle im Bojarenrang.

Die Dumakarrieren der beiden Adelsgruppen, der „Knjažaten" und der untitulierten Altmoskauer Dienstgeschlechter, verliefen – von den Präferenzen, die einige fürstliche Hocharistokraten hinsichtlich der unmittelbaren und raschen Erhebung in den Bojarenrang anfangs genossen, abgesehen – in der Folge nach den gleichen Kriterien und Mustern. Es ist deshalb u. E. auch müßig, sich an den Spekulationen über die vermeintliche politische Bevorzugung oder das gegenseitige Ausspielen dieser oder jener Adelsgruppierung durch die Großfürsten und Zaren zu beteiligen, zumal sie mit der Vorstellung eines unterschiedlichen politischen Programms und Selbstverständnisses innerhalb der Hocharistokratie verbunden sind, für die der Quellennachweis aber kaum zu erbringen ist, weshalb sich die wissenschaftliche Argumentation im allgemeinen

---

[65] Vgl. Camphausen, Die Bojarenduma, S. 72.
[66] Ebd. S. 122 ff und Pavlov, Gosudarev dvor, S. 27–79.
[67] Vgl. Ključevskij, Istorija soslovij, S. 137. Zwischen 1505–1550 waren nur sechs von insgesamt 50 Okol'ničie fürstlicher Abkunft. Vgl. Kleimola, Patterns of Duma Recruitment, S. 233.
[68] Vgl. oben Kap. II, Anm. 92.
[69] Vgl. Zimin, Knjažeskaja znat', S. 225. Vgl. auch oben S. 54 f., 84 f.

bei diesem Problem auch als äußerst künstlich, widerspruchsvoll und letztlich wenig ersprießlich erweist.[70]

Dumamitgliedschaft wurde durch Herkommen und Verdienst bzw. Leistung erlangt. Die Auffassung, daß erst im 17. Jh. die beiden letzten Kriterien bedeutsam wurden und sogar Vorrang vor der Abstammung gewonnen hätten,[71] wie der Aufstieg des Dumadvorjanentums[72] zu belegen scheint, ist falsch. Die Zahl der Familien, die dumafähig waren, lag stets über der Zahl der sie repräsentierenden aktuellen Dumamitglieder.[73] Zwangsläufig mußte eine Auswahl getroffen werden, bei der neben anderen Erwägungen und Umständen – Favorisierung und Protegierung aufgrund von engen Familienbeziehungen, vorteilhaften Heiraten, Freundschaften, Vertrauensstellungen, politischem Kalkül usw. – Kriterien von Verdienst und Fähigkeiten eine wichtige Rolle spielten.[74] Vielfach ging der Erhebung in den Bojarenrang eine lange Dienstkarriere in militärischen Kommandos und administrativen und diplomatischen Positionen voraus, und auch nach Erlangung der Dumamitgliedschaft blieb die Tätigkeit eines Bojaren nicht auf die unmittelbar beratende in diesem höchsten Adelsgremium beschränkt, sondern war mit hohen Posten verbunden, die oft große militärisch-administrative Erfahrung und diplomatisches Geschick erforderten. So ist für die Duma unter der Regentin Elena auffallend, daß nicht nur die D'jaken, sondern v. a. auch ihre hochrangigen Mitglieder, in allererster Linie M. Ju. Zacharin, aber auch die anderen, ganz offensichtlich über ein hohes Maß an diplomatischer Kompetenz verfügten,[75] und genaue Quellenrecherchen zu den Dienstkarrieren von vornehmen Dumamitgliedern in anderen Zeiten würden wahrscheinlich zu einem ähnlichen Ergebnis führen. Es gab ausgesprochene „Haudegen", ausgewiesene Voevoden, die aufgrund ihres militärischen Spezialistentums in die Duma gelangten.[76] Daß der Maßstab von Leistung, Verdienst und Fähigkeit als qualifzierende Eigenschaften für

---

[70] Von einem – nicht näher definierten – Interessengegensatz zwischen Titulararistokratie und altmoskowitischer Bojarenaristokratie im Verein mit dem Dvorjanenadel unter Ivan IV. spricht im Gefolge sowjetmarxistischer Positionen H.-W.-Camphausen, Die Bojarenduma, S. 78.

[71] Vgl. Pipes, Rußland, S. 114; Byčkova, Sostav, S. 191.

[72] Got'e, Bojarskaja duma, S. 132, behauptet, daß nach 1610 das Dumadvorjanentum an die Stelle des alten Moskauer Bojarentums getreten sei. „Nicht der Adel der Herkunft, sondern die persönlichen Eigenschaften brachten die Herrscher auf diese [der Dumadvorjanen] Wahl." DRV t. 20, S. 148. Vgl. auch Anm. 86.

[73] Vgl. Kollman, Kinship, S. 76, 83.

[74] Vgl. dazu Rüß, Adel und Adelsoppositionen, S. 7–11; Alef, Reflections on the Boyar Duma, S. 101, 103. A. Kleimola betont für die 40er Jahre des 16. Jh. eine relativ stärkere Gewichtung politischer Gesichtspunkte bei der Dumarekrutierung im Vergleich zum 15. und beginnenden 16. Jh.. Vgl. Patterns of Duma Recruitment, S. 243.

[75] Vgl. Rüß, Die Friedensverhandlungen, S. 214–215.

[76] Vgl. Kleimola, Patterns of Duma Recruitment, S. 233 („... regimental command ..., a prime route of advancement").

Dumazugehörigkeit anerkannt war, läßt sich auch aus der generellen Einstellung zu herausragenden persönlichen Erfolgen, die besonders belohnt und öffentlich gewürdigt wurden, und zu eklatantem Versagen, das oft adelsinterne Diskussionen und Schuldzuweisungen auslöste,[77] entnehmen.

Es gab vom 14.–16. Jh. insgesamt 93 Familien aus 59 Geschlechtern, die grundsätzlich Anspruch auf Dumazugehörigkeit anmelden konnten, sofern geeignete Vertreter vorhanden waren.[78] Ein kleiner Kreis von altmoskauer untitulierten Bojarengeschlechtern war über Generationen hin in der Duma präsent.[79] Man kann also gewissermaßen von einer erblichen Anwartschaft des hohen Adels auf Dumazugehörigkeit sprechen, die aber im konkreten Fall immer wieder von neuem individuell durch qualifizierende Tätigkeiten in Verbindung mit politischen Machenschaften in Konkurrenz mit gleichberechtigten Kandidaten aus dem eigenen Geschlecht oder aus anderen Familien erstritten werden mußte. Für die Bedeutung qualifizierender Voraussetzungen zur Erlangung der Dumawürde spricht auch der Tatbestand, daß der Bojarenrang im Durchschnitt in erst relativ spätem Alter um die 40–50 verliehen wurde,[80] wenn

---

[77] 1408 rügten die „Alten" der Duma das nach ihrer Meinung unverantwortliche Vorgehen der „Jungen" im Kampf gegen die Tataren Edigejs. Vgl. PSRL 15, S. 185. Bestimmte Adelskreise waren offensichtlich daran interessiert, Michail Ju. Zacharin als untauglichen Feldherrn darzustellen, indem sie ihm die Schuld am Mißerfolg des Kazańzuges von 1524 in die Schuhe schoben. Vgl. Rüß, Der „heimliche Kanzler", S. 166. Herberstein wurde 1526 mit einer noch lebhaften Vergangenheitsbewältigungsdebatte konfrontiert, die der Vorstoß der Krimtataren bis kurz vor die Tore Moskaus im Jahre 1521 ausgelöst hatte und im Zuge derer die „älteren Bojaren" Dmitrij Bel'skij des militärischen Versagens bezichtigten. Vgl. ders., Dmitrij F. Bel'skij, S. 168.

[78] Vgl. Kollman, Kinship, S. 83.

[79] 40,7% der Bojaren und Okol'ničie zwischen 1505–1550 hatten Väter, die ebenfalls einen dieser Dumaränge innegehabt hatten. 66,1% hatten nahe Verwandte, die ebenfalls diese Spitzenränge in der Dienstthierarchie erklommen hatten. Vgl. Kleimola, Patterns of Duma Recruitment, S. 234. Bei den großen Geschlechtern beobachtete S. B. Veselovskij folgendes Karrieremuster: War der Vater Bojar, werden dies auch gewöhnlich seine Söhne in der Reihenfolge des Alters. Der älteste oder die beiden ältesten Söhne gelangen direkt in den Bojarenrang, der dritte Sohn erreicht diesen über die Okol'ničij-Stufe, der vierte muß gegebenenfalls dem Sohn des ältesten Bruders den Platz in der Duma einräumen. Vgl. Issledovanija, S. 259. Für das 17. Jh. stellt R. O. Crummey fest, daß praktisch alle männlichen Mitglieder der mächtigsten Hoffamilien Dumaränge erreichten, auch wenn sie nicht traditionelle Karrierestandards erfüllten. Vgl. Aristocrats, S. 30.

[80] Im 14.–16. Jh. wurde der Bojarenrang durchschnittlich zwischen 38–47 Jahren erreicht, im 17. Jh. zu Anfang der 40er. Vgl. Kollman, Kinship, S. 191 f. Detaillierter für verschiedene Zeitspannen im 16. Jh. Kleimola, Reliance, S. 54 f. In der Duma von 1564 war ca. die Hälfte der Mitglieder zwischen 32–38 Jahre alt. Ebd. S. 55. Zwei Drittel jener Personen aus meist hocharistokratischen Familien, die im 17. Jh. in sehr jungen Jahren in die Duma gelangten, erreichten dies in der Zeit nach 1676. Vgl. Crummey, Aristocrats, S. 29 f. Zwischen 1676–1689 waren immerhin 19% der Dumamitglieder unter 30 Jahre. Ders., The Origins of the Noble Official, S. 59.

man bedenkt, daß der Dienstbeginn eines Adligen bei 15–16 Jahren lag. Es gab freilich markante Ausnahmen, die besonders vornehme Aristokraten, welche oft zugleich Verwandte des Herrscherhauses waren, betrafen. Fürst Dmitrij F. Bel'skij wurde unter Vasilij III. in seinen Zwanzigern zum Bojaren erkoren,[81] Fürst I. Ju. Trubeckoj war knapp zwanzig Jahre alt, als man ihn in den Bojarenrang erhob.[82] Daß dies, bei der bekannten Hochschätzung von Alter und Erfahrung, auch im 17. Jh. noch als problematisch angesehen wurde, zeigt ein bissiger Kommentar zu Fürst Vasilij Golicyns rasch aufgestiegenem und hochgebildetem Sohn Aleksej: „Er ist jung, deshalb versteht er es nicht, die Dinge vernünftig zu überdenken."[83]

Bei der Ernennung zum Bojaren wurde in der Regel, sofern nicht gravierende Abweichungen von den üblichen Eignungsnormen vorlagen oder andere außergewöhnliche Umstände oder Faktoren hineinspielten, das Prinzip der verwandtschaftlichen Seniorität beachtet: Die ältesten Söhne gelangten zuerst und direkt in diesen Rang, die folgenden durchliefen die Okol'ničij-Stufe, die jüngsten wurden überhaupt keine Dumamitglieder oder erreichten nicht die Bojarenwürde.[84]

Ein allzeit gültiges Auswahlprinzip für Dumazugehörigkeit nach feststehenden Kriterien läßt sich jedoch nicht ausmachen. Die quasi erbliche Dumawürdigkeit des Hochadels, nicht mißzuverstehen als ein jederzeit einklagbares Recht auf konkrete personelle Umsetzung, war wohl über die Jahrhunderte eines der stabilsten statischen Elemente bei der Dumarekrutierung, desgleichen das mit dem Hochadel eng verknüpfte Prinzip der genealogischen Seniorität. Verdienste und Leistungen hatten eine anerkannte selektive Funktion. 99 Prozent der Bojaren zwischen 1565 und 1584 konnten militärische Posten aufweisen. Hinzu kamen schwer kalkulierbare „dynamische" Faktoren, die für die Zusammensetzung der Duma eine z. T. ausschlaggebende Bedeutung

---

[81] Vgl. Rüß, Dmitrij F. Bel'skij, S. 171. Einen meteorhaften Aufstieg unter Ivan IV. erlebte Fürst Ivan Fed. Mstislavskij. Vgl. Kleimola, Patterns of Boyar Recruitment, S. 241 f.

[82] Vgl. Markevič, Istorija mestničestva, S. 599. Im 18. Jh. war es, wie im Westen, üblich, daß die Großen des Reiches ihre Kinder in irgendwelche Dienste einschrieben und diese später in der Karriereleiter rasch nach oben stiegen. Ebd.

[83] Zit. ebd.

[84] Vgl. Veselovskij, Issledovanija, S. 496; Kollman, Kinship, S. 84. Selten wurden Personen zwischen 1340–1555 Bojaren, deren Väter diesen Rang nicht erreicht hatten. Ebd. S. 61 f. Daß auch im 17. Jh. die genealogische Seniorität ein zwar nicht durchgängig befolgtes, aber häufig realisiertes Ernennungsprinzip darstellte, unterstreicht R. O. Crummey: „One after another, Šeremetevs, Kurakins, Pronskijs, Repnins, Sickijs and Troekurovs entered the Duma in precisely the correct order." Aristocrats, S. 74. Andererseits war z. B. keiner der Buturliny, die im 17. Jh. Dumamitglieder wurden, der jeweils älteste Vertreter seiner Familie. Ebd. S. 72.

hatten: Favorisierung, Protektion, politisches Kalkül, aktuelle Macht- und Kräfteverhältnisse, was alles partiell oder auch vollständig im Einklang mit jenem obigen Grundraster der Auslese stehen konnte, es aber auch nicht unerheblich zu konterkarieren vermochte.

Wenn behauptet wurde, daß „Dumaernennung ein weiteres Instrument wurde, durch welches die Krone in der Lage war, die Elite zu kontrollieren",[85] so ist dies eine durch die generelle Geringschätzung der Duma als Organ hocharistokratischer Mitsprache und Herrschaftsbeteiligung hervorgerufene unzulässige Verabsolutierung nur eines möglichen Effekts des Auswahlverfahrens, das in Wirklichkeit kompliziertere Strukturen und Beziehungen widerspiegelte. Das Gros der Duma und ihre eigentliche Machtelite wurde von einem kleinen Kreis immer wieder derselben hocharistokratischen Familien gestellt. Dies abzuändern lag offenbar nicht im freien Ermessen des Herrschertums.[86] „Proporz"gesichtspunkte spielten zweifellos eine Rolle. Es diente der Stabilität, förderte das Machtgleichgewicht und verminderte das Konfliktpotential innerhalb der herrschenden Kreise, wenn möglichst viele der bedeutendsten Geschlechter in der Duma vertreten waren und verwandtschaftliche Cliquenbildungen zugunsten einer breiteren Streuung adliger Repräsentation vermieden wurden. Daß dies ein geläufiges Problem war, zeigen jene Fälle, in denen Angehörige einer Familie, die in der Duma einen beherrschenden Einfluß gewonnen hatten, nach dem für sie negativen Ausgang von internen Machtkämpfen gemeinschaftlichen Repressalien, sozusagen einer Sippenstrafe, ausgesetzt waren, wie z.B. im Juli 1546, als drei Voroncovy (F. S., V. M. und I. M.) hingerichtet wurden.[87] 1553, als während der schweren Erkrankung des Zaren die Nachfolgefrage zur heftigen Debatte stand, äußerten viele öffentlich ihre Befürchtung, daß im Falle einer Regentschaftsregierung die Verwandten

---

[85] Vgl. Kleimola, Patterns of Duma Recruitment, S. 243.
[86] Die Einführung des Dumadvorjanenrangs sah N. P. Zagoskin als Versuch des Zaren Ivan IV. an, den aristokratischen Charakter des höchsten Beratungsgremiums zu „demokratisieren", vgl. Central'noe upravlenie, S. 54 f, wobei er, wie viele Historiker nach ihm, das Dumadvorjanentum als soziale Erscheinung des niederen Adels überschätzte, da diese Rangstufe auch Vertreter des Hochadels durchliefen. Vgl. DRV, t. 20, S. 148. Zum Dvorjanentum zählt offenbar Ju. V. Got'e nach 1610 so bedeutende Geschlechter wie die Odoevskie, Saltykovy, Šeiny und andere, von denen er fälschlicherweise behauptet, daß ihre Vorfahren keinen Platz in der Duma besessen hätten. Vgl. Bojarskaja duma, S. 132. Der Anteil des Dvorjanentums am personellen Bestand der Duma war bis in die Zeit Aleksej Michajlovičs äußerst gering. Vgl. Zagoskin, Central'noe upravlenie, S. 45. Seine Stärkung in der späten Regierungsphase Ivans IV. war eine vorübergehende Erscheinung. Vgl. Pavlov, Gosudarev dvor, S. 54.
[87] PSRL 13, S. 149.

der Zarin, die Jurevy-Zachariny, einen übermäßigen Einfluß in der Duma bekämen.[88] Um ein Gegengewicht zur Fraktion der Šujskie zu schaffen, verlangten im Jahre 1538 Ivan Fed. Bel'skij und der Bojar M. Tučkov für Jurij Golicyn den Bojaren- und für Ivan Chabarov den Okol'ničij-Rang,[89] woraus überdies zu ersehen ist, daß die Dumamitglieder an der personellen Besetzung dieses Gremiums beteiligt waren, die somit keineswegs in der alleinigen Verfügung des Herrschertums stand, auch wenn diesem die letzte Entscheidung darüber vorbehalten war.

Die Ernennung zum Bojaren erfolgte in einem feierlichen öffentlichen Akt, der „Verkündung des Ranges" *(skazka čina)*, oft an Festtagen, meist durch einen Dumad'jaken und im Beisein des Herrschers. Ein solches im höfischen Milieu bedeutsames und gewichtiges Zeremoniell zog seinen politischen Wert und Symbolgehalt aus der Achtung vor überkommenen Regeln und Prinzipien bei Zuerkennung der Dumawürde, gestaltete sich also im Rahmen aristokratischer Erwartungen und Ansprüche. Für die Frage nach der Bedeutung der Duma ist es nicht unerheblich zu erkennen, daß ihre personelle Beschickung nicht dem völlig willkürlichen Ermessen der Herrscher anheimgestellt war, sondern zugleich in Abhängigkeit von adelsbestimmten Strukturen, Normen und von konkreten Machgewichten innerhalb der herrschenden Elite erfolgte.

Diese Überlegungen laufen auf eine deutliche Gegenposition zu der populären Auffassung hinaus, welche die Duma als „gehorsames Instrument der staatlichen Macht"[90] sieht und nicht als Verkörperung der letzteren selbst. Glaubt N. P. Zagoskin bis zum Ende des 15. Jh. an ein Recht auf Beratung, so degenerierte es seiner Meinung nach in der Folge zur Pflicht und die Duma zum machtlosen Erfüllungsorgan der „vollen Selbstherrschaft".[91] Eine moderne Umschreibung dieses Sachverhalts ist die schon erwähnte Ansicht, daß die Duma im 17. Jh. aus der Regierungs- in die Verwaltungssphäre abgedrängt worden sei.[92]

---

[88] Vgl. PSRL 13, S. 523–526. Mit dem Aufstieg Boris Godunovs nach dem Tode Ivans IV. war die politische Erhöhung seiner Verwandten verbunden, von denen 1584 fünf Mitglieder im Rang von Bojaren der Duma angehörten. Vgl. Pavlov, Gosudarev dvor, S. 33.

[89] Vgl. Alef, Bel'skies and Shuiskies, S. 234; Kollman, Kinship, S. 72 f.

[90] Got'e, Bojarskaja duma, S. 132. W. Philipp schreibt ihr lediglich die Rolle einer „Informationsquelle" und eines „Zustimmungsgremiums" zu und verwirft völlig die Vorstellung, sie als einen Ort adliger Interessenvertretung zu sehen, wobei er jedoch nur formale Gründe (fürstliches Prärogativ über Umfang, Zusammensetzung, Einberufung, keine organisierten Vorbesprechungen und Absprachen der Mitglieder) ins Feld führt. Vgl. Zur Frage nach der Existenz altrussischer Stände, S. 69.

[91] Vgl. Central'noe upravlenie, S. 22. Einen freien Meinungsaustausch zwischen Herrscher und Dumamitgliedern, wie er in früheren Zeiten selbstverständlich war, sieht derselbe Verfasser nun nicht mehr gegeben. Ebd. S. 12.

[92] Vgl. Torke, Autokratie und Absolutismus, S. 36.

Der dem russischen hohen Adel an manchen Stellen seines Werkes nicht sonderlich zugeneigte Grigorij Kotošichin spricht vielen vornehmen Dumaangehörigen überhaupt jegliche fachliche und bildungsmäßige Kompetenz ab, wenn er schreibt, daß sie zu Bojaren „nicht ihres Verstandes wegen, sondern aufgrund der hohen Abstammung" geworden seien, „und viele von ihnen sind nicht gelehrt und nicht studiert" und würden sich deshalb auch nicht an den Beratungen aktiv beteiligen können.[93] Diese ganz einzeln dastehenden Interna eines Zeitgenossen und „Insiders" über die Bojarenduma haben das häufige Negativurteil über sie in der Forschung mit Sicherheit nicht unwesentlich beeinflußt.

Lange Zeit wurde ein wissenschaftlicher Streit darüber geführt, ob der Fürst zu Dumaberatungen verpflichtet gewesen sei oder nicht. Er war es natürlich nicht, denn es existiert kein durch eine Verfassung oder Charta festgeschriebenes Recht des Adels auf Herrschafts- und Regierungsbeteiligung. Die Duma war kein konstitutionelles Organ, das aufgrund von irgendwelchen Verträgen politische Mitsprache realisierte oder Herrscherrecht einschränkte. Ihrem Wesen nach blieb sie über die Dauer des hier betrachteten Zeitraumes eine beratende Versammlung. Sie separierte sich nicht von der obersten Gewalt durch Usurpierung verbriefter politischer Rechte, die jene zuzugestehen gezwungen gewesen wäre. Man wird dies freilich nicht als Folge einer von Anfang an gegebenen überragenden Machtstellung der monarchischen Spitze, welche die adlige Okkupation von Herrscherrechten unterband, oder einer schwachen Adelsposition, die deshalb nie zur juristischen Absicherung politischer Teilhabe vordrang, deuten können, sondern entscheidend ist vielmehr, daß sich in Rußland herrscherliche und adlige Interessen nie in einer Weise auseinander- und gegeneinanderentwickelt haben, daß es zu so tiefgreifenden und grundlegenden Wandlungen und Neuformierungen des Kräfteverhältnisses im Herrschaftsmilieu gekommen wäre, wie das im Westen im Gefolge des Lehnssystems und des damit eng zusammenhängenden adligen Separatismus und ständischen Wesens der Fall war. Die politische Einheit der herrschenden Klasse ist in Rußland nicht auseinandergebrochen, weil die Aristokratie ihre sozialen Interessen im Einklang mit dem Machtstreben der monarchischen Spitze realisierte und nicht gegen sie. Der westliche Grundkonflikt zwischen adligem Autonomie- und königlichem Zentralisierungsbestreben, von dessen geistig-ideologischer Dynamik breite Schichten erfaßt und angesteckt wurden und der Raum eröffnete für soziale und politische Emanzipation anderer gesellschaftlicher Kräfte, die sich die Konfliktstrukturen des herrschenden Milieus modellhaft aneigneten, hat kein entsprechendes Pendant in der russischen Geschichte. Hier hat der politische Schulterschluß der regierenden

---

[93] O Rossii, S. 24.

Mächte – Adel, Thron, Kirche – die etablierte Ordnung auf Dauer massiv konserviert. Das ideologisch verbrämte Harmoniekonzept der Oberschicht ist der Gesamtgesellschaft als politisches und soziales Beziehungsideal übergestülpt und der Klassenwidersprüche und -gegensätze ausdrückende grundlegende Gesellschaftskonflikt als widernatürlich und ordnungszerstörend entsprechend stärker diffamiert und „illegalisiert" worden. Nicht zufällig sind in Rußland „Rat", „Beratung", „weise Ratgeberschaft", also Konsens und nicht Konflikt, zentrale Herrschaftsmetaphern von jahrhunderteübergreifender politischer Relevanz. Die Duma ist gewissermaßen Institution gewordener Niederschlag adlig-herrscherlichen Harmoniestrebens. Wie sollten unter diesen Bedingungen und bei solcher geistig-politischen Sozialisation des russischen Adels eine Kultur des Widerstandes, eine Sensibilität für die Notwendigkeit rechtlich zu verbriefender Implikationen des sozialen und politischen Streits und eine gesteigerte Wahrnehmung für grundsätzliche Widersprüche im gesellschaftlichen Kräftespiel überhaupt entstehen? Es erscheint deshalb auch nicht sinnvoll, an die Duma die historischen Maßstäbe des aus der westlichen Entwicklung bekannten aristokratisch-monarchischen Konfliktfeldes anzulegen. Man wird sie nicht danach zu beurteilen haben, was sie im Vergleich mit west- und mitteleuropäischen adligen Institutionen nicht war, sondern danach, was sie sein wollte und ihrer politischen Zielsetzung nach von Anfang an auch war: nicht Standes-, sondern Regierungs- und Machtorgan.[94] Ohne Duma, d. h. ohne die dort versammelte stärkste gesellschaftliche und soziale Kraft des Landes, war fürstliche Regierung faktisch nicht möglich oder, nach der treffenden Formulierung eines Historikers (Storožev), war der Zar ohne die Bojaren und waren die Bojaren ohne den Zaren undenkbar. Herrscher und Adel waren die eng verbundenen Träger einer einheitlichen obersten Gewalt. Der generellen Tendenz nach[95] war die Duma an allen wichtigen politischen Entscheidungen beteiligt: Trotz oder vielleicht sogar gerade wegen fehlender juristischer Kompetenzsicherung bzw. -begrenzung war ihr faktischer Einfluß auf die laufenden Geschäfte des Staates groß. Verzichtete der Herrscher auf die Mitwirkung der Duma, schaltete er damit praktische die stärkste soziale und politische Kraft des Landes von der Regierungsbeteiligung aus. Daß den russischen Fürsten und Zaren solches Bestreben fernlag, geschah nicht aus Großzügigkeit,

---

[94] V. O. Ključevskij bezeichnete die Duma als „Verfassungseinrichtung mit ausgedehntem politischen Einfluß, aber ohne konstitutionelle Charta, Regierungsstelle mit breitgefächerter Kompetenz..." Vgl. Bojarskaja duma, S. 3.

[95] Daß ein zarischer Erlaß auch ohne vorherige Beratung mit der Duma ergehen konnte oder die Zaren – nach Kotošichin – alleine Entscheidungen fällten, bedeutete nicht die grundsätzliche Abkehr von der allgemeinen Praxis des ständigen Einbezugs der Duma in die Regierungs- und Gesetzgebungsarbeit. „Der Herrscher erledigte täglich wenig Regierungsgeschäfte ohne Beteiligung des Bojarenrates, wie auch der Bojarenrat wenige Dinge ohne Beteiligung des Herrschers entschied." Ebd. S. 456.

aus dem starren Festhalten an traditionellen Regierungspraktiken oder „allein kraft freiwilligen [von mir gesperrt, H. R.] Zugeständnisses ... seitens der obersten Gewalt"[96], sondern war die Folge von realen Kräfteverhältnissen. Die völlig freie Entscheidung des Fürsten, sich seine Ratgeber nach eigenem Gutdünken auszuwählen und die Duma nach willkürlichem Ermessen an der Regierung zu beteiligen, bestand höchstens der Theorie bzw. dem undefinierten Verfassungszustand nach. In der Praxis war sowohl die personelle Beschickung der Duma als auch ihre Beteiligung an der Regierung überlieferten und festverwurzelten Normen, Regeln und Kriterien unterworfen, die von der adligen Führungselite als der stärksten sozialen Kraft im Staat mitbestimmt wurden. Von einer fortschreitenden „Entmachtung der Duma"[97] schon vom Beginn des 16. Jh. an kann deshalb schwerlich gesprochen werden.[98] Mindestens bis zur Mitte des 17. Jh., auf den „engeren Rat" bezogen über diese zeitliche Grenze hinaus, sind die Mitglieder der Bojarenduma eine relativ homogene soziale Gruppe mit hohem Prestige aufgrund ihres Herkommens und ihrer sozialen Privilegiertheit und mit einem durch die Erfahrungen vergangener und gegenwärtiger Macht geprägten kollektiven Bewußtsein ihres aristokratischen Herrschaftsanspruchs.

Eine besondere Rolle spielte die Bojarenduma in der Zeit der „Wirren" vor der Wahl des ersten Romanov-Zaren.
Als im Jahre 1617 der Vater Michail Fedorovičs, Filaret (Fedor Nikitič Romanov), aus polnischer Gefangenschaft entlassen und an der Grenze vom Fürsten Daniil Ivanovič Mezeckij im Namen der Bojarenduma und des „ganzen Staates" feierlich empfangen wurde, begrüßte man ihn mit den Worten: „Die Bojaren, Fürst Fedor Ivanovič Mstislavskij und Genossen, die Okol'ničie und die ganze Duma der zarischen Majestät und der ganze russische Staat schlagen Euch, großer Herrscher, das Haupt und erwarten Eure herrscherliche Ankunft mit großer Freude."[99] Hinter dieser öffentlich zur Schau getragenen Devotion verbarg sich das politische Selbstbewußtsein der aristokratischen

---

[96] Zagoskin, Central'noe upravlenie, S. 133.
[97] Torke, Autokratie und Absolutismus, S. 36; Presnjakov, Moskovskoe carstvo, S. 112.
[98] Ključevskij behauptet sogar, daß sich die Duma seit dem 16. Jh. von einer von Fall zu Fall zusammentretenden Ratgeberversammlung zu einer ständigen Regierungsinstitution weiterentwickelt habe. Vgl. Bojarskaja duma, S. 266 f. Aufgrund der Quellenlage läßt sich ein solcher qualitativer Wandel nicht vorbehaltlos konstatieren, da keine zeitgenössischen Zeugnisse über Häufigkeit und Regelmäßigkeit von Dumazusammenkünften vor dem 16. Jh. überliefert sind, weshalb auch die folgende Charakterisierung der altrussischen Duma Marc Szeftels ihre Berechtigung hat: „C'était un conseil permanent près le prince auquel il soumettait les questions de gouvernement d'une certaine importance." Vgl. Les principautés russes, S. 622.
[99] Zit. bei Vasenko, Bojare Romanovy, S. 190.

Elite, die maßgeblich an der Restauration der alten Ordnung, die in den „Wirren" der vorangegangenen Jahre zeitweise aus den Fugen geraten schien, beteiligt gewesen war. Die Sieger und Repräsentanten des alten Systems empfingen einen der ihren. In der Zeit des Interregnums zwischen 1610–1613 nach dem Sturz des Zaren Vasilij Šujskij war der Bojarenduma wie selbstverständlich die Rolle der höchsten Herrschaftsinstanz zugefallen. Die Städte des Landes hatten ihr einen Gehorsamseid zu leisten, der sie bis zur Wahl eines neuen Zaren als legitime Übergangsregierung anerkannte: „Alle Leute bitten den Fürsten Mstislavskij und Genossen untertänigst, daß sie die Gnade hätten [und] die Leitung des Moskauer Staates übernähmen, bis uns Gott einen Herrscher gibt. Sie sollen den Bojaren gehorchen und das bojarische Gericht achten ... Sie sollen zum Moskauer Staat und zu ihnen, den Bojaren, [fest] stehen und sich mit den Verrätern unter Einsatz ihres Lebens schlagen. Den *Vor,* der sich Carevič Dmitrij nennt, sollen sie nicht wollen; sie sollen nichts Böses gegeneinander ersinnen und tun ... Wir Bojaren sollen alle gerecht richten und einen Herrscher erwählen mit allen Leuten, dem ganzen Land, indem wir uns mit den Städten ins Einvernehmen setzen ..."[100] Šujskij und seinen Anhängern wurde der Zugang zur Duma und die Teilnahme an den höchsten Entscheidungsprozessen ausdrücklich versperrt.[101] An die Öffentlichkeit trat die Duma mit der Formel: „Die Bojaren des Grossen Russischen Zartums, Fedor Mstislavskij und Genossen."[102] Viele Regierungsakte wurden mit dem Siegel Mstislavskijs bekräftigt. Unter einer Urkunde aus dem Jahre 1611 finden sich die Signaturen von 17 Bojaren, sieben Okol'ničie, zwei Dumadvorjanen, einem Siegelbewahrer und vier Dumad'jaken.[103]

Der Einfluß der hauptstädtischen Bojarenduma bis zur Wahl des neuen Zaren im Jahre 1613 war jedoch trotz ihres Anspruchs, die Übergangsregierung zu verkörpern, nicht unbegrenzt. Das hatte mehrere Gründe. Ein gewisser Autoritätsverlust im Zuge der sich zuspitzenden inneren Kämpfe rivalisierender Kräfte war unverkennbar. Die Duma war zeitweise praktisch Gefangene der polnischen Besatzung in Moskau. Einige ihrer Mitglieder, die die Bedingungen einer polnischen Kandidatur mit Sigismund III. in Smolensk aushandelten,

---

[100] Zit. nach Jabločkov, Istorija dvorjanskago soslovija, S. 199. Weitere Quellenbelege, die die Bojarenduma als höchstes Staatsorgan zeigen, in: SGGD, t. 2, S. 392 ff.

[101] Vgl. AI, t. IV, Nr. 287.

[102] Vgl. Zagoskin, Central'noe upravlenie, S. 17.

[103] Der aus dem Kreis dieser Duma hervorgegangene kleine Bojarenrat wird allgemein als „Semibojarščina" bezeichnet, da er aus sieben Männern bestand: den Fürsten F. I. Mstislavskij, I. M. Vorotynskij, A. V. Trubeckoj, A. V. Golicyn, B. M. Lykov sowie den untitulierten Bojaren I. N. Romanov und F. I. Šeremetev; andere Quellen nennen noch I. S. Kurakin, M. A. Nagoj und V. V. Golicyn. Die Zusammensetzung scheint gewechselt zu haben. Vgl. Neubauer, Von den letzten Rjurikiden zum ersten Romanov, S. 1052; Čerepnin, Zemskie sobory, S. 162.

wurden dort angesichts sich verhärtender Fronten arretiert. Auf die militärische Organisation des bewaffneten Kampfes gegen die fremden Truppen hatte sie deshalb kaum einen Einfluß. Der entscheidende Impuls zur Befreiung von ausländischer Herrschaft ging von der Masse der Dienstadligen und der Städter und Bauern der Provinz, des „Landes", der *Zemščina*, aus. Zudem hatte sie sich durch ihre lange Zeit befürwortete Kandidatur des polnischen Thronprätendenten Władysław in den Augen einer breiten Öffentlichkeit kompromittiert.

Im Unterschied zur slawophilen Vision der Harmonie zwischen Zar und „Volk" wurden der Duma und dem in ihr repräsentierten Bojarentum bisweilen enge oligarchische Bestrebungen[104] mit dem Ziel einer Beschränkung der zarischen Selbstherrschaft unterstellt und wurde das Scheitern dieser vermeintlichen Ambitionen als gravierende Schwächung der alten Bojarenaristokratie ausgelegt.[105] In einer neueren Arbeit wird behauptet, daß „das alte Bojarentum keines seiner früheren Rechte zurückerhielt",[106] wobei aber offenbleibt, um welchen so allgemeinen und einschneidenden Rechts- und Privilegienverlust es sich gehandelt hat.

Aus allen bekannten Verlautbarungen der sich als vorübergehende höchste Regierungsinstanz verstehenden Bojarenduma lassen sich über die Restituierung der alten Ordnung hinausgehende Ansprüche ständischen Charakters nicht erkennen. Auch die bekannte Deklaration Sigismunds III. vom 4. Februar 1610, in der er dem Moskauer Adel im Falle der Inthronisierung seines Sohnes Władysław Zusagen machte, die die Garantie der bestehenden Grundbesitzverhältnisse, die Unantastbarkeit der orthodoxen Kirche und der vorhandenen Privilegien des Adels, den Ausschluß der Polen von Regierungs- und Verwaltungsämtern und die Anerkennung der Duma als dem obersten Gericht betrafen,[107] lief auf eine Festschreibung des gesellschaftlichen Status quo und

---

[104] I. E. Zabelin sah im „Volk" den wahren Helden der Zeit, während „die Bojaren das Vaterland verkauften für bojarische Ehren und Vorteile." Vgl. Istorija goroda Moskvy, S. 23.

[105] So Zagoskin, Central'noe upravlenie, S. 38 f; Storožev, Bojarstvo, S. 198. Bedenkenswert erscheint eine Bemerkung S. V. Bachrušins zu den Zeitgenossen des Zaren Michail, in der er einen meist großzügig übergangenen Quellensachverhalt konstatiert: „Für sie [die Zeitgenossen] existieren Fragen der Einschränkung zarischer Macht oder ähnliches, wofür sich die Historiker der Smuta so lebhaft interessieren, gleichsam gar nicht." Političeskie tolki, S. 90.

[106] Neubauer, Von den letzten Rjurikiden zum ersten Romanov, S. 1071. Wenn der Verfasser tatsächlich eine so tiefgreifende Entmachtung der alten bojarischen Führungselite annimmt, so steht dies in einem krassen Widerspruch zu seiner im selben Zusammenhang geäußerten Auffassung, daß die „Wirren" „keine grundlegenden Änderungen in der Staats- und Gesellschaftsstruktur des Moskauer Staates gebracht" hätten.

[107] Text in Sbornik RIO, t. 142 (1913), Nr. 6.

der alten Ordnung hinaus. Sobald der neue Zar gewählt war und die Verhältnisse sich konsolidiert hatten, übernahm das Bojarentum wie früher die politische Führung, welche zuvor durch gegensätzliche Interessen innerhalb der Elite, durch deren naturgemäß schwächere Position gegenüber dem zahlenmäßig gewaltigen Übergewicht einer von breiten Massen getragenen Volksbewegung vorübergehenden Schaden gelitten hatte und im allgemeinen Chaos und nationalen Pathos nicht wie sonst zur Geltung gebracht werden konnte.

Freilich ist auch nicht zu übersehen, daß in den Kämpfen der verschiedenen Parteien in der Endphase der „Wirren" überwiegend Vertreter der Hocharistokratie als Repräsentanten bestimmter politischer Strömungen und Anführer von Truppen eine exponierte Rolle spielten. Erfolgreicher Verteidiger von Smolensk gegen die polnischen Belagerer war M. B. Šein. Der Bojar M. G. Saltykov und sein Sohn I. M. Saltykov, ehemals Anhänger Demetrius' II. im Lager Tušino, erlangten von Sigismund III. die oben zitierten Zusagen im Falle der Wahl Władysławs im Februar 1610. Fürst M. V. Skopin-Šujskij zog im März 1610 an der Spitze eines russisch-schwedischen Entsatzheeres in Moskau ein und bereitete den Angriff auf Smolensk vor, als ihn sein plötzlicher Tod ereilte. Als Ende Juli desselben Jahres der Hetman Stanisław Żolkiewski mit einer polnisch-litauischen Armee vor den Mauern Moskaus erschien, verhandelten mit ihm die führenden Vertreter der nach dem Sturz Vasilij Šujskijs inzwischen gebildeten "Semibojarščina" (F. Mstislavskij, V. Golicyn, F. Šeremetev, D. Mezeckij). Der Inhalt der Erklärung vom Februar des gleichen Jahres wurde in Teilen bei besonderer Betonung bojarischer Vorrechte modifiziert.[108] Prominente Hocharistokraten in der Umgebung Demetrius' II., der nur noch über Kosakentruppen und Tataren unter Ivan Zaruckij verfügte, waren zu dieser Zeit die Fürsten D. T. Trubeckoj und D. M. Čerkasskij. An der Spitze der „großen Gesandtschaft" in das königliche Lager vor Smolensk, die im September aus Moskau abreiste, standen der Metropolit Filaret (Fedor Nikitič Romanov) und Fürst V. V. Golicyn.[109] Führend beteiligt am Aufstand vom 19. März 1611 in der Hauptstadt gegen die polnischen Besatzer waren der Okol'ničij V. I. Buturlin und Fürst D. M. Požarskij, der eine Vertreter eines alten Moskauer Bojarengeschlechts, der andere Nachfahre der ehemals selbständigen, inzwischen freilich tief abgesunkenen Fürsten von Starodub, der dann im Herbst desselben Jahres Oberbefehlshaber des Zweiten Aufgebots *(opolčenie)* wurde. Dieses konstituierte sich im Frühjahr 1612 als Vertretung der freien Landesteile mit einem „Landesrat" („sovet vsej zemli") unter dem

---

[108] Text des August-Abkommens in: Sbornik RIO, t. 142, Nr. 9; SGGD, t. 2, Nr. 199 und 200 (poln. und russ. Fassung).

[109] Die Namensliste der Mitglieder der Gesandtschaft, welche insgesamt 1246 Personen umfaßte, in: AJZR, t. 4, Nr. 182.

Vorsitz Kuźma Minins und Dmitrij Požarskijs[110] an der Spitze. Zu ihnen stießen auch Vertreter der Hocharistokratie wie Fürst V. T. Dolgorukij, Fürst D. M. Čerkasskij und V. P. Morozov. Und obwohl das Zustandekommen des Aufgebots und seine ersten Maßnahmen durchaus „demokratische" Züge aufwiesen – alle Städte und Bezirke, die am Opolčenie beteiligt waren, hatte man zur Entsendung von Deputierten „aus allen Rängen" aufgefordert –, hielt es wie selbstverständlich an dem autokratischen Regierungsprinzip und der bestehenden sozialen und politischen Ordnung fest. Die Gründe dafür sind vielschichtig. Die Propaganda der Kirche, die die tödliche Bedrohung der Orthodoxie und der traditionellen russischen Lebens- und Werteordnung an die Wand malte, verfehlte nicht ihre Wirkung auf die Masse des Volkes. Reformwünsche und soziale Begehrlichkeiten einzelner Gruppen wurden dem höheren Ziel des nationalen Befreiungskampfes untergeordnet und dadurch bis zur politischen Undurchsetzbarkeit entaktualisiert. Auf die ökonomische Schwäche des russischen „Mittelstandes"[111] und die bojarische Herkunft des Zaren[112] ist in diesem Zusammenhang häufig hingewiesen worden. Eine nicht zu unterschätzende Ursache für die Restituierung des alten Systems liegt aber zweifellos in der Tatsache beschlossen, daß Vertreter der hochadligen Elite in praktisch allen politischen Lagern jener Zeit an führender Stelle präsent waren und auf diese Weise die konservative Programmatik von Selbst- und Adelsherrschaft von oben machtmäßig absicherten. Persönliche Entscheidungen prominenter Aristokraten waren z. T. von erheblicher politischer Tragweite. Als im Sommer 1612 Fürst D. T. Trubeckoj, bis dahin im Lager des Kosakenführers Zaruckij, zu Požarskij und Minin überwechselte, hatte dieser Entschluß nicht nur militärische, sondern v. a. gravierende Auswirkungen auf die allgemeine Stimmung mit der baldigen Folge der polnischen Kapitulation in Moskau am 26./27. Oktober. Es ist nicht zu übersehen und entsprach den Erfahrungen der Geschichte, daß in breiten Kreisen die Bojaren als die natürlichen politischen und militärischen Anführer im Kampf gegen die ausländische Invasion und für die Wiederherstellung der inneren Ordnung betrachtet wurden. Nicht zufällig traten die sich vor Moskau als die eigentliche Regierung ausgebenden Kosaken unter der Bezeichnung „Bojaren(rat) vor Moskau" („bojare pod Moskvoj") mit der offenkundigen Absicht des Autoritäts- und Prestigegewinns gegenüber

---

[110] Eine verbreitete historiographische Tradition sieht in Požarskij einen Exponenten der Interessen des „Volkes" und des „Landes". Das Positive seines „Heldentums" wird am Gegensatz zur Hocharistokratie herausgearbeitet. Vgl. etwa Zabelin, Minin i Požarskij. Dies ist angesichts seiner adligen Herkunft, seiner Affinität zur Hocharistokratie und seiner späteren Hofkarriere eine mehr als fragwürdige Sicht. Das „nationale" Heldenepos übertünchte seinen adlig-konservativen sozialen und politischen Klassenstandpunkt.
[111] Vgl. Torke, Die staatsbedingte Gesellschaft, S. 161 f.
[112] Vgl. Markevič, Istorija mestničestva, S. 215; Kleimola, Up Through Servitude, S. 223.

der in der Hauptstadt selbst residierenden Bojarenduma auf. Und es scheint, daß die Künstler, die in der 2. Hälfte des 17. Jh. für das Buch „Die Wahl Michail Fedorovičs auf das Zartum" eine Miniatur von der Zarenwahl durch die Reichsversammlung zeichneten, die Dinge richtig gesehen haben: Rechts vom leeren Thron sitzen elf Geistliche der Synode, links elf Bojaren der Duma. Ein wenig geistliches und weltliches Volk drängt sich nur in den beiden vorderen Ecken.[113] In einem Lied, das im 19. Jh. aufgezeichnet wurde, wird letzteres schon gar nicht mehr erwähnt, und das Bojarentum beherrscht die politische Szenerie konkurrenzlos: „Es versammelten sich alle Fürsten, die Moskauer Bojaren / versamvelten sich zu einer Duma. / Und es begannen die älteren Bojaren, die Moskauer Voevoden, zu sprechen: / ‚Nun sagt, ihr Bojaren, wer soll bei uns Zar sein?' / Und es begannen die Bojaren, die Moskauer Voevoden, zu sprechen; / ‚Laßt uns einen Zaren wählen aus den Bojaren.'"[114]

In den *Sudebniki* des 15. und 16. Jh. wird Dumamitgliedern die Funktion von obersten Richtern und Gesetzgebern zugewiesen. Die Duma tritt zusammen mit dem Herrscher als Urheber dieser Rechtssammlungen entgegen.[115] Neue Gesetze können nur mit ihrem Einverständnis („so vsech bojar prigorovu") beschlossen werden.[116] Bojaren und Okol'ničie üben in Gemeinschaft mit einem oder mehreren D'jaken nach Artikel 1 und 2 des Sudebnik von 1497 Gericht aus.[117] Solche Richterkollegien sind die Vorläufer der späteren Gerichtsdepartements der Bojarenduma des 17. Jh., der sog. „Raspravnaja palata", die eine ständige Behörde mit elf bis zu zwanzig Mitgliedern und oberste Berufungsinstanz war und im Falle der Abwesenheit des Zaren aus Moskau zugleich Regierungsaufgaben wahrnahm.[118] Amtsvergehen und Rangstreitigkeiten, sofern eine gerichtliche Entscheidung notwendig war, wurden in der Duma behandelt. Sahen sich die Leiter der zentralen Verwaltungsbehörden bei den ihnen zustehenden Rechtsangelegenheiten überfordert, übergaben sie auf dem Wege des Vortrages die Entscheidung über den Fall der Duma. Hochpolitische Prozesse waren Sache der Duma, so z. B. die Verbannung der Romanovy im Jahre 1601/02, die Verurteilung Šeins und Izmajlovs 1634 oder die Verhandlung gegen Šaklovityj 1689. Richterliche Entscheidungen der Duma sind vielfach im Anschluß an die bestehenden Rechtskodizes in die Gesetzgebung eingegangen.[119] Mit A. E. Presnjakov läßt sich sagen, daß das

---

[113] Vgl. Torke, Die staatsbedingte Gesellschaft, S. 161.
[114] Zit. ebd.
[115] Vgl. Sudebniki XV–XVI vekov, S. 141.
[116] Ebd., Art. 98, S. 176.
[117] Ebd. S. 19. Vgl. auch Kap. VIII, Anm. 98.
[118] Vgl. Epstein, Die Hof- und Zentralverwaltung, S. 24, 111 f; Torke, Oligarchie in der Autokratie, S. 192 f.
[119] Vgl. Zagoskin, Central'noe upravlenie, S. 154.

„bojarische Gericht" ein wesentliches Merkmal des Bojarentums überhaupt darstellte.[120]

Wichtige juristische, administrative und politische Beschlüsse wurden im allgemeinen im Einvernehmen zwischen Herrscher und Bojarenduma getroffen, was sich in der Formel ausdrückte: „Der Herrscher gab die Anweisung, und die Bojaren führten einen Entscheid herbei." („Gosudaŕ ukazal, a bojare prigorovili").[121] 1572 „beschlossen" „auf Anordnung" („po prikazu") des Zaren die Hl. Synode und die Bojarenduma („vse bojarja") eine Begrenzung des freien Verfügungsrechts über Eigengut.[122] 1555 kam es zu einem Rechtsentscheid in „Raubsachen". „An dem Entscheid waren beim Zaren-Großfürsten beteiligt: Fürst Jurij Mich. Bulgakov, Fürst Dmitrij Iv. Kurljatev, Vasilij Mich. Juŕev, Fürst Ivan Iv. Pronskij, Ivan Mich. Voroncov, Fürst Vasilij Sem. Serebrjanoj, Ivan Vas. Šeremetev, der Okol'ničij Aleksej Fed. Adašev, der Postel'ničij Ignatij Mich. Vešnjakov."[123] In den Hinzufügungen *(pripiski)* zur *Carstvennaja kniga* heißt es, daß sich Ivan IV. nach seiner Rückkehr aus Kazań ins Dreifaltigkeitskloster begab, „und den Bojaren befahl der Herrscher, ohne seine Gegenwart über die Kazansche Angelegenheit nachzudenken [promyšlati] und über die Kormlenija zu beraten [sideti]".[124] 1570 wandte sich Ivan IV. an die Dumamitglieder Fürst Ivan Dm. Bel'skij, Fürst Ivan Fed. Mstislavskij und Fürst Michail Iv. Vorotynskij und an „alle unsere Bojaren" mit der Bitte, sich in einer bestimmten Angelegenheit Gedanken zu machen („čto vašej budet mysl'") und ihm das Ergebnis zu übermitteln („prigovor svoj k nam otpisali").[125] Noch deutlicher wird die unmittelbare Bezugnahme der herrscherlichen Anordnung auf den Beschluß der Bojarenduma an einem Beispiel aus der Zeit des Zaren Michail Fedorovič: „Der Herrscher, Zar und Großfürst ganz Rußlands, Michail Fedorovič, und der große Herrscher und heiligste Patriarch von Moskau und ganz Rußland, Filaret Nikitič, befahlen ... auf Grund bojarischen Entscheids" („ukazali ... po bojarskomu prigovoru").[126] In einem Kommentar aus dem 18. Jh. heißt es mit einem hintergründigen Anflug von Zweifel an dem tatsächlichen Einfluß und der Verbindlichkeit bojarischer Beschlüsse auf die herrscherliche Entscheidung: „... in welcher Hochachtung die Bojaren zu jeder Zeit beim Herrscher selbst sich befanden, beweist die Tatsache, daß in den von der Bojarenduma

---

[120] Moskovskoe carstvo, S. 53.
[121] Eine seiner Bewertung der Duma als bloßes „Instrument" entsprechende Übersetzung des Passus gibt Pipes, Rußland, S. 114: „der Zar befahl und die Bojaren bekräftigten" [von mir gesperrt, H. R.].
[122] Zakonodatel'nye akty, S. 56.
[123] Ebd. S. 34.
[124] PSRL 3, S. 523.
[125] Vgl. Sbornik dokumentov, t. III, Nr. 40.
[126] Zakonodatel'nye akty, S. 113.

herausgegebenen Erlassen die Herrscher **erlaubten** [von mir gesperrt, H. R.], ihre [der Herrscher] Befehle durch das Einverständnis jener [der Bojaren], als ob [sie ihre wären], mit diesen Worten zu bestätigen: , der Herrscher ordnete an, und die Bojaren entschieden.'"[127] Der bojarische Beschluß *(prigovor)* war aber zweifellos nicht, wie hier suggeriert wird, ein Zugeständnis aus Ehrerbietung und Hochachtung an die Würde und repräsentative Stellung der adligen Elite, sondern spiegelte reale Befugnisse und konkrete Machtverhältnisse wider, und wenn mit aphoristischer Leichtigkeit gesagt wurde, daß die Stimme der Bojaren in der Duma „sachlich unentbehrlich und politisch harmlos" gewesen sei,[128] so ist das eine ziemlich grobe Verkennung der bojarischen Rolle im politischen Entscheidungsprozeß. Die Präambel des Statuts über die Erb- und Dienstgüter vom 17. Dezember 1636 zeigt, wie ein Gesetz mit Beteiligung der Bojarenduma entstand: Nachdem der Zar den Vortrag des zuständigen Amtsleiters gehört hatte, befahl er den Bericht der Duma vorzulegen. Ihr Beschluß sollte ihm danach überbracht werden. Die Bojaren tagten am 16. Dezember, und der Zar verfügte am nächsten Tag das Gesetz,[129] wobei hier die unter Michail Fedorovič mehrfach begegnende Formel „die Bojaren haben beschlossen, was der Herrscher befehlen wird" („bojare prigovorili, čto gosudar ukažet") verwendet wurde, die nicht im Sinne einer Gewaltenteilung, sondern als eine einheitliche und einvernehmliche Handlung zwischen Herrscher und Duma aufzufassen ist.

Der bojarische Beschluß hatte, auch ohne die formelle Anbindung an die herrscherliche Order, Gesetzeskraft. „Der Bojar Fürst Dmitrij Mich. Požarskij sprach darüber mit den Bojaren. Und nachdem die Bojaren diesen Vortrag angehört hatten, entschieden sie ..."[130] Von einem zarischen Ukaz, der zur Herbeiführung des Dumaentscheids aufforderte oder einen solchen im Namen des Herrschers verkündete, ist in diesem speziellen Zusammenhang, der aber keinen Einzelfall darstellt, nicht die Rede. Umgekehrt scheint die Tatsache, daß von 618 gesammelten Erlassen und Verleihungsurkunden unter Aleksej Michajlovič lediglich 49 mit Bojarenbeschluß verfaßt waren, einen von vielen Historikern konstatierten Bedeutungsschwund der „großen Duma" in der 2. Hälfte des 17. Jh. zu bestätigen.[131] Einige deuten denn auch das Fehlen des Terminus „Prigovor" in einem juristisch sensiblen

---

[127] DRV t. 20, S. 137.
[128] Fleischhacker, Die staats- und völkerrechtlichen Grundlagen, S. 47.
[129] PRP, t. 5, S. 470 f.
[130] Zakonodatel'nye akty, S. 121, 146.
[131] Vgl. Torke, Oligarchie in der Autokratie, S. 191. Got'e, Bojarskaja duma, S. 138–140. Laut letzterem wurde bei Anwesenheit des Zaren in der Duma die Formel „der Herrscher befahl", bei Abwesenheit die Formel „auf Befehl des Herrschers" gebraucht. Danach hätten Aleksej Michajlovič, sein Sohn Fedor und die Regentin Sofija **häufig** an Dumasitzungen teilgenommen. Vgl. ebd. S. 135.

Passus des Uloženie von 1648 (Kap. X, Art. 2) im Sinne der Wegnahme des bojarischen Entscheidungsrechts,[132] obwohl auch nach 1649 Dumabeschlüsse mit Gesetzeskraft überliefert sind und sich der betreffende Artikel durchaus im syntaktisch-terminologischen Rahmen früherer Gesetzeswerke befindet, wenn es in ihm heißt: „Und die Bojaren und Okol'ničie und Dumaleute sollen im Palast sitzen und alle zusammen aufgrund herrscherlichen Befehls [po gosudarevu ukazu] jegliche staatlichen Angelegenheiten tun."[133]

Der bojarische „Beschluß" wurde somit mindestens seit dem 16. Jh., wahrscheinlich aber schon viel früher, als notwendiges Moment im Entscheidungs- und Gesetzgebungsprozeß anerkannt, wodurch auch in formaler Hinsicht die politische Bedeutung der Duma manifestiert war.[134] Vasilij Šujskij, von der Bojarenduma zum Zaren erkoren, mußte das Versprechen abgeben, niemanden ohne bojarischen *Prigovor* zu bestrafen und zu verurteilen.[135] Unter den Bedingungen, die dem Thronprätendenten Władysław 1610 von der Bojarenduma auferlegt wurden, gab es die Bestimmung, daß Veränderungen in der Gesetzgebung nur mit bojarischer Beratung geschehen, Todesurteile, Gefängnisstrafen und Konfiskationen ohne bojarischen „Beschluß" nicht stattfinden dürften.[136] Inhaltlich war dies durchaus kein neues qualitatives Element in der Beziehung von Herrscher und Duma – die hier formulierten Bedingungen entsprachen altem Recht, traditionellem Umgang miteinander, überlieferten Verfahrensweisen. Daß sie einem ausländischen Kandidaten, einem Polen zumal, dem ein eigenes Verfassungsverständnis zugetraut werden mußte, in einer schriftlich zu beeidenden Wahlkapitulation vorgelegt wurden, war nur realistisch: Die Moskauer Bojaren behandelten Władysław in dieser Hinsicht wie einen Polen. Daß die öffentliche Kundgebung und Ausformulierung ihrer Rechte zugleich eine den eigenen Standort und Machanspruch klärende, appellative Funktion hatte, ist ein sekundärer Aspekt aus den schlimmen Erfahrungen der vorangehenden Zeit, die sich nicht wiederholen sollten. Es gibt die Nachricht, daß Zar Michail Fedorovič den Bojaren ebenfalls ein schriftliches Versprechen abgegeben habe, gemeinsam mit ihnen Gericht zu halten, niemanden zum Tode zu verurteilen und keine Sippenstrafe zu

---

[132] Torke, Oligarchie in der Autokratie, S. 192.
[133] Sobornoe uloženie 1649 goda, S. 31.
[134] Vgl. Ključevskij, Bojarskaja duma, S. 313; Sergeevič, Russkie juridičeskie drevnosti, t. II, S. 404; Pokrovskij, Russkaja istorija, t. 1, S. 231 f.
[135] Vgl. Zagoskin, Central'noe upravlenie, S. 38; Storožev, Bojarstvo, S. 201; Čerepnin, Zemskie sobory, S. 154.
[136] Ebd.; Jabločkov, Istorija dvorjanskago soslovija, S. 198. Der Originaltext in: AI, t. II, Nr. 355.

verhängen.[137] Er selbst und seine Familie waren unter Boris Godunov einer mehrjährigen kollektiven Verbannung ausgesetzt gewesen, was die Zustimmung zu solchen Forderungen bei ihm nicht als abwegig erscheinen läßt, zumal er dem Bojarentum entstammte und aus dessen Mentalität und Perspektive heraus Befürchtungen, Ängste und Erwartungen der hocharistokratischen Elite zu ermessen und nachzuvollziehen besonders gut imstande war. Das traditionelle Herrschaftsverhältnis ist dadurch freilich nicht verändert worden. Der Bojarenadel war weit davon entfernt, eine Notwendigkeit zu ernsthaften Aktivitäten in dieser Beziehung für sich zu erblicken. Die alte Formel: „Der Zar hat befohlen, und die Bojaren haben entschieden" hatte noch lange Gültigkeit. Erst zu Beginn des 18. Jh. unter Peter d. Großen hieß es dann nur noch lapidar: „Der große Herrscher hat befohlen."[138]

Für das Ausscheiden aus der Duma, das in den häufigsten Fällen durch Krankheit, Verwundung, Tod und Altersschwäche bedingt war, wird in den Quellen die Bezeichnung „vybyt'" („ausscheiden", „austreten") verwendet, welche aber auch die erzwungene Wegnahme des Ranges aus politischen und anderen Gründen bedeuten konnte. Nach dem Sieg Ivans III. über Novgorod wurde der dortige Bojar Dmitrij Isakovič Boreckij wegen seiner Parteinahme für Litauen gefangengenommen und hingerichtet: „Der Bojar Dmitrij Isakovič Boreckij schied aus" heißt die knappe Quellenwiedergabe dieses dramatischen Vorgangs. Das gleiche hören wir beim Sturz Fürst Ivan Fed. Telepnev-Obolenskijs im Jahre 1538 und Fürst Ivan Fed. Bel'skijs im Jahre 1542, die beide zu ihrer Zeit eine herausragende Stellung in der Duma eingenommen hatten. Fürst Ivan IV. Šujskij wird 1604 nicht als Bojar, sondern als Moskauer Dvorjanin erwähnt, d. h. er hatte offenbar vorübergehend seinen bojarischen Rang verloren. Über den Fürsten Vasilij Golicyn heißt es im Jahre 1690, daß ihm „die Ehre, das Bojarentum, genommen wurde", was im Zusammenhang mit dem Übergang der Herrschaft von Sofija auf Peter I. geschah.[139] Der Ausschluß aus der Duma und der Verlust des Bojarenranges waren in diesen Fällen Folge des politischen Sturzes, der durch generelle Machtverschiebungen im regierenden Milieu hervorgerufen war.

---

[137] Vgl. Jabločkov, Istorija dvorjanskago soslovija, S. 222 f (bestritten wurde die Existenz solcher einschränkender zarischer Garantien aber bereits schon von S. F. Platonov, vgl. Vasenko, Bojare Romanovy, S. 153). Nach dem Uloženie von 1649 wurde Sippenstrafe für individuelle Verbrechen untersagt. Herrscherliche Ungnade *(opala)* als politische Waffe war nach der Beobachtung A. Kleimolas unter diesem ersten Romanov eine Seltenheit. Vgl. Up Through Servitude, S. 225.
[138] Got'e, Bojarskaja duma, S. 140.
[139] Die Beispiele bei Sergeevič, Drevnosti, I, S. 456–457 und Pavlov, Gosudarev dvor, S. 76 (Šujskij).

Wechsel an der Staatsspitze waren im übrigen häufig der Anlaß für bedeutende personelle Veränderungen im Bestand der Duma, sei es, daß es zu Rangerhöhungen kam, Neuernennungen erfolgten oder alte Dumaangehörige zwar nicht ausgeschlossen – was ohne den Nachweis schwerer politischer oder anderer Verbrechen auch kaum möglich war –, aber auf Außenposten abgeschoben wurden, womit sie ihres faktischen Einflusses bei fortbestehender formaler Zugehörigkeit zur Duma zumindest vorübergehend verlustig gingen. Im Artikel 69 des *Stoglav* („Hundertkapitel") von 1551 war bei schwerem Amtsmißbrauch die Aberkennung des Bojarenranges ins Auge gefaßt.[140] Es ist aber nicht zu erwarten, daß in dieser Hinsicht die bojarischen Richter gegen ihre Standesgenossen mit besonderer Strenge vorgingen, da sie selbst potentielle Profiteure von Ämtern und Posten waren, weshalb es auch nicht überrascht, wenn die Quellen über den Verlust von Dumazugehörigkeit aufgrund von Amtsmißbrauch weitgehend schweigen.

Die Bojarenduma war die wichtigste adlige Institution im mittelalterlichen und frühneuzeitlichen Rußland. Zusammen mit dem Herrscher bildete sie die Regierungsspitze des Landes. In ihr waren die bedeutendsten adligen Geschlechter vertreten. Sie war tief in der russischen Herrschaftstradition verankert. Kein Fürst oder Zar hat je ihre Existenz angetastet. Sie war der institutionelle Niederschlag sozialer und politischer Ansprüche des hohen russischen Adels. Zugleich war sie ein Instrument in der Hand des Herrschers, Beratungs- und Regierungsorgan mit umfassenden politischen, richterlichen und administrativen Kompetenzen. Das machte ihren Doppelcharakter aus: Sie war in einer engeren Bedeutung sozusagen „Kabinett" des Monarchen mit Regierungsfunktionen, im weiteren Sinne institutionell verdichtete soziale und politische Macht der adligen Elite. Ihr bis ca. 1670 kaum veränderter aristokratischer Charakter war Zeichen der ungebrochenen sozialen und politischen Dominanz des hohen russischen Adels. Die Fürsten und Zaren konnten sich eventuell über Beschlüsse hinwegsetzen, Entscheidungen im Alleingang treffen oder die Beteiligung der Duma daran auf ein unbedeutendes Maß reduzieren; sie konnten individuell gegen unliebsame Mitglieder vorgehen, einzelne ausschalten, ihnen Einfluß entziehen usw., kurz im Umgang mit ihr ein vielfältiges Spektrum politischer Manipulation zu ihren eigenen Gunsten in Anwendung bringen, worin der ungesicherte bzw. labile politische Rechtszustand der Bojarenduma als Institution bis zu einem gewissen Grade manifest wurde. Was sie scheinbar aber **nicht** konnten, wenn sie es denn überhaupt jemals gewollt haben, war, die Duma als Organ adliger Herrschaftsbeteiligung, als Kristallisationszentrum adliger Mitregierung und Symbol adligen Machtanspruchs abzuschaffen und sich von den sozialen Trägern dieses Gremiums politisch zu emanzipieren.

---

[140] Vgl. Rossijskoe zakonodatel'stvo, t. 2, S. 347.

So weit reichte ihre „Selbstherrschaft", mit der sie sich öffentlich zierten und die ihnen allgemeine Verehrung und Ergebenheit vermittelte, nicht. Sie standen eben nicht in gleicher Weise ungebunden über dem Adel wie über den übrigen Untertanen. Die von westlichen Zeitgenossen verbreitete Vorstellung, die russischen Monarchen hätten unterschiedslos über ein Volk von „Sklaven" geherrscht, war oberflächlich und naiv. Monarch und Adel gehörten ein und derselben herrschenden Klasse an, waren aufeinander angewiesen, abhängig voneinander, gebunden aneinander. Das schränkte das Potential von Allmacht und Willkür, welches die rechtlich vage definierten gegenseitigen Beziehungen als Möglichkeit enthielten, ein, paßte es einem von dem faktischen Kräfteverhältnis zugelassenen Maß an. Aus einem Artikel des Uloženie von 1649, der dazu auffordert, eventuelle Konspirationen, Anschläge und üble Nachrede gegen die „zarische Majestät" zu enthüllen, wird einmal mehr deutlich, wie sehr sich der Monarch und der hohe Adel als in einem gemeinsamen Herrschaftskontext gegen Bedrohung von außen befindlich sahen: „... und sie [die Leute] sollen darüber dem Herrscher [und] Zaren und Großfürsten ganz Rußlands, Aleksej Michajlovič, und seinen **herrschaftlichen Bojaren und nahen Leuten** oder in den Städten den **Voevoden und Prikazleuten** [von mir gesperrt, H. R.] Mitteilung machen."[141]

Die Duma war für den Adel nicht nur wegen der prestigeträchtigen Nähe zum Herrscher und der Machtmöglichkeiten, die sie dem einzelnen eröffnete, ein begehrtes Karriereziel, sondern sie war vor allem auch der Ort, wo **maßgeblich Einfluß auf die Verteilung sozialer Chancen** genommen wurde. Bojaren waren Empfänger der reichsten Geld-, Land- und anderer Entlohnungen (s. Kap. III). **Dumamitglieder** erhielten die höchsten militärischen Posten, die wichtigsten Ämter, die bedeutendsten Provinzstellen. Fürst Ivan Dm. Bel'skij sagte über sich: „... wir beherrschen an seiner [des Herrschers] Stelle ... alle ..."[142] Dumaangehörige waren durch zahlreiche Stränge ihrer Betätigungen und ihres Einflusses, die über den Rahmen des hauptstädtischen Gremiums weit hinausgingen, mit dem übrigen Herrschaftsgeflecht in Stadt und Land eng verbunden. Sie hatten Verwandte und Freunde in wichtigen Positionen, die **sie** protegierten und auf deren Unterstützung sie **ihrerseits** rechnen konnten.[143] Sie waren von vornehmer Herkunft und reich. Ihre Erfahrungen, Kenntnisse und Fähigkeiten waren ein wichtiges Kapital, das ihnen ein bestimmtes Maß von Unentbehrlichkeit sicherte. Es ist nicht zuletzt dieser komplexe soziale und strukturelle Hintergrund, der der Duma Stärke, politisches Gewicht und eine gewisse Unangreifbarkeit verlieh und

---

[141] Sobornoe uloženie 1649 goda, S. 21 (Art. 18, Kap. II).
[142] Poslanija Ivana Groznogo, S. 245.
[143] Fletcher sprach von den „Godunovs and their clients". Vgl. Kollman, Kinship, S. 41 f.

sie nie zu einem bloß willfährigen Instrument in der Hand des Herrschers werden ließ. So falsch sind die Worte, die Ivan IV. dem Fürsten Michail Iv. Vorotynskij in den Mund legte, deshalb nicht, der über das Verhältnis von Autokratie („samoderžstvo") und Bojarenduma („sovet") behauptete: „Wir fürchten nicht, daß die Selbstherrschaft unseres Zaren und der allergetreueste Rat Schaden nehmen, da unser Herrscher ... uns, seine treuen Rategeber, begnadet und die gehörige Ehre zuteil kommen läßt, so wie auch wir, unsere Duma, seiner freien Selbstherrschaft Zuverlässigkeit und kräftiges Bemühen angedeihen lassen."[144]

Es ist wohl der verfehlte wissenschaftliche Ansatz von einem tiefen und machtstrukturell unausweichlichen Konflikt zwischen Fürst und Adel, der am westlichen ständischen Modell orientierte Blick und die bevorzugte rechtliche Argumentationsweise, die zu dem Ergebnis führten, daß die Duma „nicht als ein Gegengewicht für die Selbstherrschaft angesehen werden kann."[145] Ähnlich inakzeptabel, weil aus dem gleichen historischen Verständnis der Herrscher-Adel-Beziehung hergeleitet, ist die andere Auffassung, die in der Bojarenduma ein **ständisch-repräsentatives** Organ, vergleichbar etwa dem Oberhaus im englischen Parlament, erblickt.[146]

Beide Anschauungen vermitteln ein unzutreffendes Bild nicht nur über **die Art der Beziehung** zwischen Herrschertum und Adel, sondern auch über das zugrunde liegende **Kräfteverhältnis**.[147] Die Wirklichkeit war, wie so oft, komplizierter als das verallgemeinernde oder pointierte historische Urteil über sie.

Über die Existenz der Bojarenduma liegt eine letzte Nachricht vom 18. Februar 1700 vor. An ihre Stelle traten nun neben die bis 1718 fortbestehende „Exekutivgerichtskammer" *(Raspravnaja palata)* seit 1704 die „Nahe Kanzlei" aus den Leitern der Prikaze und seit 1711 der Senat als oberste Regierungsbehörde.

---

[144] Poslanija Ivana Groznogo, S. 259.
[145] Neubauer, Car und Selbstherrscher, S. 72.
[146] Nosov, Stanovlenie soslovnogo predstavitel'stva, S. 153; Skrynnikov, Der Begriff Selbstherrschaft, S. 18.
[147] Dieses beschreibt S. O. Šmidt so: „Bis in die 1760er Jahre wurde die völlige Abhängigkeit des Adels, sogar des höheren, vom Willen (oder der Willkür) des Herrschers bewahrt." Vgl. Obščestvennoe samosoznanie, S. 17. Den klärungsbedürftigen Sachverhalt der „Nebeneinanderexistenz einer starken [von mir gesperrt, H. R.] autokratischen Macht der Monarchen" und einer „vom [personellen] Bestand her aristokratischen Regierung, mit einer aristokratischen Bojarenduma" konstatiert A. P. Pavlov, Gosudarev dvor, S. 228.

XII. ADEL UND „REICHSVERSAMMLUNGEN"
(ZEMSKIE SOBORY)

Das Ausbleiben einer historischen Phase lokalständischer Entwicklung in Rußland hat die Fäden zu frühen Formen fürstlich-adliger Beziehungen nie gänzlich abreißen lassen. Gefolgschaftliches Wesen der Frühzeit hat in der späteren Geschichte des Adels tiefe Spuren hinterlassen. Mit dem weitgehenden Verschwinden des Terminus „Družina" aus den Quellen seit dem Ende des 12. und beginnenden 13. Jh. ist die von ihm bezeichnete vorherrschende adlige soziale und politische Existenzform mit den ihr eigenen mentalen Verhaltensweisen und ideologischen Einstellungen nicht untergegangen. Im „Hof" als Gesamtheit adliger militärischer und administrativer Funktionsträgerschaft mit Fürstennähe und Repräsentationsanspruch und als Ort sozialer Chancenverteilung und politischer Einflußnahme haben bestimmte Strukturen gefolgschaftlicher Beziehungen in einem nur äußerlich veränderten Rahmen weitergelebt.

Die Durchsetzung absolutistischer Herrschaftselemente geschah folglich in Rußland nicht im Kampf der Fürsten um die Rückgewinnung des im Zuge eines ständischen Prozesses an lokale Gesellschaften verlorengegangenen Gewaltmonopols, sondern als – in dem hier untersuchten Zeitraum erst ansatzweise und sporadisch erkennbare – monarchische Emanzipierung von traditioneller adliger Beteiligung an der Lenkung des Staates bzw. von kooptativer Einbindung in ein aristokratisch dominiertes Herrschaftsgefüge. Dies erleichterte nicht eben die Realisierung des autokratisch-absolutistischen Herrschaftsentwurfs, zumal eine außerhalb des Adels stehende starke gesellschaftliche Kraft als potentieller Widerpart zu aristokratischer Machtmonopolisierung und als ernsthafte alternative Stütze der Monarchie nicht vorhanden war. Die Geschichte und das Schicksal der Zemskie sobory, der sog. „Landes-" oder „Reichsversammlungen",[1] die eine vorübergehende und nicht auf den Adel beschränkte Erscheinung waren, ist dafür ein aufschlußreiches Indiz.

Einige sahen in ihnen echte demokratische Volksvertretungen, andere westlichen Vorbildern entsprechende oder nahekommende Ständeversammlungen,

---

[1] Der Ausdruck ist eine Erfindung des Slawophilen K. S. Aksakov, die Quellen kennen nur „sobor" (Versammlung), „vsja zemlja" („das ganze Land"), „duma vseja zemli" („die Duma des ganzen Landes"). Der Begriff „Reichsversammlung" ist dem Begriff „Landesversammlung" vorzuziehen, da letzterer Assoziationen an Landesstände und landschaftlichen Regionalismus weckt. Vgl. Torke, Autokratie und Absolutismus, S. 37.

wieder andere bloße Instrumente der Selbstherrschaft.[2] Unzweifelhaft ist, daß sie auf dem Boden der russischen historischen Tradition entstanden sind.[3] Auf Anklänge an die *s-ezdy* („Zusammenkünfte") der Kiever Zeit wurde in der sowjetischen Forschung verwiesen.[4] Der Moskauer Chronikkodex von 1480 berichtet zum Jahre 1211, daß der Großfürst Vsevolod die Nachfolge seines Sohnes Jurij durch Einberufung „aller seiner Bojaren von den Städten und Bezirken, des Bischofs Ioann, der Äbte und Popen und Kaufleute und Dvorjanen und aller Leute" in Vladimir bestätigen ließ.[5] Breite Zustimmung hat die von V. N. Latkin vertretene Auffassung erfahren, der als ihr institutionelles Vorbild die zeitgenössischen Kirchenkonzilien ansah. Unter Ivan IV. wurden Bojarenduma und „Heiliger Sobor" häufig zu wichtigen Beschlüssen und Gesetzgebungsakten vereinigt (Sudebnik 1550, Hundertkapitelsynode 1551, Abschaffung des Kormlenie, Einrichtung der Opričnina usw.). Erweitert durch Städter und Provinzadlige entwickelte sich daraus der gremiale Typ der „Reichsversammlung", deren nicht der Hocharistokratie und der hohen Geistlichkeit angehörende Mitglieder im 17. Jh. z. T. von ihren Standesgenossen gewählt, meist aber einfach von oben zu Deputierten bestimmt wurden,[6] was vor allem dann geschah, wenn man die Versammlung ohne lange Vorbereitung ad hoc aus in Moskau und der näheren Umgebung anwesenden Repräsentanten der veschiedenen gesellschaftlichen Gruppen einberief. In ihrer politischen Qualität lassen sich die Reichsversammlungen als erweiterte Dumen zum Zweck eines breiteren Gesellschaftskonsenses in schwierigen Lagen charakterisieren.

Der erste unbestrittene Zemskij sobor fand aus Anlaß der kriegerischen Verwicklungen mit Polen-Litauen im Jahre 1566 statt.[7] Der niedere Adel war

---

[2] Zur Historiographie der Zemskie sobory vgl. Neubauer, Car und Selbstherrscher, S. 72–74; Nosov, Stanovlenie soslovnogo predstavitel'stva, S. 149f.; Torke, Die staatsbedingte Gesellschaft, S. 119–128, 209–211; Čerepnin, Zemskie sobory, S. 9–22; Brown, The Zemskii Sobor, S. 78–83.

[3] Die These Pelenskis, der in ihnen die Kazaner Version der turk-tatarischen *qurultai* als Vorbild ausmacht, vgl. State and Society, S. 162, ist als hochspekulativ abzuweisen.

[4] Vgl. Rossijskoe zakonodatel'stvo, t. IV, S. 20.

[5] PSRL 25, S. 108. Ju. A. Limonov sieht darin einen den späteren Wahlversammlungen vergleichbaren Zemskij sobor. Vgl. Vladimiro-Suzdal'skaja Ruś, S. 160.

[6] Vgl. Zaozerskij, K voprosu, S. 328–330; Šmelev, Otnošenie, S. 497.

[7] Im Anschluß an die ältere Forschung. Mit großer Skepsis muß dem Versuch L. V. Čerepnins begegnet werden, die Zahl der Zemskie sobory aufgrund einer sehr weitgefaßten Definition zu vervielfachen (57 zwischen 1549–1683) und ihre Existenz deshalb vor 1566 zu behaupten. Vgl. Zemskie sobory, S. 385. P. B. Brown zählt zwischen 1566–1653 sieben Sobory mit einer umfassenden „ständischen" Repräsentanz, acht weitere weisen diese soziologisch gesehen nicht auf, da jeweils bestimmte Gruppen fehlten, gewöhnlich die Städter. In nur drei Fällen (1613, 1648/49, 1651) sind Wahldelegierte unter den Mitgliedern der Reichsversammlungen klar erwiesen. Vgl. The Zemskii Sobor, S. 84.

in ihm im Verhältnis zur Hocharistokratie stark unterrepräsentiert. Die größte Bedeutung erlangten die Reichsversammlungen im Laufe der „Wirren" zu Beginn des 17. Jh., als es für die damals herrschenden Kreise in Moskau angesichts der Dramatik der Ereignisse und ihres ungewissen Ausgangs offenbar wichtig wurde, sich der Unterstützung und Legitimation durch möglichst breite Bevölkerungsschichten des „ganzen Landes" zu versichern, das sich in den Kämpfen gegen die ausländischen Interventen und zwischen den rivalisierenden Parteien mehrfach kräftig regte.

Mit gewissen und noch zu erläuternden Einschränkungen ist mit einem Großteil der modernen Forschung die enge Affinität der Reichsversammlungen zur Staatsspitze zu betonen. Allerdings haben nicht nur diejenigen, welche ihre ständische Qualität bewiesen, sondern auch jene, die sie widerlegten, immer mit Maßstäben und Kriterien operiert, die in idealtypischer Weise von westlichen Ständeformen abstrahiert waren.[8] Dabei wurden die **spezifischen strukturellen Vorgaben** der russischen historischen Entwicklung vernachlässigt. Nicht was **geschah**, das politisch Machbare und Denkbare, die strukturell bedingten Zwangsläufigkeiten und tief wurzelnden Mentaltraditionen, welche den politischen Horizont der Zeitgenossen bestimmten, standen im Mittelpunkt des Interesses, sondern das, was hätte geschehen **sollen** oder **können**. Jedenfalls hat sich die Historikerschaft sehr viel enragierter mit der Frage der **konstitutionellen Beschränkung der zarischen Macht** befaßt als die damals politisch Handelnden, für die dieses Thema in der ihnen von der Wissenschaft im nachhinein verordneten Form eher eine *quantité négligeable* war.

Und war es denn zu erwarten, daß ausgerechnet jene gesellschaftlichen Gruppen die historisch einschneidendste und radikalste Veränderung in den herrschaftlichen Beziehungen Rußlands herbeigeführt haben sollen, die zu den ökonomisch und politisch Schwächsten in der Hierarchie der Macht zählten, nämlich die Masse des kleinen Provinzadels und die schmale Oberschicht der nichtadligen Städter, die für sich keine nennenswerte soziale Kraft darstellten?[9] Daß deren Vertreter von ihren Standesgenossen in einigen Fällen **gewählt** wurden, war im übrigen weniger Ausfluß eines eigenständigen und kraftvollen

---

[8] Zu Recht bemerkt H.-W. Camphausen: „Da das entscheidende Merkmal des Standes im Unterschied zur Klasse ... in seiner rechtlichen und nicht seiner sozialen Bestimmung gesehen wird, ist es methodisch äußerst fragwürdig, eine nur in Ansätzen vorhandene politische Organisationsform mit einem Begriff zu belegen, der ansonsten diese Organisationsform in ihrer vollen Entwicklung bezeichnet. Ein solches Vorgehen verwischt sowohl bestehende Unterschiede als auch faktische Ähnlichkeiten und erschwert eine inhaltliche Diskussion der Problematik." Die Bojarenduma, S. 199.

[9] Auf die schwache Position der niederen Stände im Rechtsprozeß verweist Harder-Gersdorff, Die niederen Stände, S. 65.

politischen Willens der Region[10] als vielmehr Resultat eines von oben für effektiv, nützlich und politisch ungefährlich gehaltenen Auswahlverfahrens. An Stelle der Wahl konnte ebensogut die Designation treten, ohne daß dies nennenswerte Proteste und Irritationen vor Ort ausgelöst hätte. An den Wahlen zum Zemskij sobor von 1636 nahmen im Bezirk von Galič 20 Dienstleute, die sechs Deputierte wählten, teil. Das waren lediglich 4,4 % aller dienstleistenden Adligen der Region. 1648 beteiligten sich im Rjazaner Kreis nur 1,5 % der Berechtigten an den Wahlen zur Reichsversammlung. Und obwohl in ihr die Provinzadligen die Mehrheit bildeten, wurde von dieser Adelsgruppe die Teilnahme offenbar durchweg als eine schwere Last und unangenehme Verpflichtung, als Dienst empfunden,[11] welchen man möglichst auf jene abwälzte, die anderweitig nicht verwendbar und tauglich und zugleich genügend wohlhabend waren, um einen längeren Aufenthalt in der Residenz materiell durchstehen zu können.

Die behauptete Ähnlichkeit oder gar völlige Identität[12] mit westlichen Ständeversammlungen ist ein gravierendes Mißverständnis, Ausdruck einer voluntaristischen Geschichtsinterpretation, welche den spezifischen „Sonderweg", die originären Züge des russischen historischen Prozesses ignoriert. Die in Moskau versammelten Deputierten waren nicht Vertreter geschlossener territorialer, landständischer Korporationen, die woanders in Europa aus einer spezifischen Entwicklung des feudalen Systems mit seinem dualistischen

---

[10] Zum fehlenden ständischen Regionalismus vgl. Stökl, Gab es im Moskauer Staat „Stände"?, S. 340 f; Goehrke, Zum Problem des Regionalismus, S. 75; Brown, The Zemskii Sobor, S. 88. Als Stärkung des Prinzips der „ständischen Vertretung in den Provinzen" sieht N. E. Nosov die während der Bojarenherrschaft in den 40er Jahren des 16. Jh. installierte Gubareform, die gewählten Vertretern der lokalen Gesellschaft die Strafverfolgung kleinerer krimineller Delikte übertrug, sowie die Organisation der Militärverwaltung in den Provinzen durch gewählte adlige Gutsbesitzer, die sog. *gorodovye prikazčiki*, welche die Kontrolle über die Befestigungen und Garnisonen und die Aufstellung des lokalen militärischen Aufgebots innehatten. Vgl. Stanovlenie soslovnogo predstavitel'stva, S. 160–163, 174. Es ist unschwer zu erkennen, daß beide Erscheinungen nicht zu Kristallisationspunkten lokalständischer Emanzipation werden konnten, weil die Funktionsträgerschaft für den Staat, also der Dienstcharakter der lokalen Tätigkeit, deren Inhaber zum verlängerten Arm der zentralen Administration wurden, ganz im Vordergrund stand, was z. B. auch darin Ausdruck kam, daß die Guba-Starosten mit ihrem Diensteid Moskau und nicht der lokalen Gesellschaft verantwortlich waren. Vgl. auch oben S. 311.
[11] Der Ausdruck „na službe" („im Dienst") findet sich mehrfach in den Quellen, um die Anwesenheit auf den Zemskie sobory zu bezeichnen. Vgl. Šmelev, Otnošenie, S. 495.
[12] Etwa bei V. I. Sergeevič, N. P. Pavlov-Sil'vanskij, S. V. Juškov, welcher letzterer damit den lange Zeit und z. T. bis heute gültigen Glaubenssatz von der Existenz einer durch die Reichsversammlungen beschränkten „ständisch-repräsentativen Monarchie" (bereits 1940 von K. V. Bazilevič bestritten, vgl. Versuch einer Periodisierung, S. 36) begründete.

Verständnis von Lokal- und Zentralgewalt hervorgegangen sind, sondern Repräsentanten sozialer Gruppen, denen man bestenfalls das Etikett vormoderner „pressure groups" anheften kann, die aber weit davon entfernt waren, von der Basis eines historisch gewachsenen und tief verwurzelten lokalen korporativen Status als Konterpart der Zentralgewalt politische Gestalt und ernsthaftes regionalständisches Gewicht zu gewinnen. Es ist charakteristisch, daß sich die Wünsche des Provinzadels in vereinzelten Bittschriften *(čelobitnye)* mit z. T. gezielter Kritik an der leitenden Prikazadministration artikulierten[13] und nicht als ständische Forderungen von der Basis regional fest verankerter und rechtlich anerkannter Korporationen vorgetragen wurden. Ihm wurden gewisse materielle Begünstigungen und Verbesserungen als Ausgleich der gravierenden Nachteile aus übermäßiger militärischer Dienstbelastung, nicht jedoch solche substanziellen politischen und rechtlichen Zugeständnisse gewährt, die zu einer grundlegenden Veränderung der Herrschaftsordnung und einer konstitutionell abgesicherten Neuverteilung der Machtverhältnisse geführt hätten. Es ist nicht schwer, diesen fundamentalen Unterschied zu erkennen und die Übereinstimmungen mit westlichen ständischen Formen als bloß formale zu erweisen.

Hüten muß man sich bei dieser Art der Betrachtung auf die Zemskie sobory freilich davor, ihre Bedeutung zu unterschätzen und für allzu minimal zu halten. Immerhin wurde zum ersten Mal der niedere Provinzadel in die politische Mitsprache, von der er bisher ganz ausgeschlossen war, institutionell einbezogen. Das bloße Faktum an sich, bei allen Vorbehalten hinsichtlich der politisch-juristischen Qualität dieser „Mitsprache" und ihrer personellen Umsetzung, war im Kontext der russischen Geschichte durchaus kein marginaler Vorgang. Die Zemskie sobory anläßlich der Zarenwahlen 1598[14] und 1613 machten

---

[13] In einer Bittschrift von Vertretern der mittleren Dienstklasse aus dem Jahre 1641 wurde beklagt, daß die Bojaren und Okol'ničie ihre Verpflichtungen vergäßen und „nicht im Palast an der Arbeit sitzen". Das zentrale Thema der „Bittschriften" in den 30er und 40er Jahren des 17. Jh. war jedoch die Bauernflucht, zu der das Bojarentum und der niedere Adel unterschiedliche Positionen hinsichtlich der Fristen für die Rückführung geflohener Bauern bezogen. Vgl. Vysockij, Kollektivnye dvorjanskie čelobitnye, S. 129–131, 136 f. Mit der endgültigen Bindung der Bauern an die Scholle durch das Uloženie von 1649 wurde das für den niederen Adel existenzielle Problem zugunsten des Erhalts seiner Dienstfähigkeit in seinem Sinne entschieden, was zwar als partielle Errungenschaft, schwerlich aber in einem umfassenden politischen Sinne als „Sieg der Mittelklasse" über Bojarentum und Kirche, die „beide ohnehin bereits an Bedeutung verloren hatten", vgl. Torke, Die staatsbedingte Gesellschaft, S. 195 f, gedeutet werden kann.

[14] Der Terminus „sobor" wird anläßlich der Wahl Godunovs allerdings nicht gebraucht, wie überhaupt einige den damaligen Wahlakt als Komödieninszenierung einstufen. Vgl. dazu Čerepnin, Zemskie sobory, S. 135, 142–144. Eine Analyse der Reichsversammlung von 1598 (personeller Bestand, Frage der Existenz von Wahldelegierten aus der Provinz) bei Pavlov, Gosudarev dvor, S. 221–226, der im übrigen die Dominanz der privilegierten (hauptstädtischen) Oberschicht in ihr unterstreicht.

sichtbar, daß die neuen Herrscher, die sich nicht auf dynastische Erbfolge berufen konnten, die Notwendigkeit einer breiteren, über den hauptstädtischen Hochadel hinausgehenden gesellschaftlichen Legitimation ihres Thronamtes anerkannten.[15] Es ist unbestritten, daß das große Gesetzeswerk von 1648/49 *(Uloženie)* mit Initiative und aktiver Beteiligung des mittleren und niederen Provinzdvorjanentums, das teilweise seine spezifischen Interessen in ihm durchsetzen konnte, auf den Weg gebracht worden ist.[16] Auch zu anderen Gelegenheiten, freilich nicht überwiegend, waren deshalb die Zemskie sobory nicht nur bloße „Meinungsforen zum Zwecke der Erleichterung der Regierungsarbeit" (Torke) bzw. „Versammlungen zarischer Agenten" (Ključevskij), sondern echte Repräsentationsorgane, die auf reale Kräfteverhältnisse im herrschenden Milieu und den Umfang des Beitrags zu staatlichen Aufgaben Rücksicht nahmen. In militärischer Hinsicht zumindest, obwohl an Bedeutung mehr und mehr verlierend, war die Masse des Provinzadels ein unübersehbarer Faktor, der besonders in Krisenlagen Gewicht erlangte. Die eigentliche Bedeutung der Zemskie sobory lag deshalb auch nicht in ihrer fragwürdigen ständischen Qualität, sondern in der Tatsache beschlossen, daß die mittlere Dienstklasse zur Beratung von staatlichen Angelegenheiten hinzugezogen wurde, die früher der ausschließlichen Kompetenz des hohen Residenzadels vorbehalten waren.[17] Ihr politisches Engagement realisierte sich in den traditionellen Formen nichtkonstitutioneller Herrschaftsbeteiligung, wie sie etwa auch in dem weiterhin wichtigsten Adelsorgan, der Bojarenduma, ausgebildet war, und es ist deshalb nur konsequent, daß die Reichsversammlungen unter dem Quellenterminus einer „Duma des ganzen Landes" begegnen, der von der Wortbedeutung her ihren vorwiegend beratenden Charakter unterstreicht. Das sich wie ein roter Faden durch die gesamte frühe russische Geschichte ziehende Thema der fürstlichen Beratung findet somit in den Zemskie sobory seinen vorläufig umfassendsten institutionellen Niederschlag. Dies war unstreitig ein historischer Fortschritt, wenn auch nur von begrenzter und vorübergehender Art, da sich die Zemskie sobory über weite Phasen zu bloßen Versammlungen zufällig in

---

[15] Bei der Wahl Michail Romanovs waren gewählte Vertreter aus mehr als 40 Städten zugegen. Vgl. Vasenko, Bojare Romanovy, S. 125. Der D'jak Ivan Timofeev beklagte, daß Vasilij Šujskij nicht „vom ganzen Land" auf das Zartum gewählt worden sei. Vgl. Zaozerskij, K voprosu, S. 342. Vgl. zur Wahl Šujskijs auch Čerepnin, Zemskie sobory, S. 151–153. Angeblich drängten die Bojaren darauf, für die Wahl eine Reichsversammlung einzuberufen, was aber nicht geschah. Vgl. PSRL 14, č. 1, S. 69. Auch von Ausländern (Bussow, Żolkiewski) wird bezeugt, daß Šujskij nicht „vom ganzen Land" gewählt wurde.
[16] Vgl. den Ukaz über die Einberufung eines Zemskij sobor zum Zweck der Erstellung des Uloženie vom Juli 1648 in: Zakonodatel'nye akty, S. 223–224 (Nr. 334).
[17] Vgl. auch Hellie, Enserfment, S. 41.

Moskau anwesender zarischer Amtsträger zurückbildeten und seit der Mitte des 17. Jh. gänzlich zu existieren aufhörten.[18]

Wichtige Gründe, die erklären, warum sie sich nicht zu ständisch-konstitutionellen Formen weiterentwickelt haben, sind genannt worden: die ökonomische und politische Schwäche des mittleren und niederen Provinzadels, der die Mehrheit in ihnen bildete, sowie die fehlende politische Organisiertheit seiner lokalen bzw. regionalen Stellung; die erfolgreichen Anstrengungen der Regierung, die Reichsversammlungen für die Durchführung gesamtstaatlicher Ziele einzuspannen und Ansätze korporativen Eigeninteresses durch solche Funktionalisierung zum Zweck der effektiveren Erledigung von Staatsaufgaben von vornherein zu entschärfen; ein schwaches Stadtbürgertum, das als stimulatives soziales Element für die Entwicklung ständisch-konkurrierender Vielfalt ohne Bedeutung war; die Tatsache schließlich, daß der beherrschende verfassungspolitische Trend der russischen Geschichte nicht auf eine Konstitutionalisierung der Beziehungen zwischen Gruppen und Personen abhob.

Es wurde im allgemeinen zu wenig beachtet, daß das Bojarentum und die hohe hauptstädtische Aristokratie sowie der hohe Klerus, die diese spezifisch russische, nichtkonstitutionelle Herrschaftstradition als Eliten an den Schalthebeln der Macht verkörperten,[19] zugleich die Mitgliedschaft in den Zemskie sobory besaßen und dort eine dominante Rolle spielten.[20] Sie fühlten sich denn auch weniger als die politischen Partner und Gesinnungsgenossen der in den Zemskie sobory vertretenen adligen Mittel- und Unterschichten und als Angehörige einer adligen Klasse, als vielmehr als die machtvollen Repräsentanten der staatlichen Gewalt, als die „Säulen" des Zartums, als die „starken Leute", die aufgrund von Herkunft, Reichtum, Einfluß und Herrschernähe mit dem adligen „Provinzproletariat" nur wenig gemein hatten. Nicht von ungefähr veränderte sich das personelle Profil der Reichsversammlungen sehr bald in Richtung auf ein Gremium von höheren Amtsträgern, Spezialisten und Bürokraten, die durch Dienst und Wohnsitz mit der Metropole eng verbunden waren. Hierin offenbarte sich die politische Schwäche der Provinz und der Kompetenzvorsprung des Residenzadels in Reichsangelegenheiten. Die umständliche und langwierige Prozedur der Einberufung einer Versammlung förderte noch diese Tendenz. Von einem einheitlichen Willen und einer übereinstimmenden Interessenlage der adligen Schicht in den Zemskie sobory kann deshalb kaum

---

[18] Die verschiedenen Theorien dazu in der Literatur bei Torke, Die staatsbedingte Gesellschaft, S. 209.

[19] Auf die große indirekte Wirkung des Kampfes zwischen Kaisertum und Kirche für die Entwicklung des politischen Ständetums im Imperium verweist Gerhard, Regionalismus, S. 318 f.

[20] Mit der Erstellung des Gesetzbuches von 1648, die auf Initiative des Zemskij sobor zustandekam, wurde eine hochadlige Kommission unter Fürst N. I. Odoevskij betraut. Vgl. Zakonodatel'nye akty, S. 224.

die Rede sein. Die „Mächtigen", die aristokratischen Profiteure des Systems und Nutznießer des gesellschaftlichen Status quo, die überhaupt nicht an eine prinzipielle Umwandlung der traditionellen Herrschaftsbeziehungen dachten, gaben in ihnen den Ton an.[21] Sie waren eher darauf aus, politischen Ansprüchen der nachdrängenden niederen Dienstschichten Schranken entgegenzusetzen, als sich mit ihnen zu solidarisieren. Wichtig ist also geworden, daß die herrschende aristokratische Elite mit ihren Schlüsselpositionen in Militär und Verwaltung an den traditionellen politischen Werten festgehalten und ihr konservatives Weltbild dem Gesellschaftskonflikt weitgehend aufgeprägt hat. Sie wurde damit nicht nur nicht zum Wegbereiter, sondern zum Bremser einer allerdings von den historischen Voraussetzungen und Bedingungen her ohnehin eher unwahrscheinlichen ständisch-konstitutionellen Entwicklung.

Das am ständischen Modell orientierte historische Urteil über die Zemskie sobory läuft in der Regel auf eine negative Zuspitzung hinaus. Ihnen jegliche politische Potenz abzusprechen,[22] ließe allerdings ihr Auftreten als historisch widersinnig erscheinen. Sie waren phasenweise tatsächlich die direkte Widerspiegelung eines relativ breiten gesellschaftlichen Kräftespektrums, auf das die Regierung – zumindest vorübergehend – Rücksicht zu nehmen hatte. Daß sie auf keinen Fall eine Teilung der Macht zwischen den Monarchen und den „Ständen" bedeutet hätten,[23] ist nur formaljuristisch richtig. So wenig berechtigt es ist, die Bojarenduma, weil sie nicht die Merkmale ständischer Qualität aufwies, als machtloses und beliebig zu handhabendes Organ der Fürstenherrschaft und nicht als Institution gewordener Ausdruck hochadliger politischer und sozialer Potenz zu sehen, so wenig ist eine solche formale Betrachtung den Zemskie sobory angemessen, zumal in ihnen die hohe Aristokratie einen festen Platz hatte. Es ist also auch der Schluß, aus der korporativen Schwäche der russischen „Stände" (Geistlichkeit, niederer Adel, Städter, hoher Adel) eine grundsätzlich fehlende Gleichgewichtigkeit zwischen monarchischer Spitze und der übrigen Gesellschaft abzuleiten,[24] keineswegs so überzeugend, wie es auf den ersten Blick und gemäß einer traditionellen Sicht erscheinen mag. Wenn es die Regierung in bestimmten krisenhaften Lagen für notwendig hielt,

---

[21] Als „Werkzeuge entweder der Bojaren oder der Geistlichkeit" betrachtete die Zemskie sobory S. S. Šaškov. Vgl. Čerepnin, Zemskie sobory, S. 12. Daß einige Vertreter der hohen Fürstenaristokratie (Šujskie, Mstislavskie, Golicyny) mit den adligen Freiheiten der Rzecz Pospolita geliebäugelt hätten, vgl. Pavlov, Gosudarev dvor, S. 37, ist zwar nicht gänzlich auszuschließen, aber auch nicht stichhaltig aus den Quellen beweisbar.

[22] Vgl. Torke, Die staatsbedingte Gesellschaft, S. 211, der sich in solcher Einschätzung z. B. mit O. Hoetzsch auf einer Linie sieht, dessen Urteil jedoch in dieser Hinsicht weit weniger eindeutig ausfällt, vgl. Staatenbildung und Verfassungsentwicklung, S. 381–383.

[23] Vgl. Oestreich, Auerbach, Ständische Verfassung, S. 229.

[24] Ebd. S. 230.

breiteren Kreisen der Gesellschaft eine Mitsprache einzuräumen, so spricht der Tatbestand für sich, egal, ob ihr an der moralischen Unterstützung des „ganzen Landes" gelegen war,[25] ob sie aus Angst vor einer Solidarisierung zwischen Stadtleuten und niederem Dienstadel, wie das 1648/49 der Fall war, handelte,[26] Zustimmung zu ihren außenpolitischen Unternehmungen, die mit absehbaren großen Belastungen verbunden waren, benötigte,[27] die Legitimität des Herrscheramtes durch das Votum des „ganzen Landes" erhöhen wollte oder schlicht Geld brauchte.[28] In solchen krisenhaft zugespitzten historischen Augenblicken wurde ein bisher passiver oder zumindest eher Objekt bildender Teil der Gesellschaft politisch mobilisiert und aktiv. In den „Wirren" erklärte sich diese oder jene Stadt für diesen oder jenen Kandidaten, stellte eigene Truppen auf, forderte das Recht der Zaren- oder Bojarenwahl. In einer Bittschrift des „1. Aufgebots" vom 30.6.1611, die mehr als 25 Städte repräsentierte, heißt es u. a.: „Und das Reich verwalten und sich um alle Reichs- und Militärangelegenheiten kümmern sollen die Bojaren, welche man vom ganzen Land erwählt hat ..." [von mir gesperrt, H. R.].[29] Der Niedergang der Zemskie sobory seit den 20er Jahren des 17. Jh. darf also nicht darüber hinwegtäuschen, daß sie in ihrer „goldenen Zeit" die Regierung nachweisbar und nachhaltig beeinflußt und sie zu bestimmten Maßnahmen gedrängt[30] und somit faktisch und punktuell ein Gegengewicht zur monarchischen Gewalt dargestellt haben. Der Umschlag in eine Versammlung von Staatsdienern, in ein „Parlament von Bürokraten" (Zaozerskij) war Ausdruck des Sieges der traditionellen Strukturen. In die Hierarchie der Macht im Staat blieben somit auch die Zemskie sobory, trotz ihres zeitweise quasirevolutionären Charakters als Vertretungsorgan des „ganzen Landes", letztlich fest eingebunden. Wahrscheinlich spiegelt das Zeremoniell bei wichtigen Gesandtenempfängen

---

[25] Zaozerskij, K voprosu, S. 348 f.

[26] Torke, Die staatsbedingte Gesellschaft, S. 231; Čerepnin, Zemskie sobory, S. 393.

[27] Siehe oben S. 441. S. O. Šmidt glaubt, daß die Zemskie sobory des 16. Jh. den Herrschern dazu dienten, den hohen Adel zu „zähmen" und seine Macht zu beschränken. Sie seien ein Instrument des sich herausbildenden Absolutismus gewesen. Vgl. Stanovlenie, S. 311. Inhaltlich stimmt diese Auffassung auffällig mit der Solovévschen These überein, daß der Zar „sich eine Stütze gegen die verdächtige Družina [d. h. das Bojarentum] suchen" mußte. Zit. bei Čerepnin, Zemskie sobory, S. 9.

[28] Dies hat nichts mit dem wichtigen ständischen Recht der Steuerbewilligung gemein, welches die Zemskie sobory nicht besaßen, sondern mit ad hoc-Geldbeschaffung, womit z. B. die Anwesenheit von 75 Kaufleuten auf dem Zemskij sobor von 1566 zu erklären ist (Sbornik dokumentov t. III, S. 178–181, Nr. 37).

[29] Zit. Nach Vysockij, Kollektivnye dvorjanskie čelobitnye, S. 128. Gemeint sind mit den „Bojaren" Dmitrij Trubeckoj, Ivan Zaruckij und Prokofij Ljapunov. Vgl. auch Jabločkov, Istorija dvorjanskago soslovija, S. 203 f.

[30] Epstein, Die Hof- und Zentralverwaltung, S. 71; vgl. auch Vasenko, Bojare Romanovy, S. 169.

die auch für die Reichsversammlungen gültige Hierarchie nach 1613 relativ wirklichkeitsnah wider: „... und beim Herrscher waren im Saal die Bojaren, und die Okol'ničie, und die Dumaleute, und die Stol'niki, und die großen Dvorjanen [alle] in Gold ... Und im Flur vor dem goldenen Saal saßen die Dvorjanen und D'jaken, und die Großkaufleute in Gold. Und auf der Freitreppe beim Eingang zur Mariä Verkündigungs-Kathedrale waren Dvorjanen und Prikaz-Leute und Bojarenkinder aus den Städten in bunter Kleidung."[31] Die Szenerie der Macht wird, wie es die räumliche Nähe zum Zaren versinnbildlicht, vom hohen Residenzadel beherrscht. Haupt- und Nebenrollen sind vergeben, und zwar weiterhin nach dem traditionellen politischen Muster.

Man wird es geradezu als eine sozialpsychologische Zwangsläufigkeit anzuerkennen haben, daß die gewohnheitsmäßige gesellschaftspolitische Dominanz des Hochadels bei ihm eine Art ständisches Bewußtsein hervorbrachte, welches von der Überzeugung geprägt war, aufgrund von Herkunft, Reichtum und überlieferter Stellung einen konkurrenzlosen Anspruch auf die höchsten Ämter und die alleinige Leitung des Staates zu besitzen.[32] Dies lief nicht in einem juristischen Sinne auf die definierte Einschränkung der obersten Gewalt hinaus, sondern auf die – nicht durch Rechtssätze abgesicherte – T e i l h a b e an ihr, die von den Herrschern anerkannt war. Daß freilich Teilhabe an der Macht, zumal eine so stabile und kontinuierlich über die Jahrhunderte von immer ein und derselben adligen Elite wahrgenommene, eine d e f a c t o - B e s c h r ä n k u n g der monarchischen Spitze beinhaltet, wird man kaum bestreiten können. Einige Verfassungshistoriker sehen eben gerade in „Beteiligung, Mitwirkung, Teilhabe, Mitregierung", nicht allein in der verbrieften Freiheit für die eigene Sphäre, d a s markante Merkmal von „Ständestaat",[33] freilich unter der Voraussetzung, daß ein gewisses G l e i c h g e w i c h t z w i s c h e n d e n S t ä n d e n existiert und nicht die aristokratische Elite „Mitwirkung" und „Teilhabe" für sich so ausschließlich usurpiert, wie das in Rußland der Fall war.

---

[31] Zit. bei Zaozerskij, K voprosu, S. 326.
[32] Vgl. Rüß, Adel und Adelsoppositionen, S. 23. S. auch oben Kap. XI, S. 426 f.
[33] Vgl. Oestreich, Auerbach, Ständische Verfassung, S. 223.

XIII. ADEL, ZEREMONIELL, IDEOLOGIE

Begab sich ein Bojar hoch zu Roß oder, wie in späterer Zeit, in einer Equipage zur Verrichtung seiner täglichen Dienste an den Hof, dann schritt vor ihm unbewaffnet[1] und in würdevoller Aufmachung seine „Leibgarde", die als *Znakomcy* („die, welche man kennt") bezeichneten niederen oder verarmten Adligen seines persönlichen Hofstaates, die ihn bei allen möglichen öffentlichen Auftritten, auf Kriegszügen und im privaten häuslichen Bereich bei feierlichen Anlässen und beim gemeinsamen Mahl an der bojarischen Tafel umgaben. Wenn er im Kreml' an der „Roten Treppe" vom Pferd oder aus der Kutsche oder dem Schlitten stieg, waren sie ihm dabei behilflich, begleiteten ihn bis zum Eingang und erwarteten hier seine Rückkehr.[2]

Längst nicht allen Adligen war es jedoch erlaubt, in diesem stolzen Aufzug bis in unmittelbare Nähe des Zarenpalastes vorzudringen.[3] Es bestand ein fein abgestuftes Zutritts- und Annäherungsritual, das dem Eingeweihten einen recht genauen Einblick in die Machtverhältnisse bei Hof und die jeweils aktuelle aristokratische Hierarchie gewährte. Das Recht des freien Zugangs zum Palast hatten überhaupt nur die adligen Hofränge. In die obere Etage („Verch"), wo die herrscherlichen Schlaf- und Wohngemächer lagen, gelangten nur die höchsten Dumaränge und die „nahen" Personen. Hier versammelten sie sich täglich im „Vorsaal" (*Perednjaja*) und erwarteten das Erscheinen des Zaren. Die „nahen Bojaren" genossen das Privileg, das Arbeitszimmer des Zaren betreten zu dürfen.[4] Zu den Schlafräumen der Zarinnen und ihrer Kinder waren selbstverständlich nur Bojarinnen und andere adlige Damen zugelassen. Ein Ukaz aus dem Jahre 1648 legte genau fest, wer wo und wo nicht Zutritt hatte.

---

[1] Der Zarenhof durfte nicht bewaffnet betreten werden. Ein Ukaz vom Dezember 1681 bestimmte, daß Dumaränge im Sommer Kutschen, im Winter Schlitten mit zwei Pferden benutzen durften. Bojaren konnten darüber hinaus an Festtagen vier, bei Verlobung und Hochzeiten sechs Pferde anspannen. Niedere Adelsränge bewegten sich sommers beritten, im Winter mit einspännigen Schlitten vorwärts. Zwar sollte man Bojaren bei Begegnung auf der Straße die gebührende Ehre erweisen, nicht aber zu diesem Zweck vom Pferd absitzen, welche Ehrerbietung allein dem Zaren zuteil wurde. Vgl. Zasgoskin, Central'noe upravlenie, S. 67–68.

[2] Vgl. DRV t. 20, S. 171 f.

[3] Crummey schreibt treffend: „Those who ruled could enter the Kremlin: those who were ruled stayed outside the walls." Court Spectacles, S. 131.

[4] Vgl. Kotošichin, O Rossii, S. 29, 31; Zabelin, Domašnij byt, S. 281; Torke, Oligarchie in der Autokratie, S. 180.

Die niederen Hofränge vom Stol'nik abwärts versammelten sich gewöhnlich in einem „Postel'noe" genannten Treppenvorbau, zu dem sie sich jederzeit ungehindert begeben konnten; ansonsten war ihr Aufenthalt entsprechend ihrem Rang und dem Bedeutungs- und Repräsentationswert der Palasträume ein untereinander abgestufter.[5]

Daß die Bojaren in einiger Entfernung vom Aufgang zum Schloß ihre Equipagen verließen oder vom Pferd stiegen, haben manche zeitgenössischen Beobachter als besonders markanten Ausdruck der zarischen Machtstellung und der adligen Untergebenheit gedeutet. Aber diese Etikette entsprach – mit Zabelin – althergebrachter Sitte und war als eine besondere Verehrung und Achtung des Gastes dem Hausherrn gegenüber auch in anderen sozialen Kontexten üblich. Eine im Rang niedrigere Person konnte nicht einfach auf den Bojarenhof reiten und an der Freitreppe absteigen, während umgekehrt ein hochrangiger Besucher vom Hausherrn sogar am Toreingang oder zumindest in der Hofmitte begrüßt wurde.[6]

Zeremoniell und Etikette spielten im öffentlichen Leben des russischen Adels eine wichtige Rolle. Sie waren Indikatoren und äußere symbolhafte Zeichen gesellschaftlicher Zustände, sozialer Beziehungen, herrschaftlicher Strukturen und momentaner Machtverhältnisse. Sie spiegelten bis zu einem gewissen Grade das politische Selbstverständnis der herrschenden Klasse wider.

Leider ist über die äußere Zeremonialität trotz des sehr früh gegebenen höfischen Bezugs des russischen Adels, der zweifellos mit der Herausbildung eines bestimmten Kodex von zeremoniellen Gesten und etiketteren Verhaltensformen einhergegangen sein muß, aus der Zeit vor dem 16. und 17. Jh. relativ wenig bekannt. Es ist damit zu rechnen, daß im Unterschied zu Ländern mit einer starken Fürstengewalt im Kiever Rußland das dort gültige gefolgschaftliche Wesen seinen Ausdruck in relativ einfachen, unmittelbaren, die Aspekte des fürstlich-adligen Konviviums, der Freundschaft und relativen Gleichberechtigung betonenden höfischen Umgangs- und Verhaltensformen gefunden hat. Der Adel tritt weniger als Gehorsamsträger denn als Partner in einem Treue- und Schutzverhältnis entgegen. Mag auch das Fürstenbild, das Vladimir Monomach entwarf, in der Darstellung der Einfachheit und Bescheidenheit übertriebene und tendenziöse Züge aufweisen, so wird die Atmosphäre der Schlichtheit altrussischer Fürstenhöfe im Prinzip von den Quellen bestätigt.[7]

---

[5] Zabelin, Domašnij byt, S. 282; Crummey, Court Spectacles, S. 131.
[6] Vgl. Zabelin, Domašnij byt, S. 280.
[7] Vgl. Halbach, Der russische Fürstenhof, S. 13, 81 ff.

Das war in späterer Zeit lange kaum anders. Der Hof war in erster Linie Regierungsort, Zentrum der fürstlichen Eigenwirtschaft, Schauplatz des Gesandtschaftsgeschehens, Gerichts-, Verwaltungs- und Beratungsstätte und vor allem der Platz, an dem handfeste Chancen, Privilegien und Machtpositionen verteilt wurden. Der Alltag derer, die dort wohnten oder sich dort aufhielten, war von vielfältigen administrativen und politischen Aktivitäten in einem so hohen Maße ausgefüllt, daß ihnen für die kunstvolle Stilisierung und dem Gewöhnlichen enthobene Inszenierung ihres dortigen Lebens weder der Sinn stand noch viel Raum übrig blieb. Nicht, daß sich die Funktion des Hofes vollkommen gewandelt hätte. Aber sein Repräsentationscharakter trat doch im Laufe der Zeit mit der wachsenden Ausdehnung des Moskauer Reiches und der damit steigenden nationalen und internationalen Bedeutung seiner Herrscher in einer Weise in den Vordergrund, daß die politischen Alltagsgeschäfte und das triviale Macht- und Positionsgerangel des Adels als Nebenschauplätze des höfischen Lebens erscheinen mußten, was aber natürlich durchaus nicht der Fall war. Besonders seit der Regierung des Zaren Aleksej Michajlovič konnte der Eindruck entstehen, als seien die ästhetisch-symbolhaften Aspekte eines höfischen „Wohlgeordnetseins" (*blagoustrojstvo*) mit seiner entwickelten Herrscherliturgie[8] so dominierend, daß Zar und Hofgesellschaft zu Gefangenen ihrer eigenen Rolle geworden seien.[9] Die Überhöhung normaler Abläufe, Tätigkeiten und Kommunikationssituationen durch symbolbefrachtete Stilisierung des Verhaltens, des Umgangs und der Gesten durchdrang immer weitere Bereiche des Hofalltags. Es läßt sich die quantitative Zunahme der Etikette und der vermehrte Zeitaufwand und die gesteigerte Aufmerksamkeit, die ihr der Adel entgegenzubringen hatte, registrieren. Es ist möglich, daß Systeme, deren gravierende Mängel, Ungerechtigkeiten und Fehlentwicklungen die Herrschenden instinktiv verspüren, dazu neigen, jene durch optisch eindrückliche Manifestationen von Erhabenheit und Macht zuzudecken. Der zentrale säkulare Hintergrund des von Herrscher, Adel und Geistlichkeit inszenierten und bestrittenen Zeremoniells ist jedenfalls Demonstration von Macht und Legitimation von Herrschaft nach außen. Der Adel benutzt das höfisch-staatliche Zeremoniell zur öffentlichen Präsentation seiner sozialen und politischen Privilegiertheit. Für das einzelne Individuum ist es zudem ein mehr oder weniger zuverlässiger Indikator seines momentanen politischen Ansehens und seines Status. Die Etikette bedeutete für jeden der in sie Eingebundenen eine gewisse Sicherung seiner genau abgestuften sozialen Existenz und seines Prestiges, die beide aufgrund permanenter Konkurrenz und möglicher Veränderungen in der herrscherlichen Gunsterweisung dennoch labil blieben.[10]

---

[8] Nach R. O. Crummey lebte der russische Herrscher „in einer Welt der ununterbrochenen liturgischen Zeremonie." Vgl. Court Spectacles, S. 139.
[9] Vgl. Kämpfer, Das russische Herrscherbild, S. 201 f.
[10] Vgl. Elias, Die höfische Gesellschaft, S. 135.

Es ist zu erwarten, daß die zeremonielle Geste in der Herrscher-Adel-Beziehung aufgrund der historisch gewachsenen Hofaffinität des russischen Adels, seines Dienstbezugs als hervorstechender Existenzform und einer tiefverwurzelten gefolgschaftlichen Traditionslinie eine diesen Strukturen und Mentalitäten entsprechende Ausprägung erfahren hat, sie also nicht nur „ein höchst flexibles Herrschaftsinstrument" (Elias) in den Händen der Großfürsten und Zaren darstellte, sondern gleichermaßen Wünsche, Ansprüche, Erwartungen, Begehrlichkeiten und Geisteshaltungen des Adels ausdrückte, kurz: die Grundstruktur von Machtverteilung und gegenseitiger Gebundenheit widerspiegelte. Diese komplexe Natur des Zeremoniells und das Doppelgesicht der Etikette-Apparatur offenbarten sich bei bestimmten Gelegenheiten in besonders sinnfälliger Weise.

So waren die offiziellen Bankette eine ununterbrochene Aneinanderreihung von Ritualen und zeremoniellen Akten, die aus realen Strukturen und konkreten Beziehungen erwuchsen. Häufig geladener Teilnehmer an zarischen Banketten zu sein, konnte als Ausdruck besonderer Vertrauensstellung bei Hof gelten. Die Sitzordnung bei Tisch war ein Spiegelbild von Status und Macht. Je näher zum Herrscher jemand saß, um so größere Ehre wurde ihm zuteil. Neben einer höherstehenden Person zu sitzen, war ehrenvoller, als ihr gegenüber, rechts von ihr ehrenvoller als links von ihr.[11] Deshalb galt auch der „rechte", d. h. der rechts vom Zaren stehende „große" Tisch, an dem gewöhnlich die Bojaren Platz nahmen, als der ehrenvollste. Der „krumme Tisch" *(krivoj stol)* wurde in dem Bereich, der dem Zaren gegenüberlag, als „Okol'ničij-Platz" bezeichnet.[12] Natürlich achteten alle eifersüchtig darauf, ihrem Rang entsprechend gesetzt zu werden, und am reibungslosesten verliefen solche offiziellen Bankette, wenn für die Sitzordnung zuvor regelrechte Dienstranglisten, wie sie z. B. auch bei Feldzügen galten, aufgestellt worden waren. Streitereien wurden dadurch freilich auch nicht gänzlich unterbunden. Als ein eher wohl unübliches Verhalten wird man das Ansinnen Ivan Čeljadnins bei einem Gastmahl Vasilijs III. einzuschätzen haben, der unter seinem Schwiegervater Fürst Ivan Paleckij sitzen wollte, was vom Gastgeber mit dem Hinweis abgewiesen wurde, daß er dies zu Hause tun könne, hier aber die Rangordnung beachtet werden müsse.[13] Andere versuchten, sich mit allen

---

[11] Instruktionen für Gesandte nach Polen-Litauen verdeutlichen, daß diese Ehrenvorstellungen bereits unter Ivan III. galten. Vgl. Croskey, Muscovite Diplomatic Practice, S. 162.

[12] Auf der Hochzeit Andrej Starickijs, des Bruders Vasilijs III., saßen getrennt von den Bojaren Dmitrij F. Bel'skij, Vasilij Vas. Šujskij, Boris Iv. Gorbatyj, Ivan Vas. Šujskij, Ivan Vas. Chabarov und Michail Jur̂evič Zachar̂in, auf dem „Okol'ničij-Platz" die Bojaren I. G. Morozov, V. G. Morozov und M. V. Tučkov. Vgl. RK, S. 14.

[13] Nach Buganov, Vraždotvornoe mestničestvo, S. 129.

möglichen Entschuldigungen[14] vor einem Bankett beim Zaren zu drücken, wenn sie tiefer sitzen sollten als Personen, mit denen sie sich ranggleich wähnten. Das ging nach Kotošichin so weit, daß einige Ehrverletzte öffentlich erklärten, der Zar möge ihnen lieber den Kopf abschlagen lassen, als daß sie bereit dazu wären, den ihnen zugewiesenen Platz bei Tisch einzunehmen.[15] Solche Aufmüpfigkeit war der Ausdruck einer festen Ehrvorstellung, die zu verletzen und zu mißachten auch dem Herrscher nicht gestattet war, der zwar, wie man sagte, „mit Geld und Land" begnadigen konnte, nicht aber mit der Ehre, die ein überkommenes, ererbtes und unantastbares Gut darstellte.[16]

Bei Banketten im späten 16. und 17. Jh., über die Berichte von Ausländern vorliegen, saß der Zar häufig allein und erhöht.[17] Darauf scheint besonders der erste Falsche Dmitrij bei offiziellen Gastmählern Wert gelegt zu haben. Ansonsten treffen wir auch Angehörige der Zarenfamilie am Zarentisch. Der Engländer Jenkinson beschreibt ein Bankett Ivans IV., bei dem dieser an der einen Tischseite, sein Bruder, sein Cousin, der Metropolit, der Kazaner Zar und einige Bojaren auf der anderen Tischseite saßen. Barberini, der 1564 mit einem Empfehlungsschreiben der englischen Königin in Moskau weilte, nahm an einem Essen teil, bei dem Zar und Bojaren an einem Tisch, jedoch an den gegenüberliegenden Enden desselben, plaziert waren.[18] 1581 saß Ivan IV. in Anwesenheit des päpstlichen Gesandten Antonio Possevino mit den Bojaren wiederum an einem Tisch. Unter Vasilij III. war dies noch die Regel.[19] Es ist immerhin von Interesse, daß an einigen westeuropäischen Fürstenhöfen – am burgundischen, am spanischen, am kaiserlichen –, wo öffentliche Bankette wie Staatsakte zelebriert wurden, die optisch betonte Distanz und Abgehobenheit des Herrschers von seiner höfisch-adligen Umgebung durch das Sitzprotokoll bereits zu einer bedeutend früheren Zeit gang und gäbe war und dort wesentlich

---

[14] Der Beleidigte stellte sich krank, oder die Verwandten behaupteten, er sei auf seine ländlichen Güter oder in ein Kloster zum Gebet abgereist; er gab vor, es hätten Pferde gefehlt oder die Equipage hätte nicht zur Verfügung gestanden usw. Ebd. S. 126; Markevič, Istorija mestničestva, S. 393 ff.

[15] Kotošichin berichtet weiter, daß der Geladene, der eine Verhinderung seines Erscheinens nur vortäuscht, gewaltsam an die Tafel gebracht werde, daß er, wenn er sich von dort mit – gewöhnlich – lautem Protest entfernen wolle, daran gehindert würde, worauf er unter den Tisch kröche („spustitsja pod stol"), welcher Ungehorsam entweder Kerkerhaft oder das Verbot, bis zum Ergehen eines Entscheides nicht das Antlitz des Zaren schauen zu dürfen, nach sich zöge. Vgl. O Rossii, S. 46.

[16] Vgl. Crummey, Reflections on Mestnichestvo, S. 275.

[17] „Ihre Zaar. Maj. setzen sich allein hinter die Taffel / und so etwa der Patriarche oder andere grosse Herren mit ihm zu essen beruffen werden / seynd für ihnen auff den Seiten neben Taffeln bereitet." Olearius, Moskowitische und persische Reise, S. 250.

[18] Vgl. Markevič, Istorija mestničestva, S. 334–335.

[19] Vgl. Juzefovič, Iz istorii posol'skogo obyčaja, S. 334. Das wird auch durch die Beschreibung Herbersteins bestätigt. Vgl. Moscouiter wunderbare Historien, S. 142.

konsequenter realisiert wurde[20] als am Moskauer Hof, an dem die Herrscher mindestens bis zum Ende des 16. Jh. in noch starkem Maße physisch und optisch in die bojarische Gastgesellschaft integriert blieben.[21]

Im Unterschied etwa zum Hof Philips II. von Spanien, an dem während der Mahlzeiten lautlose Ruhe und eisiges Schweigen herrschten und alle Blicke mit ängstlicher Spannung auf den König gerichtet waren, ging es bei Banketten der Moskauer Fürsten und Zaren im Rahmen eines traditionellen Zeremoniells um ein Vielfaches lebhafter zu.[22] Sie erwiesen ihren Gästen nicht nur durch den Platz an der Tafel die ihnen zukommende Ehre, sondern darüber hinaus durch die Übersendung von Getränken und Speisen (die sog. *Podači*, von *podat'* = darreichen, servieren) während der Mahlzeit. Als am ehrenvollsten galt der Erhalt eines gefüllten Trinkbechers oder einer Schüssel, von denen der Herrscher zuvor gekostet hatte, wodurch auf diese Weise eine indirekte körperliche Verbindung zu ihm hergestellt wurde.[23] Die Herkunft dieses Brauchs aus der Tradition des frühen genossenschaftlichen Gastmahl-Konviviums von Fürst und Adel mit seinem symbolischen Gehalt der Gemeinsamkeit, Freundschaft, Übereinstimmung, Zusammengehörigkeit, Bruderschaft usw. ist unverkennbar.[24] Legt man die epische Überlieferung zugrunde, so waren in Kiever Zeit für die Angehörigen der Družina Gastmähler, bei denen manchmal auch Geschenke an die „Recken" verteilt wurden, einer der wichtigsten rituellen Akte fürstlich-gefolgschaftlicher Kommunikation. Wer bei solchen Gelegenheiten jemanden beleidigte oder handgreiflich wurde, hatte mit der sehr hohen Geldbuße von 12 Grivnen zu rechnen (Art. 3, „Kurze Pravda").[25] Möglicherweise sind die herrscherlichen *Podači* eine Formalisierung der Sitte des Austeilens von Geschenken an die Gefolgschaft für besondere Taten und Leistungen. Bei nichtöffentlichen Gastmählern pflegte

---

[20] Vgl. Loesch, So war es Sitte in der Renaissance, S. 127 ff. Ein eindrucksvolles Beispiel ist die „Fürstliche Tafel" aus der Schedel'schen Bilderchronik (1491), ebd. S. 241.

[21] Dies gilt erst recht für die von den offiziellen banketten („stoly") zu unterscheidenden inoffiziellen Gastmähler („piry") des Herrschers im Kreise seiner engeren adligen Umgebung, die häufig zu von Musik, Tanz, Narreteien und dem Verzehr einer Unmenge von Fleischgerichten begleiteten gemeinsamen Trinkgelagen ausarteten.

[22] Raffaelo Barberino, 1564 Teilnehmer eines Banketts zu seinen Ehren, schreibt: „Man aß wenig, trank aber mit großem Gelärme..." Zit. bei Loesch, So war es Sitte in der Renaissance, S. 146. Ivan III. unterhielt sich bei Tisch angeregt mit seinen Gästen. Vgl. Juzefovič, Iz istorii posol'skogo obyčaja, S. 338.

[23] Ebd. S. 336.

[24] Dies gilt auch für die Verteilung von Brot an alle Anwesenden zu Beginn des Mahls als Zeichen der Gastfreundschaft, die auf uralte Traditionen zurückgeht. Ebd. Zum Schluß reichte der Zar nach unterschiedlichen Aussagen Pflaumen (eingelegte oder getrocknete) oder Konfekt, möglicherweise nur an die aufwartenden Stol'niki, die an den *Podači* nicht hatten teilnehmen können. Ebd. S. 337.

[25] Vgl. Vetlovskaja, Letopisnoe osmyslenie pirov, S. 62–63.

der Zar – wie vor ihm die Fürsten und Großfürsten – das einer Person von ihm verehrte Gericht oder Getränk selbst zu überreichen, was bei offiziellen Anlässen nur in Ausnahmen geschah, welche Aufgabe dort in seinem Namen die Stol'niki erfüllten. Über Boris Godunov weiß man, daß er das abschließende Konfekt nur mit der linken Hand reichte, was vielleicht ein Zeichen besonderer Gnade war, da es sozusagen vom „Herzen" kam.[26]

Zum Trinkritual gehörte es, daß die Anwesenden in der Reihenfolge ihres Ehrenrangs aus der Hand des Zaren einen Becher entgegennahmen und ihn auf sein Wohl leerten.[27] Ausländische Gesandte, denen das ständige Zutrinken lästig war, da sie sich für dessen symbolischen Bedeutungsgehalt, außer was ihren speziellen diplomatischen Auftrag anging, kaum interessierten, haben sich überwiegend negativ oder zumindest befremdet geäußert: „Von Zeit zu Zeit trank der Zar auf das Wohl von irgend jemand. Dieser stand auf. Nach ihm alle übrigen. Sich verbeugend, setzten sie sich wieder. Und diese Zeremonie passierte so oft, daß ich von diesen Bewegungen, statt mich satt zu essen, von Stunde zu Stunde größeren Appetit bekam" (Barberini).[28]

Wenn die russischen Herrscher sich der Etikette in einer sie so extrem beanspruchenden Weise – und zwar im säkularen Festlichkeitskontxt mehr als Versender denn als Adressaten von Ehren – zu unterwerfen hatten, so ist dies ein untrügliches Zeichen dafür, daß Zeremoniell und Repräsentationszwang nicht nur Mittel ihrer Herrschaft waren, sondern daß durch sie Ansprüche und Erwartungen ihrer adligen Umgebung erfüllt werden mußten, deren genaue Beachtung eine ständige wachsame Aufmerksamkeit gegenüber den Rang- und Machtstrukturen am Hofe verlangte. Sie waren deshalb keineswegs nur die souveränen Sachwalter der Repräsentation, sondern gewissermaßen auch die passiven Vollstrecker symbolischer Handlungen, die ihre Angewiesenheit auf den Adel bzw. die gegenseitigen Abhängigkeiten zum Ausdruck brachten.

Täglich wurden vom zarischen Tisch in die Häuser der vornehmsten Bojaren und Dumaangehörigen Speisen geschickt,[29] und man betrachtete es

---

[26] Vgl. Juzefovič, Iz istorii posol'skogo obyčaja, S. 337.

[27] Vgl. Poraj-Košič, Očerk istorii russkogo dvorjanstva, S. 72.

[28] Der dänische Gesandte Ulfeldt erzählt, daß er bei einem Gastmahl Ivans IV. 65mal aufstehen mußte. Herberstein wendete allerlei Tricks an, indem er so tat, als würde er nichts merken oder als ob er vom Tischgespräch über alle Maßen gefesselt wäre usw. Vgl. Juzefovič, Iz istorii posol'skogo obyčaja, S. 338.

[29] Vgl. Jaques Margeret's State of the Russian Empire, S. 149; Graf, Samuel Collins' Moscovitische Denkwürdigkeiten, S. 57. Die Mitteilung Kotošichins, daß die Zarenfamilie niemals bei Bojaren in deren Häusern zu Gast war, weder zu „Banketten" und anderen „Belustigungen" noch zu „Beerdigungen", vgl. Storožev, Bojarstvo, S. 199, ist unzutreffend. So verkehrte Aleksej Michajlovič häufig im Hause Artamon Matveevs, wo er seine zweite Frau Natal'ja Naryškina kennenlernte. Vgl. Rüß, Moskauer „Westler" und „Dissidenten", S. 208. Ivan IV. war 1550 zu Gast bei Fürst Dmitrij Bel'skij in dessen Dorf Dobrynskij. Vgl. ders., Dmitrij F. Bel'skij, S. 183.

in diesen hohen adligen Kreisen als eine große Ehrverletzung, wenn diese zarischen Botschaften der Gnade ausblieben. War dies aus Nachlässigkeit bzw. Verschulden der mit der Überbringung beauftragten Personen erfolgt, hatten diese mit öffentlicher Auspeitschung und die mit der Organisation der Speiseversendung befaßten höheren Chargen mit einem Tag Kerkerhaft zu rechnen.[30] An ihrem Namenstag, sogar an dem ihrer Kinder, machten die Bojaren dem Herrscher und seiner Familie ihre Aufwartung und brachten ihnen nach Landessitte Weißbrot *(imeninnyj kalač)* dar.[31] Dies geschah umgekehrt auch an Namenstagen in der zarischen Familie. Nach der Morgenmesse, zu der ihn in der Regel die Bojaren und Dumaleute begleiteten, verteilte der Herrscher mit eigenen Händen Wodka und Weißbrot oder Piroggen an den versammelten Hofstaat.[32] Über die österliche Zeremonie berichtet Collins: „Zu Ostern küssen alle hohen und niederen Adligen und die Hofleute des Herrschers Hand und empfangen Eier."[33] Es handelte sich dabei um bemalte (vergoldete, rote) Gänse- oder Hühnereier oder holzgeschnitzte, die nach der Qualität ihrer Verzierung und in unterschiedlicher Zahl entsprechend dem Adelswert der Personen und ihrer momentanen Stellung in der Gunst des Herrschers[34] verteilt wurden. Anläßlich der Einweihung eines holzgetäfelten Bankettsaals im Kreml'palast gab der Zar am 23. November 1628 ein Festessen zu Ehren der Bojaren, die dabei ihrerseits den Gastgeber mit Zobelfellen beschenkten.[35]

Aufwendige öffentliche Spektakel waren die häufigen Ausfahrten und längeren Reisen („pochody") des Herrschers in seine hauptstadtnahen Landsitze oder zum Gebet und zu Wallfahrten in Kirchen und Klöster der näheren oder weiteren Umgebung Moskaus, auf denen ihn gewöhnlich alle Bojaren und Dumaleute bis auf jene wenigen, die in seiner Abwesenheit die Regierungsgeschäfte führten,[36] begleiteten.[37] Bei Gelegenheit schlugen im zarischen Landsitz Preobraženskoe der Herrscher und seine adlige Begleitung prächtige Zelte auf. Das des Zaren war „aus Goldstoff gemacht und mit Zobel eingefaßt

---

[30] Vgl. Kotošichin, O Rossii, S. 78.
[31] Ebd. S. 32.
[32] Ebd. S. 298.
[33] Graf, Samuel Collins' Moscovitische Denkwürdigkeiten, S. 57.
[34] „He gives them one egg, 2 or 3 according to whom he favors more or less." Vgl. Jaques Margeret's State of the Russian Empire, S. 101.
[35] Vgl. Zabelin, Domašnij byt, S. 56.
[36] Da offensichtlich besonders die Arbeit der Prikaze durch die häufige Abwesenheit ihrer Leiter aufgrund solcher repräsentativer Begleitungspflichten litt, wurde 1675 bestimmt, daß jene an ihrem Platz zu bleiben hätten. Vgl. Zagoskin, Central'noe upravlenie, S. 79.
[37] Manchmal waren es aber auch nur die besonders Vertrauten, wie z. B. 1536, als zusammen mit dem Großfürsten zur Zeit der Fasten I. F. Telepnev-Obolenskij, I. D. Penkov und I. I. Kubenskij das bei den Moskauer Herrschern beliebte Dreifaltigkeitskloster aufsuchten. Vgl. PSRL 29, S. 27.

... Die Fürsten haben Zelte ihrem Rang entsprechend."[38] Auch die Kleidung war dem Anlaß und dem Rang der adligen Begleiter angepaßt, wie das bei allen öffentlichen Auftritten der Fall war. Die hohen Adligen, die permanent in das höfische Zeremoniell eingespannt waren, verfügten über eine reiche Auswahl an Festgewändern (s. Kap. V, 3), die wegen ihrer Qualität, ihres Wertes und ihrer Schönheit allgemeine Bewunderung erregten.[39] Kaum ein ausländischer Beobachter läßt die Pracht der adligen Kleidung bei offiziellen Zeremonien unerwähnt.[40] Wer zu eigener Ausstattung mit Festkleidung nicht in der Lage war, bekam sie für die Dauer des öffentlichen Auftritts aus der zarischen Schatzkammer zur Verfügung gestellt,[41] so wie Schauspieler das Kostüm für die Theateraufführung. Die Rolle dieser niederen und sozial schwachen adligen Chargen war die von bloßen Statisten: Ihre nach außen gezeigte und durch die Kleidung betonte Würde war eine im wahrsten Sinne des Wortes vom Herrscher gelieferte und geliehene und keine eigenständige. Sie waren eine in die Etikette des Hofes gepreßte Gruppe von Menschen, deren äußeres Erscheinungsbild über die Schwäche ihrer Adelsposition – die allerdings den Eingeweihten natürlich bekannt war – kurzfristig hinwegtäuschen konnte. Sie waren es, die bei Prozessionen und Festzügen, in Reihen von je zwei oder drei Leuten, dem Zaren voranschritten, während die Vornehmen und die hohen Ränge ihn umgaben bzw. (oder) ihm nachfolgten.[42]

Wie bei der streng beachteten Tischordnung war allgemein der Platz im öffentlichen Zeremoniell ein deutlicher Gradmesser für die Macht- und Rangstellung einer Person. Während der Minderjährigkeit Ivans IV. standen bei Empfängen links und rechts vom Großfürsten die jeweils mächtigsten Bojaren, bei Antrittsaudienz und Verabschiedung der litauischen Gesandtschaft 1537

---

[38] Graf, Samuel Collins' Moscovitische Denkwürdigkeiten, S. 57f.
[39] Vgl. DRV t. 20, S. 137.
[40] „... all clad in Gownes of Cloth of Gould ..." Konovalov, Thomas Camberlayne's Description of Russia, S. 113. Beim Empfang des polnischen Gesandten Sapieha im Jahre 1600 trugen die Bojaren und Okol'ničie „robes of very rich cloth of gold bordered with pearls, with tall hats of black fox on their heads ... They do not dare to appear unless dressed in robes of cloth of gold." Margeret, von dem diese Beschreibung stammt, erwähnt ferner, daß bei Festbanketts die bedienenden Stol'niki gold- und silberdurchwebte Gewänder aus Persien und eine schwere Goldkette um den Hals trügen. Vgl. Jaques Margeret's State of the Russian Empire, S. 145–147. Olearius berichtet über einen diplomatischen Empfang: „An den Wänden herumb zur Lincken und gegen dem Zaar sassen die vornehmbsten Bojaren / Kneesen und ReichsRäth über 50 Personen / alle in sehr köstlichen Kleidern und hohen schwartzen FuchsMützen / welche sie nach ihrer Manier stets auff den Köpfen behielten ..." Vgl. Moskowitische und persische Reise, S. 33.
[41] Ebd. S. 32. 1680 bestimmte ein Erlaß, in welcher Kleidung jemand an welchen kirchlichen Festtagen bei den zarischend Prozessionen zu erscheinen hatte. Vgl. Zabelin, Domašnij byt, S. 377.
[42] Ebd. S. 378.

Ivan Telepnev-Obolenskij und Vasilij Šujskij, 1542 I. S. Voroncov und M. I. Kubenskij. Unter Zar Fedor Ivanovič stand rechts von ihm (1590, 1592, 1593, 1595, 1596) Boris Godunov, bei Audienzen 1596 und 1597 hielt er den zarischen Reichsapfel („carskogo činu jabloko").[43] An der Spitze der Hochzeitsgesandtschaft, die 1495 mit Elena nach Polen-Litauen abging und die an die 80 Personen umfaßte, standen die Bojaren Fürst Semen Iv. Rjapolovskij und Michail Jak. Rusalka in Begleitung ihrer Frauen. Beide verfügten über ein eigenes Gefolge von Bojarenkindern. Bei öffentlichen Banketten sollten nur sie an der Haupttafel Platz nehmen dürfen, alle übrigen mußten sich entsprechend ihrem Rang mit niedrigeren und separaten Plätzen begnügen.[44] Krönungs- und Hochzeitsetikette vermittelten ein ziemlich genaues Bild von der adligen Hierarchie bei Hofe. Auf der Hochzeit Vasilijs III. mit Elena Glinskaja im Jahre 1526 fungierten Dmitrij Bel'skij, M. Ju. Zacharin und M. V. Gorbatyj als Brautführer, Vertreter des Geschlechts der Obolenskie, u. a. der spätere Favorit Elenas, I. F. Ovčina Telepnev-Obolenskij, waren mit dem Großfürsten „am Bett" und „im Bad". Mit dem Großfürsten „gingen" M. Ju. Zacharin, M. Kubenskij und einer seiner weiteren engsten Vertrauten, Ivan Šigona Podžogin. Auf der Hochzeit Ivans IV. im Jahre 1547 war wiederum Dmitrij Bel'skij Brautführer, zusammen mit I. M. Jufev, dem Sohn M. Ju. Zacharins.[45] Bei der Krönung Michail Fedorovičs im Jahre 1613 hielt der Fürst Dmitrij Trubeckoj, der eine herausragende Rolle im Kampf mit den ausländischen Interventen gespielt hatte, das Szepter, I. N. Romanov, der Onkel des neugewählten Zaren, die legendäre Monomachkappe *(šapka Monomacha)*, was als ehrenvoller galt und wegen des Protestes Trubeckojs, der den Vorrang beanspruchte, mit dem Hinweis auf die Verwandtschaftsbeziehungen begründet wurde. Die Herbeischaffung der Regalien aus der Schatzkammer war dem Fürsten Dmitrij Mich. Požarskij, einem der Helden des Befreiungskampfes, übertragen. Bei ihrer Überführung in die Uspenskij-Kathedrale, wo der Krönungsakt vollzogen wurde, waren daran außerdem der Bojar Vasilij P. Morozov und der Verwalter des Schatzes, Trachaniotov, beteiligt. Morozov und mit ihm alle Okol'ničie und zehn Stol'niki schritten dem Zaren, der von den Bojaren und „übrigen Großen" umgeben war, in die Kirche voran. Nach der Krönungszeremonie nahm der Zar die persönlichen Gratulationen seiner engsten adligen Umgebung entgegen. Nach dem anschließenden Besuch der Erzengelkathedrale und der Verkündigungskathedrale wurde er jeweils beim Heraustreten von dem Bojaren Fürst Fedor Iv. Mstislavskij und dem Kaznačej N. V. Trachaniotov mit

---

[43] Vgl. Belokurov, O posol'skom prikaze, S. 91–92.
[44] Vgl. Sbornik RIO t. 35, Nr. 31, S. 163 f; Croskey, Muscovite Diplomatic Practice, S. 257.
[45] Vgl. Byčkova, Sostav klassa feodalov, S. 115–116.

Gold- und Silbermünzen überschüttet.[46] Die Organisation der Doppelkrönung von 1682 lag weitgehend in den Händen Fürst Vasilij Golicyns. Er stand an der Spitze einer Gruppe von Bojaren, die die Regalien aus der Schatzkammer in die Uspenskij-Kathedrale überführten und hielt das Szepter während der Krönungsliturgie.[47] Nach Olearius tritt zu Beginn des kirchlichen Krönungsaktes „der fürnembste ReichsRath mit dem erwellten Großfürsten hervor / redet den Patriarchen an / und gibt ihm zu erkennen / wie daß sie diesen als nehesten StuelErben des Russischen Reiches angenommen / und wollen / daß er ihn einsegnen und krönen sol."[48] Entspräche dies und viel mehr noch die von Olearius überlieferte Terminologie der Bojarenrede der historischen Wahrheit, so wird einmal mehr die Einbindung der Staatsspitze in das soziale Gefüge der herrschenden Klasse, von der sie getragen wurde, von deren Willen sie, wenn auch nicht in einem formaljuristischen Sinne, abhängig war, der sie sich mental, politisch und sozial zugehörig empfand und auf die sie als Machtelite mit dem Monopol der Waffenträgerschaft und des politisch-administrativen Führungsanspruchs angewiesen blieb, deutlich.

Adolph Lyseck berichtet, daß anläßlich der Feierlichkeiten zum Neujahrsfest (1. September) „die Bojaren und Großen den Zaren begrüßten, indem sie sich fast bis zur Erde verbeugten, und für alle sprach der Fürst Odoevskij."[49] Als das Herrscherpaar am 29. September 1675 in das Dreifaltigkeitskloster abreiste, standen „unmittelbar an der Equipage eine Menge Bojaren ... in Gold, Silber und Perlen." Bei der Rückkehr am 12. Oktober „ritt zur Linken der Vater der Zarin, der Bojar Kirill Naryškin, und zur Rechten der nahe Bojar Artamon Sergeevič Matveev; hinter ihnen folgte eine Menge Würdenträger zu Pferd und zu Fuß."[50]

Im Jahre 1630 erkundigten sich die Bojaren Ivan Nik. Romanov und Fürst Ivan Bor. Čerkasskij beim Patriarchen Filaret, bis wohin sie beide ihm bei seiner Rückkehr nach Moskau zur feierlichen Begrüßung entgegengehen sollten.[51]

Zu den wenigen, die die Ehre hatten, bei der Palmsonntagsprozession dem Zaren beim Halten der Zügel des Pferdes, auf dem der Patriarch ritt und das wie ein Esel zurechtgemacht war, zu helfen, gehörten unter Michail Fedorovič eben jene beiden genannten Bojaren sowie Fürst Aleksej Mich. L'vov;

---

[46] Zum Vorangehenden vgl. Markevič, Istorija mestničestva, S. 337; Vasenko, Bojare Romanovy, S. 162–166.
[47] Vgl. Hughes, Russia and the West, S. 26.
[48] Vgl. Moskowitische und persische Reise, S. 246.
[49] Vgl. Lizek, Skazanie, S. 350.
[50] Ebd. S. 365, 372 f.
[51] Vgl. Piśma russkich gosudarej I, Nr. 362, S. 281. Čerkasskij erhielt zu dieser Zeit fast immer die wichtigsten zeremoniellen Posten übertragen. Vgl. Crummey, Reflections on Mestnichestvo, S. 277.

unter Zar Aleksej Michajlovič waren es häufig Fürst Nikita Iv. Odoevskij und Fürst Jurij Alekseevič Dolgorukij,[52] also Vertreter alter vornehmer Geschlechter, die gleichzeitig im politischen Ansehen und in der Gunst des Zaren sehr hoch standen.

Protokoll und Dramaturgie des Zeremoniells hatten für den Adel als Gradmesser seiner Hofposition mindestens die gleiche Bedeutung wie Diensternennungen. Manche betrachteten sie deshalb auch nicht anders: nämlich als lästige Pflicht, der man sich nicht leicht entziehen konnte.[53] Für die einen waren sie die permanente Bestätigung ihres aktuellen politischen Einflusses und ihres hohen Ansehens, für andere hielten sie die frustrierende Erfahrung schwer zu durchbrechender personeller Machtkonstellationen bereit. Für alle war die ständig inszenierte Repräsentationsszenerie ein empfindlicher Seismograph der adligen Kräfteverhältnisse bei Hofe, aus der man wichtige Rückschlüsse für das eigene Verhalten und politische Handeln ableiten konnte. Gewisse Freiräume für repräsentative Gunstbezeugungen machten das Zeremoniell zu einem Herrschaftsinstrument in der Hand des Monarchen. Doch war dieser wiederum nicht so frei, daß er sich willkürlich darüber hinwegsetzen konnte, ohne das ganze System zu unterminieren und zu gefährden. Aus der Perspektive des Adels bedeutete das höfische Zeremoniell eine Pazifizierung des Herrschers: Dieser mußte ihn begnaden, beschenken, privilegieren, empfangen, sich mit ihm umgeben. Es wurde erwartet, daß man als Anerkennung für kriegerische oder diplomatische Leistungen in persönlicher oder in Gruppenaudienz, die als zeremonielle Akte aufgefaßt und als solche arrangiert waren,[54] empfangen wurde. Es war nicht nur eine seinem subjektiven Ermessen überlassene Gnade des Herrschers, sein „Antlitz schauen" zu dürfen, sondern seine Pflicht, sich zu zeigen.[55]

Materielle Gunsterweise erfuhren durch die zeremonielle Zuwendung eine zusätzliche ideelle Erhöhung. Bei einigen Gelegenheiten erhielten Adlige Dokumente, die ihre Verdienste, persönlichen Qualitäten und den Verlauf ihrer Karriere in schmeichelhaftester Weise ausmalten, wobei die historischen Tatsachen durch eine überaus pompöse, zeremonienhafte Rhetorik verklärt wurden.

---

[52] Vgl. Olearius, Moskowitische und persische Reise, S. 134; Crummey, Court Spectacles, S. 136.

[53] Dem Fürsten Chvorostinin wurde sein Nichterscheinen zu einem Vormittagsgottesdienst unter zarischer Beteiligung zum Vorwurf gemacht. Vgl. Zabelin, Domašnij byt, S. 418. 1683 erschien Ivan Andr. Chovanskij nicht zu den Feierlichkeiten anläßlich des neuen Jahres. Bei seinem späteren Sturz wurde ihm dies als schuldhaftes Vergehen angerechnet. Vgl. Markevič, Istorija mestničestva, S. 352.

[54] Vgl. Crummey, Aristocrats and Servitors, S. 139.

[55] So existierte der Brauch, daß alle höheren Hofchargen nach Ende der österlichen Mitternachtsmesse im zarischen Kabinett am Herrscher vorbeidefilierten. Vgl. Zabelin, Domašnij byt, S. 418.

Ein weiterer wichtiger Aspekt des Zeremoniells war die durch das äußerliche Gepränge betonte Machtdemonstration der herrschenden Elite gegenüber der Masse der nichtadligen Bevölkerung. „Den 12. dieses [Okt.] ritten Ihre Zaare: Mayest. mit ihren Bojaren / Kneesen und Soldaten bey 1000 Mann begleitet eine halbe Meile vor der Stadt zu einer Kirchen Wallfahrten ... Das Volck / welches ihre Obrigkeit sehr liebet und hoch achtet / wünschete ihnen mit sonderbarer Andacht Glück und Segen nach."[56] Solche öffentlichkeitswirksamen Auftritte, die sich hier in der Hauptstadt im Laufe eines Jahres mehrfach wiederholten und nicht ohne Wirkung auf die Untertanenpsyche des einfachen Volkes geblieben sein können, das sich mit dem höfischen Glanz der Herrschaftsinhaber permanent konfrontiert sah, befriedigten in einem hohen Maße das Prestigebedürfnis der Aristokratie, welcher außerdem durch das allgemeine Beschaut-, Bewundert-, Bestaunt- und Verehrtwerden ständig eine Art öffentlich-akklamatorische Legitimation ihrer sozialen und politischen Privilegiertheit vermittelt wurde.

Wenn bei einigen Zeremonien die Person des Herrschers in signifikanter Weise aus seiner Umgebung herausgehoben wurde, um ihren Rang, ihre Würde und ihre Stellung als „Gesalbten Gottes" ins passende Licht zu rücken,[57] so war dies bei vielen anderen Gelegenheiten nicht der Fall. In das Bild von der Allmacht des Souveräns, deren Fiktion auch in Zeiten seiner Inkompetenz etwa bei Minderjährigkeit durch die Etikette aufrechterhalten wurde, drängt sich unübersehbar das Bojarentum als die den Herrscher „einrahmende" und sich selbst eindrucksvoll in Szene setzende soziale Kraft auf die zeremonielle Bühne. Die glanzvolle Umgebung vermittelte wohl den Eindruck von herrscherlicher Omnipotenz, war aber zugleich – was nichteingeweihten Beobachtern in aller Regel entging – Ausdruck aristokratischer Macht und herrscherlicher politischer Einbindung in das adlige soziale Umfeld. Zeitgenössische Illustrationen von höfischen Zeremonien zeigen häufig ein assoziatives Verhältnis von Herrscher und Adel.[58] Bei diplomatischen Empfängen saß der Zar nur wenig höher als seine Bojaren, aber nahe zu ihnen.[59] Er präsentierte der Außenwelt das Bild einer sozusagen gemeinsamen „zeremoniellen Front" zusammen mit seiner adligen Umgebung, also eher eine „Primus inter pares"-Beziehung als ein

---

[56] Olearius, Moskowitische und persische Reise, S. 46.

[57] Die Verantwortlichkeit des Zaren vor Gott, seine vorbildhafte Frömmigkeit und Ehrfurcht im Glauben, seine Pflicht, die Orthodoxie zu stärken und sein Reich nach christlichen Grundsätzen zu regieren, ist ein immer wiederkehrender Tenor in den literarischen Quellen, wenn von den Eigenschaften eines idealen Herrschers die Rede ist. Vgl. Rowland, Did Muscovite Literary Ideology Place Limits on the Power of the Tsar, S. 148.

[58] Vgl. auch Kollmann, Kinship, S. 149.

[59] Vgl. Crummey, Aristocrats and Servitors, S. 141 f.

autokratisch-tyrannisches Herrschaftsverständnis und Machtgebaren.[60] In den Miniaturen der *Carstvennaja kniga* des 16. Jh. wird dies besonders deutlich: Dort erscheint der Herrscher oft in engster physischer Nähe zu seinen Bojaren, ohne gravierende Unterschiede im Äußerlichen, im Mittelpunkt zwar, aber nicht optisch separiert und über seine adlige Umgebung hinausgehoben, sondern in enger Verbindung zu ihr.[61] Eine Darstellung auf dem Zarenplatz in der Mariä-Entschlafens-Kathedrale des Kreml' von 1551[62] zeigt den Zaren im Kreise geistlicher und weltlicher Großer. Sein Thron steht erhöht. Seine Berater sitzen etwas tiefer auf Stühlen, die ebenfalls über dem Niveau des Parketts aufgestellt sind. Hinter ihnen stehen einige andere, so daß sich ihre Köpfe mit dem des Zaren fast auf einer Höhe befinden.[63]

Der Engländer Jenkinson beobachtete 1558 die Zeremonie anläßlich des in ganz Rußland gefeierten Epiphanie-Festes am 6. Januar. Nach dem Kirchenbesuch begaben sich Geistlichkeit, Zar und Adel zur (damals zugefrorenen) Moskva. Am Eisloch weihte der Metropolit das Wasser und segnete damit die barhäuptig und in Festkleidung versammelte Prozessionsgemeinde. Der Zar wird als in die Gruppe der Bojarenschaft integriert, nicht von ihr abgehoben dargestellt.[64]

In einer im Jahre 1856 lithographierten Zeichnung aus dem schon erwähnten Buch „Des Großfürsten Michail Fedorovič Erwählung und Krönung zum Zaren" (1672) tritt dieser in einer von seiner adligen Begleitung kaum zu unterscheidenden Aufmachung[65] und als eine in ihren Kreis vollkommen integrierte Person ins Bild, während hingegen der Patriarch und der Bojar Vasilij Petrovič Morozov als einzeln agierende Individuen von der Gruppenkonstellation der Krönungsgemeinde deutlich abgehoben sind.[66] In diesem

---

[60] Ders. Court Spectacles, S. 136 f, 141.
[61] Die Miniaturen bei F. Buslaev, Drevnerusskaja narodnaja literatura i iskusstvo, t. 2, SPb 1861 (Reprint The Hague – Paris 1969), S. 308 ff. Ein besonders charakteristisches Beispiel ist das Gastmahl Vasilijs III. mit Bojaren und hohen Geistlichen in Kolomenskoe. Vgl. die Abb. bei Donnert, Altrussisches Kulturlexikon, S. 206.
[62] Vgl. die Isometrie der Kathedrale in: Der Kreml und seine Kunstschätze, S. 83.
[63] Vgl. Crummey, Court Spectacles, S. 138. Im sog. Sylvester-Kodex aus der 2. Hälfte des 14. Jh., der mit Miniaturen zu den Viten der heiligen Fürsten Boris und Gleb (11. Jh.) illuminiert ist, zeigt eine Szene den Fürsten auf einem Sitz, unmittelbar hinter ihm und mit ihren Helmen über seinen Kopf hinausragend, Krieger, die, da der Thron ohne Rückenlehne ist, optisch den Eindruck eines Ersatzes für sie erwecken. Vgl. die Miniatur in: Altrussische Buchmalerei. 11. bis Anfang 16. Jahrhundert. Zusammengestellt, eingeleitet und erläutert von O. S. Popowa. Leningrad 1984, Nr. 24 (ohne Seitenzahl).
[64] Vgl. Bushkovitch, The Epiphany Ceremony, S. 1, 4, 8.
[65] Collins bestätigt den optischen Eindruck durch folgende generelle Beobachtung: „Die Machart der Kleider des Zaren ist dieselbe wie beim Adel, nur reicher." Graf, Samuel Collins' Moscovitische Denkwürdigkeiten, S. 34.
[66] Die Lithographie in: Der Kreml und seine Kunstschätze, S. 142.

Fall ist der Symbolgehalt des Bildprogramms besonders evident: Der neue Zar war bojarischer Herkunft. Das Bojarentum, in das die Figur des jungen Herrschers optisch fest eingebunden bleibt, dominiert die Krönungszeremonie. Es ist die eindrucksvoll ins Bild gesetzte soziale und politische Kraft, die das Zartum trägt und stützt. Der Herrscher erscheint nicht als ein seiner adligen Personenumgebung entrückter, machtvoller Autokrat, sondern als ein an sie Gebundener und ihr Zugehöriger.

Das entsprach vollkommen den ideologischen Vorstellungen des Adels, die wahrscheinlich deshalb einen so geringen Widerhall in den historischen Quellen gefunden haben, weil sie nicht, wie die autokratisch-absolutistischen, gegen eine bestehende Realität durchgesetzt werden mußten. Schwedische Unterhändler machten sich 1625 darüber lustig, daß „euer Herrscher nichts beherrscht, sondern daß bei ihm das gewöhnliche Volk und die Fürsten und Bojaren herrschen."[67] In einer von einem Augenzeugen geschriebenen Chronik heißt es zum Strelitzenaufstand von 1682: „Da die Bojaren den ganzen Staat beherrscht haben, ... werden wir uns gegen sie erheben, denn die Bojaren tun, was sie wollen..."[68] Zar Aleksej Michajlovič schrieb 1668 an G. G. Romodanovskij: „Gott hat uns, dem Herrscher, aufgegeben, unsere Untertanen im Osten und Westen, im Süden und Norden gerecht zu regieren und zu richten, und wir delegieren die göttlichen und unsere herrscherlichen Angelegenheiten in den verschiedenen Landen an je einen [Würdenträger]."[69]

Solche Beobachtungen und Äußerungen waren weit entfernt vom Schreckensbild des tyrannischen Autokraten, das in den zeitgenössischen westlichen Rußlandschriften vorherrschte,[70] sowie auch von einheimischen Vorstellungen über ihn als einer über nahezu grenzenlose Machtvollkommenheiten verfügenden bzw. mit solchen auszustattenden Person.[71] In ihren Kontroll- und

---

[67] Zit. bei Torke, Die staatsbedingte Gesellschaft, S. 34.
[68] Zit. ebd. S. 254 f.
[69] Ebd. S. 11.
[70] Eine klassische Charakterisierung dieser vermeintlich für Rußland typischen Herrscherspezies liefert Olearius: „Er setzet Obrigkeiten ein und ab / ja verjaget sie und lasset sie hinrichten / wem er wil." Moskowitische und persische Reise, S. 222. Als Zeichen des ungeheuren Machtabstands zwischen Zar und Adel wird häufig das Beispiel des Fürsten Trubeckoj zitiert, der sich bei seiner Abschiedsaudienz als Hauptvoevode gegen Polen dreißigmal (!) vor dem Herrscher bis zum Boden verbeugt haben soll. Vgl. Zabelin, Domašnij byt, S. 369. Storožev sieht es als Ausdruck eines Herr-Sklaven-Verhältnisses an, daß die Bojaren, wie Kotošichin berichtet, stehen, wenn der Zar sie in seinen Gemächern empfängt, oder daß dieser auf ihre Verbeugung hin niemals seine Kopfbedeckung lüftet. Vgl. Bojarstvo, S. 198.
[71] Zu der aus Byzanz (Agapetos, 6. Jh.) übernommenen Idee des theokratischen Absolutismus („Der Zar ist von Natur dem Menschen, aber durch seine Macht dem höchsten Gott ähnlich", vgl. auch oben Kap. XI, Anm. 27) bei Iosif Volockij vgl. O. Miller, Vopros o napravlenii Iosifa Volokolamskogo. In: ŽMNP (1868, 2), S. 527–545; Žimin, O političeskoj doktrine Iosifa Volockogo, S. 176; Philipp, Die

Repressionspraktiken[72] und der eigenen Einschätzung von ihrem Amt und dem politischen Selbstverständnis schienen einzelne Moskauer Potentaten dem Autokratieentwurf tatsächlich weitgehend zu entsprechen. Nach Ivan IV. hätten „nicht Bojaren und Würdenträger", sondern die Fürsten allein „von Anfang an" die „russische Selbstherrschaft" besessen. „Und wir sind frei, unsere Untertanen [cholopej] zu begnadigen, aber auch sie zu richten sind wir [vollkommen] frei."[73] Entsprechend wurde in der offiziellen Chronistik jener Zeit die Aristokratie z. T. als diejenige destruktive, dem Willen Gottes entgegenarbeitende Kraft charakterisiert, die sich einer starken Zentralgewalt und dem vorgeschriebenen Lauf der Geschichte zu Unrecht widersetzte.[74] Wahrscheinlich läßt sich die Opričnina als der erste und einzige Versuch eines russischen Herrschers deuten, die Autokratieidee einer unbegrenzten und ungeteilten zarischen Macht in die Methoden der realen Politik umzusetzen – ein, wie sich zeigte, zum Scheitern verurteiltes Experiment[75] mit allerdings wohl nicht zu unterschätzenden langfristigen Wirkungen auf die russische Gesellschaftspsyche.

---

gedankliche Begründung der Moskauer Autokratie, S. 87 f. Eine differenziertere, die Pflichten und Beschränkungen – Achtung von Gesetz und Recht! – der Herrschergewalt betonenden Aspekte in der Lehre Iosifs bei Lur'e, Iosif, S. 21–24, 41–49; Kazakova, Vassian Patrikeev, S. 58–60; Döpmann, Der Einfluß der Kirche, S. 73, 116 f, 137; Val'denberg, Drevnerusskie učenija o predelach carskoj vlasti, S. 197–211, 215, 217, 219, 228; Rowland, Did Muscovite Literary Ideology Place Limits on the Power of the Tsar, S. 149. Vgl. auch Kap. I, Anm. 73.

[72] Eine zweifellos übertriebene Vorstellung von der totalen Kontrolle, der die Moskauer Untertanen ausgeliefert waren, hat Collins: „Nächtlicherweise geht der Zar gern umher, durchsucht die Pulte seines Kanzlers und sieht nach, was für Erlasse ergangen sind und welche Gesuche unbeantwortet blieben. Er hat seine Spione an jeder Ecke und nichts wird bei irgendeinem Feste, einer öffentlichen Versammlung, Beerdigung oder Hochzeit gesagt oder getan, was er nicht erfährt." Vgl. Graf, Samuel Collins' Moskovitische Denkwürdigkeiten, S. 59.

[73] Perepiska Ivana Groznogo, S. 12–15; Poslanija Ivana Groznogo, S. 15, 76.

[74] Vgl. Hecker, Politisches Denken, S. 14; Kollmann, The Grand Prince in Muscovite Politics, S. 296–297.

[75] Von einer Zerschlagung der politisch-sozialen Macht der Bojarenaristokratie am Ende der Opričnina kann nicht die Rede sein. Es ist überhaupt zu bezweifeln, ob ein systematischer Kampf der „Zentralgewalt" gegen adlige „restaurative Kräfte" stattgefunden hat. Führer der Opričnina entstammten der alten Moskauer Bojarenaristokratie und vornehmen Fürstenhäusern. Das Nahziel der Opričnina – und dabei ist es geblieben – war die Ausrottung von „Verrätern" und „Feinden". Die alten Familien (Bel'skie, Zachar'iny-Jur'evy, Šujskie usw.) bewahrten weitgehend ihre Stellung, die innovativen Momente der Politik Ivans IV. nach 1547 sind ohnehin häufig überschätzt worden, was die grundlegende Machtverteilung im Staat anbelangt. Vgl. Camphausen, Die Bojarenduma unter Ivan IV., S. 202; Kobrin, Vlast' i sobstvennost', S. 145–160, 215 f; Knudsen, Landpolitik, S. 130; Kämpfer, Stökl, Rußland, S. 919; Kollmann, Kinship, S. 161–180; Alekseev, Agrarnaja i social'naja istorija, S. 221; Skrynnikov, Obzor pravlenija Ivana IV., S. 375.

Der vorherrschenden Symbolik des Zeremoniells entsprach freilich, wie wir sahen, eine andere, ältere und offensichtlich näher an der Realität liegende ideologische Tradition: die der kooperativen Harmonie und politischen Gemeinsamkeit von Herrschertum und Adel. Auf der Hundertkapitelsynode von 1551 lag Ivan IV. noch ganz auf dieser Traditionslinie, wenn er in der ihm zugeschriebenen Redevorlage mit Blick auf die „Fürsten und Bojaren" seit seiner selbständigen Regierung sagte: „Und wir begannen gemeinsam [von mir gesperrt, H. R.] das mir von Gott gegebenen Zartum aufzubauen und zu regieren."[76] „Helft mir, steht mir bei, alle von euch zusammen ... Von nun an soll aller Zwiespalt aufhören und völlige Übereinstimmung und Harmonie zwischen uns aufrechterhalten werden."[77] Dies war, als politisches Kontrastprogramm zu den vorangehenden bojarischen Fraktionskämpfen während der Minderjährigkeit des Großfürsten, bereits 1549 eines der zentralen Themen auf der sog. „Befriedungsversammlung". Auf ihr wurde die Beziehung zwischen Zar und Aristokratie mit Hinweis auf frühere Zeiten gleichfalls als eine von gemeinsamen Interessen, Zielsetzungen und Anstrengungen gekennzeichnete beschworen.[78] Ein glühender Verfechter dieser traditionellen Staatsidee des symbiotischen Miteinanders von Fürst und Gefolgschaft, Zar und Bojarentum war Andrej Kurbskij: „Gott hat den Zaren auferlegt, das Zartum zu halten und die Macht zu haben mit den Fürsten und Bojaren"[79] [von mir gesperrt, H. R.]. Er muß mit den „Mächtigen", die ihm „von Gott beigegeben" sind,[80] gemeinsam regieren. Moderne Historiker warfen Kurbskij vor, daß er auf eine konstitutionelle Verankerung seiner Ideen verzichtet und somit durch den bloß appellativen, moralischen Charakter seiner Herrschaftsauffassung den Autokratiebestrebungen kein institutionell wirksames Beschränkungs- und Widerstandsinstrumentarium entgegengesetzt habe.[81] Offenbar war es aber für Kurbskij völlig ausreichend und im Einklang mit der Geschichte und dem „Willen Gottes", wenn die traditionelle und auf Kooperation beruhende Ordnung der Beziehungen zwischen Herrscher und Adel als gültig anerkannt und die *Starina* bzw. die überlieferten Formen adliger Machtbeteiligung beachtet würden, die ein solches Maß an politisch-ökonomischer Privilegierung in sich

---

[76] Rossijskoe zakonodatel'stvo, t. II, S. 264.
[77] Zit. nach Kollmann, Kinship, S. 149.
[78] Der Zar wandte sich direkt an Dmitrij F. Bel'skij, Jurij Mich. Bulgakov, Fedor Andr. Bulgakov, Petr Mich. Ščenjatev, Dmitrij Fed. Paleckij, Vasilij Dm. Šein, Daniil Dm. Pronskij, Aleksandr Bor. Gorbatyj „und meine anderen Bojaren und Okol'ničie und Dvorjanen und Kaznačei." Vgl. Sbornik dokumentov, t. III, S. 153.
[79] Zit. bei D'jakonov, Očerki, S. 426.
[80] „Warum, Zar, hast Du die Starken ... erschlagen und die Heerführer, die Dir von Gott geschenkt waren ...", beklagt Kurbskij in seinem 1. Brief an Ivan IV. Vgl. The Correspondence, S. 2; Perepiska Ivana Groznogo, S. 119.
[81] Plechanov,سočinenija, t. 20, S. 185; Auerbach, Die politischen Vorstellungen des Fürsten Andrej Kurbskij, S. 183.

schlossen, daß es ihrer juristischen Absicherung nicht bedurfte, welche im übrigen als Zeichen eines prinzipiellen Interessengegensatzes und nicht der Interesseneinheit und Harmonie, wie sie diese Ideologie propagierte, hätte aufgefaßt werden müssen. Nicht umsonst hat Kurbskij darauf verzichtet, die ständisch-konstitutionellen Erfahrungen anderer Länder, die er aus der Emigration kannte, für die russischen Verhältnisse als wünschenswert anzusehen.

Ein ähnlicher Tenor wie bei Kurbskij wird teilweise in der Ende des 16. Jh. oder zu Anfang des 17. Jh.[82] entstandenen „Valaamskaja Beseda" angeschlagen. „Aber die Zaren und Großfürsten müssen ... jegliche Dinge [gemeinsam und] barmherzig [*miloserdno*] tun mit ihren Fürsten und Bojaren und anderen Weltlichen ..." Mit seinen „Freunden, mit den Fürsten und Bojaren" übe der Zar sein Amt als „Selbstherrscher" aus,[83] wobei der Status des letzteren mit der Machtbeteiligung der ersteren offensichtlich nicht als im Widerspruch stehend empfunden, der Adel folglich als ein Funktionselement und nicht als Widerpart oder Opfer der „Selbstherrschaft" aufgefaßt wurde.

Ein der zitierten Maxime Demokrits (s. oben S. 412) verpflichtetes Verhalten empfahl Dmitrij Donskoj seinen Söhnen: „Liebt eure Bojaren und laßt ihnen die geziemende Ehre zuteil werden jeweils nach ihren Taten; unternehmt nichts gegen ihren Willen. Seid freundlich zu jedermann, der euch dient ..." Zu den Bojaren sprach er: „Ehre und Liebe hegte ich für euch ... Keinem von euch tat ich Böses, weder nahm ich etwas mit Gewalt, noch gingen Ärgernis oder Tadel von mir aus, weder beraubte noch entehrte ich euch, vielmehr würdigte und liebte ich euch alle und hielt euch in großen Ehren, Freud und Leid habe ich mit euch geteilt ..."[84]

Milde, Güte, Großherzigkeit und Liebe zum Adel waren nach Auffassung Maksim Greks die wichtigsten Tugenden eines Herrschers. Weil die letzten Kaiser diese Eigenschaften nicht besessen hätten, sei das byzantinische Reich untergegangen.[85] In einem Sendschreiben an Ivan IV. von 1548 empfiehlt Grek dem Zaren deshalb: „Auch die bei Dir befindlichen vornehmen Fürsten und Bojaren und berühmten Voevoden und tapferen Krieger ehre und erhalte und belohne sie großzügig, denn, indem Du sie reich machst, festigst und erhöhst Du

---

[82] Diese Datierung bei Zimin, „Beseda valaamskich čudotvorcev", S. 201. Autorschaft und Entstehungszeit sind aber nicht eindeutig geklärt, Hypothesen über letztere reichen vom Ende der Regierungszeit Ivans III. über die 50er Jahre des 16. Jh. bis in die Smuta. Vgl. Val'denberg, Drevnerusskie učenija o predelach carskoj vlasti, S. 300 f.

[83] Vgl. Valaamskaja Beseda, S. 162, 163. Dem Verfasser geht es u. a. darum, die Beteiligung von Geistlichen an der Regierung und ihre Ausstattung mit Landbesitz als schädlich zu verwerfen. Eine ausführliche Analyse der Schrift bei Val'denberg, Drevenrusskie učenija o predelach carskoj vlasti, S. 302–309; Plechanov, Sočinenija, t. 20, S. 170–178 (sieht im Verfasser einen Vertreter bojarischer Interessen).

[84] Aus der „Vita des Fürsten Dmitrij Donskoj", zit. nach Zenkovsky, Aus dem alten Rußland, S. 219–220.

[85] Vgl. Zimin, Peresvetov, S. 419.

Deine Macht nach allen Seiten."[86] Wenn Grek auch Mißbräuche der „Fürsten und Bojaren" in administrativen Positionen mehrfach deutlich anprangert, läßt er dennoch über ihre Rolle als mitregierende Machtinhaber keinen Zweifel: Er nennt sie jene, die „mit an der Spitze stehen" („sonačal'niki"), die „Beistand Leistenden" („spospešniki") und „mit dem Zaren Regierenden" („sopravjaščich carju").[87]

Eine unfreiwillig entlarvende Äußerung über das verbreitete adlige Verständnis von der Funktion und Stellung des Herrschers machten die Gesandten Filaret und Vasilij Golicyn bei den Verhandlungen über eine eventuelle polnische Thronfolge vor Smolensk: „Der Herrscher ist nicht allein für die Bojaren da [von mir gesperrt, H. R.], sondern für alle."[88] Jurij Križanič, dessen Werk sich z. B. in der Bibliothek des Fürsten Vasilij Vas. Golicyn, des Favoriten der Regentin Sofija, befand, trat als Verfechter einer durch ethische und (natur)rechtliche Normen beschränkten monarchischen Gewalt auf und plädierte gleichzeitig dafür, daß sich der Herrscher um das Wohlergehen („blaženstvo") des Adels ständig besonders bekümmern müsse.[89] Zar Aleksej Michajlovič, für den die tägliche gemeinsame Regierung mit den Bojaren zu einer selbstverständlichen Gewohnheit geworden war,[90] schrieb im Jahre 1652 an den Fürsten Nikita Odoevskij: „Und Wir, der große Herrscher, bitten täglich beim Schöpfer ... und bei allen Heiligen darum, daß der Herrgott Uns, dem großen Herrscher, und Euch, den Bojaren, schenke, mit Uns gemeinsam [*edinodušno*] die Menschen seiner Welt gerecht und gleich [*v pravdu vsem rovno*] zu regieren."[91]

---

[86] Zit. bei Budovnic, Russkaja publicistika, S. 160.

[87] Vgl. Ržiga, Opyt po istorii publicistiki, S. 81; Kazakova, Maksim Grek, S. 156.

[88] Zit. bei Vasenko, Bojare Romanovy, S. 119. Eine hierzu passende, zugleich aktualisierbare Bemerkung stammt von Kobrin, Vlast' i sobstvennost', S. 199: „Die Demagogie der Machtträger besteht gerade darin, sich als Fürsprecher der niederen Schichten auszugeben, aber im Interesse der Oberschichten zu handeln."

[89] Vgl. Puškarev, Gosudarstvo i vlast'. S. 193. Die wenigen überlieferten Kommentare russischer Adliger zu nichtrussischen Regierungs- und Herrschaftsverhältnissen zeugen davon, daß in diesen Kreisen konstitutionelle Strukturen des Staatsaufbaus keinerlei Sympathie genossen. So pries bekanntlich Ivan Peresvetov die allmächtige Stellung des türkischen Sultans als vorbildhaft an. Afanasij Ordin-Naščokin sah mit Blick auf die holländischen Generalstaaten in „allen Republiken" „Pflanzschulen von Ketzerei und Rebellion". Vgl. Graf, Samuel Collins' Moscovitische Denkwürdigkeiten, S. 55. Fürst Vasilij Golicyn fragte mit ironisch-kritischem Unterton, ob der deutsche König wirklich von den Kurfürsten gewählt würde und machte aus seiner Bewunderung für die absolutistische Regierungsweise Ludwigs XIV. kein Geheimnis. Vgl. Rüß, Moskauer „Westler" und „Dissidenten", S. 215.

[90] Vgl. Ključevskij, Sočinenija, t. III, S. 322.

[91] Zit. ebd. S. 322 f. Die Ursachen für den Aufstand von 1682 führt eine Schrift darauf zurück, daß die „verdienten" und „vornehmen" Geschlechter vorübergehend von den Schalthebeln der Macht entfernt und durch „Leute geringer Herkunft" [mel'kimi ljud'mi] ersetzt worden seien. Vgl. Volkov, „Sozercanie kratkoe", S. 202.

Das Moskauer Herrschaftssystem hatte seit der sprunghaften äußeren Machtentfaltung im Laufe der 2. Hälfte des 15. Jh. ein Doppelgesicht: Die Fassade war, so schien es wenigstens bei nicht ganz genauem Hinschauen, autokratisch. Vor allem den Ausländern blieben die aristokratisch-oligarchischen Strukturelemente und tragenden Säulen der Herrschaftsordnung weitgehend verborgen. Ihr Interesse wurde nahezu völlig von den sie faszinierenden Großfürsten- und Zarengestalten und deren vermeintlichen Machtvollkommenheiten absorbiert, und ihr Urteil sowie die auf einen kleinen Kreis Geistlicher[92] beschränkten literarischen Selbstherrschaftsgemälde haben einen zweifellos nicht angemessenen Einfluß auf die wissenschaftliche Historiographie ausgeübt, die solche Charakterisierungen, wie die folgende Jaques Margeret's, allzu oft für bare Münze nahm: „Strictly speaking ... there is no law nor council save the will of the emperor, be it good or bad. He has the power to put all to fire and sword, be they innocent or guilty. I consider him to be one of the most absolute princes in existence, for everyone in the land, whether noble or commoner, even the brothers of the emperor, call themselves Kholopy gosudaria ..."[93] Man nahm nicht wahr, daß die Moskauer Herrscher in mehrfacher Weise gebunden waren: durch das göttliche Recht, die Tradition *(starina)* und die Erblegitimität. Es gab von ihnen zu beachtende „Grundgesetze" und „Machtbremsen" (Szeftel) in Religion, Verwaltung und gremialer Beratung.[94] Ivan III. wollte mit der Annahme des Autokratortitels v. a. seine Unabhängigkeit und Macht nach außen demonstrieren, im Sinne einer weitgehend unbeschränkten Gewalt nach innen hat ihn im Grunde nur Ivan IV. interpretiert,[95] und sein mißglückter Versuch, sich aus traditionellen Bindungen und Strukturen wenigstens teilweise zu lösen, ist letztlich an der unerschütterten sozialen und politischen Position des Adels gescheitert. Dieser selbst hat an dem Mythos von der zarischen Allgewalt im Interesse der eigenen Machtsicherung kräftig mitgestrickt, denn er brauchte die Autorität einer scheinbar vollkommen unbeschränkten, unangreif- und unantastbaren herrscherlichen Instanz, die seine Privilegiertheit nach unten absicherte und schützte, soziale und politische Chancen verteilte, Interessen ausbalancierte und insgesamt als stabilisierender Mittelpunkt eines aristokratisch dominierten Systems wirkte.[96] Die russische Herrschafts-

---

[92] Dieses Merkmal der „geistlich-literarischen Kultur" betont Keenan, Political Folkways, S. 152 f.
[93] Jaques Margeret's State of the Russian Empire, S. 104.
[94] Vgl. Torke, Autokratie und Absolutismus, S. 35.
[95] Vgl. Skrynnikov, Der Begriff „Selbstherrschaft", S. 15–19. Ivan III. und Vasilij III. nannten sich „Zar" nur gegenüber weniger bedeutenden ausländischen Monarchen, nicht jedoch gegenüber den eigenen Untertanen. Vgl. Savva, Moskovskie cari, S. 28.
[96] Wie es im Lande aussah, wenn die Herrschaftsautorität fehlte, beschreibt 1539 Petr Frjazin: „... der Herrscher ist jetzt klein, die Bojaren leben nach ihrem Willen, von ihnen geht große Gewalttätigkeit aus und niemandem im Lande widerfährt Gerechtigkeit und

war eine ausgesprochene Adelsordnung. Selbstherrlichkeit, Rechtsbruch und Willkür der Staatsspitze konnten sich zwar zu individuellem und, wie unter Ivan IV., zu Terror gegen Gruppen steigern, aber das Spektakuläre an solchen Gewaltäußerungen täuschte über die grundlegenden Strukturen der Macht- und Herrschaftsverteilung hinweg, die aristokratisch definiert waren.[97] Kein Großfürst oder Zar war Selbstherrscher genug, um sich dem Adel als Gruppe zu entziehen.[98] Die Monarchen hatten, um mit Ključevskij zu sprechen, Macht über Personen, aber nicht über die Ordnung. Insofern waren die Ideologen der Autokratie weit davon entfernt, politische Realität wiederzugeben.[99] Ebensowenig taten das freilich auch jene, die die Beziehung zwischen Herrscher und Adel im Lichte einer konstanten Harmonie und Konfliktlosigkeit und den Hof gleichsam als eine apolitische Gemeinschaft von Personen betrachteten, deren vorbildhaftes christliches Betragen auf ein ungestörtes Einvernehmen innerhalb der herrschenden Klasse und letztlich auf die Verwirklichung des Ideals einer gottgewollten, unterdrückungs- und unrechtsfreien harmonischen Weltordnung hinauslief. Rationales politisches Kalkül, Interessenkämpfe, Intrigen um Macht, Konkurrenz, Streit, Unzufriedenheit und Aggression, nackte oder versteckte Gewalt, Konflikte und Zwietracht, wie sie im politischen Alltagsleben zwischen

---

es ist große Zwietracht der Bojaren untereinander..." Er charakterisiert diesen Zustand als „Staatslosigkeit" („bezgosudarstvo"). Vgl. AI, t. I, Nr. 140.

[97] Skrynnikov, Obzor pravlenija Ivana IV., S. 363 bezeichnet die russische Monarchie des 15.–16. Jh. als „Gefangene" der Aristokratie.

[98] Vgl. Rexheuser, Adelsbesitz, S. 11 f. Die Problematik einer vorwiegend formaljuristischen Argumentation zeigt sich in folgender Einschätzung des autokratischen Prinzips: „Wenn die Regierungsgewalt im 17. Jh. de facto oligarchischen Charakter besaß, so bedeutet dies verfassungstheoretisch keineswegs eine Einschränkung der Autokratie, sondern lediglich fallweise weniger Macht für den Zaren. Die ‚reine Selbstherrschaft' wurde de jure nicht aufgegeben." Vgl. Torke, Oligarchie in der Autokratie, S. 198. Es gibt freilich kein einziges verfassungsrechtliches Dokument, in dem die „reine Selbstherrschaft" „de jure" niedergelegt und somit die Stellung des Herrschers rechtlich definiert worden wäre, so daß auch schwerlich eine „verfassungstheoretische Einschränkung" der Autokratie möglich war. In der rechtlichen Qualität, der Legitimation durch überlieferte Normen und die Kraft des Faktischen, unterschied sich die Position des Herrschers also überhaupt nicht von der des Adels: Sie wies, wie diese, einen de-facto-Charakter auf. Es gab für den hier untersuchten Zeitraum auch keine einzige Theorie, die die Unbegrenztheit der fürstlich-zarischen Gewalt im Sinne des Fehlens jeglicher Verpflichtungen und politischen Verhaltensnormen behauptet hätte. Vgl. Val'denberg, Drevnerusskie učenija o predelach carskoj vlasti, S. 437 f.

[99] Dies gilt in gleicher Weise für westliche Theorien über eine starke monarchische Gewalt. So schrieb etwa Tyndale 1528: „The king is, in this world, without law ... and shall give accounts but to God only", wobei jedoch die Realität von diesem Anspruch erheblich abwich. Vgl. Allen, A History of Political Thought, S. 128–129. Die grundsätzlich unbegrenzte Macht des Königs war nach Claude de Seyssel eingeschränkt durch die Notwendigkeit der Beratung, durch christliche Gesetze und v. a. durch Gewohnheit und altes Recht. Ebd. S. 277–278.

Herrscher und Adel und innerhalb der Elite gang und gäbe waren, hatten in dieser idealisierten Welt der Harmonie und Eintracht keinen Platz, zumindest nicht in den Köpfen ihrer sie anpreisenden Apologeten. Dennoch war die Vorstellung von der **gemeinsamen** und **einträchtigen** Herrschaftsausübung durch Fürst und Adel, so konfliktträchtig deren Beziehungen sich auch von Zeit zu Zeit gestalteten, ein bei weitem **realitätskonformeres** Bild der objektiven Verhältnisse als das die aristokratischen Machtstrukturen negierende und einseitig auf die monarchische Omnipotenz fixierte Selbstherrschaftsideal.

Eine bildhaft-eindrückliche Bestätigung erfährt diese Auffassung wiederum durch das äußere Erscheinungsbild, das etwa Ivan IV. und seine Bojaren dem ausländischen Beobachter Heinrich von Staden darboten, der schreibt: „Der grosfürst hatte auch in der hand einen ganz schönen und köstlichen stap mit 3 gewaltigen grossen edelgesteinen. **Alle knesen und boiaren hatten auch ein jeder einen stap in der hand, darbei werden die regenten erkant.**"[100] (von mir gesperrt, H. R.). Und wenn auch der Engländer Giles Fletcher, der 1588/89 in Moskau weilte, ansonsten in das übliche Ausländerurteil über die moskowitische Tyrannis einstimmt, so stellt er doch zugleich fest, daß alle Macht dem Zaren **und der Bojarenduma** gehöre und **dem Adel** eine „unbegrenzte Freiheit" gegeben sei, über die einfachen und niederen Klassen des Volkes zu befehlen und sie zu knechten.[101]

Die konservative Allianz von Herrschertum und Adel war eben in Rußland ein unübersehbarer Faktor, dazu von großer Dauer und Stabilität.

---

[100] Aufzeichnungen, S. 63–64. Zu dem hier erwähnten Stab als Herrschaftsinsignum und das byzantinische Vorbild dazu vgl. Kämpfer, Dikanikion-Posox, S. 17, 19.
[101] Vgl. Sbornik dokumentov, t. III, S. 194.

SCHLUSS

Der Adel war die bei weitem einflußreichste und mächtigste Schicht der vorpetrinischen Gesellschaft. Er war mit den besten Rechten ausgestattet und verfügte über die größte militärische und administrative Kompetenz. Er besaß die ausgeprägteste politische Bewußtseinsreife und war die stärkste soziale Kraft des Landes. Seine Spitzen bildeten eine Art Reichsaristokratie, die sich in sozialer und politischer Hinsicht durch Reichtum und Machtprivilegiertheit von der Masse des Adels deutlich abhoben. Sie waren dem Herrscher persönlich eng verbunden, hoforientiert, mit reichsumfassenden Aufgaben betraut und mit riesigen Landkomplexen in Streubesitz ausgestattet. Eine politische Lebensform außerhalb des fürstlich-zarischen Herrschaftskontextes war eine strukturell unbedeutende Randerscheinung. Gefolgschaft und Dienst bildeten Grundpfeiler der adligen materiellen und politischen Existenz. Adlige Ideologie und Mentalität waren entsprechend aus personalen und überlokalen Bezügen geformt und gespeist. Dienst und damit verbunden die soziale und politische Orientierung auf das Zentrum, nicht der korporative und antizentralistische Rückzug auf ständisch-regionaler Basis, waren ein hervorstechendes Merkmal des älteren russischen Adels. Die ungebrochene überlokale Funktionsträgerschaft bei weitgehender Konservierung von ursprünglichen Beziehungsstrukturen im Herrschaftsmilieu verlieh ihm ein ganz eigenes, von der übrigen europäischen Adelsentwicklung deutlich unterschiedenes politisches und soziales Profil. Die großen Geschlechter verfügten über die wichtigsten Ämter und Positionen im Staat. Es gab keine konkurrierenden gesellschaftlichen Kräfte, die ihren politischen Machtanspruch ernsthaft antasteten. Der Adel besaß das Monopol der permanenten Waffenträger- und militärischen Anführerschaft. Die Adelsreiterei bildete bis in die 1. Hälfte des 17. Jh. die Hauptstreitkraft des Landes. Die ständig erforderlichen Verteidigungs- und Kampfanstrengungen verliehen der Adelsklasse als der geborenen Kriegerschicht ein hohes Maß an gesellschaftlicher Unentbehrlichkeit. Ihre Angewiesenheit auf andere und Abhängigkeit von anderen Schichten war gering, dementsprechend waren ihr Herrengefühl, der Privilegierungsgrad und die Geringachtung anderer Bevölkerungsgruppen relativ stark ausgeprägt. Das Ausmaß der politischen Unterwerfung nach oben ist im westlichen Vergleich fast immer überschätzt worden. Adel und Monarch waren politisch, materiell, mental und ideell aufs engste miteinander verklammert und aneinander gebunden. Sie befanden sich der generellen Tendenz nach in einem gemeinsamen Herrschftskontext. Beziehungsrelevant und verhaltensbestimmend für sie waren traditionale genossenschaftliche Denkweisen von politischer Kooperation und Zusammenarbeit. Der enge politische Schulterschluß zwischen ihnen war ein durchgängiges Merkmal der vorpetrinischen Epoche. Der patrimoniale (Hobbes) bzw. seigneurale (Bodin) russische Herrschaftstypus war strukturell adelsbegünstigend. Die aufkommende Ideologie der Selbstherrschaft, die partiell als Emanzipationsversuch von adligen „Machtbremsen" zu deuten ist, konnte darüber nicht hinwegtäuschen. Der oft konstatierte Sachverhalt von sozialer Adelsbegünstigung und politischer Adelsentrechtung ist objektiv nicht haltbar. Die immer labile Stellung des einzelnen adligen Individuums wurde aufgefangen und abgefedert durch die äußerst stabile Position der Adelsklasse in ihrer Gesamtheit als der universellen und unentbehrlichen Stütze der Monarchie. Eine in möglichst autoritativer Weise die Verteilung von Machtchancen vornehmende und verwaltende Herrscherinstanz war erforderlich, um das hohe Konfliktpotential aufgrund konkurrierender Ansprüche zu dämpfen und so weit kontrollierbar zu halten, daß es nicht zur Zerstörung der gesellschaftlich beherrschenden Stellung des Adels als Klasse ausuferte. Großfürsten und Zaren waren insofern die konfliktdämmende letzte und höchste Instanz, die adlige Machtambitionen zähmte und regulierte, die die Verteilung von Stellungen und Pfründen an die herrschende Elite vornahm und deren eventuelle systemgefährdende Interessengegensätze unterband. Diese Funktionalisierung der Herrscherposition zum Zweck der Wahrung und Stabilisierung eines vom Adel dominierten Systems war mit der Zubilligung einer gewissen – systemnotwendigen – autokratischen Überhöhung und charismatischen Ausstattung der Herrschergestalt erkauft, welche sie den Niederungen des politischen Alltagskampfes entrückten, um ihre Entscheidungen als Ausfluß eines höheren Willens und einer nicht hinterfragbaren „zarischen Weisheit" erscheinen zu lassen. Und wenn auch mit der gewachsenen staatlichen Macht die Machtvollkommenheiten der Herrscher einen eigenständigen gesellschaftlichen Faktor darzustellen begannen und eine eigene Dynamik entwickelten, so waren jene doch nie in einem gleichen Sinne frei waltende Repräsentanten gesamtgesellschaftlicher Ansprüche und Erwartungen ohne klassenspezifische Bindungen. Sie waren und blieben vor allem Figuren der herrschenden Elite, aus deren Mitte – ein im europäischen Vergleich übrigens seltener Vorgang – im Jahre 1598 und 1613 der Zar erwählt wurde. Gelegentliche Willkür- und Terrorakte gegen Individuen und Gruppen als systemimmanente Erscheinung konnten solange in Kauf genommen werden, wie die generelle politische und soziale Adelsbegünstigung nicht zur Disposition stand. Das war im behandelten Zeitraum nicht der Fall, und wenn z. B. Ivan IV. gegen die überkommenen engen Bindungen der Herrscherposition an Adelsinteressen revoltiert haben mag, so war das im Grunde ein von vornherein zum Scheitern verurteiltes, weil die realen Kräfteverhältnisse verkennendes Aufbegehren. Der russische Adel war **nie so schwach**, wie seine politische Rechtsunsicherheit und fehlende korporative Geschlossenheit viele dazu verleiteten, das anzunehmen, und die „autokratische" Spitze keineswegs so übermächtig und frei von Bindungen, wie es ihrer subjektiven Machteinschätzung und der ihrer Kritiker und Apologeten zuzeiten entsprochen haben mag oder wie die im Begriff enthaltenen Möglichkeiten es theoretisch zugelassen hätten. Für die spezifische politische Sozialisation des russischen Adels war charakteristisch, daß er nur schwache Ansätze entwickelte, die Prärogativen des Herrschers von seinen eigenen Kompetenzen und Pflichten klar abzugrenzen und sie gegeneinander abzustecken. Dem entsprach die in den herrschenden Kreisen weitverbreitete **konservative Ideologie** von Harmonie und Konfliktlosigkeit zwischen den regierenden Mächten und Personen, die einen auf die Gesamtgesellschaft ausstrahlenden inneren Pazifizierungseffekt ausübte. Die niemals prinzipiell in Frage gestellte **konservative Allianz zwischen Thron und Adel** und die mit ihr korrelierende **patriarchal-autoritäre politische Harmoniementalität** standen in einem ursächlichen und offenbaren historischen Zusammenhang mit dem die Zeiten überdauernden traditionalen russischen Gesellschaftsgefüge.

QUELLEN

Akty otnosjaščiesja do juridičeskogo byta drevnej Rossii. Hrg v. N. V. Kalačov, SPbr t. I (1857), t. II (1864)
Akty Russkogo gosudarstva 1505–1526 gg. Hrg. v. A. A. Novosel'skij, L. V. Čerepnin, I. A. Bulygin, A. A. Zimin, S. M. Kaštanov, S. I. Kotkov, M. 1975
Akty istoričeskie, sobrannye i izdannye Archeografičeskoju kommissieju, t. I., SPb 1841
Akty otnosjaščiesja k istorii Zapadnoj Rossii, sobrannye i izdannye Archeografičeskoju kommissieju, t. I, SPb 1846; t. II, SPb 1848; t. III, SPb 1848
Akty sobrannye v bibliotekach i archivach Rossijskoj Imperii Archeografičeskoju ėkspedicieju Imp. Akademii Nauk, t. I, SPb 1836
Akty feodal'nogo zemlevladenija i chozjajstva XIV–XVIvv., hrg. v. L. V. Čerepnin, t. I, M. 1951; t. II, M. 1956; t. III, M. 1961
Akty social'no-ėkonomičeskoj istorii severo-vostočnoj Rusi konca XIV – načala XVI v., hrg. von S. B. Veselovskij und L. V. Čerepnin, t. I, M. 1952; t. II, M. 1958; t. III, M. 1964
Zakonodatel'nye akty russkogo gosudarstva vtoroj poloviny XVI – pervoj poloviny XVII veka. Hrg. v. N. E. Nosov, L. 1986
Akty XIII–XVII vv., predstavlennye v Razrjadnyj prikaz predstaviteljami služilych familij posle otmeny mestničestva. Sobral i izdal A. Juškov, M. 1898
Central'nyj gosudarstvennyj archiv drevnich aktov (CGADA)
Russkij feodal'nyj archiv XIV – pervoj treti XVI veka. Hrg. v. V. I. Buganov, t. I–IV, M. 1986–1988
A. P. Barsukov, Spiski gorodovych voevod i drugich lic voevoedskago upravlenija Moskovskago gosudarstva XVII stoletija, po nepečatannym pravitel'stvennym aktam, SPb 1902
Valaamskaja beseda, in: G. N. Moiseeva, Valaamskaja beseda – pamjatnik russkoj publicistiki serediny XVI veka. M.-L. 1958, 161–177
Beseda otca s synom o ženskom zlobe. Issledovanie i publikacija tekstov. Hrg. v. L. V. Titova, Novosibirsk 1987
Russkaja istoričeskaja biblioteka, Bd. 1–39, SPb, Petrograd, Leningrad 1827–1917
Oh Bojan, du Nachtigall der alten Zeit. Sieben Jahrhunderte altrussischer Literatur. Hrg. von H. Graßhoff, K. Müller, G. Sturm, Plauen 1966

Byliny. Hrg. von V. Ja. Propp und B. N. Putilov, M. 1958
L. V. Čerepnin, Russkie feodal'nye archivy XIV–XV vekov, č. I (Moskva 1948), č. II (M. 1951)
Chrestomatija po drevnej russkoj literature XI–XVII vekov. Hrg. v. N. K. Gudzij, M. 1962
Chrestomatija po istorii SSSR XVI–XVII vv. Hrg. v. A. A. Zimin, Moskva 1962
The Correspondence between Prince A. M. Kurbskij and Tsar Ivan IV. of Russia 1564–1579, ed. by J. L. I. Fennell, Cambridge 1955
G. David, Status modernus magnae Russiae seu Moscoviae (1690). Ed. by A. V. Florovskij, London-Paris-Hague 1965
Irži David, Sovremennoe sostojanie Velikoj Rossii, ili Moscovii. In: VI (1968, 1), 138–147
Domostroj. Sost., vstup. stat'ja, perevody i kommentarii V.V. Kolesova, M. 1990
Tagebuch des Generals Patrick von Gordon, hrg. v. M. Posselt, 3 Bde., Moskva, SPb 1849–1853
D. Gorsej, Zapiski o Rossii XVI – načala XVII v. Hrg. v. A. A. Sevast'janova, M. 1990
W. Graf, Samuel Collins', Leibarztes des Zaren Aleksej Michajlovič, Moscovitische Denkwürdigkeiten, Leipzig 1929
Duchovnye i dogovornye gramoty velikich i udel'nych knjazej XIV–XVI vv. Hrg. v. L. V. Čerepnin, M.-L. 1950
Polockie gramoty XIII – načala XVI v. Hrg. von A. A. Zimin. T. III, M. 1980; t. IV, M. 1982; t. V, M. 1985
Gramoty Velikogo Novgoroda i Pskova. Hrg. v. S. N. Valk. M.-L. 1949
Frhr. Sigm. v. Herberstein, Moscouiter wunderbare Historien, Basel 1567
Rerum Moscoviticarum Commentarii Sigismundi Liberi Baronis in Herberstein, Neyperg & Guettenhag, Basileae 1571 (unveränderter Nachdruck Frkf. a. M. 1964)
Sigm. v. Herberstein, Das alte Rußland. Hrg. v. W. Leitsch, Zürich 1984
Rude and Barbarous Kingdom: Russia in the Accounts of Sixteenth-Century English Voyagers, ed. by L. E. Berry and R. Crummey. Madison 1968
Barchatnaja kniga. Rodoslovnaja kniga knjazej i dvorjan rossijskich i vyezžich, t. I–II, M. 1787
Razrjadnaja kniga 1475–1598 gg. Hrg. v. V. I. Buganov, M. 1966
Razrjadnaja kniga 1475–1605 gg. 3 Bde. Hrg. v. V. I. Buganov, M. 1977 ff
Tysjačnaja kniga 1550g. i dvorovaja tetrad' 50ch godov XVI v. Hrg. v. A. A. Zimin, M.-L. 1950
Vkladnaja kniga Troice-Sergieva monastyrja. Hrg. v. E. N. Klitina, T. N. Manušina, T. V. Nikolaeva, M. 1987

S. Konovalov, Thomas Camberlayne's Description of Russia, 1631. In: OSP V (1954), 107–116

J. G. Korb, Tagebuch der Reise nach Rußland. Hrg. und eingel. v. G. Korb, Graz 1968

O Rossii v carstvovanie Alekseja Michajloviča. Sočinenie Grigorja Kotošichina. Izd. 4-e. SPb 1906. Reprint The Hague – Paris 1969 (vgl. auch: Text and Commentary. Hrg. v. A. E. Pennington, Oxford 1980)

A. P. Kovalevskij, Kniga Achmeda Ibn Fadlana o ego putešestvii na Volgu v 921–922 g. Charkov 1956

Prince A. M. Kurbsky's History of Ivan IV. Ed. by J. L. I. Fennell, Cambridge 1965

Piskarevskij letopisec. In: Materialy po istorii SSSR, II, M. 1950, 23–144

A Lizek, Skazanie Adol'fa Lizeka o posol'stve ot imperatora rimskogo Leopol'da k velikomu carju moskovskomu Alekseju Michajloviču v 1675 godu. In: ŽMNP 1837, č. 16, Nr. 11, 327–394

Jaques Margeret's State of the Russian Empire and Grand Duchy of Moscow. Hrg. v. Chester I. S. Dunning, Boston 1976

Isaac Massa, Kratkoe izvestie o Moskovii v načale XVII veka. M. 1937

Chr. Meiske (Hrg), Das Sobornoe Uloženie von 1649. 2 Teile (= Beiträge zur Geschichte der UdSSR, hrg. v. E. Donnert), Halle/Saale 1985

Nevill' (Neuville), F. de-la, Zapiski de-la Nevillja o Moskovii 1689 g. In: Russkaja Starina (1891, 9), 419-450; (1891, 11), 241–281

Adam Olearius, Vermehrte Newe Beschreibung Der Muscowitischen und Persischen Reyse ..., Schleswig 1656 (Fotomechan. Nachdruck, hrg. und mit einem Nachwort versehen von D. Lohmeier, Tübingen 1971)

Adam Olearius, Moskowitische und persische Reise, Berlin 1959

Pamjatniki russkogo prava. I: Pamjatniki prava Kievskogo gosudarstva X–XII vv., M. 1952. II: Pamjatniki prava feodal'no – razdroblennoj Rusi XII–XV vv., M. 1953. III: Pamjatniki prava perioda obrazovanija russkogo centralizovannogo gosudarstva XIV–XV vv., M. 1955. IV: Pamjatniki prava ukreplenija russkogo centralizovannogo gosudarstva XV–XVII vv., M. 1956

Pamjatniki social'no – ėkonomičeskoj istorii Moskovskogo gosudarstva XIV-XVII vv. Hrg. v. S. B. Veselovskij u. A. I. Jakovlev, Bd. I, M. 1929

Das Paterikon des Kiever Höhlenklosters nach der Ausgabe von D. Abramovič neu hrg. von Dmitrij Tschižewskij. Slavische Propyläen Bd. 2, München 1964

Perepiska Ivana Groznogo s Andreem Kurbskim. Hrg. v. Ja. S. Lure u. Ju. D. Rykov, L. 1979

Peter Petrejus, Historien und Bericht von dem Grossfürstenthumb Muschkow ... Lipsiae 1620 (schwed. Erstauflage 1615)

Poslanija Iosifa Volockogo. Hrg. v. A. A. Zimin u. Ja. S. Lure, M.-L. 1959

Poslanija Ivana Groznogo. Hrg. v. V. P. Adrianova-Peretc, M.-L. 1951
The ,Moscovia' of Antonio Possevino, S. J. Trans. Hugh F. Graham. Pittsburgh 1977
Povest' o poimanii knjazja Andreja Ivanoviča Starickogo, in: IZ 10 (1941), 83–87
Daniel Printz, Moscoviae ortus, et progressus (zit. nach: Scriptores rerum Livonicarum. Sammlung der wichtigsten Chroniken und Geschichtsdenkmäler von Liv-, Ehst- und Kurland ... Bd. 2, Riga, Leipzig 1846, 688–728
Sbornik dokumentov po istorii SSSR. T. I–IV, M. 1970–1973
Sbornik imperatorskogo Russkogo istoričeskogo obščestva, t. 35, SPb 1882; t. 53, SPb 1887; t. 59, SPb 1887; t. 95, SPb 1895
Sbornik aktov, sobrannych v archivach i bibliotekach, hrg. v. N. P. Lichačev, vyp. I, SPb 1895
Inoe skazanie. In: G. N. Moiseeva, Valaamskaja beseda – pamjatnik russkoj publicistiki serediny XVI veka. M.-L. 1958, 191–192
Slovo o žitii velikogo knjazja Dmitrija Ivanoviča, ed. M. A. Salmina. In: Pamjatniki literatury drevnej Rusi. XIV-seredina XV veka. M. 1981, S. 208–228
Slovo Daniila Zatočnika po redakcijam XII i XIII vv. i ich peredelkam. Hrg. v. N. N. Zarubin, L. 1932
Smuta v Moskovskom gosudarstve. Rossija načala XVII stoletija v zapiskach sovremennikov. Hrg. v. A. I. Pliguzov, I. A. Tichonjuk. M. 1989
Sobranie gosudarstvennych gramot i dogovorov, chranjaščichsja v gosudarstvennoj kollegii inostrannych del, č. I, M. 1813, č. II, M. 1819
Polnoe sobranie russkich letopisej. SPb / Petrograd / Moskva / Leningrad / M.-L. 1841 ff.
Sočinenija knjazja Kurbskago. Hrg. v. G. Z. Kuncevič, RIB, t. 31, SPb 1914
Bojarskie spiski poslednej četverti XVI – načala XVII vv. Rospiś russkogo vojska 1604 g. Hrg. S. P. Mordovina, A. L. Stanislavskij, M. 1979
Heinrich v. Staden, Aufzeichnungen über den Moskauer Staat, hrg. v. Fr. Epstein, Hamburg 1930
Sudebniki XV–XVI vekov. Red. B. D. Grekov, M.-L. 1952
Ustjužnyj letopisnyj svod. M.-L. 1950
V. N. Tatiščev, Istorija Rossijskaja, M.-L., t. 5 (1965), t. 6 (1966)
The Testaments of the Grand Princes of Moscow. Ed. by R. C. Howes. Ithaka, N. Y. 1967
M. N. Tichomirov, Maloizvestnye letopisnye pamjatniki. In: Istoričeskij archiv 7 (1951), 207–253
Ders. Maloizvestnye letopisnye pamjatniki XVI v. In: IZ 10 (1941), 84–94
Ders. Zapiski o regentstve Eleny Glinskoj i bojarskom pravlenii 1533–1547 gg. In: IZ 46 (1954), 278–288 (Postnikovskij letopisec)

George Trakhaniot's Description of Russia in 1486. Ed. R.M Croskey, E.C. Ronquist. In: RH 17 (1990), S. 55–64.
Sobornoe uloženie 1649 goda, L. 1987
Drevnjaja rossijskaja vivliofika, č. XX, M. 1791 (Slavic Printings and Reprints, The Hague 1970)
Vremennik imperatorskogo Moskovskogo obščestva istorii i drevnostej rossijskich, vol. 10, M. 1851
Vremennik Ivana Timofeeva. Übers. und Kommentare O. A. Deržavina. Red. V. P. Adrianova-Peretc, M.-L. 1951
Zadonščina. Drevnerusskaja pesnja. Povest' o Kulikovskom bitve. Hrg. v. A. A. Zimin, Tula 1980
Rossijskoe zakonodatel'stvo X–XX vekov. T. I: Zakonodatel'stvo Drevnej Rusi. Red. V. L. Janin, M. 1984. T. II: Zakonodatel'stvo perioda obrazovanija i ukreplenija russkogo centralizovannogo gosudarstva. Red. A. D. Gorskij, M. 1985. T. IV: Zakonodatel'stvo perioda stanovlenija absoljutizma. Red. A. G. Mankov, M. 1986
S. A. Zenkovsky (Hrg.), Aus dem alten Rußland. Epen, Chroniken und Geschichten, München – Wien 1968
A. A. Zimin, Kratkie letopiscy XV–XVI vv. In: Istoričeskij archiv 5 (1950), 3–39

LITERATURVERZEICHNIS

G. V. Abramovič, Pomestnaja sistema i pomestnoe chozjajstvo v Rossii v poslednej četverti XV i v XVI v. L.1975

Ders., Pomestnaja politika v period bojarskogo pravlenija v Rossii (1538–1543 gg.). In: IstSSSR (1979, 4), 192–199

Ders., Dvorjanskoe vojsko v carstvovanie Ivana IV. In: Rossija na putjach centralizacii. Sb. statej. M. 1982, 186–192

G. Alef, Das Erlöschen des Abzugsrechts der Moskauer Bojaren. In: FOG 10 (1965) 7–74

Ders., Aristocratic Politics and Royal Policy in Muscovy in the Late Fifteenth and Early Sixteenth Centuries. In: FOG 27 (1980), 77–99

Ders., Bel'skies and Shuskies in the XVI Century. In: FOG 38 (1986), 221–240

Ders., The Crisis of the Muscovite Aristocracy: A Factor in the Growth of Monarchical Power. In: FOG 15 (1970), 15–58

Ders., Reflections on the Boyar Duma in the Reign of Ivan III. In: SEER 45 (1967), 76–123

V. A. Aleksandrov, Sel'skaja obščina v Rossii (XVII – načalo XIX v.), M. 1976

Ju. G. Alekseev, Agrarnaja i social'naja istorija severo-vostočnoj Rusi XV-XVI vv. Perejaslavskij uezd. M.-L. 1966

Ders., Volost' v Perejaslavskom uezde XV v. In: Voprosy ékonomiki i klassovych otnošenij v russkom gosudarstve XII–XVII vekov. M.-L. 1960, 228–256

Ders., A. I. Kopanev, Razvitie pomestnoj sistemy v XVI v. In: Dvorjanstvo i krepostnoj stroj Rossii XVI–XVIII vv. M. 1975, 57–69

L. V. Alekseev, Domen Rostislava Smolenskogo. In: Srednevekovaja Ruś. Sammelband z. Andenken an N. N. Voronin. M. 1976, 53–58

M. Ch. Aleškovskij, Kurgany russkich družinnikov 11–12 vv. In: Sovetskaja archeologija (1960, 1), 70–90

J. W. Allen, A History of Political Thought in the Sixteenth Century, 8. Aufl., London 1964

M. A. Alpatov, Russkaja istoričeskaja mysl' i Zapadnaja Evropa XII–XVII vv. M. 1973

Ders., Russkaja istoričeskaja mysl' i Zapadnaja Evropa. XVII – pervaja četvert' XVIII veka. M. 1976

D. N. Al'ščic, Ivan Groznyj i pripiski k licevym svodam ego vremeni. In: IZ 23 (1947), 251–289
Ders., Proischoždenie i osobennosti istočnikov, povestvujuščich o bojarskom mjateže 1553 g. In: Ebd. 25 (1948), 266–292
N. Angermann, Studien zur Livlandpolitik Ivan Groznyjs, Marburg/Lahn 1972
A. V. Arcichovskij, Russkaja družina po archeologičeskim dannym. In: Istorik marksist, kn. 1 (1939), 193–195
N. Aristov, Nevol'noe i neochotnoe postriženie v monašestvo u našich predkov. In: Drevnjaja i novaja Rossija, SPb (1878, 6), 63–76
Ju. V. Arsen'ev, Bližnij bojarin kn. N. I. Odoevskij i ego perepiska s Galickoj votčinoj, M. 1902
M. I. Artamonov, Svenel'd. In: Kul'tura drevnej Rusi. M. 1966, 30 ff
I. Auerbach, Die politischen Vorstellungen des Fürsten Andrej Kurbskij. In: JbbGOE (1969), 170–186
Dies., Andrej Michajlovič Kurbskij. Leben in osteuropäischen Adelsgesellschaften des 16. Jahrhunderts. München 1985
Dies., Ivan Groznyj, Spione und Verräter im Moskauer Rußland und das Großfürstentum Litauen. In: RH 14 (1987), 5–35
Dies., Der Begriff „Adel" im Rußland des 16. Jahrhunderts. In: CahMonde Russe (= Noblesse, état et société en Russie XVIe – début du XIXe siècle), vol. XXXIV (1–2), 1993, S. 73–88
D. A. Avdusin, Sovremennyj antinormanizm. In: VI (1988, 7) 23–34
S. Aviliani, Zemskie sobory. 2 Bde., Odessa 1910
K. Avižonis, Entstehung und Entwicklung des litauischen Adels bis 1385. Berlin 1932
W. R. Augustine, Notes Toward a Portrait of the Eighteenth Century Russian Nobility. In: Canadian Slavic Studies IV (1970, 3), 373–425
S. Bachrušin, Knjažeskoe chozjajstvo XV i pervoj poloviny XVI v. In: Sb. statej posvj. V. O. Ključevskomu, M. 1909, 563–604
S. V. Bachrušin, "Izbrannaja Rada" Ivana Groznogo. In: IZ 15 (1945), 29–56
Ders., Naučnye trudy, t. 1, M.-L. 1952
Ders., Političeskie tolki v carstvovanie Michaila Fedoroviča. In: Ders., Trudy po istočnikovedeniju, istoriografii i istorii Rossii épocha feodalizma, M. 1987, 87–118
Ders., Osnovnye problemy istorii Moskvy do konca XVIII v. In: ebd. 159–177
O. P. Backus, Die Rechtsstellung der litauischen Bojaren 1387–1506. In: JbbGOE 6 (1958), 1–32
Ders., Motives of West Russian Nobles in Deserting Lithuania for Moscow 1377–1514. 1957

Ders., Treason as a Concept and Defections from Moscow to Lithuania in the Sixteenth Century. In: FOG 15 (1970), 119–144

Ders., Mortgages, Alienations and Redemptions: The Rights in Land of the Nobility in Sixteenth Century Lithuanian and Muscovite Law and Practice Compared. In: FOG 18 (1973), 139–167

S. P. Bartenev, Moskovskij kreml' v starinu i tepef. 2 Bde., Moskva 1912

N. de Baumgarten, Genealogies des branches regnantes de Rurikides du XIIIe au XVIe siècle. Roma 1934

K. V. Bazilevič, Novgorodskie pomeščiki iz poslužil'cev. In: IZ 14 (1945), 62–80

Ders., Versuch einer Periodisierung des Feudalzeitalters in der Geschichte der UDSSR. In: Zur Periodisierung des Feudalismus und Kapitalismus in der geschichtlichen Entwicklung der UdSSR, Redaktion und Übersetzung K. E. Wädekin, Berlin 1952, 7–41

S. A. Belokurov, O posol'skom prikaze, M. 1906

E. A. Belov, Ob istoričeskom značenii russkago bojarstva do konca XVII veka. In: ŽMNP 242 = 1886 Jan., 68–127; 243 = 1886 Febr., 233–305; 244 = 1886 März, 29–75

A. Berelowitch, Plaidoyer pour la noblesse moscovite. À propos des affaires d'honneur au XVIIe siècle. In: CahMondeRusse (= Noblesse, état et société en Russie XVIe – début du XIXe siècle), vol. XXXIV (1–2), 1993, S. 119–138

D. I. Blifel'd, K istoričeskoj ocenke družinnych pogrebenij v srubnych grobnicach. In: SA 20 (1954), 148–162

G. F. Bljumenfel'd, O formach zemlevladenija v Drevnej Rossii, Odessa 1884

J. Blum, The Beginnings of Large-scale Private Landownership in Russia. In: Speculum 28 (1953, 4), 776–790

Ders., Lord and Peasant in Russia. From the Ninth to the Nineteenth Century, Princeton 1961

S. K Bogojavlenskij, Prikaznye d'jaki XVII v. In: IZ 1 (1937), 220–239

Ders., Prikaznye sud'i XVII veka, M. 1946

P. S. Bogoslovskij, K nomenklature, topografii i chronologii svadebnych činov, Perm 1927

A. Borst, Lebensformen im Mittelalter, Frankfurt/M. 1979

N. Boškovska, "Dort werden wir selber Bojaren sein": Bäuerlicher Widerstand im Rußland des 17. Jahrhunderts. In: JbbGOE 37 (1989), 345–386

R. Boutruche, Seigneurie et Féodalité, Paris 1959

C. B. O'Brien, Russia under two Tsars 1682–1689. The Regency of Sophia Alekseevna, Berkeley/Los Angeles 1952

Ders., Russia and Eastern Europe. The Views of A. L. Ordin-Naščokin. In: JbbGOE 17 (1969), 369–379

Ders., Muscovite Prikaz Administration of the Seventeenth Century: The Quality of Leadership. In: FOG 24 (1978), 223–235

P. B. Brown, The Zemskii Sobor in Recent Soviet Historiography. In: RH 10 (1983, 1), 77–90

Ders., Muscovite Government Bureaus. In: RH 10 (1983, 3), 269–330

A. Brückner, Beiträge zur Kulturgeschichte Rußlands im 17. Jahrhundert, Leipzig 1887

Ders., Culturhistorische Studien, Riga 1878

I. U. Budovnic, Russkaja publicistika XVI veka, M.-L. 1947

V. I. Buganov, Razrjadnye knigi poslednej četverti XV – načala XVII v., M. 1962

Ders., Vraždotvornoe mestničestvo. In: VI (1974, 11), 118–133

Ders., K izučeniju „gosudareva dvora" XVI v. In: Obščestvo i gosudarstvo feodal'noj Rossii. Sb. statej, posvj. 70-letiju akad. L. V. Čerepnina, M. 1975, 55–61

V. A. Bulkin, I. V. Dubov, G. S. Lebedev, Archeologičeskie pamjatniki Drevnej Rusi IX–XI vv., L. 1978

A. A. Bulyčev, O bojarskom spiske 7119 (1610/11) goda. In: AE za 1986 god, M. 1987, 69–74

I. A. Bulygin, Bor'ba gosudarstva s feodal'nym immunitetom. In: Obščestvo i gosudarstvo feodal'noj Rossii. Sb. statej, posvj. 70-letiju L. V. Čerepnina, M. 1975, 327–333

P. Bushkovitch, Towns and Castles in Kievan Ruś: Boiar Residence and Landownership in the Eleventh and Twelth Centuries. In: RH 7 (1980, 3), 251–264

Ders., The Epiphany Ceremony of the Russian Court in the Sixteenth and Seventeenth Centuries. In: The Russian Review 49 (1990, 1), 1–17

Ders., Religion and Society in Russia. The Sixteenth and Seventeenth Centuries, Oxford 1992

M. E. Byčkova, Pervye rodoslovnye rospisi litovskich knjazej v Rossii. In: Obščestvo i gosudarstvo feodal'noj Rossii. Sb. statej, posvj. 70-letiju L. V. Čerepnina, M. 1975, 133–140

Dies., O social'nom sostave tysjačnikov. In: Rossija na putjach centralizacii. Sb. statej, M. 1982, 175–178

Dies., Sostav klassa feodalov Rossii v XVI v. Istoriko-genealogičeskoe issledovanie, M. 1986

V. I. Calkin, Materialy dlja istorii skotovodstva i ochoty v drevnej Rusi, M. 1956 (= Materialy i issledovanija po archeologii SSSR, Bd. 51)

H.-W. Camphausen, Die Bojarenduma unter Ivan IV., Frankfurt/Bern/New York 1985

L. V. Čerepnin, Iz istorii drevnerusskich feodal'nych otnošenij. In: IZ 9 (1940), 31–80

Ders., Obrazovanie Russkogo centralizovannogo gosudarstva v XIV–XV vv., M. 1960

Ders., Problema genezisa feodalizma. Feodal'naja sobstvennost' v Kievskoj Rusi. In: A. P. Novosel'cev, V. T. Pašuto, L. V. Čerepnin, Puti razvitija feodalizma, M. 1972, 126–187

Ders., Zemskie sobory Russkogo gosudarstva v XVI–XVII vv., M. 1978

Ders., Ešče raz o feodalizme v Kievskoj Rusi. In: Iz istorii ėkonomičeskoj i obščestvennoj žizni Rossii. Sbornik statej k 90-letiju akad. N. M. Družinina, M. 1976, 15–22

M. S. Čerkasova, O boŕbe pomeščikov za zemlju v konce XV – pervoj polovine XVI veka. In: IstSSSR (1989, 5), 47–59

A. V. Černov, Vooružennye sily Russkogo gosudarstva v XV–XVII vv., M. 1954

A. L. Choroškevič, Istorija gosudarstvennosti v publicistike vremen centralizacii. In: Obščestvo i gosudarstvo feodal'noj Rossii. Sb. statej, posvj. 70-letiju L. V. Čerepnina, M. 1975, 114–124

Ders., Pravo „vyvoda" i vlast' „gosudarja". In: Rossija na putjach centralizacii. Sb. statej, M. 1982, 36–41

B. N. Čičerin, Oblastnyja učreždenija Rossii v XVII veke, M. 1856

Ders., Opyty po istorii russkogo prava, M. 1858

Chozjajstvo krupnogo feodala semnadcatogo veka (= Materialy po istorii feodal'no-krepostnogo chozjajstva, vyp. I), L. 1933, vyp. II, M.-L. 1936

J. D. Clarkson, Some Notes on Bureaucracy, Aristocracy and Autocracy in Russia 1500–1800. In: Entstehung und Wandel der modernen Gesellschaft. Festschr. f. Hans Rosenberg zum 65. Geb., hrg. v. Gerhard A. Ritter, Berlin 1970, 187–220

C. Claus, Die Stellung der russischen Frau von der Einführung des Christentums bei den Russen bis zu den Reformen Peters des Großen, München 1959

B. Conrad-Lütt, Hochachtung und Mißtrauen: Aus den Berichten der Diplomaten des Moskauer Staates. In: Deutsche und Deutschland aus russischer Sicht. 11.–17. Jahrhundert. Hrg. v. D. Herrmann (= West-östliche Spiegelungen, hrg. v. L. Kopelew), München 1989, 149–178

J. Cracraft, Soft Spots in the Hard Line. In: RH 4 (1977, 1), 31–38

R. M. Croskey, Muscovite Diplomatic Practice in the Reign of Ivan III., N.Y. and London 1987

R. O. Crummey, The Reconstitution of Boyar Aristocracy, 1613–1645. In: FOG 18 (1973), 187–220

Ders., Russian Absolutism and the Nobility. In: Journal of Modern History 49 (1977), 456–467

Ders., The Origins of the Noble Official: The Boyar Elite, 1613–1689. In: Russian Officialdom. The Bureaucratization of Russian Society from

the Seventeenth to the Twentieth Century, London and Basinstoke 1980, 46–75
Ders., Reflections on Mestnichestvo in the 17th Century. In: FOG 27 (1980), 269–281
Ders., Court Spectacles in Seventeenth Century Russia: Illusion and Reality. In: Essays in Honor of A. A. Zimin, Columbus, Ohio 1985, 130–158
Ders., Aristocrats and Servitors. The Boyar Elite in Russia 1613–1689, Princeton 1983
Ders., New Wine in Old Bottles? Ivan IV. and Novgorod. In: RH 14 (1987), 61–76
Ders., Sources of Boyar Power in the Seventeenth Century. The Descendants of the Upper Oka Serving Princes. In: CahMondeRusse (= Noblesse, état et société en Russie XVIe – début du XIX siècle), vol. XXXIV (1–2), 1993, S. 107–118
N. N. [Danilov], V. V. Golicyn bis zum Staatsstreich vom Mai 1682. In: JbbGOE I (1936), 1–33
B. L. Davies, The Town Governors in the Reign of Ivan IV. In: RH 14 (1987), 77–143
N. F. Demidova, Prikaznye ljudi XVII v. (Social'nyj sostav i istočniki formirovanija). In: IZ 90 (1972), 332–354
Dies., Služilaja bjurokratija v Rossii XVII v. i ee rol' v formirovanii absoljutizma, M. 1987
H. W. Dewey, The Decline of the Muscovite Namestnik. In: OSP XII (1965), 21–39
Ders., Trial by Combat in Muscovite Russia. In: OSP 9 (1960), 21–31
Ders., Immunities in Old Russia. In: Slavic Review 23 (1964), 643–659
Ders., Defamation and False Accusation (iabednichestvo) in Old Muscovite Society. In: Slavic and East European Studies 11 (1966/67), 109–120
Ders., Old Muscovite Concepts of Injured Honor (Bezchestie). In: Slavic Review 27 (1968, 4), 594–603
Ders., A. Kleimola, Promise and Perfidy in Old Russian Cross-Kissing. In: Canadian-American Slavic Studies 3 (1968), 327–341
Ders., Dies., Russian Collective Consciousness. The Kievan Roots. In: SEER 62 (1984), 180–191
M. A. D'jakonov, Vlast' moskovskich gosudarej. Očerki po istorii političeskich idej drevnej Rusi do konca XVI v., SPb 1889
Ders., Očerki obščestvennago i gosudarstvennago stroja drevnej Rusi, SPb 1908 (Nachdruck The Hague 1966)
H.-D. Döpmann, Der Einfluß der Kirche auf die moskowitische Staatsidee (Staats- und Gesellschaftsdenken bei Josif Volockij und Nil Sorskij), Berlin 1967

E. Donnert, Das Kiewer Rußland. Kultur und Geistesleben vom 9. bis zum beginnenden 13. Jahrhundert, Leipzig 1983

Ders., Altrussisches Kulturlexikon, Leipzig 1985

M. V. Dovnar-Zapol'skij, Russkaja istorija v očerkach i stat'jach, 3 Bde., Kiev 1912

V. I. Dovženok, Pro typy horodyšč Kyivs'koj Rusi. In: Archeolohija 16 (1975), 3–14

L. G. Dubinskaja, Pomestnoe i votčinnoe zemlevladenie Meščerskogo kraja v vtoroj polovine XVII v. In: Dvorjanstvo i krepostnoj stroj Rossii XVI–XVIII vv. Sb. statej, posvj. pamj. A.A. Novosel'skogo, M. 1975, 120–134

T. N. Džakson, E. G. Plimak, Nekotorye spornye problemy genezisa russkogo feodalizma (V svjazi s izučeniem i publikaciej v SSSR „Razoblačenij diplomatičeskoj istorii XVIII veka" K. Marksa). In: IstSSSR (1988, 6) 35–57

A. Eck, Le Moyen Âge Russe, Paris 1933

Ju. M. Eksin, Dmitrij Požarskij. In: VI (1976, 8), 107–119

Ders., Mestničestvo v social'noj strukture feodal'nogo obščestva.In: Otečestvennaja istorija (1993,5), 39–53

A. V. Ekzemplarskij, Velikie i udel'nye knjaz'ja severnoj Rusi v tatarskij period s 1238–1505. 2 Bde., SPb 1889–1891

N. Elias, Über den Prozeß der Zivilisation. Soziogenetische und psychogenetische Untersuchungen. Bd. I: Wandlungen des Verhaltens in den weltlichen Oberschichten des Abendlandes. Bd. II: Wandlungen der Gesellschaft. Entwurf zu einer Theorie der Zivilisation, Frankfurt/M. 1976

Ders., Die höfische Gesellschaft. Untersuchungen zur Soziologie des Königtums und der höfischen Aristokratie, Nördlingen 1983

V. B. Eljaševič, Istorija prava pozemel'noj sobstvennosti v Rossii, 2 Bde., Paris 1948–1951

Fr. T. Epstein, Die Hof- und Zentralverwaltung im Moskauer Staat und die Bedeutung von G. K. Kotošichins zeitgenössischem Werk „Über Rußland unter der Herrschaft des Zaren Aleksej Michajlovič" für die russische Verwaltungsgeschichte (Hamburger Histor. Studien Bd. 7), Hbg. 1978

N. P. Eroškin, Istorija gosudarstvennych učreždenij dorevoljucionnoj Rossii, M. 1983

H. Faensen, Kirchen und Klöster im alten Rußland. Stilgeschichte der altrussischen Baukunst von der Kiewer Rus bis zum Verfall der Tatarenherrschaft, Leipzig 1982

J. L. I. Fennell, Ivan the Great of Moscow, London 1961

Ders., The Emergence of Moscow, London 1968

A. Fenster, Adel und Ökonomie im vorindustriellen Rußland. Die unternehmerische Betätigung der Gutsbesitzer in der großgewerblichen Wirtschaft im

17. und 18. Jahrhundert (= Beiträge zur Wirtschafts- und Sozialgeschichte. Hrg. v. H. Kellenbenz u. a. Bd. 23), Wiesbaden 1983
H. Fleischhacker, Die staats- und völkerrechtlichen Grundlagen der moskauischen Außenpolitik (14.–17. Jh.), Reinheim 1959
B. N. Florja, Evoljucija podatnogo immuniteta svetskich feodalov Rossii vo vtoroj polovine XV – pervoj polovine XVI v. In: IstSSR (1972, 1), 48–71
Ders., Neskol'ko zamečanij o „Dvorovoj tetradi" kak istoričeskom istočnike. In: AE za 1973 god, M. 1974, 44–57
Ders., Rodoslovie litovskich knjazej v russkoj političeskoj mysli XVI v. In: Vostočnaja Evropa v drevnosti i srednevekov́e, M. 1978, 320–328
Ders., Formirovanie soslovnogo statusa gospodstvujuščego klassa Drevnej Rusi (Na materiale statej o vozmeščenii za „besčest'e"). In: IstSSSR (1983, 1), 61–74
Ders., "Besčest'e" russkogo feodala XV–XVI vv. In: Russkoe centralizovannoe gosudarstvo, M. 1980, 42–44
N. K. Fomin, Social'nyj sostav zemlevladel'cev Suzdal'skogo uezda. In: Rossija na putjach centralizacii, M. 1982, 89–94
I. Ja. Frojanov, Knjažeskoe zemlevladenie i chozjajstvo na Rusi X–XII vekov. In: Problemy istorii feodal'noj Rossii. Sb. statej k 60-letiju V. V. Mavrodina, L. 1971, 43–52
Ders., K istorii immuniteta v Kievskoj Rusi. In: VestLeninUniv 31 (1976), 52–59
Ders., Kievskaja Ruś. Očerki social'no-ėkonomičeskoj istorii, L. 1974
Ders., Kievskaja Ruś. Očerki social'no-političeskoj istorii, L. 1980
Ders., Kievskaja Ruś. Očerki otečestvennoj istoriografii, L. 1990
Ders., A. Ju. Dvorničenko, Goroda-gosudarstva v Drevnej Rusi. In: Stanovlenie i razvitie ranneklassovych obščestv. Gorod i gosudarstvo. Pod. red. G. L. Kurbatova, E. D. Frolova, I. Ja. Frojanova, L. 1986, 198–311.
J. T. Fuhrmann, Tsar Alexis. His Reign and his Russia, Gul Breeze 1981
V. K. Gardanov, Djad'ki drevnej Rusi. In: IZ 71 (1962), 236–250
Ders., Kormil'stvo v drevnej Rusi. K voprosu o perežitkach rodovogo stroja v feodal'noj Rusi IX–XIII vv. In: Sovetskaja ėtnografija (1959, 6), 43–59
B. Gebhardt, Handbuch der Deutschen Geschichte. Bd. 1: Frühzeit und Mittelalter. Hrg. v. H. Grundmann 1954[8], verbesserter Nachdruck, Stuttgart 1964
V. Gejman, Novaja popytka issledovanija voprosa o Bojarskoj dume. In: Russkij istoričeskij žurnal 7 (1921), 166–176
Ders., O chozjajstve B. I. Morozova. In: Chozjajstvo krupnogo feodala semnadcatogo veka. Chozjajstvo bojarina B. I. Morozova (= Materialy po istorii feodal'no-krepostnogo chozjajstva, vyp. I), č. 1, L. 1933, LXX–LXXXIII

Ders., Bojarin B. I. Morozov i krupnejšie ego votčinnye sela Muraškino i Lyskovo, Nižegorodskogo uezda. In: ebd. vyp. II, č. 2, M.-L. 1936, 15–43
Genezis i razvitie feodalizma v Rossii, L. 1987
L. Genicot, Recent Research on the Medieval Nobility. In: The Medieval Nobility, ed. T. Reuter, 1979, 17 ff
D. Gerhard, Regionalismus und ständisches Wesen als ein Grundthema europäischer Geschichte. In: HZ 174 (1952), 307–337
Geschichte und Psychoanalyse, hrg. v. H.-U. Wehler, Köln 1974
G. M. (N. N.), Zametka o dome Romanovych. In: Russkaja starina (1896, 7), 113–117
C. Goehrke, Die Theorien über Entstehung und Entwicklung des „Mir", Wiesbaden 1964
Ders., Geographische Grundlagen der russischen Geschichte. Versuch einer Analyse des Stellenwertes geographischer Gegebenheiten im Spiel der historischen Kräfte. In: JbbGOE 18 (1970), 161–204
Ders., Das Feudalzeitalter Rußlands vom 9. Jahrhundert bis 1861. In: Osteuropa in der historischen Forschung der DDR, hrg. v. M. Hellmann, Bd. 1, Düsseldorf 1972, 132–149
Ders., Zum gegenwärtigen Stand der Feudalismusdiskussion in der Sowjetunion. In: JbbGOE 22 (1974), 214–247
Ders., Neues zum „Mir". In: Östliches Europa. Spiegel der Geschichte. Festschr. f. M. Hellmann zum 65. Geburtstag (= Quellen und Studien zur Geschichte des östlichen Europas Bd. 9), Wiesbaden 1977, 17–34
Ders., Zum Problem des Regionalismus in der russischen Geschichte. Vorüberlegungen für eine künftige Untersuchung. In: FOG 25 (1978), 75–107
Ders., Entwicklungslinien und Schwerpunkte der westlichen Rußlandmediaevistik. In: Essays in Honor of A. A. Zimin. Hrg. v. D. C. Waugh, Columbus/Ohio 1985, 167–186
Ders., Die Witwe im alten Rußland. In: FOG 38 (1986), 64–96
Ders., Einige Grundprobleme der Geschichte Rußlands im Spiegel der jüngsten Forschung. In: JbbGOE 34 (1986), 225–243
Ders., "Mein Herr und Herzensfreund!" Die hochgestellte Moskowiterin nach privaten Korrespondenzen des späten 17. Jahrhunderts. In: Primi sobranie pestrych glav. Slavistische und slavenkundliche Beiträge für P. Brang zum 65. Geburtstag (Slavica Helvetica, Bd. 33), Bern, Frankfurt/M., New York, Paris 1989, 655–670
Ders., Frühzeit des Ostslaventums. Unter Mitwirkung von Ursel Kälin, Darmstadt 1992
W. Goez, Das Leben auf der Ritterburg. In: Mentalität und Alltag im Mittelalter. Hrg. v. C. Meckseper, E. Schrant, Göttingen 1985, 9–33

A. A. Gorskij, Feodalizacija na Rusi: Osnovnoe soderžanie processa. In: VI (1986, 8), 74–88
Ders., Družina i genezis feodalizma na Rusi. In: VI (1988, 9), 17–28
A. D. Gorskij, O votčinnom sude v XIV–XV vv. In: Rossija na putjach centralizacii. Sb. statej, M. 1982, 25–35
Russkoe gosudarstvo v XVII veke. Novye javlenija v social'noj, ėkonomičeskoj, političeskoj i kul'turnoj žizni. Sbornik statej, M. 1961
Ju. V. Got'e, Bojarskaja duma XV–XVI stoletija. In: M. V. Dovnar-Zapol'skij (Hrg.), Russkaja istorija v očerkach i stat'jach. T. III, Kiev 1912, 124–142
Ders., Zamoskovnyj kraj v XVII veke. Opyt issledovanija po istorii ėkonomičeskogo byta Moskovskoj Rusi. 2. Aufl., M. 1937
F. Graus, Über die sog. germanische Treue. In: Historica 1 (1959), 71–121
Ders., Herrschaft und Treue. Betrachtungen zur Lehre von der germanischen Kontinuität I. In: Historica 12 (1966), 5–44
B. D. Grekov, Glavnejšie ėtapy istorii russkoj feodal'noj votčiny. In: Chozjajstvo krupnogo feodala semnadcatogo veka (Chozj. bojarina B. I. Morozova), vyp. I, č. 1, L. 1933, XXIII–XLVII
Ders., Knjaz' i pravjaščaja znat' v Kievskoj Rusi. In: Učenye zapiski LGU, Nr. 32 (1939), 1–38
V. M. Gribovskij, Mestnoe upravlenie Moskovskoj Rusi. In: M. V. Dovnar-Zapol'skij (Hrg.), Russkaja istorija v očerkach i stat'jach. T. III, Kiev 1912, 199–223
F. D. Gurevič, Dom bojarina XII v. v drevnerusskom Novogrudke. In: KSIA AN SSSR, vyp. 99 (1964), 97–102
U. Halbach, Der russische Fürstenhof vor dem 16. Jahrhundert, Stuttgart 1985
Ders., Kanzlei und Kanzleramt in Rußland vor dem 16. Jahrhundert. In: JbbGOE 33 (1985), 23–47
Ch. J. Halperin, Sixteenth-Century Foreign Travel Accounts to Muscovy. A Methodological Excursus. In: The Sixteenth Century Journal 6 (1975, 2), 89–111
E. Harder- v. Gersdorff, Die niederen Stände im Moskauer Reich in der Sicht deutscher Rußlandberichte des 16. Jahrhunderts. In: Rossica Externa. Festgabe für Paul Johansen, Marburg 1963, 59–76
H. Hecker, Politisches Denken und Geschichtsschreibung im Moskauer Reich unter Ivan IV. In: JbbGOE 30 (1982), 1–15
K. Heller, Russische Wirtschafts- und Sozialgeschichte. Bd. 1: Die Kiever und Moskauer Periode (9.–17. Jh.), Darmstadt 1987
R. Hellie, Enserfment and Military Change in Muscovy, Chicago 1971
Ders., The Structure of Modern Russian History: Toward a Dynamic Model. In: RH 4 (1977), 1–22

Ders., What happened? How did he get away with it? Ivan Groznyj's Paranoia and the Problems of Institutional Restraints. In: RH 14 (1987), 199–224
M. Hellmann, Staat und Recht in Altrußland. In: Saeculum 5 (1954), 41–64
Ders., Herrschaftliche und genossenschaftliche Elemente in der mittelalterlichen Verfassungsgeschichte der Slawen. In: ZfO 7 (1958), 321–338
Ders., Probleme des Feudalismus in Rußland. In: Studien zum mittelalterlichen Lehnswesen, ed. Th. Mayer (= Vorträge und Forschungen 5), 1960, 235–258
Ders., Wandlungen im staatlichen Leben Altrußlands und Polens während des 12. Jahrhunderts. In: Probleme des 12. Jahrhunderts, Konstanz-Stuttgart 1968, 273–289 (= Vorträge und Forschungen 12)
Ders., Der Hof der Großfürsten von Moskau. In: Osteuropa in Geschichte und Gegenwart. Festschr. f. G. Stökl zum 60. Geburtstag. Hrg. v. H. Lemberg, P. Nitsche und E. Oberländer, Köln, Wien 1977, 3–17
W. Hillebrand, Besitz- und Standesverhältnisse des Osnabrücker Adels bis 1300, 1962
O. Hintze, Wesen und Verbreitung des Feudalismus. In: Die Welt als Geschichte 4 (1938), 157–190
O. Hoetzsch, Adel und Lehnswesen in Rußland und Polen und ihr Verhältnis zur deutschen Entwicklung. In: HZ 108 (1912), 541–592
P. Hoffmann, Zur deutschen Rußlandkunde und zum deutschen Rußlandbild des 17. und 18. Jh. In: ZfG (1978), 700–712
L. Hughes, Russia and the West. The Life of the Seventeenth-Century Westernizer Prince Vasily Vasil'evič Golitsyn (1643–1714), Newtonville 1984
Ders., Sophia, „Autocrat of all Russias": Titles, Ritual and Eulogy in the Regency of Sophia Alekseevna (1682–89). In: CSP 28 (1986, 3), 266–286
V. S. Ikonnikov, Maksim Grek i ego vremja, Kiev 1915
Ders., Afanasij Lavrent'evič Ordin-Naščokin, odin iz predšestvennikov petrovskoj reformy. In: Russkaja Starina, t. XL, Nr. 10 (1883), 17–66, Nr. 11, 273–308
E. I. Indova, Russkaja posol'skaja služba v konce XV – pervoj polovine XVI v. In: Feodal'naja Rossija vo vsemirno-istoričeskom processe. Sb. statej, posvj. L. V. Čerepninu, M. 1972, 294–311
Istorija diplomatii t. 1. Pod red. V. P. Potemkina, M. 1941
Agrarnaja istorija Severo-Zapada Rossii XVI veka. Novgorodskie pjatiny, L. 1974
L. I. Ivina, Vnutrennjaja kolonizacija vostočnoj okrainy Russkogo gosudarstva v XV – načale XVII v. In: Rossija na putjach centralizacii. Sb. statej, M. 1982, 94–98
M. Jabločkov, Istorija dvorjanskago soslovija v Rossii, SPb 1876

H. Jablonowski, Rußland, Polen und Deutschland. Gesammelte Aufsätze, Wien 1972
V. L. Janin, Novgorodskie posadniki, M. 1962
Ders., Novgorodskaja feodal'naja votčina (Istoriko-genealogičeskoe issledovanie), M. 1981
A. L. Jurganov, Starickij mjatež. In: VI (1985, 2), 100–110
Ders., Političeskaja boŕba v 30-e gody XVI veka. In: IstSSSR (1988, 2), 101–112
Ju. M. Jurginis, Bojare i šljachta v Litovskom gosudarstve. In: Vostočnaja Evropa v drevnosti i srednevekoVe, M. 1978, 124–130
S. V. Juškov, K voprosu o političeskich formach russkogo feodal'nogo gosudarstva do XIV veka. In: VI (1950, 1), 71–93
Ders., Očerki po istorii feodalizma v Kievskoj Rusi, M.-L. 1939
L. A. Juzefovič, Iz istorii posol'skogo obyčaja konca XV – načala XVII v. (stolovyj ceremonial moskovskogo dvora). In: IZ 98 (1977), 331–341
Ders., Russkij posol'skij obyčaj XVI veka. In: VI (1977, 8), 114–126
Ders., "Kak v posol'skich obyčajach vedetsja ...", M. 1988
F. Kämpfer, Dikanikion-Posox: Some Considerations on the Royal Staff in Muscovy. In: FOG 24 (1978), 9–19
Ders., Das russische Herrscherbild, Recklinghausen 1978
Ders., Die Leibwache (Rynda) Ivans IV. gemäß den Angaben des Ranglistenbuches. In: Geschichte Altrußlands in der Begriffswelt ihrer Quellen. Festschrift zum 70. Geburtstag von G. Stökl. Hrg. v. U. Halbach, H. Hecker, A. Kappeler (= Quellen und Studien zur Geschichte des östlichen Europa, Bd. 26), Stuttgart 1986, 142–153
Ders., Petr Nikiforovič Krekšins historiographischer Versuch über Peter den Großen. In: JbbGOE 35 (1987), 203–217
Ders., G. Stökl, Rußland an der Schwelle zur Neuzeit. Das Moskauer Zartum unter Ivan IV. Groznyj. In: HGR Bd. I, 2. Halbband, Stuttgart 1989, 854–960
D. H. Kaiser, The Growth of the Law in Medieval Russia, Princeton 1980
N. Kapterev, Svetskie archierejskie činovniki v Drevnej Rusi, M. 1874
N. M. Karamzin, Istorija gosudarstva Rossijskago. T. IV–VIII, SPb 1819
N. Kareev, V kakom smysle možno govorit' o suščestvovanii feodalizma v Rossii? Po povodu teorii Pavlova-Sil'vanskogo, SPb 1910 (Neudruck The Hague 1966)
E. P. Karnovič, Tituly v Rossii. In: Istoričeskij vestnik 20 (1885), 5–31
S. M. Kaštanov, K probleme mestnogo upravlenija v Rossii pervoj poloviny XVI v. In: IstSSSR (1959), 134–148
Ders., Immunitetnye gramoty 1534 – načala 1538 g. kak istočnik po istorii vnutrennej politiki v period regentstva Eleny Glinskoj. In: Problemy istočnikovedenija 8 (1959), 372–420

Ders., Feodal'nyj immunitet v gody bojarskogo pravlenija (1538–1548 gg.). In: IZ 66 (1963), 239–268

Ders., Social'no-političeskaja istorija Rossii konca XV – pervoj poloviny XVI v., M. 1967

Ders., Rannjaja sovetskaja istoriografija feodal'nogo immuniteta v Rossii. In: Istorija i istoriki. Istoriografičeskij ežegodnik 1974, M. 1976, 148–188

Ders., Vnutrennjaja torgovlja i spros krupnych zemlevladel'cev na predmety potreblenija v XIV–XV vekach. In: IstSSSR (1977, 1), 144–160

Ders., Die feudale Immunität in Rußland. In: Historiographische Forschungen zur Geschichte Rußlands (Hrg. E. Donnert), Halle 1982, 21–73

Ders., Finansovaja politika perioda opričniny. In: Rossija na putjach centralizacii. Sb. statej, M. 1982, 77–89

Ders., Finansy srednevekovoj Rusi, M. 1988

Ders., Russkaja diplomatika, M. 1988

N. A. Kazakova, Vassian Patrikeev i ego sočinenija, M.-L. 1960

Dies., Maksim Grek i ideja soslovnoj monarchii. In: Obščestvo i gosudarstvo feodal'noj Rossii. Sb. statej, posvj. 70-letiju L. V. Čerepnina, M. 1975, 151–158

E. L. Keenan, The Trouble with Muscovy. Some Observations upon Problems of the Comparative Study of Form and Genre in Historical Writing. In: Medievalia et Humanistica 5 (1974), 103–126

Ders., Muscovite Political Folkways. In: The Russian Review 45 (1986), 115–181

J. L. H. Keep, The Muscovite Elite and the Approach to Pluralism. In: SEER 48 (1970), 201–231

W. Kienast, Untertaneneid und Treuevorbehalt. Ein Kapitel aus der vergleichenden Verfassungsgeschichte des Mittelalters. In: ZRG 66 (1948), 111–147

A. Kijas, System pomiestny w państwie Moskiewskim w XV – pierwszej połowie XVI wieku. Historiografia i problematyka, Poznań 1984

A. N. Kirpičnikov, Drevnerusskoe oružie. Dospech, kompleks boevych sredstv IX–XIII vv. Vyp. 3. (= SAI 1971)

Ders., Drevnerusskoe oružie. Vyp. 1. Meči i sabli IX–XIII vv., M.-L. 1966

Ders., Drevnerusskoe oružie. Vyp. 2. Kop'ja, sulicy, boevye topory, bulavy, kisteny, M.-L. 1966

Ders., Vooruženie voinov Kievskoj deržavy v svete russko-skandinavskich kontaktov. In: SkandSbor XXII (1977), 159–174

A. Kleimola, The Duty to Denounce in Muscovite Russia. In: Slavic Review 31 (1972), 759–779

Dies., The Changing Face of the Muscovite Aristocracy. The 16th Century: Sources of Weakness. In: JbbGOE 25 (1977), 481–493

Dies., Up Through Servitude. The Changing Condition of the Muscovite Elite in the Sixteenth and Seventeenth Centuries. In: RH 6 (1979, 2), 210–229

Dies., Military Service and Elite Status in Muscovy in the Second Quarter of the Sixteenth Century. In: RH 7 (1980), 47–64

Dies., Status, Place and Politics: The Rise of the Mestnichestvo During the Boiarskoe Pravlenie. In: FOG 27 (1980), 195–214

Dies., Patterns of Duma Recruitment, 1505–1550. In: Essays in Honor of A. A. Zimin. Ed. by D. C. Waugh, Columbus, Ohio 1985, 232–258

Dies., Patterns of Duma Recruitment, 1547–1564. In: FOG 38 (1986), 205–220

Dies., Ivan the Terrible and his „Go-Fers". Aspects of State Security in the 1560s. In: RH 14 (1987), 283–292

Dies., Reliance on the Tried and True: Ivan IV. and Appointments to the Boyar Duma. In: FOG 46 (1992), 51–64

L. S. Klejn, G. S. Lebedev, V. A. Nazarenko, Normanskie drevnosti Kievskoj Rusi na sovremennom ėtape archeologičeskogo izučenija. In: Istoričeskie svjazi Skandinavii i Rossii, L. 1970, 226–252

A. I. Klibanov, "Pravda" Fedora Karpova. In: Obščestvo i gosudarstvo feodal'noj Rossii. Sb. statej, posvj. 70-letiju L. V. Čerepnina, M. 1975, 141–150

V. O. Ključevskij, Istorija soslovij v Rossii, Petrograd 1918

Ders., Bojarskaja duma drevnej Rusi, SPb 1919

Ders., Sočinenija v vośmi tomach, (Neudruck) M. 1956–1959

E. Klug, Das Fürstentum Tveŕ (1247–1458) (= Sonderdruck aus: Osteuropa-Institut an der Freien Universität Berlin. Histor. Veröffentlichungen Bd. 37), Berlin 1985

W. Knackstedt, Moskau. Studien zur Geschichte einer mittelalterlichen Stadt, Wiesbaden 1975

S. E. Knjaz'kov, Sudnye prikazy v konce XVI – pervoj polovine XVII v. In: IZ 115 (1987), 268–285

P. Knudsen, Landpolitik unter Ivan IV. in Rußland (maschinenschriftliche Magisterarbeit, Bochum 1987, 155 Seiten)

V. B. Kobrin, Genealogija i antroponimika. In: Istorija i genealogija. S. B. Veselovskij i problemy istoriko-genealogičeskich issledovanij, M. 1977, 80–115

Ders., Stanovlenie pomestnoj sistemy. In: IZ 105 (1980), 150–195

Ders., Opyt izučenija semejnoj genealogii (Protopovy – Mezeckie – Pronskie). In: VID 14, L. 1983, 50–59

Ders., Vlast' i sobstvennost' v srednevekovoj Rossii (XV–XVI vv.), M. 1985

G. E. Kočin, Sel'skoe chozjajstvo na Rusi v period obrazovanija russkogo centralizovannogo gosudarstva. Konec XIII – načalo XVI v., M.-L. 1965

N. S. Kollmann, The Boyar Clan and Court Politics: The Founding of the Muscovite Political System. In: CahMondeRusse 23 (1982), 5–31
Dies., The Seclusion of Elite Muscovite Woman. In: RH 10 (1983), 170–187
Dies., The Grand Prince in Muscovite Politics: The Problem of Genre in Sources on Ivan's Minority. In: RH 14 (1987), 293–313
Dies., Kinship and Politics. The Making of the Muscovite Political System, 1345–1547, Stanford 1987
Dies., Was There Honor in Kiev Ruś? In: JbbGOE 36 (1988, 4), 481–492
Dies., Women's Honor in Early Modern Russia. In: Russia's Women: Accomodation, Resistance, Transformation, eds. B. E. Clements, B. A. Engel, C. D. Worobec, Berkeley 1991, 60–73
Dies., Honor and Dishonor in Early Modern Russia. In: FOG 46 (1992), 131–146
A. I. Kopanev, Istorija zemlevladenija Belozerskogo kraja XV–XVI vv., M.-L. 1951
V. I. Koreckij, Političeskaja boŕba i soslovnye učreždenija vremeni opričniny. In: Feodalizm v Rossii. Sb. statej, posvj. pamj. L. V. Čerepnina, M. 1987, 229–235
K. Kornilowitsch, A. L. Kaganowitsch, Illustrierte Geschichte der russischen Kunst, Genf 1967
N. I. Kostomarov, Russkaja istorija v žizneopisanijach ee glavnejšich dejatelej. T. I, SPb 1881
Ders., Očerk domašnej žizni i nravov velikorusskogo naroda v XVI i XVII stoletijach [Neudruck], M. 1992
S. Kotljarevskij, Čto daet „Bojarskaja Duma" V. O. Ključevskogo dlja gosudarstvovedenija. In: Sb. statej, posvj. V. O. Ključevskomu, M. 1909, 244–253
M. Koževnikov, Zemel'nye vladenija doma Romanovych v XVI–XVII st., SPb 1913
Kritika koncepcij sovremennoj buržuaznoj istoriografii. Otečestvennaja i zarubežnaja istorija. Mežvuzovskij sbornik, L. 1987
Ju. V. Krivošeev, Social'naja boŕba i problema genezisa feodal'nych otnošenij v severo-vostočnoj Rusi XI – načala XIII veka. In: VI (1988, 8), 49–63
V. A. Kučkin, Moskovskoe knjažestvo v XIV v.: Sistema upravlenija i problema feodal'noj gosudarstvennoj sobstvennosti. In: Obščee i osobennoe v razvitii feodalizma v Rossii i Moldavii. Problemy feodal'noj gosudarstvennoj sobstvennosti i gosudarstvennoj ékspluatacii (rannij i razvitoj feodalizm). T. II, M. 1988, 171 ff
Ders., K voprosu o statuse jaroslavskich knjazej posle prisoedinenija Jaros-

lavlja k Moskve. In: Feodalizm v Rossii. Sbornik statej, posvj. pamjati L. V. Čerepnina, M. 1987, 219–229
V. I. Kulakov, Geral'dika prussov i genealogičeskie korni rodov, vozvodimych v Rossii k vychodcam „iz Prus". In: Genealogija. Istočniki. Problemy. Metody issledovanija, M. 1989
V. I. Kuznecov, Dvorjanskaja usad'ba v strukture sel'skich poselenij Rossijskogo gosudarstva XVI–XVII vv. In: VestMoskUniv (1989, 6) 52–59
A. Lakier, O votčinach i pomest'jach, SPb 1848
B. Landau, Die Moskauer Diplomatie an der Wende des 16. Jahrhunderts. In: Jahrbücher für Kultur und Geschichte der Slawen, N. F. 10 (1934), 100–144
N. I. Lange, O nakazanijach i vzyskanijach za bezčestie po drevnemu russkomu pravu. In: ŽMNP (Juni 1859), 161–224
G. S. Lebedev, Švedskie pogrebenija v lad'e VII–XI vekov. In: SkandSbor 19 (1974), 155–185
Ders., Épocha vikingov v Severnoj Evrope. Istoriko-archeologičeskie očerki, L. 1985
W. Leitsch, Das erste Rußlandbuch im Westen – Sigismund Freiherr von Herberstein. In: Russen und Rußland aus deutscher Sicht. 9.–17. Jh. Hrg. von M. Keller (= West-östliche Spiegelungen. Hrg. v. Lew Kopelew), Bd. I, München 1985, 118–149
A. K. Leont'ev, Obrazovanie prikaznoj sistemy upravlenija v russkom gosudarstve (Iz istorii sozdanija centralizovannogo gosudarstvennogo apparata v konce XV – pervoj polovine XVI v.), M. 1961
E. Levin, Sex and Society in the World of the Orthodox Slavs, 900–1700, Haca-London 1989
S. Levy, Women and the Control of the Property in Sixteenth-Century Muscovy. In: RH 10 (1983), 201–212
D. S. Lichačev, Nekotorye voprosy ideologii feodalov v literature XI–XIII vekov. In: TODRL 10 (1954), 76–91
N. P. Lichačev, Razrjadnye d'jaki XVI veka, SPb 1888
Ders., Dumnoe dvorjanstvo v Bojarskoj dume XVI stoletija. Referat, čitannoj 17-go marta 1895 goda v Imperatorskom Obščestve Ljubitelej Drevnej Piśmennosti, SPb 1896
Ders., "Gosudarev rodoslovec" i rod Adaševych, SPb 1903
Ju. A. Limonov, Vladimiro-Suzdal'skaja Ruś. Očerki social'no-političeskoj istorii, L. 1987
U. Liszkowski, Adam Olearius' Beschreibung des Moskauer Reiches. In: Russen und Rußland aus deutscher Sicht. 9.–17. Jahrhundert. Hrg. von M. Keller (= West-östliche Spiegelungen. Hrg. von Lew Kopelew), Bd. I, München 1985, 223–263

I. I. Ljapuškin, Slavjane Vostočnoj Evropy nakanune obrazovanija Drevnerusskogo gosudarstva, L. 1968
E. Ju. Ljutkina, Genealogičeskij sostav metropolič'ich svetskich slug. Istoriografija problemy i ee dal'nejšee izučenie. In: Genealogija. Istočniki. Problemy. Metody issledovanija. M. 1989, 83–85
I. Loesch (Hrg.), So war es Sitte in der Renaissance, Leipzig 1964
H. Łowmiański, O proischoždenii russkogo bojarstva. In: Vostočnaja Evropa v drevnosti i srednevekove. Sb. statej, M. 1978, 93–100
Ju. M. Lotman, Ješče raz o ponjatijach „slava" i „čest'" v tekstach Kievskogo perioda. In: Tznaksist V, Tartu 1971, 469–474
M. P. Lukičev, Obzor bojarskich knig XVII v. In: AE za 1979 god (M. 1981), 255–266
Ders., O „zemljanom" bojarskom spiske 1613 g. In: Issledovanija po istočnikovedeniju istorii SSSR dooktjabrskogo perioda. M. 1983, 103–111
Ders., Bojarskie knigi XVII v. kak istočnik po istorii vyssego služilogo soslovija Rossii. In: Genealogija. Istočniki. Problemy. Metody issledovanija, M. 1989, 86–87
Ja. S. Lure, Ideologičeskaja boŕba v russkoj publicistike konca XV – načala XVI veka, M. 1960
Ders., Rasskaz o bojarine I. D. Vsevoložskom v Medovarcevskom letopisce. In: Pamjatniki kul'tury. Novye otkrytija. Ežegodnik 1977, M. 1977, 7–11
Ders., Vopros o velikoknjažeskom titule v načale feodal'noj vojny XV v. In: Rossija na putjach centralizacii, M. 1982, 147–152
I. Madariaga, Who was Foy de la Neuville? In: CahMondeRusse 28 (1987, 1), 21–30
I. A. Malinovskij, Drevnejšaja russkaja aristokratija. In: Sb. statej po istorii prava, posvj. M. F. Vladimirskomu-Budanovu, Kiev 1904, 256–274
Ders., Rada Velikogo Knjažestva Litovskago v svjazi s Bojarskoj dumoj Drevnej Rossii, 2 Bde., Tomsk 1912
V. V. Mavrodin, O roli ochoty i rybnoj lovli v chozjajstve vostočnych slavjan. In: Problemy otečestvennoj i vseobščej istorii, vyp. 3, L. 1976, 79–86
Ders., I. Ja. Frojanov, "Starcy gradskie" na Rusi X v. In: Kul'tura srednevekovoj Rusi. Sbornik statej k 70-letiju M. K. Kargera, L. 1974, 29–33
A. I. Markevič, Istorija mestničestva v Moskovskom gosudarstve v XV–XVII vv., Odessa 1888
A. N. Meduševskij, Rossijskoe gosudarstvo XVII–XVIII vekov vo osveščenii sovremennoj nemarksistskoj istoriografii (Obzor literatury). In: IstSSSR (1988), 195–206
B. Meehan-Waters, Autocracy and Aristocracy: the Russian Service Elite of 1730, New Brunswick, N.Y. 1982
E. A. Mel'nikova, "Saga ob Ejmunde" o službe skandinavov v družine

Jaroslava Mudrogo, In: Vostočnaja Evropa v drevnosti i srednevekoće, M. 1978

N. Melnikow, Die gesellschaftliche Stellung der russischen Frau, Breslau 1901

P. Mikliss, Deutscher und polnischer Adel im Vergleich. Adel und Adelsbezeichnungen in der deutschen und polnischen verfassungsgeschichtlichen Entwicklung sowie die rechtliche Problematik polnischer Adelsbezeichnungen nach deutschem Recht (= Histor. Forschungen Bd. 19), Berlin 1981

D. B. Miller, Official History in the Reign of Ivan Groznyj and its Seventeenth-Century Imitators. In: RH 14 (1987), 333–360

L. V. Milov, M. B. Bulgakov, S. M. Garskova, Ob ėkonomičeskoj strukture pomest'ja i votčiny načala XVII v. (opyt količestvennogo analiza). In: Rossija na putjach centralizacii. Sb. statej, M. 1982, 125–146

P. N. Miljukov, Očerki po istorii russkoj kul'tury, t. I, SPb 1909[6], t. III, Paris 1930

V. G. Mirzoev, Byliny i letopisi. Pamjatniki russkoj istoričeskoj mysli, M. 1978

S. P. Mordovina, A. L. Stanislavskij, Sostav osobogo dvora Ivana IV. v period „velikogo knjaženija" Simeona Bekbulatoviča. AE za 1976 g., M. 1977

S. P. Mordovina, Služilye knjaźja v konce XVI veka. In: Trudy Moskovskogo gosudarstvennogo istoriko-archivnogo instituta, t. 28 (1970), 326–340

S. McNally, From Public Person to Private Prisoner: the Changing Place of Women in Medieval Russia, N.Y. 1976

A. N. Nasonov, Materialy i issledovanija po istorii russkogo letopisanija. In: Problemy istočnikovedenija 6 (1958), 235–274

V. D. Nazarov, O strukture „gosudareva dvora" v seredine XVI v. In: Obščestvo i gosudarstvo feodal'noj Rossii. Sb. statej, posvj. 70-letiju akad. L. V. Čerepnina, M. 1975, 40–54

Ders., Svadebnye dela XVI v. In: VI (1976, 10), 110–123

Ders., "Dvor" i „dvorjane" po dannym novgorodskogo i severo-vostočnogo letopisanija (XII–XIV vv.). In: Vostočnaja Evropa v drevnosti i srednevekoće, M. 1978, 104–123

Ders., K istočnikovedeniju Dvorovoj tetradi. In: Rossija na putjach centralizacii. Sb. statej, M. 1982, 166–175

Ders., O proezdnom sude namestnikov v srednevekovoj Rusi. In: Drevnejšie gosudarstva na territorii SSSR. Materialy i issledovanija. 1987 god., M. 1989, 84–92

Ders., „Poljud'e i sistema kormlenij. Pervyj opyt klassifikacii netradicionnych aktovych istočnikov. In: Obščee i osobennoe v razvitii feodalizma v Rossii i Moldavii. Problemy feodal'noj gosudarstvennoj sobstvennosti i gosudarstvennoj ėkspluatacii (rannij i razvitoj feodalizm). T. I, M. 1988, 163–170

H. Neubauer, Car und Selbstherrscher, Wiesbaden 1964

Ders., Von den letzten Rjurikiden zum ersten Romanov. In: HGR Bd. I, 2. Halbband, Stuttgart 1989, 961–1075

N. I. Nikitin, Služilye ljudi v Zapadnoj Sibiri XVII veka, Novosibirsk 1988

T. N. Nikol'skaja, K voprosu o feodal'nych „zamkach" v zemle Vjatičej. In: Kul'tura drevnej Rusi, M. 1966, 184–190

P. Nitsche, Großfürst und Thronfolger. Die Nachfolgepolitik der Moskauer Herrscher bis zum Ende des Rjurikidenhauses, Köln, Wien 1972

Ders., Die Mongolenzeit und der Aufstieg Moskaus. In: HGR I, Stuttgart 1981, 534–715

The Medieval Nobility, ed. T. Reuter, 1979

N. E. Nosov, Bojarskaja kniga 1556 g. (Iz istorii proischoždenija četvertčikov) In: Voprosy ėkonomiki i klassovych otnošenij v russkom gosudarstve XII–XVII vekov, M.-L. 1960, 191–227

Ders., "Novoe" napravlenie v aktovom istočnikovedenii. In: Problemy istočnikovedenija t. 10, M. 1962, 261–348

Ders., Stanovlenie soslovno-predstavitel'nych učreždenij v Rossii, L. 1969

Ders., Stanovlenie soslovnogo predstavitel'stva v Rossii v pervoj polovine XVI v. In: IZ 114 (1986), 148–179

V. I. Novickij, Vybornoe i bol'šoe dvorjanstvo XVI–XVII vekov, Kiev 1915

A. Novosel'skij, Votčinnik i ego chozjajstvo v XVII veke, M.-L. 1929 (Reprint The Hague 1968)

Očerki istorii SSSR XIV-XV vv., M. 1953

G. Oestreich, I. Auerbach, Ständische Verfassung. In: Sowjetsystem und demokratische Gesellschaft. Eine vergleichende Enzyklopädie, Bd. 4, Freiburg, Basel, Wien o. J., Sp. 211–236

Oko vsej velikoj Rossii. Ob istorii russkoj diplomatičeskoj služby XVI–XVII vv. Verfaßt von A. P. Bogdanov, I. V. Galatkionov, M. P. Lukičev, N. M. Rogozin, M. 1989

G. Ostrogorsky, Das Projekt einer Rangtabelle aus der Zeit des Caren Fedor Alekseevič. In: Jahrbuch für Kultur und Geschichte der Slawen, Bd. IX, Breslau 1933, 86–138

F. Otten, "Und die Paläste waren sehr wunderbar" – Russische Reiseberichte. In: Deutsche und Deutschland aus russischer Sicht. 11.–17. Jahrhundert. Hrg. v. D. Herrmann (= West-östliche Spiegelungen, hrg. v. L. Kopelew), München 1989, 274–308

V. Pankov, L'gotnoe zemlevladenie v Moskovskom gosudarstve do konca XVI veka i ego političeskoe i ėkonomičeskoe značenie, SPb 1911

V. T. Pašuto, Čerty političeskogo stroja Drevnej Rusi. In: Drevnerusskoe gosudarstvo i ego meždunarodnoe značenie. Sbornik, M. 1965, 11–76
Ders., Istoričeskoe značenie perioda feodal'noj razdroblennosti na Rusi. In: Pol'ša i Ruś, M. 1974, 9–17
N. I. Pavlenko, U istokov rossijskoj bjurokratii. In: VI (1989, 12), 3–17
A. P. Pavlov, Prikazy i prikaznaja bjurokratija (1584–1605 g.). In: IZ 116 (1988), 187–227
Ders., Politika gosudarstva i mobilizacija pomestnogo i votčinnogo zemlevladenija v gody opričniny (K voprosu o praktičeskoj realizacii ukaza ob opričnine). In: Obščee i osobennoe v razvitii feodalizma v Rossii i Moldavii. Problemy feodal'noj gosudarstvennoj sobstvennosti i gosudarstvennoj ėkspluatacii (rannij i razvitoj feodalizm). Bd. II, M. 1988, 222–231
Ders., Problema „Bojarstvo i Dvorjanstvo" XVI-XVII vv. i genealogija. In: Genealogija. Istočniki. Problemy. Metody issledovanija, M. 1989, 12–14
Ders., Gosudarev dvor i političeskaja bor'ba pri Borise Godunove, SPb 1992
N. P. Pavlov-Sil'vanskij, Sočinenija. T. I: Gosudarevy služilye ljudi: Proischoždenie russkogo dvorjanstva, SPb 1898
Ders., Feodalizm v Drevnej Rusi, Petrograd 1924
V. B. Pavlov-Sil'vanskij, K istoriografii istočnikovedenija piscovych knig: Pripravočnye knigi. In: IstSSR (1976, 5), 99–118.
Ders., Piscovye knigi Rossii XVI v., M. 1991
J. Pelenski, State and Society in Muscovite Russia and the Mongol-Turkic System in the Sixteenth Century. In: FOG 27 (1980), 156–167
D. I. Petrikeev, Krupnoe krepostnoe chozjajstvo XVII v. Po materialam votčiny bojarina B. I. Morozova, L. 1967
P. N. Petrov, Istorija rodov russkogo dvorjanstva, SPb 1886
W. Philipp, Historische Voraussetzungen des politischen Denkens in Rußland. In: FOG I (1954), 7–22
Ders., Die gedankliche Begründung der Moskauer Autokratie bei ihrer Entstehung (1458–1522). In: FOG 15 (1970), 59–118
Ders., Zur Frage nach der Existenz altrussischer Stände. In: FOG 27 (1980), 64–76
B. Picard, Das Gesandtschaftswesen Ostmitteleuropas in der frühen Neuzeit. Graz, Wien, Köln 1967 (= Wiener Archiv für Geschichte des Slaventums und Osteuropas, Bd. 6)
R. Pipes, Rußland vor der Revolution. Staat und Gesellschaft im Zarenreich, München 1984
A. P. P'jankov, Social'nyj stroj vostočnych slavjan v VI–VIII vv. In: Problemy vozniknovenija feodalizma u narodov SSSR, M. 1969, 52–70
S. F. Platonov, Lekcii po russkoj istorii, SPb 1904
Ders., Bojarskaja duma – predšestvennica senata. In: Ders. Sočinenija t. II: Stat'i po russkoj istorii (1883–1912), SPb 1912, 444–494

Ders., Očerki po istorii Smuty v Moskovskom gosudarstve XVI–XVII vv., M. 1937
B. Plavsic, Seventeenth-Century Chanceries and Their Staffs. In: Russian Officialdom: The Bureaucratization of Russian Society from the Seventeenth to the Twentieth Century, eds. W. M. Pitner and D. K. Rowney. Chapel Hill 1980
G. V. Plechanov, Istorija russkoj obščestvennoj mysli, t. I–III, M. 1914–1917
Ders., Sočinenija. T. XX, M.-L. 1925
A. I. Pliguzov, O razmerach cerkovnogo zemlevladenija v Rossii XVI veka. In: IstSSSR (1988, 2) 157–163
R. Pörtner, Die Wikinger Saga, Düsseldorf 1971
Pomodskóve. Pamjatnye mesta v istorii russkoj kultury XIV–XIX vekov, M. 1955
M. P. Pogodin, O nasledstvennosti drevnich sanov v period vremeni ot 1054 do 1240 goda. In: Archiv istoriko-juridičeskich svedenij, otnosjaščichsja do Rossii, SPb 1876
M. N. Pokrovskij, Izbrannye proizvedenija v četyrech knigach. Kn. I, M. 1966
N. N. Pokrovskij, Sibirskaja nachodka (Novoe o Maksime Greke). In: VI (1969, 11), 129–138
I. I. Polosin, Social'no-političeskaja istorija Rossii XVI – načala XVII v., M. 1963
J. Poraj-Košič, Očerk istorii russkogo dvorjanstva ot poloviny XI do konca XVIII veka, SPb 1874
H.-P. Portmann, Die neuere sowjetische Forschung zu den Anfängen der Verknechtung der Bauern in Rußland. In: JbbGOE 34 (1986, 1), 48–84
J. Powis, Aristocracy, Oxford-New York 1984
A. A. Preobraženskij, Ob evoljucii klassovo-soslovnogo stroja v Rossii. In: Obščestvo i gosudarstvo feodal'noj Rossii. Sb. statej, posvj. 70-letiju L. V. Čerepnina, M. 1975, 67–85
Ders., Ob evoljucii feodal'noj zemel'noj sobstvennosti v Rossii XVII – načala XIX veka. In: VI (1977, 5), 46–62
A. E. Presnjakov, Knjažoe pravo. Očerki po istorii X–XII stoletij, SPb 1909 (Neudruck The Hague 1966)
Ders., Moskovskoe carstvo, Petrograd 1918
Problemy vozniknovenija feodalizma u narodov SSSR. Sbornik, M. 1969
I. Pryžov, Istorija kabakov v Rossii v svjazi s istoriej russkago naroda. O. O., o. J. Reprint M. 1991
L. N. Puškarev, Gosudarstvo i vlast' v obščestvenno-političeskoj mysli konca XVII v. In: Obščestvo i gosudarstvo feodal'noj Rossii. Sb. statej, posvj. 70-letiju L. V. Čerepnina, M. 1975, 189–197

Ders., Obščestvenno-političeskaja mysl' Rossii. Vtoraja polovina XVII veka. Očerki istorii, M. 1982

N. L. Puškareva, Zarubežnaja istoriografija o social'nom položenii ženščciny v Drevnej Rusi. In: VI (1988, 4), 140–150

Dies., Ženščiny Drevnej Rusi, M. 1989

E. v. Puttkammer, Grundlinien des Widerstandsrechts in der Verfassungsgeschichte Osteuropas. In: Spiegel der Geschichte. Festgabe für Max Braubach. Münster 1964, 198–219

V. V. Puzanov, K voprosu o verchovnoj sobstvennosti na zemlju v Drevnej Rusi v dorevoljucionnoj istoriografii. In: VestLeninUniv (1988, 4), 7–14

J. Raba, The Moscow Kremlin: Mirror of the Newborn Muscovite State. In: Slavic and Soviet Studies Nr. 2 (1976) (Tel Aviv), 5–48

M. Raeff, Understanding Imperial Russia. State and Society in the Old Regime, N.Y. 1984

Ders., La Noblesse et le discours politique sous le règne de Pierre le Grand. In: CahMondeRusse (= Noblesse, état et société en Russie XVIe – début du XIXe siècle), vol. XXXIV (1–2), 1993, 33–45

K. Rahbek Schmidt, Soziale Terminologie in russischen Texten des frühen Mittelalters, Kopenhagen 1964

O. M. Rapov, K voprosu o bojarskom zemlevladenii na Rusi. In: Pol'ša i Ruś, M. 1974, 190–207

Ders., K voprosu o zemel'noj rente v drevnej Rusi v domongol'skij period. In: Vestnik MGU (1968, 1), 52–65

K. Rasmussen, The Muscovite Foreign Policy Administration During the Reign of Vasilij III. 1515–1525. In: FOG 38 (1986), 153–167

G. v. Rauch, Pastor J. G. Gregorii und Rußland. Ein vergessenes Gedicht vom Jahre 1667. In: Archivalische Fundstücke zu den deutsch-russischen Beziehungen. E. Amburger zum 65. Geburtstag (Gießener Abhandlungen zur Agrar- und Wirtschaftsforschung des europäischen Ostens Bd. 59), Berlin 1973, 1–5

R. Rexheuser, Adelsbesitz und Heeresverfassung im Moskauer Staat des 17. Jahrhunderts. In: JbbGOE 11 (1973), 1–17

N. M. Rogozin, E. V. Čistjakova, Posol'skij prikaz. In: VI (1988, 7), 113–123

A. Romanovič-Slavatinskij, Dvorjanstvo v Rossii ot načala XVIII veka do otmeny krepostnogo prava, Kiev, 1912[2]

S. V. Roždestvenskij, Služiloe zemlevladenie v Moskovskom gosudarstve XVI v., SPb 1897

N. A. Rožkov, Sel'skoe chozjajstvo Moskovskoj Rusi v XVI veke, M. 1899

D. Rowland, The Problem of Advice in Muscovite Tales About the Times of Troubles. In: RH 6 (1979), 259–283

Ders., Towards an Understanding of the Political Ideas in Ivan Timofeyev's Vremennik. In: SEER 62 (1984, 3), 371-399
Ders., Did Muscovite Literary Ideology Place Limits on the Power of the Tsar (1540s-1660s)? In: The Russian Review 49, (1990), 125-155
H. Rüß, Machtkampf oder „feudale Reaktion"? Zu den innenpolitischen Auseinandersetzungen in Moskau nach dem Tode Vasilijs III. In: JbbGOE 18 (1970), 481-502
Ders., Elena Vasil'evna Glinskaja. In: JbbGOE 19 (1971), 481-498
Ders., Einige Bemerkungen zum Namestničestvo-Problem in der ersten Hälfte des 16. Jahrhunderts. In: JbbGOE 20 (1972), 403-411
Ders., Der Kampf um das Moskauer Tysjackij-Amt im 14. Jahrhundert. In: JbbGOE 22 (1974), 481-493
Ders., Adel und Adelsoppositionen im Moskauer Staat (= Quellen und Studien zur Geschichte des östl. Europa Bd. VII), Wiesbaden 1975
Ders., Die Varägerfrage. Neue Tendenzen in der sowjetischen archäologischen Forschung. In: Festschrift für Manfred Hellmann zum 65. Geburtstag, Münster 1977, 3-16 (= Quellen und Studien zur Geschichte des östlichen Europa, Bd. IX)
Ders., "Adel in Altrußland". In: Lexikon des Mittelalters, Bd. 1, München, Zürich 1977, 133-137
Ders., Adelsmacht und Herrschaftsstruktur im Moskauer Staat (14.-16. Jahrhundert). In: Zeitschrift für Historische Forschung 4 (1977, 1), 1-15
Ders., Der Bojar M. Ju. Zacharin im Chronikbericht über die letzten Tage Vasilijs III. In: FOG 27 (1980), 168-176
Ders., Das Reich von Kiev. In: HGR Bd. I, hrg. v. M. Hellmann, Stuttgart 1980, 200-429
Ders., Adel und Nachfolgefrage im Jahre 1553: Betrachtungen zur Glaubwürdigkeit einer umstrittenen Quelle. In: Essays in Honor of A. A. Zimin. Ed. by D. C. Waugh, Columbus/Ohio 1985, 345-378
Ders., Dmitrij F. Bel'skij. In: FOG 38 (1986), 168-184
Ders., Moskauer „Westler" und „Dissidenten". In: West-östliche Spiegelungen. Reihe B, Bd. 1, hrg. v. Lew Kopelew: Deutsche und Deutschland aus russischer Sicht (11.-17. Jahrhundert). Hrg. v. Dagmar Herrmann, München 1989, 179-216
Ders., Der „heimliche" Kanzler Vasilijs III. In: JbbGOE 37 (1989), 161-174
K.-H. Ruffmann, Russischer Adel als Sondertypus der europäischen Adelswelt. In: JbbGOE 9 (1961), 161-178
B. A. Rybakov, Bojarin – letopisec XII veka. In: IstSSSR (1959, 5), 56-79
Ders., Pervye veka russkoj istorii, M. 1964
Ders., Kievskaja Rus' i russkie knjažestva XII-XIII vv., M. 1982
Ju. D. Rykov, Knjaź A. M. Kurbskij i ego koncepcija gosudarstvennoj vlasti. In: Rossija na putjach centralizacii. Sb. statej, M. 1982, 193-198

V. F. Ržiga, Bojarin – zapadnik XVI veka (F. Karpov). In: Učenye zapiski instituta istorii RANIION IX, M. 1929, 39–48

A. M. Sacharov, Feodal'naja sobstvennost' na zemlju v Rossijskom gosudarstve XVI–XVII vv. In: Problemy razvitija feodal'noj sobstvennosti na zemlju, M. 1979, 55–108

A. N. Sacharov, I. E. Zabelin: Novaja ocenka tvorčestva. In: VI (1990, 7), 3–17

P. A. Sadikov, Očerki po istorii opričniny, M.-L. 1950

V. I. Savva, O posol'skom prikaze v XVI v., t. I, Charkov 1917

Ders., D'jaki i pod'jačie posol'skogo prikaza v XVI veke, M. 1983

A. N. Savin, O mestničestve pri dvore Ljudovika XIV. In: Sbornik statej, posvj. V. O. Ključevskomu, M. 1909, 277–290

Ja. N. Ščapov, Rimskoe pravo na Rusi do XVI v. (Novye aspekty problemy). In: Sb. statej pamj. L. V. Čerepnina, M. 1987, 211–218

Ders., Brak i sem'ja v drevnej Rusi. In: VI (1970, 10), 216–219

E. N. Ščepkin, Varjažskaja vira, Odessa 1915

K. N. Ščepetov, Pomeščiče predprinimatel'stvo v XVII v. (Po materialam chozjajstva knjazej Čerkasskich). In: Russkoe gosudarstvo v XVII veke. Novye javlenija v social'no-ėkonomičeskoj, političeskoj i kul'turnoj žizni. Sb. statej, M. 1961, 17–38

L. Ščepotev, Bližnij bojarin Artamon Sergeevič Matveev kak kul'turnyj i političeskij dejatel' XVII veka, SPb 1906

G. Scheidegger, Das Eigene im Bild vom Anderen. Quellenkritische Überlegungen zur russisch-abendländischen Begegnung im 16. und 17. Jahrhundert. In: JbbGOE 35 (1987), 339–355

Th. Schiemann, Rußland, Polen und Livland bis ins 17. Jahrhundert, Berlin 1886

W. Schlesinger, Herrschaft und Gefolgschaft in der germanisch-deutschen Verfassungsgeschichte. In: HZ 176 (1953), 225–275

K. Schmid, The Structure of the Nobility in the Earlier Middle Ages. In: The Medieval Nobility (ed. T. Reuter), 1979, 37–59

K. Schreiner, Mönchsein in der Adelsgesellschaft des hohen und späten Mittelalters. Klösterliche Gemeinschaftsbildung zwischen spiritueller Selbstbehauptung und sozialer Anpassung. In: HZ 248 (1989), 557–620

W. Schulz, Die Immunität im nordöstlichen Rußland des 14. und 15. Jh. In: FOG 8 (1962), 26–269

P. V. Sedov, O bojarskoj popytke učreždenija namestničestv v Rossii v 1681–1682 gg. In: VestLeninUniv (1985, 9), 25–29

F. M. Selivanov, Russkij ėpos, M. 1988

G. V. Semenčenko, Upravlenie Moskvy v XIV–XV vv. In: IZ 105 (1980), 196–229

Ders., Udostoveritel'naja čast' duchovnych gramot XIV–XV vv. In: Vspomogatel'nye istoričeskie discipliny 19 (1987), 52–65
V. I. Sergeevič, Drevnosti russkago prava, 3 Bde., SPb 1903[3]
L. Sievers, Deutsche und Russen. Tausend Jahre gemeinsame Geschichte. 2. Aufl, Hbg. 1981
M. O. Skrippil', Slovo Daniila Zatočnika. In: TODRL 11 (1955), 72–95
R. G. Skrynnikov, Der Begriff Selbstherrschaft (samoderžavie) und die Entwicklung ständisch-repräsentativer Einrichtungen im Rußland des 16. Jahrhunderts. In: Festschrift zum 70. Geburtstag von G. Stökl, hrg. v. U. Halbach, H. Hecker u. A. Kappeler, Stuttgart 1986, 15–31
Ders., Obzor pravlenija Ivana IV. In: RH 14 (1987), 361–375
Ders., Groznyj i Kurbskij. Ergebnisse eines textologischen Experiments. In: JbbGOE 41 (1993), 161–179
Ders., Zemel'naja politika opričniny. In: Drevnejšie gosudarstva na territorii SSSR. Materialy i issledovanija. 1987 god, M. 1989, 137–144
Ders., Carstvo terrora, SPb 1992
Ders. Glavnye vechi razvitija russkogo dvorjanstva v XVI – načale XVII veka. In: CahMondeRusse (= Noblesse, état et société en Russie XVIe – début du XIXe siècle), vol. XXXIV (1–2), 1993, 89–106
G. Šmelev, Otnošenie naselenija i oblastnoj administracii k vyboram na zemskie sobory v XVII v. In: Sb. statej, posvj. V. O. Ključevskomu, M. 1909, 492–502
S. O. Šmidt, Mestničestvo i absoljutizm (postanovka voprosa). In: Absoljutizm v Rossii (XVII–XVIII vv.). Sb. statej k 70-letiju B. B. Kafengauza, M. 1964, 168–205
Ders., Novoe o Tučkovych (Tučkovy, Maksim Grek, Kurbskij). In: Issledovanija po social'no-političeskoj istorii Rossii. Sb. statej pamjati B. A. Romanova, L. 1971, 129–141
Ders., Iz istorii redaktirovanija Carstvennoj knigi (Izvestija ob opale bojar letom 1546 g.). In: Rossija na putjach centralizacii. Sb. statej, M. 1982, 221–239
Ders., Der Geschäftsgang in den russischen Zentralämtern der zweiten Hälfte des 16. Jahrhunderts. In: FOG 46 (1992), 65–86
Ders., Obščestvennoe soznanie noblesse russe v XVI – pervoj treti XIX vv. (= Noblesse, état et société en Russie XVIe – début du XIXe siècle). In: CahMondeRusse, vol. XXXIV (1–2), 1993, 11–31
S. O. Šmidt, E. V. Gutnova, T. M. Islamov, Absoljutizm v stranach Zapadnoj Evropy i v Rossii (opyt sravnitel'nogo izučenija). In: Novaja i novejšaja istorija (1985, 3), 42–58
I. I. Smirnov, Vostočnaja politika Vasilija III. In: IZ 27 (1948), 18–66
Ders., S pozicii buržuaznoj istoriografii. In: VI (1948, 10), 118–124

Ders., Očerki političeskoj istorii russkogo gosudarstva 30-50ch godov XVI veka, M.-L. 1958
R. Smith, The Origins of Farming in Russia, Paris 1959
P. V. Snesarevskij, Otnošenie k zenščine v pamjatnikach piśmennosti russkogo srednevekóvja (XI–XV vv.). In: Istoriografičeskie i istoričeskie problemy russkoj kul'tury, M. 1983, 29–46
V. N. Sokurov, O rode knjazej Čerkasskich. In: Genealogija. Istočniki. Problemy. Metody issledovanija, M. 1989, 29–31
S. M. Solovév, Istorija Rossii s drevnejšich vremen. Kn. I–VII, M. 1959–1962 (Neudruck)
Ja. G. Solodkin, "Vremennik" Ivana Timofeeva i „Istorija" Avraamija Palicyna (K voprosu ob istočnikach proizvedenija). In: Issledovanija po istorii obščestvennogo soznanija ėpochi feodalizma v Rossii, Novosibirsk 1984, 12–23
A. L. Stanislavskij, Bojarskie spiski v deloproizvodstve Razrjadnogo prikaza. Aktovoe istočnikovedenie, M. 1979
E. Staševskij, Služiloe soslovie. In: M. V. Dovnar-Zapol'skij (Hrg.), Russkaja istorija v očerkach i stat'jach. 3 Bde., Kiev 1912, Bd. 3, 1–33
Ders., Zemlevladenie moskovskogo dvorjanstva v pervoj polovine XVII veka, M. 1911
L. Steindorff, Einstellungen zum Mönchtum im Spiegel altrussischer Quellen. In: Archiv für Kulturgeschichte, 75 (1993), 65–90
G. Stökl, Die Begriffe Reich, Herrschaft und Staat bei den orthodoxen Slaven. In: Saeculum 5 (1954), 104–118
Ders., Russische Geschichte, Stuttgart 1962
Ders., Gab es im Moskauer Staat „Stände"? In: JbbGOE 11 (1963), 321–342
Ders., Der russische Staat in Mittelalter und Früher Neuzeit. Ausgewählte Aufsätze (= Quellen und Studien zur Geschichte des östlichen Europa Bd. 13). Hrg. v. M. Alexander, H. Hecker, M. Lammich, Wiesbaden 1981
W. Störmer, Früher Adel. Studien zur politischen Führungsschicht im Fränkisch-Deutschen Reich vom 8. bis 11. Jahrhundert. Teil 1/2., Stuttgart 1973
„Kruglyj stol": Istoričeskaja nauka v uslovijach perestrojki. In: VI (1988, 2), 3–57
V. N. Storožev, Bojarstvo i dvorjanstvo XVII veka. In: Tri veka. Rossija ot smuty do našego vremeni, t. 2, M. 1912, 186–216
I. A. Stratonov, Die Reform der Lokalverwaltung unter Ivan IV. In: Zeitschrift für Osteuropäische Geschichte 7 (1932–33), 1–20
P. B. Struve, Social'naja i ėkonomičeskaja istorija Rossii, Paris 1952
V. P. Šušarin, Sovremennaja buržuaznaja istoriografija drevnej Rusi, M. 1964

O. A. Svatčenko, Razmeščenie i struktura votčinnogo zemlevladenija v pervoj treti XVII v. In: IZ 115 (1987), 286–307
Ders., Svetskie feodal'nye votčiny Rossii v pervoj treti XVII veka, M. 1990
E. N. Švejkovskaja, Senoral'nye ėlementy feodal'noj sobstvennosti na severe Rossii v XVII v. In: Obščee i osobennoe v razvitii feodalizma v Rossii i Moldavii. Problemy feodal'noj gosudarstvennoj sobstvennosti i gosudarstvennoj ėkspluatacii (rannij i razvitoj feodalizm). T. II, M. 1988, 241–245
M. B. Sverdlov, Dvorjane v drevnej Rusi. In: Iz istorii feodal'noj Rossii. Stat'i i očerki k 70-letiju V. V. Mavrodina, L. 1978, 54–59
Ders., Genezis i struktura feodal'nogo obščestva v drevnej Rusi, L. 1983
M. Szeftel, Aspects of Feudalism in Russian History. In: Feudalism in History, hrg. von R. Coulborn, Princeton 1956, 167–182
Ders., Les principautés russes avant l'ascension de Moscou (IXᵉ–XVᵉ siècles). In: Recueils de la Société Jean Bodin 22, Bruxelles 1969
S. N. Tacenko, Služilye Čingisidy i ich svjaź s russkoj aristokratiej v XVI v. In: Genealogija. Istočniki. Problemy. Metody issledovanija, M. 1989, 33–35
G. Tellenbach, Königtum und Stämme in der Werdezeit des deutschen Reiches, 1939
E. Tiberg, Zur Vorgeschichte des Livländischen Krieges. (Die Beziehungen zwischen Moskau und Litauen 1549–1562), Uppsala 1984
M. N. Tichomirov, Uslovnoe feodal'noe deržanie na Rusi XII v. In: Akad. B. D. Grekovu ko dnju 70-letija, M. 1952, 100–104
Ders., Gorodskaja piśmennost' v drevnej Rusi XI–XIII vv. In: TODRL 9 (1953), 51–66
Ders., Srednevekovaja Moskva v XIV–XV vekach, M. 1957
Ders., Knjaź' Jurij Ivanovič Dmitrovskij. In: Rossijskoe gosudarstvo XV–XVII vekov, M. 1973, 155–169
Ders., Feodal'nyj porjadok na Rusi. In: Rossijskoe gosudarstvo XV–XVII vekov, M. 1973, 314–347
Ders., Uslovnoe feodal'noe deržanie na Rusi v XII v. In: ders., Drevnjaja Ruś, M. 1975, 233–239
Ju. A. Tichonov, Pomeščič'i krest'jane v Rossii. Feodal'naja renta v XVII – načale XVIII v., M. 1974
Ders., Podmoskovnye imenija russkoj aristokratii vo vtoroj polovine XVII – načale XVIII v. In: Dvorjanstvo i krepostnoj stroj Rossii XVI–XVIII vv. Sbornik statej, posvj. pamjati A. A. Novosel'skogo, M. 1975, 135–158
Ders., Rentnye otnošenija v bojarskom vladenii serediny XVII v. In: Feodalizm v Rossii. Sbornik statej, posvj. pamjati L. V. Čerepnina, M. 1987, 156–165

V. V. Timošuk, Ioann Groznyj i Rossija šestnadcatago veka. In: Russkaja starina 35 (1904), 430–460
H.-J. Torke, Die staatsbedingte Gesellschaft im Moskauer Reich. Zar und Zemlja in der altrussischen Herrschaftsverfassung, Leiden 1974
Ders., Oligarchie in der Autokratie. Der Machtverfall der Bojarenduma im 17. Jahrhundert. In: FOG 24 (1978), 179–201
Ders., "Adel". In: Lexikon der Geschichte Rußlands. Von den Anfängen bis zur Oktoberrevolution. Hrg. v. H.-J. Torke, München 1985, 11–16
Ders., Gab es im Moskauer Reich des 17. Jh. eine Bürokratie? In: FOG 38 (1986), 276–298
Ders., Autokratie und Absolutismus in Altrußland – Begriffsklärung und Periodisierung. In: Geschichte Altrußlands in der Begriffswelt ihrer Quellen. Festschrift zum 70. Geburtstag von G. Stökl. (= Quellen und Studien zur Geschichte des östlichen Europa Bd. 26), Stuttgart 1986, 32–49
S. G. Tominskij, K voprosu o „starom" i „novom" feodalizme. In: Chozjajstvo krupnogo feodala semnadcatogo veka. Chozjajstvo bojarina B. I. Morozova (= Materialy po istorii feodal'no-krepostnogo chozjajstva, vyp. I) č. 1, L. 1933, S. XLVIII–LXIX
I. M. Trockij, Elementy družinnoj ideologii v „Povesti vremennych let". In: Problemy istočnikovedenija II, M.-L. 1936, 17–45
N. V. Ustjugov, Évoljucija prikaznogo stroja russkogo gosudarstva v XVII v. In: Absoljutizm v Rossii (XVII–XVIII vv). Sb. statej k 70-letiju B. B. Kafengauza, M. 1964, 134–167
V. Val'denberg, Drevnerusskie učenija o predelach carskoj vlasti, Petrograd 1916 (Russian Reprint Series XXII, The Hague 1966)
P. G. Vasenko u. a., Bojare Romanovy i vocarenie Michaila Feodoroviča, SPb 1913
E. V. Veršinin, „Pribyl'naja" dejatel'nost' sibirskich voevod v XVII v. In: VestMoskUniv (1989, 3), 60–70
S. B. Veselovskij, Prikaznoj stroj moskovskogo gosudarstva. In: Russkaja istorija v očerkach i stat'jach. Hrg. v. M. V. Dovnar-Zapol'skij, 3 Bde., M./Kiev 1912, Bd. III, 164–198
Ders., K voprosu o proischoždenii votčinnogo režima, M. 1926
Ders., Selo i derevnja v severo-vostočnoj Rusi XIV–XVI vv., M.-L. 1936
Ders., Vladimir Gusev – sostavitel' sudebnika 1497 goda. In: IZ 5 (1939), 31–47
Ders., Iz istorii drevnerusskogo zemlevladenija. Rod Dmitrija Aleksandroviča Zernova (Saburovy, Godunovy, Vel'jaminovy-Zernovy). In: IZ 18 (1946), 56–91
Ders., Poslednie udely v severo-vostočnoj Rusi. In: IZ 22 (1947), 101–131
Ders., Feodal'noe zemlevladenie v severo-vostočnoj Rusi, M.-L. 1947
Ders., Issledovanija po istorii opričniny, M. 1963

Ders., Onomastikon. Drevnerusskie imena, prozvišča i familii, M. 1974
Ders., D'jaki i pod'jačie XV–XVII vv., M. 1975
Ders., Issledovanija po istorii klassa služilych zemlevladel'cev, M. 1969
B. E. Vetlovskaja, Letopisnoe osmyslenie pirov i darenij v svete fol'klornych i ètnografičeskich dannych. In: Genezis i razvitie feodalizma v Rossii, L. 1987, 58–72
M. F. Vladimirskij-Budanov, Obzor istorii russkago prava, SPb, Kiev 1909[6] (Neudruck The Hague 1966)
Ja. E. Vodarskij, Pravjaščaja gruppa svetskich feodalov v Rossii v XVII v. In: Dvorjanstvo i krepostnoj stroj Rossii XVI–XVIII vv. M. 1975, 70–107
Ders., Russkij gorod v èpochu feodalizma (K probleme gorodoobrazovanija). In: Feodalizm v Rossii. Sb. statej i vospominanij, posvj. pamjati akad. L. V. Čerepnina, M. 1987, 308–314
V. A. Vodov, Zaroždenie kanceljarii moskovskich velikich knjazej (seredina XIVv. – 1425 g.). In: IZ 103 (1979), 325–350
M. Ja. Volkov, "Sozercanie kratkoe" kak istočnik po istorii obščestvenno – političeskoj mysli. In: Obščestvo i gosudarstvo feodal'noj Rossii. Sb. statej, posvj. 70-letiju L. V. Čerepnina, M. 1975, 198–208
Ders., Ob otmene mestničestva v Rossii. In: IstSSSR (1977, 2), 53–67
V. M. Vorob'ev, A. Ja. Degtjarev, Russkoe feodal'noe zemlevladenie ot „Smutnogo vremeni" do kanuna petrovskich reform, L. 1986
N. N. Voronin, K istorii sel'skogo poselenija feodal'noj Rossii: Pogost, svoboda, selo, derevnja (= Izvestija gosud. akad. istorii material'noj kul'tury imeni N. Ja. Marra Bd. 138), L. 1935
Ders., K charakteristike vladimirskogo letopisanija 1158–1177 gg. In: Letopisi i chroniki, M. 1976, 26–53
B. A. Voroncov-Vel'jaminov, K istorii rostovo-suzdal'skich i moskovskich tysjackich. In: Istorija i genealogija, M. 1977, 124–139
D. A. Vysockij, Kollektivnye dvorjanskie čelobitnye XVII v. kak istoričeskij istočnik. In: VID 19 (1987), 125–138
G. G. Weickhardt, Bureaucrats and Boiars in the Muscovite Tsardom. In: RH 10 (1983, 3), 331–356
M. Welke, Rußland in der deutschen Publizistik des 17. Jh. (1613–1689). In: FOG 23 (1976), 105–276
Ders., Höfische Repräsentation und politische Propaganda – Voraussetzungen eines positiven Fürstenbildes? Hof und Herrschaft der ersten Romanovs in der zeitgenössischen Presse. In: Daphnis 11 (1982), 377–397
K. F. Werner, Adel. In: Lexikon des Mittelalters, Bd. I, Zürich, München 1977, Sp. 119 ff
D. M. Wilson, East and West: A Comparison of Viking Settlement. In: Varangian Problems. Scando-Slavica. Supplementum I. Copenhagen 1970, 107–115

J. M. van Winter, The Knightly Aristocracy of the Middle Ages as a „Social Class". In: The Medieval Nobility (ed. T. Reuter), 1979, 313–329
I. Zabelin, Bol'šoj bojarin v svoem votčinnom chozjajstve (XVII. vek). In: Vestnik Evropy (1871, 1), 5–49; (1871, 2), 465–514
Ders., Minin i Požarskij. Prjamye i krivye v Smutnoe vremja, M. 1883
Ders., Domašnij byt russkich carej v XVI i XVII st., č. I, M. 1895
Ders., Istorija goroda Moskvy, t. I, M. 1902
N. P. Zagoskin, Očerki organizacii i proischoždenija služilogo soslovija v do-petrovskoj Rusi, Kazań 1875
Ders., Istorija prava Moskovskago gosudarstva, t. I, Kazań 1877, t. II, Kazań 1879
Ders., Central'noe upravlenie Moskovskago gosudarstva (Bojarskaja Duma – Prikazy), Kazań 1879
E. E. Zamyslovskij, O značenii XVII veka v russkoj istorii. In: ŽMNP (1871, 12), 169–180
A. I. Zaozerskij, K voprosu o sostave i značenii zemskich soborov. In: ŽMNP 21 (1909), 299–352
E. I. Zaozerskaja, Iz istorii feodal'noj votčiny i položenija krest'jan v pervoj polovine XVII v. In: Materialy po istorii sel'skogo chozjajstva i krest'janstva SSSR. Sb. IV, M. 1960, 39–66
Dies., U istokov krupnogo proizvodstva v russkoj promyšlennosti XVI–XVII vekov. K voprosu o genezise kapitalizma v Rossii, M. 1970
M. D. Zatyrkevič, O vlijanii bor'by meždu narodami i soslovijami na obrazovanie russkago gosudarstva v domongol'skij period. Glava IX. In: Čtenija v Imperatorskom Obščestve Istorii i Drevnostej Rossijskich pri Moskovskom Universitete, kn. 3 (1873), 307–353
A. A. Zimin, Knjažeskie duchovnye gramoty načala XVI veka. In: IZ 27 (1948), 266–290
Ders., O političeskoj doktrine Iosifa Volockogo. In: TODRL 9 (1953), 159–177
Ders., "Beseda valaamskich čudotvorcev" kak pamjatnik pozdnego „nestjažatel'stva". In: TODRL 11 (1955), 198–208
Ders., Obščestvenno – političeskie vzgljady Fedora Karpova. In: TODRL 12 (1956), 160–173
Ders., I. S. Peresvetov i ego sovremenneki, M. 1958
Ders., Prigovor 1555–1556 g. i likvidacija sistemy kormlenij v russkom gosudarstve. In: IstSSSR (1958, 1), 178–182
Ders., Sostav bojarskoj dumy v XV–XVI vekach. In: AE za 1957 g., M. 1958, 41–87
Ders., Iz istorii pomestnogo zemlevladenija na Rusi. In: VI (1959, 11), 130–142

Ders., Spisok namestnikov russkogo gosudarstva pervoj poloviny XVI v. In: AE za 1960 g., M. 1962, 27–42
Ders., Kolyčevy i russkoe bojarstvo XIV–XVI vv. In: AE za 1963 g., M. 1964, 56–71
Ders., O političeskich predposylkach vozniknovenija russkogo absoljutizma. In: Absoljutizm v Rossii (XVII–XVIII vv.). Sb. statej k 70-letiju B. B. Kafengauza, M. 1964, 18–49
Ders., Iz istorii feodal'nogo zemlevladenija v Volockom udel'nom knjažestve. In: Kul'tura Drevnej Rusi. Sb. statej pamjati N. V. Ustjugova, M. 1966, 311–325
Ders., Rossija na poroge novogo vremeni, M. 1972
Ders., Feodal'naja znat' tverskogo i rjazanskogo velikich knjažestv i moskovskoe bojarstvo konca XV – pervoj treti XVI veka. In: IstSSSR (1973, 3), 124–142
Ders., Namestničeskoe upravlenie v russkom gosudarstve vtoroj poloviny XV – pervoj treti XVI v. In: IZ 94 (1974), 271–301
Ders., Služilye knjaźja v russkom gosudarstve konca XV – pervoj treti XVI v. In: Dvorjanstvo i krepostnoj stroj Rossii XVI–XVII vv. Sb. statej, posvj. pamjati A. A. Novosel'skogo, M. 1975, 28–56
Ders., Suzdal'skie i rostovskie knjaz'ja vo vtoroj polovine XV – pervoj treti XVI v. In: VID 7 (1976), 56–69
Ders., Udel'nye knjaźja i ich dvory vo vtoroj polovine XVI i pervoj polovine XVI v. In: Istorija i genealogija. S. B. Veselovskij i problemy istoriko-genealogičeskich issledovanija, M. 1977, 161–188
Ders., Knjažeskaja znat' i formirovanie sostava Bojarskoj dumy v vtoroj polovine XV – pervoj treti XVI v. In: IZ 103 (1979), 195–241
Ders., Dvorovaja tetrad' 50-ch godov XVI v. i formirovanie sostava Bojarskoj dumy i dvorcovych učreždenij. In: VID 12 (1981), 28–47
Ders., Formirovanie bojarskoj aristokratii v Rossii vo vtoroj polovine XV – pervoj treti XVI v., M. 1988
S. V. Zavadskaja, O značenii termina „knjaž tiun" v XI – XIII vv. In: Drevnejšie gosudarstva na territorii SSSR. Materialy i issledovanija 1975 g., M. 1976, 157–164
Dies., O „starcach gradskich" i „starcach ljudskich" v drevnej Rusi. In: Vostočnaja Evropa v drevnosti i srednevekoVe. Sb. statej, M. 1978, 101–103

ABKÜRZUNGSVERZEICHNIS

AAĖ	=	Akty, sobrannye v bibliotekach i archivach Rossijskoj Imperii Archeografičeskoju ėkspedicieju
AE	=	Archeografičeskij ežegodnik
AFZiCH	=	Akty feodal'nogo zemlevladenija i chozjajstva XIV–XVI vekov
AI	=	Akty istoričeskie
AJZR	=	Akty, otnosjaščiesja k istorii Zapadnoj Rossii, sobr. i izd. Archeografičeskoju kommissieju
ASĖI	=	Akty soial'no-ėkonomičeskoj istorii Severo-Vostočnoj Rusi
AZR	=	Akty, otnosjaščiesja k istorii Zapadnoj Rusi
CahMondeRusse	=	Cahiers du monde russe et soviétique
CSP	=	Canadian Slavonic Papers
DDG	=	Duchovnye i dogovornye gramoty velikich i udel'nych knjazej XIV–XVI vv.
DRV	=	Drevnjaja rossijskaja vivliofika
FOG	=	Forschungen zur osteuropäischen Geschichte
HGR	=	Handbuch der Geschichte Rußlands
HZ	=	Historische Zeitschrift
IstSSSR	=	Istorija SSSR
IZ	=	Istoričeskie zapiski
JbbGOE	=	Jahrbücher für Geschichte Osteuropas
KSIA AN SSSR	=	Kratkie soobščenija instituta archeologii Akademii nauk SSSR
OSP	=	Oxford Slavonic Papers
PRP	=	Pamjatniki russkogo prava
PSRL	=	Polnoe sobranie russkich letopisej
RH	=	Russian History
RIB	=	Russkaja istoričeskaja biblioteka
RK	=	Razrjadnaja kniga
SA	=	Sovetskaja archeologija
SbRIO	=	Sbornik Imperatorskago Russkago Istoričeskago Obščestva
SĖ	=	Sovetskaja ėtnografija
SEER	=	Slavonic and East European Review

SGGD	=	Sobranie gosudarstvennych gramot i dogovorov
SkandSbor	=	Skandinavskij sbornik
TODRL	=	Trudy otdela drevnerusskoj literatury
VestLeninUniv	=	Vestnik Leningradskogo universiteta
VestMoskUniv	=	Vestnik Moskovskogo universiteta
VI	=	Voprosy istorii
VID	=	Vspomogatel'nye istoričeskie discipliny
ZfG	=	Zeitschrift für Geschichtswissenschaft
ZfO	=	Zeitschrift für Ostforschung
ZRG	=	Zeitschrift für Rechtsgeschichte
ŽMNP	=	Žurnal Ministerstva Narodnago Prosveščenija

PERSONENREGISTER

Adams 131
Adašev, Aleksej Fed. 220, 335, 336, 366, 410, 416, 433
Adašev, Fed.Grig. 364
Afanasij, Bischof v. Suzdal' 89
Agaf'ja Svjatoslavna 228
Agrafena Fedorovna, Amme Ivans IV. 236
Agrafena, Frau I.Paleckijs 249
Akčjurin, Bergestan 115, 194
Akinf Gavrilovič 265, 402
Aksinja, Frau v. Ivan Sudimont Kondrat'evič 396
Alabyš, Fed.Fed. 357
Aleksander, Gf v. Litauen, König v. Polen 83, 247, 268, 328
Aleksandr Jaroslavič Nevskij, Fürst v. Novgorod, GF v. Vladimir 48, 204, 220
Aleksandra Vas., Frau des GF Ivan II. 245
Aleksej Fedorovič Brjuchatyj, GF v. Jaroslavl' 71
Aleksej Michajlovič, Zar 50, 67, 92, 116, 129, 136, 178, 182, 189, 195, 199, 202, 223, 224, 230, 234, 244, 245, 246, 307, 322, 327, 334, 335, 336, 337, 360, 364, 365, 372, 373, 374, 385, 392, 397, 398, 399, 411, 414, 423, 434, 438, 452, 456, 461, 464, 468
Aleksej, D'jak 91
Aleksej, Metropolit v. Moskau 88, 91, 278, 362

Alimpij, Ikonenmaler 189
Anastasija Jaroslavna 228
Anastasija Romanovna, Zarin 51, 244, 252, 293
Anastasija, Nichte des GF Vasilij III. 246
Anastasius 175
Andrej Fedorovič, Fürst v. Starodub 130
Andrej Ivanovič Starickij, TF 61, 73, 76, 79, 247, 273, 274, 279, 283, 284, 453
Andrej Juŕevič Bogoljubskij, GF v. Vladimir 61, 94, 261, 359, 387, 412
Andrej Vasil'evič d. Ältere, TF 73, 75
Andrej Vasil'evič d. Jüngere, TF 73
Andrej Vladimirovič, TF 108
Andrej, Dvorskij Daniil Romanovičs 326
Andronov, Fedor, Kaufmann 373
Anna Ivanovna, Zarin 21
Anna Vsevolodovna 256
Anna, Frau Roman Mstislavičs v. Galič-Volhynien 362
Anna, Tochter des GF Vasilij I. 245
Apraksin, Andrej Matv. 223, 225
Apraksin, Petr Matv. 6
Aristoteles, griech. Philosoph 220
Arsenevy 47
Artem'ev, Al. 138

Artemij, Dienstman Fedor Rostislavičs v. Smolensk 361
Asmud, „kormilec" von Svjatoslav Igofevič 361
Augustine, W.R. 294
Augustus, röm. Kaiser 392
Avdot'ja 240
Avramov, Sapun Tichanovič 341
Bachtejarovy 58
Barberini, Raffaele 454, 455, 456
Barlaam, Abt 88
Basenok, Fed.Vas. 301, 370, 371
Bašmakov, Dementij Minič 341
Basmanov, Aleksej Dan. 309
Basmanov, Petr Fed. 302
Basmanovy 57, 129, 418
Batu, Mongolenkhan 200, 276
Beklemišev, Nik.Fed. 381
Bel'skaja, Anastasija Dm. 251
Bel'skaja, Evdokija Dm. 252
Bel'skie 81, 82, 84, 85, 246, 252, 418, 419, 465
Bel'skij, Bogdan Ja. 68, 371, 380, 384, 385, 257
Bel'skij, Dm.Fed. 56, 249, 251, 252, 253, 257, 268, 269, 270, 300, 302, 311, 330, 354, 355, 363, 416, 421, 422, 453, 456, 459, 466
Bel'skij, Fed.Iv. 84, 85, 246, 267, 268, 273
Bel'skij, Iv.Dm. 129, 246, 257, 270, 305, 309, 367, 433, 438
Bel'skij, Iv.Fed. 56, 217, 253, 267, 270, 341, 363, 364, 367, 368, 424, 436
Bel'skij, Sem.Fed. 84, 253, 267, 269, 363
Beleut, Aleksandr Andr. 128
Beleut, Feodosij 267
Belevskie 81
Belokurov, S.A. 352

Belye 90
Berdišev, Fedot 364
Berezupskij, Vas.Iv. 280
Berry, Herzog v. 179
Berseń-Beklemišev, Iv.Nik. 220, 341, 367, 381, 410, 411, 416
Bezobrazov, Andr. Il'ič 142, 143, 182, 183, 184, 212, 296, 312
Bjakont, Fedor 88, 91, 280, 418
Blake, W. 3
Bodin, Jean 473
Bojan, legendärer Sänger 201
Boleslav-Jurij II., GF v. Galič-Volhynien 362
Bolesław I. Chrobry, Herzog v. Polen 17, 117
Bolotnikov, Iv.Isaevič 221
Boreckij, Dm.Isakovič 436
Boris Konstantinovič, GF v. Suzdal' 280
Boris Vasil'evič, TF v. Volok 75, 80, 266, 272
Boris Vladimirovič, altruss. Fürst 45, 463
Borisovy 58
Borjatinskie 57
Borozdiny 58
Bottoni 173, 360
Bowes, engl. Gesandter 341
Brunner, O 153
Bujnosovy 57, 58
Bujnosov, Vas.Sem. 268
Bulgakov, Fed.Andr. 466
Bulgakov, Ju.Mich. 433, 466
Bulgakovy 57
Bussow, Konrad 445
Buturlin, Iv.Vas. 139, 369, 375
Buturlin, Vas.Iv. 430
Buturlin, Vas.Vas. 355
Buturlina 242
Buturliny 57, 58, 394, 418, 422
Časovnikov, Ivan 237

Časovnikova, Irina 237
Čebotov, Ja.K. 309
Čebukov, Dienstmann Iv.Mich. Glinskijs 194
Čeljadnin, Andr.Fed. 236, 328
Čeljadnin, Iv.Andr. 249, 329
Čeljadnin, Iv.Iv. 252, 329
Čeljadnin, Iv.Petr. 128, 309, 329, 368
Čeljadnin, Vas.Andr. 220, 249
Čeljadnina, Agrafena 361
Čeljadniny 70, 252, 328, 381, 394, 418
Čerkasskaja, Fürstin 385
Čerkasskie 47, 57, 58, 111, 136, 137, 139, 143, 184, 199, 212, 246, 252, 385, 392, 418
Čerkasskij, Dm.Mamstrjukovič 430, 431
Čerkasskij, Iv.Bor. 244, 322, 366, 375, 398, 460
Čerkasskij, Ja.K. 110, 129, 132, 133, 136, 137, 139, 140, 185, 215, 381
Čerkasskij, Mich.Ja. 143
Černigovskie 292
Černjatinskij, Iv.Vas.Šach 279
Čertovy-Stromilovy 90
Čet, 46
Chabarov, Iv.Iv. 312
Chabarov, Iv.Vas. 128, 249, 368, 380, 424, 453
Chilkov, Fürst 92
Chilkov, Vas.Dm. 129, 397
Chilkovy 57
Chitrovo, Bogdan Matv. 92, 230, 360, 370, 373
Chlopova, Marija Iv. 244
Chmel'ničkij, Bogdan 355
Cholmskaja, Vasilisa 236
Cholmskie 246
Cholmskij, Andr.Iv. 220

Cholmskij, Dan.Dm. 236, 332
Cholmskij, Sem.Dan 236, 252
Cholmskij, Vas.Dan. 236, 246
Chovanskaja, Efrosinja 247
Chovanskaja, Praskoýja 256
Chovanskie 57, 58, 79, 392
Chovanskij, Andr.Petr. 271
Chovanskij, Andr.Vas. 79
Chovanskij, Fed.Vas. 79
Chovanskij, Iv.Andr. 373, 461
Chovanskij, Petr Iv. 400, 385
Chovrin, Dm.Vlad.Ovca 353
Chovrin, Grig.Stef. 331
Chovrin, Vlad.Grig. 212, 331
Chovrina, Evdokija Vlad. 332
Chovriny 48, 114, 129, 252, 331, 332, 345, 380
Chromoj, Fed.Davyd. 394
Chromoj, Iv.Andr. 128
Chruščev, Ivan 401
Chvorostinin, Dm.Iv. 300
Chvorostinin, Fed.Iv. 293
Chvorostinin, Iv.Andr. 29, 216, 219, 461
Chvorostinina, Fürstin 112
Chvorostininy 57, 129
Chvost, Aleksej Petr. 264
Čičerin, B. 324
Čingisiden 46
Citus, Gian Francesco 301
Colbert, frz. Finanzminister 330
Collins, Samuel 174, 216, 278, 307, 365, 366, 374, 457, 463, 465
Coyer, Abbé 136
Čudin 379
Cypljatev, Elizar Iv. 232
Daniil Feofanovič, Enkel Fed.Bjakonts 280
Daniil Romanovič, Fürst u. König v. Galič-Volhynien 44, 88, 362

Daniil, Metropolit v. Moskau 220, 363
Danilo, Dienstmann Fedor Rostislavičs v. Smolensk 361
Daniloviči 76, 247
Daudov, V.A. 120
David Svjatoslavič, Fürst v. Černigov 98
Davydov Morozov, V.D. 111
Davydovič, Fed.Pestroj 301
Davydovy 418
Dement'ev, Aleksej 144
Demetrius „Detko", Regent 362
Demokrit, griech. Philosoph 412, 467
Diaconus, Leo 198, 391
Djuk Stepanovič 97
Dmitrij Andreevič, Sohn d. TF Andrej Vasil'evič Bol'šoj 73
Dmitrij Ivanovič Donskoj, GF v. Moskau 47, 50, 51, 74, 75, 88, 91, 108, 128, 210, 213, 220, 240, 245, 263, 276, 277, 278, 299, 307, 331, 336, 339, 362, 380, 409, 467
Dmitrij Ivanovič, Enkel Ivans III. 73, 233
Dmitrij Ivanovič, Sohn Ivans IV. 73, 275, 278, 364
Dmitrij Ivanovič, TF, Bruder Vasilijs III. 73, 83
Dmitrij Jur'evič Šemjaka, TF u. GF v. Moskau (1446/7) 73, 74, 75, 108, 265, 266, 280, 371, 381
Dmitrij Konstantinovič Suzdal'skij 108, 245
Dobrynja Nikitič, altruss. Recke 200, 229, 314
Dobrynskie 217, 372
Dobrynskij, Fed.Konst. 300
Dobrynskij, Iv.Konst. 265
Dobrynskij, Nik.Konst. 265

Dobrynskij, Petr Konst. 108, 196, 265
Dölger, F. 87
Dolgorukaja, Marija Vas. 244
Dolgorukie 57, 292
Dolgorukij, Dmitrij 250
Dolgorukij, Fürst 183
Dolgorukij, Ju.Alekseevič 374, 461
Dolgorukij, Mich.Ju. 125
Dolgorukij, Petr 250
Dolgorukij, Vlad.Timof. 431
Dolmatov 341
Dolmatovy 58
Družina-Osorjin, Kallistrat 221
Dubrovskij, Aleksej 178
Dunaj Ivanovič, Bylinenheld 229
Edigü, Khan 18, 330, 359
Ekaterina, Tochter Maljuta Skuratovs 233
Ekimov, Varsunovij 205
Eldeginy 90
Elena, Frau Vas.Andr.Čeljadnins 249
Elena Ivanovna, Tochter GF Ivans III. 247, 328, 333, 357, 459
Elena Vasil'evna Glinskaja, Regentin 19, 27, 73, 76, 80, 85, 229, 232, 233, 241, 246, 251, 252, 254, 267, 271, 279, 300, 301, 302, 313, 329, 341, 351, 354, 355, 361, 363, 367, 384, 420, 459
Elias, N. 45, 179, 202, 387, 453
Elisabeth I., engl. Königin 341
Ernst, Herzog v. Sachsen 372
Evdokija, Frau Fed.Iv. Strigin-Obolenskijs 236
Evpraksija Vsevolodovna 256
Evpraksija Vsevolodovna-Adelheid, Frau Kaiser Heinrichs IV. 228
Evpraksija, Tochter Rogvolods v. Polock 256
Eymundar 96

Favorov 340
Fedor Alekseevič, Zar 120, 189, 195, 197, 245, 247, 336, 343, 414, 434
Fedor Borisovič Volockij, TF 79, 262
Fedor Ivanovič, Zar 90, 115, 189, 239, 244, 246, 247, 273, 274, 314, 329, 355, 360, 398, 419, 459
Fedor Rostislavič, Fürst v. Smolensk 361, 362
Fedorovy 418
Feodosij, Abt d. Kiever Höhlenklosters 40, 379
Ferdinand I., Kaiser d. Hl. Röm. Reiches 221
Fevronija, Frau Peter v. Muroms 248
Filaret (Fed.N.Romanov), Patriarch 88, 90, 91, 92, 254, 366, 369, 397, 427, 430, 433, 460
Filimonovy 90
Filipp, Metropolit v. Moskau 89, 91
Fletcher, Giles 70, 118, 310, 329, 407, 414, 416, 438, 471
Fominy 90
Fonvizin, D.I. 136
Friedrich III., Kaiser d. Hl. Röm. Reiches 353
Frjazin, Petr 469
Funikov, Iv.Vas. 221
Fustov, Mikifor 178
Gaginy 57
Gavarenov, Ivan 192
Gavrenev, I.A. 341
Gedimin, GF von Litauen 246, 394
Gediminoviči 57, 81, 85
German, Metropolit 91

Gleb Jufevič, Fürst v. Perejaslavl', GF v. Kiev 98, 261
Gleb, altruss. Fürst 463
Gleb, Fürst v. Rjazań 409
Glebovy 90
Glinskaja, Anna Iv. 115, 116, 189, 193, 207
Glinskaja, Anna, Mutter Elena Glinskajas 232
Glinskie 57, 81, 85, 246, 252, 268, 418
Glinskij, Iv.Mich. 112, 115, 129, 132, 189, 193, 194, 205, 207, 208, 209, 246
Glinskij, Ju.Vas. 333
Glinskij, Mich.L'vovič 84, 85, 93, 246, 267, 268, 269, 270, 361, 363, 416
Glinskij, Mich.Vas. 269, 270, 329
Glinskij, Vas.Mich. 270
Godunov, Bor.Fed., Regent, Zar 33, 46, 63, 68, 82, 83, 109, 115, 129, 169, 199, 210, 224, 239, 244, 246, 247, 250, 295, 302, 314, 322, 329, 333, 335, 338, 341, 355, 356, 370, 371, 381, 384, 385, 398, 417, 419, 424, 436, 456, 459
Godunov, Dm.Iv. 329
Godunov, Iv.Vas. 247
Godunov, Step.Vas. 247
Godunovy 58, 129, 418, 438
Goehrke, C. 235
Golenina, Fürstin 220
Golicyn, Aleksej Vas. 186, 422, 428
Golicyn, Bor.Alekseevič 189, 212
Golicyn, Iv.Andr. 137
Golicyn, Iv.Iv. 247
Golicyn, Iv.Vas. 399
Golicyn, Ju.Mich. 333, 368, 424
Golicyn, Vas.Vas. 25, 107, 109,

110, 111, 120, 121, 183, 184, 185, 186, 187, 188, 189, 195, 217, 219, 224, 242, 246, 247, 254, 287, 300, 373, 385, 386, 391, 397, 418, 422, 436, 460, 468
Golicyn, Vas.Vas. 356, 428, 430, 475
Golicyna, Tat'jana 242
Golicyny 57, 129, 139, 392
Golova, Iv.Vlad. 332
Golovin, Iv.Iv. 220
Golovin, Petr Iv. 353
Goloviny 48, 58, 114, 220, 244, 332, 345, 385, 447
Golovkiny 92
Goltjaj, Fedor 246
Gomez, Maurique 227
Gorbataja, Marija Petr. 236
Gorbatye 311
Gorbatyj, Aleksandr Bor. 132, 466
Gorbatyj, Andr.Mich. 412
Gorbatyj, Bor.Iv. 249, 453
Gorbatyj, Iv.Bor. 236
Gorbatyj, Mich.Vas. 93, 114, 459
Gordjata 379
Gramotin, Ivan Tarasovič 192, 341, 351
Gregorii, Joh.G., Pastor 25, 202
Grek, Maksim 219, 410, 412, 467, 468
Griboedov, Fedor 29, 340
Grigor, Statthalter Fedor Rostislavičs v.Smolensk 361
Grunau, Simon 306
Gruszecka, A.S., Zarin 247
Gundurovy 58
Gvozdevy 58
Hamilton, Lady 202
Heinrich IV., Kaiser 228
Hellie, R. 54, 59
Herberstein, Sigmund Frh. v. 23,
37, 51, 53, 118, 199, 216, 231, 232, 235, 299, 337, 347, 357, 361, 379, 421, 454, 456
Hobbes, Thomas 473
Hugo, Abt v. Cluny 211
Ibn Fadlan 101, 174, 191, 197, 203
Igoŕ Igoŕevič, Fürst v. Rjazań 276
Igoŕ Ol'govič, Fürst v. Černigov 98
Igoŕ Svjatoslavič, Fürst v. Novgorod-Seversk, Fürst v. Černigov 18, 276, 409
Igoŕ, Fürst v. Kiev 87, 98, 100, 228, 314, 361
Ilarion, Metropolit v. Kiev 87, 235
Ioakim, Patriarch 189, 404
Ioan, Bojar 104
Ioann, Bischof 441
Iosaf, Bischof v. Rostov 88
Iosif v. Volokolamsk, 23, 79, 220, 412
Irina Fedorovna, Zarin 239, 246, 251
Irina Michajlovna, Zarentochter 385
Istomin, Karion 229
Ivan Andreevič, TF 73, 75, 265
Ivan Borisovič Volockij, TF 114
Ivan Borisovič, TF v. Ruza 210
Ivan Dmitrievič, Sohn d. TF Dmitrij Šemjaka 73
Ivan I . Danilovič Kalita, GF v. Moskau 46, 74, 107, 108, 121, 130, 265, 280, 305, 402
Ivan II . Ivanovič, GF v. Moskau 74, 245, 264, 330
Ivan III. Vasil'evič, GF v. Moskau 29, 50, 51, 52, 63, 72, 73, 75, 76, 77, 80, 82, 83, 84, 112, 114, 121, 128, 177, 209, 210, 219, 220, 227, 233, 246, 247, 251,

252, 266, 267, 269, 272, 273,
276, 294, 299, 312, 327, 328,
332, 337, 345, 349, 352, 371,
379, 380, 391, 394, 396, 410,
412, 436, 453, 455, 467, 469
Ivan IV. Vasil'evič, GF u. Zar v.
 Moskau 24, 26, 27, 28, 29, 47,
 51, 54, 56, 67, 73, 78, 82, 83,
 86, 91, 113, 114, 115, 118, 122,
 128, 130, 132, 161, 175, 189,
 200, 202, 215, 217, 221, 229,
 232, 244, 248, 252, 257, 268,
 270, 273, 274, 277, 279, 284,
 287, 293, 297, 299, 300, 302,
 311, 312, 315, 327, 328, 329,
 333, 336, 341, 344, 350, 352,
 357, 360, 363, 364, 366, 367,
 371, 373, 381, 382, 383, 384,
 385, 388, 390, 392, 395, 410,
 411, 413, 416, 419, 420, 422,
 423, 424, 433, 439, 441, 454,
 456, 458, 459, 465, 466, 467,
 469, 470, 471, 473
Ivan V. Alekseevič, Zar 223, 229
Ivan Ivanovič, GF v. Rjazań 73
Ivan Ivanovič, Sohn Ivans IV. 273, 274
Ivan Michajlovič, Carevič 223
Ivan Vasil'evič, GF v. Rjazań 273
Ivan Vasil'evič, Sohn d. TF Vasilij Jaroslavič 73
Ivan Vasil'evič, TF, Sohn d. GF Vasilij I. 74
Ivan, Pope 337
Ivanov, Almaz 351
Izjaslav I. Jaroslavič, Fürst v. Kiev 40, 117, 210, 218, 359, 379
Izjaslav II. Mstislavič, Fürst v. Kiev 29, 98, 102, 103, 326
Izjaslav Davydovič III., Fürst v. Černigov u. Kiev 88, 261
Izmajlov, Artemij Vas. 303, 432

Izmajlovy 57, 369
Jaganov, Iv. 75
Jakovlev-Zachańn, Grig.Petr. 51
Jakovlev-Zachańn, Iv.Petr. 51, 270
Jakovlev-Zachańn, Vas.Petr. 51
Jakovlev-Zachańn, Zach.Petr. 51
Jakovlevy 306, 418
Jan 349
Jan Vyšatič 314, 315
Jarcov, Boris 297
Jaropolk Svjatoslavič, Fürst v. Kiev 314
Jaroslav d. Weise, Fürst v. Kiev 17, 42, 96, 210, 218, 235, 362
Jaroslav Vladimirovič Osmomysl', Fürst v. Galič-Volhynien 103
Jaroslav Vladimirovič, Fürst v. Pskov 256
Jaroslavskie 70, 418, 419
Jazykov, Iv.Mich. 336
Jenkinson, Anthony 454, 463
Johann Geiler v. Kaysersberg 181
Johann II., Metropolit 201
Juchotskie 85
Judas 266, 278
Jufev-Zachańn, Dan.Rom. 51, 353, 354
Jufev-Zachańn, Iv.Mich. 51, 327, 359
Jufev-Zachańn, Mich.Vas. 51
Jufev-Zachańn, Nik.Rom. 51, 113, 128, 341, 382
Jufev-Zachańn, Sem.Vas. 51
Jufev-Zachańn, Vas.Mich. 51, 251, 327, 328, 352, 353, 433
Jufevy 58, 252, 293, 418, 424, 465
Jurij Danilovič, GF v. Vladimir u. Moskau 74
Jurij Dmitrievič, TF 73, 74, 75, 81, 108, 265, 270, 273, 280, 360
Jurij Dolgorukij, Fürst v. Kiev, Fürst

v. Suzdal' und Rostov 261, 362
Jurij II. Vsevolodič, GF v. Vladimir 448
Jurij Ivanovič, TF 73, 75, 76, 220, 271, 273, 274, 278, 381
Jurij Jaroslavič, Fürst v. Murom 379
Jurij Vasil'evič, TF v. Dmitrov 76
Jurij Vasil'evič, TF v. Uglič 78
Jurij Vasil'evič, TF, Sohn d. GF Vasilij II. 73
Jurij Vasil'evič, TF, Sohn d. GF Vasilij III. 73, 248, 381
Jurij, Bischof v. Smolensk 89
Jurij, Čašnik des GF Oleg v. Rjazań 361
Jurij, Okol'ničj des GF Oleg v. Rjazań 361
Juškovy 47
Jusupovy 47
Kämpfer, F. 93
Karl d. Große, Kaiser 413
Karl V., Kaiser d. Hl. Röm. Reiches 179, 216, 347
Karpov, Fed.Iv. 220, 221, 222, 353
Karpovy 58, 328
Kasimir IV., König v. Polen, GF v. Litauen 268, 272, 273
Kašin, Mich.Fed. 109, 394, 395
Kašiny 57, 82
Kasogovy 90
Katharina II. Alekseevna, Zarin 37
Katyrev-Rostovskij, Iv.Mich. 29, 221
Katyrevy 57
Ketunin, Zacharij 237
Kilburger, Joh.Philipp 320
Kiprijan, Metropolit v. Moskau 91
Kirill II., Metropolit v. Kiev 88, 336

Kirill, Abt u. Gründer des Belozerskij-Klosters 88
Klešnin, Andr.Petr. 68
Ključesvskij, V.O. 403, 445, 470
Klopskij, Michail 219
Kočkar, „milostnik" Svjatoslav Vsevolodičs v. Černigov 366
Kollmann, N. 244
Kolyčevy 79, 89, 306, 418
Konstantin Porphyrogennetos, byz. Kaiser 100
Konstantin Vsevolodič, GF v. Vladimir 256, 410
Korb, Joh. Georg v. 183, 231
Korkodinov, Iv.Ju. 33
Kornilij, Abt d. Pskover Pečorskij-Klosters 27
Kosagov, Bor.Dm. 92
Koška, Fed.Andr. 51, 56, 251
Koška, Iv.Fed. 51, 330, 359
Koška, Iv.Iv. 251
Koškiny 244, 418
Kotošichin, Grig.Karp. 24, 28, 29, 57, 58, 110, 119, 120, 175, 194, 216, 223, 224, 225, 231, 241, 250, 270, 291, 305, 306, 320, 329, 336, 339, 340, 342, 344, 350, 354, 368, 393, 398, 411, 412, 413, 416, 425, 426, 454, 456, 464
Kour 79
Kovrovy 58
Kozel'skie 82
Kozel'skij, Ivan 278
Kozlovskij, Grig.Afan. 178
Križanič, Jurij 191, 219, 468
Krusebiörne, schwed. Resident 366
Kubenskie 71, 328, 367
Kubenskij, Iv.Iv. 317, 333, 416, 457
Kubenskij, Mich.Iv. 158, 459
Kučkovič, Jakim 359

Kurakin, Fürst 245
Kurakin, B.I. 372
Kurakin, Fed.Sem. 137, 284
Kurakin, Grig.Andr. 193
Kurakin, Iv.Andr. 193
Kurakin, Iv.Sem. 428
Kurakiny 57, 129, 392, 422
Kurbskie 71, 284
Kurbskij, Andr.Mich. 28, 29, 37, 48, 49, 128, 129, 132, 175, 217, 219, 232, 274, 278, 287, 299, 302, 305, 309, 331, 340, 384, 390, 396, 410, 412, 416, 466, 467
Kurbskij, Fed. Sem. 384
Kurljatev, Aleksandr Ja. 217
Kurljatev, Dm.Iv. 433
Kurljatev, Iv.Iv. 129, 257, 293
Kurljatev, Vlad. 217
Kurljatevy 57, 82
Kutuzov, Bor.Vas. 220
Kutuzov, Mich. 178
Kutuzovy 46, 352
Kuźma, Fernkaufmann 331
Kvašnin, Iv. Rodionovič 210
Kvašnin, Petr 221
Kvašnin, Vas.Andr. 395
Kvašniny 130, 395
L'vov,Fürst 398
L'vov, Aleksej Mich. 254, 460
L'vovy 57, 245
Larionov, Vas.Iv. 115, 194, 236
Larionova, Darja 256
Larionovy 90
Latkin, V.N. 441
Leont'ev, Antrop 138
Leopold I., Kaiser d. Hl. Röm. Reiches 129
Lichačev, F.F. 341
Ljackoj, Iv.Vas. 70, 248, 267, 352
Ljapunov, Prokofij 448
Ljutkin, V.F. 188

Lobanov-Rostovskij, Iv.Iv. 385
Lobanov-Rostovskij, Nik.Sem. 274
Lobanovy 57
Lopuchin, Larion 343, 355
Ludwig XIV., König v. Frankreich 78, 387, 468
Luka, Okol'ničij Fedor Rostislavičs v. Smolensk 361
Lukomskij, Ivan 84, 268
Lyko-Obolenskij, Andr.Vas. 284
Lyko-Obolenskij, Iv.Vlad. 118, 266
Lyko-Obolenskij, Ju.Vas. 284
Lykov, Mich.Matv. 217
Lykov-Obolenskij, Bor.Mich. 192, 244, 284, 293, 398, 428
Lykovy 58
Lyseck, Adolph v. 173, 185, 187, 191, 216, 460
Lžedmitrij I., Zar 225, 233, 247, 250, 302, 314, 329, 338, 416, 454
Lžedmitrij II., Gegenzar 122, 428, 430
Magnus, Herzog 344
Makarij, Metropolit v. Moskau 29, 91, 93, 161, 209, 271
Maluk Ljubčanin 314
Mamon, Grig.Andr. 80, 227
Manaseja, „djadko" GF Olegs v. Rjazań 361
Mandelsloh, J.A.v. 175
Mansurov, Ja.Iv. 372
Marche, Olivier de la 227
Marfa Ivanovna, Frau Dm.Fed. Bel'skijs 249, 252
Marfa Ivanovna, Mutter des Zaren Michail Fedorovič 233, 244
Marfa Matveevna, Zarin 245
Marfa, Frau Boris Iv. Morozovs 246
Marfa, Großmutter Avdotija Mezeckajas 256

Margeret, Jaques 178, 305, 306, 308, 330, 342, 401, 414, 415, 458, 469
Marija Andreevna, Frau S.D. Cholmskijs 252
Marija Jaroslavna, Frau GF Vasilijs II. 246, 265
Marija Temrjukovna, Frau Zar Ivans IV. 246
Marija Vasil'evna, Schwester Elena Glinskajas 301
Marija, Tochter Maljuta Skuratovs 115
Marina Ignat'eva, Zauberin 229
Markevič, A. I. 6, 393
Martinian, Mönch 260
Masal'skie, s. Mosal'skie Masal'skij, Vas.Mich.Rubec 385
Massa, Isaak 194, 341
Matveev, Andr.Artam. 189, 223, 225
Matveev, Artamon Serg. 25, 29, 67, 183, 186, 187, 188, 189, 195, 202, 216, 223, 321, 322, 337, 356, 360, 370, 372, 373, 385, 456, 460
Matveev, Iv.Artam. 189
Maximilian I., Kaiser d. Hl. Röm. Reiches 353, 357
Medvedev, Sil'vestr 229, 411
Meehan-Waters, B. 5
Meščerskie 81
Meščerskij, Ju.Iv. 305
Meščerskij, Lavr. 92, 178
Meyerberg, Augustin Frh. v. 129, 136, 174
Mezeckaja, Avdotija 256
Mezeckie 58, 81, 82, 256
Mezeckij, Dan.Iv. 427, 430
Mezeckij, F.S. 248
Mezeckij, Iv.Mich. 93, 114
Mezeckij, Mich.Rom. 83

Michail Aleksandrovič, GF v. Tveŕ 218, 260, 264
Michail Alekseevič, Bojar Dmitrij Donskojs 216
Michail Andreevič, TF v. Vereja u. Beloozero 75, 114, 283, 337
Michail Borisovič, GF v. Tveŕ 267, 272, 273
Michail Fedorovič, Zar 51, 90, 91, 128, 129, 132, 175, 189, 223, 233, 244, 246, 247, 314, 364, 365, 369, 371, 375, 382, 397, 398, 411, 427, 429, 432, 433, 434, 435, 445, 459, 460, 463
Miege, Guy 216
Mikita Andreevič, Bojar GF Olegs v. Rjazań 361
Mikula, „djadko" Fedor Rostislavičs v. Smolensk 361, 362
Mikulinskij, Fürst 305
Miloslavskaja, Marija I. 245
Miloslavskaja, Anna Il'inična 246
Miloslavskie 57, 139, 245
Miloslavskij, Il'ja Dan. 136, 137, 189, 245, 322, 374, 381, 398
Miloslavskij, Iv.Mich. 392
Minin, Kuźma 64, 371, 431
Mišurin, Fed.Mich. 341
Mitjaj, Pope 91, 336
Mjačkovy 47
Mniszech, Maryna 233, 247
Mojsij, Erzbischof v. Novgorod 92
Moložskie 70
Monastyrevy 193
Montesquieu, Charles-Louis de 407
Morozov, Bor.Iv. 50, 67, 70, 129, 136, 137, 138, 139, 140, 141, 143, 144, 147, 148, 149, 150, 151, 152, 162, 174, 180, 182, 185, 186, 200, 212, 215, 223, 234, 246, 300, 322, 364, 365, 373, 381, 398

Morozov, Gleb Iv. 234
Morozov, Grig.Ignat'evič 251
Morozov, Grig.Iv. 140, 382
Morozov, Grig.Vas., 1549 Bojar 50
Morozov, Grig.Vas., gest. 1492 50
Morozov, Iv.Grig. 50, 209, 251, 333, 352, 453
Morozov, Iv.Iv. 50
Morozov, Iv.Vas. 137, 140, 382
Morozov, Ja.Grig. 50, 352
Morozov, Mich.Ja. 50, 252, 271, 340, 352
Morozov, Mich.Ja.Rusalka 328, 352, 459
Morozov, Mich.Vas. 312
Morozov, Petr Vas. 50
Morozov, Sem.Fed. 360
Morozov, Sem.Iv. 50
Morozov, Vas.Grig. 50, 251, 352, 453
Morozov, Vas.Petr. 129, 398, 431, 459, 463
Morozov, Vlad.Vas. 50
Morozova, Agrafena Iv. 209
Morozova, Feodos'ja Prokof'evna 234
Morozovy 48, 50, 58, 222, 244, 251, 252, 328, 352, 381, 418
Mosal'skie 58, 81, 274
Možajskie 81
Mstislav II. Izjaslavič, Fürst v. Kiev u. Fürst v. Volhynien 45, 349, 409
Mstislav Ljutyj 314
Mstislav Rostislavič, Fürst v. Kiev 362, 363
Mstislavskie 46, 57, 81, 82, 85, 250, 252, 257, 418, 419, 447
Mstislavskij, Fed.Iv. 110, 128, 132, 355, 370, 398, 427, 428, 430, 459

Mstislavskij, Fed.Mich. 269, 270, 380
Mstislavskij, Iv.Fed. 47, 82, 129, 210, 270, 271, 305, 309, 368, 422, 433
Mstislavskij, Mich.Iv. 269
Muromec, Il'ja 177
Mut'janskie 58
Myseckie 82
Myseckij, Evfimij 394
Nagoj, Mich. Aleksandrovič 329, 428
Naryškin, Iv.Iv. 186
Naryškin, Kirill Poluechtovič 460
Naryškina, Natalja, Zarin 202, 245, 372, 456
Naryškiny 245
Naščokin, Fed. 394
Nastasja Dmitrieevna, Schwester Grig.Dm. Rusinovs 193
Nastasja Fedorovna, Tochter Aksinja Pleščeevas 238
Nastasja, Frau von Dunaj Iv. 229
Natal'ja Kirillovna 186
Nemoj-Obolenskie 69, 71
Nepljuevy 139
Netšič, Danila Iv. 80
Neuville, F. de la 107, 186, 187, 217, 224
Nikifor 379
Nikon, Patriarch 189
Nil, Bischof v. Tveŕ 89
Nogotkov, Fed.Andr. 129, 257
Nogotkovy 57, 257
Nogtevy-Suzdal'skie 57
Nozdrovatye 57
Nozdrovatyj, Mich.Vas. 397
Obljazov, Grigorij 223
Obolenskie 71, 82, 85, 88, 214, 257, 274, 418, 419, 459
Obolenskie-Lykovy 79
Obolenskie-Peninskie 79, 208

Obolenskij, Aleksandr Vas. 380
Obolenskij, Ju.A.Peninskij Bol'šoj 279
Obolenskij, Nik.Vas. 312
Obolenskij-Kurljatev, Iv.Vas. 238
Obrazcov, Ivan 190
Obrazec, Vas.Fed. 380
Obrosimov, Zinovej 138
Ochljabinin, Iv.Petr. 270
Ochljabininy 58
Očin-Pleščeev, Zach.Iv. 270
Odoevskie 57, 81, 82, 85, 252, 274, 392, 418, 423
Odoevskij, Iv.Nik. 381
Odoevskij, Nik.Iv. 110, 136, 140, 355, 446, 460, 461, 468
Odoevskij, Nik.Rom. 309
Ogarev, Semen 126
Ol'ga, Fürstin v. Kiev 86, 199, 203, 228
Ol'gerd, GF v. Litauen 278
Olbuga, tatar. Gesandter 47
Olearius, Adam 52, 110, 120, 174, 175, 182, 184, 187, 192, 199, 200, 211, 305, 320, 328, 332, 335, 339, 350, 376, 377, 383, 394, 414, 458, 460, 464
Oleg, Fürst v. Kiev 100, 174, 329
Oleg, GF v. Rjazań 361
Oleg Svjatoslavič, Fürst v. Černigov 226
Oleksej, Dvorskij Izjaslav Mstislavičs 326
Onfim 218
Ontropov, Ivan 152
Ordin-Naščokin, Afan.Lavr. 25, 66, 67, 109, 174, 188, 195, 216, 251, 252, 321, 322, 337, 356, 357, 360, 368, 370, 373, 395, 418, 468
Ordin-Naščokin, Voin Afan. 224

Oščera, Iv.Iv. 333
Oščera, Iv.Vas. 227, 312, 328
Osorjina, Juljanija 221
Ostafij, „djadko" Fedor Rostislavičs v. Smolensk 361
Ostromir, Statthalter v. Novgorod 218
Ostrožskij, Konst.Iv. 84, 268, 270
Otto I. d. Große, ostfränkischer König u. römisch-deutscher Kaiser 86
Ovid, röm. Dichter 220
Pachomij, Erzbischof 90
Paisij, Abt 92
Paleckie 89, 214, 367
Paleckij, Dav.Andr. 112, 130
Paleckij, Dm.Fed. 297, 466
Paleckij, Iv.Fed. 249, 357, 453
Palicyn, Avramij 29, 187, 221
Patrikeev, Iv.Ju. 128, 309, 312, 328, 332, 352, 355, 381
Patrikeev, Vas.Iv. 29, 210, 219, 220
Patrikeevič, Fedor 333
Patrikeevič, Jurij 54, 245, 333
Patrikeevy 246, 380, 394, 418, 419
Peninskij-Obolenskij, Jurij Menšoj 247
Penkov, Dan.Aleksandrovič 71
Penkov, Iv.Dan. 301, 457
Penkov, Vas.Dan. 357
Penkova, Anna 248
Penkovy 71, 85, 419
Perejaslavskij, Roman 265
Peresvetov, Iv.Sem. 25, 29, 112, 113, 221, 468
Perun 87, 203
Peškov-Saburov, Sem.Dm. 111, 112, 190, 193, 206, 207, 209
Peter I. Alekseevič, Zar 5, 6, 7,

31, 63, 68, 223, 229, 294, 372, 436
Peter v. Murom 248, 249
Petr Borisovič, Kiever Tausendschaftsführer 29
Petrejus, Peter 183, 231
Phillip II., König v. Spanien 455
Pimin, Archimandrit 91
Pipes, R. 386
Pleščeev, Andr.Mich. 312, 380
Pleščeev, Boris 223
Pleščeev, Dm.Grig. 114, 115, 190, 193, 208, 236
Pleščeev, Fed.Andr. 238
Pleščeev, Mich.Andr. 273, 333, 380
Pleščeev, Petr Mich. 112, 128
Pleščeeva, Aksinja 237
Pleščeeva, Marija 115
Pleščeevy, 46, 57, 58, 222, 248, 352, 418
Podžogin, Iv.Ju., Šigona 93, 327, 328, 372, 416, 459
Polivanov, Boris 296
Polockij, Simeon 195, 229
Polozova, Irina Grigoŕevna 237
Poltev, S.E. 335
Popleviny 222, 352, 418
Poppe, A. 361
Possevino, Antonio 454
Potemkin, Petr Iv. 330
Požarskie 57, 292, 396
Požarskij, Dm.Mich. 128, 183, 284, 302, 371, 395, 399
Požarskij, Vas.Andr. 130
Presnjakov, A.E. 432
Priimkov, Fürst 396
Priimkov-Rostovskij, Aleksej Vas. 223
Priimkovy 58
Printz, Daniel 184
Prokof'ev, Potecha 138

Pronskie 57, 79, 256, 422
Pronskij, Fürst 215
Pronskij, Dan.Dm. 466
Pronskij, Iv.Iv. Turuntaj 269, 270, 433
Pronskij, Ju.Iv. 256, 302
Pronskij, Mich.Petr. 138
Protaśev, Aleksandr 401
Prozorovskie 57, 58, 71, 139.
Prozorovskij, Petr Vas. 125
Prus 392
Prušanin, Michail 48, 418
Puškin, Aleksandr, russ. Dichter 46, 290
Puškin, Gavr.Grig. 338
Puškin, Matvej Step. 395
Puškiny 57, 257, 338
Putjata 314
Putjata, „djadko" Fedor Rostislavičs v. Smolensk 361
Putjatin, Grig. Menšij 93, 340, 351, 372
Radziwiłł, Nikolaj, litauischer Pan 328, 355
Ragotiny 90
Ratibor, Kiever Tausendschaftsführer 45
Ratši, Bojarengeschlecht 418
Razin, Stenka 137, 297
Rčinovy 90
Redegi, Bojarengeschlecht 418
Repnin, Bor.Aleksandr. 137
Repniny 57, 82, 422
Rinhuber, Laurentius 372
Rjapolovskie 419
Rjapolovskij, Iv.Andr. 130
Rjapolovskij, Sem.Iv. 312, 381, 459
Rjazanskie 418
Rjurik II. Rostislavič, Fürst v. Novgorod u. Ovruč 261
Rjurik, warägischer Fürst, Stamm-

vater der Rjurikidendynastie 34, 48, 392
Rjurikoviči 81, 82
Rodion Nesterovič Kvašnja 130, 265, 305, 402
Rodionov, Šemejka 207
Rogvolod, Fürst v. Polock 256
Roman Mstislavič, GF v. Galič-Volhynien 362
Romanov, Aleksandr Nik. 333
Romanov, Fed.Nik. (s. auch Filaret) 51, 128, 194, 199, 210, 355, 356, 385
Romanov, Iv.Nik. 244, 398, 428, 459, 460
Romanov, Nik.Iv. 116, 129, 140, 143, 147, 161, 182, 185, 186, 199, 215, 219, 306, 382
Romanoviči 362
Romanovy 58, 70, 128, 129, 244, 252, 293, 352, 371, 382, 385, 432
Romodanovskie 57, 124
Romodanovskij, Grig.Grig. 242, 304, 374, 397, 464
Romodanovskij, Vas.Vas. 80
Rostislaviči 104
Rostovskie 292, 311, 418, 419
Rostovskij, A.I. 400
Rostovskij, Al.Andr. 311
Rostovskij, Aleksandr Vlad. 311
Rostovskij, Andr.Dm. 311
Rtišč 79, 262
Rtiščev, Fed.Mich. 336, 370
Rtiščevy 136, 373
Rusinov, Grig.Dm. 190, 192, 206
Rybakov, B.A. 377
Rževskij, Andr.Nik. 109, 394
Saburov, Andr.Vas. 257, 333
Saburov, Iv.Dan 220
Saburov, Iv.Ju. 333
Saburov, Mich.Fed. 265

Saburov, Sem.Fed. 322
Saburov, Vas.Fed. 257, 380, 398
Saburova, Solomonija, Großfürstin 246
Saburovy 46, 58, 70, 246, 380, 398, 418
Šachovskoj, Semen 29, 385
Šadrin, Afan.Iv. 112
Safa Girej, Khan 269
Saip-Girej, Khan 354
Šaklovityj, Fed.Leont'evič 67, 68, 142, 432
Salomo, König Israels 410
Saltykov, Aleksej Petr. 178
Saltykov, Andr.Mich. 332
Saltykov, Bor.Mich. 367, 395, 399
Saltykov, Fed.Petr. 178
Saltykov, Iv. L'vovič 129
Saltykov, Iv.Mich. 430
Saltykov, Lev Andr. 270
Saltykov, Mich.Gleb. 129, 354, 356, 385, 430
Saltykov, Mich.Mich. 137, 140
Saltykova, Proskovija 223
Saltykovy 48, 57, 244, 418, 423
Sapieha, Lew, poln. Gesandter 178, 458
Ščadra, Iv.Vas. 311
Ščelkalov, Andr.Jak. 341, 351
Ščelkalov, Iv.Vas. 187
Ščelkalov, Vas.Ja. 68, 341, 344, 351
Ščenjatev, Dan.Vas. 394
Ščenjatev, Petr Mich. 278, 297, 466
Ščenjatevy 248, 335
Ščepin-Obolenskij, Bor.Dm. 357
Ščerbatye 57
Ščetininy 335
Schalt, Peter 223
Šein, Ju.Dm. 312, 327

Šein, Mich.Bor. 303, 307, 369, 397, 430, 432
Šein, Vas.Dm. 327
Šeiny 48, 57, 257, 418, 423
Šeja, Konst.Dm. 54
Šejdakovy 58
Selunskie 58
Semen Fedorovič, Bojar GF Olegs v. Rjazań 361
Semen Ivanovič Možajskij 81
Semen Ivanovič Starodubskij, Sohn d. TF Ivan Andreevič 73
Semen Ivanovič, GF v. Moskau 74, 108
Semen Vasil'evič, TF 73
Serebrjanyj, Vas.Sem. 270, 433
Šerefedinov, Andr.Vas. 342
Šeremetev, Bor.Petr. 109
Šeremetev, Fed.Iv. 128, 140, 244, 322, 366, 381, 382, 428, 430
Šeremetev, Fed.Vas. 300
Šeremetev, Iv.Petr. 137
Šeremetev, Iv.Vas. 128, 270, 309, 381, 433
Šeremetev, Petr Vas. 110, 116, 249
Šeremetev, Vas.Andr. 128
Šeremetev, Vas.Bor. 386
Šeremetev, Vas.Petr. 374
Šeremetevy 46, 57, 58, 129, 212, 252, 306, 392, 418, 422
Sergij, Erzbischof v. Novgorod 92
Šestova, K.I. (als Nonne Marfa) 244
Šestunovy 57
Šetnev, Afanasij 267
Seyssel, Claude de 470
Sickie 57, 71, 129, 244, 385, 422
Sickij, Iv.Vas. 322
Šig Alej, Khan 47, 113, 241
Sigismund I., GF v. Litauen, König v. Polen 268, 269

Sigismund II. August, König v. Polen 78
Sigismund III. August, König v. Polen 373, 428, 429, 430
Sil'vestr, Pope 231, 410, 412, 416
Simeon Bekbulatovič, GF 47
Simon, „Ältester" Vsevolod Jaroslavičs v. Kiev 362
Simonovič, Georgij 362
Sinij, Dm.Timof. 206
Skopin-Šujskie 69, 71
Skopin-Šujskij, Mich.Vas. 71, 188, 233, 430
Skopin-Šujskij, Vas.Fed. 112, 115
Skripicina Balueva, Tat'jana Aleksandrovna 237
Skuratov, Maljuta 115, 233, 246
Snazin, Jakov 355
Sobakin, N.S. 373
Sobakiny 373
Sofija Alekseevna, Zarin-Regentin 6, 67, 107, 229, 247, 254, 356, 360, 411, 434, 436, 468
Sofija Palaiolog, Frau d. GF Ivan III. 232, 337
Sofija Vitovtovna, Frau d. GF Vasilij I. 108, 229, 246, 371
Sofonij Altykulačevič, Bojar GF Olegs v. Rjazań 220, 361
Solomonida, Tochter Iv.Iv. Koškas 251
Solovcov, Iv.Golova 111, 190, 206, 207, 253, 288
Solov'ev, S.M. 274
Sovin, Fed. 238
Sovina, Marija 238
Staden, H. v. 24, 37, 118, 128, 168, 297, 309, 310, 311, 320, 322, 329, 368, 471
Starkovy 47
Starodubskie 89, 292, 418, 430
Starodubskij, Fed.Andr. 130

Stavr Godinovič 181
Stefan Vasil'evič, Stammvater der Chovriny u.a. 252, 331
Stepan Feofanovič 91
Stepanov, Mich.Kljapik 338
Storožev, V.N. 426
Strešnev, B.I. 140
Strešnev, Iv.Filipp. 246, 341
Strešnev, Luk'jan Sem. 140
Strešnev, Vas.Iv. 192
Strešneva, Evdokija L., Zarin 244, 246
Strešneva, Evdokija, Frau Vas.Golicyns 246
Strešnevy 57, 245
Striga-Obolenskie 71
Striga-Obolenskij, Iv.Vas. 380
Strigin-Obolenskij, Aleksandr Iv. 396
Strigin-Obolenskij, Fed.Iv. 236
Stromilovy 90
Struve, P.B. 379
Suchmantij, altruss. Recke 304
Sudimont, Iv.Kondrat'evič 391, 396
Sudskaja, Agrafena 237
Sudskij, Iv.Fed. 237
Šujskie 57, 129, 132, 246, 311, 367, 384, 419, 424, 447, 465
Šujskij, Aleksandr Iv. 247, 381
Šujskij, Andr.Mich. 118, 270, 271, 311, 367
Šujskij, Dm.Iv. 233
Šujskij, Fed.Iv. 311
Šujskij, Iv.Iv. 247, 436
Šujskij, Iv.Mich. 270, 311
Šujskij, Iv.Petr. 126, 210, 311
Šujskij, Iv.Vas. 249, 311, 312, 357, 364, 368, 416, 453
Šujskij, Petr Iv. 132, 309
Šujskij, Vas.Vas. 249, 311, 354, 356, 367, 368, 453, 459
Šujskij, Vasilij Ivanovič, Zar 46, 109, 122, 221, 247, 250, 314, 373, 381, 394, 428, 435, 445
Sukiny 57
Sulešovy 58
Surminy 90
Suzdal'skie 418
Svenel'd 98, 314, 348, 361, 391
Sviblo, Fed.Andr. 127, 380
Svidrigajlo Ol'gerdovič, Sohn des litauischen GF Ol'gerd 84, 268
Svjatopolk Izjaslavič, Fürst von Kiev 98, 204, 349
Svjatopolk, Fürst v. Turov u. Kiev 117
Svjatoša (=Mönch Nikolaj), Fürst v. Luck 87, 88
Svjatoslav Igofevič, Fürst v. Kiev 86, 98, 101, 198, 203, 228, 314, 348, 391
Svjatoslav Jaroslavič, Fürst v. Kiev 191
Svjatoslav Ol'govič, Fürst v. Černigov 98, 174, 261
Svjatoslav Vsevolodič, Fürst v. Černigov 366
Szeftel, M. 469
Tarusskie 82
Tatevy 57, 129
Tatiščev, Ju.Ignat. 399
Tatiščev, V.N. 53
Techanovskij, Nikodim 356
Telepnev-Obolenskie 71
Telepnev-Obolenskij, Fed.Vas. 356
Telepnev-Obolenskij, Iv.Fed. 232, 236, 254, 279, 329, 330, 341, 354, 355, 356, 361, 367, 382, 436, 457, 459
Telepnev-Obolenskij, Vas.Vas. 356
Teljatevskie 57
Teljatevskij, Andr.Andr. 129
Teljatevskij, Fed.Andr. 233
Temkin-Rostovskij, Vas. 309

Temkiny 57
Teterin, Timofej 340
Theophanes, Freskenmaler 381
Tichomirov, M.N. 380
Timofeev, Ivan 29, 221, 233, 411, 445
Timoš Oleksandrovič, Bojar GF Olegs v. Rjazań 361
Tjufjakiny 58
Tjumenskie 58
Tjutin, Juško 220
Tochtamyš, Khan 18
Tokmak, Iv.Vas. 220
Tokmakovy 57
Tolstoj, Petr Andr. 223
Toporkov, Vassian 410
Torke, H.J. 324, 445
Torstejn 96
Tovarkov, Fed. 257
Trachaniot, Ju.Dm.(„der Ältere") 337, 353
Trachaniot, Ju.Man. 353
Trachaniotov, Nikifor Vas. 459
Trachaniotovy 58, 89, 337
Treitschke, H.v. 37
Tret'jakov, Iv.Iv. 223
Tret'jakov, P.A. 351
Tret'jakovy 48, 58, 129, 252
Troekurov, Iv.Fed. 244
Troekurova, Fürstin 242
Troekurovy 57, 79, 422
Trostenskie 58, 82
Trostenskij, A.V. 257
Trubeckie 57, 81, 82, 129, 274
Trubeckoj, Aleksej Nik. 110, 140, 215, 284, 381, 464
Trubeckoj, Andr.Vas. 428
Trubeckoj, Dm.Timof. 398, 430, 431, 448, 459
Trubeckoj, Iv.Ju. 53, 422
Trubeckoj, Ju.Nik. 284
Trubeckoj, Ju.Petr. 136

Trubeckoj, Tim.Rom. 247
Tučkov, Iv.Vas. 356
Tučkov, Mich.Vas. 232, 384, 424, 453
Tučkov, Vas.Mich. 29, 219, 220, 222, 251, 312
Tučkova, Irina 249, 251
Tučkovy 48, 70, 222, 251, 252, 328, 352, 418
Turenin, Iv.Samson. 129
Tureniny 58, 82
Tyndale, William 470
Tzimiskes, Johannes, byz. Kaiser 198
Uchtomskij, Iv.Petr. 238
Ukraincev, Emel'jan Ignat. 341, 351
Ulfeldt, Jacob, dän. Gesandter 456
Urusova, Evdokija Prokof'evna 234
Urusovy 47, 57, 58
Ušatye 57
Varlaam, Sohn des Bojaren Ioan 104
Varvara, Nichte S.D.Peškov-Saburovs 190
Vasilij I. Dmitrievič, GF v. Moskau 51, 72, 74, 78, 91, 245, 247, 257, 330, 350, 359, 363
Vasilij II. Vasil'evič, GF v. Moskau 18, 19, 56, 60, 73, 74, 75, 80, 81, 91, 108, 196, 212, 229, 240, 246, 257, 260, 265, 266, 272, 273, 280, 283, 301, 360, 363, 370, 371, 381
Vasilij III. Ivanovič, GF v. Moskau 19, 23, 28, 51, 56, 72, 73, 75, 80, 81, 93, 122, 128, 195, 199, 210, 220, 221, 222, 246, 248, 249, 251, 252, 254, 267, 268, 269, 273, 277, 300, 301, 312, 313, 321, 327, 332, 333, 335, 337, 340, 341, 349, 355, 356,

357, 363, 366, 367, 372, 380,
381, 384, 411, 414, 415, 416,
422, 453, 454, 459, 463, 469
Vasilij Ivanovič Šemjačič 73, 81
Vasilij Jaroslavič, TF 60, 73
Vasilij Juŕevič Kosoj, TF u. GF v.
  Moskau (1434) 73, 74, 75, 108,
  196, 265
Vasilij Kuźmič, Protopope 93
Vasilij Michajlovič, TF 73
Vassian (s. Patrikeev, Vas.Iv.) 29,
  93
Vassian, Bischof v. Tveŕ 88
Vassian, Erzbischof v. Rostov 410
Vedenskij, Ivan 205
Vel'jaminov, Iv.Vas. 264, 267
Vel'jaminov, Mikula.Vas. 108, 245
Vel'jaminov, Protasij 280
Vel'jaminov, Timofej Vas. 339
Vel'jaminov, Vas.Vas. 108, 196,
  245, 264
Vel'jaminova, Marija 246
Vel'jaminovy 46, 57, 88, 108, 246,
  264, 288, 380, 395, 418
Venjukov 340
Veselovskij, S. B. 2, 12, 50, 54, 80,
  91, 257, 259, 275
Vešnjakov, Ignatij Mich. 433
Viskovatyj, Iv.Mich. 28, 349, 351
Vjačeslav Vladimirovič, Fürst v.
  Turov 260, 261
Vjazemskie 58, 81
Vladimir Andreevič, TF v. Serpuchov
  u. Borovsk 74, 78, 262, 263,
  284, 307, 381
Vladimir Andreevič, TF, Vetter Ivans
  IV. 73, 76, 274, 275, 381
Vladimir d. Heilige, Fürst v. Kiev
  42, 43, 45, 86, 87, 97, 174, 177,
  178, 179, 181, 189, 203, 218,
  304, 314, 348, 409, 415

Vladimir Davydovič, Fürst v. Černigov 88, 179
Vladimir Glebovič, Fürst v. Perejaslavl' 98
Vladimir II. Monomach Vsevolodič,
  Fürst v. Kiev 42, 45, 98, 180,
  198, 204, 218, 278, 314, 337,
  349, 362, 409, 410, 414, 451
Vladimir Mstislavič, Fürst v. Dorogobuž, Fürst v. Kiev 42, 349,
  409
Vladimir Vasil'kovič 218
Vlašev, Afan.Iv. 351
Vnukov, Afanasij 135
Vnukovy 90, 92
Vojtech 269, 384
Volkonskie 57, 82
Vološskie 58
Volynskaja, Anna Fed. 116, 249
Volynskij, Fed.Vas. 249
Volynskij, Iv.Iv. 225
Volynskij, Iv.Vas. 205, 207
Volynskij, Vas.Jak. 207, 249
Volynskij, Vas.Vas. 399
Vorkov, Boris 121
Voroncov, Fed.Sem. 327, 367, 423
Voroncov, Iv.Mich. 256, 423, 433
Voroncov, Iv.Sem. 327, 459
Voroncov, Vas.Mich. 423
Voroncovy 245, 418, 423
Vorotislav 379
Vorotynskie 57, 81, 82, 83, 129,
  257, 274, 418, 419
Vorotynskij, Aleksandr Iv. 157,
  270, 291
Vorotynskij, Iv.Alekseevič 133
Vorotynskij, Iv.Mich., (Peremyšl'skij) 84, 268, 270
Vorotynskij, Iv.Mich., Enkel I.M.
  Vorotynskij-Peremyšl'skijs 85,
  233, 287, 371, 428
Vorotynskij, Mich.Iv. 33, 82, 129,

268, 270, 305, 309, 368, 433, 439
Vsevolod III. Jurij, GF v. Vladimir 409
Vsevolod Jaroslavič, Fürst v. Kiev 204, 218, 256, 314, 362
Vsevolod Jurevič, GF v. Vladimir 348, 441
Vsevolož, Iv.Dm. 75, 108, 245, 265
Vyluzgin, Eliz.Dan. 341
Vyšata 314
Waldemar, dän. Graf 385
Walter, Portraitmaler 189
Wickhart, C.V. 360
Wilwolt v. Schaumburg 289
Winius, Andries 137
Witold, GF v. Litauen 18
Władysław IV., König v. Polen 356, 413, 429, 430, 435
Wojciechowski, T.O. 365
Wolkenstein, Oskar v. 290
Zabelin, I.E. 147, 451
Zabolockie 79, 89
Zabolockij, Grig.Vas. 398
Zacharič, Boris 362, 363
Zacharič, Daniil 51
Zacharič, Jakov 51, 52, 70, 119, 209, 251, 309, 312, 352, 396
Zacharič, Jurij 51, 249, 251, 309, 352, 382, 394
Zacharij Ivanovič, Stammvater der Zachariny 51

Zacharin, Grig.Ju. 51
Zacharin, Mich.Ju 28, 51, 56, 93, 222, 249, 251, 252, 300, 312, 321, 327, 328, 352, 353, 356, 357, 366, 372, 380, 382, 416, 420, 421, 453, 459
Zacharin, Petr Ja. 51
Zacharin, Roman Ju. 51
Zacharin, Vas.Ja. 51, 352
Zacharina, Feodosija 382
Zachariny 70, 222, 252, 364, 418, 424, 465
Zagoskin, N.P. 424
Zaozerskij, A.I. 448
Zapolya, Johann, Voevode v. Siebenbürgen, ungar. König 224
Zaruckij, Iv.Martynovič 233, 430, 431, 448
Zasekiny 58
Zatočnik, Daniil 29, 51, 186, 196, 218, 409
Zernovy 57, 418
Zimin, A.A. 12
Žiroslav Ivankovič 260, 261
Zjuzin, A.L. 357
Zjuzin, N.A. 92
Zjuziny 267, 357
Żolkiewski, Stanisław, Hetman 430, 445
Zvenigorodskie 57, 419
Zvenigorodskij, Petr Nik. 315

Wilhelm Zeil

SLAWISTIK IN DEUTSCHLAND

Forschungen und Informationen über die Sprachen, Literaturen und Volkskulturen slawischer Völker bis 1945

(Bausteine zur Slavischen Philologie und Kulturgeschichte, Reihe A: Slavistische Forschungen. Neue Folge. Band 9 (69))

1994. X, 606 Seiten. Gebunden. ISBN 3-412-11993-8

Das Buch bietet eine Bestandsaufnahme und Leistungsbilanz der slavistischen Studien in Deutschland von der Reformation im 16. Jahrhundert bis zum Ende des Zweiten Weltkrieges. Auf der Grundlage von Materialien aus Archiven in Deutschland, Österreich, der Tschechischen Republik, Kroatien, Slowenien, Rußland und Bulgarien sowie der reichen Sekundärliteratur wird erstmals ein differenziertes Gesamtbild von ca. 400 Jahren Forschung und Information über slavische Sprachen, Literaturen und Volkskulturen gezeichnet. Dabei wird der hohe Anteil slavischer Wissenschaftler an der Slavistik in Deutschland deutlich. Einleitend werden der Begriff der Slavistik und ihre Periodisierung sowie Besonderheiten dieser Wissenschaft in Deutschland erörtert.

BÖHLAU VERLAG KÖLN WEIMAR WIEN
Theodor-Heuss-Str. 76, 51149 Köln

BÖHLAU

Hans-Erich Volkmann (Hg.)

DAS RUßLANDBILD IM DRITTEN REICH

1994. VI, 466 Seiten. Broschur. ISBN 3-412-15793-7

Unter dem zeitlichen Spannungsbogen zwischen bolschewistischer Revolution, Zweitem Welt- und Kaltem Krieg haben sich tiefe Spuren des wechselseitigen Mißtrauens und der Verachtung in das Bewußtsein von Sowjetmenschen und Deutschen eingegraben. Sie zu verwischen und an ihrer Stelle Verständnis und Vertrauen wachsen zu lassen, ist eine der Grundvoraussetzungen für die Normalisierung des Verhältnisses zwischen den Nachfolgestaaten der UdSSR und der Bundesrepublik.

Ost- und westdeutsche Historiker unterschiedlicher fachlicher Richtungen haben sich zusammengetan, um geschichtlich überkommene, insbesondere aber in politisch und rassisch diffamierender Absicht von den Machthabern und gesellschaftlichen Stützen des Dritten Reiches entworfene und verbreitete negative Klischees von Rußland/der Sowjetunion und ihren Völkern auf ihren Wahrheitsgehalt und vor allem auf ihren Feindbildcharakter hin zu untersuchen. Vor diesem Hintergrund lassen sich die Verhaltensmuster interpretieren, die wir aus der deutschen Okkupationszeit mit all ihren Schrecknissen kennen. Sie bleiben nicht ohne prägenden Einfluß auf sowjetisches Siegergebaren. Beides war schließlich mitverantwortlich für die bipolare Frontstellung der Nachkriegszeit, die in dem Augenblick zusammenbrach, als Moskau einer Lösung der deutschen Frage zustimmte.

BÖHLAU VERLAG KÖLN WEIMAR WIEN
Theodor-Heuss-Str. 76, D - 51149 Köln

BÖHLAU